黔记

上

〔明〕郭子章 著

赵平略 点校

贵州省高校人文社科基地贵阳学院阳明学与地方文化研究中心

地域文化研究丛书 黔学研究丛书

贵州省优秀科技教育人才省长专项基金项目

贵州省教育厅高校人文社会科学研究基地项目

贵阳学院阳明文化协同创新中心项目

西南交通大学 出版社

图书在版编目（ＣＩＰ）数据

黔记：全 3 册 /（明）郭子章著；赵平略点校. —
成都：西南交通大学出版社，2016.1
ISBN 978-7-5643-4389-7

Ⅰ. ①黔… Ⅱ. ①郭… ②赵… Ⅲ. ①贵州省 – 地方
志 – 明代 Ⅳ. ①K297.3

中国版本图书馆 CIP 数据核字（2015）第 261821 号

黔记（上中下）

〔明〕郭子章　著

　　赵平略　点校

出　版　人	阳　晓	
责 任 编 辑	李晓辉　吴　迪	
封 面 设 计	米迦设计工作室	
出 版 发 行	西南交通大学出版社 （四川省成都市金牛区交大路 146 号）	
发 行 部 电 话	028-87600564　028-87600533	
邮 政 编 码	610031	
网　　　址	http://www.xnjdcbs.com	
印　　　刷	成都勤德印务有限公司	
成 品 尺 寸	170 mm×230 mm	
总 印 张	75	
总 字 数	1384 千	
版　　　次	2016 年 1 月第 1 版	
印　　　次	2016 年 1 月第 1 次	
书　　　号	ISBN 978-7-5643-4389-7	
套　　　价	680.00 元	

黔记序 壹

今天下开府置官属之地十有三，而黔最后。黔非特后也，籍黔之入不足以当中土一大郡，又汉夷错居，而夷倍莅焉。以此，宇内往往少黔，其官于黔者或不欲至，至则意旦夕代去，固无怪其然。乃士生其间，或亦谬自陋，通籍后，往往籍其先世故里，视黔若将浼焉。余居尝每叹之。嗟①，谓黔不足治乎？是越不章甫而蜀不雅化也。谓黔不足兴乎？是陈良不产于楚而由余不生于戎也。有是哉？第地之重人也以山川，而人之重地也以文献，黔自国朝始为冠带之国②，文献阙焉，地奈何得重？

余间考乡先辈，非无崛起于时者，旋就湮没，载稽、故府牒及列郡乘，俱散漫磨灭不可读。有无乘者，夫其湮没也，岂非无以表章之，而其散漫、磨灭且无乘也，又岂非黔士大夫之过也③。余不佞，尝读郡志而有志焉④。自以学阇典坟，搜罗未广，惧为山川羞。

乃今有郭中丞青螺公《黔记》也⑤。中丞读书尽天下，其记黔也，直取兵于武库，不劳更铸。第中丞自平播以来，拮据戎马兵食间，宜无余力，而游翰所染，辄至充栋。余曾不闻杜元凯平吴⑥，裴中立平淮，有所论著也。且中丞望重中书久矣，独不意旦夕代去邪？余观大事记，黔之故实厘然指掌，虽黔人不谂也。至读贤宦传，见乡先辈一二典型，烂然如昨而身或不知。又如宣慰传中所载，昂兄弟诗蔚然风雅，想见其人。土流有此，何论华族？而《黔记》未成时，辄并湮没。由此以

---

① 嗟：乾隆《贵州通志》（以下简称“乾隆志”）无。
② “文献，黔自”四字原无，据乾隆志补。
③ 从“有无乘者”至“士大夫之过也”，乾隆志作“是无以表章，听其湮没，皆黔士大夫之过也”。
④ 志：乾隆志作“感”。
⑤ 也：乾隆志无。
⑥ 不：乾隆志作“未”。

谭，未尝表章之，不可谓无献；则未尝修之，固不可谓无文也。

中丞所为诗文，在在杀青；而其肆笔为史，则黔独著。中丞岂亦有意为黔文邪？书成纸贵，海内士与寓目焉。由此，必有乐至其地，以绍中丞之业者。若黔士，既发醯鸡之覆，其亦将得宝于家①，而不暇外索乎②！此非《黔记》，谁启之也。记今自重天下，不藉余为玄晏。第余乐桑梓文献有归，且见君子之有益于人国如此。因纪其实而序之。若文之工不工，自是黔驴之技，所不计也。

万历癸卯重九日赐进士第征仕郎翰林院检讨直起居注编纂官麦新治生丘禾实有秋甫顿首拜撰。

---

① 其亦：乾隆志无。
② 乎：乾隆志无。

黔记序 **贰**

　　大中丞郭公抚余黔之癸卯岁，出所著《黔记》示①。昔子欲居九夷②，《鲁论》纪其答问之语，炳如日星③。正德中，文成王公官龙场署中，书有《何陋轩记》④。今翰墨淋漓壁间，似若神物护持之者⑤。嗟，孔子所云九夷⑥，岂必即罗施之区。先生兹记⑦，毋亦为鄙夷余黔者广乎？以今睹青螺先生《黔记》，益可念也。尝观名山大川，载在图经⑧，宇内寥廓⑨昭旷之士，恨不旦暮遇。乃退陬僻壤，岂无一丘一壑，为造化所含奇者。即辖轩过之，不肯经览。人情贵耳贱目，贵近贱远，大抵然也。夫黔视中土，亦何以异此。且黔自我明建藩来，不二百余年乎⑩。二祖之所创造，累朝之所覆育，皇祖与皇上之所观文成化⑪，亦既等之雄藩矣⑫。民鼓舞于恬熙，士涵咏于诗书，亦既彬彬质有其文矣。第游谭之士，尚往往以其意轻之。又士大夫闻除目一下⑬，辄厌薄不欲往，此宁独以边徼故？抑或以文献尠少，兴起为难，故虽千载下，犹未离于或人之见耳。

　　乃今有中丞公《黔记》矣，其文与献可考镜矣。余黔人，何敢侈谭黔事。试即

---

① "大中"二句：乾隆志在"鄙夷余黔者广乎"之后、"益可念也"句之前。
② 子：乾隆志作"孔子"。
③ 炳如日星：乾隆志无。
④ "正德中"至"《何陋轩记》"：乾隆志作"追其后，有明正德中王阳明先生谪官龙场，有《何陋轩记》"。
⑤ 若：乾隆志作"有"。
⑥ 孔子：乾隆志作"吾夫子"。
⑦ 先生兹记：乾隆志作"文成之记"。
⑧ 在：乾隆志作"有"。
⑨ 寥廓：乾隆志无。
⑩ "夫黔视中土"至"不二百余年乎"：乾隆志作"夫黔虽僻壤，自我明建藩以来，二百余年"。
⑪ "皇祖与"三字：乾隆志无。
⑫ "亦即等之"句：乾隆志无。
⑬ 又：乾隆志无。

记中所载，则理学文章①，忠孝节义，种种具备，何其盛也！豪杰之士，丁时奋树，如所称二三君子，襃然名世，何其伟也②！又如名公巨卿之所经略③，迁客硕儒之所讲明，勋华增天地之光，道德作誉髦之式，抑何造物之有意于黔也④。由斯以谭，则今日之黔，孰与曩昔乎？士亦何必徒以耳食邪？今夫天地之元气，愈渐溃则愈精华；国家之文治，愈薰蒸则愈彪炳。而是精华彪炳者，得发抒于盖代之手？其人重，则其地与之俱重，黔盖兼而有之。贵山富水与龙山龙场，行且有闻于天下万世矣。世有寥廓昭旷之士，亦必于黔乎神往矣。非公兹记，其畴与张之⑤？

在昔赋《三都》、《两京》者一出，而贵洛阳之纸价，脍士林之口吻⑥。然或感时讽谏，或折衷群言，且皆成于十年。视公投戈染翰，刻烛赋诗，备一代之典章，垂千秋之信史，其迟速轻重，固天渊矣。记成，当与黔并永，不特海内番然改观⑦。固知孔子何陋之言⑧，与阳明先生名轩之意⑨，俱得公而益信也。象不揣固陋，附言末简，岂惟无能发公表章之意，抑亦恐为斯记之羞。公傥谓其为黔产也，而载其言⑩，以存污樽土缶之一端邪⑪。

万历甲辰初正上元日赐进士第前刑科右给事中奉敕巡视京营光禄侍经筵官古云治生陈尚象心易甫顿首拜撰。

---

① 则：乾隆志无。
② "豪杰之士"至"何其伟也"：乾隆志无。
③ 又如：乾隆志作"至于"。
④ "抑何"句：乾隆志作"抑又何伟也"。
⑤ "非公兹记，其畴与张之"：乾隆志无。
⑥ 口吻：乾隆志作"口"。
⑦ 番：乾隆志作"幡"。
⑧ 孔子：乾隆志无。
⑨ 先生：乾隆志无。
⑩ "发公表章之意"至"为黔产也，而"：乾隆志无。
⑪ 邪：乾隆志作"云"。

凡 例

1. 点校以书目出版社影印北京图书馆藏明万历刻本为底本，该本存五十六卷。以万历丁酉（1597年）《贵州通志》为对校本，参校嘉靖《贵州通志》、乾隆《贵州通志》等相关古籍。

2. 贵州图书馆据北京图书馆及上海图书馆藏本摄制刻写，刻写时常有定正，本书多有采纳，并出校。书目出版社影印的第八卷与第九卷与郭子章所著《黔记》的整体风格不一致，经查，系据嘉靖三十四年谢东山《贵州通志》刻本补足。贵州图书馆刻写本中第八与第九卷系据上海图书馆藏本，与郭子章《黔记》的整体风格更为一致，本书第八卷与第九卷即以贵州图书馆刻写本为底本。附图亦以贵州图书馆刻写本为底本，因其更为清晰。

3. 因是不同的著作，故尔一般异文不出校记；对内容有所补充，能订正讹误，或必有一误之处，出校。

目录

（上）

黔记卷一目录

大事记上

黔记卷一

泰和郭子章相奎父著
汉州宋兴祖汝杰父正
贵溪毕三才成叔父校

大事记上

蟟衣生曰：国之大事在戎。黔极西鄙，故纪黔事之大者，十九戎也。予读《汉史·西羌传》，武丁征西戎、鬼方，三年乃克；唐称鬼主，宋元称罗施鬼国，今犹称大鬼主、罗鬼云。三年克之，孔子伤其惫。至于今，而有播之役。二月出师，六月克敌。皇上英武，远过高宗。顾三省帑藏如洗，死亡相枕，不待三年，亦惫矣。呜呼，唐惫于南诏，元惫于蛇节，明一惫于米鲁，再惫于铜人，三惫于炉山，四惫于夜郎，故议兵于西南夷者，不可不重也。

殷

高宗

戊子，三十二年伐鬼方，三年克之出《易》并《甲子会纪》。

周

厉王

王任掊克，湎酒，内嬖音避于中国，覃及鬼方《诗·荡》八章。

楚顷襄王

楚庄豪将兵，从沅水灭夜郎豪一作蹻。

秦

始皇帝

通五尺道，置夜郎吏，寻废。

汉

武帝

辛亥，元光五年，拜唐蒙为中郎将，使夜郎。以夜郎置犍为郡，使其子为令。罢西夷。

庚午，元鼎六年，使驰义侯遗发南夷兵，伐南粤。且兰君反。诏八校尉击且兰。中郎将郭昌、卫广引兵破且兰。斩首数万。定西南夷，以为牂柯郡①。夜郎侯多同入朝，以为夜郎王。牂柯太守吴霸，请封夜郎王三子为侯，从之。

壬申，元封二年，发巴蜀兵，击灭劳深、靡莫，以兵临滇。

昭帝

乙未，始元元年，牂柯、谈指、同并等二十四邑皆反。遣水衡都尉，发蜀郡、犍为犇命万余人，击牂柯，大破之。

成帝

河平某年，夜郎王兴与钩町王禹、漏卧侯俞，更举兵相攻。遣太中大夫蜀郡张匡持节和解，不从。金城司马陈立为牂柯太守，诛夜郎王兴。

---

① 以为牂柯郡：万历《贵州通志》（以下简称"万历志"）作"分属牂牁、犍为、武陵三郡"。

东汉

光武帝

牂柯郡功曹谢暹与郡大姓龙、傅①、尹、董氏，遣使从番禺江奉贡。

安帝

丁未，永初元年夏五月，夜郎蛮夷举土内属。《传》云，开境千八百四十里。

桓帝

牂柯尹珍为荆州刺史。

蜀汉

后主

癸卯，建兴元年夏，牂柯太守朱褒反，应雍闿。

乙巳，三年春三月，丞相诸葛亮南征，分建宁、牂柯为兴古郡兴古，今普安州是。马忠为兴古郡太守《晋·地理志》、《南中志》、《通鉴》、《云南通志》。

晋

武帝

爨深为兴古郡太守爨府君碑，在曲靖。

怀帝

辛未，永嘉五年，分牂柯郡，置平夷、夜郎二郡宁州刺史王逊分置。兴古太守爨

---

① 傅：原作"传"，据贵州图书馆本（以下简称"贵图本"）改。

深与将军姚岳同御李雄兵，破之《云南通志》。毛楚为牂柯太守楚，枳人。出常璩《南中志》。

隋

文帝

开皇某年，置黔安郡统都上，明阳郡统绥阳、义泉，清江郡，牂柯郡统牂柯县。是时，贵州地杂属于四郡。置牂州今普安州属之。

甲子，仁寿四年，置务川、扶阳二县属庸州。今扶阳废县在思南，废庸州，以务川隶巴东郡。

炀帝

大业某年，首领谢龙羽据黔中。

唐

高祖

戊寅，武德元年，改黔安郡为黔州。

己卯，二年，黔安、清江各郡内属。置义州在今龙泉。统信安、义泉、绥阳、都牢、洋川五县，西平州领附唐、平夷、盘水三县，今普安州是。

庚辰，三年，谢龙羽遣使入朝。拜牂州刺史、夜郎郡公。充州蛮来朝在牂州百五十里。

辛巳，四年，置黔州都督府督务、牂等州。是时，贵州地皆属之。置费州废费州在今思南府，夷州义泉郡即今石阡府治。以思州之宁夷县置，务州领务川、涪川、扶阳。

壬午，五年，更义州为智州。

太宗

丁亥，贞观元年，废夷州义泉郡。以废夷州六县、废思州五县属务州废夷州之伏远、宁夷、思义、高富、明阳、丹川六县，废思州之丹阳①、城乐、威化、思王、多田五县俱属务州。今废思王、城乐、多田三县址，俱在思南。改西平州为盘州隶戎州都督府。

己丑，三年闰十二月丁未，东谢酋长谢元深、南谢酋长谢强来朝。诏以东谢为应州，南谢为庄州，隶黔州都督今思南府有废庄州，疑即南谢也。

庚寅，四年，开山洞②，复以都上县置夷州义泉郡即今葛彰司治。改务州为思州。置费州，治于涪川。

辛卯，五年，置夜郎县属巫州。

甲午，八年，割思州多田、城乐属费州。

乙未，九年，分牂柯郡，置郎州领恭水、高山、贡山、柯盈、邪施、释鬘六县。

丙申，十年，以思州高富县属黔州高富废县今在播州。

丁酉，十一年，徙夷州治于绥阳即今真州地。更智州为牢州，徙治义泉。以绥阳、高富属夷州。罢黔州都督府，置庄州都督废庄州在今思南府。省郎州并六县。

己亥，十三年，置播州于郎州置，播州之名始此。仍置六县。

庚子，十四年，更恭水六县名更恭水曰罗蒙，高山曰舍月，贡山曰湖江，柯盈曰带水，邪施曰罗为，释鬘曰胡刀。

壬寅，十六年，更罗蒙县为遵义遵义之名始此。置溱州领荣懿、扶欢、乐来三县，今思南府有废扶欢县。扶欢，山名。珍州。

癸卯，十七年，废牢州，以义泉属夷州义泉废县在今遵义府。

丙午，二十年，以夷州芙蓉、琊川属播州。

高宗

庚申，显庆五年，废舍月、湖江、罗为三县。

武后

丙戌，垂拱二年，置万安县隶锦州，即今铜仁府治。

---

① "阳"字原缺，据贵图本补。

② 四年，开山洞：万历志作"十六年，开山峒，益拓其地，置牂、夷、播、珍等州，属黔中、剑南二道采访使"。《贵州图经新志》作"十六年，开山峒，益拓其地，置思、夷、播、珍等州郡十三，属黔中道采访使，并置羁縻州五十一，属黔州都督府"。按：二书均是对唐太宗时期的总体描述。

中宗

庚戌，景龙四年，废庄州都督府，置播州都督。

玄宗

壬子，先天元年，废播州都督府，复置于黔州。

丁丑，开元二十五年，以宁夷县属夷州。充州酋长赵君道来朝。

戊寅，二十六年，废胡刀、琊川二县，并入带水带水废县在播州。

壬午，天宝元年，改黔州为黔中郡，都督如故领施、夷、播、思、费、珍、溱、商九州①。改夷州为义泉郡，播州为播州郡，思州为宁夷郡，费州为涪川郡，溱州为溱溪郡，珍州为夜郎郡。改万安为常丰县。

肃宗

戊戌，乾元元年，复以黔中郡为黔州都督府。复义泉、播州、宁夷、涪川、溱溪、夜郎六郡，仍为州。

代宗

大历某年，东爨乌蛮据于矢部今普安州。

德宗

乙丑，贞元元年，充州蛮来朝。

壬午，十八年，充州蛮来朝。

宪宗

丙戌，元和元年，置蔺州即今普市所。

---

① 九州：按以上实例八州，疑有脱讹。

丁亥，二年夏五月，诏黔南遣将押领牂柯等使。

癸卯，八年，罗罗鬼主表请归牂柯地。

穆宗

壬寅，长庆二年，黔中蛮叛。观察使崔元略以闻，节度使段文昌使人开晓，蛮引退。

文宗

丙辰，开成元年，鬼主阿珮内属。

武宗

会昌某年，封罗罗别帅为罗甸一作殿王。

懿宗

庚寅，咸通十一年，南诏陷播州。

昭宗

庚戌，大顺二年，黔中附于蜀王建。

梁

杨再思自称诚州刺史。

后唐

明宗

丁亥，天成二年，罗甸王普露靖率其九部落入贡于唐。牂柯清州刺史宋朝化等来朝。

晋

高祖

庚子，天福五年，罗甸附于楚。都云酋长尹怀昌率其属十二部①，牂柯酋长张万濬率其属思夷等州，皆附于楚。楚王马殷遣八姓帅，率邕管、柳州兵，讨两江溪洞，留军戍之，遂各分据八番。土酋杨正岩据十洞，伪称徽、诚二州刺史，附于楚今黎靖地。

宋

太祖

乙丑②，乾德三年秋七月，珍州刺史田景迁内附珍州即今真州。废蔺州，置永宁路。

丁卯，五年，南宁州龙彦瑫来贡，以为归德将军、南宁州刺史、番落使。以顺化王武才为怀化将军，弟若启为归德司阶。诸部落王子若溢等，并为归德司戈。冬，以珍州录事参军田思晓为博州牢城都指挥使。

戊辰，开宝元年，改珍州为高州从田景迁请也。

己巳，二年，武才入贡，以为归德将军。

辛未，四年，龙彦瑫卒，武才及八刺史请以彦瑫子汉瑭为嗣。从之。

乙亥，八年，田景迁卒。以其子彦伊为高州刺史。三十九部王子若发等入贡。析罗甸，置大万谷落总管府。以宋景阳为宁远军节度使都总管今宣慰宋氏祖。

太宗

丁丑，太平兴国二年，诚州酋长杨通蕴内附诚州，今黎靖。以杨通宝为诚州刺史通蕴卒，弟通宝入款，以为刺史。

---

① 都云：万历志作"都匀"，误，"都云"改为"都匀"是洪武年间事。
② 乙丑：原作"癸亥"，据贵图本及《中国历史纪年表》改。

戊寅，三年，夷州蛮任朗政等入贡。置绥阳、夜郎二县隶珍州。

庚辰，五年，南宁州酋长龙琼琚遣子罗若从等入贡。

乙酉，雍熙二年秋八月，奉化王子以慈等入贡。夷王龙汉璿自称权南宁州事，兼蕃落使。龙汉璿遣牂柯诸州酋长赵文桥等入贡，并上伪蜀所给符印。以龙汉璿为归德将军、南宁州刺史，赵文桥等并为怀化司戈。

己丑，端拱二年，龙汉璿约五溪都统向通汉入贡。

庚寅，淳化元年，龙汉璿遣弟汉兴来朝。诚州刺史杨瑥入贡瑥，通蕴子。

辛卯，二年，夷王龙汉兴及都统龙汉琖入贡。刺史龙光显、光盈，及顺化王雨滞等各入贡。

乙未，至道元年，夷王龙汉琖遣龙光进率牂柯诸蛮入贡。高州来贡。以龙汉琖为宁远大将军，封归化王。以罗以植为安远大将军，龙光显、光盈并为安化大将军，龙光进等并为将军郎将。

丁酉，三年，分黔中隶荆湖、剑南之东西三路。

真宗

戊戌，咸平元年，夷王龙汉琖遣龙光暕率牂柯诸蛮入贡。授龙光暕等官。古州刺史向通旼入贡今黎平有古州司。

庚子，三年，都部署张文黔来贡。高州刺史田彦伊遣子入贡，及输兵器。

辛丑，四年，高州酋向君猛遣弟君泰来朝。

壬寅，五年秋七月，高州刺史田彦伊子承宝等来朝。赐巾服器币。以田承宝为山河使、溪洞都监。龙汉琖遣牙校率部蛮入贡。赐冠带于崇德殿。

癸卯，六年秋七月，高州义军指挥使田彦强、防御指挥使田承海来贡。

甲辰，景德元年，高州五姓义军指挥使田文鄯来贡。诏牂柯诸国入贡使，令广南西路发兵援之。

丙午，三年，高州新附蛮酋来贡。高州诸豪入贡。

丁未，四年夏五月，以田承宝为宁武郎将、土军都指挥使，田思钦为安化郎将。

戊申，大中祥符元年，加古州刺史向光普检校太子宾客。

乙卯，八年，南宁州夷族张声进讼龙汉琖于朝①。

---

① 龙汉琖：原本缺"汉"字，据前文补。

庚申①，天禧四年，向光普遣使鼎州祝釐。

仁宗

丙寅，天圣四年，龙光凝来贡。

丙子，景祐三年，龙光辨来贡。

庚辰，康定元年，龙光琇来贡。

乙酉，庆历五年，龙以特来贡。以蕃落使龙光辨为宁远大将军，龙光凝、龙异岂并为安远大将军，龙异鲁为宁武大将军。

庚寅，皇祐二年，龙光澈等入贡。

乙未，至和二年，龙以烈、龙异静等来贡。以首领张汉陞，王子罗以崇等为将军郎将。

嘉祐某年，龙以烈率龙姓诸部入贡。

英宗

丁未，治平四年冬十二月丙辰，知静蛮军番落使龙异阁等来朝。以龙异阁为武宁将军，官其属。

神宗

戊申，熙宁元年，龙异现来贡。

庚戌，三年，张汉兴入贡。授龙异现静蛮军，张汉兴捍蛮军，并节度使。

癸丑②，六年夏四月乙亥，龙蕃、罗蕃、方蕃、石蕃入贡。五月癸卯朔，播州杨贵迁遣子光震入贡。以光震为三班奉职。诏西南五姓蕃五岁一贡。

己未，元丰二年秋九月甲午，罗蕃、方蕃入贡。冬十月丙申，石蕃入贡。是时，改隶黔中于湖北、夔州二路。

辛酉，四年，杨光震助官军破乞弟，杀其党阿讹。

壬戌，五年，张蕃乞添贡奉人，不许。

甲子，七年，程蕃乞贡，依五姓蕃例，从之。

---

① 庚申：原本作"丁巳"，据贵图本及《中国历史纪年表》改。

② 癸丑：原本误作"甲寅"，据贵图本及《中国历史纪年表》改。

哲宗

丁卯，元祐二年，石蕃石以定等入贡。

己巳，四年冬十月辛丑，程蕃入贡。丁未，龙蕃入贡。

庚午，五年冬十二月辛卯，龙蕃入贡。

壬申，七年冬十二月庚午，龙蕃、罗蕃入贡。

乙亥，绍圣二年冬十二月戊子，韦蕃入贡。

丙子，三年冬十一月甲戌，龙蕃、罗蕃入贡。

丁丑，四年春三月丁卯，播州杨光荣纳土。

戊寅，元符元年冬十一月甲子，张蕃、罗蕃、程蕃、韦蕃入贡。

徽宗

丁亥，大观元年，番部长田祐恭入朝祐恭即思州田氏祖。

戊子，二年，高州帅骆世华纳土。复名珍州。

己丑，三年春二月丙子朔，播州杨文贵纳土。置遵义军。

政和某年，复置思、播、珍、承、溱五州。寻废。

宣和某年，废播州为播川县，隶南平军。置播州宣抚司。

高宗

辛亥，绍兴元年，置思州军领安夷、邛水、思邛、婺川四县。

癸丑，三年，广西邕州置司，提举市马于罗甸。

丁巳，七年，胡舜陟为待制帅邕帅，市马罗甸。

甲戌，二十四年夏四月辛丑，小张蕃入贡。己酉，罗甸国贡名马。

宁宗

辛酉，嘉泰元年，土官宋永高平麦新，以其子宋胜守之。改麦新为新添新添名始此。

癸酉，嘉定六年秋八月庚午，思州田宗范叛。夔州路安抚司遣兵讨平之。

理宗

丙戌，宝庆二年秋七月己酉，思播守臣田应庚、杨文各迁官一级以守御勤劳。

戊子，绍定元年夏五月甲辰，罗氏鬼国言，元兵屯大理国，取道西南入边。诏思播结约罗鬼为援予银万两。

己丑，二年春二月壬戌，筑思州三隘。

庚寅，三年夏四月丁酉，诏田应己驻思州。筑播州关隘防御。秋七月乙亥，吕文德入播州。诏京湖给银万两。冬十一月甲寅，筑黄平，赐名镇远州镇远名始此。

己未，开庆元年秋七月辛亥，知播州杨文、知思州田应庚各迁官一级以守御勤劳。

元

宪宗

于矢部内附，置万户府，寻改为普山府今普安州是。按《一统志》，元宪宗时，于矢内附，《通志》作元延祐四年，又是仁宗。今从《一统志》。

世祖

庚申，中统元年，改永宁路为总管府隶四川。

乙亥，至元十二年，冬十二月己亥，四川行枢密昝顺请降诏，贷播州安抚杨邦宪，思州安抚田景贤，并许世封。从之。

丁丑，十四年，春三月庚戌，田杨二家豕鹅夷民各遣使纳款。夏五月乙卯，诏谕思州安抚使田景贤使其来附。冬十一月甲申，播州安抚使杨邦宪乞降玺书，从之。

戊寅，十五年，夏五月乙未，诏乌蒙路总管阿牟置驿修路，听云南行省平章赛典赤节制。秋七月壬午，官军袭思州乌罗洞。冬十二月庚辰，思播安抚使田景贤、杨邦宪请归宋旧借镇远、黄平二城，仍撤戍卒，不允。田景贤等请降诏，禁戍卒毋扰思播民，从之。丙申，以鼎山仍隶播州从安抚杨邦宪请也。

己卯，十六年春正月壬戌，改鼎山县为播州县。丙子，赐思州田师贤部军衣服及钞有差。夏六月丁丑，诏谕王相府及四川行省宣慰司，抚治播川、务川西南诸夷。秋七月癸酉，西南八番罗氏等国来附洞寨凡千六百二十有六，户凡十万一千一百六十有八。置八番罗甸等处军民宣慰使司，及都元帅府于贵州省名始此。置都云、定云二府，隶思明路都云府领都云县，定云府领合江、陈蒙二州。废都云、定云府，改二安抚司隶云南。置铜人长官司隶都云。

庚辰，十七年春三月甲辰，思播侵镇远、黄平界。命李德辉等往视之。己未，诏讨罗氏鬼国，命以蒙古军六千、哈刺章军一万，西川药刺海万家奴军万人，阿里海牙军万人，三道并进。夏六月壬申，遣吕告蛮部安抚使王阿济同万户昝坤招谕罗氏鬼国。秋七月辛丑，敕思州安抚司还旧治。甲子，括蒙古军敕亦来等率万人讨罗氏鬼国。九月丁卯，罗氏鬼国主阿察及阿里降。安西王相李德辉遣人皆入觐。更鬼国为顺元路。冬十月壬辰，亦奚不薛病，遣其从子入觐。不许帝曰：亦奚不薛不禀命，辄以职授其从子，无人臣礼，宜令亦奚不薛出，乃还军。十二月己卯，罗氏鬼国入寇，阻思播路。发兵千人与洞蛮开道。八番罗甸宣慰司请增戍卒，从之先是，以三千人戍八番，后征亦奚不薛，分析其半。至是师还，宣慰司复请益兵，以备战守。

辛巳，十八年，春二月丙戌，诏谕乌琐纳空等，毋扰罗氏鬼国。秋闰八月丁巳，命播州每岁亲贡方物。改思州宣抚司为宣慰司，兼管内安抚使。

壬午，十九年，春二月壬子，诏亦奚不薛及播、思、叙三州军征缅。三月辛酉朔，乌蒙叛，敕那怀火鲁思迷率蒙古汉人新附军讨之。戊子，立塔儿八合你驿，以乌蒙阿谋岁输骒马给之。夏六月丁巳，征亦奚不薛，尽平其地。立三路达鲁花赤，留军镇守，命药刺海总之。秋八月庚寅，忙古带征罗氏鬼国，还，仍佩虎符，为管军万户。九月壬申，亦奚不薛之北蛮洞向世雄兄弟及散毛诸洞叛，命四川行省就遣亦奚不薛军前往招抚之，使与其主偕来。是年，以降夷八番金筑百万砦为郡县，置顺元路金筑府。

癸未，二十年，夏四月庚戌，右丞也速带儿招抚筠连州、定州、阿永、都掌等处蛮。独山都掌蛮不降，进军讨之，生擒酋长得兰纽，遂班师①。秋七月丙寅，立亦奚不薛宣慰司，益兵戍守。开云南驿路，分亦奚不薛地为三，设官抚治之。壬申，亦奚不薛千户宋添富，及顺元路总管兼宣抚阿里等来降，班师。罗鬼酋长阿里入觐。立亦奚不薛总管府，命阿里为总管。以讨平九溪十八峒为郡县，并立总管府，俱听顺元路宣慰司节制。改普山府为普安路，隶云南领和龙、八纳、习旧、普定四部。改普安路为安抚司，寻复为路，隶曲靖宣慰司领和龙、八纳、习旧三千户所，镇宁、永宁、习安三州，普定、永山、石梁、罗山四县。置普定府隶云南，统永宁、习安二州。

甲申，二十一年，夏闰五月己卯，思、播二州隶顺元路宣抚司。冬十二月丙寅，八番刘继昌谕降龙昌宁、龙延万等来贡。各授安抚使。立宣慰司，招抚西南

---

① 遂：原本作"送"，据贵图本改。

诸蕃。

乙酉，二十二年，春二月丙午，以八番罗甸隶西川行省。秋九月癸巳，乌蒙叛，命四川行院也速带儿将兵讨之。冬十月丁卯，乌蒙蛮夷宣抚使阿蒙叛，诏止征罗必丹兵，同云南行省出兵讨之。

丙戌，二十三年，夏六月辛酉，封杨邦宪妻田氏为永安郡夫人，领播州安抚司事。

戊子，二十五年，夏五月丁酉，改云南乌撒宣抚司为宣慰司，兼管军万户府。

己丑，二十六年，春二月丁卯，命万户刘得禄镇八番。秋八月癸酉，以八番罗甸宣慰使司隶四川省。甲戌，改金竹寨为金竹府。冬十月乙卯，以八番罗甸隶湖广省、十一月丁巳，改播州为播南路。

庚寅，二十七年，春二月戊寅，播州安抚使杨汉英进雨毡千。秋七月戊午，贵州苗作乱，陷顺元路，湖广省檄八番蔡州、均州二万户府及八番罗甸宣慰司，合兵讨之。九月戊申，金竹府知府扫闾贡马。金竹府赵坚招降竹古、弄古、鲁花等寨，乞立县，从之。

辛卯，二十八年，春二月辛巳，以八番罗甸司复隶四川省。秋八月己卯，诏谕思州提省溪洞官杨都要招安叛蛮，来归者免罪。冬十月辛巳，割八番洞蛮自四川隶湖广行省。十二月丙戌，八番洞官吴金叔等以所部内附，入贡。

壬辰，二十九年，春正月丙申，仍以罗甸宣慰安抚司隶云南。癸丑，设陈蒙烂土军民安抚司。丙辰，杨汉英为绍庆、珍州、南平等处沿边宣慰使，管军万户，仍佩虎符。二月甲子朔，金竹酋长骚驴贡马、毡各二十有七。从其请，减所部贡马，降诏谕之。赐新附黑蛮衣袄。命进所产朱砂，雄黄，无则止。庚午，斡罗思招附桑州生苗[①]。罗甸国、古州等峒酋长诣阙贡献二十一所，部民十一万九千三百二十六户。三月戊申，合宣慰司及都元帅府，置八番顺元宣慰司都元帅府。命亦奚不薛与思、播州同隶湖广省，罗甸还隶云南。以八番罗甸宣慰使斡罗思等，并为八番顺元等处宣慰使、都元帅，佩虎符。庚戌，驾幸上都。赐速哥斡罗思不赛回不花蛮夷长金币及弓矢鞍辔。夏五月丁未，改思州安抚司为军民宣抚司，隶湖广省。诏谕思州民逃者使安业。秋九月丁卯，八番斡罗思招附光兰州洞蛮，宜置定远府。秃干高守文、黄世曾、燕只哥为定远府达鲁花赤、知府、同知、判官。

癸巳，三十年，夏四月癸亥，括思、播等处亡宋涅手军。冬十二月乙未，督思、播二州及镇远、黄平发宋旧军，从征安南。

① 斡：原本作"幹"，据贵图本、《元史》改，下文径改，不再出校。

成宗

甲午，三十一年，夏五月丁卯，八番宣慰使斡罗思有罪，逃还京师。秋七月戊辰，减八番等处官二百一十六员，八番称新附九十万户。设官四百二十四员，及遣官核实，止十六万五千余户，故减之。

乙未，元贞元年，春正月乙丑，以亦奚不薛复隶云南行省。二月戊子，思州田曷剌不花入来贡。夏四月癸巳，以同知乌撒、乌蒙等处宣慰使司事牙那术假兵部尚书，佩虎符。

丁酉，大德元年，夏五月庚寅，平伐酋领内附，隶于亦奚不薛。九月壬戌，八番顺元等处初隶湖广，后改隶云南。云南戍兵不至，其屯驻旧军逃亡者众，仍命湖广行省遣兵代之。十一月丁丑，字罗欢为乌撒、乌蒙等处宣慰使。十二月己卯，平伐等蛮未附，播州宣抚使杨汉英请讨之。

庚子，四年，二月乙亥，立乌撒县。

辛丑，五年，夏五月壬戌，土官宋隆济叛。冬十月丁未，遣刘国杰及也先忽都鲁、八剌阿塔赤，将兵讨宋隆济。

壬寅，六年，春正月乙卯，增刘国杰等军，仍令屯戍险隘，俟秋进师。乙未，以诸王真童诬告济南王，谪置刘国杰军中自效。二月丙戌，遣陕西省平章也速带而参政。汪惟勤将川陕军，湖广平章刘国杰将湖广军，征亦奚不薛。冬十一月甲午，刘国杰裨将宋光率兵大败蛇节，赐衣二袭，仍授金符。十二月丙子，刘国杰、也先忽都鲁来献蛇节、罗鬼等捷。

癸卯，七年，夏四月庚辰，蛇节降。令海剌孙将兵五千守之，余众悉遣还戍。拨硐门四川军二千，镇罗罗斯，其土军放还。丁亥，诛蛇节。秋七月丁丑，立贵州榷盐提举司。冬十月乙未，贷蛇节养子阿阙，抚本境民。庚子，改普定府为路，隶曲靖宣慰司。以故知府容苴妻适姑为普定总管，佩虎符。十一月甲寅，亦奚不薛、魏杰等降，人赐衣一袭，遣还，招首乱者。

甲辰，八年，春正月庚申，云南顺元同知宣抚事宋阿重俘其叔隆济来献。晋秩，赐衣一袭。夏四月己巳，以平宋隆济功，赐诸王脱脱亦吉里、章床兀而等银钞、金币、玉带及大理、金齿、曲靖、乌撒、乌蒙宣慰等官银钞各有差。六月丁酉，乌撒、乌蒙、芒部、东川等路饥疫，并赈恤之。

丁未，十一年，夏五月甲申，免云南八番田杨地差税一年。

武宗

戊申，至大元年，夏六月丁酉，乌撒、乌蒙地大震三日之内，大震者六。

庚戌，三年，春正月辛丑，乖西带蛮阿马等入寇，遣万户移剌四奴及调思播土兵讨之。

仁宗

辛亥，四年，春二月庚子，思州宣抚司招谕官唐诠，以洞蛮杨正思等来朝。赐金帛有差。夏五月戊子，罗鬼蛮入贡方物。

癸丑，皇庆二年，春二月丁亥，以乖西府隶播州宣抚司。

甲寅，延祐元年，夏五月庚辰，思州饥，发廪减价粜赈之。遣刑部侍郎曹伯启诘八番帅擅杀罪。

乙卯，二年秋七月壬寅，旌贵州达鲁花赤相元孙妻脱脱真死节树碑任所。

丙辰，三年冬十月壬申，调四川、云南军乌蒙等处屯田，置总管万户府秩正三品，设官四员，隶云南省。

戊午，五年夏五月辛酉朔，顺元宣抚使阿昼，以洞蛮黑冲等来朝。秋七月丙寅，调军五千，乌蒙屯田置总管万户府，秩正三品，给银印。冬十月己丑，播州南宁长官洛么叛，思州守臣换住哥招降之。

英宗

壬戌，至治二年冬十一月己未，置八番军民安抚司，改长官所为州县共二十有八。十二月己丑，乌蒙等处屯田旱。

癸亥，三年春二月丙寅，罢播州黄平府长官所，徙其民隶黄平。冬十二月丁亥，免八番、思播差税一年。

泰定帝

甲子，泰定元年春二月丁丑，镇远府饥。秋七月丙戌，思州平茶杨大车、酉阳州冉世昌寇小石邪①、凯江等寨，调兵捕之。

乙丑，二年秋七月丙辰，播州蛮黎平爱等入寇。湖广行省请兵讨之，不许。诏播州安抚使杨燕里不花招谕之。庚午，思州洞蛮杨银千等入贡。冬十月己丑，播州凯黎苗入寇。丁巳，岑世兴结八番蛮班光金等，合兵攻石头等寨，敕调兵御之。八番宣慰司官失备，坐罪。

丙寅，三年春正月丙午，播州安抚使杨燕里不花招谕黎平爱等来降。夏四月癸丑，八番岩霞洞蛮来降愿岁输布二千五百匹，设夷官镇抚之。六月癸未，播州蛮黎平爱复叛，合谢乌穷为寇。安抚使杨燕礼不花招平爱出降。命湖广行省讨谢乌穷。冬十一月辛酉，播州蛮宋王保来降。

丁卯，四年春二月戊子，以马忽思为云南行省平章政事，提调乌蒙屯田。夏四月乙未，乌撒饥，赈粮钞有差。秋七月甲辰，播州蛮谢乌穷来贡。九月甲午，以同知乌撒宣慰司事你出公、土官招南通并为宣慰司都元帅。冬十一月庚午，田仁为思州宣慰使。

文宗

己巳，天历二年春正月丁丑，四川囊加台陷播州猫儿隘，安抚使杨燕里不花开关纳之。壬午，播州杨燕里不花引四川贼至乌江峰，官军败之。八番元帅脱出破乌江北，贼复夺关口。诸王月鲁贴木儿、苔剌罕诸军，俱至乌江。二月丙午，囊加台分兵逼襄阳，湖广行省调兵镇播州及归州。癸丑，诸王月鲁贴木儿等至播州，招谕土官杨燕里不花等来降。乙卯，置银沙罗甸等处宣慰司都元帅府。三月戊辰，云南诸王苔失不花、秃坚伯忽等叛，丞相也儿吉尼奔八番②。六月壬子，补顺元思播州诸驿马。九月甲子，赐云南乌撒土官禄余精衣一袭。

庚午，至顺元年春二月己丑，秃坚伯忽等陷仁德府，至马龙州。调八番元帅完泽将兵御之。三月甲寅，赐八番、顺元、曲靖、乌撒、乌蒙、蒙庆币帛各一。戊午，命八番顺元宣慰使贴木儿不花为云南行省左丞，从豫王由八番道讨云南。夏四月壬寅，乌蒙土官禄余，杀乌撒宣慰司官吏，降于伯忽。罗罗蛮叛，应伯忽，杀平章贴木儿不花。云南贼禄余拒乌撒顺元界，立关固守。重庆五路军至云南境，与罗罗蛮战，败绩，千户祝天祥等遁还。命诸王云都思贴木儿及枢密判官洪浹，将江

---

① 冉：原作"奔"，据贵图本改。
② 丞相：原作"等丞相"，据贵图本删"等"字。奔：贵图本作"遁走"。

渰、河南兵与湖广行省平章脱欢，会兵讨云南。五月辛酉，四川行省讨云南，军次乌蒙。甲戌，八番乖西㜑苗阿马察、伯秩等叛，诏枢密臣分兵讨之。乙亥，置顺元宣抚司，统苔剌斥军，征云南，人赐钞五锭。六月丙申，立行枢密院讨云南教化，从豫王阿剌忒纳失里等①，由八番分道进兵。秋七月丁丑，秃坚伯忽等连乌撒禄余，约乌蒙、东川、芒部诸蛮反，谋攻顺元。遣使督豫王阿剌忒剌失里及行枢密院四川、云南行省，亟会诸军讨云南。诏乌蒙、乌撒及罗罗斯，地接西番碉门，命宣政院严加守备。闰七月辛卯，四川行省平章汪寿昌，请讨云南乌撒、乌蒙军需。从之。冬十月辛未，乌蒙路土官阿朝、阿累等降，贡方物。乙亥，四川行省平章塔出兵，出永宁，左丞李罗兵出青山、芒部，并进。陈兵周泥驿及禄余等战，破之。乘胜夺关，道顺元诸军。十一月，四川省臣塔出脱贴木儿等兵至乌撒周泥驿，进击禄余、阿奴、阿苔等，屡败之。败禄余等于七星关六日，凡十七战，贼大败，溃去。

辛未，至顺二年春正月戊寅，彻里铁木儿、李罗败乌撒蛮，射中禄余，降其民。乌蒙、东川、易良州夷獠款附。三月癸巳，八番军从征云南者，俱屯贵州，发粟给之。夏六月丙寅，撒云南出征军。乌撒、罗罗蛮复叛，杀戍军黄海朔等。撒加伯叛。命云南行省毋轻撒戍兵。官兵击乌撒贼，五战，破之。禄余遁。九月丙子，禄余兵杀乌撒宣慰使月鲁、东川路府判教化的。庚寅，禄余寇顺元路。乙未，思州镇远府饥，赈米五百石。丁酉，云南行省遣都事那海、镇抚栾智等，诏谕禄余，授以参政。禄余拒不受。乌撒贼入顺元境。王师败绩。那海死之。左丞贴木儿不花遁。冬十一月壬申朔，亦奚不薛所牧国马乏盐，令四川行省以盐给之。

壬申，三年春二月辛丑朔，八番骆度来贡。己酉，禄余乞降，仍乞改属四川省，隶永宁路。己亥，赐行枢密院钞，分给征乌撒、乌蒙军。

顺帝

癸酉，元统元年，改永宁路为镇边都元帅宣抚司。

甲戌，二年夏四月乙丑，命顺元等处军民宣抚使、八番等处沿边宣慰使伯颜溥花袭职。

乙亥，至元元年秋八月丙午，以乌撒、乌蒙地隶四川行省。

丙子，二年秋八月甲戌朔，诏云南八番官死不能归者，有司给赀护送还乡，远者加钞，无亲属者官为瘗之。

---

① 失：原文作"夫"，据贵图本及上下文改。

丁丑，三年夏五月癸卯，给平伐、都云、定云安抚司达鲁花赤暗都剌等虎符。

己丑，至正九年，镇远苗叛。

壬寅，二十二年，镇远州知州田茂安降于伪夏。伪夏明玉珍置思南道都元帅府。即今治。明玉珍遣指挥李芝麻帅兵，由八番分陷云南出《平夏录》。是时，贵州属伪夏。

黔记卷二目录

大事记下

大明

黔记卷二

泰和郭子章相奎父著
汉州宋兴祖汝杰父正
贵溪毕三才成叔父校

大事记下

蟟衣生曰：黔故西南夷，元以前夷耳。元始置顺元路，稍有事可书。然曰八番，曰亦奚不薛，犹夷之也。我明洪、永间，渐郡县其地，与楚、蜀、滇雁行，上置两台三司，下设郡州卫所，而产兹土者，文武科第，代不乏人。元以前未有也。事之巨者不胜书矣。作我明大事记下。

大明

太祖高皇帝

丁未，吴元年，思州田仁智内附，授思州宣慰使。

戊申，洪武元年，普定水斗。

庚戌，三年夏六月，诏谕八番。

辛亥，四年，酋长密定等内附，罢八番、顺元等处军民宣慰司都元帅府，并宣抚、安抚司、顺元路、贵州。置贵州宣抚司隶四川。夏六月壬寅，夏明昇降，献养龙坑良马，赐名飞越峰。置贵州卫隶四川。置永宁宣抚司。城永宁指挥杨广建，长千三百四十四丈。

壬子，五年春正月，江阴侯吴良讨古州等蛮，平之。分置思州、思南二宣慰使司隶湖广。秋八月，宣慰使霭翠请讨陇居，不许。改铜仁司隶思州宣慰司。城贵州都司马烨建，一千三百零九丈六尺五寸。置永宁卫。

癸丑，六年，升贵州宣抚司为宣慰使司仍隶四川。

乙卯，八年，改黄平府、重安长官司俱为安抚司。置黄平所。

丙辰，九年秋八月，播州、思南宣慰使杨铿、田仁智入朝。

丁巳，十年，安陆侯吴复破普定阿买寨。

辛酉，十四年秋九月朔，傅友德为征南将军，征云南。大军由辰沅趋贵州。冬十二月，友德兵攻普定，擒安锁，罗鬼、犵狫悉降。友德下普安，留兵戍守。改贵州卫隶贵州。置普定府卫隶四川。城普定一千四百丈。冬十二月戊寅，友德克乌撒诸蛮。

壬戌，十五年夏四月，乌撒诸蛮叛，友德移兵讨平之。秋八月，设贵州都指挥使司。汝南侯梅思祖署都司，寻卒。改黄平所隶贵州。城七星关傅友德筑。置乌撒卫，城之友德筑土城，隶云南。平凉侯费聚署都司。开设屯堡。

癸亥，十六年，置普定军民府。土妇适恭为普安知府适恭，土酋那邦妻。适恭卒，以子普旦嗣。置都云安抚司隶四川。置永宁州隶普定府。改习安州为安顺州隶普定府。置毕节卫。

甲子，十七年，改余庆州、白泥州、真州俱为长官司。改草塘长官司为安抚司。封傅友德颍国公①。

乙丑，十八年夏四月，思州苗叛，征虏将军汤和、副将军周德兴，帅师从楚王讨平之。废普定府。秋九月乙亥，洞蛮吴面儿寇古州。命信国公汤和从楚王剿捕。冬十月乙卯，汤和平古州，诏楚王还国。

丙寅，十九年春正月，颍国公友德、长兴侯耿炳文，帅师讨云贵诸蛮。夏六月甲辰，平越麻哈苗杨孟等叛，友德讨平之。封陈桓普定侯。城黎平府总兵周骥筑土城。

丁卯，二十年冬十一月，靖宁侯叶昇、普定侯桓讨东川、普定诸蛮，平之。降营阳侯杨信为普定卫指挥使。城毕节卫指挥李英、李隆筑，共七百四十一丈五尺。十二月，复命靖宁侯昇、普定侯桓屯田于毕节等卫。

戊辰，二十一年夏五月，东川蛮叛。征南将军颍国公友德、左右副将军西平侯沐英、普定侯桓帅师讨平之。秋九月，友德遣将分讨东川叛蛮，平之。诏普定侯桓屯田毕节。冬，宋国公冯胜镇永宁。

己巳，二十二年夏五月，狼洞黄平蛮叛，友德讨平之。置赤水、兴隆、安庄三卫。降六安侯王威为安南卫指挥使后改清平。城赤水卫及四所马烨建。卫城七百零四丈。普旦连阿资马乃叛，陷普安府，寻讨平之。罢普安府，置卫，隶云南，寻改贵州移

---

① 颍：原作"颖"，据《明史》卷三改。下同。

治今城。置普市所。

庚午，二十三年春正月，贵州苗叛，延安侯胜宗讨平之。砌黎平府城指挥姜瞻砌，共一千二百二十四丈。降宣德侯金镇平坝卫指挥使。徙思南宣慰司于水德江。置新添、龙里、威清、安南、平坝、清平六卫。改都云安抚司为都匀卫。城平坝卫共七百八十丈。都匀蛮叛，凉国公蓝玉遣凤翔侯张龙讨平之散毛、散狗二蛮作乱。

辛未，二十四年，景川侯曹震、贵州都司马烨凿永宁河。城清平卫于堡北堡即清平堡，城六百六十三丈。甃乌撒城马烨建。一千零九丈。

壬申，二十五年春正月，古州洞蛮叛，都督俞通渊讨平之。夏五月，封通渊越巂侯，世袭。城安南、安庄二卫安南卫城于尾洒堡，指挥梁海筑，七百四十三丈。安庄城，指挥陆秉筑，七百八十丈。城黄平、普市二所。秋七月，命都督王成通贵州道路。

癸酉，二十六年，城兴隆、威清二卫兴隆，傅友德建，共五百三十丈。威清，指挥焦琴建，共七百五十七丈。

甲戌，二十七年，城都匀卫何福建，后指挥黄铺甃以石，共一千七十二丈。

乙亥，二十八年秋八月，贵州蛮阿榜及丰宁等司叛①，守将顾成讨平之。置贵州前卫。

丁丑，三十年春二月，水西蛮叛，征南将军顾成讨平之。三月庚辰，古州蛮林宽叛，龙里千户吴得、镇抚井孚死之。夏五月乙卯，楚王、湘王征古州蛮。七月辛巳，二王率都督杨文等，征清平、黔阳、古州诸蛮，悉平之。

戊寅，三十一年，平羌将军何福擒永宁酋十八加如。何福讨毕节、都匀诸苗，平之。进征五开。冬十二月，故都督府高巍乞归田里，并论时政巍时戍贵州。

成祖文皇帝

癸未，永乐元年，置普安安抚司，以土酋慈长为普安安抚隶普安卫。

己丑，七年，封何福宁远侯。播州杨昇请剿尚科等寨，不许。

辛卯，九年春正月，敕贵州都司发兵讨交趾。

癸巳，十一年春三月，田琛、田宗鼎伏诛。罢宣慰司，置思州、新化、黎平、思南、镇远、石阡、铜仁、乌罗八府。设贵州布政使司，工部侍郎蒋廷瓒为左布政使。改贵州宣慰司隶贵州布政司。

甲午，十二年，改乌撒卫隶贵州。

---

① 丰宁：原本作"曹宁"，贵州无曹宁司，当是丰宁之误，据贵图本改。

乙未，十三年，城思州府知府崔彦俊创筑，即今治。慈长叛，改普安安抚司为州领罗罗夷民十二部。布政使蒋廷瓒上言，婺川山中连呼万岁者三。礼部尚书吕震称贺，不许。

丁酉，十五年，砌七星关城四百四十五丈。

己亥，十七年，改都匀卫隶贵州都司。

庚子，十八年，设贵州提刑按察司。

辛丑，十九年春正月，增户、刑二部贵州司。

仁宗昭皇帝

洪熙元年，令免征贵州宣慰司盐钞。令贵州愿试者，就试湖广。

宣宗章皇帝

丙午，宣德元年，诏云贵合乡试，定额十名是年，贵州未有中者。

丁未，二年，定会试南北中卷数，以云贵入中卷。

己酉，四年，增云贵解额一名云南十人，贵州一人，共十一名。

壬子，七年，增云贵解额四名①定云南十人，贵州五人，共一十五人。

英宗睿皇帝

丙辰，正统元年，以木瓜、麻向、大华三长官司，割属金筑安抚司，直隶贵州布政司。程番等十三长官司改隶贵州宣慰司。

丁巳，二年，改永宁州隶贵州布政司。

戊午，三年，省镇远州并于府。设安顺州流官隶贵州布政司。改普定卫隶贵州。

己未，四年春三月，赐赤水张谏进士。以废乌罗府朗溪司隶思南；乌罗、平头二司隶铜仁。始命右副都御史丁璿巡抚贵州。令免征镇远等府盐钞。

辛酉，六年，增云贵解额五名云增三名，贵增二名，共二十名。裁清军御史。添设屯田副使。

壬戌，七年春三月，赐宣慰司秦颙进士。

---

① 四名：原作"一名"，据后文改。

甲子，九年，置施秉县。夏六月壬午，赈苗民饥。

乙丑，十年春三月，赐思南申祐、永宁王敞进士。

丁卯，十二年，增云贵解额五名云增二名，贵增三名，共二十五名。

戊辰，十三年春三月，赐平越黄绂进士。

己巳，正统十四年春二月，邛水苗陷思州府。烂土凯口苗攻都匀城，官军却之。草塘苗龙惟保陷石阡府，知府胡信死之。苗陷平越卫。苗陷黄平所。苗陷思南府。夏四月，尚书王骥槛送苗酋虫富于京师，伏诛。寻召骥还。清平卫饥。秋七月，御史申祐扈跸于土木，死之祐，思南人。苗贼攻赤水城，都司张祥死之。冬十月，总督兵部侍郎侯琎、副总兵都督方瑛讨贵州苗，平之。

景帝

庚午，景泰元年夏四月，吏部侍郎何文渊奏罢贵州布政司，不许。侯琎为兵部尚书，寻卒卒于普定。诏云贵乡试不拘额。苗酋韦同烈据香炉山叛。羿蛮叛，攻永宁，指挥吴珍率兵败之。是年，始专设巡抚。保定伯梁珤、右都御史王来督同参将都督方瑛、陈友等，征湖贵苗。

辛未，二年春三月，右都御史王来讨韦同烈，平之。水西永侧夷叛，攻平坝城，官军败之。城铜仁府知府朱鉴筑土城。大饥。

壬申，三年冬十月，征南总督都御史王来还京。封梁珤保定侯[1]，方瑛南和伯以香炉山功。蠲贵州思印江长官司水银课，婺川县如旧。

甲戌，五年春三月，赐宣慰司易贵、兴隆周瑛进士。

丙子，七年，定云贵解额三十名内云二十人，贵十人。

英宗睿皇帝

丁丑，天顺元年春二月，湖南诸苗平，兵部尚书石璞还京，总兵官南和伯方瑛镇守湖贵。封方瑛南和侯，陈友武平侯陈以平五开、铜鼓功。三月，赐宣慰司黎逊、锺震、赤水陈迪、永宁彭杲进士。大坝山都掌蛮叛属永宁宣抚司。

己卯，三年，清平城楼灾。

甲申，八年春三月，赐普定赵侃、赤水朱谦进士。谪南给事中王徽普安州判官

---

[1] 梁珤：原作"石瑶"，据《明史》改。《明史》列传一百五十四有梁铭、梁珤父子传。

以论太监牛玉也。

宪宗纯皇帝

丁亥，成化三年，程信为兵部尚书，督川、湖、云、贵兵，讨山都掌蛮，平之。打罕州土酋韦阿礼叛。调泗城州兵讨平之打罕属永宁州。

戊子，四年，增云贵解额十名云增四人，贵增六人，共四十人。

己丑，五年春三月，赐平越杨遵进士。夏五月，重修省城隍庙。

壬辰，八年春三月，赐宣慰司徐节、俞玑、乌撒李珉、赤水茅铉进士。裁巡抚。

癸巳，九年夏四月，建钟鼓楼白尚书圭记。

甲午，十年，置程番府领长官司十三。普定火死者三十余人。增云贵解额五名为云南增，共四十五名。城思州府知府王常筑。

乙未，十一年，复设巡抚。

戊戌，十四年，彭韶为左布政。总兵吴经请征普定蛮，不许。

庚子，十六年，设布政司管粮右参政。

癸卯，十九年夏四月，谪陕西巡抚郑时为贵州参政。

甲辰，二十年春三月，赐宣慰司朱璧进士。贵州布政使彭韶为副都御史，巡抚江南，总督粮储。

丁未，二十三年春三月，赐镇远熊祥、贵州郭珠进士郭珠，贵州按察司吏，出云贵科第录。御史台瓜并蒂，有司以闻。孔镛为右副都御史，巡抚贵州。

孝宗敬皇帝

己酉①，弘治二年春三月丁亥，谪职方主事李文祥为兴隆卫经历文祥，麻城人。邓廷瓒为右副都御史，巡抚贵州。

辛亥，四年，烂土酋乜富、架重、恶龙等叛乜音迷。

壬子，弘治五年夏四月，副都御史邓廷瓒、总兵镇远侯顾溥，帅师讨烂土蛮。夏六月，改平越黄绂为南院右都御史。秋七月，南右都御史黄绂致仕。

癸丑，六年，置都匀府。清平大水。改印江司为县隶思南。

甲寅，七年春二月，烂土蛮平。加顾溥岁禄，邓廷瓒右都御史，掌南院事。寻

---

① 己酉：原作"庚戌"，据贵图本及《中国历史纪年表》改。

总督军务兼巡抚。清平疫。都匀凤凰山崩。

乙卯，八年冬十一月，地震。置麻哈、独山二州，清平、永从二县。增云贵解额五名内云增二名，贵增三名，共五十名。

丙辰，九年夏五月，大水。

戊午，十一年，普安夷妇米鲁叛，掳太监杨友，右布政使闾钲死之。置镇远县。

己未，十二年春三月，赐宣慰司詹恩、普定汪大章进士①。

庚申，十三年夏四月，镇远侯顾溥为京营总兵。

辛酉，十四年，城思南府知府罗璞筑土城，共七百七十丈。

癸亥，十六年夏五月，南户部尚书兼副都御史王轼督兵讨米鲁，平之轼，公安人。加王轼太子少保。

甲子，十七年夏四月，省城大雷雨击市人秤斗不平者。都匀大疫②。刘天和为清军御史。巡抚刘洪奏赐苗汉姓，不许。

乙丑，十八年，裁婺川县水银场大使。

武宗毅皇帝

丙寅，正德元年冬十二月，谪武选主事王守仁为龙场驿丞守仁，余姚人，以论逆瑾，廷杖，谪。

丁卯，二年，裁巡抚。

戊辰，三年，金石酉石承宠、卧龙酉王阿伦叛。

己巳，四年春三月，席书为提学副使。

庚午，五年，定云贵解额共五十五人内云南三十四人，贵州二十一人③。清平大有年。复设巡抚。王守仁为庐陵知县。

辛未，六年春三月，赐思州侯位进士。夏六月，江津贼方四等寇思石，贵州兵败之。秋九月，都匀地震。

壬申，七年，思州府火焚府治。

癸酉，八年，巡抚陈天祥讨王阿伦等，平之。

甲戌，九年春正月，赐思南田秋、永宁周昴进士。都匀蝗。

乙亥，十年，都匀饥。

① 汪大章：原本作"江大章"，据本书卷三十、卷三十一、卷四十六及万历志改。

② 大疫：原作"大疲"，据贵图本改。

③ 二十一：原作"二十二"，据后文改。

丙子，十一年，巡抚曹祥讨香炉山苗，不克。

丁丑，十二年秋八月，湖贵巡抚都御史秦金、邹文盛合兵讨清平香炉山苗，平之。清平饥。

戊寅，十三年夏，省城大水，霁虹桥圮。

己卯，十四年，芒夷叛，寇永宁。

辛巳，十六年春三月，赐宣慰司汤㖷进士。夏六月，思州天鼓鸣。

世宗肃皇帝

壬午，嘉靖元年，清平大有年。城石阡土城六百六丈。都匀火焚卫治。

癸未，二年，设毕节兵巡道。

乙酉，四年，参将何卿征芒部，平之。何卿为四川副总兵。

丙戌，五年春三月，赐普定梅月进士。城婺川县共四百丈。

丁亥，六年，芒夷复叛。都匀饥。

戊子，七年，兴隆饥。

己丑，八年，永宁大疫。都匀大水湮城。思南田中火，夜燎，雨乃止。副总兵何卿征芒夷，平之。城周泥站副使韩士英筑。

庚寅，九年，真州贼周天星等寇婺川县境。

辛卯，十年，巡抚刘士元讨真州贼，平之。冬十月，诏暂免凯里司贡马。十一月晦，普定地震。

壬辰，十一年春三月，赐永宁赵维垣进士，寻改庶吉士。

癸巳，十二年春三月，安南卫生两头男，御史周祥以闻。

甲午，十三年，迁清平中左所于香炉山。兴隆大水，山崩。宣慰使安万铨请终丧，诏下守臣勘处。

乙未，十四年秋七月，定贵州解额开科本省解额二十五人，从巡按王杏请。

丙申，十五年，思南地震。冬闰十二月，省城火。

丁酉，十六年，都匀苗阿向据凯口叛。秋八月，省城龙见。

戊戌，十七年春三月，赐普安蒋宗鲁、思南敖宗庆、乌撒谬文龙、清平王炯进士。

己亥，十八年夏五月，思州府大水洒溪有二龙战。清平陨霜杀稼。

庚子，十九年，石阡旱。清平、兴隆饥。金石司酉石显高叛，官军讨平之。起故右都御史万镗，勘处湖贵苗乱。

辛丑，二十年春三月，赐永宁闻贤进士。石阡旱。

壬寅，二十一年，铜镇苗叛，陷石阡府，执推官邓本中。万镗抚苗竣，班师。

癸卯，二十二年，拓铜仁府城知府李资坤增至九百三十六丈。冬十一月，夺御史魏洪冕官，削籍。布政使侯缄以下，降谪有差以试录讹舛也。

甲辰，二十三年春三月，赐镇远钱嘉猷进士。兴隆地震。

丙午，二十五年，增贵州解额五名共三十名，从抚臣王学益请也。清平、兴隆疫。秋七月，黎平野犬沿城夜吠明年，五开兴哗款。至今此风不熄。

丁未，二十六年春三月，赐宣慰司刘秉仁，清平李佑、孙衷进士。孙衷改庶吉士。夏，逮巡抚王学益下诏狱，释之。秋八月，陨霜杀稼。城印江县共四百九十丈。

戊申，二十七年秋九月，张岳为右都御史，总督湖、川、贵兵讨铜镇苗岳，惠安县人。普定旱。苗贼龙许保陷印江县。大饥斗米四钱。罗番龙受祖叛，官军讨平之。

己酉，二十八年春，清平芝草生。冬十月，诏免秋粮以旱蝗故。

庚戌，二十九年春三月，赐宣慰司陈治安、思南张守宗、新添姚世熙进士。铜仁苗陷思州府，知府李允简死之。镇算苗陷石阡府。削巡抚李义壮籍以苗陷印江、思州、石阡也。

辛亥，三十年夏，思州府饥，民食蕨。置铜仁抚苗通判寻裁。

壬子，三十一年，金筑贼阿季叛，官军讨平之。设湖川贵总督，驻沅州，节制三省从御史宿应麟请也。

癸丑，三十二年春三月，赐铜仁陈珊、清平孙应鳌进士。孙应鳌改庶吉士。总督张岳进讨湖贵苗，平之。右都御史张岳卒，谥襄惠。屠大山为湖川贵总督。大有年。

甲寅，三十三年，冯岳为湖川贵总督。

乙卯，三十四年，城乌撒后所于霭益州。《贵州通志》成谢东山修。

丁巳，三十六年，王崇为湖川贵总督。普定公署有树化石。甃思南府城知府宛嘉祥议。夏六月，诏采木。工部侍郎刘伯跃总督湖川贵大木。郎中李佑、副使卢孝达采川贵大木。

戊午，三十七年春三月，刑部主事张翀谪戍都匀以论大学士严嵩故。

己未，三十八年春三月，赐宣慰司汪若泮、普定梅惟和进士。石永为湖川贵总督。

庚申，三十九年，黄光昇为湖川贵总督光昇，晋江人。令宣慰土司毋越境收种田土①。冬十月，大霜凝结如花草。

---

① 毋：原作"母"，据贵图本改。

辛酉，四十年春旱，三月不雨。董威为湖川贵总督。甓石阡府城_{知府萧立业砌}以石。

壬戌，四十一年，罗崇奎为湖川贵总督_{崇奎，南昌人}。

癸亥，四十二年春二月，平坝火。三月朔，威清地震。裁湖川贵总督。始加贵州巡抚提督军务，兼制湖北川东地方。吴维岳为右副都御史，巡抚贵州_{维岳，孝丰县人}。

乙丑，四十四年春二月，赐普安邵元哲、李良臣、蒋思孝进士。都匀地震。冬十月，城施秉县。

丙寅，四十五年，设程番府管粮通判。秋七月，都匀地震。

穆宗庄皇帝

丁卯，隆庆元年春正月，召张翀于都匀。秋七月，黄平大雹伤稼。

戊辰，二年春二月，普定火五日焚民居五千余户，死者六十余人。迁程番府治于会省，改名贵阳。益以贵竹、平伐二司_{从巡抚杜拯、巡按王时举请也}。迁思州府治于平溪卫_{从知府张子中议}。

庚午，四年春二月夕，兴隆星殒，有声如雷。

辛未，五年春三月，赐贵阳许一德、清平李大晋、麻哈宋儒进士。兴隆恒雨，饥。

壬申，六年夏六月，省城雨桂子_{俗曰萝杂子}，遍城有之。

今上皇帝

癸酉，万历元年夏五月，兴隆大雪雹。秋八月，孙应鳌为金都御史，抚治郧阳。

甲戌，二年春三月，赐铜仁陈杨产进士。

乙亥，三年，甓清平城_{巡抚罗瑶砌}。

丁丑，五年春三月，赐普安沈存仁、清平孙世祯进士。迁思州府于旧治。甓思州城_{知府蔡懋昭砌。共四百四十丈}。冬十月，刑部进士邹元标谪戍都匀_{元标，吉水人。论大学士张居正不终丧，故谪}。威清虎入城害三百余人。

己卯，七年，婺川大水。夏六月，孙应鳌以原官掌国子监祭酒事。秋九月，兴隆、黄平地震。

庚辰，八年春三月，赐镇远郑国柱、普安邵以仁、都匀陈尚象进士。裁督粮参议归并右参政。

辛巳，九年，黎平猫生子，一身二头，雀三足。裁渭河、都镇二驿。

壬午，十年夏五月，普定大水。六月，有鸟鸣铜仁文庙，声如雷。拓思州府城旧三百二十丈，包筑后山，增一百二十丈。知府蔡懋昭筑。兴隆大有年。

癸未，十一年春三月，赐普安何汝岱、永宁沈权、平溪唐一鹏进士。秋八月，召邹元标为吏科给事中。沈权改庶吉士。

甲申，十二年春三月望，有黑物翔云中。贵阳李结扁豆。夏五月，都匀大水。

乙酉，十三年，者牙苗叛，巡抚舒应龙讨平之立为宣威营。

丙戌，十四年春三月，赐思南萧重望进士。置定番州于故程番府属贵阳府，领长官司十六，里四，从抚按舒应龙、毛在请也。秋九月，威清大雹毁稼。冬十二月，建偏桥跨虹桥。

丁亥，十五年夏四月，普定豚生两头，一身，两尾，八足。

己丑，十七年春三月，赐黎平龙起雷、普安蒋杰进士。

庚寅，十八年，甃麻哈州城知州陈汝和砌，共四百丈。

辛卯，十九年春三月，黎平大雷雨，蛟出府治仪门。夏五月，石阡龙见。置新贵县属贵阳府，附郭，从抚按叶梦熊、毛在请也。

壬辰，二十年春正月，罢刑科右给事中陈尚象为民尚象，都匀人。以建言故罢。三月，大风雹。赐贵阳马文卿进士。寻改庶吉士。

癸巳，二十一年春二月朔，省城大风雹。永宁旱。

甲午，二十二年，邢玠为兵部左侍郎兼右副都御史，总督川贵，勘剿播酋杨应龙。贷杨应龙。邢玠还京玠，益都人。辽东参议冯时泰谪戍都匀，寻卒以边事谪。兴隆大饥。

乙未，二十三年春三月，赐铜仁喻政进士。

丙申，二十四年夏五月，安顺州大水。秋八月，迁贵阳府学于北城外。

丁酉，二十五年，置惠药局田。置右文、备赈、泽幽田巡抚江东之、巡按应朝卿置。置递马谷巡抚江东之置。修《通志》。

戊戌，二十六年春三月，赐新添丘禾实、铜仁万士英、普安董绍书进士。丘禾实改庶吉士。置恤隐局。置恤军田巡抚江东之、巡按应朝卿置。置铜仁县隶铜仁府，倚郭。从巡抚江东之、巡按应朝卿请也。兴隆虎噬人以百余计。明年，播贼寇东坡。

己亥，二十七年春三月癸未，郭子章为右副都御史巡抚贵州江西泰和人。乙未，平坝等卫白昼天黑如夜，烈风迅雷，遍地震动，雪雹如碗、盆、砖石。巡按御史宋兴祖至贵州四川中江人。壬寅，播贼杨应龙寇平越飞练，杀都司杨国柱等。夏四月，设川湖贵总督。李化龙为兵部右侍郎兼右金都御史，总督川湖贵，巡抚四川直隶长垣人。闰四月丙戌，贵州总兵沈尚文免。己丑，童元镇为贵州总兵官广西人。五月戊辰，总督李化龙至四川。己巳，巡抚郭子章至沅州。乙亥，播贼寇綦江境。六月戊戌，播贼陷綦江县，游击房嘉宠、守备张良贤死之。丙午，应天卫百户范仓，请设贵州税监。诏内官监左监丞张庆榷税。秋七月戊申朔，吏部等衙门尚书李戴、陈蕖、田乐、萧大亨，左都御史温纯等疏止贵州税监，不报。户科都给事中李应策，御史应朝卿、萧重望等请止贵州税监，不报。大学士沈一贯请止贵州税监，从之。乙亥，都给事中张辅之等追论播事，诏四川巡抚谭希恩、贵州巡抚江东之俱罢职，不叙。诏严禁泄漏播事。秋八月己卯，诏暴播贼杨应龙罪，颁赏格从兵部请也。戊子，杨寅秋为贵州按察使，张存意为参议，俱监军。辛丑，陈璘为湖广总兵官，镇偏桥。甲辰，设兴隆参将。九月壬子，设毕节参将，寻罢。乙丑，赐剑总督李化龙，令便宜从事。冬十月，贷安疆臣，令讨播自效。十一月壬戌，播贼寇东坡。庚午，诏逮沈尚文，降童元镇充为事官，以李应祥为贵州总兵官应祥，湖广九溪卫人。十二月甲申，降工部主事黄龙光为布政司经历以六科廊失火也。壬辰，诏以湖广漕粮济川贵军兴从科臣李应策请也。

庚子，二十八年春正月庚戌，播贼寇龙泉司，守备杨惟中遁，土长官安民志死之。辛亥，巡按御史宋兴祖请停木运，专力讨播。丙寅，诏贵州孤悬，令各省直助饷。壬申，设偏沅巡抚。癸酉，江铎为右佥都御史，驻镇偏沅铎，浙江仁和人。二月戊寅，五靖参将黄冲霄督兵勘皮林苗，我师败绩。苗杀守备陈世忠等。癸未，播贼袭河渡，房宣慰宋承恩去承恩，应龙婿也。丙戌，总督李化龙、贵州巡抚郭子章、湖广巡抚支可大誓师，合兵讨播。丙申，降刑部郎中夏爔为贵阳府通判为问中璠失火罪，璠以病故也。三月乙巳，平越兵克四牌。平越兵克高囤。壬子，贵阳兵克乌江关。甲寅，贵阳兵克河渡关。乙卯，平越兵克青岗囤。戊午，播贼突犯乌江河渡，参将杨显，守备陈云龙、阮士奇、白明逵，指挥杨续芝等死之。偏桥兵克板角关。己未，水西兵至杨亡水，克大红洛、濛水等七关。平越兵渡构皮滩河。丁卯，都给事中李应策追论播事，诏原任四川巡抚艾穆、贵州巡抚林乔相俱革职。壬申，水西兵与贼战于大水田，破之。夏四月丙子，偏沅巡抚江铎至沅州。丁丑，谪刑部主事曹文纬为布政司照磨为主事谢廷瓒请立太子也。乙酉，平越兵克黄滩关。丙戌，水西镇雄兵克桃溪，焚其衙署、家庙。辛卯，工部员外郎黄士吉、行人王孟震为贵州考试官。水西镇雄兵入播州。五月丁未，逮童元镇。留御史宋兴祖再按贵州为播事留，从巡抚郭子章请也。六月丁丑，灭播州，杨应龙自经死，俘其妻子及贼党。壬午，总督李化龙加右都御史以考满加。戊戌，总督李化龙以父忧乞终丧，不许，诏留之。秋七月戊辰，都御史台东园芝生。庚午，兴武卫指挥周原茂，奏设贵州税监，不报。八月丁酉，监军按察使杨寅秋病，请告。九月辛丑朔，新添丘禾实为翰林院检讨贵州翰林自禾实始。庚午，诏偏沅巡抚江铎，墨纕讨皮林苗，川湖贵广西督抚督兵协击。冬十月戊子，贵州巡按御史宋兴祖请停刑，不报。十二月庚辰，督抚李化龙、郭子章、江铎俘杨朝栋等献于阙下。丙寅，上御楼受之。群臣称贺。磔杨朝栋等于西市。释宋承恩。己巳，诏补故南京工部尚书孙应鳌谥应鳌，清平人，从抚按郭子章、宋兴祖及御史李时华请也。

辛丑，二十九年春正月壬子，颁平播诏于天下。甲子，巡抚郭子章如镇远，会楚师、粤帅，协剿皮林。三月，灭皮林苗，班师。监军按察使杨寅秋卒。大理寺寺正江盈科恤刑云贵盈科，桃源人。赐黎平梅友月、贵阳杨师孔、铜仁徐穆进士。夏四月戊辰朔，不雨。戊子，设播州总兵官，改李应祥为四川总兵官驻播州。川湖贵总督、右都御史李化龙以忧去。夏五月戊戌，大饥斗米四钱。己亥，诏分播地，以播州为遵义府，隶四川。革五司，以其地为平越军民府，隶贵州。设黄平州，湄潭、瓮安、余庆三县隶平越府。龙泉县隶石阡府。以副使尤锡类为参政，贵阳府知府刘冠南为副使，管平越府事，经理播地。加贵州巡抚兼制湖南及川南四土府地方。改镇远、偏桥、平溪、清浪四卫隶贵州。黎平府永从县隶湖广。加贵阳为军民府。设镇远府推官。癸卯，王象乾为兵部右侍郎兼右金都御史，总督川湖贵，巡抚四川象乾，山东新城人。庚子，雨桂子于贵阳俗曰莎萝子。壬寅，贷故总兵官童元镇谪戍。诏赈贵州万金。戊午，谪礼科给事中杨天民、王士昌为永从、镇远县典史为请立太子也。六月戊辰，御史毕三才巡按贵州。御史宋兴祖改差云南。壬申，开偏桥河。定番州地震。七月大疫。谪吏科给事中许子伟为铜仁府经历为论寺臣张栋，语侵中贵也。秋八月丙戌，两台东园芝并生。谪吏刑二科给事中郭如星、陈维春为印江、铜仁县典史为论楚璠陈奉也。冬十月庚辰，指挥冯国恩妻一产三男。设印江县学。从抚按郭子章、宋兴祖及御史萧重望请也。

壬寅，三十年春正月丙辰，千户王应魁复请设贵州监税，大学士沈一贯拟旨力阻之，原疏留中。二月，城余庆、湄潭、瓮安、龙泉四县。修平越府、黄平州城。夏六月丙午，赤虹垂于贵阳城北董氏。秋八月，都督同知陈璘为总兵官。九月，改安顺州为军民府从御史宋兴祖请也。修铜仁府，新添、龙里卫城。建平龙桥桥在兴隆东坡十里。冬十月辛卯，黄平州灵芝生产于察院川堂，一本十三枝，丹盖碧茎。建平越水城。建铜仁诸堡。十二月，播故民吴洪等叛，安疆臣斩之，并俘其党以献。

癸卯，三十一年春二月，永宁土司奢世续、奢崇宁争立，烧普市。夏五月，复以平、清、偏、镇四卫隶湖广，黎平府隶贵州。六月壬寅，赤虹复垂于贵阳董氏。秋八月，兵部主事朱化孚、行人张国儒为贵州考试官。辛卯，建重安江浮桥。庚戌，改普定、平越二卫学为安顺、平越二府学。设黄平州、新贵县二学从抚按郭子章、宋兴祖、毕三才及御史李时华请也。冬十一月，建乌撒乾河桥。建麻哈江浮桥。

甲辰，三十二年春正月丁丑，礼部请宣平播捷告郊庙奉圣旨：是。祭告南郊，遣公张惟贤，北郊，遣公朱应槐，太庙，驸马万炜行礼。二月癸未，建盘江浮桥。三月，建思州府天堂桥。赐贵阳王尊德、铜仁杨如皋进士。永宁土司奢世续、奢崇明平。夏六月，开黄平河。秋九月，大有年石米三钱。冬十月辛酉，御史金忠士巡按贵州。叙平播功，总督李化龙为兵部尚书，加少保，荫一子锦衣卫指挥使，世袭。巡抚郭子章为右都御史兼兵部右侍郎，仍巡抚，荫一子锦衣卫指挥金事，世袭。赠故监军按察使杨寅秋太仆寺卿，荫一子入监。总兵官陈璘为左都督，荫一子本卫指挥使，世袭。赠故总兵官李应祥左都督，子世袭本卫正千户。其余文武将吏升赉有差。

乙巳，三十三年春正月辛巳，总督兵部左侍郎王象乾以忧去。二月己巳，钦颁驻镇兴隆、新添、清平、永宁、赤水、毕节、乌撒、龙里各关防从抚按郭子章、毕三才请也。夏四月庚戌，雨桂子俗名莎萝子，细视之，即皂角子也。顾实从天降，不知何来，人以为丰年兆云。秋九月癸酉，诏裁兴隆参将，以都清守备驻杨老，清镇守备驻偏桥。戊戌，改水德长官司为安化县隶思南府附郭，从抚按郭子章、金忠士请也。冬十月癸卯，诏裁川湖贵总督。乙卯，诏征路苗奉旨，这苗恶既稔，天讨宜加，一切征剿事宜，俱依拟便宜从事，务保万全，以安远人。从抚按郭子章、金忠士请也。监军布政使赵健纪功，按察使尤锡类督兵，都司高垣讨西路苗，克之。总兵左都督陈璘、监军参政洪澄源讨水砥山苗，克之。冬十二月丙午，按察使尤锡类为右布政使，参政洪澄源为按察使以平播功也。召陈尚象复为给事中尚象，都匀人。以平播功召也。

丙午，三十四年春正月丙戌，总兵左都督陈璘，监军布政使赵健，参政洪澄源、何伟、王贻德讨东路苗，克之。二月庚子，刑部郎中陈乾亨恤刑云贵乾亨，合州人。夏五月癸巳，永宁、赤水二卫大水永宁漂去三百家，赤水漂去七十家。秋七月丙子，御史冯奕垣巡按贵州奕垣，广东南海人。八月，评事周延光、行人张孔教为贵州考试官延光，湖广蕲水人；孔教，山东掖县人。

丁未，三十五年春二月己亥，设新添参将，裁都清守备从巡抚郭子章善后疏也。以游击刘岳首任。三月丙寅，四川追永宁司印，擒奢世续，余党烧普市摩尼。辛巳，赐贵阳潘润民、永宁熊文灿、普定娄九德、镇远张应吾进士。夏五月，思南府沿河司麦秀一茎四穗据思仁道按察使洪澄源、思南府知府阴镕、沿河司吏目丘天荣报，麦产于乡官荣山县知县张显然庄也。子章乞养，不报。六月丁巳，镇雄以永宁宣抚司印来献。子章乞养，不报。秋七月己未，诏子章终养奉圣旨，郭子章久习边事，本难听其遽去，但屡疏陈情，词意恳切，准回籍养亲，以俟起用。夷情甫定，其员缺，便推老成镇重的去，吏部知道。八月，潘润民改庶吉士。九月，诏撤蜀兵。冬十一月甲寅，马孔英为贵州总兵官山西人。十二月，蠲平越、石阡二府借饷免平越府六千一百三十三两八钱一分，免石阡府一千八百三十四两四钱四分。

降凯里安抚司为长官司本司土官杨燧原与播同宗，听奸拨置。越占平越府葛浪洞等处田土，抚按郭子章、冯奕垣会疏题参。奉旨，这凯里恶酋杨燧，原系漏网逆族，辄敢听人拨置，妄启衅端，争地杀人，逆形渐著。本当剿处，姑先贬秩，降安抚为长官司。本酋降正长官，欧阳坤等党附恶酋，行贵州抚按官提问正法。原争田土已入版图的，照旧分隶州县管辖。如或仍前妄争，即另议剿处，更择可立者立之。一切事机，悉听便宜行事，不为中制。

戊申，三十六年春正月己丑朔，思州府民易绣虎一产三男据思州府知府陈梦琛报，民易绣虎妻谭氏，正月初一日子时产二子，丑时产一子。夏六月丙辰，凤嬉堂池二莲同干。秋七月乙酉，设贵定县隶贵阳府。从抚按郭子章、冯奕垣请。改大平伐、小平伐、的贡、把平四长官司为县，县治设于的贡司。

黔记卷三目录

星野志

黔记卷三

泰和郭子章相奎父著
汉州宋兴祖汝杰父正
贵溪毕三才成叔父校

星野志

蠛衣生曰：贵州弹丸地耳。地既有野，象当有星。黔地邻楚蜀，总之不出鹑首、鹑火、鹑尾之次。若必云某郡属某星，某卫属某星，则凿矣。今首列星野总图，次列六家之谱，又次载汉、晋、唐书及三志诸家之说，而附以蠡测，作《星野志》。

星野总图

星土分星，星纪，吴越也，吴越扬州，斗、牛。玄枵，齐也。齐青州，女、虚、危。娵訾，卫也。卫冀州，室、壁。降娄，鲁也，鲁青州，奎、娄。大梁，赵也。实沈，晋也，赵、晋冀、并州，胃、昴、毕、觜、参。鹑首，秦也，秦雍州，井、鬼。鹑火，周也，周豫州，柳、星、张。鹑尾，楚也，楚荆州，翼、轸。寿星，郑也，郑豫州，角、亢。大火，宋也，宋豫州，氐、房、心。析木，燕也，燕幽州，尾、箕。据郑注与班固《地理志》，分野合。魏即晋地，韩即郑地。《帝王世纪》亦用其说。考之《左传》、《国语》皆合。但以国为断，则疆土变易，不合天文之正。

星野总图

六家分星异同之谱。是谱世不多见，因详著之，以备参考。

	班固《汉志》	陈卓《魏太史》	费直《说周易》	蔡邕《月令章句》	皇甫谧《帝王世纪》	一行
寿星	天文：角、亢、氐。兖州，自东井六度至亢六度。地理：韩地，角、亢、氐之分。	自轸十二度至氐四度。辰在辰，郑分，兖州。	起轸七度。	起轸六度。白露，秋分。	自轸十二度至氐四度，韩分。	初轸十度；中角八度；终氐一度。
大火	天文：房、心，豫州。地理：宋地，房、心之分。	自氐五度至尾九度。辰在卯，宋分，豫州。	起氐十一度。	起亢八度。寒露，霜降。	自氐五度至尾九度，宋分。	初氐二度；中房二度；终尾六度。
析木	天文：尾、箕，幽州。地理：燕地，尾、箕之分。自危四度至斗六度。	自尾十度至斗十一度。辰在寅，燕分，幽州。	起尾九度。	起尾四度。立冬，小雪。	自尾十度至斗十度，燕分。	初尾七度；中箕九度；终斗八度。

	班固《汉志》	陈卓《魏太史》	费直《说周易》	蔡邕《月令章句》	皇甫谧《帝王世纪》	一行
星纪	天文：斗，江湖；牛、女，扬州。地理：吴地，斗分。越地，牛、女分。	自斗十二度至女七度。辰在丑，吴越分，扬州。	起斗十度。	起斗六度。大雪，冬至。越分。	自斗十一度至女七度，吴越分。	初斗九度；中斗二十四度；终女四度。
玄枵	天文：虚、危，青州。地理：齐地，虚、危之分。	自女八度至危十五度。辰在子，齐分，青州。	起女六度。	起女二度。小寒，大寒。	自女八度至危十六度，齐分。	初女五度；中虚九度；终危十二度。
娵訾一曰豕韦	天文：室、壁，并州。地理：卫地，室、壁之分。	自危十六度至奎四度。辰在亥，卫分，并州。	起危十四度。	起危十度。立春，惊蛰。	自危十七度至奎四度，卫分。	初危十三度；中室十二度；终奎一度。
降娄	天文：奎、娄、胃，徐州。地理：鲁地。奎、娄之分。	自奎五度至胃六度。辰在戌，鲁分，徐州。	起奎二度。	起奎八度。雨水，春分。	自奎五度至胃六度，鲁分。	初奎二度；中娄一度；终胃三度。
大梁	天文：昴、毕，冀州。地理：赵地。昴、毕之分。	自胃七度至毕十一度。辰在酉，赵分，冀州。	起娄十度。	起胃一度。清明，谷雨。	自胃七度至毕十一度，赵分。	初胃四度；中昴六度；终毕九度。
实沈	天文：觜、参，益州。地理：魏地。觜、参之分。	自毕十二度至井十五度。辰在申，魏分，益州。	起毕九度。	起毕六度。立夏，小满。晋分。	自毕十二度至井十五度，晋魏分。	初毕十度；中参七度；终井十一度。
鹑首	天文：井、鬼，雍州。地理：秦地。井、鬼之分，自井十度至柳三度。	自井十六度至柳八度。辰在未，秦分，雍州。	起井十二度。	起井十度。芒种，夏至。	自井十六度至柳八度，秦分。	初井十二度；中井二十七度；终柳六度。
鹑火	天文：柳、星、张，三河。自柳三度至张十二度。地理：周地。柳、星、张之分。	自柳九度至张十六度。辰在午，周分，三河。	起柳五度。	起柳三度。小暑，大暑。	自柳九度至张十七度，周分。	初柳七度；中星七度；终张十四度。

	班固《汉志》	陈卓《魏太史》	费直《说周易》	蔡邕《月令章句》	皇甫谧《帝王世纪》	一行
鹑尾	天文：翼、轸，荆州。地理：楚地。翼、轸之分。	自张十七度至轸十一度。辰在巳，楚分，荆州。	起张十二度。	起张十二度至轸六度。立秋，处暑。	自张十八度至轸十一度，楚分。	初张十五度；中翼十二度；终轸九度。

蠙衣生曰：星野之说，予甚惑焉。惟唐一行有言曰：悬象在天，其本在地。星之与土，以精气相属而不系于方隅。其占测以河山为界，而不主于州国。古今言分野者，莫精于此矣。苏伯衡又曰：分野指列宿所属之星土，古书已亡。列宿纪天运日躔之度舍，历家取证，因度舍所在，而妖祥见焉。则所属之地亦可征矣。观此，则分野不可以方隅测，而星土精气相属之说，古书无存，予将安征？矧贵州古荒服地，曩未隶十二州。予又安所凭以分属哉？

大明《一统志》云：贵州，《禹贡》荆、梁二州之南境，亦意之也。黎平、镇远稍近楚，故属荆。都匀、永宁、贵阳、普安稍近蜀、滇，故属梁。此就地以窥天，因形以占象，古图书不载也。古图书且无贵州，恶得有贵州星野？无已，惟以《星经》与《帝王世纪》互考而并论之。

《星经》曰：荧惑主霍山、扬州、荆州、交州；太白主华阴山、凉州、雍州、益州。荧惑主舆、鬼、柳、七星、张、翼、轸；太白主奎、娄、胃、昴、毕、觜、参。审如是，贵当荆州南境，应属荧惑，应主舆、鬼、柳、七星、张、翼、轸；贵当梁州南境，应属太白，应主奎、娄、胃、昴、毕、觜、参。

《星经》又曰：玉衡者，谓斗九星也。玉衡第二星主益州。常以五亥日候之。乙亥为汉中；丁亥为永昌；己亥为巴郡、蜀郡、牂柯；辛亥为广汉；癸亥为犍为。凡七郡。第四星主荆州，常以五卯日候之。乙卯为南阳；己卯为零陵；辛卯为桂阳；癸卯为长沙；丁卯为武陵。凡五郡。审如是，贵当益州南境。汉为牂柯郡，应以己亥日同巴郡、蜀郡候之；贵又当荆州南境，而近武陵，应以丁卯日候之。

《世纪》曰：天有十二次，日月之所躔也[①]；地有十二分，王侯之所国也。黄帝受命，乃推分星次，以定律度，自井十六度至柳八度，曰鹑首之次，于辰在未，谓之叶治，于律为蕤宾，斗建在午，今秦分野。自柳九度至张十七度，曰鹑火之次，于辰在午，谓之敦牂，一名大律，于律为林锺，斗建在未，今周分野。自张十

①　躔：原作"缠"，据贵图本改。

八度至轸十一度，曰鹑尾之次，于辰在巳，谓之大荒落，于律为夷则，斗建在申，今楚分野。审如是，贵当荆州南境，应属鹑尾之次；当梁州南境，应属鹑首、鹑火之次。夫贵于秦远，而梁州、雍州，州相近也。贵于周远，而井、鬼、柳、张，星相近也。贵州之星野，其大概不过如此。若必欲属黎平、镇远、铜仁于某星、某度；属都匀、贵阳、普安于某星、某度；即起昆吾、巫咸、唐蔑①、甘公而问之，恐亦无以置对。今远自迁、固，以及唐志，凡属荆、梁、益者，悉胪列之②。近自《一统志》，以及贵州新旧通志，凡议论，考辨，番备存之，以俟后之君子考镜焉。

《史记》

司马迁曰：角、亢、氐，兖州；房、心，豫州；尾、箕，幽州；斗，江湖；牵牛③、婺女，扬州；虚、危，青州；营室至东壁，并州；奎、娄、胃，徐州；昴、毕，冀州；觜、参，益州《正义》曰：《括地志》云，汉武帝置十三州，改梁州为益州广汉。广汉，今益州郐县是也。分今河内、上党、云中。然按《星经》，益州，魏地，毕、觜、参之分。今河内、上党、云中，是未详也。东井、舆鬼，雍州；柳、七星、张，三河；翼、轸，荆州。

七星为员官，辰星庙，蛮夷星也。

《汉书》

班固曰：角、亢、氐，兖州；房、心，豫州；尾、箕，幽州；斗，江、湖；牵牛、婺女，扬州；虚、危，青州；营室、东壁，并州；奎、娄、胃，徐州；昴、毕，冀州；觜觿、参，益州；东井、舆鬼，雍州；柳、七星、张，三河；翼、轸，荆州。甲，齐；乙，东夷；丙，楚；丁，南夷；戊，魏；己，韩；庚，秦；辛，西夷；壬，燕、赵；癸，北夷；子，周；丑，翟；寅，赵；卯，郑；辰，邯郸；巳，卫；午，秦；未，中山；申，齐；酉，鲁；戌，吴、越；亥，燕、代。秦疆，候太白，占狼、弧；吴、楚之疆，候荧惑，占鸟衡；燕、齐之疆，候辰星，占虚、危；宋、郑之疆，候岁星，占房、心；晋之疆，亦候辰星占参罚。及秦并吞三晋、燕、

---

① 唐蔑：原本作"唐篾"，据贵图本改。
② 胪列：原本作"胪列"，据贵图本改。
③ 牵牛：原本误作"牵女"，后文亦有，一并改，不再出校。

代，自河山以南者中国。中国于四海内则在东南，为阳，阳则日、岁星、荧惑、填星，占于街南，毕主之。其西北，则胡、貉、月氏旃裘引弓之民，为阴。阴则月、太白、辰星，占于街北，昂主之。故中国山川东北流，其维首在陇蜀，尾没于勃海碣石。是以秦、晋好用兵，复占太白。太白主中国，而胡貉数侵掠。独占辰星，辰星出入趎疾，常主夷狄，其大经也。

《晋·天文志》

自毕十二度至东井十五度为实沈。于辰在申，魏之分野，属益州费直，起毕九度。蔡邕，起毕六度。

自东井十二度至柳八度为鹑首。于辰在未，秦之分野，属雍州费直，起井十二度。蔡邕，起井十度。

自柳九度至张十六度为鹑火。于辰在午，周之分野，属三河费直，起柳五度。蔡邕，起柳三度。

自张十七度至轸十一度为鹑尾。于辰在巳，楚之分野，属荆州费直，起张十三度。蔡邕，起张十二度。

州郡躔次。陈卓、范蠡、鬼谷先生、张良、诸葛亮、谯周、京房、张衡并云：

觜、参，魏，益州：

广汉入觜一度。越巂入觜三度。蜀郡入参一度①。犍为入参三度。牂柯入参五度。巴郡入参八度。汉中入参九度。益州入参七度。

东井、舆鬼，秦，雍州：

云中入东井一度。定襄入东井八度。雁门入东井十六度。代郡入东井二十八度。太原入东井二十九度。上党入舆鬼二度。

柳、七星、张，周，三辅：

弘农入柳一度。河南入七星三度。河东入张一度。河内入张九度。

翼、轸，楚，荆州：

南阳入翼六度。南郡入翼十度。江夏入翼十二度。零陵入轸十一度。桂阳入轸十度②。武陵入轸十度。长沙入轸十六度。

---

① 参：原作"觜"，据贵图本改。
② 十度：原作"六度"，据贵图本改。

唐志

井、鬼、鹑首。自汉三辅及北地上郡，安定；西自陇坻至河西[①]；西南尽巴蜀、汉中之地及西南夷，犍为，越巂，益州郡，极南河之表；东至牂柯。古秦、梁、豳、芮、丰、毕、骀杠、有扈、密灵、台骀、庸、蜀、羌、髳之国。井居两河之阴，自山河上流当地络之西北；鬼居两河之阳，自汉中东尽华阳，与鹑火相接，当地络之东南；鹑首之外，云汉潜流而未达，故众星在河江上流之西，弧矢犬鸡，皆徼外之备也。西番、吐蕃、吐谷浑及西南徼外夷人，皆占狼星，柳、星、张。鹑火北自荥泽，荥阳并京索暨山南，得新郑、密县，至外方东隅，斜至方城，抵桐柏。又北，自宛叶南暨汉东，尽汉南阳之地。又自雒邑负北河之南及商洛，逾南纪达武当、汉水之阴，尽弘农郡，以淮源桐柏东阳为限，而申州属寿星。古成周、虢、郑、管、邻、东虢、密、滑、焦、唐、随、申、邓及祝融氏之都。为轩辕、祝融之墟。其东鄙，则入寿星。柳在鬼东，又接汉源，当商雒之阳，接南河上流。系轩辕得土行正位中岳象也。故为河南之分，张直南阳，汉东与鹑尾同占。

翼、轸、鹑尾，自房陵、白帝而东，尽汉之南郡、江夏，东达庐江。南部，滨彭蠡之西，得汉长沙、武陵、桂阳、零陵。又逾南纪，尽郁林、合浦之地。自沅、湘上流，西达黔安之左，皆全楚之分。自富昭、度象、龚绣、容白、廉州以西，亦鹑尾之墟。古荆楚、郧、郿、罗权、巴、夔州与南方蛮貊之国。翼与张同象，当河南之北。轸在天关之外，当河南之南。其中一星主长沙，逾岭徼而南为东瓯、青丘之分。安南诸州在云汉上流之东阳，宜属鹑火，而柳、星、张，皆当中州，不得连负海之地。故丽于鹑尾。

大明《一统志》

宣慰司，参、井分野；普安州，井、鬼分野；铜仁府，星分野；黎平府，翼、轸之余；余各属俱不载分野。

贵州旧志

谢公东山曰：《周官·保章氏》以星土辨九州之封域，各有分星。贵州为荆、

梁二州之南境。迤西为梁，参、井、鬼，其分野也；迤东为荆，翼、轸，其分野也。然《晋·天文志》谓，自毕至东井为实沈。于辰在申，魏之分野也，属益州。不知魏分晋地，得河内、河东数十县，于益州固已远矣。而雍州为秦，其下乃列云中、定襄、雁门、代、太原、上党诸郡，抑又何钦？山窃谓星言天文，土言地里，左氏合而配之，故分野之说起，而为占候之术者，始纷纷然，务为妖妄以或人，其实不尽然也。

宣慰司、贵州前、龙里、新添、平越、清平、兴隆、威清、平坝、普定、安庄、安南、普安、毕节、乌撒、赤水、永宁等十七卫俱参、井。都匀府卫、程番府即今定番州、永宁、镇宁、安顺、普安四州，俱参、井之余。思州、思南、镇远、石阡、铜仁、黎平六府，俱翼、轸之余。

贵州新志

沈公思充曰：国邑之名代变，而山川不变，星辰亦不变。泥其变者，遗其不变者，是何异于亡剑而刻舟？舟去且远，而犹索之剑也。考自毕十二度而觜、而参，至东井十五度为实沈，于辰在申，为益之分。自东井十六度而鬼，至柳八度为鹑首，于辰在未，为雍之分。周成合梁于雍，汉武改梁为益，是雍、益又未始不为梁也。黔在寓县南而西偏，于《禹贡》为梁，于周、汉为雍与益，于辰为未，于次为鹑首，而分则井、鬼之交。《汉书》所称秦地，于天官东井、舆鬼之分野，西南有犍为，又西南有牂柯、越巂、益州，皆宜属焉者，近是。及考司马子长世掌天官，星历最核，而其说曰：秦之疆，候在太白，占于狼弧；吴楚之疆，候在荧惑，占于鸟衡，以当楚盛时，包有武陵，非复江夏，云梦之偏，故不占翼、轸而占鸟衡。此太史公独见也。班氏祖荆州翼、轸之说，而并及武陵。后之谭者，复沿武陵之说而并及夜郎，何其失之愈远也？今按黔于狼弧之参，则退而东于鸟衡之柳，则进而西举以属井、鬼，若券合矣。旧志谓迤西参、井而不及鬼，谓迤东翼、轸而越柳、星、张，其谬无论，至《一统志》于黔诸属，寥寥著一二。分野如普安属井、鬼，是矣。宣慰司在普安之东北，奈何西入参？铜仁属星似矣。黎平地邻铜仁，奈何越入翼、轸？至其余多阙焉不著，盖亦有疑而未遑考邪？今断以镇远、思州、铜仁、黎平四郡稍近武陵，为柳、星之余，合于太史之楚占鸟衡者。而余为黔属者，总属井、鬼二宿，盖在殷称鬼方，今俗相传称罗鬼，其故可知矣。象事揆方，自谓确然，故敢僭为之辨，以俟后之君子。

贵阳、都匀、石阡、思南四府，宣慰司，定番、安顺、镇宁、永宁、普安五州，贵前、威清、平坝、普定、安庄、安南、普安、毕节、乌撒、赤水、永宁、龙里、新添、平越、清平、兴隆、都匀一十八卫，普市、黄平二所，俱井、鬼分。镇远、铜仁、思州、黎平四府，俱柳、星之余。

蟫衣生总论曰：新志以贵州分野专属井、鬼，确然有据，则井、鬼二星，不可不详考者。《晋·天文志》出李淳风手，似若明晰，乃以东井、舆鬼，属秦，雍州。贵中由蜀保宁入汉中，不甚相远，属秦雍州，犹可言也。乃《晋志》雍州之下，列云中、定襄等郡，又于贵中若风马牛。岂《晋志》误邪？抑洪容斋所谓蔽于天而不知地邪？新志直引鬼方、罗鬼等名为证，予亦未敢深信。宇内地名，偶与星同者多，未闻井陉属井亢，龙属亢，房州、房陵属房也。惟《星经》载，荧惑主荆州，主舆鬼、柳、张。贵实近荆州，属鬼、柳，似近之，然亦未知其终合否也。籍令易辨，一行、伯衡之说，何以纷纭哉？

黔记卷四目录

舆图志一

黔记卷四

泰和郭子章相奎父著
汉州宋兴祖汝杰父正
贵溪毕三才成叔父校

舆图志一

贵阳府卫州，宣慰司，上六卫，西四卫

蟓衣生曰：贵州一线路外即苗穴矣。即苗即贼，不窥吾路，则窥吾城，故图疆域之远近，道里之险易，令守路者知其去来之踪。图城郭之广狭，民居之疏密，令守城者曲为平陂之防，庶于弥盗，少有裨乎？是吾作舆图意也。

罗文恭公贵州舆图 每方百里

贵州山丛，故多不载；水难测，故辨其脉；路崎岖，故指其向；府卫错治，故识其处。府与卫同城者，书府不书卫；卫与州县同城者，书卫不书州县。

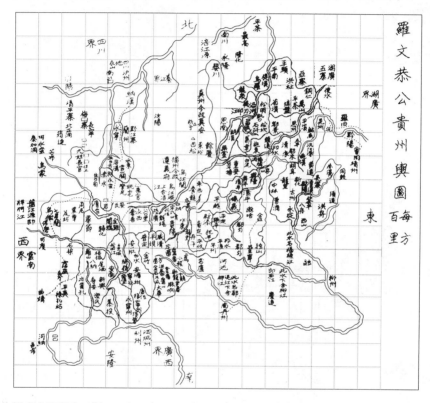

贵州东抵平溪卫界五百五十里，南抵泗城州界三百四十里，西抵曲靖卫界七百二十里，北抵泸州界七百五十五里，东南抵荔波县界五百八十五里，西北抵建昌行都司界一千六百里，西南抵亦佐县界九百二十五里，东北抵湖广五寨司界八百里。抵南京四千二百五十里，抵京师七千六百七十里。其幅员广矣。

睠吾乡罗文恭公舆图，其夷险晰矣。

读桂文襄公所著图叙略曰：贵州山箐峭深，地瘠寡利，夷性猾诈，不可放物。又军民岁计半仰楚蜀，兵荒交值时且弗继，其形情悉矣。独其所忧者在泗城、芒部、水西、凯里，乃知数十年后，顾在播酉乎哉！

今播灭矣，以予计之，铜仁之苗，界在楚黔，自张襄惠大创后，今五十余年，苗且生心，其所当防者一。下则平越、新添，上则普定、安庄，近路诸苗，觊觎官商；哨兵寡弱，既难与敌，非我族类，反为贼目，其所当防者二。广召募，严查点，栉比鳞次，以御路苗。汰冒滥，实卒徒，固蕃谨篱，以御铜苗。而其枢纽在饷。黔贫不能办饷，二篆即善巧妇之炊也。故为黔者，非智不若，财不赡耳。令铜益兵二千，路益兵三千，何忧苗哉？彼泗城、芒部、水西、凯里诸土司，善抚之，反为吾使，无能为吾梗也。

省城图

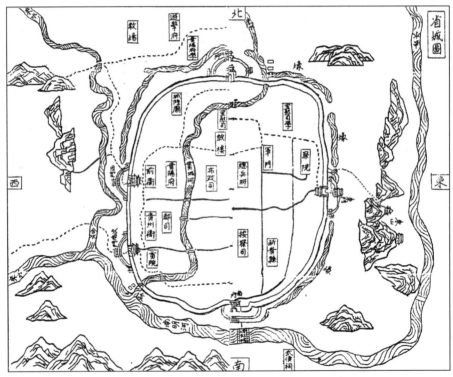

贵州省城，洪武五年，都司马烨筑。共壹千三百零九丈六尺五寸，高二丈二尺，城基宽二丈，垛口共二千二百四十三个。城门楼阁共六座五门，小月楼共一十五座，水关二座，城铺共四十七座。万历九年，都御史王缉增高女墙数尺，城下开路建桥，以便夜巡。十三年，都御史舒应龙因拦马墙卑甚，且善崩，乃砌以石脚二尺。上筑墙，高可五尺许。二十七年，予于二水关傍，仿北方制，筑二虚台，以护水门。

自西门起至南门一带，城垣倚水可守。南门起至东北、西门一带，俱有城壕人户。东西二门外，人户稀少，难守。有事当增兵防御。或谓北关人烟辐凑，与城中侔，寇一围城，势必煨烬。当如广州、扬州例，建一外城。予业已题请，疏略曰：

国初建贵州省城，率因元旧，城址狭隘，墙垣卑薄。二百余年以来，北关生齿既繁且稠，与城中埒。顷者，杨酋声言渡江，直走贵阳。关外居民奔沓入城，填满城闉，寄住街市。当时士民即有增筑外城之呈，顾时倥偬，不暇议工；又乏金钱，谁与为赀？今播州即平，皮林未剿，东坡虽通，九股尚存，傥复有杨酋者出，而后为之所，则晚矣。臣游淮扬，官吴越、淮安、扬州、广州、余姚，俱因倭乱之后，增筑外城，倭无所掠，遂不敢近。若贵阳得援此例，筑一外城，内固旧堞，外增新垒，即有烽燧，民不迁徙，亦百世之利也。已而，甲可乙否，漫无定议，遂中辍。嗟乎，令百年后，父老思我远虑也。

贵阳地里图

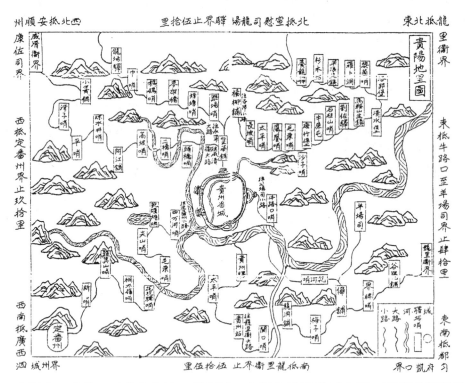

贵阳府，贵前二卫共倚省城。其疆域，东抵龙里卫界五十里，西抵平坝卫界一百五十里，南抵广西泗城州界二百里，北抵四川遵义府界五十里，东南抵都匀府凯口界一百二十里，西南抵广西泗城州界二百五十里，东北抵龙里卫界九十里，西北抵安顺州康佐司界二百里。自南门官道十里至龙洞铺，多通小路，四面皆夷，俱系乡宦私庄。此安宣慰地方，羊场司逼近，盗贼于此出劫，宜令本官严谕目把防守，则盗贼潜消。二十里至伴铺，二十五里至界牌哨，龙里卫界。一路自皇华铺起，十里至杨柳铺；二十里鸡场铺；三十里麦架铺；三十五里至鹁鸽箐。盗贼于此出劫行商，亦安宣慰地方。近日稍宁。五十里抵龙场驿。一路自北门，由头桥哨十里至阿江铺；二十里至小箐铺；二十五里至黑石头，盗贼潜此出劫，宜行哨守官员，日每拨兵躔草巡逻，严加防范。三十里至倒树铺，威清卫界。一路由次南门起，四方河哨四十里至青岩，六十里至定番州。

定番州城图

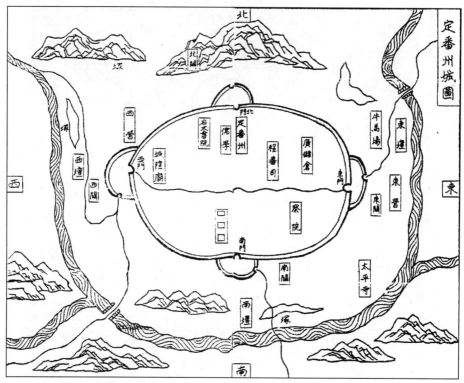

定番州城，创自成化十三年。共五百九十四丈五尺，高一丈三尺，宽一丈一尺，垛七百一十九个。城门楼阁四座，月城小楼四座，城铺一十六座。原以程番旧府迁入会省，万历十四年议改今州。城多倾圮，知州范郴用石修砌。

东门设二关，人烟辏集，又立东营土兵。西门设一关，人烟颇集，亦立西营土兵防守。惟南门临水稍远，北门倚山人少，有事当增兵防御。

定番州地里图

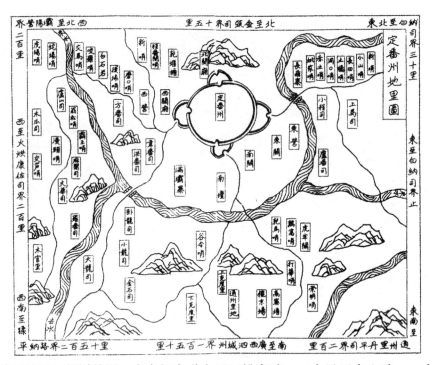

其疆域四至俱详前图。自东门官道十里至姚家哨，二十里至赤土哨，二十五里至洞口哨，近金筑司蒙昌等寨贼窠，往往出劫，宜令金筑防缉。三十里至土桥哨，四十里至新哨，抵贵州卫青岩堡界。一路自南门十里至鸡窝哨，二十里至打华哨，险僻多盗，应添兵防守。三十里至摆京猪、蛇二场。二百五十里抵泗城州与丹平司界。一路由西门五十里至卢山司，接金筑司谷精、翁忙、者贡贼窠，串结鸡场、鸟罗、蛇场等哨，截劫商旅。各哨名虽属州，但田土俱属金筑，有事辄倚异属，难缉。八十里至木瓜、麻、华、木官等四司里。二百里抵火烘康佐司界。西北一路十五里至金筑司鼠场、谷精，贼潜由乾堰塘、程番关出劫。五十里至金筑司。

贵阳府卫宣慰司总地里图

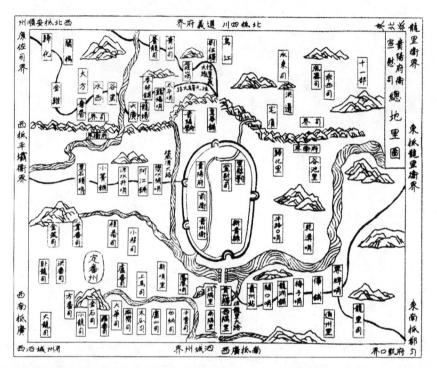

宣慰司与贵阳府贵前二卫同城，即省城也。府卫所辖地在省城北，司所辖地在省城南。宣慰有二：安氏所辖地广，领罗夷民四十八部，其部长曰头目；宋氏所辖地狭，领汉夷民十二部，其部长曰马头。至九长官司，则宣慰司总领也。安氏龙场九驿，至永宁入蜀，其地近水西。夷法严而必行，道不拾遗，马可夜驰。比至龙里各寨，不能无盗，盖马之腹也。宋氏洪边诸寨，虽间有盗，则鼠之窃也。第令龙里、洪边诸路得尽如九驿，黔其乐土乎。是在二宣慰加之意耳。

其疆域四至，东抵新添卫界一百里，南抵金筑安抚司界一百二十里，西抵四川乌撒军民府界九百五里，北抵四川播州宣慰司界一百六十里，东南抵新添卫界一百一十里，西南抵安顺州界一百六十里，东北抵四川草塘安抚司界二百九十里，西北抵四川永宁宣抚司界七百里。

威清卫城图①

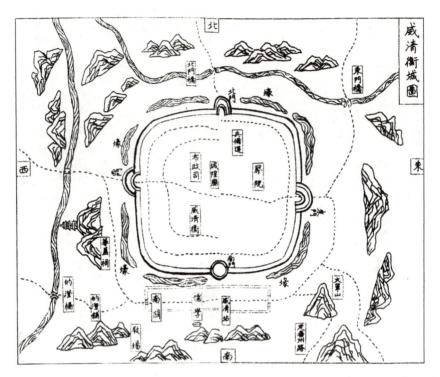

　　威清卫城，洪武二十六年指挥焦琴筑。共七百九十六丈，高一丈，宽一丈，垛口一千三百四十九个。城门楼阁五座，小月楼五座，城铺二十九座。万历十三年，副使郑秉厚改砌拦马土墙以石，始加月城。城墙周围不倚水，有小壕；亦不跨山。南门人户稍聚，东西北三门，人户稀少，难守。先年盗屡入城，缘墙圮壕塞，遂长窥伺者之雄心。宜浚池拒外，补城固内。又令捕哨官军夜巡不废②，亦长策也。

---

① 南关：原作"西关"，据贵图本改。
② 捕哨：原缺"哨"，据贵图本补。

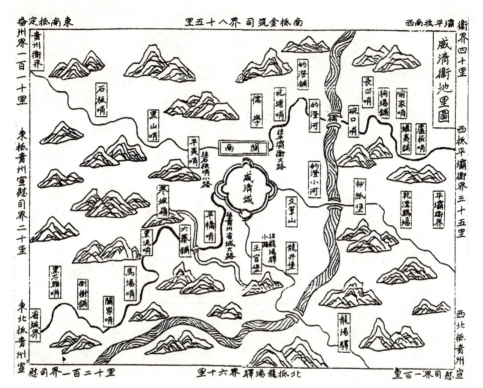

威清卫地里图

威清卫在省城西四十五里。其疆域四至俱详前图。一路自东门一里至平桥哨，五里至六寨铺，七里至黑泥哨。贼从寒坡岭出劫。此水西土官蔡正洪地方，宜令缉捕。九里至马场哨，十一里至关家哨，十五里至倒树铺，省城界。一路自南门乾塘哨，五里至的澄铺，九里至碗口哨，十里至长凹哨，十五里至狗场铺，十八里至俞家哨。贼从此出劫，系金筑地方，宜令防御。廿里至芦荻哨，有镇夷铺，平坝卫界。一路自关南，十里至平夷哨，廿里至黑山哨，三十里至石板哨，贵州卫地方。一路自北门过河，六里至王官堡，十六里至龙井堡，六十里至龙场驿。一路西门，六里至的澄、小河，十五里至抄纸堡，二十里至鸡场，水西地方。

平坝卫城图

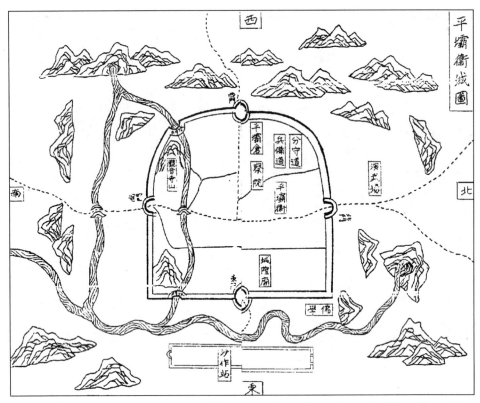

平坝卫城，洪武二十三年筑。共九百丈，高一丈，宽六尺，垛口共一千八百个。城门楼阁四座，小月楼一座，水关二座，城铺三十五座。自东南至东北，城垣倚水可守；北门至西南，人户稀少；西南更跨山难守，况城铺多倾，垣又卑薄。万历十九年，盗逾入五次。近议欲积本卫递马谷，加高城垣，亦一策也。

平坝卫地里图

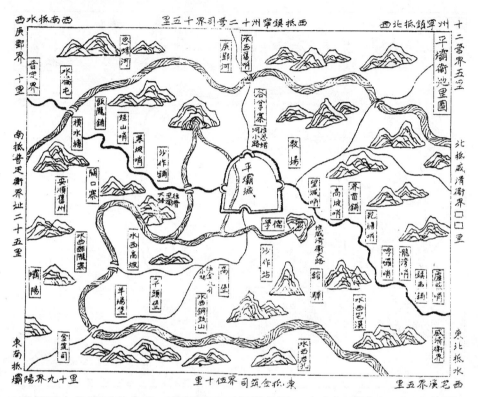

　　平坝卫在省城西九十里，其疆域四至俱详前图。自南门官道十里至沙作铺，十二里至寒坡哨，十五里至蛙山哨。盗贼于此二哨间出劫，当责捕哨官军红兵躤草巡缉。二十里至饭陇铺，二十三里至横水塘，二十五里至水桥屯，普定卫界。一路自北门官道，三里至望城哨，五里至高坡哨，十里至界首铺，十二里至乾塘哨，十三里至哼囉哨，十五里至龙湾哨，二十里至芦荻哨，有镇夷铺，威清卫界。一路自西门十五里至谷拿寨，二十五里至水西庚邓河，此水一流叁名，右思蜡河，左旧哨河。河西属水西，河东属镇宁。今哨虽议罢，宜令水西目把，不时防范。一路自东门五里至高堡，小路甚多，系水西、金筑、安顺州张土同知地方，时亦有盗，宜令叁家分防。

普定卫城图

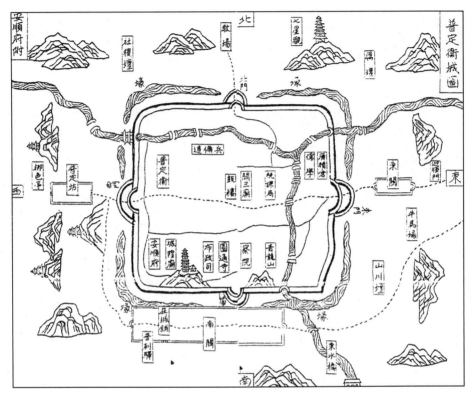

普定卫、安顺府同城，洪武十四年，安陆侯吴复筑土城。嘉靖三十一年，副使廖天明始砌以石，加女墙。共一千二百五十七丈，高二丈，宽二丈，垛二千二百二十三个，城门楼阁七座，小月楼十一座，水关三座，城铺五十五座。自东门至西门，东关居人素习武艺；南门之外，商旅居积；西有普定站，故城虽不近水，可守也。自西至东南，人烟稀少，屯寨离远难守，往贼曾搭梯入城行劫，宜令捕官清查，城军轮班巡逻。

安顺府普定卫地里图

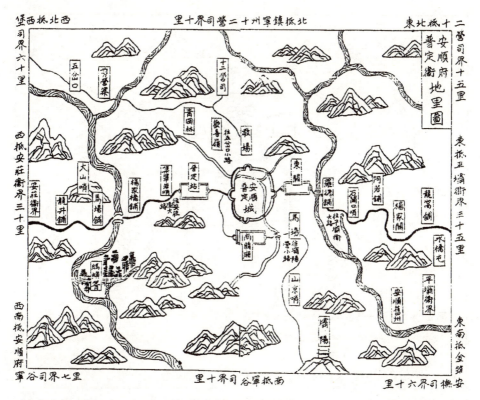

城在省城西北百五十里，其疆域四至俱详前图。自东门十里至罗德铺，十五里至石关口哨，二十里至阿若铺，二十五里至杨家关哨，三十里至陇窝铺，三十五里至水桥屯，平坝界。一路自西门普定站，五里至集翠岩哨，十里至杨家桥铺，二十里至马场铺，左一小路通蚂蝗箐①。先年盗贼潜此行劫，近调兵防守，稍宁。三十里至龙井铺，安庄界。一路自南门三里至马场，四十里至山京哨，七十五里至坝阳守备营。一路自北门三里至欢喜岭，二十里至十二营司。一路自北门欢喜岭岔路，八里至青冈林，十里至剪营寨，二十里至五岔口，岔路多，故名。盗贼多从此出，系水西地方，宜令该管汉把提防。

---

① 蚂蝗箐：原作"马蝗箐"，据贵图本改。下同。

镇宁州安庄卫城图

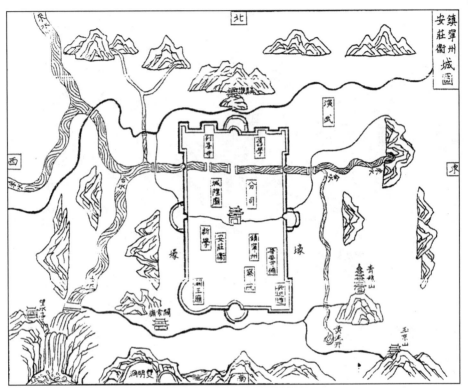

安庄卫城，洪武二十五年指挥陆秉筑。共七百八十丈，高一丈四尺，宽约七八尺，垛口一千六百九十个。城门楼阁五座四门，小月楼七座，水关二座，城铺四十二座。城地创自国初，其来已久。墙垛原薄，楼铺俱朽。万历辛卯西城遭火，楼亭煨烬。西水关圮毁无存；东水关倒塌，即跛牂可越。二关值春夏水涨，可恃无虞。秋冬水涸，所宜严防。自西门起至南门，城高壕深，居民稠密，可守。自南门至北，虽亦有城壕，但北门外人户稀少，东门外无人居住，近城屯堡，屡被苗夷烧劫，更当增兵防御。

镇宁州，先设于罗黎地方，嘉靖十一年，御史郭弘化题迁与安庄卫同城。

镇宁安庄地里图

其疆域东抵安顺州火麦地方界七十里，南抵安南卫七十里，西抵水西化处宅溪界四十里，北抵普定卫界四十里，东南抵永宁州顶营司打罕地方界九十里，西南抵安南卫界五十里，东北抵安顺州宁谷司界七十里，西北抵水西界五十里。自南门官道，一路由白马哨起十里至阿桥铺，十五里至石关哨。石峭山高，路通水西化处宅溪，并杜永宁管下阿绵、阿果等寨；又通宁谷司，与把事阿弟花笺、猴场等处，四围夷寨错绣，盗贼从此行劫。近有兵往来，躐草巡哨，渐见宁息。二十里至白水铺，旧有驿站，人烟丛聚，道路攸宁，止因改站于安庄，改驿于关岭，军民搬散，屯铺空虚，故多盗。二十九年添设兵防，今宜以约束夷仲责各土司，以蒐练兵卒责守备巡捕，官道可保无虞也。二十五里至滑石哨，路通永宁州六甚、马头，并顶营司所管夷寨，系盗贼出没之隘，彼以乾河险箐为渊薮，而官兵防范宜周。又三十里至鸡背哨，五里至大凹哨，四十里至马跑哨，此数处亦间有盗，未若石关、滑石之多也。五十里至关岭所，附廓有安平、固廓二哨，又七里至霞山哨。小路右通顶营司，左通慕役司。又八里至北口铺。先有盗，近移哨住彼，盗始宁。二十里至安笼铺，二十四里至象鼻哨。安笼巨箐，林木翁翳，多虎患。三十里至查城。一路自北门下道，十里至龙井铺，十五里至大山哨，十八里至双山哨、偏石板，东连龙潭七寨，西连水西麻烟、底巩等寨，频年盗出劫掠，盖恃蚂蝗箐为窠穴也。二十九年增兵巡缉，贼稍稍敛迹。二十里至马场铺，普定卫界。一路由南门小道玉京山，百里至落架河火烘哨。一路由朗树坡，九十里至康佐司，一路由马场铺，二十里至十二营司。

安南卫城图

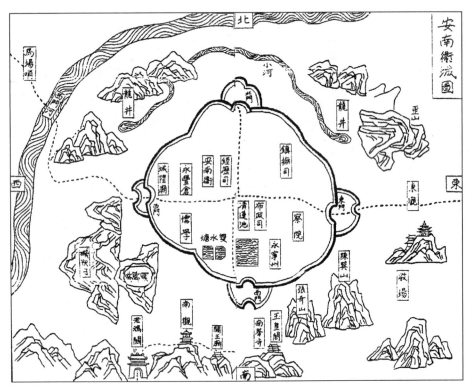

安南卫、永宁州同城，自洪武二十五年指挥梁海建。共七百九十七丈，平处高一丈七尺，坡岭高一丈三尺，宽七尺，垛口一千六百二十二个。城楼四座，月城小楼四座，城铺三十九座。四城门落低稍平，余俱坡岭。东南门外居住尾洒站堡递运官军，倚山峻峥可守。西北门外人远，跨山难守，当增兵防御。

安南卫地里图

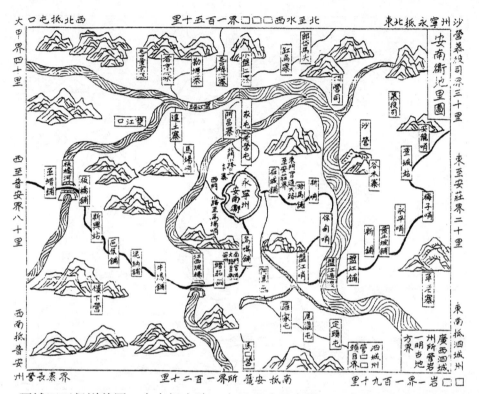

疆域四至俱详前图。自东门大路，十里至哈马章铺，二十里至保甸铺，三十五里至盘江铺。铺在盘江河东，河流深急，两岸山势崭峻。四十里至新铺，五十里至黄土坡铺，六十里至查城站，皆近永宁州管沙营、顶营司，道路颇宁。自南门小路，四十里至阿坚屯，三十里至独脚屯，四十里至巴铃箐，树木蓊蘙，近广西安笼州鲁沟贼巢不时出劫，宜委官伐木焚林，树稀则贼无可藏。自南门大路，十里至乌鸣铺，二十五里至蜡茄铺，三十五里至牛场铺，四十五里泥纳铺，五十五里至芭蕉铺，六十五里至新兴站。由泥纳铺分歧，西十里至阿山屯，二十里至鼠场屯，四十里至龙场屯，近隆文治管达土、长牛、毛口等寨贼巢，寨与水西连壤，宜责水西防御。自北门，十里至西门河，二十里至马场哨，宜责土司隆文治防御。

普安城图

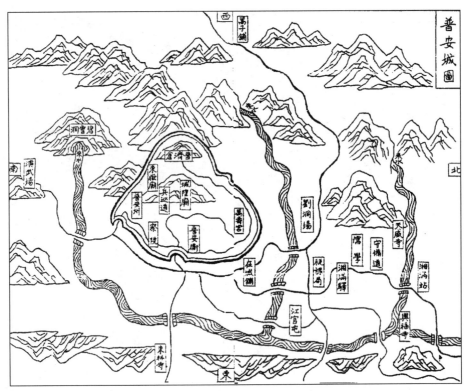

普安州卫城，洪武二年筑。共四百九十七丈五尺，高一丈八尺，宽一丈六尺，垛口一千一百五十个，城门楼四座，城铺二十八座。筑在凤凰山坡，内外皆石。西门临山顶，左右至南北门俱随山崖，其险可倚。东门一带居于平麓，有壕。西南陡峻多石，人户稀少。惟北关人烟凑集，侔于城中。

普安地里图

　　其疆域自北门官道，十里至蒿子铺，十里至亦纳铺，十里至大坡，十里至鹅螂铺，十里至亦资孔驿站。一路自在城铺起，五里至高厉铺，十里至水塘铺，十五里至撒麻铺，十五里至革纳铺，十里至板桥铺，十五里至新兴驿站。南门起，十三里至板桥屯，二十五里至十里坪，二十三里至南新兴屯，三十五里至鼠场屯，三十五里至安南所，二十五里至羊场屯，十五里至鲁沟。叛夷于此劫夺，应建哨守，或迁设州判官衙门弹压，庶可无患。三十里至安笼所，十五里至洞洒寨，与广西安隆司接壤，亦云贵入粤西之路，第四面皆夷，去州卫窎远，尤不可不防也。

安南所城图

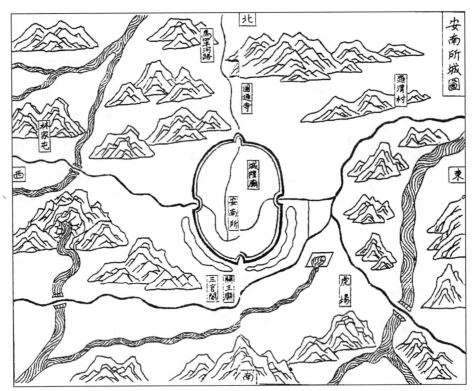

安南所城，洪武二十三年筑。共二百八十丈，高一丈五尺，宽一丈。城门楼四座，垛口四百四十八个。东门、南门、西门俱有城壕，人户连络，可守。西门之左至北门，人户稀少，有警当添兵守御。

安南所地里图

其疆域，自南门小路，三十里至交那，三十里至磨盘山，三十里至马别河，十五里至乐民所响水屯，十五里至黄草坝营。自北门一路，五里至马军河，五里至马乃营长冲坡，五里至海和尚箐，盗贼窠穴，当防。十里至后所高五屯，二十里至安南卫下三屯，三十里至阿间屯，四十里至安南卫。自东门一路，三十里至羊场屯，傍有狼样夷囤为梗。五十里至鲁沟大囤，劫抢行商，强抽客税，宜建哨防守。五十里至安笼所。自西门一路，十里至中左所兔场屯，三十里至桥头屯，二里至黄土坡，十里至方家营。夷贼出没。十里至旧城坡，二十里至鼠场屯，十五里至新寨，十里至水井，十里至南新兴，十里至三十里箐，二十里至十里坪，二十里至猪洞，十五里至阿马坡，五里至南板桥，十五里至普安州卫。

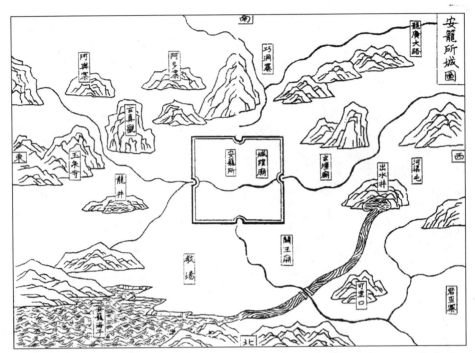

安笼所城图

安笼所城，洪武间筑。共三百六十丈，高一丈三尺，垛口共六百二十九个。城门楼四座，城铺四座。自东门起至北门，无人户居住，难守。自北门起至西门，内外人居相倚，可守。近因广夷攻劫城关，募兵委官坐镇，亦一时防御之策，尤当为永久计可也。

安笼所地里图

其疆域东抵广西八坎阿能寨界五里，南抵砦赛巧洞寨三里，西抵黄草屯五十里，北抵安南所界九十里。由东门一路，五里至八坎阿能夷寨，通广西古道。自南门小路，三里至砦赛巧洞夷寨。由西门小路，嗜叱、先革、都围、龙广、顶枭、马别河、黄草坝屯，共约五十里，俱有夷贼劫抢，难立哨守。自北门官道，十里至八弄，二里至石冲，四十里至鲁沟，五十里至阿傍，六十里至王俸坡，俱系狼夷设抽蛮税，劫抢军商，似宜设立官兵镇守，庶保无虞。

平夷所城图

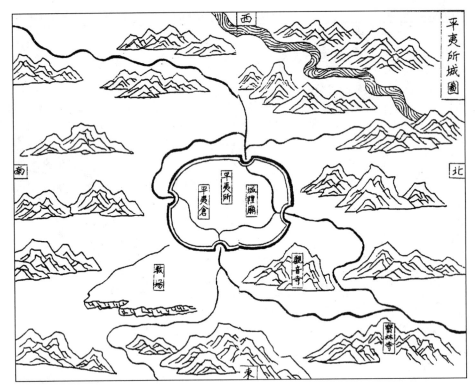

平夷所城，洪武二年筑。计二百五十一丈，高一丈五尺。城门楼四座，城铺四座①，垛口共三百一十个。城中无水。由东门至北门，人户居住，相倚可守。自西门至南门跨山，无人栖止，难守，宜拨军了望，以备夷患。

---

① 城铺：原作"冷铺"，据贵图本改。

平夷所地里图

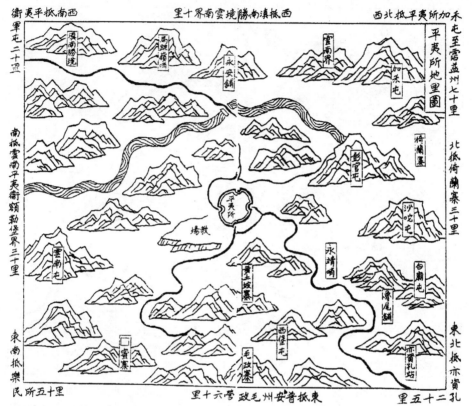

平夷所地里图

其疆域东抵普安毛政营界六十里，南抵云南平夷卫额勒堡界三十里，西抵滇南胜境界十里，北抵矣楠寨界三十里，东南抵乐民所界五十里，西南抵平夷卫屯界二十里，西北抵云南霑益州界七十里，东北抵亦资孔界二十五里。由东门至毛政营，俱系夷寨草路。由西门至额勒屯小路，险阻难行。由南门上道，十里出滇南大路。由北门，五里至永靖哨，二十里至鲁尾铺，十里至亦资孔。又五十里至普安州卫，原有哨守，亦颇安静。

乐民所城图

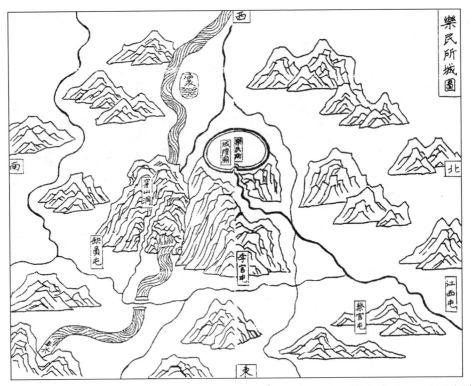

乐民所城，洪武间筑。计二百二十五丈，高一丈二尺。城在高山，四面岩险，止设一门。楼阁一座，城铺十座。城中无水，城外悬岩，无人栖止，跨山可守。

乐民所地里图

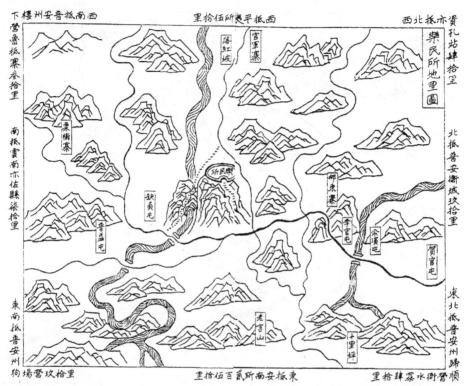

乐民所地里图

其疆域，东抵安南所界一百一十里，南抵云南亦佐县界七十里，西抵平夷所界五十里，北抵普安州卫城九十里，东南抵狗场营界九十里，西南抵楼下营界三十里，东北抵归顺营界四十里，西北抵亦资孔界四十五里。由东门总路北行，十里至驼驴屯，五里至那东寨，十里至李官屯，十里至余溪屯，五里至赵官屯，十里至贺官屯，十里至普安城。东路由山南老言山至十里坪。南路由缺员、普益屯通亦佐县。西路由落红坡至官军寨，上平夷，俱系茅草鸟道，不能哨守。

毕节卫城图

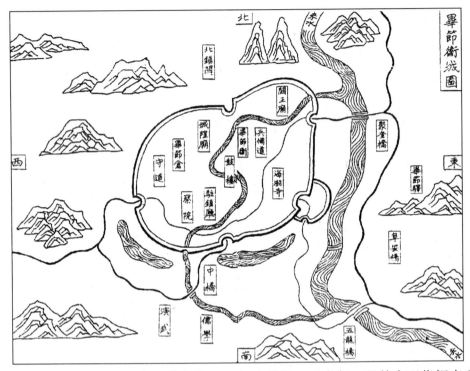

毕节卫城，洪武十六年，指挥使汤昭始建排栅；三十年，羽林右卫指挥李兴、虎贲左卫指挥李隆砌砖石，共七百四十一丈五尺，高二丈三尺。城基宽一丈五尺，垛一千六百四十八个。城楼六座，铺三十二座。嘉靖七年，副使韩士英于通津门建月城，引河水砌井，上建串楼。万历六年，佥事黄谟，自月城起至转角楼约百余丈，筑石堤以障河水。东南有壕，人烟凑集；西北无壕，人户稀少①。

———————————

① "稀少"二字原缺，据贵图本补。

毕节地里图

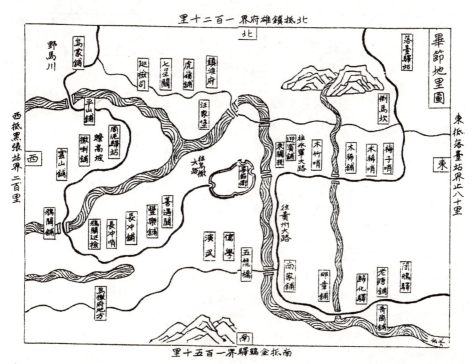

疆域四至详图。一路自东门，十里至威镇铺，十二里至迎宾铺，十里至木竹哨，十里至木稀铺，六里至木稀哨，五里至梅子哨，十里至倒马坎，多盗。七里至层台驿，赤水界。一路自五龙桥，四十五里至归化驿，廿五里至老塘铺，廿五里至阁鸦驿，四十五里至金鸡驿，水西界。一路自西门，十里至丰乐铺，十五里至长冲铺，十里至杨桥湾。西南有三道水，系乌撒龙家。西北有了高坡，多盗。五里至鸦关铺，十里至云山铺，十五里至撒喇铺，廿里至周泥铺，十里至七星关，五里至虎岭铺，廿五里至平山铺，三十二里至野马铺，三十里至乌平铺，乌撒界。一路北镇关，五里至殷百户屯，七里至汪家堡，廿里至水箐口，三十里至余白二屯，十里至簸箕屯，十里至陈贝屯，镇雄界，多夷贼。

乌撒卫城图

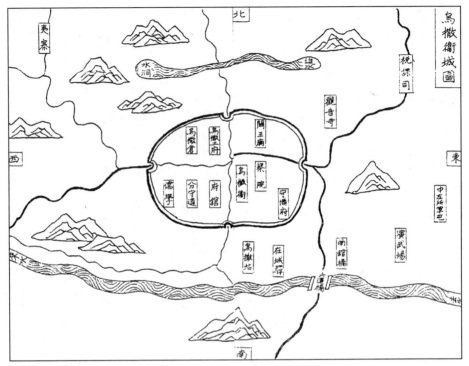

乌撒，卫府同城。共一千八十丈二尺，垛一千五百三十个，城基宽二丈，高一丈二尺①，城楼四座，铺二十九间，兵马司二十一间。自东至南门，人烟聚集，可守。北门外人烟稀少，难守。

---

① 一丈二尺：原文缺"一"和"二尺"，贵图本据乾隆志补。

乌撒卫地里图[①]

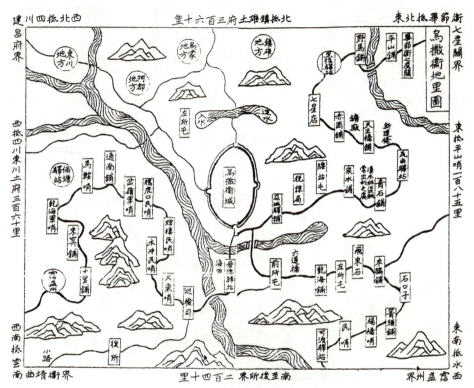

　　疆域四至见图。自东门在城铺，二十五里下至十里铺，二十五里至泉水铺，地名溪木林，三十里林木深厚，四面皆夷。近因乌撒府官目不定，每每于此出劫。宜令本府目把防守。三十里至青石铺，五里至瓦甸站，五里至旧瓦铺，二十里至赤岗铺，二十里至水塘铺，二十里至黑张站，三十里至平山铺，毕节界。自在城铺起，至上乾海铺，地名飞来石，其地险峻，亦宜切责乌撒府目把防守。十里至来鹤铺，二十五里至箐头铺，二十里至可渡铺，十里至普德归站，十里至箐底铺，二十五里至云关铺，二十里至倘塘站，三十里至通南铺，二十五里至来宾铺，二十五里至十里铺，十里至霑益站界。

---

　① 来宾铺：原作"来兵铺"，据后文改。

永宁卫城图

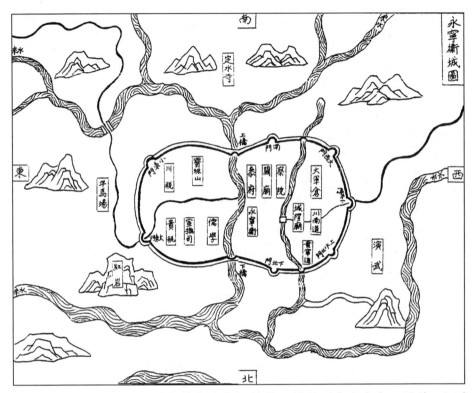

永宁卫与宣抚司同城，指挥使杨广与禄肇筑。城外西南有水东、界首二河水合流，由城中绕东北至纳溪入川江。建上下二桥锁之，上桥名据胜，洪武辛酉，指挥任亮造；下桥名飞虹，洪武辛未，曹景川造。以故分东西二城。河东城长四百四十一丈，高二丈，城基宽二丈，垛八百零五个。城楼二座，水关一座，铺二十座。河西城长六百七十丈，高一丈八尺，城基宽二丈，垛一千二百二十五个。城楼五座，水关二座，铺三十座。河东城，自上桥起至小东门一带，城垣倚水可守。大东门外，人烟辐凑，一带城垣，至下桥，跨山难守，有事当增兵防御。河西城，自下桥起至上下北门抵小西门一带，城垣倚水可守。小西门外，人烟辐辏，陪于东关一带城垣，至大西门抵南门，跨山难守。有事当增兵防御。自南门起至上桥一带，城垣倚水可守。

永宁卫地里图

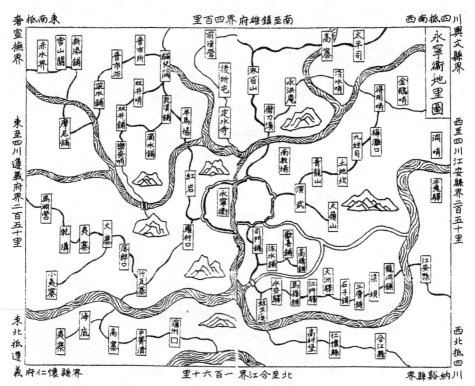

疆域四至见图。自东门官道至乐安哨四十里，至归落哨十里，逼近宣抚司夷寨，有卫军防守。自南门小路至清水河哨二十里，自大西门小路至金鹅哨三十里，至得用坝哨五十里。夷汉杂处，有卫军防守。自小西门至九枝乡高村堡一百五十里，本卫左所军屯，与四川合江县错壤，军民素习争夺，近建堡防守，劫杀稍息。

赤水卫城图

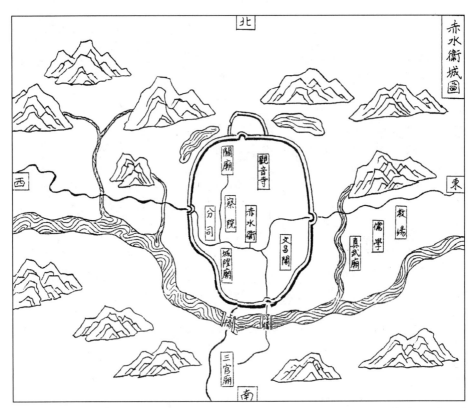

赤水卫，洪武间立，分属八千户所，内左、右、中、后四所，共为一城。赤水站，附廓，城建在河北山坡。周围六百九十二丈，高一丈八尺，城基宽二丈，垛一千三百八十六个。城楼六座，小月城楼一座，铺四十座。东西二门外，坡高二十余丈，南门外倚水，北门外跨山开壕。

赤水卫地里图

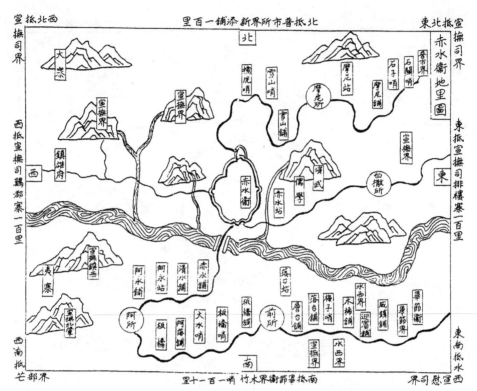

其疆域四至见图。一路南门，四十里至阿所，六十里至前所，十里至梅子哨，十里出毕节卫木竹哨。一路北门，五十里至摩尼所，四十里至石关哨，十里出普市境新添铺。一小路东门，二十里至海螺堡，六十里至白撒所，二十里出宣抚司界内排楼寨。一小路西门，三十里至右所水脑屯，十里出宣抚司狡网寨，六十里至该抚鸡都大寨。卫四邻皆夷巢，蔺罗芒部，性悍喜斗，其民易于为盗，然亦无大患。后所附在云南霑益州城，不具载。

阿落密千户所城图

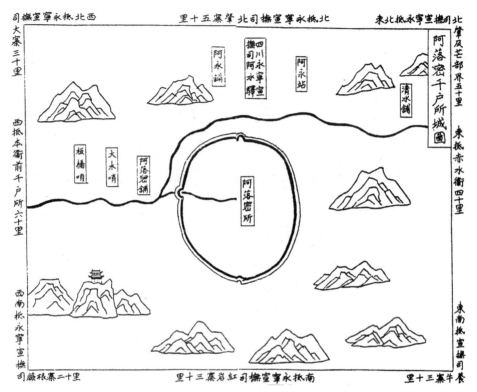

阿落密千户所，古系蔺州，今永宁司夷目阿落密地方。洪武间设所，属赤水卫。初止筑城基，周围三百丈，高一丈五尺，城楼三座。万历六年，巡抚何起鸣、佥事黄谟加修腰墙，高三丈，垛四百个，城铺十座。地皆平坦，无山水。南北境与宣抚司邻，土寨相搀，夷有四种：猡、苗、仲家、羿蛮，形丑性凶，猱头赤足，身带刀弩。自正德间芒部叛，黔蜀交攻，创后于各要隘创哨防守，迄今七十余年，夷人稍畏。

赤水卫前千户所城图

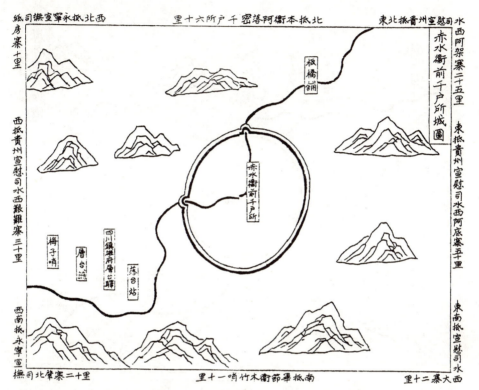

前千户所，古系水蔺交壤地。洪武间设所，属赤水卫。城周围三百二十丈，高一丈四尺，垛三百二十七个。城楼二座，铺十座。东南一带居崖头，西北偏山，所治东西南与水蔺芒部夷寨接壤。正德间平芒部后，于相见湾五里溪神树沟西沟关下，召集熟苗住种保守，地方颇静。

摩尼千户所城图

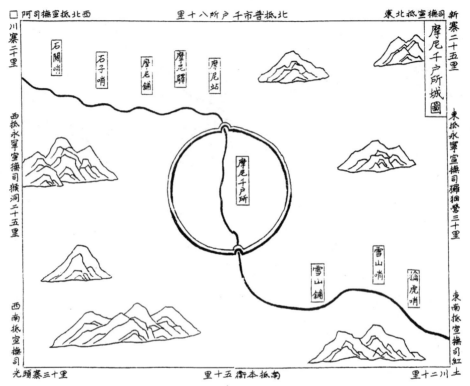

摩尼千户所，古系蔺州地，洪武间建所，属赤水卫。城周围三百丈，高一丈二尺，垛三百二十个。城楼二座，铺十座。东西南一带跨山，北门平坦，四境俱与永宁夷寨邻。该抚管辖光头、蔡家等寨，皆盗薮，侵军屯，犯官道。近土妇奢世续移住狮子山，相距不远，部落稍戢。

白撒千户所图

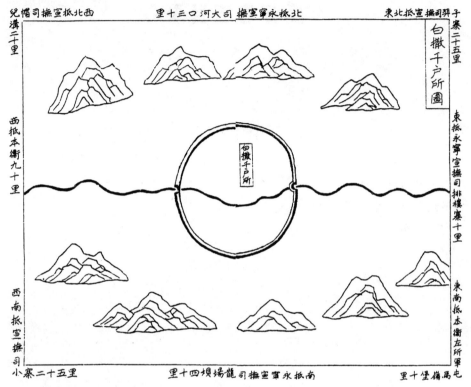

白撒千户所，古系蔺州夷寨，洪武间建所，属赤水卫。原未筑城。该所屯田广阔，因僻在夷穴，被夷占种其半，土酋桀骛，名虽量认草粮，递年逋负如故。

黔记卷五目录

舆图志二

黔记卷五

泰和郭子章相奎父著
汉州宋兴祖汝杰父正
贵溪毕三才成叔父校

舆图志二

下七府，下六卫，附四卫

蠮衣生曰：自贵阳而东名下路，为郡七，为卫十，顾路则一线也，危矣！予穿万山中，复得一路。旧路从镇远偏清至省七日，新路从镇远、石阡、龙泉、遵义至省九日。辟之鼻二孔，无幸窒一，疏其一，尚可呼吸，不者死矣。详图记中。

龙里卫城图

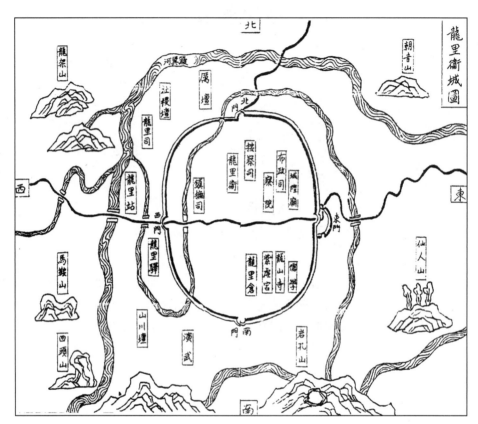

龙里卫城，洪武二十三年指挥戴钦筑。高丈七尺，周八百十四丈，垛千四百余。城门四，城楼五，城铺廿。城俱倚水，东南北城外，人烟稀少，城下宽道，可容车马。西关有龙里站驿，人烟颇集，屡被苗劫。万历三十年，予讨罗海等寨，因留兵百廿五名防护。三十一年，予巡历该卫，阅得垣低楼损，乃发官银肆百柒拾捌两。修理楼垛，增高城一尺。

龙里卫地里图①

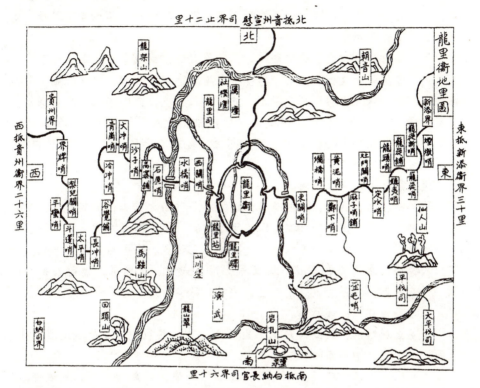

其疆域四至俱详前图。一路自东门东关哨，委捕官团哨，兵勇军共八十二名。十里至麻子铺，五里至龙头哨，委把总团哨，兵九十名。十里至虻炭哨，委把总团哨，兵百三十五名。十里至新安，新添卫界。一路自西门官道，十里至高寨石屋洞哨，委千总团哨，募兵五十八名。五里至大冲哨，委把总团哨，兵二百七十名。十里至谷觉铺，五里至界牌哨，贵州界，委把总团哨，兵百三十名。一路自南门小道，八十里至大平伐长官司。

蠛衣生《重修龙里卫城记》：

> 万历己亥春，予自家园奉天子命讨播。夏五月入沅，六月道龙里，是时飞练新蚰，百备顿驰，诸生强谒文庙，予为卜学宫移之。明年播平，得隽者二。

---

① "龙里卫"三字原缺，贵图本据本书体例补。

又三年癸卯，得隽者一。卫设二百余年，乡举九人。而自新移学宫后得其三，诸生咸诧予精石函玉尺书，不知其偶中也。

方予平播后，寻讨皮林，班师至龙里，环视垣半圮，跂羊涉颠，围门不键，卫士寝柝。予下令亟修之，檄故守备、贵州卫指挥薛绍瑄专董其役。始于癸卯四月，讫于甲辰十月。

柱史毕公还朝过之，睹丰墙峻址，贻予书曰：龙城言言，庶几不苢乎。

已。孝廉张生文衡、文锦，郭生维屏诣予，请记，曰：下卫既城，俾居无颤而害有御。殊方幸甚！顾窃疑之，方师始入黔也，夜郎方张，八番汹汹，莫必其生命。意师至，当呼粻简徒，踞虎指兕。乃入平越，视隆平隧，问三丰池。驻龙里，相度学宫，当戈盾而计俎豆，迂矣。比播灭黎哉，民稍得息肩，而急急城龙里新平。若剑起弓开，黄巾、赤眉环而攻者，是不可少稽乎！急而缓，缓而急，愚诚未知所解。

予笑曰：是在兵法，未便与君辈颂言耳。飞鸟之鸷也，抑其首；猛兽之攫也，匿其爪。予讲武而问仙池，即戎而迁学宫，傥亦抑匿之意乎？所以安震憾之黔而误悍虏也。当虏焰方炽，脱逼诸城，立破耳。事平后，痛定思痛。病寒者缉衣，病颐者茸车，不及吾时茸城，后之未寒、未颐者，犹前人也，即墨翟、子囊不若，予不为也。不然者，予岂其棘昏至是，急缓而缓急哉。

三孝廉顿首曰：谨受教。

按龙里城始末，具载《黔记·舆图志》中。兹役也，茸故城七百三十丈，筑新城七十丈，增高南新城一十一丈，加二尺。东月城一十四丈，加二尺，茸故堞九百六十，筑新堞五百九十四，茸故门一座，筑新门三座，建城铺八间，费金四百七十八两六钱，粟五十锺，泥作三百匠，缩版二万七千工，傅白土二十二万一千四百斤，筑贞石二万一千块，砌砖七万七千五十口。督蓥属绍瑄，指挥陈文璧，千户王之贤、郭宗文、范纪、高万里，百户刘现龙、张国威、闪天龙、黄一元，经历黄士琳，分而护作。贵阳府知府吴来庭、推官杨可成，訾省布政司经历孔传闵草图练，左布政使赵健、按察使尤锡类、副使韩光曙、游击都司高垣始衷终皆举之，例得备书。

四川提学佥事江盈科《修城记》：

按黔中有龙里卫，盖楚与滇之冲也。黔故多石，龙里城内外更多佳石。居人因石为垣，杂植花果，春来开花如绣，有江南之风。余以辛丑春，奉使入黔，偶过其地。正值花时，为之停骖徘徊不去者久之。此亦西南徼一胜概也①。又城中生齿繁庶，烟火比间，其卫旧有城，然砖土杂就，历二百余年，圮者过半，与无城等耳。

大中丞青螺郭公，以庚子岁奉上旨，提大兵入黔，艾剪逆播，又复乘胜平蛮，两奏肤功，全黔苍赤，出之刀锯，游之衽席，加额祝颂，万口一词，而公为德于黔之心未已也。盖公每语人曰：黔故夷地，又当用兵之后，所在残破，将令士不乐游其国，商旅不乐至其境，此岂太平之世所宜然？于是檄所司，出节损军饷，新官署，饬邮邸，完城隍，治胶序，创先贤之坊，表名山之胜，规模气象②，焕然改观。居者、行者，忘其兵旅之厄，残毁之状，以为埒于中土云。

已而念及龙里城坏，复慨然语所司曰：向者杨酋作孽，曾遣偏师犯龙泉。龙泉无城，官民数千皆为鱼肉。又曾犯偏桥，偏桥之城完，酋兵环而攻之而不胜，遂逡巡以去。则有城无城之效也。龙里较龙泉、偏桥更冲，乃任其城之颓圮，即复有事，欲为偏桥得乎？

遂乃出所损饷凡千金，择吏之良者使督厥工，举旧城而一新之，易砖以石，易土以灰，城楼干橹，靡不备饬。又复治镇署，俾官有定所；创学校，俾士有定栖。望之嵬然，即之屹然，而龙里之胜，增重余所言凡十倍。

时贵阳司李杨君者，盖习见公之为德于黔，而欲黔之人赞颂永永也。乃驰书入长安，征余为记。

余曰：公为德于龙里十一，为德于黔十九，而为德于楚蜀之间，有使人阴受而不知者。夫黔，故无兵，亦复无民，自郡邑门庭之外，皆夷也。而其地又不能十年无事，有事，则其势不得不借夷攻夷。夫欲借夷攻夷，而平日顾无术以绥抚之，使为我用，虽有韩白为将，何以克敌？公知其然，故于诸属夷，一切结之以恩，驭之以信，廓然华夷一体之意，所以夷皆愿为公致命。乱安从生？即有乱，而命所抚之夷制之，灭此朝食奚难？能者斯术也！余将以表于世，俾后之抚黔者，世世循公之轨，将黔中永安，而楚与蜀举安，所为驭西南夷者，岂不简而易操，功成而不扰也哉？假令驭夷无术，日寻干戈，纵隆黔之诸城高于天，不能免诸夷睥睨，况龙里区区弹丸之地，与能几何，而谓足以概公之功也哉？城广凡若干丈，高凡若干丈，门楼四座，镇署学校别有记。督治勤劳者，守备薛绍瑄等，出纳明慎者，经历黄士琳等，而司李杨君则备悉中丞

① 西南徼：原本误作"西南橄"。
② 气象：原本误作"气家"。

公苦心，走数千里索记，迹其平日奉行公政令可窥矣。斯役也，起于癸卯四月①，甲辰十月工毕，是为记。

新添卫城图

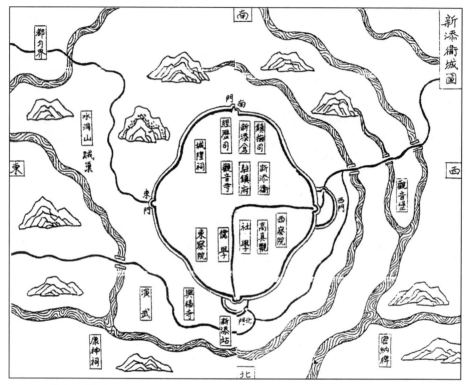

新添卫城，洪武二十二年，镇抚王璧建土城，一千七十丈，高一丈二尺，城门四座，城形如舟。南北二门，城势俱昂，如舟首尾。东西二门稍平，皆依山。东南一带城垣与街平。万历十三年，巡抚舒应龙、巡按毛在、参议王恩民，砌以石，费金一千四百有奇。西北一带，外有新添站，人烟辏集，可守。东南一带，自罗忙、东山外，俱贼巢。往年贼据水洞山，去东门不十余里。丁酉，遂有姚、赵二乡官之变，贼皆从南入，由东出。二十九年，予讨皮林，班师巡城。城虽石砌，垛犹土墙，乃发银八百余两，行参政尤锡类、推官徐雨、守备伍万钟，尽易土墙为石。各官军又捐俸米，包砌内墙，海墁城面，称坚壁矣。

---

① 月：原作"日"，据上文改。

新添卫地里图①

疆域四至详图。自西门官道，五里至马桑冲，苗贼出没。二十九年，予筑一堡，委把总督兵百五十名防护。十五里至瓮城哨，委把总团哨，兵百三十五名。十里至新安铺，龙里卫界，委把总督兵百五十名。自西门小路，五十里至小平伐司，又小路三百里至丹平、丹行二司。一路自南门小道，六十里至把平司。一路自北门官道，十五里至谷忙关哨，十五里至黄系，平越卫界。东南由都匀间道至水洞，山险，贼巢当防。东北十里至黄苗山，箐密藏贼，当防。西南十里小路至翁哑，山险，贼巢当防，然皆小路也。

① 新添卫地里图：原本无"卫"，贵图本据本书体例补。

平越府卫城图

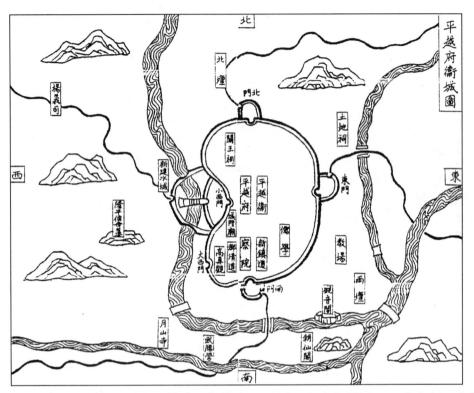

平越府，旧平越卫城也，洪武四年修砌。万历二十八年播平，二十九年，会题设平越军民府，与卫同城，辖黄平州，瓮安、余庆、湄潭三县。城周围一千四百丈，高一丈五尺，垛一千三百个，串楼一千三十二间，城楼五座，月城四座，城铺二十四座。南门一带，城垣高固，人烟辐凑，可守。东北二门，城垣无险可据，人烟稀少。三十一年，予巡历该府，阅得城中无水，不便军民。发官银六百二十两有奇，檄参政尤锡类、副使刘冠南、同知杨可陶、指挥奚国柱，于小西门包修水城五十五丈三尺，引水入城，及修左右汲水石梯五十二丈，无事取水，有警戍守。又砌敌台三座。

平越府卫地里图①

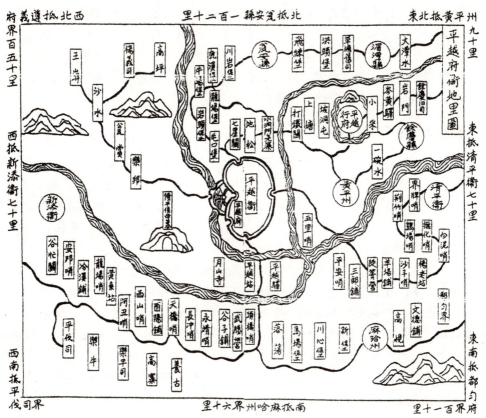

　　其疆域四至俱详前图。一路自东门官道，五里至平安哨，五里至三郎铺，五里至陡箐营，委把总团哨兵百二十名防护。五里至沙子哨，五里至羊场铺，十里至杨老站，设杨平营，委把总督兵百五十名。五里至荆竹哨，五里至界牌哨，清平卫界，委把总团哨兵一百名。一路自南门官道，三里至武胜营，委把总督兵百四十名防护。七里至谷子铺，三里永靖哨，四里至大桥哨，委把总团哨兵百五十名。三里至酉阳铺，四里至西山哨，六里至黄系站，委把总督兵百五十名。十里至冷溪铺，五里至安邦哨，委把总团哨兵百七十名。五里至谷忙关，新添卫界，左右系乐平、新添、杨义三司，寨民多盗，宜责令土官缉捕。一路自西门小路，由杨义司抵洪边

---

① 平越府卫地里图：原本无"府卫"，贵图本据本书体例补。

宣慰司界，清水江、高坪、王巘等寨多盗，宜防。自北门有二路，一路正北，十里至毛口堡，十里至龙场堡，五里至木蜡哨，五里至鸡场堡，七里张家湾哨，五里至巘隆哨，十里至牛场堡，十里至乾溪堡，十里至梭罗堡，十里至川岩堡，瓮安县界。一路自东北，由七星关、地松、水洞、阿亮寨、打铁关、翁埋寨、上塘、坡洞屯，共九十余里，至天官里平越行府，过江至黄平州。自黄平六十里至余庆县，又六十里至岑黄旧驿。百二十里至湄潭县，自湄潭之东北，六十里抵龙泉县界。正北百二十里抵婺川、真州二处界。西北三十里抵三渡关，为遵义府界。正西七十里抵黄滩关，水西界。此则新府疆界，称辽阔矣。

翰林院检讨王毓宗《修城记》：

皇帝握符御天，神武独运。薄海内外，悉庭悉臣。诸凡扬波伏莽之属，各就殄夷，蠢兹播人，介其桀骜，凭阻作孽。边吏以闻，皇灵用昭，挞伐大举。于时督抚诸臣，咸奉明诏，往声厥罪。泰和郭先生，以御史中丞持节钺，趣发黔中诸将兵。入则纤筹帷幄，出则率先戎行，三军雷厉，人百其跾。旌麾所指，折丑如遗。数载逋诛，一朝荡定。

会直指毕公至，乃谋为善后计。疏奏之，则以王者制驭夷狄，道虽无外，权则有备。故弧矢威暴，山川设险，酌道里形胜，襟带贵阳，堂寝瀿溪，莫如府平越便。平越城有井而智，西北江流可跨而入，城城相维，表里金汤，附众威敌，术无加此。上悉当中丞议，乃下其事于方伯赵公、观察尤公、知府今副使刘公、同知今运同管知府事杨可陶，规度所为，水城长虹，渡江者凡六雉堞，连云者九十有二，周遭六十一丈而赢。所为旧城筑圮者，三百丈而赢；石道易楼串者，千一百丈而赢；补葺雉堞，九百八十而赢，其崇一丈七尺而赢，周遭千一百丈而赢；为津关者五，为戍庐者五。始于癸卯二月，凡二十四越月而告成事。崇墉言言，活水源源，文武吏士，欢蹈鼓舞，以为有更生之赐。

可陶则以书抵都门。不谷幸在中丞任使，身版筑之责。兹伐也，庙堂所照临也，中丞、直指所决策也，二三寮寀所戮力也。譬之庐室，中丞苦覆，我则偃寝。可陶藉宠灵得以褒衣博带当一隅，其敢忘芘翼之惠！且谓郭先生，曩在蜀，余为樵薪士，请余记其事。余故忆《诗》称，周有四夷，诸侯之难，其城朔方也以南仲，城东方也以仲山甫，镈铿炳耀，光辉千古。《兵志》曰：上兵伐谋。又曰：善师者不战。二臣念之熟矣。其德则不吐不茹，其虑则多难维棘，至于感时序于雨雪，思每怀之靡及。外伸敌忾之威，而内念付托之重，上副一人眷注之情，下慰寮友寅恭之望，矞目相语，则其名之赫赫，功之明明，信非偶也。兹役也，弭不逞，销未萌，百世利也。禽息荒外，垂之亡极，于二仲不啻过之。若夫功实之伟，载在勋府，纪于太常。余不敏，其何言？

中丞郭公，名子章，江西泰和人。直指毕公，名三才，贵溪人。方伯赵公健，直隶泾县人。观察尤公锡类，长洲人。宪副刘公冠南，庐陵人。先后与有劳绩者，别驾粤西蒋本盛，德安黄应中，节推全椒徐雨，督工司锒缙者，卫掌印指挥奚国柱，卫经历陈江定，府经历沈希孟，指挥王建中、郭维藩，千户陈治道、邓林材，百户杨朝极、张守中。杨君曰：不谷服两公诲，以苟有今日，敢忘明德于后人，将以余文镂之城隅，以示来禩。余乃系以词曰：

皇耆其武，咸加六幕，靡不禾王。东倭伏辜，北虏纳赆，罔用不康。犷彼逋臣，独赎而踔，兽逃鸟翔。负隅猛噬，狂奔叫呶，跋扈陆梁。皇心霆烓，卿材简在，金节煌煌。爰类爰祃，文武大吏，孔棘不遑。乃胥戮力，以迄天诛，骎鼓彭彭。中丞稽首，志遏乱略，休命对扬。训于虎旅，拳勇来格，兵不留行。三军一呼，兔穷穴披，京观相望。既歼其魁，于赢于惫①，不刃俱降。饮至于庙，颁赏于朝，凯歌洋洋。臣曰罔休，帝曰劳止，答此非常。维兹平越，为播咽喉，襟带一方。践岭因山，筑之登登，相厥阴阳。七旬有苗，三年式伐，维昔虞商。皇耀其烈，罝扃滇户，固存推亡。武媲七德，守在四夷，于夷于襄。抚尔黔黎，乐尔室家，原野穰穰。伟哉奕奕乎，经斯营斯，劳臣之冠，为宪万邦。黎峨有名②，禠之千禩，怅彼憬荒。

---

① 于赢于惫："赢"原误作"赢"。据文意改。
② 黎峨：原本作"黎蛾"，据本书舆图志改。

黄平州城图

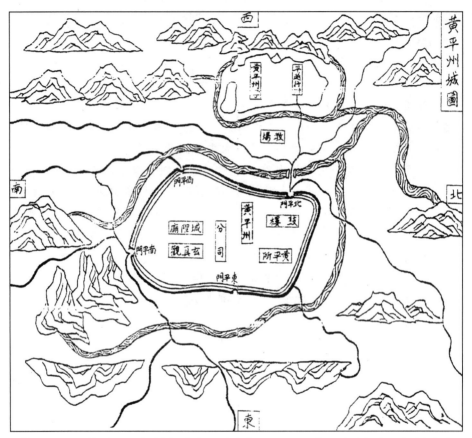

黄平州，旧黄平所，与播州安抚司同城。万历二十八年播平，会题改流，隶黔，属平越军民府。旧止土城。三十一年，予巡历黄平，檄参政尤锡类、副使刘冠南，督知州曹进可、中军官刘岳，包砌砖石，共费金六千五百两有奇。城高一丈六尺①，周围一千三百丈，垛口一千三百个，城门楼阁共四座。东西北一带，城垣倚水可守；南城外人烟稀少。

① 六尺：原本无"六"，据贵图本补。

黄平州地里图

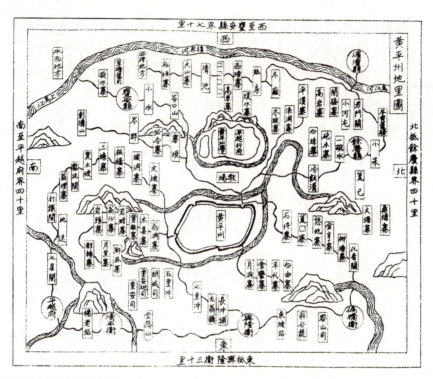

其疆域四至俱详前图。自南门，十里至七里冲，左有岔路。由白记罗朗至龙洞屯三十里，又黄眼尖山，白阳至偏桥内青庄屯，有一路进东坡仓平堡。入抬头、抬蜡、岩门等苗寨，苗由此路出烂桥劫掠，当防。七里冲十里至太翁铺，兴隆卫界。自西门由翁洞、木姜、董丙至莽城、新牌、羊皮等苗寨，出平越路，五十里皆苗夷狆犵地方，当防。自北门过江至天官里，平越行府。左三十里至高车寨。山高箐密，多盗当防。中路，十五里至新寨，十五里至上塘寨，十里至水洞、阿亮寨，多盗当防。三十里至牛场堡，五十里至瓮安县。右由土地堂、冷饭沟、一碗水，至余庆县界四十里。先年多盗，近日改流无盗。

右庶子兼侍读黄辉《新城记》：

天子所不得已于播者，盖黄平是视，黄平静，不得已于仁；黄平围，不得已于义。义赭播仁城民夷，咸御史大夫郭公功。公曰：重哉，黄平，夷汉二，维兹埌，夷汉一，维兹毂，城黄平，城三邑五司，已，乃新州治，命堂曰：来远。乃筑石城一千三百丈有奇，高一丈有六尺，门东南西北皆命曰平，命南平楼曰七星，以拱山，故相东七里谷凿洞而桥之，皆命曰静黎。东关益壮，州遂雄黔中。民肖公旧治祠焉。

州奠山环河，古称乐源郡。宋元改黄平元帅府。唐以来，领于安抚使，以五土司属。明兴，隶蜀重庆，而守御以黔千户所。杨酋叛，首婴黄平，土堑数尺，老苗众数万，去，孰为乎？以险险者。播既平，所要害陪黔，黄平五司之外无尺寸。呜呼！金汤无形，形以金汤，守之者知郭公意乎？仁而义之，夷而民之，小得已，已之；小不得已，不已也。以无使莫邪，于志可常为天子席此土矣。是役也，费饷可六千金。工始万历壬寅冬孟，癸卯秋，直指毕公勘，竣事。曰：完以坚。往复相度，则参政尤公锡类、副使管平越府事刘公冠南，董工赞役则同知杨可陶，副总兵陈寅，标下中军官署都指挥佥事刘岳，旗牌官王弘业，知州曹进可，同知沈炌，判官胡承勋，千户褚绥、李朝阳，土官罗袍、杨位、杨开运、张体乾、马国瑞，劳有差，进可属予为之记。

瓮安县城图

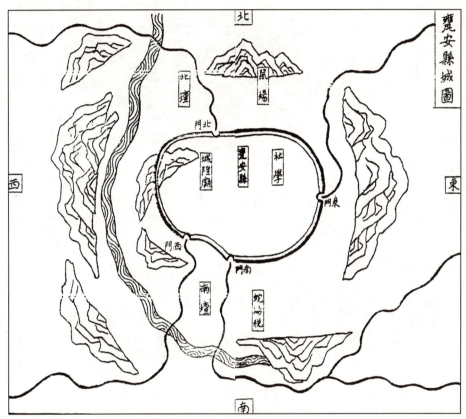

瓮安县城，旧乾平地也。万历二十八年播平。二十九年，会题将播州草塘、雍水二司改流，合为一县，隶黔，属平越军民府。三十年，予檄参政尤锡类、副使刘冠南、推官徐雨修筑，砌以石，费金三千五百有奇。城高一丈七尺，周围三百七十丈，垛五百九十四个，城门、楼阁共三座，月城三座，水关一座。西北城垣跨山，外有河水自西绕城北，可恃。南东一带，城垣无壕，人烟稀少。

瓮安县地里图[①]

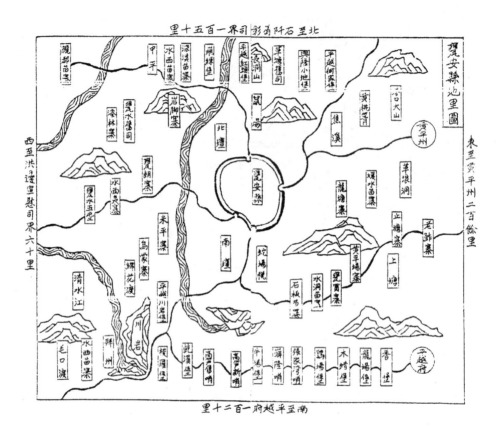

其疆域四至俱详前图。一路自东门，三十里至焦溪，二十里至黄桃寨，三十里至岑口大山，黄平州界。皆小路，贼巢，当防。东北由平越何家堡至兴隆小地堡六十里。自南门出，有二路：正南十里至平越川岩堡，五十至牛场堡，六十里至平越府。东南由蛇场税小路，五十里至凯里石板苗寨，十里至杨义司水洞、阿亮寨。贼数，当防。十里至黄平瓮买苗寨，二十至上塘寨，三十里至天官里，平越行府，过江抵黄平州。自西小路由瓮朗苗寨，以至水西各夷寨，皆贼巢，当防。自北门由鼠场至平越红头堡、长洞山，过江至飞练堡，皆小路，当防。

① 瓮安县地里图：原本无"县"字，贵图本据本书体例补。

余庆县城图

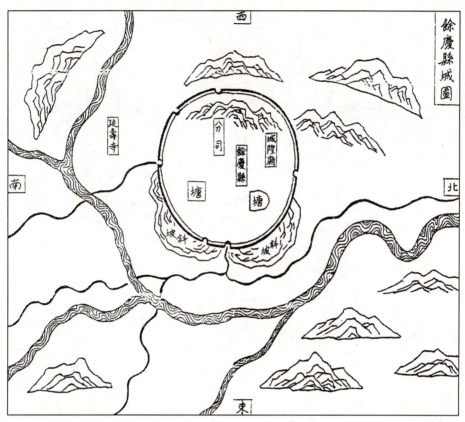

余庆县城，旧播州白泥司地也。万历二十八年播平，二十九年，会题改流，割隶于黔，合余庆、白泥二司为县，属平越军民府，城于白泥。三十年，予檄参政尤锡类、副使刘冠南督知州袁尚纪、守备史良将修筑，砌以砖石，费金三千八百有奇。城高一丈六尺[1]，周围三百一十七丈五尺。城门、楼阁共三座，月城二座，水关三座。东门至北门以西一带，城垣踞峻道为险，形势倍高，且市衢村寨，远近相属，两水会前，可守。自西门至南门一带，城垣跨山，人烟稀少。

---

① 六尺："六"原无，据民国二十五年《余庆县志》补。

余庆县地里图

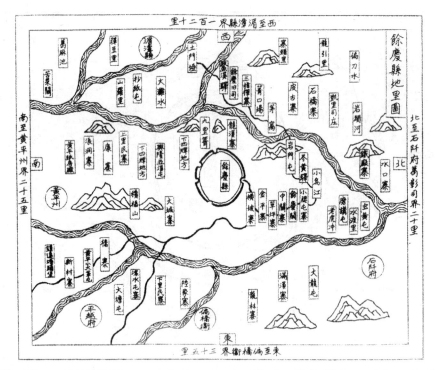

其疆域四至俱详前图。一路东北四十里至骂溪，接偏桥屯；西南四十里至楠木、西堰二关，接瓮安县。皆有箐林深壑，贼盗出没，当防。一路西七十里至岑黄驿，路通下四牌。苗人尝于小乌江、龙场、崖门三处，伏草劫掠，当防。

湄潭县城图

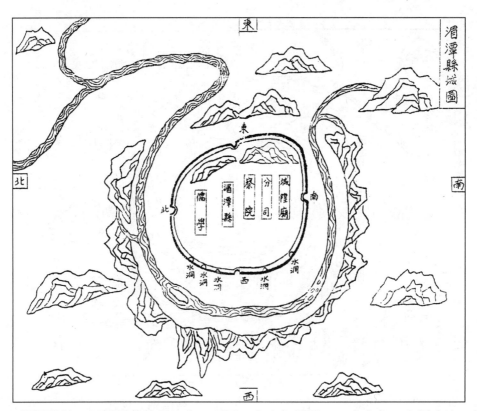

湄潭县城，旧播州苦竹坝地也。万历二十八年播平，二十九年，会题改流，割隶于黔，合三里七牌为一县，属平越军民府。三十年，予檄参政尤锡类、副使刘冠南、通判蒋本盛、守备叶定远修筑，砌以砖，费金三千九百有奇。城高一丈五尺①，周围三百八十八丈。城门、楼阁共四座，月城三座，水洞五处，垛口三百八十八个②。自南门起至西北一带，城垣俱倚水可守。东门一带，城垣跨山，人烟稀少。

---

① 五尺：原无"五"，据光绪二十五年《湄潭县志》补。
② 垛口三百八十八个：原作"垛口□百□十个"，据光绪二十五年《湄潭县志》补。

湄潭县地里图

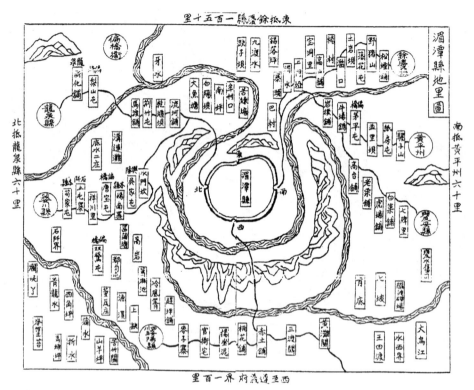

　　其疆域四至俱详前图。一路自南门，由湄水、高山铺、杨村、滥口、余庆土岩坝、落花屯、野猪山、松烟铺，至余庆县百五十里。又自湄水过河，南西由土门垭、岩后、牛场等铺，七牌里、白果铺至瓮安县界。自西门过渡，二十里至桃花铺。左由杨坐泥、官衙宅、麦子寨至板角关，四川绥阳县界；右由赤土铺、三渡关至黄滩关。自北门过河，由流河铺、乾堰坝、荆竹屯、马渡铺、梨山屯、新化铺至龙泉县六十里；又自流河铺，由水门坎、吴家屯、祥川、三坝抵婺川县界，皆小路，多盗，当防。

都匀府卫城图①

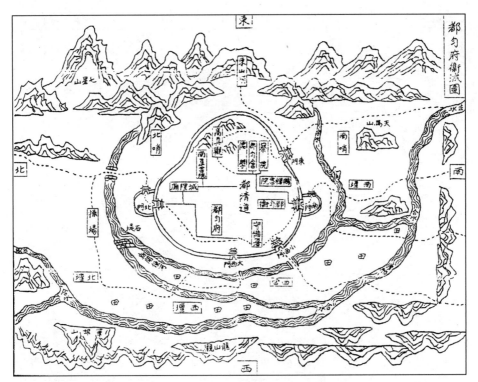

都匀府与卫同城，洪武二十七年，平羌将军何福筑土城，后指挥黄镛砌石，共一千七十二丈，高一丈，宽二丈，串楼三百八十四间，垛六百二十个。城楼伍座，月城、转阁、敌楼八座，城铺十五座。东门外有东山一哨，兵止二十。自东门起至南门，险夷相半，城墙卑薄。自南门起至小西门右，万历二十一年，副使朱熙洽将西城加高，城外增一营二哨防守。自小西门起至大西门及北门，地势略平，近副使袁应文开修便河，可恃无恐。自北门起至东门，地势险峻。北门外有大塘，有北哨，有五十余家，又有两水绕城向西南去。前此，江内黑苗劫掠。二十八年，袁副使召抚纳粮，立广化营守之，地方稍宁。

---

① 都匀府卫城图：原无"府卫"，贵图本据本书体例补。

都匀府卫地里图[①]

疆域四至俱详前图。自东门一路，二十里至落乍堡，逼近东苗。万历二十八年，袁副使建镇夷哨防守。该哨十五里至荅干寨，三里至广化营。过江上坡，三十里至夭漂，二里至归化哨，二里至琵琶，二里至冷水哨，三里至杨安堡，七里至倒塘哨，三十里至甲些苗寨，抵烂土司。自大西门一路，近城立有南哨西营。一里至渡船堡，六里至都匀司，十里至大河哨。苗贼劫掠，袁副使立哨防守。该哨过河三里至石猫哨，四十里至雄磺厂界。二十里至平浪司，十五里至虫蚁哨，十五里至凯口，有防御官。石猫哨十里至补林堡，七里至麦冲堡，七十里至平州司。又麦冲南六十里至独山州，东七十里至烂土司，抵广西界。南六十里至丰宁上司，四十里至丰宁旧下司，三十里抵广西界。自府小西门一路，七里至土地哨，七里至观音哨。

---

① 都匀府卫地里图：原无"府卫"，贵图本据本书体例补。
② 九九：根据本书他处，当为"九股"。

自府大西门一路，九里至摆铺，一里至邦水大堡，四里至邦水司，一里至杨家铺，六里至一碗水，哨铺同址。该哨七里至小苗铺，十里至摆忙铺，八里至摆龙铺，六里至翁寿河铺，七里至葛里铺，六里至颜家铺，十里至蛇场铺，七里至狗场铺，七里至沿山铺，六里至龙里卫大道岜岽铺。自府北门一路，由北哨过河馆驿堡①，二里半至马路哨。该哨右小路三十里至马场寨，三十里至宣威营。该哨二里至五里铺，二里至龙井哨，二里至秦莫堡，三里至龙场旧哨，二里至平定哨桥头铺，三里至滴水哨，二里至老军营，四里至文德铺，七里至靖盗哨。皆系山苗。该哨五十里至乐平司。又文德铺大路，三里至杨柳新哨，四里至长坡哨，四里至蛇场铺，五里至虎场哨，五里至高枧铺，九里至慢坡哨，二里至麻哈州。

金都御史刘秉仁《重修都匀府城记》：

　　都匀于永乐时为卫，弘治初始设府，实乃西南要地。余尝观其山川封域，都匀之为郡，不独部夷难驭，盖尤有邻患焉。东连草塘，西近泗城，南接南丹，北连平伐，四面皆警，势若蜂房，稍动则毒螯攒聚起，又若耀蝉者，一振树则万声俱鸣。非若他专民可一耳目以守之也。

　　郡故有卫城，二百年来日就颓圮，卑者类樊圃，而楼橹之上覆营茅，非有百雉之度，重关百二之模险，奚足恃哉！

　　万历己卯，兵备苏公来按兹地，甫下车，登城四望，慨然长思，顾属吏曰：斯郡也，宪臣提兵驻镇，三府七卫所，州县土司相联而听命，密尔诸夷，号令节制。顾此藩篱单薄，扃钥弗固，万一有持铤至城下，其孰御之？

　　会郡太守梁君莅任，博采舆论，励精参劾。约费四百金，公以为允当。遂请于督抚王公、察院马公，皆相报可。公乃抡材试工，公财用约，日需派丈尺，定筑畚。凡度支出入，综以簿书，严以覆验，而责成于奖勤黜惰，程能计功。东南城，故枕高山，守者率露处，先创铺舍，而处守者安。城堞之未高也，悉增而高之。又虑流潦伤城身，凡城面阶梯，尽用版石弥漫之，防水。至西北一带串房，岁久多蠹，皆一新之，而增其半，前中右千户分城，旧固土筑，皆采巨石而城之。卑者、塌者、凸凹者、参差不齐者，皆无尺寸不饬。于是补砌外城者，为丈一百余，新砌内城者，为丈三百三十余，增高堞头者，为丈一百九十余，新砌城两阶梯者，为丈七十余。崇台基者，为丈四十余。建大楼者六，重建敌楼者八，新建串房三百有十，修饰者九十二。高城为铺舍者一十一。新砌洞门二，撤朽、削蠹、植礁、筑虚，工始于辛巳孟春庚辰，落成于

---

① 北哨："北"原误作"比"，据文意改。

孟冬甲寅。不逾年而即就绪。公名愚，号心泉，如皋人。壬戌进士。

独山州城图

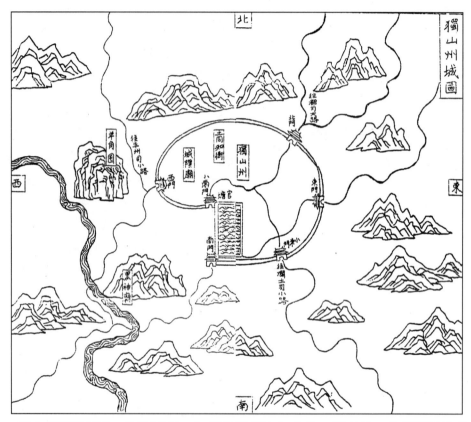

独山州原无城池，万历五年，知州欧阳辉谕令南北二街市民，各照界限修筑土墙，高壹丈，厚三尺，栽植棘茨，竹木相倚。东门至南门，城外并无人户，南门至西北门，人户稀少。土同知蒙氏同住州城，周围土兵巡逻，防范严谨。

独山州地里图

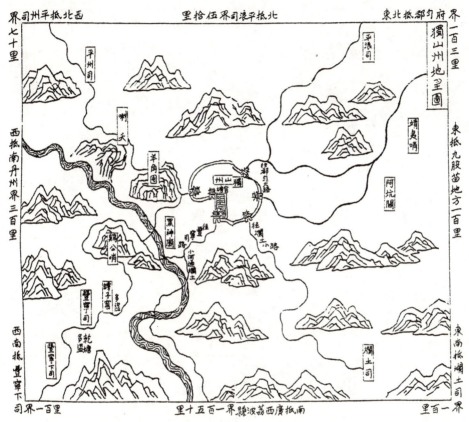

东至都匀府一百三十里，先年盗贼出没，近设靖夷哨防守。南抵广西荔波县界一百五十里，与烂土司连界，谕令该司防守。西南抵丰宁上下二司界一百里，又坛子窑贼盗打劫，设立鸡公哨防守。乾塘哨，贼盗打劫，系丰宁上下二司连界，责令二司防守。西北抵平州司界五十里，喇天等处打劫，责令该司防守。北抵平浪司界五十里，系小路。

麻哈州城图

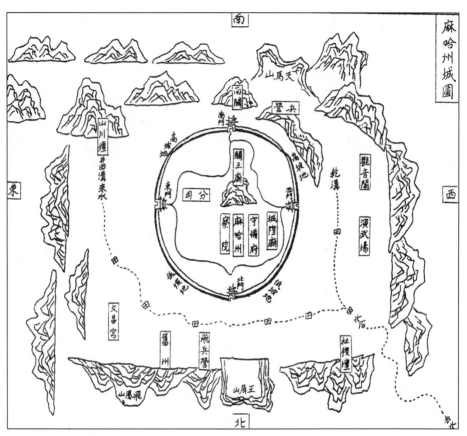

麻哈州城原筑土墙，嘉靖三十一年，知州杨敏砌石，寻圮。万历十六年，知州胡友禄又砌以石，宽七尺，墙共四百丈，高一丈二尺，垛四百六十个。城门楼阁四座，月城二座，串房四百九十六间。城外无壕。南门外仅十余家，西南红兵，北隅飞兵，共百名防守。但东西北无水可倚，南面跨山难守。

麻哈州地里图

州疆域四至俱详前图。一路自南门，十里至高枧铺，内八鸽崖、浑水塘近苗，往常出劫，近有兵稍戢。二十里至蛇场铺，三十里至文德铺，都匀府界，贼从岐路出劫。二十八年，兵道袁应文设虎场哨，兵四十名，杨柳营，兵三十名防守，稍戢。北门十里至碧坡铺，二十里至虎场铺土桥，左右通瓮河、浙港等处，黑苗出劫，近有兵稍戢。三十里至板桥铺，四十里至杨老站，大路，多盗。二十九年，添兵百名防守，稍戢。一路自北门转东，小路三十里至平定司羊溪坡。田土宽饶，自王华诛后抛荒。而杨义司、恺乌寨，恶苗劫掠为患。五十里至宣威营，内小羊场、乾塘哨、羊场河、土地堂多苗。东门小路，自火攮三十五里至瓮惹蜡姑寨。西门小路，三十里至羊场牌，五十里至乐平司，宋拱乾地方，多苗。自箐口分路，五十里至平越卫，内高寨摆种恶苗，近颇认纳粮马。

佥都御史刘秉仁《修麻哈州城记略》：

麻哈州故在元为麻峡县，国朝设长官司，隶平越军①。弘治初，都匀诸蛮目猖獗，维时抚按疏置郡治政之，而以麻哈地当都清咽喉，轮蹄交达之所，并请建州，辖平定、乐平两司。

其地四际夷穴，林莽绵密，诸夷盘据出没，如鼠雀不可踪迹。迩来者牙构乱，凶类狂逞。巡抚舒公、巡按毛公，毅然决策，动大众直捣其穴，歼其魁帅，谕其协从，请立宣威营于者牙旧地，为州屏蔽。又请增州判一员，专治夷民，远迩闻风纳款。江外种落，素阻声教，一切稽首听约束，宁帖至今，无复潢池弄戈矣。

惟是州治，旧制草创，斯民散处。嘉靖三十一年，州守杨君敏，迁筑石城，狭隘，又渐倾圮。后陈君汝和，罗以土城，亦寻筑寻坏，非久远计。

岁戊子，胡君友禄来守是邦，见州治颓陋，喟然叹曰：藩篱不固，廉隅不整，且无以卫家，牧守之谓何？乃丞谋于郡守姜君，请城之。时抚台许、叶二公，部使者赵、陈、张三公先后申饬，务一劳永逸，保障遐土。兵巡叶公，纾猷经画，捐资补给。守道陈、刘二公，加意共济。及藩臬朱公、范公，请议帑金，不啻再三。于是厥议遂定。胡君聚工兴事，采石征材，始于戊子秋，讫于辛卯夏，屹然称雄镇矣。

---

① 平越军：应为"平越军民指挥使司"。

清平卫城图①

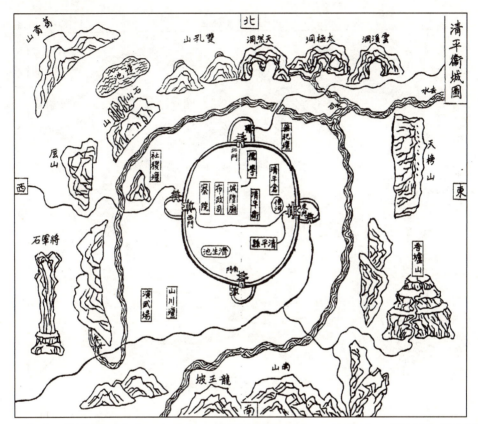

清平卫县同城。洪武二十三年，指挥司铎筑土城。万历四年，巡抚罗瑶题动银五千三百余两，委参将侯之胄等修砌包石。建城楼四座，串楼七百九十二间，垛七百九十二个。无壕，跨山多箐，宜守。

---

① 清平卫城图：原无"城"，据贵图本补。四门文字亦由贵图本补。

清平卫地里图①

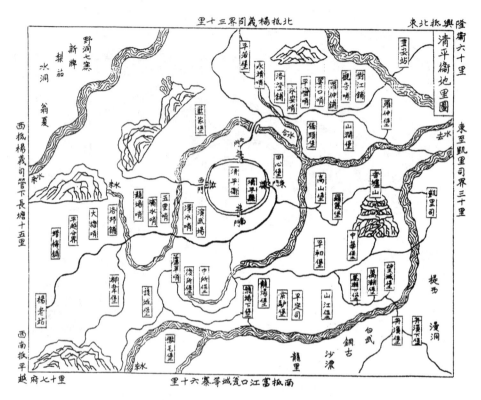

　　疆域四至见图。自南门官道，三里至芦草哨，五里至浑水哨。委把总督兵八十名防护。三里至滴水哨，三里至落邦铺，二里至大塘哨，右有杨义、新牌等寨；左有养古、六洞等苗寨，盗多当防。八里至蜡梅铺，十里至界牌哨，平越卫界。自北门官道，五里至永靖哨，五里至落登铺，四里至永安哨，五里至平蛮哨，五里至半场哨，委千总团哨，兵五十名。五里至罗仲铺，兴隆卫界。由东门小路罗篾堡、狗场、洞头等寨，五十里马场，过河抵凯里安抚司。南由小路，五十里护城堡，十里瓮瓜，十里至双洞，二十里水箐山，二十里罗都保，三十里平定司。东南小路，七里木屐，四十里炉山守御千户所。西南小路，三十里狗窝、养古等苗寨，多盗宜防。

---

① 原缺四门文字，据贵图本补。

兴隆卫城图

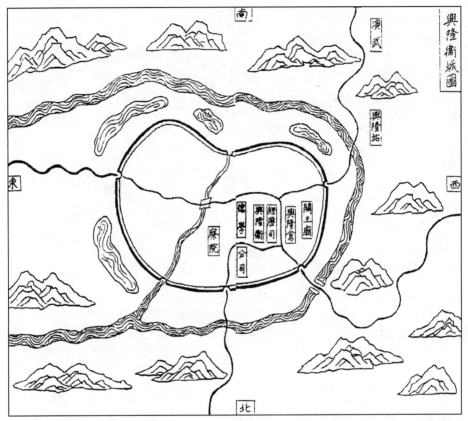

兴隆卫城，洪武二十六年，颍国公傅友德建，指挥张龙筑。高丈三，周围五百三十丈，城门楼各四座，城铺二十六，串楼二百三十间。东西北一带，城垣俱倚河溪，城外人烟稀少。南关有兴隆站，人烟颇集。万历二十九年，予委把总督兵百二十九名防护。

兴隆卫地里图①

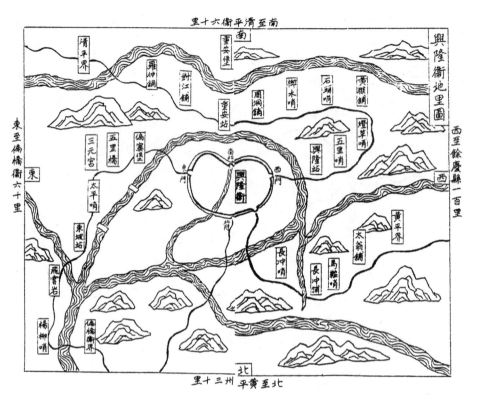

（图中文字）
南至清平卫十六里
西至馀庆縣一百里
東至偏橋衛六十里
北黃平州三十里
興隆衛地里圖
清平界　羅沖鋪　重安堡　對江鋪　重安站　周洞鋪　椰木哨　石城哨　黃猴鋪　燈草哨　五里哨　興隆站　偏寨堡　三元宫　五里橋　太平哨　東城站　飛雲岩　楊柳哨　偏橋衛界　南門　西門　東門　北門　興隆衛　黃平界　太翁鋪　馬鞍哨　長冲哨　長冲鋪

其疆域四至俱详前图。一路自东门官道，三里至偏寨堡，七里至寨垣铺，十里至东坡站，委把总督兵九十名。五里至杨柳哨，偏桥卫界，委把总团哨兵四十八名。一路自南门官道，五里至冷水哨，三里至灯草哨，二里至黄猴铺，五里至石城哨，委把总团哨兵五十名。五里至椰木哨，三里至重安站，二里至对江铺，清平卫界，委把总督兵九十三名。一路北门小道，十五里至朗城堡，五里至白果堡，十五里野洞苗寨，十五里至月黑苗寨。寨路有三：中通杨义司辖翁埋等寨叛苗；左通董丙等寨叛苗，当防；右路自月黑至黄平州二十里。一路自北门官道，六里至长冲哨，四里至长冲铺，五里至马鞍哨，五里至太翁铺，黄平州界。

---

① 原缺四门文字，据贵图本补。

偏桥卫城图

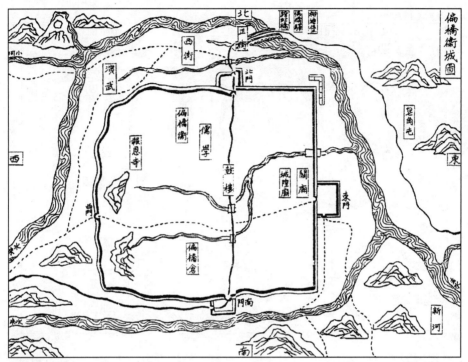

偏桥卫城，洪武二十二年，康郡马筑。周围一千一百二十八丈，高一丈二尺，基厚一丈，外石内土，串房一千一百间，垛二千二百个。城楼四座，西角敌楼一座，东水关一座。西南俱坡，险峻。东北逼近溪河，无壕。东北门外，人烟颇集。万历二十七年，建敌台八座。

偏桥卫地里图

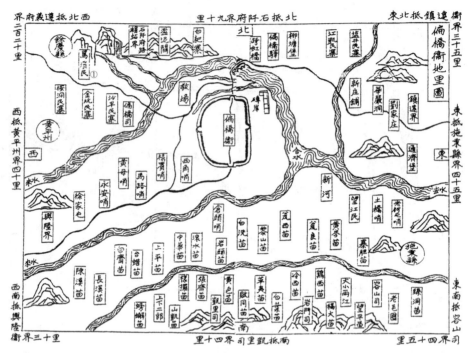

　　其疆域四至俱见前图。自卫属鸡婆、蔡家、瓮塘等屯，抵偏桥司管下白洗、瓮西等寨；容山岩门司管下黄岑寨、胆革夷等苗寨，接臻洞九股苗巢。先年，苗贼出劫，近设土桥哨，兵五十名，老何哨，兵十七名，委土官督御。一路自西南官道，三十里抵兴隆东坡界，僻路，六十里抵凯里重安管下上下二郎等苗寨。先年，苗出阻官道，近团草塘、黄母二哨，兵六十八名，委把总督防。沿路永安、杨宾、西角、仓头等哨，有苗兵防守。西北由白塘、枫香、紫江等屯抵白泥司。先年，苗贼潘阿让等出劫，近已剿除，改属余庆县。一路东北，由皂角屯、乾溪、琵琶，三十里至镇远相见中火，有诸葛洞，巨石阻江中。万历二十九年，予命都司钱中选等，募匠辟开，舟已通行，共费金六百有奇。一路北至石阡府路濑站界，九十里于滥泥关设一哨，召苗耕守，地方稍缓。

---

① 民：当为"民寨"。

镇远府城图①

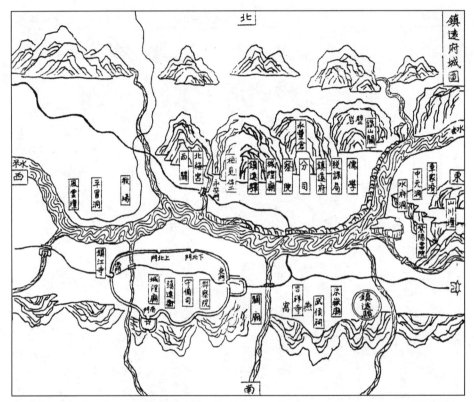

镇远府开设自永乐间，府街宽仅数丈，系一线相通，势难筑砌。后倚屏山，前襟大江，东北有铁山关，近设隘楼一座，路不盈尺，逼临深渊，倚水可守。西去路出偏桥，先年，知府程楠设城四十五丈，高一丈五尺，直至屏山，高低不一，垛口共七十六个，城楼一座。此外军民杂居，亦无外城。跨江而南，则镇远县街后山，由东南有关楼隘门一座，去则道出清浪，有邛苗。由西南去，则抵镇远卫城。岐路四辟六通，亦有容苗为患，皆因地隘，难以筑城。镇远府图之大概也。

① 原缺南门文字，贵图本补。

镇远府地里图①

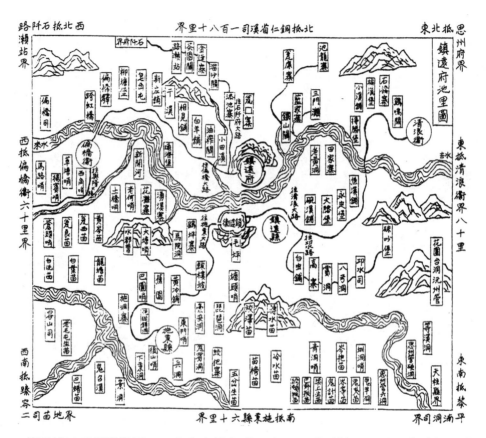

其疆域四至俱详前图。一路自东关官道，十里至碗溪铺，五里至大胜堡，十里至马场坡，乃通邛水司小路，四路皆苗。司治逼近巴野、梁上，生苗不时出劫。万历二十九年，予提兵剿梁上苗，近设青圳二哨，兵共一百四十余名，以一把总统摄，各苗稍戢，地方稍安。一路自镇远卫，五里至尹坡，二十里至鼓楼坡，三十里至施秉巴团，山箐多盗，当防。一路自镇远卫南门小路，五里至袁家冲，五里至乾倒及第坪，四路多岐，可通县街后山而下。万历二十四年，设大塘、塘头二哨，兵共一百六十余名，以一把总统摄，可为外藩，第兵食不继，殊为可虞。一路自府西关，设兵三十三名，以一把总统摄防御。十里至白羊铺，十五里至相见河中火铺，

① 杨宾：原作"杨兵"，贵图本据上文改。

偏桥卫界。一路自府西关北去，五里至小田溪，十五里至半屯，三十里至溜沙关，五十里至路濑站，与石阡府分界。

镇远卫城图

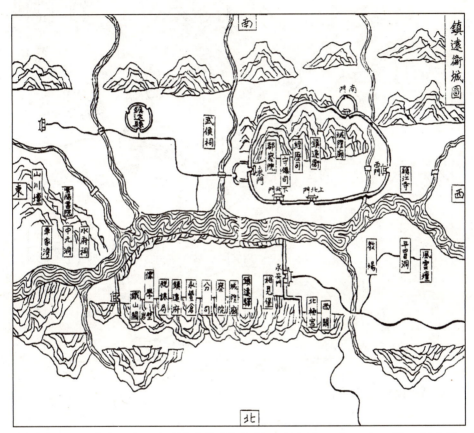

镇远卫城，洪武二十二年筑，周围共九百二十七丈，高一丈三尺，宽八尺，垛口共一千八百七十二个，城门楼阁共五座，城铺四十三间。自东门起至西门一带，城垣倚河可守，但年有水患。西门起至东南一带，城垣跨山，僻峻难守，中围五老大山，营基狭隘，皆苗夷，当守。西南二关乃苗要路，当防。

镇远卫地里图

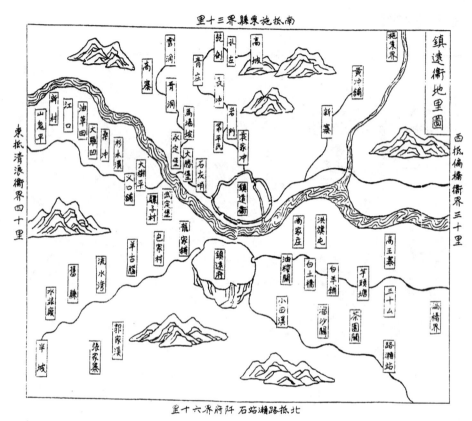

其疆域道路俱与府同。

施秉县城图①

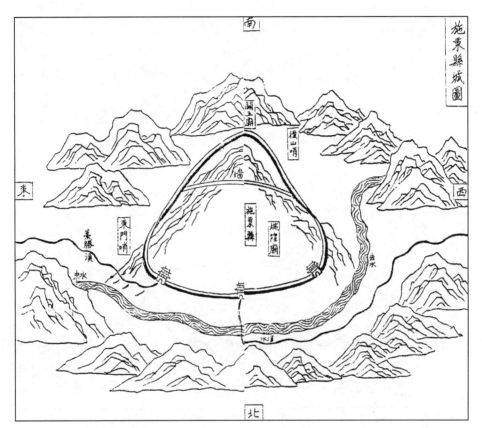

施秉县原无城池，嘉靖四十二年，知县詹大同筑城，五百三十丈，高一丈三尺五寸，宽一丈，垛口一千零二十六个。城门楼阁三座，城铺十三座。万历二十七年，知县文嘉兆详应御史发公费银三十三两，将周围垛口封塞。城中军民不满二百，城外绝无居民。苗人日至城下，名曰媒讲，盖苗穴也。设防御巴团哨，官兵九十七员名，后山哨，官兵六十五员名，东门哨，官兵五十七员名，焦源、响水二哨，民兵四十名，永沥等卫所，戍军四十三名。若设一典史训练之，仅仅足守云。

---

① "城"字原无，据贵图本补。

施秉县地里图①

施秉疆界，东抵邛水司界九十里，南抵臻洞司生苗界十五里，西抵容山司生苗界十五里，北抵镇远县界六十里，东南抵横坡生苗界十里，西南抵臻容二司生苗界十里，西北抵偏容二司界十六里，东北抵镇远卫界三十里。自县中至老毛囤诸寨，仅革一江。江以外皆苗穴也。江以内又苗所占种者也。议者谓容山司、从化哨当复，典史当增，此三者，施秉之急务哉。夫容山司不复，窃恐施秉终不能为县；从化哨不复，窃恐施秉终不能往府。

---

① "施秉县地里图"原有图无题，贵图本补。

提学刘曰材《修施秉县建城记》：

嘉靖乙丑冬十月，镇阳施秉县城成。施秉县者，镇阳严邑也，古牂柯蛮夷地。明兴内附，置县设官，自正统甲子始。县当岑巘、景洞之间，西控播凯，南枕洪江，皆封狝狰犺之邻，而伏弩衷甲之地也。独以一面北通郡治，走滇楚而观上国。施秉固，则播凯、洪江之苗不敢北首窥镇阳，而滇楚道通。若人之一身，镇阳为滇楚喉襟，而施秉其肘腋也，肘腋婴患，即喉襟为梗矣。故施秉虽小邑，实镇阳重地。

论者谓，固施秉莫城守为急。成化，守臣尝议城岑麓诸堡，会工钜，竟不讫功，寻稍稍调番休卫卒，为补葺守戍计。嘉靖辛酉，容山夷构乱①，环甲挺戈，入施秉之郡，焚劫县治。时戍卒无能御者，居民窜岩穴间喙息求旦暮活。贵阳东路告急，赖一二帅臣整师誓众，歼元恶，县境旋复底宁，而横罹兵燹者，莫可捄药矣。使当时得数雉之城，环而守之，则酋虽鸷黠，讵能蹂躏至此！

时中丞柱野赵公奉玺书至，叹曰：患至为备，今已后矣，是尚可不亟图哉！乃与台察晴郊巫公协议为城守计，询守巡参议徐君敦，副使张君廷柏，佥画允谐。乃檄知府袁成能面量工，守备孙继武鸠军役，同知何承训鸠民役，画东西城分筑焉。石取诸山，则百户吴天祥司之，甓取诸陶，则千户徐椿司之。经费以两计，凡一千六百有奇，出帑金也。饩廪以石计，凡一千九百有奇，出仓粟也。筑城以堵计，凡四百一十有奇，因地形也。经始于壬戌孟冬朔日，阅岁癸亥，赵公还留都，而霁寰吴公代，巫公在告而文川部公代，徐君迁，而王君汝述任，张君迁而祁君清任。先后协心，用是，诸役罔怠。总戎都督石公，又益以罚锾若干，工作用命，历三载，为乙丑冬十月乃告成。于时中丞抑亭陈公、侍御春楼潘公，二公甫下车，揆文奋武，图万世封疆之利，巫嘉前画，而乐观兹城之有成也，更饬以官兵营城守将加密。谓材职载籍，当记。

---

① 容山：原本作"客山"，据上下文改。

石阡府城图

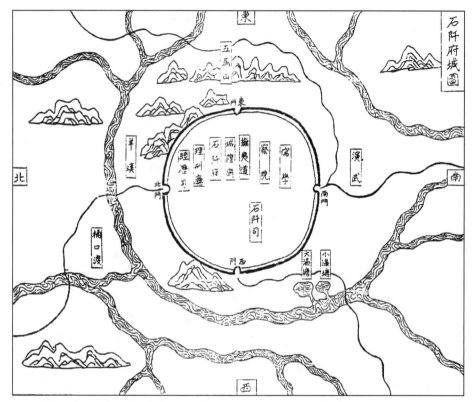

　　石阡府，永乐十一年始建，嘉靖元年始城，四十年始甃以石。城广计六百有六丈，高丈有八尺，串楼六百有六，垛五百八十有三。城门、楼阁、水关各四，无月城。迎恩、拱极二门外有关厢，居民颇夥。西门阻水，有场坝，至期金市于兹。东门险不可庐，近增濠堑，以固牖户。

石阡府地里图

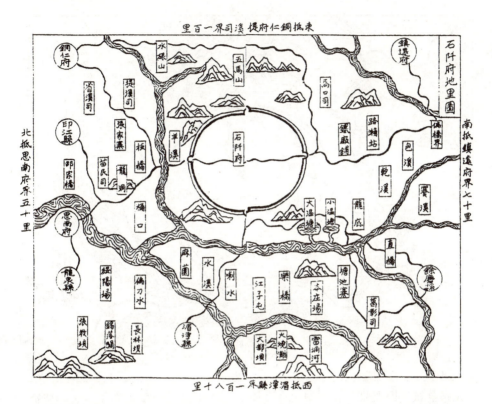

其疆域东抵铜仁府提溪司界一百里，南抵镇远府界七十里，西抵湄潭县界百八十里，北抵思南府界五十里，东南抵思州府界八十里。有河下屯，苗兵镇之。西北抵真州界百九十里，思石守备控之。西南抵偏桥卫界七十里，东北抵印江县界五十里，陆路俱称坦道。

当正统己巳兵燹之后，渐次安澜。独郡东隅提溪小路，悬岩直下，俯瞰城市，水碾山、篝子坪诸苗，往往假道于此，跃马鸣金，为地方之孽。其平寨、斗产一带，峻岭摩空，丛林蔽日，皆诸苗险窟，出则乌合，击则狐伏，烟户半里，何堪剥肤。虽近府有关，提溪关有哨，营垒戍卒，云踊胪列。万一堤防稍弛，孤悬斗郡，将折而入于夷矣。蠢尔不逞，司民社者有隐忧哉！万历二十八年播平，会题将龙泉长官司改流为县，属府，葛彰长官司先因土官安其位通播，近议改流。

龙泉县城图[①]

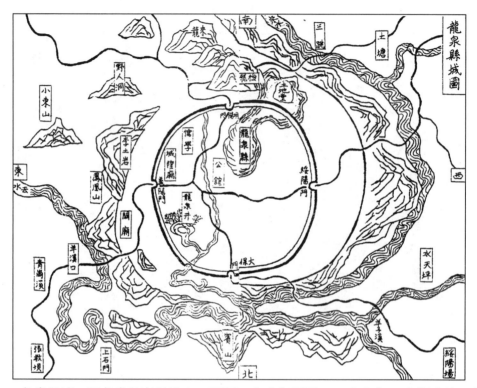

龙泉县城，旧龙泉长官司地也。万历二十八年播平，二十九年，会题改流，将龙泉长官司为县，属石阡府。三十年，予檄参政尤锡类、副使刘冠南、推官谭完、知县凌秋鹏、守备伍万钟修筑，砌以石，共费金三千八百有奇。城高一丈七尺，宽一丈五尺，周围三百六十一丈，垛口七百二十个。城下大道可容车马，城门、楼阁共四座，月城四座，水关二座。自西门起至南门一带，城垣地势平，可守。自南门起至东门一带，城垣跨山，人烟稀少。自东门起至北门一带，城垣有龙泉活水从城内流出成溪，倚水可守。自北门至西门一带，城垣[②]半平半坦半跨山，人烟稀少，难守。

---

① 后龙：原作"后山"，贵图本据下图改。
② 城垣：原误作"城坦"，据文意改。

龙泉县地里图①

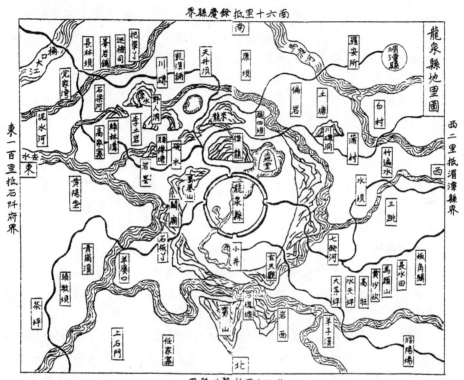

界縣慶餘抵里十六南 南

龍泉縣地里圖

西二里抵湄潭縣界

東一百里抵石阡府界

界縣川婺抵里十七北 北

其疆域四至俱详前图。一路自南门官道，二十里至乾溪铺，路通马渡，汉夷杂处，当防。一路自西门官道，三里至三跳水坝，近板角关贼巢，当防。一路自北门官道，二十里至绥阳场，商贾出入，道路宁息，无贼。自东门官道至沙滩二十里，多通小路，与水德、印、婺地方参错，道路宁息无贼。

蜡衣生《城记》云：

万历癸卯春正月，予从潍水历石思，阅视龙泉城垣，客有过予问曰：城龙泉，何也？

予曰：龙故无城，寇至不能御，寇平而城，亡羊补牢意也。

---

① 羊溪口：原作"杨溪口"，贵图本据上图改。

曰：非是之谓也。播叛，五司激。播叛，龙不叛。不激叛，安民志且死绥，而概城之，可乎？

曰：子谓龙土司土邪？天子土邪？天子命二长官、二百户守龙，曰：世世无抎也，而民志失之，民志骂贼死，谓之死难可，谓之善守未可。予怜其死，闻之天子，官其子世为丞，酬忠也。而令其侄臬朱氏，世为簿、二百户如故，兴灭继绝，仁也。播平，龙泉复。天子曰，若不能守，吾自取而守之尔矣。脱再与之，再失之，可以土地人民戏乎？此龙泉所由城也。

既城矣，不得不县，何也？土司无城例也，惧尾大也，即播悍且叛，不敢城。夜郎，今水西、永顺、保靖，犹无城也，此龙泉所由县也。非若是也，天子岂爱掌大地，弊弊焉捐数千金城而邑之邪？

虽然，周命南仲城朔方，而猃狁于襄。赵灵、秦始筑长城，而匈奴不敢南牧。国家御虏，修边墙数千里，海上御倭，筑六十余城。黔只尺苗夷，亦西南之虏倭也。播平，筑四城，拓平月、铜人二城，缮龙里、新添、黄平三城，傥亦御虏倭计乎？

客始唯唯，曰：乃今而后，知城郡县为西南长计也。

城为门者四，东曰义阳，西曰绥阳，南曰明阳，北曰大保。名以竟内山为严，更之楼者四，为堞凡百有奇，为水门二，为敌台二，周遭三百六十丈有奇，高丈七尺有奇，厚丈五尺有奇，总计直为金三千八百有奇。

是役也，予始其议，而总督长垣李公、新城王公、柱史广汉宋公、贵溪毕公，后先成之。综理属左丞赵君健、参知尤君锡类、洪君澄源、宪副路君云龙、刘君冠南，护作属司理谭完、知县凌秋鹏及守备伍万钟，至称畚筑，程土物，诸百户、把总及督里老，姓名具载碑阴。

螟衣生《龙泉记》：

今天下县称龙泉者三，一属浙江处州，一属江西吉州，贵州之龙泉属石阡府。处之龙泉有九际山，水分九潭，龙常居之。瀑水自岩顶飞悬如帘，县治北有义泉井，相传亦有龙居之。县以九潭义泉名也。吉之龙泉，东南有玉泉山，山中有泉出石罅，洁白如玉，县以玉泉名也。

石之龙泉，故名龙泉坪长官司。万历三十一年改邑，予经理其地，问泉所，在城内西隅。予临泉上，徘徊者久之，怪石鳞鳞，水从石罅仄出，一见一否，初出汇一泓，再出又汇一泓。从小渠度水关，流驰城外，水味甘冽。居民往来井井，余流可灌田。水不甚深，相传龙潜，未尽然矣。

大都蜀黔之水，多出石穴。予考《图经》，婺川东十里有龙泉，或一日一涨，或三日一涨，消则清，涨则浑，人莫能测。普市东南六里有龙泉，源出山谷，流至城南，潜入洞中，透合落窝溪。遵义有龙泉二：一在府北二十里，一在真州西南六十里，俱深澄莫测。则环蜀黔竟，其为龙泉者五矣。推之宇内，又可知矣。虽然，处龙泉有章中丞溢为国朝名臣，予吉龙泉，登甲第十四人，萧中丞启亦有声于乡，地灵人杰，不爽于江浙。黔之新邑，鼎立为三，又恶知他日人材不与二龙泉埒邪？或曰：黔龙泉，故夷区也。嗟乎，舜与文，非东夷、西夷之人邪？而恶可以方局邪？

思南府城图

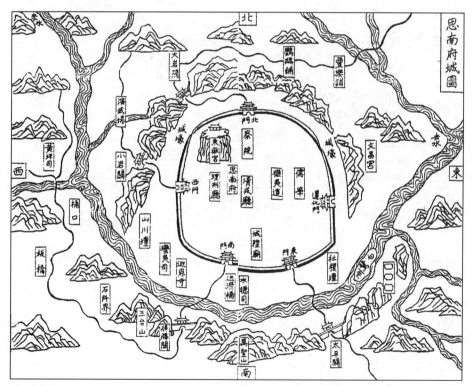

思南府城，嘉靖二十八年，知府李梦祥筑。共七百七十丈四尺，高一丈八尺，宽一丈四尺，垛口一千四百九十八个。城楼五座，大水关一座，小水关三座，城铺十座，串楼八百四十七间。自遵化门至北门，人户稀少，难守。自东门至南门临水，居民辐辏。万历二十七年，知府阴鎦筑二虚台，护大水关。西北门一带，倚山斜峙，屡费修补，二十八年始浚城壕。大都府城前有长江，后有险隘，而又有峻岭深壕，即烽燧戒严，可保无虞，惟在足兵守二关耳。

思南府地里图

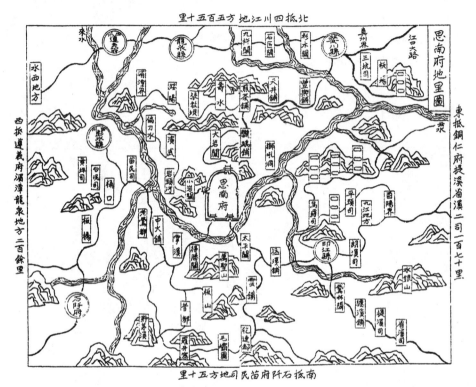

其疆域四至俱详前图。自南门官道，渡江二十里至掌溪铺，渡小溪，四面山多田少，二十里至邵家桥，有场市。二十里至仙人家铺，二十里抵石阡府苗民司治。自东门官道，渡江十里至昔乐溪，从此一路，十里由猛溪铺，二十里印江县，该县界邻铜仁镇筸，逼近苗巢，宜量增土兵防御。又一路由安牙铺，四十里至樵家铺，二十里至水田铺，十五里至齐滩。渡江三十里至土陀铺，五十里至沿河司，与四川酉阳司接壤，盗贼生发，宜令本司及酉阳严防。自北门二十里至鹦鹉溪，三十里至板坪铺，三十里至煎茶溪铺。从此一路由老木关，三十里至受水，三十里至沙滩，无盗。二十里抵龙泉县。又一路由松溪铺，三十里至天井铺，三十里至丰乐铺，三十里至牛塘铺，三十里至婺川县。由该县起，三百里至四川彭水县界，惟三坑司地方，盗贼不时窃发，宜令巡检司拨兵巡逻，仍行酉阳、彭水，互相严缉。

印江县城图①

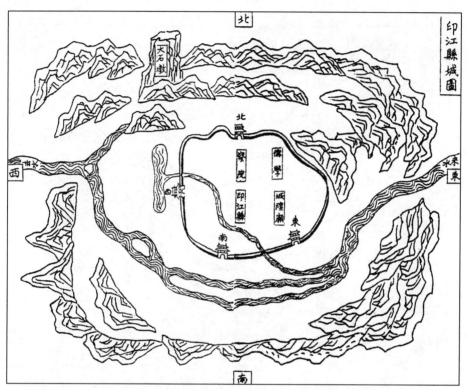

印江县城，弘治年间土司改设，旧城高不及肩，周围共四百三十丈，高五尺五寸，宽三尺，垛口共七百二十口。城上小楼四座，下竖四门，近南水洞一门，近日增修城串四百八十二间，以防风雨漂坏。又设守城民兵八十名，相沿把守城门。自东门至南门、西门，傍水，川湖民人杂居，置有浮桥，可通往来。自西门至北门，倚山寨分弯远，人烟罕稀。

---

① 图中东、西、南、北方位原未标注，贵图本据本书体例补。

印江县地里图

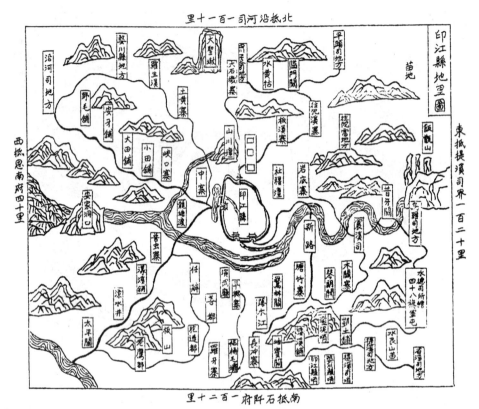

印江县疆域，东一百二十里抵提溪司界，三十五里至缠溪铺，二十里至滥泥山哨，近水㟍山贼巢，设哨兵十五名，常川防卫。西四十里抵思南府，无贼，道路宁息。南一百二十里抵石阡府，近水银、牛角等山，亦近贼巢，应当预防。北一百一十里至沿河司，通酉阳邑梅道路，无贼。东南小路，六十里至斗凑关，多贼，应当捕御。东北小路，一百里抵乌罗司，逼近镇箄，诸苗时时猖獗。西北三十里至牛栏关，亦近水㟍山苗，多贼。东南小路通枹木寨老鹰都，道路宁静无贼。近募㹇兵三十名，议减民兵工食，转给护卫，把守各关，缓急有济。

婺川县城图

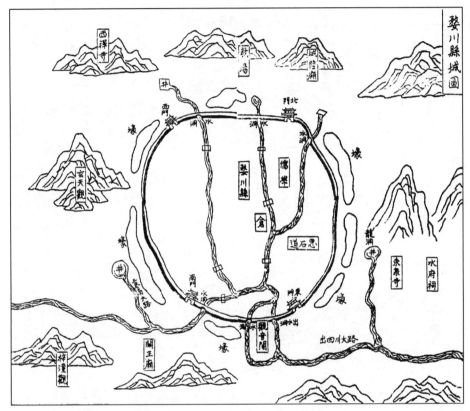

　　婺川县，旧土城。嘉靖二十四年，知县刘敏之用石包。万历二十一年，思仁道参议李瑞、知县张任教修砌城垣。高一丈七尺，共五百四十丈零五尺，马道宽九尺，堞一千六百二十个。城楼四座，水洞四处，城堡六间。县城在四山之下，凡遇春水泛涨，由南西北叁门水洞流进满城，总合东门水洞出水，散漫郊外。东南二门外，人户颇多，可守。西北二门外，人户稀少，难守，有事当拨兵防御。

婺川县地里图

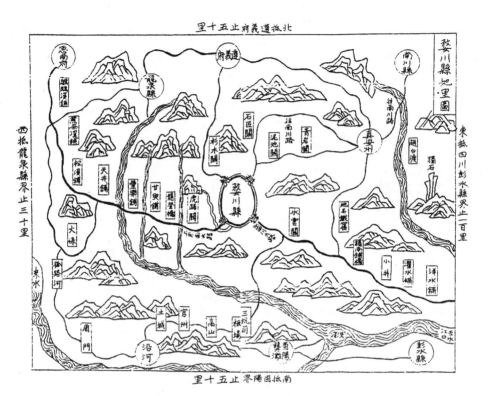

其疆域，东抵四川彭水县界一百里，南抵水德司界七十里，西抵遵义府界五十里，北抵真安州界四十里，东南抵四川酉阳司界五十里，西北抵绥阳县界四十五里，西南抵龙泉县三十里，东北抵遵义府界五十里。自东门官路，至镇南铺三十里，至濯水铺四十里，又至独石三十里，四面俱皆里民种佃，盗贼稀少。自南官路，二十里至甘奥铺，二十里至丰乐铺，三十里至天井铺，左右俱系川土杂民，小贼不时生发。自西小路至遵义府五十里，至石匠关①，盗贼潜藏，播苗不时出劫，今平稍宁。北抵真安州界，四十里至青岩关，四面川土之民，小贼间或出没。东南抵酉阳司界，五十里至洪渡，盗贼潜此，过江劫害。

---

① 石匠关：原作"石将关"，贵图本改。

思州府城图

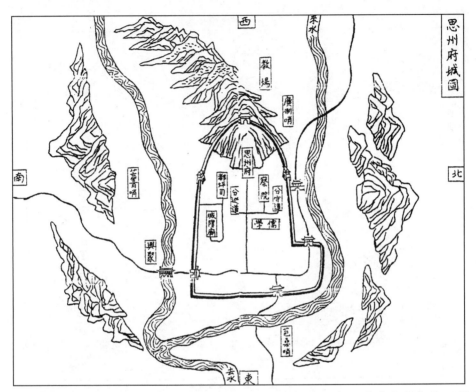

思州自永乐拾壹年知府崔彦俊营土城，正统己巳陷于寇，成化七年知府王常复修，嘉靖辛亥再陷。隆庆三年，知府张子中议迁平溪卫，民称不便，万历六年改回。知府杨云鹍建，包石土城二百三十丈，城基一丈一尺，串楼二百五十六间。十年，知府蔡懋昭以后山俯瞰城中，贼至难守，又筑挂山石城九十丈有奇，无串楼，城之高低各因地势。自一丈三尺至二丈七尺不等，通计三百二十丈，垛口四百四十五个，城楼三座，高楼转角敌楼四座，铺八间，后山顶敌台厅三间。府治坐向西东，左一水由北直下，横绕过东如带；右一水由南直下，二水会于东南角，又横绕府前。案山之玄而出城之东南北三方，俯瞰两河。自平溪改入后，府治增高，较前巍壮，苗贼不敢窥。惟西倚崇山，即为府之后脉，其顶有宽平处，似可筑一敌台。有警，即据险可以御敌。

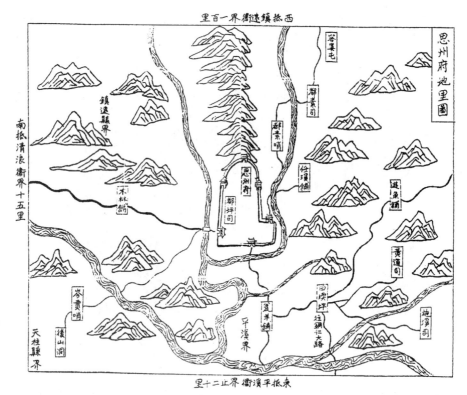

思州府地里图[①]

其疆域四至俱详前图。府治设于平、清二卫之间，中间军民屯寨，夹杂田土。府东十五里，有小路通鳌峰隘，诸苗剽掠要路，见设有土巡捕督率把守。南四十里，有小路通后山四洞。苗已向化，认纳粮差，非复往年顽梗。惟北十五里，有小路通狮子口，系铜仁水硙山生苗出劫咽喉之路，原设官兵把截，因无饷，废。今金有土巡捕，协轮探守，但恐不能堵截耳。

蟫衣生曰：思州府治建于都坪。正统乙巳陷[②]，嘉靖辛亥再陷，何利于都坪？已迁平溪，依军而守，倚江而宅，何不利于平溪？而论府治者，便都坪不便平溪，彼皆狃于小利，未睹要害；安于平常，忽于变故。幸今日贼去之为安，而不虞异日贼来之为祸也。平溪有尺籍，有武弁，有坚城，有大江，得一太守居中调度，何贼

---

① 思州府地里图："思州府"三字原缺，贵图本据本书体例补。
② 乙巳：前文作"己巳"。

之足虞？或曰，平溪属楚，思州属黔，臂阶不相使也①。今则一家矣。或曰，民属府，军属卫，思民在都坪也。彼贵阳、平越新创，亦何民之有？今则加以军民矣。或曰，迎送有奔走之苦，过客有供应之费，不若都坪逸也。彼贵阳、镇远、平越三郡，又将何避焉？而以小费妨大计，非之非矣。朕见如斯，愿与豪杰共商之，乃敢以闻之朝。

铜仁府城图②

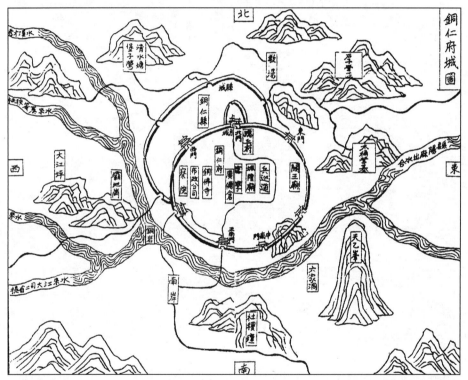

铜仁府，景泰二年，知府朱鉴筑土城；嘉靖二十二年，知府李资坤廓而砌之。共九百三十六丈，垛八百六十八个，城楼七座，角楼三座，串楼八百三间。自下南门至西门，倚水可守。自西门起至北门，有人户。自北门起由东门至下南门，有濠，人户稀少，难守。万历三十年，江水涨溢，城垣崩圮，予发银五百九十两有

---

① 臂阶：似应为"臂指"。
② 铜仁分司："司"原误作"月"。

奇，檄副使路云龙、知府何大缙、推官谭完、知县吴三让，修砌郡城，并建铜仁县土城，附于府城之北。

铜仁府地里图[①]

其疆域四至俱详前图。自正南门官道，二十里至开添铺，二十里至游鱼铺，三十里田壩坪。一路自川主庙起，三十里至壩黄铺，三十里至壩盘铺，三十里至省溪司，十里至白水哨，三十里至提溪司，二十里至倒马坎。近水碾山苗穴，宜防。二十里至凯土铺，三十里至缠溪铺。一路自西门，三十里至客寨铺，二十五里至蜈蚣哨，路通苗寨，宜防。五里至桃映铺，二十里至壕口四十八屯，四十里至平头，三十里至龙头营，三十里至威远营。西三十里至振武营，四面皆苗，宜防。一路自北

---

① 铜仁府地里图："铜仁府"三字原缺，贵图本据本书体例补。

门，十里至清水塘，六十里至磐石营。山后小路，自教场五里至石子营，二十里至马公坪，十五里至滑石江，三十里至报国营，二十里至正大，十里至玛瑙营，与磐石营相接，皆红岩、板凳、雷公、冷水苗巢，宜防。一路由北门，二十里至黄蜡滩，三十里至施溪，与麻阳接境。

翰林院修撰李维桢《铜仁府县两城记》

中丞郭公抚黔之明年，平播，已，平皮林苗，武节焱逝，诸夷酋款关，长愿臣仆，交臂受事。已，疆理播地为平越郡，为黄平州，为湄潭、余庆、瓮安、龙泉诸县，城郭、廨寺，以次备举。

已，奸人诡称帝子，荧惑铜仁诸苗为乱，而公先是见铜仁府城岁久崔隤，又骤雨江涨，崩圮滋甚，民居荡析。铜仁县新置府北门外，未有城，乃会侍御毕公佥谋攸协，爰檄路观察，缮其故者，创其新者。属谭郡理、吴明府护作，而赵左丞、洪参知、何郡守赞议襄事，都督陈君督兵将作。城成，而诸苗觇之有备，气夺色沮，奸人遂就禽。文武僚佐，服公先几料敌，坐而致胜，而请记其事，以垂示后人。

盖尝观《易》，既济之九三，未济之九四，皆以伐鬼方取义。九三既济，宜持守，而戒动，故其象曰三年克之，惫也。九四未济，宜兴衰而拨乱，故其象曰：三年有赏于大国。然而兵凶战危，圣人重之，是以既济之时，思患预防；未济之时，辨物居方。天子有道，守在四夷。四夷方以类聚，物以群分，申画郊圻，慎固封守，衣袽之戒，终日钦钦，如对敌国。我无隙可乘，而戎不生心，则何乐于破斧缺斨，以鳞介易衣冠为也。黔于古为鬼方，二夷蠢焉称兵，以干天诛，义不得不声罪致讨。既禽定矣，又奚求焉？其道莫先于自守。

是役也，中丞公以辨物居方，夷不乱华，裔不谋夏，大分定矣。以思患预防，武夫劲卒，陈利兵而谁何？大势张矣。夷考其时，自公受事，比及三年，力取诸兵之番休，农之休暇，费取诸廪之余粒，金矢之薄罚，有赏而无愆，民保于城，城保于德，其斯之谓欤！夫易当忧患而作，其辞多危。幸而既济，而复以未济终，则事何时济，而济何时定耶？天下之治乱，如昼必有夜，呼必有吸，循环不息。而圣人以自强不息治之，九四所居，近怀刚正之资，奋震动之威，揆事决策，无往不济。其占曰：志行贞吉，悔亡。中丞公修此三者，故全也。于今二城，观其微矣。《春秋》书城二十有五，非义非时者，书；虽义与时者，书，重民力也。公时矣，义矣！于《春秋》法当书，而不佞窃度公所以得时、得义者，其源出于《易》。公易学专门名家也。经术以经世用，非大儒，其孰能与于斯？

贵州龙头营新建总镇府关王庙碑

有苗昏迷，自古故然，迩益跳踉，顽冥弗灵，夺攘矫虔，以为民忧。贵竹铜仁界连蜀楚，蠢兹薮窟也，特设总戎镇之。顾衮玉高贵，拱坐郡城，弗问窒皇外事，而丛箐出没，掳略戕贼，有难穷诘者矣。万历壬寅阙员，都御史郭公、御史毕公，会言苗无状，肆卤掠逾囊时，宜推择名将镇之，庶方略绥靖，眠稍承宁。大司马是其议，以俾大都督粤东陈侯。

侯起家偏裨，娄立战功，平罗旁、平倭、平播、平皮林诸苗，所至大克捷，声实弥朗。既报可，易楚节，往莅事。鳏寡有辞泣诉踵至以千万计。侯念讨此腥闻，草薙禽搜，歼之锋镝，俾无遗育，苗虽无辞于罚哉。第黔中再庚大役，甫此息肩，困苦未苏，创夷未起，且动众费钜，帑廪空虚，糇粮刍茭，于何取给焉？欲镇之以静，怀之以德，天威未震，溪以詟慑？而子女系累，民庶无辜，岂所以严简书乎？

于是仲冬望后，出其不意，介驰黑潭诸营，官兵相视错愕，苗人闻之，吐舌咋指，惊讶大将军从天下也。诘旦，躬率部署坐营汪如渊、哨官周希舜等，相度地势，扼其要害，立四营：曰龙潭①、曰报国、曰光明、曰正大，相距五七里许，各置行署，与镇算、鸡公寨，声援密迩，成犄角势，而筑垒编篱，掘坑堑，插菰签。皆不惮寒雪，身先劳之，故将士踊跃，趋事赴工。所居成聚，弥月奏功。复道石榴坡小桥采入坝带路，皆鸟道羊肠，天县斗绝，仅容蹀足，人迹不到。乃其中宽平，四山环合，一水萦洄，境界奇胜，堪以驻节。遂鸠工庀材，置新镇，改名龙头营焉。又修改石榴坡路于金竹园侯荅溪之低洼坦夷处，以便舆马，通商贾。前此幽遐荒寂之区，一旦森然称雄镇矣。

苗头吴马二、龙惠等，厥角稽首受戎索恐后，擒获贼酋石老田等，令退出被掳男妇伍百余名口，余苗孽党駴喙于嵯岩深峒中，而不敢动，无旅距者。之役也，因材于山，因力于卒伍，贷米粟于土司，官若民不劳与费也。

又念鬼国信鬼，惟神是依，而古昔威灵显赫，最著者无如汉前将军关王，则作庙以妥王神。而巫书入鄂，命余纪其事于石。

余观王忠义勋烈，人人知之，埸去千百余年，其精英神爽，旁魄充塞于天宇之间。世人崇祀者，繁于学宫梵宇，无地不虔，无祷不应，如月映水，如钟偶扣。而最异者，佛藏纪王隋开皇间，为天台智者，建刹玉泉山，七日竣工，壮丽莫比。道藏记王宋徽宗时，解池蚩尤为祟，张真人命王战，戮之，其显异

---

① 曰龙潭：原为"一曰龙潭"，"一"显系衍字，据贵图本改。

有难以意度者。即近日郭师平播，亦阴得王助，作庙勒碑颂焉。所以然者，王亦天也。善善恶恶，与天同体，福善祸恶，与天同用，苟有当于天心，虽僻处如智禅师而王不遗。矧忠国家，利苍生，道德勋庸，显著当代者乎？必为王所福祐无疑矣。倘其拂于天道，虽幽冥如蚩尤神，而王不赦，矧肆毒虐，贼善良，狼鬣枭鸷，腼面人世者乎？必为王所谴殛无疑矣。

顷道家上王尊号，曰协天大帝。雷部另补帅者，亦诸王配天无间也。苗纵顽冥，俗未始不严鬼神，惕王天威。尚其永销邪心，格祛逆志，与吾干羽之民相安耕凿也哉。

郭公，讳子章，泰和人。吾北面受业者也。毕公，讳三才，贵溪人。侯讳璘，韶州人。一时共事，抚绥弹压，皆有大功德于地方。黔人所愿俎豆而尸祝者。余记已，仍系以铭，铭曰：

惟乾行健，高明无疆。惟王合德，大勇至刚。忠情亮节，星日争光。义气奋发，电掣雷轰。生为上将，万夫莫当。殁为灵神，愈久弥彰。有叩随应，无地弗昌。何其赫然，全天至阳。緊兹坝带，实为遐荒。苗民凶悖，出没靡常。作镇靖之，龙头名昂。乃建新庙，奕奕煌煌。王其显灵，奠安此方。福此忠顺，僇彼逆狂。谁其从享，三老堂堂。中丞抚绥，侍御激扬。矫矫陈侯，手筑宫墙。生存肖貌，岁时蒸尝。后之君子，前事勿忘。控斯要害，扼背拊吭。俾我细眠，乐利耕桑。

万历癸卯岁春如月望吉史官沙羡张文光记铭。

清浪卫城图

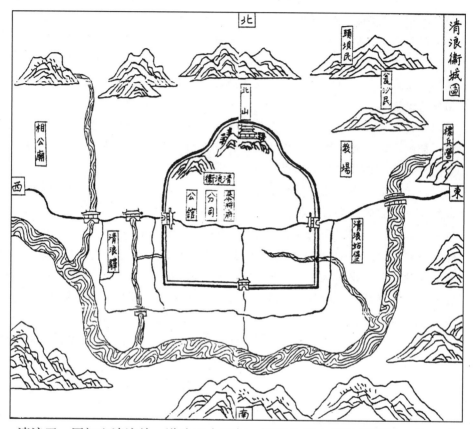

清浪卫，国初立清浪关，洪武二十二年，颍国公傅友德始筑卫城。共一千三百六十四丈，城楼三座，转角楼二座，串楼一千七十四间，垛一千七十四个。城迤北高坡，迤南平地。在平地者高丈二，在高坡者仅一丈。迤南临河易守，迤北跨山。万历二十八年，予命指挥朱维岳砌敌台三座。

清浪卫地里图①

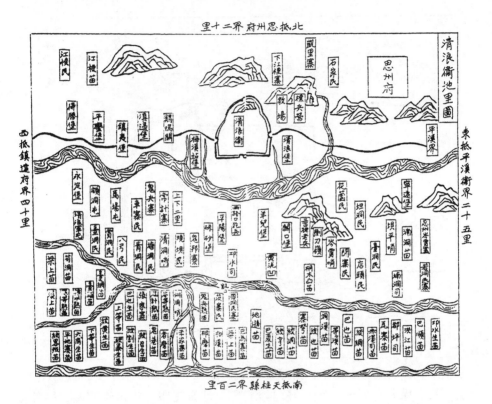

其疆域四至见图。东一路，十五里至宁远堡，廿里至太平堡平溪界；北一路，五里至丁家庄，十五里至荆竹坡，思州界；东南一路，二十里至琵琶溪民寨，六十里至沅州坝平哨；西北一路，五里至徐柴屯，二十里至长坡，三十里至思州江梭界；西一路，十五里至靖边堡，二十里至栗子关，四十里至平蛮堡，五十里至得胜堡，镇远界，又栗子关三里至镇夷堡。诸路多苗。南一路，由左十里至关口堡，二十里至丫叉坡，多苗宜防。二百里至天柱县。南稍左五里至平阳堡，十里至羊儿堡，十里至黄泥凹，多苗。南正路，从平阳堡四十里至硃砂堡，邛水司界，苗路甚多，宜防。西南一路，五里至平哨，二十七里至羊古脑梁公坡，山险树丛，多苗宜防。

---

① 清浪卫地里图："卫"字原缺，贵图本据本书体例补。

平溪卫城图

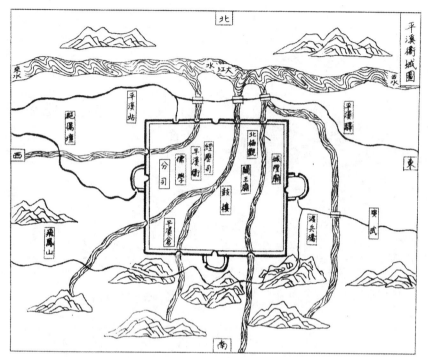

平溪卫城，洪武二十二年，指挥许昇筑。周围一千一百二十丈，高一丈二尺，宽一丈二尺，垛九百五十一个，城门楼五座，月城三座，转角楼四座，得胜楼一座，水窦七处。城下有马道，便巡。东北城垣倚水可守，西南跨山，人烟稀少，四方城垣坚固。景泰间，红江苗万余，抵卫西山围攻。指挥郑泰等督奇兵冲敌，杀死苗头蒙伦，群丑溃遁，遂建楼于彼，名曰得胜。

平溪卫地里图

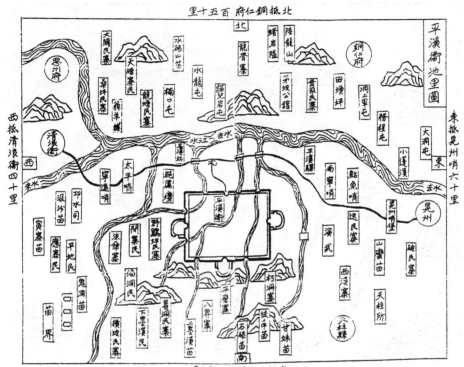

疆域四至见图。东一路抵晃州六十里，接卫属南宁、鲇鱼哨堡，田地沅州民住种。昔被山蛮甘妹苗出害，故设南宁、鲇鱼二哨，每哨委千百户一员，督卫军百名把截，以安地方。西一路抵清浪四十里，军民联络。先年，红苗由邛水鹅山出劫，设太平哨[1]，委千百户一员，督卫军百名把守。南一路，抵天柱县二百里。迤西一带，山峻林密，皆沅靖苗民搀错，及思州都坪司管下民苗等寨，夷苗不时出劫军民，近设千户一员，军健二十名，坐寨爪探抚化，各苗稍戢。北一路，抵铜仁府一百五十里，渡江皆本卫与思州府杂处，近水碛等山苗穴，多盗贼，乃设蜡岩、田石二隘，金乡兵，委百户一员督防。近年苗人稍惧，军民赖安。

---

① 太平：原作"太"，据本卷"平溪卫地里图"改。

黎平府城图

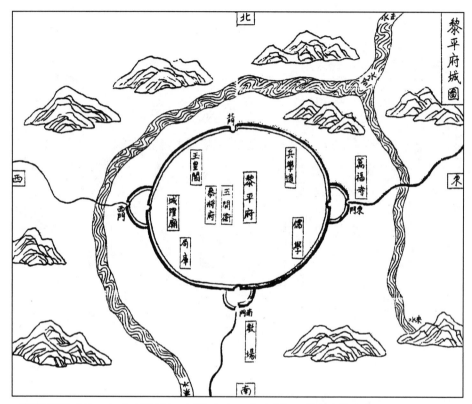

黎平军民府与五开卫同城，自洪武十八年创设，共筑周围城垣一千二百二十四丈，高二丈一尺，城基宽九尺，垛一千二百一十九个，城门四座，小月楼三座，阁楼五座，城铺楼三十七座，城串一千二百一十九间。东南一带，人烟辐凑，倚山可守；西北一带，人户稀少。城内水口一十三处，五进八出。

黎平府地里图

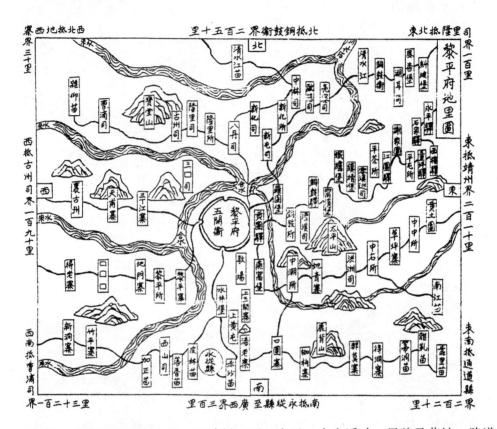

　　疆域，东抵平茶所九十里，至靖州一百二十里，内宁溪冲、界牌及苗坡，路道险要。先年，苗贼伏劫，设有宁溪、铁炉、镇靖三堡，官军防守。南抵永从县广西江边三百里，内二路，水井、燕窝二处，苗道险要，诸苗出劫，添设水井、燕窝二堡，官军哨守。近因永从县辖皮林等处，恶苗截杀官军，奏蒙讨平。东南抵通道县二百二十里，内中潮、中右、中中一带，地方宽广，兼有苗寨，都莫、地青苗民，俱系纳粮百姓。西南抵曹滴司一百二十里，始设黎坪守御千户所，官军防守，安宁。西抵古州司界一百九十里①，俱系苗蛮，古州司管辖，各苗宁息。西北抵地西寨三十里，系潭溪司管辖，苗宁息。东北抵隆里所七十里一带②，地方安静。北抵

---

①　古州司：原作“古舟司”，据贵图本及上下文改。下同。
②　东北：原作“东西”，据本卷“黎平府地里图”“永从县地里图”改。

铜鼓卫一百五十里，内新屯、新化二所，欧阳、新化、亮寨三司相连，地方宁息。

永从县地图

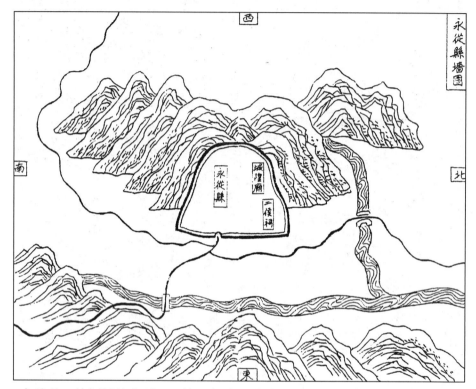

永从县，故福禄长官司。正统六年改土设流，无城。万历二十一年，知县包善始筑土墙一百五十丈，高七尺，基宽三尺，止一东门。前带小溪，后跨山凹，内鲜军民，外无屯堡。二十八年皮林为难，楚师进征，议造新城于顿洞，因其逼苗，遂已。知县李宗周复议建城于长春堡。堡去县仅十五里，其间军余男妇不下三四百人。若建县城于此，县藉军以充实，军藉县以保安，且当八洞上流，又与中潮相犄角，更将旧县立一哨堡，即于黎平参将标下额兵内量拨百名守之，亦一策也。但时诎举赢，以俟君子。

永从县地里图①

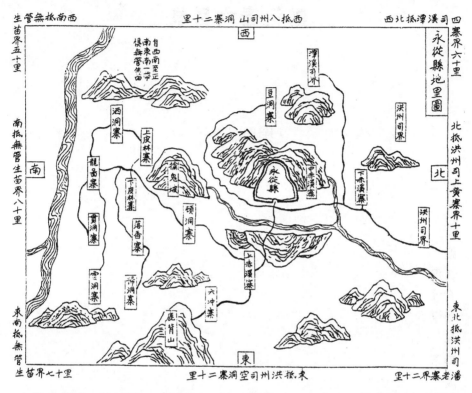

永从县疆域，见前图。四围俱山，四山俱苗，止有东北一线小路可通腹里。五里至牌楼坡，五里至两头塘，两面削山，常有截路之贼，多系上黄、空洞诸苗，宜防。五里至长春堡，十里至落叶寨，二十五里至水井堡一带，绝无人烟，常有劫贼，须严禁堡官毋卖放堡军回家，乃可防御。三十里至黎平府，南有一路，皆苗出入，汉人罕进。十里至顿洞寨，十里至擒鬼坡，向日皮林戕杀官军于此。依路怪石，小路最多。十里至上下皮林，二十里至龙晶，十里至贯洞，二十里外，系无管生苗。

---

① 鹿背山：原作"六背山"，贵图本改。

黔记卷六目录

舆图志三

黔记卷六

泰和郭子章相奎父著
汉州宋兴祖汝杰父正
贵溪毕三才成叔父校

舆图志三 三代秦汉蜀晋唐宋元

　　蟒衣生曰：《禹贡》曰：华阳黑水惟梁州，黔固梁之南境，荆之西裔也。殷为鬼方，周为靡莫之属。战国，楚顷襄王遣将庄蹻①，略地黔中，黔之名始此。嗣后，汉夷杂居，分合靡常，或郡或邑，名以代殊。自三代以及宋元，本之正史，代为考究，总属之《舆图志》。

夏

梁、荆。
《禹贡》梁州南境，荆州西裔也。

殷

鬼方。
　　蟒衣生曰：《易》曰：高宗伐鬼方，三年克之。《后汉史·西羌传》云，武丁征西戎、鬼方，三年乃克。《路史》云，陆终取鬼方氏。注：商宗伐鬼方，或此。诗曰：内奰音避于中国，覃及鬼方。即此方也。

---

　　① 楚顷襄王：原本误作"楚项襄王"，径改，不另出校。下同。

周

靡莫、髳微、羌巢，种类不一。

战国

黔中。
楚将庄豪略地黔中，即此。

秦

黔中郡。
今贵州皆是。
夜郎县。
今普安州、播州、石阡府皆是。
且兰县。
今播州地。

西汉

牂柯郡。
武帝元鼎六年开，莽曰：同亭有柱蒲关，属益州。应劭曰：临牂柯江也。师古曰：牂柯，系船杙也。《华阳国志》云：楚顷襄王时，遣庄蹻伐夜郎，军至且兰，椓船于岸而步战，既灭夜郎。以且兰有椓船牂柯处，乃改其名为牂柯，杙音弋①。蠙衣生曰：古牂柯郡城，在今思南府西，即汉末伏时所保于此。
户二万四千二百一十九，口十五万三千三百六十。
故且兰。
沅水东南至益阳入江，过郡二，行二千五百三十里。应劭曰：故且兰，侯邑也。且音苴。师古曰：音子间反②。今播州地。

---

① 杙：原作"栈"，据上文及《汉书》改。
② 子间反：原作"子门反"，贵图本据《汉书》改。

镡封。

平夷。

今普安州有平夷司。

宛温。

师古曰：宛，音于元反。今安南卫、普安州、乌撒卫、盘江是。

毋敛。

刚水东至潭中入潭。莽曰有敛。师古曰：潭，音大含反。蟪衣生曰：《华阳国志》曰。尹珍，字道真，毋敛县人也。《水经注》：周水又东，迳牂柯郡之无敛县北而东南，与无敛水合矣。水首受牂柯水，东迳无敛县为无敛水。以此观之，则毋敛亦黔之县地矣。

夜郎。

豚水东至广郁都尉治。莽曰同亭。应劭曰：故夜郎侯邑。

蟪衣生曰：今播州地有夜郎废县。《水经》曰：东北入于郁。注云：郁水即夜郎豚水也。豚水东北流迳谈犒县，东迳牂柯郡且兰县，谓之牂柯。水广数里，县临江上。故且兰，侯国也。一名头兰，牂柯郡治也。楚将庄蹻溯沅伐夜郎，迳牂柯系船，因名且兰为牂柯矣。汉武帝元鼎六年开，王莽更名同亭，在柱浦关。牂柯，亦江中两山名也。左思《吴都赋》云：吐浪，牂柯者也。元鼎五年，武帝伐南越，发夜郎精兵下牂柯江，同会番禺是也。牂柯水又东南，迳毋敛县西，毋敛水出焉。《汉书》谈犒作谈槁。

东汉

牂柯郡。

武帝置，雒阳西五千七百里。

十六城，户三万一千五百二十三，口二十六万七千二百五十三。

故且兰。

《地道记》曰：有沈水。蟪衣生曰：沈水疑作沅水。《水经》云：沅水出牂柯且兰县为旁沟水。《前汉书》，故且兰，沅水东南至益阳入江，是也。

平夷。

毋敛。

夜郎出雄黄、雌黄。

案：本传有竹王三郎祠。

宛温。

《南中志》曰：县北三百里有盘江。广数百步，深十余丈①，此江有毒气。蟓衣生曰：《水经注》，榆水又迳贲古县北，东与盘江合。盘水出津高县东南盘町山，东迳梁水郡北、贲古县南，水广百余步，深处十丈，甚有瘴气。朱褒之反，李恢追至盘江者也。盘水北入榆水。诸葛亮入南中，战于盘中，是也。

镡封。

《华阳国志》曰：有温水。蟓衣生曰：《水经》云，温水出牂柯夜郎县。注：县故夜郎侯国也。温水自县西北流迳谈台，与迷水合，水西出益州郡之铜濑矣。

蜀汉

牂柯郡。

兴古郡。

蟓衣生曰：《水经注》，刘禅建兴三年，分牂柯，置兴古、治宛温县。《晋书·地道记》，治此。

晋

牂柯郡。

兴古郡。

今普定、安南卫、普安州皆其地。

刘宋

牂柯太守，汉武帝元鼎六年立。

且兰令，汉旧县，云故且兰，晋《太康地志》无。

故毋敛令，汉旧县。

平蛮太守，晋怀帝永嘉五年，宁州刺史王逊分牂柯、朱提、建宁，立平夷郡，后避桓温讳改。

平蛮令，汉旧县，属牂柯，故名平夷。

鳖令，汉旧县，属牂柯。

夜郎太守，晋怀帝永嘉五年，宁州刺史王逊分牂柯、朱提、建宁立。

---

① 十：原本作"千"，据本段后文改。

夜郎令，汉旧县，属牂柯。

唐

欧阳修《新唐书·地理志》

黔州黔中郡下都督府，本黔安郡。天宝元年更名。土贡犀角、光明、丹沙、蜡。户四千二百七十，口二万四千二百四，县六。彭水上，武德元年析置都上、石城三县。二年，又析置盈隆、洪杜、相永、万资四县。贞观四年，以相永、万资置费州，都上置夷州。十年，以思州之高富来属。十一年，改高富隶夷州，有盐。黔江中下，本石城，天宝元年更名。洪杜中下。洋水中下，本盈隆。先天元年改盈川，天宝元年更名。信宁中下，本信安，武德二年更名，隶义州。贞观十一年，州拨来属。都濡中下，贞观二十年，析盈隆置。

奖州龙溪郡下，本舞州。长安四年，以沅州之夜郎、渭溪二县置。开元十三年，以舞武声相近，更名鹤州。二十年，曰业州。大历五年又更名。土贡麦金、犀角、蜡。户千六百七十二，口七千二百八十四，县三。峨山中下，本夜郎，天宝年更名。渭溪中下，天授二年，析夜郎置。梓姜中下，本隶兖州。天宝三载，废为羁縻州，以县来属。

夷州义泉郡下，本隋明阳郡地。武德四年，以思州之宁夷县置。贞观元年州废，四年，复以黔州之都上县，开南蛮置。十一年，徙治绥阳。土贡犀角、蜡烛，户千二百八十四，口七千一十三，县五。绥阳中下，有绥阳山。都上中下。义泉中下，本隶明阳郡。武德二年，以信安、义泉、绥阳三县置义州，并置都牢、洋川二县。五年曰智州。贞观四年，省都牢。五年，以废邺州①之乐安①、宜林、芙蓉、瑯川四县隶之。后又领废夷州之绥养。十一年曰牢州，徙治义泉。十六年州废，省绥养、乐安、宜林，以绥阳、义泉、洋川来属，芙蓉、瑯川隶播州。洋川中下。宁夷中下，武德四年，析置夜郎、神泉、丰乐、绥养、鸡翁、伏远、明阳、高富、思义、丹川、宣慈、慈岳十二县。六年，省鸡翁，及州废，省夜郎、神泉、丰乐，以宁夷、伏远、明阳、高富、思义、丹川，隶务州，宣慈、慈岳隶涪州，绥养隶智州。贞观六年，复置鸡翁县来属。十一年，又以高富来属。永徽后，省鸡翁、高富。开元二十五年，复以宁夷来属。

播州播川郡下，本郎州。贞观九年，以隋牂柯郡之牂柯县置。十一年废，十三年复置，更名。土贡斑竹，户四百九十，口二千一百六十八，县三。遵义中下，本

---

① 邺州："邺"原本作"邪"，据贵图本改。

恭水。贞观元年，以牂柯地置，并置高山、贡山、柯盈、邪施、释鬈五县，及郎州废，县亦省。十三年，复置州，亦复置县。十四年，更恭水曰罗蒙，高山曰舍月，贡山曰湖江，柯盈曰带水，邪施曰罗为，释鬈曰胡刀。十六年，更罗蒙曰遵义。显庆五年，省舍月、湖江、罗为。芙蓉中下，贞观五年置，隶邹州。十一年，并琊川隶牢州。开元二十六年，省琊川、胡刀入焉。带水中下。

思州宁夷郡下，本务州。武德四年，以隋巴东郡之务川、扶阳置。贞观四年更名。土贡蜡。户千五百九十九，口万二千二十一，县三。务川中下，武德元年置。贞观元年，以废夷州之宁夷、伏远、思义、明阳、高富、丹川，及废思州之丹阳、城乐、感化、思王、多田隶务州。寻省思义、明阳、丹川。二年省丹阳，八年省感化，十年，以高富隶黔州。十一年省伏远。思王中下，武德三年置。思邛中下，开元四年，开生獠置。

费州涪川郡下，贞观四年，析思州之涪川、扶阳，开南蛮置。土贡蜡，户四百二十九，口二千六百九，县四。涪川中下，武德四年，析务川置。贞观四年，以黔州之相永、万资隶费州，十一年省。扶阳中下。多田中下，武德四年置，隶思州，贞观元年隶务州，八年来属。城乐中下，武德四年，招慰生獠置，隶思州，贞观元年隶务州，八年来属。

溱州溱溪郡下，贞观十六年，开山洞置。土贡文龟、斑布、丹沙，户八百七十九，口五千四十五，县五。荣懿中下，贞观十六年置，并置扶欢、乐来二县。咸亨元年①，省乐来。扶欢中下。夜郎中下，贞观十六年，开山洞置珍州，并置夜郎、丽皋、乐源三县，后为夜郎郡。元和二年，州废，县皆来属。丽皋中下。乐源中下。

右黔中采访使治黔州。

宋

马端临《文献通考·舆地考》

靖州，秦、汉黔中地，唐为夷播、叙二州之境。后周时，节度使周行逢死，叙州刺史钟存志奔武阳，而杨正岩以十洞称徽、诚二州。宋熙宁九年，十洞酋长杨通蕴送款内附。杨通宝来贡，朝廷以通宝为诚州刺史。其子瑥复为诚州刺史。又诏于武冈之西作城，在渠河之阳，为诚州，废为渠阳军，寻废为寨，隶沅州，复置诚州，后改为靖州。盖自崇宁再归职方，属荆湖北路②。贡白绢，领县三，治永平。

---

① 咸亨：原作"咸宁"，按唐无咸宁年号，据贵图本改。
② 北：原作"白"，据贵图本改。

思州，历代土地与黔中郡同。隋属清江郡，唐武德元年，以地当牂柯之冲要，遂置务州。贞观八年，改为思州，或为宁夷郡，属江南道，领县四，务川、思印、宁夷、思王。宋初为羁縻州，隶黔州。大观元年，蕃部长田祐恭愿为王民，始建州。领务川、邛水、安夷三县。宣和四年，废州及务川县，以务川城为名，邛水、安夷二县并作堡，隶黔州。绍兴二年，复置思州，就以田氏为守。

珍州，古蛮夷之地。唐贞观七年，开山洞置珍州，或为夜郎郡，属江南道，领县四，营德、丽皋、夜郎、乐源。宪宗时，废属溱州。五代复为蛮夷。宋赐名珍州，继改为西高州。徽宗时，大骆解上下族帅骆世华、骆文贵献其地，立珍州，亦曰乐源郡。宣和三年，承州废，以绥阳县来隶，属四川夔州路。领县二，乐源、绥阳。

播州，古蛮夷之域，黔中郡地，夜郎国之东南隅也。汉属牂柯，其后无闻。唐以隋牂柯县置播州，或为播川郡，属江南道，领县三，遵义、带水、芙蓉。宋大观二年，南平夷人杨友贵等献其地，建为州，领播川、琅川、带水三县。宣和三年，废为城，隶南平军。

夷州，徼外蛮夷之地。汉属牂柯郡，历代恃险，不闻臣附。隋炀帝时，始属明阳郡。唐武德四年，以思州之宁夷县置。贞观元年州废，四年复以黔州之都上县，开南蛮置。十一年，徙治绥阳。与费州同置。或为义泉郡，属江南道，领县五，绥阳、洋川、都上、宁夷、义泉。宋为羁縻州。大观三年，酋长献其地，建为承州，领县五，与唐同。宣和三年，废州及都上等县，以绥阳隶珍州。

溱州，古蛮之地。唐贞观十六年，开山洞置溱州，或为溱溪郡，属江南道，领县二，营懿、扶欢。宋为羁縻，仍领前二县。熙宁七年，招纳置营懿等寨，隶恭州，后隶南平军。大观二年，别置溱州及溱溪、夜郎两县。宣和三年，废州及县，以溱溪为名，隶南平军。

费州，古蛮夷之国。汉属牂柯郡。山川险阻，为俚獠所居，多不宾附。至后周始为费州，因水为名。唐贞观四年，析思州之涪川、扶阳，南蛮置①，或为涪川郡，属江南道，领县四，涪川、扶阳、多田、城乐。宋无此州。

元

明宋濂《元史·地理志》

八番、顺元蛮夷官，至元十六年，潭州行省遣两淮招讨司经历刘继昌，招降西

---

① 南蛮置：疑有脱字。

南诸番。以龙方零为小龙番静蛮军安抚使，龙文求卧龙番南宁州安抚使，龙延三大龙番应天府安抚使，程延随程番武盛军安抚使，洪延畅洪番永盛军安抚使，韦昌盛方番河中府安抚使，石延异石番太平军安抚使，卢延陵卢番静海军安抚使，罗阿资罗甸国遏蛮军安抚使，并怀远大将军虎符，仍以兵三千戍之。是年，宣慰使塔海，以西南八番、罗氏等国已归附者具以来，土洞寨凡千六百二十有六，户凡十万一千一百六十有八。西南五番，千一百八十六寨，户八万九千四百；西南番三百一十五寨，大龙番三百六十寨。二十八年，从杨胜请，割八番洞蛮自四川行省隶湖广行省。三十年，四川行省官言，思播州元隶四川，近改入湖广，今土人愿仍其旧。有旨遣问，还云：田氏、杨氏言，昨赴阙廷，取道湖广甚便，况百姓相邻，驿传已立，愿隶平章答刺罕。

罗番遏蛮军安抚司今定番州有罗番长官司。

程番武胜军安抚司今定番州有程番长官司。

金石番太平军安抚司今定番州有金石番长官司。

卧龙番南宁州安抚司今定番州有卧龙番长官司。

小龙番静蛮军安抚司今定番州有小龙番长官司。

大龙番应天府安抚司今定番州有大龙番长官司。

木瓜犵狫蛮夷军民长官今定番州有木瓜长官司。

韦番蛮夷长官今定番州有韦番长官司。

洪番永盛军安抚司今定番州有洪番长官司。

方番河中府安抚司今定番州有方番长官司。

卢番静海军安抚司今定番州有卢番长官司。

卢番蛮夷军民长官。

定远府元定远府，土知府姓王。今其子孙尚存，名王乃。十三州定远府印，至今犹世守之。

桑州。章龙州。必化州。小罗州。

下思同州。朝宗县。上桥县。新安县。麻峡县。瓮蓬县。小罗县。章龙县。乌山县。华山县。都云县。罗博县。

管番民总管。

小程番以下各设蛮夷军民长官，今定番州有小程长官司。中嶕百纳等处今宣慰司有中曹白纳长官司。底窝、紫江等处。瓮眼、纳八等处。独塔等处。客当、刻地等处。天台等处。梯下。党兀等处。勇都、朱砂、古砚等处。大小化等处。洛甲、洛屯等处。

低当、低界等处。独石寨。百眼佐等处。罗来州。那历州。重州。阿孟州①。上龙州。峡江州。罗赖州。桑州。白州。北岛州。罗那州。龙里等寨今有龙里卫。六寨等处。帖犵狫等处。本当、三寨等处。山斋等处。羡塘、带夹等处。都云、桑林、独立等处今有都匀卫。六洞、柔远等处。竹古弄等处。中都云、棺水等处。金竹府古砥县，今定番州有金筑安抚司。都云军民府今有都匀府。万平等处。南宁。丹竹等处。陈蒙明有陈蒙司，后革。李稍、李殿等处。阳安等处。八千蛮。恭焦溪等处。都镇明有都镇驿，后革。平溪等处今有平溪卫。平月。李崖等处。阳并等处。卢山等处今定番州有卢山长官司。乖西军民府皇庆元等立，以土官阿马知府事，佩金符。今宣慰司有乖西长官司。

　　顺元等路军民安抚司。至元二十年，四川行省讨平九溪十八洞，以其酋长赴阙，定其地之可以设官者，与其人之可以入官者，大处为州，小处为县，寻立总管府，听顺元路宣慰司节制。

　　雍真、乖西、葛蛮等处。葛蛮、雍真等处。曾竹等处。大德七年，顺元同知宣抚事阿重，尝为曾竹蛮夷长官，以其叔父宋隆济结诸蛮为乱，弃家朝京师，陈其事宜。深入乌撒、乌蒙，至于水东，招谕木楼苗狫，生获隆济以献。龙平寨。骨龙等处。底寨等处今宣慰司有底寨长官司。茶山、百纳等处今宣慰司有白纳长官司。纳坝、紫江等处今紫江有苗人，极悍。磨坡、雷波等处。漕泥等处。青山、远地等处今宣慰司有青山长官司。木窝、普冲、普得等处。武当等处。养龙坑、宿征等处今宣慰司有养龙长官司。骨龙、龙里、清江、木楼、雍眼等处今宣慰司有龙里长官司及龙里驿。高桥、青塘、鸭水等处。落邦、札佐等处今宣慰司有札佐长官司。平迟、安德等处。六广等处今宣慰司有陆广河巡检司。贵州等处。施溪、样头今思州有施溪长官司。朵泥等处。水东今宣慰司有水东长官司。市北洞。

　　思州军民安抚司婺川县。

　　镇远府今有镇远府。楠木洞。古州八万洞今永从县有古州长官司。偏桥中寨今镇远有偏桥长官司及偏桥驿。野鸡平。德胜寨、偏桥、四甲等处今有偏桥卫。思印江等处今思南府有印江县。石千等处即今石阡府及石阡长官司。晓爱、泸洞、赤溪等处今有赤溪长官司。卑带洞、大小田等处。黄道溪今思州府有黄道长官司。省溪、坝场等处今铜仁县有省溪长官司。金容金达等处今镇远县本金容金达长官司地也。台蓬、若洞、住溪等处。洪安等处。葛章、葛商等处今石阡府有葛彰长官司。平头著可通达等处今铜仁县有平头著可长官司。溶江、芝子平等处。亮寨今有亮寨长官司。沿河今有沿河长官司。龙泉平，思州旧治龙泉，及火其城，即移治清江。至元十七年，敕徙安抚司还旧治今有龙泉县。祐

―――――――――――――――――――

　　① 阿孟州："孟"原作"盂"，据贵图本改。

溪。水特姜。杨溪、公俄等处。麻勇洞。恩勒洞。大万山、苏葛办等处今铜仁县有大万山长官司。五寨、铜人等处今有铜仁府。铜人、大小江等处国初有铜仁长官司，后隶思南。德明洞。乌罗、龙干等处今铜仁县有乌罗长官司。西山大洞等处。秃罗。浦口。高丹。福州。永州。乃州。銮州。程州。三旺州。地州。忠州。天州。文州。合凤州。芝山州。安习州。茆薙等团。荔枝。安化上中下蛮。曹滴等洞今永从县有曹滴长官司。洛卜寨。麦着土村。衙迪洞。会溪、施容等处。感化州等处。契锄洞。腊惹洞。劳岩洞。驴迟洞。来化州。客团等处。中古州、乐墩洞。上里坪。洪州、泊李等洞今永从县有洪州长官司。张家洞。

沿边溪洞宣慰使司。至元二十八年，播州杨赛因不花言，洞民近因籍户，怀疑窜匿，乞降诏招集。又言，向所授安抚职任隶顺元宣慰司，其所管地于四川行省为近，乞改为军民宣抚司，直隶四川行省。从之。以播州等处管军万户杨汉英为绍庆、珍州、南平等处沿边宣慰使，行播州军民宣抚使、播州等处管军万户，仍虎符。汉英，即赛因不花也。仍领所请诏旨，诏曰：爰自前宋归附，十五余年，阅实户数，乃有司当知之事。诸郡皆然，非独尔播。自今以往，咸奠厥居，流移失所者，招谕复业。有司常加存恤，毋致烦扰，重困吾民。

播州军民安抚司。黄平府今有黄平州及千户所。平溪、上塘、罗骆家等处。水车等处。石粉、罗家、永安等处。六洞、柔远等处。锡乐平等处。白泥等处今为白泥长官司。南平、綦江等处今綦江县属重庆府。珍州、思宁等处废珍州在真州长官司。水烟等处今仍名水烟。溱洞、涪洞等处今有溱洞长官司。洞天观等处。葛浪洞等处。寨坝、垭黎、焦溪等处。小姑单张。倒柞等处。乌江等处今仍名乌江。旧州、草塘等处今为草塘安抚司。恭溪、香洞。水囤等处。平伐、月石等处今有大平伐长官司。下涓。寨章。横坡。平地寨。寨劳。寨勇。上塘。寨坦、哮奔。平莫。林种、密秀。沿河、祐溪等处。

新添葛蛮安抚司大德元年，授葛蛮安抚驿券一，今有新添卫。南渭州。落葛、谷鹅、罗椿等处。昔不梁、骆杯、密约等处。乾溪、吴地等处。浓耸、古平等处。瓮城、都桑等处。都镇、马乃等处。平普、乐重墺等处。落同当等处。平族等处。独禄。三陂、地蓬等处。小葛龙、洛邦、到骆、豆虎等处。罗月和。麦傲。大小田、陂带等处。都云洞。洪安、画剂等处。谷霞寨。剌客寨。吾狂寨。割利寨。必郎寨。谷底寨。都谷郎寨。犵狫寨。平伐等处大德元年，平伐酋领内附，乞隶于亦奚不薛，从之。安剌速。思楼寨。落暮寨。梅求、望怀寨。甘长寨。桑州郎寨。永县寨。平里县寨。锁州寨。双隆。思母。归仁。各丹。木当。雍郎、客都等处。雍门、犵狫等处。栖求等处仲家蛮。娄木等处。乐赖、蒙囊、吉利等处。华山、谷津等处。青塘、望怀、甘长不列、独娘等处。光州。者者寨。安化、思云等洞。北遐洞。茅难、思风、北郡、都蛮等处。必际县。上黎平今黎平府。潘乐盈等处。诚州、富盈等处。赤畬洞。罗章、特团等处。福水州。允州等处。钦村。硬头、三寨等处。颜村。水历、吾洞等处。顺东。六龙图。推寨。橘叩寨。黄顶寨。金竹等寨。格慢等寨。客芦寨。地省等寨。平魏。白崖。雍门、客当、乐赖、蒙囊、大化、木瓜等处。嘉州。分州。平珠。洛河、洛脑等处。宁溪。瓮除。麦穰。孤顶、得同等处。瓮包。三陂。控州。南平。独山州今都匀有独山州，土同知蒙姓。木洞。瓢洞。窖洞。大青山、骨记等处。百佐等处。九十九寨蛮。当桥山、齐朱、谷列等处。虎列、谷当等处。真滁、杜珂等处。杨坪、杨安等处。棣甫、都城等处。杨友阆。百也客等处。阿落傅等寨。蒙楚。公洞、龙木。三寨苗、犵刺等处。黑土石。洛宾、洛咸。益轮沿边蛮。割和寨。王都、谷浪寨。王大寨。只蛙寨。黄平下寨。林拱、章秀、拱江等处。密秀、丹张。林种、拱邦。西罗、剖盆。杉木箐。各郎西。恭溪、望成、崖岭等处。孤把。焦溪、笃住等处。草堂等处播州有草塘司，今属瓮安县。上桑直。下桑直。米坪。令其、平尾等处。保靖州。特团等处。

普定路，本普里部，归附后改普定府。至元二十七年初，斡罗思、吕国瑞入贿丞相桑哥及要束木等，请创罗甸宣慰司。至是言招到罗甸国札哇并龙家、宋家、犵狫、猫人诸种蛮夷，四万六千六百户。阿卜、阿牙者来朝，为曲靖路宣慰同知脱因及普安路官所阻。会云南行省言，罗甸即普里也。归附后改普定府，印信具存，隶云南省三十余年，赋役如期，今所创罗甸宣慰安抚司隶湖南省，斡罗思等擅以兵胁降普定土官矣资男札哇希古等，勒令同其入觐，邀功希赏，乞罢之，仍以其地隶云南。制可。大德七年，中书省臣言，蛇节、宋隆济等作乱，普定知府容苴率众效顺。容苴没，其妻适姑亦能宣力戎行，乞令袭其夫职。仍改普定为路，隶曲靖宣慰司。以适姑为本路总管，虎符。

乌撒、乌蒙宣慰司，在本部巴的甸。乌撒者，蛮名也。其部在中庆东北七百五十里。旧名巴凡兀姑，今曰巴的甸。自昔乌杂蛮居之，今所辖部六，曰乌撒部、阿头部、易溪部、易娘部、乌蒙部、闷畔部。其东西又有芒布、阿晟二部。后乌蛮之裔折怒始强大，尽得其地。因取远祖乌撒为部名。宪宗征大理，累招不降。至元十年始附。十三年立乌撒路，十五年为军民总管府，二十一年改军民宣抚司，二十四年升乌撒、乌蛮宣慰司。

诸部蛮夷。秦加大散等洞以下各设蛮夷官。斜崖、冒朱等洞。陇堤、纣皮等洞。石耶洞。散毛洞。彭家洞。黑土石等处。市备洞。乐化、兀都、刺布、白享罗等处。洪望、册德等族。大江九姓罗氏今镇远府有小江、大江。水西今水西驿是。鹿朝。

阿永蛮部。至元二十一年，酋长阿泥入觐，自言阿永邻境乌蒙等蛮悉隶皇太子位，愿依例附属。诏从其请，以阿永蛮隶宫府。师壁洞安宣抚司。永顺等处军民安抚司今永顺属湖广。阿者洞以下各设蛮夷官。谢里洞。上安、下坝。阿渠洞。下役洞。驴虚洞。钱满等处。水洞、下曲等寨。必藏等处。酌宜等处。雍邦等寨。崖笋等寨。冒朱洞。麻峡、柘歌等寨麻峡，即今麻哈州也。元为县。新附嵬罗、金井。沙溪等处即今沙溪巡检司。宙窄洞。新容米洞。

黔记卷七目录

舆图志四

大明

黔记卷七

泰和郭子章相奎父著
汉州宋兴祖汝杰父正
贵溪毕三才成叔父校

舆图志四 大明

蠒衣生曰：黔自国初以来，西南既平，设卫所，以武功领之，率诸酋长共提边圉。其后经略稍定，渐棋布而郡县之。视前代固有间矣。予撰舆图志，于我明独详备焉。遵《一统志》，参以旧新《通志》，庶几一览而地方之故可知也。至于斟酌世时之宜，共图磐石之安，监司守令，当加之意焉。若贵州之名，自宋已有。考宣和元年，田祐恭加贵州防御使。嘉定庚午，宋永高升贵州经略安抚。《通志》谓贵州名始于胡元，误也。特以贵州名省，自我明始耳。

贵州布政司

三代，《禹贡》梁州南境，而荆州西裔也。殷为鬼方，周为牂莫之属。战国时，楚顷襄王遣将庄蹻略地黔中。秦为黔中郡，汉为西南夷地。武帝元鼎六年平南夷，分属牂柯、犍为、武陵三郡。蜀汉为牂柯、兴古二郡。晋为牂柯、犍为、兴古、武陵四郡，属荆、益、宁三州。南宋、齐因之。隋为巴东、黔安、清江、明阳四郡地。唐武德二年归附。贞观十六年，开山峒，益拓其地，置牂、夷、播、珍等州，属黔中、剑南二道采访使。昭宗大顺二年，为蜀王建所有。五代唐天成二年，附于唐。晋天福五年，都匀酋长尹怀昌率其属十二部①，牂柯酋长张万浚率其思、夷等州，皆附于楚。宋至道二年，分隶荆湖与剑南之东西三路。元丰间，改隶湖北、

---

① 率其属："属"原误作"蜀"，据贵图本改。

夔州二路。政和中，复置思、播、珍、承、溱五郡，寻废。元为湖广、四川、云南、广西四行省地。至元十六年，诸夷降附，置八番、罗甸等处军民宣慰使司及都元帅府于贵州。十九年，以降夷八番、金筑百万砦悉为郡县，置顺元路金筑府，贵州以统之。二十年，又以讨平九溪十八峒为郡县，并立总管府，俱听顺元路宣慰司节制。初隶湖广，后改隶云南及四川，寻复隶湖广，而割普定以西隶云南焉。二十九年，合宣慰司都元帅府，置八番、顺元等处宣慰司都元帅府。本朝洪武初平定，分隶云南、湖广、四川三布政司，设都司于贵州。永乐十一年，废思南、思州二宣慰司，建贵州等处承宣布政使司。十八年，置提刑按察司。万历二十八年灭播，以播之五司、湖广四卫益贵州，而以黎平改属湖广，领府八，州八，县十一，宣慰司一，卫二十二，所二。

贵阳军民府

《禹贡》梁州南境，荒服之地。秦为黔中郡，汉为西南夷。武帝平头兰即且兰，今播州是也，遂平南夷在播州之南，为牂柯郡《汉书》云，郡有牂柯江，通番禺城下。光武时，牂柯大姓自牂柯江入贡，即此。唐为牂州，寻为首领南谢氏所有。五代时，楚王马殷遣八姓帅，率邕管柳州兵，讨两江溪洞至此，留军戍之，遂各分据，号八番。宋为羁縻南宁州，治卧龙。至道元年，南宁酋长龙汉琼遣使，率西南牂柯诸夷贡方物。时龙氏最强，诸番皆为所统，自号龙番。元丰间，龙番、罗番、石番先后皆贡方物。元至元十九年，诏降夷八番、金筑百余寨，三万四千余户，悉为郡县，置顺元路金筑府，贵州以统之，总隶于八番、顺元等处宣慰司都元帅府。

皇明洪武四年，酋长密定等举土内附，置安抚司一，长官司十六，隶四川贵州卫。正统元年，以木瓜、麻向、大华三长官司[①]，割属金筑安抚司，直隶贵州布政司。程番等十三长官司，改隶贵州宣慰司。成化十年，长官方勇等愿开府治，设文臣领之。奏准设程番府于程番长官司，安抚司及长官司十六，俱隶焉。隆庆二年，巡抚杜拯、巡按王时举，题将程番府移治省城，益以贵竹、平伐二司，改名贵阳府。万历十四年，巡抚舒应龙、巡按毛在，题设定番州于旧府。十九年，巡抚叶梦熊、巡按陈效，题设新贵县，并隶府。二十八年播平，章与巡按宋兴祖，题加军民府，共领州一，县一，安抚司一，长官司十六。

郡名：黔中，秦名。牂柯，战国名。贵竹本竹王名。贵阳郡在贵山之阳。南宁，宋

---

① 三：原作"山"，据万历志改。按：本书他处均作大华长官司，无大华山长官司。"山"显系"三"之误。

名。八番，元名。

形胜：富水绕前，贵山拥后，沃野中启，复岭四塞旧志。据荆楚之上游，为滇南之门户《一统志》。

风俗：俗尚朴实，敦礼教郡人多自中州迁来，服食、器用、节序、礼义，一如中土。士秀而文，民勤而务本俱旧志。多著忠廉之称[1]，渐渍文明之化，易兵戎为城郭，变刁斗为桑麻程番旧志。属夷种类不一，风俗亦异。

新贵县

附郭。元为贵州，寻改贵州等处军民长官司。本朝洪武初，改贵竹长官司。万历十九年，并龙里卫、平伐长官司，共置为新贵县。以贵竹司为贵竹乡，以平伐司为平伐乡，编户共十里。贵竹乡六里，曰南隅，西隅、北隅、谷池、归化、新哨。平伐乡县东一百二十里，元为平伐等处蛮夷军民长官司，隶新添葛蛮安抚司。大德元年，改隶亦奚不薛千户所。洪武十五年，改平伐长官司隶四川贵州卫。二十八年，改隶龙里卫。万历十九年，改乡属县。四里，曰上牌、下牌、江肘、谷广。

定番州

定番州在府南九十里，旧为程番府。万历十四年改州，领长官司十六，里四。

形胜 风景颇类中华，四水交流，八番罗列程番旧志。

程番长官司，在附州。元为武胜军安抚司，洪武五年改置。

小程长官司，在州西北五里。元为小程番蛮夷军民长官司，洪武五年改置。

卢番长官司，在州北五里。元置卢番靖海军安抚司，析其西地置卢番夷军民长官司[2]，洪武五年合置。

上马桥长官司，在州西北二十里。元为上桥县，洪武五年改置。

方番长官司，在州南八里。元为方番河中府安抚司，洪武五年改置。

韦番长官司，在州南五里。元为韦番蛮夷长官司，洪武五年改置。

洪番长官司，在州南十里。元为永盛军安抚司，洪武五年改置。

卧龙番长官司，在州南十五里。宋置南宁州，酋长龙汉瑶称长雄，寻号龙番。

---

[1] 多著忠廉之称：万历志作"人多气节。旧志：崇儒术重气节，处者耻为污下之事，仕者多著忠廉之称"。

[2] 西：万历志作"西北"。

元丰二年入贡。元改卧龙番南宁州安抚司，洪武五年改置。

小龙番长官司，在州东南二十里。元为小龙番静蛮军安抚司，洪武五年改置。

金石番长官司，在州东二十五里。宋为石番，元丰二年入贡。元为金石番太平军安抚司，洪武五年改置。

大龙番长官司，在州东南五十里。元为大龙番应天府安抚司，洪武五年改置。

罗番长官司，在州南三十里。宋为罗番，元丰二年入贡。元为罗番遏蛮军安抚司，洪武五年改置。

卢山长官司，在州南一百里。元为卢山等处蛮夷军民安抚司，洪武五年改置。

木瓜长官司，在州东一百里。元初为罗赖州，《元史》作"罗赖"。寻改木瓜等处蛮夷军民长官司，隶新添葛蛮安抚司，洪武五年改置。

麻向长官司，在州南二百里。元为麻向等处蛮夷长官司，洪武五年改置。

大华长官司，在州南二百二十里。元为大华等处蛮夷军民长官司，隶新添葛蛮安抚司，洪武十年改置。

木官里，在州南一百四十里。元置木当蛮夷长官司，隶新添葛蛮安抚司，洪武四年，改隶广西泗城州。七年，为苗贼所破，改木官寨。

克度里，在州东南一百里。元置雍郎、客都等处蛮夷军民长官司，隶新添葛蛮安抚司。洪武间废司，分为上下克度二里。

通州里，在州东南一百五十五里。唐宋为羁縻州地，元志无考。国初置里，领把马等十八寨。

以上十六长官司及三里，初俱隶贵州卫，正统间，木瓜、麻向、大华三司，改隶金筑安抚司，余改隶贵州宣慰司。成化间，俱改隶府。万历十四年隶州。

金筑安抚司，在府西南一百二十里。唐为牂柯国羁縻州地，宋为南宁州地。元至元十九年，置金筑府①，领长官司十七，县一，隶顺元路。本朝洪武四年，酋长密定归顺，罢金筑府，置金筑长官司于斗笠寨。十年，升安抚司，俱隶四川贵州卫。十六年，密定迁司治于杏林峰。永乐十一年，密定子得珠，复迁马岭之阳，即坝寨。正统元年，改隶贵州布政司，领木瓜、麻向、大华三长官司。成化十一年，设府治，并木瓜、麻向、大华俱隶府。

古迹　有废南宁州，在定番州二十里，宋置，为羁縻州。

废古筑县，在金筑安抚司南一百里。元置，隶金筑府，俗名古羊县。

仙人足迹石，在卧龙司境内。

---

① 金筑府：原作"金筑司"，据上下文改。

废定远府，在府治南二百二十里。元置，领桑州等十州，朝宗等十一县①。

十义友墓，在城北。故老云，至元末，贵阳有义士十人，结义保障乡里，既卒，列葬于此。今十冢累累然，惜名不传。

贵州卫

贵州卫，洪武四年建，隶四川行都司。十四年，改隶贵州都司，领左、右、中、前、后所五。

贵州前卫

贵州前卫，洪武二十八年建，隶贵州都司，领左、右、中、前、后所五。

贵州宣慰使司

《禹贡》秦汉与府同。蜀汉建兴三年，诸葛武侯南征，时牂柯帅济火积粮通道以迎，武侯表封为罗殿国王。厥后相沿，诸夷杂处，其部落有七，曰卢鹿蛮者，即今罗罗也罗上声②。俗尚鬼，号正祭者为鬼主今犹谓之罗鬼。居普里即今普定。数出兵侵牂柯地。唐元和八年，上表请尽归牂柯地。开成元年，鬼主阿珮内属③。会昌中，封为罗旬王。五代唐天成二年，罗旬王普露靖率其九部落入贡。晋天福五年，附于楚。宋仍为罗旬国。开宝间，析置大万谷落总管府。嘉定间，移府于今司治。绍兴三年，广西邕州置司，提举市马于罗殿。元初为罗施鬼国，寻改罗甸军民安抚司。至元十六年，以李德辉奏，更罗殿为顺元军民安抚司，隶八番等处军民宣慰都元帅府。至元二十年，添置亦奚不薛总管府于司治北。二十四年，复添置顺元路，并贵州于司治内，以统降附④。二十六年，隶湖广省。二十八年，隶四川省。二十九年，改隶云南省。

皇明洪武初，罢八番顺元等处军民宣慰司都元帅府，并宣抚、安抚司、顺元

---

① 朝宗：原作"朝筑宗"，据贵图本改。

② 罗上声：此小字注万历志无。而另有注为"音相近，而说为回鹘，为回回之类"。

③ 阿珮：原作"阿凤"，显误，据贵图本改。

④ 降附：万历志二字后有注"按《元史》，至元二十年，四川行省讨平九溪十八洞，以其酋长赴阙，定其地之可以设官者与其人之可以入官者，大处为州，小处为县，并立总管府，听顺元路宣慰司节制。遂置州十二、长官司二十四、县十七"。

路、贵州，置贵州宣抚司。六年，升贵州宣慰使司，俱隶四川布政司。永乐十一年，置贵州等处承宣布政使司，宣慰使司隶焉遂为定制。领长官司十。正统四年，又以贵州卫所领长官司十三隶之。成化十一年，置程番府，以长官司十三隶府。隆庆三年，改设贵阳府。复以贵竹司隶府。今宣慰安氏，亲领夷罗民四十八部谓部长曰头目。宣慰宋氏，亲领夷汉民十二部谓部长曰马头。同知安氏，亲领夷罗民一部谓部长曰头目。共领长官司九。

形胜 东阻五溪，西距盘江一统志。山经水纬，内藩楚蜀，外控蛮荒，为西南巨镇旧志。南抵百粤，北极巴岷①，千里山川，险阻阨塞②。

风俗 恫朴少华旧志，本司隶籍人民，多来自中州，风声气习，一如中华。文教丕振，风气和平。冬不祁寒，夏无盛暑。集场贸易，以十二支所肖为场。附郭兔、猴、鼠、马四场。土著诸夷，俗尚各异。疾病不药，披毡为礼司志。

青山长官司，在城西北三十二里③。元置青山、远地等处蛮夷军民长官司，明洪武五年，改今司。

龙里长官司，在城东五十里。元为龙里县，隶大龙番应天府安抚司龙里州，寻改龙里等处蛮夷军民长官司，分合龙等处地亦置长官司。洪武五年合置今司。

札佐长官司，在城北八十里。元为札佐落邦等处蛮夷军民长官司，洪武五年改置。

底寨长官司，在城北一百里。元为底寨等处蛮夷长官司，洪武五年改置。

养龙长官司，在城北二百二十里。元为养龙坑、宿征等处蛮夷军民长官司，洪武五年改置。

中曹蛮夷长官司，在城南三十里。元为白纳县阿耸寨地，后改中曹白纳长官司，洪武五年改置。

白纳长官司，在城南七十里。元为白纳县，后改中曹白纳长官司。已，复以茶山之地益之，改茶山、白纳等处蛮夷军民长官司。洪武初归附，中曹已置司，而白纳之地失于奏报，宣慰司以头目周可敬领其地。永乐四年，始置今司，遂以可敬为长官。

水东长官司，在城北三里。元为水东蛮夷军民长官司，寻改水东长官司。永乐元年，以水东犵狫蛮夷军民长官司省入，置今司。

乖西蛮夷长官司，在城东一百五十里。元为乖西、雍真、葛蛮等处蛮夷军民长

① 岷：原误作"氓"，据贵图本改。
② 阨塞：万历志后有小字注"王训《兴学序》"。
③ 三十二：万历志作"三十三"。

官司，永乐元年改置。

古迹 有废大万谷落总管府，在城北一百二十里。宋开宝八年建，嘉定间移建于郡城内①。

废乖西军民府，在城北一百里，地名大乖西。皇庆元年建，以土官阿马知府事，佩金符。

废洪边州，在城北八里。至元间建，隶八番罗甸宣慰司。

废龙章州，在城北二十里。元置，俗讹为陇上。

废大罗州，在城南二十里。元置，俗讹名大罗街。

废瓮蓬县，在城北四十里。元置，今为瓮蓬堡。

废小罗县，在治城南。元置，寻废，俗名尔溪街。

废白纳县，在白纳司西八里，曰躲蛾寨。元置，寻改中曹白纳长官司。

废鸭水县，在城北一百六十里鸭池河。元置已上州县隶顺元路。

废骨龙等处长官司，在城北六十里。元置。

废陆广等处长官司，在城北一百五十里，元置。

废底窝紫江等处长官司，在城东北一百五十里，元置。

废曾竹等处长官司，在城西北八十里。元置，大德七年，顺元同知宣抚事阿重，尝为曾竹蛮夷长官，以其叔父宋隆济结诸蛮为乱，弃家朝京师，陈其事宜，深入乌撒、乌蒙，至于水东，招谕木楼苗狑，生获隆济以献。已上土官俱隶八番顺元宣慰司②。

石田，在城南二十五里。相传昔有隐士习黄白冲举之事甚笃，忽有道士从假牛畊石田种玉。隐士与之方畊，隐士妻来牵牛，道士怒，遂舍之，至今石上耕治之迹犹存。

水西故城，在城西北二百五十里，本朝初筑，垒门尚存。

仙人篱，在城北八十里高崖之上，故老传云，昔有黄冠结屋其上，今篱尚存，历岁不腐。

威清卫

《禹贡》梁州西南境，秦为黔中郡，汉为牂牁郡，唐、宋为罗甸国地，元为八番罗甸宣慰司地，明洪武初属贵州宣慰司。二十一年置威清站，隶贵州卫。二十三

---

① 嘉：原作"加"，据贵图本改。
② 八番：原作"大番"，显误，据贵图本改。

年，始置威清卫指挥使司，隶贵州都指挥使司，领千户所五。

卫名 清远、逊澄以河名。

形胜 郡山襟带，周道逶迤。逊澄西扼，炉岭北蟠，山险峻而周维，水清冽而激溅俱旧志。

风俗 人性谲诈，嗜讼旧志，卫戍军士皆湖广人，诈而好讼。务本逐末者相半俱旧志[①]。

古迹 有铜鼓山，在治西四十五里。相传诸葛征南，于此获铜鼓，因名。

玩略堂，在城内指挥刘世爵祖厅，相传，建文君经宿，书此赠之。

平坝卫

《禹贡》梁州西南境，秦置黔中郡，以其地属之。汉、唐、宋俱为罗甸国地，元为金筑府地。明洪武二十三年，始置平坝卫指挥使司，隶贵州都司，领千户所五。

卫名 大畴、平原、平城俱古名。

形胜 负崇冈，临沃壤。地当冲要，城压平原，山拥村墟，水环效垌，四野田畴弥望旧志。

风俗 服舍俭朴旧志，卫俗淳质，不尚侈靡，服无锦绮，室用茅茨，颇有古风。俗信巫鬼，好禳祷。君子善居室，小人勤耕稼新志。

安顺军民府

《禹贡》梁州外境，唐为罗甸国地，宋为普里部，元置习安州，属普定府，隶云南省。明洪武十六年，改安顺州，隶普定府，十八年废，改属普定卫，隶四川都司，寻改隶贵州都司。正统三年设流[②]，改隶贵州布政司。万历三十年，巡按宋兴祖奏改安顺军民府，以普安、镇宁、永宁三州属焉。上六卫一所悉属节制，共领州三，寨十二，长官司二。

卫名 习安、普川俱元名。

形胜 西南冲剧，夷汉襟喉旧志，连贵州，抵普安，通金筑，据水西。土厚水深，川

---

① 旧志：万历志其后尚有注："居田野以耕织为业，处市廛者以商贩为生。"

② 流：万历志作"流官"。

漾峰列旧志。辐辏逶迤，扼塞强固，边鄙之都会，滇黔之要区也。

风俗 种类杂揉，习尚异宜旧志。瓮樽吸饮，以为宾主旧志云，宁谷司部多罗鬼，会饮不用杯酌。置糟于瓮，以藤吸之。披毡积薪，以治婚丧旧志，男女以毡为礼，人死，积薪焚之。负险立寨，悍犷之风渐革旧志。

宁谷长官司，在府西南二十五里。元为寨，明洪武十九年置长官司，领二十九寨。

西堡长官司，在府西北九十里。元为寨，明洪武十九年置长官司，领四寨。

古迹 有废习安州，在城西南隅。

废普定县。

赵府判德政碑，在治东十五里。

普定卫安顺府同城

《禹贡》梁州外境。秦置黔中郡，以其地属之。汉为牂柯蛮地，晋为兴古郡地，唐为罗甸国地。罗鬼犵狫可刚苗所居，号普里部。宋因之。元初内附，置普定县，隶普安路，寻改普定府，隶云南行省，领安顺、永宁、镇宁、习安四州。大德七年，改普定路，隶曲靖宣慰司，寻属湖广行省。明洪武十四年，复置普定府，领州三，长官司六，属四川布政司。筑城于今城东二十里，寻增置普定卫，徙今城①。十八年废府，以州司附于卫。二十五年，改置普定卫军民指挥使司，仍属四川。正统三年，割所领三州、六长官司，隶贵州布政司，而本卫改属贵州都司，领千户所五。

卫名 罗甸、普里俱汉名、普川②、普利。

风俗 汉夷异俗《一统志》。诗书礼乐，不减中州《科举题名记》。物产富庶《重修儒学记》。

古迹 有观星台，在学后仓右一小坡。其形如台，相传诸葛于此观星。

诸葛营，在城西十里，相传诸葛亮尝驻兵于此，营垒尚存。

镇远侯顾成墓，在城东四十里。

通政赵公墓，有谕祭碑文。

---

① 徙：原本误作"徒"。
② 普川：万历志有注"《一统志》"。

镇宁州

《禹贡》梁州西南境，汉、唐、宋为牂柯郡罗甸国地，号普东部。元于罗黎寨置和弘州，寻改镇宁州，隶云南普定路。大德间，改属曲靖宣慰司，隶湖广。明洪武十六年，仍于罗黎寨置州，属普定府，寻废，改属四川普定卫。正统三年，仍置州，改属贵州布政司，领寨六，长官司二。嘉靖十二年，改迁州治于安庄卫城。

州名 普东宋名、罗夷、和弘俱元名①。

形胜 岗岭崔嵬，河溪环绕《一统志》。金城独镇，百蛮天堑，足雄诸部续志。

风俗：夷汉杂居，风俗各异《一统志》。茹毛饮血，日久渐更；务学力耕，颇循汉礼续志。

十二营长官司，在州北三十里。元为十二营寨，明洪武十九年置本司，领二十九寨，隶普定府，寻隶普定卫。正统二年改今属。

康佐长官司，在州东四十里。元为康佐寨。明洪武十九年，置本司，领四寨，隶普定府，寻隶普定卫。正统二年改今属。

古迹 有普定故城，在十二营司东南二十里。洪武十四年，大军克平普定府，暂立此城以守御之。十五年，征南将军傅友德迁于今卫治，故城遗址尚存。

安庄卫与镇宁州同城

《禹贡》梁州西南境，秦为黔中郡地，汉为牂柯郡地，晋为兴古郡地，唐、宋为罗甸国地，元为永宁、镇宁二州地，属普定路。明洪武十四年，置纳吉堡，二十二年，改置安庄卫指挥使司，隶贵州都司，领千户所五，守御所一。

卫名 纳吉元名。

形胜 危峰列峙，急濑萦迴。万山为之屏翰，两山据其左右。

风俗 人性淳朴，地杂百夷旧治环城百里皆苗巢穴。其俗勤俭，尚儒重信旧志。

永宁州

《禹贡》梁州西南境，汉、唐为黔中牂柯地。乌蛮、侬人、犵狫所居。元置永宁州，初为达安，夷名打罕，隶云南普定府。大德七年，改府为普定路军民总管

---

① 元名：万历志后尚有注："夷语讹为火烘。"

府，隶曲靖宣慰司，州亦隶焉。寻改属湖广省。至正间，为广西泗城州所并。明洪武十四年，普定府土酋同知安瓚不恭，命颍川侯傅友德讨之，寨长叶桂新等率众款附。十六年，仍置永宁州，隶普定府。十八年府废，改隶普定卫军民指挥使司，隶贵州都司。正统二年，隶贵州布政司，领寨六，长官司二。

州名 达安古名①、永宁元名。

形胜 山川险阻，林箐蓊郁，阻以重山，环以层崖俱《一统志》。南距泗城，北接水西。盘江之险，犹襟带然。

风俗 夷民杂居，俗尚各异。刻木示信，犹存古风。兴行力田，渐洗蛮陋。

顶营长官司，元为寨。明洪武四年，置本司，隶普定府，十六年改今属。

慕役长官司，元为寨。明洪武四年，置本司，隶普定府，十六年改今属。

古迹 有诸葛营二：一在红崖山，一在盘江山。世传武侯南征，屯兵于此。今耕民尚获箭镞之类。

马跑泉，关索岭畔。索，羽之子，从丞相南征，开道路过此，渴甚。忽所乘马跑地，泉倏涌出。

安南卫

《禹贡》梁州西南境，秦为黔中郡地，汉为牂柯郡地，蜀汉及晋俱为兴古郡地，唐为牂柯国地，宋为罗甸国地，元为普安路，隶云南行省。明洪武十七年，置尾洒驿，属普安军民府。二十年，置尾洒递运所。二十一年，置尾洒站及尾洒堡。二十三年，置安南卫指挥使司，隶贵州都司，设卫治于江西坡。二十五年，迁于尾洒堡，即今治，领千户所五。

卫名 尾洒。

形胜 盘江界其东，乌鸣扼其南《一统志》。玉枕比寒峒之奇，朝阳映迟日之丽续志。

风俗 土俗犹存，桴鼓流寓，浸有华风，俭陋质朴，勤于耕稼《一统志》。

古迹 有卫旧城，在南三十里江西坡。

普安州

《禹贡》梁州之域，秦为黔中地，汉为牂柯郡地，蜀汉魏晋为兴古郡地，隋属

---

① 古名：万历志二字后尚有注"夷语讹为打罕"。

牂州。唐武德中，置西平州。贞观中，改为盘州，领附唐、平夷、盘水三县，隶戎州都督府。蒙氏时，为南诏东鄙。东爨乌蛮居之，号于矢部①，或作榆市部。其后爨酋阿宋更号齐弥部，复为于矢部。元延祐四年内附，置于矢部万户府，寻改为普山府。至元间，改置普安路，领和龙、八纳、习旧、普定四部，隶云南省，寻改为普安安抚司，后复为普安路，领和龙、八纳、习旧三千户所，镇宁、永宁、习安三州，普定、永山、石梁、罗山四县，隶曲靖等处宣慰司。明洪武十四年克服，十六年初，置普安军民府，以土酋那邦妻适恭为知府，佐以流官。适恭卒，以子普旦为知府。二十二年，普旦与越州阿资、本府马乃等，连兵叛命，袭陷普安府。二十二年，天兵讨平。罢普安府，置普安军民指挥使司，领其地，移治今城，隶云南都司，寻改隶贵州都司。永乐元年，置普安安抚司，以土酋慈长为安抚，隶普安卫。十三年，慈长谋为不轨，改安抚司为普安州。初设流，隶贵州布政司，领罗罗夷民十二部，号十二营，名其部长曰营长。

州名 兴古蜀汉名、盘州唐名、于矢、齐弥晋名、普山元名。

形胜 据险立城，控夷蛮之襟喉，为大邦之藩屏。云贵川广之交俱《一统志》。外控六诏，内扞三藩新志。分水岭峙其西，盘江河界其东，雄镇三藩，利通四省。

风俗 士业诗书，农勤稼穑，尚文重信，甲第云仍，夷性倔强，累世为婚，摘髭裹髻。

古迹 有废附唐县，在治南一百里，即今黄草坝。

废平夷县，在治西一百二十里，今为云南平夷卫治。

废盘水县，在治西一百里香罗山。

普安旧治，治东三十里②，即今撒麻铺。

废石梁县。

废罗山县，在治西一百里香罗山。

征西营基，在治北五里许。相传国朝大将军傅友德征南，结营于此。

普安卫

明洪武二十年，平土酋普旦，罢普安府，置普安军民指挥使司，移治今城，隶云南都司，寻改隶贵州都司，领内千户所七，外守御千户所四。

---

① 于矢：原作"於矢"，据贵图本改。
② 治东：原无"治"，贵图本据嘉靖志补。

毕节卫

《禹贡》梁州西南境，秦属黔中郡，汉属牂柯郡，唐乌蛮居之，为罗甸国地，宋因之，元为八番顺元等处军民宣慰司地。明洪武初归附，十五年，总兵官颍川侯傅友德征南，置乌蒙卫于乌蒙府境内。十六年，班师至此，以地宽广，四控皆夷路，当冲要，又因毕节驿名，乃奏缴乌蒙卫印信，改建毕节卫，隶贵州都司，领千户所五[①]。

卫名　毕川以响水河名[②]。

形胜　东抵木稀关，西带七星河，落折萦其南，镇山障其北。当华夏之要冲，为滇岷之通道，东连赤水，西接乌撒俱《一统志》。控制夷罗，屏蔽云贵旧志。

风俗　境多乌罗，狡悍趋利，斗狠健讼旧志。中州徙居者，冠婚丧祭，不混夷俗《一统志》。人多勤俭，文风武略可观。

古迹　有梁王台，在城东北二里。元梁王出镇云南所筑。

武侯碑，在城北一百二十里。地名上坝。相传诸葛武侯南征时所立，岁久磨灭不可读。

七星营，在城西九十里。诸葛武侯于此祭七星旗，址尚存。

关索镇，武侯南征还，留关索守其地。

乌撒卫

《禹贡》梁州西南境，旧名巴凡兀姑，后名巴的甸。自昔乌蛮居之，晋属朱提郡，唐乌蛮曰乌些者居此。至阿蒙，始得巴甸。其东西又有芒部今为镇雄府、阿晟二部，皆他酋所据。宋乌些之后曰析怒者，始并其地，号乌撒部。元至元中始内附，置乌撒路招讨司，寻为军民总管府。明洪武初，改乌撒军民府。十五年，增置乌撒卫，隶云南都司。永乐十二年，改属贵州都司，领千户所五[③]。

卫名　巴凡、巴明汉名、沙越、越章夷名、乌桓宋名。

形胜　前临可渡，后倚乌门《一统志》。岗阜盘旋旧志。山崖险阨《一统志》。襟带二湖《一统志》。平连海甸旧志。羊肠小迳，十倍蜀道《一统志》。

---

① 领千户所五：万历志后有"毕节、周泥站二"。
② 以响水河名：万历志作"以响水河自东北绕治之南，因名"。
③ 领千户所五：万历志后有注："内左右中前四所外，需益州后一所。"

风俗　人性强悍，风气刚劲。地寒，故粳稻难艺，惟种菽莜稷麦。俗尚勤俭，牧羊为产旧志。

古迹　有插枪崖，在瓦甸站北三里。诸葛亮征南，从将关索插枪于上。

龙抓石，在城西五里。青石数丈，上有一孔，龙抓迹三条。

赤水卫

《禹贡》梁州西南境，秦为蜀郡地，汉为益州地，晋为李特所有，宋、周、隋皆为夷地，唐为蔺州地，宋为疆州地，元属永宁路。明洪武二十二年，置赤水卫指挥使司，隶贵州都司。领千户所八①。

卫名　赤江以水名、雪峰以山名、禄肇元名。

形胜　依雪山以为城，控赤水以为池，笔峰拱其前，雪山障其后。四山环峙，一水贯流俱旧志。与夷獠杂居，当滇贵孔道。

风俗　讼简盗稀旧志，官军皆中州人，俗尚敦厚。生计萧条旧志，箐深土瘠，刀耕火种。中州礼俗《一统志》，语言清楚，筵席尚洁，衣冠常效中州。环境皆夷有黑罗罗，俗与水西同。

古迹　有废层台卫，在治城东南一百里。

平阳侯营，在治城北六十里。

永宁卫

《禹贡》梁州南境，秦为蜀郡地，汉为益州地，晋为李特所有，宋及周、隋俱为夷地，唐置蔺州，五代江安、合江二县地。宋乾德中，刘光义平蜀，因之，寻置永宁路。元中统元年，改永宁路总管府，隶四川行省，领筠连州及腾川县。元统元年，改为永宁镇边都元帅军民宣抚司。明洪武四年，改为永宁长官司，寻复置永宁宣抚司，仍隶四川。其治在马口渔漕溪，距城西八十里。五年，曹国公李文忠迁于今治，为永宁卫指挥使司，隶贵州都司，领千户所五。

卫名　蔺州唐名、定川②。

形胜　环城皆山，叠翠如屏。马口崖镇其北，渔漕溪横其南俱《一统志》。西引三渝，南控六诏旧志。邦域险固，关塞严密。东连贵播，西接叙泸，南距芒部，北抵合江。水陆交通，黔蜀分界。

---

① 千户所八：万历志有注："在城左右中后四所，在外前所、摩泥、白撒、阿落密四所。"

② 定川：万历志作"永宁，宋名。定川、界首，卫为蜀贵分界，故名"。

风俗 习俗鄙陋，性格野朴。不事商贾，惟务农桑俱《一统志》。颇称富庶，向慕儒雅旧志，境即蜀壤，河通舟楫，故居人颇称富庶，往往有登科第荣显者。

古迹 有永宁旧城，在卫治西八十里渔漕溪地，即元永宁路旧址。

旧蔺州，在卫治东一百八十里。唐元和初置，有碑，即唐朝坝，今剥落。

米和城，在卫治八十里。有大田，常无水旱，米谷成熟，故名。

关索石，在卫治南二十里大道傍。故老云，昔关索南征，恶此石截道，以戈椎击之，石破为二，一留道傍，一飞堕道东，因名落石，刀痕宛然。

仙婆墓，在乌降山下。故老相传，昔有老妪，名满道，笃于道行，善知休咎，人多就决焉，后卒，葬此。

普市所

《禹贡》梁州南境，汉属益州。唐元和元年置蔺州，宋乾德三年州废，元为永宁路地。明洪武四年克服，以其地属四川永宁宣抚司。二十二年，复以其地当滇贵要冲，置普市守御千户所，隶贵州都司。

所名 蔺州唐名。①

形胜 四山围绕，峻险如壁《一统志》。崇山僻地，修竹茂林旧志。

风俗 不务农桑，专事贸易《一统志》。习俗颇淳旧志。

龙里卫

《禹贡》梁州南境，秦为黔中郡，汉为西南夷地，唐、宋俱为罗甸国地。元初置龙里州，隶八番罗甸宣慰司。大德元年，改置平伐等处蛮夷军民长官司，隶亦溪不薛千户所，寻改隶新添葛蛮安抚司。明洪武四年，开设贵州宣慰使司，置龙里驿。十九年，增置龙里站，属贵州卫。二十三年，置龙里卫指挥使司，隶贵州都司，领平伐、大平伐、小平伐、把平四长官司。二十九年，改龙里卫军民指挥使司，割所领小平伐、把平二长官司隶新添卫。迁卫治于城中。永乐十一年，始隶贵州都司。万历十九年，割平伐司隶新贵县，领千户所五，长官司一。

卫名 云从②元名。龙架山名③。

① 万历志此处尚有："普市，山名，夷民为市于此，故名。"
② 云从：万历志作"云从、龙里"。
③ 山名：万历志作"山名，卫治在其下，因名"。

184

形胜　襟山带水《一统志》，据胜称雄，当滇楚往来之要冲，控诸夷出入之喉舌卫志。

风俗　土瘠人稀，俗尚俭朴《一统志》。习俗淳古，不事浮靡旧志。

大平伐长官司，在卫南八十里。元属葛蛮安抚司，明洪武十九年置，属贵州卫，二十八年改本属。

古迹　有冗刀山古营，在大平伐司西南八里。《元志》称，土人保郎，宋末时聚兵于此。

废龙里州，在城西，元置，隶八番罗甸宣慰司。

废龙里县，在城东南五十里。元置，隶龙里州，寻省入平伐司。

废陇耸古平伐长官司，在城东十里。元隶新添葛蛮安抚司。

新添卫

《禹贡》梁州南境，秦为黔中郡地，汉唐无考，宋为麦新地。嘉泰初，土官宋永高克服其地，以子胜守之，乃改麦新为新添。元置新添葛蛮安抚司。大德元年，授铁券一道，领长官司一百二十，县一，隶湖广行省，寻改隶云南行省。明洪武四年，置新添长官司。二十二年，增置新添千户所，隶贵州卫。明年，升为新添军民指挥使司。领长官司三，新添、丹平、丹行。又以龙里卫属小平伐、把平二长官司来附，隶贵州都司，领千户所五，长官司五。

卫名　麦新宋名、葛蛮元名。

形胜　四山排戟，一水萦纡。东界平越，西接龙里俱《一统志》。右通云贵，左达湖湘，南抵广西，北邻蜀界旧志。

风俗　俗尚俭朴《一统志》。附郭旧人迁自中州，多读书尚礼，男女有别旧志。

新添长官司附郭。

小平伐长官司，在西五十里。元为雍真等处蛮夷长官司。大德初，改平伐等处兼雍真蛮夷长官司，属顺元路。明洪武十五年，改为小平伐长官司，属贵州卫。二十八年，改属龙里卫，二十九年，改今属。

把平寨长官司，在南六十里。元置顺元路。明洪武十五年，改属贵州卫。二十八年，改属龙里卫。二十九年，改今属。

丹平长官司，在西南三百里，元置丹平等处蛮夷长官司，属广西南丹州，后废。明洪武三十年，改丹平长官司，及改今属，寻省。永乐元年复置。

丹行长官司，在西南三百里。元置丹行等处蛮夷长官司，属南宁州，寻废。明洪武三十年，改丹行长官司，及改今属，寻省。永乐元年复置。

古迹 有废瓮城都桑长官司，在西南二十里。元置葛蛮安抚司，今废。

凤凰石，在西二十里。文彩羽翼肖凤形，相传有异人顾曰：此凤凰化也。其人文之征乎？

仙人迹，在西十里挂榜河畔。印石上，长一尺许，深二寸，五指宛然。

铜鼓岩，在猴场。内铜鼓二，常有红鳞蛇蟠其上。将大雨时，辄声闻数里。

清平卫

《禹贡》梁州南裔，秦属黔中郡，历代多为夷酋所据。元为麻峡县地。明洪武十四年，置清平堡，二十三年，改清平卫指挥使司，隶贵州都司。二十四年，迁卫治于清平堡之北。领清平、平定长官司二，千户所六。正统间，增属安抚司一。弘治八年，改清平长官司为清平县。建治于本卫中，改平定长官司属麻哈州，俱隶都匀府。嘉靖十三年，题请中左所防守香炉山，仍隶本卫。

卫名 仙山以山名。

形胜 众山环拱，二水交流，东抵丹章，西连平越俱《一统志》。秀峰列戟，戍垒屯云旧志。

风俗 语平讼寡，力田务本旧志。

凯里安抚司，在治东四十五里。元属四川播州，明洪武间，杨氏兄弟争杀。至正统间割置，改属贵州，隶本卫。

古迹 有废恭溪、望城崖岭等处长官司，在治东南三十五里。原隶葛蛮安抚司，今为望城堡。

工部尚书孙文恭公应鳌墓，谕葬卫城南一里，给事中陈尚象志铭。

总兵都督石邦宪墓，谕葬卫城北三里，尚书孙应鳌墓志铭。

兴隆卫

《禹贡》梁州南境，秦置黔中郡，以其地属之。汉唐皆为牂柯蛮地，宋为黄平府地，号狼洞。元因之。明洪武八年，以其地隶四川播州重安长官司。二十二年，颍国公傅友德征南，以地当西南要害，始置兴隆卫，隶贵州都指挥使司，领千户所五。

卫名 狼洞宋名、龙渊①。

---

① 龙渊：万历通志后有注："卫城北龙岩山下有渊，相传有灵物居此，时出为云雨，故郡以兴龙名，今改'龙'为'隆'。"

形胜　东连镇远，西距龙骨，北通锦播，南抵清平俱旧志。立一军之保障，控三省之边幅旧志。

风俗　务本力农，礼义渐兴。

都匀府

《禹贡》梁州境，汉唐为黔中地。五代晋天福五年，都云酋长尹怀昌率其十二部附于楚。宋为羁縻合江州、陈蒙州地。元初因之，寻分置都云军民府，领都云县，定云府领合江、陈蒙二州，俱隶思明路，寻合置都云、定云等处安抚司，隶云南，领州四，长官司十七。明洪武十六年，仍置都云安抚司，隶四川。二十三年，改安抚司为都匀卫以云之为物，变化不一，取均匀为义，改今匀字，仍隶四川，领长官司七。永乐十七年，割所领长官司改属贵州布政司，卫属贵州都司。寻复以长官司还属卫。弘治六年，添设都匀府，领州二，县一，长官司八。

郡名　都云晋名、竹寨元名、麻峡元名。

形胜　壤僻而险，众山环绕，一水萦流《一统志》。东距播州，西连龙里，北通平越，南抵南丹。千峰万壑，而府卫居其中焉《一统志》。扼桂象之喉，引川播之腋，横岗虎伏，小洞龙回，四塞为依，孤城自卫。广以西之唇齿，黔以南之藩篱。

风俗　人重廉耻，勇于战斗。

都匀长官司，附郭，唐为羁縻州都云地，宋置都云县，元改上都云等处蛮夷军民长官司，隶都云、定云等处安抚司。明洪武十六年，置本司，改隶都匀卫。永乐十七年，改隶布政司，寻隶卫。弘治七年改属府。

邦水长官司，在府西二十里。元置中都云、板水等处蛮夷军民长官司，隶都云、定云等处安抚司。明洪武二十三年，改隶都匀卫。永乐十七年，改隶布政司，寻隶卫，弘治七年改属府。

平浪长官司，在府西五十里。元为都云洞蛮夷军民长官司，隶都云、定云等处宣抚司。明洪武十六年，置本司，隶都匀卫。永乐十七年，改隶布政司，寻隶卫。弘治七年改属府。

平州六洞长官司，在府西南一百五十里。元为都云、定云安抚司地，寻置六洞、柔远等处蛮夷军民长官司。洪武二十三年，置本司，隶都匀卫。永乐十五年，改隶布政司，寻隶卫，弘治七年改属府。

麻哈州

麻哈州，在府北六十里。元为麻峡县、新添葛蛮等处安抚司，寻废，改麻哈长官司，隶平越卫。明弘治八年，改麻哈州，隶本府，领长官司二。

　　形胜　玉屏当其北，天马耸于南。

　　乐平长官司，在州西四十里。元为狄猱寨，明为乐平长官司，隶平越卫。弘治八年，改属本州。

　　平定长官司，在州北一百里。明洪武二十三年置，隶平越卫。二十三年，改隶清平卫，弘治八年，改属州。

独山州

　　独山州，在府南一百里。元置独山蛮夷军民长官司，隶新添葛蛮安抚司。明洪武二十三年，改九名九姓独山长官司，隶都匀卫。永乐十七年，隶布政司，寻属卫。弘治八年，置独山州，隶本府，移治于前元都镇马乃等处长官司故址。其州同则土官蒙姓，领长官司二。

　　形胜　四际平旷，孤峰屹立新志。

　　烂土长官司，在州东一百一十里。宋置合江、陈蒙二州，为羁縻州。元改隶思明路定云府，合置陈蒙蛮夷军民长官司，隶番民总管府。明洪武二十三年，改合江陈蒙烂土长官司，隶都匀卫。永乐十七年，改隶布政司。弘治八年，改属州。

　　丰宁长官司，在州南一百二十里。元为都云定云安抚司地。明洪武二十八年，改丰宁长官司，隶都匀卫。永乐十七年，改隶布政司，弘治八年，改属州。

　　清平县，在府北一百三十里，与清平卫同城。明洪武二十二年，置清平长官司，隶平越卫。二十三年，改隶清平卫。弘治八年，改设清平县，隶本府。

都匀卫

　　都匀卫与府同城，本元都云、定云安抚司，隶云南。明洪武二十二年改建，隶四川。永乐间，隶贵州都司，领千户所五。

　　古迹　有废合江州，在府治东南二百五十里。宋置，元废。

　　废陈蒙州，在府治东南一百里。宋置，元废。

　　废定云府，在府东一百五十里。

　　废麻峡县，在麻哈州南。

　　废都云县，在都匀司四十里，俱元置。

　　废都云洞长官司，在都匀司东。元置，隶新添葛蛮安抚司，弘治六年废。

　　废都云桑麻独力等处长官司，在府治西二百里，元置。

废都镇麻乃等处长官司，在府治北七十里，元置。

平越军民府

《禹贡》梁州南境，秦为黔中郡地，汉、唐为蛮夷所据。宋嘉泰初，土官宋永高克服麦新地内附，号黎峨里等寨。元置平越长官司[①]，隶八番顺元宣慰司。明洪武十四年，始置平越卫军民指挥使司，领杨义、麻哈、乐平、清平、平定五长官司，属四川布政司，寻改属贵州都指挥使司。二十年，割清平、平定二长官司属清平卫。弘治七年，改麻哈长官司为州，并割乐平长官司俱隶都匀府。领长官司一，千户所五。万历二十八年播州平，以黄平安抚司改黄平州，草塘、瓮水二安抚司，白泥、余庆、重安、容山四长官司，改余庆、湄潭、瓮安三县，而建平越军民府于卫城以统之。并割清平卫、凯里安抚司、平越卫、杨义长官司俱属于府。于是府领州一，县三，黄平千户所一，安抚司一，长官司一，卫领千户所五。

　　郡名　黎峨宋名。平月元名。

　　形胜　边方冲要之地，苗蛮丛薮之墟《一统志》。北距三百渗，东枕七盘坡旧志。马鬃岭扼其喉襟，羊场河设其险阻旧志。南临天马，北负群峰，东起叠翠，西涌清泉。

　　风俗　俗尚威武，渐知礼义《一统志》。

　　古迹　有废三陂地蓬等处长官司，在城南三十里地蓬铺。元置新添葛蛮安抚司，今废。

　　汉诸葛屯营，地名马场山。遗锅一口于山中，半入土内，人不能取。

　　王嶰囤，四围险峻，上宽平，有田可耕。国初，为贼所据，蓝总兵征克之。二十七年，播贼破之。播平，今属平越府。

　　隆平侯张信母墓，在城南。

　　南宁伯毛氏墓，在城北。

　　尚书黄绂母墓，在城东。

黄平州

黄平州，古西南夷地，汉属牂柯郡，唐属播州乐源郡，宋为黄平府。领上下三曲二长官司，隶叙州。元改隶播州宣慰司。明洪武八年，改府为安抚司。以地皆夷

---

　　① 平越：万历志作"平月"。

獠，多叛，添置黄平所以守御之。隶四川都司。十五年，改隶贵州都司。嘉靖间，以草塘司争官构兵，播州等司粮马逋欠，移四川重庆府通判一员驻镇。二十八年播平，裁重庆通判，革安抚司，改为黄平州，与所同城。三十一年，章亲历州，以石砌其城，距州里许，建平越行府，以便催征粮马。

形胜 葛浪洞为之敝，马鬃岭为之关旧志。大山深谷，斗壁巉岩元《黄平府志》。重冈叠拥，二水环流。西连夔道，南极牂柯《一统志》。

风俗 力于耕稼旧志。颇多争讼旧志。

古迹 有宜娘垒，在城北三里。

余庆县

余庆县，在府东百五十里。本余庆、白泥二长官司地。余庆，元末为余庆州，隶播州宣抚司。明洪武十七年，改为长官司。白泥，元为白泥等处长官司，隶播州宣抚司，至正末，改为白泥州。洪武十七年，复改为长官司。万历间，杨应龙叛，二十八年讨平播州，以余庆、白泥二长官司改为余庆县，割隶贵州平越府。三十一年，余亲历县，筑城，甃以砖石。

县名 白泥。

形胜 上抵草塘，下抵偏桥，镇远带其左，黄平列其右。土田阔饶，士马强健《全蜀土夷考》。

瓮安县

瓮安县，在府北一百里。本草塘、瓮水二安抚司，重安长官司地。重安，宋为黄平府地，元因之。明洪武八年，于此置长官司。草塘，元为旧州草塘等处长官司，隶播州宣抚司。洪武十七年，改为草塘安抚司。瓮水无印，亦称安抚司。万历间，杨应龙叛。二十八年讨平播州，以草塘、瓮水、重安三司改为瓮安县，割隶贵州平越府。三十年，筑石城。

县名 重安、瓮水、草塘、乾坪。

形胜 西达瓮水，东达黄平，其地环围皆江。土饶裕，颇有华风《全蜀土夷考》。

湄潭县

湄潭县，在府东二百余里。本播州苦竹坝地。万历间，杨应龙叛。二十八年讨平播州，以三里七牌改为湄潭县，割隶贵州平越府。三十一年，予亲历县，以砖石砌其城。

县名 苦竹坝。

形胜 地连七牌苗巢，面挹湄潭，肩抵龙泉，上达乌江，下至岑黄《全蜀土夷考》。

镇远府

《禹贡》荆梁之境，旧为竖眼大田溪洞《一统志》。秦属黔中郡，汉属武陵郡，隋属清江郡。唐武德元年，以其地当牂柯之冲，置婺州置州始此。贞观八年，改思州思州名始此。天宝中，改宁夷郡，后陷于蕃。宋大观元年，蕃部长田祐恭愿为王民，朝廷为建州，领婺川今属思南府、邛水今属本府、安夷今镇远县三县。宣和四年废，仍属黔中。绍兴二年，复置思州，以田氏为守。德祐元年，取江陵，田氏降见《通鉴》。置镇远沿边溪洞招讨使司镇远名始此。寻改为军民总管府，以田氏为总管，治镇远中河山思州分治始此。明兴，伐伪汉，进师临西南夷。总管诣军门送款。洪武五年，改总管府为镇远州，隶湖广。永乐十一年，废思州、思南二宣慰司，以故地为镇远等府，隶贵州。正统三年，州吏目胡筹建言：官多民扰，乞将府州省一。诏省州存府。今领县二，长官司二。

郡名 㵲溪汉名。宁夷唐名。大田。镇安元名[1]。

形胜： 溪河旋绕，山岩森列《一统志》。白崖东枕，碧峰西峙旧志。崇冈复岭，城堡罗环。长江大河，舟楫通利，辰沅以此为上游，云贵以此为门户。商贾辐辏，物货富饶，亦徼外一都会也《府志》。

风俗： 习俗质野，服用俭约《一统志》。风气渐开，人文丕振，游宦者安之旧志。

镇远县

附郭，东抵秋溪，沅州地界；西至乾溪，偏桥地界；南抵苗妒，邛水地界；北抵池龙、受斗，石阡地界。本镇远金容金达蛮夷长官司，古思州地。宋大观元年，田氏内附，始置安夷县，寻废，见马氏《舆地考》。德祐元年，田氏降。元改镇安县，至正二年，复为安夷县，后又改为镇远溪洞金容金达等处蛮夷军民长官司，隶思州军民宣抚司。明初归附，洪武五年，改为镇远金容金达蛮夷长官司，隶镇远

---

① 大田。镇安元名：万历通志作"安夷，宋名。大田、镇安、永安、安定，俱元名"。

州。正统三年，省州存府，隶本府。弘治十一年，长官何伦以罪革职，改县设流，附郭，编户二里。

形胜 冈阜重复，江河盘曲，东据马场坡，西扼石崖门。

风俗 苗俗，有事则用行头媒讲，以其能言语者讲断是非。凡讲事时，皆用筹以记之。每举一筹，则曰某事云云，其人不服，则弃之。又举一筹，则曰某事云云，其人服，则收之，令其赔偿。大概苗易生衅，多由媒讲，宜痛革之。

施秉县

县在府西南六十里。东抵江至粤，镇远地界，西抵塘珠，偏桥地界，南抵景洞，生苗地界，北抵黄家冲，镇远地界。古思州地。宋大观元年，田氏内附。元至元二年，建前江等处军民长官司，隶思州军民宣抚司。明初归附，洪武五年，改思秉蛮夷长官司①，隶思州。宣慰使田琛起兵相攻②，官废。正统九年，改为县，设流官，隶本府，编户一里。

形胜 南屏苗穴，北障民居，比屋枕戈，编氓坐剑。

风俗 思播流裔，地狭民贫。耕读织纺，多从朴素。

邛水一十五洞蛮夷长官司，在府东八十里，古思州地。宋大观元年，田氏内附，始置邛水县，寻废。德祐元年，田氏降，元改安宁县。至元二十年，复为邛水县。明初归附，洪武五年，置团罗、得民、晓隘、陂带、邛水五长官司，隶思州宣慰司。二十五年，省团罗等四长官司入邛水。永乐十一年，革宣慰司，改隶府，编户二里。

偏桥长官司，在府西六十里，古思州地。宋大观元年，田氏内附。元至元二十年，始建偏桥洞蛮夷军民长官司，隶思州军民宣抚司。明初归附，洪武五年，改偏桥长官司，隶思南宣慰司镇远州。正统三年，改隶本府，编户一里。

古迹 有废思王县，在府东南八十里，唐元和置。

废思邛县，在府东九十里，唐贞观置。

废洛浦县，唐置。

废安定县、废永安县，俱元置。

废德珉蛮夷长官司，在府南。

废晓爱泸洞赤溪等处长官司，在府东。

---

① 思秉：万历志作"施秉"。
② 宣慰使田琛起兵相攻：万历志作"永乐十年，本司长官杨政麒从宣慰使田琛起兵相攻"。

废卑带洞大小田等处长官司，在府东七十里，三司俱元置。

古观音石像，在府东观音岩上。

瓮蓬洞石刻，在瓮蓬第一洞。有巨石立水中，刻云：在山形势已仁威，何必趋车占水湄，为汝碍舟呼匠者，少顷一刻即平夷。旁刻云：都梁唐中立作，时大德丁未四月也。

元帅府故宅，在中河山上。

元帅府废城，在中河山半里，遗址见存。

废金容金达蛮夷长官司，在府东八十里，元置。

思州府

《禹贡》荆梁二州之裔，春秋时属楚，秦属黔中郡，汉属武陵郡酉阳县。三国吴分置黔阳县，地隶焉。隋为清江县①，唐为思州宁夷郡丹川、丹阳二县地。宋为思州安夷县地。元世祖至元十二年，思州田氏降，置沿江安抚司，隶思州军民宣抚司，寻自龙泉坪徙宣抚司治于清江，称思州，而改称故思州为思南，隶湖广行省。皇明吴元年，田氏归附。洪武五年，分置思州、思南二宣慰司，隶湖广布政司。永乐十一年，宣慰使田琛与思南宣慰使田宗鼎有隙，弄兵，坐废。遂改思州宣慰司为思州府，隶贵州布政司，领长官司四。

郡名 清江隋名、宁夷唐名、沿江元名、思晹郡雨晹。

形胜 重山环抱，两溪交濚旧志。城廓再辟，保障足恃巡按毛在《记》。东连沅靖，西抵涪渝。扼盘瓠之襟喉，作湖楚之唇齿《一统志》。

风俗 民性刚悍，外痴内黠。刻木为契土人各据溪谷，久者自称洞主、寨长。假货要约，则刻木为契。鸡卜瓦卦有病不用医药，惟事鸡卜瓦卦，以占吉凶。夷风丕变自昔椎髻②、跣足，言语侏僗。本朝声教渐染，既久，夷风丕变。祭鬼弭灾俱《一统志》。

都坪峨异溪蛮夷长官司，附郭，元为台蓬若洞住溪等处蛮夷长官司，隶思州宣抚司。明洪武六年，改置都坪蛮夷长官司于都坪寨。二十五年，省入黄道溪长官司，隶思州宣慰司。永乐十一年，复置本司于洒溪，改今属，编户二里。

黄道溪长官司，在治东北一百三十里。唐为丹阳县，宋因之，元为黄道溪野鸡坪等处军民长官司，隶思州宣抚司。明洪武五年，改置本司于茅坡寨。二十五年，

---

① 清江县：万历志作"清江郡"。
② 椎髻："椎"原本误作"稚"，据贯图本改。

以务程、龙敖、平岳、都坪四长官司省入，迁治于武陵坪，隶思州宣慰司。永乐十一年，改今属，编户三里。

施溪长官司，在治北二百二十里。唐为丹川县，宋因之，元置施溪等处长官司，隶都云、定云宣抚司。明洪武元年，改置本司于丹坪寨，隶湖广沅州卫。六年，调属思州宣慰司。永乐十一年，改今属，编户一里。

都素蛮夷长官司，在治西九十里，原系田宣慰亲管地方。永乐十一年，布政使蒋廷瓒奏设本司于马口寨，为今属，编户一里。

古迹 有废都素府，在治北七十里，元初置。

废丹川县，在施溪司，唐置，属夷州。

废丹阳县，在黄道司，唐置，隶思州。

废台蓬若洞住溪等处蛮夷军民长官司，在都坪峨异溪司南，元置。

废野鸡坪等处蛮夷军民长官司，在黄道司治西，元置。

废务程、龙敖、平岳、都坪四长官司，俱在黄道司西。

废平溪等处蛮夷军民长官司，距城东五十里，元置，隶都云安抚司。

硃砂坑四十八处，在施溪司。昔有课，后折秋粮一十三石。

宝塔，在治南十里，高三丈许，旧志景云"天堂宝塔"，即此。

思南府

《禹贡》荆梁二州之裔。春秋战国时属楚，秦隶黔中郡，汉为武陵郡地，东汉分置黔阳郡，三国为蜀南中地，隋属清江郡。唐武德元年，置婺川县，隶庸州，后废庸州，以县属巴东郡，置务州，治婺川县。贞观四年，改置思州。天宝初，改宁夷郡。宋初为羁縻州，隶黔州。大观元年，番部长田祐恭愿为王民，始建思州治。宣和中废。绍兴初，复置思州军，镇安夷、邛水、思邛、婺川四县。元置新军万户府，寻改置思州军民安抚司，后改宣抚司，隶湖广行省。领镇远州、婺川县并楠木洞长官司六十六，徙治龙泉坪。地有龙泉，因置龙泉坪长官司，附郭。后毁于火，移置清江郡。元末敕宣抚司还旧治，传六世。至正间，其族属镇远州知州田茂安始分据其地，以献伪夏。明玉珍创设思南道都元帅府，徙今治。宣慰田琛徙治都坪，而思州分为二矣。我明洪武五年，置思南宣慰使司，隶湖广。二十三年，徙治水德江。永乐十三年，宣慰田宗鼎以不法废，改思南府，隶贵州布政司，领长官司四，县一。正统四年，又领废乌罗府之朗溪司。弘治六年，改印江长官司为印江县，仍隶本府，共领县二，司四。

郡名　牂柯汉名。溱溪唐名、黔南、德江。①

形胜　岭峤绵亘，溪涧潆纡田秋学《记》。上接乌江，下通楚蜀，龙泉喷漱玉之音，鸾渚余瑶池之色。三台拥翠，万圣摩空。商旅康庄，舟车孔道续志。

风俗　蛮獠杂居，言语各异《寰宇记》，风俗同黔中。地在荒徼外，蛮獠杂居，言语各异。汉民尚朴《元志》，汉民尚朴②，婚娶、礼义、服饰体制与中州多同。信巫屏医，击鼓迎客同上。蛮有犿猓、犵猪、木猺、猫猱数种。疾病则信巫屏医，专事祭鬼。客至则击鼓以迎。山箐险恶，则芟林布种。俗谓之刀耕火种。务本力穑郡志。夷獠渐被德化，俗效中华，务本力穑。唱歌耕种府志。

婺川县

隋置，隶清江郡，寻改隶庸州，复改隶巴东郡。唐隶务州，寻改隶思州，五代、宋、元因之。明改隶思南宣慰司。永乐十一年，改隶府，编户五里。

邑名　婺州唐名。

形胜　江关固比金城，丰渡险如天堑。群峰森列，一水萦流郡志。

风俗　土民尚朴，刀耕火种，唱歌耕耨，得兽祭鬼，击鼓迎客，采砂为业，用泥封门。迩来文风渐著，科贡云仍出县志。

印江县

唐为思邛县地，宋废，元改思印江长官司，隶思州军民宣抚司。明因之，隶思南宣慰司。永乐十一年，改隶府。弘治八年，长官张鹤龄有罪废，改本县，仍隶府。编户四里。

邑名　思邛唐名。

形胜　大圣登山耸其北，笔架文峰接其西。南水绕奇，东岗叠秀郡志。

风俗　风景渐开，民多务本府志。

水德江长官司，附郭。隋为宾化县，唐因之，五代历宋，省入婺川县，元置水特江长官司，隶思州军民宣抚司，寻改水德江长官司。国初，隶思南宣慰司。永乐十一年，改隶府。编户四里。

---

① 本段万历志作"郡名，牂牁，汉名，宁夷，溱溪，俱唐名。思阳，黔南，俱今名。德江，务州，务川县，唐名。思邛，印江县，唐名"。

② 汉民：原本"民"误作"名"，据贵图本改。

覃韩偏刀水巡检司①，在府西北二百八十里，隶水德江长官司。

蛮夷长官司，附郭。隋唐宋皆为羁縻州地，元为思州军民宣抚司地。明洪武十年，始置本司，隶思南宣慰司。永乐十一年，改隶府。编户三里。

沿河祐溪长官司，在府北二百一十里。唐武德四年，招慰生獠置城乐县，隶思州。贞观八年，改属费州。五代以后，省入婺川。元置本司，隶思南宣慰司。明永乐十一年，改隶府。编户二里。

朗溪蛮夷长官司，在府东四十五里。唐置朗溪县，属叙州潭阳郡。宋省入婺川，元置朗溪洞官领其地，隶婺川县。明洪武十年，置本司，隶思南宣慰司。永乐十六年，改隶乌罗府。正统四年，废乌罗，改隶本府。编户二里。

板桥巡检司，在府东一百二十里。国初隶石阡府，弘治间，四川酉阳宣抚司侵沿河司地，当道议设藩篱为限，乃迁板桥司治于思渠，改隶本府。

古迹 有思州故城，去今思州百八十里，即镇远府。考之事实云，唐有天下，田氏始祖名克昌者，涉巴峡，卜筑于思州。又按，宋度正亦云游涪陵，因黔中访黄鲁直旧游处，每闻土友言田氏世济忠义。则此城疑近蜀中，恐在今武隆彭水之地，或即沿河司所谓城子头是也。又云在婺川之境。

古牂柯郡城，《一统志》云，府治西即汉末伏时所保②。《唐史》云：牂柯因武德中改牂州，寻改柯州。境内有石门、高连二山，今贵州宣慰司境内，山名亦有曰石门者，恐即此欤？况思州之治，迁徙不一。《方舆胜览》亦云：思州郡非古城。又《唐书》称，罗甸蛮夷，牂柯蛮也。《五代史》云：辰州西千五百里为牂柯。今思南去辰州不千里，况唐以思州为内郡，而以牂柯为羁縻，则此城不在思南明矣。或云：石门即今岩门山也，未详是否。

废费州，后周宣政初置。隋开皇中，于州治置涪川县。唐武德间，移治蒙笼山。

废溱州，唐贞观中置，领荣懿、扶欢二县。宋为羁縻。大观二年，别置州，并溱溪、夜郎二县，宣和三年废。

废庄州，隋分牂柯郡，立南寿州。唐改庄州，隶黔中郡，宋时废。

废城乐县，《元志》云，在府治西一百五十里。唐武德中，招慰生獠置，属思州。始筑城，人歌舞之，遂名。贞观中，改属费州。县西百五十里，有涪陵水。

废扶阳县，《元志》云，在府北八十里。隋于扶水之北置县，属庸州。唐属费州，宋废。

---

① 巡检司："检"字原缺，据贵图本补。
② 伏时：原本无"伏"字，据贵图本补。

废扶欢县，在府治西南二十里。唐置，属溱州。县东有扶欢山，故名。

废多田县，在府治西北四十里。唐武德中置，属思州。贞观中，改属费州，宋废。北有浮禹山。

废宾化县，隋置。唐武德中复置，后同州俱废。

废安夷县，唐置宁夷县，隶夷州，后宋政和中复置，隶思州。宣和间废为堡，隶黔州。

废思王县，在府治南水路三百里。唐武德中置，属思州，后废。

废思邛县，在府治东南三百九十里。唐开元四年间置，后废。

天井池，古池也，在治西北百十里。池甚深阔，水清澈，大旱不竭，久雨不溢。相传有龙宅其中。

仙迹，龚滩江边磐石上，足迹二，长可一尺，相去五六尺余，指甲肤文，宛然俱备。

天生桥，在府南五十里。有石如桥，水流其下，洞门高敞。

废沿河安抚司，在司治江东岸。元至中间①，与宣慰田氏争职，坐废。遗址尚存。

古多罗寺，在婺川县治北五里多罗山。古有寺，遗址犹存，藏有铜法器。《一统志》云，多罗水在此山之下。

关羽城，在婺川县。相传羽征南夷，经宿筑此城以防卫。

废思印江长官司，在印江县治。弘治间，土官张鹤龄以不法奏革，司改为县。

有宋少师思国公田祐恭墓，在婺川县归义乡西山之原。田氏妫姓，先为京兆，居于此，世袭土酋长，有功兹地。宋朝通判黔管州事于观撰墓志铭。

参政李渭墓，万圣山麓。

石阡府

《禹贡》荆梁之裔，战国属楚，秦为黔中郡地，汉为夜郎县牂柯郡地，晋分牂柯置夜郎郡，宋、南齐因之，隋属明阳郡，唐初为思、黔二州地。武德二年，以信安、义泉、绥阳三县并置都牢、洋川二县，置义州，在今龙泉坪北义阳山下。遗址尚存。四年，以思州之宁夷县置夷州义泉郡，即今府治。领夜郎、神泉、丰乐、绥养、鸡翁、伏远、明阳、高富、思义、丹川、宣慈、慈岳十二县。五年，更义州曰智州。六年，省鸡翁。贞观元年郡废，省夜郎、神泉、丰乐、宁夷、伏远，以明

---

① 至中：元无"至中"年号，此恐有脱讹。

阳、高富、思义、丹川隶务州，宣慈、慈岳隶涪州，绥养隶智州。贞观四年，开山洞，复以黔州之都上县置夷州义泉郡即今葛彰葛商司治是也。省州之都牢，五年，以废珢州之乐安、宜林、芙蓉、珢州四县隶智州，又领废夷州之绥养。六年，复置鸡翁，隶夷州。十一年，徙郡治于绥阳，以高富来属。改智州曰牢州，徙治义泉。领绥阳、都上、义泉、洋川、宁夷五县。户千二百八十四，口七千一十三。土贡犀角、蜡。五代复为蛮夷。宋太平兴国三年，夷州蛮入贡，置绥阳、夜郎二县，隶珍州。元置石阡等处军民长官司，隶思州宣抚司。明改石阡长官司，隶思南宣慰司。永乐十一年，改石阡府，领长官司四。

郡名　夜郎汉名、明阳隋名、义泉、夷州、义州①、智州俱唐名。

形胜　林峦环抱，水石清幽旧志。南通镇远，北距思南《一统志》。与黔思犬牙相错《方舆胜览》。四面虽丛阻之中，一壤有轩明之景府志。

风俗　淳庞朴茂，不离古习，服嗜婚丧，悉慕华风见郡志。土著夷民，其俗各异，涵濡日久，渐拟中州新志。

龙泉县

龙泉县，在府西一百二十里。隋为义泉县，属明阳郡。唐武德二年，改属义州。贞观十一年，改智州为牢州，徙治于此。宋为珍州地，元置大保龙泉长官司，属思州宣抚。明洪武初属宣慰，永乐十一年，宣慰废，改龙泉坪长官司，隶石阡府。编户一里一图。万历间，杨应龙叛，寇龙泉。土官安民志死之。二十八年，讨平播州，改为龙泉县，仍属石阡。三十年，砌石城。

县名　义泉、牢州、大保。

形胜　东达石阡，西向湄潭，南接遵义，北轸婺川。

石阡长官司，附郭。唐为宁夷县，属思州。武德四年，改属夷州。贞观元年，省入务州，十一年复置，属夷州义泉郡。宋省入绥阳县，属珍州。元置石阡等处军民长官司，属思州宣抚司。明洪武五年，杨正德以其地归附，改石阡长官司，隶思南宣慰司。永乐十一年宣慰废，隶府。编户三里半。

苗民长官司，在府西南八十里。唐为洋川县，有水名洋川，今洋溪是也。武德二年，改属义州。贞观四年，属夷州义泉郡。宋为乐源县，属珍州。明洪武十年，置苗民司于故县治之北壁林，属思南宣慰司。永乐十一年宣慰废，隶府。编户半里。

---

① 义州：万历志作"义阳、义州"。

葛彰葛商长官司，在府南一百里。唐为都上县，属黔州。贞观四年开南蛮，以都上县置夷州义泉郡，县隶焉。宋废县，以地属珍州。元置葛彰葛商长官司，属思州宣抚司。明因之，仍属思州宣慰司。永乐十一年宣慰废，隶府。编户半里。

古迹　有废义州，在龙泉县北义阳山下。

废明阳县，在龙泉县治西。

废绥阳县，在龙泉县西北。《唐史》云，县有绥阳山。

废鸡翁县，在龙泉县南鸡翁山下。

废洋川县，在苗民司南洋溪山下。

废夜郎县，在葛彰司西六十里。唐置，隶夷州，宋改隶珍州。元废。

铜仁府

《禹贡》荆梁之裔，周属楚，汉为武陵郡地。隋属清江、明阳二郡，唐初为辰州地。垂拱二年，分辰州、麻阳县地置锦州卢阳郡始于此，置万安县为属。天宝元年，更名常丰。五代时没于蛮，宋为思、珍二州地，元置铜人大小江等处蛮夷军民长官司以司治有古铜人三，故名。隶都云、定云等处安抚司。明洪武初，改铜仁长官司，隶思州宣慰司。永乐十一年，置铜仁府，隶贵州布政司，领长官司四。正统四年，又以废乌罗府之乌罗、平头二长官司来属。万历二十六年，巡抚江东之、巡按应朝卿，因铜仁司土官不法，题设铜仁县，隶府。今领县一，长官司五。

郡名　万安、常丰俱唐名。定云、铜江俱元名。

形胜　九龙分秀，三江汇流。天马双贵峙其阳，翀凤南岳亘其阴。东山盘踞，鳌碛萦撑府志。山接蚕丛，江通云梦旧志。东联锦水，西接牂柯，北扼苗夷，南通贵筑，亦雄郡也府志。

风俗　郡居辰常上游，舟楫往来，商贾互集，渐比中州旧志。力本右文，士多向学金事阴子淑《记》。郡属各司，夷汉杂居。有土人、犵狫、苗人，种类不同，习俗各尚，迨今渐被华风，洒然变易续志。

铜仁县，附郭。建置同本府。编户五里。

省溪长官司，在府西一百里。元置省溪坝场等处蛮夷长官司，隶都云、定云等处安抚司，后隶思州军民宣抚司①。明洪武初，改省溪长官司，隶思州宣慰司。永乐十一年，改今属。编户一里。

---

①　元置……宣抚司：万历志作"元置省溪等处军民长官司，隶都云、定云等处安抚司，后改省溪坝场等处蛮夷长官司，隶思州军民宣抚司"。

提溪长官司，在府西二百四十里。元置提溪等处军民长官司，隶都云、定云等处安抚司，后隶思州军民宣抚司。明洪武初，改提溪长官司，隶思州宣慰司。永乐十一年，改今属。编户一里。

大万山长官司，在府南五十里。元置大万山苏葛办等军民长官司，隶思州军民宣抚司。明洪武初，改大万山长官司，隶思州宣慰司。永乐十一年，改今属，编户一里。

乌罗长官司，在府西二百里。元置乌罗、龙於等处长官司，隶思州军民宣抚司。明洪武初，隶思南宣慰司。永乐十一年，改隶乌罗府，寻改今属。编户一里。

平头著可长官司，在府北二百二十里。元置平头著可通达等处长官司，隶思州军民宣抚司。明洪武初，改平头著可长官司，隶思州宣慰司。永乐十一年，隶乌罗府，寻改今属。编户一里。

古迹 有仙人题柱，在平头司瓮蓬寨。

废万安县，在府治西铜仁大江左。唐置，隶锦州卢阳郡，宋废。

废常丰县，即万安县。唐天宝初置，寻改为万安。

废德明洞长官司，在府治西北。元置，隶思南安抚司。

废乌罗府，即乌罗长官司，永乐十一年建。

废铜人大小两江口等处蛮夷长官司，元置，隶都云、定云等处安抚司。

废勒舍长官司，元置，寻废。正德末年，土人于山洞中拾获本司印一颗①，篆文八画，与明篆文不同，贮府库。

废省溪坝场长官司，宋置，隶思南宣慰司。洪武间改隶乌罗府。

废提溪等处蛮夷军民长官司，在张家寨，去司治十里。元置。明改隶乌罗司。

废太平溪金场，永乐十三年置。宣德八年革。

废龙泉葛泽长官司，宋置，今孟溪堡乃其故址。

废榕溪栀子坪长官司，元置，寻废。

---

① 本司印："印"字原缺，据贵图本补。

黔记卷八目录

山水志上

黔记卷八

泰和郭子章相奎父著

汉州宋兴祖汝杰父正

贵溪毕三才成叔父校

山水志

蟒衣生曰：《禹贡》序山江，《史记》志沟洫，班氏《汉书》，名山巨水略，著郡国亦仅仅者。《山海经》、《水经》详哉乎言之矣。大禹主序山，而水归详缀，桑钦主序水，而山颇寓列。至分东西，界南北，二经一例。予仿二经，作黔《山水志》。诗文胪列于下，从景纯、道元注例也。桥架于水，附梁于水，犹眉之于目，辅之于牙也。即绠桥阳关，《水经》不废也。嗟呼，黔有余者山，不足者水。山有余，故奸藏而苗肆；水不足，故贾稀而货诎。即愚公、神禹复起，如黔何哉？

山水志上

贵州省城内山岩　布政司北有翠屏山。系司脉，不可凿。近有凿为亭榭者，不利于司，宜厉禁之。贡院掌卷所南有卷石，名魁星石。

副使王璧《魁星石记》

贵州贡院掌卷所，有石屹立，类石鼓形。嘉靖己酉，镇远守程公𬯎来司所事，奇之。乃篆"魁星石"三字，命匠刻于上，且铭之。壬子，予复与公同事。见而叹曰：美哉此举。因物取义，章采明征。公之嘉惠贵人士，以寓致望意，何其良哉！夫二十八宿经于天，奎乃其宿之一，与璧宿连垣，说者谓主天下文章。自有科目来，士子之首群类贯一经者谓之魁，于是有魁之名。好事者以魁字从鬼从斗，乃肖鬼踢斗之形以祀之，于是有魁之神。兹石在兹，不知几千百载矣。方其未遇，处于遐荒，与众石等，块然一物已。乃今恭逢圣时，据于文明之地，复遇名公奖拔而称赏之，锡以佳名，镌之古篆，遂使碔砆出类，琬琰同荣。石乎亦何幸哉！夫物以人灵，神由心感。今科魁解若出于兹所，石为之兆，传奇侈异，声日益彰，而公之名之心，当与石同悠久矣。夫石，一物也，遇不遇系乎时，人亦时而已矣。修己以俟，因其宜，无妄为觊觎，以贻此石笑。

藏甲岩，在城内西南隅永祥寺下，俗名鬼王洞。汉王志英武过人，而貌寝，军中呼为鬼头，官至校尉。从诸葛武侯征南，擒雍闿，过此，藏盔甲，以镇服百蛮。故老相传云，昔有人秉烛入洞，盔甲俨然岩壁，欲取之，辄有蝙蝠如鸦，扑灭其火。岩中啾啾有声，惧而出。景云潜甲遗踪。

蟫衣生诗：见说武侯此地过，旋擒孟获震黔罗。岩窥龙虎知藏甲，洞引风云为偃戈。石匣晓看嘘瘴疬，山精日落绕松萝。征南咫尺天威在，飞响犹疑奏凯歌。

贵阳府诸山：

城东一里有东山，山有梵宇亭阁。万历中，御史马呈图建空中楼阁，御史陈效增修。三十年，章重修，颜其坊曰"南国东峋"。堂曰"皆山"，后亭曰"高连霄汉"。高连，山名。

诸生谢三秀《东山志略》

山在黔东门外，故曰"东山"。峭壁陡绝，百仞朱楼，缥缈欲飞。前俯金汤，后枕铜鼓，固俨然西南一具瞻云。

山麓旧无结构，万历初，中丞何公始建东山阁。两山夹谷之间，颇足幽胜。阁后为"都是春风楼"，楼高不及阁之半，而阔倍之，槛外社坛诸山，一目都尽。劲松谡谡，如听淛江八月潮，能令坐者忘倦。

出阁，启短扉，梯石而上，望一天门如在霞表，山椒祠灵官虬髯如戟，凛凛有生气。门东西各翼以祠，祀关、赵二将军。岁时香火不乏。祠右高阜，则小鲁亭在焉。亭据三面之胜，故自佳，惜不见城南如练耳。亭下小有洞，仅容二胡床，乱石嵳峨相倚。

去小鲁，望绰楔而进①，是为空中楼阁。阁不甚华，呼吸帝座。左右与楼络绎，东为云堂，以客方外。残碑断碣相枕藉②，苔藓蚀而茑萝封矣。僧构小楼于丛薄中。三圣殿与阁对峙，负山雄丽，而眺望不赊。殿左为文昌阁，少爽阁，近亦倾圮。斗姥阁半嵌崖半，飞架空中，凭栏极目，便自有天际真人想，然而据险为不甚适。自此过通明殿，仅数十武，皆从冈脊上行，罡风蓬蓬然，吹人欲起。殿祀东岳玉帝金像，颇肃，真足奔走万灵。左为钟亭，右为积翠亭，咸与殿称。前楹轩豁，松桧阴森，即六月不受暑。下视城市，殆如蚁垤③，千甍翼张，万瓦鳞次。明江一派，盈盈扉屦间。虹桥卧波，渔人操舴艋，如在镜中行。大都黔中之胜，无逾兹山。

提学吴国伦诗：九日不登高，烟霞澹林麓。十日秋气清，东山倚天矗。复道舒新薨，琳宫隐扶木。振衣蹑其巅，一纵千里目。荒城大如斗，众山渺焉伏。扫石坐层云，鸣钟发幽谷。僧至焚妙香，居然在天竺。忽开西域莲，掩彼南阳菊。何言非吾土，良游此堪卜。羲驭难可停，且倒樽中醁。

知府刘之龙诗：晴日东山纵远眸，西南万里尽皇洲。风云不变中原色，花鸟都消旅客愁。面面危峰青黛合，盈盈江水玉虹流。登临此日逢王粲，扫石题诗纪胜游。

巡抚江东之诗：峭壁来登入境初，眼前云屋亦名都。空怀远志耽高卧，欲靖蛮烟起壮图。千里箐林一览尽，七擒将略百年无。共瞻北阙舞瑶戚，谁向东山觅宝符。

提学沈思充诗：方壶遥驾贵城东，秀拔群山来郁葱。手可摘星斗姥阁④，僧来面壁梵王宫。北郊细柳开牙纛，南浦芳洲挂玉虹。谩自委蛇扶展上，振衣一啸瘴烟空。

蟏衣生诗：山接夷峒晓日晖，名山胜似此山稀。天开巨镇云常簇，地拥雄图瘴欲晞。箐树摇空金刹动，江流绕郭玉虹飞。居然别墅堪招隐，那得风尘学息机。

东一里又有狮子山三狮之一。二里有铜鼓山，高百余仞。山半嵝峒，常有声如铜鼓。相传为诸葛藏铜鼓处，景云"铜鼓留爱"。山下有龙船石在江中，形如船。

郡人杨仁诗：炎汉三分鼎足时，武侯吊伐统王师。七擒妙算寰中少，八阵雄才天下奇。水挽银河洗兵甲，山藏铜鼓镇边陲。甘棠遗爱真堪拟，千载南人在在思。

---

① 绰楔："绰"原作"棹"，贵图本改。
② 枕藉：原作"枕籍"，贵图本改。后文同，不再出校。
③ 蚁垤：原作"蚁蛭"，贵图本改。
④ 姥：万历志作"母"。

蟫衣生诗：嵬峨孤岭矗城东，罗甸犹高相汉功。岩谷深藏铜鼓在，天河一洗甲兵空。峰蟠羽翼三分烈，棠蒂风霜百代雄。闻道几回阴雨夕，余音髣髴挂崆峒。

东五里有栖霞山，山腹有洞，题曰来仙。景云"霞山仙洞"。

王文成诗：古洞生寒客到稀，绿阴荒径草霏霏。书悬绝壁留僧偈，花发层萝绣佛衣。提榼远从童冠集，杖藜真觉鹤猿知。石门遥锁阳明洞，应叹山人久未归。①

蟫衣生诗：山腰古洞说仙来，洞口栖霞石迳开。媚日疑从丹窍吐，衬云似带赤城回。岩披锦色朝成幄，图挟金光暮洗台。几度登临携满袖，窥人猿鹤谩相猜。

西一里有狮子山。洪武初，总兵官傅友德筑台于上以阅武，遗址尚存。景云"狮峰将台"。

总兵杨仁诗：台筑高峰枕水湄，将军陈迹在郊墟。草荒故垒玄猿啸②，月照空山铁马嘶。九伐谋深关塞远，百蛮胆落羽书驰。颍川功已铭彝鼎，感慨令人有所思。

蟫衣生诗：老将威稜振射雕，筑坛千仞瘴岚销。明河稳抱狮台胜，紫气疑衔鹊印骄。诸葛风云留八阵，虞庭干羽化三苗。褒然开国殊勋在，不数伏波汉柱标。

西北二里有云岩洞，旧名唐山，即芝岩洞。

巡抚刘大直诗：野分晴霭阔，峰簇夏云多。

南一里有狮子山三狮之一。城周围有五虎山，形如虎者五，相传谓五虎三狮一凤凰者。二里有高连山，即新添关诸山。高而连络，有天马、贵人诸峰。唐史谓牂柯境内有高连、石门二山，即此山。顶为天马山，天马山前，贵人峰下为天榜山。二里又有忠节冈，本郡人徐资战没，妻守节，合葬于此。五里有凤凰山，山似凤形。十里有文笔峰，孤挺如笔，为郡署宾山，即景云"南峄峥嵘"。峰左又有笔架山。

巡抚刘大直诗：颍峰天半彩云高③，射斗书云五色毫。六艺三才吾道在，谩将翰墨侈风骚。

巡抚江东之诗：彩笔如椽秀色高，五云腾处任挥毫。巨灵一运龙蛇变，南国于今有凤毛。

蟫衣生诗：南山削出笔如椽，郭外巉岏半插天。恍掇金茎披湛露，翻疑玉笋破苍烟。峻临万岛浮云外，俯看千家落照前。不是扶舆钟淑气，文明怎揭一峰悬？

---

① 本诗《王文成全书》卷一九有异文，"绿阴"作"绿苔"，"提榼"作"壶榼"，"生寒"作"春寒"，"杖藜真觉鹤猿知"作"杖藜随处宦情微"，"阳明洞"作"阳明鹤"，"应叹"作"应笑"。

② 玄猿啸：万历志作"彤云护"。

③ 彩云高：万历志作"插灵鳌"。

南五十里有青岩，岩下河通定番州，有羊虎二场。城北二里有贵山，蜀道所经，一名贵人峰，郡以此得名。东北一里有照壁山，俗名平顶高峰。一里有点易岩，郡人易贵校《易》于此。五里有鸦关山，旧志景云"鸦关使节"。

郡人周文化诗：戟列峰屯俯万山，雪乘鸦翅马蹄艰。一为行省冠裳地，便是雄图锁钥关。中使衔恩通十道，速邮飞檄走诸蛮。弃繻叱驭无人说，何用长缨过此间。

省城内诸水泉

有贯城河，从城北贯城中，会南明河。

大学士席书记略：

省城之阴，溪远出夷箐①，贯入城腹，曰贯城河。每夏秋水泛，沿岸居人，门墙庐舍率为倾圮②，人畜漂溺，贻患有年。今都御史洪公询故老云：前任巡抚蒋公，正统、景泰间，常于郊外上流傍凿河渠泄水，皆于南门汇襄阳河，由思南浮于涪，达于江。岁久渠湮，故迹罔寻。公闻而亲诣，沿城度势，及集议修复。材费资之公帑，器具给之旧储，夫匠需之近卫。率半月，更番经画既允，乃属役于三司。刊木堑道，塞淤攻坚，人乐趋事，不五旬而渠道底绩。两河既导，城市胥安。

参政万虞恺《布政司河堤记》略曰：

司治西切贯城河，河广仅三四丈许。其西为军民居舍，又阑河为园圃，雍积粪壤，日侵河而东。频岁春夏，暴雨横流，水势冲激啮岸。既及司廨，去正堂仪门不数武矣，且外无垣墙之蔽，秋冬水涸，即与市巷为家。峡江高公翀目击患之，乃谋于虞恺。将撤河西园圃，导水于外，而内设垣墙以卫司治。犹恐咈居者，爰稽往牒，得其为马军营故地，实官物也，于是断然行之。而居者不乐其为病己，有造为飞语以谤公者。公叹曰：是乌足避？卜日，募蜀民佣力者百余辈，深其园圃为河，即以其土禆塞东之冲陷处。衡衍而西，六丈有奇，其纵则倍衡之十。又命工伐石为堤，基广五尺，高九尺，而上加以土墙数堵，覆以椽瓦。盖言言然峙立，水患始远，而屏蔽亦严矣。内有多植竹树，计十年之

---

① 溪：万历志作"有溪"。
② 庐舍：原作"舍"，据万历志补。

后，郁然成林，且可为僚寀公余游燕之一资也。高公将入觐，谓是役惟虞恺预谋而赞其决。命记始末，以诏来者。

贵阳府城隍庙前有龙井水。出石隙，其味清冽殊绝，即景云"龙井秋阴"。

周文化诗：夷庚隐隐镇台隍，膏泽真能惠一方。斛满丹砂闲古井，瓶摇素绠汲寒浆。高秋作雨供三事，首夏驱炎济六阳。莫把灵犀深照底，辘轳留取咏词场。

蟪衣生诗：曾闻龙井似龙湫，梧叶风生井干秋。石窦泻来冰鉴莹，银瓶汲出雪花浮。寒生玉液千家润，光吐丹砂万树稠。试问西湖名似者，清泠得共此中不，乌定切。

城内又有普惠井，一名四方井。小街有通衢井。藩司左有四眼井，覆以方石，石上四孔，故名。大兴寺内有灵泉，极清澈。凡月出没[1]，虽偏在东南，而泉中皆见影。即景云灵泉印月。

杨仁诗：寒泉浸月月波浮，玉兔深涵净不流。桂影沉沉萧寺夜[2]，蟾光皎皎碧天秋。水中神女杳犹在，天上嫦娥镜未收。试向瞿昙问消息，虚玄景象此何由。

蟪衣生诗：灵泉莹澈一泓深，入夜常招皎月临。直抱冰壶浮净域，倒涵玉宇浸空林。山光朗度归猿影，桂魄香薰浴鹤心。独对姮娥诗兴胜，旋呼桑落酒频斟。

省城丰济仓内故有玉池，岁久积污。嘉靖癸亥，桐城赵中丞公𨨏命工浚之。扁其门曰"玉池胜地"，又曰"城市山林"。池中建浮光亭。亭成，公自序曰："玉池，贵省最高处也。其广数亩，澄澈可爱。久沦弃为污池。余见而悦之，绕堤笼以芳树，水中被以芰荷，复架石为亭以临之。不俟开浚，数日，遂成胜览，诗以纪事。"中为堂，颜曰"凤嬉"。公为之记，亲书于石，劲遒可爱。碑存堂中，岁久，又不粪除。万历壬寅，予与柱史毕公及赵左使健，袁宪副应文，将军王纳忠、徐成等葺之，始如故。

赵公《玉池诗》曰：叠石围池水，诛茅结舫亭。偶然成野趣，旷矣胜郊坰。开凿何人力，幽深本地灵。两堤新树绿，万点旧山青。窈窕求羊径，潆洄鸥鹭汀。花繁添混漾，月出照清泠。心远少尘事，何须慕四溟。

赵公《凤嬉堂诗》四绝：

一片瓦砾场，俄见烟霞满。从前几多年，风月无人管。

扶起水中石，宛如渔父立。月明风露寒，夜夜鱼龙泣。

偶移竹成径，行看花乱红。共惊城市里，得与武陵通。

泉从何处来，深广且盈亩。欲分太华莲，种作如船藕。

---

[1] 出没：原作"没"，据万历志补。

[2] 萧寺夜："夜"原作"液"，贵图本改。

赵公《凤嬉堂记》曰：

贵州古九夷地也。尝读鲁逸论云：孔子欲居九夷，从凤嬉。心窃疑其言。夫九夷，自秦汉始通中国。春秋时，武陵之蛮犹未款顺。孔子欲居于此，岂信以为可化乎？然当时屡干列国之君与其卿大夫，竟不能一入其说，然犹可诿曰不亲。至于七十子者，日相从左右，斷斷洙泗之间。亦不能使由之不勇，师之不辟，求之不敛。况九夷，乃能化而入乎？至于所谓凤者，古今曾几见之。岐阳一鸣，收声已久。岂逆知犹在九夷否邪？则又寥远难期，此必圣人有为之言也。

今九夷内附，悉为郡县。溪洞之民，皆景礼教。其首长盘辟罗拜，随群吏抱牍，日趋事不少怠。问其俗，而标枝野鹿之风犹髣髴近古，其视孔子之时何如。使天下无凤则已，有凤，不在中土，必在此无疑。

余偶承役来此，人皆以夷为辞。余独喜，犹冀一闻凤鸣。乃为堂于玉池之上，题曰"凤嬉"。又遍树梧竹，邀求琳琅之实，此其可以招致乎？夫唐虞之时，凤凰来仪。虽遇文武神圣之君，抑禹稷契皋夔奋庸之臣，内外相成，协气四匝，故灵物毕致。今主上方隆唐虞之德，而臣人不能广修和之政。况庸庸如钺者，填抚兹土，虽有凤，恐嗌嗌避长吏去，此吾所以有无穷之思也。虽然，凤之来不来不可知，而臣人奉职治此，犹以陋目之，不乐久于其地，岂以为必不可化邪？夫在昔本不可居，圣人犹欲居之。今可居而人犹不欲居，其志意去圣人果远矣。不能不为之慨。

臬司内有廉泉，又有二文泉，一在儒学前，一在至公堂。右有宪泉，先在西察院，故名，今贡院供给所是。

贵阳府诸水

城西五里有圣泉，山麓涌出，消长如潮。镇远侯顾成甃石为池，覆以亭。池中立一石，以视消长，下流慨田数百亩。傍有寺，郡人四时咸游观焉。即景云"圣水流云"。今寺废，址存。郡人刘汝楫为记，具详楫传。

郡人周文化诗：不经禹凿有奇名，转轴无端费赏评。山散韩云烹石鼎，耳闻孙齿漱瑶琼。风恬松迳流初断，潮起盆池面忽盈。此地圣贤非是酒，洙坛脉络远分明。

蟫衣生诗：圣泉四水属昆仑，此水和云漱石根。素练飞花苍藓合，白衣抹树碧池暄。镜中玉液通仙籁，谷底潮声接海门。天地虚盈元不毁，谁从一窍觅真源？

太史杨慎《圣泉篇》：龙图天生水，羲画山出泉。睠兹觱沸流，肇自浑沌年。盈涸在顷刻，消息同坤乾。尘刹变潮汐，亿垓无贸迁。帝台盘浆仄，神濩壶岭颠。冰雪姑射质，风露绰约仙。窦云腾潏潏，泓月涵涓涓。虾须穿皎镜，蟹眼瞭沦涟。岷筎衍游圣，坳舟喻思玄。迷踪鬼方雾，蕴真罗甸烟。讵逢陆羽品，那遇桑钦传？名公纤胜引，嘉招陶芳筵。折简开荟蔚，飞觞延霁天。玉珂鸣重巘，金艾明华田。碧敛洒柔翰，翠微铿洞弦。临渊称混混，倚谷望裕裕。严扄鼙鼓动，回溪黄烛然。荒涂欣良会，兴言遂成篇志作徐问诗，误。

提学蒋信诗：涓滴始知沧海在，乾坤宁直马图传。

副使赵之屏诗：凿破云根入海丘，苍龙呼吸引沉浮。风涛咫尺此青眼，天地盈虚几白头。心恋渔樵不可得，凉生松桂若为留。缘何胜景藏斯地，一脉渊泉亿万秋。

郡人御史李时华诗：谁启阳侯府，潜通津要门。呼来如有约，归去总无痕。潮汐乾坤窍，盈虚造化根。激流知勇退，长啸独倾樽。

郡人谢三秀诗：泉亭徙倚带斜曛，屐齿何妨破藓纹。清浅一泓真可掬，盈虚百刻自平分。山中乐事饶尊酒，世上闲情付水云。归路放歌天欲暮，前林青霭渐絪缊。

城南一里有富水，源出八里屯龙井东北，流入南门外南明河。南明河源出定番州界，东北流经郡城。至巴乡北流，合乌江，通思南府，绕城，入蜀江。第万石嶙峋，舟楫阻碍。先是，巡抚舒应龙、江东之俱议开。未果。河形、石形、工直，具有册可考。

舒公《开河檄》：

贵州会省，万山陡峻，溪流未通。军民粮食，肩担背负为苦。查有南河一水可达思南，先年屡有开河通舟之议。竟为浮言所阻，行勘未详，遽尔中寝。宜选委素有心计、不避艰险文职一员，随同沿河踏勘，酌估一应开凿事宜。应用渔船、水手、石匠、兵夫、刀斧器具，听其开报取给。中间道路，经由新添、平越、杨义、白泥、草塘卫司，应行给文各卫并土司衙门，责成本管各官兼同踏勘。各官应用符验、夫马，及随行匠役盘费口粮，一并开报详发。凡河路有妨民田者，估价平买。有生端抗议挠阻者，访实拿究。

江公《开河檄》：

贵州万山陡峻，溪流未通。军民货财，转运为苦。查有南河一水，可达思南。先经委官勘计已详，因歉经费中寝。近询士民，咸称永利。时值采木，亟应举行。第若委用得人，斯于地方有补。牌仰游击将军杨国柱，查将沿河踏勘，酌估一应开凿事宜，应用渔船、水手、石匠、兵夫、刀斧器具，逐一开报，取给本官，即便离往。其经由新添、平越、杨义、白泥、草塘等卫司，听本官经行各卫衙门，责成该管各官再加覆估。要见某处沙石有碍，少加疏凿，即可通舟。其杉木冲、震天洞、鱼子洞等处，有无石阻绵亘，难施工力，或应避路，别通一道，或应上下两截换舟。总计，自省至思南，水行道里若干，陆行道里若干，逐一画图贴说险易，并计工费呈报，以凭设处钱粮。至于应用竹木，先据报于近山斫伐。经过沿河，亦无田地相干，不必再行查议。本官务须乘时垂利，毋使侵扰妨民。但勿因仍虚应，致负两院公委。

武侯祠前有涵碧潭，即南明河之流，汇而为潭，涵碧莹澈，深不可测。渔舟往来，岸木荟蔚①。

王文成诗：岩寺逢春长不夏，江花映日艳于桃。

江长信诗：一水绕山城，曾将洗甲兵。秋波涵碧玉，春涨点红英。龙卧归云湿，犀沉液月明。寒潭深万丈，澈底本来清。

蠙衣生诗：丞相祠边瑞气酣，犀潭疑是卧龙潭。日融水镜光涵碧，云曳红花色拖蓝。嘘吸千山收魍魉，潆回百堞濯烟岚。每逢晚寺钟声响，明月澄莹烛斗南。

南明河左岸有渔矶湾，河中有芳杜洲，广百步，可种植。

巡按王杏诗：层岩深曲结渔矶，碧石清流境亦稀。试浴寒鸥翻塞日，出潜晴鲤吸溪晖。琼梅点岸春犹丽，野荇沿郊晚自肥。鳌钓何人随画艇，吏情山色更相违②。

巡抚严清诗：莫讶临流归去晚，严陵本性爱渔矶。

武侯祠左又有鳌头矶。万历二十六年，巡抚江东之、巡按应朝卿卜筑于南河中流。翼堤潴水，以培风气，建亭其上。即景云"鳌矶浮玉"。

江长信诗：明河清浅水悠悠，新筑沙堤接远洲。秀出三狮连凤翼，雄驱双骏据鳌头。渔郎矶曲桃花浪，丞相祠前巨鏊舟。此日临渊何所羡，擎天砥柱在中流。

蠙衣生诗：楗石为鳌障急湍，明河激滟镜中看。波涛不怕龙门险，砥柱偏连狻岭寒。俯弄山光窥睥睨，直吞云影吐琅玕。芳亭夹岸风尘隔，锁钥地灵紫翠蟠。

南十里有龙洞河。

---

① 岸木荟蔚："岸"原作"岩"，贵图本改。
② 违：原本误作"迟"，贵图本改。

省城内桥

布政司有遵德桥①。都司左有振武桥，永乐间建。大兴寺前有崇真桥，弘治间程暹建。府治左有忠烈桥，正德三年，提学副使毛科记。北门内有威远桥②。贡院前有贡院桥③。城外东二里有玉关桥。西门外有金锁桥，有阿江桥。西南又有五里桥。五里有太慈桥，弘治十八年，太监杨贤建，副使毛科记。城南门外南明河上有霁虹桥，永乐年镇远侯顾成建，即景云"虹桥春涨"。

杨仁诗：春和积雪尽消残，水涌虹桥势淼漫。浪滚落花红雨乱，汀迷芳草绿烟寒。为趋东海三千里，谩拟西江十八滩。好向中流为砥柱，顿令顷刻见回澜。

蟫衣生诗：髧髦中流驾巨鳌，独撑春水跨江皋。祗疑蟫蝀垂仙渚，那畏蛟龙挟怒涛。声击桃花红涨偃，色摇柳树绿云高。千秋镇远行人颂，不独当年画六韬。

南富水上有南浦桥。小南门外有水关桥，又德化桥。城北门外有凤鸣桥。府学前有登云桥。北里许有通济桥。又里许为二桥，又二里为三桥，宣德间按察使胡器记。

定番州诸山

城内有中峰。东一里有琴山。五里有麒麟山。十里有文笔峰。城西一里有杨梅坡，上产杨梅。有红土坡，土皆赤色。二里有旗山。五里有交椅山。城南二里有营盘坡④。五里有笔架山，有挂榜山。八里有笠山，俗名斗篷山。又有连珠山，五山环秀，连络如珠。十里有龙泉洞，天旱祷雨有应。有三宝山，上有三宝寺，今废。西南七里有天马山。城北二里有骊龙玩珠山，山势盘曲，如龙戏珠。二十里有凤凰山。

定番州诸水

城西二十里有九曲江。城南有牂柯江，源出西北三十里濛潭，南流至破蚕，入广西泗城州，出番禺入南海。

---

① 布政司：万历志作"布政司西"。
② 北门：万历志作"柔远门"。
③ 贡院桥：万历志有注"嘉靖间建"。
④ 营：原作"管"，据贵图本改。

李景山《渡牂柯》诗：归与何日是真归，惭愧山林与愿违。垂老八千余里谪，回头四十九年非。穷途野水黄云渡，梦里田家白板扉。珍重沙禽频见下，也应知我久忘机。

谢三秀《泛牂江》诗：江路分明舜水湾，汀花汀草破愁颜。朝凭短棹乘风去，暮逐孤篷载月还。逸兴尚余尊酒在，浮名不及钓丝闲。胡床箕踞逢多暇，看遍城南十里山。

南五里有清水堰，水清不涸，溉田数百里。又有甘马泉，相传有犀牛见于此。城北二里有玉带河。

金筑安抚司诸山

治北有马鞍山。右有灵龟山，有真武山。治东二十里有螺拥山，高五里，状如螺。上有深渊，水碧如蓝，四时不涸。每天欲曙，鸟兽皆集而饮之。傍有大圣庵。六十里有簸箕山。西南二十里有天台山。南十里有悬羊洞，内有石如羊倒悬。北十里有粗石坡，坡下有洞，相传古人藏金于此。

金筑司诸水

东十里有龙泉。西五里有胜水，人汲则涌，不汲则止。南有福泉①。五里有乾溪，雨集则溪，止则干。北十里有麻线河，流延如线。

程番司

西五里有土地石，形似一土地神。四十里有龙山。南二里有蒙山。东南十里有滴水岩，四时不竭，行人多藉济渴。前数十丈有平地，曰三墓，贼常于此出没，今立哨。北一里有乾堰塘，以盈涸验丰凶。

上马桥司

南一里有屏风山。二里有卓笔山。北二里有高洞山。四里有岩头山。东有上马桥河。

小程番司

治后有唐帽山。东四里有五魁山。治西三里有廖家坝。南二里有伏龙坡，上通上马桥，下通卢番司。十五里有嘉木箐。五十里有江度箐。东百步有涟江，南流合

---

① 福泉：万历志有注："治南。故老云：井旁旧有降真藤为妖，土人伐之，建寺其上。"

牂柯江。南五十里有冷水河。

卢番司

东三里有桐木山。南一里有象山。三里有太平山，又有狮山。十五里有长岩。治前有龙井，司左有洗马河。

方番司

北一里有锦屏山，又有将台山，有旗峰山。治前有小河。南五十里有底方河。北一里有云溪水。

韦番司

西一里有印山。南十里有三宝山。西三里有滚水泉。南三里有大韦河，上通程番，下接卧龙。

洪番司

南有三叠山。北一里有伏蛟山①。治前有莲花池，有小溪。

宣慰司诸山

东一里有唐帽山。四十里有三仙洞②，地名翁岩堡。中有三石座并列，旁有石盆，仰盛岩溜，相传为玉女洗头盆。六十里有石门山，二石对峙如门。有簸箕山，在青岩堡侧。一百五十里有阴阳山，在乖西司。山色四时青翠，天虽甚晴，微有云翳，雨甚而山顶晴明，故名。二百里清水江傍有清水山。

城西一里有犀牛石。二里有砍马山。八十里有朝阳洞，在废谷龙长官司侧。其中可容数百人，悬岩滴乳，千态万状，间有青绿缀于石上。二百五十里有玛瑙山，峰峦逶迤，林木参差，宣慰安氏宅其山麓。

城南五里有交椅山。又有梯岭，石级如梯，中曹司路经其上。八里有化石山，一石突起，望之似人。相传有老妪栖止其上，遂化为石。东南二里新添关，东有观音洞。七十里白纳司，有风洞山，风度其中，镝然有声如雷。

城北一里有白崖山，兔场官道经其下。五里有骊珠山。八里有翠屏山，在洪边，景云"翠屏旭日"。

---

① 蛟：原本作"皎"，贵图本改。
② 三仙洞：原作"二仙洞"，据万历志及原本后文改。

巡按王子沂诗：云锦当空九叠张，金鸡拂树叫扶桑。沧浪水动群阴伏，黄道天开万象光。松散晓烟晴露影，花含宿雾暖生香。梧桐正在朝阳地，伫听和鸣有凤凰。

八里有绣岭，在洪边右，景云"绣岭晴霞"。

王子沂诗：早看阳谷日初升，岭表霞光渐次明。闪色只疑丝染就，回文却讶锦裁成。探奇不必寻丹穴，览胜何须到赤城。应有仙家深处住，几人曾去问长生。

三十里有石人山，水西大道。山顶有巨石，拱立如人。又有三脚山，三山攒立如鼎足。四十里有仙迹石，地名牛矢屯，上有人足迹，踮趾宛然。八十里谷顶坝，大羊场右有望夫石。相传有人出征，其妇朝夕立望，遂化为石。八十里乖西有鲁郎山，元逸士有鲁姓者读书于此，一名书案山。东北四里有髑髅山，《一统志》作石洞山。山势峭而中虚，旁有窦通人行。西北十五里有白龙洞，深入数十丈，游者束炬导之，半里许，有水泠泠，驾竹桥于上可度。再入，有钟乳数株，大如楹，扣之夐然如钟，奇境也。西北五十里有木阁箐山，延袤百余里，林木蓊郁，道通水西、毕节。

王文成公诗：瘦马支离缘绝壁，连峰窈窱入层云。山村树暝惊鸦阵，洞道雪深逢鹿群。冻合衡茅炊火断，望迷孤塞暮笳闻。正思讲席诸贤在，绛蜡清醅坐夜分。

荒村灯夕偶逢晴，野烧峰头处处明。内苑但知鳌作岭，九门空说火为城。天应为我开奇观，地有兹山不世情。却恐炎威被松柏，休教玉石遂同颓。

北五十五里有龙冈，在龙场驿，王文成公所构何陋轩、君子亭处也。二记公皆手书于壁，今犹存，石刻贮贵阳祠中。

文成公诗：《龙冈新构》：谪居聊假息，荒秽亦须治①。凿巇薙林条，小构自成趣。开窗入远峰，架扉出深树。墟寨俯逶迤，竹木互蒙翳。畦蔬稍溉锄，花药颇杂莳。宴适岂专予，来者得同憩。轮奂匪致美，毋令易倾敝。

《漫兴》三首：投荒万里入炎州，却喜官卑得自由。心在夷居何有陋，身随吏隐未忘忧。春山卉服时相问，雪寨篮舆每独游②。拟把犁锄从许子，漫将弦诵比扶沟。

路僻官卑病益闲，空林怪听鸟间关。地无医药凭书卷，身处蛮夷亦故山。用世谩怀伊尹耻，思家独切老莱斑。梦魂兼喜无余事，只在耶溪舜水湾。

归与吾道在沧浪，颜氏何曾击柝忙。枉尺已非贤者事，斫轮徒有古人方。白云晚忆归岩洞，苍藓春应遍石床。寄与峰头双白鹤，野夫终不久龙场。

---

① 治：原本作"冶"，贵图本据《王阳明集》改。
② 舆：原本作"与"，贵图本据《王阳明集》改。

《谪居粮绝，请学于农，将田南山，永言寄怀》：谪居屡在陈，从者有愠见。山荒聊可田，钱镈还易办。夷俗多火耕，仿习亦颇便。及兹春未深，数亩犹足佃。岂徒实口腹，且以理荒宴。遗穗及鸟雀，贫寡发余羡。出来在明晨，山寒易霜霰。

《初至龙场无所止，结草庵居之》：草庵不及肩，旅倦体方适。开棘自成篱，土阶漫无级。迎风亦萧疏，漏雨易补缉。灵濑向朝湍，深林凝暮色。群獠环聚讯，语庞意颇质。鹿豕且同游，兹类犹人属。鲍樽映瓦豆，尽醉不知夕。缅怀黄唐化，略称茅茨迹。

龙场有东洞，文成公辟之，改名阳明小洞天。

文成公诗：古洞闷荒僻，虚设疑相待。披莱历风磴，移居快幽垲。营炊就岩窦，放榻依石垒。穹室旋薰塞，夷坎仍扫洒。卷帙漫堆列，樽壶动光彩。夷居信何陋，恬淡意方在。岂不桑梓怀，素位聊无悔。

童仆自相语，洞居颇不恶。人力免结构，天巧谢雕凿。清泉傍厨落，翠雾还成幕。我辈日嬉偃，主人自愉乐。虽无荣戟荣，且远尘嚣聒。但恐霜雪凝，云深衣絮薄。我闻莞尔笑，周虑愧尔言。上古处巢窟，杯饮皆污樽。洰极阳内伏，石穴多冬暄①。豹隐文始泽，龙蛰身乃存。岂无数尺榱②，轻裘吾不温。邈矣箪瓢子，此心期与论。

北一百里有南望山。崇峰大箐，岚气昼冥，为司之镇。

宣慰司诸水

东二里有济行泉，在新添关坡，源出高连山穴。东一百五十里有清江水，其水甚清冽。岸峰壁立，崎岖难行，乖西、巴乡诸部苗犵倚此为险。景泰三年，南和侯方瑛平其两岸为坦途。城西二十里有九十九泉，地名高寨，泉出山顶，凡九十九穴。城南有莲花塘，塘上有南龙井，冬温夏凉，味甘冽。斗崖山下有双水井。六里有凉水井。西南五里有四方河。西南三十里有济番河，俗名花犵狫河，八番要路。成化初，宣慰宋昂建桥。城北有莲花塘，有北龙井，有泽溪。源出髑髅山③，流贯郡城，安氏宅居其浒。北五十里木阁箐山，有龙潭，祷雨有应。北五十五里龙场驿侧有潮泉水，日盈缩者三。又有瀑布泉，景云"螺崖飞瀑"。

王子沂诗：螺岩瀑布亦奇哉，付与诗人仔细裁。织锦机丝千尺展，玉龙鳞甲半

---

① 穴：原本作"宂"，贵图本据《王阳明集》改。
② 榱：原本误作"攘"，贵图本据《王阳明集》改。
③ 髑髅山：原本作"枯髅山"贵图本据嘉靖志改。

空来。喜看长夏飞晴雪，怪听平时吼夜雷。欲拟匡庐题绝句，愧予老乏谪仙才。

北八十里有洗马潭，相传诸葛南征时于此洗马。九十里有温泉，在杨郎坝。始出极热，过远乃可浴。一百二十里有神应泉，在巴乡，泉初无水，傍有二石，汲者至，击其石数声，则涓涓流出。随汲器大小，既足复缩不流。继汲者至，亦然，莫测其故。二百里有乌江，湍流汹悍，乃贵播之界。其南岸有乌江关。卧牛山南有长丰堰，溉田甚广。二百二十里养龙司，有养龙坑。洪武四年，伪夏明升降，献良马十，其一白者乃得之于此坑，赐名飞越峰。详升传。西北一百五十里有鸭池河。西北一百五十里有陆广河，当水西驿道，有巡检司。

王文成《陆广晓发》：初日曈曈似晚霞，雨痕新霁渡头沙。溪深几曲云藏峡，树老千年雪作花。白鸟去边回驿路，青崖缺处见人家。遍行奇胜才经此，江上无劳羡九华。

提学吴国伦诗：人家半倚蛟龙窟，驿署孤悬虎豹营①。

西北二百八十里有西溪河，在奢香驿。三百七十里有落折水，阁鸦、归化二驿之界，有渡。有渭河，置渭河驿，万历间革。有沙溪，置巡检司。

宣慰司诸桥渡

东十里有鱼梁桥②。洪边二里有洪边桥。三里有洪济桥，谢鼎建，陈文学记。城南十里有龙洞桥。三十里有济番桥。城北有宣泽桥③。城西北五里有蒙家桥。城北八里有鸦关桥。三十里有麦架桥④。西北三十里有李五桥⑤。五十里有龙场桥。九十五里有蜈蚣桥⑥。城北一百二十里有陆广河桥。一百二十里有黄沙渡。三百里有沙溪渡。三百五十里有落折水渡。

威清卫诸山

城东一里有笔山，景云"笔峰高耸"。

王佐诗：铦峰如笔倚穹苍，犹带当年翰墨香。云敛晚天琼管碧，霜寒秋草兔毫黄。生花不入长庚梦，扫素空思逸少狂。

---

① 营：万历志作"宫"。
② 鱼梁桥：万历志有注："嘉靖间建"。
③ 宣泽桥：万历志有注："城北洪边巷，宣慰安贵荣、宋然建。"
④ 麦架桥：万历志注称宣慰安观建。
⑤ 李五桥：万历志注："城西北三十五里，宣慰安贵荣建。"
⑥ 蜈蚣桥：万历志注称宣慰安国亨建。

十里石官堡有耸翠峰。东南有马鞍山，腰有白石，景云"鞍山跨云"。

城西一里有香炉岭，近建祠于上，更名玉冠山。西南一里有凉伞洞，悬石如伞，副使焦希程更名云龙，巡按李本固改华盖，景云"华盖仙洞"。

焦希程《云龙洞记》

威清卫本罗甸国故地也。国朝始置卫，以中华人守之。去城西二里许，有洞，人莫知奇也。且辱以"凉伞"之名。

丙辰秋杪，藩参莆田雪峰黄公暨予往焉。洞门卑隘，磬折而入，其中宽衍，可容数十人。其上则氤氲之气，蒸而成溜，清而成漳，蓊然蔚然。崖石变幻，望之如云，而状态互异。或如灵芝，或如蓓蕾，或如玑衡，或如凝露，或如蜂房，或如蛛网篆烟，盘旋于密石，或如齐纨越縠，飘渺于风中，或锐如悬锥，而锋芒射目，或茎如覆肝，而其径丈余，① 或如神龙自天而下，凛乎雷电之将至也。余因忆家食时，每观夏云奇峰，往往见神龙垂其端，信缩上下而云从，今洞殆不异也，因名以"云龙"。

西南一里有扁洞。洞口扁窄，内渐宽广。深入，一小溪，潺湲截流。溪傍石乳盘屈如龙蛇，上有窍通明。

城南一里有曹本洞，明敞如堂中，以石击之，锵然有声。二十里有铜鼓山，山半有洞，阴雨，闻中有声。

城西北五里有蜜蜂山，顶有洞。每晨岚雾如烟，景云"蜜蜂晓烟"。

威清卫诸水

城西南门外有涌泉井，景云"井泉秋月"。城北有龙井，深数十仞。城西八里有的澄河，源出普定九溪坝，流经本卫，入洞伏流，十里至青山复出。景云"的澄夜雨"。

杨升庵《罗甸曲》六首：百里驰驱倦，三更梦魂归。不辞昼夜苦，但使逢时晖。其一。

山围罗甸国，水绕的澄桥。桥下东流水，可惜无兰桡。其二。

寒灯闼孤馆，阴云锁重城。长夜恒思晓，久雨恒思晴。其三。

登山千寻梯，下阪九仞井。雨润衣珠融，风吹鬓毛冷。其四。

蛮树不凋叶，蛮云不放晴。长亭望不见，何处是渣城。其五。

林间山胡鸟，声声啼我前。何似故园里，花亭闻杜鹃。其六。

---

① 一本后还有一句："或幻如长虹而夭娇乘空。"

又《罗甸吟》：苴兰方号鬼，贵竹甸名罗。牛浒枉称海，骏坂犹题坡。林余楚筜辂，杙识汉牂柯。久戍劳行恻，天高奈若何。

城西南二十里有级波塘，塘拥涧泉，日凡三溢则浊，逾时清，溉田甚广。

威清卫诸桥

城东一里有平桥，景云"平桥远望"。城西八里有的澄桥。西南八里有鸡场桥。西南十里有新桥。城北有北门桥。

平坝卫诸山

城内南有团山，不甚高而形圆。

御史丁养浩诗：人家半出层霄上，野戍平临夕照中。

西南隅有观音山，绝顶有洞。夏月，凉气袭人。

郡人黄堂诗：荒林耸碧岑，久坐静禅心[1]。下雨苔常湿，无云洞自阴。僧闲祇树冷，鸟语落花深。高阳有玄度，支遁足相寻。

城西一里有天马山。城南一里有圆帽山，又有包五崖。三里有笔架山。五里有袈裟岩，削壁千仞如袈裟。八里有蹲狮山。十五里有鹿角山，石峰高耸如鹿角。东南十五里有马头山，又有南仙洞，古名南蛇洞，举人陈宪改今名[2]。石壁高十余丈。入洞二十余步，地势宽平，折而西，深潭隐隐，神气逼人。历磴而上，窗开，明照如室，景云"仙洞胜游"。

平坝卫诸水

城东有东溪，源出东北。东南一里有龙井，遇旱祷雨。东十五里有洛阳河，河中一洞，四时有鱼跃出，渔者张网其上，原有税，今免，鱼亦不跃。东南有上坝。西南有下坝。西半里有圣泉，焚楮钱祷之，水即涌出。城南十里有车头河，水势盘旋百折，渔舟往来其间。又有喜客泉，古名珍珠泉。鼓吹喧闹，水珠大涌。副使焦希程谓客至而泉喜，因更今名，景云"珠泉喜客"。

希程《喜客泉碑记》

平坝西南十里，有泉涌焉，汇而成池，溢而成溪。湛然甘冽，可鉴可酌，

---

① 禅心：原本作"禅心"，贵图本据嘉靖志改。

② 举人：万历志作"乡进士"，当误。按：万历志后面的科贡部分陈宪排名举人之中，《黔记》后面的列表中，陈宪也在举人一栏内。

冬温而夏清。客至语笑，明珠翠玉，累累而沸。风恬日霁，晶莹射目。客语在左则左应，在右则右应。众寡亦如之，否则已，殆如酬酢然。於戏，奇哉！因名之曰"喜客"。

夫泉岂喜于客乎？居人农呼而市嚣，樵歌而牧唱。以佃以渔，嬉谑错匝，泉盖常喜之矣。时和而岁丰，兵偃而民息，庶而富，富而教，泉岂不益喜乎？故池以待汲，溪以待灌，温以御冬，寒以解愠，为云为霖，荫泽万类者，喜之征也。甘以受和，列以自澄，明以辨义，恒以无，息以昭。时出者喜之具也，岂独喜于客乎？以"喜客"名者，天下之事进而觏物则争，退而自卑则裕。是故利物者，众水所同也，喜客者，兹水所独也。逊美于众，而退名其所独，天下莫与争能矣。

予尝溯河、洛、江、淮之源，肆观于东海，泛三峡，过洞庭，望彭蠡，泊牛渚，酌中泠，辨惠泉，俯龙湫于浚湖，玩玉泉于钱塘。历青、兖、幽、并、雍、益之墟，浴温泉，觞澧泉，式甘泉，理盐泉，或怡神于浩淼，或鼓楫于风涛，或契淅于青澜，或持志于异味，大小不论，而所见亦多矣。今日始与泉遇，则泉之喜，盖非私予一人，而予固为泉所喜也，不亦奇且幸哉！

泉去官道不数十步，鲜有问者，以是知遇与不遇，不独人为然也，是故重感焉。

城南十五里有龙泉洞，消长如潮汐，灌田四十余里。二十里有麻线河。

平坝卫诸桥

城内南街有谢家桥。儒学前有三元桥，有圆石，故名。学堤水口上有纱帽桥。城东门外有青云桥①。城南关外有南门桥。二里有通南桥。南沙作站中有郁家桥，沙作站下关外有馆驿桥。城北一里有大水桥。

普安州诸山

城内有雄镇山，形如飞凤，一名卧牛山。治东有笔架山，景云"文笔插天"。

知州胡桐诗：佐禹治东方，文明壮大荒。管城今辟地，即墨古封疆②。云景呈笺巧，银河洗砚凉。五星辉紫极，丽藻焕天章。

东又有得都山，一名白崖。治东学之面有贵人捧诰山。三十里有八部山，九峰摩霄，一泉奔注，旧普安在其下。七十里有新盘山，新兴所居其上。东北七十里有

---

① 青云桥：万历志有注："城东门外，原名东溪，新迁学宫对之，更今名。"
② 封疆：万历志作"风疆"。

八纳山，高二十里，上有平顶，旁连小石百余。泉声树色，常与烟岚掩映，人迹罕到。土俗相传，以为酋益智藏其祖宗魂筒于崖穴间。子孙十年一次，登山祭之。每祭必椎牛羊，持刀弩，鼓噪往焉。一百二十里有白基山，在大道傍，上有峭壁。一百六十里有尾洒山，安南卫在其阳，迥出众山。夷云尾洒者，华言水下也。一百八十里有盘江山，安南、安庄之界也。

西有番纳牟山，州镇驿道由之，又名云南坡。景云"云梯凌汉"。

沈勗诗：峻岭岩巇路向滇，行人如蚁竞攀援。青萝倒绾丹崖石，翠袖斜飞白练泉。栈蹬入云云可握，星辰著地地相连。何当绝顶凌风起，少待吹嘘便上天。

胡桐诗：鸟道入南中，岩巇上碧空。步怜千级险，身逐五云东。绝顶遥承露，凌虚好御风。葡萄牵瀑布，疑泛斗牛宫。

牟山之右有和合山，形如双髻，郡人望之以卜阴晴。又有营盘山，学宫在其阳，相传武侯南征过此，结营于上。二百里有香罗山，平夷千户所居其上。

南三里有碧云洞，旧名水洞，外狭内宽，悬崖怪石，即景云"碧云春洞"。一名玉阳洞。

吏部主事杨彝《游水洞长歌》：老夫平生爱山水，每闻胜景心独喜。故人邀我城南游，出郭溪行二三里。峰崖路转非尘寰，鸡犬人家足生理。恍然置我桃源中，风景依稀乃相似。耕田凿井不记年，疑是秦人始居此。谷中树暗连桑麻，洞底花香杂兰芷。阴阳古洞苍山根，绝壁飞崖半空倚。豁然深入天窗明，外狭中间如屋里。醉眠云磴高似床，袖拂平沙净于几。松风一派从天来，散作泉流和宫徵。泉来直与海眼通，鹤发仙人烹石髓。蛟龙窟宅变斯须，白日阴崖电光紫。此时豪兴为谁发，笔下诗成泣山鬼。安得凌空生羽翼，共载吹笙玉童子。一声长啸洞云寒，日出林梢鹤飞起。

杨彝《游城南新洞》：山腰谁凿洞门开，绝谷层峦亦壮哉。满地白云无径路，一溪流水隔尘埃。欲从阮肇寻仙去，曾见初平叱石来。胜览于人随处有，何须海上觅蓬莱。

沈勗和韵：丹崖一窍蓦然开，此地清虚亦怪哉。浪说蓬壶连弱水，定知琼馆绝纤埃。游人尽日连镳至，仙子何年炼药来。应有蛟龙居洞底，早为霖雨洗蓬莱。

副使焦希程诗：曲洞吞溪十里幽，一方佳丽冠南州。龙垂绝壁神疑动，烟满悬崖翠欲流。天际轩窗来日月，水中弦管自春秋。灵山况复逢人杰，此日登临属壮游。

提学吴国伦诗：何意盘江外，乾坤更一丘。却令骢马使，蚤为碧云留。煮石颜堪驻，巢松迹故幽。种瓜成五色，不忝邵平侯。

御史张涣诗：巨灵何年劈此洞，有客邀我暂停骢。窦引龙涎穿窈窱，云垂钟乳结玲珑。风雷行地笙歌沸，日月得天户牖通。好待石田芝草长，会来重访紫霞翁。

　　洞中春酒酿蔷薇，尘外三山日下归①。隔岭碧箫猿鹤近，侵衣瑶草芷苓肥。一罇共饮东风软，万里谁知笑语非。歌罢水泠花片片，断云残雨点斜晖。

　　御史赵大佑诗：依舍千重树，连城百啭莺。胜游常近郭，吾意欲通名。行色穷词赋，山灵识性情。凭谁祁岳手②，为写辋川屏。

　　提学沈思充诗：西南天际流云碧，削出芙蓉插半壁。中多灵怪不可藏，混沌之窍倏忽擘。若个窍中别有天，阿谁巧构神明宅。灵扉不扃敞若堂，琼昙缀宇星辰摘。炯烁非电亦非霞，盘蜒疑螭复疑貘。八宝擎出蕊珠宫，六种震动祇树国。仰视香霭穿窿迷，上有通天一门拆。寂寥惝恍了无声，下有长流喷瀺灂。溟通百折不可回，龙门谁凿岂禹迹？我欲乘槎问广寒，携取支机一片石。俄惊水底潜鲛腾，震地一声人辟易。仆夫呀指壁间垠，长蛟去去遗蜕迹。回头相彼石田崖，势吸长河见龙脊。扰之鳞甲个个飞，乘此行云天下泽。

　　提学李学一诗：连日山行苦山恶，特为登临出城郭。郭南有洞名碧云，巍峨崒嵂从天落。下马洞门忽敞开，飞泉万派穿幽壑。初疑水窦即龙门，继睹神功非禹凿。稍前窈窕若重门，再入琼宫复寥廓。天边一穴透明来，穹窿万象何炤焯。垂旒悬蕊光陆离，翠霭明霞森喷薄。石田灿灿如布棋，畎亩盈盈可种芝。神龙诡兽争腾跃，寿星卧佛相参差。胡人欲献西来贡，仙子将闻海上咠。我亦平生好佳胜，眼中未见如此奇。徘徊日暮不能去，聊赋新诗一记之。

　　王济诗：较武归来路报便，偶寻石洞问仙传。水通远道流因窍，龙挂飞崖欲上天。看久形神疑幻境，入深毛骨耸吟肩。空窗不用人封锁，自有朝云与暮烟。

　　沈思充《再游碧云》诗：春风桃李媚，再度碧云时。波荡渊鱼乐，山辉洞玉奇。芳樽对景尽，幽意问谁知。不厌乘轺过，何妨秉烛游。

　　尚书孙应鳌《寄题》："早罢荆门镇，言寻石户耕。风尘闲老眼，丘壑澹秋情。忽枉骚人札，深怀胜地盟。洞泉开僻壤，词赋振韶韺。一径层林入，千岩曲窦平。轩窗含宿润，箭括引新晴。云障罗青壁，霞标带赤城。龙蟠潭隐隐，猿啸谷铮铮。五辀俱旌美，千奇不辨名。鬼神留斧凿，造化见生成。日净沉朝彩，天澄起夜声。蔚蓝盘岛屿，花鸟映空明。信矣遗尘世，悠然薄太清。念心思得象，阅世欲餐英。何日褰裳去，同居策杖行。钩玄讦雅况，发兴出高评。独往探牛斗，相知洽弟兄。斯游如可遂，岂羡接蓬瀛。

　　都御史蒋宗鲁诗：云水南明万象天，奇踪异宇洞中玄。瑶坛翠柱虬龙见，华盖

---

　　① 三山：原本误作"三仙"，贵图本据嘉靖志改。
　　② 祁岳：原本作"祈岳"，贵图本据嘉靖志改。

丹岩鵁鸰旋。洞道风泉开远爨，石门花雾带平川。蓬瀛仙侣欸春胜，对酌沧洲思爽然。

玉阳崇观枕山峣，积翠飞琼接紫霄。北阙远瞻云物近，西楼独对海天遥。洞仙鹤举遗丹灶，瀛女鸾回响碧箫。多病长卿何日起，半将身世混渔樵。

又有新石洞，中多怪石。南一百里有夹牛山，乐民所在上。所之西有天桥洞，其石如桥。州东南一百五十里有杨那山，安南所在其下。东南四百五十里有格孤山，俗名故故山。西南六十里有石象山，其形如象。一百里有党壁山，平旷可容数百家，四时风气清凉。

北二里有目前山①，有石洞，水出其中，下汇沙河，入三一溪。九十里有广午山，林木郁茂，下有小溪，流入山穴。一百八十里有罗磨塔山，四面峭壁，上有寨，惟一径可达。

普安州诸水

城中东岳庙左有洗心泉②。城西门内有普济泉，甘冽可饮。治东有三一溪。水源有三，一出沙河庄，一出目前山，一出云南坡。三流合为一溪，由善应桥入碧云洞。七十里有拖长江，源出沙沱石崖中，下通盘江。二百里有盘江渡，源自普畅寨，经州境东北下流合乌泥江。

郎中杜拯《过盘江河》诗：泛泛盘江二月天，一蓬瘴雨夜郎船。渡头草树云垂锁，袖里槟榔客自怜。太液恩波劳梦想，剑池春水隔风烟。临流此际情何限，极目湘云思渺然。

城南三十里有大水塘，四时不涸。五十里有龙潭，石穴极深，祈雨有应。又有响水，声闻数里，水入深洞。东南八里有南板桥河，上接大水塘，延二百余里，入盘江。东南八十里有温泉。一百二十五里有深溪河渡，源出木家寨，流经黄草坝，入乌泥江。

沈晸《过深溪河》诗：两山壁立下深溪，仰视危峰万丈梯。望远始知天宇阔，凭高只说海云低。渔樵并坐逢人话，鸥鸟群飞隔树啼。临老经过恐难再，颠危从此倦攀跻。

东南一百八十里有者卜河，源出杨那山，下流入盘江。一百九十里有磨溪，源出东南乱山中，通乌泥江。

安龙所城南有以冲海子，周遭三里，深不可测。傍有石门，海水注而入。

---

① 二里：万历志作"三里"。
② 洗心泉：万历志有注"左御史傅顺孙名"。

乐民城西有温泉，冬夏可浴。

普安州诸桥

治东东凌寺前有三一桥。四十五里有软桥。六十五里有三板桥①。南郭有善应桥。

沈勖《题郁道者新建善应桥》诗：飞石攒空若画成，跨溪环洞巧经营。水从玉蛛腰间过，人在金鳌背上行。应有素书堪进履，岂无驷马更题名。适来偶倚危栏看，偏喜沧浪可濯缨。

南八里有南小板桥，弘治间义官刘华建。

沈勖《过板桥》诗：绝涧跨飞桥，东屯数里遥。花香随杖履，松籁响箫韶。泉石终堪隐，神仙或可招。愧非题柱客，老气未全消。

北门外有惠政桥，又有临清桥，有澄源桥。西北一里有通津桥②。

永宁州诸山

治西北八十里有红崖山，壁立万仞。山畔有洞，深广数十丈，居民间闻洞中有铜鼓声。或崖上红花如火，是年必有瘴疠。世传诸葛武侯驻兵所，夷人每一年或三年一祭，牲用乌牛白马，则岁稔。旧州北十里有打罕坡，古名达安，路经其上，倾仄崎岖。

永宁州诸水

城东四十里有盘江，源出乌撒。经曲靖西由七星关下，入安南境，合诸小溪北转，而东南至慕役司乌泥江，通广西泗城州右江，至番禺入南海。《三国志》载诸葛孔明南征至盘山，即此。夏秋暴雨，水气红绿色，人触之即病瘴。过渡处两山陡夹，水势汹涌，往来患之。万历十一年，当道会议建木桥，十三年成，未十年坏，今仍用舟楫。三十一年，予檄布政使赵健、镇宁州知州吴天佑、指挥吴东俊等建浮桥。

杨升庵《盘江行》：可怜盘江河，年年瘴疠多。青草二三月，绿烟生碧波，行人好经过。

"保甸坡前不可留，盘江渡头惟一舟。驱鼋役鹊无灵术，谁是寻源博望侯。"

《七盘劳歌》："一盘溪谷底，仰首愁攀跻。蚕崖白云上，鸟道金天西。"

---

① 六十五里：万历志作"六十里"。

② 通津桥：万历志作"通济桥"，有注"万历六年建"。

"二盘行渐难，谷口野风寒。石磴愁旋马，行人各解鞍。"

"三盘云雾堆，侧径转迂回。前旌正延伫，骏骑莫相催。"

"四盘连翠微，峰日隐晴辉。石齿啮人足，树枝胃人衣。"

"五盘势更高，俯见栖乌巢。崖峦暂相倚，人马同时劳。"

"六盘穷攀缘，真似上青天。下瞰已峻绝，上望更巍然。"

"七盘险栈平，眺望倚分明。西征通蜀道，北望指秦城。"

盘江渡六言诗："庄蹻牂柯楚地，博望乘槎汉年。一壑云涛泽洞，两岸石磴勾连。树锋夕声灵籁，草际朝岚暮烟。倦策萧萧羸马，愁看站站飞鸢。"

江进之盈科《过盘江》诗："再过盘江渡，长征祇自哀。石危如虎怒，路折号蛇回。辟瘴凭虾蒜，壮神需酒杯。京华杳何许，凝望旅魂摧。"

谢东山《建盘江河桥疏》：

头兰故地，尾洒新亭。水绕盘江万里，东驰海峤湍流。东峡两涯，下俯冯夷。孤航才受两三人，旅客每劳昏晓候。黄茅瘴起，魂消贵竹之程；僰道烟横，望断长安之日。欲教坎窞为平地，须易舟楫以桥梁。何官府执匮乏以为辞，而小人乘险危以为利。悠悠作道旁之议，凛凛为徼外之虞。今遇巡抚刘公，轸念时艰，力行王政。远惟蒲津系缆，开元尚倚于铁牛；近羡澜沧引绳，壮观犹多于金马。爰引刍荛之一得，更参人鬼之金谋。巨石中流，名称虎跳，崇基近岸，势便鸠工。用倾府藏之资，经始恢宏之制，仍赖多方助役，剩期一举成功。人人任占八福田，荡荡平铺五尺道。彩虹巉嵲，无分春夏秋冬；鸟鹊参差，那限东南西北。看取杜元凯举觞之乐，何如郑子产乘舆之恩。

太仆寺主簿王同轨诗：夜犹闻虎吼，旦忽渡盘江。老衲杯三酹，蛮奴旐一双。哑泉留石诫，毒雾以冬降。疏凿曾神禹，未应弃此邦。

蟒衣生《新建盘江、重安、麻哈三浮桥记》：

山川之增损，势相因也。有余于水，不足于山，东南是已。有余于山，不足于水，西北是已。而亦有不尽然者，黔崇岗复岭，碍云隐日，山有余矣。舴艋不通，商贾不凑，水不足矣。而山太丛密，水亡宣泄。两崖壁立，水缘壁走，深不可底，迅不可防。上下二千余里，惟重安、麻哈、盘江三渡为险。石梁则江心澎湃，何处设墩，木梁则山椒有木，亡百尺材，势不得不绝。

以小艇而榜人，渡夫其毒邮甚。行人既集，舟小载重，有没溺之患。舣舟辟处，令人守候，有饥饿之苦。地多瘴，饥甚则瘴侵，而倏为疠鬼。地多盗，莫夜不得渡，而资归庄蹻。地多虎，急切不得济，而委身虎吻。其甚者，渡夫与司兵通。

行人驻江东，而渡详西薄，伺兵恣索。而后移舟于东，复恣索渡金。是兵虐于陆，渡凌于水也。又其甚者，渡与贼通。苗逐商至江裔，而渡详遁。商不死贼则死水，是苗为腹，渡为目也。

予稔知其弊，顾黔当兵戈后，物力太诎，乘舆难济，乃谋之父老。佥曰：浮梁便。秋八月架桥，明年春三四月撤。夏秋之交，山水四集，即解浮梁之舟，分渡以济。

予乃会直指毕公檄司道，令镇宁知州吴天祐，指挥吴东俊、寻天祚督盘江桥，造船十有六，先后縻金二百七十两有奇①。江干创屋十楹，居渡夫。岁蠲其马价七十金，又移盘江哨二十五兵守西岸，黄毛哨五兵同三十渡夫守东岸。

令都匀府推官罗德星，守备薛绍瑄，指挥邵元爵、赵清督重安桥，造小船四十，縻金五十七两有奇。渡夫原系重安江古寨民，令守东岸。重安哨兵四名，与地方居民守西岸。

令平越同知杨可陶、守备薛绍瑄、指挥奚国柱、把总马武卿、经历陈江定督麻哈桥，造船十有四，縻金六十四两有奇。移武胜营四十兵，同十渡夫守两岸。

桥既成。吴知州进曰："事之始作也不易，而善终难。浮桥岁当小修，三岁敝觞，当大修，费将安出？"予曰："市田若何？三桥当孔道，滇黔共之，滇两台陈中丞、宋直指二公助金五百有奇，滇梅方伯五十金，黎平守井济博八百有奇，皆田訾也。"吴曰："市田匪人，始以胨诳官，二三年后暗易以石田，则法穷。安南、安庄、清平、平越四卫故有赈田，改为桥田，则田不价而利永。且饥溺之切于民一也。"予曰："善哉。下四卫改田赡桥，而滇黎之金眚贮司帑，无阑出以待异日。"是役也，府卫州官分董于下，而左布政使赵健，按察使尤锡类，参政洪澄源，副使韩光曙、刘冠南总理于上，法得并书。

计开，盘江桥，军门郭发银贰百柒拾两造船，云南抚、按院陈、宋共助银伍百两，云南布政使梅淳助银伍拾两，俱贮司库。黎平府知府井济博助银捌肆拾壹两，除动捌拾两修两岸哨房、公馆外，尚存柒百陆拾壹两贮司库。

永宁州桥田壹百零贰亩，岁纳仓斗谷壹百石，叁年共叁百石。

镇宁州桥田陆分，岁纳仓斗谷壹百柒拾石陆斗陆升叁合，叁年共伍百壹拾壹石玖斗捌升玖合，又追皮官堡赈田价银，另买桥田壹分，年收仓斗谷壹拾捌石陆斗，叁年共伍拾伍石捌斗。

又每叁年安南、安庄二卫，每卫旧额轮修船只岁用银玖两。

麻哈江桥：军门郭发银陆拾肆两造船。

---

① 縻金：原作"靡金"，贵图本改。下两处同。

平越卫桥田捌分，年收仓斗谷共柒拾贰石伍斗伍升，内市斗叁拾壹石柒斗，仓斗肆拾石捌斗伍升。

重安江桥：军门郭发银伍拾柒两造船，凯里司原额叁年修船纹银壹拾两，重安土官原额叁年修船纹银肆两捌钱。

追清平卫指挥石拯原侵赈田价银壹百玖拾柒两，指挥金如陵原侵赈田价银贰拾叁两，共贰百贰拾两，内将壹百伍拾伍两买田捌分，年收仓斗谷陆拾陆石壹斗捌升伍合，叁年共壹百玖拾捌石伍斗伍升零。

慕役司

西北四十里有象鼻岭，滇南道经其上，险峻难登。

提学吴国伦诗："山形如象鼻，涧道拟蚕丛。筏渡千崖底，车旋万石中。短亭微上月，鸣瀑远生风。白发悲行险，乾坤一转蓬。"

司北五十里有安笼箐山。山峦相接，林木蓊密，险阻难行。司东南三十里有郎公河，流急不可桥，设舟以济。司西北三十里有白水河，驿道之侧，水自高崖下注数十丈，飞沫如雨。盖黔中瀑布称第一奇观云。

御史张佑诗：鸟道崎岖曾未识，于今策马劳心力。逼霄峻岭万重山，悬崖瀑布垂千尺。汹涛皓皓作雷鸣，雾气腾腾点衣湿。茅村几处尽苗穴，石田数顷犹夷业。深林野鸟可人心，当春农事兴乡魂。那堪春景独伤情，明朝漫向愁人说。

顶营司东三十里有鸡公背，坡形如鸡背，与关索岭对峙。司北三十里有关索岭，岭畔有马跑泉，有哑泉。

杨升庵《关索庙》诗：关索危岭在何处，猿梯鸟道凌青霞。千年庙貌犹生气，三国英雄此世家。月捷西来武露布，天威南向阵云赊。行客下马一酹酒，侯旗风偃寒吹笳。

江进之《过关索岭》诗：

层岩叠嶂郁相连，算计王程尚二千。西望正愁关索岭，南行不尽夜郎天。鹧鸪解道哥哥苦，疲马应堪步步怜。况复绿林饶野寇，戍旗沿路闪村烟。

《关将军庙寿亭侯子》：疆场烽燧自年年，想像英雄绝可怜。晒甲光浮蛇退岭，洗刀声裂马跑泉。名齐阿父万人敌，威镇炎荒千古传。却恨中原昔多故，虎臣何事老蛮烟土人云：将军每岁伏日晒甲诸峰绝顶，光采夺日，迫视不见。马跑泉，将军士渴，以马跑泉，水出。

《关岭道中》："羸马长嘶怯远驮，不堪步步逐岩阿。鸡公背上人烟少，象鼻山前虎印多。村女成群挑野菜，居民信口唱夷歌。亦知风景非吾土，无奈王程促客何。"

王同轨《过关岭谒庙》诗：蛇盘处处额头山，更叠危峰杳霭间。自是鸿濛分地脉，可从巉嵲辟天关。秦鞭驱石疑虚诞，蜀道连云未苦艰。据险神祠虔伏谒，马皆喘汗客愁颜。

北一百里有箭眉山，地名陆堡。高大，周围四十余里，河漾其下。巅有两峰，峰半一谷，宽平可畊。土气多燠，蔬果四时不乏，土著仲家居之。

永宁州诸桥

州西六十里有者马桥。顶营司三十里有南云桥。慕役司西北三十里有白虹桥，洪武，都督王成奉敕建。顶营司西盘江渡。

安南卫诸山

城东一里有独秀山。十三里有清源洞，当官道傍。洞中有清泉，崖石奇怪，暑月行人憩焉，洞多题咏。

杨彝诗：石乳渊澄溅齿香，洞门深护翠琳榔。云浮寒碧晴犹雨，露滴空青冷欲霜。蟾吐夜光窥玉鉴，鹤鸣清籁奏金商。试茶取水阴崖底，坐爱将军大树凉。

三十里有瀑石崖，泉自崖洞泻入深潭，祈雨即应。三十七里有盘江山，石路盘曲，陟降险峻。

城西三十三里有白基山，相传上有异物，隐见不常。城西南一里有朝阳洞，中出异石。又有泉从石隙中流出，澄澈如练。

石壁刻有古诗云：崖前花发春正浓，柳如黄金来暖风。柔丝拦路挽不断，怕有俗子相交通。当年老叟围棋处，犹有穷猿挂高树。花谢花开春又春，几载避秦不归去。紫芝瑶草变苍苔，碧桃红树成蒿莱。市朝迁转居人易，兴亡两事俱哀哉。我向洞中访陈迹，神仙遗石莹如璧。持得归来售市人，售遍市人俱不识。

城南一里有玉枕山。二里有飞凤山。三十里有江西坡，洪武初建卫于此。西南五十里有白石崖，崖下有飞瀑。

杨彝诗：银汉飞泉万丈悬，玉虹晴贯白云边。水帘常洒无云雨，朱箔虚明不夜天。雁荡看秋劳梦思，庐山览秀有诗篇。复瞻奇胜南荒外，雅兴何如李谪仙。

城东北五里有龙翔山，山顶有泉不涸，祷雨有应。

安南卫诸水

城南门内有尾洒井，水清而甘。

杨彝诗：复岭重岗气郁葱，非烟非雾散瑶空。苍苍晓色鸿濛里，淡淡晴光紫翠中。瑞彩双飞金鸂鶒，天花几朵玉芙蓉。身依南斗瞻亲舍，夐隔乡关百万重。

卫南有清涟池，深广有源，经历黄相开砌石建亭，有记。城内西北有双清井，二井相连，水极澄洁，下汇为双清塘。东北一里有永澄泉。南一里有白麓泉。三十里有江西坡河，南流入盘江，有江西坡桥。东南十五里有阿黑河，四十里有者卜河。

安顺府诸山

城东南四十里有马首山。四十五里有岩孔山，高峰平广，可坐万人。

城西北有旧坡山，两峰相对，中有石关。五里有新坡山。城西南三里有红土坡，土色如砵。十里有黑土坡，土色如墨。

府属宁谷司西十一里有马鞍山。东南有乾海子，水泛甚阔，与云南旱潦彼此相及。或其地脉更迭盈缩，故灵异如此。三十里有清水井。

西堡司后有浪伏山，元置习安州于下。西有伐木山。五十里有白石崖，崖高顶平，泉四时不竭。一径攀援而上，蛮人常恃为梗。成化间官军破之。东南五十里有楚由洞，山高数仞，迤逦三百里。洞在山畔，深广百里。六十里有播老鸦洞，山势险峻，洞深不可测。司南有谷陇河，流合乌江。

安顺府诸桥

城东二里有碧波桥。旧州西十里有宁谷桥。西堡司南有索桥，水急，土人系藤为之。

普定卫诸山

城东有东胜山，有马鞍山。东南有旗山，如帜。三里有清虚洞。

城西有西秀山，提学吴国伦更名石莲峰。有印山。一里有龙井山。三里有大林山、小林山，有唐帽山。十五里有玄真山，一径逶迤而达巅，建阁于上，扁曰"玄真境"①。

城北二里有欢喜岭。洪武中，蛮贼攻城，镇远侯顾成追杀，大胜于此，故名。东北五里有抟翠山，有龙潭洞，危峰雄峙，洞广潭深，祷雨辄应。去洞十余丈，有天生桥。巡按魏洪冕立石坊，曰"龙泉石径"。

王文成诗："水花如练落长松，云际天桥隐白虹。辽鹤不来华表烂，仙人一去石楼空。徒闻鹊驾横秋夕，谩说秦鞭到海东。移放长江还济险，可怜虚却万山中。"

---

① 玄真境：原作"玄贞境"，贵图本据嘉靖志改。

参政刘寅诗：普城山水郁青葱，东关一洞羌玲珑。太初未判气混沌，伊谁雕凿其形容。千态万状莫可象，变幻奇巧昭神工。下有百尺潭，上有千仞峰。峰高时出云，潭静藏蛟龙。一朝遇旱沛霖雨，三农满慰心融融。

普定卫诸水

城内东北隅有双眼井。西北隅有侯家井，水皆从石隙出。东二里有马场井，溉田甚多。东南四十里有九溪河，河流九曲。西一里有龙泉。十里有枪凿井，传云诸葛驻兵于此，以枪凿之，其泉涌出，故名。城南有大井，有进士井。五里有圣泉，自山麓流出，消长不一，居人置石塔于中验之。

郡人娄广诗："玉穴源来远，潜通太液池。天琛不爱宝，消长见庖羲。"

西北二里有永济泉。水涌成溪，泓深清冽。周城有永济砥，计二十，兵宪王壁创①，起东西水关，以次而南，每砥命字，名之曰：云雨龙行处，文章风动时，混涵九里润，灵秀万年期。

普定卫诸桥

城内东有通灵桥，有通津桥，有东岳桥。卫西有西津桥。城内北有小河桥。东北有双溪桥，有局门桥。西北有水关桥。城东五里有五里桥，二十里有清水桥，二十五里有穿心堡桥。城南十五里有南津桥。

毕节卫诸山

城东里许有青螺山，新学枕之，兵巡黄常植松建阁其上。二里有东壁山，即景云"东壁朝霞"。

都指挥林晟诗："瑞气远笼青障碧，祥光高映赤城红。"

有山，松山兵备黄镆塔其上，为学宫文笔。东四十里有木稀峰。

西十里有丰乐原，即景云"丰乐秋成"。

林晟诗：野老杖藜山迳里，牧童吹笛晚风前。要知击壤声中趣，社酒新刍乐醉眠。

西九十里有翠屏山，即景云"翠屏旭日"。有七星山，山下有河，名七星河。两岸壁立，旧铸铁索系渡，后更浮船。嘉靖造桥以济，名七星桥。山上有关，关有城。洪武十五年，颍川侯傅友德筑②，名七星关城。分后所官军守之，屹然一巨镇。桥建于道士黄一中、周阳泰。

---

① 王壁：原作"王壁"，贵图本据本书《职官志》改。

② 傅友德：原本作"傅有德"，贵图本据《明史》及嘉靖志改。

升庵杨慎记曰

且兰古壤，贵竹今藩。割川云之剽分，躔参井之余度①。粤稽西路，实贯南中。关号七星，孔明禤牙之地；卫名毕节，关索授钺之区②。虽卉服之杂居，乃朝宗之首路。狂溪狼谷③，山状马鞍者弥千；危礴悬崖，城比虎牢而倍蓰。两嶔夹峙，而有水千寻④，过涉以无舟，夏潦秋霖⑤，鼓洪涛于树杪。浮丘沉陆，阻行李于荒途。叱石谁感乎鼋鼍，成梁空瞻于乌鹊。但知行恻，未见当仁。

道士黄一中、厥徒周阳泰云游庋止，喟然叹云，高下必因乎丘泽⑥，朝夕恒仿乎日月。此双崖，有天生之石，岸溆千章，饶地产之名材。人心若坚，神功可冀。矢磨杵成针之志，徼折梅寄横之灵⑦。薙獮刊林，鸠僝镂岜，淬兹寸愿，砺彼群徒。高义动万商之渊⑧，胜缘集三省之镪。出靆荟而壮结构，刳蝁暑以施舆杠。雁齿傍阶，溅沫飞流不染；鱼鳞上瓦⑨，阑风伏雨无虞⑩，在天半空，去地千尺。星梁斗柱，楮银汉以横陈⑪；雪浪云涛，拖玉虹而曲抱。骑无输载，氓不褰裳。阳侯惊波，易为方轨。冯夷浸宅，履作康庄。相彼桥中，渒于黄河。手握征南之节，较昔梁孙原于黑水，自乘博望之槎。岂有一介羽流⑫，握其十指绵力⑬，裨君子之平政，遵王路之景行。燄莫夷庚，罔烦令甲⑭。欢歌美彦，近传罗甸之口碑；隐行昭盟，远契漆园之心印。将永玄玄之积，可誉郁郁之文。爰锲贞珉，匪溢华衮⑮。薄言观者，勿替引之。

元冯福可诗："点苍何苍苍，环以西洱河。百年雨露恩，讵敢烦天戈。辕门振乌撒，衣带逾牂柯。巨险久已夷，故关尚坡陀。云胡七星名，亦复垂不磨。"

杨升庵⑯《七星关渔者》："石洞无通水，渔舟返上山。得鱼随马卖，抱獭趁鸦

---

① 躔：原本作"缠"，贵图本据《杨升庵集》改。
② 授：原本作"投"，贵图本据《杨升庵集》改。
③ 狼谷：原作"狠谷"，贵图本据《杨升庵集》改。
④ 千寻：原作"一溪"，贵图本据《杨升庵集》改，从文意看，原文似未必不是。
⑤ 夏潦：原本作"夏淹"，贵图本据《杨升庵集》改。
⑥ 丘泽：原本作"泽丘"，贵图本据《杨升庵集》改。
⑦ 横：原本作"椰"，贵图本据《杨升庵集》改。
⑧ 商：原作"山"，贵图本据《杨升庵集》改。
⑨ 瓦：原作"兀"，贵图本据《杨升庵》集改。
⑩ 虞：原作"虚"，贵图本据《杨升庵集》改。
⑪ 楮：原作"稽"，贵图本据《杨升庵集》改。
⑫ 羽流：原作"弱流"，贵图本据《杨升庵集》改。
⑬ 十：原作"一"，贵图本据《杨升庵集》改。
⑭ 罔：原作"不"，贵图本据嘉靖志改。
⑮ 爰锲贞珉，匪溢华衮："爰"原作"妥"，"匪"原作"匡"，贵图本据嘉靖志改。
⑯ 杨升庵：原本误作"杨用升"，贵图本据《杨升庵集》改。

还。问尔江湖兴，茫茫若梦间。"

《七星关新桥》："架壑盘崖嵌碧空，驱山鞭石让玄功。星梁天柱撑银汉，雪浪云涛抱玉虹①。襟带平分滇蜀险，品题合占古今雄。登来仿佛临玄圃，不信飘零逐转蓬。"

主事梁佐和韵："巉崖飞阁倚长空，凿石寻源诵禹功。地回鼋门淘昼雪，天低屋栋拂晴虹。三巴西接虬龙静，六诏南通象马雄。我欲乘风生羽翰，星河云海泛飘蓬。"

佥事蒋春生次韵："谁假苍龙下碧空，巉崖蟠据著神功。雨余潭底沉清影，月出云间见白虹。万里路通滇蜀合，七星关占古今雄。观风几度停征幰，回首天涯似转蓬。"

乌撒缪文龙《七星关》诗："悬崖能阁木，怪石惯栖云。鸟语惊禅寂，钟声送夕曛。山川真不老，鹿豕谩同群。野兴聊登赏，枫林叶正纷。"

提学凌琯《七星关》诗："敷文万里境，叱驭七星关。野水汤池险，层崖玉垒闲。暮春单袷爽，斜日鬓毛斑。魏阙频翘首，长安北斗间。"

丹心不改色，华发已盈颠。报国日渐短，驱山春自怜。危关临巨险，玉节照金鞯。万里揆文教，传呼入紫烟。

南二十里有南霁山，即景云南山霁雨。

教授白经诗：崖前影挂虹收雨，林畔声喧鸟弄晴。

五十里有鼍音洞，一名响鼓洞。

城北一里有北镇山。二里有脱颖峰，景云"笔峰参天"。

佥事黄镆诗：峭拔双峰迥不群，分明卓笔上干云。

五里有灵峰，景云"灵峰仙境"。一名云峰。

佥事方万策诗：幽郁灵峰古洞天，薜萝锁尽翠微巅。江干隐见晶光出，石窍参差滴乳悬。带雨苍松龙欲起，笼烟丹灶鹤初旋。三山何处凝眸望，曾似樵人得见年。

林晟诗：灵峰秀异即蓬莱，苍翠玲珑似剪裁。红树白云围药灶，琪花瑶草锁丹台。采芝人向松间去，骑鹤仙从海上来。际此悠悠忘世虑，绝胜刘阮到天台。

北五里有石笋山，孤峰特立如笋。

毕节卫诸水

城东有泽井，天顺八年林晟所凿。治东有福井，即景云"梵刹福泉"。

白经诗：碧影倒涵云上下，玉声频漱水西东。

---

① 玉虹：原作"月虹"，贵图本据《杨升庵集》改。

三里有龙潭，有灵物居之。遇旱祷雨多应，即景云"龙潭印月"。

林晟诗：一泓秋水漾晴波，五夜寒光向此过。老蚌吐胎明海宇，玉蟾分影照山河。澄澄藻镜涵丹桂，湛湛瑶池冶素娥。坐久不知风露冷，晚凉吟处水腥多。

东五里有惠泉。

郡人汪琮诗：混混源泉出碧岑，隔窗疑是鼓瑶琴。分来一窍云根脉，泻作千年太古音。涓滴自能惊俗耳，清泠端可涤烦襟。伯牙不死钟期在，流水高山岂用寻。

东十里有威镇河，上有石桥。城西九十里有七星关河，两岸壁立，旧铸铁锁系渡，后更浮桥。嘉靖间造桥，即七星桥，景云"雉叠层关"。

方万策歌：山如峡兮石如碣，石巅树古冰崖折。井冽泉寒雨雪霏，雄关百雉峰之缺。万仞巍峨人迹稀，独临缥缈看奇绝。白云夹道护旌车，朔风吹衣剪旧褊。北望青山飞鸟外，一片霭黛狐兔穴。曩时伐鼓下榆关，边上羽书飞不辍。诏书数道天兵下，大将再呼夷虏灭。一自置长易郡名，封豕长蛇心浙浙。太平万古树高标，汉代奇勋日月挈。

城东北有响水河，联三原为一瀑，声如雷，景云"响水轰雷"。

白经诗：洪源百折自山隈，怒泻危湍触石来。雪浪喧阗天鼓震，云涛霹雳海门开。潺潺直透鱼龙穴，滚滚疑翻滟滪堆。好屹中流坚砥柱，狂澜顿使一时回。

南十里有南加河，源自清水塘，流入落折水。三十里有归化河。八十里有落折河，景云"落折晚渡"。

林晟诗：回首西山薄雾收，一江寒碧自东流。歌翻桃叶扁舟晚，雪点芦花古渡秋。两岸暝烟生草树，半轮夕照下林丘[①]。济川倘得徒杠手，来往行人遂远游。

方万策诗：薄暮斜阳旅思寒，自怜旌节度江干。峰迎玉浪层层白，岸匝霜枫袅袅丹。有客问津林杪路，何人击楫水中滩。济川自是商家事，倚棹遥将箕尾看。

毕节卫诸桥

治东济川桥。城内东永清桥。东二里有聚魁桥。东十里有威镇桥。城西一里有通津桥[②]。九十里有七星桥详见前。南五里有阜安桥，佥事胡宥建。北三里有北镇桥。

乌撒卫诸山

城东三里有大隐山。东百四十里有云溪洞，可容百人，守备李文龙镌佛于壁。东南二十里有笔架山，景云"笔架天排"。

知县陈式诗：山排笔架独巍然，脱颖三峰指日边。林木垂藤阴共覆，野花芳草

---

① 夕照：万历志作"夕日"。
② 城西：万历志作"城西北"。

色相连。千年不见霜毫乏，百里遥瞻象管悬。自是群山高漠北，常钟坤秀产多贤。

东北二十里有翠屏山，秀拔如屏。

元何弘仕诗：俗山如俗人，过眼不相揖。据鞍无好诗，羁愁拍胸臆。行行见翠屏，景意两相适。烟萝幕青黛，山崖产苍壁。云霞油然生，杉桧森以立。鸣禽递清响，飞泉散珠急。我疑有幽人，相傍崖居密。朝餐紫霞英，暮啖香松实。

东北百四十里有鸟门山，两山相峙如门。城西半里有火龙山，山上有庙，为卫多火患，故镇以庙。

城南四里有南山。八十里普德归站，有披云崖。兵备黄明良题，御史蔡廷臣题曰"凌虚"。南九十里有龙山，蜿蜒起伏如龙。

提学谢东山口号①：

烧起林分画墨，渠添水弄青萍。石罅桃花笑客，茅檐燕子冲人。

巢穴环居九姓，犬牙控驭三藩。峡外乾坤锦里，烟中鸡犬桃源。

水去千崖漏泄，云兴万壑平铺。买犊人犹带剑，观风我亦悬弧。

城北二里有凤岭山，雄伟峥嵘，状如飞凤。五里有双霞洞，守备李文龙新开。十五里有朝阳洞。又有悬石洞，一门可入，悬石奇峭，稜层五色。中有清泉，冬温夏凉。

乌撒卫诸水

城东山下有龙泉，乍清乍浊，或云有灵物潜焉。环城东南而西，有南海子，广袤百里，可耕。西北有北海子，源出东山龙泉，筑二坝，集水以壮城隍。近城北又有涌珠泉，喷泡如珠，四时不绝，景云"珠泉玉液"。城东南八十里有龙潭湾泉，其深莫测，岁旱祷雨于此。城西三十里有七渡河，旋绕山间，当津渡者七。西百五十里有盘江，源出乌撒，提学郑旻有赋，详旻传。西南一百五十里有九十九水。南八十里普德归站，有桃花溪，由可渡桥迤西入河。南九十五里有可渡河，有可渡桥。河北岸有千丈崖，嶙峋巉嶪，滇黔之界一奇观也，崖上刻曰"山高水长"。

乌撒卫诸桥

城东南一里有通济桥。四里有六道桥。西十五里有石河大桥。城东百三十里有野马川干河桥，万历二十八年御史宋兴祖倡建。

蝳衣生记

窃尝疑之，陈火朝觐，而川无舟梁，单襄公卜其将有大咎。溱洧之济，不杠不梁，侨捐一车，而孟子讥其不知为政。夫舟梁，倢倢琐务，何与于存亡之数？道路之修，职于司险，何与于相国？而单觇之密，孟责之备，奚也？先王之教曰：雨毕

---

① 口号：万历志多一首："一路松梢鸣籁，千峰脚底生云。道上乌蛮逐队，舞雩童子成群。"

除道，水涸成梁，其时徵曰，收而场功，偫而毕揭，火之初见，期于司里。所以为桥梁道路计，如此其豫，而陈郑废其教，不修其制，其何能国？

黔乌撒城东百三十里有野马川，岁冬春雨未集，平沙迤逦，如履康庄。夏秋暑雨，四山攒簇，众壑奔腾，百道瀑泉，须摇并下，平地涨丈余，湍急澎湃。如万马突驰，不可辔箠，故曰野马川。土人冒雨而渡，会水遽涨，半道淹坳，岁不下六七人。下流无泻，以天生眼为尾闾，一雨阻，行人辄留数日，无以为寄寓施舍。然而冬春水涸，故又曰干河桥。旧桥高仅数尺，长三丈，水涨并桥没焉，无裨利涉。

万历庚子，柱史宋公西巡乌撒。停车问俗父老，莫募缘僧某进白状，乞改建石梁。宋公愀然曰："野马岁溺六七人，积十年为六七者十，积百年为六七者百，可哀已。"乃捐百金及赈谷百石倡之，予闻，助五十金。壬寅，柱史毕公西巡，助五十金。宋公按滇，复发三十金趋之，计后先士民乐助，不下千金。

初委千户章甫、刘世勋，三年未就。复委守备张世臣、千户张懋功及义民周国珠、罗仲金等，与之期而毕工。始造于庚子某月，已事于癸卯某月。桥长十丈有奇，横二丈有奇，高三丈有余，翼以阑，与长坍。为洞三，桥东西为堤路十五丈有奇，横一丈有奇。

宋公自滇书来，命予纪其事。予尝历陈郑之郊矣，溱水、洧水、五梁、陈佗，仅仅厉揭可涉，彼其时，主相皆慢之，宁仪行父亡足责已。子产，众人之母而虑不及是，叶正则以为或有故，未可知也。乌撒夷方漏天，一月之间，霁日几何？而野马骤涨，视溱洧梁佗，难易倍蓰。令襄公孟子见之，其感慨又当何如。宋公两巡黔中，讨夜郎，讨皮林，赈大侵，药大疫，百政具举，兹特其平政一端。而予以单公之觇觇之，当必有大庆，流及子孙。语云：活千人者侯。赵充国治湟，陕以西道桥七十所，而封营平。杜预请建河桥于富平津而封当阳。不若左券哉？又恶知野马非宋公之河湟、富平也。

镇宁州诸山

旧州治北有火烘坡，古名和弘。山石高陡[①]，其气燥燠。虽隆冬登之，亦汗出浃背。

十二营司东三十里有马鞍山。西北三里有猫儿山。

康佐司北七里猓山寨旁有猓山洞，广七丈，深莫测。

镇宁州诸水

州治东有既济泉，其地极热，此水独凉。

十二营司东北四十里有公具河，灌溉田亩。有天生桥，西有龙潭，水色深黑，

---

① 陡：原作"陟"，贵图本据嘉靖志改。

祷雨多应。北一里有凉水井，水极清凉，冬夏不涸。五十里有阿破河，土人以索为桥而度，名索度桥。

安庄卫诸山

城东一里有玉京山，山上建阁。一里有笔架山。三里有东坡山，高插霄汉，亘十余里[1]。

城西三里有慈母山，俗名背儿崖，形如母负子。三里有白崖山，山势起伏联络。五里有仙人洞。西五里有双明洞，旧名紫云洞，提学徐樾更今名。

教授黄阁诗：天外钟佳胜，偏怜僻地开。悬崖喧一鸟，虚谷响如雷。木自群峰落，人从曲径回。寄言车马客，知否是仙台。

徐樾《双明洞记》

樾按考，毕事之日，州守莫子赞、漆子登及守备谢钦以游观请，愿半日留，为山洞光。予一笑而往。

抵洞，苍然两山夹道，下有寒泉，注为澄潭，怡然我怀。从者曰："未也。"白石壁立半折，崖侧下有通径劈窦，圆如满月。"奇哉，洞也。"从者曰："未也。"缘门以入，小径夹崖，前峰屼崒苍碧，潭流穿石，折而西回。又一方渚，磷磷有声，云气覆面，静观日色，山影沉澄，如镜东西，风日相射，南北缭绕，石盘如盖，衍土一区，可坐可惬。

往百步余，而兴入风泉云壑之外矣。顾岩间石笋数尺，形类妆点佛坐，虚可容背，傍婉曲侍童环立者可数人。俯皆平石。樾欣然据笋而坐其颠，莫子、漆子左，谢子右，席平石也。小子者数人负歌而前，命之歌。予盼流泉而莫测其往。小子再歌，予再和之。莫子歌，伐木节以磬，水石泠然，交奏好音。徐子颓然发浩歌，童冠者八士，抠衣而进。立斯须间，歌《湛露》。

前溪横小梁，渡涉者。莫子起以请曰："未也，渡此则双明洞矣。"徐子临水却，顾步小桥微吟，半听流泉之漱，穿石洞，援步而登，六七步间，恍然光敞，堂壁四周，洞开一面，以吐日月，上员下方，奇伟一室。环壁灵异，莫穷变态。徐子中坐而四顾焉，转而忘其美，隔水鼓吹，几希奏雅，而歌者继作。二三子列席酌旨酒，俎杂山肴。有事于奔走数十人。环崖而侍者，翼如也。

山水之奇，足以洗心如是乎？谁谓其娱于观听之美而已哉。歌酒话言，方极怀抱，葛衣轻飘，山色半黯，红光入水，起视邮人秉燎束楚，以继夜游，揖二三子起，赓再歌，凛乎其不可留矣。

三十里有螺山，下有大河，每风雨交作，毒蛇猛兽并出，上有飞云阁镇之。

---

[1] 亘：原作"三"，贵图本据《杨升庵集》改。

城南有青龙山，连峰叠巘，即景云"龙山春晓"。

经历萧伯辰诗：山势蜿蜒几伏潜，石稜头角自纤纤。云横松柏迷苍鼹，风挟藤萝奋紫髯，林壑传音黄鸟并，乌云散影碧霞兼。绮罗富贵春如海，长伴将军昼卷帘。

又有白虎山，与青龙并峙，即景云"虎崖秋色"。

萧伯辰诗：重镇雄兵控百蛮，西崖虎踞抱重关。烟华凝碧晴光莹萦定切，霜气横空曙色寒。坠叶潇潇红胜锦，前峰霭霭翠于鬟。金城安妥边风息，闲卷湘帘次第看。

三里有狮子崖。三里有白马洞，内有白石如马。西南五里有龟山。

城北有环翠山，林木苍翠，旧有列峰寺，景云"峰亭环翠"。

黄阁诗：高岑叠叠草菲菲①，中有幽亭绕翠微。烟火万家青嶂合，枫林几处白云飞。探奇穿径侵苔藓，酌月吟风曳石衣。试与老僧分榻坐②，城头芳景自依依③。

萧伯辰诗：幽亭危构北城隈，面面奇峰入望来。翡翠千重含雨润，芙蓉万朵倚天开。岚光曙拥青油幕，黛色晴浮白玉杯。恰与环滁同胜概，元戎览秀获趋陪。

北二十里有巢云洞，在晓峰庵左，内有石台，台下有泉，四时不竭。

安庄卫诸水

儒学前有常兆井，城西有起龙井，万安桥下，相传雷雨交作，有龙跃起而去，遂成井焉。三里有石泉，源出石窦中，溉田数十亩。三里有丰泉。三里有清泉，白崖山左，中产异蟹，或赤或紫，林木蓊葱。三里有浦泉，清泉之下流合碧溪，入白水河。南十五里有杨吉河，有桥。三十里有白水河，悬崖飞瀑，直下数十仞，有白水桥。四十里关索岭庙左有马跑泉，世传关索领兵至此，无水，马跑于石上，泉涌而出，兵赖以济。

杨升庵《关岭曲》四首：倦枕愁鸡鸣，问郎今日程。中路不可宿，长涂须蚤行。

北登鸡公背，南望象鼻屼。相逢试相问，往来定谁难。

关索岭，四十三盘高，前有安笼箐，行人莫辞劳。

老鸦关，仰树间，灵卜西去何当还。

伍文定诗：将军纵有回澜力，物论应归济世贤。

---

① 叠叠：万历志作"层上"。
② "试与"句：万历志作"为问老僧求丹诀"。
③ 自依依：原作"白依依"，贵图本据嘉靖志改。

一百里有乌泥江，南流入广西田州城。北有黄井，郡人于此造纸①。有贺家溪，源出东坡山，东南流，绕城中出，溉田甚广。一里有宴乐池。十里有龙井，澄澈深广，石壁上有古镌，模糊莫辨。六十里有荻芦池，周围八里，中有一岛，上建有华表。

安庄卫诸桥

儒学泮池右有凌云桥。治西有锡庆桥。治南有通济桥，又有万安桥。八里有周殷桥。二十五里有通云桥，关索岭下。又有普安桥，关岭南。治北有太平桥。

赤水卫诸山

城东有东山，近建学于上。

御史黄珂诗：城上旌旗带雨悬，城边草树画生烟。山光水色连千里，人语鸡声傍一川。望眼谩劳迎过雁，愁怀无奈听啼鹃。登临直上最高处，恍若身游万仞天。

东又有东陵山，水石幽森。东南有猿窝山，山势险阻，猿猱窟宅。

城西有香炉山，峰峦突峙，宛若香炉。

城南有石窦岭，与雪山对峙。

城北二十里有落幔山，高出群山，如悬幔然。二十里又有雪山，巉岩高峻，亘数十里，方冬积雪，春尽始消。

副使王炳然诗：石磴盘盘上，峰峦历历间。浮云横岫出，人影接天还。

二十五里有聚星洞。

赤水卫诸水

城东四十五里有一碗水，水出石隙中，渟泓仅如一碗，虽冬月不竭②。东南五十二里有杉木河，夷人伐杉木由此河出。城南有赤水河，源出芒部，经红土川，东流入川江。每雨涨，水色深赤，故名。当云贵驿道，始以舟渡，近为浮桥。一名赤虺河，即唐武后时，征云南檄文所云赤虺河也。虺呼为水，声相近尔。

修撰杨慎《赤虺河行》：君不见，赤虺河，源出芒部，虎豹之林猿猱路。层冰深雪不可通，千寻建木撑寒空。明堂大厦采梁栋，工师估客穿蒙笼。此水奔流似飞箭，缚筏乘桴下蜀旬。黯淡滟濒险倍过，海洋流沙争一线。谁驱乌鹊役鼋鼍，秋涛夏潦息盘涡。柏亭云屏济川手，奠民枕席休干戈。安得修为夷庚道，镌刻灵陶垂不磨。

提学吴国伦诗：万里赤虺河，山深毒雾多。遥疑驱象马，直欲捣岷峨。筏趁飞流下，樯穿怒石过。劝郎今莫渡，不止为风波。

---

① 纸：原作"砥"，贵图本据嘉靖志改。
② 冬月：原作"夏月"，贵图本据嘉靖志改。

城北二十二里有龙溪，又有瀑雪泉，即龙溪之流派，飞注赤水河。

赤水卫诸桥

城南有浮桥，正统间建。万历十二年，御史毛在造浮桥，行不病涉。西南五十里有板桥，又有新济桥，天顺辛巳建。

永宁卫诸山

城内有钟山，有鼓山，上置钟鼓楼。有蜜珠山，西南有西珠山，俱形圆如珠。环城有海漫山，延袤八十里，如海水之汗漫，景云"漫岭晴云"。

城东门外有天马山，有文笔山。东北十里有红崖山，山多赤石，如列锦屏，景云"红崖霁雪"。东南五十里有木案山，上有林木，下平如案。

城西二里有宝真山。一百里有龙洞，祷雨有应。又有鱼洞滩，高二丈许，春夏鱼多上跃。

城南二里有青龙山，其形如龙。西北五十里有乌降山，山木翁翳。六十里有疋绢山，山顶瀑布飞流，宛如疋绢。

永宁卫诸水

城西五十里有灵漱泉，山洞深二丈许。泉水四时不竭，祷雨有应。城西南有永宁河，一名水东，一名界首。源有三，合流于卫城南，绕东北至纳溪入川江。滩石险恶，昔不通舟。洪武二十四年①，景川侯曹震役夫凿之，舟楫之利兴焉。

曹震《永宁开河事迹碑》

洪武十三年十一月十三日，钦奉皇帝制谕，景川侯曹震前往四川永宁开通河道。合用军民，四川都司、布政司，贵州都司即便调拨，大小官军悉听节制，如制奉行。钦此。

于洪武二十四年正月初七日到成都，分遣官属，各任其责。永宁水陆路自泸州纳溪至摩泥驿桥道，委四川都司左同知助一、右同知徐凯、成都后卫指挥使茆正，提调卫府州官军民夫以疏通之。自永宁至曲靖驿桥道路，委贵州都司同知马烨提调永宁、赤水、毕节、乌撒等卫军夫以修理之。建昌驿铺桥道，委四川都事佥事潘永、建昌卫指挥使月暮帖木儿，提调军民以开通之。保宁驿桥道至陕西汉中府界，委成都后卫指挥佥事王清，提调军民以修治之。松茂驿铺桥道，委茂州卫指挥同知俞胜，提调松茂、威州卫所军民以平治之。贵播驿铺桥道，委播州宣慰司杨铺、重庆卫千户钟洪，提调军民以开之。各府州县夫役，委四川布政司左参议朱福、松潘卫所镇抚任允以董督之。其间，水之险恶

---

① 二十四年：原作"二十"，据下文及万历志改。

者，莫甚于永宁。其滩一百九十五处，至险有名滩者八十二。石之大者凿之，水陆者平之，使舟楫得以通焉。路之险者，莫甚于建昌炉古县及黎州大相公岭。虚阁险崖，于是辟取山石，从江填砌，阔三四丈。番菁河水九十九渡，于是新开直径。造桥五十有四，来往者便焉。保宁千佛崖古作栈阁，连岁修葺，工费甚多。宜相其山势，辟取山石，从河填砌，阔四五丈。自四川至陕者无难焉。军夫计者，军三万五千，夫四万五千。官自二月初七日兴工，五月十五日住工歇下。秋九月初一日兴工，至洪武二十五年正月十五日工毕。通计八月，震上奉皇帝之命，下用都指挥、参议、宣慰、千百户之官，克相有成，不敢泯而不书。

杨用修《曹侯庙碑记略》

由永宁江下泸州，滩碛凡百十余，莫险于江门驿，上下数里。明洪武中，命景川侯曹公震往平治之。陕西自宝鸡达汉中，贵州自永宁达云南之曲靖，四川自保宁达于利州，又自梅岭桥椿达于青川。而江门险滩，伐石穿漕，功尤钜且难。川陕云贵四处，东西南北广轮经纬五千余里。置驿蕫邮，楷桥架栈，铲险为平，通夷达华。航鲸波而梯鸟道，去嵲嵲而就夷庚，其功力岂细哉？乃不易一寒暑，而克襄其成，殆有神哉。五丁之开金牛，李冰之凿离堆，岂复让邪？公自制碑文刻之，岁月工费，首尾悉具。慎渫过江门，见之屡矣。昔年待罪史局，绍书石室。访求国初功臣姓名，不见所谓景川者。凤阳黄金纂述开国功臣录，巨细颇详，而亦遗侯。蜀之郡乘亦略，不知修路浚江，昉于何人，非缺典欤？

铭曰：界首之江，达于江阳。漾以长兮，溯溃汤汤。亘以石梁，舟楫昉兮。天启圣皇，爰命飞将。西南方兮，谷狼潭狂。莫为夷庚，比宣房兮。百八十霜，功积未彰，吁可伤兮。巴甸滇疆，闿幽是覆音忙，庙以筋兮。条革有鹤，雄施其飐，匪庞凉兮。荐鲤脍鲂，烹豚刲羊，簠簋享兮。徼福忻祥，惟神洋洋。降兹乡兮。南舣北航，往来康庄，无劼勷兮。澄凄昭旸，芷茂兰昌，昭馨香兮。树碣崇冈，刻辞琳琅，示茫茫兮。

杨升庵诗：永宁河水接川河，今古渔商竟几过。试看江门来往岸，石头篙眼剧蜂窝。

御史丁养浩《永宁道中》：绝壁烟萝几日攀，好风吹雨客途间。鸟当春暮语犹滑，人至地偏情亦蛮。流尽别愁应有水，望穷归目更多山。去来莫作经行梦，梦里相看也怆颜。

江进之《永宁道中》：贵筑晴明少，春深暖气微。云来山著帽，莎长地添衣。猿子凭爷负，鸦雏学母飞。绿林时报警，辛苦戍儿旐。

《发永宁道》：载岁事行役，蹉跎滞异邦。云霾迷瘴岭，风雨暗盘江。林鸠啼古古，泥燕起双双。故国花阴下，何时到玉缸。

其二：岚重天疑晚，春深暖未回。山形殊齿齿，路势总嵬嵬。蕨老拳应放，瓜萌甲半开。故园此时节，割蜜饯青梅。

其三：客久谙夷语，途长觉马愁。雾来天似甑，雨过地如油。野旷三家市，山寒四季秋。中原何处是，东望正悠悠。

又有通江溪，源出贵州界，流经九姓长官司，入永宁宣抚司。西南八十里有渔漕溪。城南十里有甘溪。四十五里有双井。城西北六十里有天生池，四面山绕，水积于中，不假穿凿，故名。又有铜鼓溪。

永宁卫诸桥

城内卫东南隅有据胜桥。卫东北有飞虹桥，洪武间景川侯曹震建。卫东南有通济桥，景泰间佥事张淑建。城东有龙虎桥。西门外有通湖桥。西镇远关外有通川桥。关内有镇远桥。西北一百里有宋江桥，水自九姓司流出。高桥铺有高桥，曹震建。城北门外有永济桥，有铁炉桥。卫分司左有振肃桥。

永宁卫诸渡

馆驿下有茶仓渡。城南门外有定川渡。卫西北十二里有渡口渡。九十里有宋江渡。观澜门外有黄角渡。

普市所诸山

东二里有木案山，洪武二十二年，普定侯设本所于山下。

举人李升诗：三里孤城鼓角严，绕城青拥万山尖。鸟音晴碎巧娱耳，草色春深乱入帘。

南一里有秀林山，竹木森秀，北有锦屏山。

普市所诸水

有古井，巡按毛在有记。东六里有龙泉涧。七里有落窝溪，涧水源出山谷，流至所南，潜入洞，复出落窝溪，遇旱祷雨辄应。西二十五里有后山桥。

黔记卷九目录

山水志中

黔记卷九

泰和郭子章相奎父著
汉州宋兴祖汝杰父正
贵溪毕三才成叔父校

山水志中

龙里卫诸山

城东有紫虚山，上有紫虚观，景云"紫虚仙帐"。有纸局坝，有仙人石。城西一里有马鞍山。西南一里有回龙山。西四十里有长冲山，苗贼出没，成化间置哨堡站，中有潮音山。城南一里有龙架山，为卫之镇，景云"龙山叠翠"。有崖孔留云洞，中县二石乳，扣之如钟鼓。左有一石台，龙云变幻。予登之，名雕云台。此洞有云溪之朗，而奇石怪壁，非云溪所有；有天然之巧，而高明洞瞩，非天然可侔，亦龙里一奇观也。城北有窑坝。

金事万敏《留云洞记》

洞据南山之胜，去卫不里许，蔽于蓁莽者，既历有年矣。嘉靖甲寅首夏，予与完庵王君譬，公余多暇，得寻隙而加葺矣。于时载芟载柞，群石献奇，如揖如怒，如斗如舞，如华萼缀琉，如狮象蹲踞。予与完庵沥酒而赏焉，竟日忘返。挥使李载春、王寰等进曰："是洞矣，隐于昔，显于今，山灵其有遭也已。然而名莫能定。昔人谓：土之人犹狺狺焉者，是也。"予与完庵曰："夫山，云物之所自出也，其出也无心，其留也无迹。则云之为也。"完庵以北州人豪，时方向用，而予以疏鄙，得随步履，留憩于此，幸矣。行且寻盟泉石，未敢留情焉。云其与我乎？因命为留云洞，书此以识。

大平伐司西有冗刀山，峰峦高耸，状如剑戟。

龙里诸水

城西四里有原溪，一名圣泉，又名水冲。城南九十里有呼应泉，俗名叫应泉，百叫百应。城北四里有簸箕河。大平伐司东南三十里有瓮首河。

龙里诸桥

城西三里有永通桥，指挥贾禄建。五里有广济桥，指挥储斌建。城北有簸箕大桥，乡官王表倡建[①]，即景云"水桥春涨"。

新添卫诸山

城东七里有老人峰。十里有东山。二十里有凭虚洞、雷鸣洞，即旧所云母猪洞也。予往复洞口，睹山势岊茏，水声潺湲。疑洞中有奇，低徊者久之。顾以兵事蜂午，未暇游豫。万历辛丑仲冬，丘太史鹤峰奉使便省里居，帅子弟辟草莱，而二洞之胜不可名状。乃易母猪曰凭虚，名其后洞曰雷鸣。又自作疏，令僧募缘，砌桥以渡洞水。桥成，予名之曰麦新。

丘翰林禾实《凭虚十咏》

咫尺巉岏别有天，寒云莽亘不知年。我来踏破苍苔径，风月无边会与传。右初得洞。

巇峋登高路转赊，荜圭宛是野人家。烟霞泉石皆如意，只少渔竿与钓艖。右洞下层。

不厌探奇觅路穷，渐看楼阁倚虚空。乘飚便欲凌霄去，莫是人间有阆风。右洞上层。

交枝结蒂任侵寻，爱尔长年护碧森。试问行人遥望处，何如子敬在山阴。右洞口薜萝。

石峡双双护玉台，高门千古为谁开？相传道是鼋鼍窟，今日欣逢驷马来。右洞中石峡。

瀑布斜牵百丈霓，龙沙蜿蜒趁长堤。从前多少烟霞趣，只听樵人逐李蹊。右洞前横涧。

不知洞水自何来，野老遥疑积筸隈。拨尽火云堪画处。珠帘半卷石门开。右洞水发源。

夹岸迢迢枕玉虹，碧鸡金马驷车通。筑堤恨不高千丈，只恐津头有卧龙。右溪头横渡。

尽日轰轰锡杖前，徐闻声响自重渊。就中莫有蛟龙吼，惊杀狐僧外道禅。右雷鸣洞。

悬崖到处凿鸿蒙，莫有秦人托此中。见说渡头枫叶落，年年秋水似桃红。右北

[①] 王表：原作"土表"，据万历志改。

麓诸洞。

丘翰林禾实《凭虚洞记》：

余既改凤凰哨路于山之麓，因由麓得所谓"母猪洞"者。洞高数十仞，玲珑层复，宛然楼居。洞左有水，自半山东下，势如建瓴，前与洞水汇，而去为涧。觅水所自来，不可得。盖此山为藤萝所封几千年矣。

余既诧其胜，则趣左右删夷蕴崇之，行火焉，火烬，得洞门。门于洞稍折而西，曲巷委蛇，宛若天构。顾陡峻不可级，则先后各一僮附葛，余以手若足，属僮掖且递登焉。

洞广数丈，深倍之，前俯临涧，尚有藤萝封之，苍翠交映。其后为沉泉，清可以鉴，泉后崖最穹窿。稍左有门，方阔如寝室，厥中暗如。余不能涉泉，亦不敢就视。

第循崖而西，有滴水处可级，可达上洞。乃循崖处，耳相错也，级处，趾相藉也。稍失足，则堕泉中。余畏甚，然不忍舍上洞，则呼僮掖递余如初，再登焉。登处有罅①，下通者二，余不敢旁睨。第以目瞩僮，以足扪级，凡再喘息，得达。

余坐洞门，纵观之，则见悬崖缤纷，如伏龙，如蹲虎，如委珮，如流苏，不可状。乃前，一罅直贯山顶，罅上一石，值立如人形，崖浆滴其首端，盖即数千百年浆所化也。洞上睨下，洞若百尺楼。瞰洞水，又似在重檐下，凤山前峙，若相拱揖。而北风袭人，令人有凭虚御风之想，余因名洞曰"凭虚"，以更其陋。

方余登洞时，余弟好捷甚。凡先余上下者再，不恃僮，又数数代僮掖余。余既下，则鼓余涉泉视石门，余辞不能，则褰裳独往。久之出，谓余曰："门内方丈余，更有重门，其中若明若暗，若泉若洲，且重门上，累累若有所属，殆龙蛇之类乎？"第又前视，泉中一物，长尺有咫，鳞甲皆具。余恐真龙也，挽俱出。然弟犹憾，不以火竟云。

出洞已晡时。相与就壶觞，然意水所从来，不胜豪举。因复从左山索之，复得一洞，深入无内，履其旁，则闻声如吼，稍入，则闻声如雷。深入而后，乃知为澎湃声。有坎巉岩，下临无际。则渟泓一潭也。余不敢入，第闻之僮若此，因名之曰"雷鸣"。乃余弟索奇无已，仍援石下视建瓴处，则当小洞。下有尾闾，为潭所泄，水三迭，如珠帘云。此洞去凭虚洞百余步，仍处高，然水

---

① 罅：原作"鏬"，贵图本改。

不下泄，而旁穿为瀑布，乃余所改路，经旁穿之上，石生如梁，小洞当余路旁，虽有声，然不令人见险。噫嘻，水亦有灵，避余凭虚之胜，又避余雷鸣之险，造化之密，亦灵怪矣哉！此外岩洞迭出，在在现奇，时方诛茅，不及尽索而日暮矣，因为兴尽之归[1]，姑记之。

城西半里有金星山[2]。二里有银盘山，形圆，色白。五里有海马洞，相传洞中有物如龙，与牝马交，多产名驹。城南十里有天马山，文笔山对峙学宫。

何自然诗：文峰上映图书府，马岳常嘶闻塞风。

南十五里有松牌山，苍翠如黛。城北一里有象鼻山。十里有阳宝山[3]，高峻薄天。有前山，有后山。上有玄帝行宫，黔人祷祀祈子者络绎于祠，有常住田共十分，年收米七十石。

检讨丘禾实《阳宝前山重修殿宇疏》：

黔故在万山中，峰峦高下，在在相等。其最高而为一方之岳者，无如吾新之阳宝山。山势自西北来，不知几百里，而结峙于新之北。由北而南而东而西，诸峰丛立，然皆环向于阳宝一山。其远者如溯如赴，近者如俯如揖，左右者如侍如卫。余尝登此山，及半，已俯诸峰如在几席。及顶，而培塿视之。乃诸峰外，层岚叠嶂，远水遥岑，无一不在指顾。因念太华诗所谓"罗列似儿孙"，何其肖也。

山故有祠，前祀真武，后祀佛，黔之人往往朝于是，是为阳宝之前山。万历七八年中，有高僧白云挂锡其上。因步山后，得宝地，再创丛林。且入滇，范丈六金身祀焉，而僧化去。自是复有后山之名，然朝者益众矣。朝者之言曰：吾某年病，几危，因念往朝，得活。或曰：吾向者以信心为亲祈寿，寿。或曰：吾素有商瞿之忧，以兹山之灵而有丈夫子也。每岁自元旦迨浴佛日，朝者接踵，呼佛声相应。泥涂起拜，感动路人。山中，夜不时有光，起自殿中，遍诸色界。若流星布地，若长虹亘天，若朝霞绚彩。噫，山之灵著矣，何惑乎。朝之益众，而祈之必应也。虽然，山之灵，固人心之所为灵也。审如朝者言，一念初坚，不必登山，而感应立至。则此山之灵，何地不存，何息不在。即吐焰流光，要亦神明以此为示现之地，不可谓世尊故在灵山也。

余往自癸巳，及今春再登此山，十年矣。山中老衲如所称白云者，大半物

---

[1] 因为：原本作"日为"，贵图本改。

[2] 金星山：万历志有注"一名金帽山"。

[3] 阳宝山：万历志作"杨宝山"。

故。第白云慈心不朽，宝刹已成。惟是前山，处此山之尊，当绝顶之上。烈风碎瓦，宿雾苔椽，祠不时圮。今复圮矣。乡人及十方善士构材鸠工，将议鼎建，且议覆以铁瓦。而请疏于余。余因举前语语之。请者曰：如居士言，则示现之地，固不可莫为之计也。余重语之曰：如诸君言，则人心之灵，固不必余疏也。彼向者一念触发，旋获善果。不但数千里蹩躄而来，其忍以一椽一瓦之费为诸君忧乎？抑余有言，听于神，不若听于心。是役也，麾金无吝，恒沙可量，然不可恃也。积金有成，浮图可俟，然不可家也。恃且家焉，神之灵将不在此山矣。往敬尔事，无勤余疏。请者曰：即此可疏矣。遂书之。

有谷定山，悬岩斗壁，瀑布分流。

小平伐司东一里有谷阻山。

把平司东二十里有摆笼山。

丹平司西十里有睹虎山。

新添卫诸水

城内大街有沙井泉，味甘冽，景云"沙井甘泉"。城东二里有八字河，水自远涧发源，与西流合。中有大石，触激分流如八字。城西有麦新溪。猴场有莲花池，与贵州莲花开互为盛衰。十里有乾溪河，景云"乾溪夜月"。二十里有瓮城河，源发平伐，视诸水差大，景云"瓮渡横虹"。六十里有大笼河。城北十里有洛白龙潭，深浔莫测。相传每年有气上腾，在水则丰，在山则歉。二十里有虾蟆塘，旱祷多应。

把平司南有罗鸭溪，北十五里有翁黄河。

丹行司东南有藤茶河。

丹平司东十五里有甲港河。

都匀府卫诸山

城东有东山。

郡人给事中陈尚象诗：名山雄峙郡城东，结构巍巍倚碧空。万户共瞻天表近，千家初睹火轮红。光浮绣岭金铺色，暖遍青郊锦作丛。佳丽夜郎推独胜，居然尘世即瑶宫。

东南五里有文笔山。城西二里有小孤山。五里有龙山，即府治宾山。壁立万仞，山初名蟒，张鹤楼易曰龙山，邹南皋有《龙山志》。

主事张翀诗：九日龙山顶，峰高天上游。扪萝飞绝壁，促席宴危楼。紫气昆仑雾，黄花贵竹秋。苍茫猿啸外，海岱一腔收。

进士邹元标诗：曲径排云上，层崖插碧空。古木环青霭，烟霞乱石丛。磨碑拭古偈，翻经一叩钟。昙摩今何在，偓佺竟不逢。真有逍遥趣，冷然欲御风。

鹤楼《龙山道院记》

余居都匀，每吟诵少暇，即与诸生司子推辈搜奇于山水间。见隔河有峰，雄峙崔嵬，其高插天，遂杖履跻其顶。山势逶迤数千里，群山俱出其下，徘徊四望，南尽交广，北极湘汉，西连滇蜀，皆在目前。余曰："壮哉观乎！安得结庐而栖之？"时有霁川司君抚、月泉刘君镗，二人殊好奇者，即以其言谋于众，众曰："诚吾匀之胜概，岂天以启张公邪？"

乃各捐金募工，即其山之傍取材，得巨木若干楹。山势陡峭，不可作屋基，众方卜其处，俄有灵龟大尺余，自石中出，突至其前，三日不去，众以为神告其地，遂即其处掘而平之。前为楼，楼之上复为小阁。后为殿，殿之旁复为小廊。其所祀神惟民。自山岭以至其麓，皆凿石磴，曲折盘桓，可数千尺。循磴而转，各树以柏。殿后有石坡，高广平坦，其文青赤，登之使人旷然。石下有泉出，泠泠然洁也。院左右皆古木藤萝，时有清风至，声如万壑之涛，起伏而不可为状。树多乌猿白鹇，往来其间，凭栏望之，若素相狎者。

工既成，鹤楼张子负甑而来，以习静其间，就楼之上设一小榻，每至夜分，常有白云数片，从窗入楼中，徐徐进榻傍，与余相依。逮平旦，则又飞去。半锁山腹，使予下盼之，宛然如霄汉间也。

清平孙子亭访余于山中，见其景而悦之，欲得记其事。余曰："噫嘻，自开辟以来，即有兹山，孰从而栖之？余产在五岭外，相去数千里，安知其来游此邪？即来游此，又安知结栖于中，遂为一方胜概邪？由是观之，其山川之开辟，与余之来游，皆天也，非人之能为也。"山旧名"蟒"，余与刘君镗走飞泉处，见有龙青色，因更号为"龙山"，故院亦随其山名云。

知府陆柬《龙山记》

张子子仪登其山而龙见，因易之名曰龙。初，张子寄余《龙山道院记》，读之，慕其胜游。隆庆壬申，余来知郡事。升堂面高山，见茂林层阁，心异之。问之，吏曰：龙山也。即图一游，属病冗相仍，又山常雨露，不可登。

迨癸酉春中丙子，与郡理戴子法卿期丁丑，召医士刘镗偕往。镗，院主也。是日浓云不果。戊寅乃往。出西门，涉高基河，西百余武，涉邦水河，阔百余武。为石矼间丈独木，舆人栗栗行其上。及岸，西行过小团坡，山下洞不甚巨，而空灵可探。又西曰观音坐山，山旁道达姬家冲。稍西北行上小坡，至煤炭坡。郡人取煤供爨所也。两山洞门相望，号鸳鸯洞。再西，则田坪，麦苗芃芃然，农夫耕其隙地。问之，曰：此张子所垦田①，以资龙山院者。又西行里许，曰笄山，以形肖妇笄，名笄山。

凡再重，即龙山麓。南北长岭如□□□□□□□□□□□，中寻至磴，□□□□□者□□□□□□□盘屈西上岭，径渐崎岖，仅容足□□□□□□□。及□□□□□迳桥南□平少憩。铠先至，□□煮茗岩下，持以献，甚甘之。顷之，都指挥杨子镇之闻□游，与其子□□□携肴酒追及，乃共登。将里许，旁有□□洞□□名之□中可坐十余人。又里许，再憩，再行。道旁渐见古树，□□野花伍色杂错，若张锦绮。

又几二里，山砌石磴二丈许。上为阁三重，祀梓潼②。阁之后真武殿，左右翼廊。三人者乃登阁，下瞰群山环列，不啻儿孙。郡城楼堞、市衢、牙舍，历历在目。岩峦古木，虬屈蛟蟠。苍碧叠间，花蕚芳香，野鸟鸣翔，云烟葱霭，不觉其神之爽也。凭栏久之，乃下。

行殿右，峻岩壁立。余见岩半乔枫可坐，意欲往。左右曰不可。余揽衣缘径坐树下，戴、杨二子亦随至，共酌数杯。欲再上，寻所谓西峰丹台者。道士云榛莽塞径，不可行，乃止。但谓故径穿林至顶，平如几台，而孤峻削陆。遂寻径而还。

至殿，馔毕，出阁之左，缘径西北，行万竹中，仅如羊肠。分竹攀萝，行里许。见老桂岩畔，可数人抱合，高殆百尺，婆娑可爱。又里许，两岩相峙。有方池，深丈余，土人云冬夏不竭不溢。张子名曰飞泉。余五人者升其北岩，坐石上，再数酌。北瞰邦水司治，岩北峻壁，则张子九日登高处也。因相与叹张子之忠忱旷怀，兹山遂借重为万古名胜矣。岩下有开云洞，亦张子名之。意者取韩退之开衡岳之云之义乎？将共寻之，亦以榛塞不得至为憾。

时日已晡，乃寻初径，下至山麓，升舆而还。及田坪渴，镇抚丘茂楠畀炉、胡床，候予于此，因共酌茶而行。入城已暝矣。

城南二里有仙人洞。西南二里有旗山。西北一里有笔架山，三峰高耸，形如笔架。十里有养牛山。五十里有二龙戏珠山，两山如龙，中有圆山如珠。城北三里有梦遇山，又有仙人洞。七里有七星山。

---

① 垦：原本作"恳"，贵图本改。
② 潼：原作"檀"，贵图本据《明史》改。

都匀诸水

府东有双井。二里有三道河。南一里有龙潭，众水汇焉。

陈尚象诗：万派清流聚碧渊，神龙曾向此中眠。春潮带雨翻桃浪，旭日涵江喷玉涎。转盼汪洋疑巨壑[1]，须臾润泽兆丰年。银河咫尺非难到，拟借仙槎问凤缘。

北有长河，源自城东北三里，西水合流南去，经湖广黔阳，可通舟楫。北又有便河，正德间，兵宪李麟因苗贼围城，起北门，历西南一带，环城浚为便河，引水围绕，阻绝诸苗入城之路。百余年来，劫掠之患始息。嗣后鞠为园圃，河遂湮塞。迩来劫印狱，劫士夫，戮官军，祸实贻于此[2]。万历二十九年，副使袁应文重浚。

给事中陈尚象记曰：

云故有便河，实始于正德间，兵宪李公麟鉴往事，防来患，以贻千百年之安者也。岁久迹湮，居民多鞠为蔬圃。年来，内侵之患往往而有。顷播首猖獗，大中丞郭公颁有城书，维时所司佥议及此。会征兵运饷，力不暇给，识者殊以为忧。

今宪使袁公甫下车，既平播平黎，内安外攘，威德茂著。一时野有宁宇，颂声翕然交作。而公所长虑，却顾未已也。一日，谭及便河，周巡郊外，慨然曰："兹绸缪之至计也，可废不举乎？"遂属司理杨君应第，与视卫篆者，图新之。捐俸斥镪，计徒采石，简材官有心计者董其役。自小河口筑长堤若干丈，引水灌于故道。历两西门而南，与东山左掖诸水会流，以达于龙潭。民不告劳瘁，工不易岁时，而长河如练。与金城相表里，真可谓贤于胜兵十万矣。

余闻诸父老言，建城之初，高皇帝命有司绘图以进。恐诸苗凭高俯窥，遂以御笔指点于东山之巅。嗣是，虽间有凭陵，绝无敢有从东阑入者。独西北一带，地形稍下。故远如正统之变，围城至十阅月，近如壬癸之际，军民士大夫咸不得帖枕席，则兹河所系，良非勘鲜。昔蜀大夫李冰凿离堆，辟沫水，为民除害，蜀人至今祠之。云故僻在一隅，无他扰，独其害在苗耳。公修举永赖之利于百十年废坏之余，体中丞公如保之心，以慰高庙奠安南服之至意。功德于吾云者，宁有涯哉，余恶得无纪？

北一里有胡公堰，本卫指挥胡纲筑，引水灌城西诸田。

都匀司南有凤凰山，有都匀河，有马尾河。独山、平州等司大路经此。

平浪司东有鸡冠山。西南有凯阳山。西北二十里有雄黄洞。东南有麦冲河。东

---

① 盼：原作"昐"，贵图本据嘉靖志改。
② 贻于此：万历志作"胎此"。

三十里有凯口九龙洞，内有石龙，露鳞鬣，蜿蜒如生。

平州司西南七十里有六洞山。南有平州河，水中有洲，土人贸易于此。

邦水司西南二十五里有箐口山。司前有板水塘，水极清冽。箐口绝顶有一碗水泉，仅容一碗。

麻哈州诸山

城西十里有铜鼓山，有树状如圆鼓。山麓有水，日凡三溢。南二里有天马山。北一里有玉屏山。

平定司南三十里有平孔山。

麻哈州水

州南有摆递河。

乐平司前有乐平溪。

独山州诸山

州南有镇夷山。二十里有独山。

丰乐司南有行郎山，山峻路险，土人用梯以登。上有蛮民三百余家，山半有泉。

烂土司有丙王山。东南三十里有梅花洞岩，水喷泻如梅花状。

独山州水

州南二十里有母鱼河。

都匀诸桥

城西五里有谪仙桥，在龙山上。

邹尔瞻诗：盘石清溪上，滴滴山涧鸣。盘谷逶且邃，山泉流且清。酌此杯中饮，欣然得我情。坐觉尘踪远，还令世虑轻。欲构留云窝，时来濯我缨。

城南门外有永定桥。北一里有迎恩桥，二里有来远桥，二十里有平定桥。

麻哈州南五里有惠民桥，万历二十三年教授黄琏建，有记。

都匀诸渡

城东四十里有马尾渡。城西半里有云津渡。

副使洪邦光记曰：

癸未之夏，余备兵都清。偶巡郊外，有桥蠹然，望之如长虹饮涧，问野老曰：此都匀梁太守所建也。余心喜之，以为太守有王周刺郡之政云。岁甲申，浑水至，是桥葺圮。行者揭厉，值猛雨，河水腾涌，取小舟以渡，辄有倾覆之患。

时苗顽内讧，余方与材官壮士驰骛兵戈，而于济川之具未遑也。既而苗平，民乐其生。乃谋诸梁君曰："今公私乏竭①，桥再造则艰于力，盍为巨舟以济之？"梁君曰："是吾有司事也。"乃共捐资，命指挥徐允爵、经历杜忠修之，甫一月而舟告成。乃檄掌篆指挥娄联璧择善操舟者四人守之。

时乎潮集云瀚，流波鼓怒。则放舟攀缆，凌风击涛。若鲸鲵浮江，行者不假褰裳，而无虞以燕息。若乃霾曀潜消，川澄景曜②。则缓棹摇艇，山光水色，常开照胆之镜，渔樵互歌，儵鱼游狎。时有骚人往来其上，逍遥放旷，朗咏以终矣。夫湍涛急则济人于危，水波平则同民以乐。是舟之为物微，而用可重也。顾谓舟子曰："备乃枻，瑾乃灰，乾乃刺，善守之勿坏。"舟子曰："是船也，中虚以待人，外坚以涉险，用何不利。"余慨然曰："虚则无心而物驯，坚则独立而物不挠。常游道德之乡，处圹埌之野，而风波弗及。舟子何知，而言通乎道矣。"余嘉太守建桥用心之勤，而今为此舟以续其美，故纪之如此。

清平卫诸山

城东二里有东山，绝顶有平石，可坐数十人。有小华山，有王家坡。五里有马鞍山。二十里有笔架山。二十五里有望城山。三十里有香炉山，盘旋三重，壁立万仞，形如香炉，苗蛮据险为乱。正统十四年，总督王骥平之。正德十二年复叛，巡抚邹文盛、参议蔡潮平之。嘉靖间，题以中所官军防守。

巡按杨春芳诗：隐隐炉山云外浮，将军从此奋戈茅。儵然谷口遗骸积，不尽溪声带血流。忆昔谁能知曲突，至今人尚说焦头。孤城远戍豺狼地，立马斜阳一怅惆。

东北二十里有天榜山。西三里有盔山，其形如盔。五里有葛贡山。城南三里有石仙山，上有三石人，如奕棋状。四里有万潮山，有龙王坡，上有龙王庙，祷雨辄应。五里有木级坡，两木交生，丛密幽暗，苗夷出劫其间。城北六里有双乳山。七里有天然洞，即小空洞。嘉靖十五年，指挥石邦宪开洞之左为太极洞。又北十五里为云溪洞，即大空洞，三洞俱在道傍。万历辛丑，余提兵协剿皮林。贼平，班师还贵阳，过清平，驻骖，入三洞。太极、云溪皆轩敞可坐，云溪有一溪，水从洞傍出，源自杨老来，可溉田。惟天然幽深，非列炬不可游。洞景甚奇，万莲倒垂，不可名状，在太极、云溪上。

田汝成《天然洞记》

古之官于其地而善为山水游者，若晋谢灵运、唐柳子厚是也。灵运永嘉

---

① 乏：原作"之"，贵图本据康熙志改。
② 曜：原本作"曜"，贵图本据康熙志改。

守，子厚永州刺史也。守、刺史，专一州，官尊而政剧，而二子洒然脱略，恣荡风情，凡州之山水稍可取者，必涉足而寓目焉。又能作诗，为诗文以张大景物，使不落窠臼中，斯亦奇矣。然未识二子踪迹所遗者，至于今，复有表章之乎否也？

方今海内名士，善为山水游者，予所闻，姑苏都元敬，天水方思道，天台蔡巨源。是三子之好为山水游也，若饥食、渴饮、而病就医也。其有闻，而求必得之也，若狝搜而虞逐也。元敬、思道之游，予未之考迹。若巨源则既知矣。

正德中，巨源参议贵州。贵州山水硗碛，鲜可游者，而巨源必游，凡一丘一壑，苟不为粪壤者，皆涉足而寓目焉，又善为大书，嘉勒名称，以纪足迹，庶几灵运、子厚之风者。

夫巨源之游贵州亦密矣，而清平尤熟，清平者，巨源所与民同患者也，清平城东三里，所谓太极洞，又其东十一里，所谓云溪洞。云溪、太极者，皆巨源因象名之也，絮其间，去太极百步许，即今所谓天然洞也。当其时，翳于莱莽，狐狸之宅，而蝼蚁之封，不为巨源所甄录。

乃今去巨源二十余年矣。风雨涤薄，门迳呀然，弘邃虚明，可肆筵几，较其奇于云溪、太极，不啻若华屋层轩之与蓬荜伍也，晦于前而显于后，岂非数与？今夫昆山之玉，沧海之珠，千载求之尚有遗，宝物之无尽藏也如是。然则人君之求贤也，招以弓旌，聘以径璧，焉知草泽之下，不有怀珍而槁者乎？何以异于此洞之不得暴白于当时也？虽然，洞之显虽后时，犹不落莫于世，吾安知此外不复更有遗者，终有能表章者之乎否也？

是岁，巡按御史宿松杨伯生，暨清平士夫佥事王子升、侯汝言，游而悦之，其名则杨伯生命之，又子升、汝言联句咏之，缙绅闻者，属而和之。钱塘田汝成记之。

御史王木天然洞诗引：

天然洞，古无名，有之，自巡按守庵杨先生始。洞右临官道，东望云溪仅七里，西胁太极，近才百步。门中一石，下柱如象鼻然，深约七丈，阔二丈有奇。土平如掌，可列三十席，高约阔之半。悬崖坠乳，上下错出。凤骞虬挂，云结珠流。奇怪万千，不可尽状。而青碧玄白诸色，且离然杂傅，又皆二洞所无有者。斗折而西，阔几一倍。悬崖特下，间为西北二室。自此极幽暗，非秉炬无所见。伛偻而入，数十步，崖复高起深广，奇怪亦倍于外。

贵山称佳胜可人意，其在迤东曰东坡月潭岩。又吾清诸洞，有名者三。云溪虽高阔十陪，以距城颇远，人迹罕至。太极虽中涌冽泉可爱，而石底欹隘，不可列座。视此，诚二洞之尤，月潭之偶，然以土石外塞，门不逾肩，望之仅二小穴，故未有知而游之者。

今秋，卫官辈有事于此。偶亦步出，归称奇甚。乃谕以疏，锄门径，旁刈荆莽，工再举，始豁然明爽，日通宾舆矣。余独未之至也。是月日，守庵以瓜期北还，余与营缮侯郎中汝言治具其中，饮饯外堂，相与惊赏久之。既盛炬内入，导之军乐，谈饮逾时。比复坐，不觉日西夕矣。守庵喜剧，题额云云。且命联句，遂成如左。

夫万物在天地间，废兴有时，而显晦因之。此盖开辟时物也，设卫属华，又百八十年矣。乡人之贤类出前辈，顾今始待以显，岂非数邪，是可重慨也已。守庵名春芳，字伯生，宿松人。汝言名问，号云溪，时督木蜀，便道归家者。

吴明卿《天然洞》诗：奇峰倒作万莲开，洞里阴阳只浪猜[1]。罔象不惊龙正卧，寒湫夜夜吐风雷。

又《云溪洞》诗：云溪溪上碧云流，有客乘云当入舟。石穴空明无一象，璇池瑶草饭青牛。

北二十里有罗仲山，观音坡。

清平诸水

城内东有便河，正德八年，都指挥司勋疏凿，方井径一丈，引城外溪水入之，以防不虞。近便河有通灵井。城内西有济生池，正统十四年，苗围城十四月，赖此以济。城东南有杉木井。东有东门溪。五十里有山江河。八十里有舟溪江。城西有大井。有皮井，水清味甘，冬温夏凉。西有西门溪，有报捷桥。西北五里有葛贡莲塘。城南五里有勇胜溪、勇胜桥。城北五里有凯旋溪、凯旋桥。北又有宗伯桥，孙尚书应鳌建也。

兴隆卫诸山

城东三十里有飞云岩，在兴隆、偏桥之交。岩之胜概具在王阳明、吴孝丰记中，一方大观也。岩之西为月潭寺，中为公馆，游人憩焉。万历己亥，播贼寇东坡，毁公馆。庚子六月贼平。辛丑，藩臬诸大夫大参尤锡类、宪副袁应文、少参张文奇、副总陈寅重建公馆，予题曰云岩月潭之会。

---

[1]　阴阳：万历志作"阴晴"。

明吴维岳《飞云岩记》

兴隆东行三十里，有月潭寺，寺左为岩，榜曰"飞云"①。距地百余尺，中虚而下嵌，乳液融结，纷诡殊状。竖者柱矗，悬者珞缀，扬者乌厉，突者兽蹲。蹑级漫瞻，敛衽徐睇，极意所惬。遂洞谽谺而宵际，清渠激注而前绕。旧即岩麓稍右构楼，揽辔脂辖者息而饭焉。

余阅武沅江、潕溪而还，春和昼熙，停驭周览，惜于径去而楼且向圮。属按察副使祁君清葺牖辟垣，傍饬吏廨。时偶成四诗，手书于石，而记其端。

贵州实殷周鬼方、靡莫地，秦汉以来，间称置郡羁縻，未改草昧，至我昭代开藩，树文武官吏，始称屏维黉序之乡。今检图志，锦岩珠窦，秘洞灵渊，所至有之。若澄泉喷折匦见，怪石巉岏林立，在大都名区，得其余溜断块，亦足以夸巧而竞于人者，虽周道往往是焉。而兹岩之奇又最也。

当其湮翳于蛮烟寇莽中，穆骏不驰，骞节靡指。蛇虺所穴，豺虎所游。提兵拓疆之夫尚趑趄，未尝轻置足焉。而今日冠盖以临，图志以载，披雾睹天，欣欣有遇矣。然使生于大都名区，则有力与好事者将营以万金，侈以众观，笙簧鞯毂，宵膏继晷，穷游览之盛。而贵州遐壤杂彝，中原士彦，非膺命不莅，商旅非入滇不经。其暇而游，游而知赏者几人也？噫，岩固幸而遭昌时，出秽墟，而为人所知邪？又不幸居于斯，不能并大都名区岩洞泉石，称雄于世，而为人所尽知邪？

王阳明《月潭寺公馆记》

兴隆之南有岩曰"月潭"，壁立千仞，檐垂数百尺。其上颎洞玲珑，浮者若云霞，亘者若虹霓，豁若楼殿门阙，悬若钟鼓编磬。幡幢缨络，若抟风之鹏，翻隼翔鹄。螭虬之纠蟠，猱猊之骇攫，谲奇变幻，不可具状。而其下澄潭邃谷，不测之洞，环密回伏，乔林秀木，垂荫蔽亏，鸣瀑清溪，停回引映。

天下之山，萃于云贵。连亘万里，际天无极。行旅之往来，日攀援下上于穷崖绝壑之间。虽雅有泉石之僻者，一入云贵之途，莫不困踣烦厌，非复夙好。而惟至于兹岩之下，则又皆洒然开豁，心洗目醒。虽庸俦俗侣，素不知有山水之游者，亦皆徘徊顾盼，相与延恋而不忍去。则兹岩之盛，盖不言可知矣。

岩界兴隆、偏桥之间，各数十里。行者至是，皆惫顿饥悴，宜有休息之

---

① 榜：原本作"傍"，贵图本据乾隆志改。

所。而岩麓故有寺，附岩之戍卒官吏，与凡苗彝犵狫之种，连属而居者，岁时令节，皆于是焉釐祝。寺渐芜废，行礼无所。

宪副滇南朱君文瑞按部至是，乐兹岩之胜，悯行旅之艰，而从士民之请也。乃捐赀庀材，新其寺于岩之右，以为釐祝之所。曰："吾闻为民者，顺其心而趋之善。今苗彝之人，知有尊君亲上之礼，而憾于弗伸也。吾从而利导之，不亦可乎？"则又因寺之故材与址，架屋三楹，以为部使者休息之馆。曰："吾闻为政者，因势之所便而成之，故事适而民逸。今旅无所舍，而使者之出，师行百里，饥不得食，劳不得息。吾图其可久而两利之，不亦可乎？"

使游僧正观任其劳，指挥狄远度其工，千户某某相其役。远近之施舍勤助者欣然而集，不两月而工告毕。自是，饥者有所炊，劳者有所休，游观者有所舍，釐祝者有所瞻依，以为竭忠效诚之地。而兹岩之奇若增而益胜也。

正观将记其事于石，适予过而请焉。予惟君子之政，不必专于法，要在宜于人。君子之教，不必宜于古，要在入于善。是举也，盖得之矣。况当法网严密之时，众方喘息忧危，动虞牵触。而乃能从容于山水泉石之好，行其心之所不愧者，而无求免于俗焉，斯其非见外之轻而中有定者能若是乎？是诚不可以不志也矣。寺始于戍卒周斋公，成于游僧德彬，治于指挥刘瑄、常智、李胜及其属王威、韩俭之徒。至是凡三葺。而公馆之建则自今日始。

明王训《东坡月潭寺记》

贵与楚邻封，当两疆之界曰"东坡"。由道左入，跻攀林麓，仅百武许，有飞岩倒悬。巉岏巧怪，垂珠滴乳，尽态极奇，若神蛟之驾秋云，鸣凤之骞晴汉。又如千乘万骑，浮空以驰；仙子灵姝[1]，御风而下。虽以五丁之力，吴刚之技，追而琢之，不足以方其妙。盖天成也。旁有崆峒，邃不可入。而一清泉冷冷自半岩出，奔流平野，居人饮焉。其佳胜无与为比。惟在彝区，古所弗治，故辙迹罕焉。

爰自皇明一统，始制兵卫，隶贵曰"兴隆"，隶楚曰"偏桥"，而周道由之。由是来往者得以观游，间有学佛者结庐，号"普陀岩"。正统间，游僧德斌来营寺址，名曰"月潭"。时贵之都指挥使常智为卫兴隆，倡众募财，首建正室，中塑法像，金碧丽美，茂林修竹，环拥芳翠。遂有闻于四方。余惟山川因人而显，宇内佳山水，经品题而载舆志者固多，若斯岩之美，盖千百而什一也。

---

[1]　灵姝：原本作"灵姝"，贵图本据乾隆志改。

左使顾言诗：巉岏绝壁俯千松，直蹑飞云寄远踪。一窍空明涵碧落，三峰环向吐芙蓉。山僧卓锡栖能定，野老扶藜话正浓。乘兴探奇忘日暮，忽闻林薄又鸣钟。

巡抚邓廷瓒诗：偶从古刹寻遗踪，乱峰削立摩苍穹。幻出南海释迦景，移来西筑兜率宫。过客题诗刻湘竹，老僧入定巢云松。门前流水更清澈①，仙源似与银河通。

蟪衣生诗：万丈辟岩扃，浮云去复停。幻装螺髻碧，巧缀石痕青。老树清堪掬，飞泉静可听。凭栏纾远望，蘉博客怀醒。

江东之诗：炎荒久住困烟尘，一到灵岩眼乍清。借问升平何以报，空怀忠赤竟无成。洞前怪石三珠树，崖上飞涛万壑轰。无数蛮家沾法雨，棠阴遍地鸟嘤嘤。

蟪衣生《怀江长信》诗：飞云岩上云相待，座俯栟榈暑气清。望海恍延三岛入，伐山那藉五丁成②。林搴日月壶中迥，泉挟雷霆洞底轰。公去恩威留徼外，青天万里鸟频嘤。

城南十五里有香炉山，削拔高耸，形如香炉。天顺间苗据为叛③，大兵破之。景云"炉山烟雨"。城北一里有揭榜山，山形如榜，景云"榜山凝秀"。

周瑛诗：前临泮水千寻碧，下瞰江流一派清。

北一里有龙洞山，一名狼洞，石崒岩，水色深碧。故老云昔有龙居其中，每雷雨则蜿蜒飞出，景云"龙潭灵异"。二十里有太翁山。对岸有马鞍山，岩石奇巧如马鞍然。

兴隆诸水

城内上水关东有四方井，源出石隙中，味胜他井。驿后有王井。洪武间岷王之国，无水，命凿于驿后，得泉。味美而清冽，故名王井。城东三十里有秀水溪，东坡堡下。城西十里有处洞河，源出苗境，东流合兴隆河入镇远镇阳江。西南有高溪。城南三十里有重安江，源出苗境，两山夹岸，水深莫测。当通衢，为舟以渡，万历三十一年设浮桥。

兴隆诸桥

城东十里有永安桥。十里有通济桥。城南有灵泉桥。二十里有重安桥。城北有永宁桥。

平越府卫诸山

城内西隅有福泉山，上建楼观，下临曲水。城南隅有犀牛洞，在张三丰高真观

---

① 清澈：原作"清徹"，贵图本据乾隆志改。
② 藉：原作"籍"，贵图本改。
③ 苗：万历志作"夷獠"。

下，洞有石犀。正德间，观内有钟，夜与牛斗，如雷吼。次早视之，存有水草。城东有峨万里山，一名嶻峨山①。巍峨延袤，绝顶有泉。又有三龙戏珠山。八十里有穿崖，崖孔穿透，广容千人。东南二里有石关口山，两崖如门，道经其中。三里有叠翠山，群峰排拱，三江所会。五里有文笔山，秀峻笔立，三江会其下。城西三里有燕子洞，深邃，燕子群集于中。十里有百人洞，一名穿洞，清泉涌出，广可容百人。南一里有月山，麓有月山寺。三里有笔峰。五里有笔架山，有天马山，有七盘坡，道经其上，转折凡七。

王文成《过七盘岭》诗：鸟道萦纡下七盘，古藤苍木峡声寒。境多奇绝非吾土，时可淹留是谪官。犹记边烽传羽檄，近闻苗俗化衣冠。投簪实有居夷志，垂白难承菽水欢。

西南五里有倒马坡，行者骑，苦于隘。城北三里有慈姥石。

蟹衣生《播平过慈姥石》诗：六月王师克播城，千年逋寇一朝清。且兰浮竹船犹系，白石乌江犬不惊。买犊橐销戎士战，放牛即散野人耕。路傍慈姥如相劳，为祝全黔永太平。

六十里有瀻霾山，山高林深，霾雾瀴郁。

杨义司治西五十里有杉木箐山，峰峦险峻。

平越诸水

城东隅有广济泉，水源分峨万里山下。弘治八年，参将赵胜因城乏水，凿为阴渠，引水入城为井，上覆以亭。第堤在城外，有警，一决与无井同。万历三十一年，予至平越，檄参政尤锡类、副使刘冠南、同知杨可陶，于城西增筑水城六十七丈，包上下流于城内。又于左右傍城砌汲水石梯，共五十二丈，无事取水，有警戍守。又建敌台三座。城东南五里有麻哈江，江水清深，漾城而去。万历三十一年，予至平越，檄指挥薛绍瑄、奚国柱，把总马武卿增设浮桥。

参将杨钦诗：云移戍阁山衣补，水落蛮溪石发梳。

东南七里有三江口。城西四十里有清水江，源出贵州宣慰司界，流入新添司界，雄视诸溪。城南十里有羊场河，横截驿道。弘治间建石梁，曰通济桥。西南四十五里有冷溪。东北十五里有地松河，地名松屯。

杨义司治西八十里有十里溪。

平越诸桥

城东有通远桥。五里有五里桥，有通济桥。弘治四年，副使吴倬建，佥事周孟中记。城南三里有太平桥。有酉阳桥，上下三座。万历二十四年，推官李珏建。猡

---

① 嶻峨山：原本作"峨嵘山"，贵图本据乾隆志改。

猡哨有黄丝桥①，万历二十五年，守巡詹起东②、梁铨，推官李珏建。麻哈江万历三十一年设浮桥。

黄平诸山

城东有梅子洞。东五里有七里谷，俗名七里冲。两山峻拔壁立，中通一路。杨酋屯兵二十四营以窥黄平，为此谷系贵州咽喉也。冲腰有野猫诸洞，谷口静黎洞，敞爽可游。昔有高僧结社山顶，遗址犹存。万历二十九年，予讨皮林，凯旋，入黄平经理，因改洞名静黎。参政尤锡类、宪副刘冠南、副总陈寅建院，曰如是庵，僧如惠居之，复于洞右草莱中开二小洞，跻攀颇难。大洞侧有石床，圣水洞左肩一窍，圆小透阳光，映壁如镜。

蟫衣生诗：皮林甫罢兵，振旅入黄平。山绕猿声近，江回雉堞清。连空岩洞响，向晚暮烟生。徙倚禅坛下，凭栏寄野情。

三君辟草莱，五洞对山开。乱后人烟少，春来暖气回。经台非旧垒，琪树半新栽。清梵逢僧话，浮生付酒杯。

七里谷口有石梯关，今废，梯磴尚足憩人。

高任重诗：登登路上翠微间，此地曾当虎豹关。倒影桑田疑欲堕，山光树色古今闲。

东四十里有马鬃岭，左枕上塘小江，右襟地崧大江③。马蹄井在马鬃岭之阳，地名七里关。其井大不盈尺，深入石窍丈余。唐末，一大将追苗至此，三军渴，马足忽培，清泉涌出。苗退，马遂坠鬃于此。其鬃不就地，虚虚竖立，若在马首然。拔之不可得，掘之亦不可得，因传为异。井洎后，欲求见者，具赫蹏为钱拜祝，亦露其形。东四十里有香炉山，在重安苗界内，方正挺立。为兴隆学朝山，有古寺二。东六十里有金凤山，在重安界。直插天表，上有真武像，显应数年，滇黔楚蜀，朝谒如蚁。有一道人自武当山来，恐金凤夺武当之利，说张土官毁其寺。

西五里有斗崖山，有洞高五尺，阔一丈。半崖之中，无路可通。左侧有一虚崖，长二丈余，似若路然。崖上常有涓涓之泉下渗，每恒旸为政，焦金铄石之时，崖辄狂风透出，飞沙扬石，若三秋冷然。洞后山顶有穴。嘉靖间，一穿衲道人遨游其上，忽坠入穴中，时黑时光，行二里，出于洞口，见洞两边，叠叠金鳞，似神龙。道人出，与老樵语其事，引往视之，道人莫知所之。崖间隐隐有

---

① 黄丝：万历志作"黄系"。
② 起：万历志作"启"。
③ 襟：原作"襟"，贵图本据乾隆志改。

字，剥落不可读。其对面二里余有南党总兵营，总兵自偏桥诸葛洞寻水源而上，至梭洞搜叛苗，屯拾万之众于此。至今形如城如池，每阴晦中，或甲或胄或兜或剑之形，樵牧常若见之。洞下又有石柱，长一丈，土人育子，寄名于石柱者不夭，俱以南党神其事。

高任重仙洞诗：白云常锁洞门阴，丹灶烟消岁月深。仙子不来灵液在，冬能作雪夏为霖。

西十五里有燕子洞。紫燕千百为群，潜藏于此，冬不北乡。洞口二丈，其土疏而黏，黑而肥，土人用之粪田。进洞口二里，持炬至大洞内，源泉混混，声如鸣金，有时响声如击楫，时有黑衣人乘雾出入，岂燕之聚精邪。西北三十里有都凹山。有琴板寺，寺在万山巅。杨酉未平时，一老人露居野宿数日，始陟其巅。寺右侧一小石池，侧一小井，上有索，不知遗自何人。老人掷之于井，则绠直，硬不可汲。入寺，若有火烟气，不见人。少顷，阴风怒号，不可留。老人归语所知，有复游者，遥见一茅茨在云中而已。近前，若有烛一对。其山畔有金阁老龙洞，时出食葛叶，苗人或见之。酉灭后，其迹遂绝。

南四里有铜钉山[1]，耸秀如朝冠，山半有洞，人罕往。万历辛丑，副使刘冠南游其下，褰衣独步，遂入其洞。阔达爽朗，俯瞰黄平如丘垤，壁间有题迹。万历癸卯，予以经理一造焉，改名曰七星山，以峰七尖也。南五里有宜娘山，相传宋有宜娘者，营兵其上，故名。南十五里有朝阳山，孤峰挺立入青旻。左列琴板山，右列石旺山，为州城屏障。上有古刹趾数处，宋元间遗碑卧草，云有"神雀来鸣"之瑞。

北五里有琴坡山[2]，起自白泥界中，南行列为大章岭，至黄平江边。横开连屏状，石崖一带若琴，故名。上有太平寺，近始废。山脊亦有南党总兵营堑，其部将杨同男、同烈尤雄桀，多战绩，没后遂为土神。因附州城五显庙左右木像，故今五显之灵，较他郡独著。每九月社会，夷汉常万人聚焉。北十里有诸葛屯，屯上石街见存，土灶森森未毁。下有小仙洞，祈之，霖雨应时。右有蒋中丞营基，可居十万众。蒋公昔屯兵，百战百克，同各偏裨回太平寺宴饮，故寺名太平。北二十余里有径亨洞，洞内房宇崔巍，器用鲜洁。时人或缺釜甑壶瓶，多与拜祝，则挈出借之。但可倪视，不敢正视。厥后，借者送返多置山麓下，神遂怒，毁其釜瓶，弃而锢其门，改名为封鬼洞。人晨出暮入，间有闻其杵声，或时米糠浮水而出。北一百里有九里箐，绵亘如画屏。山脊惟飞鸟可渡，控接播地四牌、莺嘴崖、高屯山诸名胜。

---

① 四里：万历志作"五里"。
② 五里：万历志作"六里"。

上多古刹幽洞，传云汉唐遗迹。叛苗恶其字记，俱毁之。其江界河、骡子山二处，直逼遵义府新界，此州境北关。万历庚子、辛丑两年，监军尤参政锡类、副总兵陈寅率师渡此，土人于石崖凿太平渡。

黄平诸水

东七里谷口外为冷水河，源自朗城旧土司，水白而寒，三伏不可涉。僧如惠请于予，予檄黄平知州曹进可创石桥以济，名曰静黎桥。波洞江源自草塘，至坡洞下合上塘大江，绕州城西北二门，又合冷水河，至纸房厂停为潭，沉清如带，渚上渔人数十橹。去水不三尺，洪水骤发，不能设。回望平阔可玩，鱼鸟时往栖之，景名"沙洲鹭集"。有古诗，剥落不全。按《一统志》云：黄平西南十五里有两岔江，其源一出于上塘，一出于大原。流转三波，合而为一，疑即此水。

高任重《沙洲鹭集》诗：溪水潆回敞岸沙，飞飞白鸟影交加。

又《龙潭》诗：灵物蜿蜒蟠处深，兴云作雾尚阴阴。风云一自武陵去，潭水沉沉自古今。

北十里有翁陂龙滩，为州水口。先是，有独尾小蛟与金阁老龙，因冯夷作冤，日久并出，独尾小蛟坏人庐舍，被天公殛死于常德府州泥中。府官命人设草厂覆之，愈盖愈长。有一老人童颜绰约，谓工人曰：此龙欲盖得全，先从首及尾。工人依其言，果不虚也。龙背批有字二联，云："黄平翁陂箐，独尾小蛟龙。"滩下数里有回龙寺。其山自白泥逆上，起伏折转三十余里，直立为州捍门山。播乱，左右寨屋一概煨烬，独此滩薪木无所毁伤。传云贼每夜望见龙神，因弃去。其滩下三十里即古磉洞，乃州与偏桥分界也。土人云：凿开此洞，舟楫可达黄平。南七十里有重安江，为州境地崧江下流，透入湖广五开卫，入洞庭。故渡口题曰"三湘演派"，今为本州西南天堑。

黄平诸桥

北门外大河来自上塘，流入偏桥。有永济石桥，度桥里许，即平越行府。东门外，有静黎石桥，度桥即静黎洞。

余庆县诸山

东四十里有紫霄山，巍然凌于霄汉。北五里有玉虚洞，洞在山椒，悬于翠微。予巡历余庆始辟之，山色如紫玉，故名。路左有一泉，予名曰"琼浆"，左山有二小洞。

蟫衣生《题玉虚洞》诗：玉虚古洞寂无邻，洞口阴阴紫翠匀。八百余年狼穴净，三千世界佛堂春。凌空野鹤来巢阁，解语山魈畏近人。更说琼浆流道左，濯缨漱齿一停轮。

又《余庆道中即事》：余庆山行踏磴危，幸逢春仲日迟迟。荒村祭社仍茅屋，新户编门半竹篱。夹道樱桃开白蕊，隔江杨柳换青枝。犹闻豺虎当吾路，去去埋轮一问之。

旧余庆司南一百五十里有拱辰山。

余庆县诸水

东二里有白泥江，源出黄平葛浪洞，经县界流入思南河。西三十里有小乌江，源出椒溪，经县南流入涪江。西六十里有大乌江河，源出水西闽地，经遵义南流，经县界入思南河，转入涪江。

湄潭县诸山①

湄潭县即苦竹坝地，环县皆山，原无名称。

湄潭县诸水

湄潭水源自播州，流绕县前，以其湾曲如眉，故名。溪小不容船，下流入乌江，经思南府达黔江。

蜡衣生《湄潭有感》诗：湄潭潭畔水如眉，九曲纵横似武夷。练练江流来绝域，萧萧雾雨上高枝。千年行密传珏地，六月淮西献凯时。忆自海龙归马后，处处山村泣乱离。

瓮安县诸山

县南五里有旗山，排联数里，巍峨耸峻。其峰顶横开一洞，名曰川岩，如天中月翘首，遥望若长空桥。

蜡衣生《瓮安县》诗：蛮烟瘴雨一朝晴，瓮水安江两地清。洲渚禽鱼依旧主，园林草木长新茎。祇怜白骨悬飞练，始信黄平是铁城谚云：黄平铁，兴隆雪。更道川岩饶洞壑，何如此处学无生。

北三十里草塘旧治后有后岩。自岩洞深入，沿岩而上，曲折处石列两傍，树木丛集。山椒有梵宇。旧草塘司东南二十里有万丈山，崖壁高耸。

瓮安诸水

西门外有小河，有曲阜湾溪，舟楫不通。北三里鼠场有龙洞，幽邃，水深数仞。中一石横架如桥，且宽夷，可步。两傍水澄清不淄，有神鱼常出现，难以竿饵縻焉。又刘家堡、草塘、洪头、瓮水、岩脚，各有溪。旧重安司西南有苗里水，源出苗里寨。旧草塘司北十里有飞练泉，源出飞练寨傍石窦。

镇远诸山

府后有石屏山，石高百丈，端直苍润如屏风。府治在其下，府之镇山也。山半有石窦，久雨，窦中有水出，其明如虹，则江必溢。故居民避水，以此为候。景曰

---

① 标题原无，据全书体例补，下"湄潭县诸水"同。

"石屏巨镇"。山右有路上通，旋绕屈曲，樵夫喜其捷，多由此。景曰"玄冈九曲"，今塞。

知府程楩《石屏巨镇》诗："屏石立中天，丈夫端然坐。霄汉不多高，尘土焉足浼。众山尔具瞻，百卉尔负荷。师尹是何人，千古周诗播。"

《玄冈九曲》诗："龙门河九曲，镇阳九曲冈。前江流滚滚，背郭露瀼瀼。雨霁云根湿，春深石髓长。新祠天一胜，永见祝融藏。"

镇远县后有大石崖山，苗自金浦狗洞来由此。镇远卫后有小石崖山，苗自施秉鼓楼坡来由此，昔人于此筑崖门以守之。大崖山高挂云辄雨。镇远卫城中有五老山，五峰伛偻相联，故名。卫署在其下，景曰"五老宾南"。

程楩诗：城郭分南北，山川无主宾。人皆尊此老，我自得芳邻。冠服文同武，瘠肥越似秦。阳春天下普，无复论军民。

府治东半里有中河山，两水夹流，山处其中。元总管府在上，基址犹存。其南麓为玄妙观，此崖产白石，光润可琢砚及图书。乡人谓旧时竖眼鬼所居，莫敢动。两岸有巨石，独立水中，上丰下俭，呼香炉崖。蔡霞山建亭其上，曰拟岘亭，今废。景曰"香炉烟霭"。

钱永成诗：绝顶南来势更雄，峨峨不与众峰同。天生巨鼎青撑汉，日炷微熏细袅风。福地漫形千古胜，博山明擅几分浓。行人莫作寻常看，曾向天边伴衮龙。

中河山南玄妙观后有太和洞，广一丈二尺，袤一丈八尺。旁有支洞，深黑不可入，今塞。弘治己酉，道士李道坚修养于此。山北有北洞，今改为东岩洞。嘉靖元年，知府黄堂肖朱文公像于内，祠之，名紫阳书院，景曰"紫阳古洞"。

程楩诗：紫阳新安山，书院东岩洞。文笔前峰奇，砚池溪水共。云影入几窗，风声和弦诵。政暇一登临，心目自豪纵。

黄斗塘堂诗：仙都昨夜雪凝楼，人羡遨头识胜游。投赠何愁无缟带，放衙偏喜有黄裯。白牛露地蹲犹冷，玉霓蜷江冻欲浮。土锉无烟休更叹，明年摩眼望来鞶。

玄冥入夜政全苛，亭午岩中尚未和。远树如荠行已合，断崖如旧望来多。封姨向晓鸣天籁，待伴藏阴冻玉柯。银海眩光真迥绝，至今人自说东坡。

司徒石溪韩公诗："谁建紫阳江上楼，半山惟我系初游。名成书院堪留读，宿有深岩不用绸。飘盖雪花随雨过，满城烟火傍云浮。坐来闲问民间瘼，更喜春风已放鞶。"

"为政何人似虎苛，斗塘归去尚人和。初看墨妙情如见，若道同寮恨转多。坐久铁溪鸣紫石，年丰灯节上青柯。方舟明发应相忆，去草春花满旧坡。"

中丞五泉刘公诗

浑混何年巧凿奇，划开玄始纳元和。扨讶魑魅神灵秘，吞吐烟霞幻化多。石髓冷冷凝雪乳①，岩花婉婉缀霜柯。更看莲宇撑霄汉，云磴跻攀万仞坡。

碧嶂谁开阆苑楼，廿年今了紫阳游。仙栖石洞丹飞灶，僧定岩龛云作绸。孤戍山围金虎踞，断崖江绕玉虹浮。独嗟冬暖非风土，腊雪何能遍野麰。

知县叶松诗

马迹车尘俗状苛，寒梅召我探元和。来看石室高如此，惊觉公门小许多。天际孤峰邻北斗，槐根群蚁采南柯。何当直到丹崖上，坐数朝绅上下坡。

复踏重岩百尺楼，游山才了又登游。窗含远树真于画，榻瞰留云暖胜绸。隔断世嚣江水黑，飞归仙驭鹤声浮。雪消绿遍前溪外，何处人家早发麰。

东北三里有铁山，石皆铁色，景云铁壁三关。

副使郑恭诗：铁山苍翠望欲迷，铁溪清浅石棱齐②。百年射猎见夷獠，谁人为此磨崖题。风流太守人中彦，大笔如椽洒来遍③。山川从此生光辉，何幸同舟偿夙愿。隔林无用呼行厨，下山有泉水有鱼。舞雩风咏忆曾点，借问此乐更何如。兵备无为高袖手，风尘不动台前柳。同游共乐太平时，不在山川不在酒。

周瑛诗：山回路转行将迷，崖壑杳深烟未齐。隔溪有石大如屋，屋底风光宜品题。忆昔边庭拥才彦，城下咫尺风尘遍。弯刀擐甲都不暇，问水寻山岂如愿。陆沉今是行书厨④，胸中飞跃罗鸢鱼。点化治中三两字，铿然掷地金声如。捕蛇缚龙惊赤手，下风远拜韩与柳。骞予得趣每忘言，斜日半山坐饮酒。

祁顺诗：寻幽远溯溪上流，中道久立凝双眸。三峰峭拔势相侔⑤，奇形参列成匹俦。初疑累甑成高丘，又似砥柱排空浮。巍然鼎立千万秋，直与天地同去留。品题苦把枯肠搜，五马为尔行夷犹。

翠渠诗：同骑瘦马涉清流，山光泼绿惊诗眸。一山却立如寡俦，二山前出成朋俦。东溟紫云笼蓬丘，南海白日迷罗浮。天造地设知几秋，幽胜似为吾人留。诗逢劲敌劳冥搜，居然智伯亡仇犹。

铁山溪第一湾有石□，巨石下瞰如屋，广五丈，袤一丈七尺，高一丈二尺。其前溪水清冷，可流觞，盖附郭胜处。第二湾山拗地名长潭，其北绝顶有飞石，驾空如桥，下有流水，名石桥，一曰仙人桥音眼。

---

① 凝：原本作"疑"，贵图本据乾隆志改。
② 石棱：原作"石声"，贵图本据嘉靖志改。
③ 如椽：原本误作"加椽"，贵图本据嘉靖志改。
④ 陆沉：原本作"陆澄"，贵图本据嘉靖志改。
⑤ 峭拔：原本作"嫡拔"，贵图本据嘉靖志改。

祁顺《游长潭记》

既游铁溪之五日，健之复请予与周守渔于长潭。先时，西川人有以獭渔者，健之悦之，凡三獭，易以百金。至是，治舟楫，载獭以往。时同游者健之仲弟骥、季弟骟，与其中表兄弟郝庆、周警皆在焉。

长潭在郡东三里，乘小舟顺流而游。时夜雨初霁，江水微涨。岸北群峰叠出，有飞石架鏊，状如螳螂，俗呼仙人桥。仰望如在云汉，不可以登。其前有峰，直挺上出，飞鸟盘旋出其下。南岸石委积成洞，中蹊隧可通。往来江之中，有石错出，急湍奔泻，名浮石滩。其东有石侧立，上有树木庇覆，名古牛崖。长潭水深碧如澱，舟入其中，如凭虚御空，泛泛焉不知所止。

乃登岸，据石而坐焉。忽有长风，自山巅穿石缝而出，有声泠泠然，如秋水沃人身，毛发为竖，众起避之，乃移席。杂出酒肴，相与劝酬。健之命从者驱獭捕鱼，獭有名，各随指使，其出入水飘忽如电。每得鱼，各置于其主，主豫饲他鱼以待，獭得饲乃置所捕鱼，复下如前。凡獭所至，鱼无得免者。健之命取鱼作脍。复相与劝酬，主客不觉皆醉。梁石赋观獭古诗，韵险语怪，予强和之。其他写景或赓或联，为体不一。

夕阳既西，山色渐暝，流连四顾，滩急舟迟。予数人者舍舟登岸，健之阔步长趋。见洲渚莎草蒙道路然，卧及舟至，乃复同载。过铁溪，前日经游处历历在心目中，凝望者久之。既归，呼烛书其次第左右。

东五里有大洞，在分水岭北。知府程爛改名凌玄洞，俗名七间屋。

中书丁玑诗：

野日春正暝，山云午犹湿。布谷不停声，人人荷锄立。

兰桡泛江水，江水绿于苔。日日斜阳里，行人自往来。

空崖苍翠间，平洼自相逗。有时石上眠，云来触衣袖。

潭静山同色，云寒鸟不飞。微茫烟渺际，独见钓船归。

周瑛和一：

鸡鸣桑树深，犬卧苔花湿。何处课春耕，独倚斜阳立。

二：长江春雨过，绿水生青苔。行人过江急，江阔船不来。

三：石湿云不起，石晴云亦逗，对石闲观云，苍翠落衫袖。

四：江暖雪初作，江寒雪渐飞。一竿潭水上，雪深犹未归。

兵部主事高鉴诗：东岩乐景物，依稀俯城郭。江草离离江水绿，峰峦壁立危如削。空然一洞光闪烁，日色下照春雾薄。石瓶石炉似人作，云萍踪迹随飘泊。仿佛如梦还如昨，蒲萄满瓮醅初泼。狂歌起舞为君酌，醉倒不知天地阔。群仙拍手骑黄鹤，万里天风吹寥廓。俯视尘寰犹隐约；何处好，东岩乐。

东南五里有笔架山，偃偻相联。未雨先云，晴则光秀耀目，景曰"笔岫晴岚"。东八里有镇夷石，形如方柜，横卧道左。以其当苗路之冲，故曰镇夷。参政蔡潮改为落星岩，景云黑石樵歌。

程㸅诗：黑石落穷崖，崚嶒乱溪浒。独有执柯人，忘却登山苦。朝出弄胡笙，暮归敲石鼓。风清一晌息，黄童和诸父。

东十里有观音岩，地名观音塘。有石山，高数十丈，屹立江上。其趾擘开为洞，广一丈，袤三丈，高如之。下涵清漪，可比船而进。洞半有窍如窗，上有石，落落如佛像。洞顶色碧，有石纹隐起，如龙蛇飞窜。东十五里有马场坡，两旁皆深谷，中有一路。苗自白虫来必由此，于此遏之，所谓一夫据险，万夫莫当者。昔建大胜堡，舍此而就宛溪，可谓失险矣。东二十五里有太平山，其山最高，旧有太平观，今废。有坳，积水斗许，乡人祷雨取之。观址上有败铜，或取归以愈小儿疾。东南八十里有思邛山。九十里有都来山，有都波山，俱在古思邛县东。

城西半里有吉祥山，临江，状如燕窝。上建吉祥寺，寺前水深，矶石崚嶒。渔人于此取鱼，景云燕矶渔唱。后有观音泉。

程㸅诗：西域鹫峰寺，南溪燕子窝。桃花肥细鳜，绵竹插回涡。断续风前笛，披离雨后蓑。数声江上曲，明月正斜过。

西关二里有二仙峰、油榨关。关上诸山，形势起伏，拱向东北。中耸二峰，若人状，景曰"二仙拱北"。下有清油泉，又有云根五窍泉，自半崖五窦并出。

钱永成诗：屹立空清面圣朝，风霜历尽不知劳。雪分冻白银为鬓，霞绚晴红锦着袍。共许身心天地老，直留名节古今高。傍人莫问飞腾事，只为当年着脚牢。

程㸅诗：北阙云程远，西关峭壁奇。怪来双石并[①]，俨尔二八仪。鹤驾瞻枫陛，云裳列羽旗。风霜恒不变，万寿祝丹墀。

西三里有双峰，地名平冒。平冒诸山，自白羊坡顿伏而来，至此而止。有双峰圆耸插天，前江水环绕，四面山回合，中有平原可居。知府周瑛议迁郡治于此。说者谓水浅有声，舟不近岸，石屏山下水深无声，舟车之便于民也。今镇远卫演武场在此山下，景曰"平冒先声"。

程㸅诗：万山森剑戟，此地坦而平。号令云中寨，将军细柳营。寒飔悲鼓角，晓日耀千旌。见说岩前犷，闻笳自震惊。

西四里有狮子山，自东南望之，状如狮子。自北望之，如展旗然。西十里有双

_____

① 双：万历志作"以"，当非。

白石柱，临江骈立，一大一小，高数十丈。府涌溪西至偏桥，有西峡诸山。坡崖势如楼台，鼓角岩石，若银墙铁壁。有飞瀑数处挂崖石下，状若轻绡薄雾，世所称异水奇山，莫过于此。

知府周瑛《游西峡山》诗：经岁不寻西峡舟，与君偶复作清游。山含细雨衣全湿，水泛青天身若浮。人世几番尘土梦，亲闻万里鬓毛秋。短蓬未许今收拾，更有烟波闽海头。

祁顺诗：

山色玉玲珑，悬崖挂半空。云迷十万囤，路隔九千官。风景辋川曲，人家瀼水东。丹青谁妙手，置我画图中。

溯舟青玉峡，坐我白云崖。地狭桑麻少，春深花木佳。溪上无俗客，杖屦有吾侪。欲识嬉游意，欧阳画舫斋。

周瑛诗：

溪洞入玲珑，夷山半是空夷山多空。松篁山鬼路，烟雨水仙宫。人立红尘外，马行绿水东。忽闻黄太史，诗句落黔中。

溪回见绿树，路转接丹崖。春尽客初到，雨晴山益佳。看花怜少伴，听鸟忆同侪。更待松萝月，照归溪上斋。

知府祁顺《游西峡记略》：

余既游长潭之三日，是为三月上巳，周君与健之各携肴酒，请游西峡，以修兰亭故事。是日，余驾出西郭，梁石与健之循溪行，余独取路田阪间，由山往，彼此相失。至平冒始会。平冒地土饶衍，可容万家，后山如圭如笏。前江环绕，如拖练然。江外诸山，如龙翔，如马驰，其势相向，如拱如揖。时议迁郡治于此，盖镇阳一胜境也。众欲渡江，呼船未至，乃解衣坐石上。

既渡江，乃游黄垲。黄垲为西峡佳处，比至，丹崖翠壁，居民六七家，殆非人世。因相与张席对饮①，梁石曰："桴鼓不鸣，公家多暇，此君相之赐也。"予于是饮，尽欢而止。及酒既罢，健之谓此西去有瀑泉数百尺，每春夏盛时，飞过南岸，船过其下，如仰视白虹然。众曰："此壮观也，当共往。"比

① 从"既渡江"至"张席对饮"，万历志为："梁石衣葛，余赋诗嘲之，梁石用韵解嘲。梁石自谓不能舟，升舆先往。余同健之及其弟骥与骕，仍舟行，遇水深处，辄放獭捕鱼，连得数鱼皆盈尺。及得鳖数头，健之喜曰：'午食不落莫矣。'乃遣人先携鱼以往，余舟移时始至。梁君赋诗嘲，余备述溪形之胜以示之，梁石亦示余以山形之胜，盖皆各极其所见也。初闻黄垲为西峡佳处，比至，丹崖翠壁，居民六七家，殆非人世。因相与张席对饮。许挥使良臣以单骑至，良臣曾读书科举矣，此出游约之，至是来。酒既行，乃命斫脍，而继以鳖羹。余以此吴会风味，不意徼外有此。"

至，则瀑未下，众为一捧腹。时斜日在山，川光潋若。健之命泊舟于俗所谓十万囷山下，驱獭捕鱼。时酒尚盈榼，无自得火。舟人以两竹相锯，束缊承之，须臾火燃，酒肴皆具，复尽饮而归。

既出峡，回顾山缺处，见新月一痕如缕，与长庚相辉映。方舟下滩，如快马疾驰，不觉浪汹汹溅衣皆湿，既抵平水，近岸人家，灯火星缀，候卒持长炬出迎，波为之红。入郡舍，发袖中诗，共得一十六首，因备书之。

西峡山临浸石广下悬一石，如凤立，名曰凤皇石广。

南二十里有鼓楼坡，冈阜重复，若岑楼然。上有双峰骈立，每凝云辄雨，苗人自施秉来者经此。

镇远诸水

府治内有味井，水自窦中出，其味清冽，景曰"味井泉清"。

钱永成诗：当年甃石见谁开，味得芳名世莫猜。不是渊源通海峤，也应元气接蓬莱。清于宝镜磨将出，甘自金茎泻下来。我抱文园渴应久，愿分一啜洗尘埃。

程燫诗：寒泉流玉液，独此味偏醇。湛湛天边月，涓涓瓮里春。何年开石髓，是处透坤垠①。一脉休言细，能沾万姓唇。

有州街泉，在军人李氏居后。有邓公泉，在拔秀坊山下。东半里玄妙观南有伏泉，有小瀑布。伏泉流地中，穿崖石而出，与小瀑布连，冬温夏凉。小瀑布高二丈许，清淙激石，洁白如练。府前有镇阳江，即潕水，一名镇南江。受黄平、兴隆诸水，过郡东流。三百里入沅水，又名潕溪，五溪之一也。

程燫《镇江晚渡》诗：江上烟凝合，林间鸟息飞。立沙人语乱，到岸橹声微。相见堡中月，永安楼下扉。月初门半掩，行人归未归。

周瑛诗："独立长江上，风波镇浩如。青天万里外，何处是归墟。"

"日落川光暝，烟深山色稠。舟人惜鱼蟹，网罟未全收。"

祁顺《题狂澜砥柱》诗：世道日悠悠，颓波不可收。何人挺孤柱，千古屹中流。

周瑛诗：狂澜撼风雷，砥柱屹不动。跟脚苟未固，岂能排澒洞。

又周瑛《溯长江入万山》诗：行尽长江一月程，洞庭依旧水冥冥。西南草木凋零久，愿与凭夷借斗升。

行尽一山复一山，蛮烟瘴雨尽漫漫。百年豺虎多巢穴，可使弓刀白日闲？

蠛衣生《偏桥新河成放舟东下》诗：桥畔拿舟一叶轻，扬帆穿树入蓬瀛。悬岩

---

① 坤垠：万历志作"云根"。

直下瞿塘路，瀑布遥飞雁宕声。白鸟玄猿争出没，山花岸柳递逢迎。自从葛亮征南后，千载谁人向此行。

《镇远驿》诗：飞虹截浪枕溪流，彩鹢东来舣驿楼。鱼鸟争窥旌影阔，吏人偏说橹声柔。洞门已失千层险，贾舶应随五两浮。欲访渔舟寻钓侣，半帆斜日水悠悠。

县东北三里有铁溪，以铁山得名。首受铁山诸岩壑水，南行入镇阳江。其水清浅可爱，兵部主事高鉴谪官于此，自号铁溪主人。溪中产蠃蟹及小鱼，味极佳。

祁顺《游铁溪记》曰

> 镇远多佳山水，其去郭而近者，铁溪为胜。铁溪，士大夫南迁者多游焉。或不得游，则有以为恨者矣。

> 弘治己酉春二月，予与其郡太守周君梁石纂修纯皇帝实录，归自贵藩，二守何君健之以出游为请，予许之。

> 是月二十五日，步出江浒，登小舟，顺流而东，路左有罍焉。两山夹峙，水自中出，即铁溪也。遂舍舟上马，循溪而入，见水东有巨石颓然，下瞰如屋，梁石指曰："此吾旧时与诸君觞酌之所也。"乃敕从者置酒肴以俟。因跃马去。

> 可二里，东望，烟霭中有三峰鼎立如画。予望久之，梁石与健之先行，予遄焉后，每遇幽胜处，辄徘徊俯仰，不忍去，山初入，四望如堵，忽又通豁。其岩石往往相倾仆如堕。其下，洞穴深汲不一，可坐可卧。山之趾，众水交流，汇而为渊，激而为濑。群儵往来，历历可数也。

> 行七八里，至山阿处，梁石二人立马上，迎而谓曰："溪流断于斯矣。"予笑曰："'行到水穷处，坐看云起时。'唐人得意处今得之。"乃旋马。每渡涧，争先以欢，马跃水激，衣袂为濡。因与梁石联句，泛滥及前事。酒罢，各上马。

> 循旧路，至前所指石屋下，肴核具陈，箫鼓间作。酒酣，健之限韵索诗，予连赋十余律，梁石不欲速就，予赋诗嘲之。又令健之举杯逼之。梁石应声曰："水色山光满酒杯，鹅黄小瓮更须开。日头欲下吾当去，诗句未成君莫催。"用予韵也。于是，予与梁石皆醉甚。健之命拿舟以来，三人者共载而出，抵郡，漏下初刻矣。

王鼎诗：向来耳目若聋聩，谁信此中罗万汇。醉眠云屋寒沁衣，渴饮石泉清入胃。山回谷转花木深，全仗新诗与经纬。赏心乐事一时并，西山落日鸦归未？

陈揆诗：野云带雨岩前落，石室幽深鬼斧凿。马蹄无处避红尘，遐荒乃有此丘壑。一樽相对共倾倒，千尺尘缨忘羁缚。掀髯长啸回轻舟，惊起长松一声鹤。

周瑛《奉次王少参韵》：故里先生破群聩，万首唐诗分品汇洪初，吾闻高棅先生编唐诗品汇。君本风骚坛上人，为我洗涤旧肠胃。溪山日永挥云斤，河汉秋深悬象纬。为君击钵催君诗，君诗已成钵声未。

瑛《奉次陈宪副韵》：仙子吹笙向碧落，我把犁锄事耕凿。今朝骑马出红尘，树影泉声满林壑。酒术粗能排世故，诗坛聊与参禅缚。人言八极神可游，世间那有青田鹤。

东十五里有宛溪。有龙羊井溪，源发龙羊洞。其水自石窦中出，不知所自来，东行三十余里，委曲入江，故曰宛溪。龙羊井者，昔人见二羊在水边，就之，跃入井，盖龙云。东四十里有焦溪，其流常涸。又有焦溪渡。五十里有梅溪，清浪水马旧驿在此。东一百二十里有秋溪，镇远县地方止此。

镇西关路右有西关泉，凿石为虎形伏其上。西峡有大西瀑布，地名骨董冲。有瀑数条，自崖石飞下，高百余丈。其稀处如轻绢，如薄雾。微风鼓之，皆袅娜摆动①。其厚处水沫喷薄②，如撒珠玑③。日色映之，历历明莹可数。盖峡中瀑有数处，此其第一者。又春夏水大，则此瀑飞过南岸。船过其下，如仰视白虹。西一里小田溪。山足有洞曰龙孔溪，水深四五尺。洞口望之，漏日光，故曰孔。三里有小田溪，水最害田。又有松溪，多美田。五里有牙溪，又名雪溪。十里有涌溪，犵狫所居。三十里有白水溪，水自磐石奔注入江，洁白如雪。

北十里有龙池④，地名翁种。四面高山，中有池，云气郁蒸，白日晦冥。盖神物所居云。景曰龙池印月。

钱永成诗：混沌谁开半亩宽，妖蟆灵物共盘桓。白莲影落冰壶净，丹桂香浮玉镜寒。一片清光涵石凳，十分秋色倚栏干。由来彻底知无比，赠与黄堂太守看。

程爊诗：玉盘出东海，到处清光被。况值山上池，久为灵物寄。冰轮浴金波，静影沉空翠。怪得潭底蛟，疑作明珠戏。

施秉县诸山

县北有岑蔽⑤，四面陡立，冈陇重复可居。初，县治在从化镇。正统十四年苗

---

① 袅娜：原本作"枭娜"，贵图本据嘉靖志改。
② 水沫：原本作"水妹"，贵图本据嘉靖志改。
③ 撒：原作"撤"，贵图本据嘉靖志改。
④ 十里：万历志作"一里"。
⑤ 县北：原作"县壮"，贵图本据乾隆志改。

叛，县毁民逃。景泰间，招抚复业，依岑麓以居。天顺初，知县李珪就上建县治。成化四年，知县寇敬徙山下。北一里有岑鳌山，元末乡人苦苗，共敛人口牛畜，请四川陈元帅者来捍苗。尝屯兵在上，营垒犹存。土人呼高山为岑，鳌则小山多石者。北十五里有巴施山，圆耸插天，状如卓笔，浑石生成者。又有癞头坡，官军土兵会哨于此。西十五里有笔峰。南有三台山。

施秉诸水

南有前江，此水自云入贵，行千数百里，经县南而过，半日程即为洪江[①]。苗寇入由此。又有秉溪，首受藁胜山水，西行入前江，农作资灌溉之利。县南西傍路有凤溪。凤溪南三里有鹤溪。巴团有响泉，泉声触石如雷，冬夏不竭。县北有龙泉。

邛水司诸山

司东南二里有笔架山，山凡五峰，中峰高，余峰以次而低，左右排列有序。西八里官路南有岑药洞，其洞深入地底，不可测。谛视之，其中隐隐有路。洪熙元年龙出。西十五里有金朝山，白虫水界，二水合流其下。

初有杨晚朝者住此山，开拓境土，生二子，俱善战，苗人畏之，晚朝死，葬平陈山。妻死葬金朝对面山，相地者谓坟当出异人。诏征二子，二子逃。遂掘断其地云。

西二十里有巴邦山，山势壁立，乡人避寇就此。土人呼石为巴，凡言巴者，仿此。南一里有马首山，其山东昂西俯，状如马首，昔长官邓章尝聚兵保民于此。

邛水诸水

东昔昂水，首受松明、藁把诸水，过司东，行入洪江，首尾三百余里。东南八里有圣婆井，详《圣婆传》。

偏桥司诸山

中寨里有凤凰山，苍润可爱，司治在焉。东半里有漏日崖，高数十丈。有窍通明，朝日自东漏西，暮日自西漏东。东十五里有瓮蓬洞，江水经此洞而出。洞为陁口五处。瓮蓬第一洞，阔二丈，长七十丈，水口高四丈。第二洞阔二丈五尺，长一十五丈，水口高一丈五尺。第三洞阔二丈五尺，长六丈，水口高一丈。鹭鹚滩阔四丈，长三十丈，水口高一丈三尺。芙蓉洞阔二丈，长一十丈，水口高六尺。《镇远志》云：

相传汉诸葛亮经营时，欲漕长沙以西粟。凿此，竟以陁塞而止。国朝，参将安

---

① 洪江：原本作"红江"，贵图本据嘉靖志改。

顺彭伦等亦尝凿此，竟无成功。瓮蓬洞者，言舟楫过此，如入瓮中，如居蓬底，不见天日也。其水自芙蓉洞至瓮洞，长不满百丈，已高八丈余矣①。加以两崖积石，易为崩溃，所以旋凿旋塞，终不能成坦流也。第一洞有巨石立水中，有刻：在山形势已仁威，何必趋车占水湄。为汝碍舟呼匠者，少须一客即平夷。此诗恶此巨石拦阻舟楫而作。言此等巨石，只在山上，已有仁威形势矣。何必趋车此水湄而作威乎，车昌遮反，水湄，水滨也。其曰仁威趋车，皆俚语也。我为汝阻碍舟楫，呼匠者治汝，不待多人，即平夷矣。汝指石而言，一客，犹一人也，夷，亦平也。又旁刻云都梁唐中立作，时大德丁未四八也。都梁，武冈州郡名也。唐中立，作诗者姓名也。大德，元成宗年号也，丁未，岁辰也。以史考之，是大德十一年也。四八，四月八日也。

东二十里有马鞍山，两峰相并绝顶，尽兴隆界。其北有盐井，乡人不敢烹炼。西北五里有张果老崖，崖石黑，中有白纹，如人跻足形，乡人呼为张果老云。南十五里木叶冲有石柱，石崛起山上，高十数丈，苗界止此。

偏桥诸水

司南有大江，首受黄平河、杉木河二水，东行入镇阳江。有小江，首受兴隆诸水，东行与大江合。有杉木河，首受播州水，绕凤凰山后，东出与大江合。商贾兴贩木植，皆由此河出。东北一里有飞泉，一名瀑布，自北崖挂下。

王鼎诗：用王羲之韵：何人抉云汉，飞来寂寞滨。珠玑杂星斗，一一皆前陈。人间若炎热，远迩流汗均。北山多清凉，舍此非所亲。

用孙统韵：碧云悬鸟道，幽林绝人踪。上有千丈泉，清商奏丝桐。风吹微作雨，碎滴洒崖松。他年记清赏，天涯此奇峰。

用孙绰韵：晓出北郭门，逸兴飞林皋。奇哉驾壑泉，云间泻狂清。映树转清切，历历分秋毫。落日坐忘归，嗒尔忘虞韶。

用袁峤韵：飞泉映北山，意象辄成浃。胸中万斛尘，对此尽消散。亢坐甘烦聒，此意可把玩。吁嗟名利徒，促促生忧叹。

周瑛诗：下马碧山阿，散坐清溪滨。退观千古上，地下人已陈。引手弄清湲，与君怀抱均。安能被炎汗，日与簿书亲。

北山深窈窕，远接渔樵踪。中有寒泉水，如奏峄阳桐。洒雨映疏竹，随风鸣长松。坐久人迹绝，孤云生前峰。

杜甫爱西瀼，渊明登东皋。而我有高兴，石面观飞涛。平生得丧心，对此轻秋毫。不谓宣尼远，白日坐闻韶。

---

① 八丈余：万历志作"百余丈"，非。

飞泉落深潭，波澜方涣涣。中有得意鱼，往来或聚散。衔杯意方适，忽尔接奇玩。解组嗟未能，临川发长叹。

东十里有江凯溪，首受马鞍山水，西行与大江合。西有黄平河，首受黄平诸水，东行与大江合。土人用小船上买黄平诸处米。万历二十九年，予开偏桥石洞，舟始大通。

黔记卷十目录

山水志下

黔记卷十

泰和郭子章相奎父著
汉州宋兴祖汝杰父正
贵溪毕三才成叔父校

山水志下

石阡诸山

城东有知府山，为府镇山，景曰知府明山。山右有侯山，城后东南隅有龙山①，高岗悬崖，雾聚则雨，散则晴。山下有风鬼洞，土人传言昔年洞中有风鬼，阴雨闻杵臼、鸡犬声，其洞邃不可穷，洞河深广寒冽，旱则激之以祷雨。必联炬而入，七八里许，渐闻水声。

知府余志《风鬼洞辩》：

石阡府后高崖曰龙山，直耸云表，左崖畔一古洞，门敞若双户，进三四丈，一洞门渐小，仅可容身。昔有一人曾入内，见其中有铜鼓金盆银物之类，石隙中水泻下深潭，不可测，疑有龙潜焉。风气逼人，毛发尽竖。春水涨漫出，至五巴寨桶口出，入大溪。冬则涸。岁旱，乡人往入求水，即得雨。大风飓发，人不能行，疑有鬼焉，故名为"风鬼洞"。人瘟疫，呼而祝之九牲，曰九鬼，又一为土地谤惑能祸福人。

考之风，乃天地之使，大块之噫气也。其神曰风伯。世人尚疑其为天地之使，大块之噫气，谓之气则可，名之曰伯则有主，岂噫气云乎哉？故韩愈有《讼风伯文》，言旱也。以余言之，洞中幽深，阴淫之气胜。水亦阴气，水能生风，所以风之发有巨有细，无形无影，谓之龙潜于中，或者有之，谓之鬼，未

---

① 龙山：万历志作"擒龙山"。

之信也。纵有鬼，亦倚草附木之祟，岂能祸福人邪？至云铜鼓金银之类，则益诞不足信，且洞在龙山左，既曰有龙潜于中，名为龙洞则宜，称曰风鬼不可。

余志《二洞辩》

府治西面，两山高下相并，曰崖门，崖下水流合平茫水大溪。崖门西上，有洞悬空朝北，高峻不可及，人莫能窥其深广。春夏间，人于山下过，仰而视之，闻其中有锣鼓声，以为风鬼所为，秋冬则无声。又张家寨高山上亦有一洞，对空说话。高险人莫能到，春夏间，其中亦有声如锣鼓，秋冬寂然，人亦以为风鬼为之。噫，洞者，山之窍也。其中空虚以通气，阴淫最胜，发为地风，有萧飒之声。又植洞口树木为天风吹嘘而动，其声高亮，贯入洞中，与地风相应，铿铿鍧鍧。人远而闻之，似乎鸣锣击鼓，古云空谷传声是矣。岂有鬼为之邪？秋冬肃杀，万物零落，其风萧条，无物触动，虽有风而声不作，所以洞中不闻其声，信然矣。

城东南十里有九龙山，本府水源出于此。宋故土官杨九龙葬其地，因名焉。西五里有排衙山，群峰拱列于知府山前，如排衙状，景曰列岫排衙。又有云堂山，一名琵琶山，一名天马山。幽谷丛林，绵亘二十里许，为草塘、后洞苗贼出没之数，景曰寒箐凝烟。西南二里有挂榜山，土山戴石，方正广阔，俨若挂榜，景曰平崖挂榜。城西有寒林箐。西北有杉木箐。西北十里有香炉囤，地名登山，平地拥起。自下视之，环皆石崖，高二十丈许，可容五百人。惟通一路，地方有警，率避于此。西一百八十里有迎仙峰，直耸孤高，上接青霄。峰上有崖，曰望乡崖。下有塘，曰龙塘。土人相传，曾有龙出其中。

余志《迎仙峰》诗

数曲蜿蜒不染埃，山光夜夜接三台。瑶池王母乘龙至，蓬岛钟离跨鹤来。芝草石田闲岁月，丹崖沙窟起风雷。崖扉不掩长春在，静阅桃花几度开。

南有温塘山，一名松明山，在城南温泉上。正德初，阡未建城，播凯仇杀，民不安居者十余年。石阡司土官杨再珍相险筑囤于此，以为保障计，今垣洫犹存。城南六里有十万囤，始为杨氏誓旅之所，可容十万，故名。其上有田，下有洞，洞中有石盘、石弹，花文可观。土人谓之龙床、龙珠。又有杉板，以分水源。其流甚长，资灌田亩。北有朝天岭，一名乐桥坡，又名乐回。生员王选，资颖学博，倜傥好义，太守任公重之，岁荐北上，亲为饯送。因陟此山，更今名纱帽山，在乐桥，如纱帽形。世传元末有僧结庵居上，不饮食，人每见红光罩之，久化去，今石塌犹存。万寿山在乐桥，势极高耸，一名文笔。上有洞名麻阳，世传有神羊出，夷人逐之，化为石，故名。洞阔十余丈，内有河，宽二丈许，澄清味甘，有龙床石物，宛若普陀之状。前为坪，昔有神人震于其上，夜旦视之，隐然成一上城，乡人修之以避寇。

祁顺《文笔山》诗

巨笔卓晴峰，天然制度工。云霞妆五色，风物助三红。脱颖非囊底，生花似梦中。流年多少恨，终日谩书空。

北有勤王山，秀拔环拱，与朝天岭对峙。世传前人曾聚军于此，故名。

石阡诸水

城南有龙底江，自包溪、铺溪二处发源，至黄茅屯合流，环府前入思南大江。龙底江上有龙洞，阔二丈，约深三里，中产奇石，大如鸡子，青黑色，上有花纹。岁旱，祷雨有应。

余志《龙洞辩》曰

洞在石阡府西南龙底江上，其山高峻。下有洞，阔三丈许，深约三里。人燃火以进，周行半日，始得出。初进五十步，有一圆洞门，约可三尺。又进五十余步，有天生石桥一座，约丈宽，桥内有石田，塍畔类民田。过桥，有天生石盘一对，形状葵花，不可动。上有水滴盆中，极处水深莫测。地风飕飒，惟听水声潺潺可畏，古有龙潜于中，故名龙。洞外地因名龙底里。内产奇石，大小类鸡卵，上有花纹，青碧色，谚名为醮果。凡天旱，乡人入内取水以祈雨，辄应。昔土官杨祥入于中，见奇石可爱，取其一以归，遂作疾。巫言，石乃风鬼醮果，因取谴于风鬼。即以石还，疾愈。噫，可怪也哉！龙，神物也，兴云致雨，潜渊飞天，变化莫测者，洞中龙潜，于理或然，其石产近于龙，宜其奇异。花纹美色，皆龙纹所致也。龙为正物，而鬼则邪祟，邪不能胜正，岂有龙与之同处哉？龙既不与之同穴，岂以一石见谴于人邪？

新开河，河去城二十里许，中流九处，巨石森壅。万历二十四年，知府郭原宾捐百金疏凿通舟，民皆称惠。

原宾《开河议略》

本府僻在万山中，西门外有小河一道，径抵思南大江，自来未通舟楫。近据老人蔡博三、周学易图报：自府前起，至思南地名塘头止，仅约六十余里。其河内乱石险阻，湾曲窒碍，止有九处，约用三百余金。再查本府板桥场，离府城三十里，先年，本场人烟成聚，百十余家。本府每年议征花盐牛猪米布各行税银一百零四两，并各场税银共一百六十一两九钱，公费支用，按季填入，循环开报。万历六、七、八年，因思南府属邵家桥、塘头二处各开场分，贸易者皆不赴板桥赶集，而税归思南。由是，板桥生意萧索，税银无征。今计急在开河，河开，舟楫自通，商贾自聚，因货征税，足补板桥亏欠之数，诚上下两利者也。

南一里有大温泉，坦夷方正如盘，其水温，居民就浴焉。有小温泉，与大温泉并，中有石门，环如太极状，可通出入，而景象尤奇。流引府前，有灌溉之功，景曰"温泉浴日"。有温泉潭，在平贯寨前。南四里，有登沙泉，河傍有小孔，水出不竭，大泛则大出，小泛则小出。时或有鱼来往，其源盖不可晓。南六里有湾塘鱼泉，迤河有石门，门中有河，深远不可量。春则鱼出，秋则鱼入，居民张筍，以时取之。南八里有凯溉温泉，在河侧，水极热。东四十里有凯整河，军民疆界以此判之，今民弱，多为军侵占。西一百二十里有天井，平地涌出，灌溉甚多，人以为天造，故名。又有深溪，下流入乌江。一百四十里有葛闪河，通四川大江。一百五十里有乌江，自播州流入府境，东流过思南境，入四川涪州。即《方舆胜览》所载珍州思溪，出南平军，与朗溪合者是也。北十里有洋溪，源出铜仁提溪山中，西流与桶口河合，入思南大江。

龙泉县诸山

东有望鱼台，在帅府前座潭侧，垒石为之。高丈许，上可容数人，石壁间镌有"渔歌欸乃"四字①。其上为偏潭石洞，题有"偏潭渔隐，礐涧飞虹"八字。东三十里有黄杨囤，周围绝壁，大河环绕。上产黄杨木，可容百万人。宋元贞间任正隆据之叛，都机安文克平之，营栅堑洫犹存。东五十里有卧龙山，菖蒲溪之源。山上卧石如龙，长三丈许，腹下出水，常有云雾覆其上。又有石牛山，山高数仞，上有巨石如卧牛状。

知府安康诗云

丙吉忧时难问喘，牧童笑指不能鞭。

东北三十里有东山，秀丽独出，屹立于东。又有金鸡山，与东山并峙，高百丈，锦鸡常鸣其间，因名。东又有黄蜡箐，有山羊岩，有穿帘谷，有三跳石，江水发源之处。东南有鸡翁山，废鸡翁县在其下。东南五十里有将军山，宋绍兴二年任正隆之变，都机安文于此誓师，故名。将军山之西有石伞山，山上有石，高

---

① 欸乃：原作"欸乃"，据贵图本改。

十余丈，端圆如伞。西北有绥阳山，废明阳县在焉。北二里有石笋山，山如笋状。又有青竹崖。北十里有腾云洞，平地起峰，四面崖险，中通一孔，仅可容人。入十余丈，高阔约五七丈，左右有五隙通明。嘉靖二十八年，居民避乱于中，获免。二十里有把军丫山，正德六年，蜀巨寇方仕之变，三省合兵征剿，营于此，因名。

余志《军丫山》诗

阴阴山箐号军丫，不雨常寒一迳斜。瀑布石泉常滴沥，蔽天竹树乱交加。风回声转闻啼鸟，雨过香生见落花。自是神兵曾过后，至今芦荻尚吹笳。

龙泉县诸水

县前井，其孔三水，泉清洌，居民利焉。东有鱼子孔泉，在凤凰山下，口圆如盘，日出则光漾于中。其深无穷，水泛则有青红间黄之色。前有石矶，常有鳟鱼满尺者跃矶回泉。县前之田，皆其灌溉。东二十里有泥水河，发源东山，通义阳江。河畔有深渊，中多鲇鲤，大者百余斤。年丰，则灵物夜出，红光烛天。东南四十里有鹿井，在四约囤之茂林石硖间，深丈余，其水咸，野鹿往舐之，每堕于中，因获焉。东北五十里有义阳江，发源于寿水，环抱县治，流通思南大江。东一百二十里有桶口江，发源乌江，至是与义阳江会，势益大，舟楫直达涪泸。又有温泉，在桶口河之落湾沱间，江傍有石，宽平数丈，泉出其中，水大温，居民浴焉。西三十里有河大塘江，发源播州，通乌江，其深莫测。鳞介之物群于中，每遇雾雨，水兽出见，居民畏之，莫敢近。北二十里有黄鱼泉，水泛则黄鱼群出，大者百余斤，年丰出益广。

石阡司诸山

司东有金鸡山，高百丈，翠微之色如沐。有黄杨山，山产黄杨。西三里有骆驼山。又有飞马山，南梭寨隔岸，山下有秋满洞。

余志《秋满洞记略》

石阡府南，上曰梭寨，隔岸之山，高峻凌空。下有一洞，名秋满，坐北面南，洞门阔敞。中有一天眼，见晾如昼，洞后穿过塘池寨及平茫溪，石泉长流，下灌田亩。首尾相通，地气相贯。正统戊辰，后洞黑苗胁清水江草塘诸贼为乱，蚕食其地。五月犯石阡境，阡民窜奔者或被害，或被执，呜呼哀哉！惟近洞百余人，潜入洞内，贼截洞口，不敢入，绝其饮食，计困死于内。潜者穿后洞出塘池、平茫，皆得免。石阡山洞多，惟此秋满有益于人，故记之。

石阡司诸水①

西有保太沙洲。西南有金溪源。南有甘谷井。北有平贯沙洲，有登望池。

苗民司诸山

司东有马鞍山。东三里有笔架山，三尖并出。又有莲花山，峰峦叠拥，下有龙潭。西有大夫峰。西二里有文笔山，尖秀如笔。又有白崖，一名挂榜山。南三里有天马山，其形如马。南三十里有犵獞坡。

麦孟阳诗

怪洞联蛮险，虹桥跨远堤。戍屯荒草径，畬遍落花蹊。敛戟穿云窦，绳舆度石梯。行行终脱险，偏笑鹧鸪啼。

苗民诸水

司东七里有沙子泉，泉口常出白沙，如玉。岁旱，沙出益多，民以验丰歉。有沙洲。司南有司前河，源自府前江，流至司前，可容舟楫，通思南。东西南北各有龙潭，环绕会于江。

祁顺诗

鳞甲倒涵松影澹，骊珠凉浸月华圆。

北二里有相公滩，石骨横江，水势汛急。

余志诗

公相曾经过，高滩浪得名。水澄清澈底，石定静涵泓。雨过溪添涨，风吹响应声。急流能勇退，去就一毛轻。

北三里有白水泉。四里有江口河，源出乌江，合小江，通四川涪河。

葛彰

司侧有狮子山。东有飞凤朝阳山。东二里有云谷，天将雨，云出其岫，久旱，民以占雨。东五十里有金顺山。西有三尖峰，有屏风石，有山丹坪，有绵花坪。西十里有黄杨岭②，多产黄杨木。南有麒麟山。有朝阳石。

余志《朝阳石》诗

江南诸石峻且壮，一石秀出横屏嶂。晓川晚日漾余波，碧树红霞开青涨。苍山咫尺常相望，旸谷万里照回光。谁能乘风度绝顶，控凌倒影观扶桑。

北有聚兵墩峰。北六十里有杉木岭，多产异杉。

葛彰诸水

---

① 司：原本缺，据贵图本补。
② 黄杨：万历志作"黄阳"，非。

司东南有乐回江，其源有三，至方竹箐合为一流，出司之东北而注之深溪。大江东金顺山下有石荫泉，广一丈，深莫测，春夏涨而浑涌，秋冬澄而清冷。西有瀑布泉，春水涨，垂洞如帛。南有潲龙滩。

思南府诸山

府城内郡治后有中和山，郡人李渭刻"中和"二字于石壁。

渭 诗

霜洲木落意踟蹰，兰绁秋风满客裾。共道吴门如白练，可能赤水拾玄珠。袖中明月人何似，曲里青山调自殊。寒暑空悲双鬓改，乾坤还借一身扶。

东三里有东胜山，一名东山。又有马鞍山。东四里有思唐山，《方舆胜览》作"唐山"。昔人因以名郡，曰思唐郡。南连河水，北枕内江。东五里有半月山。东北七里有大龙头山，形如龙头。西有崖门山，两山对峙，岩壁险峻，官道出其中。左曰大岩门，右曰小岩门，永胜、武胜二关依岩而立，郡之门户也。去崖门数里，有迎春洞、藏春洞。二洞不甚深广，而壁石奇润，树林乔郁，妍花异卉，盛产其中，一郡佳景也。又有鼓钟洞，地名洞子头。洞甚宽，入者必以火炬前导。上有二石乳悬垂，击之能作钟鼓声。西三里有席帽山。西四里有石芝洞，洞口北向，可布席，副使徐九皋刻"石芝洞天"四字。云间陆从平万历癸未尝梦游焉，后九年，出守思南，闻境中有此洞，往观，果与梦符，赋有诗。

从平诗

天空云净万山明，太守乘轩野外行。宫柳丝含春色嫩，陇梅香染客衣轻。梦中芝石曾相侣，洞里神仙旧问名。安得青牛寻宿约，便求羽化了生平。

七里有白鹿峰，十里有迎仙洞。西三十里有石柱山，山顶有石，屹立如柱。

安康诗

万里昆仑势接连，巍然独立自擎天。不于江汉为中柱，却与云霄作并肩。雨露常沾三岛近，乾坤固守万年坚。皇华使者来相问，已录清朝一统篇。

西五十里有川崖。

采木侍郎刘昺诗

诛茅伐石路新成，鱼鸟惊闻鼓吹声。惟有青山千古在，不知曾见几人行。

西五十里又有红崖。七十里有日头崖。西南五十里有仙峰，地名牛渡，上有寺址。西南三百里有思王山，旧名龙门山，与古费州浮阳县分界，昔因名思王城。南一里有万圣山，四面斗绝，上平坦可耕，景云圣岭春耕。郡人李渭筑室读书其中，书"必为圣人"字。顶有泉，渭题曰"真源"。西崖如玉，郡守赵恒题"仁寿"于壁。一名万胜山。山下有龙洞，一名龙泉，水可灌田。李渭撰有《龙洞易问》。

李培初诗

德江江水浸芙蓉，人在危岑秋思浓。波摇素练孤村出，云霁风高万壑空。迷辙当年缘岐路，杖藜此日寄行踪。可能羽翰生白日，飞度层霄百二峰。

南山川坛有朝阳洞。南二里有天马山。三里有三台山，三峰奇秀，常有云覆于上。

御史王杏诗

孤势南来万壑宗，碧霄深处立三峰。光浮屿顶星霞接，影落波心苍翠重。云近邮窗堪阁笔，石回江岸欲联墉。请看崖霭悠扬上，生意犹堪散秸钟。

南七里有手巾崖，崖上白黑相间，缕缕如帨，上有"赤壁"二字。

郡人张国柱诗

赤壁堪乘兴，扁舟一叶轻。开头觉风便，入峡喜潮平。树倒婆娑影，鱼翻拨刺声。还疑雪消后，重向剡溪行。

北五里有双峰，下临大河，河有白鹭洲对焉，景曰"双童捧印"。

罗国贤诗

地涌江心白鹭洲，拖蓝一水两分流。渔樵夹岸间来往，鸥鹭眠沙自唱酬。芳草铺茵浮止水，贞珉堆玉积成丘。游人趺坐忘尘虑，恍若沧溟一叶舟。

双峰侧有椅子山，山形中湾，二手族向如椅子。又有观音山，有纱帽山。北一百二十里有屏风山。二百五十里有蒲竹山，山产蒲竹。二百八十里有石马山，峦峰耸拔，上有巨石如马。

思南府诸水

府城内儒学右有育贤井，旧为泮池，水出清澈。南街有仁里井。江之大者有乌江，源出贵阳府东北，流至郡城西鲇鱼峡，东流经府治，入四川涪州合川江。《唐史》云：城乐县西一百五十里有涪陵水。《方舆胜览》云：思州有巴江水。即此。南一里有德江，源出乌江，下通楚蜀。

通判李廷嘉诗

德水滔滔势自东，江空谁为跨长虹。舟横夕棹便归客，风顺春波不挂篷。两岸看时环汉绿，一篙撑处落霞红。丁宁五马休先渡，滚滚波心起化龙。

南一里有嵇公泉[①]，临江。江中有小鱼，以四月入夏潜于泉中，明年二月，雷

---

① 嵇公泉："嵇"原本作"稽"，贵图本据嘉靖志改。下文李渭诗同，不另出校。

动乃出，渔人网之。白水泉亦然。

李渭诗

吾与二三子，览胜求前贤。嵇公昔垂钓，传闻于此泉。披云寻往事，流水不知年。山空琴欲冷，树古鹤来眠。

李培初和诗

选胜近鱼峡，题诗忆昔贤。披云寻古道，倚石听鸣泉。攀幽乘远兴，问道愧流年。坐起前山月，松高白鹤眠。

南十里有鲇鱼峡，乌江之流，澎湃甚险。旁即大崖，有一孔，若鲇鱼口，景云"鲇鱼天堑"。十二里有马家泉，一名白水泉，泉如瀑布。

李廷嘉诗

解却袍簪到白泉，披襟散发酒肠宽。半篷夜月三更梦，两岸春花一钓竿。得句诗人来短棹，忘机鸥鸟过前滩。阴晴只凭烟波静，流水高山自在看。

南十五里有九门滩，其沙洲有前后九门。二十里有掌溪，源发于昔都，流入德江。三十里有和尚滩，中流一石，如僧跏趺。三十里有狮吼洞，其水亦乌江分派。洞下泻十余丈[①]，声如狮吼，舟莫能行，傍有古碑。洞下有潮底泊，水流至此，平静不波，商人于此易舟而下，接川江，连荆楚。南六十里有班鸠井，岁冬常有鸠聚。东二里有暮溪，其地多雨，疑有龙居之。东十里有昔乐溪，流入德江。西三里有金盏水。十里有青鸾溪[②]。

安康序云

相传昔有青鸾仪其上，乡人不识，误为家畜之黑鹅。由是以黑鹅名溪，历岁相传久矣。予考古格物类，羽虫三百六十，而凤为之长，然系凤有五，多赤者凤，多青者鸾，多黄者鹄，多紫者鹭，多白者鹤。今色既青，乃鸾也。

金事高任重诗

山泉渺渺涨城西，双鸟飞来去已迷。想是瑶池传信物，土人不识唤鸠溪。

西三十里有鹦鹉溪。

参议李瑞诗

废垣几处空中存，杨柳青青荫石门。人为寇侵先避地，君知主去尚防村。浸阶

---

① 十余丈：万历志作"十余里"。
② 十里：万历志作"西北十四里"。

流水随渠满，依树啼莺到日昏。何物小夷成战伐，令人三叹不能飧。

西南三十五里有石牛潭，水际有石如卧牛，景曰"石犊眠潭"。

高任重诗

困泉百尺镜光停，盖石中蹭似犊形。千古饮流眠不动，时来应拟化为麐。

西北十五里有天池水，池甚广，人力所不能及，故名。

李廷嘉诗

盈盈月色照池头，万籁无声静不流。树浸清阴连壑冷，山凝淡影逼人幽。锦鳞荡漾金波动，蟾魂光芒玉镜浮。回首星河澄耿耿，方塘半亩一轮秋。

西北八十里有汲溪，水日有消长。北一里有香炉滩，有石如鼎。滩下有白鹭洲，兀出中流，鹭鸥翔集。双峰峙左，二水绕旁，景云"白鹭名洲"。

安康《炉滩》诗

香炉巨石倚滩头，独立江心白鹭洲。两岸参差烟树老，群峰连叠洞云浮。风和游客扁舟过，日落渔人晚钓收。却怪当年荼毒者，石中赤血至今流。

北五里有黄鱼泉，产鱼，皆黄色。六十里有七里滩，石骨横江，湾有七里。二百里有温泉，可浴。三百五十里有龚滩[①]，波涛汹险，声震如雷，长十余里。舟至，皆搬其货，止凭空舟上下。此地属本郡，界于酉阳，夷汉相错，苦为夷侵，近议输赋。下有袁滩。

巡抚何起鸣《龚滩税议》

龚滩地方，原系本省思南府水德司所辖民地。弘治年间，被四川叛首酉阳宣抚司杀占。将龚滩设立抽分，有往过花盐船只，抽取税银，每年获利数万。假以该司首领教官柴薪斋膳为名，而入其私囊者十恒八九。议者谓宜尽属贵州委官抽分。既经前巡抚都御史张题请，每年该司止解税银七百两，充铜仁军饷支用，难以尽利。布政司及时委官守催，照年补足，不许拖欠。亦接济军饷之一助也。

婺川县诸山

县二里有笔架山，高三十丈。四里有马鞍石。又有多罗山，上有多罗寺。五里有官峰。又有山羊崖。东五十里有凤凰峰，状若凤凰。八十里有大岩山，岩屋深广可游。东北二十里有岩前山，产砂。东北五十里有长钱山，地名板场。山前有空洰，产砂。西一里有云崖洞，可容百人，有石柱石几。西十五里有华盖山，

---

① 五十：万历志作"二十"。

山峦高大，林木深邃。三十五里有马鬃冈。四十里有木悠峰，上有水月宫，产砂。

知县陈维藩诗

地满云连树，山空洞有砂。春枝巢越鸟，落日煮僧茶。九姓夷风古，千家溪路斜。疏藤穿过月，香暗破梅花。

南大山下有蟠龙洞，洞广水源，若有龙蟠，壁题"蟠龙化雨"。南五十里有泥塘山，产砂。北五十里有卧龙山，地名祥川，上有古屯寺。又有金藏岩，上有鹿井鸦池。

婺川县诸水

县四里有扬溪。五十里有丰乐河，通思南。东二十里有龙泉，涨则浊，消则清。又有河只水。八十里有多罗水①，合流丰乐渡，河只、多罗皆獠姓也。东北三十里，地名江边，有来雁塘，昔有三雁来集，郡人御史申祐、知府邹庆、举人邹奭并举。北五里有倒羊江，即江城也。又有暖塘，秋分聚鱼，冬水尤温。

印江县诸山

东二里有文笔山。五里有大圣登山，前洞深沉，有龙潜焉。

佥事罗昕诗

上攀云雾下山椒，晓雨初晴瘴未消。北岸人呼南岸渡，前溪水没后溪桥。木藤有子如闽榄，山果无名类越椒。却使奔驰成底事，换将云鬓作霜条。

南六里有十种山。北五里有石笋山。六里有交椅山。

印江县诸水

三里有白水泉，水自崖出，飞流如练。十里有思印江，源出朗溪，北流入德江，即思邛水也，俗讹为"印"。北二里有桶溪。北五里有中洲溪。

沿河司诸山

司十五里有碑模崖，高可数十丈，上有仙书红字。又有山崖数处，皆有古篆书，高远莫辨②。近于嘉靖十三年，四川酉阳司侵此地，乃募人镌去，以杜口实，而界限且不可辩。崖下有迎通滩。东十五里有沙子坡，坡旁有水，极凉。东二十里有鬼崖山，高可百丈，麓延二十里，为江东诸山之望。东二十五里有横山，即鬼崖山之脉也。三十里有大龙坡。司百里有高山，高二十里许，崒嵂难登。高山之东有

---

① 八十：万历志作"八十一"。
② 辨：原文作"辩"，贵图本据嘉靖志改。

金竹山，高可十里，脉自本府石马山发。北十里有高歇峰，形如削笔，即司治后脉，久雨而云出峰即晴，久晴而云出峰即雨。

沿河司诸水

东五十里有亭子溪，水自龙洞中出。亭子北七里有后溪，源自马鬃岭发，流入思渠江。西一百二十五里有石马江。西南七十里有甫南溪，元时为甫南图。南十里有珍珠泉，水颇温，一名温泉。泉东有虎口滩，上下险阻。

王藩《珍珠泉》诗

氤氲和气霭江湄①，出自温泉似白衣。几度随风迎客棹，有时和雾锁鱼矶。清阴幂幂笼春意，素影飘飘弄夕晖。大地苍生望霖雨，从龙正好伴云飞。

南九十里有鹅溪。一百里有野猪滩，滩多巍石，崖东洞口石如猪。野猪滩下有松滩。北五里有五门滩，滩下有湖口滩。湖口十里有梨芝滩，滩右有梨芝光见，故名。北十里有河由江，源出铜仁乌罗司。有桃竹溪，在高歇峰下。四十里有培塔滩，乱石横江，水势汹涌，舟楫至此，去载方可上下。

朗溪司诸山

东五里有琴德山，林木幽郁。司北有象山，山麓湾平如象鼻然。有梵净山，一名月镜，府治二百里。群山耸峻，中拥一峰，如刀劈裂，左右各建观刹。

朗溪司诸水

三里有绿井，四时有绿鸠群食其中。司前有仁溪水，发源高处，居人下引以灌田，足备旱，因名曰仁。十二里有网陀溪，发源印江。

思南桥渡

府治南街旧鼓楼左，有通济桥。又有恩济桥，郡人安康建。府治北有澄清桥，金事高任重建。北街有迁善桥。有杨家桥，里人杨琼建。东十里有永兴桥，谢天爵建。二十里有濛溪桥。二十五里有任办桥。西五里有金盏桥，长官安继爵建。三十五里有鹦鹉桥，晏应魁建。六十五里有珠溪桥②。南一里有永安桥。三里有宪溪桥，罗价建，长官李铉易以石。

婺川县有县前桥，知县陈维藩建。县治左有观澜桥，一名荐桥，知县蔡嵩建。又有通远桥，知县傅洪建。又有万年桥，治右有闻弦桥，俱知县郑向阳建。城南门外有平津桥，知县张任教建。县十五里有龙登桥，蔡嵩建。六十里有镇南桥，傅洪建。又有甘腴桥，知县王纬重修。东北十里有焦崖渡，蜀黔通衢。东北二十五里有隘溪桥。

---

① 霭：原本作"蔼"，贵图本据嘉靖志改。
② 六十五：万历志作"六十"。

印江县治右有澄清桥，知县颜阶建。南门外有永安桥，知县曾翱建。南三里有龙塘渡，通思南大路。有落茂江桥，知县陈汝和建。东十里有板溪桥。西北二十五里有乾溪桥。

沿河司治左有丽利桥，长官张珏建。东五里有永宁桥，冉国才建。西二十五里有七星桥，地名官州。相传宋政和间，有一老人掷石七枚于溪中，以便行人。后人因而成之，遂名。北有通衢桥，今废。北七里有五马桥，张珏建。十里有黑水桥，燕朝安建。

思州府诸山

府后有据胜山，山势高耸，为郡之镇。知县蔡懋昭筑台于巅，改松园囤为今名，景云"一山拥翠"。

知府张柱诗

翠摇古柏风生壑，绿泻幽篁雨压梢。

东一里有平堰山，环抱为郡案山。十五里有显灵山，山临河，通舟。东北有独峭山，连亘卓立。东北五十里有岩前山，路通大万山，险而难行。七十里有七头山，路涉溪河。西北八十里有岑弹山，傍有歇路坪，夷人当四时节序，于此聚歌吹笙，故名岑弹。西一百里有天应山，昔有夷人祷雨于此，呼雷，雷应，故名。南三里有峨山，崒嵂难登。

思州诸水

城南三里有架溪滩，水奔涌，架木以济，绕城北。东有洒溪，即清江也。

张柱《二水拖蓝》诗

二水源分南北陬，潺湲日夜泻芳洲。寒凝草色蓝拖带，清浸天光碧波油。水底有鱼皆变化，滩头无鸟不喧秋。聿从神禹疏通后，山自青青水自流。

西五十里有龙溪，昔有夷人于此击铜鼓，适见龙，故名。北三十里有住溪河，以诸山水于此反而复流，故名。西北八十里有养苗溪，五巨石障流，夷人架木引水入田，故名。

都坪司东十里异溪，有十万囤，昔田琛藏兵十万于上。六十里有龙塘山，产铁。西三十里有上下住溪，山有二洞，产杉楠，可供国用。例有封禁，不许伐。治南一里有点灯山，夜常有光如灯。

俞通诗

万仞峰峦接杳冥，银钉千古照崖扃①。不知天禄谁为校，疑是青藜午夜灯。

---

① 银钉：原本作"银缸"，贵图本据嘉靖志改。

南五里有打宝坡。百里有后山四洞。有鬼容冲。有岑贾坡，外接洪江，苗常出没，今立哨，以土舍守之。北六十里有鬼总山，鬼隐山，有课蜡。东八里有砚池塘，水中有石可为砚。西二十里有凹溪，东岸有油鱼洞，西岸有铜鱼洞。西北四十里有转水，水由马口来，合梅溪、长溪、鬼以溪众流，以入清江。盘旋数曲，风气完固，可建城邑。北十里有纸槽溪，土人于此造纸。

黄道司西十里有九曲坡，山路险峻。

进士陈扬产诗

倚天削壁为谁开，千里人惊司马来。路向西南盘九曲，山从黄道数三台。荒村鸡犬云坪里①，绝巘猿猱树木隈。处处石莲开欲遍，居然身世在蓬莱。

西二十里有杨柳山，山产崖蜡。三十里有旗头山，极高，里人以山峦濛霁验晴雨。巅有甘泉、古柏，玉皇、玄帝二刹。七十里有泉洞，在龙鳌地，崖壁百仞，瀑布飞泻，下成溪河。以艇从旁入洞，广容百人。参政蔡潮镌"云门"二字于石。八十里有鳌山，中有古寺，人迹罕至。西南五里有黄崖冲，山险，可避苗。西南三十里有田塅坪②，后有五山，巅有古囤，下有凉泉，广原沃野，山环道冲，设有供馆。

黄道司水

西北三十里有瑰楼溪，源出朱楼山东麓，思铜分界。南麓有龙井洞，水自瑰楼溪出。西有雪山洞。三十里有白崖溪，源出铜仁万山司境，为思铜分域，昔有戍守，溪左即白崖山。五十里有之水溪，驾检南，上接白崖、瑰楼二溪，下流至瓮桲。有小山，宛若飞凤，出田塅岩，其岩俨若田塅，故名。有渡有铺，南通茅坡，北通田塅坪、驾检。北有龙泉水，清洁而甘，居民赖以溉田，但不可以涤垢，垢则水不出，故名龙泉。茅坡里有竖眼洞，昔有物如人，一目竖生，每静夜尝出于河。渔者多遇之而不伤害，亦能窃人网而复还之。又以鱼置网中为酬，后不复见。八十里有黄道溪，溉田甚广。北五里有淘沙溪，土人于此淘洗沙石，以煎水银，今废。

施溪司

南三里有漾头山。西三十里有大隆坑山，产砂，今废。北一里有御屏山。二十里有蜡傍山，有课蜡。又有六龙山，苗常出没。北十里有独岩径，路狭岩险，设隘防苗。

---

① 云坪：万历志作"云屏"。
② 西南：万历志作"西北"，误。

施溪司水

东里许有施溪水，达辰常。治北一里有铜锣潭，蛟龙所潜。二十余年一见。北十里有龙门滩，江自铜来，滩险损舟。

都素司

有红崖，山色赤平，牙寨有狮子口山，铜苗出没。南二里有天平囤山，可避苗。东南十里有天应山。

都素司治里许有马口溪，洒溪之源。南十里有左溪，西南二十里有冷水溪。

思州府诸桥

城东五里有平坝桥。六十里有通济桥。城南架溪有迎恩桥。三里有云封桥。十五里有木林桥。北三里有受溪桥。五十里有转水桥。田埂坪前五里有大石桥，总兵石邦宪建。坪前半里有小石桥，通晃州。东十里有天堂桥，万历癸卯，予发银百两，檄知府马千官、推官华三祝建。

蟪衣生记

思州郡东十里许有天堂渡，当雄溪沅陵孔道。水澎湃，不可方舟，徒杠舆梁，冲涛荡激。父老议建石梁，兵戈甫戢，执难举赢。今观察马君千官守郡日，娄为请赈谷，訾石工谷亦亡几。予乃捐公费百金倡之，郡守倅合士庶酿金佐之。观察迁驻铜人，李官华君三祝署篆，委土官何熙督匠。始事于万历三十一年春三月，明年夏四月已事。二君来请名乞言。

予曰：渡名天堂，即以字桥。考天堂出内典，对地狱言，此于桥了不干涉，而以字桥，不已诞乎？夫地狱有八寒八热，至于无间，饧矣。江水巨测，暑涉餐瘴，寒涉湿胫，脱不戒葬鱼腹，此与无间何异？桥设则拯沈沦，登春台，拔苦海，跻彼岸，此与天堂何异？予闻天堂有六欲，有四禅，有五不还，有四空，而释氏犹以为违圆觉、背涅槃也。此桥之设，施几何，济几何？而援天堂为字，其违且背，不已多乎？夫不忍一牛之衅而充之足王，不忍群蚁之溺而达之可相。杀机一萌，妖星厉鬼；生机一芽，景星庆云。又恶知此桥非天堂也。释氏语诸天，极之至于非非想处，而后为精。孔子论天，载极于无声无臭，而后为至。此则吾径寸中自有天堂，弗耆弗斫弗粪除，即躬之，不渡而能渡人。

二君瞿然曰：此范躬济世之筏，不独为桥语也，敬勒之石，用觉群生。

思州府诸渡

治前有洒溪渡。东有平溪渡，有田塍崖渡。北有磨寨渡，有云盘渡，有竹溪河渡。九十里有烂缛河渡。

铜仁府诸山

府东有东山，岌嶪峭拔，为郡巨镇。上有石窝，高广数十武，参议蔡潮建[①]。上有崇真宫[②]，后为大观楼。

提学吴国伦诗

东山突兀云为巅，百雉参差双练悬。入寺浑迷上下界，倚楼欲尽西南天。江光下浸九华玉[③]，石甲纷披千叶莲。睥睨群山解飞动，谁当坐啸清蛮烟。

金事龙遂《游东山登舟溯铜崖诸胜》诗

探奇不负东山游，乘胜寻舟溯上流。渔子割鲜呼作脍，牧童横笛笑骑牛。双流铜阜千年胜，两岸松涛五月秋。共醉不妨归骑晚，月明鼓角动城楼。

水砥丹崖双蜿蜒，大如飞阁小如拳。凭高尽揽蛮荒景，乘暇共怜吏隐仙。风里玉笙王子调，月中锦缆李膺船。兹游岂是贪行乐，为省桑麻雨后鲜。

参议张克家诗

蛮烟消尽日华浮，坐笑东山百尺楼。天乙峰联大小酉，铜江不断古今流。一登作赋思王粲[④]，八咏成诗愧隐侯。徙倚云端俯城市，宁夸谢氏得佳游。

进士赵之屏《东山同石总镇邦宪观鱼》

霜中绿练横江天，丹树挂壁吹蛮烟。鹧鸪数声黄莫没，小艇野泊独蓑悬。浪花不动沉山谷，石痕欲堕压回漩。未许轻帆商贾乱，别有沼室蛟龙眠。晓岚半卷晴孤旃，老禅惊破疏钟起。将军铁骑拥戈旌，豸绣瑶章鸣剑履。净扫荒萝开绮筵，遥呼玉斗称玄醴。入手长吞九曲光，褰裳远坐飞虹砥。鲛人未解网罗空，须臾呈上双鲤红。无奈风波看咫尺，可怜鳞甲忽牢笼。兰桡莫犯鸳鸯侣，好织文禽赠交与。共将勋业画麒麟，留却芳音勒丘渚。对此豪饮复高吟，海岳当年万里心。沙青弦管飘千壑，日暮征鼙响四邻。村居夜夜愁鬼哭，黑瘴苍云动榛竹。力士嚬眉夸舞镟，自数从征三十六。君不见去冬转战捷元功，尚滞封书达九重。

东一里有文笔峰。

---

① 万历志此后尚有："川上亭题曰'舞雩遐想'，石壁曰'云彩江声'。"
② 宫：原本误作"官"，贵图本据嘉靖志改。
③ 下浸：万历志作"倒浸"。
④ 粲：原本作"燦"，贵图本据嘉靖志改。

郡人罗冕诗

万里星河一柱遥，孤根屹立倚云霄。风云洒翰挥银管，奎璧联珠缀锦标。兔颖九天濡湛露，词源三峡涌春潮。灵光预兆江淹笔，梦里双花五色娇。

一里有天乙峰，有石屹然，每赤即有火灾。参议蔡潮题"天乙峰"于上。知府魏文相复于山椒凿池以压之，祀六壬六癸之神于下，曰既济祠，火灾以弥。五里有石笏山，又有黄蜡洞。城西二里有席帽山。三里有三台山，有半月山。三里有正人峰，原名岑嶂，一名牛角洞。十里有诸葛山，形胜突兀，俯瞰诸埕，上有武侯屯营故址。一百里有百丈山。城南五里有天马山。六里有晒袍山。十里双贵峰。二十里有南岳洞。三十里有玉屏山，为儒学案。七十里有狮子山。西南有铜崖，当大小两江合流。其崖居中竦立，高数十仞。渔人没其底，见三足如鼎，得铜范儒释老三像，故名。参议蔡潮建鳌亭于上①。

提学吴国伦诗

双江渡头水磷磷，孤屿飞棹如有神。天造中流一柱观，地标何代三铜人？野航送酒小于叶，彩蝀当矶重作绹。莫道金焦独形胜，蛮山一自无风尘。

副使刘望之诗

何处飞来成砥柱，水晶盘面出芙蓉。翠微映日擎天立，苍藓沉波特地封。潭底卧龙时作雨，峰头巢鹤岁还松。会心此景谁看并，带月言归兴转浓。

郡人钱纯让诗

郭外铜崖远市氛，千年鼎足枕江濆。柱峰蹲踞鳌形立，带水潆洄燕尾分。龙吸中流潭底月，钟鸣西岸树头云。一尊共扫青天石，酾酒临江坐夕曛。

城北三里有翀凤山，为府祖龙。四十里有川江洞。六十里有将军山。

铜仁诸水

西南有大江，源出九龙山下。西北有小江，源出瓮济洞，东南合大江。

罗昕诗

暂下肩舆坐渡船，中流回首思悠然。朝岚夕霭千山树，乍雨还晴五月天。峒老竹篱多护寨，野人茅屋半依田。几多未到铜江客，浪说丹砂可引年。

吴国伦《次铜仁晓望》

清秋行部五溪西，立马山烟四望迷。沙碛中分江大小，郡城斜倚石高低。箐茆一旅夷关险，禾黍千年楚甸齐。谁为承平忧保障，莫教豹虎隔林啼。

府北八里有飞瀑泉。

---

① 鳌亭：万历志作"跨鳌亭"。

郡人杨秀冕诗

雪乳冷冷湿翠衣，水晶珠箔夜生辉。双流漱玉岩边出，疋练横空树杪飞。川谷草腥玄鹿过，石潭云净毒龙归。武陵岁岁桃花发，几度渔郎问钓矶。

铜仁府属土司山水

省溪司

西五里有五云山，时有五色云现。北三里有仙女洞，石状似女。九十里有江头山。北二里有遉罗江。七里有云舍泉。

提溪司

东三里有登山①。三十里有滥泥山。东一里有印江。西五里有提溪。

万山司

司治南三里有大万山。

副使阴子淑《宿万山》诗

东风与我共驱驰，今向荒庭惜别离。莫怪多情底相恋，也知重会隔年期。

巡抚沈庠《宿大万山》诗

驻节万山中，庭空彻夜风。凄凄声括耳，好似诉人穷。

北五里有新坑山，产砂。南一里有司前溪。

乌罗司

西南有迎红山，每旭初上，山色光映。三里有观音囤，上有三井，可容五百人，避苗之天险也。五里有石梁山，白石连亘如桥。十里有琴阁山。十三里有木降山。三十里有万胜磴②，上有水，可容百人，可以避苗。六十里有九龙山，俗名饭甑山，高百余丈，下分九支，故名。铜仁大江之源出此，山多灵异。有玄帝祠。境内有云朵山，秀丽如云。东有乌罗溪，源出林箐诸山，流漱司前。南有乜江，上纳乌罗、羊溪二水，下达辰州，可舟筏，因接宋陇苗蛮境，以是未通。有木耳溪，其流曲折，东抵平南寨，为九十九渡水。

平头司有森崖山，山高，林密如云。有石榴坡。

阴子淑《过石榴坡》诗

畏途尽说石榴坡，毒雾笼人似网罗。跳啸有时苗伏草，往来无客不持戈。未分北阙忧民念，尚想南风解愠歌。破房平胡男子事，好期勋业誓山河。

平头司南有甘梗泉，石中一源涌出，流分泾渭。

---

① 登山：万历志作"磴山"。
② 磴：万历志作"蹬"。

铜仁府诸桥

治南二里有官桥。北有天生桥。万山司北三里有土黄桥。五里有大石桥。

铜仁府诸渡

府西南有双江渡。西有西门渡，又有坝黄渡。十四里有挂扣渡①。十五里有琴抱渡。三十里有吴家渡。一百里有龙家渡。西北六十里有桃映渡。

平溪卫诸山

城南有七星峰，与学宫对，逶迤起伏，峰头如七星，相传地脉衍自粤西二千余里。又有双荐峰，为七星峰祖，于诸山最高。每天雨，云雾先集其上。又有道定山，与双荐峰并。南二十里有界牌，邛水、湳洞、鬼庐诸苗出没要路，旧有堡，今废。南六十里有坝坪，南通革溪天塘，西通思州所辖新溪、湳洞等处，系界牌总路。近立堡，以官军防守。城东有天马山，奔逸雄峻，如天马然。东三里有月屏山，俗名龙塘坡。山形如屏，遇望，月从此山出，因名。东五里有三台山，峰顶最高处起三山。东北有獭崖，在水口崖。逼入江心，逆水而上，白浪磊叠如砌，高二十余丈，周遭五丈。旧有给事中阎闳碑记。废。近置塔其上，名天柱，势极□□。崖下潭水澄映，砂碛崛起，类浮印状，俗以卜科第云。獭崖下有鹭洲，周二里余，秋冬，商贾多集其上。又有馆驿潭。东北五里有铜鼓崖，地名挂榜山。巅有洞，东西两石，击之作铜鼓雌雄声。西三里有野鸡坪。西五里有飞凤山，中峰耸翠如凤首，两翼夹峙，上有朝阳观。西北十里有兔河坪。西南有败贼冲，正统间，洪苗薄城，溃围，官军追至其所，尽歼之，因名。北有玉屏山，负江屹起，为卫学后蔽。江北一里有莲花峰，石峡纷披如莲瓣。城北对江有红花坪。北五里有金银洞。北六十里有蜡岩，通铜仁施溪、六洞、水银等山诸苗路。立隘，集乡兵防守。

平溪诸水

东有易家溪，入大江。东三里有龙塘溪，会易家溪水入大江。东十五里有舟滩。东二十里有丛滩，有瓮西溪。西三里有红岩溪，在野鸡坪。西十里有大扬溪，出三家桥，入江。有显灵滩，滩水极险，商船苦之，乡官徐诏凿其峻石，人多称便。又有丙溪，思州府辖凉伞、梭溪、鬼江、银寨等苗出没要路。西太平堡二十里有龙塘，邛水诸苗据路，先年，苗薄城，由此路无守。

平溪桥渡

城东演武场官道有渡兵桥。下河街有通河桥。东北有文水桥。北城外有上河桥，下河桥。东二十里有积善桥，郑东田募建。东三十里有鲇鱼桥。西五里有三家桥，旧名单家桥，谢诚、谢魁、王耀建，乡官何胜黄有记。西二十里有蟹螺桥，在

---

① 十四：万历志作"十"。

太平哨。平江上中下有三渡。

偏桥诸山

城东南一里有仙飞山，俗传有仙飞身于此，其庙尚存。城东五里有羊子崖，黑色，中一石独白，如羊。东二十里有天马山，俗呼马鞍山，如马。城西五里有三台山，连属如台星。北一里有凤凰山，林木苍翠如凤。北二十里有云台山，山前五里有望玄关，对山相望。下五百余丈至河，内有石钟石鼓，扣之如钟鼓声，名曰钟鼓洞。东北三十里有华严洞，洞临官道，内有石观音一座，并龙床、龙枕。

①一毫端

江恤部盈科《华严洞》诗：谁辟洪濛破寂寥，丹青有笔不能描。千花宝盖浮空丽，一簇琉璃拔地骄。定有真人曾炼鼎，岂无仙女夜吹箫。尘襟到此销都尽，便欲乘鸾向紫霄。

又《华严洞寺》：一壑藏幽境，群山绕梵宫。鸟窥僧灶饭，猱挂洞门松。石溜晴疑雨，炉烟午飐风。尘踪怜录录，小憩且从容。

《偏桥即事》：偏桥旧属楚西疆，感此居然忆故乡。乳鸭头如苔藓绿，雏鹅毛似柳芽黄。家家解辫揉陈稻，处处犁田播早秧。计到仙源一千里，蚕儿成茧笋成筐。

《发偏桥》：误把浮名绊此身，年年月月逐红尘。肥梅一阵两阵雨，撒秧三个五个人。疲马山中愁远道，子规声里惜残春。可怜落尽桃花片，故国依然阻问津。

偏桥卫诸水

城内西隅有涌珠泉，自地涌出如珠，味极甘凉。又柳塘夜渡，万历丁丑巡抚舒应龙建，名跨虹桥。城北一里有百丈飞泉，自崖上飞下，练白如布，数百丈，流至跨虹桥中。又有两江水环城外，一名大江，由蜀川至卫城北。一名小江，由黔川至卫城南。二水自东北合流，入瓮蓬洞，直通辰常。东十里有瓮蓬洞，大小江水经此入镇阳江。相传诸葛武侯南征时，曾凿此以便漕运，未竟，又名诸葛洞。明副使冯俊、沈庆，参将安顺彭伦疏凿稍通，江上巨石犹存。万历辛丑，予剿皮林凯旋，躬勘之，命都司钱中选，指挥韩绍梁，千户刘应麟、叶正阳疏凿巨石，遂成渠矣，上达黄平，下通镇远。

子章《开新河记》

万历辛丑春正月，予提兵会楚粤师讨皮林，三月克之。四月，班师还贵阳。道偏桥城畔，河流环绕卫郭，渗漓可舟，而江绝帆樯，予未知其解，讯之父老。父老进曰：此去五里许，有三洞，名诸葛洞。巨石嵯峨，横据江心。余

---

① 贵图复制者按：原书误将本卷三十七页之第十四至第十八行刻置于此，原文失。甚是。

碛磊磊，鳞次载列。水流至此，惊波转腾，望沫扬奔。即芥为之舟，顷刻而胶。

予曰：疏川导滞以钟水而丰物，古之人有行之，而若是难也？

明日，讯之诸监司。诸监司进曰：是河之辟，其为利丰矣。野航轻艑，即极隘者受四五人，载三四任，省夫骑之半，为驿传便。贾客自镇远募一骑，不能负百斤，而一舟可贮十百，为商旅便。粟自楚来，一苇至黄平，而割分于余、瓮、龙、湄四邑，为经理便。省城负粟镇远七百里，而今去其半，以从水为济饥便。顷夜郎之役，楚粟叙于洞下。今直抵黄平，异日脱有急，为军兴便。

予曰：便若是，而数百年来亡议疏决者，何也？

诸监司又进曰：是河之难辟，微独石障已也，其费訾亦钜。偏故楚辖，而黔之边围也。楚力裕而鞭长不及马腹，黔藏诎而举赢难。又曰：吾何以代匠斫也？且偏人利于开，以通商而牟其利，镇人利于塞以留商，而独牟其利，百道阻挠，或阴酿金以饵石工。石工曰：是顽悍，必不可凿者。故数举而数辍。乃偏人亦自谣曰：若令三洞开，除非诸葛来。黄口皓发，习闻其说。亦以为天险，人力亡如之何。

予曰：撤黔楚之藩而独任其费，其责在我。镇人阻挠者，吾责之镇守。匠受饵而辍工者，半水西人。吾责之宣慰。涂人可为禹，行所无事，则智亦大，而何泥于诸葛之谣？予将躬视焉。

明日，泛一棹，直抵洞口，予与诸监司周遭相度。予曰：石即巨，无若龙门牛峡之雄也。费即侈，无至白马玉璧之沉也。其险可凿，而吾力犹足办，顾谁可任此者？诸监司曰：都司钱君中选，偏人，有心计，宜莫如钱。予乃顾钱曰：属之子矣。钱君唯唯。

予复爱其景幽而邻水，恣搜讨于江浒。得一洞，似荷叶之半，名曰半莲洞。左突起一台，外临江潭，内不靠岩墙，名曰妙高台。台上桥之，可入洞，名曰接引桥。洞前汇为二大浸，名曰上莲池，下莲池。东西二山如巨屏，刻其石，一曰大屏山，一曰小屏山。予以其胜似武夷，总名之曰小武夷，而刻于洞口石壁。日莫，返棹入城。

明日趋清平，至新添，晤宋直指公，告以故。公曰：宜急图之。予还贵阳，箓日为文，告于偏桥山川。以六月六日经始，开第一洞。自沙筑堤至老虎口，出沈家溶，又由砥柱石黄石板，至夹舡口。其石如堂，如坊，如宫，如霍，约共百十有六丈。八月八日报竣。次开第二洞，自团仓石，历半莲洞前，至小屏山下。石觍觍，不似一洞之峤，而崼者，峣者，峥者，蜀者，堕者，重巅者，络绎不断，约共六十有八丈，九月十日报竣。次开第三洞，自二洞塘以下至沙石岩山，大小别，鲜不相连，石旁岸胁，多礧砾，多礜，多排碕，稍易为工。共三十有五丈，九月二十五日报竣。镇舟挽而上，偏舟放而下，而渠成矣。

是役也，为日仅百有二十朝夕，石之匠五十，铁之匠二十，匠之役夫二百有奇①，匠之饷六百钟有奇，匠之直百二十金有奇。督匠之工，钱君主之。指挥韩绍梁，千户刘应麟、叶正阳，经历王枢仓，大使谢宥、陈旻佐之。餐风宿水，亡须摇离役所。守备童龙、王之栋，指挥许继祖，把总王允，听间捧予檄一至而省试焉。诸首建议而襄成事者：总兵官都督陈君璘，右参政尤君锡类，右参议张君文奇，副使洪君澄源、袁君应文、刘君冠南，副总兵陈君寅，例得书于石阴。

瓮蓬洞旧诗
在山形势已作威，何必趁车占水湄②。为汝碍舟呼匠者，少顷一客即平夷。

题诸葛箭旧诗
古树参云仰望中，武侯曾此一弯弓。不遗箭镞经千载，那得蛮夷惧武功。

瓮蓬洞下有芙蓉洞，两岸皆芙蓉，故名。又瓮蓬洞下高坡以达镇远涌溪，两岸皆奇峰秀岭，如楼台鼓角。其崖黑白相间，如银墙铁壁。其势上下相承，如神工鬼斧砌筑而成。有飞泉数处，挂岩石而下，其状如轻云薄雾，如撒珠玑。其近泉崖石，如倒肝覆肺，如挂莲蓬。奇怪特双鹅屯有双鹅井，常有双鹅浴井中。人时或见之，至汲水则没矣。城西北五十里有乌江，在卫所属，地名崖门哨。江水源自蜀川，过思南，出涪陵，与巴江合流，归洞庭。江阔一里许，深莫测其涯。中有石墩二座，相传昔有三仙于此建桥，约鸡鸣而就。江神惧，二鼓鸡鸣，三仙飞去，至今桥未就。今水中墩仍曰桥墩，两崖石仍曰桥石，木商桴木植悉于此出。

清浪卫诸山
卫治南向北倚，巍峨崛起，有瑞云山，颠多云气，建瑞云宫，嗣后增创楼阁，堪望百里。

湖北佥事昆明赵璧诗
巍峨形胜冠南州，老我观风壮此游。缥缈楼台云色近，阴森桧柏鸟声幽。四山俱下地高处，孤屿突飞天上头。几度凭栏情不倦，何须海外问蓬丘。

风月山川十二州，晚年尤胜蚤年游。亭台有竹卜居好，殿阁无尘移步幽。入目

---

① 夫：原本作"大"，贵图本据乾隆志改。
② 车：原本作"卑"，贵图本据乾隆志改。

鸟飞红日底，纵怀人倚碧云头。主人拉我同吟赏，今古何劳叹貉丘。

瑞云山左有邢家坡高埠，右拥金星落坪，为赵家坪。新立关庙，或言山水融结，堪造学宫云。右西有千里岭，奔腾起伏如龙，即卫过脉处。山后展一翼，颇幽僻，庵名竺山，王序有碑记。面三里有玉屏山。十里有文笔峰，又有荆竹坡。城南有照山，与卫相照，故名。有天马山。东西有诰轴山。前三里有竹屏山。五里有蕨箕岭，有晒袍山。十里有金银洞，黄泥坂。三十里有穿石洞，洞穿山而过。近东二十五里有枏梳坡，多苗盗。东有东山，逆流直上，耸拔如狮，峻石壁立，为水口关键。下有七星石、金鱼洲、印石，俱在水口。东十五里有响水崖、西霞洞，有观音崖。

知州月华有《观音崖》词

山际雨痕收，万木森森宝树幽，明月清风时不断，悠悠，百亿瞿昙变化周。

崖上幻形留，历尽万年秋。夺利争名俱是梦，休休，惟有长江空自流。右调南乡子。

青山不是普陀境，寒江一碧琉璃影。大士亦何神，岩间幻此身。

此岩应未朽，浮世人知否。上下利名舟，谁人一转头。右调菩萨蛮。

崖西有鸡鸣关，上倚悬崖，下临潕水，路达一线，真天造然。山头有营垒古迹，传孔明南征，屯兵于上，过关时晓鸡正啼，故名。关前有剑戟山、旗鼓山，有将军岩。二十里有栗子关，亦称扼塞之地。

清浪诸水

城南大江自偏桥以上发源，至金盆大哨，九曲入卫，至渡头，澄凝翕聚，仍转折而去。南有描龙溪。五里有竹坪河。七里有关口铁厂河，其水自金银洞出，卫人刘大卿建利涉通津桥。十里有小水，有彭家桥。四十里有鬼江，东有冷水洞。东三里有潮水，水自石岩下出，潮汐日每三至，常涨二三寸许，半时始退。十五里有峨山，青竹溪。西城外有通济桥。又麒麟沟有衍庆桥，指挥孙钦建。正统间山箐中牛产麒麟，能食农家铁具，土人不知，捕杀之，故名。柳杨沟有不朽桥，彭胜会建，有边捷碑记。西五里有白养溪。十五里有梅溪。四十五里有焦溪。东北一里欧私河，旧有石桥，今圮。七里有丁家溪。十里有荆竹黄连溪。北三里有沈家河，有傅家溪。

普安蒋楷《蕉溪》诗

诘曲黔山尾，沧涟沅水西。辘轩趋上国，雨雪过蕉溪。乱后人初定，冬深桂自萋。王程日夜急，时警祖生鸡。

黔记卷十一目录

灾祥志

黔记卷十一

泰和郭子章相奎父著

汉州宋兴祖汝杰父正

贵溪毕三才成叔父校

灾祥志

蠛衣生曰：《春秋》书灾不书祥，亦不言其应，令后世自观省而已。然将兴祯祥，将亡妖孽，和气祥，乖气异，每每并言之。程子曰：因灾异而修德，斯无损，因祥瑞而自恃，则有害，政不嫌于并识也。黔固南服一隅耳，灾祥之见，历历可纪，福生有基，祸生有胎，谁谓无与人事哉？凤集文庙而科第兴，虎号东山而叛苗炽，其故可知已。司土者容可以为茫昧而忽之邪？作《灾祥志》。

灾祥一

《五行传》曰：田猎不宿，饮食不享，出入不节，夺民农时，及有奸谋，则木不曲直，谓木失其性而为灾也。又曰：貌之不恭，是谓不肃，厥咎狂，厥罚恒雨。厥极恶，时则有服妖，时则有龟孽，时则有鸡祸，时则有下体生上之痾，时则有青眚青祥。惟金沴木。班固曰：盖工匠为轮矢者多伤败，及木为变怪，皆为不曲直也。

木之灾　木冰　淫雨

木之祥　木连理　芝草　瑞竹　瑞华　雨桂子

木冰

《春秋》成公十六年正月，雨木冰，刘歆以为上阳施不下通，下阴施不上达，故雨，而木为之冰。雾气寒，木不曲直也。或曰：今之长老名木冰，为木介，介者甲，甲，兵象也。

大明嘉靖三十九年冬十月，贵州省城大霜，布政司署瓦上多凝为花朵枝叶之形，经日不化，近木冰也。

淫雨

《五行传》曰：貌之不恭，厥罚常雨。郑玄曰：貌曰木，木主春，春气生，生气失，则逾其节，故常雨。

元泰定元年夏六月，八番、金石番等处雨。

大明成化二十二年春，石阡弥月阴雨，知府余志为《黔霆文》讼之。

嘉靖二十二年春，铜仁大雨浃旬，城北路陷，深五尺，广丈余。

隆庆五年，兴隆恒雨。

万历十二年春二月，都匀有雨伞一把，张而飞，自城外北入城南，至西，落于观音寺任家，其家连丧。

夏五月，思州大雨，市可行舟，竟日乃止，云有龙起，自新添经过，去处尽皆淹没，洒、架二溪民田冲决成河者，计四百五十亩有奇。

木连理

《瑞应图》曰：王者德化，洽八方合为一家，则木连理。并蒂、并头，亦连理之类也。

大明成化十六年，石阡文庙产异笳，并蒂。

二十三年，省城察院蔬圃种绿瓜，有并蒂双实者，有联实同蒂者，有司以闻。

嘉靖十三年夏，思南文庙前银杏二树，原无花实，忽结实四枚，皆并蒂，是科一举四人。

田氏小园盆桃并蒂者八枚，是科田时中、田时雍一门联登。

嘉靖三十二年，安南指挥吴琦家紫牡丹盛开，中有一茎二花并蒂，香色异常。

四十六年，石阡并头莲开。

万历十九年，石阡并头莲开。

芝草

《孝经援神契》曰：德至于草木，则芝草生，芝草，木之类也，故属木。

大明正统十一年，铜仁知府洪钧衙生白芝。

嘉靖二十八年春，清平芝草生。

四十六年，石阡芝草生。

万历十九年，石阡芝草生。

二十八年秋七月，都察院东园金芝生。

蟫衣生诗有序

予入黔，创神武祠于东园，祀关前将军也。祠前故有李树，六月播平，七月，忽产双芝于李，色始间红黄，已，变为柳黄，宛似荷叶，又似二僧披禅衣而坐，乃为槛护之。因题诗纪岁月云：

六月铙歌彻帝廷，双芝一夕产园亭。英英著树犹攀李芝生于李树，蔓蔓缘柯若寄冀。自本自根开国瑞，非烟非雾表神灵。金茎玉叶应函社，愿祝八番到处宁。

岂缘署圃近仙乡，玄气俄钟两干芳。圆叶玲珑尘莫染，艳姿烂熳璃为房。不从洞底分三秀，却向枝头炼九光。把酒披图闲玩赏，清风引动欲生香。

妖氛荡尽瑶光合，佳气郁葱神武祠。阶下千年森玉李，树腰八月吐金芝。效灵谩拟龙姿异，应瑞还标凤首奇。自是皇仁昭远布，齐房仙种植边陲。

灵华烨烨自仙家，夷地何应绽瑞萐。点缀胭脂和露湿，包含玖珥倩云遮。抽英似结同心绮，逐影疑擎并蒂花。那得根株移上苑，彤墀拜舞醉流霞。

二十九年秋七月，都察院东园金芝生。

蟫衣生诗

苗穴播庭已尽犁，东园玉李续金芝。玲珑无种年年发，蟠屈如云叶叶奇。五色缤纷笼晓日，九光烂缦著新枝。甘泉未敢歌三秀，且向江头与凤嬉黔有凤嬉亭。

秋八月，御史台玉芝生。

瑞竹

《礼斗威仪》曰：君乘木而王，政太平。蔓竹紫脱为之常生，故瑞竹属木。

大明隆庆三年，清平瑞竹生。

孙尚书应鳌诗四绝

一本高抽八节奇，即从九节挺双枝。满林时引钧天奏，听到无声祇自知。

翠葆联翩绀蠹攒，从今日报竹平安。宁知劲节冰霜骨，也似芙蓉结合欢。

苍龙两出跃澄霄，赤日停轮黑雾飘。只尺莫愁风雨至，神灵同护最长条。

康济无能合退藏，顾怜菲薄愧嘉祥。竹生紫脱兼连理，自是君王泰道昌。

瑞华

华亦木类也，故属木。

大明隆庆六年，安顺旧州蜡寨忽生红莲一池。

夏四月，思南儒学明伦堂前桂放，知府田稔扁曰："晋谷先香。"

田稔诗

黉宫五月桂呈祥，占应明秋五桂芳。根向广寒分月色，花于伏暑喷天香。微风初馥浓还淡，薄雾轻开白间黄。又听姮娥传报到，已将云锦织成裳。

万历十二年冬十月，思南明伦堂桂花重开。

知府帅机诗

朱宫奕奕新轮奂，玉蕊冬初复黯然。不逐桃华随日艳，自除荆棘犯霜妍。天香馥郁招摇并，圣阙崇高雨露偏。应有都诜符瑞应，敢云讼理得连翩。

雨桂子

桂子亦木类也，故属木。

大明隆庆六年夏六月，省城雨桂子俗曰萝杂子，僧寺中有拾而存者。

万历二十九年夏五月三日，贵阳雨桂子，俗名萝萝子。是岁旱甚，三月至四月不雨，是日始雨，人以为瑞。

蟓衣生诗

独怜兵旱久妨耕，虔祷桑林缓步行。少女枝摇催列缺，雨师浪鼓失挽枪。月中桂子和风落，槛外莲花绕地生。乱后逢年真可喜，披衣起坐待天明。

灾祥二

《五行传》曰：好战攻，轻百姓，饬城郭，侵边境，则金不从革。谓金失其性而为灾也。又曰：言之不从，是谓不乂。厥咎僭，厥罚恒阳，厥极忧。时则有诗妖，时则有介虫之孽，时则有犬祸，时则有口舌之痾，时则有白眚白祥。惟木沴金。介虫，刘歆传以为毛虫。

金之灾　金变　恒旸　毛孽　犬祸　诗妖

金变

《传》曰：工冶铸金铁，金铁冰滞涸坚不成者众，乃为变怪，是为金不从革，《左传》昭公八年春，石言于晋。刘歆以为金石同类，亦为金不从革，故凡石之变属之金。

思南府德江上流五十里，播州、石阡二水合流处，名曰铜佛嘴寺，址尚存。相传寺有铜佛七尊，各重千斤，内三尊忽失所在，去，而铜仁因以名府。四尊顺浮至沿河司，中夜呻吟，称救中流，渔人取之，立寺，今存。

嘉靖三年，思南水德司江浒有石，方广可丈许，困峙平地，一日忽转，下居其上。

二十八年春三月望日，平越羊肠坝大石长三丈余，白日翻身，声如雷吼。

三十一年，安庄卫城东南九十里木各屯，山半有二石，各高丈许，阔八九尺，一在山前，一在山后，宛若一石劈开者。后二年，一夕，忽大风雨，山后石移至山前，相向仅百步。次年，忽一夕，风雨如前，移石相合焉。

三十六年，普定兵备道内有化石树。

副使焦希程记曰

道内台上有假山，山间有树，不知其名。由根而干，盘结成石，其枝旁出者悉化焉。窥其中，则犹有木也，其叶上达，袅袅日茂，翠色可爱。问于卫人，皆不能知，谕之弗信。折旁枝以示之，始骇异焉。於戏，奇哉！白孔《六帖》，载回纥康干事，断松投河，三年化为石，夫待以三年，出自回纥，安知果有无哉？即有之，则以木化石斯已矣。岂知吾树为石，生生不已哉。是则邦家之祥，当有柱石廊庙者出乎其间，遗大投艰，弼成悠久无疆之治而同其休，余窃有望焉。

恒□

《传》曰：言之不从，是谓不乂。言号令不顺，刑罚妄加，群阴不附，则阳气胜，故其罚常旸。郑玄曰：金主秋，秋气杀，杀气失，故常旸。

大明成化十二年，普安、安庄旱。

十六年，平越旱。

正德元年，程番大旱。

六年，安庄旱。

嘉靖七年，兴隆、普安、安庄大旱。

十九年，石阡大旱。

二十年，石阡旱。

二十四年，镇远旱。

二十六年秋八月，省城旱，陨霜三日，百物尽杀。

二十七年，普定大旱。

三十年，思州自夏至秋不雨，五谷不收，民食蕨。

四十年，程番春旱，至四月朔始雨，漂没民居。

隆庆二年秋，石阡旱。

万历二十一年，永宁旱。

二十九年夏四月，大旱。

毛孽

刘歆言：传曰时有毛虫之孽。说以为天文西方参为虎星，故为毛虫，今狐猫亦虎类也，总名之曰毛孽。

大明正德八年，清平虎。

嘉靖四年，思南有虎至郡堂，大吼，不知所之。

思南三虎渡河，止通济桥下，众搏之而毙①。

十五年，清平虎阵。

十八年春，铜仁有豹夜入城，刘顺十家诘旦获之。

十九年元夕，铜仁三虎吼于东山椒，地震。越四夕，复吼如前，捕其一，始去。是年，苗大叛，夏秋旱，岁大饥。

二十三年，镇远虎。

知府程燿《驱虎文》

燿与神也，阴阳表里，民之贻患是方者，燿当殚力驱之，物之贻患是方者，神不能张威以驱之邪？是方军民，频年酷罹苗虐，圣天子明敕有罚，诸监司恭行天讨，其所以宣布明命而通达机隐者，以驿是传，以马是步也。故得一当十，得十当

---

① 搏：原本作"抟"，据贵图本改。

百，不敢以兽视之。兹者，驿馆十马，道路偏桥，而群虎噬其七，不犹其百乎？况民之畜是马也，时而刍之，蹄而铁之，信宿而裹囊之，雨风而居室之，不敢以兽畜之也。是何贵重若此哉？用以宣命而代诸监司部下之劳者也。神血食是方，爝奉命为是方守，均有责任者。今苗之患也不能厉之，虎之患也不能驱之，是神上不能体圣天子德意，下不能解军民倒悬。所云能捍大灾者否矣，神未尽职也，宁不为神羞邪？

镇远万山，熊罴兔兕麋鹿亦万种，群虎食之为有余，乃不食有余之兽，而食有用不足之马，岂马之牧非其地乎，抑守之不得其人乎？古人为守，虎东渡江，北渡河，爝为守，而虎当道食马，爝愧于古人矣。爝不职矣，神当降殃于爝，毋以移吾民，毋以移吾马。神职未尽者，爝得以无言哉，是故驱群虎入深山，以安吾马，以解吾军民倒悬，神职尽矣。於赫天命，血食无穷，蠢兹黎庶，报祀弗替，亦不敢爽信于神也。不然，民不得常安，神岂能以久存哉？

二十四年夏，石阡虎昼入城，捕弗获。秋，府东火。

二十七年秋，铜仁虎渡江越城，攫市畜。冬，至府廨，又至李参将廊，毙马三。[①]

二十八年冬十月，铜仁阅兵，鹿入阵中。

虎入西岔路之永顺营，渡江至众思堂，入保靖营。二营寻被苗患。

三十四年，黎平府有一飞虎，集南门街徐林家旛竿。自后，地方多事。

三十九年，安南虎。

隆庆五年，清平飞虎见。

六年，威清二乳虎入儒学园内，擒之。

万历五年，威清群虎出，害三百余人。

七年，普市所群虎集，伏道旁噬人。

九年，黎平城南刘黄旗家猫生子，一身二头。

二十二年，兴隆虎出噬人。

二十二年，毕节虎入郭内陈诗家，卧床上，伤六七人，乃就毙。

二十三年，兴隆虎复出，噬百人。

犬祸

《传》曰：于《易》，兑为口，犬以吠守而不可信，言气毁，故有犬祸。一曰，

---

① 本段原本在隆庆五年之前，据贵图本改移。

旱岁犬多狂死及为怪，亦是也。郑玄曰：犬，畜之以口吠守者，属言。

大明嘉靖二十五年秋七月，黎平野犬沿城夜吠。明年，五开兴哗款，至今此风不熄。

诗妖

传曰：君炕阳而暴虐[①]，臣畏刑而拑口，则怨谤之气发于歌谣，故有诗妖。郑玄曰：诗之言志也，言不从，故有诗妖。

万历二十七年，播酋叛，贼势甚张。十月，石阡乡官经历谭恕避兵深岩，忽闻岩石崩裂，其声如震，始循岩看，石上有十六字，云：聚入小岩，人化为血，石壁损坏，诸蛮绝灭。有司摹其字以闻。予谓此贼亡之兆也，刻数万张传入贼中，以散其党。明年六月，贼灭。说者以为诗谶云。

灾祥三

《五行传》曰：弃法律，逐功臣，杀太子，以妾为妻，则火不炎上，谓火失其性而为灾也。又曰：视之不明，是谓不晢，厥咎舒，厥罚恒燠，厥极疾，时则有草妖，时则有蠃虫之孽，时则有羊祸，时则有目痾，时则有赤眚赤祥。惟水沴火。蠃虫，刘歆传以为羽虫。《尚书正义》曰：火，外光，故视属火。

火之灾　恒燠　草妖　羽孽
火之祥　白燕　鹳雀

恒燠

传曰：视之不明，是谓不晢，厥罚常燠。郑玄曰：视曰火，火主夏，夏气长，长气失，故常燠。

大明宣德九年，铜仁儒学灾。

景泰某年，安庄城楼灾，及民居数百户。

天顺三年，清平城楼灾。

成化十年，普定大火，延烧五百余家，死者三十余人，毁四坊牌，一城楼。

---

① 暴：原作"报"，据《晋书》卷二八改。

弘治十一年，安顺州火，燎民居五百户。

十五年夏，铜仁火，毁民舍三百家。

正德七年，思州府署灾。

九年，平越大火。

嘉靖元年，都匀卫治灾。

四年，平越大火。

五年，安庄火，先期，有白蝴蝶如落叶，自东北蔽空而来，飞向西南去。方三日，至四日午时，大风，火起，延燎东北二城楼，仓社学驿，及城中东门外人居千余家，死者七人。火息，蝴蝶复飞还东北，去卫城二十里，堆积而死。

七年春正月，石阡火，推官郑宗锦吁天反风灭火，府治亡恙。

都匀预备仓灾，焚谷五百石。

思南火，南平仓灾，焚米三百余石。

八年，思南田中火焰腾出，微白，状如炉火，无烟有焰，投之草则焦，夜则光照远近，旬余，经雨而止。

十二年，思南城东火。已，又火伤人。

十五年闰十二月三日，省城府北门火，延燎三街千家。

十六年，思州火。

十八年秋七月，铜仁府城中火，毁四百余舍。

二十六年，镇远卫堂灾。

二十七年春，铜仁城中火，毁四百余家。

二十八年，石阡北火。

二十九年，镇远西街火。

三十年，铜苗纵火，毁思州公署及民舍。安庄大火。

三十二年，石阡府西火。

三十五年，石阡府北火，延及公廨。

四十年，石阡府北火。

四十二年春二月十九日，平坝卫火，自南门起，延烧西北五所公署。

隆庆元年春二月十七日，普定大火五日，毁民居五千余家，死者六十余人。

石阡府北火，延毁公廨清远楼。

万历元年春二月，普安火，自惠政桥起至儒学右，延烧五百八十三家。

二年，思南火，自水德司署至东门，损民居二百余家。

五年，镇远火，焚八百余家，府门、吏舍、狱，尽毁。

六年，永宁火，查城站及坐镇公署皆毁。

七年春三月，安庄有白蝶成群，自东北飞来，父老云即嘉靖五年之变，卫人皆惊。次日午时，火起城西，延烧三百余家，及北城楼。秋九月，铜仁北城外火，有烬飞入新旧城中南门，燬二千余舍，顷刻而尽，御史马呈图请于朝颁赈。

九年冬十一月，思南城南火。

十二年秋七月，思南小水洞火。冬，永宁卫火，沿烧民屋，惟晏公庙独存。

二十一年春二月望夜，思南南门内火。镇远火，焚民舍百余家，是日，大雨如注。

二十三年冬十二月，新添北门城楼灾。

二十四年春二月朔，新添火。

三十年夏六月，婺川县火，焚民居二百五十家。

草妖

《传》曰：视之不明，厥咎舒，时则有草妖。解之者曰：政舒则诛不行，霜不杀草，谿臣下则杀不以时，故有草妖。郑玄曰：视之物可见者莫众于草。《五行志》以李梅之实，樗树之暴长，槐树之倒植，皆属之草妖，以木亦草之类也。虽变怪之木，中亦有为瑞者，要之，一木异也，总名之曰草妖。

大明嘉靖十四年，思南九门滩何家园枯杉复生。先是，杉生园中，末分二干摩霄，为暴风所拔，卧地上。已二年，家人复去其梢①，长各仅二丈许，至是，忽夜半闻园中破竹声，朝视之，一干已拔立，一干复生萌蘗，犹卧地。

二十七年，程番卜弄寨园梨秋华如春。

万历十一年，贵阳李树结扁豆，北园尤多。

二十五年夏六月，思南李湜之先生祠枯杏复华。明年，稍移近上，遂成五干，因竖亭杏边。郡人御史萧重望颜曰"祥杏"。李培初有记。

羽孽

《视传》曰：有臝虫之孽。刘歆传以为羽虫。《后汉书》从刘，今依《后汉》例作羽孽。

大明嘉靖二十八年冬十月，铜仁阅兵于演武厅，群雀翔集枪槊，久弗去。

万历七年夏，铜仁鸮夜鸣。

---

① 梢：原本作"稍"，据贵图本改。

九年，黎平水井街童子获一麻雀，三足。

十年夏六月，有鸟鸣铜仁文庙，声如雷号，曰梆鱼。未几，阖府被火。

白燕

大明嘉靖二十年，白燕巢于铜仁民舍，群燕随之。

鹳雀

大明嘉靖四年，有鹳雀巢于铜仁文庙西兽吻，育二雏。是年，铜仁始开科，登乡举者二。

七年，鹳雀复巢于铜仁文庙，是年亦举二人。

灾祥四

《五行传》曰：简宗庙不祷，祠废，祭祀逆天时，则水不润下，谓水失其性而为灾也。又曰：听之不聪，是谓不谋，厥罚恒寒，厥极贫，时则有鼓妖，时则有豕祸，时则有鱼孽，时则有耳痾，时则有黑眚黑祥。惟火沴水。鱼孽，刘歆传以为介虫之孽，谓蝗属也。《尚书正义》曰：水内明，故听属水。

水之灾　水灾　水异　恒寒　雹　雷震　鱼孽　豕祸　黑祥　蝗

水灾

京房《易传》曰：颛事有知，诛罚绝理，厥灾水。

大明成化四年夏四月，镇远大水。

弘治六年，清平大水。夏五月，程番大水弥旬，鹅的、长岭田地尽没。

九年夏五月，省城大水，坊市行舟。石阡府大水漂没民舍。

十八年夏，铜仁大水入城，坏沿江田庐甚多。

十九年，思南大水，民舍漂没。

正德五年夏，石阡、思南大水。秋，铜仁大水。

九年，平越大水。

十三年夏，省城大水，霁虹桥圮。

嘉靖四年，镇远大水。

八年秋八月，都匀大水，城湮山崩。

九年，普安水。

十一年夏，铜仁大水。

十二年夏六月，思南、石阡大水，坏民田，免今年田租之半。

十三年，镇远大水。

十八年夏五月，思州大水漂溺庐舍，人言洒溪有二龙战。

二十一年，石阡大水。

二十七年，石阡水坏田。

四十五年，镇远大水暴涨，漂没居民，崩塞田亩无算。

隆庆元年夏五月，铜仁大水入城，数日方退。

二年夏，石阡府涝。

万历七年夏四月，思南、黔江大水，文昌帝子及左右二木象浮江而来，巨浪洪涛，历千里周旋不舍。帝子则端坐水上，若有拱护之者，至郡人邹孟哲书屋前。他舟欲举，辄沉溺，孟哲舟至，举之，奉入书屋中祀焉。郡人李渭瞻谒，感帝子之来不偶，因书孝友堂，且作诗纪事。

李渭诗

黔州城下江昼昏，六月六日雨翻盆。波涛云涌蛟龙游，挝鼓鸣榔何处村。洪流天下迎王孙。

七曲浮江千里辕，巨涛端坐神明尊。左右侍者相随来，鱼龙拱护登平原。邹君此事人惊喧。

邹君孝友谁可譬，小儿温款大儿粹。书堂卜筑最奇胜，帝子择人尤择地。龙媒庆祥开百嗣。

八年，毕节乌平铺大水泛涨，淹没人民。五月，大水至东门，漂没关厢民屋。

十年，镇远春夏久不雨。五月朔，大雨如注，昼夜不止，诸山峡水辏合，涨丈余，漂民居田禾无算。普定大水。

十二年夏五月，平越、新添大水，山崩桥圮，荡析庐舍，漂压田亩，巡抚舒应龙、巡按毛在题蠲租。是月晦夜，都匀雷雨交作，大水冲坏渡船堡、石桥、乐平司田地。

十五年夏六月，思南大水。

十六年夏六月，思南大水，舟入市，漂流民舍。

二十四年夏五月，安顺州大水。

三十年夏四月，铜仁、兴隆、赤水大水。

水异

水异与大水微异，水之怪变而为异者也。

大明洪武初，普定有二水，一名滚塘寨，一名斗蛙池。居人夜闻水声搏激，既而其响益大，开户视之，喷面波涛，竟不可逼。坐以待旦，其二水一涸一溢，以为水斗云。

隆庆六年夏六月，贵阳龙井水变色五六日。

恒寒

《听传》曰：盛冬，日短寒以杀物，政促迫故。其罚常寒。郑玄曰：听曰水，水主冬，冬气藏，藏气失，故常寒。

大明嘉靖十年，清平陨霜杀稼。

三十九年冬十月，铜仁雪霰弥月，苗匿峒中多毙。

雹

刘歆以为：大雨雪，及未当雨雪而雨雪，及大雨雹，陨霜杀菽草，皆常寒之罚也，故雹属水。

元至治二年夏六月，思州大风，雨雹。

泰定元年夏五月，思州龙泉平雨雹伤麦。

大明嘉靖五年，思南大雨雹，民有死于雹者。

十四年秋七月，思南大雨雹。

十六年夏四月，镇远雪雹如鸡卵。

三十五年秋九月初五日夜，威清大雹。

四十三年春三月，普安州雨雹，大如鸡子，深三尺许，方三十里。

隆庆元年夏，石阡大雹如鸡子，坏民耕种及庐舍。秋七月，黄平大雹伤稼。

三年春，石阡府大雨雹如鸡子，坏民居，震死人牛。

万历元年夏五月，兴隆大雪雹。

二年夏四月，安庄雹大如鸡子。

九年夏六月，婺川雨雹，大如鹅卵。

十二年春三月五日夜，普定大冰雹，屋瓦尽碎，伤苗及树木禽鸟。

十四年秋九月，威清大雹毁稼。

二十年春三月，贵阳大风雹，损房折树。十四日夜，思南大风，雹如拳，如梅，折文庙古柏。

二十一年春二月朔，贵阳大风雹，破屋拔树。

二十三年冬，清平雷雹交作。

二十四年春三月，都匀大雨雹。

二十七年春三月乙未，平坝等卫雪雹，如碗盆砖石，寻有飞练之祆。

雷震

《五行志》以冬雷继雨雹之后，余非冬雷者亦附之，总名曰雷震。

大明永乐十四年冬，普安大雷电。

弘治十七年夏四月，省城大雷雨，取市人等秤不平者击之。

正德六年，思南大岩关外迅雷振戈，毁其锋，时流贼方肆乱，寻散去。

嘉靖九年，兴隆雷雹。

三十一年元日，都匀雷鸣雨电。三月，乌撒雷电风雹，海水溢。

三十六年，都匀龙场堡雷雨大作，潘姓偶有一升入于坛内。

隆庆五年，毕节雷，震东门。

万历四年春三月，乌撒雷，震东门桥。

十一年冬，思州大雷电雨雪。

十三年夏六月二十九日，贵州卫卖糕堡住人杜鹤龄，年一十六岁，洗面自照，头插白旗。至三十日往马场耰豆，午时雷震死，衣服俱破，脊有爪痕。

二十年，永宁卫春夏大旱，至六月六日，风雨震雷击西门右楼。

二十二年春二月望日夜半，印江县雷击仪门。

豕祸

《听传》曰：听之不聪，时则有豕祸。郑玄曰：豕，畜之居闲，卫而听者也，属听。

大明隆庆元年春，石阡义阳河江豚出，坏民居。

万历十五年夏四月，普定西关文昌阁悬一乳豚，两头、一身、两尾、八足。

黑祥

《传》曰：水失其性，时则有黑眚黑祥，水色黑，故有黑祥黑眚。

大明万历十二年春三月十五日午，贵阳有物，黑色，杂于云中，飞扬迅速。

二十七年春三月乙未，平坝等卫白昼天黑如夜。

蝗

《听传》曰：介虫之孽，刘歆谓蝗属也。《易传》曰：大作不时，天降蓄，厥咎蝗虫来。《河图祕徵》曰：主贪吏酷，酷则诛深必杀，主蝗。蝗虫，贪苛之所致也。

大明正德九年，都匀蝗食禾，明年饥。

嘉靖十五年秋，铜仁司各寨有蚊积如困者三，是年，苗吴朗拱倡乱。

三十一年，安庄有虫食禾，形如蚊而小，飞则如烟，落水尽赤，禾著之皆黑萎而槁。

灾祥五

《五行传》曰：治宫室，饰台榭，内淫乱，犯亲戚，侮父兄，则稼穑不成，谓土失其性而为灾也。又曰：思心不睿，是谓不圣，厥咎雾，厥罚恒风，厥极凶短折，时则有脂夜之妖，时则有华孽，时则有牛祸，时则有下体生上之痾，时则有黄眚黄祥，时则有金木水火沴土。班固曰：不言惟而独曰时则有者非一，冲气所沴，明其异大也。华孽，刘歆传以为蠃虫之孽，谓螟属也。《尚书正义》曰：土安静而万物生，心思虑而万事成，故思属土。

土之祥　大有年

土之灾　岁饥　地震　山崩　恒风　牛祸　雨土

大有年

《春秋》书大有年，稼穑成也，故属之土。

大明弘治八年，清平大有年。

正德三年，清平大有年。

嘉靖元年，清平、普安大有年。

十一年，大有年。

三十年，大有年。

三十二年，省城大有年。

万历七年，清平大有年。

十年，兴隆大有年。

十八年，兴隆大有年。

十九年，兴隆大有年。

岁饥

《传》曰：稼穑不成，土失其性而为灾也，稼穑不成，则饥馑荐臻，故土之灾首岁饥。《五行志》不载，而《文献通考》详志之。今从《通考》。

元成宗八年夏六月，乌撒、乌蒙饥。

仁宗延祐元年夏四月，思州饥。

泰定元年春三月①，镇远府饥，发粟赈之。

三年夏四月，乌撒饥。

元文宗二年，思州、镇远饥，赈米五百石。

顺帝五年冬十一月，八番、顺元等处饥。

大明正统十四年，清平、平越饥。

景泰二年，贵阳饥。

弘治十四年，普安饥，罹米鲁之乱也。

正德十年，都匀饥。

十一年，清平饥。

嘉靖六年，都匀大饥。

七年．兴隆饥。

十五年夏五月，新添饥。

十九年，清平、兴隆大饥。

二十七年，省城饥，斗米肆钱，道殣相望。

三十年夏，思州饥，民食蕨。

---

① 泰定，原作"景定"，误，泰定为元泰定帝年号，元无景定年号。

隆庆五年，兴隆大饥。

万历十五年，清平大饥

十八年春，永宁饥。

二十二年，兴隆大饥。

二十九年夏四月，大饥，斗米肆钱，巡抚郭子章、巡按宋兴祖以闻。

地震

于《易》，坤为土，地震山崩，皆土失其性也，故属土。

元武宗至大元年，乌撒、乌蒙三日中地大震者六。

大明弘治十三年，镇远地震。

正德六年秋九月，都匀地震。

镇远地震。

嘉靖五年夏四月，永宁地震。

十年冬十一月廿九日，普定地震。

十五年春二月壬子，思南夜地震。

二十三年，兴隆地震。

四十二年春三月朔，威清东方地大震。

四十三年春三月，毕节地大震。

四十四年，都匀地震有声。

四十五年秋七月，都匀地震。

万历七年秋九月，兴隆、黄平地大震。

二十一年秋八月朔，新添地震。

二十三年秋八月，乌撒大霜，西门地震。

二十七年春三月乙未，平坝等卫地震。

二十九年夏六月，定番州地震。

山崩

大明弘治七年，都匀大雨，凤凰山崩。

嘉靖五年夏四月，永宁夕苏屯等山崩，压官田，损民舍。

十三年，兴隆大水，山崩桥圮，民舍荡析。

十五年夏五月，新添大水，山崩。

万历二十四年夏五月五日，安顺州风雨大作，山崩河决，坝阳、黑则、洛河地方，田土冲坏，民居淹没，不可胜数。

恒风

《传》曰：思心不睿，厥罚恒风，雨旱寒燠，以风为本，四气皆乱，故其罚恒风。

大明嘉靖九年，兴隆烈风雷雹击人。

十八年夏四月十二日夜，省城风吼如雷，雨雹交作，拔折枋木。

二十五年秋，铜仁大风雨雹，扬沙走石，野有毙兽。

二十八年夏四月，铜仁大风，北城兽吻飞堕五里，飘瓦如鳞。是月，苗破省溪司岩磴，杀掳官民甚惨，司印为麦地苗夺去。

三十年春三月，铜仁大风拔木，合抱者皆偃。

三十一年春二月初七日午时，普定烈风雷雨，摧折牌坊，伤人。程番立旺寨风雹拔木。

牛□

《传》曰：思心不容，时则有牛祸。于《易》，坤为土，为牛，牛大心而不能思虑，思心气毁，故有牛祸。

大明隆庆六年，乌撒前所军人戴正五家水牛一乳，生二犊。

雨土

土失其性，故雨土。

大明嘉靖三十一年春正月，乌撒白日阴霾。

《韵书》曰：霾风雨土也，晦也，言如物尘晦之色，或作霾。

灾祥六

《五行传》曰：皇之不极，是谓不建，厥咎眊，厥罚恒阴，厥极弱，时则有射妖，时则有龙蛇之孽，时则有马祸，时则有下人伐上之痾，时则有日月乱行，星辰逆行。

皇之不极　龙孽　马祸　人异　疫　星变　云气

龙孽

郑玄曰：龙虫之生于渊，行无形，游于天者也，属天。

大明嘉靖四年，普安龙起于红菖冲，空中闻有笙歌声，时山崩水溢，漂民居五十余家。

十六年秋八月，省城、普安龙见。

十九年，新添龙见。

四十六年春，石阡龙见东南。

万历四年春正月，普安龙见唐帽山。

九年，永宁慕役司龙见。

十年，婺川龙见于龙潭坝洞中。

十一年秋七月，永宁龙翔于州之西北十五里。婺川龙挂于县南云端。

十二年，安南一龙腾于西南。

十三年秋七月，普安龙见天马山。

十九年春三月十七日午时，黎平府暴风雷雨大作，府治二门右，平地水涌三尺，有蛟腾去。既涸，视之，有洞如井，积水澄碧。知府袁表名之曰腾井。夏五月，石阡龙挂于东南。

马祸

郑玄曰：天行健，马，畜之疾行者也，属皇极，然亦有为瑞者，如龙马负图之类是也。

大明洪武四年，养龙坑出龙马，明升以献，赐名飞越峰。

弘治二年，镇远永丰仓获一兽，纯黑如马，盖熊云。

人异

《传》曰：皇之不极，厥罚常阴，时则有下人伐上之痾。历代史志只谓之人痾。盖人痾者，妖也。刘歆曰：天地之性，人为贵，凡人为变，皆属皇极，下人伐上之痾也，故总谓之人异云。

大明正德二年，乌撒前所军人陈伏保妻一产三男。

嘉靖十二年，永宁民家生一男，两头四足。

万历二十九年冬十月，贵州卫指挥冯国恩妻一产三男。

疫

痾，人痾也，疫，人疫也，《五行志》以疫继人痾之后，今从之。

元成宗大德八年夏四月，乌撒、乌蒙疫，并赈恤之。

大明弘治七年，清平大疫。

十七年，都匀大疫。

嘉靖八年，永宁大疫，死者甚众，总兵何卿命军士瘗之。思南疫。

十五年夏五月，新添疫。

二十三年秋，铜仁大疫。

二十四年，镇远疫。

二十五年，程番、清平、兴隆、平越、普安、安庄大疫。

二十六年，省城、铜仁大疫。

万历六年，贵阳疫。

二十九年秋七月，大疫，黎平为甚，城中二月死六百人。

星变

《传》曰：皇之不极，时则有日月乱行，星辰逆行，是编日月食不书，日月非黔一国事也。

元顺帝元统二年秋七月，太白犯鬼宿。

三年夏五月，太白犯鬼宿。冬十月太阴犯鬼宿。

四年闰八月，太阴犯鬼宿。冬十月太阴犯鬼宿。

大明嘉靖三十二年春三月十二日夜，三星殒于平越高坪寨，如石。

隆庆四年春二月，兴隆大星殒，声如雷，光如电。

云气

云虹与星辰皆成象于天者，《五行志》黄气白虹继日蚀之后，今从之，特白虹庆云瑞灾殊耳。

大明正德十六年，思州府有红光，自南飞过，北而去，天鼓鸣，良久方息，镇巡官以闻。

万历元年夏六月六日，普安五色云见儒学前。

八年秋八月二十二日四鼓，庆云见西方。

十一年夏六月，永宁庆云见，二龙腾于西南。

十二年，安南庆云见。

黔记卷十二目录

群祀志

黔记卷十二

泰和郭子章相奎父著
汉州宋兴祖汝杰父正
贵溪毕三才成叔父校

群祀志

蠒衣生曰：有司祀典，载《大明会典》甚详。顾黔中辟逖，夷俗躧鬼，恐未尽协于制，故特载《会典》于前，遵王制也。诸祀未奉敕而实有功德于民者，次第附于后，以义起也。即《会典》亦云：忠臣孝子，功利一方，坛场庙宇，有司修葺，依期斋祀，勿之禁矣。若有功于斯文，如王文成、孙文恭等祠，另附之儒学之后。作《群祀志》。

洪武二十六年著令：天下府州县合祭风云雷雨、山川社稷、城隍、孔子及无祀鬼神等，有司务要每岁依期致祭，其坛埠庙宇制度，牲醴祭器体式，具载洪武礼制，今列于后。

社稷府州县同

坛制，东西二丈五尺，南北二丈五尺，高三尺俱用营造尺。四出陛各三级，坛下前十二丈，或九丈五尺，东西南各五丈，缭以周墙，四门红油，北门入。

石主长二尺五寸，方一尺，埋于坛南正中，去坛二尺五寸，止露圆尖，余埋土中。

神号各布政司寓治之所，虽系布政司官致祭，亦合称府社府稷。府称府社之神，府稷之神。州称州社之神，州稷之神。县称县社之神，县稷之神。

神牌二，以木为之，朱漆青字，身高二尺二寸，阔四寸五分，厚九分，座高四寸五分，阔八寸五分，厚四寸五分临祭设于坛上，以矮卓盛顿，祭毕藏之。

祭期：每岁仲春、仲秋上戊日。献官：各布政司及府州县，凡遇祭祀，随处但长官壹员行三献礼，余官止陪祭，武官并不预祭。

祝文

维洪武　年岁次　月　朔　日，某官某等敢昭告于某社之神（某稷之神）曰：品物资生，烝民乃粒，养育之功，司土是赖，维兹仲春（秋），礼宜告（报）祀，谨以牲帛醴齐粢盛庶品，式陈明荐，尚享。

风云雷雨山川城隍之神

凡各布政司府州县春秋仲月上旬择日同坛祭，设三神位，风云雷雨居中，山川居左，城隍居右若府州县，则称某府某州某县境内山川之神，某府某州某县城隍之神。风云雷雨帛四，山川帛二，城隍帛一，俱白色，附郭府州县官止随班行礼，不必别祭。

祝文

维洪武　年岁次　月　朔　日，某官某等敢昭告于风云雷雨之神（某府州县境内山川之神，某府州县城隍之神）曰：惟神妙用神机，生育万物，奠我民居，足我民食，某等钦承上命职守方面布政司用，忝职兹土府州县用今当仲春（秋），谨具牲醴庶品，用申常祭，尚享。

旗纛

凡各处守御官，俱于公廨后筑台，立旗纛庙，设军牙六旗纛神位。春祭用惊蛰日，秋祭用霜降日，祭物用羊一、豕一、帛一白色、祝一，香烛酒果。先期，各官斋戒一日。至日，守御长官武服行三献礼，若出师，则取旗纛以祭，班师，则仍置于庙。

祝文

维神正直无私，指挥军士，助扬威武，皆仗神功。某等钦承上命、守御兹土，惟兹仲春（秋），谨以牲醴庶品，用申常祭，尚享。

以上各项祭祀，坛庙、宰牲、房屋、牲帛、日期，并依已定制度，合用牲匣、笾豆、簠簋、尊爵、盥洗等器，并如社稷坛样制成造，但案卓用高卓。

祭厉

凡各府州县，每岁春清明日，秋七月十五日，冬十月一日，祭无祀鬼神。其坛设于城北郊间，府州名郡厉，县名邑厉。祭物：牲用羊三、豕三、饭米三石，香烛酒纸随用。

祭文

维洪武　年　月　日，某府官某遵承礼部札付，为祭祀本府阖境无祀鬼神等众事，该钦奉皇帝圣旨：普天之下，后土之上，无不有人，无不有鬼神。人鬼之道，幽明虽殊，其理则一。故天下之广，兆民之众，必立君以主之。君总其大，又设官分职于府州县，以各长之各府州县，又于每一百户内设一里长以纲领之，上下之职，纲纪不紊，此治人之法如此。

天子祭天地神祇及天下山川，王国各府州县祭境内山川及祀典神祇，庶民祭其祖先及里社土谷之神，上下之礼，各有等第，此事神之道如此。尚念冥冥之中，无祀鬼神，昔为生民，未知何故而殁，其间有遭兵刃而横伤者，有死于水火盗贼者，有被人取财而逼死者，有被人强夺妻妾而死者，有遭刑祸而负屈死者，有天灾流行而疫死者，有为猛兽毒虫所害者，有为饥饿冻死者，有因战斗而殒身者，有因危急而自缢者，有因墙屋倾隤而压死者，有死后无子孙者。此等鬼魂，或终于前代，或没于近世，或兵戈扰攘，流移于他乡，或人烟断绝，久缺其祭祀，姓名泯没于一时，祀典无闻而不载。此等孤魂，死无所依，精魄未散，结为阴灵，或倚草附木，或作为妖怪，悲号于星月之下，呻吟于风雨之时。凡遇人间节令，心思阳世，魂杳杳以无归；身堕沉沦，意悬悬而望祭。兴言及此，怜其惨凄。故敕天下有司，依时享祭。在京都有泰厉之祭，在王国有国厉之祭，在各府州有郡厉之祭，在各县有邑厉之祭，在一里又各有乡厉之祭，期于神依人而血食，人敬神而知礼，仍命本处城隍以主此祭。钦奉如此，今某等不敢有违，谨设坛于城北。以三月清明日、（七月十五日）、（十月一日）置备牲醴羹饭，专祭本府合境无祀鬼神等众，灵其不昧，永享此祭。凡我一府境内人民，傥有忤逆不孝，不敬六亲者，有奸盗诈伪，不畏公法者，有拗曲作直，欺压良善者，有躲避差徭，靠损贫户者，似此顽恶奸邪不良之徒，神必报于城隍，发露其事，使遭官府，轻则笞决杖断，不得号为良民，重则徒流绞斩，不得生还乡里。若事未发露，必遭阴谴，使举家并染瘟疫，六畜田蚕不利。如有孝顺父母，和睦亲族，畏惧官府，遵守礼法，不作非为，良善正直之人，神必达之城隍，阴加护佑，使其家道安和，农事顺序，父母妻子保守乡里。我等阖府官吏等，如有上欺朝廷，下枉良善，贪财作弊，蠹政害民者，灵必无私，一体昭报。如此，则鬼神有鉴察之明，官府非诣谀之祭，尚享。

告城隍文

某府遵承礼部札付，为祭祀本府无祀鬼神，该钦奉皇帝圣旨：普天之下，后土之上，无不有人，无不有鬼神，人鬼之道，幽明虽殊，其理则一。今国家治民事神，已有定制，尚念冥冥之中，无祀鬼神"昔为生民"以下至"依时享祭"，并与前同，但无"在京都"等七句。命本处城隍以主此祭，镇控坛场，鉴察诸神等类。其中果有生为良善，误遭刑祸，死于无辜者，神当达于所司，使之还生中国，永享太平之福。如有素为凶顽，身死刑宪，虽获善终，亦出侥幸者，神当达于所司，屏之四裔。善恶之报，神必无私。钦奉如此，今某等不敢有违，谨于某年某月某日于城北设坛，置备牲酒羹饭，享祭本府无祀鬼神等众。然幽明异境，人力难为，必资神力，庶得感通。今特移文于神，先期分遣诸将，召集本府阖境鬼灵等众，至日悉赴坛所，普享一祭。神当钦承敕命，镇控坛场，鉴察善恶，无私昭报。为此，合行移牒，请照验钦依施行。

里社

凡各处乡村人民，每里一百户内，立坛一所，祀五土五谷之神，专为祈祷雨旸时若，五谷丰登。每岁一户，轮当会首，常川洁净坛场，遇春秋二社，预期率办祭物。至日，约聚祭祀，其祭用一羊一豕，酒果香烛随用。祭毕，就行会饮，会中，先令一人读抑强扶弱之誓。其词曰：凡我同里之人，各遵守礼法，毋恃力凌弱，违者先共制之，然后经官。或贫无可赡，周给其家，三年不立，不使与会。其婚姻丧葬有乏，随力相助，如不从众，及犯奸盗诈伪一切非为之人，并不许入会。读誓词毕，长幼以次就坐，尽欢而退，务在恭敬神明，和睦乡里，以厚风俗。

祝文

维洪武　年岁次　月　朔　日，某府某州某县某乡某里某人等谨致祭于五土之神（五谷之神）曰：惟神参赞造化，发育万物，凡我庶民，悉赖生殖，时维仲春，东作方兴（秋，岁事有成），谨具牲醴，恭申祈告（报祭），伏愿雨旸时若，五谷丰登，官赋足供，民食充裕，神其鉴知，尚享。

乡厉

凡各乡村，每里一百户内，立坛一所，祭无祀鬼神。专祈祷民庶安康，孳畜蕃盛，每岁三祭，春清明日，秋七月十五日，冬十月一日，祭物牲酒随乡俗置办，其轮流会首，及祭毕会饮、读誓等仪，与祭里社同。

祭文

某县某乡某村某里某社里长某人，承本县官裁旨，该钦奉皇帝圣旨以下文与前祭厉同。今某等不敢有违，谨设坛于本里，以三月清明日，（七月十五日，十月一日），率领某人等百家联名于此，置备羹饭肴物，祭于本里无祀鬼神等众，灵其不昧，依期来享，凡我一里之中，百家之内，傥有忤逆不孝以下并同前祭厉文，但无"我等阖府官吏"至"一体昭报"一款。如此，则鬼神有鉴察之明，我民无诡谀之祭，灵其无私，永垂昭格，尚享。

祭告城隍文

某府某县某乡某村某里里长某人，率领某里人民某人等联名，谨具状告于本县城隍之神，今来某等承奉县官裁旨，遵依上司所行，为祭祀本乡无祀鬼神事，该钦奉皇帝圣旨以下文与前告城隍同，但省"无祀鬼神"至"作为妖怪"一段为"有等不在祀典之神，不得血食之鬼，魂无所依，私显灵怪"四句。又省"凡遇人间"六句，"依时享祭"下加"乡村里社一年三祭"八字，命"本处城隍"改"仍命以礼请本处城隍"。"生为凶恶"，"生"字改"素"字，"神当达于所司，屏之四裔"，改"神必屏之四裔"。此外并同。今某等不敢有违，钦依于某年某月某日就本里设坛，谨备羹饭肴物，祭享于本县无祀鬼神等众。然幽明异境，人力难为，必资神力，庶得感通。今特虔诚告于神，先期分遣诸将，遍历所在，招集本里鬼灵等众，至日悉赴坛所受祭，神当钦承敕命，镇控坛场，鉴察善恶，无私昭报。为此，谨具状告本县城隍之神，俯垂照鉴，谨状。

社稷坛陈设图

风云雷雨山川城隍图①

---

① 风云雷雨山川城隍：原本作"云雨风雷山川城隍"，据前文及嘉靖志改。

省会贵阳府宣慰司共祀

社稷坛，在城西一里。

山川坛，在城东一里。

厉坛，在城北隅。

城隍庙，在城内北，洪武间建。成化五年，南宁伯毛荣重建，左布政使萧俨记。弘治八年，巡抚邓廷瓒重修。

副使周凤记略

贵州东南，苗酋曰乜富架者，据险阻，僭伪号，众至数万，谋不轨，都匀军民骚动无宁岁。我皇上命巴陵邓公廷瓒以右副都御史提督军务，兼巡视，帅师往征之。弘治壬子秋，公次贵之会城，首谒城隍祠而誓之曰：予奉命来征僭乱，冀神翊佑。继而经画刍粮，调度兵马。癸丑秋九月，偕三五同事，刚日出师，奋威深入。贼闻公来，夺气，无敢抗敌。遂克坚砦，擒元凶①，平群丑，乃郡县其地，军民安堵。越明年，甲寅春暮，全师振旅而还，晋公右都御史，留巡抚贵州。公以神默相我师之功，因往谢之，顾瞻殿宇历岁滋久，栋桡坏朽，乃捐赀委官，哀材鸠工，一切殿堂、神像、两庑、仪门，以及庖湢、墙垣，总撤而新之。经始于是年夏五月，落成于弘治八年六月。予知公之事神不谄，以徼一己之福，神之佑公不私，以惠一方之民，是皆宜以传信于不朽者，因为之记。

忠烈庙在城中，洪武间都指挥程暹建。景泰初，按察使王宪题请乞追谥忠烈，奉旨敕建。正德丙寅重修，即今黑神庙也。

参议胡拱重建记略

荣禄大夫忠臣南公霁云，唐之名将也。景泰初②，贵有苗特险为乱，宪伯王公宪恳祷于神，以祈阴翊，果获无虞。凡贵境内，罹水火兵燹之患者，神皆相之，公以其事闻，廷敕有司牲牢而时祀之。于时，都宪张公廉、总戎颜公玉，暨藩臬诸公，咸捐俸资，属都阃叶昙董治之。经始于正德丙寅仲春，告成于是岁孟秋七月也，命予记之石。

---

① 元：原本作"兀"，据贵图本改。

② 景泰：万历志作"正统"，误。

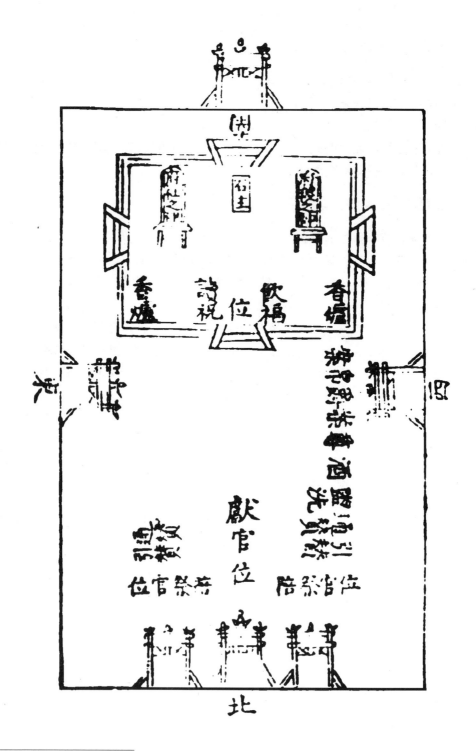

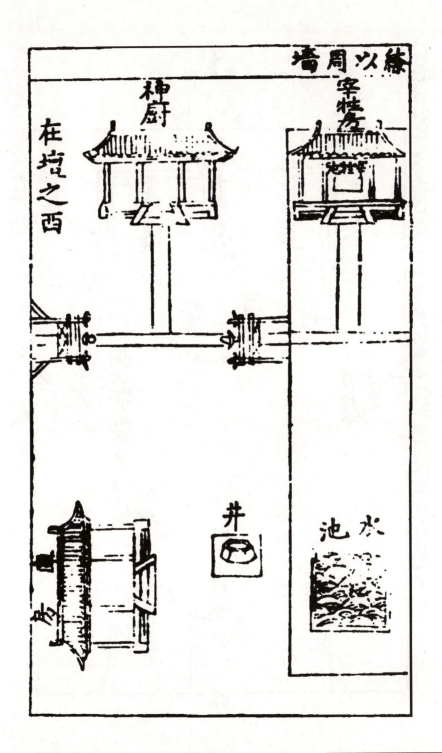

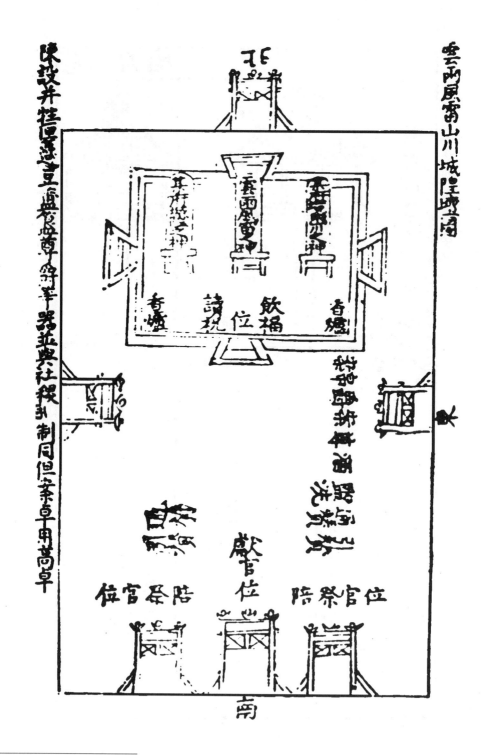

社稷壇陳設圖

都御史邓廷瓒诗

烈烈轰轰此丈夫，艰危志在灭强胡。孤城受敌丹心壮，大厦虽倾赤手扶。正气满腔凌日月，清明千古振寰区。我持斧钺来霄汉，愿借英风扫叛徒。

王阳明诗

死矣中丞莫漫疑，孤城援绝久知危。贺兰未灭空遗恨，南八如生定有为。风雨长廊嘶铁马，松杉阴雾卷灵旗①。英魂千载知何处②，岁岁边翁赛旅祠。

兵部尚书伍文定诗

忠孝能全始是夫，不然中土亦林胡。城孤元赖刚肠在，板荡终归大义扶。气压山潮巍血食，名同巡远振寰区。英灵尚助堂堂阵，唾手天戈靖乱徒。

旗纛庙二。一在都司内，祀军牙六纛之神，洪武间建。一在演武场内。

武侯祠，在南门外鳌矶右，正德间以旧寺改名名宦。嘉靖间巡抚徐问更名武侯祠，增祀傅友德等。以后续祀者俱入府司两学，名宦祠本祠列祀诸位寝以遗失③，而人第知专奉武侯矣。

都御史熊一潇诗

兀兀新祠照坞沙，短篱修竹几人家。英贤事业皆名世，何处安攘示翊华。南去云山多入越，西来桥水暗通巴。我来拜谒逢春雨，开遍祠前古树花。

王阳明诗

隔水樵渔亦几家④，缘冈石径入溪斜。松林晚映千峰雨，枫叶秋连万树霞。渐觉形骸忘物外，未妨游乐在天涯。频来不用劳僧榻，已借汀鸥一席沙。

斜日江波动客衣，水南绿竹见岩扉。渔人取网舟初集，野老忘机坐未归。渐觉林间栖翼乱，愁看天北暮云飞。年年岁晚常为客，闲杀西湖旧钓矶。

王训诗

净度招提旧结茅，地偏应不远尘嚣。山腰倒接城边路，水口斜通郭外桥。深院落花无客扫，空门掩日有僧敲。忘怀好结莲花社，分付山僧早见招。

御史王杏诗

山村一曲几人家，涧水泠泠抱石斜⑤。饥鸟啄残提树雪，归鸿飞破夕天霞。柳条晴放春无限，梅萼寒回腊有涯。汉相隆中图阵在，齐人何必学囊沙。

林雪稀疏破石衣，偶从仙子到岩扉。缘岩瘦竹寒将住，夹岸疏桃春欲归。鹤翅

---

① 阴雾：万历志作"夹道"。
② 英魂：万历志作"英雄"。
③ 寝：原本作"寝"，据贵图本改。
④ 渔：原本作"鱼"，据《王文成全书》卷一九集改。
⑤ 泠泠：原本作"冷冷"，据贵图本改。

半宫尘外度，渔舟一叶鉴中飞。何年得脱风埃罥，来向溪头觅钓矶。

副使蒋信诗

咫尺溪桥卖酒家，挥杯林影日初斜。故人漫惜潇湘月，小盏何辞贵竹霞。欲咏梅花倚江阁，未堪柳色动晴涯。剑南春树应相待，且莫随鸥恋旧沙。

巡抚刘大直《过武侯祠，祠圮，因议修》诗

胜游怀古哲，汉室中兴功。仙舫联飞鹢，官桥渡落虹。葵心晴捧日，蝉翼晚吟风。圮宇筹恢复，千秋意气通。

蟒衣生《题武侯祠》

曾从罗甸画兵机，七纵雄声凛铁衣。铜鼓风云藏阵略，祠坛草木识天威。雕阑俯瞰蛮烟净，彩栋遥连蜀日辉。鼎足未酬伊吕志，千秋有恨鹊南飞。

关王庙四。一在演武场，嘉靖三年总兵牛桓建，有记。一在南门月城内。一在军门前。一在军门东园，名神武祠，章建，铸铜为钟鼎，并峙祠前，有记。

> 章记曰：神武祠，祠汉前将军壮穆侯关云长也。将军佐蜀汉，以战功封侯，场，后世崇褒祀，封武安王，又称王。晋人以王行不诡于贤圣，又称圣贤。予读史，王之文不少概见，止辞曹孟德书曰：日在天中，心在人中，日在天中，普照万方，心在人中，不容一私。王肝肠光洁，皎如烈日，此其一节云。予入晋，櫽括其语，题王祠曰：心日天人。而未以语家人。一夕，内子梦谒王祠，顿首顾扁。王曰：此郭先生题也。内子识之，寤以予语。呜呼，异矣。

> 万历己亥，予祗役于黔，受命讨夜郎，离西昌，又梦王戒予周重，默示贼平期。予入黔逾年，始会蜀楚师入播，不五月播平，悉如王旨。乃于署东建祠祀王，题曰神武祠，命儿陵八分书之。陵请曰：神武之义，与"心日天人"，其旨异同？

> 予曰：子未学《易》乎？《易》曰：古之聪明睿智，神武不杀，而始之曰圣人。洗心退藏于密，神以知来，智以藏往，夫惟洗心也，而后神且智。惟神且智也，而后其神武①。孟德猜忌残忍，夫人知之矣，戮杨德祖，诛孔文举，不翅几上。内获玄德妻子不杀，犹曰为天下者不顾家，杀之无为也。遇王殊礼不杀，犹曰冀为我用，赖以驱驰也。白马之役，王已报效，辞去，必不为曹用，乃礼而遣之。庶几长者之行，岂非日心之天，即猜忌残忍之夫亦足少动其良邪？孔子曰：天生德于予，桓魋其如予何？天未丧斯文，匡人其如予何？桓

---

① 神武：原作"武神"，据贵图本改。

匡杀机已萌，而犹恃生德之天与未丧斯文之天以自免。王盟在桃园，坚若金石，秉烛达旦，义动鬼神，此心之日，炳炳如丹，孟德即桓匡，其如王何矣？呜呼，王之日心能动于许昌，而不能浃于荆楚，能谅于孟德，而不能信于仲谋，能全刘氏室家于流离艰险之秋，而不能辅成帝业于威震华夏之日。岂天命去汉，留之不可，其说然邪？

王场到今，千三百余年①，其英爽义魄，即妇人孺子无不知王。其庙祀血飨遍天下，即穷陬委巷无不祠王，几与文庙埒。又谁户说而家谕之？则以秋阳之暴与日心之天，光明俊伟，无豪毛滓，亘千万世无变也，宜晋人谓王圣贤也。

祠在东园射亭右，祠之右为碑亭，贮石三，中刻建祠始末，左刻像传，右刻灵迹。碑亭右为马亭。爰纪神功，系之以辞。辞曰：

炎汉日落，皇纲几绝。天生虎臣，为万人杰。蒲坂降神，桃园歃血②。龙从豫州，雁行诸葛。辞曹归刘，烛旦植节。美髯桓桓，雄武揭揭。批隙陷坚，雷轰电掣。吴儿夺气，老瞒褫魄。鼎足方峙，天柱遽折。魂游宵晶，灵自光烈。靡地不祝，靡人不得。嗟嗟黔阳，杂揉汉夷。夜郎不虔，煽毒边垂。予小子章，肃将天威。王赫斯怒，嘿护艰危。假梦告犹，凭乩赋诗。斩关拔砦，翼我王师。兔穴既埽，虏廷乃犁。东市然卓，南粤获嘉。边吔案堵，将士偃旗。功在社稷，谁其酵之？酵之维何，祠创神武。金相玉质，俨然射圃。圣贤可亲，心日可睹。精灵如在，窃比尼父。盘江汤汤，贵山臁臁。庙貌维崇，永奠兹土。绥厥戎蛮，慑彼豺虎。勒石千秋，铭勋万古。聿昭神贶，以笃国祜。

蟫衣生题神武祠

盖世雄才国士风，祠开神武镇黔中。天人未解吞吴恨，心日犹悬翼汉功。手揖美髯倾五虎，志恢鼎足吸长虹。千年生气留光岳，愿埽妖氛鼠穴空。

真武庙，在北月城内③。

夏国公祠，在城内南，永乐六年敕建。

大学士金幼孜记

永乐十二年夏五月丁酉，奉天翊运推诚宣力武臣特进荣禄大夫柱国后军都

---

① 三：原作"八"，关羽公元220年去世，郭子章万历二十八年（1600年）写此文，相距1372年，此举其成数。贵图本改为"三"，今据改。
② 歃血：原本作"软血"，据贵图本改。
③ 北：原作"比"，据贵图本改。

督府右都督镇远侯顾公薨于贵州，时年八十有五。讣闻，天子辍视朝，遣行人李鉴往祭，追封夏国公，谥武毅。明年春，公之子勇，孙兴祖自贵入谢。兴祖袭封镇远侯，请予为文，以昭示后世。①

公讳成，字景韶，其先湘潭人，以元至顺庚午十二月十六日生。太祖渡江，公自扬州归附，从元帅至镇江，与勇士十二人奋战，直抵城下，无敢当其锋者。会日暮，守将集众执缚至江上，已戮十一人。公奋起，蹴执刀者，仆之以身，转至水次。适遇篙舟者，授之以斧，绝其缚，乃沂江而上②。遇舟师桑院判，因与众曰，镇江无敌士，可破也。众从之，攻其城，克之。青军据扬州，公以母故，请往说之。议不协，将害公，公觉之，独托更衣去，微服出城，载母驰归，其从皆脔矣。已而，从徐武宁攻常州、宁国、江阴，克之。败陈友谅兵于龙湾。甲辰，擒伪汉主理，授凤翔卫百户。③

丙午④，进围伪吴张士诚于姑苏，吴元年秋九月，下之。公最有功，升金吾卫副千户。尝扈车驾自汴梁还，御舟胶浅，篙师集力不得法，公即解衣入水，以背负舟，大呼，舟随脱以行。即日，授坚城卫指挥佥事。攻信阳，唐州，所俘妇女以百计，悉访其亲还之。

自平蜀后，调贵州卫。岁丙辰，蛮人作乱，公率兵连岁攻破瓮蓬、翁底、洪边、乖西等寨，斩获无算，降土酋王万全，贼首龙小思走死。蛮人自是闻公名，皆心胆震慄⑤，目公为"顾老虎"。辛酉，从颍川侯征云南。明年，克普定⑥，升普定卫指挥使。自甲子至辛未，凡八年，数受命讨阿黑、螺蛳、尾洒、龙山诸蛮贼，悉破斩之。

壬申夏五月入朝，宴赏甚厚，升镇国将军、贵州都指挥同知。未几，复征诸蛮，有功，丙子，升骠骑将军、右军都督府都督佥事。冬十一月，承制充总兵官，佩征南将军印。五开诸洞蛮獠之弗顺者，连战剿捕之，杀获殆尽，其输诚归款者，辄抚绥之，蛮人帖服。戊寅，还京师。

己卯，靖难师起，公自真定挺身来归，命守北京。庚辰，升后军都督府都督同知。辛巳，升右都督。壬午，内难平，论功行赏，公列侯封，食禄千五百石，赐白金、彩币、诰命、铁券，仍以其孙兴祖袭普定卫指挥使。

① 万历志此后尚有一句："予弗获辞，序次其平生功业如左。"
② 沂：原本作"沂"，据贵图本改。
③ 万历志此处尚有："乙巳，从常开平取襄阳，克泰州，留守兴化。"
④ 丙午：万历志后尚有："攻浙西，破旧馆，取湖州。"
⑤ 震慄：原本作"震悍"，据贵图本改。
⑥ 普定：万历志后尚有："诸蛮皆平，太祖遣中使特赐袭衣金带。"

戊子①，蛮寇背叛，公遣其子贵州卫指挥同知勇领兵剿绝之，其后，累征诸酋为寇者，擒杀贼首苗普亮、王忠、杨再智等送京师。甲午夏四月，还军贵州，五月疾剧，终于镇。②

公雄勇有胆略，能料胜制敌，出师攻战，必获万全。虽骁将强寇，莫敢婴其锋，蛮夷胁服，边人用康，此其功德彰彰有不可掩云。

忠勋祠在城内东街，万历三十年建，祀监军按察使杨公寅秋，及讨播阵亡诸将士。

章记曰：播之役，黔无幸近，又无幸瘼与脆。黔之瘼之脆，四方罔不闻，即主上深居九重，亦罔不闻。播隔一衣带水，市井耦类为之耳，为之目，不知凡几，而独不闻乎？其易黔久矣，方吾糇未峙，卒未萃也，有飞练之寇，有东坡、龙泉之寇，有乌江河渡之寇。当其时，将卒枵腹御虎口，虽长子弟子殊，而身膏草野，骨碎锋镝，总之皆忠魂也。

比予丐之主上，主而臣怜。求之四方邻国，邻而予助。悬罄之室，猝而金钱百万，三里之城，猝而貔貅十万。即市井耦类为之耳，为之目者，且谓不必然，而播之易黔如故也。于是有大水田之捷，有黄潭关之捷，有桃溪衔、海龙囤之捷。当其时，将卒鹰扬，以逐鶗雀。虽长子弟子殊，而雪夜驰蔡，风声入泚，总之皆勋庸也。此两者，胜负相悬，则悲愉异情，生死相隔，则人鬼殊涂。焚车之信，不得与韩曹一传；彭亡之岑，不得与邓贾齐策。势也若合，忠与勋咸之，大震天声，继闻月捷，鞠躬尽瘁，功成身陨，老上之庭方焚，营中之星告坠，泗水之碑未竖，大乌之祥复现。则惟左监军杨公乎？己亥十二月入黔，明年二月出师，六月破贼。黔之人嘉其伐，曰：杨公以劳定国也。六月贼灭，八月病予告，明年三月卒于里。黔之人又莫不哀其殉，曰：杨公以死勤事也。

子章稽之祀典，劳定国者祀，死勤事者祀，乃援陈御史效、张廉使栋例，请于朝，下部议。顾师后棘丛，大陵气溢，十室九死，人莫必命。佥谓阵亡诸魂，未有所归，乃谋合祀之城东隅。中为堂，堂除列东西庑，堂设监军杨公

---

① 戊子：万历志作："冬十月，公出镇贵州。初，公还京师，蛮人谓公弗复至，相聚出没剿掠，边卫弗能禁。公再至，有被拘者，公纵遣之，俾谕诸酋以复来意。未几，皆相率来见，公抚辑之，宣布威德，边人遂安。戊子夏，特召还京，赏赉有加。秋八月，复回贵州。"

② 万历志此后尚有："夫人彭氏。子八，长统任普定卫指挥使，次勇为贵州卫指挥同知。孙七，曰兴祖，袭爵镇远侯。"

主，配以参将、都司、守备、指挥。两庑祀千百户、把总及三军死义者，阶除下为仪门。仪门外，左为斋宿所，右以居司香僧，前为大门，颜曰"忠勋祠"。堂后故有佛阁，予葺之，范黑金为佛，祀之。题曰：忠魂妙依处。脱此理不爽，魂归有所，岂独以甘冥骨，亦以慰珉思而鼓士气，所云神道设教，非邪？昔汉高帝每过大梁，祠信陵公子。及击黥布还，为公子置守冢五家，世世岁以四时奉祠公子。狄梁公抚江南，黜淫祠，不废伍大夫员祀。公子何功于汉，大夫何忠于唐，存魏之勋著，而鸱夷之死烈也，即异世不废也。予勒之石，用以告来者。杨公名寅秋，字义叔，江西泰和人，万历甲戌进士，历官贵州按察使，赠太仆寺卿，荫一子入监读书。

祠租

一忠勋祠前店拾间，每间月租肆分，年共银肆两捌钱。

一鼓楼下西店房拾间，每间月纳租银玖分，年共银拾两捌钱。

一东山园地壹所，每年租银肆两伍钱。

一本院风纪坊内店房贰拾贰间，每间月纳租银伍分，年共银拾叁两贰钱。

以上四项租银共叁拾叁两叁钱，俱中军官收贮，供本祠每年香烛、春秋建醮、守僧工食，并修理本祠及平播、止榷二亭之用。

一新正香烛用银伍钱，又每月灯油银叁钱，年共银肆两壹钱。住持僧壹年该工食柒两贰钱。每年清明建醮、中元建盂兰盆会，合用香烛等费，共该用银柒两柒钱壹分。各项总共费银壹拾玖两伍钱壹分，尚余壹拾叁两柒钱玖分，存贮听支修理三处。店租遇闰，共该加银贰两肆钱。其建醮诵经人等饭食，清明于新贵县赈米内动支仓斗米壹石，中元于花石头田壹分年收米花壹拾贰秤食用。

马祖祠，在马政所内，与养济院共在教场东，名养牧所，万历三十年建。

表贤祠，在城南三里新添关内，祀副使吴倬。倬捐金七百三十五两买置水田八分，递年收租三百七十四秤，贮站仓，给助各军。去后，站人立庙以祀，于前田内每年拨米花四十秤，并地租银七钱办祭。主事汤㖞有记。

定番州

社稷坛在州东。山川坛在州北。厉坛在州西北。城隍庙在州西。关王庙在州南西。

平越军民府 卫同

社稷坛在城西一里。山川坛在城南二里。厉坛在城北二里。城隍庙在城内，洪武二十二年建。旗纛庙在卫治后。关王庙在治北，正统间建。马皇庙在治北。

黄平州 所同

社稷坛在州北。山川坛在州西。厉坛在州西。城隍庙在州南。旗纛庙在所后。

余庆县

社稷坛在县□。山川坛在县□。厉坛在县□。城隍庙在县□。

瓮安县

社稷坛在县□。山川坛在县□。厉坛在县□。城隍庙在县□。

湄潭县

社稷坛在县□。山川坛在县□。厉坛在县□。城隍庙在县□。

都匀府 卫同

社稷坛在城西一里。山川坛在城东。厉坛在城北。城隍庙在城东北隅，永乐间建。旗纛庙在卫东。寿亭侯祠在府北隅。张公祠，即读书堂，万历十三年提学吴尧弼祀张公翀。

思州府

社稷坛在北五里。山川坛在东一里。厉坛在北三里。城隍庙在城内南。飞山庙在府南一里，祀唐刺史杨再思，夷人祷之多应。李公祠在城内，祀知府李允简。遗爱祠二，一祀知府蔡懋昭，一祀推官王制。

思南府

社稷坛在城北五里，山川坛在城南三里，厉坛在城北三里，以上俱永乐间建。城隍庙，成化间建于治东北迁善桥。嘉靖三十九年，知府宛加祥忽夜梦神人入治堂，索公为拓其宅。厥明，推官陈南星登堂，亦以梦白公，不少异。二公乃汗悚，相语曰，此城隍神也。遂重修。四十三年，知府李公充善复修。寿亭侯祠，嘉靖九年建于崖门山左。李先生祠，在察院左，巡按薛继茂为参政李渭建。

门人御史萧重望记

同野李先生业与诸君子分豆于贤祠，顷又与申侍御共祀于省会，而复为之祠者何？特举也。特祠者何？贵筑之学，倡自龙场，思南之学，倡自先生。自先生出，而黔人士始矍然懅音㦚然知俗学之为非矣，《先行录》，天德之樞音模也，《大儒治规》，王道之要也。歷历中外，卓乎名臣，治行之最，天子葵之，难进易退之节，朋侪信之，甘棠之泽，随地而尸祝之，先生之道微也。夫祠先生以特典，奚过焉。铭曰：

道州眼藏，湘泽之灵，濂池心印，河雒之英，余姚衣钵，洙泗之精，於戏三公，百代豪杰，千古斯文，畴与揖孙于孔门，曰思南李先生。

婺川县

社稷坛在北五里。山川坛在南三里。厉坛在东。城隍庙在□□。昭化庙在安峰山上，或云神即夜郎王。

印江县

社稷坛在东二里。山川坛在西二里。厉坛在北三里。城隍庙在治东。

镇远府

社稷坛在城西三里。山川坛在城东一里中河山上，永乐十五年建。厉坛在城东三里。城隍庙旧在县右，万历十三年，知府刘淑龙移府右旧学射圃。旗纛庙在卫后。寿亭侯祠在卫东关，嘉靖三十一年，知府程燝建。水府祠在中河山崖上，嘉靖十九年，通判杨薰建。诸葛武侯祠，旧在偏桥长官司东二十里，地名高陂，有柏树百数十章，森郁可爱，景泰年间，参将安顺建，后江溢庙毁，木柱堆积，存者围可数尺。天顺年间指挥陈某重建。相传武侯征南，欲凿瓮蓬洞以通漕运，尝驻扎于此。至今父老犹指某处为将房，某处为马厩，瓦坠地者犹厚寸许云旧志。嘉靖二十九年，知府程燝改建于本府河南州街。

燝记曰：

忠武侯英烈，边徼尤为显著。镇远，徼之蕞尔者，古有祠焉，盖仰侯英烈而祀之也。祠在偏桥司江崖，去府六十里，岁久芜秽，祀典亦缺，君子憾焉。

嘉靖丁未岁，燝守是邦，以师旅方殷，未克遑及。越明年，戊申，乃得许挥使迁之隙地，遂立祠以祀侯。为堂三楹，中塑侯象，俨然如在也。堂之前为坊门，曰：天下第一流。胡致堂之赞侯者也。坊右为静学轩，静以修身，俭以养德，侯之学也。轩在崇冈下，由轩而上，为门，为坊，为书屋，曰龙冈深处，曰龙冈书屋。侯未出时，学于南阳卧龙冈，故此书屋亦曰龙冈。冈上茅亭者，草庐意也。轩南为房三楹，以居守者。东为铺舍，西为土地祠，仍旧也。明年己酉，告成，故记。

镇远知府周瑛祭文

汉祚既微，群雄割据。山河分裂，风吹弊絮。侯时晦匿，卧于隆中。识达时务，人称伏龙。堂堂豫州，帝室之胄。志大谋疏，颠沛弗售。失徐走荆，而始遇侯。驾凡三枉，就侯与谋。跨有荆益，抚辑戎夏。却魏亲吴，鼎足而霸。维兹僻壤，蛮獠攸居。中有长江，阮塞迁纡。既取荆州，此疑有蜀。繇此而漕，或便战守。侯时率师，循江而西。来旬来宣，弗二弗携。岁月幽邈，简编失载。故老相传，犹有梗概。荒山之隈，乃有侯祠。访问靡周，瞻拜后时。先儒谓侯，识其大者。伏义履仁，卓然不舍。维我后人，学将何先。师侯之心，庶其德焉。有酒在樽，有肴在俎。精气流通，无间今古。尚享。

湖广佥事沈庆诗

祠庙荒凉岁月深，数橼重建大江浔。左军见说劳三顾，南房传闻畏七擒。讨贼未酬安世志，鞠躬不负托孤心。高陂山畔斜阳里，荐藻频频表寸忱。

周瑛诗

万树鸦声送夕曛，孤祠独对大江濆。霸图先识炎纲正，国势终成鼎足分。伊傅胸襟明日月，轩黄行阵布风云。相材将略畴能比，一瓣心香特地焚。

铜仁府

社稷坛在治北。山川坛在社坛南。厉坛在治北。城隍庙在治东北，成化间知府周铨建。武侯祠在治东山内。石总兵祠在治东，祀都督石邦宪。

石阡府

社稷坛在治北。山川坛在治南。城隍庙在治南。厉坛在治北，万历二十三年知府郭原宾建。遗爱祠在城南，万历间祀知府吴维京、郑一信。

龙泉县

社稷坛在县□。山川坛在县□。厉坛在县□。城隍庙在县□。

黎平军民府

社稷坛在治西。山川坛在治南一里。厉坛在治北一里。城隍庙旧分府卫，嘉靖十八年，知府孙继鲁议其非，始合于一。二侯祠在府南赤龙山，祀武侯、寿亭侯①。元徐守祠在新化司东北二里许，所城之南。相传辰守徐公奉诏督催，至小里，为贼所害，投尸于江，数日溯流而浮，里人收葬之，建祠江干，神，迄今祷者辄应。

龙里卫

社稷坛在城北一里。山川坛在城南。厉坛在城北一里。城隍庙在城东，洪武间贾禄建，成化二年贾武、嘉靖甲子王寰重修。旗纛庙在卫后，洪武二十四年建。

新添卫

社稷坛在西二里。山川坛在南十里。厉坛在北二里。城隍庙在治东，洪武二十三年建，万历十年重修。旗纛庙在治北，洪武二十五年建。寿亭侯庙在治北，洪武三十五年建。真武祠在杨宝山，全黔人祷而谒之，每岁三月云集于山。康侯庙在杨宝山下牛场屯，祀宋侍中康保裔，侯最灵，祷雨辄应。万历二十九年大旱，予迎侯入贵阳，四月二十七日也。廿八日夜，神叩予门，至堂，取笔书棹与予，约三日雨，五月三日大雨沾足，并雨桂子。

章送侯归庙四联

矕志忠而龙捷龙卫祖父孙效死疆场；羡团练及继彬继明伯仲季腾光史册。

投诚无佞，惟至神如响之从；大庆有年，喜甘澍随车而到。

若润泽之，神自新添添雨露；俾滂沱矣，谷从湘满满田畴。

风师箕，雨师毕，听威灵食我三农；稌宜湿，黍宜原，赖神功播时百谷。

清平卫

社稷坛在城北，山川坛在城南，厉坛在城东，俱距一里。旗纛庙在卫左。关王庙在城南。武侯祠在城中。蔡公祠在城西，祀参议蔡潮。

布政使田秋记略

生祠非古也。记云：以死勤事，以劳定国，能御大灾，能捍大患，则祀之。故

---

① 万历志尚有注："初惟祀武侯，嘉靖十九年，知府孙继鲁并祀。"

岘山表叔子之灵，宣城著谢公之姓，是也。清平蔡公生祠之作，其亦此与？

正德十三年，清平县苗夷作乱，据香炉山以为巢穴，凭陵远近，动摇藩省。清平其切近，盖门庭之寇也。贼拥数千之众攻城，公适以少参分守其地，内无劲卒，外鲜强援，止以数百守城之兵，画地分障，运奇设谋，擒其桀黠，散其党与。不数日，贼俱引去。阖城老幼得再造，皆公之恩也。

未几，公迁去，民不能忘，乃为生祠二楹于城中，肖公像于中，饮食必祭，且私之曰：此吾清平之罗池柳侯、潮阳韩公也。

祠成三十年余，为嘉靖庚戌，麻城喻九山以公高弟，佥宪贵阳，道经清平，谒祠下，见砻碑尚未有词，征记于秋。秋惟公在贵凡八九年，不鄙夷其地，所在多品题建置。公之去贵三十年矣，而贵人思公德泽者如昔，公以贵参议升福建参政，转河南右方伯，人方仰其柄用，乃抗疏乞休，时论高之焉。

左布政使思南田秋谨记。

兴隆卫

社稷坛在卫南。山川坛在卫北。厉坛在卫北。城隍庙在卫东。旗纛在卫后。寿亭侯祠在卫东。

普安州

社稷坛在西南一里。山川坛在南一里。城隍庙在治西，永乐间建。厉坛在西一里。傅公祠在湘满驿后，正德十六年建，祀傅公添锡，云南府人，公葬于湘满驿后，有碑记、祭田。万历十一年重修①。

提学冯时可碑记略曰

傅公讳添锡，字佑之，系出钱塘。于宋高宗时为望族，追颍国公友德为明佐命臣。颍国四子，公行三，当元季，天下扰攘倾侧，父子奋身逐胡，各图云台业，因相失焉。

公长身瑰玮，矫矫若云中龙，为经生，即有声经生间。尤工诗，诗格高，不作大历以后语。暇则谈兵，屈指穰苴司马②，自负一当匈奴，即封狼居胥，禅姑衍无难者。每筹策天下事，忼慨中窾，扬眉裂眼，人不能难。

应江浙行省试，一日，忽语同学生曰：夫是神州也，万古冠裳域也，今兹

---

① "正德十六年"至"重修"：万历志作"万历十一年巡抚刘庠建，祀傅公添锡，有祭田"。

② 穰：原本作"攘"，据贵图本改。

介鳞焉，两仪混而七曜昏矣，我纵力弗能赓，独奈何北面若哉？《春秋》所书，厥防甚严，吾手是编谓何？且吾仰测浑仪，旁察方舆，江淮间郁郁薄层霄，成龙文五彩者，其天子气邪！若之何其自逐遗腥，而又饰盐嫫以求售犬羊也，遂弃去。

间关投谒高皇帝，被杭伪帅潘允明兵执诸帅，帅欲臣屈公，环以兵。公曰：圣主出矣，若不日且茹肝，无臣我，我翘然男子，非若臣也。须蝟张，目光炯炯射贼，声震行幕，允明与诸卒皆辟易，不敢兵。俄报明李武靖公破富阳、余杭，兵压允明营，允营谋拒。公叹曰：明天子天授神兵百万，批搗磔裂，却扫千里，前茅至此，无完卵矣，其缩甲可几福，毋以身试刃。允明虽骇公言亢，而与其党计，以为然，乃什诸公缚。伪员外方舜，身往策干武靖，武靖与公语良久，奇公，因纳允明款。武靖不烦一矢，获甲十余万，大悦。还，荐公，拜明州训导。

公之官，至则招其豪杰，诣金陵事上。时僧机先黠有谋，引倭袭明州，因诗通公，公得几先状以请，州乃设备，诱缚几先，用功升知大名府。元孽犯大名，公莅任甫七日，备未具，不敌，绾玺还，就请司寇法。诏报曰：傅某有殊绩，郡新造，非尔咎，其安置云南之永平。公配于氏携以往，明年抵永平，又明年，拜大理卫知事。未几，普安贼安乃叛，公督兵与战，不利。或劝公逸。公曰：尔何馁悖失策，往吾守大名，不完郭，皇帝不以膏斧，使衣冠待罪，得甚厚，非毕命枹鼓，曷报，免胄搏贼，死之。土人以葬驿后。

公生宽，宽生瑄，瑄生易庵、公证，证生教谕江安，有公风。生工科给事中良弼，以謇谔著。正德十六年，部使者奏公忠，请于朝，立祠祀焉。故制牺朴，不足妥灵，岁月既久，渐即毁坠。至万历十禩而公七世嗣侍御公来按黔，黔人德侍御公，念无能报，谋新公祠。业欲请，会中丞承天刘公闻之，曰：伟哉，傅氏明德远矣，其亟新焉，以风永永。吴郡冯时可以督学行邮，拜瞻公祠，徘徊怅慕者久之。念阐幽发潜，以佐佑人伦，实学使职，因为之序次其事。辞曰：

隐非绝俗，为元约身。出非祈荣，为明致身。裔夏大分，君臣大伦。皎然星日，矩我衿绅。伪帅鸱张，公虏公臣。咄嗟造次，海鸥其人。抽矢如蝟，攒戟若筠。片语单词，狂狡革燹。惜哉鸳鹭，鱼不麒麟。滇池恩遣，万里含辛。重关蒲塞，毒草兰津，蠢尔安酋，蹂藉我闉。公备持矛，曰敢逡巡。支靡朝原，魂依夕燐。古有杰士，公真其伦。累累者丘，铧铧者神。何以表之，厥庙维新。我鼓渊渊，我舞优优。灵之来兮，若吟若呻。骖虬翼鸾，驾空绝尘。丰我稌黍，泽我人民。云洞深秀，天梯嶙峋。徜徉其间，百千万春。

普安卫

城隍庙在卫治卧牛山。旗纛庙在卫治后。

普定卫

社稷坛在西北二里。山川坛在东二里。厉坛在北一里。城隍庙在南，洪武间建。旗纛庙在卫后。寿亭侯祠在城内东，洪武十五年安陆侯吴复建，火。景泰间都指挥郭贵重建。焦公祠，在南街，嘉靖三十六年建，祀兵宪焦希程。

安顺军民府

社稷坛在府北。山川坛在府东。厉祭坛在府北。城隍庙在府左。

永宁州

社稷坛在州南。山川坛在州南。厉坛在州东。城隍庙在州左。

安南卫

社稷坛在城南。山川坛在南二里。厉坛在城北。城隍庙在城内。旗纛庙在演武厅后。寿亭侯祠在治南，洪武间梁海建。

镇宁州

社稷坛在州南。山川坛在州东。厉坛在州北，洪武间建。城隍庙在州治东。

安庄卫

社稷坛在城西。山川坛在南一里。厉坛在城北。城隍庙在治内。旗纛庙在演武场内。关王庙二，一在治南，一在查城站内。关索庙在卫南四十里。

郡人推官胡宝记

　　按：将军旧传汉前将军羽之子，忠勇有父风。建兴初，隶丞相亮，南征，遏戡略诸要害，恩信孚兹土，世祀之。国初，通道都督马公跻是岭，始建祠。正统时，麓川夷拒顺，靖远伯王公师行以告凯，还，命所人拓其祠宇，毋仍陋。嘉靖戊子，武定夷亦拒顺，旋复殄平，大司马松月伍公归，登诗帛告成事，曰：縻所人其巫图诸石，以表志先烈毋坠。辛卯八月，碑始成。侍御松崖郭公至，命宝核实载文，宝既为纪，乃赋乐诗，俾所人时祀以歌。诗曰：

将军烈烈匡刘炎，血忱赘力秉塞渊。祖宗四百一发悬，咄彼逆党仇所天。不归孟德归孙权，渠能守死节靡捐。父王忠勇将军全，丞相义声将军先。跃马奋戈如龙骞，夺隘破关功无前。险哉此岭禁喉颠，指麾不杀殚腥羶。去思血食年复年，至今人记马跑泉。皇明通道偃槖鞬，马公祝册昭云轩。帝命汝庇西南边，西南久思分息肩。翁姥拜舞神无言，飒飒灵风来灵筵。击神鼓兮羞牲牷，菁茅醑兮静无喧，山草狞兮山花然。愿丽神保人罔愆，恩威霆雨消蛮烟。

杨升庵诗

关索危岭在何处①？猿梯鸟道凌青霞。千年庙貌犹生气，三国英雄此世家。月捷西来武露布，天威南向阵云赊。行客下马一酹酒，侯旗风偃寒吹笳。

威清卫

社稷坛在城东。山川坛在城西。厉坛在城西。城隍庙在城内。旗纛庙在城西北。关王庙在城南。灵官庙在城内，指挥焦琴建。

平坝卫

社稷坛在城内一里。山川坛在城东一里。厉坛在治北一里。城隍庙在城东一里。旗纛庙在治后。

毕节卫

社稷坛在城西一里。山川坛在城南一里。厉坛在城北一里。城隍庙在治内北。旗纛庙在治后。英济庙在城内东，祀寿亭侯。武侯祠在七星关城外，御史毛在建。

乌撒卫

社稷坛在城北。山川坛在城南。厉坛在城西。城隍庙在卫治东。旗纛庙在卫治后。关王庙在卫治内北。

赤水卫

社稷坛在卫治南一里许。山川坛在卫治东一里许。厉坛在卫治北。城隍庙在卫治西南隅，洪武年建。旗纛庙在卫治后，洪武年建。关王庙在卫城北，永乐年建。

---

① 岭：原本作"领"，据贵图本改。

永宁卫

社稷坛在城南一里。山川坛在城南一里。厉坛在城北一里。城隍庙在城南。旗纛庙在卫后。王公祠，祀参议王重光。

附谕祭文

嘉靖三十八年岁次己未十一月朔，越二十日，皇帝遣山东布政司右参议李一潮谕祭于朝议大夫、贵州布政使司左参议王重光曰：尔以明经，早登甲第。殷历滋久，晋参名藩。因时建事，率师平夷。会兴大工，职司采木。深山亲入，殚竭劳勤。触冒瘴烟，婴疾而逝。守臣来奏，良用悼伤。爰示渥恩，特颁谕祭。尔灵不昧，尚克歆承。

普市所

城隍庙在所治内东。旗纛庙在所治后，洪武间建。

黔记卷十三目录

黔记卷十三

泰和郭子章相奎父著
汉州宋兴祖汝杰父正
贵溪毕三才成叔父校

止榷志上

万历己亥三月，予奉命抚黔。五月，与故抚臣江公东之代于沅，六月入黔。是时，播酋杨应龙已破飞练，既陷綦江，狂象野兽，搪揆蹴踏，羽书纷发，日亡隙刻。所幸者税矿遍宇内，独黔未有命耳。六月间，有应天卫百户范仓者上言：恪遵祖制，敬复贵州税课，少助大功。上曰：贵州税课并土产名马，有裨国用，差内官监左监丞张庆率原奏官民往黔，照例征收。旨下，八番士民謷謷，一时中外臣工咋舌错愕，谓黔方用兵，民坐万仞坑中，益以飞丸激矢，令人脍截耳。于是吏部尚书李公戴疏，略曰：

贵阳一省皆山也①，其地狭隘，无奇异之产，其间闾阎萧索，无难得之货，即该省岁额兵饷，且仰川湖。目今播酋猖獗，流毒川贵，民心汹汹，又以税使临之，民其何堪？伏读圣谕，税止三万余及名马耳，时下用兵，即有名马，不给军征战而实内厩，非计之得也。遣将调兵，所需不赀，西征宁夏，东援朝鲜，皆以数百万计，今平播酋，恐亦不减此数。朝廷为川贵不惜内帑数百万，而顾与争三万之利乎？此断断乎当止者。况道路喧传，播酋传檄，为谋叵测。今复以榷税之事，离散民心，是驱民就乱矣。民不仇播而仇税使，已不可与为敌，况归而助彼乎？以利言则不必行，以害言则不可行，主上明见万里，独不念及此乎？

都察院左都御史温公纯，副都郭公惟贤，佥都陈公荐疏，略曰：

---

① 贵阳：当为"贵州"。

贵州弹丸之区，饷资各省，而播酋复鸱张，皇上恻然西顾，方且趣两省督抚星驰征讨，以拯涂炭。奈何从而重困之？军马刍饷，方望内帑给发数千百万，而求数万之税于其地，与素不产之名马乎？此驱民归播，驱商旅不出入于滇楚。譬如藩垣不培，盗必斩关而入，病夫垂毙，而复饮以乌啄，鲜不立仆。皇上不为封疆计则已，苟为封疆计，可任网利之徒忽意渔猎，以撤其藩垣，且益之疾而速其毙乎？

户部尚书陈公蕖疏，略曰：

贵州本西南夷，古称鬼方，不入职方。永乐中始制行省，止为一线之路，可通滇南。官则土多汉少，民则夷十汉一，僻处退荒，孤悬可念，实不及江南一大县，崎岖万状，商贾不通。况今征播，肆螫等于绝域，三万五千之税，并名马四十匹，安所取办？无论税额，即频年军饷，尚仰给楚蜀，彼衔命而往者，廪给夫役，安所编派乎？狼子野心，安戡最难，求金于魑魅之乡，索马于踯躅之境，徒取山鬼揶揄耳，臣未见其可也。

兵部尚书田公乐、王公世扬疏，略曰：

百户范仓，臣诚不知为何如人，要不过一市井无赖耳，彼见税使满天下，独遗贵州，以为此奇货可居也。皇上因之过听，亦以为贵州乃十三省之一，奈何独遗！不知大谬不然者。按贵州古罗施国，万山险恶，地实不毛。语曰：天无三日晴，地无三尺平。此在平时犹惧发难，而今何时哉？逆酋杨应龙包藏祸心，睥睨西南，匪一朝夕，皇上独不见彼中抚按告请兵饷之疏乎？臣等切齿此逆，以么麼小丑，抗侮天朝，至食不下咽，寝不帖席。日夜望督抚诸臣蚤至地方，计处兵马，谋合滇粤楚蜀之师，为倾巢覆卵之举。若以征税之故，既奋其力于供亿，又戕其心于箕敛。不知此时督抚将为民计乎？将为讨逆计乎？夫论黔之地，税本无利，论黔之时，税反有害，岂惟有害，其害将大。臣等诚不忍无缺金瓯，一旦为群小摇撼而瓦砾坏之也。

户科都给事中李公应策疏，略曰：

黔自国初开一线通于滇南，为保厘滇也，诸司审窃恨不能得间隙而入，杨酋负嵎吞舟，已渐有无奈伊何之势。若税使一至，势必搅扰军民，酋出，乘机发端，藉欲离之众志，广已叛之贼巢，横行西南，致危军国，则谁实贻之？咽喉既塞，滇南宁复可保哉？皇上尚谓黔民无虑邪？所辖下六卫、上六卫、西四卫，籍止存二三，与无兵同。协济银六万八千两，解多逾时，缓不及济，与无饷同。抚按方扼腕伤心，臣又痛惜阽危。条议清尺籍，督积逋，增将吏，弘化海，拓疆围①，五笑见今

---

① 围：原本作"围"，据贵图本改。

覆议允行，未见实效。而贼锋愈炽，徒手搏虎①，无米炊粥，虽勇而巧者难与为谋矣。皇上尚谓黔地无虞邪？据奏榷税，每税不过三万五千两，榷名马亦不过四十四。庙堂肯一节省，不知当几千百万，舍源泉而问行潦，进黄稗而冀获嘉，臣等殊切为今日惕。况由御门至黔中，实八千余里，一路喁喁相继，夫马逃窜，驿递萧条，已惨极入骨。而蒙差监丞张庆等，百户范仓等，土人谭应麒等，即至少亦不下数百人，沿途所餐所乘所宿，而供应者出自何地何人也？

贵州道御史应公朝卿疏，略曰：

贵州逼邻播地，杨应龙自去冬猖獗，军民受害已极。顷臣得代，出境后，将吏以轻动败，杀戮官兵，难以数计。臣谓皇上且赫然震怒，不惜帑金助饷，珍此而后朝食，讵意更遣使榷税，以益乱而长寇邪！臣窃计之，有万万不可者五：贵州崎岖山谷中，苗夷盘据，国家以滇南门户而郡县之，兵饷倚办川湖，征解愆期，动欲脱申。商苦盗劫，往来稀少，乃天下最贫最苦之地，不宜惊扰，其不可一也。平居支持已难，遇警张皇益甚，倘税监一到，军民惊惶逃窜，散入夷方，恣行勾引，莫可究诘，是驱民资寇，其不可二也。杨应龙去冬传播木刻，谓方今税矿遍天下，民心思乱，将出兵上扫云南，下平两都，此其志已叵测。今虐焰方张，舆尸正寝，更遣使征税，人心动摇，示之以隙，而益长其雄心，其不可三也。贵州水银等物，俱产穷山苗穴中，今榷税以此为名，奸人蚁附成群，苗獠劫夺蜂起，乡落骚然，道路阻塞，其不可四也。民叛于内，播乘于外，致乱益速，滇省坐隔，四方闻之，且有环起而响应者，其安危且不独一隅，其不可五也。夫邀必不可得之微利，冒此五不可之危机，皇上亦何利而为之？

御史萧公重望疏，略曰：

蠢尔贼酋，狂悖称尊，睫底且无朝廷，何有于中使？籍使得足偿失，以军屯夷寨而有税可征也，则当事者何不务议以裕兵饷，而翻廑协助于川湖？以深山穷谷而有利可榷也，则主计者何不疏请以佐时难，而必俟掺括于弁竖。当此之时，陛下慨然深恤，发内帑以为此方生灵纾倒悬之扼，犹虑弗给，而忍更促其生乎？必不然矣。仓之言曰恪遵祖制。臣闻我二祖之驭贵州，仅仅以不治治，则化诲而怀服者，先朝柔远之訏谟也。仓又曰敬复课税。蕞尔贵州，二百余年未尝设有抽分衙门，本无课，何名为复也？以贵之危急如彼，而仓之欺罔如此，臣固愿陛下罢中使勿遣，而无徒为奸人所荧惑也。

疏入，俱不报。时予与御史宋公兴祖接邸报，懔懔皇惧，乃会同上疏，略曰：

---

① 搏：原本作"抟"，据贵图本改。

贵州虽名一省，实不如江南一大县。山林之路，不得方轨，沟渠之流，不能容船。民居其一，苗居其九，一线之外，四顾皆夷。即平居无事，商贾稀阔。今年，杨酋二月围我偏桥，三月屠我飞练。四郊小苗，乘间蝟起，道路行劫，无日无之。加以綦江之破，民莫必命，商且绝武，谁肯委身豺狼，投尸鲸鲵？即城市所贸易者，不过米谷、菜果、绵花、油布之类，盖仅仅也。至范仓所称水银、硃砂、铜铅、名马等物，生于嶙岩之中，邻于虎豹之穴，倘一开凿之后，苗人眈眈，劫夺而去。臣将欲陈兵卫之乎？则御播之兵，臣方疏请之皇上，而安得复请兵护洞穴也？将欲货之商贾乎？则青犊啸风，游商敛迹，而臣安能驱之必来也？将尽辇而致之阙下乎？则鸟道千里，龙滩九折，非若金银之转输，其损犹可办也。名马之有无，臣不敢知，然每岁土司贡马，折银以进，则此方之骥弩，大较可知也。况查贵州常赋，每年硃砂共三十三斤，水银共四百四十四斤，黄蜡共二千九百一十斤。祖宗朝岂不知诸物之产黔中哉？而限其数若此之俭者，以为荒服外，可以责包茅，不当尽铢锱，明以其利遗之，实以安之也。况地方官兵之力量，以守城池犹且不足，而必不能分其力以布于岩洞之间。臣等之谫劣，以御强寇犹尚未周，而必不能分其心以杜彼苗罗之发。如使臣言不验，国家之福也。万一税使甫临，播寇环于外，苗贼窃于内，臣顾此失彼，捉襟肘见，此身不足惜，如辱朝廷何？此臣等所为愁虑回肠，吁之皇上，以贵州非他省比也，肥瘠之地殊，而治乱之形异也。伏望皇上仰体祖宗贡赋之额，毋溢旧数，近怜地方残破之剧，特收成命，俾臣等专力战守，以净妖氛，则内地之隐忧既销，而边围之底定可期矣。

疏行，计尚未入长安，大学士沈公密奏曰：

矿税一事，天下皆以为不便，皇上独以为便。乱端数见，天下皆以为危，皇上独以为安。岂皇上之心独与天心通，而能保天下必无事乎？臣愚殆不能晓也，圣意坚定，转移未闻，臣民日夜祷求，庶几少减，而乃日甚一日，使人何所归命？至于广西，乃穷苦百粤之地，诸蛮巢穴，控御为难。民无他业，惟田是资，猱獐出没，往往病耕。地促赋逋，一切官俸军需，皆仰给于广东。先朝设置总督，兼制两广，正为此。此地自给然且不足，而况可加一税使乎？四万之征，从何而出？

尤不可之大者也，昨日奉旨，又有贵州之差。则满朝臣子益惊怖而叹息矣。盖贵州乃古罗施鬼国，地皆蛮夷，山多箐穴，水不涵淳，土无货殖，通计民屯仅十四万石，为天下第一贫瘠之处。官戎岁给，全仰于湖广、四川二省。盖本非都会之地，从古不入版图，我朝但因云南而从此借一线之路，以通往来。一线之外，悉皆夷峒，鸥张豕突，易动难安。今云产有水银、铜铅、硃砂、雄黄、白蜡等货，每年可征税三万五千两，名马四十四，理所必无，臣不敢信，纵使有之，亦出蛮夷。今蛮夷侵田夺货，逞欲无厌，抚之尚难，岂可复扰？彼税使能从蛮夷征乎？

况杨应龙正肆猖獗，杀戮无算，朝廷方议征讨，一新督抚镇守等官，而施为次第，尚无可言。昨巡抚郭子章交代以书问臣，内设四策，一曰战，二曰抚，三曰先抚后战，四曰先战后抚。臣心皆以为难，不能对答。盖抚则损威辱国，而此酋又非抚之所能定，前事覆辙，已可鉴矣。臣故难之。战则须兵一二十万，饷一二百万，假以便宜，宽之岁月。而彼主我客，彼守我攻，难易悬殊，胜负莫料，臣又难之。臣思督抚镇按等官正是无米而炊，徒手而搏[①]，千难万难，不堪展布之日。皇上宜为之夙宵轸念，发饷处兵以锄此酋枭獍之心，联属诸夷，招徕异类，以削此酋羽翼之助。庶可近安楚蜀，远通滇南，而还太平之旧规。何为顾惜小利，妨害大事，又遣此一税监邪？臣恐彼处久困水火望救之民，将避益深益热之害，奔迸林薮，助贼为虐，有司益难拊循，将校益难攻讨，一线之路，坐致沦没，而云南亦将永断矣。关系国家安危，岂小小而已哉！

且用兵制敌之法，弱当示之以强，饥当示之以饱，贫当示之以富，不足当示之以有余。今天帑所储，原无不足，司农出入，尚可拮据。而必以穷乏二字远播，夷方兵戈之场，亦皆刮取。杨酋若信朝廷穷乏，则猖獗益甚，若不信朝廷穷乏，必谓方客兵费，不能用兵，而其猖獗亦甚。非所以昭广大富实，而詟服蛮夷反侧之心也，妨于安攘大计，又非小小矣。夫各处矿税，臣每苦谏，未即赐允，犹曰庶几，至于贵州税监，则臣谓万万不可，所宜亟收成命。盖皇上诚欲奋诛杨酋，当示兵力之雄，财力之富，决不可虚示贫弱，为彼所轻笑侮慢。既不惜兵饷，大发将士，则宜先免此三万五千，以慰彼军民之心。权衡于轻重缓急之间，所蠲者甚少，而所获者甚多。愿毋以反汗为难，安危之几，在呼吸间也，臣不胜恳竭祈求之至。

书奏上，下优诏答之曰：

览卿奏揭，忠君爱国，远虑深谋，嘉尚不已。贵州差官，非专为货财，欲访彼中军民利病、起衅之由耳。朕复思之，黔中正在用兵征讨之时，敕谕中使已停寝矣。

旨下，贵阳军民舞蹈踊跃，甚至有泣下者。曰：圣天子举动如此，何忧贼哉？明年六月，播州平，稍隙，予摭拾举朝诤疏，次第其语，作《止榷志上》。

蠙衣生曰：矿税之遣，宇内共苦，蕞尔贵阳，主上不难反汗，听阁臣之诤，章以为仁明武三善具焉。仁故隐黔氓罹于锋镝，明故见万里外，武故必于战，不以税

① 搏：原本作“抟”，据贵图本改。

使分封疆臣之力。不然，以黔之瘠，章之庸，益以矿税，立槁耳①。黔槁而西南可完活哉？虽然，苏文忠言之，欲闻仁人之言与天下之大计，自非元老，将安取斯？是举也，机发于举朝之诤，而环转于密勿大臣。黔之幸，西南之幸也。

止榷志下

万历庚子六月，西南三省兵会海龙囤下，五日，破贼外郭及其月城，六日，酋自杀，妻子就缚。捷书奏，上大悦，乃下诏曰：元恶既殄，胁从罔治，招复流移，无容豪强兼并，优加赈恤，以安新定地方。大哉王言，所以覆露西南，仁矣。黔人士如久病邪，客入皮毛，舍于孙络，闭塞不通，不得溢于大络，而生奇病，遇扁仓剂而通之，求一日之卧以养天倪，即鸡犬之鸣，儿童之跳，亦不乐闻。亡何，有兴武卫指挥周原茂者，踵范仓故智，复以矿税之说进。是时，山西道御史李公时华，贵阳人也，思贵被兵后，十分狼狈，不堪再扰。乃上疏曰：

臣奉命巡方，行有日矣，偶闻兴武卫指挥周原茂又上贵州开采之疏，臣不觉发上指冠，恨不生食其肉，而寝处其皮也。窃念今日贵州，正在安危未定之天，有万万不可扰之使乱者。敬泣血为皇上陈之：盖自播酋肆逆，三省骚然，皇上愤此贼之凭陵，悯生民之涂炭，费内外金钱百万，征调八路兵马，庙堂筹画，备极苦心，当事勖勤，殚厥谋力，顷方捷奏，成何容易。乃欲以成之一旦者，而激之使乱，弃之一旦。臣不知原茂何心，忍于发此。广西交南之事，殷鉴不远。皇上超然远览，断不行原茂之言，以蹈交南之辙。惟是臣乡如在水火，才幸脱离，则关心莫先于此者。至于地方疲瘵之状，臣近疏善后十款，业已尽其大概。万望皇上破格优恤，如驿递无人走马，堡站无粮养军，旧谷以兵饷罄尽，市无卖米者，即有之，斗米数钱，人鲜再食。新谷以运粮未种，所在抛荒，即间有栽插，又值淫雨淋漓，立根不定。十室九空，千疮万孔，臣心怆咽喉，难于悉数。皇上谓此等景象，尚堪以一事扰之乎？贵州一线之路，商贾不通，原无税可榷，万山之中，虎狼为政，毫无矿可采。原茂之意，不过以播酋厚积动皇上，而不知桃溪庙舍，业空于煨烬之中，诸囤原藏，尽火于铳炮之下，以彼乱臣贼子，即有珠山金海，总是不祥之物，不宜致之内庭。况已烈焰无余，原茂何所垂涎于己，何所欣动于上，乃为此酿乱激变之厉阶，盖亦不思之甚矣。臣非不知，未灭播酋之先，曾有开采贵州之疏，已蒙皇上采

---

① 槁：原本作"稿"，据贵图本改。下一"槁"同据贵图本改。

阁臣之言①，慨然下明诏禁止其事。原茂何人，御墨未干，忽慢有此，悖诏旨，丧良心，首大难之端，弃垂成之地。臣谓原茂之头可斩也。伏望皇上大奋乾断，置原茂于理，以为计利不计害，残忍不仁，欺诳不忠者之戒，仍乞王音申饬前旨，以安西南方定未定之人心。贵州安则天下举安，勿谓一隅无关于全盛也，臣愚幸甚，天下幸甚。

书奏留中。是时，内外臣工唾骂原茂，以贵阳人方出水就岸，奈何复投之火也，上亦不忍食优恤之言，以故原茂疏遂寝不行。

三十年春正月，千户王应魁拾原茂余唾，复请设贵州税监，大学士沈公拟旨云：贵州地方，连年兴师动众，播贼平，善后事宜尚未宁定，军民正当优恤之时，岂宜采办大木、矿银、颜料等件，以滋骚扰。这所奏罢，该衙门知道。上从之，内拟不下，而事因以寝。作《止榷志下》。

蟆衣生曰：病加于小愈，破贼难，方破贼而救之尤难。张辅定交趾，郡县之矣，中官马骐索贿激变。黎利再逆，遂讨不服，竟立陈暠，弃交州，则马骐之为祸烈也。麓川之役，斩思任，设陇川，靖远裂土，伯矣。未几，而思机扰孟养，再勤王师，竟不得机而割金沙以外畀思禄，则王振之为祟深也。黔，交趾、孟养埒耳，甫定之后，安得重加以骐、振之扰邪？故知主上之为黔挚矣，沈少师之救黔深矣，而李柱史之为维桑计亦厚矣。

---

① 阁：原本作"閣"，据贵图本改。

黔记卷十四目录

艺文志上

经书
志谱
奏议

黔记卷十四

泰和郭子章相奎父著

汉州宋兴祖汝杰父正

贵溪毕三才成叔父校

艺文志

蠛衣生曰：予读《周官》，有外史掌书，外令掌四方之志。汉刘向校书，条其篇目，据其指意，录而奏之，周汉文治之隆，岂偶然哉！黔自立国以来，人文未著，作述亡考，至我明郁郁乎盛。名公茂士，扬挖二酉，搜罗百家，蜚声作者之林汇，皆有集可传。至迁客流人，如王伯安、邹尔瞻之类，著述于黔者，皆为山川增采。予仿《汉书·艺文志》，撮拾篇目，间叙其立言之旨，学者循是求之，黔一代人文可得而考镜矣。作《艺文志》上下。

艺文志上

经书

《五经臆说》四十六卷

王阳明先生撰。自序曰：

得鱼而忘筌，醪尽而糟粕弃之。鱼醪未得，而曰是筌与糟粕也，鱼与醪终不可得也。五经，圣人之学具焉，然自已闻者言之，其于道也，亦筌与糟粕耳。窃尝怪夫世之儒者，求鱼于筌，而谓糟粕之为醪也①。夫糟粕之为醪犹近也，糟粕之中而醪存，求鱼于筌，则筌与鱼远矣②。龙场居南夷万山中，书卷不可携，日坐石穴，默记旧所读书而录之，意有所得，辄为之训诂。期有七月，而五经之旨略遍。名之曰《臆说》，盖不必尽合于先贤，聊写其胸臆之见，而因娱情养性焉耳。则吾之为是，固又忘鱼而钓，寄兴于曲蘖，非诚旨于味者矣。呜呼，观吾之说，而不得其心，以为是亦筌与糟粕也，从而求鱼与醪焉，则失之矣。夫说凡四十六卷，四经各十，而《礼》之说尚多缺，仅六卷云。

《易谈》

尚书孙应鳌撰。自序略曰：

易者何也，以著天地万物之理也，天地万物之理妙于人心，故《易》著天地万物之理以明心也。愚自学《易》，尝求诸大儒之说于传，求诸大圣人之说于经，未观测也。已，乃因传以求经，因经以求心，浸浸乎若有窥测矣，而未能见晓。已，乃反之于心，略其所有言与无言，涵泳之，优游之，日用起处，罔不念斯。久之，则若诸大儒之意若可启于衷，诸大儒之语若可出诸口，诸大圣人著经之意即若可不远于吾心矣。

《春秋节要》孙应鳌撰。

《四书近语》孙应鳌撰。自序略曰：

余既以病废，家居，得日与吾党二三子讲明孔门之学，随所论析，二三子各有缉录，已，乃成帙。余谓其赘益甚，二三子审能察识，斫轮之技，非劳筋苦骨，揖揖椎凿之间。以天合天，得之自我，用力少，见功多，终身由之而不舍，是圣人诚死，犹有不死者存。所谓不可传者，岂真不传邪？二三子宁尽无悬解余言于笑谈领略者乎？

《诗经直指》十五卷

知府易贵撰。贵，宣慰司人，淹贯载籍，归田十余年，杜门校书，以《诗》义奥深，作直指，今逸。

《燕射礼仪》

贵州提学徐樾序刻。樾，贵溪人，讲明心学，陶铸士习。序略曰：

---

① 谓：原本作"为"，据《王文成全书》卷二二改。
② 远：原本作"忘"，据《王文成全书》卷二二改。

仁者，道之体也，礼者，生于心而著为节文者也。故曰：人而不仁，如礼何？是故孔门之学，求仁而已矣。不能自尽此心而于万物有遗体者，乌乎而语礼也哉？尝稽诸制礼者之仁矣，主宾僎士，概及三耦，司马司射，以达于弟子之司。序之有度，作之有则，惇厚之情溢于敬事之闲，是本其所以成物者而条理以极其宜，可以即仁者之心，而喻于其道也。献酬交错，情意毕备，而宴酬之会，亦必稽中和而观德。是以必有事于射，隆敬于大宾矣，而侑之以僎，比德者也，僎不可心无耦士也。犹夫其贤也，德不孤而同应者众矣。次之以众宾焉，司马者，掌正者也，司射者，理事者也，事群矣，而敬之以朴，立弟子于礼也。三耦者，熟于艺也，乐宾而遇诱，所以事尊也，则主人之为是宴也，至矣哉。宾僎暨百执事皆相忘于礼，而充然于道德之会，百美备焉。是非尽人之分而各为之所，抑何以雍雍其和，而秩秩其序哉，固可以观仁矣。推是心以往，万物有不得其所者，未之有也。是谓先王之礼，孔门之仁。

志谱

《贵州嘉靖通志》十二卷

嘉靖乙卯，督学宪副射洪谢东山撰，成都杨太史慎序，略曰：

贵州为邦，在古为荒服，入圣代，始建官立学，驱鳞介而衣裳之，伐茆葀而郡县之，铲砦落而卫守之。百七十年来，骎骎乎济美华风。而嘉靖中又特开科增额，人士争自磨厉，以笃祐文化，翼赞皇猷，与为多焉。旧有方志，殊为简略，癸丑议增修，督学谢公东山实主。简书笔削，博引经史，旁采子集，又参访故老，咨访儒生，浃洽而罔遗，精炼而无纰，属慎为序。走也衰谫，何能为役，暇日，尝观常璩《华阳国志》[①]，自先汉初至晋四百岁，士民可书者四百人，亦可谓多矣。上溯汉初至三代，千余年，史所纪无几人，忠魂义魄，与尘埃草莽同没于丘原，岂不重可惜哉！诸公今日之盛举，继绝表微，用夏翊华，复三代礼乐之权舆也。余尝慨今之议论，以边徼为邈远，不之重。而官其土者，亦自厌薄之。呜呼，边可轻乎哉？衣之裔曰边，器之羡曰边，而器破必自羡始，衣破必自裔始。边徼之说，何以异此？边可轻乎哉！此又诸公职思其居，靖共尔位，以副九重之顾诿，以启百代之瞻仰。斯志也，寓禹贡之衍义，职方之流别矣。

---

① 尝：原作"常"；璩：原作"璩"，并据贵图本改。

《贵州旧志》

贵州前卫隐逸王佐撰。

《贵州万历通志》二十四卷

万历丁酉，�郡江中丞东之撰。邹铨部元标序曰：

元标荷殳黔筑，竢罪六禩。癸未春，奉诏赐环，用特恩备官披垣。诸抱疆场忧者，过问黔筑事，曰：诸土司故世受国恩，何多梗化者？予曰：天威照临，谁不欲守世业传之云，仍间有不靖，游民鼓掌弄之，非其心也。计最雄长者，土舆钱谷，甲兵人民，不及中州一下县，且其所仗肘腋，人各有心，欲自相贵，又四面受敌，亡足计也。但地硗而瘠，物产既屈，有田者赋税时加，转瞬辄罢。州邑长及诸小吏宦情萧索，诸小吏最苦，士与民，上与下交病也。又尺籍消耗①，屯田荒芜，所称站军者，惫于迎送，军卫益病。以雄藩较之，犹巨室诸子各享富饶，一子独食贫，且贫者与富者，宾客祭祀，燕享之需相埒，捉襟露肘，苦而可知。闻先正建议，以湖北川东尽入版舆，楚蜀不见少，在黔筑式扩而大。此其议非不伟，而犬牙相制之说，锢不得施，难言矣。闻者唯唯。

予同年中丞念所江公②，奉命镇抚是邦。旧游告公受事，斧断斤削，洞若游刃，予闻之喜。已，又闻公捐俸创捄荒田若干，又敦请予门人给谏陈君见义、乡绪绅宪副许君吉庵大葺通志。夫此两者，朱紫阳氏所至奉为令甲，公毅然行于贵，贵之人何幸有公也。未几，公遣使以书委予序。予得而披之，为图十有二，附目十有八，曰星野，曰沿革，曰形势，曰民政，曰军政，曰学政，曰城郭，曰公署，曰秩官，曰名宦，曰经略，曰艺文。丰约同异，必详必确，草创润色，裁正铨次，咸得其人，卓乎贵之宪章矣。中丞公心，盖曰百金之夫，辛勤立门户，必有家乘，以遗后人。予奈何视官不如家？故竭蹶为贵筑世世计。读兹者，感甲兵强弱则思振，熟土苗训梗则思驭，会钱谷多寡则思裕，稽盗贼出没则思靖，察士习民风淳漓则思正，此治贵大较也。公惓惓是志之心也。虽然，医书载阴阳虚实之宜，在人悟不耳。执一方御众病，病之数多，方不胜病，医必败。予饮食兹土者久，知上常与下有龃龉，不越两端，鄙夷者苟简塞责，喜事者轻举飚发，贵事益不可支。有能熟俗所宜，衡物之情，文武迭用，德威惟时，如名医针灸，参著旋投而立有效者，然亦代不数人，载在名宦，可睹矣。我朝列圣立极，一统有志，即《周礼》大司徒掌史之

① 籍：原作"藉"，据贵图本改。
② 所：原作"蒜"，据贵图本改。

意。各省有志，即小史所掌之意。然其政兴废举坠在人，存亡不尽藉方册也。往予以恤站军末议陈情于上，得蒙俞旨，大司马下贵，当事以力诎辞。故不得其人，即君父之命，竟至沉阁。矧兹载籍①，竟公之志，莫四境若覆盂者，其在得人哉，其在得人哉！余敢以后先肤见，熟数篇端，俾同志君子有所览镜焉。

元标一别兹土，荏苒几廿年。忆承名儒如少宗伯淮海孙公、参知同野李公及诸士陈君等，以圣贤之学相切磋朝夕，盖期报君父万一。乃戍则亡一矢一镞之劳，仕则暗小心翼翼之恭，负圣皇解网之恩，孤并州父老之望。五溪云山，用想为劳，抚兹志，悠悠我思矣。

江中丞序，略曰：

黔志自中丞刘公、侍御宿公增修方志，迄今四十余年，而未有执简从事者，亦已疏矣。余方有慨于其中，欲胥谋于直指应公，而会乡先生给谏陈君以请，即令有司拥篲先驱，开集雅之馆，复延畴昔所称一二执简也，雠校也，而日趣驾焉。事竣，姑为不腆之辞，以志岁月。

今天下大一统以示无外，即鬼方靡莫故地，已进而中国之，与列省比肩，承宣德化。圣天子特于黔加额开科，所谓以冠裳易鳞介②，以俎豆饬战阵，意在斯乎。则凡天文辨析于分野，地理究极于舆图，士习民风兼采于夷夏，田赋兵车，与时盈缩，固维新之一机也。

黔故有志，自诸葛武侯以至王文成公，上下千有余年，其间英声骏劲，播溢三危，概可睹矣。嘉隆以来，代不乏人。或铁石之衷，曜奇于御侮，或瑶华之藻，展采于天庭。亦有却金茹淡，继美关西之清；迁客硕儒，讲明洙泗之学。是皆质之于前而有光，俟之于后而可法。昭昭在人，闻见方真。非乘岁时之近，录而纪之，将事与时湮，人随世往，典刑寥邈，若存若亡。藉令豪杰犹兴尚友之谓何？今兹高世名贤，操觚登坛，又得督学沈君相与印正而润色之。凡例有纲有条，爰分爰合，各有攸当，文不伤质，丽而得体，黔之衣冠礼乐，彰而传矣。

应柱史朝卿序，略曰：

昔朱元晦氏所至，唯葺志书是急。毋亦唯是山川险易，风俗污隆，与其乡之哲人吉士，来宦者之殊猷绝迹，无俾湮没，令经世者得考镜焉耳。黔虽远在天末，试考马伏波屯军故处，及诸葛武侯枵牙营垒，挥毫吊古，辄令人增气。且吾乡王文成不谪居此乎？当时微词片语，能令负雄心者戢志，亦奇矣。迩岁邹尔瞻氏亦以抗疏谴谪，与文成后先相映。名贤所过，其流风余韵，犹足以廉起顽鄙，为山川增色。

---

① 籍：原作"藉"，据贵图本改。
② 鳞介：原作"麟介"，据贵图本改。

则二百年来，披棘荆，立纲纪，宁无一二可数者？藉令核其关键，撷其散逸，则数帙可以信百世。若犹然循故事已也，即继此者，日执笔以续其简，亡当也。沈君曰：唯唯。今睹所为志，网罗旧闻，考证要眇，多所发明云。

《思南府旧志》卷①

嘉靖丙申郡人布政田秋撰

田金事汝成序曰：

思南故宣慰司治，永乐中罢司置府，与内郡比，百有余年，渐被文教，蔚然移风。而西麓田子以间出之才，追琢至行，领袖后生，于是缙绅之士彬彬焉冠于全省矣。府故无志，田子喟然述作，郡守洪君请而梓之。既成，而予以行部至，阅田子所为志，知其有矞矞忧国之思焉，非直以物色山川备图籍也。

夫思南，宇内之僻郡也，山谷阨陿，獠犵跧伏。在昔开疆，羁縻而治，故其法未备。境多缦土，沃而善树，四方流冗亡赖匿命此焉逋薮，虑不为土著而胥宇者，故民易动。东迤西阳，西连真播，二三酋长，无严黜陟，豪举自恣，窦窳其民。反目而吁天者，愤噪鑫起，轶我疆场，池鱼之祸，比比罹之。皆异省辖属也，故督课之法难行。夫以法令未备之域，杂以易动之民，逼于豪举自恣之比邻，而郡守县令制不军兴锄击，卒有草窃，变安所图，昔之为思南者亦难矣。

田子给事中时尝建议于朝，请设按察佐使一员，治兵兹土，兼制诸司，警备不测，国论靆之，竟如所请。乃今法制寖周而奸宄稍戢，是则田子有功于父母之邦也，志之作宜首表焉。他所称述，固末义尔。夫先王之治天下也，虑外而勤内，故政尝均。其用人也，敬迩而恤远，故士有劝。乃今仕者恋中朝内郡，鄙边方，一阅除书，即神气沮丧，墨墨就列，一切自利，冀旦夕脱去为幸，何暇及民？夫使仕者怀墨墨沮丧之心，甚非所以攘绥四表，纾主上旁瞩之忧也。故曰择民而使者非良吏也，择官而宦者非忠臣也，苟以自靖为心，何论远近？且思南虽远，念其民独非先王之苗裔乎？出缯粟，供徭役②，以奉其上甚敬。困于盗贼之扰，不相保聚，望至于上也甚勤。然则思南之民固无负于郡县长吏也，为郡县长吏者，独忍以边方鄙思南之民乎？此则田子之微意而未发者，予故论序首编，俾后之览者有政治之资焉。若曰将以披图籍，考山川，则信为斯志之末义矣。

田方伯自序略曰：

志也者，识也。郡之史也，以称物采，域质所稽也；以撰风谣，淳嚚所识也；

---

① 贵图本作八卷。
② 徭役：原本作"繇役"，据贵图本改。

以永监观，文献所属也。我古有邦，莫之克废也。思何阙焉，黔荒之遗习也，维是网罗之责，秋自叨第以来，窃有志矣，而未之逮也。乃嘉靖甲午，郡博钟子主节，亦有作矣，而事未竟。明年冬，洪公承藩以南枢佐出守我邦，宪古振文，用继其役，弘敷之暇，爰以钟子稿属予厘正。凡再阅月，续用告成。西麓子曰：嘻，方册之布永矣，予何言也。虽然，亦窃闻之矣，天下平则文物盛，统势一则图志明。斯典也，世运关焉者也，昔李吉甫作《元和郡国志》①，谓执此可以善治。兹录也，予固无言，窃有望也。

《思南府新志》十卷

万历甲午，知府乐平赵恒撰。自序略曰：

思南之有志也，前守洪君，乡先正方伯田君实成之，其事核，其体严，其文简而庄。后稍稍修辑，铅华色泽，亦寖秾郁②，而本来面目几于不可复识。不佞索而读之，得于二三父老之口者如此，即不揣而敢孙其责乎？爰商之文学李子，众庠隽李廷言、李宗尧、安生岱，戒之曰：郡之有志，一方之史也。昔人拟罪言，曰班固死，后世不复有史矣。所贵信以传信，疑以传疑。长形立而名之曰长，短形立而名之曰短，使文献足征，而感发惩劝者易易也，其藉诸君乎？佥曰：唯唯。逻而屏私臆，黜诽誉，核往牒，采舆论，讐校删润，网揭而不繁，目详而不秽，载阅月而成帙，盖其慎哉。

萧柱史重望序略曰：

万历甲午春，太守中庵赵公下车之明年也。政平讼理，百废具兴。独念郡志一书，始创故略，日久寖讹③，后稍稍益以近事，而浮夸诞谩，往往有之，不可以传信也。太守公重其事，慎择其人，进一二髦士，若两李生，若安生，俾更辑之。而总其事于文学李君，且以商之不佞，不佞与二三君子者，亦诚难之也。于时，矢方寸之公信，尺一之牍，笔则笔，削则削，芟其芜秽，厘其舛鳌，而增其所未备。为纲十，为目者葄之，则今日之志也。夫志，识已事也。事以势殊，政以人举，因革之大，凡不可不讲也。思石西播之交，酋苗匪茹，豕突其间，丞贰之分署宜置也，于控辖便而缓急可恃也。南之滇，西之蜀，道楚适燕，传递络绎，乃二千石之贵，领其事甚亵也，故候人可设也。郡治距婺川邅回险远，崇山隐天，一日不可卒至。谓宜酌地里之中如路濑者而置传，可分而济也。郡属之学，独婺邑有之，诸生仅可

① 国：当为"县"。
② 寖：原本作"寝"，据贵图本改。
③ 寖：原本作"寝"，据贵图本改。

360

数拾计。印江青衿，盛且满百，饩廪束于郡额，而才子弟多戚戚者，可恻也①，则学校宜设也。家弦户诵，声名文物彬彬足观，而土司如蛮夷之陋称可更而名之也。一统故无外也，凡此皆时事之急，而太守公与当事者必能辨之也。夫延路阳阿②，不若歌采菱，发阳和。不佞幸志之成，而喋喋无已，亦不自知其鄙也，罪也，罪也。

《黎乘》九卷

黎平府知府晋安袁表撰。规格严整，文词尔雅，此近日郡志之典者。书成于万历辛卯，袁自序曰：

黎平为郡，百六十年所矣，郡黔而卫楚，掌故无述焉。先是要服也，非所谓文献不足者邪。既余深考之，则留广文让有《地里考》，张守恺有《志夷杂咏》，冯司理天秩有《黎平五开记》。然《地里考》独载正统以前，冯司理书草野，其事不雅驯，《志夷》韵语为风刺，皆缺有间矣，若乃幅帧有考也，井里有名也，历官有表也，表窃有取焉。于是乎始作《黎乘》。乘，纪载之书也，义先比事，词之工鄙弗计焉。舜格有苗，殷克鬼方，往古之迹，希阔窅茫。爰及唐宋，拓宇开疆，熙朝混一，丽于职方，作《舆地志》第一，凡五篇。爰城边围，乃作廨宇，树屏命官，稍视中土，作《建置志》第二。既置之守，复授之师，师帅牧之，文儒诲之，喁喁酋长，羁之縻之，招携怀远，循吏有之，作《官师志》第三。裔徼夷荒，非兵不强③，置戍列屯，简旅彭彭，作《戎兵志》第四。厥赋上下，视荆匪绌，取之羁縻，伍什而一，作《征输志》，以明惠第五。维兹鬼方，其俗淫祀，祛厥弗经，协于国纪，作《秩祀志》④，以昭典第六。洵美士行，亦有女德，信芳寓贤，谬悠往迹，作《文献志》以彰轨第七。蛮夷蠢矣，武卫匪革，销锋铸鐻，代有石画，作《边围志》以阐伐第八。述厥故事，附以论著，凡九卷三十有三篇。爰命府史受而藏之，以备览观，以俟作者。

林副使梓序略曰：

黎山郡如斗，介楚粤间，去黔中二千里而遥，声闻阂隔。于是景从以直指言当调去，夫局方新也而覆弈，炊初熟也而罢爨，君子叹之矣。既去郡，道沅而谒余，出所纂《黎乘》九卷，请为序，余受而读之曰：夫乘也，非纪载之书乎哉，而是篇

---

① 恻：原本作"测"，据贵图本改。
② 阿：原作"局"，据贵图本改。
③ 强：原作"疆"，据贵图本改。
④ 祀：原作"纪"，据贵图本改。

者，直纪载之书也乎哉？第观景从所纂，提纬古今，详而核，总验名实，典而约，选言抎藻，雅而菀，良哉，乘也，纪载之书也。乃其揆废兴之故，酌今昔之宜，审得失之机，达经权之变，嶷然竑议，穆然有深思者。子曰：载之空言，不如见之行事之深切著明也。斯乘也，所尝措注与所未逮，章章皆石画也，足以训矣，纪载已焉哉。

《黎平地里考》

广平留让撰。

《黎平五开记》

推官冯天秩撰。

《五开赋》一卷

海虞吴寅撰。

《石阡隆庆志》十三卷

知府余姚李衮撰。自序略曰：

隆庆己巳，府推王君署府事，以暇日求府之图籍阅之。得一写本，昉于成化初，大抵潦略舛讹，文俚而不雅，事杂而无叙，君窃病之。乃命府学教授吴、冯二子，相与博采群搜，将掇拾而成稿。衮适以是夏来莅府事，王君辄以志属衮重加删订，俾有所是正而可传焉。衮愧不文，敢与史训，然而图籍，邦政也，不可以辞。乃悉加繙绎而诠次之。书之为图者一，为志者十，诰敕之附者一，诗文之附者一，总之为卷者十三，彪分胪列，亦颇详整而刻成矣。

《铜仁府志》十卷

铜仁知府闽中张锡撰，郡人进士陈扬产序。

《镇远府弘治志》

弘治辛亥，知府莆田周瑛著，瑛自为前序，兵部主事麻城李文祥为后序。

周序曰：瑛待罪有司，恒以不达于政为病。成化丁未，自抚州改守镇远，既抵住，索郡乘于掌故氏。曰：亡之。窃以为是郡东抵沅州，西接播州，南临诸苗，是为云贵门户。韩子所谓治法征谋，宜有所出者，此郡亦然。既亡郡乘，何以稽故实以达诸政。于是，考地理以求其险易，访民隐以求其休戚，候敌情以求其缓急，至于学校、农桑、户口、田赋、课程、徭役、民物、谷畜、法度、章典，凡政事所关者，皆博求之。阅明年，颇得要领。方欲即其所见而次第行之，忽事与志违，而目光炯炯在牛背上矣。夫人一心，包藏天地，弼成庶类，尸一官而不知此官之政，是于此心为未尽，知而不能自致于物，是为不能举其职。不能举其职，而不奉身以求退，则是爱官重于爱道，皆非也。吁，瑛于是知所择矣。虽然，道者，万世之公也，政者，一时之宜也。苟有益于民，后世必有能举而行之者矣。因据所闻见，特加考证，以补郡乘之阙，以俟后来诸君子。

《镇远府嘉靖志》八卷

嘉靖癸丑知府南城程㸅著，自为序，略曰：

镇远郡初志，弘治己酉岁莆阳翠渠周公作之，今六十余年矣。嘉靖庚戌岁，中丞三洲李公按节镇远，阅郡志，见其散逸遗脱，命㸅纂述。礼请前中丞五泉刘公总裁焉。时铜平师旅，力未暇及，三洲公亦东归矣。岁壬子，民部郎洞泉钱公奉命督榷闽广，过郡，促㸅续成今志云。编辑者，训导刘向阳，贡士许科、万朝用，监生蔡应时、曾国荣、郑继周、王夔也。

《婺川县志》

署县经历江师周撰。师周，扬州人。

《兴隆卫志》二卷

兴隆方伯周瑛撰，今书亡。

《思州府旧志》一卷

知府崔彦俊撰，永乐十五年崔奉命采辑录成，差老人谭祖庆进呈，祖庆因留遗稿于家，相传百七十年，护守不坏。万历十年，知府蔡懋昭于其孙谭月购得之。刻而序曰：

今志，即一郡之全史也，然不曰志而曰略，不合为一而分新旧者，何哉？盖幸斯文之未坠，不忍以己意而泯前修之迹也。思州自昔为蛮夷，虽共职贡，未能疆理其地，纪载其事者。惟我朝开辟，始籍其田赋户口，归之版图。至永乐癸巳，遂从而郡县之，时则新守崔公，奉命采辑山川风物，列款奏报。所草志略，虽非全书，诚一邦文字之鼻祖，恨遭兵燹，无复遗编。辛巳孟冬，昭初莅任，欲寻故实而无从。今兹八月，偶于秋溪山叟家购获一册，乃永乐十五年崔公所进旧稿，得赍册老人谭祖庆者手录以遗子孙。纸多蒙翳，字画犹完，即一览间，具见创始之制，殆若有神护持者，於乎幸哉！不然，几为伪本惑谬矣。欲遂合而修之，恐不足以传信。故不忍改窜，而别为新志，并锓梓之，以相参考。

《思州府续补志》一卷

知府蔡懋昭撰。自序略曰：

按旧志始于永乐十五年，先任知府崔公彦俊奉命采辑进呈，其事详核，其辞谨严，可为实录。及正统己巳之变，奸宄乘危纠苗入寇，版籍荡然，宏规几泯，历百三十余年，竟莫考其故迹矣。至万历十年，偶购得崔公遗册于秋溪民间，执以准今，如示诸掌，遂仍其本，刻而传之，名为旧志。复取近所闻见者补之，以为新志云。

《景泰以下志稿》

安顺州隐逸娄广撰。广，甘老布衣，隐大林山。

《贵阳图考八议》

新添都指挥丘润撰。

《贵州图经》

弘治间提学沈庠编。

《贵阳图考》

嘉靖间提学谢东山编。

《普安永乐旧志》

永乐十六年，懒樵沈勗撰①。自序略曰：

普安本西南荒服，蛮夷部落。元始拔土豪，更置官署，夷风暴俗，仍习旧污，大略羁縻而已。幸入圣朝，城守屯戍，怀德畏威，迩来三十余载，垦田编户，趋事

---

① 勗：原本作"最"，据上下文及万历志改。

赴功，拟于华郡。先属云南，见隶贵州。指挥张荣，千户路熊、雷铭等以志见委，自揆才微识疏，蔑以称此①，矧乏历代图志，罔克据征。于是旁搜幽讨，溯流寻源，或稽证于作者，或索遗于重译。草创甫成，而主事林惠始复改议，以志事该有司，转付普安州类造，意见罕同，损益抵牾。窃虑其久而失真，靡所折中，因取底本，更加裁订，誊并一帙。虽文字芜鄙，而事迹质确，款目粗完，庶几博洽君子，颇便于观览云。

《普安嘉靖志》

普安知州乐清高廷愉撰，郡人副使蒋宗鲁序，略曰：

昔孔子临鲁史，宁存缺文；汉儒校群经，不去本字。何者？作述非难，纪信难也。盖不信则疑，疑则弗传。极而鲁鱼亥豕，似乱失真，弊将焉捄？是故君子慎之也。斯志也，昔草创于懒樵沈君，今甫成于西渠高君，乡士大夫何君辈羽翼编摩者也，信今传后，殆庶几矣。

《平溪卫志》八卷

不注作者，其序略曰：

平之先，古雄溪也。《事文类聚》、《山堂考索》诸集载：沅州路自秦昭王伐楚，取楚蛮夷地，置黔中郡。隋为峡州，唐为法州、巫州、叙州，宋始改沅州，而五溪隶焉。雄，五溪之一也。汉史记：武陵蛮叛，伏波佩征蛮将军印，越二酉，渡五溪，而雄始见图籍。今城北遗迹有存者，土人称马王而不名。夫其山峒峻绝，林木蓊郁，初为蛮王服习无疑。乃骚经：屈平浮湘，而南遵溆浦，导沅澨，歌澧兰沅芷，而平溪实在，沅之平便近都。迨袁生慨毒淫于山川，太白寄愁心于明月，杜甫惜云山之共，李皋标石柱之铭。虽蛮夷王长之时，而忠臣达士，才人墨客，已有经历其地，咏歌其事者矣。历宋至元，或不治，汉夷相杂，皆未有据。惟卫治西南多旷地，居民耕种，间得丘墓，有碑勒夫人者，有衣冠类贵倨者。岂其时亦文武将吏，置守其间，如父老所传，平故附卢阳县欤？然而铭籍无镌，则文献不足可知也。卢阳即古麻阳，《一统志》：平溪在麻阳境内。明兴，洪武二十二年，调诸万户于五方，附五所千百户于郭内，铨流职以参军政，籍六郡良家子五千六百有奇，以实防守。据辰沅之上游，当滇黔之孔道。面山背水，创百雉雄图，刀种火耕，仍夜郎故习。以铜镇为北蔽，颇无厝薪之忧；连清镇为西邻，实借辅车之力。潕溪东注，食货日蕃，夷种南蟠，獠猓几半。屯田绣错于思铜沅麻之乡，军饷仰给于辰卢

---

① 蔑：原本作"篾"，据贵图本改。

溆黔之赋。风俗愿朴未雕，人情华实相济。世皇中兴，平始有学，两岁贡一士。虽僻在遐陬，而锁钥之寄，礼乐之修，较若雄矣。

《普定卫志》

普定主事潘瑞撰。

《同野先生年谱》八卷

思唐门人罗国贤撰。贤序略曰：

先生服官中外，尚友四方。贤不能遍历咨访，以考其详，但据耳目睹闻，参以《先行录》。及海内名哲之所纪述，仅仅得其十四五也。复谋之先生诸子，又得其一二。遂与不倍、仰之两生分年谱。夫先生论学，或昭揭宗旨，或开示造诣，或破千古之疑，或捄一时之弊，谱中具述之。既复削去梦征数事，妙语数条，则不倍维教意也。

门人御史萧重望序略曰：

年谱之作以明学也，故于先师论学语，谨按岁月书焉。夫学先于明宗，伯淳既没，文成不作，孔子之宗几于不明。尝读先师答秣陵顾君，及爱根仁解诸说，揽万夫而窥孔室，呼亡子以反故庐，明孔子之宗，如揭日月然。嗟嗟，学不明宗，漫与之语，如以耳食。以故加诚敬于仁体，因防检废就业，认知识为良知，以致知为剩事者，遄遄皆是。先师有忧之。亹亹斐斐，破本末之二见，谓动静非两途，说择种，说保任，说立民命，说求友亲人知见，则以为不同修悟则见谓无二。论圣体有果种在地之喻，论理欲有常清常明、不增不减之说，以无不知爱，无不知敬，为天地灵窍。以不学不虑为不勉不思种子，以人一己百①，人十己千，为无纤毫人力功夫。辟异端，黜浮靡，启先行孔道，趾毋意奥闻，任仁宗孔，继绝开来，心独苦矣。先师卒之明年，同门中洲罗公国贤，不倍熊君时宪，仰之安君岱，惧型范远而微言绝，洙泗之宗复晦，支离之疾复起也。

《龙山志》

邹铨部元标撰。龙山在都匀府城西，时铨部每与泸州守吴明祥②。诸生周孟醇等，畅怀论心，一觞一咏，必龙山共焉。因并先今题咏，集为山志，而自为之序。序曰：

余为童子时，有传鹤楼先生集至文江者，从旁窥之，至《龙山道院记》，恍游

---

① 己：原本作"已"，据贵图本改。下文"人十己千"同误作"已"。
② 泸州：原作"卢州"，据贵图本改。

员峤、方壶，恨不旦莫往足，未问曲折，心津津在平州六洞中矣。丁丑岁，余以罪谴是邦，长老忆往时事，持杯酒劳余曰：此非小子昔时所欣羡而不得往其地者乎，往则遗迹固在也，龙山万叠，将奉子汤沐矣。所夺子者隘，所与子者广，子其自宽。荷殳至是，创甚，卧床褥者期年。己卯秋，始获偕泸州守吴明祥父，及诸生周梦醇、吴汝见等，登眺其地，远盼交广潇湘，近把香炉金凤诸名胜，恨记中未尽其状，乃与诸人畅怀各论心，数日始归。嗣是，一觞一咏，非龙山不共，余恐流风零落，乃并先今题咏，集为《龙山志》。因系之言曰：情之好乐各因其人，子厚在永州，所称钴鉧潭、愚丘，谓其峭直奥深，子厚为人，大都类此。龙山壁立万仞，如名卿硕辅，垂绅正笏，观者凛然。先生忠信孝友，光明朗恺，兹山见赏于先生固宜。小子乏稜稜之节，罔卜税驾，宁不见辱于兹山者几希。虽然，山势巍然不可犯，山体静定而有常，小子不堕初志，夫巍然而静定者，在我也。语云：高山仰止，景行行止。虽不能至，心向往矣。

《安氏家传》

国子祭酒周洪谟为宣慰使安贵荣撰。贵荣好读书史，通大意，谓谱系太简，恐有疏遗，求作家传，以垂后胤。

《宋氏世谱》

宣慰使宋尚德撰，詹事泰和王直序。

奏议

《西麓奏议》

都给事中思南田秋撰。公在谏垣，历吏、户、礼科，建言最多。

参政李渭序略曰：

田公在嘉靖间为言官日，上世皇帝书记稿多不存，所存者仅若干应诏。三言牧厩十二事，及建学开科、御夷救荒诸疏。率据事以显义，数往以例今，摘弊摘隐，征验甚明，檃括处分，综察具见。世皇帝方刚断，督过言臣，人人不自保固，乃公所建白，皆人人所忌畏。时者，辟郊坛，缮理大臣议毁民室庐，且及骼胔，都庶蜎蠓于郊墙，盖嗸嗸也，公力争不可。世皇曰抗君违旨，公危甚矣，卒得可，竟安万姓心。御用、御马、尚衣、尚膳诸监，皆御物也，中官乾没，大臣不敢问，小臣不敢言，公裁缩丁至七万夫，食至七万石，光禄太常供庖厨力役，公往裁二千四百余夫。滇南镇守杜唐革矣，刘福安降黜矣，中官计往者，熟语动上，公以不可力陈，近幸飞语日进也，赖世皇圣明，不能以訾尤加公。世皇为君，其万世所当颂述者非一，独不用中官为难。都谏公为臣，其可称述者亦非一，独裁抑指斥中官为难。材智思虑，综察之难，难在言臣。切直之难，难在听言之君。

《王晴溪奏稿》

御史清平王木撰

《抚台疏草》、《吴关奏议》、《治浚款议》

俱普安副都御史蒋宗鲁撰。

《抚粤疏草》八卷

清平佥都御史李佑撰。

《抚黔疏草》

副都御史全州舒应龙撰。知州周文化序，略曰：

文化读公诸疏，其大略有五：膺荷重任，对扬天麻①，则有陈谢之疏。戡定祸乱②，挞伐夷丑③，则有经略之疏。兴革利病，勤恤民隐，则有保厘之疏。错枉举直，振刷吏治，则有激扬之疏。酌量盈缩，程能计工，则有采运之疏。总之虽五，而析之不下百。中所注厝设施，诚恳勇决，以故在黔三年，上深倚之，国是趣之。捄敝补偏，民免沟壑，张弛阖辟，夷酋贴尔，所以副当宁南顾之怀，固非可以袭取而为者，是可以观公矣。

《萧念渠奏稿》

贵州巡抚宛陵萧彦著。念渠在谏垣，及抚黔、滇、郧阳，先后所建白，凡若干卷。巴西陈御史效刻于黔，知州贵阳周文化为之序。念渠由郧阳升总督两广，晋户部侍郎。《两广奏稿》另有刻。

《章疏补遗》

邹尔瞻居匀中时，凡古人奏疏为文编所遗者编之，名曰补遗，而自为序。序曰：

---

① 麻：原本作"麻"，据贵图本改。
② 戡：原本作"勘"，据贵图本改。
③ 伐：原本作"代"，据贵图本改。

夫献纳于君者，勿欺其本也。有勿欺之忠而昧厥体，亦未有能格君者。鸷则疑卖己之直，隐则词不别白而道不明。上可格君，下可明道，粤稽往牒，莫如伊训《说命》，次则《天人三策》，出师《二表》，《治安》一策，虽通达国体，立谈间而遽痛哭流涕，议者有遗论焉。他又可知已。余暇日间观古人章疏，率直而不遽，巽而不隐，凿凿乎有体要也已。所无者，散见他书，命周生汝顺录而成帙，名曰《章疏补遗》。补遗者，补文编所遗也，文编者，唐应德氏选也，夫有勇知方，子路之才，岂不优于从政，夫子哂之者，为其言之不让也。呜呼，窜逐荒徼，仕非吾分，方柄难入，仕非吾心，吾已矣夫。同志欲格君而明道，此其近体矣。并当究夫子礼让之说，铲方为圆，刮直为曲，借言曰告君之体，勿欺也乎哉。

《朴愚疏草》四卷

御史宋兴祖撰。御史按贵州三年，苦心愁肠，其所奏议，十九皆平播事，自名曰《朴愚疏草》。而子章为序，序略曰：

宋公以名进士起家，为崇阳、德清二令，以廉平著。上召为御史，公立台中，不鸷而鹗，有《台中疏草》。出按辽左，时虏倭交警，公侃侃言虏倭事，有《按辽疏草》。已，按黔，有夜郎、皮林二役，公又侃侃言夜郎、皮林事，有《按黔疏草》。予请得而卒业之，其触时感愤，因事建白，不具论，论其巨者。万历癸巳，慧见，尾指西南，公言主兵，测在井分，杨应龙当豫，不七年而有夜郎之讨。初议倭贡，公疏边臣释肩抽身，非为国家计久远，后言者率祖公议，而李杨二使不果绝海，是庸众共醉而公独先醒也。若暗夜而烛燎，若兑知得失，著知休咎，先物行，先理动，而前识也。辽左虏倭并讧，公疏北逐虏，虏遁，东击倭，倭遁。黔夜郎鸱张，皮林狐鸣，公疏夜郎某当将，某饷当储，某兵当饬，而夜郎灭。疏皮林楚当中权，黔粤当左右翼，而皮林灭。是世俗所次且，而公独决也。若豪曹之剑，徐氏之匕首，一击便解而庚断也。公自名曰"朴愚之草"，予以为忠之窍而智勇之籍也。

《抒衷疏草》十五卷

御史贵阳李时华撰。御史在台中，历按漕上、中州、东粤，共一百七疏，合十五卷，总督两广侍郎戴公燿为序，一时粤中诸士夫皆有序。

戴公序略曰：

侍御李公之按东粤也，盖三被简命矣，间尝辑其台中，及于漕、于洛、于粤前后草疏，而命之曰"抒衷"，凡若干卷示余。余谓我国家言路，省台并重，然而省臣之以言路重也易，而台臣独难，此何以故？夫日橐三寸管，以观主德之善败，时事之当否，叩阍而叫，披肝而陈，一言可以悟主，尺牍而能匡时，台与省同也。至于被简命，持绣斧，称直指使者，为圣天子省方观民，吏治之臧否，闾阎之疾苦，兵戎、刑名、钱谷之纷杂，惟使者口得而言之，身亦得而任之。若夫省臣，仅以言议之，而未必身其任也。夫任与议，其难易有分矣。故能议而不能任，则人得以其议病其任，而言轻。能任而未必尽中其议，则人又得以其任疵其议，而言亦轻。余窃禄中外逾三十年，所从事于台使者十数公，求其能议又能任，而言路以重者，则无如今之李公云。

黔记卷十五目录

艺文志下

黔记卷十五

泰和郭子章相奎父著
汉州宋兴祖汝杰父正
贵溪毕三才成叔父校

艺文志下

正集

《万松集》、《凤台集》、《贵竹稿》、《东屯稿》、《南游稿》

俱主事杨彝撰。彝，余姚人，洪武间携家戍普安，自号曰万松老人[①]。

《木庵诗集》

上虞伍建撰。明洪武初登进士第，慷慨有大志，以言事谪贵阳。

《迂思遗稿》

高邮沈晹撰。晹号懒樵，明洪武间戍普安，与杨主事彝倡和成帙。

《草庭存稿》

布政使兴隆周瑛撰，御史丁养浩序，略曰：
弘治乙卯，余奉命按贵州，首以学校为务，思得豪杰士宾而礼之，以为之倡。

---

① 老人：原缺"人"，据贵图本补。

求之缙绅，得周君廷润，历官广西右布政使，致仕来归，且十年，年老矣，而好学不衰，自始仕以至于今，凡四十余年，所著诗文甚富，稿多散逸，间录其存者十之一，命曰《草庭存稿》，予特为之序。

《醉乡诗集》

贵州前卫千户陈铣撰。

《讷庵诗》五卷

贵州前卫隐逸汪成撰。

《寓庵文集》三十卷

贵州卫教授王训撰。

《墨庄诗集》

毕节都指挥林晟撰。

《强恕斋集》

顺昌廖驹撰。宣德间谪贵阳，有诗名。

《志夷杂咏》

黎平知府张恺撰。张，无锡人，弘治间①。《志夷杂咏》意在用夏变夷也。

《竹亭退隐集》、《琅玕百咏集》

俱平越都指挥刘璿撰。

《清啸集》

乌撒隐逸潘子安撰。

《独斋集》

平越隐逸盛仲芳撰，今逸。

---

① 此句当有脱讹。

《一瓢斋集》

思南隐逸王蕃撰，蕃号一瓢。

《三试集》

安南教授南充杜纯撰。

《东巡集》、《晴溪诗集》

俱清平御史王木撰。

《竹泉文集》十五卷

宣慰司知府易贵撰。竹泉其号也。

《蝉噪集》

副都御史徐节撰。

《樵隐杂稿》

贵州卫隐逸王璘撰。璘号樵隐。

《居夷集》

阳明先生谪龙场时撰。

《遗言稿》

贵州按察使泰和胡尧时编集阳明先生遗言在贵阳者，悉为镌刻，与四方学者共焉。胡，王先生门人也。

《联芳类稿》

宣慰宋昂及弟昱撰。昂、昱，正德间人，兄弟皆能诗，故题曰《联芳类稿》，编修罗圭峰氾序，略曰：

贵州宣慰使宋从颎于文章诗赋，攘臂敢为之，间能流传四方。其弟如晦，隐君也，秀而亦文。从颎与之迭为唱酬，积数十年，遂成编帙，有所谓《联芳类稿》者，志其为兄弟之作也。虽未必尽皆醇于道，然其世雄遐方，不为所变，而又以其家学，播宣敦睦之风，为左衽者之赤帜，盖有裨于世道非细也。从颎名昂，号省斋。如晦名昱，号宜庵。盖昂必颊而省其政，昱当如晦，乃宜于隐者，取义亦精矣。

《陶陶亭集》

普定汪大有撰。

《三泉文集》

苏州陆灿撰。明嘉靖中，以给事中谪都镇驿驿丞，所著诗文行于贵州者。

《南法寺驳稿》六卷、《培竹集》四卷

俱清平李中丞佑撰。佑号培竹。

《虹泉文集》

普安州中丞蒋宗鲁撰。

《桂轩拙稿》

宣慰司宋炫撰。炫，嘉靖初人，按察使杨斌为之序。

《逸老闲录》、《逸老续录》

俱贵阳汤㵮撰。㵮，巩昌知府，莫年与陈栗山唱和。

《攻玉集》诗一百二十首、乐府十八篇

永宁赵维垣著，既自为序，开州王尚书端溪崇庆序曰：

夫阳春白雪，所以昭至音；倚马行空，所以示绝倡。昔贾雒阳过湘而吊屈原，柳柳州望燕而悲乐毅，梅花赋于广平，煮豆歌于子建。是皆风流振乎词源，藻思超乎文苑。残篇千载，知音几何？是故道合舜禹，岂必登乎明堂；才契周召，奚用服于大僚。是以逸人多性命之辞，而豪士抱忠贞之泣。龙岩先生始以才进士而选词林，既乃尼当路而主秋署，未几，复以无妄推大名。夫君子之于处世，要在归夫大中，故动心所以忍性，观物所以成仁。龙岩谪居以来，胸次夷旷，福祸雅不为动。莅政应物，砥砺磨硙，不激不阿。诗谓他山之石，可以攻玉，良有以也。今读其集，率皆思亲慕君，隆友忆弟，怨而不怒，哀而不伤。夫学莫大乎敦伦，文莫先于润身。龙岩笃于本根，是以畅于发越。盖全德斯为大器，器大斯其行远。即其词旨温厚和平，所谓上友风雅，俯视屈宋，人曰删后无诗，岂其然乎？岂其然乎？

御史王璜序略曰：

攻玉者谁？龙岩赵先生也。龙岩者何？谪大名前庶吉士也。曷攻玉？鑞也。其鑞之奈何？佩之以昭德也。然则文无与矣。曷以名集？会也。观者不曰，会曰伦也，玉鑞而诗帙，两逢其适，故曰会也。玉以硂鑞，诗以炼工，理有相方者，故曰伦也。试耳玉取声焉，清越以长也，诗之声亦清越以长也。目玉取色焉，温润而泽，缜密而栗也，诗之色亦温润而泽，缜密而栗也。至于气如白虹，精神见山川者，亦无有弗伦。璜乃作而叹曰：呜呼，玉之达也，为圭为璋，为璆与琬琰，国之镇也，重器之需也。文之达也，为馆为阁，为丝与纶綍，国之华也，王言之代也。胡乃今皆穷焉，不镇国徒饰诸躬，不华国祇鸣诸郡，亦会也。龙岩其如会何哉？龙岩之弗会，其如朝家何哉？《诗曰》：言念君子，温其如玉。

《琼山诗稿》一卷

贵阳都督杨仁撰。

《青鸾溪集》

思南安康撰。

《止庵稿》

教谕贵阳詹英撰。

《乐闲雅会》、《蓉城吟稿》、《秋蛩吟稿》、《碧澄杂著》

俱桂阳州训导贵阳汤轸撰，知府晿之父也。

《素渠集》、《唐山乐府》十卷

俱重庆同知贵阳范府撰。

《检斋遗稿》

兵部主事李文祥撰。祥，麻城人，以言事谪兴隆卫经历。王尚书元美序其遗稿，略曰：

公为诗文，咸明婉有致。其于奏疏公檄，削切中事机。虽再遭贬，邻鬼魅，杂侏偬，无几微不平之气。亦不以迁客自高，旷佚于职。乃其直节素志，隐隐溢毫素间，亦自不容掩也。

《学孔精舍汇稿》、《学孔精舍论学汇编》、《学孔精舍续稿》

俱尚书孙应鳌撰，提学刘伯燮序汇稿，略曰：

后人慕古，谈天风，庶几乎梁苑、楚台、上林、长杨一遇也。其所为艺，蕳铼横放，亦自以为道，称关世教。试取读之所得意语，直长短家一任侠技耳。试令语理道反之身心，则口噤不能发一奇。彼其目江门、粤东、龙山之言，不阔则迂，相与姗笑之。不知臧与谷纵均亡羊，而挟策之与博塞亦终有辨也，况天壤哉！夫人之有言也，必根于学，学必诣于道。不诣于道者，杂学也；不根于学者，杂言也。野物不为牺牲，杂学不为通儒。权谋，士能道之矣。徐伟长曰：心不苟愿，必以求学，言不苟出，必以博闻。此性情合人，而德音相继也。彼数子者，曷尝禁学弗语，特彼谓学非若江门、粤东、龙山之学而抑归之心焉，性情之云庶矣乎。先生自少颖悟绝伦，博极群书，时已志于道。长游四方，得定性求仁之学于宋大儒程纯公，中归本于学孔，故是稿标以学孔云。

《孙淮海遗稿》

孙应鳌撰，贵州巡按御史太仓毛在序，略曰：

万历癸未，余领巡按贵州命。吾乡荆石、凤洲二公，三致意于公。比入境，过清平，则公捐馆矣。已，檄清平令搜公遗稿，得若干卷，稍为铨次，刻之。呜呼，公不幸无后矣，然月旦在乡，清望在朝，功业在仕宦，精思力诣在文章，谓公不亡也宜。

《雍谕录》

孙应鳌撰。

《警愚录》

贵阳马廷锡撰。公与蒋道林、孙淮海诸公讲性命之学，其旨以静养为主。

《先行录》十卷

思南李渭撰，邹铨部元标序，略曰：

同野先生以《先行录》命予弁卷端，余叹曰：韪哉，先生之心乎。古之学者，学之为君臣焉，学之为父子焉，学之为夫妇昆弟朋友焉，言理便是实理，言事便是实事。近学者谭杳眇之论，高入青冥；忽庸行之常，真若跛躄。其为不学子讪笑而讥议者甚矣。呜呼，共是天下，今之天下即古之天下，吾之人心即古之人心，彼讪笑而讥议者，亦吾躬行之未至欤？先生论学，而以躬行名录，诚末世之瞑眩也。友曰：子今左躬行，何居？曰知行一体，识得语知而行在其中，语行而知在其中，语先而后在其中。先生昔常以毋意为宗，观其言曰学贵修行，若不知德，与不修等。如入暗室，有目不见，以手扶壁，有足不前，子可以观矣。子知先生之学，则予昔之未以子之躬行为是，今以先生躬行为正，盖各有攸当，未可以膜说为万里圣途，即之则是，凡我同盟，请绎斯语，庶几为适燕之指南也夫。

《先行续录》四卷

思南李廷言撰，同野叔子也。

《云中稿》

吉水邹元标尔瞻撰。尔瞻谪都匀，至则修张公读书堂，日与匀士讲业，讴吟自适。所著诗文，门人刻之，名曰《云中存稿》。都匀，昔名都云也。

蔡冢宰国珍序，略曰：

叔季道丧，士惟身图是便，而国恩臣节，漠不关念。稍涉触忌，即隆贵累禄之士，或莫肯印首伸眉为国家出一语。间有为是者，且以为迂，姗之。其间虽有一二言者，又不免侥幸一掷，以为得卢计，计一失，即不胜其抑郁无聊，虽在贬所，亦有不能一朝居者，不少矣。公乃释褐，值时贵熏灼甚，乃能抗疏发其奸，以是戍云中，则日与诸士人游龙山论心，而觞咏怡然，若将终焉，此其人岂复有威权功利足以夺其志乎？彼一时，虽闾巷童竖，莫不知公姓名，矧余为乡人，又同袍者乎？先生所为，莫非国恩臣节事。阅所为鹤楼公遗迹记，已可概见。及读《读书堂记》，至有谓学莫先于立志，譬之木其根焉，读书其培壅之者也。则公之素所建树，固由此志，而发为诗文，其亦由本而达之枝者乎？

江中丞东之序略曰：

尔瞻为纲常发愤，放逐都云，其忠诚明信，贯通白日，天下共见之也。余得《云中存稿》，读之，辄手编太息。以彼居夷处患，人将不堪，乃惟日与门弟子谭经讲业，间亦不废讴吟。所著诗文三卷，如五伦有语，四慎六戒有箴，若爵禄毁誉，夭寿之际，已见大头颅。呫呫邹生，胸中豁也。倘所云剖破藩篱，天空海阔，无之不可者，非邪。

应柱史朝卿序略曰：

顷被上命，观风于黔，乃从中丞江公所得公《云中稿》。卿受而卒业，公故以忤权相谪戍黔之匀。黔于职方，号徼外遐夷，最硗陋之区。而匀又黔之所最，号为瘴毒之乡，而蛮苗出没，荒落之薮也。而公履之若故。久之，公忘匀，匀人亦忘公，相与结茆宇，谈理学，阐六籍之微言，垂一方之典范。时而登临凭眺，北望阙而南瞻云，其啸吟纪咏，间以写其忧国怀亲之绪，而思入风云，声合金石，犁然当于人心。抑何其衷之悃款而神之恬旷也？尝论三闾大夫，其思忧，而容与行吟，不无自适者。五柳先生，其识达，而独悲惆怅，盖有隐忧焉。文成公理学勋业，跻俎豆而炳旂常。说者以为得之龙场之困谪，黔人故尸祝文成而存其文，蔚为一方珍。云中者，夫非公之龙场乎？读公之制，感慨入灵均之思而不忘其乐；豪举似渊明之达，而不废其忧；格言名理，继文成之响而壹禀于忠恳。彼其了悟心性，锐意圣贤，即名节二字，且目为障。奚知顺逆险易，又岂以勋庸加损？乃天下想望丰采，则方以公之隐显卜世道盛衰。是稿也，固宜与《龙冈集》并传不朽也与？

《黔草》二十卷

子章撰，丰城徐宪长即登序略曰：

一时三大役，西哱东倭，而播最黠。同事三大省，左楚右蜀，而黔独约。夫以约力当劲敌，时事无艰于此者。圣天子方厪南顾，简相奎氏授之斧钺，而倚以扫犁之寄。藉第令拮据足食之计，以不隳武功，亦已难之。而况能修文事乎？乃今取为《黔草》读之，则见其光焰万丈，金瑅琳琅，如入锦绣万花中，接应不暇。其奏疏之忠说，似陆宣公；其策论之才识，似贾太傅；铭若陈后山之有法度；诔若韩昌黎之多情思；而诗之探囊呕心，于李长吉不啻似之。此皆夫人之所擅长于平时者，而公独得之于有事之日。至若告谕俨巴蜀之文，誓命凛商周之体，而奏凯露布即于公昇所为，收复京邑，能使德宗听之而感泣者，无以加焉。则又夫人所假手于人者，而公独亲自挥洒而有余。且所指授方略，控险扼要，如身所尝经；料敌制变，若持券取责，一一符契不少爽。卒之巢覆种殄，克奏荡平之绩，盖所谓有用文章也。夫以时若彼，为文若此，自非其养之素豫，而挟之素弘，安能神闲气定于临戎之际以办此哉！

丘太史禾实序略曰：

余读中丞诸草，见公之貌；读诸草中论学书，见公之神。乃今读《黔草》，而后知公之貌之神之不可测也。夫文章家雕龙绣虎之业出，而理学二；理学家探玄索珠之键启，而事功二。非自为二也，好奇者浮，好修者泥；浮者矜己，泥者滞物。是以词人往往有遗行，而儒者或斤斤守咫尺之义无所见，彼于所谓不二者，未数数然也。余观中丞为古文词，意气在秦汉上。顾其沉雄浑朴，为鼎为彝，又似三代间物，苔封蠹蚀而精光不可磨灭。至其论学，多发抒所自得，不拘拘于门户，绎之如饮醍醐，令人神醉。如得水于诸而取火于燧①，无其形而有其实。盖知公无意铅椠而徒以绪余发之，顾其用物弘而取精多。其能以古文辞为鼎为彝，则亦其萃九牧之金而成也。故以此谬谓见公之貌而并见公神，乃公诸草成时，治有续才，见之簿书，功有成才，见之平世。所谓道隐于小成，言隐于荣华，未有若黔之役，一出而啸风鞭雷，须臾底定者。自今观《黔草》中，若奏谏，若公移，或出民于汤火，或玩敌于掌上，或仓皇而应一时之卒，或郑重而周百年之防。算无遗筹，计不再虑。又何其以缝掖之思，斧藻之业，谈笑而当虏也。意者公好奇而不为浮，好修而不为泥，掺不二之精，而御无穷之变，故于黔若承蜩然。噫，此余所称，读《黔草》，而后知公之貌之神之不可测也。

《疾慧编》二卷

蠙衣生撰，自序曰：

予入黔三年矣。始讨夜郎，继讨皮林。封豕长鲸，东奔西吼，剑跃弓翻，风毛雨血，其疾在兵。大兵之后，继以大侵。斗米伍百钱，玉屑糠核，民并日不一饱。菜色载途，白骨填壑，其疾在荐饥。民死于兵，死于饥。冤魄未纾，郁而为厉。巕魖昼啸，猵狂夕现。呻吟于床第而泣泪于原野，至不忍听闻，其疾在疫。凡天地间，可忧可惧，可愕可怪之事，无不备尝。夷狄患难，兵戈生死之区，无不经历。总之曰疢疾。予署前为王阳明先生祠。予日坐其中，因思先生在龙场，虽云困厄，未若予十之二三，而悟良知以启圣钥。予之忧悸，十百先生，而竟无所悟，以窥先生之藩篱，则甚有其蒽。故虽当驰戈摄弓之秋，发棠施药之日，与二三子讲明先生之学，无日以息。久之，得若干条。三年疢疾，仅窥一斑。二三子请剞劂之，强名之曰疾慧。嗟乎，疾则慧，不疾则不慧，中人之性也。今贼平矣，年谷稍登矣，民病少苏矣，以予之颛蒙，能保其常慧乎？管仲曰：愿君无忘射钩，臣无忘槛车。予与二三子愿无忘庚辛三疾②。

门人胡仰极序略曰：

吾师青螺郭公，理学命世，来抚吾黔。西讨夜郎，东讨皮林，拯饥拯疫，焦劳万状。而韬钤弥练，经济弥恢，终食造次，不懈存省。日与群弟子讲性命之学，和气蔼然，滚滚不竭。一日，出《疾慧编》以示极，受而周览，则赞曰：呜呼小子，宁忘庚辛三疾哉？镡芒铿响，菜色僬声，依然瑺瑈，处安若危，含哺忆枵，仗师之

---

① 诸：据文意，疑当作"渚"。
② 三疾：原作"二疾"，据上下文改。

仁，只于疾中获苏，未暇礼义也。吾师独于倥偬骇怖之中，抉精湛奥妙之旨，豪杰所厪顾弗遑者，犹以游刃摅心得。岂非中会太极，性情葆鬯，出才理事，不繫于气者哉？惟蘂沈潜，故蘂游泳；蘂淡泊，故蘂敏健。是以梦之愈闲，确之愈坦也。夫行非素位不真，言非体认不切，处非当家，新丰鸡犬耳。今公经略在边陲，涉泽在阛阓，陶治在士类，而独得在渊微。测之洞，洞若涉瀚海而靡窥其元者，是编，特感触之一二耳。

《贤奕稿》二卷

普安佥事邵元善撰。弟参政元哲、阆中陈宗虞俱有序。陈序略曰：

《贤奕稿》者，今普安郡大夫台山所为诗也。大夫初令嵋峨，迁司徒郎，谪通州，量移涿州，载谪辰州，皆有佳政不论，论其值之变者。涿，畿辅首地，冲而费钜，惫极矣。民萌穷者骨立，势者虎负，繇不得供命者，日益水火，则绎绎而亡。仕者即不官，不乐刺其地。虽觐谒者苦其途，谁则振而理之？大夫至，不逾月，检籍均徭，抑豪强，稽隐脱。自是疲者少解，亡者襁负而归间阎，甫如苏生。顾豪姓不便者含沙其旁矣，果中于中贵人飞语。上闻，收大夫焉。乃涿父老扶杖携儿，扣阙三上疏，白其事①。昔杜子美览元道州诗，志之云：今盗贼未息，知民疾苦，得结辈十数，落落然参错天下，则万物吐气，治安可待矣。嗟呼，良吏之难，自子美时然矣。今海内兵戎俶扰②，憔悴日剧，不独一涿州然，顾大夫者可多得邪？乃道州《舂陵行》使官吏之作，及所著元子等篇，照耀简册，长与金石不磨③，则岂谓大夫今稿，不万千祀爱而传也。

《邓睒稿》、《燕滇游稿》

俱邓川知州周文化撰。化刺邓川，故曰邓睒。《燕滇游稿》，大理进士苏湖、荨溪居士杨达之俱有序。

《和唐题咏》四卷

周文化撰。化雅有诗才，慕唐近体五七言，随题和韵。五言律诗五百三十四首，七言律诗三百四首。刘中丞秉仁、卢观察整为序，化亦自有序。刘序略曰：

吾黔中诗人周大夫仰春自为诸生时，才气勃空海内，即已嗜吟咏。宦历燕滇

---

① 白：原本作"曰"，据贵图本改。
② 扰：原本作"优"，据贵图本改。
③ 与：原本作"于"，据贵图本改。

之间，既有稿盛传，人争购之。谢官来里中，杜门著述，支颐三径。尝叹曰：予每恨不得与唐人登坛，上下角立。今其言具在，予若直寄焉，孰若取其词而和之，窃附于知音，可乎？坐小亭，日哦数首，字字铿然。如和陈苏，则昂颡再起；和李杜，则白甫重兴。津津乎流其口吻，穿其肺腑。两置之前，顿莫别孰为唐与今也。

周自序略曰：

予官桓山，侍御粤南刘公，携楚人刘洞衡氏和唐诗三卷向予曰：此子无亦楚才，非欤？予退而再绎，其风韵亟美。洞衡能操笔墨抗礼唐贤，亦足夸诩一代。暇时偶效为之，因自为拟唐人诗，必履其境，熟其事，若出彼口吻，不见时代之异，不独叔敖衣冠，新丰鸡犬，而后可称唐句。又必欲别出一意见，另一景色，能发唐人所未发，而后可无雷同。不然，束缚步趋，直更易数字，便谓赓唱，是殆杨太史所谓物有应声者，虽无作可也。顾予肤浅荒疏，腹如悬磬，徒慕昔人才情，啾啾乱鸣，同于蜾蛭。刾官同仪封，人日仆仆，雅拜道左，从何高咏得出佳句？以视洞衡，尚逡巡未能髣髴，又何望唐人藩篱？会业已成，不欲弃，遂分为四卷，比刘多若干首。

《金筑稿》一卷、《天厨洞稿》一卷

俱贵阳绵州知州李承露撰。编修邹德溥序略曰：

夫李子盖有三难焉：诗人类起多才之邦，李子顾自贵竹，则特树之难。诗率穷而工，即吏，故逸者也，李子顾达，顾治剧，则兼诣之难。古之以诗鸣者犹多晚而成，李子年十九，已能赋纪梦篇，炜烨可喜，则蚤就之难。若李子，可不谓颖杰离伦者哉？李子今且守蜀，蜀故多险峻绝特之观，可以豁性灵而壮诗思，李子年方茂，意气方锐，诗之所造，殆未可量也。

《陈耀州诗集》二卷

贵阳五栗山人陈文学撰。文学曾为耀州知州，故以名集。普安邵元善序略曰：

贵竹陈五栗先生自少能文章，余姚王阳明先生谪官龙场时，先生师事之，今《居夷集》中示陈宗鲁者是也。先生之诗，大半在溪山花月杯酒游览间，触趣而发，不强作，其冲澹如栗里，萧散如苏州，沉郁酝藉如少陵。而平生落落不偶于时，偃蹇寂寥以终其身，大都相似。先生年六十时自为志，志后十六年卒。诗之目为《耀归存稿》，《余历续稿》，《嬾孬间录》，今统名《陈耀州诗集》。先辈言诗能穷人，其果然哉。

《艺圃虫欮吟》四卷

都匀钟大护汤和甫撰。邹南皋序略曰：

钟故豫章里人，徙入黔匀，又为匀人，衣冠鳞次相望。汤和自少负俊才，贡上国，以亲老乞禄，连蹇归。归而理竹素业，积久成帙。其子锽于白下，尊父命题曰《艺圃虫吟》。虫，秋声也，江空木下，露冷庭虚，凄凄切切，无愁不尽。予睹其名，盖潸然悲之，以汤和才，不使之鸣春而秋吟也。匀僻在丛山中，或丹冥投烽，绿林无恙，士缙时得攀蹬披云，含毫挟藻。往予待罪行间，时荷琼瑶之赐，兹睹斯集，益可念也。昔人有梁甫吟、五噫吟，皆瓠落于时所为，卒有出而裹大业，名垂宇宙者。汤和束于世法，长吟自老，尤可慨矣。

门人陈给事中尚象序略曰：

钟东宇先生，余少时所尝受业者也。生有异禀，弱冠游胶庠，诸所著制义，口为绣，笔为彩。马平鹤楼张先生啧啧以高弟重之。无何，应庄皇帝登极时恩选起家，既离去经生言，得以搜罗艺苑，游神翰墨之场，而谒选佐上元。公余有暇，历览燕矶、牛首、雨花诸名胜，耳目心胸之间，恢恢乎有日异而月不同者。不三年，以忧归，归而为忌者所中，一觞一咏，若将终身焉。先生幼有大志，使在中原，与空同、大复诸君子游，其所述作，当必骎骎乎振古始而凌当世。而僻处龙山六洞中，其以文采表见，仅仅若此，斯亦足恫矣。

《筤篁馆集》二卷、《山雨楼草》二卷

贵阳谢三秀撰。少参麻城梅国楼序略曰：

昔余在诸生时，尝为词赋矣。辄十余年不遇，后三年而始一遇，然终不以偶遇者为幸，而以不遇者为悔也。遍涉海内，世鲜知音，晚得谢生，始屈一指。谢生词赋，风致飘然，有凌云出尘之思，而其中多怨。昔楚骚作而三闾悲，秋赋成而宋玉叹，雍门涕洟而销魂，牛山沾衣而致慨，抚景伤情，托物寄兴，良有以也。以谢生之才，而使之流落不偶乎？夫宝瑟尘埋，徐而拂之，必有逸调。高山流水，徐而听之，岂无知音？即使谢生少年遇合，华毂朱轮，以洋洋得志于里巷，其气焰薰灼，里巷小儿或敬重之。然隙驹石火，与其人俱往矣，必不能登词坛而流金石以垂之不朽。夫谢生之才，十倍于余，而其不遇偶同于余，余且庶几一遇，况谢生乎？

黄主事龙光序略曰：

盖余读谢玄瑞诗若文，而异之。君自结发时即喜为古文词。迨今，困诸生屡矣，而喜益甚。今博士家勿论不能为玄瑞，即能为玄瑞，而一蹶不收，辄自诧改

步，以无为不知已者诟。其蹶者售者半，而世独自豪其售以招蹶者。夫使蹶可招，世岂复有谢生，余又安得从诸公后知有谢生也？玄瑞文婉致苍渊，寸情雅称。诗翩翩初盛，不多逗中唐语，何论晚。其于古作者，则邺下之嫡裔，而孟浩然、长卿之流亚也。

杂集

韦皋《西南夷事状》二十卷、《西戎记》二卷

樊绰《南蛮记》十卷

张胐《西南蛮夷朝贡图》一卷

宋元丰间《诸蕃进贡令式》十六卷内罗龙方张石蕃一卷

《珍州图经》三卷不著作者

《思州图经》一卷不著作者

以上皆唐宋书有关于黔者，目存《宋史·艺文志》，而书亡。

《孙子注解》书逸

教授王训撰。

《留坡忠录》

记思南长官李盘死事。

《精一道人参同契注》

尚书平越黄绂撰，自号精一道人。

《古今律选歌词》

万松杨彝辑。

《重刻文章轨范》

宋谢枋得编，明贵州巡按王汝楫刻以惠黔士，王阳明先生序略云：

举业者，士君子求见于君之羔雉耳。羔雉弗饰，是谓无礼，无礼，无所庸于交际矣。故夫求工于举业而不事于古作，弗可工也，弗工于举业而求幸进，是伪饰羔雉以罔其君也。吾惧贵阳之士闻二公之为是举，徒以资其希宠禄之筌蹄也，则二公

之志荒矣。①

《气候图》

贵州总兵怀柔伯施瓒撰。瓒雅好玄学，命工绘七十二气候为图，时王伯安先生谪龙场驿丞，瓒请为序，序曰：

天地一元之运为十二万九千六百年，分为十二会，会分为三十运，运分为十二世，世分为三十年，年分为十二月，月分为二气，气分为三候，候分为五日，日分为十二时。积四千三百二十时三百六十日为七十二候。会者，元之候也；月者，岁之候也；候者，月之候也。天地之运，日月之明，寒暑之代谢，气化人物之生息终始，尽于此矣。月证于月者也，气证于气者也，候证于物者也。若孟春之月，其气为立春，为雨水，其候为东风解冻，为蛰虫始振，为鱼负冰，獭祭鱼之类，《月令》诸书可考也。气候之运行，虽出于天时，而实有关于人事。是以古之君臣，必谨修其政令，以奉若天道，致察乎气运，以警惕夫人为。故至治之世，天无疾风暴雨之愆，地无昆虫草木之孽。孔子之作《春秋》也，大雨震电，大雨雪则书，大水则书，无冰则书，无麦苗则书，多麋则书，蜮蜚螽蝝生则书，六鹢退飞则书，陨霜不杀草，李梅实则书，春无水则书②，鸜鹆来巢则书。凡以见气候之愆变失常，而世道之兴衰治乱，人事之污隆得失，皆于是乎有证焉。所以示世之君臣者恐惧修省之道也。

大总兵怀柔伯施公命绘工为七十二候图，遣使走龙场，属守仁叙。守仁为使者曰：此公临政之本也，善端之发也，戒心之萌也。使者曰：何以知之？守仁曰：人之情，必有所不敢忘也，而后著于其念；必有所不敢忘也，而后存于其心。著于其念，存于其心，而后见之于颜色、言论，志之于弓矢、几杖、盘盂、剑席，绘之于图画，而日省之于其心。是故思驰骋者，爱观射猎游田之物，甘逸乐者，喜亲博局燕饮之具。公之图绘，不于彼而于此，吾是以知其为善端之发也，吾是以知其为戒心之萌也。其殆警惕夫人为而谨修其政令也欤，其殆致察乎气运而奉若夫天道也欤？夫警惕者，万善之本，而众美之基也。公克念于是，其可以为贤乎？由是，因人事以达天道，因一月之候以观夫世运会元，以探万物之幽赜，而穷天地之始终，皆于是乎始。吾是以喜闻而乐道之，为之叙而不辞。

---

① 此文《王文成公全书》录，本书省略颇多。
② 水：原本作"冰"，据《王文成全书》卷二二改。

《宋元品藻纪略》

普定汪大有撰。

《璞山政训》

普安通判蒋廷璧撰。

大学士徐阶序略曰：

《政训》一卷，故国子学正璞山蒋君撰，凡为目五，为条七十有三。其以从政，粲然可按而行也。初，君为学官，以古道率先诸士。于是，时人服其行而疑其才。乃是编，于人情吏事以及远嫌避谤之类，亦罔弗及，人更以君为达。呜呼，世尝病儒有迂阔，其果然乎哉？

大学士李本序略曰：

今世人所传论政之语何限，彼皆掇拾于见闻，补缉乎椠牍，静言而庸违，阳师而阴背其言，如以耳食，不足信也。璞山以爱子之心，发其素所蓄积，著为训，徇道而不阔于情，守官而非远于俗，岂但方伯君所宜奉以周旋，即使当官者人置一编可也。

《齐梁监兑录》

都御史蒋宗鲁撰。

《教家要略》

贵州布政司刻。按察使泰和胡尧时序略曰：

殷泽观乎旧家，汉俗察乎箕帚，邦国御于刑于，化原视诸闰则，然则君子欲复先生之治于叔季之后，有教家而已矣。《教家要略》一编，凡若干条，古今人嘉言善行，或掇其华。夫大学小学之书，内则曲礼之文，教无以尚。它或拘细而难遵，或阔远而无当，或信美而无征，或太苦而难继。是编也，其颜氏所谓开心明目、可利于行者乎？

《删后诗编》

邹尔瞻居匀中时编。自周元公以至王文成公，凡有益于身心者若干首，而自序之，序曰：

孔子曰：小子何莫学夫诗，诗可兴，可观，可群，可怨，迩事父，远事君，多识鸟兽草木之名。诗教关系非眇浅也。小子不能诗。每闻之人曰：诗其唐乎，盛唐其最乎，李杜其诗之圣乎，宋以下勿论已。余取唐人诗读之，不事粉黛，独写胸臆者，固有蒿目刿心者十之五焉。王室多疵，太白当其际①，吟弄花月，流连光景。其附离永王璘也，议者犹病之，视子美且不可同日语，他可知已。复取宋人所为诗读之，欣然有得，溯自元公，迨明文成公，汇为一帙，题曰《删后诗编》。咏而叹曰：诗其在是哉！三百篇出自里巷歌谣，妇人女子。学士经生鲜或之及，谓其有得性情之正故也。诸君子深于理道，故其所发，缓而不激，切而不浮，洋洋三百，遗音也。夫子所谓可兴可观云云者，其斯之谓与？噫，有得性情，俚语皆诗也，无得性情，二南亦淫辞也，此可与知道者语也。窃譬之唐音，万花春谷，种种奇葩，索其实，则拨诗编如绿水青山，愈玩之无穷，则其色真也。今之言诗，皆所谓唐其最者，安能强之，聊题其端，亦未敢必天下无知音者。

《律吕分解》

孙应鳌撰。

《阅书评识》四卷

宣慰司越民表撰。表任长史，辽庶人不法，直言见忤，即拂衣归，著书自娱。

《大儒治规》三卷

思南李渭撰。自序曰：

楚侗先生梓濂溪、明道二大儒治行，凡友朋之郡邑，各一帙赠焉，庐山先生益以象山、晦庵，题曰《四儒治规》。渭回翔郡邑，盖有廿载，绎二书，反所得否，否，亦不敢自猬葺，恐为四儒羞也。暇掇孔子为治载在《鲁论》《大学》者，弁二书卷端，四儒布施，固孔氏家法矣。为治者宜以此书置之座右可也。

《明教录》

思南李廷鼎撰，同野仲子也。

《同野先生祠编》三卷

李同野先生既圹，诸门人服先生之教，不能忘，故奉檄而特祠之。门人安岱、

---

① 太白：原本作"大白"，据贵图本改。

李宗尧编辑其事，亦所以示不忘也。御史萧重望为序，略曰：

呜呼，先生之学，毋意也。特祠，非先生意也，二三子之意也，奚有于编？夫二三子者，好之不足，而蕲以永之，夫惟有以永之，乃今然后知二三子之意非阿私也已，乃今然后知先生之德，毋意于人之不忘，而不能忘也已。

《渔矶别集》

马心庵廷锡集同志诸公讲学诗文也，思南李同野渭序略曰：

万历己卯秋，心庵寄渭《渔矶别集》。急读一过，中皆诸君子规励语，心庵欲渭赘一语于卷末，且以为心法云云。渭曰：心有法乎？乡者，渭亦斤斤谒人，人曰心有法可传。近读《鲁论》，窃睹记夫子教指，即心字亦未见欸欸语次间。惟颜渊则曰：其心三月不违仁。自语云：从心所欲，不逾矩。两言外不闻矣。法因人立，心无法，有法即心也。至于语克己条目，曰非礼勿视，非礼勿听，非礼勿言勿动。仲弓为仁，则语之以出门、使民、见宾、承祭、在邦、在家。述尧舜禹之执中，曰四海困穷，万方有罪，四方政行，天下归心，为仁不离乎日用，执中不远于万方，圣人心法岂空悬摸索者哉？心庵托足委己，不御辅颊间，有所自立，匪饰虚车如世儒尔尔者，不知视渭语可可否否也。

《政教录》

安福刘祚，嘉靖丙申由南都枢佐出守思郡，甫一载，即致政归。自僚属以及细民，攀援不可留。乃裒集在任事迹文集为《政教录》，以示不忘，而田方伯秋为之序。君忠愍公曾孙，盖不愧家法云。

《巡黔政略》

御史太仓毛在著，知州周文化序略曰：

政略者何？毛公代巡黔南莅事之略也。略者何？记事者纪要，纂言者钩玄，睹象牙而知大于牛，睹虎尾而知大于狸，一节见百节，知也。刻之者何？殷子毁禁方言仓公之术者，时每以为憾。识岐河壖，不丰其表，夜半潦至而徙，则问津者苦于燕越之不前，刻之，斯不忘之惠也。难虑继今者，能一一不异，何粝粱适饱，必常于豹胎，布缕却寒，必久于雾縠，平易近民，百世无弊，奚为而能异也。

《振铎长言》

巡抚鄞郡江东之缉，公自引曰：

民之不革，斁我之緜，惟是上揭皇祖六谕，以阐扬其指，次搜二十四善以寻绎其义，近撷五传以寄遐景，亦欲铤险者砥厉而潜销雄芒也，爰授剞劂而并繫以图，亦犹行古之意也，遂书而引之于策。

《二十四善》

江东之缉，自引曰：

为善阴骘一书，成祖命儒臣汇之，御制序文以示劝率。顾退陬荒徼，安得家藏一帙，人尽一窥。因揭其稍切于地方者，得二十四章，并广之梓，俾善师者遇一事，得一法，思过半矣。

《童蒙初告》六卷

蟫衣生集，自序曰：

予舞象时，先王父方伯公授予《蒙求》千文及《明心宝鉴》诸书，予白首梦寐不能谖，王荆公所谓先入之言为主是也。比壮游四方，读归德吕天理翁小儿语，忻然当于予心。顾多北音，南儿未甚解已。入黔，夜郎、皮林既平，兰锜之隙，乃以先王父所授书及小儿语，并友人邹尔瞻来矣，鲜所寄书与诗之切近者，分类辑之，以教黔中儿，名曰《童蒙初告》。易言之，童蒙求我初筮告。万物莫不有初，人之初乃在童蒙，蒙之初乃在孝弟。孟子曰：孩提之童，无不知爱亲敬兄。又曰：人少则慕父母。此初之真也。予是编首孝弟，至内则，共四十九条，告以初也。孔子听孺子之歌，孟子取不下带之言，童谣刍语，圣人不弃，以其有至理存焉，而人共晓也。予编初告，玄者、深者、幽隐者不录，独录俚而浅者，以此。或曰杂以佛语，何也？予曰：难言哉！佛，西方之教也。而黔，西裔也，维摩弥勒，朝廷仍以名州，恶得不因其俗教之？孔子见老子曰，其犹龙乎。孟子距杨墨，而曰：今之与杨墨辨者如追放豚。夫知孔子龙老子，与孟子不豚杨墨之意，则知予之所以取佛语矣。或曰：如孝弟何？予曰：此随声弹佛也，释迦文佛劝人修三福，一者孝养父母，奉事长上，慈心不杀，谓佛无父，是牛饮酒，马啖脯，诬之诬也。

《黔台校艺录》二卷

子章集四方门人时艺，以教黔士者，自为序，略曰：

海宇谭圣学，半宗余姚，余姚之学，成于龙场。龙场，故黔地也，黔之士待文闻夷奋而起者，若孙司空山甫、李太参湜之、马内江朝宠，其荦荦著者。予入黔，谒余姚祠，低徊者久之。冀黔士中得如三公者与之上下切磋，盖卷卷焉。会狨夷跋扈，戎马在郊，部曲督候司马祭酒之属，鳞集戏下，每食而废箸者三也。迨烽堠少息，铙歌振响，则又槐黄期迩逢掖生，方且赋桂枝，歌鹿鸣，争衡笔阵，决战文场矣。由前则王事靡盬，由后则多士汇征，相须甚殷，竟相遇左也。嗟嗟，元凯临戎，讲论不辍；安石却秦，游息如故。即余姚禽逆濠，日讲学座上，闻吉语，余甚愧焉。进督学使者徐君商之。徐君曰，诸生习铅椠，骤语良知，奏笙簧乐鸟也，无若就举子业牖之易入。会四方门人及黔孝廉，以举业来就正者若干篇，检付徐君，镂布学官，人畀一册，若予与诸生对语。

《城书》

蟒衣生辑。自序曰：

守城事宜，《武经总要》有城守章，《纪效新书》有守哨篇，吕中丞有《城守》，尹朔野有《堡约》，《筹海图编》亦载守城一卷，其说详矣。顾事太烦琐，器亦重复，介胄之士多不解其说。予入闽，得福州何太守所刻《守城事宜》，总括《武经新书》而稍浅，其词令人易晓，守城之善物也。己亥①，入黔中，疆场日骇，城垣为急。乃增吕尹二公数条，间抒一得，付之剞劂，凡守城将帅，人给一册，命之曰《城书》。熟读而详味之，庶几黔之金汤乎？故曰：敌无脆，有备者胜。国无小，善守者全。曰备曰守，无出此书。召伯营谢，茑敖城沂，窃为诸将望焉。

《利器解》

蟒衣生序曰：

章闻之，地生度，度生量，量生数，数生称，称生胜。故不度量数称，不足以胜。而不计地，不名度量数称。夫所云地，岂独险易、迂直、衢重、圮围之辨已哉？南北东西，刚柔之气，水火金木，生克之宜，皆兵地也。今天下语战胜利械，必曰火器，大都不出佛郎机、乌嘴铳二者，而神变化之。顾此二器，国初未有也。嘉靖间，一来自佛郎，一来自倭，皆东夷器也。以此二器筹海，制中国，人髡为夷者则可，而以制夷，谈天稷下，说剑漆园，恐未可必胜。而以制虏则胜，龙堆狐塞，亡铁山也。而以制苗又胜，五溪三苗，溽暑伊郁，亡硝穴也。而以制黔苗则又胜。夜郎、牂柯，西土也，火能烁金，胜之胜也。予从里中受讨播命，倏装七日，行橐中止携有闽人所赠倭铳、九龙等铳数十门。入黔，自督匠造于署之东园。而未有佳匠，又其制不甚猛烈。大中丞三原温公自长安函利器解见示，乃其季将军编所

---

① 己亥：原误作"已亥"，据文意改。

梓者，予卒业之，如受黄石公。又虞纸上威远，图中迅雷，人犹谓画饼也。乃以其所制五雷、三捷、万胜等器见遗，予拜受之，如开丰匮，急令匠仿制之。未几，公又虞器即具，而拨机提硝者或匪人也。乃驰其素所善击裨将王真等来。于是，火传药、喷星门、钻架之类，无不具备。会黔数捷，后围贼于险囤，乃以公利器授故监军杨义叔分授诸将，东击西突，若狂矢腾云，飞枪摧山，雷骇电激，落挽枪而殒天狼也。囤破贼灭，利器之力居多。归而藏其书于名山，衅其械于武库。异日者何以使人人知是器利乎，命重镌之，为论著，其说如此。

《贵州观风便览》

贵州布政使王来贤、按察使应存卓等撰。

《宪约》

贵州藩臬二司刻。提学沈思充前序，略曰：

粤稽古两阶基化，徵应七旬，遐哉邈矣。如汉世，作人无如文翁之于蜀，博士授经，荒俗一变，此以文风之者也。唐世无如杨平章绾，命下之日，中书令彻声乐，京兆尹减驺从，此以朴风之者也。两者操术异而致用不同，至其所感召，并若建桴而鼓，执枢而运，不待发徵期，会捷于风靡而云从者，夫岂偶然也？不佞祇役于黔，入其野，雕题而卉服，山居而缶歌。夜郎夷裔，故陋俗在也，谓宜风以文。迨观都会，居萌辐辏而肩摩，驰传绎络而踵接，尊俎之会日侈，筐篚之交月繁，浸淫乎靡矣，又谓宜风以朴。两者何适从焉？易之《贲》曰：文明以止人文也。而推之化成天下有如锐。近世侈靡相高，繁缛相饰，而终莫之止，本来朴茂，渐灭殆尽焉，用文之则亦鬼魅而已矣，世风奚裨焉？兹《宪约》所为订也。

《维风编》

副使史旌贤撰，思南知府陆从平序，略曰：

余先读中丞叶公《宪约》，衍知公意在敦实铲伪，甚盛心也，而其约主于贞，宪不及齐民。寻谒参知史公，得公观察楚、常时所刻《维风编》者，读之，则其意与《宪约》同，而其说以备。盖二公首以风教为己任，故虽未同事而先同心。如此，海内士庶效而成风，即吴公子不悚然改听哉。孔子删诗，以二南为风之首，至《黍离》降为国风，而风始变，而后《春秋》作。《春秋》，固所以维风也。是编以维风名，公殆有深长思哉。夫登高而呼，声不加长而闻者远，何则？其所据者然也。余时在下风，故守思唐四年，而无能改于思唐之旧，今持公所《维风编》者呼人，人其或有敬应者哉。

《岭南七道图说》

御史贵阳李时华撰。李柱史以万历二十九年按广东，作是图，有序例，有置邮，有关塞，有合图，有指掌图，有形胜图，有公署图，有道府图说，共四十五。柱史自序，略曰：

岭南于星，为朱鸟之啄，负楚介闽，淫于大海。外则交南占城诸国，舟车之所通，内则盘瓠之种龙卢马①，人豪恶少之所出没，岁不忘警。盖海广则隙多，地广则险众也。国家建立郡邑，星罗棋置，辖以七道，牙错其间，要以控制要害，指臂相使，首尾相应，其虑至详。其间谣俗所因，山川所原，险阻扼塞所凭，户口人物所多寡，邮置所经，戎戍所遍，是为形禁势制，便治之原，君子审焉。然稽之载乘，犹费综索。夫古有聚米借筹，不终谭而决胜者，得其要而已。余用是授刘先克平简，使考粤故而约图之，凡若府，若县，若州，若卫所，若山川、户口、谣俗、道里、扼塞属于何道，靡不胪列，话以数言，盖方楮千里矣。识者规之目围，得之掌上，眯者怅怅乎。临抚之间，故曰不出户而天下治。闭门造车，四方合辙，岂必躬跋履，穷载籍，而后地无遁形，官无遁政哉？

《东省三图记》

贵州长史刘汝楫撰。汝楫入齐鲁，图泰山，图阙里，图渤海，而附以黔之圣泉，名《东省三图纪》。

《地水师边略》七卷

普安举人潘凤梧著。副使归安茅坤序，略曰：

友人潘君太华读《易》至地水师，喟然叹曰：兹固羲皇氏所欲止戈以武，而南面以向天下者也。予三复之，谓胡虏习戎马，勒弓弩，数拥铁骑，云翔电掣而入，其疾如飚，其奋猛如雷。而我中国数为其所鸷击鲸吞，而不可支。于是按水师之义而湛思之，大较欲穿塞下名山大都之野，而遍仿古者井内沟洫之遗，为之星骈而棋错于其间，沟洫之旁，则树之以梨枣柳棘，而为之藩且屏焉。内有方丈之沟，渐车之水，绵亘带绾，而外复有墩堡相依，斥堠相望。我固可以择便利，据险阻，伏戎于莽，矢炮相错，而且屯且守，彼所控虏骑以力战斗，竟虏掠，然其泥淖固不得而

---

① 卢马：原作"户马"，据贵图本改。

蹀躞以逞也。无他，兹即兵家所称重关设险之义也。要之，水因地而制流，兵因敌而制胜。潘君尝缮疏稿，欲以闻之于今天子，而中无援，故未敢上。其略曰，欲于关内明设阵网，虏纵能入关，必不能越吾之网。而又于离关稍远之处，则择平阳宽衍稍有水者，凿为方河，中设堡，以坚且屯且戍者之守。厘为七卷。其一曰地水师略，其二曰图演，三曰条陈，四曰百问，五广阵网图，六广方河图，七则百朋同声集也。嗟乎，君少多雄心，欲褆内安外攘之术以显当世，而未之适，君顷所自为揣摩者又如此。

黔记卷十六目录

学校志上

黔记卷十六

泰和郭子章相奎父著
汉州宋兴祖汝杰父正
贵溪毕三才成叔父校

学校志上

蠛衣生曰：元以前，黔故夷区，人亡文字，俗本椎鲁，未有学也。黔之学自元始，元有顺元路儒学，有蔺州儒学。我明洪武二十六年，设贵州、思州二宣慰司学，永乐间废田氏，思州宣慰司学亦废，已而，思南、思州、镇、铜、黎平五府学以次建焉，比各卫州县学亦以次建，中间沿革具详各学。万历二十八年播平，又益以印江县学，又议改平越卫学、普定卫学俱为府学，又设黄平州学、新贵县学，而学益备。通一省论，有卫而无学者，贵州、贵州前卫、永宁、普安、清浪是也；有州而无学者，镇宁、永宁是也；有县而无学者，镇远、施秉、铜仁、余庆、瓮安、湄潭是也；有卫学改府学者，都匀、平越、普定是也；有先有学而后革者，永从是也；有先为府学后为州学者，定番州是也。嗟乎，上之人不难捐廪饩、开制额、广励学官，网罗人才；下之人有愿建学，有不愿建学，兹其故殆难言哉。

历年事例

一、凡岁贡额数

宣德二年，令贵州府学照县学例三年一贡。

弘治十三年奏准贵州等处除军民指挥使司儒学，军民相间，一年一贡；其余土官及都司学，各照先年奏准事例，三年二贡。

嘉靖二年，又奏准贵州宣抚司儒学生员一年一贡。

嘉靖二十一年，题贵州、普定等十二卫，各设廪膳生员二十名，各该衙门通融处给廪米。

一、土官入学

成化十七年，令土官嫡子，许入附近儒学。

二、改拨学议

万历十四年，提学吴尧弼查得普安州学事规，见廪生二十名，增广二十名，附生七十名，及候廪、增广、丁忧等项四十余名，共一百五十余名。又查得起贡事规，贵阳、思州、思南、宣慰、普定等十府司卫一年一贡，普安州、宣抚司四年三贡，威清等一十二卫三年两贡，平溪、偏桥、婺川等三卫县二年一贡，俱有成案。

今查得贵阳府生员住居百里之外，每遇朝祭大礼，多不赴学，及至行查，多以路远借口。今设定番州学，恳乞复回原学，此虽出于私情，然亦事体两便，合无除程番旧府民生，见廪五名，候廪六名，见增十名，附学十九名，习礼土民十名。原以旧府生员改入贵阳府学，今建州学于旧府治，似应复还州学作养，不在抬阄之例外，仍当遵照勘合，先拨廪膳十名，增广十名，该本道齐集二学生员，不拘军民，当堂同该府并二学教官唱名，均齐抬阄。拨得府学廪膳生员罗弘化等五名，司学廪膳生员李良栋等五名，府学增广生员刘时雨等五名，附学生员毛棠等一十五名，司学增广生员周信等五名，附学生员朱仕弘等一十五名，廪增附学生员已共五十名，凑足程番民廪、增、附、习礼土生五十名，总共一百名，发入新设定番州儒学肄业。其廪膳未足名数，容本道岁考优等有堪作养者，并候廪各生陆续补足二十名之数。岁贡一节，照普安州儒学四年三贡事规，即以万历十五年为始，查取食粮实历年深生员挨次起送。今后在省军生止许附寄府司二学肄业，再不许假借原拨军生名数，援例冒入州学考试①。

一、申饬学校事略

万历二十六年，提学沈思充一议选教职。

夫官以教名，岂其窃禄食以送穷年，毋亦群庠弟子而责之教也。如黔寥寥荒

---

① 冒入：原本作"冒人"，据贵图本改。

微，在在山溪险阻，不若通都盛藩，师友观摩，可随取而随足，故需教也特亟。而以边方，故博士员较他方特减，即郡学率多单设一员者，且暮年荒学者十居七八，教欲兴，得乎？为今日计，即科甲不可多得，惟迩年选贡例开，又何靳数十人而不假之为变夷地也。请乞本院移行该部院，以后贵州教职有缺，悉择新选贡生补之，久任责成效，则特为优叙。昔文翁化蜀，非藉博士弟子弗能也，夫黔，亦今日之蜀耳。

一议委文职

昔日之黔未有文也，可以马上治之，迩来圣化大行，青衿日广，而提调者多系介胄之辈，此辟之方圆冰炭，其奚入焉？至名宦乡贤，乡饮节孝诸关大典，尤宜慎重。请本院行令，今后凡卫司学校定派文职，各以其方就近管理。凡前礼举行及地方人才高下，教职贤否，与夫生员行检优劣，俱属核查，开报本道。平日各照地方，悉心咨访，务得其真。仍即主行季考事，非住札处所，就历其地，以便诸生赴集。各卫司学以额费供之，随寓约束咨访之意焉。凡此青衿，固莫非司卫子弟，更待人焉，为之时其训督而裨益之，独非父兄之愿乎？有生参差相牴牾者，必其不肖者也。自兹考课不勤，典礼不核，士风不驯，咎先文职。本院注意作人，即以此为举刺第一义，则黔中之习必有改观者，此兴起学校之大机也。

宣慰司、威清卫二学，委贵阳府推官；平坝、普定二学，委安顺州知州；安庄卫学，委镇宁州知州；安南卫学，委永宁州知州；毕节、乌撒、赤水三卫学及四川永宁宣抚司学，委驻镇毕节通判；龙里、新添、平越三卫学，委新添驻镇官；清平卫学，委清平县知县；兴隆卫学，委黄平通判；偏桥卫学，委镇远县知县；平溪卫学，委思州府推官。如有员缺，听本道另委。

一议饬社学

黔固夷薮也，俗难顿化，其群聚而成都邑大都，军若民乔居者久之，历祖父，长子孙即同土著，舍此无贵州矣。冒籍有例禁，本道约亦在必禁。顾往往有假冒籍以阻后进路者，其则乘此要挟而索之贿。此中之人，苟非苗种，即系外来，指之冒则冒矣，一唱众和，习以成风。迨至官府核查，而白其诬，则其人且为众所凌逐，丧气以甘废弃耳。坐令生长兹土者，多终身禁锢之忧；聚族而处者，尽逸居无教之众。是上之兴起，终无以胜其下之阻遏，无怪乎黔士之寥寥也。即本道巡历所至，各处庠士颇亦备员，而儒童绝少。职此之故，若州县未设学宫者，其民绝不知学，非不欲学也，学焉而无从进也。且以司民牧教者而朔望庙谒之礼，废焉不讲，亦岂化民成俗之意哉？为今日计，学固难顿增，宜令各有司悉心经理社学。无者议建，有者增廓之。州若县无学者权设孔圣牌位于社，朔望则率其属耆老子弟谒焉。社设两师，一师蒙，一师讲。凡子弟年六七岁以上，即令就蒙师为之句读。稍长，则就讲师教之文义典故，父母官以时督诱而省试之。社置一册，于蒙童入社之始，稽其里贯世次录之，非土民则核其流住岁月，取里邻结而载之册，俟本道巡校提调官试其可进者取结类送，一体考校，取入附近儒学。有以冒籍攻者，即按社籍为左券，查照先年题准事例，凡三十年已上不为冒籍，未及年者姑俟之。其游手游食，时去时来，赋役不办于官，声音特异于俗者，乃为冒籍，不容入社，宁容入学？此法立，而真冒籍自无所容，非冒籍者自有所辨。然后地方寄籍之民，皆知子弟之不终以冒籍锢也而知教，教则益聚而不散，聚者明于礼义而不为非。数十年后，黔之为黔，未可量也。其土司武职应袭者，并令自幼在社习学，年长学进，方请衣巾，乃便稽查，不致冒滥。其苗寨向风者，即或彼置社，遣师为教，或听赴城社就学。其学宫未备如清浪等处，或以渐议增，俟后士子渐兴，人文渐盛，解额更可请增。总之，为黔中振声施，图宁定，有忌而阻之者，只见其识之不广也。此潜移默夺，用夏变夷之亟务也。

一、邻省附学

湖广偏桥、镇远、清浪、平溪、五开五卫，四川永宁宣抚司，虽隶川湖，而去贵稍近，惟宣抚司旧有学，其镇远卫寄镇远府学，清浪卫寄思州府学，五开卫寄黎平府学。偏桥卫原寄镇远府，成化间奏准开学。平溪卫原寄思州府，嘉靖初奏准开学。俱听贵州提学宪臣考试，而科举则仍于各隶该省。

正统八年，贵州设永宁卫，以本卫军生附宣抚司学，其科贡，民隶四川，军隶贵州。嘉靖二十二年，平溪等五卫军生，暨宣抚司民生，称去各该省会险远，比例就近附试，该提学副使蒋信、谢东山，先后议呈两院题奉钦依勘合，卫司生儒俱赴贵州应试，其宾兴银两，仍应办于各该卫。寻以云南、广西学近贵州境者复求附科，御史孙袠请行禁止，部覆报允，令贵州乡试，邻省不得再行请附。

万历二十四年，提学沈思充条议偏桥、平溪、永宁三学生儒，均无有司节制，详允两院以贵阳府驻镇毕节通判，提调宣抚司学，镇远府提调偏桥卫学，思州府推官提调平溪卫学，一切事关学校者咸责成云。

万历二十九年，平、清、偏、镇四卫属平溪学，当属思州府提调。镇、偏二学当属镇远府提调。黎平府属楚，其生员援永宁宣抚司例仍属黔云。

贵阳府儒学，成化间建于旧程番府，隆庆二年迁府入省，学制、殿庑、祠祀与宣慰司共之，而以司学右阳明书院为明伦堂。万历二十一年，布政王来贤、提学徐秉正、知府刘之龙议呈抚院林乔相、按院薛继茂，建于北门外贵州驿，文庙在明伦堂后，启圣、乡贤、名宦三祠附之。

巡抚江东之学记略曰

黔中古西南夷地，自高皇帝辟乾肇造，后遂得列为藩服。而贵阳尤黔省首郡，故牂柯程番地，更始于穆考御极之三年。明年秋，始设学，如令甲一时，规恢未备，姑就阳明书院改署明伦堂，群博士弟子员讲业其中，若圣庙贤庑所为瞻礼陈乐也者，则第因宣慰而贵阳附焉。万历甲午春，当事者始兴创建议，遂于会城门北得吉壤，昔为蜀行都司，今割入黔，偃武修文，实相迭运，固山川灵秀所钟最胜之遗，而都人士所注念已久。于是鸠工御石，经始告成，亦阅三年。于兹。会余被命抚黔，会用师高峣，监师詹君、梁君以捷奏。于是督学沈君入而申之曰：《诗》言，既作泮宫，淮夷攸服，先生什倍僖才，蠢兹苗丑，不贰于淮献之讯，之行且怀好音也，先生终无意乎？

余谓黔即古罗甸国，锋捍时起，七萃联镳，士之览穬苴入彀者与燕赵争奇，亡论已。方今圣天子右文教，他藩于制科以加额，请特于黔，诏可。岂以诸士异采娴辞，缘饰儒术为足多，亦以夷方秀出于民，镜检所归，从今月会旬修，蜚腾茂实，中原文献，未之或先，斯圣谟之讨也。士生斯际，千载一时。兹庙貌已新，适逢其会，诸士仰而思之，将何以摅所学而不负吾君也？矧诸士之先，皆来自旧都，所称故家遗俗，藉以远实徽外，原掺用夏之权。向之抵掌而谭，据梧而吟者，又东越讲良知，故馆诸士服习已深，即令学舍移而中有不移者，使处为孝悌，出为忠良，胥自翱翔书圃间养之。语云：坚树在始，今之时也。是谓卑之无甚高论，若猥窃而附于鲁颂之末，则余岂敢。

校文馆在提学道左，隆庆四年，因以文明、正学两书院为贵阳府治，乃改建于此。

社学在城内忠烈庙右，万历二十五年，提学沈思充、新贵县知县张羽鸿建。

贵阳府右文田

万历二十五年，巡抚江东之因义田远在定番，令州官槖价解府，听济贫士。又与巡按应朝卿以叁百金置田于庠，并清出乌当把路田租，岁试府司州县少俊在贫富之间者，于六七月人贷一石，不得过二石，秋熟还仓，有记。

龙洞铺后价捌拾两，买王纳祉田壹分七丘，上抵王家坡，下抵河，东抵井，北抵霍家田，岁纳租谷市斗贰拾石，佃户阿乌、阿勿、阿知、阿右、阿恩、阿得。马料崖价柒拾叁两，买陈国翰田伍分，壹百叁拾玖丘，右抵坡脚，左抵沟，北抵段家田，前抵崖，岁纳租谷市斗贰拾石，佃户阿来、安清、阿桃、阿问。董龙寨堡马料崖，价壹百伍拾两，买陈舜典、陈舜道田拾贰分，寨脚壹分，拾肆丘，左抵路，右抵吴石匠田，上抵水沟，下抵毛知府田。寨左贰分，肆拾柒丘，左抵高坎，右抵路，上抵毛知府田，下抵溪。堡脚叁分，贰拾柒丘，左抵团山口，右抵堡脚，上抵山脚，下抵吴石匠田。坝中壹分，拾贰丘，东抵陈百户田，西抵毛知府田，南抵阿忍田，北抵吴石匠田。狲猇寨中段壹分，贰拾贰丘，东西俱抵山脚，南抵邹阴阳田，北抵吴相田。溪口叁分，肆拾陆丘，左抵溪湾，右抵山，上抵堰坝，下抵溪。枧槽田贰分，贰拾伍丘，左抵路，右抵溪，上抵枧口，下抵张银匠田。岁纳租谷市斗共肆拾石，佃户宋亮、黄廷举、黄臣、陈弟、阿九、阿桃、阿来。乌当高车青岗，前卫指挥徐登阶清报余田肆分。壹分六拾四丘，东抵大河，西抵栗木山，北抵蓆草坡，南抵易千户坟。壹分拾捌丘，东西俱抵苗田，南抵大坡，北抵大河。壹分二丘，东抵后山路，西南俱抵田，北抵栗木山。壹分肆丘，东抵堰坝，西抵栗木山，南北俱抵苗田。岁纳租共叁百贰拾秤。府司二学教官杨蹈中、刘怀望勘明详允，折谷市斗捌拾石，佃户张阿珠、阿二、龙三、陈四、阿右、阿谈、阿七、童保、阿同、全大弟、戴二弟、杨小生。

提学万士和《义仓记》

削竹为箸，屑木为香，绩丝为网，与夫负米裹盐，般柴运水，其为利微，为事劳也，贵州以生儒业之，则其地瘠民贫可知已。尽贵之地，山陵林麓居十之七，而军居其三，军户自屯田官赋外所余无几。其阛城老幼，俱俟苗民负粟入城郭，计升合贸易，有不足者，出重息以称贷于人。故苗粟一日不至则饥，称贷不得，嗷嗷待哺而已。平岁如此，设有水旱螟蟊之灾，备戒不虞之变，将若之何？往己酉岁，祲民之填沟壑者几半，此非地之贫，而备之不豫与？

顷予视学政，欲明礼义以淑人心，然饥寒迫其身，俯仰劳其志，则不可以责人于善，予为之恻然，欲拯之未能也。既而思之，力不足于己，岂不可以望于人？效不见于今，岂不可以图诸后？乃仿晦翁社仓遗意，稍得赎金，籴粟数十石，积贮于官，视诸生贫乏之差，而多寡其数以散之。不责其利，丰年取其耗贰拾之壹，凶岁则缓其期，俟稔而偿其散也。如挈故物以还人。其受粟于仓也，如取诸寄，官特为之收敛节缩之耳，名之曰义仓。

噫，数十石之粟，其济几何？然余继而益之，后来者又继而益之，日计不足，岁计有余，所积弥多，所及弥广，此余所望于人而图诸后者也。使稍脱诸生称贷沟壑之患，则余之恻然者庶几有瘳矣。虽然，一人倡之，十人从而和之，则其事可久；一人作之，十人从而坏之，则其废必速。余之是举，常恐积粟之不多也，苟还纳不时，约信不著，积者锱铢，耗者什伯，欲是仓之久而不废者，胡可得哉？虽然，即使是法之行，尽寒士衣食饱暖之余之意，尚有进于是者，盖士有各足乎己而无待于求人者，明礼义以淑人心是也。礼义未明，人心未淑，则余之恻然者终惧其不免焉尔已，与尔诸生勉之。

巡抚江东之《右文田记略》

余抚黔之三月，有青衿子数人谒余曰，岁云晏矣，藿食者忧之。余惟贫者士之常，而黔士之贫，则抚者之辜也。乃出廪余分之，所及无几，且非可继也。及见万、冯两公创置学田，始获余心，业喜而为之传。今计田且七十六分，以赡府州司三学之贫者，二公于诸生有丰施矣。

顾每年租贮定番州广储仓，距省四百里而遥，使贫士踽踽度支，所得差半，故郡诸生之无田者独未沾成惠耳。余令州官俟价以粜，随价以解，士无往来之烦，谷收一倍之利，是不费之说也。第思以空言移粟，人其谓我何，固且图之。会屯中清出乌当把路之田若干亩，故征巴香备饷，而今无所用之，最号沃畴，岁收米二百石有奇，往输直十六缗于藩司，而大半肥佃者。余以为屑越甚也。因念贵阳学宫，昔以讲武，今以修文；乌当之田，昔赡戎刚，不若赡文髦。从今冲靭不驰，而瑶华耀爽，黔虽丹徼乎，亦知左武矣。与直指应公议割其田于庠，复以叁百金置田益之，总命之为右文云。

新贵县学在司学右。新贵故无学，万历二十八年，郡人御史李时华题，万历三十一年五月，子章会同御史毕三才，于经理善后疏内，同平越、安顺、黄平府州学并题改建。

子章疏略

谨题为谨摘陈善后未尽事宜，恳乞圣明裁定以永治安事。

一议建学校，以化夷民。臣等会看得黄平等司属播，时逆龙禁文字，仇儒生，以故民多弄兵，鲜知向方。顷播平，时臣等会题以平越卫学改平越府学，黄平州另建一学。又该前巡按御史宋兴祖题将安顺州改安顺军民府，新设平越府，州县建立学校。山西道御史李时华题将新贵县增设一学，备准吏礼二部咨移到臣。随行据布按二司提学道经理道府会议前来，该臣看得建学育贤、化民成俗首务，今据司道会议，改平越、普定二卫学为平越、安顺二府学，增设黄平州、新贵县二学，裁平越卫学训导，改黄平州学学正，裁宣慰司学训导，改新贵县学教谕。此一转移间，不烦官帑，允宜建设。黄平州学，除土司土著子弟照旧收考外[①]，其新民子弟，须照礼部题准近例，二十年后方准收考。今据司道府会议，黄平等州县乃新造之邦，土著鲜少，礼义不知。新民子弟目前准其收考文理平通者，止许入学，不许观场，待二十年方许入试。既不失化诲夷方之意，又不碍冒籍中式之例，似应俯从。其平越、安顺二府学廪额、贡期，准如都匀府学例，各廪二十名，一年一贡。黄平州学准廪拾名，二年一贡。须在十年之后方准起贡。二卫学印记当改为二府学印记。至于增解额一节，迩来黔中文教渐昌，庠序日增，且会试中式不下于粤滇，而乡试解额独少于二省，似应于原额量加。乞敕礼部覆议，将贵州解额量增，以广圣化等因。题奉圣旨，该部知道。

毕御史三才疏略

题为条陈地方要务以少裨边服事。题据贵州布政使司经历司呈同前因，该臣看得学校为礼义相先之地，移风易俗之源，用夏变夷之首务。况黄平州旧为夷区，人民顽悍，新贵县设在会省，文物繁兴，不建一学，何以变夷习而广人文也？今据司道会议，改平越、普定二卫学为平越、安顺二府学，增设黄平州、新贵县二学，裁平越卫训导，改黄平州学学正，裁宣慰司学训导，改新贵县学教谕，俸薪不增，员额如旧。特一转移之间耳，若廪饩与贡生盘缠，黄平州于州县田粮内征给，新贵县于右文等田租谷内支给，不烦官帑，允宜建设。黄平州学，除土司土著子弟照旧收考外，其新民子弟，须照礼部题准近例，二十年后方准收考。今据司道府会议，黄平等州县乃新造之邦，土著鲜少，礼义莫闲，全赖新民充实疆土，而新民全赖子弟光显门户，如忧其侵妨举额，目前即文理平通者止许入学，不许观场，待贰拾年后方许入试。盖欲假此衣巾，庶几易彼腥毡，既不失化诲夷方之意，又不犯冒籍中式之例，似应准从。至于增解额一节，迩来黔中人文渐昌，庠序日增，且会试中式不下于粤滇，而乡试解额独少于二省，似应于原额量加等因。题奉圣旨：礼部知道。

---

① 土著：原本作"土者"，据贯图本改。

礼部覆疏

三十一年九月，礼部看得贵州抚、按郭子章、毕三才各题议学校解额一节，除乡试广额，事体重大，难以轻议。为照移风易俗，莫不以教化为先务。况黔地阻于遐方，而经制犹未大备，播俗污于悍酋，而新旧尚尔错居。所有学校师生等项，委宜亟图而熟讲者，既经司道议妥，抚、按会题前来，相应覆请，合候命下，将平越、普定二卫学改为平越、安顺军民二府学，其平越卫学应裁训导一员，黄平州学应设学正一员，即将平越原设训导俸薪移给。其宣慰司应裁训导一员，新贵县学设教谕一员，即将宣慰司原设训导俸薪移给。余庆、湄潭、瓮安叁县子弟附黄平州学，龙泉县子弟附石阡府学。其一应学校建置，生员改拨，及门役廪膳盘缠，征派支给，平越、安顺廪额贰拾名，壹年壹贡，黄平州廪额拾名，贰年壹贡，新贵县廪额拾名，叁年壹贡。黄平等州县新民子弟稍通文理者，姑准入学，不许科举。以万历叁拾年为始，起贡须在十年之外，应试须在贰拾年之外，悉如抚按原议。提学有司官不得藉口怜才，以新作旧，致启争端。其安顺军民府、黄平州、新贵县各儒学印记，容臣等札委司官看视铸造，同二十九年题铸平越军民府学印给发使用。卫学旧印，送抚、按奏缴等因。题奉圣旨：这所议更置学校事宜，俱依拟行。

李御史时华疏略

谨题为三省干戈幸戢，万年计划宜周，恭陈一二肤见，以备善后采择事。内款开一曰议增县学。贵当开荒草创之初，经制未备，省城故无府，而有府自隆庆元年始；附廓故无州县，而有州县自近年始。规模初定，已俨然省会之具体矣。惟是新贵有县而无学，尚非全制。今播事荡平，诸凡创建，焕然一新，独令首善之地，有此缺典，可乎？谓宜增一县学，官不必添，取诸府司二学改授壹员；廪不必设，取诸府司二学各拨拾石；庙不必建，府学原与司学共，近方改于城外，则县学仍府学旧制可也。教官衙舍俱全，一转移间而规制自大定矣。此非臣一人之私言也，地方先后抚按诸臣皆有此念，独以加廪之难，又不欲割府司之所有，以是中阁耳。今播已剿平，何难处此廪饩，应行抚、按酌议详细具题，伏候圣裁。

阳明书院，原在治城东，嘉靖十四年，巡按王杏建。二十五年，巡抚王学益改建于司学右，因设府，权为府学明伦堂。隆庆五年，按察使冯成能建于都察院，前中为祠，后为山斗堂，外为昭代真儒坊。

成能记

隆庆辛未，余自里中赴贵阳廉访，及抵贵，谒先生祠，芜陋特甚。盖先生旧有祠院二所，自贵阳迁入，一为郡治，一为庠，故废堕至此。余复为忧然茫然，即檄有司为更新计。既而得地于抚院南，风气明秀，冠于黔中，若天故作之以待今日者。于是议请抚台，而诸僚大夫咸协厥议，遂各捐赎鸠工。凡文武吏士，莫不翕然子来，不数月落成。睹者咸啧啧叹慕，谓海内名儒祠院，壮伟无若此者。先是，同志长者敬斋蔡公及心泉程公、少松滕公，偕余延乡先生心庵马公主会，群两学师生讲学别署，兹则移会于祠之正学堂。诸士子瞻先生像，则已肃气敛容，相与寻致知之端绪，究精一之心传，则复勃然兴起，盖若先生复出而相与周旋问难于何陋、宾阳间也。久之，余有蜀藩之命，告行。诸士请为述先生学脉以诏来者，余固让不已，乃谂于众曰：

道本无言也，自伏羲画一，而尧舜名之曰中，曰道心惟微。是微者，天地之中吾心之本体也，以人见与之而微者，危矣，危即人心，心非有二也。文王不大声色，不长夏革，不识不知，顺帝之则。孔子无意、必、固、我。而知天夫所谓声色、夏革、知识，意、必、固、我者，皆危也。无是危也，而微体全。此至圣所以契天之中，立万世之极也。成功巍然，文章焕然，参赞经纶之业，与宇宙同其广大，而皆谓之微。盖任其天然之则，直心以出之，而我无与焉。则虽仰而思之，夜以继日，而亦谓之无思。身劳天下，过门不入，而亦谓之无为。授受之际，与回言终日，而亦谓之无言。何者？皆天之微也，非人之危也。孟氏没而道心之旨不明，诸儒习于闻见之末，沉溺于训诂词章，浸淫于权谋功利，而欲以窥圣人之绪，不知其求端之初，已落惟危之路，其去中也万里矣。

至宋，周程大儒，始能以无欲存仁之学，体天地之常，圣人道心之旨复明天下。而其后，解说日烦，支离益甚，其流之弊，遂至于遗心而求理，逐末而忘源，使后世谓圣人之学，惟在于言语事业之间，知能技艺之末，而不复知所谓本，天之微几于是。为二氏之学者，反得以寂虚之说，动高明之听，而圣人之学大晦，而不可复求。吁，弊也，久矣。

阳明先生以挺世之豪，立希圣之志。其始也，博之词章，其既也，又求之佛老，而见尤未卓也。惟其志求必得，百练千磨。至龙场处困之后，始大悟此心之本真，直契吾儒之正脉，故倡明良知之旨以立教。良知即道心也，一点灵几，天地万物之所生生而不息，千圣授受之际，心心相契，而不可形之于言者，不得已而发之二字，以泄其微，使天下学者知心即道，道即心，而圣人本天之学复几于大明。

先生尝曰：吾此良知二字，自万死一生中得来。呜呼，亦苦心哉。然则非有万死一生之功者，未易语此也。惜乎，世之学者率以知解承当，不因积累入悟，认知识为良知，以声色、作用、言语、辩论为致知，或高谈性命而声利是谋，或收摄玄同而经纶则滞。竞笑宋儒以闻见为致知，而不知吾党之所谓良知者，闻见也。以穷物为支离，而不知近世之所谓忘物者，支离尤甚也。求其实，致德性之知而默识天然之则者几何人乎？呜呼，知得良知却是谁？先生固有深忧矣。以成能之谫陋，岂足以与知！顾此一念真切心盟，不敢自弃也。尝梦交于明神，而闻所谓帝怀，文王与文王之所以顺帝者，觉而忽有悟焉。于是始信良知之旨，直契虞廷道心之微，而孔颜默授之几，无能出此矣。虽然，余未能真得也，直为诸君说梦耳，梦之觉不可言也。先生故曰致知存乎心，悟致知焉尽矣。

阳明祠祭田

壹分在夷菜寨，每年纹银贰两六钱，巡按王杏、提学蒋信置。壹分在洪边高寨，每年纹银贰两，布政石简、提学徐九皋置。壹分在洪边夷菜寨，每年租九成银壹两零六分。壹分在龙场，租银贰两捌钱。店房六间，在祠前，共租银壹两伍钱壹分。通共玖两玖钱柒分，每年祭用银肆两，存伍两玖钱柒分修理本祠。壹分在竹林寨，租银贰两伍钱，内将六钱供香烛，六钱作门子工食，壹两叁钱付学月考之费。

武学在治城东，原为阳明祠后祠，祠迁司学右，乃以此为武学。

定番州儒学，先为程番府学。成化十一年，知府邓廷瓒建于城中。弘治初，知府汪藻迁建于西南隅。嘉靖十五年，知府林春泽建于中峰书院故址。今府移入省城内，改为州学。

文庙在明伦堂前。启圣、名宦、乡贤叁祠，万历贰拾五年提学沈思充、知州王应昌建。

定番州学田

壹分在工固庄，每年纳净米贰百秤，折银拾捌两，供春秋丁祭。学店拾三间，在北门外，每间每月壹钱叁分，每年取租银壹拾捌两柒钱贰分，添办本学祭需。岁贡田壹分，在陇落堡，每年纳米肆拾伍斗，为贡生盘缠之费。定番州田壹分，在小程司廖家寨等处，每年分租贰拾肆石伍斗柒升。壹分在官地中坝，壹拾伍丘，每年米花壹百叁拾秤。贰分在寨门首下坝，壹拾叁丘，每年米花贰拾叁秤。陆丘，贰拾叁秤。贰分在洪边，肆丘，每年米花伍秤，贰拾肆丘，肆拾秤。壹分在悠忙寨龙井下，每年米花伍拾伍秤，俱供本学纸札，贡生盘缠。

义田，隆庆陆年带管提学道按察使冯成能捐赀，并措处及变前提学副使万士和积贮义谷价①，并节年陆续置买计陆拾玖分，共壹千壹拾柒丘。壹分在山后眉毛、龙井二寨，东至龙井大坡，西至关口，南至乾坝，北至大冲，每年收米花除秋粮外，该伍百叁拾伍秤。壹分在姚家哨，东至姚家铺田，南至玛瑙寨②，西至廖家坝大路，北至小程司门首，年收米花除秋粮外该壹百贰拾秤。肆拾壹分在上马桥新寨，东至大坡，西至堡子，南至龙潭，北至长冲，年收米花除粮差外，该伍百陆拾秤。节因本庄原系贼巢，人民多起瘟疾，佃民难以住种，荒芜无收。本州申详提学道勘实，自万历贰拾伍年为始，每年准蠲谷伍拾叁石。实征壹百壹拾伍石。肆分在天堂庄，东抵大坡，南抵本庄，西抵东吾，北抵陶家寨，年收租谷贰拾叁石壹斗。壹拾贰分在东吾庄，东至山坡，西至毛家，南至山坡，北至天堂寨，年收米花壹百伍拾秤。壹拾分在姚家下哨，东至姚家哨，西至洪番存留田，南至界牌，北至廖家坝大路土堆，年收租谷贰拾石，向因本田设居高埠，递年荒芜无收，本州申详提学道，以贰拾伍年为始，每年收谷壹拾伍石。

以上租谷俱贮本州广储仓，遇有公举贫生，合府司州三学俱于前谷内详批动助。

定番州书院在州治内北，弘治间知府汪藻建，嘉靖间知府陈则清重建。

宣慰司儒学，在省城内东，元初建于今都司北，为顺元路儒学，皇庆间改建于今都察院左。本朝洪武间拓城，都指挥马烨、教授芒文缜等迁建于此。万历贰拾柒年，宣慰安疆臣修尊经阁。贰拾捌年，御史宋兴祖修文庙及各祠。

吏部尚书王直司学记

贵州去京师万里，实古荒服之外裔，夷之区也③。德威所至，无思不服，太祖高皇帝不鄙夷其民，既设贵州宣慰司抚治，又欲使皆复于善，诏立学校以教，贵州始有学，盖洪武贰拾陆年也。学在贵州城之东北隅，有明伦堂，堂前辟四斋，以为讲肄之所，而未有庙。洪武叁拾伍年，贵州都指挥金镇、汤清始

---

① 措：原作"借"，据万历志改。
② 玛瑙：原作"马瑙"，据贵图本改。
③ 夷：原本无，据贵图本补。

为大成殿，翼以两庑，奉圣人像于其中，群贤陪位，以次序列。春秋严祀，行礼有所，缭以周垣，前有棂星门，规模备矣，然两庑犹草创。永乐拾陆年，文皇帝绥靖南服，郡县其地，置布政司于贵州以统之。又设按察司以纠夫治教之不如命者。布政使蒋廷瓒周视庙中，叹两庑弗称，乃取材新作焉。历贰拾陆年，凡三缮治，而后庙学始完美如制。

今又壹拾有陆年矣。其棂星门日就颓仆，庙廷殿址，亦有塌然圮坏者。副使李睿自昔参议贵藩，暨转今职，尝有意修治。适监察御史杨纲按贵州，而睿与之图。于是参将都指挥郭英，按察使林坦，副使朱理，佥事屈伸、戴诚，左布政使易节，左参政严恭，右参政顾理，右参议汪浤，皆捐俸举事。而都指挥张锐、洛宣、侯理、张任、张景，宣慰使安陇富、宋昂，暨训导王训，各以赞力来助。乃伐木命工，重造棂星门，地之圮坏，悉以方石砌之，凡瓦砖有破缺者藻绘，有漫漶黔黑者皆整饬华好。又建尊经阁于明伦堂后，以藏朝廷所赐《五经大全》诸书。其左右别置十室，以为幕次，作石塔贰于堂，仿唐进士题名雁塔之意。有自科目进身者，则题姓名于其上，以示激劝。作贰石柱于棂星门内泮池上，以为之表。经始于正统捌年陆月初捌日，而以正统玖年柒月初拾日讫工，向之敝者皆易而为新，昔所未有者皆有焉，高明壮丽，他学莫之先也。

嗟夫，贵州之入职方久矣，朝廷教养其民，一切不异于中州，今诸君又大新庙学，诸生之游于斯者，仰圣贤之德容而兴其向慕之心，诵经传之微言而致其学问之力，朝夕不懈，以迄于全功。则庶几不负乎此。若徒饱食逸居而已，不有愧于心哉？屈君伸来京师，求余记，故记以告诸后之学者。

大学士费宏《重修司学记》

学校之设，择秀民群处其中，而以六经之道训而迪之。盖欲其明大伦，崇正学，惇治体，探化原，以成君子之行，以备公卿百执事之选，以收正朝廷治天下之功。而人才之盛衰，俗化之厚薄，恒于是乎系，实治道之最先且急者。高皇帝得国之初，即诏天下郡县建学立师，以兴起文教。贵州虽远在西南，为《禹贡》荒服之域，而宣慰司之学已建于洪武甲戌。前礼殿，后讲堂，旁为斋若庑，而外表之以门，且如法式。景泰间，御史杨纲、副使李睿尝因旧增修之，则又建尊经阁于堂后，育英堂于阁前，翼之幕室，以处诸生之讲肄者。于是乎规制大备，而为国作人之意益以广矣。

百五十年来，此邦之士，往往以明经效用，齿于内地，岂非以上之声教所及既远，而下之振励又得其人故耶？比者，阁日就颓，而所为育英堂者，仅存其故址。御史江君汝器以清戎至，见而叹曰：春秋大复古，古之不复可以为非吾责耶？谋于镇守太监杨君广，巡抚都御史熊君子山，总兵官牛君永武，巡按御史刘君器重，议既允协，遂卜日鸠工而从事焉。堂与幕室皆基构如初，阁故贰楹，今增陆矣。已而抚按复用佥事赵公渊议，并建神厨及祭器、乐器贰库，徙泮池，祀乡贤，凡位著名物之有关于学者，罔有弗饰。经始于甲申秋七月，而以乙酉冬十月告成。其材与力皆江君以罚锾给之，而劳费不及于民。其董治则布政使梁君材，按察使于君鳌。其图议则布政使杨君惟康，按察使徐君讚，参政郑君锡文、于君湛①，参议江君玠、金君垒、李君辖，副使舒君表、潘君鉴、王君浚，佥事杨君薰、成君周、刘君彭年，而都指挥顾侯恩、刘侯麟亦皆与焉。

比者，使来请记。在《易》之《蛊》，先甲三日，后甲三日。传曰：终则有始，天行也。盖兴与坏相仍，亦事物自然之理。然当其坏也，苟不更新以饬乎始，丁宁以备乎终，则已坏者不可复兴，而已兴者且将速坏，岂君子振民育德之义哉？诸君于兹学协志毕力②，易故为新，而又欲纪以昭之，庶几久而不废，何其勤耶！士之藏修于此者，其惟念学殖之不可荒，而圣贤之道非六经无所就正，日取遗编而玩之，精思力践，卓然以天下英才自期，待由是进而为百执事公卿。遭时之泰，则怀仁辅义以尊主庇民。脱弗遇其时，犹必仗节死义，以勉进乎忠孝③，夫然后无负于今兹育才报国之意。若徒志干青紫，买椟而还珠，则阁之所尊与堂之所育岂端使然哉！

司业赵琬《司学题名记》

正统陆年冬，贵州按察司副使济宁李君睿奉命往按是邦，至则宣扬圣化，怀柔远人，人用向服。乃益修孔子庙学，以敦化源。而贵州宣慰司之学实惟诸州之望，君于此尤切注意。时按察使莆田林君坦，副使束鹿朱君理，佥事济南戴君诚，左布政使宜春易君节，左参政钱塘严君泰，左右参议顾君理、汪君咏闻之，各出俸以给土木。而又垒石为塔，取韦肇慈恩故事。考求是邦历科乡贡，次第书其氏名岁月，刻于其中。凡有善行可法，又被显擢者，使人有所感发，否则有所儆戒，于此可以劝世励俗，而所系甚重，非他题名可比，谓宜有著述可以昭示永久，诣予请记。

---

① 于：原作"於"，据贵图本改。
② 君于：原作"君子"，据贵图本改。
③ 勉：原作"免"，据贵图本改。

予惟贵州，古为南荒，椎髻卉裳之俗，虽唐虞三代之治不能覃被，汉唐宋以来，不过羁縻而已。逮我国家列圣相承，声教所暨，无间远迩，其人始循礼制，称臣奉贡，咸若采卫，而建学立师，无异畿甸。学者明经登第，出而为世用者，往往与中州士相伯仲。然后知皇明统御之大，至治之隆，声名文物之盛，轶唐虞三代而过之，有非汉唐宋所能企及也。李君为朝廷耳目之司，循省风俗，乃能不鄙夷远人，孜孜以修治学校、作兴人才为务，而于科目士表显之如此。虽然，自古贤人君子亦岂藉此以隆其名哉，固将为当世用也。士由是升于春官，入对大廷，而显名大学，尚当刮劘淬砺，以务求实用，固不伟欤！陆宣公尝曰：上不负天子，下不负所学。吾与题名之士有望焉。

宣慰司学田

洪武二十六年，都指挥程暹等置买，计捌分，共柒百零陆丘。壹分捌拾捌丘，米花贰百伍拾秤，佃户薛贵，每年认春秋二祭羊各壹羫，帛各壹段，祭需各壹副。今系薛凤承领。壹分柒拾伍丘，米花贰百贰拾秤，佃户尤敬，每年认春秋二祭猪壹口，帛壹段，祭需壹副。今系尤直承领。壹分陆拾丘，米花壹百捌拾秤，佃户廖胜祖，每年认春秋二祭羊各壹羫，帛各壹段，祭需壹副。今系廖政承领。壹分壹百壹拾丘，米花叁百柒拾秤，佃户钱子实，每年认春秋二祭猪各壹口，帛各壹段，祭需壹副。今系马璧、马道廉承领。壹分伍拾壹丘，米花肆百壹拾秤，佃户刘庆源，每年认春秋二祭猪各壹口，帛各壹段，祭需各壹副。今系周勤承领。壹分玖拾贰丘，米花贰百壹拾伍秤，佃户刘道深，每年认秋祭猪壹口，帛壹段，祭需壹副。今系刘趔承领。壹分壹百伍拾叁丘，米花柒百捌拾贰秤，佃户刘文德今分肆拾丘，米花贰百贰拾秤，每年认春秋二祭猪壹口，帛壹段，祭需壹副。系汤继贤承领。叁拾贰丘，米花贰百壹拾贰秤，每年认秋祭猪壹口，帛壹段，祭需壹副，系朱刚承领。叁拾捌丘，米花壹百捌拾秤，每年认秋祭猪壹口，帛壹段，祭需壹副，系周道兴承领。肆拾叁丘，米花壹百柒拾秤，每年认春祭猪壹口，帛壹段，祭需壹副，系刘弼承领。壹分柒拾柒丘，比众田稍薄，米花叁百叁拾秤，佃户孙牛儿，每年认春秋二祭猪各壹口，帛各壹段，祭需各壹副，今系晏吉承领。

以上俱嘉靖四年清查，立石备载，派认祭祀猪羊斤秤馔帛等项各数目，碑刻见存本学，其各田坐落地名四至详见旧志。

公用田壹分，在摆陀堡，递年纳九成银壹两六钱。壹分在新添关，递年纳糙米贰石叁斗，黄豆叁斗，俱嘉靖间详给本学纸札之用。

宾兴田壹分，在圣泉水，递年纳米花叁拾秤。

白银壹百两，先年巡按徐文华给发贵前二卫，借与殷实大户，每月每两息叁分，岁该银叁拾六两，遇闰加叁两，以上俱给该学贡生盘缠。

万历三十年，布政司招杨梯隐匿官田壹分，地名蜡腮寨，岁收米壹拾伍石，今仍给梯种，自三十一年始令纳银叁两，内将壹两祭乡贤祠。贰两修理乡贤、名宦二祠，粮差杨梯自纳。

射圃在儒学东，弘治间巡抚都御史钱钺建，嘉靖间都御史徐问重建。名其堂曰观德。

社学，一在顾府坡下，一在柔远门外，俱嘉靖间建，一在大方，万历十九年宣慰安国亨建。

龙岗书院在治龙场驿内，正德间王文成守仁建。

都御史刘大直诗

> 梦寐先生几十春，龙场遗像谒兹晨。百年过化居夷地，万里来游报国身。道在山川随应接，功存社稷自经纶。芳尘欲步惭无伎，仕学工夫只日新。

思州府儒学，永乐十一年，知府崔彦俊建于治左，东向。成化间，知府王常改迁南向。嘉靖元年，知府张柱重修。万历十年，知府蔡懋昭改正癸山丁向。

参议蔡潮学记略曰

> 国家化民成俗之本，不可一日废者，学校是也。世儒皆达于斯乎？泮宫作而采芹之颂出，学校废而子衿之刺兴①，簿书奔走之烦猥，狱讼征科之严急，视诸治化本原，轻重何如也？涪州张侯柱，由地官郎屡迁而守思，学宫敝廊萧然，茅茨塞道。侯始至，毅然以修复为己任，乃节缩俸入，悉心经画，创建号舍贰拾楹，乐器、俎豆、斋厨、庖湢之属，与凡学宫所宜有者，井井咸备。殿堂门庑则易其朽腐，而加以丹垩，覼缕之。工人旧尝经是者，骇愕于骤见，恍乎疑非前日之思郡也。其贤于世儒之所见远甚，诸生请予记其事。
>
> 夫贤才之用世，必有取之之法，亦必有养之之地。群以庠校，联以师友，磨以岁月，诵法尧舜周孔之道，率天性，厚伦理，充其精粹宏博之具，以振其光明俊伟之业，此士之责也。于斯道而先觉焉，出以膺民社之寄，躬行所学，怀柔乳哺之余，兴废举坠，使士不失其所养之地，有司之责也。吾观夫思郡养士之地，有司之责尽矣，为士者盍亦思所以自尽其责耶？

---

① 衿：原本作"矜"，据贵图本改。

思州府学田

壹分在黄道司务程洞，计种叁石陆斗，万历二十四年，知府李仕亨详允置。壹分在黄道司务程洞，地名亚渔塘，种壹石，丈六亩叁分，北至堰口，南至水沟，西至溪，东至山顶。又山田冲土十亩，在地名胡三冲，每年共收租谷拾石整，万历二十五年，郡人刘怀望置，为修理学宫之费。壹分在都素司狮子口等处，共贰百陆拾壹丘，计壹百亩叁分，佃户余林，自纳粮差外，岁纳租市斗谷壹拾贰石，耗谷叁斗陆升。万历三十年，子章发银伍拾两，橄府典民人王相、曹金龙、弁俸、王进忠、张应宗、杨再荣田，其五十秅，岁纳草米壹百伍拾边，该收市斗谷贰拾伍石，令各民领种，秋成纳谷贮仓，资赡贫生。店叁间，儒学门左，今废，改为社学社仓。

起文楼拾贰间，在文庙左，万历十年知府蔡懋昭建。

社学，府前一，黄道司一，都素司一，俱万历二十四年知府李仕亨建。

都匀府儒学在府治内东，宣德八年，副使李睿、都指挥陈原建。卫学，成化六年副使吴立修，弘治六年改为府学，十年，副使阴子淑重修。嘉靖乙卯，副使刘望之、项廷吉重修文庙，启圣、乡贤、名宦三祠附之。

提学万士和学记曰

黔南界广右境为都匀[①]，宣德间，副使李公睿创建儒学于城东，属卫。弘治六年设府，改学隶焉。嗣后，吏其土者，递加修饬，然制度逼狭，不足以肆儒生而出教化。乃嘉靖乙卯，宪副刘公望之鸠材辟地，大既厥心。宪副项公廷吉继之，协志赞成，而太守林敦复、知州姚本、指挥周天麒、千户韩梦熊、百户丘铭等实先后董其役。越叁岁，工完，凡庙庑、堂斋及庖湢之所，靡不毕具，焕然改观矣。诸生群聚而乐焉。

己未春，项公遣训导田大甫、生员刘朝宗辈以文属余记，越三月，知府张君仕麟至，请之益坚，暨仲冬，宪副戴公完莅任，而余记适成，记曰：

夫人有血气心知之性，其念之所发为情，其意之所动为欲。虽四海五方九夷八蛮，风气悬绝，然试劝之而知荣，试戒知而知辱，其情同也；试寒之而求衣，试饥之而求食，其欲同也。盖其受形之始，有此生则有此性，有此性则有此情。故人不能以离形，则不能以灭性，性不可灭，固不能去情而绝欲也。情欲之正也，则进于君子，其邪也，则流于小人。圣贤之设教，将以防天下之为

---

① 右：原本作"石"，据贵图本改。

小人而欲其进于君子，使之去其邪以归于正，然其道则在乎养之，而非可急与之争也。何者；情欲之在人，既已与生俱生，深固不拔，圣贤欲教以正而急与之争，则彼将见夫情欲之不可少，而以圣贤之教为不可由，其不相率而叛去者几希。圣贤知其然，于是设为小学之教以养之。今观《曲礼·少仪》之所载，略不可以情欲之邪正为言，而皆阴授之以去邪归正之法。尝试疑洒扫应对末节也，而先之，舞勺舞象细事也，而习之，此何为也？意者，借其耳目之所依，手足之所便，通其精神之蕴，而默寓化导之机。度其念之所必发而顺其情，以约之于道，先其意之所必动而随其欲，以节之于理。使之外不涉于其事，内不肆于其气。圣贤之教，不告之以其故，而学者之入，莫知其所以然，夫然后养之者不与人争，而被其养者不必上智，皆可以为才且良，然则古之造就人才，岂不为易。生于古之时者，岂不乐其必成乎？

今天下府卫州县皆有学，祖宗设立之初，大率仿古之意，使之肄习有常，师法有地，耳目之无所迁，而手足之不得放，养其器以待天下之用，如斯而已。比至于后，溺其情于荣辱而动其欲于饥寒，父师之所望，子弟之所求，一科举之外，无余事矣。呜呼，情欲之易流也，古者惟恐养之之不至，今也惟恐诱之之不深，譬如以膏助火，决堤溃川，其将何所不至，自非有上智之资，卓然自立者，孰能不为所移乎？古今之不相及，非人性之相远，盖其势使然也。

都匀本荒徼南夷，前代为羁縻之国，明兴，重熙累洽，文教大同，即远如都匀，设官置学，比之内地。其诸生中渐涵化育，固浸浸然知所向方，然限于习俗，不能自拔于情欲者，亦大率然也。诸生其务思国家作养之初意，以求比隆于上古之时，使天下称曰都匀之士，皆立于教废之时，比之成才于三代者尤难。又曰三代之教，止及于中州内地，皇明之教，则尽于羁縻荒服，是不惟士有以自成，而且以彰盛美于无穷矣。此人性之皆善，尧舜之可学而至者，诸生其勖之哉！

都匀府学田

壹分在木表，副使刘瓒置，每年上租谷柒拾玖石肆斗[①]，内除贰拾叁石叁斗完纳本田秋粮差银，剩伍拾陆石壹斗给递年贡生盘缠之用。壹分在邦水司，知府段孟贤置，每年上租谷壹拾贰石，内除壹石伍斗作本田粮差，剩壹拾石伍斗。壹分在瓮引，每年征租谷柒石。壹分在高基，每年征租谷叁石捌斗。徐表壹分，贰石肆斗，

---

① 玖石：万历志无。

马鞍山下田拾贰石，邹文田伍石叁斗。

都匀府右文田，巡抚江东之、御史应朝卿置。

城内梓潼观门首壹分柒丘[①]，白果树壹株，东至塘，南北西俱街，又水塘壹口，岁纳米市斗肆石贰斗。万历三十一年，该府报清出司拱田租肆石伍斗，阿燕塘田租贰石，内除伍斗纳差，实租六石。

给事中陈尚象《府学学田记略》

余为诸生时，知学故有田。已计偕，又得资之为南征之助，因窃叹曰，往哲之大有造于匀士若此，后之人能守其法而不变如此，其有裨于国家养贤及民之意，岂浅尠乎？未几，闻举贡路费，俱寝不给，即宾兴助贫之典，亦率以虚文从事矣。嗟嗟，以视余为诸生日，曾几何时，而一旦陵夷至此，岂适丁斯文之厄乎？已，求其故，大都原额侵隐于豪猾[②]，徭赋倍增于遄昔。而教授某为邻邑中人，又以私心蠹坏之。故二百余年盛典，几渐灭而无余，有足憾者。

万历十九年，举人陆从龙以其弊孔揭闻当道，而教授常复亨引为己责。会督学徐公至，锐意作新，乃檄署府事推官唐君元，偕四斋生员某等临田查核，访之父老，参之案牍，得见存者十之七，清隐占者十之三，盖合副使刘公瓒，知府黄公希英，与张儒、张廷辉、王贵、丘冈等，先后所续归本学者，总得田壹百贰拾亩，租玖拾贰石伍斗有零，虽丰歉盈缩不一，而额以内无复有仍前乾没者矣。以清田赋秋粮原壹拾贰石，今减去六石肆斗柒升。马馆杂差，原米壹拾陆石叁斗，今编银叁两柒钱。而又于浮增者去焉，飞诡者绳以法焉。自是永为定规，使后之人不能以意增加者，功足多也。以定经费，则举人盘费贰拾石，贡生壹拾伍石，而科举者于此酌助焉，贫寒者于此赈恤焉。自是垂为成法，使后之人不能以意贬损者，功足多也。

夫兹典也，坏于忌者之私心，而成于贤者之公心，假使遄籍具存，讵令良工苦心若此？田清而君擢甘泉令以行，惧后之复去其籍而罔以终厥美也，乃以当道意属记于余。是举也，主持于上则南昌徐公秉正，翊成于终则太府晋宁杨公德全，功盖与兹田相不朽云，若木表庄而外有田若干，以备各款公用者，统载之碑阴，不赘。

射圃，在学右。

社学二，一治北，一麻哈州。

---

① 梓潼：原本作"梓童"，据贵图本改。
② 豪猾：原本作"毫滑"，据贵图本改。

武学在关王庙左，万历十三年，巡抚舒应龙建。

鹤楼书院在城东，嘉靖间为主事张翀建。

主事张翀《都匀读书堂记》

士生于今之世，方童而习之之时，即为章句比偶之学，以取荣科第，而不考究群籍，以求古人之用心。及其年齿稍长，识见稍定，知欲考究群籍以求古人之用心，而又牵夺事务，沉沦奔走不暇，一玩索者何限。余三十年坐此弊久矣。

岁戊午，遣戍是邦，自谓闲暇可究初志。迨抵戍日，则又瘴疠频作，疾病相仍，且为啼饥号寒者累心。又明年，旅事始定，残躯稍苏，聊于城市僻处，相其林木深邃者，构地一隙，筑草亭半间，携破篓残篇，时一展读。

岁既久，亭为风雨侵。癸亥初夏，千户侯韩子梦熊、王子尚武诣余于亭中，见其敝坏，私与军政使娄君拱辰及诸士夫谋曰：盍相与为张公葺之？三人者遂卜日命匠，然不使余知也。匀中居民闻之，各执锸相争求助，或以瓦，或以木石。乃前为堂叁间，后为寝室，室之上，复为一小楼，以便登眺，又两傍为厢房，门户、墙垣各备焉。

工既成，请居之，余升其堂，慨然以思，入其室，登其楼，仰而四望。因忆子瞻在儋州时，僦民舍以居，日与其父老子弟吟咏从容，儋州之人相与诛茅筑土，特作室以居公。夫子瞻，一代伟人也，而人慕之乃能如是。余鄙陋，何敢望公，而匀之居余亦如儋之居公，又何以副诸君意，因不佞僭为说以告诸君曰：

人之有堂，所以安身也；堂之有书，所以明心也。庶人不明书则不足以保身，士大夫不明书则不足以启性灵而弘功业，军旅不明书则不足以察古今之成败，夷狄不明书则无君臣而上下乱。贵州虽在西南，去中州不甚远，六籍亦往往具备，今诸君能取而读之，与余聚堂中一事商榷邪[①]？

诸君曰：唯唯。遂扁其堂曰读书堂，鹤楼张子复移其破篓残篇者，朝夕于此。前所谓考究群籍，以求古人之用心，或庶几乎少得之矣。

进士邹元标《重修张公读书堂记》

读书堂颓圮日甚，刺史段蒙冈公葺以居余。肄业其中，因为之言曰：古之学者一，今之学者二；古之学者纯，今之学者杂；古之学者逸而有得，今之学

---

① 榷：原作"確"，据贵图本改。

者劳而无成。玄黄剖判，朴茂未漓，入孝而出弟，耕食而凿饮，吐辞为经，举足为法，文与行出于一。契绳风远，百家蜂兴，士私利，人私学，相轧以势，相与以诈，文与行出于二矣。一则纯，纯则从事身心而日臻于高明。二则杂，杂则从事章句而日流于污下。世之勤勤恳恳于章句间者有二，上焉者谓一事不知，吾儒之耻，必由博以之约，不知舜居深山，木石与居，鹿豕与游，及闻善言，见善行，若决江河，舜之为圣者，自有在也。下焉者欲冥搜网罗，鹰扬艺苑，不知古今名家，云蒸霞淰，亡异飘风，好音过耳，宋作者且伤之矣。嗟乎，丈夫七尺所系，以炳烺千古，灼烁后代者无几耳。伏羲未生，八卦未肇，孔子序书，断自唐虞。生皇虞之时，未有秦汉之文，生秦汉之时，未有李唐之词赋，生李唐之时，未有宋之典章。日月迅速，流光几何，玩精弊思于楮墨间，何异鼫鼠之耗太仓也。若然，捐典籍，兀然穆然，游亡何有之天，可乎？此释氏不立文字之教，未敢以为然也。昔人读史，一字不遗，程先生鄙之为玩物丧志。夫学先于立志，孔子七十不逾矩，亦志之不逾矩也。志之在人，譬之木，其根焉，诗书其培之者也，章分句晰，是溺志于训诂也，不敢以训诂而溺吾志。提要纂玄，是泛滥于词章也，不敢以词章而卑吾志。观先觉以明之，求正友以辅之，俾吾志炯焉灿焉，不见异物而迁焉，是之谓以我观书。以我观书，未越方寸，卷六经为己有。以书博我，万卷茫茫，终为支离障也。沛六经之正脉，揭斯道于日星，庶几哉无负虞孔真传，而可读古人之书矣。登斯堂者，尚三复于余言。

邹尔瞻《记张鹤楼先生遗迹》

鹤楼先生旧寓余既修葺矣，其龙山道院及读书堂仍各绘一图，系以数语，二三子过余曰：先生用心勤矣，何居？

曰：嗟哉！臣节国恩，扶世兴感，四者备焉。人臣事君，惟命是从，鞠躬尽瘁，虽死奚憾。乃或不得君而悻悻热中者，此小丈夫常态也。先生居匀数载，家有倚门，讵不艰关凄恻。甚哉，先生时浪迹渔樵，处之裕如，狥臣之节，何以有此？人臣遭斥逐，往往沉埋以老，屈原沉于汨罗，西山终于贬所。先生遭际圣明，生还北阙，位陟亚卿，勋茂三省，匪国家待士之恩，先生不能自为才也。子臣弟友，理本一致，遗迹犹存，俾式先生，为子必孝，为臣必忠，为兄必友，为弟必恭，斯非揭皇极、淑人心之大机与？下睢阳之祠，奸雄沉思；吊贾谊之宅，楚客兴悲。停辂者感念国恩，追思臣节，缁然不奋于伦理，以匡世道非夫也。有一于此，亦不容缓。矧四者兼备，虽劳瘁奚恤焉！

曰：前之废，何居？

曰：人情贱近而贵远，勤始而怠终，读史至古人节行事，发竖而目眦。今有行古道者，非以为愚则迂，此尊古卑今之患也。始相慕，用后稍厌弃敝，不改造缁衣，不得以好贤称矣。此勤始怠终之患也。祛二弊以成四美，吾何敢后？

曰：胡不自留遗迹为不朽地邪？

曰：余学粗年浅，罔占究竟，妄自攀附，则吾岂敢。且也正公之传，不在涪州而在正公之学，宣公之传，不在临川而在宣公之忠，使二公罔以遗后人，虽过化有迹，吾惧鼯鼠昼嗥，而豺狼夜游也。方求寡过不暇，而暇为佗日地耶？

曰：彰前美，韬精光，先生之心洞矣，非二三子所能测也。请记诸，俾张先生遗迹永永以昭我退踑。

南皋书院，在儒学右，万历甲午，提学徐秉正为进士邹元标建，壬寅，予改题曰归仁书院。建一棹楔于前，扁曰"理学名儒"。

巡抚江东之《南皋书院碑记》

自昔忠臣义士，揭天纲，振地维，担扶人纪，何代无之？而惟贞一不二者芳流逾远，故百世可师焉。彼感慨摅愤，锋励一朝，未几而濡泥迫隘①，已不胜委顿，若中亡真宰悠悠，世味入焉而染。始非不伉爽，而后遂刍狗弃之。两者于叔季犹云小补，总无当于大儒辅世之道。若吾友邹君尔瞻氏，其殆庶几乎！

方公成进士时，会主上冲龄御极，惟是江陵窃国，内连阉竖，废伦弃制，莫敢巷议。公极言非孝者无忠，疏入，未悟主心，先逢相怒。一时杖阙下者五人，公承严谴，戍都匀，至则僦居泯舍②，鹈鴂先鸣，莫必其命，日方与鬼物为邻。寻得张公读书处一侨足焉。张公翀者，马平人，嘉靖中以比部郎疏论分宜，戍于匀，匀人构此以读书，张公是为鹤楼书院。而公视张公，后先一辙，遂结茆于张公堂左右。居匀六年，时时与都人士讲天人性衍之学，儵然𥌓然，无夷狄患难相，亦无无夷狄患难心。盖身在局中，法流界外，委化运于倘来，而不以人我参耳。其门第之高者，往往负奇气，掇巍科，词章行谊，得庐陵文宪之传。如陈给谏尚象亦以谠言放逐，要其凌霄亮节，不负所学，又宛然邹氏

---

① 濡：原作"需"，据贵图本改。
② 泯：原作"圡"，据贵图本改。

家法也。

癸未，江陵事败，上召还直言忤相诸臣，而公再入朝省，声望益为天下重[1]。匀子弟有羹墙之思，就于公所尝登览讲论处，更创为南皋书院。址在黉序右旁，近圣人之居，此其甚也。规制若环堵、门屏、讲堂、夹室、觐楼、学舍，大都靓深虚阒，不啻一亩之宫。前面龙山，江流襟带，后接高真观半山之麓。美哉堂皇，峨峨乎，渠渠乎。盖始于郡诸生之倡议，作于督学徐君之表章，若有司学博、乡先生、武胄之捐资俸，与门弟子拮据之劳，视昔匀人成鹤楼，不啻过之。

公去匀已久，而是中之濡名教、景风神者，方喁喁兴起。月殊岁异，非复向之旧都，乃公再出，独依然以道殉身，故吾不改，即随牒南北，英沈郎署，间而自见，一无增减，何以故？得一故也，惟贞一不二之精，始能垂世立教，化俗育才，视彼乘意气，博名高者，不同日语矣。按省志惟云地多岚瘴，本以安置罪人，乃今不病君子。而匀之人又能尊信罪言，反资贤者以孚化。他如龙场夷窟，无能危新建，后之尸祝阳明祠下者，异世且未艾焉。假令公如新建，遇主于巷，即屠龙术隐，而文德武功，固无二道。奈之何三仕三忤权，而不能一日安于内耶？嗟乎，稷下之椽有涯，而鸿名无涯；岘山之碑有坏，而遗爱无坏。则书院不足以重公，而匀人之善善可重。余言不足为公重，而公自有为匀地重者。微独与鹤楼竞爽，且与龙冈并传。余不佞，承之黔中，搜名贤遗迹，得三迁客，夷夏于今称之。顾不佞有晋宁之谪而未雁其忧，有新建之还而愧无其伐，总之，勿二其心，则于三公有余师也。夫阳明著矣，鹤楼已自有记，今监司梁君铨，亦以直指触忌来匀，感公正气，而以碣石请，故为公记之，以寓高山一慨。且使后之观者，渠复目黔为有比之乡耶！

南皋书院田

贰拾捌亩，在传德寨，万历丁酉，军门江东之批允知府王铤申详，为修院课士之资。本府续置拾贰亩。

---

[1] 声望：原作"声念"，据贵图本改。

黔记卷十七目录

学校志下

黔记卷十七

泰和郭子章相奎父著

汉州宋兴祖汝杰父正

贵溪毕三才成叔父校

学校志下

思南府儒学，在府治北，即宣慰田氏故宅，永乐十三年，自河东宣慰学迁此。成化间，知府王南重建。正德二年，知府宁阅重修。嘉靖元年，知府李文敏重建。嘉靖十五年，知府洪价重修文庙。隆庆辛未，知府田稔，万历戊寅，知府王琢玉再修。

布政田秋学记略曰

贵阳八郡，虽僻在西南，距京师万里，而涵濡乐育之下，人才亦每辈出。维是思南黔地，旧为宣慰司学，在河东。永乐中，宣慰田氏以不法废，遂即司治为府，而以宅为学宫，大成殿仍其厅事。虽规制弗称，而材瓦最为精美，故百余年得不废。至正德丁卯，始有继修之者。曾未五六年而圮，人更四守，时历十年，至像设暴于风日，笾豆荐于潢潦，往往以工费钜重，莫有任修建之责者。

庚辰冬，卫辉李侯文敏以宗人经历出守我思，下车三日，谒庙周视，曰：宇敝甚矣，将孰诿哉。维辛巳岁，乃卜志于神，度材于所，僝工于国，布日于民，民乃大和，会绳绳子来，罔或告于劳。启蛰八日而戒事，龙见而就绪。大成殿殿高四丈有奇，深五丈，广七丈。两庑各柒间，戟门伍间，棂星门壹座，俱恢宏钜丽，有倍于前。明伦堂两斋，罔不新饰，复构讲堂叁间，号房贰拾间，于庙东隙地，以为诸生肄业所。至是矩制盛备，匪复在昔之草创矣。

余惟先圣之道，如日中天，固不以庙貌之兴废而有加损。然人才之产，如金在范，每视在位者之振作以为盛衰。吾思为西南剧郡，当蜀贵之交，岭峤绵亘，溪涧且纤，中为悍酋所据，山川之气郁而未舒者几百年。乃幸文皇帝开拓土宇，包夷荒而郡县之。用是山川效灵，敷华孕秀，其精秘所积，阐为章采者，匪直芙蓉箭簇之丹砂，与合抱攲斗之香楠也。故或以忠节著，或以治行称，雾举云升，彬彬然相望于科目者胥此焉出。今日庙貌一新，堂序改色，不惟泮水青衿之才，皆岩廊公辅之器，亦因以风定四国，约共夸毗，消其顽戾，俾淳庞载振，俾邹鲁化行，俾我思永有弦歌之声，斯则学道之有成，匪特崇饰宫墙而已。

参政李渭《重修学记》曰

思南学为宣慰氏旧居，先师庙乃旧居，堂皇两杏树干霄，蔽两阶，宣慰氏所植，传者近三百年云。若为今杏坛树者，树不易果，果惟比士，岁登等数视果数，树亦奇矣。弘治前，庙庑规制不称。正德辛巳，郡守李公文敏拓之。日久就圮，逮隆庆辛未，郡守育庵田公关白大吏，出赀算，撤朽新焉，起敞栋，茸垂辕、华楝、藻干，垒墁易瓦，自庙庑、亭堂、门阶、台墉，皆被旧增丽美。博士宅先在明伦堂左，正德间迁于堂右，桡不可居，迁于左，至于藏修、甲乙舍皆堕地矣，即旧址复之[1]，工有绪，将进承学士缀习其间[2]，置经史若干，费约而劳赀则多矣，同里民毫无喧也。

壬申，渭自粤入都，过舍，省封树，育庵田公洎司理松滋伍公[3]，晋诸誉彦玄岳观中论孔子之学。育庵曰：孔学，学仁也。

是日，阳和清，穆云行，鸟飞天地，生生大德，洪匏两间，在坐者长幼循序答问，取次诵书歌诗，肃肃雝雝。渭曰：即此，仁何以加诸？育庵省里甲氓隶调庸，奖孝弟力田者，导不谊以教化。借法比不用，即此何以加诸。命渭撰学记。且欲得一二语明孔仁以励诸誉彦，今九载，尚虚然喏也[4]。

万历戊寅，郡守王公昆源以名侍御来思南，继修之。司理王公逢吾、屈公心寰先后共成之。修文昌宫，培学之左山，修棂星门，俾学之具瞻。敬一亭乃批剥圮矣，新其椽墉。名宦旧合祀于乡贤祠，奠祝杂施也，分祠祀之。且命场

---

① 旧址：原作"旧趾"，据贵图本改。
② 士：原本作"仕"，据贵图本改。
③ 洎：原作"泊"，据贵图本改。
④ 尚：原作"向"，据贵图本改。

师植翠柏芳桂数百章，育庵之所未为者益备矣。其教胶序，给膏楮，视士比偶文，皆罔抒心。乃授轨义，俾由衷还雅。己卯，占解额即倍往岁①。兴学爱士汲汲然，渭不得指拾也。感今忆往，记之曰：

孔子学，学仁也，尧舜禹周莫不以此生人②。孔子绍述之，授于三千朋徒，非惟三千朋徒，娴其谊指，即显者邦君卿大夫，隐者接舆荷蒉，以至难与言如互乡愚幼，如阙党小子，罔不鳃鳃引诱，欲人人共立而共达焉。用是，皇皇于齐、卫、陈、蔡、宋、楚郊邦，席不暇暖，辙不得辍，其心何为心邪，孔子四方千古之心与？盖载大德，并之无二已。今委蛇胶序间，读孔子遗书，展裘逐墨，拜心而赴。时父师见其诵读勤劬，不少悖谬，师可之，父兄以至朋戚皆称可，不以为非，彼亦怡然自许也。其可而许也，果孔子所谓仁者乎？长献于有司，信谍染楮不可穷以辞，有司见其不可穷以辞，而其辞不忤于鲁，故有司可之。党里四宇人士皆称可，不以为非，彼亦太然自满也。共可而满也，果孔子所谓仁者乎？果为仁即日展裘，日逐墨，日学孔也否？否则，道越而欲面冥山，吾见其日背冥已。比就除目，得莅苍赤，措注宰割，与往岁习于父师、献于有司者，证合否邪？其不视往昔所为如故楮弁髦，鲜矣。宦足而身退，宫室隆矣，妻妾容与备矣。问其向所谓诵读者，十不能记其二三也，若夜寐喃呓中事矣。已不用，又使其子弟为之，子弟能趾其所怡然太然者，间里之人，靡不哆哆而声称有以孔子所生人者，喁喁款语，即相顾逡循辟易，莫敢或承，甚有疾视焦谔以为远，且于国家造士，顾欲得若人已哉？

昔两杏树，今柏桂初植，培以沃土，灌以甘泽，其根以根，大其枝柯，根既深，惟不害其长，不得动堰而增设焉。孔子之仁，即树根柢也，养士于胶序也，厚其廪饩，纵其游习，土沃而泽甘，其欲拔地千丈，不称良于崇朝者也。以孔子遗书比偶为文辞，是枝叶耳，国家课士以枝叶，因以观士中藏，非教人逐逐外鹜也。至于挟无当空言，蹳荣邀利③，斧斤伐之，牛羊牧之，又且濯濯稿矣。吾郡士彦，迩共渭明孔学于川上学舍，躬庸德之行，笃行底理，彬彬然近仁，岂若是弥弥下哉。

育庵田公讳稳，山东高唐人④。昆源王公讳琢玉，莘县人。逢吾王公讳奇

---

① 解额：原本作"解颇"，据贵图本改。
② 人：原本作"人人"，据贵图本删。
③ 利：原"则"，据贵图本改。
④ 高唐：原作"高堂"，据贵图本改。

嗣，蜀之蓬州人。心寰屈公讳群言，粤之番禺人。

思南府学田

壹分，万历二十六年，巡抚江东之、巡按应朝卿发银，檄知府赵恒置，岁收仓斗谷叁拾石，以助贫生婚丧。壹分在邵家桥，计贰大丘，每年纳谷叁拾石，知府赵恒建仓于启圣祠前，收贮以济贫生。壹分万历三十年子章发银伍拾两置，在地名彭家井，计贰拾柒丘，年分仓斗谷贰拾石，内除贰石纳差外，实收谷壹拾捌石。壹分，在川岩，计拾玖丘，除纳粮外年收仓斗谷壹拾肆石六斗五升。又红花井山上租银捌钱，输纳随田差银，万历三十四年知府阴镕捐俸叁拾伍两置。

射圃，在明伦堂后，左都御史徐问建。社学五。一印江县，一安化县①，一朗溪司，一蛮夷司，一沿河司。

婺川县儒学在县治左②，嘉靖十九年建。

印江县儒学，在县治内。印江故无学，万历二十七年，郡人御史萧重望题，子章会同御史宋兴祖复题建。

子章疏略曰

万历二十七年十二月准礼部咨为贵竹阽危，敬陈安边五策以佐缓急事：该本部题据仪制清吏司案呈奉本部送礼科抄出巡按直隶监察御史萧重望题前事内一款：弘化诲，消犷悍，夷民亦人也，不可以威誉，则化诲而怀服之。即如思州思南，故为田氏两酋窃据，国初虽纳款奉贡，而煽虐梗化，致厪天讨。永乐间改流建学，浸成礼让之俗，二百年余，无复夷患。又近日故总兵石邦宪劝诱苗酋吴猪犵，以儒衣冠被服其子，而归命恐后，明效焯然。播民之敢于从逆者，良由积威所劫，人不知方而犷悍如，故无惑也。

今印江县介在酉、播、镇箪之间，青衿几满百，而寄学思南，大称不便。以故洞寨子弟，即有向化之心，往往患苦跋涉，弦诵中辍。该县官民佥谓印江建学，其有益于化夷甚钜。臣熟其庙庑、廨署、祭祀、廪饩诸费，种种备具，第以疆事侘傺，抚按官未遑题请耳。奉圣旨：该部看了来说。抄出到部送司案

---

① 安化县：万历志作"水德司"。
② 左：嘉靖志作"右"。

呈到部，看得御史萧重望题条议，贵州印江县介在酉播，青衿满百，寄学思南，大称不便，乞要添设学宫，改设教谕，颁给条记，并裁革兴隆卫训导一节。为照学校之设，所以维世淑人，微独中原藉之以陶铸人文，即遐方异陬，所为挽草野犷悍，而归之雍容礼让，则学校之所关系者大也。印江县古称鬼方，先是犹绌于文物，迩来青衿之士游黉序者百余人矣，尚尔寄学思南，往返跋涉，士子甚苦之。今萧御史陈安边之策，而首之以建学，盖商榷于黔中众官而为此议，非臆说也。况庙庑、廪饩等项，不费公帑一钱，而士民愿输，又何惮而不俯从请哉？但建学事重，未有不由抚按会议而径行者，行令抚按会议举行等因，于万历二十七年九月十八日题，奉圣旨：是。移咨到臣，该臣会同巡按贵州监察御史宋兴祖，看得贵州宣慰司与播州宣慰司一也，贵州宣慰司有学，故士多汇征，夷亦向化。播州宣慰司无学，故酋既狂猖，民亦顽悖。则学之有无，不独文运，系以兴衰，亦边方所与共安危治乱者。查得印江县治距思南四十里，该县诸生业已百人，身居县地，名列府庠，跋涉羊肠，殊为艰苦。以故萧御史深惟治理，目击士苦，条议建学，良为急务。而知县张镕拮据有年，节缩多方，上不费公帑，下不领里旅。移兴隆训导为教谕，官不必添；裁各项工食为俸廪，粮不必派。一切繁费，挚然悉备。既经布政司移会提学守巡等道覆议，佥同前来相应题请，伏乞皇上轸念遐方，主张文教，敕下吏礼二部覆议上请行臣等钦遵施行，庶夷方在在有学，荒服济济向风，易鳞介以冠裳，解椎结而诗书，其关系边计非浅鲜矣。

铜仁府儒学，在府东，永乐十三年知府周骥建。宣德七年毁，正统八年知府萧和鼎、洪钧相继修建。十四年毁，天顺三年张隆重建。成化十二年①，周铨议改建。嘉靖三十二年，参议刘望之拓地改建。文庙在明伦堂前，尊经阁在堂后，郡人陈珊倡议，至万历九年，参议秦舜翰、知府林烋、推官沈森建。十九年，知府郑应龄重修。二十四年知府张锡增修之，迁铜夫子像于上。

阴子淑《圣像记略》曰

铜仁府前，二江会流间有巨石焉，屹然其中②，前代好事者作铜人像，夫子及老、佛为三教立其上③，庙祀以化夷民，其是非虽未辨，意则善矣。明洪

---

① 十二年：嘉靖志作"十七年"。
② 屹然：原本作"屹然"，据贵图本改。
③ 三教：原本作"二教"，据贵图本改。

武初，铜仁司长官李渊更其庙曰铜佛寺，是以三教皆佛矣。既施溪人有疑铜人为金者，舟载夫子像以逃，适天将曙，沉于江，求之弗得。意者夫子在天之灵，虽不鄙厌夷方，宁不恶其是非久混，害吾人心故尔邪？

永乐十一年革思南宣慰司，分其地为铜仁府。正统末，长官李仪再塑夫子像。天顺七年，李温乃易以铜，立老、佛之左。予即日命椿鸠工庀材，于大成殿后建燕居所，廿二日奉迁夫子像于其中①，既告以文，命工稍复润色为坐像，而幅巾深衣俨然，申申夭夭之气象如在其上，一时官吏及庸人孺子奔走竞观者，填市塞巷，咸跃然以喜，曰：今日才是。然则人知是非久矣，第无敢改为耳。

铜仁府学田

罗田冲滥泥冲贰分，肆拾贰丘，计种叁石伍斗，年收租壹百贰拾秤叁拾斤，折纹银六两叁钱，万历十六年知府林大黼置。上地野萧家寨田壹段，计种叁斗伍升。又壹段计种肆斗伍升。又壹段计种叁斗②。地贰亩，除粮差外每年纳租米贰拾叁秤，折纹银壹两肆钱伍分，万历十九年知府郑应龄、推官张祐清置。客寨巴榔田壹段，贰拾壹丘，计种壹石捌斗，除粮差外，岁纳仓斗谷贰拾伍石，万历二十九年署印思南府推官赵民说置。滥泥水田壹段，大小壹百壹拾叁丘，计种壹石叁斗，除粮差外，岁纳仓斗谷壹拾陆石。六家洞平陇水田贰段，上段贰拾丘，下段伍丘，共计种壹石伍斗，除粮差外，岁纳仓斗谷壹拾捌石，共叁拾肆石。万历三十一年，子章发银伍拾两，檄知府何大缙、推官谭完置。

李渭《学田记》

余初识林东瀛公于粤之河源，河源注屑，大都皆以立生民之命云。顷以南民部郎出守铜，郊圻错夷獠而处，其难治视河源，公所注屑益谨。乃布圣谕示诸夷，树苗陇诸营垒，捍内地，命驾深入不为劳，给城戍饷食以时不为涅，宾祭、邮传，剂量减省不为费，葺雉堞，辟滥泥山路不为扰。诸所施设，无非为全活退氓计。而胶宫才俊，尤其所造育者。铜学宫开设以来，未有供亩。公核军民侵隐陇畦陆拾余亩，复出养廉资，易民田肆拾余亩，以食才俊之在序者，当道称之。

---

① 廿：原作"甘"，据贵图本改。
② 叁斗：万历志作"叁斗六升"。

余惟国家造士，匪直逢曵荣遇一日，布列庶位，生民具命，不可指数，作育意深矣。然士食公庾，仅仅四十人，余直附名籍，习占伴，待征时选。兹田佐公庾之未周，充广国家育才至意，而多隽俯食亩中，益奋提修，立生民具命基本，庶不负置田至意矣。余异时而言，财者，民之命也，居不求安，食不求饱，乃能为民立命。宫室之美，妻妾之奉，所识穷乏得我，三者失吾本心，欲以立民命，何异戴盆望天。公尝过我川上，诵荐绅先哲，多浑朴风，近靡蹈三者窠臼，额黡然有力挽意，此则公立命基本，而多隽知此，则公之教与百亩田并传矣。

石阡府儒学，在府治南，永乐十二年建。正统末毁于寇，成化十六年，知府余志重修，在文庙右。万历十八年，知府陆郯迁于文庙左。万历二十四年，知府郭原宾建敬一亭于尊经阁后，旁勒五箴。

文庙，在学右，启圣、名宦、乡贤三祠附之。

石阡府学田

万历六年，知府郑一信议处官银置买，地名琴蛮坡田，每年纳租谷伍拾伍石肆升伍合。万历三十一年，子章发银伍拾两，檄该府置学田，据详请将此银助修文昌阁到院，随批准将前银修建讫。

石阡府右文田

万历二十六年，巡抚江东之、巡按应朝卿，檄知府郭原宾、推官唐世臣置。梭寨贰分陆丘，东至坡，北至路，西南至本主田，除粮差外，岁纳谷壹拾贰石六斗伍升。对门河壹分贰拾丘，东南至路，西至山，北至沟，除粮差外，岁纳市斗谷捌石壹斗。

明德书院，在城南，隆庆六年，知府吴维京建，万历六年，知府郑一信修，二十四年，知府郭原宾重修。

社学二，隆庆元年土官安处善创建，一在城南，一在城北。

镇远府儒学，永乐十一年建。宣德元年知府颜泽迁府治，乃建学于府之东。成化五年，镇阳江溢，学舍倾毁。同知何瑄极力营造，始复旧规。成化十年江大溢，屋漂树拔无存者。成化十五年，知府沈熊乃迁于府西，风水家说前山未若旧学基之美。嘉靖二十四年，知府任佐改于府东，即前改布政分司也。嘉靖二十七年，知府程燫重修。

燫记略曰

永乐十有一年设府治，是年即建学，固草创未备也。宣德改元，前守江阴颜公泽始克备之，兹其地也。成化十年，江溢学圮。十五年，继守归安沈公熊迁于郡西，说者谓山水弗善。嘉靖乙巳，诸士子述其状，上督学宪副波石徐公，中丞北崖刘公，侍御滇南张公，佥曰然。行府仍复兹地。君子曰：此迁善以复其初，学允建哉。通府杨薰、指挥李澜，实董厥役。先师庙东西两庑、戟门、棂星门、明伦堂、进德、修业二斋，凡材木咸仍旧而朴斫之，亦苟合而未美也。

又明年，岁丁未秋，燫守兹土，思曰建学教士，有司之职不可缓者，于是广所未备，沿制抡材，于堂之后为敬一亭，为启圣祠，为教官私宅，堂之前为大门，扁曰儒学。为二门，曰麟郊、凤薮。为三门，曰礼门义路。门外为泮池，为影壁，为坊，曰风化本原，曰泮宫。其垣之卑者高之，室之陋者，丹艧之，路之偏者直之，隘者廊大之，地之崎者平之，侵于民者厘而归之，荒者木植之。几案器用，物物备具。君子曰，此尽美而至于善，学允成哉，教允立哉。

军生民生应贡勘合，正统六年，奉礼部勘合，湖广镇远卫官军生始附本学。景泰三年，军生黄宁引例奏准食廪。成化三年，奉礼部勘合，军生附府学补廪者，准挨次岁贡，至是，选贡法罢民生云南科举，军生湖广科举。成化十八年，军民生互争廪贡，本府备由申奉巡抚都御史谢昶案验，遵照贵州宣慰司儒学事例，凡食廪民生拾名，军生拾名，有缺各补其应贡，轮民生一年，军生一年，各照本行挨次，不许搀越，至今沿袭遵行无议。嘉靖间，巡按御史奏准贵州开科，平、清、偏、镇四卫军生与民生一体贵州科举。

学田

嘉靖七年，知府王希韶买陈禄、石再宽水田叁亩，谢昌、王本富水田壹拾伍亩，又典吴乔、杨聪水田伍亩，钱定水田叁拾亩。嘉靖二十五年，钱定备原价取赎讫，价银存学。后吴乔故将田盗典与千户邓相讫，租银向无交完，田亦失。嘉靖三十一年，知府程燫用价银三十二两买熊宗望、田胜文、王采膏腴水田贰段，共贰拾叁亩柒分。又查出田祖朝被军人陈文华霸占翁沙寨大麻、沙寨脚、蒜头园三处祖田，内欺隐田粮查该肆拾叁亩起科。又清出石再宽原买学田止开粮叁亩，今冒开玖亩六分，影射己田，躲避差徭，实多冒开六亩。二项该粮肆拾玖亩六分，足抵学田粮税差银。又查得概县税粮知县叶松丈量，已有定数。兹以田祖朝欺隐之粮而抵作学田，则学田免差科之扰，额粮无亏折之累，在学有实数，在县不虚赔，共该岁收租谷贰拾柒石伍斗。一段石再宽田坐落牙溪洞寨脚，地名小葛墩，计壹丘叁亩，纳租谷壹石玖斗，差银壹钱捌分，粮三升六合，种田人交纳。一段谢昌田，坐落碗溪铺大坝，贰拾陆丘壹拾伍亩，租谷肆石，差银玖钱，粮壹斗捌升，今以银粮升租谷肆石，共岁收租谷乡斗捌石。一段吴乔田，坐落碗溪旧铺路下，计陆丘伍亩，租谷壹石伍斗，外差银叁钱，粮陆升。查得吴乔未曾开作学田，以致未曾开粮，今以粮升租谷壹石玖斗，共岁收租谷乡斗叁石壹斗。一段熊宗望田，坐落分水岭下苏家屯，大小贰拾玖丘，计柒亩壹分，差银四钱贰分陆厘，粮玖升壹合。一段熊宗望田，坐落同前，大小贰拾丘，计壹拾陆亩陆分，差银玖钱玖分陆厘，粮壹斗玖升玖合贰勺。二段今以粮升租，每岁定纳租谷乡斗壹拾贰石。万历二十九年，子章发银壹百肆拾壹两捌钱伍分，置买生员钱懋绪、熊之彦、王廷宣、杨光远、周士英及黄安等水田陆分，共壹百贰拾亩伍分，每年收租谷市斗陆拾捌石柒斗伍升，耗谷贰石陆升贰合伍勺，收贮本学官仓。遇小歉量放一半，大歉尽放，赈济贫生，免其还仓。傥系丰年，谷积盈余，详请变价，增置前田，续入图志。一价银陆拾壹两，买钱懋绪土名牙溪田大小伍拾壹丘，共计叁拾柒亩，岁纳市斗谷叁拾石，耗谷玖斗。一价银肆拾玖两伍钱，买熊之彦土名鹧坪田大小陆拾贰丘，共计伍拾叁亩，岁纳市斗谷贰拾伍石，耗谷柒斗伍升。一价银捌两，买王廷宣土名鹧坪田大小陆丘，共计拾亩伍分，岁纳市斗谷肆石，耗谷壹斗贰升。一价银玖两，买杨光远土名牙溪、平浪、沙坝三处田，大小叁拾叁丘，计捌亩，岁纳市斗谷肆石伍斗，耗谷壹斗叁升伍合。一价银陆两伍钱，买周士英土名江古田大小壹拾肆丘，共计柒亩，岁纳市斗谷叁石，耗谷玖升。一价银陆两，买黄安土名苏家屯田大小肆丘，共计伍亩，岁纳市斗谷贰石贰斗伍升，耗谷陆升柒合伍勺，外支剩银壹两捌钱伍分。置仓贰间，贮收前谷。

社学，在府南火巷旧基，嘉靖三十二年知府程燸建。楼房壹间半，扁曰"养正楼"，上为童生读书，下为教读所居，前街后河，广阔壹丈伍尺，深贰丈捌尺。万历间知府毛栋重修。一在镇远县前，知县赵儒建。

紫阳书院在治东，万历五年，提学凌瑚檄府建，祀朱文公。十三年，巡按御史毛在重修。

兴文书院，在施秉县治右，知县张月建，祀朱文公。万历二十四年，署县理问杨之翰改书院，祀先师，移文公于东庑。

黎平府儒学在治东毓贤街，永乐十一年，改征虏将军周骥宅建，岁久倾圮。天顺七年，知府杨纬重建。

文庙在学右，永乐十一年建。弘治间，知府张纲拓而新之。启圣祠在庙左。

书舍肆拾贰楹，万历十二年，知府高岳建。

社学在儒学前左。

永从县儒学在府城南，隆庆间建。万历六年，巡抚都御史严清、巡按秦时吉题革。

参政史旌贤《黎平重修文庙记》

黎平有学旧矣，盖视中原重钜哉，是黔之绝徼，而楚以西外藩也。郡城可斗大，藉材官世首相捍蔽而用二千石董之，非道教之结人心，其孰与守？顾郡隶于黔，地入于楚。黔使曰：是绝徼也，安能越楚而治？楚使亦曰：彼直外藩，以虚声示要约耳。故事，若御史中丞、御史台督学、监司，未有輶轩，采风而至，称视学者。前是，二千石亦任惰自废，不则谓城大于斗，何从以赢余佐土木，盖至今而学宫陋且圮。越在草莽有日矣。吾夫子宗庙，百官俨然在焉，即居夷不谓其陋乎？顾安所稽兴贤育才之典也？

袁景从故有声艺苑，间以尚书郎出守，辄取囊中金新之。于是启圣有祠，棂星有门，从祀有庑，名宦、乡贤有祀，乐舞有器，斋库有宫。拓未备者十七，存未沴者什三。诸博士弟子员骤见而沾沾动色也，谓子大夫有文翁之遗焉。夏博士邦盖露板而以记请。博士，余里人，且走使二千里遴矣。稍铨次其语，复之曰：

夫记也，将纪其建置岁月而止乎，抑以谂多士也。乃景从则既谂之矣。黎平非御史中丞、御史台督学、诸监司，所不采风而至者乎？非藉材官世首相捍蔽，而恃道教以守者乎？而景从至而遽新之，不以闻，不以帑金请，是不汲汲人知为名高，不言而躬行者也。学之道何以加此尔？多士亦既入其门，升其堂，彬彬文质兼矣。倘亦有他岐不惑，屋漏不愧，称积学博闻者。若而人有行先其言，声副其实，以出处为时重轻者，若而人，异日且有辞于景从，有如忽躬行而鲜实际，汲汲然求人知为名高已耳，将圮陋且移之多士，人亦遂得以靡莫绝徼陋之，即百景从，若多士何？故愿多士亦自新其学而矣已。夫景从以身教，而博士欲余以言教，毋乃左乎，故为申其说若此。

黎平府学田

万历三十一年，子章发银伍拾两，檄该府置田收租，备给三年大比应试生员盘缠之费。壹分在都莫寨，计贰拾壹丘，除粮差外，年收米花柒拾柒秤零。壹分在黄柏坡，计壹拾柒丘，除粮差外，年收米花叁拾贰秤半。

威清卫儒学旧在城东北，宣德八年建。嘉靖三十三年改建西南。万历十八年改建北城外。训导廨在城旧学未迁。敬一亭俱在旧学内未迁。

文庙，启圣祠。

射圃在文庙后山左，万历十八年建。

威清卫学田

壹分在的澄河桥边①，岁纳谷壹石，本学公用。

社学，五千户所各一。

平坝卫儒学在城内西，宣德八年建，寻徙稍北。弘治十年，都指挥张泰、指挥刘文复迁于故址。嘉靖二十九年，巡按张雨迁建沙作站中关②，万历二十二年改东门外。

文庙在学前。

启圣祠在明伦堂后，名宦、乡贤二祠俱戟门右。

学田，一分在城内，共收租四石，万历十三年奉院道培修学左风水，指挥路可由捐俸银八两三钱，买民田一分培修，今空隙地③。城内西隅学基一所，空隙。沙作站中学基二所，一所乙山辛向，空隙。一所巽山乾向，召军人住，岁纳地租银玖钱，学中公用。黄乡官舍园一所，空隙。

射圃在城内西察院后。

社学，一城内东，一南街，一西街，一北街，二关外，提学徐樾建。

---

① 桥边：万历志作"南"。
② 雨：原本作"两"，据贵图本改。
③ "学田"至"空隙地"：原缺，据万历志补。

安庄卫儒学在城内东北隅，正统八年建于治东。九年，佥事屈伸、指挥陆京移建。成化、弘治间，指挥黄京、千户丁正、镇抚吴晟相继重修。

文庙在明伦堂前，正统九年建。成化间，指挥陆卿、陶英、李维相继重修。

启圣、乡贤、名宦三祠俱明伦堂左。

书院在列峰寺内。

普安州儒学，在治西，洪武十三年建。永乐十五年迁建。嘉靖二十五年，巡按御史萧端蒙增修。

文庙，永乐十五年建。正统八年，副使李睿修。万历十六年，巡抚赵士登重修。

社学叁所，一在州城北外崇山营，一在州治大门外，知州徐世国建。本州善德等营各一所，俱提学副使徐樾建。

普安州学田

壹分在东山，系乡官巡抚蒋宗鲁置买，每年纳租伍石，公用。壹分在三板桥，原系宾兴公用，荒芜已久，万历二十三年，学正许瑞麟申请提学沈思充招佃开垦，纳租贰拾石，永以修理学宫。宾兴银，弘正间佥事吴倬、提学毛科，嘉靖间都御史高翀，共发纹银叁百贰拾柒两，每年放贷取息。万历二十七年，巡按宋兴祖访得管放匿人，行州议，将远年故绝无产，与借支不还，共除本银伍拾捌两玖钱贰分，尚该贰百陆拾捌两零捌分，严追还官置田。追完壹百贰拾两，买乡官吴文韶华家庄田壹分，年纳租贰拾石。又追完陆拾两，买生员华国文西冲口田壹段，年纳租拾石。尚该捌拾捌两零捌分，行令追完，一并置田。余租每年纹银贰拾壹两。

安顺府儒学，故普定卫学，在城内东北，宣德八年，参议李睿建。正统元年毁。二年，佥事屈伸建。嘉靖二十六年，巡按王绍元重建。万历三十一年，巡抚郭子章、巡按毕三才题改为府学，抚按疏略，礼部覆疏，详见新贵县学下。

文庙，嘉靖三十一年，御史董威、宿应麟，提学谢东山重修。启圣祠在文庙后，名宦、乡贤二祠，俱礼门右。

安顺府学田

地名三科树，年租谷柒石柒斗。

卫社学，一在城东大街，一在关王庙左，一在南门外月城下，一在北门内，一在东关。

书院在棂星门前左。

府社学，一在安顺旧州，一在二铺，一在马官屯，俱先知州张应庆建。

廖驹《普定卫学记》

我朝有国，薄海内外，日月所照，悉主悉臣，郡县军卫，冈不建学，文化之盛，古所未有也。普定卫肇自洪武辛酉，其城郭夷坦，物产富庶，甲于他处。宣德癸丑，宪副李公睿先任贵州参议，时卜地于城东，始建学舍，乃者毁于火。岂惟诸生失讲习之地，而吾夫子神主亦假寓道宇，可胜慨哉！

正统戊午夏，金宪屈公伸廉问来兹，祗谒文宣，喟然太息。乃偕镇守都帅顾公勇，及本卫指挥王斌等，躬造旧基，相地度材，鸠集百役，复经营之，既而，工告成。于是栖神有殿，会讲有堂，肄业有斋，自廊庑、门墙，以及庖舍、湢溷，无一不备者。经始于是岁夏五月戊子，落成于次年夏四月壬寅，规模轮奂，弦诵洋溢。爰命驹为文，刻诸坚石，图示永久。窃惟是邦，昔在荒服之外，民皆夷獠，风气习俗，不类中州。今则役服贡赋，一循法度，衣冠言词，渐同中华，是虽国家政治之隆，抑亦教化之所资也与！柳柳州谓仲尼之道与王化同远迩，信夫。然则学校之兴举，乌可后哉！李公、屈公之用心，诚知所先务矣。诸士子以俊秀而来学者，尚当以风俗道义为一身之任，则邹鲁夷壤，柱石世道之懿，不多逊于昔贤，而朝廷建学之意，与诸公今日之殷勤缔构者，皆不孤矣。

安南卫儒学在城内，宣德八年建。万历二十四年，提学沈思充议以安南卫学政属永宁州提调。

文庙在明伦堂前，启圣祠在文庙左，乡贤、名宦二祠，提学蒋信创建于启圣祠左。

社学三，一在卫治前，一在城东门外，一在南门外，俱万历二十二年御史薛继茂建。

赤水卫儒学旧在卫城西，正统五年建。隆庆六年，兵备佥事沈闻改迁城东。万历十年，兵备佥事胡宥徙于卫站。

文庙。启圣祠在文庙前。

射圃。

社学。

永宁宣抚司儒学在治西南，隶四川。宣抚司初止民生，正统八年，贵州设卫，以军生附之，其科贡，民生隶川，军生隶贵。嘉靖三十三年①，提学谢东山议呈两院具题军民科贡俱属贵州。

陶心《永宁司重修儒学记略》

永宁，古蔺州地，其学自元已有之，而重修于国朝洪武四年。红崖诸山，争妍献秀，叠翠如屏，二水合流，襟带于前，云影天光，四时辉映，而此学独据上游，盖胜概也。灵钟秀毓，岂终秘之而徒泄之邪？士之出乎其间，英伟秀发，歌鹿鸣而对大廷者，科不乏人，谓非兹学之助不可也。

独惜夫规制未备，久寖颓敝，已百五十年于兹矣。大成殿虽一新于藩参铅山费公，而其余皆未遑也。顷岁，芒夷祸结，参戎成都何侯以文武才略荐，受节钺玺书，来镇兹土，谒庙至学，感而言曰：远人不服，修文德以来之，先圣教也。学舍至此，何以为文德地邪？

时虽督兵进剿，不即及此，而心则惓惓也。既而南征凯旋，受成献馘，复至于学。则又叹曰：托之空言，吾之耻也。遂谋诸同事参藩毛、李二公，三宪胡、欧、舒公，议论允合。乃请于都宪王公、熊公，侍御马公、钟公，给公帑之助者半，余费悉何公自经画之，不以烦民。于是卜吉鸠工，百役具作，以指挥石钟、宣抚奢爵董其役，以千户丁祥、李本，土舍王凤升任其劳。

首撤明伦堂之旧而更新之，厥材孔良，厥度维章，次之庙庑、戟门，又次之斋舍、廊宇，巍然焕然，与学宫称。惟孔庙虽仍其旧，而瓦椽之更，垣楹之饰，视昔有加。当工师求木，以未充是虑，会一夕大水，而楩楠顺流至学宫前者以百数计，噫，天其有意于斯乎？抑何公之诚有格于斯乎？不然，此木胡为来也？学官之廨，旧缺其一，因谋地邻而加辟焉，且并地界而尽垣之外树以柏，周环坚壮宏丽，而学制于是乎备。经始于嘉靖四年夏四月吉，凡四阅月，而厥功告成。于是教授邵铎，司训梁伟器、廖球、钟岳，合生徒请予为记。

文庙，在明伦堂左，启圣、名宦、乡贤三祠附之。

---

① 三十三：原作"一十三"，据后文改。

永宁宣抚司学田

壹分在卫东洪崖。壹分在卫北渡口。壹分在马岭铺。壹分在巴焦洞。共种捌石伍斗。

社学二，一在仓右，一在东门外，万历七年建。

毕节卫儒学，旧在卫治左，正德三年，都指挥唐谏建。隆庆六年，兵备沈闻迁于东门外。万历十八年，兵备陈性学迁于南门外虎踞山前。

文庙，在明伦堂前，启圣、名宦、乡贤三祠附之。

毕节卫学田

壹分在本学前，每年纳谷叁石。壹分在东门，今拨换新学基址。壹分在西门外，每年贰分，共纳谷壹拾肆石柒斗。壹分在威镇铺后，纳谷肆石伍斗。壹分在丰乐铺，每年纳谷贰石伍斗。壹分在周泥站，每年纳谷肆石。地壹拾壹亩叁分，每亩征银伍分，共陆分伍厘①。店叁拾间，每年共征银壹拾贰两玖钱。以上田地店房俱万历五年兵备佥事黄镆置。

书院系旧儒学，万历十八年，兵备陈性学改建。

乌撒卫儒学，在城内，正统八年建。万历十年迁于城隍庙。十八年迁复旧地。
文庙。
启圣、名宦、乡贤三祠俱并建。

乌撒卫学田

贰拾伍亩。壹分在黑张站，岁纳米伍石，折征银叁两。壹分在野马川，岁纳米叁石肆斗，折征银贰两。壹分伍亩在西屯，岁纳米贰石伍斗，折征银壹两伍钱。地，壹段在上坝，壹段在下坝，正德十一年，御史邝约批准开垦，共壹百陆拾贰亩，每亩纳银贰钱伍分。壹段在簸箕湾，每年纳茷叁石。壹段在回回营下坝，每年纳茷租九成银六两，以供春秋二祭。店叁间，在城东关，每月纳租银壹钱。

龙里卫儒学，宣德八年，副使李睿建于卫西。嘉靖三十一年，巡按董威、副使

---

① 陆分伍厘：原作"伍钱陆分"，据上下文及万历志改。

赵之屏迁建于卫左所地。万历八年，改建于卫南仓山。二十一年，通学生员呈准院司道府，各捐金，改建于卫治前。二十四年，驻镇推官李珏修。

文庙在明伦堂左，乡贤、名宦二祠附之。

龙里卫学田

壹分将旧学基开垦，每年纳米花贰拾柒秤。壹分乡官王表置，每年纳米花拾陆秤[1]。壹分毛官换俞下堡，每年纳米花肆拾肆秤。壹分在冷水堡，指挥王守成置，每年纳米花叁拾六秤。壹分在阿老寨，卫人周君置，每年纳米花壹拾陆秤。壹分在汪八寨，生员赖文通置，每年纳米花壹拾肆秤。壹分在江北堡，指挥洪文炳置[2]，每年纳白米捌斗[3]。壹分在毛栗寨，舍人周梅置，每年纳米花伍秤。壹分在龙场堡，每年米花壹拾陆秤。以上俱供本学秋祭之用。壹分在响水，舍人郑再礼置，每年米花壹拾伍秤。壹分在北门，军人俞文和置，每年米花壹拾贰秤。壹分在北门，生员张应麒置，每年米花玖秤。以上供文庙灯油之用。壹分在龙头堡，卫人冉文光置，每年米花壹拾陆秤，共办文昌宫秋祭之用。

新添卫儒学，旧在卫西，宣德八年，副使李睿建。成化十八年，指挥陈琳、训导周凤改建今址。嘉靖三十一年，副使赵之屏重修。

文庙，在明伦堂前，启圣、名宦、乡贤三祠俱儒学内。

新添卫学田

壹分在同保坝，乡官朱俨置，租伍石。壹分在蜡沙，指挥王道行置，租拾石，久荒。壹分在城内东，乡官李讲置，租拾石。壹分在小平伐司，万历二十三年，驻镇推官李珏置，租叁石。壹分在松牌马路，共肆丘，生员王之恩捐，每年约花肆石伍斗，认纳学租谷贰石贰斗伍升。贰分，壹在西门外，大小贰丘，米花壹拾壹石。壹在河西后坝，大小拾伍丘，米花捌石。共折市斗谷贰拾贰石捌斗，每年拨人佃种，认谷壹拾壹石肆斗，以作修学右文助贫。万历二十七年，推官李珏详罚犯人史访白银壹百两置。肆分在落河西大坝象鼻、卷水、姚家、沙地，计拾丘，塘壹口。认纳米花柒石玖斗，万历二十七年，推官李珏详追犯人佘继宗等罚赎银伍拾两，内

---

① 陆：万历志作"八"。
② 洪文炳：万历志作"洪文焕"。
③ 白米捌斗：万历志作"米花二十秤"。

将肆拾伍两置，将五两修社仓房地并置碑。万历三十年，子章发银伍拾两，檄该卫置田贰分，壹在北门桥边，壹丘，价银贰拾伍两叁钱。壹在牛场王家庄，贰拾肆丘，银贰拾肆两柒钱二分，共收米花贰拾叁石玖斗，年认米花壹拾壹石玖斗拾斤。

社学二，一在仓左，万历十四年建。一在卫左街，万历二十四年推官李珏建。

平越府儒学，故平越卫学，在城内西南，宣德八年，参议李睿建。成化二年，迁建察院左。万历十二年，改建东南仓基内。十九年，复迁察院左旧基之上。三十一年，巡抚郭子章、巡按毕三才题改为府学，迁于府前，抚按疏略、礼部覆疏，详见新贵县学下。

平越府学田

壹分在计旗屯，壹拾柒亩，每年纳租银壹两贰钱，供祭。壹分在牛场堡谷郎坝，贰拾柒亩，每年纳租银捌两肆钱，内除六钱作随田粮，余柒两捌钱作月考供给之费。今瓮安县丈作贰拾柒亩玖分零，摊差银壹两玖钱零伍厘，粮柒斗柒升伍合。塘贰口，一在犀牛口，一在牛场寺山下。

社学，在察院西。

石壁书院，在敬一亭后，嘉靖七年佥事朱佩建。

中峰书院，在卫治内，嘉靖十三年，谪驿丞陈邦敷建。

黄平州儒学，在天官里，平越行府城内。黄平故无学，万历三十一年，巡抚郭子章、巡按毕三才题，副使刘冠南、知州曹进可建，抚按疏略、礼部覆疏详见新贵县学下。

文庙。启圣祠。

黄平州学田

壹分在学前，递年收租修理。壹分在城内，递年收租供祭。塘壹口。

社学，在城西南，通判朱昆建。

清平卫儒学，在卫治西北，正统八年，指挥使石宣建。正德十三年，参议蔡潮拓地改建。

明伦堂，在文庙后。

文庙，在明伦堂前，敬一亭在启圣祠后。

启圣祠，在明伦堂后，名宦、乡贤二祠俱学左，万历七年，提学副使凌琯建。

清平卫学田

壹分在密西寨，租米壹百陆拾伍秤，内捌秤肆拾斤田荒，实壹百伍拾柒秤，随田粮贰斗[1]，嘉靖十三年巡按王杏置。壹分在中寨，租米壹百手，正德七年乡官孙瀚置。壹分在上五堡，租米伍拾手，嘉靖年间本卫百户朱晟置。壹分在皮溪屯，生员李大壮置，久荒。壹分在中华堡，租米贰拾壹秤，嘉靖间舍人郭彦置。壹分在罗言寨，租米伍拾柒秤，随田粮壹斗柒升[2]。壹分在尾把寨，租米贰拾陆秤。壹分在平若寨[3]，租米伍拾手。以上叁分俱乡官孙应鳌置。塘贰口，俱在落邦铺前，每年纳藕鱼伍拾斤[4]。田壹分，米八秤，供祭，本卫舍人郑禄置。壹分在都黎寨，米花壹拾六秤，随田粮贰斗贰升，嘉靖间，生员侯凤岐捐银伍拾两，收放生息，帮祭，指挥、千百户、生员，拖欠无还，呈明扣陈大伦等俸买前田。壹分，生员汪大章欠祭银捌两，伊子将近城堡田壹分，米捌秤，抵还。壹分生员王烁欠银拾贰两，将落珠泉田米拾贰秤抵还，其田伊家自种，认春祭猪一支，重陆拾斤。壹分在罗言寨，米花玖秤，隆庆间生员龙雨置。壹分在罗言寨，米花肆秤，随田馆银柒分，万历二十九年，军人徐绍芳施米，年存本学，以备修学之费。

孙文恭祠，在清平卫城中。

蟒衣生祠记

人情所极虑于身后者，在易世之裔与易名之典，而此二者，恒相因也。有子孙陈乞，虽中才可获褒称，亡子孙陈乞，即高贤未免埋场，抑势使然乎？亡论往故，如我国家，李韩公之功不逊于武宁武顺，而李不谥祺，不善终也。解大绅之贤不逊于杨文贞、黄文简，而解不谥，家徙辽阳也。邹吏目之忠不逊罗文毅、舒文节，而邹不谥，虽云秩庳，亦其嗣斩也。人臣生竖太常之勋，死为若敖之鬼，非国家念其故，恤其私，谁为然已溺之灰而反既失之履，故人情所极虑，而不可必得者，国家曲体之，令其世绝而祀存，骨朽而名易，所以彰往而劝来也。

隆万以来，此论稍明，章耳而目之，无子孙陈乞而褒谥如故，得四人焉。

---

① "租米"至"贰斗"：万历志作"租米六十五秤四十斤"。
② "租伍拾"至"柒升"：万历志作"租米六十秤"。
③ 平若寨：万历志作"落平堡"。
④ 万历志还有注："供祭，本卫舍人郑禄置。"

436

少保于公谦改谥忠肃，少师夏公言谥文愍，中丞海公瑞谥忠介，尚书孙公应鳌谥文恭。文恭之谥，实章与御史宋公兴祖、李公时华同请者。公赐谥诏下，章又与御史毕公三才作公祠于清平，市田以供岁祀。清平令刘启周等以公祠记来请，予计公督学秦中，为三秦士师，暨宗北雍，为天下士师，及门入室弟子，当有善言师者。乃请于今御史大夫三原温公。温公，故公所简秦士也。温公曰：弟子即诵师，无若公言公，且以哭公集杜八首示予，读之令人涕落。予辞不获，乃稽公履历记之。

公姓孙氏，讳应鳌，字山甫，扬州如皋县人，占籍清平卫。嘉靖己酉举乡试第一，癸丑成进士，选庶吉士。改户科给事中，出佥江西，历陕西提学副使、都察院佥都御史，抚治郧阳，入为大理卿，迁户部右侍，改礼部，掌国子监祭酒事。隆庆改元，上幸学，公进讲无逸，赐茶，请告。起刑右侍，晋南京工部尚书。卒，赐祭葬，墓木拱矣。

万历庚子，章等为请谥于朝，壬寅诏下，谥文恭，锡之诰命，始祠公于清平城中。予按谥法，恭有九义，谥公曰恭，其尊贤贵义、执事坚固之谓乎？予师胡正甫先生尝语章曰：宇内讲明正学，楚有黄安耿公，蜀有内江赵公，黔有清平孙公，吾豫章有南城罗公，皆贤人也。已，予入蜀，予师与赵孙二公皆捐馆舍，乃合祀三公于大儒祠。及予入黔，别邹尔瞻江上，尔瞻曰：黔中孙淮海、李同野、马心庵皆致力斯学，君此行，惜不及见三君耳。予平播后，辑《黔记》，乃合三公，类传于理学。已，复为公请谥而得"恭"，乃知正甫先生与尔瞻言不我欺也。嗟乎，公亡易世之裔而得易名之典，人情所极虑，不能必得之身后者，公不虑而得之，遭逢圣明，视李、解、邹三公千里矣。

公所著有《学孔精舍汇稿》、《易谈》、《四书近语》、《教秦语录》、《春秋节要》、《律吕分解》等书，共若干卷，发明圣学，具载诸书，立朝大节，他日国史当有大书之者。兹记止纪公请谥及建祠颠末。祠即公书舍故址，袤若干丈，长若干丈，中为堂，祀公，堂外为门，颜曰：工部尚书孙文恭公祠。祭田若干亩，具载碑阴。

左都御史三原门人温纯《集杜哭文恭公》八首：

淮海维扬一俊人，湖南为客动经春。古人已用三冬足，归赴朝廷已入秦。朝廷衮职谁争补，枉沐旌旄出城府。童稚相亲四十年，使君高义驱千古。风流儒雅亦吾师，药饵扶吾随所之。川合东西瞻使节，白头吟望苦低垂。

其二：文章日自负，经术竟相传，天地身何往，溪风为飒然。自知白发非春事，离别不堪无限意。中天月色好谁看，更为后会知何地。轻轻柳絮点人衣，蜀地兵戈有是非。念我能书数字至，总戎楚蜀应全未。

其三：开府当朝杰，主恩前后三持节。公堂宿雾被，物色生态能几时？仗钺褰帷瞻其美，楚宫腊送荆门水。城尖径昃旌旆愁，一体交态同悠悠。形容劳宇宙，心折此淹留。

其四：时来知宦达，北极捧星辰。尚愧微躯在，苍生倚大臣。往时文采动人主，南极一星朝北斗。讲殿辟书帏，侧身天地更怀古。斯文去矣休，屈注沧江流。便与先生应永诀，琴瑟几杖柴门幽。

其五：北阙心常恋，苍生起谢安。早春重引江湖兴，凭几萧条戴鹖冠。学贯天人际，愿闻第一义。低空有断云，俯仰悲身世。十年不见来何时，摇落深知宋玉悲。中夜起坐万感集，反思前夜风雨急。此道未磷缁，门户无人持。高天意凄恻，清秋望不极。恨别鸟惊心，修文地下深。

其六：致君丹槛折，天际伤愁别。子规昼夜啼，益叹身世拙。悲风为我从天来，城阙秋生画角哀。但话夙昔伤怀抱，江山故宅空文藻。惨淡凌霜烟，凄凉忆去年。寒雨飒飒枯树湿，木叶黄落龙正蛰。吾将罪真宰，真宰上诉天应泣。吾道竟何之，鸥归抵故池①。向来忧国泪，不愧史臣词。

其七：往在西京时，到今耆旧悲。已堕岘山泪，排闷强裁诗。尚书践台斗，近泪无干土。上有行云愁，郁结回我首。孤魂久客闻，何处出尘氛。露从今夜白，风处急纷纷。

其八：道为诗书重，书归故国楼。盖棺事则已，涕泪不能收。朝廷非不知，岂徒恤备享。呜呼归窀穸，牢落吾安放。名与日月悬，死亦垂千年。杖藜叹世者谁子，春渚日落梦相牵。墓久狐兔邻，浩歌泪盈把。向来披述作，垂之俟来者。

祠田

万历三十一年，巡抚都御史郭子章、巡按御史毕三才发银贰拾两，置田壹分，地名教场堡，在本宦墓侧，共计壹拾叁丘，年收米贰拾秤，供春秋二祭之用，佃民

---

① 抵：原本作"柢"，据贵图本改。

孙昌胤、蓝启林领种。

兴隆卫儒学，在卫治东，宣德九年，副使李睿、指挥常智建。弘治二年，指挥狄俊、经历李文祥改建于城南。嘉靖七年，巡按御史陈讲迁于城西。二十六年，巡按御史萧端蒙改复初建旧址。万历六年，巡按御史马呈图、提学副使李学一改建于卫右。

文庙，在明伦堂前，启圣、名宦、乡贤三祠附之。

射圃，嘉靖二十年改迁儒学，以其地为分司。

偏桥卫儒学，在卫城中，成化十八年建，嘉靖二十二年改迁南向，三十年重修，万历三十一年复修。

文庙，在明伦堂前，启圣祠在学左。

南山书院在卫治南，嘉靖十五年王溥建，三十年重修。

偏桥卫学田

壹分叁丘，在地名馆驿大坝，年收谷贰拾石，召人耕种，分谷拾石，粮差叁斗伍升。壹分壹丘在三水塘，年收谷肆石，召人耕种，分谷贰石，粮差谷伍升。以上万历三十一年，奉军门郭子章发银伍拾两置。壹分壹拾壹丘，在地名大坝塘冲，系佃户陈世章领种，年纳谷伍石，粮差壹斗伍升，该学自纳，万历三十一年，舍余薛世臣捐。

平溪卫儒学，在卫治西，嘉靖元年建。

文庙，在学左。

平溪卫学田

万历三十一年，子章发银伍拾两檄该卫置田，壹分在圣殿垅，共贰拾叁亩，年收谷贰拾肆石肆斗。地壹所，在李家冲，收黄豆贰石，除粮差外，实收谷豆拾壹石肆斗。

镇远卫寄镇远府学

清浪卫寄思州府学

五开卫寄黎平府学

贡院，在省城西南隅都司前，嘉靖乙未，御史王杏题建。

巡抚吴维岳《贡院记略》

贵州古荒服也，虞帝北而不蓄，殷宗克而未化，秦汉以降，逞则濆洞，顺亦羁縻。无定疆，无恒赋。至我皇明，混一寰宇，幅员盘薄，际天所覆，寄象鞮译，殊俗向风，贵州遂登典版籍。寻设学校，兴冠裳俎豆之仪。洪武甲子，天下开科取士，贵州附云南试焉。永乐乙未，贵州始树藩臬大吏，建省等内地。三纲正，四术崇，文教寖明如启牖。巡抚都御史邓公廷瓒，当弘治改元，甲寅，以贵士日轨，又虞经费难给也，俱报罢。然贵士黯然而章，无可壅阏。今上凝命中兴，尽伦尽制，改元取义于殷宗，体道接统于虞帝，泽洽威畅，古所不蓄，而未化者咸入涵濡陶铸之中。而又制《敬一箴》、《五箴注》，布诸司儒，诞宣正学，虽疏蹻岩穴之夫，罔不喁喁承德。而贵士引领开科，希奎璧之炤而一副其愿者愈切。

嘉靖庚寅，有给事中田秋者，复囊疏为贵士请，宗伯檄抚按议对。逾五年，乙未，巡按御史王公杏具奏，贵建省，设学校养士，历百五十余年，文教茂往昔十倍，诸士就试云南，苦于道路瘴疠盗贼。且度地得西南隅，甚胜，算所需金，营建三千四百有奇，校试一千二百有奇，检藩贮美缗可办。夫士盛既足为科，而费复易措。开科免诸士跋蒩异境，且令益感恩励学，力追中原文教，而山谷黎民，亦欣欣愿睹宾兴盛事，以仰赞圣化之成，从秋议便。宗伯因覆言事与时皆可。乃荷俞行，限取士二十有五。

岁临丁酉，火丽金方，运属贵州，遂专试典，诸士鸑翔豹变，彬彬以升。放榜，会有龙见之祥，次年数策内廷，拜秩者四人。又逾十年，丙午，巡抚都御史王公学益、巡按御史萧公端蒙，念贵士愈日盛，请广解额，获益以五。总前后，符河图地数。而湖广有偏桥等五卫者，错贵壤而居。先是，抚按相宜于癸卯奏允以五卫士附贵士试，至二公请广额，亦举为词云。

维岳不类，祗役兹土。而御史部公光先以巡按至是，为甲子，复当大比士，相与周视棘围疏密，岗峦左耸，溪环如带，既美其地之胜而有待，顾碑则缺焉未营。贵州鸿蒙弗论，即有虞迨昭代，三千六百余年，甫脱烟莽晦冥①，就官吏政教，起为屏翰揖让之区，又将二百。值我陛下崇文吁俊，沛仁义礼乐之化，而辟科增额，声教闿朗，将与中原相雄长。顾盛典未述，且边裔鲜掌故者，岁月渐久，案简易湮，将令创议成事者或泯或淆，非所以扬丕绩而答昌期

---

① 莽：原作"芥"，据贵图本改。

也。因亟搜史牍，采其事，而伐石以志之如此。

王来贤《新修贡院号舍记》

　　贵州自嘉靖丁酉始专科，贡院建在城南。其水，小河穿桥，西出富江，环城东注。其山，笔峰峭直，天马排空，皆苍翠可掬。诚焕然觇然矣。第丁酉所取士仅二十五人，丙午增至三十人，诸跂足以待进者犹多也。今年甲午，复当举黔士，维时督抚晋江林公乔相、侍御保山薛公继茂相与叹曰：郁郁乎文哉！命乡论秀，曷可以常数拘也？乃檄诸司商榷，遂以加额疏请，覆蒙俞允增者五人。不佞综理试事，遵例悉从节约，故于贡院堂宇门匾①，不事粉饰，惟东西号舍，昔皆木制。每年一修，费夥而工钜。试毕收藏，复虞火患，收藏所不尽者，悉为假馆者薪之。乃筹画稍定，闻于两台督贵文武官，易以砖石。顾以砖为舍，他省皆然，惟基以石，覆亦以石，他省则不可得。今伐石于山，去省止三五里，而贡院中掘石二区，可足修砌之半，其费甚省多矣。是役，始于三月初，告成于七月望，计工不过四月余日，计费不过四百余金，计所得号舍则一千五十余间。一劳永逸，视他省殊壮丽矣，蔽风雨而垂永久，庶几有赖哉。

---

① 于：原本作"干"，据贵图本改。

黔记

贵州省高校人文社科基地贵阳学院阳明学与地方文化研究中心
地域文化研究丛书 黔学研究丛书
贵州省优秀科技教育人才省长专项基金项目
贵州省教育厅高校人文社会科学研究基地项目
贵阳学院阳明文化协同创新中心项目

中

〔明〕 郭子章 著

赵平略 点校

西南交通大学 出版社

目录

（中）

黔记卷十八目录

职官志

黔记卷之十八

泰和郭子章相奎父著
汉州宋兴祖汝杰父正
贵溪毕三才成叔父校

职官志

蟫衣生曰：昔百里奚饭牛，牛肥，秦穆公问焉，奚曰：臣饮食以时，使之不以暴，有险，先后之以身，牛是以肥。夫民一牛也，肥牛者任牧，肥民者具官。黔城下胥夷，路旁即苗，罔两与俱，犬羊相聚，而黔官不具矣。土司夷也，武弁纨袴也，诸郡守半任子，犹世禄之子也。州县绝甲科，又半出调简，则粪除之余也。两司不即补，补者乘欹段而来①，来者不突黔而去，无肯以身餐瘴也。即有贤者，铨曹万里，不即知，即知不即迁。谁肯以身坐井也？志列黔官，似灿然备矣，而乌知十不一二具哉。虽然，贤者不择官，不择地。牛尚可肥，而况吾氓。肥民之方，具载高皇帝《责任文》，而官于斯者，俱未之目，详刻于右，敢告司牧。

高皇帝惩吏职之弗称，亲制《责任条例》一篇，颁行各司府州县，令刻而悬之，永为遵守，务使上下相司，以稽成效，今谨录之于左：

洪武二十三年敕：方今所用布政司、府、州、县、按察司官，多系民间起取秀才、人材、孝廉。各人授职，到任之后，略不以到任须知为重，公事不谋，体统不行，终日听信小人浸润，谋取赃私，酷害下民。以此仁义之心沦没，杀身之计日生，一旦系狱临刑，神魂仓皇，至于哀告恳切。奈何虐民在先，当此之际，虽欲自新，不可得矣。如此者往往相继而犯，上累朝廷，下辱

---

① 段：原本作"叚"，据贵图本改。

乡间，悲哀父母妻子，孰曾有鉴其非而改过也哉。所有责任条例列于后。

一、布政司治理亲属临府岁月，稽求所行事务，察其勤惰，辨其廉能，纲举到任须知内事目，一一务必施行。少有顽慢及贪污，坐视恬忍害民者，验其实迹，奏闻提问。设若用心提调催督，宣布条章，去恶安善，傥耳目有所不及，精神有所不至，遗下贪官污吏及无籍顽民，按察司方乃是清。

一、府临州治亦体布政司施行，耳目有所不及，精神有所不至，遗下贪官污吏及无籍顽民，布政司方乃是清。

一、州临县治亦体府治施行，耳目有所不及，精神有所不至，遗下贪官污吏及无籍顽民，本府方乃是清。

一、县亲临里甲，务要明播条章，去恶安善，不至长奸损良。如此，上下之分定，民知有所依，巨细事务，诉有所归。上不紊政于朝廷，下不衔冤于满地，此其治也欤。若耳目有所不及，精神有所不至，遗下无籍顽恶之民，本州方乃是清。

一、若布政司不能清府，府不能清州，州不能清县，县不能去恶安善，遗下不公不法，按察司方乃是清。

一、按察司治理布政司府州县，务要尽除奸弊，肃清一方，耳目有所不及，精神有所不至，巡按御史方乃是清。傥有通同贪官污吏，以致民冤事枉者，一体究治。

一、此令一出，诸司置立文簿，将行过事迹，逐一开写。每季轮差吏典一名，赍送本管上司查考。布政司考府，府考州，州考县。务从实效，毋得诳惑繁文，因而生事科扰。每岁进课之时，布政司将本司事迹，并府州县各赍考过事迹文簿，赴京通考。敢有坐视不理，有违责任者，罪以重刑。呜呼，今之布政司不挈所属贪赃官吏，又不申闻阘茸不才，诸等不公不法，亦不究问。府文到司，并不审其为何，但知递送而已。府亦以州文如此，州亦以县文如此，自布政司至府州，皆不异邮亭耳，所以不治，为此也。

总督川湖贵州军务都御史一员，间值地方有警，特命专征，事定还朝，不常设。嘉靖间，御史宿应麟题设总督一员，驻沅州，节制三省，寻省。万历二十二年，因杨酉叛，复设总督一员，驻四川，节制三省，原议俟平播经理善后事竣仍省。

巡抚贵州都御史一员，驻省城，正统间设，至嘉靖四十二年，因裁沅州总督，奉敕加提督军务，兼制湖北、川东等处地方，自巡抚吴维岳始。万历二十九年，子章因楚饷不继，题准兼制湖南道属地方。

巡按贵州监察御史一员，驻省城，行巡各属。

巡按云南监察御史一员①，先年，每岁颛差，并理云贵清军刷卷查盘事，嘉靖间，以本省巡按御史兼之，不复设。

贵州等处承宣布政使司

左布政使一员，左参政一员，左参议一员，右参议二员。一清军督粮，分守安平道，驻省城。一分守贵宁道，驻乌撒，一分守新镇道，驻平越。一分守思仁道，驻思南。各道参政参议互用，无定衔，旧设清军右参政一员，后以督粮道兼理，裁。经历司经历一员，都事一员。照磨所照磨一员。理问所正理问一员。丰济库大使一员。本司辖仓：新添仓、清平仓、平越仓、都匀仓、兴隆仓、威清仓、平坝仓、安庄仓、乌撒仓、赤水仓，各大使一员，共十员。

贵州等处提刑按察司

按察使一员，副使四员，佥事二员。一提督学校道，驻省城，巡行各属。一清军，兼理驿传道，驻省城。一兵备分巡威清道，驻普定。一兵备分巡毕节道，驻毕节。一兵备分巡都清道，驻都匀。一兵备分巡思石道，驻铜仁。各道副使、佥事互用，无定衔。经历司经历一员，知事一员。照磨所照磨一员。司狱司司狱一员。

镇守贵州兼提督平清等处地方总兵官一员，旧驻会城，嘉靖间移驻铜仁。平播后，万历二十九年，子章题总兵官春夏驻贵阳，以防播，秋冬驻铜仁，以防苗。

分守四川叙泸坝底及贵州迤西参将一员，驻永宁。

分守贵州及清浪等处参将一员，驻清浪。

分守贵州兴黄参将一员，旧无，万历二十七年征播题设，为防播孽也。

贵州都指挥使司

军政掌印都指挥一员，管屯都指挥一员，管操捕都指挥一员，近改游击将军。经历司经历一员，都事一员。断事司断事一员。

贵阳军民府

知府一员，同知一员②，通判一员③，推官一员。经历司经历一员。司狱司司

---

① 云南：万历志作"云贵"。
② 万历志有注："隆庆三年设。"
③ 万历志有注："驻镇毕节卫，万历四年设。"

狱一员。府属儒学教授一员，训导一员。金筑宣抚司安抚一员土官，吏目一员。定番州知州一员，同知一员，吏目一员。儒学学正一员。程番长官司、上马长官司、小程长官司、卢番长官司、方番长官司、韦番长官司、洪番长官司、卧龙番长官司、大龙番长官司、小龙番长官司、罗番长官司、金石番长官司、卢山长官司，各正长官一员，共十三员，俱土官，各吏目一员，共十三员。木瓜长官司、大华长官司，各正长官一员，副长官一员，共四员，俱土官，各吏目一员，共二员。麻向长官司正长官一员，吏目裁①。

新贵县知县一员，土县丞一员，土主簿二员，典史一员。儒学，万历二十九年题设，教谕一员。

贵州宣慰使司

宣慰使二员，同知一员，俱土官。经历司经历一员，都事一员。司属儒学教授一员，训导一员，万历二十九年题裁训导一员，为新贵县学教谕。医学正科一员，先年，俱本司民汤、李二姓世袭，近因贫，不能赴京承袭，止以其子孙业医者一人护印。阴阳学正术一员，缺，以习阴阳书者护印。僧纲司都纲一员，缺，以僧人护印。道纪司都纪一员，缺，以道人护印。丰济仓、毕节仓、龙里仓，各大使一员，共三员。水东长官司、青山长官司、中曹长官司、白纳长官司、龙里长官司、底寨长官司，各正长官一员，副长官一员，共十二员，俱土官。各吏目一员，共六员。札佐长官司、养龙坑长官司、乖西长官司，各正长官一员，共三员，俱土官。各吏目一员，共三员。的澄河巡检司、沙溪巡检司、陆广河巡检司②、黄沙渡巡检司，各巡检一员，共四员。贵州驿、威清驿、平坝驿、龙里驿、龙场驿、陆广驿、谷里驿、水西驿、奢香驿、金鸡驿、阁鸦驿、归化驿、毕节驿、札佐驿、养龙坑驿，各驿臣一员，共十五员。渭河驿驿丞一员，万历十年革③。

贵州卫指挥使司

掌印指挥一员，管马指挥一员，金书管屯指挥一员，管操兼管局指挥一员，捕盗指挥一员。经历司经历一员。镇抚司镇抚一员。左右中前后五所各掌印千户一

---

①　万历志此后还有几种职官："医学正科一员，阴阳学正术一员，僧纲司都纲一员，道纪司都纪一员。医学等印俱万历二十二年题请改颁。"

②　陆广河巡检司：万历志无，并有注说明已经裁革，由陆广驿带管。

③　万历志尚有："税课局大使一员。"

员，金书管操千户一员，所镇抚一员，管军屯伍百户十员①。贵州站百户一员。

贵州前卫指挥使司

掌印指挥一员，管马指挥一员，金书管屯指挥一员，管操兼管局指挥一员，捕盗指挥一员。经历司经历一员。镇抚司镇抚一员。左右中前后五所各掌印千户一员，管操千户一员，所镇抚一员，管屯伍百户十员。

威清卫指挥使司

掌印兼管马指挥一员，金书管屯指挥一员，管操指挥一员，捕盗指挥一员。经历司经历一员，镇抚司镇抚一员。左右中前后五所各掌印千户一员，管操千户一员，所镇抚一员，管屯伍百户各十员。威清站百户一员。儒学教授一员②。

守备坝阳等处以都指挥体统指挥一员，旧驻坝阳，万历二十九年具题，改驻平坝卫。

平坝卫指挥使司

掌印兼管马指挥一员，金书管屯指挥一员，管操指挥一员，捕盗指挥一员。经历司经历一员，镇抚司镇抚一员。左右中前后五所各掌印千户一员，管操千户一员，所镇抚一员，管屯伍百户各十员。平坝站百户一员。儒学教授一员③。

安顺军民府与普定卫同城，万历二十九年，巡按宋兴祖题将安顺州改设。

知府一员，推官一员。经历司经历一员。儒学旧系普定卫学，万历二十九年题改府学，教授一员，训导一员。随府办事镇宁州土同知一员，旧系安顺州同知，因州改府，将本官附衔镇宁，仍管安顺原有地方，催办粮马。府属宁谷长官司正长官一员土官，吏目一员。西堡长官司正长官一员，副长官一员，俱土官，吏目一员。普利驿驿丞一员。广积仓大使一员。

普定卫指挥使司

掌印兼管马指挥一员，金书管屯指挥一员，管操指挥一员，捕盗指挥一员。经

---

① 伍百户：万历志作"百户"，后文多如此异，不另出校。
② 万历志此处注明"裁革"，而另有文字："训导一员。"
③ 万历志此处注明"裁革"，而另有文字："训导一员。"

历司经历一员。镇抚司镇抚一员。左右中前后五所各掌印千户一员，管操千户一员，所镇抚一员，管屯伍百户各十员。普定站管站百户一员[①]。

镇宁州与安庄卫同城。

知州一员，吏目一员。税课局大使一员。安庄驿驿丞一员。十二营长官司、康佐长官司各正长官一员，副长官一员，共四员，俱土官，各吏目一员，共二员。

守备安庄等处以都指挥体统指挥一员，驻安庄卫。

安庄卫指挥使司

掌印兼管马指挥一员，佥书管屯指挥一员，管操指挥一员，捕盗指挥一员。经历司经历一员，镇抚司镇抚一员。左右中前后五所各掌印千户一员，管操千户一员，所镇抚一员，管屯伍百户各十员。安庄、白水、查城三站，各管站百户一员。南口、北口二堡，各管堡百户一员。儒学教授一员，训导一员。关岭守御千户所掌印千户一员，管操千户一员，吏目一员。

永宁州与安南卫同城。

知州一员，吏目一员。查城驿驿丞一员。永丰仓大使一员。顶营长官司、慕役长官司各正长官一员，副长官一员，共四员，俱土官。各吏目一员，共二员。盘江巡检司巡检一员，土巡检一员。

安南卫指挥使司

掌印兼管马指挥一员，佥书管屯指挥一员，管操指挥一员，捕盗指挥一员。经历司经历一员，镇抚司镇抚一员。左右中前后五所各掌印千户一员，管操千户一员，所镇抚一员，管军屯伍百户各十员。尾洒站管站百户一员。尾洒堡管堡百户一员。儒学教授一员，训导一员。

普安州与普安卫同城。

知州一员，判官一员，土判官一员[②]，吏目一员。儒学学正一员，训导一员。新兴驿、湘满驿、亦资孔驿、尾洒驿，驿丞各一员，共四员，税课局大使一员。普

---

① 万历通志尚有：“儒学教授一员，训导一员。”
② 万历志有注：“即旧安抚司，永乐十三年以不法伏辜，降判官。”

济仓大使一员。

普安卫指挥使司

掌印兼管马指挥一员，金书管屯指挥一员，管操指挥一员，捕盗指挥一员①。经历司经历一员，镇抚司镇抚一员。左右中前后五所，中左、中右二所，各掌印千户一员，管操千户一员，所镇抚二员，管屯伍百户各十员。平夷、乐民、安南、安笼四所，守御千户各一员，管操千户各一员。湘满、新兴、亦资孔站堡，各管站堡百户一员。

毕节卫指挥使司

掌印兼管马指挥一员，金书管屯指挥一员，管操指挥一员，捕盗指挥一员。经历司经历一员，镇抚司镇抚一员。左右中前后五所各掌印千户一员，管操千户一员，所镇抚一员，管屯伍百户各十员。儒学教授一员，训导一员。毕节站管站百户一员。七星关守御千户所千户一员。

守备乌撒等处以都指挥体统指挥一员，驻乌撒卫。

乌撒卫指挥使司

掌印兼管马指挥一员，金书管屯指挥一员，管操指挥一员，捕盗指挥一员。经历司经历一员，镇抚司镇抚一员。左右中前后五所各掌印千户一员，管操千户一员，所镇抚一员，管屯伍百户各十员。儒学教授一员，训导一员。乌撒站、沾益站、倘塘站、黑张站、周泥站、瓦甸站、普德归站，各管站百户一员。

赤水卫指挥使司

掌印兼管马指挥一员，金书管屯指挥一员，管操指挥一员，捕盗指挥一员。经历司经历一员，镇抚司镇抚一员。左右中前后五所各掌印千户一员，管操千户一员，所镇抚一员，管屯伍百户各十员。儒学训导一员。赤水站管站百户一员。层台守御千户所、阿罗密守御千户所、摩泥守御千户所、白撒守御千户所，各掌印千户一员，管操千户一员。阿永站、摩泥站、落台站，各管站百户一员。

---

① 万历志此后尚有："协捕指挥一员。"

永宁卫指挥使司

掌印兼管马指挥一员，金书管屯指挥一员，管操指挥一员，捕盗指挥一员。经历司经历一员，镇抚司镇抚一员。左右中前后五所各掌印千户一员，管操千户一员，所镇抚一员，管屯伍百户各十员。永宁站管站百户一员。永宁铺管铺百户一员①。永宁仓大使一员。

普市守御千户所

掌印千户一员，管操千户一员，捕盗千户一员，吏目一员。普市站管站百户一员。

龙里卫指挥使司

掌印兼管马指挥一员，金书管屯指挥一员，管操指挥一员，捕盗指挥一员。经历司经历一员，镇抚司镇抚一员。左右中前后五所各掌印千户一员，管操千户一员，所镇抚一员，管屯伍百户各十员。儒学训导一员。龙里站管站百户一员。大平伐司副土官一员②，吏目一员。

新添卫指挥使司

掌印兼管马指挥一员，金书管屯指挥一员，管操指挥一员，捕盗指挥一员③。经历司经历一员，镇抚司镇抚一员。左右中前后五所各掌印千户一员，管操千户一员，所镇抚一员，管屯伍百户各十员。儒学教授一员，训导一员。新添站管站百户一员。新添仓大使一员。新添驿驿丞一员。新添长官司、小平伐长官司、把平长官司、丹平长官司、丹行长官司，各正长官一员，共五员，吏目一员④，共五员。

守备都清等处以都指挥体统指挥一员，驻平越卫。

平越军民府与平越卫同城，万历二十九年题设。

知府一员，同知一员，通判一员，推官一员，经历司经历一员。儒学旧系卫学，万历二十九年题改府学，教授一员。

---

① 万历志此后尚有："附四川永宁宣抚司儒学教授一员，训导三员。"
② 土官：万历志作"长官"。
③ 一员：万历志作"二员"。
④ 万历志有注："丹平司万历九年裁革。"

平越卫指挥使司

掌印兼管马指挥一员，金书管屯指挥一员，管操指挥一员，捕盗指挥一员。经历司经历一员，镇抚司镇抚一员。左右中前后五所各掌印千户一员，管操千户一员，所镇抚一员，管屯伍百户各十员。平越站管站百户一员。黄丝堡管堡百户一员。杨老站管站百户一员。平越驿驿臣一员。杨义长官司正长官一员，吏目一员。①

黄平州与黄平所同城，万历二十九年题设。
知州一员，判官一员，吏目一员，儒学学正一员。

黄平守御千户所

掌印千户一员，管操千户一员，捕盗千户一员，吏目一员。

瓮安县

知县一员，典史一员。

余庆县

知县一员，典史一员。
守备思石等处以都指挥体统指挥一员，旧驻龙泉，万历二十九年题改驻湄潭。

湄潭县

知县一员，典史一员。

都匀府与都匀卫同城。
知府一员，推官一员。经历司经历一员。儒学教授一员，训导一员。都匀长官司正长官一员，副长官一员，吏目一员。平州长官司正长官一员，吏目一员。平浪司、邦水司各副长官一员，各吏目一员。来远驿驿丞一员。都镇驿驿丞一员，裁。

独山州

知州一员，土同知一员土官，吏目一员。烂土长官司、丰宁长官司各副长官一

---

① 万历志此段尚载有几种官职："儒学教授一员，训导一员，税课局大使一员。"

员，共二员土官。各吏目一员，共二员。

麻哈州

知州一员，土同知一员土官，抚苗判官一员，吏目一员。乐平长官司副长官一员，平定长官司正长官一员。各吏目一员，共二员。

清平县与清平卫同城。

知县一员，典史一员。

清平卫指挥使司

掌印兼管马指挥一员，金书管屯指挥一员，管操指挥一员，捕盗指挥一员。经历司经历一员，镇抚司镇抚一员。左右中前后五所各掌印千户一员，管操千户一员，所镇抚一员，管屯伍百户各十员。清平站管站百户一员。[①] 儒学教授一员，训导一员，清平驿驿丞一员。凯里安抚司安抚一员。

兴隆卫指挥使司

掌印兼管马指挥一员，金书管屯指挥一员，管操指挥一员，捕盗指挥一员。经历司经历一员，镇抚司镇抚一员。左右中前后五所各掌印千户一员，管操千户一员，所镇抚一员，管屯伍百户各十员。兴隆、东坡二站，各管站百户一员。重安堡管堡百户一员。儒学教授一员，训导一员。

镇远府

知府一员，推官一员。旧无，万历二十九年题设。土同知一员，土通判一员，土推官一员[②]。经历司经历一员。儒学训导一员。税课局大使一员。阴阳学正术一员。医学正科一员。镇远驿、偏桥驿、清浪驿，驿丞各一员，偏桥长官司正长官一员，左副长官一员，右副长官一员，吏目一员。邛水长官司正长官一员，副长官一员，土百户一员。

镇远县

知县一员，典史一员。

---

① 万历志尚有"清平堡管堡百户一员"，并注明久废。
② 万历志有注："先俱系流官，正统间改。"

施秉县

知县一员，典史裁。

思州府

知府一员，推官一员。经历司经历一员。儒学训导一员。阴阳学正术一员。医学正科一员。都坪长官司、都素长官司各正长官二员，共四员土官。各吏目一员，共二员。施溪长官司正长官一员土官。吏目一员。黄道长官司正长官一员，副长官一员土官。吏目一员。平溪驿驿丞一员。

思南府

知府一员，同知一员，正统间革，万历二十七年因播事题设。通判一员，景泰间革。推官一员。经历司经历一员。照磨所照磨一员。司狱司司狱一员。儒学教授一员，训导一员。阴阳学正术一员。医学正科一员。随府办事长官二员。水德长官司、朗溪长官司、蛮夷长官司、沿河长官司各正长官一员，副长官一员①，共八员，俱土官。各吏目一员，共四员。三坑巡检司、板桥巡检司各巡检一员，共二员。偏刀巡检司土巡检一员。

印江县

知县一员，典史一员。儒学万历二十八年题设，教谕一员。

婺川县

知县一员，典史一员。儒学教谕一员。随县办事土百户一员。

石阡府

知府一员，推官一员。经历司经历一员。儒学教授一员。石阡长官司正长官一员，副长官一员，吏目一员，土百户一员。苗民长官司正长官一员，吏目一员。葛彰长官司正长官一员，副长官一员②，吏目一员。

龙泉县，万历二十九年题将龙泉司改设。

---

① 本书列举了四司，而万历志作水德、朗溪、沿河三司。
② 正长官一员，副长官一员：原作"一员"，据万历志补。

知县一员，土县丞一员，土主簿一员，典史一员，土百户二员。

铜仁府

知府一员，通判一员，嘉靖三十年奏设抚苗，今裁。推官一员。经历司经历一员。儒学训导一员。阴阳学正术一员。医学正科一员。省溪长官司、提溪长官司、乌罗长官司、平头长官司各正长官一员，副长官一员，共八员，俱土官。各吏目一员，共四员。万山长官司正长官一员。①

铜仁县

知县一员，土主簿一员②，推官一员。

黎平军民府

知府一员，推官一员。经历司经历一员。儒学教授一员，训导一员。阴阳学正术一员。古州长官司、八舟长官司、新化长官司、中林长官司、龙里长官司、亮寨长官司，各正长官一员，共六员，俱土官。各吏目一员，共六员。潭溪长官司、洪州长官司、湖耳长官司、欧阳长官司各正长官一员，副长官一员，共八员。俱土官。各吏目一员，共四员。赤溪长官司正长官二员，吏目一员。③

永从县

知县一员，典史一员。

---

① 万历志此后多载一职官："司狱一员。"
② 土主簿：原作"土簿主"，据贵图本改。
③ 万历志此后多载有职官："照磨一员，司狱一员。"

黔记卷十九目录

贡赋志上[①]

---

① 目录原缺，据正文补。

黔记卷十九

泰和郭子章相奎父著
汉州宋兴祖汝杰父正
贵溪毕三才成叔父校

贡赋志上

蠄衣生曰：黔本夷区，唐宋为羁縻州，我明翦田杨二宣慰而郡县之，始雁行蜀滇。顾山岩丛林，田畴蜂房，自国初至嘉靖，未丈量也。今上十年，始度田，田始有额。予作《贡赋志》，分为十目。以十年度田额，及播平后度平越田额总记之。首曰田土。有田必有农，次曰户口。有田必有粮、有役，次曰税粮、曰条鞭。凡官于兹土者，无论文武，有俸，次曰官俸。卫所棋置，屯堡星列，次曰屯田屯粮。屯粮饷军，例有差等，次曰月粮，贮屯有仓，次曰仓庾。每岁屯粮仅支春三月，若夏秋冬卯于楚蜀，次曰协济。夷人贡马、贡砂，及各税课司之榷商，虽仅仅刀圭，亦土之毛也，不可无记，故以贡额、课程、税钞终焉。

嗟呼，概黔之赋，不足以当江南一小县。出自夷落者，崛强不即输，故典目仓丞等官饿死不得返；出自楚蜀者，秦越不即纳，故卫所哨募等卒枵腹不得饱。司黔计者，日栗栗也。播难初发，藩司仅贮六千金，闻之总督李中丞。中丞曰：箪瓢陋巷之家，何以为斩将搴旗之事。赵方伯健尝语人曰：吾官名方伯，一赤赤寠人子耳。兹虽戏论，实为名言。予拮据六年，计无复之矣，后之司计者，尚慎之哉，尚慎之哉！

田　土

弘治十五年，贵州布政司田土自来无丈量顷亩，每岁该纳粮差，俱于土官名下总行认纳，如洪武间例。嘉靖三十九年，令宣慰土司越境收种田土，无知军民互为投献者，抚按官将土司查究，军民目把人等，各照例发遣，田土价银入官。万历六年，贵州布政司田土，除思南、石阡、铜仁、黎平等府，贵州宣慰司，清平、凯里安抚司，额无顷亩外，贵阳府、平伐长官司、思州、镇远、都匀等府，安顺、普安等州，龙里、新添、平越三军民卫，共伍千壹百陆拾陆顷捌拾陆亩叁分零。

万历十年奉旨清丈，查旧额军民田土共壹百陆拾伍万玖千捌百零柒亩，内除去失额伍万壹千柒百玖拾贰亩，免丈捌拾伍万伍千肆百捌拾伍亩，该丈者止柒拾伍万贰千壹拾玖亩。今次丈出隐占等项，除抵补失额外，尚余军民田土壹拾伍万玖千肆百玖拾肆亩。遵照部议，不得增粮，应与额田通融摊派，以免日后包累外，尚清出贵前、龙里等卫军舍新垦科田壹千玖百壹拾伍亩，又故绝田叁拾陆亩捌分，不在前田数内，应起科粮。贵州田土从此有额。

巡抚刘庠、巡按傅顺孙疏略云

查得《大明会典》，内开贵州布政司田地①，原无丈量顷亩，岁纳粮差，俱于土官名下总行认纳。随查本省所属民粮田地，黄册开有顷亩，不及一半，军屯田地鱼鳞册籍开载颇明。后来又有科田夹杂，移东改西，莫可究诘，此自来所以未定田亩也。今奉明旨清丈，行令各委官，分投查盘旧管田亩。在有司共该官民田地壹百肆拾万叁千伍百玖亩，该夏秋税粮肆万叁千陆百肆拾玖石陆斗陆升捌合，在军卫共该屯田地肆拾捌万柒千陆百贰拾肆亩，该夏税屯粮玖万肆千陆百肆石叁斗叁升伍合，科田壹拾贰万捌千陆百柒拾肆亩，该粮陆千捌百捌拾伍石壹斗捌升柒合。内除免丈外，其应丈者在民田该叁拾贰万捌千伍百贰拾玖亩，在屯田该叁拾叁万伍千玖百陆拾肆亩，科田该捌万捌千贰拾陆亩。节年失额，民田肆千贰百叁拾亩，屯田肆万柒千伍拾壹亩，科田伍百壹拾贰亩。今次丈出隐占等项，各除抵补失额外，尚有余剩，在民田壹拾肆万贰千叁百壹拾肆亩，屯田壹万柒千壹百捌拾壹亩。遵照部议，不得增粮，应与额田通融摊派，以免日后包赔。内普安、永宁、赤水、毕节、乌撒五卫，被夷占去屯田，计其丈出之数不足抵补，就于丈出五卫新垦科田，通共柒千贰百柒拾柒亩内摊粮拨补足额外，尚有贵前、龙里等卫余剩科田壹千玖百壹拾伍亩。查系军舍新垦，不在屯田数内，该起粮壹百叁石壹斗。又清出贵州前卫故绝田叁拾陆亩捌分，该起粮柒石壹斗壹升陆合。及查黄册内开普安州夏税地贰千叁百贰拾柒顷

① 开：原作"间"，据贵图本改。

伍分，今丈止有贰千叁百贰拾柒亩伍分，向来办纳夏税贰百叁拾贰石柒斗伍升，是每亩起粮壹斗，实与通省征粮之例相合，黄册以亩作顷，明系差讹，相应改正，其先年误增前卫屯军余田浮粮壹拾壹石玖斗，应与除豁。至于广西、四川二省夷民越占屯田，今虽已将清出起科田地补作原额，仍应移会两省，委官查勘，果夷占是实，另行归结，通融减派。贵州田地自来无额，今始有额，豪强影射之弊尽革，困穷包赔之苦复苏矣。

万历二十八年，子章平播善后具题将黄平等五司改流，属贵州，设平越府，黄平州，瓮安、余庆、湄潭三县，丈出田地壹拾六万贰拾贰亩，龙泉县田地在外。

子章疏略云

据经理分守新镇道会同布按二司呈，据平越府呈，将委官丈出黄平州上中下田叁万伍千叁百柒拾贰亩，科粮贰百肆拾伍石玖斗伍升，岁征差银贰千贰百壹拾捌两壹钱，本色米捌百玖拾石贰斗。湄潭县上中下田叁万柒千玖百伍拾亩，科粮贰百肆拾陆石玖斗叁升，岁征差银贰千贰百贰拾贰两伍钱，本色米捌百捌拾伍石伍斗。瓮安县上中下田陆万壹千柒百壹拾叁亩，科粮肆百壹拾壹石伍斗伍升，岁征差银叁千陆百柒拾陆两玖钱，本色米壹千肆百捌拾柒石玖斗。余庆县上中下田贰万肆千玖百捌拾贰亩，科粮壹百陆拾玖石捌斗捌升，岁征差银壹千伍百贰拾捌两玖钱，本色米陆百零柒石玖斗。以上四州县共田壹拾陆万贰拾贰亩，该粮壹千零柒拾肆石叁斗壹升，岁征差银玖千陆百肆拾陆两肆钱，本色米叁千捌百柒拾壹石伍斗。又查以上田内有系逆贼私业者，本应入官变价，今见各州县费多田少，议于本等粮差之外每岁量加租银，免其变价。上田每亩壹钱叁分，中田每亩壹钱壹分，下田每亩玖分。内黄平州逆田叁百亩，该租银叁拾壹两。湄潭县逆田叁万柒千肆百壹拾亩，该租银叁千玖百壹拾陆两叁钱。瓮安县逆田叁千亩，该租银叁百贰拾肆两。余庆县逆田壹千亩，该租银壹百壹拾伍两。以上共征租银肆千叁百捌拾陆两叁钱。石阡府亦将委官丈出，龙泉县上中下田叁万肆千叁百贰拾贰亩，科粮贰百壹拾玖石叁斗伍升，岁征差银壹千陆百壹拾伍两玖钱，本色米柒百零壹拾伍斗。各册报司道转报到臣。

看得播未平之先，急在征讨；播既平之后，急在经理。征讨者，矢在弦上，不可不发；经理者，鹿在园中，不可不缓。仰诵明旨，一则曰牵累的都免穷治，流移的招他复业，还与优加赈恤，以安新定地方。一则曰招抚流移复业，毋令豪强冒夺。大哉，皇言明见万里，恩加八番，所以安集鸿雁于泽，休息鸳鸯于梁者，靡不周且详矣。臣等奉行纶音，宣导德意，与经理诸臣，上自道府，下至丞尉，亦至于再，至于四矣。

顾经理之节目，甚琐且冗，而其体统在官与民。土官曰先人历代遗土，新官曰朝廷业已改流，枘凿不相入而互相持。旧民曰此吾世业，而偶失之也，何知新民。新民曰，汝罪人，幸而脱刃者也，何得复恋！熊虎各相噬而势相戕。甚至新官与新民依倚，土官与旧民连结，各恃众怙力，将人人摹跱以观成败，此体统之难正也。筑城垣于豺虎之穴，而犷悍不可使；度土田于荆棘之中，而寻丈不可核；建学校以化夷，而口舌纷纭；征粮马以给公，而支吾推调；开道路以通商，而戎贼莽伏。物力诎而无以应多役，粮饷殚而无以张兵威。捉襟则肘见，调官则商乱。甚至谓改土徒劳，不如还蜀，此节目之难理也。

臣与督臣按臣会议，谕诺经理司道府官，凡教在初而礼为始。暂给土官冠带札符，引于绳之内，次定与县令迎送接见仪节，委以职事，稽其勤惰，毋令逸于绳之外，而官志始定。查旧田有凭者，还旧主，查逆田入官者，给新民，俱不令入价而责其纳租。土著子弟稍通者令之入学，青其衿，毋左其衽。新民子弟即平通者止令寄学，不许观场。俟二十年后始令赴试，而民志始定。体统既正，渐议筑城垣。首砌龙泉，次砌瓮安，又次砌余庆、湄潭，又次砌平越水城、黄平州城、铜仁县城，又次修铜仁、平越府城，新添、龙里卫城。又次筑平越行府、铜仁营堡，而城垣举矣。即不敢谓金汤足恃，而五板安堵，千里联络，实空虚之地为扞蔽之资。脱有不虞，民亦可倚而守也。乃渐议度土田，起粮马，丈出田地壹拾玖万肆千有奇，岁征银壹万伍千陆百有奇，本色米肆百有奇。虽比之遵义不及十之一，而在黔中稍稍成聚。即一郡一州四县官员之俸薪，道路之夫马，皂快之工食，践更之戍饟，仅仅取给焉。又渐议建学校，则改平越卫学为府学，以黄平州学附于平越行府，而土著新附之子弟肄业有地。变椎结为弦歌，柔靡莫而诗书，或者其藉此乎？又渐议开道路，则团聚哨兵，建立铺舍，修饰候馆。滇楚宾旅，亦稍出涂。回视豺狼当道，荆棘塞路之日，则有间矣。

盖自播平至今，已历四年，各官经理，亦逾二载。城市鲜犬吠之惊，丛祠罢狐鸣之盗，是皆我皇上明威远畅，惠风广被，故令夜郎牂柯惊乌获安，平江湄水穷鱼复乐，岂臣等区区智力所能办哉。

三十年大造黄册，田地共壹百壹拾玖万陆千陆百亩零，外黄平、瓮安、余庆、湄潭，四州县田地共壹拾陆万贰拾贰亩，新旧通共壹百叁拾伍万陆千陆百贰拾贰亩。

户　口

旧志：府州县司卫所，军民通共壹拾肆万捌千玖百伍拾柒户，伍拾壹万贰千贰百捌拾玖丁口。内军户柒万贰千贰百柒拾叁户，贰拾陆万壹千捌百陆拾玖丁口，民户陆万陆千陆百捌拾肆户，贰拾伍万零百贰拾丁口。万历二十五年查，存壹拾万伍千玖百陆户，伍拾万玖千玖百柒拾伍丁口。内军户伍万玖千叁百肆拾户，壹拾捌万肆千陆百壹丁口，民户肆万陆千伍百陆拾陆户，叁拾贰万伍千叁百柒拾肆丁口。万历二十八年子章平播善后具题，设平越一府，黄平一州，瓮安、余庆、湄潭三县，招复民户玖千陆百柒拾捌丁口。又九股降苗贰千肆百陆拾陆户，苗民男妇玖千伍百壹拾叁丁口。三十年大造黄册，肆万捌千柒百肆拾陆户，叁拾贰万肆千玖百捌拾玖丁口。连黄平、瓮安等四州县，并九股降苗，新旧通共伍万壹千贰百壹拾贰户，叁拾肆万肆千壹百捌拾丁口。

税　粮

成化二年，奏准贵州所属府州县及宣慰等司税粮，行巡按并按察司比较实收通关，如年终不完，管粮官员照例住俸，目把人等依律拟断。若有侵欺等弊，从重究治。弘治十五年税粮总数，贵州布政司夏税，麦荍贰百伍拾伍石肆斗伍升伍合，秋粮米肆万柒千肆百肆拾贰石贰斗伍升陆合陆勺零。隆庆陆年，题准将贵州所辖土司比照有司事例，自六年为始，全完至七八者奖赏，不及数者戒饬，全欠者革去冠带，勒限追完。万历元年，又题准贵州所辖掌印督粮流土官舍，并湖广湘乡等县查照完欠分数，照例奖赏、住俸、降调。六年总数，夏税麦荍贰百陆拾陆石捌斗贰升零，洞蛮麻布贰百伍拾玖条壹丈伍尺，秋粮米伍万伍百肆拾壹石玖斗陆升捌合零。二十五年巡抚江东之修志，夏税麦荍贰百陆拾陆石捌斗贰升零，洞蛮麻布折银贰拾玖两伍钱零，秋粮米肆万肆千壹百陆拾捌石叁斗陆升零，屯科粮详屯田项下。万历二十八年子章平播善后具题，设平越府，黄平州，瓮安、余庆、湄潭三县，派征秋粮米共肆千玖百肆拾陆石贰升叁合，疏略详有司土田项下。二十九年子章剿皮林后，题将九股降苗附属平越府，岁纳苗粮叁百贰石贰斗叁升捌合，将梁上、巴野降苗附属镇远府，岁纳草米贰千柒百捌拾秤。

子章疏略云

据监军纪功督饷经理各道呈，据各委官申报，奉两院牌，前往九股瓮谷龙等寨审勘诸苗情形顺递，有无协助皮林，据台徒等寨苗头谢保仰、计牙风等领苗千余，于瓮谷龙地方扶老携幼，稽首欢呼，争相纳土，愿听设流，将户口粮马造册呈递，职等受之，共计大小柒拾肆寨，人户贰千肆百陆拾陆户，苗民男妇玖千伍百壹拾叁名口，递年认纳秋粮贰百柒拾捌石陆斗，马馆银壹百壹拾陆两贰钱叁分。随诣崖门地方，据九股各寨苗民曹全真、龙欧亮等吐称，上下九股苗寨蔓延三省，其江内下九股通五开卫、皮林等寨，原与湖广接近，听彼就近降附外。今台盘等寨上下陆营共计柒拾贰寨界在江外，为上九股苗夷，附近贵州，今愿就近归降改流，乞准收抚免剿。将户口粮马文册呈递，职等又受之，共计柒拾贰寨，人户贰千肆百肆户，男妇柒千贰百肆拾柒名口，递年认纳上田秋粮贰拾叁石陆斗叁升捌合，每石折银伍两，共折银壹百壹拾捌两壹钱玖分，又马馆银捌拾柒两叁钱玖分，粮马二项共银贰百零伍两伍钱捌分。俱以万历三十年为始起征等。因呈报到道，转报到臣，合行题知。

三十年大造黄册，夏税麦荍贰百陆拾伍石陆斗陆升陆合陆勺，洞蛮麻布贰百伍拾玖条壹丈伍尺，秋科粮米肆万叁千陆百贰拾壹石贰斗肆升玖合伍勺零。外平越新府州县秋粮米共肆千玖百肆拾陆石贰升叁合，九股降苗秋粮叁百贰石贰斗叁升捌合，梁上、巴野降苗草米贰千柒百捌拾秤。以上新旧秋科粮米共肆万捌千伍百陆拾柒石贰斗柒升贰合伍勺零，草米贰千柒百捌拾秤。

条　鞭

有司军卫条鞭银通共捌万肆千伍百零陆两壹钱玖分零。万历二十五年巡抚江东之修志，查存柒万伍千捌百柒拾柒两壹钱叁分陆厘伍毫。三十一年，新旧共柒万捌千捌百贰拾柒两柒钱陆分零。内有司陆万陆千玖百叁拾叁两肆钱贰分零，军卫壹万壹千捌百玖拾肆两叁钱肆分零。

官　俸

正统八年，令贵州都司并所属卫所官俸，俱叁分本色，柒分折钞。本色于湖广布政司附近府州县税粮内折征绵布拾万疋，每贰疋准米壹石，运赴贵州镇远府，准作贵州迤东兴隆等卫所官军俸粮。四川布政司折征绵布拾万疋，亦准米伍万石，内肆万疋运赴永宁卫，准作迤西普安等卫所官军俸粮，陆万疋运赴贵州布政司，准作附近卫所官军俸粮，其折钞仍于四川布政司官库内支给。

成化十六年，奏准贵州都布按三司，差进表笺官支廪给贵州土官通把人等，贵州土官衙门头目、舍人、官族、土人、从人、土民人等支口粮。

屯田屯粮

贵州都司，原额屯田玖千叁百叁拾玖顷贰拾玖亩叁分，见额屯田叁拾玖万贰千壹百壹拾壹亩陆分壹厘零。洪武十五年，置贵州都司，卫所开设屯堡。正统六年添设贵州按察司副使壹员，提督屯田。嘉靖十二年，题准贵州屯田、水利二事，责令各该分巡官各照地方管理，提学官不必兼管。万历七年，题准贵州督抚，查将军饷照各边事例定为多寡经制，每岁御史照数查盘，年终督抚开具原额收除实在及省存数目奏报。二十五年，巡抚江东之修志，军卫屯田陆地陆拾叁万肆千叁百伍拾叁亩零，屯科粮米壹拾万壹千捌百玖拾叁石伍斗壹升零，民田地详土田项下，秋粮详税粮项下。三十年实在屯田陆地陆拾叁万伍千叁百捌拾柒亩零，屯科粮米壹拾贰万壹千壹百捌石伍斗陆升零。

月　粮

洪武二十三年，令普定、贵州、平越三卫，乌撒、毕节、永宁、黄平肆千户所，兴隆、普安、层台、赤水四卫，军士有家小者月支粮壹石，无家小者支伍斗。正统三年，又令贵州、赤水等卫所，每月各添支米贰斗。五年，又令贵州各卫选操旗军总旗，月支粮柒斗伍升，小旗陆斗，军人有家小者伍斗，无家小者叁斗，余俱于四川布政司官库折支钞。成化二年，又令贵州卫所新定事例，俱米钞中半兼支。军人无家小者月粮陆斗，本色肆斗，折钞贰斗，老疾并纪录各支本色叁斗。松茂威叠小河五卫总旗本色壹石，折钞伍斗，小旗本色玖斗，折钞叁斗。有家小军人本色捌斗，折钞贰斗。无家小者，本色肆斗伍升，折钞壹斗伍升。其拨堡贴守总旗，本卫支本色伍斗伍升，该堡支肆斗伍升，小旗本卫支肆斗伍升，该堡支肆斗伍升。有家小正军本卫支米叁斗伍升，该堡支肆斗，无家小者该堡支米肆斗伍升，不支行粮。续令松潘等卫所旗军，有家小者月支本色壹石，无家小支捌斗者减去叁斗，老疾纪录俱支叁斗。七年，又令贵州军粮，总旗捌斗叁升者添为玖斗，陆斗捌升者为捌斗，军士有家小伍斗捌升者为柒斗，无家小肆斗捌升者为伍斗伍升，如粮不敷，折给银布。嘉靖三年，议准贵州站军自兴隆至贵州，在城十站，路兼两省者，每月各加粮贰斗，其递西至云南，路通一省者，每月各加粮壹斗。嘉靖三十年，议准贵州、毕节、赤水等肆卫地方，站军铺军月粮，除已加至柒斗肆斗者俱免加外，其余站军月粮原系伍斗者加至柒斗，铺军月粮原系叁斗者加至肆斗，即行处给。

仓　庾

贵州布政使司，黄平仓、平越仓、赤水仓、安庄仓、都匀仓、威清仓、兴隆仓、乌撒仓、清平仓、新添仓、平坝仓。普安州普济仓。永宁州永丰仓。安顺府广积仓。贵州宣慰使司丰济仓、龙里仓、毕节仓。景泰二年，改贵州永宁卫仓隶四川布政司，添设都事一员，监督收放。成化十六年，添设贵州布政司右参政一员，管粮。弘治十三年，奏准贵州并各沿边沿海去处，有监守盗粮贰拾石、草肆百束、银壹拾两、钱帛等物值钱壹拾两以上，常人盗粮肆拾石、草捌百束、银贰拾两、钱帛等物值银贰拾两以上，俱问发边卫，永远充军。嘉靖四十五年，添设贵州程番府管粮通判一员，于省城驻扎。万历八年裁贵州督粮参议，其粮务归并右参政管理。

协　济

湖广额解贵州粮米壹拾万贰千肆百石，共折银叁万柒百贰拾两。长沙府属共贰万玖千壹两陆钱叁分，内长沙县贰千肆百叁拾肆两捌钱，善化县壹千叁百玖拾壹两贰钱壹分，浏阳县贰千壹百陆拾贰两壹钱柒分，攸县玖百肆拾叁两壹钱陆分，湘潭县壹千肆百柒拾柒两陆分，茶陵州陆百叁拾柒两柒钱伍分，醴陵县陆百玖拾叁两肆钱肆分，湘阴县柒千叁拾贰两柒分，湘乡县捌千贰百叁拾柒两柒钱捌分，宁乡县壹千肆百贰拾陆两伍钱伍分，益阳县壹千陆百贰拾贰两叁钱捌分，安化县玖百肆拾叁两贰钱陆分。

衡州府属共壹千壹百伍拾玖两叁钱伍分，内衡阳县叁百伍拾捌两陆钱柒分，衡山县壹百壹拾壹两陆钱，耒阳县壹百伍拾柒两贰分，蓝山县伍拾伍两陆钱贰分，临武县壹百壹拾玖两伍钱陆分，鄞县肆拾捌两陆分，安仁县柒拾玖两，常宁县壹百壹两玖钱捌分，桂阳州壹百贰拾柒两捌钱肆分。

郴州属共伍百伍拾玖两贰分，内本州壹百壹拾肆两贰钱柒分，永兴县伍拾捌两叁钱陆分，兴宁县壹百玖拾伍两肆钱陆分，桂阳县玖拾叁两伍钱肆分，宜章县叁拾两伍钱陆分，桂东县陆拾陆两捌钱叁分。

四川额解贵州粮米壹拾万玖千柒百伍拾叁石，共折银叁万柒千肆百柒拾肆两伍钱。重庆府属共贰万伍千贰百捌拾壹两伍钱，内合州壹千柒百肆拾壹两柒钱，巴县玖千柒百叁拾壹两捌钱捌分，铜梁县贰千叁百伍拾贰两壹分，安居县肆百伍拾叁两叁钱玖分，永川县贰千伍百柒拾贰两玖钱柒分，江津县贰千玖百玖拾伍两肆钱贰分，荣昌县伍百伍拾玖两捌钱，长寿县壹千陆百肆拾伍两贰钱，綦江县叁百陆拾陆两，涪州伍百陆拾两玖钱陆分，璧山县贰千陆拾两伍钱伍分，定远县贰百贰拾肆两陆钱贰分。

叙州府属共柒千玖百叁拾捌两柒钱，内宜宾县肆百伍拾两，富顺县叁千陆百捌拾柒两柒钱叁分，南溪县捌百肆拾两，长宁县壹千肆百叁拾捌两伍钱，隆昌县壹千伍百贰拾贰两肆钱柒分。

泸州属共肆千贰百伍拾肆两叁钱，内本州叁千壹百柒拾肆两叁钱，江安县壹千捌拾两。

外播州宣慰司额纳秋粮壹万陆百贰拾伍石肆斗，屡年拖欠。隆庆三年，委官责令任纳肆分之叁，今实征伍千捌百伍拾石，内实米玖拾陆石，折色叁千壹百陆拾肆两柒钱，今改为遵义府。真州司叁百伍拾石，内实米叁拾石，折色壹百陆拾两，今改为真安州。黄平司四百伍拾石。草塘司伍百壹拾陆石贰斗。白泥司叁百肆拾伍石柒斗玖升。余庆司壹百柒拾壹石，折银玖拾肆两陆钱。重安司壹百贰拾玖石叁斗伍升。以上五司今改为黄平州，余庆、瓮安、湄潭三县，隶平越府，割属于黔。前项钱粮系是正额。容山司捌拾伍石柒斗壹升伍合，今尚属苗寨，未纳。夭坝干寨捌拾贰石伍斗。

乌撒府秋粮玖千肆百石，内二千石折银陆百两。镇雄府秋粮肆千玖百贰拾肆石。乌蒙府秋粮叁千捌百伍拾石，折银壹千陆百伍拾两。东川府秋粮贰千玖百石，折银壹千肆百伍拾两。嘉靖五年，令四川镇雄府额运乌撒仓粮，每年准除叁百捌拾石作官吏俸粮，其余尽数支与守御官军，如有不敷，就于土官租布内补支。

嘉靖十年，题准川湖协济贵州钱粮，比南北直隶、江浙、山陕解运京边食粮事例，定委府州县佐贰官员部运，就限年里赴各该仓库上纳。每年先将委官及掌印管粮职名开报，候通查勤惰完欠，自参政参议而下，一体奏请旌奖劾治。

十三年题准四川重、叙二府，原派贵州永宁仓粮米每石折银叁钱伍分，解贵州布政司库交收，给与毕节、乌撒等卫官军。万历六年，题准湖广协济贵州粮银以后照四川类解则例，攸归该省布政司及粮储道征完，总解贵州交纳，年终册报户部，只照协济未完分数查参，不必京边总算。二十八年，子章平播善后，题将黄平、余庆等五司改流属贵州，除去粮米壹千柒百玖石玖升，不入协济总数。二十九年，子章题将湖南长沙、川南四土府、酉阳附隶贵州督抚节制，以便催征钱粮。

子章疏略云

一议四川协济。黔省土瘠民贫，不及中州一大县，其岁供之费往往取给于楚蜀之协济。查四川乌撒、乌蒙、镇雄、东川四府，每年协济贵州本色粮壹万肆千叁百贰拾肆石，折色粮银叁千壹百两，查每年解纳不及拾分之叁。播州协济粮银每年叁千壹百陆拾肆两柒钱，杨酋拒命，遗负不纳，自万历十八年至二十七年，未完银约贰万玖千捌百叁拾余两。酉阳每年协济银柒百两，自万历十九年起至二十七年，共欠贰千玖百陆拾余两。徒负协济之名，无益军兴之实。此在无事日犹不可，况今逆酋甫定，地方多难之时乎？只缘四府、酉阳袭职不由贵州，涣然不相统辖，即钱粮遗负，既无可罚之俸，又无可降之官，至于屡催屡负，未可如何。

以臣之愚，四府、酉阳既不能割隶贵州，至其袭职，起送四川抚按会同贵州抚按批允而后袭，则彼犹有所畏惮，此一策也。不然，请乞严旨，责成四川布政司立法严催，催完总解，载入职掌，无得秦越相视，又一策也。不然，请责乌撒同知，东川、乌蒙通判，驻镇本府，督催四川协济，请责重庆府管粮府佐督催酉阳协济，其给由升迁，四川抚按会同贵州抚按考核，视协济之完欠为殿最，必完及分数批允，乃许离任，又一策也。舍此三策，而欲籍悠悠难必之协济，以充嗷嗷待哺之正供，欲保贫军之不转为沟中瘠也，必无幸矣。伏乞圣裁。

一议楚省协济黔中军饷，仰给楚中湖南一道所辖长、衡、郴府州县，每年协济贵州粮银叁万柒百贰拾两，递年递负，不以时纳。自万历十四年起至二十七年，共拖欠银伍万叁千陆百伍拾两零，而长沙府属遗欠尤甚。良由贵州抚臣兼制止及湖北，不及湖南。印粮官吏自以非属，怠玩成风，虽考成每年查参，不过徒饬虚文，即完欠之数，催促逾年而文始至，极重者止于罚俸而止，彼何惮而汲汲完异属之饷邪？今杨酋甫定，黔饷一空，合无将湖南一道属亦隶贵州抚臣节制，其印粮官给由升迁，照依湖北例，具文详贵州抚臣考核钱粮有无完欠，方许给由离任。夫常德去长沙咫尺耳，常德可属，又何惜一长沙。若长沙不属贵州节制，则拖欠之饷终无完日，贵州之军终无饱时，其为关系，良非浅细，伏乞圣裁。该户部覆，奉圣旨依议行。

云南协济贵州驿站银壹千伍百两，朝觐年分加银壹千两。二十九年，子章看得贵州中通一线，实滇出入门户，黔往来居十之四，滇往来居十之五，楚蜀往来居十之一，题将云南协济，每年除原数外，再加壹千伍百两，入觐年再增壹千两，如数依期解黔，分给各驿。

子章疏略云

一议驿传协济。贵州四面皆夷，中路一线，实滇南出入门户也。黔之设，专为滇设，无黔则无滇矣，国家舆地，以云贵为极远。旧制：仓驿小吏，俱给符验，盖悯其险远耳。以故流官中无论方面，即仓驿之升转，皆驰驿也。土司中无论进表，即贡马之差遣，皆驰驿也。乡官中无论方面部臣，即教官举贡会试入京，皆驰驿也。盖以极贫极乏之区，当极苦极烦之差。臣日夕挂号，堆案盈几，欲裁之则行路嗟怨，欲给之则夫马逃亡，欲处置之则帑藏空虚。卫官贫而不能赔，急之则闭户。驿官卑而不能支，急之则逸去。臣惟有印屋浩叹而已。查得贵州之驿，非若中原之地征民间之钱粮买马走递也，又非若他省之马户有姓名可拘也。旧例俱轮土司走马，至于下卫，则播之五司居其半。自播酋弄兵，五司出亡。平越、兴隆、黄平之马，壹匹不到。今播虽已灭，五司犹未返，旧疆驿马之困，犹然如故。顷臣不得已疏请于上，借滇楚稍闲驿分各马壹拾伍匹，分发平兴，共济时艰，至今俱未解到。黔中以贫故，累及二省甚多，此亦必不可得之数也。臣查得黔中道路，黔之往来居十之四，滇之往来居十之五，楚蜀之往来居十之一。每年云南止协济壹千伍百两，遇入觐年加壹千两，似觉太少。合无每年加增壹千伍百两，入觐年再增壹千两，如数依期解黔，分给各驿。俟五司改流之日，钱粮上纳不乏，仍将滇银照依原额，伏乞圣裁。

兵部覆议：看得驿传协济，大率谓黔省诸驿，乃滇省所必由，自逆酋倡乱，五司强半逃亡，夷马迄今未返，驿递困苦殊甚。议于云南原额协济壹千伍百两，入觐年加壹千两，每年俱要加增一倍，委得通便之宜。合行云南抚按衙门，将前项加编银两，照数征解，用济黔省目前之急。盖平清诸驿，两省往来共之，自当有无相通，难以彼此，而有异议。俟黔省编派停妥之日，仍照原额协济，不得籍口缺乏，复行偏累等因，覆奉圣旨依议行至今未解。

贡额课程税钞

洪熙元年，令免征贵州宣慰司诸粮入盐钞。正统四年，又令免征贵州、镇远等府盐钞，贵州该征钱钞，俱存留本处备用。景泰元年，令纳钞十五贯，所收钞九江湖广布政司备用，金沙州运贵州辰沅常德等府，以备贵州军职俸给。

税课司局：贵州布政司、镇远府税课司、普安州税课司、镇宁州在城税课局、贵州宣慰司税课局。

税课数：贵州税课钞原额壹拾肆万捌千叁百陆拾叁贯贰百玖文。水碾课，景泰三年奏准蠲除贵州、思南、印江长官司，原额水碾课，其婺川县板坑水碾场局水碾如旧。弘治十八年，裁革板坑水碾场局大使等官，待后该征之时，行本县掌印官带征。

万历三十二年，行布政司查过贵州贡额。一年一贡，共砵砂壹拾陆斤捌两，水碾贰百贰拾玖斤，黄蜡壹千肆百玖拾叁斤，膳马壹拾贰匹[1]，内陆匹每匹折价银拾两，陆匹每匹折价肆两。三年一贡，共茶芽贰拾玖斤，黄蜡柒拾伍斤拾贰两，膳马壹百匹，内捌拾捌匹，每匹折价银拾两，壹拾贰匹系四川镇雄府进实马，解贵州布政司发贵阳府，估变价银不等。以上与布政司登报户部循环同。课程税钞壹拾叁万陆千肆拾陆贯叁百捌拾文，税银叁百贰拾玖两玖钱叁分零。

贵阳军民府

户口：

嘉靖间官民杂役伍千玖百肆拾捌户，叁万柒百肆拾肆丁口。万历十三年，报增肆万陆千肆百肆拾丁口。二十五年报存陆千陆百玖拾玖户，叁万捌千柒百肆拾陆丁口定番州肆千柒百贰拾壹户，贰万伍千贰百贰拾贰丁口。新贵县捌百伍拾玖户，伍千捌百肆拾贰丁口，金筑司壹千壹百壹拾玖户，柒千陆百捌拾贰丁口。三十年黄册陆千陆百玖拾伍户，肆万贰千柒百陆拾捌丁口。

土田：

旧志田无顷亩，万历八年，新丈田地壹拾壹万壹千捌百伍拾陆亩三分零。二十五年报增壹拾壹万壹千捌百捌拾陆亩叁分定番州陆万捌千贰百柒拾柒亩叁分捌厘零，新贵县贰千肆百贰拾肆亩，金筑司肆万壹千壹百玖拾亩。三十年黄册拾万伍千贰百肆拾捌亩。

贡赋：

新贵县贵竹、平伐二乡，三年贡马一匹，六年一匹[2]每匹纳银拾两。定番州辖各

---

① 膳马：贵图本改为"骟马"，但嘉靖贵州志、万历贵州志均作"膳马"。下同。

② 三年贡马一匹，六年一匹：万历志作"三年一贡，马一匹；六年一贡，马一匹"。

长官司并金筑司，三年一贡，朝觐马共壹拾贰匹金筑司肆匹，程番司壹匹，韦番、方番二司共壹匹，小龙、卧龙二司共壹匹，罗番、金石二司共壹匹，洪番、卢番二司共壹匹，大龙、卢山二司共壹匹，小程、上马桥二司共壹匹，木瓜、麻乡、大华三司共壹匹。三年一贡，茶芽伍拾叁斤壹拾壹两陆钱伍厘金筑司拾叁斤陆两壹钱贰分伍厘，方番司贰拾伍斤贰两柒钱叁分，卧龙司壹拾伍斤叁两柒钱伍分。夏税莜麦旧额无，万历十四年添设，新贵县报该陆石玖斗伍升。秋粮旧额陆千伍百贰拾肆斗贰升伍合伍抄。万历八年新丈并十四年添设，新贵县报存陆千壹拾陆石叁斗伍升伍合零。二十五年报存伍千捌百陆石柒升零定番州肆千肆拾捌石陆斗贰升零，新贵县叁百玖拾肆石玖斗伍升肆合零，金筑司壹千叁百陆拾贰石伍斗。三十年黄册伍千捌百陆石柒升零。商税门摊钞共贰千玖百陆拾贰贯肆百陆拾柒文。

徭役：

万历二十五年，条鞭银差、力差、公费三项，共银陆千捌百两肆钱贰分零。三十一年增至陆千玖百柒拾贰两肆钱零定番州属程番司叁百玖拾贰两陆钱肆分肆厘，方番司叁百贰拾壹两伍钱伍分叁厘，卧龙司叁百肆拾贰两叁钱玖分捌厘，上马司叁百贰拾伍两肆钱零捌厘，小程司贰百叁拾捌两叁钱伍分捌厘，卢番司壹百柒拾陆两柒钱零贰厘，韦番司叁百贰拾柒两壹钱叁分柒厘，洪番司贰百贰拾捌两柒钱肆分贰厘，金石司贰百陆拾贰两零陆分贰厘，大龙司贰百柒拾壹两捌钱陆分玖厘，罗番司贰百贰拾捌两玖钱壹分伍厘，卢山司贰百壹拾陆两贰钱肆分柒厘，木瓜司壹百肆拾伍两壹钱捌分肆厘，小龙司壹百捌拾贰两玖钱壹分叁厘，麻向司贰拾叁两贰钱玖分肆厘，大华司柒拾壹两捌钱伍分，通州里叁拾伍两玖钱柒分捌厘，克度里伍拾叁两玖钱柒分陆厘，上下二里均纳。木官里壹拾伍两壹钱伍分伍厘。新贵县属贵竹乡壹千贰百零叁两陆钱伍分，平伐乡伍百柒拾壹两捌钱，金筑司壹千叁百叁拾捌两叁钱叁分伍厘。额有表笺，贡马茶芽，门摊商税，应朝祭祀、乡饮、考试、鹿鸣宴，举贡坊牌盘缠，各衙门柴薪、马夫、执事、轿伞、门神、桃符、花灯花炮、油烛、柴炭、什物、心红纸札、刑具、门禁、库皂、轿夫、斋夫、牢快工食，各驿供馆马价铺陈诸费，俱前银内派支。

惠药局田：

万历二十五年，巡抚江东之以中军署改建药局，与巡按应朝卿置田建店，取租银以充药饵。有记，并铭。

定番州价陆拾壹两贰钱伍分，买彭朝宗韦番司门首田贰拾伍丘，岁除谷拾石，给佃民完纳粮差，实征租市斗谷伍拾壹石贰斗伍升。又价贰拾两，买王金鎏兴隆观前后田捌拾叁丘，岁除谷贰石给佃民完纳粮差，实征租谷市斗壹拾玖石。又价拾壹两陆钱，买李先春方番司门首田壹拾壹丘，岁除谷贰拾叁斗，给佃民完纳粮差，实征租谷市斗拾石叁斗。又价捌两，买陈清三方番司前后田壹拾陆丘，岁除谷壹石陆斗，给佃民完纳粮差，实征租谷市斗捌石伍斗。又土官龙文光原献卧龙司庄田，岁征租谷市斗壹拾玖石捌斗陆升陆合，地租银陆钱陆分。以上除粮差外，年收市斗租谷共壹百零捌石玖斗壹升陆合，收贮州仓，议定至次年六月每石粜价贰钱柒分，连地租银共叁拾两零陆分柒厘，解府给局。又局前建店房贰拾间，岁征店租银贰拾陆两肆钱。

备赈田

万历二十五年，巡抚江东之与巡按应朝卿各捐俸薪，公费备赈等银，购买民田备赈，有序铭，并赈谷流通议，给事中陈尚象记。

小龙潭价柒百贰拾叁两，买刘世达等田贰百肆拾陆丘，东抵龙场大路，南抵鸦关大路乾塘，西抵养马苗大路，北抵长坡，岁纳租谷市斗贰百壹拾壹石伍斗零伍合。仓房肆间，佃户王朋、阿扛、邵文先、王五、阿成、王恩、王三、阿尧、阿郎、阿扬、谢成、阿润、王良富、阿专、阿全、阿庸、阿慢、阿戎、王友、阿遮、阿正、胡二、王满、阿贡、王应成、阿伦、阿牛。蔡家关价柒百零伍两，买王廷爵大关口田壹拾伍分，左抵新买陆家卿田，右抵叶乡官田，上抵李乡官田，下抵大路，岁纳租谷市斗壹百叁拾壹石柒斗伍升，佃户班文华、班文德、班文耀、班衣、班眼、班志清、班儒、班门、班曹、班春、班世七、宋成、蔡留、蔡四。又价贰百壹拾柒两，买陆加卿后坝田柒分。壹分下抵李乡官行路丘上，右抵新买王乡官田，左抵大路。叁分上抵潘家田右塝，壹分中小沟，壹分寨脚，上抵官田，下抵新买王廷爵田，左抵任张二家田，右挨山水沟，壹分大关口，上自沟脑起抵叶乡官田，下左俱抵新买官田，右抵关口，岁纳租谷市斗叁拾肆石。团仓壹间，佃户班么儿、班傍、班刁、班文、班华、班长工、蔡志文、宋成。又价壹百壹拾陆两柒钱，买张箸象大关口田壹分，左右俱抵新买王乡官田，上抵潘家田，下抵滕家田，岁纳租谷市斗贰拾叁石，佃户班月、班榜。工腰寨价叁百肆拾叁两，买蔡廷元寨民阿茹田，中坝柒拾肆丘，东抵彭家民田，南抵大河，西抵山脚，北抵大路。岁除运谷脚价，实纳市斗租谷壹百叁拾捌石柒斗捌升，佃户李国太、何万韬、王文训、徐高、裴文弟、何乌、汪秉、阿银、姚廷美、郭大聪、漆元启、贾惠、何昂、李向阳、李猫儿。小摆陀寨百户王松先首司学义田，今改备赈，东抵歪脚堡后官田，南抵大摆陀苗寨，西抵老榜阿寨，北抵白纳路河，原契租贰百陆拾伍秤，勘议岁除贰拾肆秤，给佃民完粮，贰石叁斗又壹拾伍秤完差玖钱，暂令岁纳租谷市斗贰拾肆石贰斗，候叁年成熟，照原数征租，佃户阿捧、罗德、阿保、阿黎、阿问。威清卫刘官堡老孔寨门首，共价壹百陆拾玖两贰钱，买耿文彬田壹拾陆分，东南抵强登先田，西北抵陈思孟田，岁纳租市斗米贰拾石陆斗玖升，佃户越正明、彭显良、毛朝京、朱应

470

科、阿卧、周必先、彭大成、周章。乌当堡葛长受入官田壹分，东抵龙志凤田，南抵徐家田，西抵荒坡，北抵李家田，岁除牛工、谷种、般运脚价，共纳谷贰石伍斗，折粮米壹石贰斗。傅罗庄新贵县知县张羽鸿，申详动支缺官银壹百贰拾玖两陆钱，又捐俸银贰拾两，置买土主簿庭拱极田壹分，计贰拾肆丘，东南抵寨，西抵河，北抵小平司站马田，每岁租谷市斗伍拾石，秋成，责令拱极运纳县仓。宣慰司洗义寨共价贰百两，买宣慰宋承恩田，岁纳市斗米叁拾石，运纳县仓，以三十一年为始，即水旱，承恩愿将自己别处田米赔足，不减升合。粮差系承恩自认，其田总名洗义寨，而地分拾肆段，为芭蕉、八番、大寨脚、水尾、荒田、苦竹、马田、猫儿洞、四脚田、长田、早米、银孔、琵琶、沙罢，各有四至，俱在卷中。以上共市斗谷陆百壹拾叁石贰斗叁升伍合，又市斗米伍拾壹石捌斗玖升。

递马谷：万历二十五年，巡抚江东之行令贵前二卫，将递马银折稻谷仓斗伍百伍拾石上纳新仓。

钦恤田：万历二十六年巡抚江东之与巡按应朝卿议置，为征剿赏恤之用，有序并颂。

养羊寨价肆百伍拾两，买龙家寨宋家相庄田壹所，小寨左手下秧田叁拾陆丘，东北抵寨并王仲林田，南抵傅家田，西抵河。寨后陆拾肆丘，东抵金马牙田，南抵过水田桥，西抵寨脚，北抵周舍、刘汉傅家田。马家坟下叁大丘，东抵牛场大路，南抵本寨山，北抵赵明田，岁收租贰百捌拾秤，内除拾秤作粮馆，每秤折市斗米叁升，共叁拾陆石肆斗。蔡家关价壹百玖拾两肆钱，买黄桂华田，小河拾陆丘，白水口伍拾伍丘，瓦窑拾捌丘，本关贰拾叁丘，苗坝贰拾丘，岁收租壹百叁拾陆秤，共折市斗谷叁拾肆石，佃民蔡世兴、蔡世熙、宋清、宋黑儿、蔡阿蜡、蔡四。又价肆拾玖两零玖分肆厘，买程文献寨门首田壹拾柒丘，坝中贰丘，寨脚栗木山叁丘，岁收租叁拾壹秤，共折市斗谷柒石柒斗伍升，佃民阿马、蔡世奇、小余儿。又价壹百肆拾捌两柒钱捌分玖厘，买李应东田，寨脚三分，陆拾柒丘，岁收租玖拾贰秤，共折市斗谷贰拾叁石，佃民蔡文、蔡世泰、蔡二。又价叁两陆钱，买蔡世敖与黄桂华连界田陆丘，岁收租叁秤，共折市斗谷柒斗伍升。滥泥沟吴钺借李应时田，抵赃陆拾贰两，岁收租叁拾陆秤，每秤折市斗谷贰斗肆升，共捌石陆斗肆升。亢陇口陈志高借陈镒田，抵赃陆拾伍两肆钱，岁收租叁拾柒秤，每秤折市斗米壹斗壹升，共米肆石零柒升。麦西寨白水河陈志高抵赃田壹拾柒丘，东至塘，南北至沟，西至山，岁纳市斗粮米壹石柒斗。省城北关外，万历三十年动支唐允恭赎回钦恤田价内壹百陆拾两，买尤汝擢房地一所，前后楼房、厢房，大小共叁拾陆间。以三十一年正月为始，每月纳租银壹两肆钱，收贮府库，听文支用，赁住店民陆国富、王应禄、郑大本、江三、邝惟亨、陈希圣、陈希龙、毛楫、毛樑。以上年收市斗米肆拾贰石壹斗柒升，谷柒拾肆石壹斗肆升，又店租银壹拾陆两捌钱。

右文田：岁收租谷共市斗壹百陆拾石，田亩与价值数目，卖主、佃民姓名，坐落地名，俱详见学校志。

蟫衣生曰：查右文、赈田、钦恤三项，年共收市斗米玖拾肆石陆升，市斗谷捌百肆拾柒石叁斗柒升伍合，并贵前二卫递马谷仓斗伍百伍拾石。又惠药谷价并地租店房银，共柒拾叁两贰钱陆分柒厘，原为市药赈贫及征剿赏恤之用。前人置田，良法美意甚善。第惠药之金，病者未必药，即药又索价于病人。赈田之谷，赈者未必贫，贫者未必赈，即借贷又多负。总为奸宄充囊橐耳。与其填奸人之溪壑，孰若移以养兵，养兵亦以为民也。查右文、赈田、递马三项，近因新贵县建学，师生俸廪，吏门纸札工食，无可加编，据司道府议详，于内支给。每岁应支仓斗米肆百叁拾伍石壹斗，该谷捌百柒拾石贰斗，折市斗谷陆百零玖石壹斗肆升。尚余市斗米玖拾肆石陆升，仓斗谷伍百伍拾石，市斗谷贰百叁拾捌石贰斗零，银柒拾叁两贰钱陆分柒厘，尽支凑给新兵粮饷。若谓三学贫生当赈，除丰岁不给外，傥遇凶年，查极贫者人给壹石，次贫者人给伍斗，俱免还官。庶无费廉，可得实用。

泽幽田：万历二十五年巡抚江东之、巡按应朝卿共置，令大兴寺僧岁收租以掩骼，用其余托盂兰会，以招厉魂。有序并招词。

青崖价玖拾玖两叁钱贰分伍厘，买田伍分。龙井壹分，东抵水沟，南抵山，西抵刘家田，北抵歪脚堡。又高寨壹分，东抵山，西南北俱抵彭家田。又摆瓜寨壹分，东抵山，西南北俱抵越乡官田。又盐井芦梯田贰分，东抵戚家田，南北俱抵山，西抵刘家田。共岁收租壹百零玖秤。板仓壹间，佃民瞿登、王汝文、蒲正大、漆元启、阿老、阿生。又价叁拾贰两，买生员曹秉衡田叁分，青崖场后龙井石厂坡壹分，贰拾贰丘，前后俱抵本寺，原买张含象田鬼冲贰分，贰拾贰丘，东至盐井田，西至越家田，南北至李家田，岁共收租叁拾贰秤。以上共租壹百肆拾壹秤。

贵州卫

户口：万历二十五年，查报城屯铺官军实在贰千叁百壹拾陆户，伍千叁百玖拾柒丁口。

土田：旧志水陆田地肆万肆千捌百陆拾玖亩玖分。万历九年新丈共叁万陆千捌百陆拾玖亩零。十二年水灾，除豁壹千贰百伍拾柒亩捌分零，今实在叁万伍千陆百壹拾壹亩捌分零屯田贰万柒千壹百肆拾叁亩零，科田捌千肆百陆拾捌亩零。

贡赋：屯科粮旧额伍千壹百玖拾叁石捌斗陆升。万历九年新丈共伍千肆百玖拾贰石贰斗零。十五年复丈，除豁虚粮陆拾柒石捌斗伍升陆合陆勺玖抄壹撮陆圭壹粒玖粟，续增肆石伍斗肆升零。二十五年，实在共伍千肆百贰拾玖石肆斗肆升陆合叁勺叁抄零屯粮肆千玖百柒拾陆石贰升壹合陆勺，科粮肆百伍拾叁石肆斗贰升肆合柒勺叁抄捌撮捌圭捌粒壹粟。三十二年，查新旧共伍千肆百贰拾玖石柒斗陆升叁合叁勺叁抄零内屯粮肆千玖百柒拾陆石贰升壹合陆勺，科粮肆百伍拾叁石柒斗肆升壹合叁抄柒勺。

样田：粮壹百壹拾叁石伍斗捌升肆合。

徭役：万历二十五年条鞭，岁用上中下丁差并屯粮地租银，通共捌百贰拾贰两伍钱柒分，三十二年新旧捌百伍拾两伍钱柒分。

赈田：万历二十六年，巡抚江东之、巡按应朝卿置，岁收租谷贮新贵县仓。

左所一百户，陆拾叁亩，俱在谷粟改毛堡苗理乾冲，东至坡，西至河，南至路，岁纳仓斗谷叁拾壹石肆斗。二百户贰亩叁分，在孟官堡，东至大湾，西至滚水塘，南至螃蟹冲，北至官田。又谷穰冲肆丘，东至老姚湾，西至大路，北至本堡，岁纳仓斗谷伍石零贰升贰合壹勺贰抄。三百户肆亩，在班竹堡上沟，东南西至山，北至河。又寿堡壹分，东至山，西至路，北至山，南至沟，岁纳仓斗谷伍石柒斗柒升柒合陆勺。四百户叁亩伍分，在毛栗马官堡乾塘，东至田河，西至官田。又伍丘，东西至官田，南北至路，岁纳仓斗谷叁石伍斗伍升伍合肆勺。五百户叁亩在杨官堡，东至山，南至水洞，西至河，北至堰，岁纳仓斗谷壹石叁斗叁升叁合贰勺。六百户肆亩叁分，在花犵狫堡，东至三架车，西至宝山，南至大河，北至田，岁纳仓斗谷壹拾柒石柒斗柒升柒合陆勺。七百户叁亩又壹分，在老鸦关堡大罗木，东北至山，西至河，南至大路，岁纳仓斗谷伍石壹斗叁升叁合贰勺。八百户叁亩，在五里屯长坡，东至沟，西至路，南至坡，北至冲。又十五里屯阿江桥边壹分，东至苗哨，南至坡，西至哨，北至河，岁纳仓斗谷伍石肆斗叁升叁合贰勺。九百户贰亩肆丘，在八里屯前，东至塘，西至杨家田，南至王家田，北至沟，岁纳仓斗谷壹石叁斗捌升捌合捌勺。十百户叁亩，在尖山堡大路，东至路，南至沟，西至田。又滥泥沟壹分，东至官田，南至堰，北至井，岁纳仓斗谷叁石贰斗叁升叁合贰勺。

右所一百户叁丘，在沈官堡煤窑冲，东至坡，西至官田，南至山地，北至河，岁纳仓斗谷壹石贰斗。二百户壹亩叁分，在程官堡马鞍山，东至路，北至山，南至官田，西至田。又壹分，北至新开大塘，西南至官田，东至路，岁纳仓斗谷壹石零柒升柒合柒勺贰抄。三百户壹亩壹分，在落湾堡后，东南北俱至官田，西至山，岁纳仓斗谷壹石肆斗肆升肆合肆勺。四百户壹亩肆分，在曹官堡乾塘口，东南至堡，西北至官田，岁纳仓斗谷壹石柒斗柒升柒合柒勺贰抄。五百户贰亩壹分，在袁方合逢堡大湾水淹坑，东北至官田，西至坡，南至戴家林，岁纳仓斗谷伍石贰斗捌升捌合贰勺。六百户贰亩壹分，在黄泥堡喜雀窝，东西至官田，南至坡，北至河，岁纳仓斗谷叁石捌斗捌升捌合捌勺。七百户拾肆亩，在落平堡，东南西北俱至田。又韦寨壹分，东北至路，西南至山，岁纳仓斗谷壹拾贰石贰斗贰升壹合壹勺。八百户贰拾叁亩伍分，在酸汤堡，东至堡塘山，西至大路，南北至官田，岁纳仓斗谷贰拾捌石。九百户壹亩壹分，在落湾堡庙前，东至坡，西南北俱至官田，岁纳谷壹石肆斗肆升肆合肆勺。十百户肆亩贰分，在吴朝阳堡鸡场后坝，四至官田。岁纳仓斗谷贰拾壹石柒斗柒合陆勺。

中所一百户贰拾分，在刘仕廉堡平寨，东至麦告，西至杉木寨，南至小河，北至沟坡，岁纳仓斗谷陆拾石。二百户贰亩壹分，在郝官堡小河边，东至河，南至坡，西北至官田，岁纳仓斗谷壹石捌斗捌升捌合捌勺。三百户捌亩，在陈亮堡前坝，东至山，南至堡，西至路，北至田。又壹分，东至廖家园，南至路，西北至河，岁纳仓斗谷捌石伍斗伍升伍合。四百户壹拾贰亩贰分，在朱官堡牛路口，东至教场坝，西南至官田，北至路，岁纳仓斗谷捌石捌斗叁升贰合捌勺。五百户壹拾壹亩壹分，在打鼓堡改扭寨，东西至官田，南北至河路，岁纳仓斗谷柒石壹斗捌升捌合肆勺。六百户贰亩叁分，在李官堡龙坑，四至俱官田，岁纳仓斗谷壹石零贰升贰合壹勺。七百户陆亩壹丘，在赵官堡河边，东至山，西至河，南北至官田，岁纳仓斗谷贰石捌斗陆升陆合肆勺。八百户肆亩，在彭官堡乾冲，东南至官田，西北至路。又杉木寨壹分。又寨下猪田壹分，东北至山，南至路，西至官田，岁纳仓斗谷叁拾柒石叁斗柒升柒合陆勺。九百户肆亩伍分，在孙官堡前坝，东南至官田，西北至窑。又界牌坡贰丘，东西至寨，南北至坡，岁纳仓斗谷肆石叁斗玖升玖合捌勺。十百户捌亩叁分，在尖山堡马屎崖，东至堡，西南至路，北至山。又猪场堡王家坝壹分，东至山，南北至官田，西至路，岁纳仓斗谷捌石零捌升捌合伍勺贰抄。

前所一百户肆亩，在王官堡，东北至冷水沟，西南至官田。又大龙田贰分，东南西至官田，北至大路，岁纳仓斗谷肆石壹斗柒升柒合陆勺。二百户贰亩，在窦官堡鸭子田，东西南俱至官田，北至河沟，岁纳仓斗谷捌斗捌升捌合捌勺。三百户肆亩，在马官堡小墁，东至田，南至堰，西至山，北至路。又大桥壹分，东南至河，西至坡，北至路，岁纳仓斗谷叁石零柒升柒合陆勺。四百户肆亩，在罗家寨周官堡过河处，东南至河，西北至坡，岁纳仓斗谷贰石贰斗贰升贰合。五百户玖亩壹分，在长麦地，四至俱官田。壹分在普陀堡过河处，东南至河，西北至坡，岁纳仓斗谷伍石壹斗玖升玖合。六百户壹亩贰丘，在陇落堡小屯，东至朱家地，西南至官田，北至路，岁纳仓斗谷玖斗肆升肆合肆勺。七百户叁亩又贰分，在卢官堡阿完窑厂冲①，东南至官田，西至山，北至路，岁纳仓斗谷肆石叁斗叁升叁合贰勺。八百户叁亩，在盛官堡，东南至鱼滩河，西至路，北至堡。又壹分东西至坡，南至龙井关，北至路，岁纳仓斗谷贰石陆斗叁升叁合贰勺。九百户壹分在汪官堡坝中，四至俱官田，岁纳仓斗谷壹石。十百户贰亩伍分，在陈官堡金银山，东至堡，西至河，南至路，北至坡。又大湾壹分，东南至官田，西至沟，北至路，岁纳仓斗谷贰石肆斗壹升壹合贰抄。

后所三百户贰亩，在李子园堡枇杷冲，东至官田，西至冲，南至坡，北至山，岁纳仓斗谷捌斗捌升捌合捌勺。四百户叁丘在上卖羔堡，东南西至官田，北至路。又壹分东至倒树铺，西至官田，岁纳仓斗谷贰拾玖石。伍百户壹坝又肆丘，在何官堡，东至官田，南至坡，西至苗田，北至胡家田，岁纳仓斗谷伍拾壹石贰斗。六百户叁亩，在穿心堡，东南至官田，西至河，北至坡，岁纳仓斗谷壹石叁斗叁升叁合贰勺。七百户壹亩壹分，在金官堡乾塝田，东至河，南至官田，西至山，北至路，岁纳仓斗谷柒斗肆升肆合肆勺。八百户壹分，在卖羔堡瓮蓬，东至路，西南北至官田，岁纳仓斗谷贰石。九百户捌亩又壹分，在上马桥堡克农黄堂，东至沟，西南至河，北至官田，岁纳仓斗谷伍石伍斗伍升伍合贰勺。十百户贰亩，在瓮蓬堡水头田，东至路，西南北至官田，岁纳仓斗谷贰石捌斗捌升捌合捌勺。

以上每年共收仓斗谷肆百壹拾玖石捌斗玖升壹合零。

递马谷：先年征银伍拾两雇马，专供背敕骑坐，差少银余，各官侵费。巡抚江东之改于操马拨差，自万历二十六年为始，每年折仓斗谷贰百伍拾伍石，贮新贵县仓备赈。五所旧赴丰济仓完纳屯科粮，有使用米，巡抚江东之访革，改增仓斗谷壹百贰拾贰石叁斗玖升贰合肆勺陆抄，折粮米陆拾壹石壹斗肆升陆合贰勺叁抄，递年运赴新贵县仓上纳备赈。以上赈田、递马，每年共收仓斗谷陆百柒拾肆石捌斗玖升壹合，又使用改折米，仓斗陆拾壹石壹斗肆升陆合贰勺叁抄，俱自二十二年为始，收贮县仓，尽为凑给新兵粮饷。

贵州前卫

户口：嘉靖间城屯铺官军贰千玖百陆拾肆户，陆千贰百叁拾柒丁口。万历十三

---

① 卢官堡：原作"卢宫堡"，据贵图本改。

年报增，共贰千玖百捌拾捌户，捌千肆百柒拾柒丁口。

土田：旧志，水陆田地叁万柒千伍拾陆亩零。万历九年新丈，报增，共叁万捌千肆百贰拾叁亩零屯田叁万叁千贰百壹拾叁亩零，科田伍千贰百壹拾亩零。

贡赋：屯科粮旧额伍千肆百捌拾陆石伍斗玖升。万历九年清丈共伍千伍百贰拾叁石伍升零，续增叁石玖斗陆升零。二十五年实在共伍千伍百贰拾柒石贰升零屯粮伍千贰百肆拾石贰斗柒升零。科粮贰百捌拾陆石柒斗伍升零。万历三十二年实在伍千伍百贰拾柒石陆斗肆升零屯粮伍千贰百肆拾石贰斗柒升零，科粮贰百捌拾柒石叁斗柒升零。

样田：粮壹百叁拾陆石壹斗伍升零。

徭役：万历二十五年条鞭，岁用丁差并屯粮地租银，通共捌百肆拾贰两伍钱肆分零。三十二年条鞭，岁用丁差并屯粮地租，通共捌百伍拾两肆钱伍分零。

备赈田：万历二十六年，巡抚江东之、巡按应朝卿置，岁收租谷贮新贵县仓。

左所一百户排楼山壹分，东至官田，南至河，西北至路坡。又小河头壹分，东至马场，南至小河，西至老苗寨，北至大路，岁纳仓斗谷玖石壹升，折粮米肆石伍斗伍合。二百户漆母田壹丘，东西至官田，南北至坡。又荒田坝壹丘，东南至山，西至沟，北至路，岁纳仓斗谷肆石，折粮米贰石。三百户谷溪堡改扭寨叁丘，东南至坡，西北至沟。又青冈寨贰丘，东南至青冈坡，西至丁官大路，北至沟。又乾溪壹分，东至路，南北至山，西至沟，岁纳仓斗谷肆石贰斗，折粮米贰石壹斗。四百户改扭寨壹分，东北至坡，西至路，南至沟。又谷扯郎关口贰丘，东南至扯郎坡，西北至羊场沟路。又毛口寨贰丘，东北至山，西南至田，岁纳仓斗谷叁石，折粮米壹石伍斗。五百户马脚迹田壹分，东至大坡，南至沟，西至坡，北至路。又东门脚下贰亩，东至尖山，南至龙洞大路，西至坡，北至乾沟，岁纳仓斗谷壹石捌斗，折粮米玖斗。六百户马鞍山壹丘，东至山，南至路，西北至路坡。又长冲叁丘，壹亩叁分，东至矿粮箐，南至本家田，西至长冲路，北至大坝。又长冲壹亩叁分，东南至山，西至大冲，北至本家田。又阿苗寨壹亩捌分，东至河，南至长冲路，西至官田，北至纱帽山。又马鞍山壹丘捌亩，东至洞口，南至金家田，西至山，北至黄家田。又羊场堡长冲哨壹分，东南西至山，北至哨，岁纳仓斗谷玖石，折粮米肆石伍斗。七百户光坑壹分，四至俱官田。又阿苗寨壹分，东至张家坟，西至路，南至河，北至官田。又本寨壹分，东至小河，西至山，南至杨家田，北至刘家田，岁纳仓斗谷壹石捌斗，折粮米玖斗。八百户磨盘寨壹分，东西至官田，南至山，北至坝。又王选寨壹分，东至寨大路，南至官沟，西至小山，北至路，岁纳仓斗谷叁石陆斗，折粮米壹石捌斗。九百户崖下寨贰分，四至黄家田，岁纳仓斗谷壹石捌斗叁升，折粮米玖斗壹升伍合。十百户龙洞寺下贰分，东南至路，西至河，北至龙洞脚下，岁纳仓斗谷叁石，折粮米壹石伍斗。

右所一百户谷龙路口叁亩，东至谷龙路，南至养田官沟，西北至黄家山脚总路关口。又大坝河边壹亩叁分，东至堡大路，南至官田，西北至大河。又梯子田壹分，东至沟，南至官田，西北至路，岁纳仓斗谷玖石玖斗叁升陆合，折粮米肆石玖斗陆升捌合。二百户板长寨壹分，东至板长山，西至小河，南至韩和席田，北至大路。又小河坝壹分，东至山，南至路，西北至军田，岁纳仓斗谷伍石陆斗，改折粮米贰石捌斗。三百户杨官冲叁亩，东至养牛坡，南至民田，西至枧槽官沟，北至堡后山。又小木头寨箐口壹亩伍分，东至寨后山，南至刘家坟路，西至小箐口，北至养田水沟。又高枧壹分，东至山，南北至田，西至沟，岁纳仓斗谷肆石玖斗玖升捌合，折粮米贰石肆斗玖升玖合。四百户应家塘肆丘，东至官沟，南至黄土大堰，西至官粮田，北至路，岁纳仓斗谷贰石，折粮米壹石。五百户马厂下贰分，东至小坡，西至陈三军田，南至田，北至水沟，岁纳仓斗谷壹石陆斗，折粮米捌斗。六百户铁矿场贰分，东至堡河，南至大路，西至官田，北至水沟，岁纳仓斗谷壹石陆斗，折粮米捌斗。七百户小长田贰分，东至山，西至李兴旺官田，南至大路，北至大河，岁纳仓斗谷伍石陆斗，折粮米贰石捌斗。八百户乌当坝肆亩叁分，东至大河，西至徐武军田，南至汪早军田，北至蓆草山。又滋泥坝贰丘，东至河，西至路，南至坡，北至军田，岁纳仓斗谷肆石，折粮米贰石。九百户乌当大坝贰分，东至省城大路，西至头堡，南至小河，北至本堡，岁纳仓斗谷叁石陆斗，折粮米壹石捌斗。十百户庙后壹分，东至水碾厂路，南至庙壕，西至养牛坡，北至李家田。又高寨贰拾亩，东至白崖，南至喇鲊，西至长田，北至马鞍山，又窑地边壹分，四至俱坡，岁纳仓斗谷柒石，折粮米叁石伍斗。

中所一百户尖山脚下壹分，东北至官田，南至大山，西至大路。又台子槐壹分，东西至田，南北至山，岁纳仓斗谷壹拾贰石，折粮米陆石。二百户萝卜洞贰分，东至高田，南至长坡，西北至小寨河，岁纳仓斗谷伍石，折粮米贰石伍斗。三百户阿往寨壹分。下溪壹分。抄纸房壹分，东至夏旗冲，南北至官田，西至大路，岁纳仓斗谷贰拾贰石，折粮米壹拾壹石。四百户坝上壹分，东至大坡，南至万金中田，西至王受二田，北至小河。又梅子溪瓮子田壹分，东西至路，南北至山，岁纳仓斗谷捌石，折粮米肆石。五百户下坝田壹拾贰亩，东至民田，南至养田官沟，西至孙元九官田，北至堡前大路。又堡前贰拾肆亩，东至民田，南至阿比寨大坡，西至大沟，北至白鸡坡。又上坝叁亩，东至官沟，南至小河，西至马来住田，北至大坑。又叁亩肆分，东至合同民寨坡脚，南至官田，西至湾子坡，北至本堡大路。又上坝河壹分，东至梅子溪，西至官沟，南至湾子坡，北至小沟，岁纳仓斗谷叁拾陆石贰斗，折粮米壹拾捌石壹斗。六百户狗场边壹分，东至狗场坡，南至陈伏二田，西至石板塘，北至杨梅堡路。又河边壹分，东至大坝军田，南至周胜六田，西至水井边，北至河。又小山沟边贰分，东至唐指挥田，南至小山，西至沟，北至鲍观音保田，岁纳仓斗谷玖石，折粮米肆石伍斗。七百户小冲南关陆亩，东至大路，南至坡，西至王家坟，北至堰沟。又鲍家坟壹分，东至沟，南至坡，西至田，北至路，岁纳仓斗谷陆石，折粮米叁石。八百户摆陀堡壹分，东至本堡大路，南至官山，西至林付七官田，北至河沟。又栗木山壹分，东西至田，南至路，北至坡，岁纳仓斗谷叁石，折粮米壹石伍斗。九百户新田寨壹分，东至路，南至张景元官田，西至官田，北至姚昂官田。又董隆壹拾捌亩，东至平花路，南至董隆铨，西至上马桥，北至董隆寨。又小桥坝壹分，东至钱兴一田，南至犵狫寨，西至青崖河，北至青崖场。又新开养客田壹分，东西至官田，南至路，北至寨，岁纳仓斗谷叁拾石，折粮米壹拾伍石。十百户团寨贰分，东至定番州大路，南至明德官田，西至放牛坡，北至团寨田。又大路壹分，四至俱官田。又老阁冲壹分，东西至坡，南至田，北至路。又小桥坝壹分，东南北至田，西至坡。又石厂坡壹分，四至俱山。又马黄坝壹分，东至路，南北至田，西至坡，岁纳仓斗谷贰拾肆石，折粮米壹拾贰石。

前所一百户新寨河边壹分，东至支付七官田，西至何贵旗田，南至本寨路，北至大河边。又西冲壹分，东至田，西至坡，南至沟，北至路，岁纳仓斗谷陆石，折粮米叁石。二百户滥泥沟寨贰分，东至大坡，南至田，西至本寨路，北至山，岁纳仓斗谷叁石，折粮米壹石伍斗。三百户石坡塘贰丘，东至坡塘，南至官田，西至栗山，北至帮堡大路，岁纳仓斗谷伍石贰斗，折粮米贰石陆斗。四百户杨梅冲壹分，东至小沟，南至小山，西至官田，北至大坝。又谷纵坡壹块，东至沟，南至河，西至大坝，北至路。岁纳仓斗谷肆石贰斗，折粮米贰石壹斗。五百户小门后壹分，东至官园壕，西南至大路，北至风火官塘。又小堡河边鸭蛋田壹分，东至坡，西至河，南至路，北至田，岁纳仓斗谷肆石陆斗，折粮米贰石叁斗。六百户黄土坡贰分，东至丁家田，南至札佐大路，西至马乃坡，北至黄土沟，岁纳仓斗谷叁石陆斗，折粮米壹石捌斗。七百户瓮仰堡中寨壹分，东至周家坟山，西至打磨大山，南至大田坝冲，北至小河寨。又天生桥壹分，东至官田，西至山，南至路，北至寨，岁纳仓斗谷叁石陆斗，折粮米壹石捌斗。八百户堡门前贰丘，东至清水河，南至黄泥坡，北至田，西至锺家园，岁纳仓斗谷贰石陆斗，折粮米壹石叁斗。九百户毛口凹壹分驼驮丘，东至罗鬼坡，西至马乃路，南至官沟，北至真武山。又新寨冲壹分，东至山，南至坡，西至路，北至沟，岁纳仓斗谷捌石，折粮米肆石。十百户窑厂贰丘，东至窑厂坡，南至大塘冲路，西至犵狫坟，北至旧窑地，岁纳仓斗谷贰石肆斗，折粮米壹石贰斗。

后所一百户乌堵犵狫水沟肆段，四至俱坡，岁纳仓斗谷壹拾柒石陆斗捌升壹合陆勺，折粮米捌石捌斗肆升捌勺。二百户小关山口贰分，东西至鸦坡，南至田，北至小关大路。岁纳仓斗谷叁石陆斗，折粮米壹石捌斗。三百户骡马坟壹分，东西至骡马坟，南至清水小路，北至小河。又抵羊坝守路寨壹分，四至俱坡，岁纳仓斗谷捌石，折粮米肆石。四百户堡前壹分，东南俱坡，西至田，北至路。又地上堡壹段，四至俱坡，岁纳仓斗谷肆石，折粮米贰石。五百户羊荒壹分，四至俱官田。又本堡壹丘，四至俱田，岁纳仓斗谷肆石，折粮米贰石。六百户老虎冲肆亩，东至大坡，西至官田，南至本堡路，北至田。又炭窑叁丘，东至坡，西南北至田，岁纳仓斗谷叁石贰斗，折粮米壹石陆斗。七百户桃花园肆亩。又黑石头壹段，四至俱坡，岁纳仓斗谷叁石陆斗，折粮米壹石捌斗。八百户高坡肆亩，东至割草山，南至石头山，西至大山路，北至放牛山，又葛马门首壹分，东南至山，西北至路，岁纳仓斗谷叁石，折粮米壹石伍斗。九百户滥田冲陆亩，西至官田，东南北至山。又马脚涩肆亩，四至俱田。又木杉坡肆亩，四至俱山。又水沟边肆亩，东至大沟，西南北至田。又龙家田壹分，四至俱坡，岁纳仓斗谷拾石，折粮米伍石。十百户落沙坝小冲玖亩，东至小坡，南至大路，西至大山，北至大坡。又大沟石头壹拾贰亩，东至大山，南至路，西至沟，北至小坡。又高寨一段，四至俱坎，岁纳仓斗谷壹拾壹石陆斗，折粮米伍石捌斗。

以上共谷叁百伍拾肆石伍升伍合陆勺，折粮米壹百柒拾柒石贰升柒合捌勺。

递马谷：本卫岁该仓斗贰百伍拾肆石零玖升，折粮米壹百贰拾柒石肆升伍合。五所赴丰济仓完纳屯科粮米，旧有使用米，巡抚江东之访革。每百户议谷肆石，五十百户共谷贰百石，折粮米壹百石，同递马米俱贮县仓。

以上赈田、递马田、裁革使用，折谷三项每年共仓斗谷捌百零捌石壹斗肆升伍合陆勺，折粮米肆百零肆石柒升贰合捌勺，俱贮新贵县仓，自三十二年为始，尽支凑给新兵粮饷。

宣慰司

户口：嘉靖间官民贰千壹百肆拾伍户，壹万贰千玖百肆拾贰丁口。万历十三年叁千柒百零贰户，叁万伍千贰百肆拾玖丁口。二十五年报存叁千贰百玖拾肆户，叁万壹千叁拾叁丁口本司官目下壹陆百陆拾叁户，壹万柒千玖百拾丁口；水东司柒百柒拾陆户，伍千伍拾伍丁口；龙里司壹百玖拾贰户，贰千叁百捌拾肆丁口；底寨司壹百零陆户，壹千柒拾玖丁口；乖西司壹百壹拾捌户，壹千壹百捌拾贰丁口；养龙司捌拾柒户，壹千贰拾捌丁口；青山司伍拾肆户，捌百捌拾玖丁口。札佐司伍拾陆户，柒百捌拾玖丁口；白纳司壹百叁拾玖户，捌百柒拾丁口；中曹司壹百零叁户，柒百叁拾丁口。三十年黄册叁千柒百壹拾肆户，叁万叁千壹百捌拾叁丁口。

土田：旧志田无顷亩，万历八年新丈田地叁拾肆万玖千陆百肆拾肆亩零。二十五年报增叁拾肆万玖千陆百肆拾玖亩零本司官目下叁拾肆万柒千捌百拾肆亩零，水东司壹万伍千伍百叁拾亩零，龙里司叁千捌百伍拾贰亩零，底寨司贰千玖百玖拾玖亩零，乖西司叁千贰百贰拾壹亩，养龙贰千伍百柒拾亩零，青山司肆千壹百叁拾亩零，札佐司壹千陆百壹拾捌亩零①，白纳司叁千贰百壹拾柒亩零，中曹司壹千伍百壹拾柒亩零。三十年黄册叁拾伍万壹百贰拾叁亩零。

贡赋：宣慰安疆臣员下岁贡骟马肆匹，又贺万寿圣节骟马肆匹。三年一贡，朝觐骟马叁拾匹。宣慰宋承恩员下岁贡贺万寿圣节骟马两匹。水东等九长官司每三年一贡，朝觐马玖匹。三年一贡，本色茶芽壹拾壹斤贰两肆钱贰分伍厘。夏税荍麦旧额叁拾贰石玖斗壹升零，今减去贵竹司陆石玖斗伍升属贵阳府外，额该贰拾伍石玖斗陆升十二马头麦叁石叁斗叁升零，龙里司荍麦肆石捌斗叁升零，底寨司麦叁石，养龙司麦贰石伍斗，青山司荍陆石，札佐司荍麦陆石叁斗。

秋粮：旧额捌千伍百肆拾陆石陆斗陆升零。万历八年新丈额该捌千壹百伍拾伍石柒斗伍升零，二十五年报增捌千贰百柒石叁斗陆升零本司官目下陆千捌百陆拾壹石壹斗陆升，水东司肆百陆拾石玖斗贰升零，龙里司壹百伍拾石，底寨司柒拾叁石陆斗伍升，乖西司壹百陆拾壹石，养龙司陆拾伍石，青山司壹百贰拾叁石叁斗捌升零，札佐司陆拾捌石伍斗零，白纳司壹百陆拾伍石捌斗肆升零，中曹司柒拾壹石玖斗零。三十年黄册捌千贰百伍石伍斗零。

课程：商税门摊钞共肆万壹千玖百肆拾壹贯叁百玖拾文，税课局税银叁拾捌两肆分。

徭役：万历二十五年条鞭银差力差公费三项，共银叁千肆百壹拾柒两玖分零水东司肆百陆拾伍两肆钱伍分玖厘，龙里司柒百壹拾贰两捌钱贰分零，白纳司壹百捌拾玖两玖钱陆分零，中曹司贰百叁拾肆两陆钱玖分零，青山司壹百陆拾柒两玖钱玖分，札佐司捌拾陆两肆分零，底寨司壹百两陆钱叁分零，养龙司捌拾玖两贰钱肆分零，乖西司贰百伍拾肆两玖钱贰分柒厘，十二马头壹千壹百壹拾伍两叁钱壹分零。额有表笺、贡马、茶芽、应朝、祭祀、乡饮、迎春、考试、鹿鸣宴、举贡坊牌、盘缠，各衙门柴薪、马夫、油烛、柴炭什物、心红纸札、刑具、门禁库皂斋夫工食、各驿供馆马价铺陈诸费，俱于前银内支。

---

① 壹仟：万历志作"二千"。

黔记卷二十目录

贡赋志下①

---

① 目录原缺，据正文补。

都匀府

都匀卫

清平县

清平卫

兴隆卫

黄平所

镇远府

思州府

思南府

石阡府

铜仁府

黎平军民府

黔记卷二十

泰和郭子章相奎父著
汉州宋兴祖汝杰父正
贵溪毕三才成叔父校

贡赋志下

威清卫

户口：屯城站铺官军陆千叁拾伍户，壹万叁千柒百伍拾捌丁口。

土田：旧志，水陆田地肆万壹千叁百伍拾亩壹分伍厘，万历九年新丈，实在贰万叁百贰拾玖亩屯田壹万陆千伍百玖拾壹亩零，科田叁千柒百叁拾捌亩。

贡赋：屯科粮旧额伍千叁百伍拾柒石捌斗壹升零，万历九年新丈伍千叁百伍拾捌石陆斗捌升零，续增壹拾石壹斗肆升。二十五年实在伍千叁百陆拾捌石捌斗肆升零屯粮肆千壹百陆拾陆石陆斗捌升零，科粮贰百贰石壹斗陆升零。

课程：旧志，征税银壹拾陆两，今报征叁拾陆两壹钱，遇闰加叁两，垫蓆银壹拾伍两伍钱。三十二年查增共肆拾伍两贰钱，遇闰加叁两叁钱叁分叁厘。

徭役：万历二十五年条鞭岁用丁差屯田粮银，通共伍百陆拾壹两柒钱叁分伍厘。三十二年增至陆百捌两陆钱伍分。

备赈田：万历二十六年巡抚江东之、巡按应朝卿置，岁征租谷贮卫。

东门外壹分，东至后一堡，南至沟，西至坡，北至桥。空山壹分，东至烂坝，西南至田，北至山，除粮差岁纳市斗谷陆石玖斗伍升壹合贰勺伍抄。后一屯壹分柒丘，东至桥，南至田，北至坟，除粮差岁纳市斗谷贰石叁斗肆升贰合伍勺。左一堡壹分陆丘，四至俱官田，壹分陆丘，东南至小河，西北至沟。壹分柒丘，东南至河，西北至田，除粮差岁纳市斗谷柒石捌斗壹升肆合。东门外小河边壹分伍丘，东至坡，南至河，西至路，北至田，除粮差岁纳市斗谷叁石陆斗。后一屯门首壹分贰拾壹丘，东至烂坝，南至路，西至官田，北至河，除粮差岁纳市斗谷壹拾陆石壹斗捌升贰合柒勺。以上共岁收市斗租谷叁拾陆石捌斗玖升零肆勺伍抄，折收米市斗壹拾捌石肆斗肆升伍合，每陆斗折仓斗壹石，共折仓斗叁拾石零柒斗肆升壹合柒勺。

递马田谷：旧额伍拾屯田，每屯设递马壹匹，万历二十六年巡抚江东之、巡按应朝卿橄革，每匹岁征谷壹拾捌石，内除中三屯军寡少诉免壹匹，共该市斗谷捌百捌石贰石。三十二年行据镇宁州详查，改折仓斗米肆百捌拾石。以上赈田递马谷二项内市斗谷叁拾陆石捌斗玖升肆勺伍抄，折米壹拾捌石肆斗肆升伍合，每米陆斗折仓斗壹石，共折仓斗叁拾石零柒斗肆升壹合柒勺，仓斗谷捌百捌拾贰石，折米肆百捌拾石，每年通共收仓斗米伍百壹拾石柒斗肆升壹合柒勺。自三十二年始，听该卫经历协同屯官征收，随粮赴威清仓上纳，凑给上路新兵粮饷。

平坝卫

户口：嘉靖间城屯官军杂役壹千陆百壹拾柒户，陆千陆拾陆丁口，万历二十五年增至捌千玖百玖拾肆丁口。

土田：旧志，水陆田地叁万陆千壹百壹拾贰亩，万历九年新丈，实在贰万壹千捌百肆拾壹亩零屯田壹万捌千捌百陆亩零，科田叁千贰拾伍亩伍分零。三十二年查增共贰万贰千贰拾叁亩零屯田壹万捌千捌百陆亩零，科田叁千贰百壹拾柒亩零。

贡赋：旧额粮伍千壹百贰拾伍石柒斗。万历九年新丈，实在伍千壹百叁拾石捌斗伍升零屯粮肆千玖百陆拾捌石，科粮壹百陆拾贰石肆斗零，外增肆斗伍升零。三十二年查增至伍千壹百肆拾伍石伍斗零，内屯粮肆千玖百陆拾捌石，科粮壹百柒拾贰石伍斗零。

课程：旧志，岁征商税银壹拾贰两，今征壹拾两贰钱。

徭役：万历二十五年条鞭岁用上中下丁差粮银，通共伍百贰拾壹两贰钱叁分。三十一年增至伍百伍拾两伍钱伍分。

备赈田：万历二十六年巡抚江东之、巡按应朝卿置，计叁百亩，岁征仓斗谷壹百叁拾陆石贰斗柒升贰合捌勺。

递马谷：本卫原额随田递马肆拾匹，递年属经历司管拨帮驿走递。各军于先年陆续诉免壹拾贰匹，止存贰拾捌匹。万历二十六年，巡抚江东之裁革前马，每年折征市斗租谷叁百贰拾捌石捌斗，又折征马谷银壹拾陆两贰钱叁分。以上赈田、递马二谷，岁收仓市斗共肆百陆拾伍石柒升贰合捌勺，内仓斗壹百叁拾陆石贰斗柒升贰

484

合捌勺，市斗叁百贰拾捌石捌斗，又折征马谷银壹拾陆两贰钱叁分，俱自三十二年始，凑支新兵粮饷。

安顺军民府

户口：嘉靖间官民捌千贰百柒拾户，贰万伍千贰百贰拾柒丁口。万历二十五年报存贰千捌百玖拾捌户，壹万捌千捌百玖拾丁口本府陆百壹拾柒户，柒千壹百捌拾陆丁口；宁谷司伍百柒拾贰户，陆千玖百柒拾陆丁口；西堡司壹千柒百零玖户，叁千柒百贰拾捌丁口。三十年黄册贰千玖百玖拾捌户，壹万捌千捌百贰拾玖丁口。

土田：旧志田无顷亩，万历九年新丈，民田共捌万叁百玖拾贰亩贰分柒厘陆毫，十二年除豁壹百玖拾叁亩叁分零，二十五年报存捌万壹百玖拾捌亩零五起十三枝寨贰万柒千陆百叁拾陆亩陆分零，宁谷长官司贰万陆千叁百伍拾叁亩伍分零，西堡长官司贰万陆千贰百捌亩柒分零。三十年黄册捌万壹百玖拾捌亩零。

贡赋：秋粮旧额伍千叁百叁拾陆石捌斗柒合伍勺，万历九年新丈报存伍千贰百肆拾柒石捌斗柒合陆勺，十二年除豁水灾永免粮壹拾贰石肆斗贰升，又征起科米伍石陆斗，庄租谷肆百玖拾贰石陆斗，科粮壹石贰斗捌升叁合，二十五年增至伍千柒百叁拾肆石捌斗柒升零五起十三枝寨壹千柒百柒拾陆石伍斗捌合，宁谷长官司贰千贰百叁拾陆石叁斗陆升贰合陆勺，西堡长官司壹千柒百贰拾贰石。三十年黄册伍千捌百壹拾壹石叁斗肆升零。

徭役：万历二十五年条鞭银差力差公费三项，共银贰千贰百柒拾捌两贰钱柒分零十三枝陆百壹拾贰两壹钱贰分零，土同知壹千贰百贰拾陆两叁钱玖分零，宁谷司贰百肆拾贰两叁分零，西堡司壹百玖拾柒两柒钱贰分零。三十一年新旧贰千叁百陆拾肆两陆钱肆分捌厘，内十二枝陆百贰拾玖两伍钱柒分零，土同知壹千贰百伍拾陆两肆钱玖分零，宁谷司贰百伍拾贰两肆钱肆分零，西堡司贰百贰拾陆两壹钱叁分零。

普定卫

户口：嘉靖间官军陆千陆拾户，贰万肆百丁口。万历二十五年报存壹千贰拾伍户，贰千捌百叁拾柒丁口。

土田：旧志，水陆田地柒万柒千柒百贰拾肆亩。万历九年新丈，实在肆万陆千捌百捌拾伍亩柒分陆厘屯田叁万壹千玖百陆拾亩，科田壹万肆千玖百贰拾叁亩柒分陆厘。三十一年新旧肆万柒千壹百贰拾伍亩零屯田叁万贰千玖拾贰亩，科田壹万伍千叁拾叁亩零。

贡赋：屯科粮旧额柒千陆百玖石壹斗陆升零。万历九年新丈柒千柒百伍拾玖石贰斗贰升，续增壹石贰斗叁升。二十五年实在柒千柒百陆拾石肆斗伍升零屯粮陆千玖百陆拾石捌斗，科粮柒百玖拾玖石陆斗伍升零。三十一年增至柒千捌百捌石柒斗陆升零屯粮柒千伍石玖合，科粮捌百叁拾柒斗伍升零。

课程：岁征猪税银伍拾壹两柒钱肆分。

徭役：万历二十五年条鞭岁用丁差田租灰瓦等项，共银壹千伍拾两壹钱壹分零。三十一年增至壹千壹百捌拾两伍分零。

赈田：万历二十六年巡抚江东之、巡按应朝卿置。

寨计壹分，庄院壹所，东至草塘关口，南至沟，西至草塘，北至大山，除粮差岁纳市斗谷壹拾陆石。白旗屯壹分，庄院壹所，东至老彭堡，南至田，西至大坝，北至土地关，除粮差岁纳市斗谷捌拾石，又地租谷拾石。以上每年共市斗谷壹百零陆石，自三十二年始尽为凑支新兵粮饷。又汪官屯田壹分，追价壹百捌拾贰两，于三十二年十月置李官屯倚榜尅田贰分，除粮差外岁纳市斗谷肆拾石。又追完曾氏田价银壹百捌拾捌两叁分柒厘，于三十三年三月置滥泥坝田贰分，除粮差外岁纳市斗谷陆拾石叁斗伍升，契约收存本院。

镇宁州

户口：嘉靖间官民杂役壹万伍千贰百零壹户，贰万伍千伍百柒拾捌丁口。万历二十五年报存壹千伍百玖拾肆户，壹万肆千捌百捌拾捌丁口火烘哨陆百户，叁千肆拾陆丁口；十二营司肆百壹拾捌户，叁千壹百叁丁口；康佐司壹千伍百柒拾陆户，柒千玖百叁拾玖丁口。三十年黄册贰千陆百贰拾壹户，壹万伍千捌百柒拾贰丁口。

土田：旧志田无顷亩，万历九年新丈，实在伍万壹千肆百伍拾玖亩零火烘哨柒千玖百贰拾亩肆分零，十二营长官司叁万捌千贰百捌拾伍亩柒分零，康佐司伍千贰百伍拾贰亩捌分零。三十年黄册伍万壹千伍百肆拾叁亩零。

贡赋：秋粮旧额贰千伍百陆拾壹石伍斗零。万历九年新丈续增陆拾石。二十五年实在贰千陆百贰拾壹石伍斗零，外开垦科粮叁石壹斗零火烘哨伍百伍拾肆石伍斗，十二营司壹千柒百壹石玖斗肆升零，外开垦科粮叁石壹斗零，康佐司叁百陆拾伍石陆升。三十年黄册贰千陆百贰拾肆石陆斗，又耗粮壹百叁拾壹石贰斗零。

课程：旧额商税银壹拾壹两零。万历二十五年增至叁拾贰两肆钱零。

徭役：万历二十五年条鞭银力公费等银贰千壹百肆拾两叁钱玖分十二营司壹千柒百叁拾陆两捌钱陆分陆厘，康佐司壹百壹拾陆两，火烘哨贰百捌拾柒两伍钱贰分肆厘。

桥田：原系安庄卫赈田，万历二十六年巡抚江东之、巡按应朝卿置，收租备赈。查得前谷皆为武弁侵费，即赈未必贫，贫未必赈，借又多负，归于乌有。三十一年子章因盘江之险，行者称病，檄镇宁守吴天佑建造浮桥，往来利涉。第一年小修，三年大造，费无所出。据该州议，将前田改为桥田，庶几拯溺无异拯饥。

海巴寨贰分，壹分贰拾伍丘，东至堰塘，南至本寨，西至张胜堡，北至路，岁纳仓斗谷贰拾柒石。壹分贰拾伍丘，东至河沟，西至山坡，南至石桥，北至江旗堡，岁纳仓斗谷贰拾柒石。谭家庄壹分肆拾玖丘，东西北至山脚，南至谭家田，岁纳仓斗谷肆拾贰石，市斗豆伍斗。阿乂寨壹分贰拾陆丘，东至寨，西南至河，北至山，岁纳仓斗谷叁拾玖石玖斗玖升玖合。戴家庄壹分柒拾伍丘，东北至人行路，西南至山，岁纳仓斗租谷叁拾石。侯旗堡壹分玖拾柒丘，南至河沟，北至山坡，东至井，西至路，岁纳仓斗谷贰拾叁石叁斗叁升。大河边壹分陆拾陆丘，四至俱山脚，岁纳仓斗谷壹拾捌石陆斗，内多租贰斗陆升陆合，俱入官。以上每年共收仓斗租谷壹百玖拾伍石贰斗陆升叁合，市斗豆伍斗，俱收镇宁州仓，遇大修、小修浮桥之年动支，变价修理。

药田：万历二十六年巡抚江东之檄平坝卫置，因庄田原属镇宁州管辖，二十八年改属该州。

凯成庄壹所，除粮差站马岁纳平坝小斗租谷陆拾叁石，每石折银壹钱捌分，该银壹拾两叁钱肆分，征解布政司库。

安庄卫

户口：万历二十五年屯城站铺哨堡官军柒千捌百柒拾叁户，肆万捌千捌百伍拾柒丁口。

土田：旧志，水陆田地柒万贰千壹百玖拾叁亩。万历九年新丈报存贰万贰千陆拾陆亩零屯田壹万捌千捌百陆拾贰亩，科田叁千肆百肆亩零。三十一年共贰万贰千柒拾肆亩内屯田壹万捌千陆百陆拾贰亩，科田叁千肆百壹拾贰亩。

贡赋：屯科粮旧额陆千陆百捌拾肆石贰斗零。万历九年新丈共陆千陆百玖拾肆石壹斗肆升零，续增伍拾陆石贰斗柒升零。二十五年实在共陆千柒百伍拾石肆斗壹升零屯粮陆千伍百壹拾贰石①，科粮贰百叁拾捌石肆斗壹升零。

徭役：万历二十五年条鞭岁用上中下丁差屯田银，通共陆百贰拾叁两伍钱

---

① 壹拾：原缺"壹"，据万历志补。

贰分。

关岭所条鞭岁用上中下丁差银，通共贰拾两陆钱。

递马谷：万历二十六年，巡抚江东之、巡按应朝卿革去递马，每年折谷仓斗伍百伍拾壹石壹斗，自三十二年始尽为凑支新兵粮饷。

永宁州

户口：嘉靖间官民贰千叁百陆拾玖户，壹万玖拾陆丁口。万历二十五年增至叁千壹拾玖户，壹万贰千伍百捌拾丁口打罕哨捌百捌拾柒户，肆千叁百捌拾柒丁口；顶营长官司壹千壹百叁拾柒户，叁千肆百玖拾陆丁口，慕役长官司玖百玖拾伍户，肆千陆百玖拾柒丁口。三十年黄册叁千肆拾壹户，壹万贰千捌百叁拾丁口。

土田：旧志，山坡险平不一，原无亩数，万历九年新丈，实在民田叁万陆千肆百壹拾陆亩捌分打罕寨壹万贰千捌百陆亩零，顶营长官司壹万贰千捌百伍拾陆亩零，慕役长官司壹万柒百伍拾叁亩零。三十年黄册叁万陆千肆百壹拾陆亩零。

贡赋：秋粮旧额贰千贰百玖拾肆石肆斗陆升壹合伍勺。万历九年新丈如额。十九年起科粮伍石，通共贰千贰百玖拾玖石肆斗陆升壹合伍勺顶营司柒百贰拾伍石，打罕等寨捌百贰拾壹石陆斗玖升伍合，慕役司柒百伍拾贰石柒斗陆升陆合伍勺。三十年黄册秋科粮贰千陆百壹拾叁石伍斗。

徭役：万历二十五年条鞭银差力差公费三项，共银壹千肆百贰两伍钱零顶营司肆百贰拾捌两壹钱贰分零，慕役司陆百壹拾贰两陆钱肆分零，打罕哨叁百陆拾壹两柒钱柒分零。三十一年新旧壹千肆百拾陆两玖分零顶营司肆百叁拾玖两伍钱零，慕役司陆百贰拾肆两陆钱玖分零，打罕哨叁百捌拾壹两捌钱玖分零。

桥田：原系安南卫赈田，万历二十六年，巡抚江东之、巡按应朝卿置，三十一年，据镇宁州详改桥田。

阿荅寨壹分陆拾陆丘，东北抵地界，西南抵官沟，岁纳仓斗谷柒拾石。江西坡壹分捌拾陆丘，东西俱抵官田，南至路，北至地界，岁纳仓斗谷叁拾石。以上共仓斗谷壹百石，俱收永宁州仓，遇盘江浮桥轮应该州小修、大修之年动支，变价修理。

安南卫

户口：嘉靖间屯城站铺官军贰千肆百捌拾陆户，陆千捌百玖拾贰丁口。万历二十五年增至叁千肆百捌拾陆户，柒千捌百玖拾陆丁口。

土田：旧志，水陆田地叁万肆千陆百柒拾亩玖分。万历九年新丈，实在贰万伍千陆百叁拾柒亩贰分零屯田壹万陆千贰百零陆亩，科田玖千肆百叁拾壹亩贰分肆厘。三十一年新旧贰万伍千陆百柒拾亩零屯田壹万陆千贰百陆亩，科田玖千肆百陆拾肆亩零。

贡赋：屯科粮旧额伍千捌百伍拾石，万历九年新丈伍千捌百捌拾肆石伍斗柒升零，续增壹石陆斗零。二十五年实在伍千捌百捌拾陆石壹斗零屯粮伍千叁百捌拾石，科粮伍百陆石壹斗柒升零[1]。三十一年新旧伍千玖百贰拾肆石玖斗贰升零屯粮伍千肆百壹拾捌石柒斗伍升，科粮伍百陆石壹斗柒升零。

课程：岁征场税肆拾叁两贰钱。

徭役：万历二十五年条鞭岁用丁差屯粮余田祭田银，通共伍百贰拾玖两叁分零。三十一年增至伍百陆拾两伍钱玖分零。

普安州

户口：嘉靖间官民杂役叁千壹百肆拾壹户，肆万伍千叁百捌拾丁口[2]。万历二十五年增至叁千壹百捌拾伍户，报存叁万陆千捌百贰拾捌丁口。三十年黄册叁千贰百肆拾玖户，肆万陆千捌百壹拾陆丁口。

土田：旧志，田地随山开垦，难以计数。万历九年新丈，实在民田地叁万肆千捌百伍亩零木枒营叁千叁百壹拾肆亩，黄草坝营叁万壹千肆百玖拾壹亩。三十年黄册叁万肆千捌百伍亩零。

贡赋：夏税麦粮旧额贰百叁拾贰石柒斗伍升，每石折征银叁钱，共折银陆拾玖两捌钱贰分伍厘，解布政使司狗场营伍拾石，归顺营贰拾伍石，木枒营壹拾伍石，楼下营贰拾石，鼠场营贰拾肆石伍斗，鲊希黑营贰拾贰石贰斗伍升，鸡场营贰拾石，卜容营叁拾石，普陌营壹拾石，毛政营捌石。三十年黄册贰百叁拾贰石柒斗伍升。

秋粮旧额叁千壹百陆拾柒石捌斗壹升玖合贰勺柒抄。万历九年新丈，实在叁千壹百陆拾柒石捌斗壹升玖合贰勺贰抄，外增壹拾叁石，共叁千壹百捌拾石捌斗壹升玖合贰勺贰抄，折轻赍不等，共银壹千伍百柒拾玖两肆钱零黄草坝柒百零柒石，归顺营叁百叁拾玖石，木枒营叁百零捌石，鼠场营壹百叁拾伍石壹斗陆升零，鲊希黑营贰百壹拾柒石伍斗，鸡场营壹百贰拾柒石，马乃营叁拾贰石，普陌营壹百石，毛政营玖拾陆石，五锁营贰拾叁石伍

---

① 陆石：原作"陆拾"，则屯科粮总数为五千九百四十石一斗柒升，显然有误，今据万历志改。

② 叁百：万历志作"三十"。

斗，火头阿车四肆拾柒石，寿长里壹拾陆石陆斗玖升肆合零，木溪里壹拾贰石伍斗肆升柒合，双河里柒石零贰升，安南卫军舍代纳肆拾肆石肆斗叁升。以上每石折银伍钱壹分陆厘伍毫①。狗场营贰百肆拾石玖斗伍升肆合叁勺伍抄，卜容营壹百贰拾贰石。以上每石折银肆钱陆分陆厘伍毫②。楼下营叁百柒拾玖石，每石折银肆钱叁分陆厘伍毫。善德营实米壹百石，径给生员正至五月廪粮，轻赍壹百贰拾陆石零壹升贰合伍勺，每石折银陆钱肆分。三十年黄册叁千贰百贰拾肆石叁斗捌升。

课程：旧志，岁征商税钞贰万贰千捌百零玖贯文，今改征银叁拾壹两叁钱柒分肆厘，遇闰加银贰两陆钱壹分肆厘零。

徭役：万历二十五年条鞭银力差公费三项，共实编银叁千玖百陆拾伍两伍钱伍分叁厘州属十二营各摊派不等。三十一年加增安顺府公费银，每粮壹石，征银壹分陆厘伍毫，计粮叁千壹百捌拾石捌斗壹升零，共加银伍拾贰两肆钱捌分零。新旧通共银肆千零壹拾捌两叁分零。

赈田：万历二十六年巡抚江东之、巡按应朝卿置。

张祥河壹分伍拾壹丘，岁纳市斗谷壹拾肆石。青山下柒分，壹分肆拾丘，岁纳市斗谷壹拾贰石，科米贰亩壹斗贰升。壹分贰拾肆丘，岁纳市斗谷陆石，科米壹亩伍升叁合伍勺。壹分贰拾肆丘，岁纳市斗谷叁石，科米壹亩伍升叁合伍勺。壹分柒丘，岁纳市斗谷叁石伍斗，科米壹亩伍升叁合伍勺。壹分拾丘，岁纳市斗谷贰石伍斗，科米壹亩伍升叁合伍勺。壹分柒丘，岁纳市斗谷贰石，科米壹亩伍升叁合伍勺。壹分贰拾肆丘，岁纳市斗谷肆石，科米贰亩壹斗柒合。老王屯营盘河共壹拾叁丘，岁纳市斗谷陆石，科米壹亩伍升叁合伍勺。小猴场大路凹壹分共肆拾伍丘，岁纳市斗谷伍石。白水冲壹分贰拾叁块，岁纳市斗谷贰拾叁石伍斗。以上共市斗谷捌拾壹石伍斗，科米伍斗肆升捌合，俱贮州仓，自三十二年始尽为凑支新兵粮饷。

普安卫

户口：嘉靖间官军贰千玖百伍拾陆户，陆千玖百玖拾捌丁口。万历二十五年户如旧额，丁口增至壹万壹千捌百丁口。三十一年新旧户如旧，丁至壹万壹千玖百丁口。

---

① 伍钱壹分陆厘伍毫：万历志作"五钱"。
② 肆钱陆分陆厘伍毫：万历志作"肆钱五分"。

土田：旧志，水陆田柒万捌千肆百肆拾肆亩。万历九年新丈伍万贰千壹百伍拾捌亩零。十二年续丈壹千伍百壹拾叁亩零。二十五年共存伍万叁千陆百柒拾亩零屯田贰万玖千伍百肆拾壹亩零，科田贰万肆千壹百贰拾玖亩零。

贡赋：夏税小麦壹石陆斗零伍合平夷所军人帅谅名下纳。秋粮旧额壹万壹千肆百捌拾石陆斗柒升零。万历九年新丈壹万贰千贰百柒拾肆石叁斗捌升零。十二年续增科粮肆拾肆石陆斗。二十五年共增至壹万贰千叁百捌拾陆石玖斗捌升零屯粮壹万壹千贰拾捌石，科粮陆拾捌石，秋粮壹千贰百玖拾石零玖斗捌升零。三十一年增至壹万贰千叁百玖拾贰石伍斗肆升零屯粮壹万壹千贰拾捌石，秋粮陆拾捌石，科粮壹千贰百玖拾陆石伍斗肆升零。

课程：银柒拾贰两安南、安笼二所场税，每季各该银玖两。

徭役：万历二十五年条鞭岁用上中下丁差屯租等银，通共玖百陆拾叁两叁钱柒分零本卫陆百肆拾柒两贰钱叁分零，外新安南壹百贰拾两玖钱零，乐民肆拾贰两玖钱伍分，安笼壹百壹拾捌两贰分，平夷伍拾两贰钱陆分零。三十一年新旧壹千壹拾肆两肆钱伍分叁厘本卫陆百贰拾陆两捌钱柒分零，平夷伍拾玖两贰钱肆分，乐民伍拾壹两玖钱玖分，安南壹百叁拾壹两零伍分，安笼壹百肆拾伍两叁钱。

赈田：万历二十六年巡抚江东之、巡按应朝卿置。

安南所捌拾亩，岁纳仓斗谷叁拾伍石伍斗伍升贰合肆勺。安笼所伍拾柒亩，岁纳仓斗谷贰拾伍石叁斗叁升捌合。乐民所贰拾玖亩肆分，岁纳仓斗谷拾叁石零陆升伍合肆勺。平夷所新开壹百贰拾亩肆分，岁纳仓斗谷壹拾贰石捌斗捌升壹合叁勺。刘官屯拾丘，东南至沟，西至路，北至窑，除粮差岁纳市斗谷捌石。孔官屯拾伍丘，东北至田，南至河，西至沟，除粮差岁纳市斗谷拾石。侯场小屯壹拾贰丘，东至坝，南至河，西至厂，北至山，除粮差岁纳市斗谷伍石伍斗。又壹拾陆丘，东北至山顶，南至田，西至路，除粮差岁纳市斗谷叁石。以上共仓市斗谷壹百壹拾叁石叁斗贰升玖合玖勺，内仓斗捌拾陆石捌斗贰升玖合玖勺，市斗贰拾陆石伍斗。

递马牛种谷变价壹百肆拾柒两伍钱，置买赈田贰拾壹亩，旱地贰块，岁纳市斗谷贰拾陆石伍斗。以上赈田谷共仓市斗壹百叁拾玖石捌斗贰升玖合玖勺，内仓斗捌拾陆石捌斗贰升玖合玖勺，市斗伍拾叁石，俱贮卫仓，自三十二年始尽为凑给新兵粮饷。

毕节卫

户口：嘉靖间城屯站铺官军贰千捌百捌拾伍户，陆千陆百肆拾壹丁口。万历二十五年报存官军客民贰千肆百叁拾柒户，肆千壹百叁拾贰丁口。

土田：旧志，水陆田地陆万肆千捌亩零。万历九年新丈，实在肆万肆千陆百肆拾亩零屯田贰万贰千肆百陆拾柒亩零，科田贰万贰千壹百柒拾叁亩零①。

贡赋：屯科粮旧额伍千捌拾贰石叁斗肆升。万历九年新丈，实在伍千贰百柒拾玖石玖斗伍升零屯粮肆千壹百陆拾叁石，科粮壹千壹百壹拾陆石玖斗伍升零。

徭役：万历二十五年条鞭岁用上中下丁差，通共陆百叁拾陆两壹钱伍分。三十一年增至陆百伍拾两壹钱。

赈田：万历二十六年巡抚江东之、巡按应朝卿置。

头铺屯壹分，四至俱民田。后箐屯壹分，东南至路，西北至河。炒铁冲庙后壹分，东至沟，南至卖主阮有庆田，西北俱至民田。海子屯壹分，东至坟，南至卖主胡尧地，西北至官田。烧冈箐壹分，东至山，西至沟，南北至民田。猪场屯壹分，东南至河，西北至路。后箐屯壹分，东南至山，西北至河。天星桥壹分，东南至张国柱田，西至纸房，北至河。后箐屯壹分，东西北至河，南至山。以上田共壹拾壹分，每岁除粮差共纳市斗谷壹百壹拾石。又头铺壹分，东至小河口，南至唐家田，西至官田，北至任家田，岁纳市斗租谷壹拾壹石。连前通共市斗谷壹百贰拾壹石。

乌撒卫

户口：万历二十五年屯城站铺官军实在叁千伍百伍拾壹户，捌千伍百伍拾伍丁口。近因连岁凶荒，逃故贰拾柒户，陆拾肆丁口。见在止有叁千伍百贰拾肆户，捌千肆百玖拾壹丁口。

土田：水陆田地旧额捌万肆千玖百叁拾捌亩。万历九年新丈，增至玖万伍百陆拾亩零。今续开垦增地捌亩，共计玖万伍百陆石捌亩屯田捌万贰千零玖亩，科田捌千伍百伍拾玖亩零。

贡赋：屯科粮旧额陆千捌百肆拾玖石贰斗零。万历九年新丈，增至陆千玖百捌拾石肆斗玖升。今又增粮肆斗，共陆千玖百捌拾捌斗玖升屯粮陆千伍百伍拾伍石贰斗，科粮肆百贰拾伍石陆斗玖升零。

徭役：万历二十五年条鞭岁用丁差银捌百肆拾两叁钱伍分。三十年增至玖百两零贰钱伍分。

赈田：万历二十六年，巡抚江东之罚本卫纳级指挥李承爵赃银置。

---

① 叁亩：原作"贰亩"，则总数不对，据万历志改。

乌撒府女土官陇氏，地名普德归水田壹分，岁收市斗谷伍拾肆石。

赤水卫

户口：嘉靖间城屯站铺官军伍千陆百壹拾伍户，叁万叁千陆百捌拾贰丁口。万历二十五年报存贰千壹百零柒户，肆千壹百贰拾壹丁口。二十八年因征播逃窜，被夷烧杀，止存壹千玖百柒拾壹户，叁万玖千肆丁口。

土田：旧额水陆田地伍万柒千贰百捌拾捌亩。万历九年新丈，报增陆万陆千叁百伍拾捌亩。十二年覆丈，增柒百捌拾柒亩。二十五年增至陆万柒千壹百伍拾陆亩零屯田伍万肆千贰百柒拾陆亩，科田壹万贰千捌百捌拾亩。三十二年查存陆万陆千陆百伍拾陆亩屯田伍万肆千柒拾陆亩，科田壹万贰千伍百捌拾亩。

贡赋：屯科粮旧额伍千柒百叁石零。万历九年新丈，报增伍千柒百玖拾伍石零。十二年覆丈增并续报玖拾石贰斗玖升。二十五年共增至伍千捌百捌拾伍石零屯粮伍千壹百贰拾捌石叁斗，科粮柒百伍拾陆石玖斗零。三十二年查增至伍千捌百玖拾石玖斗玖升零屯粮伍千壹百贰拾捌石叁斗贰升零，科粮柒百陆拾贰石陆斗柒升零。

徭役：万历二十五年条鞭岁用丁差银，通共伍百壹两捌钱肆分。

赈田：万历二十六年巡抚江东之、巡按应朝卿置。

千户王衣首报李上林田贰段，岁纳仓斗谷壹拾壹石。岳宗林等肆名各首陆地壹段，岁纳仓斗粟豆陆石，以上共仓斗谷豆壹拾柒石。

永宁卫

户口：嘉靖间屯城站铺官军陆千柒百捌拾玖户，壹万伍千贰百肆拾柒丁口。万历二十五年报存贰千伍户，叁千捌拾柒丁口。三十一年新旧贰千壹百柒拾柒户，陆千陆拾伍丁口。

土田：旧志，水陆田地伍万叁千叁百玖拾壹亩零。万历九年新丈，增至陆万陆百捌拾肆亩零屯田伍万叁千贰百玖拾亩零，科田柒千叁百玖拾肆亩零。

贡赋：屯科粮旧额柒千玖百伍拾伍石玖斗零。万历九年新丈柒千伍拾柒石叁斗零，续增壹百柒拾石零。二十五年增至柒千贰百贰拾柒石叁斗零屯粮陆千柒百柒拾柒石零，科粮肆百伍拾石叁斗零。三十一年新旧柒千贰百叁拾陆石柒斗捌升零屯粮陆千柒百柒拾柒石壹升零，科粮肆百伍拾玖石柒斗柒升零。

徭役：万历二十五年条鞭岁用丁差并地租银，通共陆百壹拾柒两叁钱。三十一年增至陆百肆拾两。

普市守御千户所

户口：嘉靖间城屯站铺官军肆百玖拾叁户，壹千叁百捌拾玖丁口。万历二十五年报存陆拾壹户，壹百伍拾伍丁口。三十年清勾补伍军肆户，连前共陆拾伍户，军舍余丁共壹百捌拾贰丁口。

土田：旧志，水陆田地伍千柒百肆拾柒亩柒分。万历九年新丈，报存叁千伍百叁拾柒亩零屯田贰千陆百贰拾捌亩零，科田玖百玖亩零。

贡赋：屯科粮旧额捌百柒拾贰石陆斗零。万历九年新丈捌百柒拾贰石陆斗，续增捌斗伍升零。二十五年增至捌百柒拾叁石伍斗零屯粮捌百贰拾肆石，科粮肆拾玖石伍斗零。

徭役：万历二十五年条鞭岁用丁差田租帮助银，通共壹百零柒两壹钱叁分。

龙里卫

户口：万历二十五年屯城站铺官军实在壹千壹百壹拾陆户，伍千贰百肆拾伍丁口大平伐司柒拾玖户，壹千捌百叁拾陆丁口。

土田：旧额水陆田地陆万叁千壹百肆拾柒亩。万历九年新丈报存贰万壹百伍拾柒亩捌分零屯田壹万捌千贰百肆拾肆亩，科田壹千玖百壹拾叁亩捌分零。大平伐司民田旧志无亩，万历九年新丈，实在肆千叁百捌拾伍亩，三十二年黄册肆千叁百捌拾伍亩。

贡赋：本卫辖大平伐司原与平伐司额三年共贡马壹匹今平伐司改隶新贵县，本司止该半匹。屯科粮旧额肆千叁百叁拾肆斗零。万历九年新丈增科粮贰石肆斗零。二十五年增至肆千叁百伍石捌斗零屯粮肆千贰百贰拾捌石，科粮柒拾柒石捌斗零。秋粮，卫属土司，旧额陆百柒拾玖石伍斗。万历十九年除平伐司改入新贵县，推过贰百肆拾壹石。二十五年报存肆百叁拾捌石伍斗。三十年黄册肆百叁拾捌石伍斗。

徭役：万历二十五年条鞭、岁用、丁差、屯田、祭田、猪税、场税、地租银，通共叁拾捌两玖钱陆分贰厘零，三十二年黄册共叁百伍拾肆两伍钱贰分零，卫辖土司每年实编银力二差通共肆拾伍两陆钱大平伐司叁拾捌两肆钱，宣慰司龙里司认纳柒两贰钱。

赈田：万历二十六年巡抚江东之、巡按应朝卿置。

壹百柒拾伍亩，岁纳仓斗谷捌拾柒石伍斗。南门外洞脚壹分柒丘，东至留云洞，西至丘至忠田，南北俱至田，除粮差岁纳市斗谷捌石陆斗。东门寨何土官坟脚下壹分伍丘，东南至田，西北至河，除粮差岁纳市斗谷陆石。以上共仓市斗谷壹百零贰石壹斗，内仓斗捌石柒石伍斗，市斗壹拾肆石陆斗，自三十二年始俱凑支新兵粮饷。

养兵田壹分，在落让庄，原系贵州前卫指挥姚大韶田，因纵庄民为盗事犯，献田赎罪，年收米花叁百零。巡抚郭子章又给银陆拾陆两，买大韶本庄田壹分，年收米花壹百壹拾贰秤。以上共米花肆百壹拾肆秤，内除叁拾壹秤与佃民罗凤鸣等完纳粮差，实收叁百捌拾叁秤，给抵养防龙里兵冬季壹月粮饷。

新添卫

户口：嘉靖间城屯站铺官军贰千叁百伍拾柒户，贰万壹千玖百柒拾柒丁口。万历二十五年增至贰千陆百陆拾柒户，减存肆千肆百柒拾捌丁口。民户万历二十五年实在壹千壹百贰拾贰户，伍千壹百伍拾柒丁口新添司柒百叁拾户，贰千陆百捌拾捌丁口。丹行司陆拾陆户，伍百玖拾伍丁口。丹平司肆拾柒户，肆百肆拾叁丁口。把平司玖拾肆户，玖百伍拾陆丁口。小平伐司壹百捌拾伍户，玖百伍拾伍丁口。三十一年黄册，壹千肆百叁拾伍户，玖千肆百玖拾肆丁口。

土田：水陆田地旧额贰万千捌百捌拾伍亩叁分。万历九年丈报共壹万肆千陆百贰拾肆亩零。十二年水灾除豁壹百壹拾肆亩柒分零。二十五年报存壹万肆千伍百玖亩陆分零屯田壹万壹千伍百玖拾柒亩零，科田贰千玖百壹拾贰亩叁分零。民田玖千肆百肆拾壹亩肆分零。十二年水灾除豁柒拾叁亩伍分零。二十五年报存玖千叁百陆拾柒亩零新添司肆千柒百玖拾玖亩，小平伐司壹千捌百贰拾伍亩零，把平司捌百贰拾叁亩，丹平司壹千叁百零叁拾叁亩，丹行司陆百亩。三十二年黄册，玖千叁百陆拾柒亩零。

贡赋：新添、小平伐二长官司三年各贡马壹匹每匹价银拾两。屯科粮旧额贰千陆百肆拾柒石壹斗玖升。万历九年丈增贰千柒百捌拾壹石肆斗陆升零。十二年水灾除豁柒石陆斗伍升零。二十五年报存贰千柒百柒拾叁石捌斗零屯粮贰千陆百壹拾捌石，科粮壹百伍拾伍石捌斗零。

秋粮旧额玖百叁拾柒石伍斗零，万历九年新丈玖百叁拾柒石伍斗零，十二年水灾除豁柒石贰斗伍升零，二十五年报存玖百叁拾石叁斗壹升零新添司肆百柒拾叁石肆斗玖升零，小平伐司壹百捌拾贰石伍斗贰升，把平司捌拾壹石叁斗，丹平司壹百叁拾叁石，丹行司陆拾石。三十年黄册玖百叁拾石叁斗壹升零。

徭役：万历二十五年条鞭岁用丁差田租等银，共壹百零玖两柒钱伍分零。三十二年黄册伍百两柒钱陆分陆厘。卫辖各土司每年实编银力二差，共壹百叁拾贰两贰钱叁分零新添司柒拾肆两叁钱，丹平司壹两，丹行司叁拾陆两伍钱，小平伐司捌两壹钱，把平司壹拾贰两叁钱叁分柒厘。

社仓旧壹所，万历十年乡官朱之臣、李讲、孙天民、姚世熙、赵时腾、黄中孚修建。新一所社学左，万历二十四年驻镇推官李珏倡建，捐俸籴义谷叁拾石贮仓。本年，提学沈思充发助贫士义谷陆拾石，并贮。

赈田：万历二十六年，巡抚江东之、巡按应朝卿置。

贰百贰亩贰分，岁纳仓斗谷壹百零壹拾壹斗。冷溪铺壹分柒拾陆丘，四至俱民田，除粮差岁纳市斗谷贰拾肆石。以上每年共仓市斗谷壹百贰拾伍石壹斗，内仓斗壹百零壹石壹斗，市斗贰拾肆石，自三十二年始俱凑支新兵粮饷。

养兵田壹分，在昆主王寨，原系新添卫指挥何鼎臣田，因纵庄民为盗事犯，献田赎罪，年收米花肆百秤，内除贰百秤，与佃民老伦、阿散等完纳粮差及人工牛具种子之费，实收贰百秤，给抵养防黄系新兵冬季壹月粮。

平越军民府

户口：万历二十九年播平后，共编壹千柒百零贰户，捌千捌拾柒丁口黄平州叁百陆拾柒户，陆百柒拾肆丁口；湄潭县肆百肆拾户，肆千伍百伍拾伍丁口；余庆县贰百叁拾伍户，肆百伍拾捌丁口；瓮安县陆百陆拾户，贰千肆百丁口。

土田：万历二十九年播平后，新丈壹拾伍万玖千柒百陆拾贰亩壹分零黄平州叁万陆千柒百陆拾陆亩贰分零，湄潭县叁万柒千玖百伍拾伍亩叁分零，余庆县贰万肆千玖百捌拾贰亩陆分零，瓮安县陆万零伍拾柒亩玖分零。

贡赋：秋粮叁千贰百叁石壹升贰合，内本色贰千柒百柒拾石陆斗壹升贰合，折色肆百叁拾贰石肆斗黄平州本色米陆百柒拾贰石肆斗；湄潭县本色米壹百捌拾柒石叁斗贰升贰合，折色叁百捌拾捌石肆斗；余庆县本色米陆百零壹石柒升陆合，折色贰拾肆石；瓮安县本色米壹千叁百零玖斗壹升肆合，折色贰拾石。

徭役：万历二十九年播平后，条鞭银力差公费银壹万壹千陆百伍拾肆两陆钱捌分零黄平州贰千叁百两捌钱叁分零，余庆县壹千叁百伍拾伍两壹钱叁分零，湄潭县肆千叁百叁拾肆两贰钱捌分零，瓮安县叁千陆百陆拾肆两肆钱贰分零。

平越卫

户口：万历二十五年，官军民户实在叁千壹百伍拾户，贰万壹千玖百柒拾玖丁口杨义司玖千壹百贰拾玖丁口。三十年黄册贰千玖百零伍户，贰万壹千贰百贰拾柒丁口。内官军壹千伍百零陆户，柒千壹百肆拾柒丁口；杨义司蛮民柒百贰拾肆户，柒千肆百玖拾捌丁口；高坪牌蛮民共陆百柒拾伍户，陆千伍百捌拾贰丁口。

土田：旧志，水陆田地叁万柒千伍百叁拾贰亩玖分零。万历九年新丈壹万柒千肆百肆拾陆亩零。十二年复丈除豁捌百陆亩伍分零。二十五年报存壹万陆千陆百叁拾玖亩肆分零屯田壹万陆千肆百玖拾伍亩伍分零，科田壹百肆拾叁亩玖分零，民田旧志无顷亩，万历九年新丈贰万玖千伍百玖亩贰分零，十二年复丈出陆千柒百伍拾陆亩陆分零，二十五年增至叁万伍千柒百陆拾伍亩捌分零高坪牌贰千贰百玖拾玖亩叁分零，杨义司叁万叁千肆百陆拾陆亩肆分零。三十年黄册叁万伍千柒百陆拾伍亩零。

贡赋：屯科粮旧额贰千玖百捌拾叁石贰斗。万历九年新丈贰千柒百陆石壹斗，除豁水灾并改附民粮肆拾壹石玖斗伍升。二十五年报存贰千陆百陆拾肆石壹斗壹升零屯粮贰千陆百伍拾捌石叁斗玖升零，科粮伍石柒斗玖升零。秋粮旧额柒百捌拾石陆斗零，万历九年新丈柒百捌拾陆石玖斗叁升零，又科粮增入民粮叁拾石壹斗伍升零。二十五年增至捌百壹拾柒石捌升零高坪牌壹百伍拾陆石叁斗贰升，杨义司陆百陆拾石柒斗陆升零。三十年黄册捌百壹拾柒石捌升零。

课程：旧志，商税门摊钞改收银陆拾肆两捌钱。

徭役：万历二十五年条鞭岁用丁差口食余租等银，通共伍百叁拾陆两玖钱叁分零。卫属土司每年实编银力二差并公费银，通共柒百陆拾玖两伍钱壹分。

桥田：原系本卫赈田，万历二十六年，巡抚江东之、巡按应朝卿置，收租备赈，查得前谷皆为武弁侵费，即赈未必贫，贫者未必赈，借又多负，归于乌有。三十一年，子章因麻哈江险，行者病涉，乃檄平越同知杨可陶建造浮桥。第一年小修，三载大造，费无所措，据本官议将前田改为桥田，庶几永久。

壹分拾捌亩伍分，岁纳仓斗谷贰拾肆石叁斗。乐平堡贰分，壹分伍丘，东至河，南至沟，西至老坎，北至田，除粮差岁纳市斗谷壹拾壹石玖斗。壹分东北至坎，西南至田，除粮差岁纳市斗谷贰石伍斗。杨旗堡贰分，贰拾贰丘，东至前所堡，南至田，西至河，北至路，除粮差岁纳市斗谷捌石陆斗伍升。阿窝冲甲带壹分，贰拾伍丘，东西南至民田，北至路，除粮差岁纳市斗谷伍石。落平堡壹分，陆丘，东西北至民田，南至河，除粮差岁纳市斗谷叁石陆斗伍升。指挥贾安国抵赃田壹分，计壹拾贰亩柒分。坐落皮陇壹分，计贰拾亩。坐落毛口堡共田叁拾贰亩柒分，每年分租仓斗谷叁拾陆石伍斗伍升。因本官阵亡，奉前院批允，内将贰拾石优恤伊男贾功升，每年止该征仓斗谷壹拾陆石伍斗伍升。以上年收仓市斗谷通共柒拾贰石伍斗伍升，内市斗叁拾壹石柒斗，仓斗肆拾石捌斗伍升，俱收平越卫仓，遇大修、小修浮桥之年动支，变价修理。

杨老站兵田贰百亩，每年系杨平营防兵贰拾名，每名领种拾亩，各兵自耕，收谷抵粮。万历二十五年，副使詹启东捐俸，籴仓斗谷壹百贰拾石备赈。

都匀府

户口：嘉靖间玖千贰百壹拾玖户，贰万肆千陆百壹拾捌丁口。万历二十五年增至壹万叁千柒百柒拾肆户，肆万肆拾壹丁口都匀司捌百叁拾捌户，壹千柒百肆拾壹丁口；邦水司伍百捌拾贰户，柒百伍拾肆丁口；平浪司壹千肆百柒拾捌户，贰千贰百壹拾肆丁口；平州司壹千壹百伍拾壹户，贰千肆百贰拾肆丁口；清平县壹百玖拾陆户，贰千贰百壹拾陆丁口；麻哈州壹千陆百壹拾玖户，贰千叁百柒拾贰丁口；乐平司捌百叁拾捌户，壹千壹百玖拾捌丁口；平定司伍百柒拾壹户，壹千壹百伍拾玖丁口；独山州壹千肆百拾捌户，壹千捌百陆拾贰丁口；丰宁司壹百捌拾陆户，壹千贰百伍拾壹丁口；烂土陆百陆拾贰户，壹千贰百陆拾壹丁口；夭漂夭坝肆千贰百壹拾壹户①，贰万壹千伍百捌拾玖丁口。三十年黄册壹万叁千柒百柒拾肆户，肆万叁千柒百肆拾柒丁口。

土田：旧志田无顷亩，万历九年新丈共伍万捌千陆百伍拾柒亩零。十二年水灾除豁壹千肆拾柒亩壹分柒厘。二十五年报存伍万捌千伍百壹拾亩零都匀司捌千陆百叁亩零，邦水司贰千捌百肆拾玖亩零，平浪司伍千壹百陆拾亩零，平州司陆千陆百伍拾亩，麻哈州陆千陆百捌拾亩零，平定司贰千陆百叁拾伍亩，乐平司伍千肆拾柒亩零，独山州柒千陆百肆拾贰亩，丰宁司肆千伍百亩，烂土司肆千叁百玖拾亩，清平县肆千叁百叁拾壹亩零。三十年黄册伍万捌千伍百壹拾亩零。

贡赋：万历七年苗坪、夭漂二寨生苗乔贡等向化，每年进贡马陆匹，共折银贰拾肆两，秋粮旧额肆千玖百贰拾伍石柒升。万历九年新丈共伍千叁拾捌石肆斗壹升捌合，复征裁革官俸粮壹百贰拾石。十二年除水灾永免粮玖石贰斗捌升玖合伍勺，又除夭漂、苗坪改纳苗粮叁拾陆石玖斗肆升捌合。二十五年增至伍千壹百壹拾贰石壹斗捌升伍勺，外苗粮叁拾陆石玖斗肆升捌合都匀司捌百肆拾柒石，邦水司贰百柒拾玖石伍斗，平浪司伍百壹拾陆石，平州司陆百陆拾伍石，清平县壹百壹拾捌石陆斗柒升，麻哈州叁百伍拾石，平定司贰百陆拾叁石，乐平司叁百壹拾玖石捌斗零，独山州柒百陆拾肆石贰斗，夭漂、苗坪归附，改纳苗粮叁拾陆石玖斗肆升零，丰宁司肆百伍拾陆石，烂土司肆百叁拾玖石。三十年黄册伍千壹百壹拾贰石壹斗捌升零，外苗粮叁拾陆石玖斗肆升零。

课程：旧志，门摊商税银捌拾伍两叁钱贰分零，万历二十五年报存陆两捌钱。

---

① 夭漂：原作"乏漂"，误。

三十一年黄册查得商税银壹百贰拾两，门摊银陆两捌钱，雄黄厂税银捌拾两，革兵口粮叁拾陆两，麦冲场屠税银叁两贰钱，平浪司屠税银壹两贰钱，通共贰百肆拾柒两贰钱。

徭役：万历二十五年条鞭银力差公费三项，共银陆千叁百壹拾捌两伍钱伍分贰厘都匀司玖百陆拾柒两陆钱陆分零，独山州捌百柒两伍分零，丰宁司肆百捌拾贰两捌钱叁分零，烂土司壹百捌拾柒两伍钱陆分零，麻哈州柒百柒拾贰两叁钱捌分零，乐平司叁百贰拾捌两捌钱壹分零，平定司肆百壹两柒钱捌分零，清平县贰百肆拾柒两捌分零，邦水司伍百伍拾柒两玖钱叁分零，平州司捌百叁拾贰两壹钱壹分零，平浪司玖百贰拾陆两叁钱壹分零。三十一年新增千秋袯价银肆钱，举人牌坊银贰拾两，都镇、来远二驿马价银壹百贰拾叁两，新旧通共银陆千肆百陆拾壹两玖钱伍分壹厘都匀司玖百柒拾肆两陆分零，独山州捌百壹拾两伍分零，丰宁司伍百叁拾柒两捌钱叁分零，烂土司贰百壹拾肆两伍钱陆分，麻哈州柒百柒拾肆两叁钱捌分零，乐平司叁百贰拾玖两捌钱壹分零，平定司肆百肆贰两柒钱捌分零，清平县贰百肆拾柒两捌分零，邦水司叁百伍拾捌两玖钱叁分零，平州司捌百捌拾伍两壹钱壹分零，平浪司玖百贰拾柒两叁钱壹分。

赈田：万历二十六年巡抚江东之、巡按应朝卿置。

班庄壹分，叁拾壹丘，东抵本寨壕，西抵阿磨田，南抵本司塘，北抵雷家。旧庄下田壹分，壹拾玖丘，东至民田，西至大山脚，南至老木寨，北至老容寨，岁纳市斗谷壹拾壹石伍斗。落乍寨贰拾壹分，伍拾陆丘，东北至田，西至寨门首，南至山路，岁纳市斗谷叁拾壹石肆斗。小河壹分，陆丘，东至河，西至壕，南北至田，岁纳市斗谷叁石。革忍寨肆分，按察司吏何进美捐施，除粮差岁纳市斗谷伍石陆斗。以上共市斗租谷伍拾壹石伍斗。

惠药田：同前抚按置。

中坝叁丘，东至薛一田，南至张寒田，西至官田，北至水沟。王家司玖丘，东至路口，南至河，西至水枧，北至老观田。吴家司坟山脚壹拾伍丘，东抵薛六田，南抵山，西抵坝干王家田，北抵全家田，共岁收草米市斗壹拾壹石伍斗。恤隐局前官塘壹口，岁收租银陆钱。

慈幼局田：万历二十六年，本府推官李珏置。

军人刘世科首摆忙铺田壹拾壹丘，东抵山，南抵水沟，西抵赵应文田，北抵许六田。又坝中壹丘，东北抵赵应文田，南抵水沟，西抵许仲恩田，除粮差岁纳市斗白米壹石肆斗陆升。军舍王友首补林堡田伍分，大塘边贰丘，东抵刘家田，南抵路，西抵高塍，北抵夏家田。又塘下壹丘，东抵路，南抵沟，西抵臧顺庆田，北抵山。又水竹园柒丘，东北抵岁用田，南抵会计长田，西抵高塍。又叁捌分田壹丘，东抵李家田，南抵山，西抵塍，北抵赵家田。又北门外壹丘，东抵钟家田，南抵官墙，西北抵路，原无粮差，岁共收市斗草米伍石伍斗。

以上赈田、惠药、慈幼田三项，共岁收市斗谷伍拾壹石伍斗，米壹拾柒石，又恤隐官塘租银陆钱。自三十二年为始，俱凑支防兵粮饷。

哀骼田：巡抚江东之、巡按应朝卿檄府置，岁收租买棺掩骼，及中元祭厉亡魂。

都匀司门首壹分，东南北至民田，西至沟，岁纳市斗草米壹拾壹石肆斗。生员刘世忠施田叁分，凤凰脚下田肆丘，阿隅坝贰丘，纸房堡大河坎上壹拾贰丘，岁纳市斗草米肆石捌斗，以上每年共收市斗草米壹拾陆石贰斗。

都匀卫

户口：万历二十五年官军壹千叁百壹拾贰户，贰万壹千壹百壹拾叁丁口。三十年黄册壹千叁百贰拾捌户，贰万壹千壹百叁拾捌丁口。

土田：旧志，水陆田地叁万叁千伍百柒拾亩，万历九年新丈，报存贰万柒千壹百伍拾伍亩屯田贰万叁千伍百捌拾玖亩零，科田叁千伍百陆拾陆亩零。三十年黄册贰万柒千壹百陆拾叁亩。

贡赋：屯科粮旧额叁千贰百壹拾玖石柒斗捌升零。万历九年新丈叁千贰百肆拾贰石柒斗玖升零，续增壹拾叁石肆斗玖升零。二十五年增至叁千贰百伍拾陆石贰斗捌升零屯粮叁千零伍拾陆石，科粮贰百捌石叁斗捌升零。三十二年增至叁千贰百伍拾玖石玖斗贰升屯粮叁千零伍拾捌石，科粮贰百零壹石玖斗贰升零。

徭役：万历二十五年条鞭岁用丁差余租等银，共伍百壹拾陆两贰钱零。三十二年黄册伍百伍拾玖两肆钱贰分零。

赈田：万历二十六年巡抚江东之、巡按应朝卿置。

纸房堡壹分贰丘，东至费家田，西至石家田，南至杨家田，北至王家田，岁纳市斗米伍石。小河边壹分贰丘，东至沟，西至大垦，南至吴家田，北至龙家田，岁纳市斗米叁石伍斗。马路坝壹分壹丘，四至俱田，岁纳市斗米肆石伍斗。坝中壹分贰丘，四至俱田，岁纳市斗米壹石柒斗。以上共岁收市斗米壹拾石柒斗。马料余田肆百伍拾贰亩壹分，岁纳仓斗谷叁百肆拾柒石肆斗捌升。以上赈田、马料余田二项，每年共收仓斗谷叁百肆拾柒石肆斗捌升，市斗米壹拾石柒斗，自三十二年始凑支防兵粮饷。

清平县

户口、土田、贡赋、徭役等项俱详见都匀府下。

桥田：原系清平卫赈田，万历二十六年巡抚江东之、巡按应朝卿置，岁收租谷备赈。三十一年，子章因重安江险，行者病焉，建设浮桥，往来利涉。一年小修，三年大造之费，势不可无。查前田为武弁侵没，檄都匀推官罗德星，于指挥石拯、金如陵名下，追原价共贰百贰拾两还官，据本官详将壹百伍拾伍两，买田户王世麟、侯阿喜、王铨、白佑、宋启祥、李友植、朱锦、王好，各田捌分，在地名观音坡罗言寨，距重安江陆柒里，岁收草米壹百伍拾伍秤，共折仓斗谷陆拾陆石壹斗捌升零，内随田马馆壹两零陆分伍厘，秋粮壹斗伍升，每年听清平县收租，遇大小修浮桥之年，详允动支，变价修理。

清平卫

嘉靖间城屯站铺官军捌百玖拾柒户，贰千壹百捌拾肆丁口。万历二十五年报存柒百伍拾陆户，报增贰千叁百柒拾丁口。

土田：旧志，水陆田地壹万玖千柒百捌拾亩壹分。万历九年新丈，实在柒千贰百柒拾玖亩屯田陆千伍拾陆亩零，科田壹百伍拾亩零，凯里安抚司民田壹千柒拾壹亩零。

贡赋：凯里安抚司三年一贡，马肆匹。屯科秋粮旧额贰千陆百零捌石。万历九年新丈贰千陆百玖拾伍石柒斗零，续增贰拾贰石陆斗零。二十五年共增至贰千柒百壹拾捌石叁斗零屯粮贰千陆百肆拾伍石肆斗零，科粮壹拾石捌斗零，凯里安抚司秋粮陆拾贰石壹斗肆升零。

徭役：万历二十五年条鞭岁用丁差余租帮解等银，通共壹百陆拾肆两伍钱伍分零。

兴隆卫

户口：嘉靖间城屯站堡官军壹千玖拾肆户，叁千玖百壹拾伍丁口。万历二十五年报存壹万伍拾陆户，壹千捌百贰拾丁口。

土田：旧额水陆田地肆万玖千玖拾柒亩。万历九年新丈，报存壹万柒百壹拾壹亩柒分零屯田玖千柒百柒拾肆亩零，科田壹千叁百叁拾柒亩零。

贡赋：屯科粮旧额叁千贰百贰拾贰石肆斗零。万历九年新丈，增至叁千叁百壹拾柒石捌斗玖升，续增壹石伍斗肆升。二十五年通共增至叁千叁百壹拾玖石肆斗叁升零屯粮叁千贰百肆拾陆石叁斗肆升零，科粮柒拾叁石玖升零。

徭役：万历二十五年条鞭岁用银差余租等银，共肆百肆拾肆两捌钱。

赈田：万历二十六年巡抚江东之、巡按应朝卿置。

叁百壹拾陆亩陆分，岁纳仓斗谷壹百伍拾捌石叁斗。恁地壹分，壹拾柒丘，东至河，南至黄平所许家庄，西至山，北至杨碧民田，岁收市斗谷壹拾捌石玖斗。罗浪壹丘，东至河，西至大路，南北至韩邦臣田，岁收市斗谷叁石陆斗。白记贰段，一段庙门首贰拾壹丘，东至沟，南至周侑田，西至官田，北至庙门首，岁收市斗谷贰石肆斗。一段蔡普龙门首，贰拾柒丘，东至路，南至塘，西至张旺田，北至李家田，岁收市斗谷壹石伍斗。柳塘田壹分，陆拾伍丘，东至山，南至廖家田，西至蒋家田，北至本屯田，岁收市斗谷陆石陆斗。以上每年共仓市斗谷壹百玖拾壹石叁斗，内仓斗壹百伍拾捌石叁斗，市斗叁拾叁石，自三十二年始凑支新兵粮饷。

黄平所

户口：嘉靖间城屯官军伍百肆拾柒户，壹千肆百陆拾柒丁口。万历二十五年报存叁百零伍户，伍百叁拾丁口。

土田：旧志，水陆田地壹万零贰拾叁亩。万历九年新丈，实在柒千玖百叁拾贰亩屯田柒千柒百捌拾叁亩零，科田壹百肆拾亩零。

贡赋：屯科粮贰千伍百零捌石。万历九年新丈贰千伍百壹拾柒石捌斗，续增捌斗。二十五年增至贰千伍百壹拾捌石陆斗屯粮贰千伍百玖石玖斗零，科粮捌石柒斗捌升零。三十二年新旧贰千伍百贰拾肆石叁斗零屯粮贰千伍百壹拾伍石伍斗贰升零，科粮捌石柒斗捌升零。

思南府婺川县濯水溪额纳秋粮贰拾石零伍升柒合。

余庆司额纳秋粮壹百柒拾贰石，耗米捌石陆斗。

徭役：万历二十五年条鞭岁用银差屯粮银，共贰百柒拾贰两玖钱叁分零。三十二年新旧贰百玖拾肆两陆钱柒分零。

赈田：万历二十六年巡抚江东之、巡按应朝卿置。

西门外壹分肆丘，东至大河，北至小河，西南至田，岁纳市斗谷伍石壹斗。落平后坝壹分捌丘，东北至田，西至坝，南至河，岁纳市斗谷陆石。老鼠关壹分捌丘，东至木江河，西至新村坝，南至北崖河，北至坡，岁纳市斗谷肆石叁斗玖升肆合。以上共岁收市斗谷壹拾伍石肆斗玖升肆合。余田万历二十六年巡抚江东之、巡按应朝卿清出，共贰百贰拾肆亩肆分，岁纳仓斗谷壹百壹拾贰石贰斗。

钦恤军田：万历二十六年巡抚江东之、巡按应朝卿议置。

罗国旌抵赃田，价壹百肆拾伍两，田计叁拾伍亩玖分，仍责国旌佃种，岁纳仓斗谷叁拾伍石玖斗。

以上赈田、钦恤军田谷二项，共仓斗谷壹百肆拾捌石壹斗，自三十二年始凑支新兵粮饷。

镇远府

户口：嘉靖间官民捌百柒拾贰户，捌千陆百伍拾柒丁口。万历二十五年增至捌百柒拾肆户，报存捌千伍百贰拾陆丁口镇远县叁百贰拾陆户，贰千肆百玖拾柒丁口；施秉县壹百伍拾伍户，壹千伍百零柒丁口；邛水司贰百肆拾捌户，贰千玖百柒拾陆丁口；偏桥司壹百肆拾伍户，壹千伍百肆拾陆丁口。三十年黄册捌百玖拾叁户，捌千壹百伍拾壹丁口。

土田：旧志，田捌千陆拾肆亩陆分零；万历九年新丈增贰万柒千伍百捌拾贰亩零；十二年覆丈，除豁贰百叁拾叁亩零；二十五年增至叁万柒千伍拾玖亩镇远县贰万壹千捌百叁拾亩零，施秉县伍百玖拾亩零，邛水司贰千肆百玖拾陆亩零，偏桥司壹万贰千壹百肆拾壹亩零。三十年黄册贰万柒千叁百玖拾玖亩零。

贡赋：偏桥司每年额贡黄蜡壹拾贰斤拾贰两。秋粮旧额捌百柒石陆斗柒升零。万历九年新丈照额。十二年水灾除豁贰石柒斗捌升零。二十五年报存捌百肆石捌斗捌升零，外增科粮伍斗叁升零镇远府贰百伍拾壹石叁斗捌升，外增科粮伍斗叁升；施秉县陆拾石陆斗玖升；邛水司贰百肆拾玖石肆斗玖升零；偏桥司贰百肆拾叁石壹斗壹升零。三十年黄册捌百伍石肆斗贰升零。三十二年查增梁上、巴野纳草米贰千柒百捌拾秤。

课程：商税门摊钞共贰万肆千陆百伍拾肆贯伍拾捌文，税课局额解税银壹拾柒两捌钱柒分。

徭役：万历二十五年条鞭银差力差公费三项，共银叁千肆百叁拾陆两伍钱叁分镇远县壹千肆百贰拾叁两壹钱陆分零，施秉县伍百肆两陆钱壹分零，邛水司壹千柒拾肆两肆钱肆分零，偏桥司肆百叁拾肆两叁钱贰分零。

思州府

户口：嘉靖间官民柒百伍拾柒户，玖千壹百壹丁口。万历二十五年增至捌百零叁户，捌千壹拾丁口都坪司贰百捌拾贰户，贰千捌百陆拾丁口；黄道司叁百肆拾户，贰千贰百叁拾壹丁口；都素司壹百肆拾户，壹千陆百柒拾叁丁口；施溪司柒拾柒户，壹千贰百肆拾陆丁口。三十年黄册捌百零陆户，玖千壹百玖拾捌丁口。

土田：府属旧志田无顷亩，万历九年新丈，实在民田肆万捌千叁百捌拾亩伍分都坪司壹万陆千贰百贰拾贰亩捌分零，黄道司壹万捌千叁百壹拾玖亩肆分，都素司玖千伍百贰拾柒亩伍分零，施溪司肆千叁百壹拾亩陆分零。

贡赋：贡额岁解黄蜡陆拾叁斤都坪司肆拾陆斤，黄道司陆斤半，施溪司肆斤半，都素司陆斤，每三年一次类解，近改入条鞭，征银解纳。秋粮旧额捌百叁拾玖石玖斗伍升捌合伍勺。万历九年新丈，增至捌百伍拾贰石柒斗陆升零都坪司贰百捌拾伍石肆斗零，黄道司叁百叁拾石柒斗伍升，都素司贰百叁拾肆石肆斗捌升，施溪司壹百零贰石叁斗叁升叁合零[1]。

徭役：万历二十五年条鞭银差力差公费三项银，共伍千伍拾贰两叁钱叁分零都坪司壹千捌百贰拾贰两玖钱零，黄道司壹千玖百肆拾肆两肆钱零，都素司捌百贰拾陆两肆钱，施溪司肆百伍拾捌两伍钱陆分零。三十二年新旧伍千贰百壹拾玖两捌钱玖分零都坪司壹千捌百柒拾伍两柒钱零，黄道司贰千叁拾肆两陆钱陆分零，都素司捌百贰拾陆两叁钱，施溪司肆百捌拾叁两贰钱贰分零。

赈田：万历二十六年巡抚江东之、巡按应朝卿置。

壹分杨显科龙转田，大小贰拾陆丘，东抵杨清官田，西抵施一和、施惟高田，南抵山脚，北抵常住田。又寨拱田贰拾捌丘，东抵锡丈田，西抵水沟，南抵山脚田坎，北抵山岭。又寨由田伍拾壹丘，东抵田景韶田，西抵坡岭，南抵溪，北抵人行路，通共受价肆拾伍两，除粮差将垦田代纳外，岁纳市斗谷贰拾伍石，耗谷柒斗伍升，领种人杨显文。壹分杨清龙转田，大小贰拾壹丘，上抵杨显科田，下抵施惟高田，左右抵本田，受价壹拾捌两，除粮差将垦田代纳外，岁纳市斗谷壹拾石，耗谷叁斗，领种人杨清。壹分刘仕清便堰田，上段肆拾丘，东抵吴秀科、吴秀兴田，南抵土冲，西北抵新田。又中段田肆丘，东抵吴再东田，南北抵田应选田坎，西抵河坎。又下段捌丘，东抵高坎，南抵田应选田，西抵罗宗周田，北抵河坎田，共受价银贰拾柒两，除粮差将垦田代纳外，岁纳市斗谷壹拾伍石，耗谷肆斗伍升。又随官田新开大小贰拾伍丘，无粮差，免耗谷，岁纳市斗谷伍斗，领种人刘仕清。壹分吴秀侯便索田叁丘，东抵本身田，南抵吴秀朝田，西抵大路，北抵住溪铺。又坝寨田壹分，东抵吴胜习田，西抵吴秀清官田，受价陆两叁钱，除粮差将垦田代纳外，岁纳市斗谷叁石伍斗，耗谷壹斗伍升伍合，领种人吴秀侯。壹分吴秀榜便索田，肆丘，东抵吴秀亮田，西抵吴秀斌田，南抵吴秀时田，北抵吴秀侯田，受价肆两伍钱，除粮差将垦田代纳外，岁纳市斗谷贰石伍斗，耗谷柒升伍合，领种人吴秀榜。壹分吴秀亮便索田，大小玖丘，东抵吴秀真田，南抵吴秀朝田，西抵吴秀榜田，北抵吴秀玉坟，受价肆两伍钱，除粮差将垦田代纳外，岁纳市斗谷贰石伍斗，耗谷柒

---

① 三合零：万历志作"三合五勺"。

升伍合，领种人吴秀亮。壹分吴再东便非田，大小肆丘，东抵河坎，南抵吴再科田，西抵吴再朝官田，北抵吴胜习田，受价贰两柒钱，除粮差将垦田代纳外，岁纳市斗谷壹石伍斗，耗谷肆升伍合，领种人吴再东。壹分吴再朝便非田壹丘，东抵吴再东官田，南抵吴秀贤，西北抵吴秀登田，受价贰两柒钱，除粮差将垦田代纳外，岁纳市斗谷壹石伍斗，耗谷肆升伍合，领种人吴再朝。壹分吴秀清坝寨田，大小壹拾壹丘，东抵吴胜习官田，南抵吴秀侯官田，西抵吴老祥田，北抵上坎石攻玉田，受价肆两伍钱，除粮差将垦田代纳外，岁纳市斗谷贰石伍斗，耗谷柒升伍合，领种人吴秀清。壹分吴胜习坝寨田，贰拾贰丘，东抵河坎，西抵吴秀侯官田，北抵石攻玉田，受价玖两，除粮差将垦田代纳外，岁纳市斗谷伍石，耗谷壹斗伍升，领种人吴胜习。壹分冉廷诰、冉万选转水杨五田，叁拾伍丘，东抵水沟，南抵沟坎，西抵马头田沟，北抵坎沟，受价贰拾柒两，除粮差将垦田代纳外，岁纳市斗谷壹拾伍石，耗谷肆斗伍升，领种人冉廷诰、冉万选。壹分吴大海凯空寨冲亥屯母田二坝，水田壹百柒拾陆丘，东抵河堰口，南抵河路，西抵小沟路，北抵坡，受价伍拾壹两叁钱，除粮差将垦田代纳外，岁纳市斗谷贰拾捌石伍斗，耗谷捌斗陆升伍合，领种人宋朝富。壹分吴再琦大佃洞园相田，大小壹拾肆丘，东抵寨脚，西抵坎，南抵周土官田，北抵人行路，受价壹拾肆两肆钱，除粮差将垦田代纳外，岁纳市斗谷捌石，耗谷贰斗肆升，领种人吴再琦。一分易应表大佃洞田板塘，大小壹拾贰丘，东抵易应显田，西抵坎，北抵易应德田，受价壹拾两捌钱，除粮差将垦田代纳外，岁纳市斗谷陆石，耗谷壹斗捌升，领种人易应表。一分易应显大佃洞马家田，大小拾丘，东抵河，西北抵吴爵田，南抵陈永明田，受价玖两，除粮差将垦田代纳外，岁纳市斗谷伍石，耗谷壹斗伍升，领种人易应显。一万历三十年续清出偏桥卫军邓乘龙隐占石街民田壹拾伍亩玖分肆厘玖毫，岁收市斗谷柒石伍斗。一万历三十二年续清出民人杨再忠隐占王家沟民田玖亩捌分，岁收市斗谷肆石玖斗。以上每年共收市斗谷正耗谷壹百肆拾捌石肆斗零伍合。

药田：万历二十六年巡抚江东之、巡按应朝卿置。

壹分吴再邦、再选大佃洞官井田，大小伍丘，东抵吴万舟田，西抵路，南抵吴再琦田，北抵简宗隆田，受价伍两肆钱，除粮差将垦田代纳外，岁纳市斗谷叁石，耗谷玖升，领种人吴再邦、再选。壹分杨显科寨拱田内下坝巴印田，大小叁拾壹丘，每年纳市斗谷伍石，无耗，领种人杨显文。以上每年共市斗正耗谷捌石玖升。

赈田、药田谷二项，每年通共市斗正耗谷壹百伍拾壹石伍斗玖升伍合。

哀骼田：巡抚江东之、巡按应朝卿置，岁收租谷给僧掩骼。

陈恩营盘壹分，柒丘，东北抵高坎路，西抵陈本忠田，南抵本家田，受价肆两伍钱，除粮差将垦田代纳外，岁纳市斗谷贰石伍斗，耗谷柒升伍合，领种人陈恩。

思南府

户口：嘉靖间官民贰千陆百叁拾柒户，贰万叁千陆百陆拾陆丁口。万历二十五年报存贰千肆拾贰户，贰万捌千叁百伍拾贰丁口水德司陆百户，陆千叁百壹拾丁口；蛮夷司伍百壹拾壹户，陆千叁百壹丁口；沿河司贰百肆拾贰户，伍千捌百柒拾捌丁口；朗溪司壹百叁拾陆户，贰千壹百贰拾柒丁口；印江县贰百玖拾捌户，叁千陆百陆拾壹丁口；婺川县贰百伍拾玖户，肆千伍拾伍丁口。三十年黄册贰千壹百捌拾叁户，贰万捌千叁百贰拾柒丁口。

土田：旧志田无顷亩，万历九年新丈田地壹拾叁万柒千叁百柒拾壹亩零。十二年丈增水蛮二司壹千壹百捌拾捌亩伍分零，详豁沿河司水冲田叁拾叁亩陆分零。二十五年报增壹拾叁万捌千伍百伍拾玖亩零水德司伍万伍千捌百肆拾壹亩零，蛮夷司贰万伍百玖拾贰亩零，沿河司捌千柒百叁拾肆亩零，朗溪司捌千壹百柒拾陆亩，印江县壹万捌千柒百肆拾柒亩零，婺川县贰万陆千壹百陆拾捌亩零。三十年黄册壹拾叁万叁千陆百肆拾捌亩零。

贡赋：一年一贡，黄蜡玖百伍拾捌斤壹拾贰两水德司叁百贰拾捌斤，蛮夷司壹百捌拾玖斤贰两，沿河司捌拾叁斤拾贰两，朗溪司壹拾肆斤，印江县壹百陆拾壹斤拾肆两，婺川县壹百捌拾贰斤。水砚壹百玖拾玖斤捌两水德司肆斤，蛮夷司叁斤，婺川县壹百陆拾玖斤捌两，印江县贰拾叁斤。秋粮旧额壹千捌百贰拾玖石玖斗壹升零。万历九年新丈共壹千柒百玖拾玖石伍斗叁升零。十二年印、婺二县，水、蛮、沿河三司水灾，永免共陆石贰升贰合叁勺柒抄。朗溪司续增贰石伍升零。二十五年报增壹千捌百伍拾柒石玖斗陆升零水德司陆百叁拾壹石肆斗伍升零，蛮夷司叁百零伍石捌斗捌升零，沿河司壹百捌拾柒石伍升零，朗溪司陆拾壹石贰斗伍升，印江县壹百贰拾石伍斗陆升零，婺川县叁百伍拾壹石柒斗肆升零。三十年黄册壹千捌百伍拾陆石壹升零。

课程：龚潭税银柒百两，商税门摊钞共壹万肆千叁百玖拾伍贯贰百贰文。

徭役：万历二十五年条鞭银差力差公费三项，共银壹万叁千伍百捌拾叁两玖钱肆分零印江县贰千陆百陆拾肆两捌钱柒分零，婺川县叁千捌百肆两柒钱伍分零，水德司叁千肆百柒两捌钱贰分零，蛮夷司贰千壹百捌两肆钱玖分零，朗溪司陆百柒拾贰两肆钱分零，沿河司壹千零壹拾两柒钱肆分零。三十一新旧壹万肆千壹百玖拾捌两肆分零印江县贰千柒百拾伍两陆钱柒分零，婺川县叁千壹百柒拾叁两柒钱伍分零，水德司叁千陆百贰拾伍两柒钱柒分零，蛮夷司贰千捌百玖拾捌两捌钱叁分零，沿河司壹千壹百柒拾陆两陆钱零，朗溪司陆百肆拾肆两叁钱玖分零。

赈田：万历二十六年巡抚江东之、巡按应朝卿置。

邵家桥壹分壹丘，南北至路，东西至民田，除粮差岁纳市斗谷贰拾叁石壹斗。两江口壹分，壹拾贰丘，东至山，西至沟，南至田，北至路，除粮差岁纳市斗谷伍石柒斗肆升。黎子兜壹分玖丘，东至路，西南北俱至民田，除粮差岁纳市斗谷捌石。四官寨壹分，壹百零壹丘，上左抵刘璋、严签，下右抵左廷华、邹翰、石中珊田，除将小泽乾田伍丘，通木园土地堂陆地贰拾丘纳粮差①，岁收市斗谷叁拾捌石玖斗贰升。塘头黄镇坝壹分，壹拾贰丘，四至俱民田，除粮差岁纳市斗谷壹拾叁石零贰升。万历三十年，印江县申将赈饥银肆拾两，买民人吴正荣，地名小革浪，水田壹分，大小贰拾叁丘，岁收市斗谷贰拾伍石，随田粮差承种人自纳。以上每年共收市斗谷壹百壹拾叁石柒斗捌升，自三十二年始凑支新兵粮饷。

石阡府

户口：嘉靖间官民杂役捌百壹拾柒户，柒千肆百壹拾壹丁口。万历二十五年报增捌百贰拾肆户，壹万陆千柒百玖拾贰丁口石阡司叁百捌拾陆户，伍千捌百伍拾伍丁口；龙泉司贰百贰拾肆户，叁千柒百肆拾壹丁口；苗民司玖拾柒户，叁千捌百叁拾贰丁口；葛彰司壹百壹拾陆户，肆千壹百叁拾肆丁口。三十年黄册捌百贰拾伍户，捌千叁百伍拾柒丁口。

土田：旧志，山坡险平不一，原无顷亩。万历九年丈量，共民田捌万柒千捌百贰亩陆分柒厘零。十二年水灾除豁捌拾肆亩柒分贰厘，实在捌万柒千柒百壹拾柒亩零石阡司叁万肆千肆百壹拾壹亩伍分零②，龙泉司叁万叁千壹百贰拾柒亩零，苗民司壹万叁拾贰亩肆分零，葛彰司壹万零壹百叁拾伍亩捌分捌厘玖毫。三十年黄册捌万柒千捌百贰亩陆分零。

贡赋：贡额每岁黄蜡叁百伍拾斤石阡司壹百叁斤壹拾肆两，龙泉司壹百陆拾柒斤陆两，苗民司柒拾壹斤壹拾贰两，葛彰司柒斤。秋粮旧额捌百伍拾石陆斗玖升。万历九年新丈共捌百伍拾壹石柒斗玖升零。十二年水灾除豁壹石壹斗贰升贰合伍勺，实在捌百伍拾陆斗柒升零石阡司壹百伍拾石肆斗肆升零，龙泉司贰百壹拾贰石捌斗肆升零，苗民司壹百伍拾捌石陆斗肆升，葛彰司壹百捌拾陆石捌斗壹升。三十年黄册捌百伍拾壹石柒斗玖升零。

徭役：万历二十五年条鞭银差力差公费三项，共银陆千柒百贰拾叁两伍分零石阡司贰千伍百伍拾壹两壹钱叁分零，龙泉司壹千玖百玖拾陆两贰钱壹分零，苗民司壹千零捌拾两伍钱肆分零，葛彰司壹千零玖拾伍两壹钱陆分零。三十二年新旧柒千柒百贰拾玖两贰分零石

---

① 丘：原作"工"，据贵图本改。
② 壹拾壹亩：万历志作"贰拾贰亩"。

阡司贰千陆百捌两贰钱玖分零，龙泉司贰千捌百伍拾壹两捌钱肆分零，苗民司壹千壹百叁拾伍两陆钱肆分零，葛彰司壹千壹百叁拾叁两贰钱肆分零。

赈田：万历二十六年巡抚江东之、巡按应朝卿置。

平银寨壹分，壹丘肆亩，东抵费书，西抵胡安六，北抵董礼，南抵胡安六民田，岁纳仓斗谷叁石。梭寨壹分，壹丘伍亩，东抵本家门首，西抵本家沙河，南抵王东阳民田，北抵演武亭，岁纳市斗谷叁石柒斗伍升。龙底寨壹分，上中下田贰拾柒丘，壹拾壹亩玖分，东北抵龙见田民田，西抵小路树坎，南抵本宅下，岁纳市斗谷壹拾叁石肆斗。平地壹分，贰丘，贰亩贰分，东抵溪坎，西抵山，南抵本家土，北抵溪，岁纳市斗谷壹石陆斗伍升。巴茅湾壹分，捌丘，叁亩柒分伍厘，东抵路，西抵坡，南抵河，北抵坎，岁纳市斗谷贰石捌斗贰升。巴寨壹分，伍丘，贰亩，东抵和尚田，西抵杨再勋田，南抵小溪，北抵杨通和民田，岁纳市斗谷壹石伍斗。打铁都壹分，叁拾肆亩陆分，南抵陈五元民田，北抵陈嘉泰民田，东抵本宅基，西抵吴真元民田，岁纳市斗谷贰拾伍石玖斗伍升。官亭壹分，壹拾柒丘，壹拾叁亩，东抵大路，西抵车乾一田，南抵杨廷美田，北抵水沟，除粮差岁纳仓斗谷柒石捌斗。亚池壹分，陆丘，壹拾贰亩，东抵本家田，西抵河边大路，南北抵吴朝俸田，除粮差岁纳仓斗谷柒石贰斗。凌角塘壹分，拾壹丘，壹拾贰亩，东抵大水沟，西抵和尚田，南抵土坎，北抵陈相田。又茶园壹拾伍丘，拾肆亩，东抵水沟，西抵丁必汉田，南抵袁庆田，北抵上坎，除粮差岁纳仓斗谷壹拾伍石陆斗。以上每年共仓市斗谷捌拾贰石陆斗柒升内仓斗叁拾石陆斗，市斗伍拾贰石零柒升。

惠药地租：万历二十六年，知府郭原宾奉文议将左右空地召民李大洪、王万贵、王有祖、张大荣、张贵恩各认纳地租银陆钱[①]，陈贵连房壹两，周廷益肆钱，廖月三、甘南一各叁钱，罗表一、周琼各捌钱，萧守敬贰钱，各民自竖房住。又苗民司条鞭药饵银壹两捌钱，共捌两陆钱。奉文革去药局，详改准作学田条馆，每年动支贰两柒分，其余陆两伍钱叁分贮库。

泽幽田：万历二十六年巡抚江东之、巡按应朝卿置。收租给僧掩骼，及中元祭历亡魂。

土塘壹分，大小拾丘，东至大路，北至高坎，南至河沟，西至大溪，除粮差岁纳市斗谷玖石。牟水头贰分，大小壹拾陆丘，东至大沟，北至荒山，南至高坡，西至小溪，除粮差岁纳市斗谷柒石。林柞溪壹分，大小陆丘，东至高坡，南至荒山，北至小溪，西至河沟，除粮差岁纳市斗谷肆石，以上每年共市斗谷贰拾石。

---

① 郭原宾：原作郭元宾，据本书守令表、山水志、方外列传等改。

铜仁府

户口：嘉靖间官民杂役玖百叁拾玖户，肆千壹百伍拾丁口。万历二十五年增至玖百肆拾壹户，壹万陆百捌拾叁丁口铜仁县叁百壹户，叁千捌百叁拾贰丁口；省溪司贰百陆拾户，贰千陆百贰丁口；提溪司柒拾贰户，陆百贰拾柒丁口；平头司壹百捌拾肆户，壹千伍百伍拾柒丁口；乌罗司壹百叁户，壹千陆百玖拾贰丁口；万山司贰拾壹户，叁百柒拾伍丁口。三十年黄册玖百肆拾叁户，壹万贰千肆百丁口。

土田：旧志府属司民田伍万壹千叁百伍拾陆秅。万历九年新丈，增至捌万玖千柒百玖拾陆亩铜仁县叁万壹千玖百玖拾肆亩零，提溪司捌千肆百陆拾叁亩，省溪司贰万壹千伍百捌拾亩零，万山司壹千叁百壹亩零，乌罗司壹万叁千贰百捌拾玖亩，平头司壹万肆千玖百陆拾柒亩零。

贡赋：府属县司岁贡黄蜡壹百捌拾肆斤肆两铜仁县叁拾伍斤捌两，乌罗司伍拾柒斤，提溪司伍拾叁斤零贰两，平头司叁拾捌斤拾两。水碾贰拾玖斤捌两万山出。硃砂壹拾陆斤捌两省溪司壹拾壹斤，万山司伍斤捌两。夏税岁征洞蛮布贰百伍拾九条壹丈伍尺每条长贰丈，阔壹尺，征银壹钱，共该银贰拾两伍钱柒分伍厘。秋粮，旧志壹千壹百柒拾叁石陆斗捌升。万历九年新丈，增至壹千贰百叁石玖斗零，外增贰斗玖升零铜仁县肆百玖拾伍石零，省溪司贰百陆拾石捌斗零，提溪司壹百壹拾陆石叁斗伍升，大万山司壹拾石，乌罗司壹百叁拾伍石柒斗零，平头司玖拾壹石捌斗零。三十年黄册壹千贰百叁石玖斗柒升。门摊盐钞共征白银捌两伍钱零铜仁县贰两肆钱捌分，省溪司贰两零捌分，提溪司捌钱贰分，乌罗司贰两贰钱捌分，平头司捌钱，万山司柒分。

徭役：万历二十五年条鞭银差力差公费三项，共银柒千伍百伍拾玖两伍分铜仁县贰千伍百玖拾伍两捌钱肆分，乌罗司壹千壹百玖拾叁两贰钱壹分，省溪司壹千玖百捌拾壹两柒钱陆分，提溪司壹千伍拾肆两壹钱肆分，平头司伍百捌拾陆两贰分，万山司壹百肆拾捌两肆分。三十二年新旧柒千玖百叁拾柒两叁钱贰分零铜仁县贰千柒百壹拾叁两玖钱壹分零，乌罗司壹千贰百肆拾柒两伍钱陆分零，省溪司壹千壹百叁两柒钱捌分零，提溪司壹千玖拾叁两零，平头司陆百贰拾两陆钱玖分零，万山司壹百伍拾捌两叁钱伍分零。

赈田：万历二十六年巡抚江东之、巡按应朝卿置。

接官亭壹分，贰拾玖丘，四至俱民田，岁纳仓斗谷壹拾陆石。溪左壹分，肆拾柒丘，四至俱田，除粮差岁纳仓斗谷壹拾肆石。溪源接官亭堆下共贰分，叁拾伍丘，四至俱民田，岁纳仓斗谷壹拾肆石陆斗。高车壹分，玖丘，东至河，西至路，南至田，北至高车头，除粮差岁纳仓斗谷壹拾陆石。接官亭桥边壹分，捌丘，路边壹分，贰丘，除粮差岁纳仓斗谷壹拾贰石。堆边壹分，壹拾壹丘，又坡脚下梭形壹丘，共壹拾贰丘，除粮差岁纳仓斗谷捌石。木槤壹分，肆拾丘，除粮差岁纳仓斗谷叁拾贰石。以上每年共仓斗谷壹百壹拾贰石陆斗。

黎平军民府

户口：嘉靖间官民杂役叁千陆百陆拾伍户，贰万肆千伍百壹拾肆丁口。万历二十五年增至叁千柒百柒拾叁户，肆万贰千贰百玖拾叁丁口永从县贰百贰拾户，柒千肆拾肆丁口；古州司陆百肆拾捌户，肆千贰百壹拾叁丁口；曹滴司陆百陆拾贰户，柒千贰百捌拾贰丁口；潭溪司叁百柒拾户，叁千叁百柒拾伍丁口；八舟司贰百贰拾贰户，壹千柒百柒拾柒丁口；洪州司肆百肆拾壹户，叁千伍百柒拾丁口；新化司壹百伍拾壹户，贰千叁百伍拾柒丁口；湖耳司壹百柒拾户，壹千陆百捌拾玖丁口；亮寨司壹百贰拾伍户，贰千壹百柒拾丁口；欧阳司壹百贰拾户，贰千陆百肆拾肆丁口；中林司壹百肆拾肆户，壹千玖百捌拾伍丁口；龙里司壹百肆拾肆户，贰千壹百陆拾肆丁口；赤溪司壹百叁拾伍户，玖百伍拾陆丁口；西山司壹百廿壹户，壹千陆拾叁丁口。

土田：旧志，民田原无顷亩，万历九年新丈贰万柒千贰百贰拾亩玖分零。十二年覆丈出贰千贰百壹拾叁亩柒分零。二十五年新旧共增至贰万玖千肆百叁拾肆亩陆分零永从县叁千柒百玖拾玖亩伍分零，古州司贰千陆百捌拾亩，曹滴洞司叁千柒百柒拾捌亩壹分，潭溪司肆千肆百叁拾捌亩叁分零，八舟司贰千伍百柒拾柒亩柒分零，洪州司肆千肆拾捌亩肆分零，新化司壹千贰百肆拾玖亩伍分零，湖耳司伍百壹拾贰亩，亮寨司壹千伍百陆拾陆亩玖分零，欧阳司柒百壹拾玖亩叁分零，中林验洞司柒百贰拾贰亩，龙里司叁千陆百伍拾亩零，赤溪司贰百壹拾叁亩柒分零。三十年黄册贰万玖千陆百壹拾贰亩零。

贡赋：秋粮旧额贰千伍百陆拾壹石玖斗零。万历九年新丈，续报陆拾柒石。二十五年增至贰千陆百贰拾捌石玖斗零永从县叁百柒拾贰石贰升，古州司贰百陆拾石，曹滴司叁百陆拾叁石捌斗肆升，潭溪司肆百叁拾陆石，八舟司壹百玖拾捌石壹斗柒升零，洪州司叁百玖拾柒石肆斗，新化司壹百壹拾柒石伍斗捌升零，湖耳司肆拾伍石，亮寨司壹百肆拾玖石肆斗玖升零，欧阳司陆拾叁石肆升零，中林司陆拾肆石，龙里司壹百叁拾伍石肆斗叁升零，赤溪司贰拾石，西山司柒石。三十年黄册贰千陆百贰拾捌石玖斗玖升零。

徭役：万历二十五年条鞭银差力差公费三项，共银捌百贰拾肆两柒钱零永从县陆拾两，潭溪司陆拾伍两柒钱，新化司陆拾肆两叁钱，欧阳司陆拾肆两，亮寨司陆拾捌两玖分，湖耳司柒拾柒两叁钱，中林司陆拾肆两玖钱叁分零，龙里司伍拾柒两肆钱，古州司柒拾贰两玖钱叁分，曹滴司柒拾贰两壹钱，八舟司陆拾贰两捌钱叁分零，洪州司陆拾叁两，赤溪司贰拾玖两壹钱贰分。

学田：万历三十三年巡抚、右都御史兼兵部右侍郎郭子章发银伍拾两置，内将叁拾伍两买朗团壹分，贰拾壹丘，东抵大山，南抵梭乔田，西抵河坎田塍，北抵银上水沟，除粮差外岁收草米壹百伍拾伍秤，佃种均分柒拾柒秤半，又银壹拾伍两。

黔记卷二十一目录

兵戎志

黔记卷二十一①

泰和郭子章相奎父著
汉州宋兴祖汝杰父正
贵溪毕三才成叔父校

兵戎志

蟪衣生曰：善乎晋士季之告郤子也，曰备之善。楚无恶，除备而盟，何损于好？若以恶来，有备不败。且虽诸侯相见，军卫不撤警也。郤子不可而有泌之败。黔本夷落，强为行省，四顾皆苗，恶乎不备？自国初以来至于今，上下卫所如率然，有堡、有关、有哨、有卒，载诸方册，犁然备矣。嗟乎，此图中之骥，不可责千里。予入黔，而有播与皮林之役。所谓率然者，不能向贼遗一矢。是备犹不备也。夫竭楚蜀之饷，养不备之戍，而欲备召募之卒，不能备召募之訾。诵士季语，为之窃叹，矧四方之以恶来者日纷员也。作《兵戎志》。

巡抚贵州兼督理湖北湖南川东等处地方、提督军务都御史一员，建节会省，兼制三藩，内则监军道，外则四兵备道，武则总兵、参将、都司分阃，川东、湖北、湖南文武官悉听节制。

标下署游击将军都指挥一员，坐营中军官一员，游击坐营小中军官一员②，标正二营把总官二员③。标兵五百名，募兵五百名，共一千名，除分发一半于各路防

---

① 二十一：原作"十九"，改。
② 一员：万历志作"二员"。
③ 二员：万历志作"共十六员"。

守，在省止一半团练①。

镇守贵州总兵官一员，旧设驻省城，嘉靖三十二年加提督麻阳等处地方职衔，驻铜仁，节制镇篁参将，督调两省汉土官兵。湖广镇篁、九永二守备，常德、辰、沅、九、永、施州六卫，永顺、保靖二宣慰，施南散毛等宣抚，五寨等长官，四川西阳宣抚，平茶邑梅等长官，悉听节制。万历二十七年播叛，改驻省城，二十八年播平后，改春夏驻省城防播，秋冬驻铜仁防苗。

标下坐营中军官一员，内外营哨汉土官兵四千八百员名。

贵州都指挥使司辖卫一十八，所三，俱隶右军都督府，本司额军政、掌印、金书、管屯、操捕各一员操捕即游击。

安平守巡道地方。

分守安平道参政一员，驻省城。

分巡安平、威清兵备道副使一员，驻普定。

守备普安等处地方以都指挥体统指挥一员，驻安庄卫，专管普安、安南、安庄三卫，普安、永宁、镇宁三州，关岭一所地方，部下官兵一百五十六员名，内分一百余名防白水等哨，该备下仅五十名随守安庄。

守备坝阳等处地方，以都指挥体统指挥一员，驻平坝卫，专管威清、平坝、普定三卫，安顺一府地方，部下官兵一百九十三员名，内拨一百四十余名守各路并坝阳营，该备下止五十名随守平坝。

辖府二、州四、县一、卫七，兼制云南沾益州、广西泗城州。

贵阳军民府

哨十，四方河哨军兵二十名、民兵十名。乾堰塘哨土兵十九名。毛栗哨军兵十九名、民兵九名。花犵狫哨军兵二十名，四哨共百户一员。桐木岭哨军兵二十三名、民兵八名。簸箕哨哨长一名，哨兵二十名，二哨共哨官一员。波罗二哨百户一员、哨长一名、哨兵二十九名。石板哨百户一员，兵二十名。摆找哨哨兵二十名。打铁哨哨兵二十名，二哨共百户一员。

---

① "标兵五百名"至段末，万历志作："哨总七名，哨长十名，队长三十名。标兵五百五十名，募兵四百五十名，正军一千名。按古制分之为营者十：曰左，曰右，曰健，曰顺，曰风，曰雷，曰山，曰泽，曰水，曰火。"

关隘三。新添关，城东南二里。鸦关，杨柳铺左，四川驿道经此。响水关，城西北五里，以兵戍守。

新贵县

哨一。青岩哨在州县之界，哨兵一十五名。

定番州

哨十七。程番关哨哨兵十六名。乾堰塘哨哨兵十六名。姚家哨哨兵十名。赤土哨哨兵六名。马门哨哨兵十名。狗场哨哨兵十名。打华、虎牢二哨哨兵十六名。白岩哨哨兵十名。交马哨哨兵十五名。牛皮哨哨兵十五名。鸡窝哨哨兵十名。谷宋哨哨兵八名。乾马哨哨兵十名。墓口哨哨兵十名。崇明哨哨兵五名。杉木哨哨兵十名。

关隘二十九。程番关，州北十里。滴水岩关，州南十五里。鸡窝关，州南十里。磨石关，州南十里。石门关，州南二十里。洞口关，州东十三里。小山关，州北二十里。青苗关，州南三十里。长里关①，州东二十里。鸭水关，州西六十里。乌罗关，州西四十里。墓口关，州西十五里。龙堰口关，州西十二里。木星关，州西南七十里。梅子关，州西七十里。宂夏关，州南二十里。竹柯关，州南二十里。苦练关，州西六十里。翁松关，州西七里。黑石关，大华司北六里。克度关，去州一百八十里。打仇关，麻向司东二里。通州关，去州一百七十里。蔓头关，木瓜司北十五里。翁桂关，州东廿里。白岩关，州东十五里。燕溪关，州北十三里。乾沟关，州西四十里。交马关，州西四十五里。

安顺军民府与普定卫同城

普定卫

额颁符验二道，铜牌十二面。旗军原额六千九百零五名，查存二千四百三十九名；军器原额九万四千七百一十三件，查存三万二千七百二十六件；操马原额一百匹，查存四十九匹。

---

① 长里关：万历志、嘉靖志均作"长田关"。

哨十。杨家关哨军兵三十名，石关口哨军兵二十五名。以上委千总一员督管。集翠岩哨军兵二十五名，杨花关哨军兵二十名。以上委千总一员督管。山京哨指挥一员，军兵一百名。猪场坝哨百户一员，军兵三十名。白岩哨百户一员，军兵三十名。永靖哨百户一员，平坝卫军兵十五名，本卫军兵五名。蒙沮哨百户一员，军兵五名，民兵四十五名。归华营百户一员，平坝卫军兵五名，本卫五名。

关隘五。罗仙关，城东十里。杨家关，城东三十里。老虎关，城西二十里。牛蹄关，城西五里。大屯关，城西十五里。

普定站军一百十九名，屯军一千六百八十一名。

威清卫

额颁铜牌九面。旗军原额五千一百名，查存一千八百一十五名；军器原额七万九千四百二十二件，查存六万四千二百六十四件；操马原额一百五十匹，查存四十八匹。兵备郑秉厚议革三十五匹，每匹征银二两，解布政司贮库。

哨十五。平夷哨募兵十八名。尖山民哨募兵十三名。关家哨军兵二十七名。马场哨军兵二十五名。平桥哨募兵十五名。黑泥哨军兵二十五名。六寨哨军兵十五名。以上各哨俱团聚于黑泥哨，为一大哨，委把总一员督管。乾塘哨募兵十五名。碗口哨军兵二十六名。俞家哨军兵二十六名。长凹哨军兵二十六名。芦荻哨军兵二十六名。永靖哨军兵十五名。五岔岭哨募兵二十名。曾家哨军兵四十名。以上各哨团聚于长凹岭哨为一大哨，委把总一员督管。

威清站军三百六十名，万历九年奉例查革一百二十名，止存二百四十名，今二百九十四名。的澄巡司弓兵十名。

关隘一。的澄关，城西八里，路通滇南，设巡检，隶宣慰司，屯军九百二十四名。

平坝卫

额颁铜牌十面。旗军原额五千六百名，查存二千一百一十六名；军器原额六万四千三百五十一件①，查存六万二千八百七十二件②；操马原额一百七十七匹，查存六十四。

哨九。镇夷哨哨长一名，总甲一名，散兵二十三名。龙湾哨哨军二十四名。哮

---

① 五十一件：万历志作"五十二件"。
② 二千：万历志作"三千"。

囉哨哨军二十五名。乾塘哨哨军二十五名。以上各哨俱团聚于龙湾哨，为一大哨，委把总一员督管。高坡哨哨军十八名。望城哨哨军十八名。寒坡哨哨军十五名。珪山哨哨军二十名。以上各哨防守官各一员，苗哨土兵领田耕食防守。以上各哨俱团聚于界首铺，为一大哨，委把总一员督管。

关隘一。滴水关，城南三十里，龙窝铺右，又名杨家关。

屯军六百一十五名。

镇宁州 _{与安庄卫同城}

安庄卫

额颁铜牌七面。旗军原额五千五百九十九名，查存一千六百五十六名；军器原额四万二百四十六件，查存烧毁铁二千八百七十斤；操马原额一百七十六匹，查存五十四。坐镇查城指挥一员，操兵五十名。

哨十九。查城分司后山、阿里坡、马鞍桥三哨，各土兵五十名[①]。大山哨百户一员，军兵三十名。白马哨、周英哨，以上二哨各哨兵二十名。俱团聚于周英哨，委千总一员督管。龙潭哨哨兵十八名。滑石哨哨兵十七名。鸡背哨哨兵二十名。大亚哨哨兵二十名。以上各哨俱团聚于滑石哨，委把总一员督管。阿邦哨、马跑哨、安平哨、固庙哨、肖箐哨、永宁哨，以上六哨各哨兵二十名。安笼哨哨兵十名。胡椒哨哨兵八名。象鼻哨哨兵十名。

关隘二。西关，城西。老虎关，城东二十五里。

安庄站军四百一十八名，屯军六百二十九名。

关岭守御千户所

堡三。白水堡，安庄站西。北口堡，城南五十五里。南口堡，查城站西，俱洪武间建。

永宁州 _{与安南卫同城}

哨十三。马跑哨、阿邦哨、固郭哨、安平哨、阿里哨、沙营哨、黄毛哨、查城

---

① 五十名：万历志作"十五名"。

516

后哨、马安哨、顶营哨、慕役哨、阿由哨、黄土坡哨，各哨兵不等，俱系顶营、募役、沙营、阿果等处粮民防御①。

关隘二。盘江关、鸟鸣关，洪武中置，有戍兵。

安南卫

额颁铜牌十面。旗军原额五千六百名，查存一千二百零一名；军器原额二万一千一百六十三件，查存九千一百一十三件；操马原额一百二十五匹，查存五十匹。

哨八。盘江哨哨军二十五名。新哨哨军二十五名。永平哨哨军十一名。梅子哨哨军二十五名。安笼哨哨兵二十五名。以上守哨百户一员。黄茅哨哨兵十六名。阿黑哨哨兵六名。马场哨坐镇指挥一员，队长一名，募兵二十三名。

堡一。尾洒堡，军兵四百四十八名。

关隘一，鸟鸣关，城南二里。

尾洒站军二百三十六名，屯军四百七十六名。

普安州与普安卫同城

关隘四。芭蕉关，城东八十里。安笼箐关，城南一百四十里②。分水岭关，城西一百一十里。倒木关，城南四十里。

普安卫

额颁符验三道，铜牌十面。旗军原额一万三千七百七十七名，查存九百一十三名；军器原额六万四千六百六十一件，查存六万三千二百六十七件；操马原额一百二十五匹，查存八十二匹。

哨四。亦纳哨、乾沟哨、永靖哨，各防御官一员，各军兵二十名。马骎岭哨，防御官一员，军兵十五名。

堡一。新兴堡，城东七十里，洪武二十二年建置。

湘满站军七十名。新兴站军一百五十三名。亦资孔站军二百四十名。屯军二百九十三名。

---

① 顶营：原作"顶"，据万历志及原本前后文增为"顶营"。
② 一百：万历志作"二百"。

龙里卫

原属新镇道，万历三十年分属安平守巡道①。额颁铜牌五面。旗军原额五千六百名，查存一千二百一十二名；军器原额一十四万一千六百二十件，查存八千八百一十八件；操马原额一百二十六匹，查存五十匹。

哨二十八。西关哨目兵十八名。水桥前哨目兵二十名。青冈哨目兵二十名。高寨哨目兵二十五名。沙子哨目兵十名。冷冲哨目兵二十名。大冲哨目兵二十名。长冲哨目兵二十二名。黎儿关哨哨官一员，兵二十名。界牌哨哨兵二十名。平蛮哨目兵二十五名。太平哨目兵二十二名。牛角哨哨军十名。水桥后哨哨兵十九名，斗篷哨目兵十八名。以上俱团聚于大冲哨，委把总一员督管。郑下哨目兵十五名。黄泥哨目兵十七名。麻子哨目兵十五名。六里哨哨兵九名。龙头哨目兵十七名。以上俱团聚于龙头哨，委把总一员督管。烂桥哨目兵十五名。灶门哨哨兵八名。定水哨目兵二十名。镇夷哨目兵二十名。陇耸大哨目兵二十名。陇耸新哨目兵二十名。烟墩哨哨兵十名。以上俱团聚于陇耸大哨，委把总一员督管。东关哨目兵十五名，委该卫巡捕官一员，带捕军五十名住彼督率防守。龙里站把总一员，募兵八十名防守。

关隘六。陇耸关，城东二十里。东关，城东一里。长冲关，城西一十七里。黎儿关，城西二十里。永通关，城西五里。西关，城西一里。

龙里站原额站军三百一十五名，今实在二百零六名。屯军二百四十七名。

贵宁守巡道地方

分守贵宁道参议一员，驻乌撒。

分巡贵宁毕节道兵备副使一员，驻毕节。

分守四川叙泸、坝底及贵州迤西等处地方参将一员，驻永宁卫。

守备迤西等处地方，以都指挥体统指挥一员，驻乌撒卫，专管乌撒、毕节、赤水、永宁四卫，普市一所地方。

辖宣慰司一、卫六、所一，兼制四川乌撒、东川、乌蒙、镇雄四土府，永宁宣抚司。

---

① 守巡道：原作"守道"，据目录补。

宣慰司在省

哨三。马鞍山指挥一员，兵十五名①。鸡场哨猡兵三十三名，耕食防守。黄花哨猡兵四十名，耕食防守。

关隘一。蔡家关城西北五里。

贵州卫

额颁铜牌六面。旗军原额五千七百四名。查存二千八百三十三名②；军器原额十万二千四百四十一件，查存六万六千七十二件；操马原额一百八匹，查存五十匹。

哨七。关口哨总甲一名，小甲一名，哨兵二十名。龙洞哨哨长二名，哨兵三十三名。以上二哨委把总一员带铺兵一百名，团聚于龙洞哨，为一大哨防守。梅子哨哨兵二十七名。界牌哨目兵五十名。以上俱团聚于界牌哨，委把总一员督管。牛路哨哨兵四名。北关哨哨兵三名。乾沟哨哨兵三十四名③。

贵州站军三百三十名。屯种纳粮总小旗九十六名。屯军一千一百二十名。

前卫

额颁铜牌一面。旗军原额六千九百零五名，查存二千四百三十九名；军器原额九万四千七百一十三件，查存三万二千七百三十六件；操马原额一百匹，查存四十九匹。

哨二十三，头桥哨哨兵一十八名④。水关哨哨兵一十九名⑤。长坡哨哨兵一十七名⑥。阿江哨哨兵三十名。以上俱团聚于阿江哨，委指挥一员，带标军五十名，住彼督管。凉水井哨军兵二十名。平哨目兵三十名。湾子哨目兵三十二名。野鸡哨目兵三十八名。黑石头哨军兵二十名。以上俱团聚于平哨，委把总一员督管。黑山哨募兵二十名。黎元坎哨募兵二十名。黑土哨募兵二十名⑦。以上三哨共千户一员。

---

① 兵十五名：万历志作"千户一员，队兵五十名"。

② 二千八百三十三名：万历志作"二千九百一十一名"。

③ 哨兵三十四名：万历志作"哨长一名，哨兵三十名"。又，本段万历志仅记关口、牛路口、北关、乾沟四哨。

④ "头桥哨"句：万历志无。

⑤ 水关：万历志作"响水关"。

⑥ "长坡哨"句：万历志无。

⑦ 黑土：万历志作"黑土坡"。

杨柳太平哨逻兵二十三名。长坡哨防兵一十七名。永安哨逻兵二十名。以上三哨共千户一员。鹁鸪箐头哨甲兵二十名。黑石头哨目兵二十三名。中哨甲兵二十名。以上三哨共百户一员。二里小哨甲兵十名。石柱山哨募兵九名。沙子坡哨甲兵一十三名。凤凰山哨甲兵三十名。三角塘哨募兵二十一名。以上五哨共百户一员。梅子溪哨百户一员，募兵二十名。

屯种纳粮总小旗九十一名。屯军一千一百三十八名。

毕节卫

额颁符验二道，铜牌五面。旗军原额五千五百六十七名，查存一千二百一十一名；军器原额一十一万一千四百三十八件，查存八万三百四十一件；操马原额一百二十二匹，查存一百一十五匹。

哨三。长冲哨防御百户一员，军兵五十名。木稀哨防御百户一员，军兵四十名。木竹哨防御百户一员，军兵四十名。

关隘六。北胜关，城北二里①，佥事黄镆建。善欲关，卫南五里。逻逻关，卫西北二十里。老鸦关，卫西三十里。落折关，卫南八十里。七星关，卫治西九十里。

毕节、周泥二站共站军六百二十五名。屯军实在四百六十名。

乌撒卫

额颁符验二道，铜牌八面。旗军原额六千一百八十九名，查存一千四百四十八名；军器原额二十三万一千一百一十二件，查存二十万六千二百九十四件；操马原额一百二十三匹，查存一百二十三匹。

哨八。平山哨军余兵二十四名②，天生桥哨军余兵二十名。杨家湾哨军余兵十八名。大栗哨军余兵十八名。吴家哨军余兵二十三名。分水岭哨军兵二十四名。乾海哨军兵一十五名。马鞍山哨军兵十五名。

关隘三。石驼关，城东。老鸦关，城东三里。分水岭关，城西一百五十里。

乌撒站、瓦甸站、黑张站、侻塘站、普德归站③、沾益站，六站共站军五百二十五名。屯军三百七十六名。

---

① 北胜关：嘉靖志及本书舆图志均作"北镇关"。
② 军：万历志作"佥军"，本段基余七处同。
③ 普德归站：原本缺"归"，据贵图本补。

赤水卫

额颁符验一道，铜牌一十二面。旗军原额七千四百六十八名，查存一千八十八名；军器原额九万八千九百九十五件，查存三万一千五百三十七件；操马原额一百四匹，查存一百四匹。

哨六。梅子哨军兵二十四名[1]。雪山哨军兵二十名。石关哨军兵二十七名。以上三哨各防御百户一员。板桥哨军兵二十名。大木哨军兵十九名。撒毛哨军兵二十名。

关隘三。雪山关，城北十里。木稀关，城西南七十里。赤水关，城南一里。

屯军五百名。除逃故外止存一名屯田佃苗民军余种。

永宁卫

额颁符验二道，铜牌一十二面。旗军原额五千九百四十三名，军器一十一万九千二百六十三件，操马七十七匹。

哨四。归乐哨、安乐哨，二哨共百户一员，军兵各三十名。清水哨百户一员，军二十名。金鹅哨百户一员，军二十名。

堡二。得用堡，百户一员，军二十名。高村堡，卫西二里，万历十年建。

关隘十一。箐口关，卫东。渔浮关，卫东三里。镇远关，城西。青冈关，城西。猫儿关，卫西五十里。梯口关，卫北五十里。大关坎口关，卫北一百里。江门关，卫西五十里。雪山关，卫南一百里。木稀关，卫东南四百里。三块石关，卫西北六十里。

屯军六百八十三名。

普市所

旗军原额一千四百二十名，查存八十四名；军器原额一万二千二百件[2]，查存四千三百零四件；操马原额二十四匹，查存一十四匹。

哨二。铁头哨、归乐哨，二哨俱本所拨食粮军防守。

关隘一。猫儿关。

屯军一十四名。

---

① 军兵：万历志分为军兵、余丁两种叙述。这两种的军兵数和与本书相同。本段的前五哨均是如此。

② 二百：万历志作"三百"。

新镇守巡道地方

分守新镇道参政一员，驻平越卫。

分巡新镇都清兵备副使一员，驻都匀。

分守兴黄参将一员，万历二十七年，子章因播乱题设，驻兴隆卫，专管兴隆、清平二卫，黄平一州、一所，余庆一县地方。

分守贵州兼清浪参将一员，驻清浪卫，专管平溪、清浪、镇远、偏桥四卫，思州、镇远二府地方。

守备都清等处以都指挥体统指挥一员，驻平越卫，专管平越、都匀二府，瓮安一县，平越、新添、龙里、都匀四卫地方。

守备清镇等处以都指挥体统指挥一员，驻镇远卫，专管镇远一府，镇远、施秉二县，平溪、清浪、偏桥、镇远四卫地方。

辖府四、州三、县七、卫五、所一，兼制湖广偏桥、镇远、铜鼓、五开卫所，广西南丹等州。

新添卫

额颁铜牌十面。旗军原额五千九百九十名，官旗二十名，查存八百八十八名；军器原额一十二万七千八百零七件，查存五千件；操马原额一百匹，万历二十三年御史薛继茂裁减五十匹。

哨二十五。旧桥哨兵八名。望城哨、滴水哨、马桑冲哨，以上四哨各兵十名①，俱团聚于马桑冲哨，委把总一员督管。空洞哨、乾溪哨、毛良海哨，以上各兵十一名。官田哨、凤凰哨、母猪洞哨、桐子哨、瓮城哨、湾哨、冲口哨、龙井哨，以上各兵十名。沙子哨、太平哨，以上各兵二十名。俱团聚于太平哨，委把总一员督管。崩土哨、银矿哨，以上各兵十一名。平山哨兵十名。双桥哨兵十六名。东苗哨兵十五名。谷忙旧哨兵十名。新哨兵十名。崖哨兵十二名②。以上守哨百户共三员，俱团聚于平越安邦哨，委把总一员督管。云拱哨委把总一员，带募兵四十名坐彼同哨兵防守。防守黄丝把总一员，募兵一百名。

关隘四。东关。谷忙关，城东十五里。西关。瓮城关，城西二十五里。

---

① 万历志的"四哨"包括"空洞哨"。

② 崖哨：万历志作"岩哨"。

新添站军原额三百二十二名，逃亡一百九十八名，实在一百二十四名。嘉靖三十一年，奏损抬与五所军二八分差，勒石卫门。屯军三百一十四名。

平越军民府 与平越卫同城

平越卫

额颁符验一道，铜牌一十二面。旗军原额七千一十七名，查存二百六十六名；军器原额六万四千九十五件，查存一万一千九十一件；操马原额一百一十六匹，查存五十匹。

哨三十八。头桥哨防兵十九名。武胜哨军兵一十五名。胜龙哨募兵九名[1]。龙兴哨防兵一十五名。吉安哨哨兵八名。营盘哨哨兵九名。黑泥哨哨兵十五名。永靖哨哨兵十名。长冲哨哨兵十五名。大桥哨哨兵十五名。平阳哨哨兵九名。清水哨哨兵十五名。蜂糖哨哨兵九名。西山哨哨兵一十七名。得胜哨哨兵二十名。马场哨哨兵十名。阿丑哨哨兵八名。以上俱团聚于大桥哨，委把总一员督管。殷家哨军兵十八名。观音哨哨兵九名。猡猡哨哨兵二十名。龙场哨哨兵十名。月西哨官兵十三名。水井哨哨兵九名。疆界哨哨兵十名。安邦哨军兵十九名。以上各哨俱团聚于安邦哨，委把总一员督管。五里哨军兵十三名。麻唐哨军兵十名。黄泥哨军兵十一名。沙子哨军兵十三名。以上俱团聚于陡箐营，委把总一员督管。河西哨官兵十二名。靖安哨军兵十名。白泥哨军兵十九名。抚化哨军兵十三名。荆竹哨军兵十四名。界牌哨军兵二十名。以上俱团聚于界牌哨，委把总一员督管。杨老哨军兵二十名。平安哨官军十名。太平哨军兵十三名。防守杨平站把总一员，募兵一百五十名。

关隘五。武胜关，城南二里。谷芒关，城南四十五里。七星关，城北五里。梅岭关，城东四十里。羊场关，城东南二十里。

平越站军四十六名。杨老站军一百零六名[2]。黄丝站军五十名。平越屯军三百三十四名。

黄平州

古磲洞防兵四名。补轰滩六名，工食州条鞭给。

---

[1] 募兵九名：万历志作"募兵八名，官军一名"。与本书总数一致，而析分清楚。本段多如此，不一一出校。

[2] 杨老：原作"杨平"，据万历志改。

黄平所

旗军原额一千一百零九名，查存三百八十九名；军器原额二万五千三十九件，查存八百五十件；操马原额二十七匹，今查如数。

哨三。七星哨小旗一名，军兵二十三名。深沟哨募兵二十五名。烂泥关哨募兵二十五名。

关隘三。马骏岭关，城东四十里。烂泥关。深沟关，城北十五里。

屯军二十四名。

余庆县

守城兵五十名，每名工食伍两，县条鞭支给。

瓮安县

守城兵六十名，每名工食伍两，县条鞭支给。

哨兵，木老坪哨十二名。高笋塘哨三十名。巇隆哨、黄土坡哨、龙头哨各十八名。岑口哨十六名。每兵月支米肆斗，县秋粮支给。

湄潭县

守城兵八十名，每名工食伍两，县条鞭支给。

都匀府与都匀卫同城

营哨二十八，标兵营军兵一百名。南哨红兵三十名。北哨军兵三十名。西营红兵四十名。老军关营红兵五十一名。一碗水哨百户一员，夷兵二十四名。观音堂哨哨兵二十四名。土地堂哨哨兵一十四名①。马路哨百户一员，兵一十三名。黄土哨官兵一十四员名。平蛮哨官兵一十三员名。靖边哨官军一十名②。归化哨官兵二十员名。冷水哨官一员，兵三十三名。石猫哨官兵一十九员名。慢坡哨防兵一十五名。虎场哨兵一十六名。虫蚁哨防兵三十名。靖盗哨官兵一十九员名。倒塘哨苗兵十三名。峰牌哨百户一员，屯军二十名。防乐平司百户一员，军兵六十名。防雄黄

---

① 一十四名：万历志作"二十四名"。
② 官军一十名：万历志作"百户一员，屯军二十名"。

厂百户一员①，屯军十名。防凯口千户一员，屯军八名。瓮袍寨百户一员，军十名。烂塘哨百户一员，民兵十五名。平定哨兵十五名。瓮袍哨民兵三十家。万历十二年因通答口干、者牙要路，兵备副使洪邦光详建。

堡四。杨安堡、乐乍堡、琵琶堡，以上共义兵一百名。粟谷堡。

关隘四。平定关，城北十五里。威镇关，城南四十里，今改为粟谷堡。靖盗关，城北二十里。石屏关，城西十里，林箐蒙密，通平伐，刚肘夷贼出没为患，近年挖劫城路皆由此，知府杨德全议设哨守，二十三年知府王珽相度箐峡立关②，设兵防御，最为雄据，所当世守之者。

都匀卫

额颁铜牌十面。旗军原额六千六百七十四名，查存九百六十名；军器原额二千六百六十三件，查存一千一百五十件；操马原额一百三十匹，查存七十五匹。屯军四百二十名。

独山州

哨二。靖夷哨健步一名，防兵十四名。鸡公关哨，健步一名，防兵十四名。

关隘四。阿坑关，州北三十里。鸡公关，州南四十里。坛子窑关，州南四十里③。黑石关，在丰宁司。

麻哈州

营哨七。宣威营，万历十二年剿平者牙，题设把、千总各一员，蒙兵五百名。关口哨防兵十五名。冷水哨防兵一十名。三角哨防兵十五名。平田哨防兵十名。板桥哨防兵十五名。西哨宣威营红兵八十名，土兵三十名。

清平县与清平卫同城

清平卫

额颁符验二道，铜牌十面。旗军原额九千八百三名，香炉山兵变，逃亡故绝，

① 黄：原本作"磺"，据贵图本改。
② 二十三年：原作"一十三年"，据万历志改。原本卷二十九载："杨德全，晋宁人，举人，万历二十一年至二十五年任职。"
③ 坛：原本作"镡"，据贵图本改。

止存屯操共三百六名。防守香炉山未及十一①。万历五年，巡抚都御史严清题募一百二名。十年，巡按御史傅顺孙募二百名。军器原额一十七万七千二百四十二件，查存六千二十件；操马原额一百五十四匹，查存四十匹；防守城池勇兵四十名。

哨十二。芦草哨哨兵十三名。浑水塘哨哨兵十四名。五里哨哨兵十三名。滴水哨哨兵十三名。龙场哨哨兵十三名。以上俱团聚于平越界牌哨，委把总一员督管。大塘哨哨兵十二名。护城哨哨兵九名。永靖哨哨兵十三名。永安哨哨兵十四名。平蛮哨哨兵十三名。箐口哨哨兵十四名。观音哨哨兵十五名。

清道营兵四十名，参议詹启东呈请招募防御。防守重安站把总一员，募兵九十二名。

关隘二。鸡场关，卫南二十里。罗仲关，卫北二十里。

清平站正军五十名，余丁二十五名。屯军二十一名。

兴隆卫

额颁符验二道，铜牌十面。旗军原额七千一百三十七名，查存一千二十三名；军器原额二万二千二百四十五件，今查烧毁无存；操马原额一百一十五匹，查存五十匹；防守兴隆官兵一百二十九员名。

哨七。冷水哨哨兵十名②。灯草坪哨哨兵十五名③。石头哨哨兵四十二名④。椰木哨哨兵二十五名。以上俱团聚于石头哨，委把总一员督管。杨柳哨官兵四十名。小哨哨兵十四名。长冲哨目兵十五名。防守东坡站官兵九十一员名。

关隘二，大石关卫北，重安关卫南二十里。

屯军五百名，逃故绝屯田佃苗民余丁耕种。

镇远府

哨三。邛水哨哨兵三十名，青洞哨哨兵四十名，圳洞哨哨兵四十名。

关隘十九。东关，府东。北津关，府北。镇西关，府西北。复古关，府东三里。思南坡关，府西三里。油榨关，府西十里。⑤ 九曲关，府西二十里。焦溪关，

---

① 防守香炉山未及十一：万历志作"防守香炉山七十九名，较初未及十一"。
② 十名：万历志作"十五名"。
③ 哨兵：万历志作"召兵"。
④ 哨兵四十二名：万历志作"军兵十二名，召兵三十名。"本段哨兵数万历志所述尚有小别，不一一出校。
⑤ 万历志此处尚有"望云关府西二十里"。

府东三十里。溜沙关，金蓬洞去府四十里。瓮蓬关，府西五十里。梅溪关，府东六十里。烂泥关，府右七十里。清浪关，府东七十五里。紫冈关，府西北八十里。老鹰关，去府九十里。凯料关，去府九十里。铁山关。

镇远县在江东

施秉县

哨七。后山哨官兵六十一员名。巴团哨官兵九十一员名。焦原、向水二哨兵共四十名。大塘哨官兵二百一员名。塘头哨兵五十名。从化哨兵五十名。

黎平军民府

堡七。风香堡，调铜鼓卫旗军五十一名。纠坡堡，调铜鼓卫军四十四名。罗团堡，调五开卫旗军四十四名。宁溪堡，调五开卫旗军七十八名。铁炉堡，调五开卫旗军八十一名。独坡堡，调五开卫旗军一百名。燕窠冲，府东十五里，山势险窄，潜藏苗贼。万历二十年知府高祚议详建堡，调拨五开卫千户一员，中潮所军二十五名。

永从县

思仁守巡道地方

分守思仁抚夷道参政一员，驻思南。
分巡思仁思石抚苗道兵备副使一员，驻铜仁。
守备铜仁等处，以都指挥体统指挥一员，驻平头司威远营，专管铜仁一府、一县地方。
守备思石等处，以都指挥体统指挥一员，驻湄潭县，专管思、石二府、湄潭一县地方。
辖府四、县四，兼制湖广平溪清浪二卫、镇箪麻阳等处，四川遵义府、酉阳邑梅平茶各土司。

思州府

守城百户一员，鸟铳刀枪手八十名。

哨三。广制哨猓兵四十名。芒箐哨猓兵四十名。苞桑哨猓兵四十名。

关隘三。都哨关，城东一里。盘山关，府北，万历十年知府蔡懋昭建。清平关，城南一里。

思南府

守城民兵九十名，打手八十名。

关隘八。太平关，城东一里。得胜关，城南一里。大崖门关。以上各防守民兵二十名。小崖门关，民兵十名。永胜关，城西二里。武胜关，城西南二里。松岭关，朗溪司北四十里。阜岭关，朗溪司东五十里。

印江县

守城民兵五十一名，乡兵四十名。

哨一。滥泥哨兵二十五名。

关隘三。峨林关，县南七里。秀宝关，县南三十里。犷南关，县东七十里。

婺川县

守城乡兵四十八名。

哨一。濯水哨民兵二十名。

关隘八。焦崖关，县东十二里。江城关，县北五里。乌金关，县西二十里。杉木关，县西三十里。石板关，县西十里。濯水关，县北一百里。缺窑关，县东一百五十里。九杵关，县东三十里。

石阡府

守城百户二员，安庄、新添、黄平三卫所军七十七名，民壮八十三名。

哨三。提溪哨，百户一员，军兵三十名，民壮五名。茶园关哨，官兵十一员名。河下屯崖门哨，万历十一年设，民壮苗兵共二十九名。

关隘十二。松明关、凯斜关，俱府东。松坎关，府南。石灰窑关，府东北。镇宁关，马骏岭。武定关，白马岭。铜鼓关，蛮夷司界。牛塘坝关，葛彰司。象鼻关，石阡司。镇夷关，印江县界。大定关，镇远界。茶园关，偏桥界。锡乐坪关，遵义界。

龙泉县

关隘四。牛水口关，竹坝坪关，教坝关，青龙关。

铜仁府

守城标兵一千名，万历十一年巡抚都御史刘庠、巡按御史毛在题设，内除总兵原有家丁一百三十名，选募八百七十名，内将八百名充总兵标下，分拨二百名相兼原调各卫官军守备，随住平头，充为游兵，巡逻坝带。

营哨五十八。铜仁哨把总指挥一员，领队千百户五员，调龙里等八卫旗军共四百名。府城东门营总甲三名，打手一百五十二名。堡子营头目一名，游兵五十六名。清水塘营头目一名，土兵四十四名。凯槽营头目一名，苗兵四十九名。毛口寨营总甲一名，苗兵二十名。亚寨营大头目一名，小头目二名，苗兵一百五十八名。滑石江哨冠带苗哨官一员，苗兵七十名。下麻洞营苗兵二十名。琉璃营总甲一名，苗兵一十九名。盘党凹营头目一名，苗兵二十九名。孤凹营头目一名，苗兵二十七名。虾公溪营头目二名①，苗兵二十五名。麦冲营总甲一名，苗兵一十九名。官舟营头目一名，苗兵三十五名。龙势关营头目一名。苗兵一十五名。乾塘营苗兵十三名。柳普三营头目二名，苗兵九十五名。下麻州营头目一名，苗兵二十名。桃映营头目一名，仲兵一十一名。蜈蚣营头目一名，仲兵二十名。河界营头目一名，苗兵三十六名。破崖营苗兵十名。东门后寨苗兵一十七名。鬼朝寨苗兵十名。董留山寨苗兵二十名。地架寨苗兵二十名。麦地寨苗兵十名。塘寨苗兵一十一名。地逦寨苗兵八名。骂劳营头目一名，苗兵二十四名。平头哨千户一员，头目四名，苗兵二百七十五名。平头司向导总甲一名，兵一十九名。得胜营头目一名，苗兵九十三名。冷水溪营头目一名，苗兵三十九名。坝带哨百户一员，头目五名，仲兵二百五十名。石马营兵二十名，狑兵五十三名。地耶子营头目一名，仲兵二百名，万历十六年立。到水营兵二十名。平会侯达营头目一名②，仲兵三十九名，近属平头哨。塘寨兵五十名，近改属盘石营。到水哨总甲一名，苗兵二十九名。小桥营苗头目一名，苗兵一百一十名。母属营头目一名，苗兵二十五名。清水营百户一员，仲兵八十三名。张吉溪哨头目一名，苗兵三十名。永定营，万历七年参议毕天能、总兵郭成议将马公坪等稍缓营哨设立，千户一员，头目六名，狑仲苗兵二百四十三名。盘石营，万历八年参议毕天能、总兵郭成议将石子等稍缓营哨移设，指挥一员，领哨百户一员，头目六名，犵土狑兵四百八十五名。玛瑙营，万历九年参议毕天能、总兵郭成议将余家哨移建，百户一员，黑苗兵一百零四名。威远营，因三省苗贼出劫

---

① 虾公：贵图本作"蜈蚣"，当误，因后文有"蜈蚣营"。万历志亦作"虾公"。

② 平会侯达：万历志作"平会侯达溪"。

乌罗司地方，万历十二年参议金从洋详巡抚都御史舒应龙①、巡按御史毛在设指挥一员，领哨百户二员，土犵兵四百八十名。大胜坡子营哨官一名，头目一名，夷兵一百名，招抚小茶苗头一名。蜡冲界牌营因叛苗龙阿四等投降，万历十二年参议金从洋详允巡抚舒应龙建，头目二名，小甲二名，苗兵三十二名。振武营，万历十六年立，千百户一员，头目三名，仲兵二百三十名。寨高子营头目一名，仲兵八十名。麻桐营，万历十二年副使应存卓详蒙巡抚舒应龙、巡按毛在批，据苗兵吴老猹诉建，动支官银起建营房，移撤永定等营兵共三百一十九名。石子营，府三里。坝地冈营，府三里。木桶营，府二里。各设目兵防守。

堡七。亚寨堡，府六十里。地架堡，平头司苗地。孟溪堡，府一百里。小桥堡，府一百八十里。落马堡，府二十里。落壕堡，府五里。城北堡，府北门外。②

关隘十三。龙势关、石榴关、黑坛关、毛口寨关、张家寨关、施溪漾头关，俱府东北。倒马关、清水塘关、芭龙瓮梅关、倒水关，俱府北。清水隘，头目一名，苗兵三十六名。瓮梅隘，总甲一名，苗兵一十九名。倒马坎隘，头目一名，仲兵二十九名。

铜仁县

巡抚都御史兼制地方。

湖广

分守湖北道，驻辰州府。

分巡湖北道，驻常德府。

兵备辰沅道，驻沅州。

辰州府：沅陵县、卢溪县、辰溪县、沅州、黔阳县、麻阳县、溆浦县。

常德府：武陵县、桃源县、龙阳县、沅江县。

靖州、会同县、通道县、绥宁县、天柱县，万历二十四年贵州巡抚江东之题建。

辰州卫、沅州卫、常德卫、镇远卫、铜鼓卫、五开卫、平溪卫、清浪卫、偏桥卫、靖州卫、汶溪千户所。

---

① 详：原作"议"，据贵图本改。
② 万历志此后尚有："万安堡，万历十一年抚苗参议金从洋建，将附近洞民并入堡内，且耕且守。"

　　永顺军民宣慰使司：上溪州、南渭州、施溶州、驴迟洞司、麦著黄洞司、腊惹洞司、施溶溪司、白崖洞司、田家洞司。

　　保靖军民宣慰使司：五寨司、筸子坪司、茅冈隘司、两江口司、镇远臻部六峒司。

　　施州卫：大田军民千户所、镇南长官司、唐崖长官司。

　　施南宣抚司：东乡五路安抚司、摇把司、上爱茶峒司、下爱茶峒司、隆奉司、镇远司、忠路安抚司、剑南司、忠孝安抚司、西坪司、中洞安抚司。

　　散毛宣抚司：龙潭安抚司、大旺安抚司、东流司、腊壁峒司。

　　忠建宣抚司：忠峒安抚司、高罗安抚司、木册司、思南司。

　　容美宣抚司：盘顺安抚司、椒山玛瑙司、五峰石宝司、石梁下峒司、水尽源通塔坪司。

　　九溪卫：安福千户所、添平千户所、麻寮千户所、桑植安抚司。

　　永定卫：大庸守御千户所。

　　分守下湖南道，驻宝庆府。

　　分巡下湖南道，驻长沙府。

　　长沙府：长沙县、善化县、湘潭县、宁乡县、湘阴县、浏阳县、醴陵县、益阳县、湘乡县、攸县、安化县、茶陵州，以上府州县，万历二十九年子章题准听贵州巡抚节制。

四川

　　分守川东道，驻涪州。

　　分巡上川东道，驻重庆府。

　　分巡下川东道，驻达州。

　　重庆府：巴县、江津县、长寿县、大足县、永川县、荣昌县、綦江县、南川县、黔江县、安居县、璧山县①、合州、铜梁县、定远县、忠州、丰都县、垫江县、涪州、武隆县、彭水县、酉阳宣抚司、石耶洞长官司。

　　夔州府：奉节县、巫山县、大昌县、万县、大宁县、云阳县、新宁县、梁山县、建始县、开县、达州、东乡县、太平县。

　　重庆卫：石柱宣抚司，邑梅洞司。

---

　　①　璧山：原本作"璧山"，据贵图本改。

遵义兵备道驻遵义府。

遵义府：遵义县、桐梓县、真安州、绥阳县、仁怀县。

巡抚都御史兼制兵戎。

湖广

偏桥卫

通济哨堡百户一员，旗军三十八名。仓平哨堡百户一员，旗军三十七名。草塘、黄母、永安三关，募兵共九十八名。施秉哨千百户三员，旗军三百二十八名。

镇远卫

永定堡指挥一员，旗军一百四十二名。武定哨堡百户一员，旗军二十六名。大胜哨堡千户一员，旗军四十二名。

清浪卫

宁远哨堡百户一员，旗军八名。平阳哨堡旗军十名。关口哨堡旗军八名。羊儿哨堡指挥一员，旗军二十名。硃砂哨堡指挥一员，百户一员，旗军一十六名，打手一百名，标兵一百名。靖边哨堡百户一员，旗军一十三名。镇夷哨堡百户一员，旗军一十名。平蛮哨堡百户一员，旗军二十三名。得胜哨堡旗军二十二名。鳌峰隘千户一员，隘兵系近屯余丁。清浪哨指挥一员，千百户四员，旗军一千五十名。

平溪卫

鲇鱼堡百户一员，旗军二十一名。南宁哨堡指挥一员，旗军二十二名。太平哨堡百户一员，旗军三十二名。腊崖隘百户一员，隘兵系近屯余丁。

分守镇筸参将一员，驻五寨司，部下领征指挥一员，千百户二员，旗军三百五十名。

镇筸守备一员，驻乾州哨，部下领班千百户二员，旗军二百五十名。乾州哨指挥一员，募兵二百五十七名。湾溪营属乾州哨分管，头目一名，兵一百六十九名。镇溪所指挥一员，千户四员，旗军五十名。强虎哨指挥一员，百户一员，舍把二名，头目七名，乡兵六十五名，土兵二百名，打手一百名，苗长十二名，苗兵一百八十二名。筸子坪哨指挥一员，百户一员，舍把二名，头目六名，犵兵三十一名，土兵一百名，苗兵四百名，打手三百六十名。洞口哨指挥一员，百户一员，舍把二名，头目五名，土兵一百九十四名，打手并犵兵三百五十四名，苗兵一百七十六名。靖疆营犵兵一百二十四名系拨洞口哨名数。清溪哨指挥一员，千户一员，打手四百四十二名，苗兵八十七名。长冲营千户一员，打手一百九十三名，犵兵六十三名。苗兵八十二名。永安哨指挥一员，百户一员，打手三百二十四名，头目四名，土兵二百名，舍目二名，乡兵六十七名，苗兵七十六名。永宁营舍把二名，打手一百名，头目五名，播兵二百八十八名，苗长二十七名。石羊头哨指挥一员，打手二百名。水田营千户一员，打手一百四十九名，苗兵一十三名。桐信哨千户一员，打手一百四十八名。小坡哨指挥一员，打手一百八十九名，凯兵九十六名。五寨哨指挥一员，打手二百九十四名，乡兵一百三十八名，苗兵四十八名。

分守靖州参将一员，驻五开卫。

靖州守备一员，驻靖州卫，募兵二百名。金滩堡百户一员，旗军二十三名。相见堡百户一员，旗军二十三名。连山堡百户一员，旗军二十三名。洪江堡百户一员，旗军三十三名。茅营堡百户一员，旗军三十八名。通道哨百户一员，旗军五十一名。流源堡百户一员，班军三十二名。多龙堡百户一员，班军一十六名。五招堡千户一员，旗军二十九名。浪江堡镇抚一员，旗军二十六名。邀营堡指挥一员，旗军六十五名。远口堡指挥一员，旗军四十三名。长安堡指挥一员，旗军八十一名。江口堡千户一员，班军二十名。关陕堡千户一员，班军二十五名。绥宁哨指挥一员，百户一员，班军五十八名。黄石堡指挥一员，班军二十二名。蓝溪堡指挥一员，班军二十二名。

铜鼓五开二卫哨堡与黎平府同

九永守备一员，驻永定卫。添平、麻寮二所掌印土千户各一员，巡捕汉千户各一员，军各一千一百二十名。大庸所千百户二员，军一千一百六十四名。安福所千百户二员，军一千一百二十名。

黔记卷二十二目录①

邮传志

---

① 原本缺目录，据正文补。

黔记卷二十二

泰和郭子章相奎父著
汉州宋兴祖汝杰父正
贵溪毕三才成叔父校

邮传志

蠖衣生曰：黔邮传之苦，子章娄疏于朝，下兵部议，兵部娄为题覆，而楚滇竟视为秦越也，且奈之何？其详具《协济志》中，予不得已，于黔武举策复为饶舌，其略曰：

国初开设黔藩以通滇南军卫，各有驿马，土民自佥走递，其供亿犹省哉。后道路四通，皇华职贡，不日不月，而冠盖檝驰者贾相望也。差繁费浩，递更递脱，出马之土民已怨咨楚，代役之客子竞适乐郊。其夤缘罔利者，则市井猾棍与豪舍之顽钝无耻耳，既以增银要官府，复以私帮索小民。脂膏已竭，溪壑未厌。邻封之协助几何，欲民不穷且困，得乎？说者谓马出于民，力借于军，不度中酌处，军与民且交毙，谅已。夫蝮蛇螫手，壮士解腕，非不爱腕也，知毒之不止于腕也。私帮之朘削贻害，孰与通融加派？明增其马值，马户以揭借逃累，孰与蚤发公帑而时其给买？征额一定，慎遴募役，敢挟抗为乱首者，罪勿赦。仍严其限制冒滥者无曲徇，倚公强索者无长奸，法信四时，倒悬解而邮政肃矣。或曰，黔地蕞尔，惟滇贡输，舆卫是供，黔无阙，即滇之利，厚济而增其旧，亦调停一术乎。或曰，环黔三十余驿，驿岁费二千金，共六万金，以通滇之车马，滇岁协济止千五百金，是为富滇弊贫黔也。无已，以上卫令滇走马，而黔止专力于下卫，可乎？不然，令滇开金沙以通舟于蜀，走泗城以通舆于粤，以捄黔邮之穷可也。又不然，四卫还楚，而四卫之邮并以属楚，可也。奈何利尽归楚，而害独诒于黔也。此一策也。嗟乎，题请之疏既不能必得于邻省，武举之策又安能必行于地方，空言无益，虽切何补，惟有仰屋窃叹而已。

《大明会典·应付通例》摘其切于贵州者共七条

一、在外各衙门差人进表、进贡、庆贺，官支廪给，非官支口粮，应付驿驴各壹头，水路红船往回应付。

一、五府差官舍人押解充军犯人，往云贵各边远等处各卫所交割，官支廪给，舍人支口粮，应付驿驴红船，犯人不支米，无脚力。

一、新选云贵并川陕行都司所辖地方官员赴任，俱不支米，陆路应付驴头车壹辆，水路红船。

一、四川云贵乌思藏董卜韩胡土官、通把事、番僧、洮岷西宁番僧人等，俱支廪给，应付驴头红船，内赍有敕者应付下马壹匹。水起站船，其赏赐物件，验包拨车。

一、湖广、贵州、四川、广西土官舍人、土民人等朝贡，通把支廪给，其余支口粮，应付驿驴红船。

一、南京守备及各边镇守巡抚等官奏事，成化五年令遇军情重事会议既定，各自具本，共差一人驰奏。常行事理，三五起并差一人。

一、总兵镇守官征哨出入，正统二年奏准各乘原关马匹，其驿马驴车俱不许应付。

本省驿传道议详颁行驿递应付规则

贵州驿传道为督抚地方事，万历二十九年十月初二日，奉军门郭批，据本道呈奉宪牌，照得贵州平播之后，复剿皮林，两被兵戈，夫马逃窜，至今尚未复业。云南一年协济驿传止壹千伍百金，所济几何？差使络绎，驿递苦楚，若不痛为节裁，于过客人情便矣，如民膏民脂何？今本院列为条件，刊示禁谕，恐中事宜尚有未备者，合行查议，为此牌。仰该道即将单开条件逐一悉心查议，如中间尚有应该增入事件，不妨增入，速由呈报，以凭刊示，遍发驿站，遵守施行，毋得迟违，等因奉此。案照先奉军门宪牌，备开驿站应准应革款目，行道遵依，覆议应增事宜，呈奉两院批允，已经刊示通行。今奉军门覆颁宪示，斟酌损益，愈加详尽，本道惟将两次规条严申确守，则疲民自当得济，何容再有增入？除前次所行，已经今次酌改者不开外，其余条件相应开列，呈请候详允日通行各该地方一体遵照缘由，奉批查议既明，仰该道刊示，遍挂各驿站，仍刻书册发平溪、普安，过客即送一册。镇远、普安二处挂号官有阿徇不遵依者，该道参究。缴奉此。又蒙巡按贵州监察御史宋批，据本道呈，同前事，蒙批，所议极甦驿站困苦，一一如议，通行遵守，缴内一差持抚按二牌者，裁去本院，止应付抚院票牌，行蒙此合行刊册，仰合各公差员役、驿站、官吏、马户、夫甲人等一体遵照，但有违者，参治不贷。

新奉本院颁示规条

一、兵部题奉钦依驿传事例，内开王府及总兵镇守等官，有乞恩等项，事干己私者，不许给驿，止令入递具奏。又郡王差人进表、进贡、庆贺，止许一官、一旗。由此类推，抚按总镇各衙门岂可频繁差人，扰害驿递？今查云贵抚按每月一次差人赍奏，每年不过十二次，两省总镇极多，每年亦不过十二次，余皆假托，若一月有至二次者，即本院差人，亦不许应付。镇远、普安二处如阿徇应付者，提吏官以不及参。

一、遇本省员役有一人执两院牌票二张者，该驿将本院牌票革去，止应付按院牌票。如系湖广、四川、云南员役，一人而执该省两院牌票两张者，即将夫马多者革去一张，止许应付一张。

一、勘合牌票，未经两院挂号及填有免号字样，不准应付。

一、异省司道牌票俱不应付，惟湖广、四川二司堂票，及湖南、湖北、川东、遵义，系本院辖属，投文者应付。

一、异省两院会稿符验，止许应付马二匹，口粮一分，多者不许应付。

一、凡隔年过季勘合火牌，及或有洗改字迹，假借名色枉道者，该驿径行裁革，不得阿徇应付。

一、凡官使有真正勘合火牌，除应用夫马廪粮外，不许多索报马、引马，纵容手下凌虐驿站各衙门承差，如有需索折乾恤马钱等项，申解重究，职官听参。

一、驿马止送一程，有打马过站者，申解重究，职官听参。

一、新任云贵官员持有勘合夫马，即照数应付，如勘合外复带有牌票，即行裁革，不准应付。

一、升任、丁忧等官，据例原无夫马，特以云贵边方，相应量给，知府给马六匹，夫十六名，廪给一分，府佐、知州、知县，止许给马五匹，夫十二名，廪给一分，此外不许额外应付一夫一马。

一、三司府卫首领、县佐、教官，止许给马三匹，夫四名，口粮一分，吏目典史考满、转选，仓巡驿臣，止许给马二匹，夫二名，口粮一分，此外多给不准应付。如系劣转，王府去任，此是不肖官员，不拘品级大小，一概不准应付。

前奉两院允行规条

一、本省司道副参系公事差遣者，照牌应付，马不得过二匹。

一、本省府备卫州县驻镇等衙门，该道预给印票每处十二张，内十张填领解钱粮事，二张填赏进表文事，依序填用，一体应付，填尽缴票，复请另发。其私票一概不准应付，如府州县仍用私票，即以不及注考。

一、本省收税委官，每季有税银之解，除原附府州外，永宁、毕节二税，每处本道亦给印票十张，无号印者不准应付。

一、本省会试应贡诸生，本道照规填给，举人马三匹，贡生马二匹，多者不准应付。云南举贡亦照此例，多者裁。

贵阳军民府协济各驿马馆：贵州驿供馆伍百肆拾捌两贰钱，铺陈叁拾贰两壹钱壹分叁厘，马银柒百叁拾壹两肆钱贰分伍厘。威清驿铺陈银伍两叁钱伍分叁厘，马银柒拾玖两柒钱。平坝驿供馆壹百柒拾贰两捌钱，铺陈贰拾贰两玖钱叁分叁厘，马银捌百玖拾柒两捌分。龙里驿铺陈柒两肆钱捌分肆厘，马银壹百叁拾贰两肆钱。新添驿马银捌拾伍两，茴银叁百陆拾两。以上共叁千柒拾肆两肆钱捌分捌厘。内派新贵县钆银捌拾伍两，茴银叁百陆拾两。金筑司壹千玖拾贰两捌钱壹分叁厘。程番司壹百陆拾肆两贰钱肆分。方番司壹百叁拾贰两柒钱捌分陆厘。卧龙司壹百叁拾肆两玖钱捌分柒厘。上马司壹百伍拾贰两壹钱捌分陆厘。小程司壹百零贰两柒钱捌分陆厘。卢番司柒拾两叁钱叁分叁厘。韦番司壹百叁拾伍两壹钱叁分贰厘。洪番司玖拾玖两捌钱肆分玖厘。金石司玖拾贰两贰钱贰分。大龙司壹百壹拾两捌钱肆分玖厘。罗番司玖拾柒两捌钱肆分玖厘。卢山司捌拾捌两伍分叁厘。木瓜司贰拾柒两陆分陆厘。小龙司柒拾捌两叁钱肆分玖厘。麻向司叁两玖钱捌厘。大华司伍两伍钱捌分叁厘。通州里陆两陆钱贰分伍厘。上下克度里贰拾柒两贰钱伍分。木官里陆两陆钱贰分伍厘。

贵州卫：贵州站军共叁百叁拾名。皇华铺、小箐铺、阿江铺、龙洞铺、俾铺，以上各铺司军不等，共叁百叁名，近议抽出壹百名守龙洞铺，余贰百叁名仍旧走递宣慰司。

贵州驿，洪武五年建于城北门外，万历二十二年改为贵阳府学，迁驿南门外，额马肆拾陆匹零壹脚。定番州属办贰拾柒匹零壹脚，每匹价草料银壹拾玖两，今贰拾捌两伍钱。宣慰司洪边壹拾玖匹，每匹价草料银贰拾贰两，今叁拾两。供馆银原额宣慰司洪边分当壹百捌拾日，日用八成色银肆两。近派定番州属每月肆拾伍两，征解贵阳府，专候两院监书，食剩取解宣慰司，每月叁拾陆两，遇小月减壹两贰钱，征解给驿，支应铺陈拾贰副。

威清驿，城西北四十里，洪武间建，额马叁拾匹，共征银伍百贰拾陆两。今壹拾玖匹，每匹价银叁拾陆两，共陆百捌拾肆两，宣慰安疆臣解给。内驿丞坐马壹匹，卧龙司解草料，俱裁革。供馆原额每日壹两，今定肆钱伍分，共壹百陆拾贰两，铺陈拾伍副。

平坝驿，城西北九十里，洪武间建，额马壹拾捌匹，每匹价草料银叁拾壹两，后加至肆拾两，共柒百贰拾两，万历四年又加捌拾两，共捌百两。供馆原额每月茴银贰拾伍两，今每月纹银拾肆两肆钱，月小减肆钱捌分。

札佐驿，城北五十里，洪武间建，额马贰拾匹，今壹拾伍匹，脚力伍头，安宣慰下头目札佐司土民承走。供馆系札佐司夷民田户自备答应。

底寨驿，城北八十里，洪武间建，额马驴贰拾匹头，今止壹拾贰匹，每匹草料银壹拾伍两，脚力三匹，照田承走。供馆系底寨司夷民田户自备答应。

渭河驿，城北一百里，洪武间建，额马肆匹，万历十年裁。

养龙坑驿，城北一百里，洪武间建，额马壹拾伍匹，今拾叁匹，系头目阿母等并养龙司土官承走。供馆系养龙司苗民自备答应。

龙场驿，城西北七十里，额马贰拾叁匹，今壹拾伍匹，脚力贰头，系宣慰安疆臣下夷目花犵狫八寨苗民承走。供馆安宣慰设馆田叁百陆拾分，每日壹分，田户自备答应。

陆广驿，城西北一百二十里，额马壹拾捌匹，系头目陇革等承走，供馆头目陇革自备答应。

谷里驿，城西北一百七十五里，额马壹拾玖匹，今壹拾捌匹，系头目阿卜者承走，供馆系头目熊阿白等自备答应。

水西驿，城西北二百一十里，额马贰拾贰匹，今贰拾匹，系永侧、织金等目民承走，供馆系头目阿苏等自备答应。

奢香驿，城西北二百六十里，额马壹拾柒匹，今壹拾捌匹，系头目化沙等承走，供馆系头目以则等自备答应。

金鸡驿，城西北三百二十里，额马贰拾壹匹，系头目卧这等承走，供馆系头目夜莫等自备答应。

阁鸦驿，城西北三百七十里，额马壹拾捌匹，系头目阿底等承走，供馆系头目得吉等自备答应。

归化驿，城西北三百九十里，额马驴贰拾肆匹头，今马壹拾捌匹，系头目阿户等承走，供馆系头目得吉等自备答应。

毕节驿，城西北四百三十里，额马驴贰拾肆匹头，系头目阿体等出办，每匹壹拾捌两，供馆系头目阿体等自备答应。

铺共二十五处。

威清卫。威清站，城南，洪武间建，站军原额叁百陆拾名，万历九年查革壹百贰拾名，止存贰百肆拾名，今查实在贰百玖拾伍名。倒树铺、在城铺、六寨铺、的澄铺、阿冬铺、镇夷铺各铺司兵不等。

平坝卫。沙作站，城东。在城铺、界首铺、沙作铺、龙窝铺、饭陇铺各铺司兵不等。

安顺军民府。普利驿，城南外，原额马贰拾玖匹，共马价草料银壹千贰百壹两贰钱，供馆叁百壹拾玖两捌钱，铺陈捌拾两柒钱叁分，共壹千陆百壹两柒钱叁分，今加增共壹千柒百陆拾肆两玖钱玖分。内派该土同知壹千零伍拾陆两伍钱叁分。十三枝伍百两陆钱陆分，量减铺陈肆两陆分柒厘，实该银肆百玖拾陆两伍钱玖分叁厘。宁谷司贰百壹拾壹两叁钱叁分，量减铺陈贰两陆钱陆分叁厘，实该银贰百零捌两陆钱陆分柒厘。慕役司叁两贰钱。

普定卫。普定站，城西一里，洪武二十一年建，站军壹百壹拾玖名。普定铺、罗德铺、阿若铺、杨家桥铺、马场铺、龙井铺各铺司兵不等。

镇宁州。安庄驿，旧名叠水驿，离城三十里。万历二十二年，因于关岭所添设关山岭驿，将叠水驿改今名，移城内。原额马贰拾匹，马价银柒百捌拾两叁钱，供馆壹百伍拾叁两。除荒无征，每年实征捌拾贰两叁钱，铺陈贰拾陆两。

关山岭驿，万历二十二年设，额马壹拾壹匹，马价陆百陆拾叁两，供馆壹百两，铺陈壹拾陆两。以上二驿共马价、供馆、铺陈银壹千柒百叁拾捌两叁钱，内除荒无征，实征壹千柒百陆拾柒两陆钱。内派该十二营司供馆壹百伍拾叁两，马银壹千伍拾伍两叁钱，铺陈肆拾贰两。康佐司供馆陆两，马银伍拾两。火烘哨马银壹百两。在城税课局供馆贰拾肆两。查城驿随马供馆贰拾两。安庄卫岁用银伍拾两。安顺府上下五夜马银壹百两。西堡司土官温希舜马银陆拾两。永宁州郎定枝马银柒拾捌两。

安庄卫。安庄站，城南二十里，军兵肆百壹拾捌名。查城站，城西八十里，军叁百叁拾肆名。

永宁州。查城驿，城南八十里，原额马贰拾伍匹，马价柒百贰两，供馆壹百肆拾两肆钱，铺陈壹拾肆两，协济关山岭驿供馆贰拾两，马价柒拾捌两，共玖百伍拾肆两肆钱。内派该打罕哨壹百捌拾伍两玖钱柒分捌厘。顶营司叁百贰两伍钱柒分捌厘。慕役司肆百陆拾伍两捌钱肆分肆厘。

安南卫。尾洒站，军贰百叁拾陆名。尾洒铺、哈马章铺、鸟鸣铺、腾茄铺、牛场铺、泥纳铺、芭蕉铺、新兴铺、革刺铺、板傍铺各铺司兵不等。

普安州。湘满驿，治北，原额马叁拾匹，今叁拾叁匹，马价伍百肆拾玖两陆钱，供馆壹百捌拾两，铺陈贰拾贰两陆钱陆分零。

亦资孔驿，治西六十里，原额马叁拾匹，久缺拾贰匹，见在拾捌匹，共马价银柒百柒拾捌两伍钱，供馆壹百捌拾两，铺陈壹拾柒两陆钱陆分零。

新兴驿，治东七十里，原额马叁拾匹，马价肆百贰拾贰两肆钱，供馆肆拾捌两，铺陈壹拾柒两陆钱陆分零。

尾洒驿，治东一百六十里，原额马叁拾匹，马价伍百贰拾捌两陆钱，供馆壹百肆拾玖两，铺陈壹拾柒两陆钱陆分零。以上四驿马价、供馆、铺陈，通共贰千玖百壹拾壹两柒钱肆分，俱派州属黄草坝等十二营地方办纳。

普安卫。湘满站，军柒拾名。新兴站，军壹百伍拾叁名。亦资孔站，军贰百肆拾名。亦资孔递运所，洪武十年设。

毕节卫。毕节站，城东一里。周泥站，城西八十里，二站共站军陆百贰拾伍名。丰乐铺、长冲铺、鸦关铺、云山铺、撒刺居铺、周泥铺、虎岭铺、平山铺、野马铺、乌平铺、威镇铺、迎宾铺、木稀铺、头铺、二铺、归化铺，以上每铺军兵拾壹名，俱洪武间颍川侯傅友德奏设。

乌撒卫。乌撒站，城南一里。瓦甸站，城东八十里。黑张站，城东一百四十里。傥塘站，城南一百四十里。普德归站，城南八十里。沾益站，城南二百二十五里。以上共站军伍百贰拾伍名，俱洪武间颍川侯傅友德设。乾海子铺、腰站铺、箐头铺、可渡河铺、箐底铺、云关铺、傥塘铺①、通南铺、来宾铺、十里铺、沾益铺、在城铺、二铺、泉水铺、青石铺、旧瓦甸铺、赤冈铺、水塘铺各铺司兵不等。

赤水卫。赤水站，城东南。落台站，城南一百里。阿永站，城南四十里。摩泥站②，城北四十里。以上俱洪武间颍川侯设。赤水铺、清水铺、阿永铺、阿落密铺、层台铺、板桥铺、寅宾铺各铺司兵不等。③

永宁卫。永宁站。司门铺、甘溪铺、滴水铺、双井铺、普市铺、新添铺、碗水

---

①　傥：万历志作"倘"。

②　泥：本书多作"尼"，贵图本则改为"尼"。

③　万历志此后记载有隶四川永宁宣抚司的四驿：赤水驿、阿永驿、层台驿、摩尼驿。

铺、摩泥铺、雪山铺各铺司兵不等。

普市所。普市站，城南。

龙里卫。龙里驿，洪武间建，城西门外，额马贰拾捌匹，驴肆头，马驴价银旧额壹千零叁拾壹两叁钱捌分，万历三十一年增伍百壹拾伍两陆钱玖分，通共壹千柒百伍拾伍两零柒分。内派该定番州属旧额壹百叁拾柒两肆钱，新增陆拾捌两柒钱，共贰百零陆两壹钱。宣慰司属旧额伍百捌拾陆两，新增贰百玖拾叁两，共捌百柒拾玖两。龙里司旧额叁百零柒两玖钱捌分，新增壹百伍拾叁两玖钱玖分，共肆百陆拾壹两玖钱柒分。龙里卫军舍客民帮贴贰百零捌两。供馆银叁百陆拾两，俱宣慰司属中曹、白纳、大小谷龙等司办纳。

龙里站原额站军叁百壹拾伍名，今存贰百零陆名。在城铺、高寨铺、谷觉铺、麻子铺、陇笪铺各铺司兵不等。

新添卫。新添驿，洪武间建，北门外。额马驴贰拾伍匹头半，今马贰拾贰匹，驴半头，共马价银壹千柒百叁拾壹两壹钱，供馆银叁百伍拾两玖钱陆分，铺陈银柒拾肆两，共壹千柒百伍拾陆两零陆分。内派该新添司玖百捌拾壹两陆钱陆分。把平司拾捌两伍钱。小平司贰百零肆两叁钱柒分。新贵县平伐乡叁百叁拾贰两捌钱柒分。龙里大平伐司贰百壹拾捌两肆钱。

新添站，北门外，洪武间建，原额正军叁百贰拾贰名，逃亡壹百玖拾捌名，实在壹百贰拾肆名。嘉靖三十一年奏扛抬与五所军二八分差，勒石卫门。

在城总铺、乾溪铺、瓮城铺、新安铺、谷定铺各铺司兵不等。

平越军民府。平越驿，府城南，洪武间建。原额马驴壹拾玖匹头，每年除平越卫应走壹百伍拾日，每日马价银柒两伍钱，每年该银壹千壹百贰拾伍两外。本府该贰百零伍日，议定条鞭征银雇募，每日马价银柒两伍钱，每年该银壹千伍百叁拾柒两伍钱。馆银本府该贰百零伍日，每日该银捌钱，每年共银壹百陆拾肆两。平越卫该壹百伍拾日，每日该银捌钱，每年共银壹百贰拾两。黄平驿，兴隆卫城南，旧隶四川黄平安抚司，万历二十九年播平改流，割属平越府。原额马驴贰拾柒匹头，每年叁百陆拾日，征银雇募，每日议价银柒两伍钱，除清平卫、凯里司每年帮银陆拾两外，本府年该银贰千陆百肆拾两，馆银计叁百陆拾日，每日议银捌钱，共银贰百捌拾两。

黄平州，走递马拾匹，每匹价银肆拾两，共肆百两。扛抬募夫壹拾陆名，每名工食银柒两贰钱，共壹百壹拾伍两贰钱。

波洞铺兵叁名。上塘铺、龙崖铺、瓮崖铺、龙洞铺，以上各铺兵肆名。打铁关铺兵伍名。

余庆县。走递马拾匹，每匹叁日捌时轮一差，募价银壹钱贰分，每年壹百差，该银壹拾贰两，通共壹千差，共银壹百贰拾两。扛抬募夫壹拾肆名，每名工食银陆两，共捌拾肆两。岑黄腰站，走递马捌匹，每匹马价壹拾贰两，共玖拾陆两，扛抬募夫捌名，每名工食银陆两，共肆拾捌两。鳌溪腰站，走递马捌匹，扛抬募夫捌名，马价夫银与岑黄同。

长城铺兵□名。新村铺兵□名。岑黄铺兵□名。小腮铺兵□名。箐口铺兵□名。鳌溪铺兵□名。松烟铺兵□名。

湄潭县。走递马拾匹，每匹马价银壹拾捌两，共该银壹百捌拾两，扛抬募夫壹拾肆名，每名工食柒两贰钱，共壹百两零捌钱。在城铺兵□名。马渡铺兵□名。落花屯铺兵□名。

瓮安县，走递马陆匹，每匹价银壹拾贰两，共该银柒拾贰两。扛抬募夫捌名，每名工食陆两，共肆拾捌两。在城铺兵□名，牛场铺兵□名。地松铺兵□名。张家湾铺兵□名。乾溪铺兵□名。龙头铺兵□名。

以上各州县马价、供馆、夫价，俱于各条鞭银内征给，铺兵每名月支米肆斗，俱于各秋粮内支给。

平越卫。协济清平驿供馆银贰拾捌两，铺陈银拾贰两，马银叁百柒拾陆两，派该高坪牌杨义司办纳。平越站军肆拾陆名。杨老站军壹百零陆名。黄丝站军伍拾名。城南铺、谷子铺、酉阳铺、播文铺、冷溪铺、三郎铺、羊场铺、杨老铺、狗场铺、板桥铺、虎场铺、毕拨铺、蛇场铺、高枧铺、文德铺、平定铺、五里铺各铺司兵不等。

清平卫。清平站正军伍拾名，余丁贰拾伍名。在城铺、洛邦铺、蜡梅铺、杨老铺、洛登铺各铺司兵不等。

兴隆卫。兴隆站，城南，原额站军肆百捌拾名，逃故叁百伍拾名，止存壹百贰拾伍名。重安站，卫南三十里，原额站军贰百贰拾伍名，故绝，奉文召募食粮客军余丁捌拾柒名。东坡站，卫东二十五里，原额站军叁百捌拾捌名，逃故叁百贰拾伍名，见在食粮军余丁共捌拾伍名。兴隆铺、黄猴铺、周洞铺、对江铺、罗仲铺、寨垣铺、东坡铺、长冲铺、太翁铺、黄草铺各铺司兵不等。

都匀府。来远驿，府城东隅，原额马伍匹，马价银叁百贰拾捌两，供馆贰百贰拾肆两，铺陈玖两壹钱零陆厘。

都镇驿，麻哈州城内，原额马伍匹，马价银肆百柒拾两，供馆银柒拾叁两陆钱，铺陈银捌两。

清平驿，清平卫城内，原额马驴肆拾壹匹头，今叁拾叁匹零叁脚，马价银贰千柒百玖拾陆两伍钱，供馆贰百陆拾陆两，铺陈银叁拾壹两捌钱陆分陆厘。

又协济平越驿马银叁百陆拾两，供馆银陆拾两，铺陈银肆两陆钱陆分陆厘。以上共肆千陆百叁拾贰两柒钱叁分捌厘。内派该都匀司陆百捌拾两伍钱。独山州陆百贰拾壹两陆钱陆分陆厘。丰宁司肆百壹拾捌两肆钱肆分。烂土司壹百壹拾捌两陆钱陆分陆厘。麻哈州柒百贰拾贰两陆钱陆分陆厘。乐平司叁百壹拾肆两陆钱陆分陆厘。平定司贰百柒拾捌两玖钱叁分叁厘。平州司伍百伍拾壹两陆钱。平浪司陆百壹拾玖两陆钱陆分陆厘。邦水司贰百零叁两捌钱叁分叁厘。清平县壹百零壹两壹钱。在城铺、摆铺、箐口铺、摆龙铺、碗水铺、小苗铺、摆芒铺、翁受铺、葛里铺、虎场铺、蛇场铺、谷郎铺、谷定铺各铺司兵不等。

镇远府。镇远驿，府西，洪武二十五年改设，原额马驴肆拾捌匹头，马驴价银贰千柒百捌拾两，供馆银叁百陆拾两，铺陈除变价外实在上中下三等共陆副，站船肆只，水手拾肆名。

清浪驿，府东九十里，洪武二十五年设，原额马驴肆拾捌匹头，今马驴肆拾陆匹头，马驴价银贰千肆百陆拾陆两捌钱，供馆叁百贰拾柒两伍钱，铺陈除变价外实在上中下三等陆副，站船叁只，水手拾名。

偏桥驿，府西六十里，洪武二十六年设，原额马驴伍拾叁匹头，今马驴肆拾贰匹头，价银贰千陆百柒拾陆两肆钱。又偏桥司朋合正马壹脚，寨马壹匹，每月三六九日差递，供馆叁百陆拾壹两零壹分。以上三驿共银玖千零壹拾壹两捌钱肆分。派该镇远偏桥县司及思南、石阡、铜仁三府属县司地方办纳。府前铺、司前铺，县前二铺。白羊铺、碗溪铺、焦溪铺、小溪铺、梅溪铺、瓮头铺、白虫铺、新庄铺、黄毋铺、金蓬铺、白塘铺、黄家冲铺、竹坪铺、溜沙铺各铺司兵不等。

思州府。平溪驿，府东四十里，平溪卫城外，洪武四年都督马晔建[1]。原额马驴陆拾匹头，今贰拾壹匹头，价银壹千零壹拾壹两捌钱陆分伍厘，小供马原额银陆百零陆两，今于都素司减抽壹拾陆两作土官坐马，实编伍百玖拾两。供馆壹百伍拾玖两，铺陈银壹拾两贰钱柒分，以上共银壹千柒百柒拾壹两壹钱叁分伍厘[2]。派该都坪司肆百玖拾壹两捌钱陆分伍厘，黄道司壹千零陆拾陆两贰钱柒分，都素司贰百壹拾叁两。府前铺、瓮羊铺、住溪铺、丙溪铺、羊坪铺、木林铺、黄道铺、田墈坪铺、龙船冲铺、茅坡铺、都素司前铺、客楼铺、施溪司前铺、桥头铺各铺司兵不等。

思南府。协济各驿马馆，偏桥驿供馆贰百壹拾壹两玖钱，马价银贰千零玖拾贰

---

① 晔：原作"瑲"，据贵图本改。
② 厘：原作"里"，据贵图本改。

两陆钱伍分。镇远驿供馆壹百壹拾陆两叁钱玖分，马价壹千两。清浪驿供馆壹百壹拾贰两贰钱，马价陆百贰拾伍两贰钱。三驿铺陈银共贰拾叁两肆钱捌分。以上通共肆千壹百捌拾壹两玖钱贰分。派该印江县捌百肆拾壹两捌钱叁分叁厘，婺川县柒百肆拾伍两贰钱柒分叁厘，水德司壹千零壹拾柒两捌钱壹分零，蛮夷司捌百陆拾贰两贰钱捌分，沿河司肆百伍拾贰两玖钱，朗溪司贰百陆拾壹两捌钱伍分。府前铺、水德司濛溪铺、仙人家铺、鹦武铺、蛇盘铺、蛮夷司掌溪铺、地施铺、黑鹅铺、大塘铺、松溪铺、枫香铺、樵家铺、茅田铺、沿河司司前铺、沙陀铺、土陀铺、官舟铺、石马铺、朗溪司司前铺、大谷旦铺、木桶铺各铺司兵不等。

婺川县，县前铺、牛塘铺、丰乐铺、天井铺、岩前铺、木悠铺、板场铺各铺司兵不等。

印江县，县前铺、战溪铺、小田铺、安牙铺、野苗铺各铺司兵不等。

石阡府。协济各驿马馆。镇远驿拾壹匹，每匹价银捌拾两，共马银捌百捌拾两，供馆银壹百肆拾壹两捌钱叁分。偏桥驿马肆匹，每匹旧价陆拾陆两，万历三十年议加拾肆两，每匹共捌拾两，内将柒拾陆两给马户，肆两造船，共叁百贰拾两，供馆银捌拾壹两肆钱陆分陆厘陆毫。平溪驿马肆匹，每匹价银捌拾贰两玖钱壹分，内石阡司贰拾柒两陆钱，系驴价改编，三年两解，共马银叁百叁拾壹两陆钱肆分，供馆伍拾玖两伍钱，铺陈银贰拾壹两捌钱贰分。本府马壹拾捌号，每号价银肆拾两，共柒百贰拾两。路濑站马壹拾伍号，每号价银叁拾贰两，共肆百捌拾两。以上通共银叁千零叁拾陆两贰钱伍分陆厘陆毫，派该龙泉县陆百捌拾壹两捌钱捌分壹厘伍毫。石阡司壹千贰百柒拾捌两柒钱伍分伍厘。苗民司伍百捌拾伍两贰钱捌分伍厘。葛彰司肆百玖拾两叁钱叁分伍厘。府前铺、铁厂铺、板桥铺、苗民铺、峰崖铺、琵琶铺、乐桥铺、桶口铺、长林铺、乾溪铺、龙泉铺、葛彰铺、溜沙铺各铺司兵不等。

铜仁府。协济各驿马馆，清浪驿供馆银叁百零柒两伍钱，铺陈银壹拾壹两叁钱叁分，马银壹千陆百贰拾玖两。镇远驿供馆银叁拾贰两柒钱叁分，铺陈银伍两捌钱贰分，马银贰百陆拾两。偏桥驿供馆银叁拾伍两，铺陈银叁两捌钱捌分零，马银贰百玖拾陆两叁钱。以上共银贰千伍百捌拾两陆钱捌分。派该铜仁县捌百零叁两贰钱贰分。省溪司柒百零壹两肆分。提溪司伍百肆拾贰两捌钱陆分。平头司壹百玖两零壹分。乌罗司肆百贰拾玖两肆钱叁分零。府前铺、开添铺、游鱼铺、桃映铺、客寨铺、坝盘铺、坝黄铺、省溪司前铺、提溪司前铺、凯土铺、孟溪铺、平头司前铺各铺司兵不等。

黎平军民府。协济各驿马馆，平溪驿马银贰拾贰两伍钱。偏桥驿马银贰拾贰两伍钱，以上共银肆拾伍两。派该八舟司壹拾玖两肆钱。洪州司壹拾玖两壹钱。赤溪司陆两伍钱。

兼制驿传

湖广湖北道自常德府至本省会城，计二十五程，共一千五百一十里。

常德府：府河驿、桃源驿、郑家驿、新店驿、界亭驿、马底驿。

辰州府：辰阳驿、船溪驿、辰溪驿、山塘驿、怀化驿、盈口驿、罗旧驿。

沅州：沅水驿、便水驿、晃州驿。

湖广湖南道自长沙府至本省会城，计三十程，共二千里。

四川川东道自重庆府至本省会城，计二十二程，共一千三百二十五里。

重庆府：峰高驿、东皋驿、来凤驿、白市驿、朝天驿、百节驿、百渡驿、东溪驿、安稳驿。

遵义府：松坎驿、桐梓驿、播川驿、永安驿、湘川驿、昌田驿、沙溪驿。

迤西经隶四川驿分，层台驿、白崖驿、赤水驿、摩尼驿、普市驿、永宁驿自毕节至永宁经此、周泥驿、黑张驿、瓦甸驿、乌撒驿、傥塘驿、可渡驿自毕节至乌撒后所经此。

迤西经隶云南驿分，沾益驿、炎方驿、平夷驿自乌撒后所至普安经此。

迤东经隶湖广驿分，晃州驿、便水驿、沅水驿、黔阳驿、会同驿、靖州驿、平茶驿自平溪至黎平经此。

黔记卷二十三目录

公署志上

黔记卷二十三

泰和郭子章相奎父著

汉州宋兴祖汝杰父正

贵溪毕三才成叔父校

公署志上 附宫室亭榭

蠙衣生曰：公署宫室，《一统志》志之矣，公署以敷政，宫室亭榭以怡情，阙一不可，顾止载其名，未著其文。夫阿房滕阁，创自政婴，而以杜王重；岳阳画锦，迹在楚韩，而以范欧著。黔古荒服，入明而缙绅先生始游宦其地，如王文成之何陋轩，张鹤楼之读书堂，诵其记语，何逊前哲。故予志公署宫室，辄录其文，美则爱，爱则传，非徒备公府之区宇，纪栋隆之缮造已也。

都察院

都察院在会城中东北隅，初为贵州前卫兵器局。成化十年，都御史宋钦改建，弘治间，都御史邓廷瓒复迁西数十武，是为今制。府中为安攘堂①，堂左右有题名碑三，一为洪尚书钟记，一为吴中丞维岳记，详二公传。一为徐尚书问记。

徐公记曰

贵阳抚院旧存题名碑，创于古杭两江洪公，且为之记。两江后为刑部尚书，寻改都察院左都御史。余尝官于部，见其器度弘博，有大臣端揆之风。记中制使沿革、疆围绥威、兵民安养、风纪肃扬之政，亦概言之。而所书名氏，

① 安攘堂：万历志作"正己堂，内为上帝临汝堂、燕喜堂"。

则自正统癸亥讫于正德辛巳，以后无余石而亦莫为之续也。余承乏至，见兹镇所控诸夷，茵党桀骜，吞残间发，所司狃习羁縻，弗申大卞，而又丁兵后，帑藏军实耗亡之余，既已爬搔救集，以为边休。而其跳梁甚者，又弗获已于动众歼夷以为民靖。至于轨度之所未能周，而风纪之所不能废者，非拾公之遗，洎以旁搜远取，酌时宜以资损益，其安所取衷哉？夫考其事必知其名，知其名斯知其人，名之不可已也如是，其可遗乎？古之人箴铭简牍，琬琰彝敦为谟训箴铭类，皆图远以志勿忘，至其实之所在而为可久者，则虽编磨石泐而所以不忘犹存也。昔司马文正公谏院题名，有忠诈直回之语，将欲揭诸后之人，俾瞩目警心，聿兴劝戒，然则今日之记，宁非后事之师乎？问是以惧，爰命伐石，窃取文正公之意，以续书焉。

堂东为芝园，园内有观物轩，有观德轩，习射也。轩右为神武祠，祀关前将军，子章为记，详《群祀志》。有赤菟亭，有鹿苹亭，豢鹿也。有武库，贮戎器也。有金芝亭，提学徐来仪记，进士曹文纬颂。

来仪记曰

万历庚子秋七月既望，贵州军府之左个产芝二本，是当汉壮缪侯祠之阳，大中丞郭公所创而祀之者也。是日也，宿岚尽撤，零露泥泥，双秀挺生，灵气弥宇，轮囷崛奇，葳蕤陆离，如冠如盘，如玉如金，古木承之，黄云覆之，光鲜英丽，莫可名状。诸大夫聚而观之，佥曰祥也，不可无记。顾余小子无知，窃稽之神契曰，德至于草木则芝生。维此牂柯，寄生遐甸，民嗷嗷矣，播难弗靖，荡摇我鄙邑，而刀俎我边氓，益用不堪。我公肃将王命，钺旄甫临，大布解悬之泽，以填抚其人民社稷。然后臂指诸夷，张水西之甲而爇之，狂酋授首，牂柯嗣是息肩。至于今卉服菁林，尽沦濡于公之湛秽德，何所弗至矣。

先是，公之受命于家也，梦关侯趣之曰：亟驰矣。若掫之，卷甲而趋。暨即师，复梦侯报之曰：贼灭矣。若示之计日而赵。后先肸蠁，靡不券合。公异日因置祠祀侯，纪侯伐焉，祠成而芝见。《说文》曰：芝，神草也。夫神莫神于壮缪矣，然则兹芝也，毋乃公之精赤幽格于神，而援瑰玮之华，以结天下忠臣义士之气者乎？毋乃侯知公之后福实符于德，而假神明之物，用彰其戡谷馨宜之祥者乎？昔周获嘉禾，赐姬旦于鲁。彼以王者之瑞，一归于元勋。夫公也，有大勋劳矣，诸大夫佥以为然，遂命记之。

文纬《瑞芝颂》有序

余诵黔记其凯播之秋，中丞园东金芝生焉，逾年苗平，芝生如故。感而曰，有开必先植物得之，故西域贡诚，汉武致石榴于异国，而灵根遽敷；东吴衔命，魏祖树朱橘于崔园，而华实不就。以彼花卉，微者耳，植之尚有荣瘁，矧乎其不世之瑞，无根而菱者哉？且其生惟七月，古者于是月命将选士，专征不义。又其附丽惟李，李者，理也。此言兵刑得其理则祥符协应，尤其较著者也。小子不敏，目击蕃祉，敢稽首而献颂曰：

乾始储精，景星庆云。坤维错彩，指佞英蓂。惟德馨香，感于神明。矧兹金芝，为国上祯。商岭徒慕，谢阶空珍。含生禀和，袭祉几何？自根自本，并育并峨。色晖玉李，光映朱柯。六英煒灿，五色婆娑。初疑维摩，披衣向坐。吸日服气，嘘霞成唾。又讶美姝，含情对居。红吐天桃，素凝芙蕖。我闻衡论，实惟神草。其气馥郁，其精莹皎。蕙兰让质，衡若逊藻。荃茞俯首，金光失宝。间生不多，边徼益少。在汉武皇，产于斋房。彼惟单植，曷双呈祥？历世孝宣，诞生函殿。孰知今日，匝岁争研。问生何自，想移仙家。金茎玉叶，三秀奇葩。问出何为，以彰有德。荡播犁苗，中丞大业。元老壮猷，挽枪斯灭。共武南陲，奏功北阙。上帝汝临，草木可格。白露为霜，瑞芝于赫。苟非其人，奚至此物！士庶传诵，缙绅铭碣。嗟予不文，续貂扬烈。

都御史刘应麒诗

王师若时雨，草木亦蕃滋。共道中丞署，双蟠五色芝。芬芳兰奕叶，掩映树连枝。道路壶浆后，辕门燕喜皆。歌应阶宝鼎，茹可驻仙姿。蒟酱兼筇杖，穷兵空尔为。

山人康祥卿诗

中丞伏钺殿蛮乡，谁种仙芝署里芳。不向商颜招隐士，却同汉室媚斋房。露溥紫盖朝偏润，气缬玄精夜有光。祠下双双看竞秀，炉烟长染郁金香。

曲奏芝房自汉家，愧无班管颂仙葩。夜看树杪瑶光动，日丽天南紫气遮。阆苑曾闻瑶作草，瀛洲空羡玉为花。何如中德涵双干，玄圃亭亭绚彩霞。

堂西为采署，署中堂曰燕喜，左有会秀亭。

巡抚严清《早春会秀亭燕坐》诗

误辱天书下九重，俄惊日驭转三冬。条风欲变隍中柳，积霰犹含涧外松。饦合提封怜琐尾，鼎分保障愧虚庸。自多公暇如真隐，好对亭前若个峰。

有三友亭，有超然亭，有雅歌轩。

巡抚严清《雅歌轩除夕感怀》四首

更试终何补？蹉跎忽岁余①。长途怜四牡，远水忆双鱼。地瘠宜羁处，官闲胜素居②。棣花今欲韡，矫首倍踟蹰。

使车弥一岁，建旐又三冬。愁思连朝雨，忧怀薄曙钟。萧萧风外竹，挺挺雪中松。比德予深愧，何人竟伏龙。

玉历频惊换，金丹未易还。拥炉心忽忽，抚镜发班班。老境已自见，浮名真是闲。梅花莫相笑，吾意在青山。

凤霭迷朝暮，乡关入望赊。玄英方易序，青柳渐舒芽。俗务奔家念，流光感物华。持觞休属暇，聊尔泛椒花。

有格物斋，万历三十一年建，子章记。记曰：

> 燕喜堂左，故有小斋，岁久圮。万历癸卯，予撤而新之，颜曰"格物斋"。
>
> 维时门人夏汝翼侍问曰：爝闻之，禹舞干羽，有苗来格，今黔苗未若，急在格苗。神之格，思不可度，思导以德，齐以礼，有耻且格。子为黔中神民主，大兵大侵大疫之后，疮痍在望，意者神民尚未格邪。惟大人能格君心之非，子即在黔，如或入而近帝左右，不知何以格主，而乃急于格物。格物穷理，自是经生事，而以名中丞署，奚也？
>
> 郭子曰：古之欲明明德于天下者，始于格物，格苗、格神、格民、格君，皆平天下中事，而不明于格物知本之谓何？且女所称格物，何者为物，何者为格？
>
> 汝翼曰：爝闻之朱文公以事物为物，以穷致事物之理为格；王文成公以格其不正归于正为格，而云心身意知天下国家皆物也；近儒有以格去物欲言者，有以通天地万物为一体言者，有以意之了别曰知，知之触处曰物言者，敢问孰是？

---

① 蹉跎：原作"嗟跎"，据贵图本改。

② 居：原本作"君"，据贵图本改。

　　郭子曰：今日格一物，明日格一物，人病其支。格不正以归于正，何异正心。而云心身意知天下国家皆物也，则将曰致知在正心，可乎？致知在诚意，可乎？致知在平天下，可乎？意有善恶，知名为良，便已无恶，至格物，犹有欲乎？则泥于为善去恶是格物之说也。以天地万物为物，通天地万物为格，认物在外，亦未云彻意之了别，属知可也。知之触处属物，犹属触也，岂未触处无物邪？则犹泥于心身意知国家天下为物之说也。以愚亿之，物之为言，广矣，心身意知家国天下皆可名，而格物之"物"则有所属，即"物有本末"之"物"也。朱子曰：明德为本，则明明德为格，格物者格物之本，而末自举，故曰此谓知本，此谓知之至也。天地之为物，不贰天地，以此不贰之物与人，即为吾人之物，即性也；知性则知天，而知岂有不致乎？《中庸》曰：君子必慎其独。致知也，而始于未发之中物也，致中格也，故曰：立天下之大本也。《诗》曰：天生蒸民，有物有则。物也。民之秉彝，好是懿德，格也。哀公问曰：何谓成身？孔子曰：不过乎物。仁人不过乎物，孝子不过乎物。不过者，不过乎物之则也，即格也。孟子曰：物交物，则引之。不交于此物，而引之先立乎其大者，即格也。孟子以孩提之知爱、知敬为良知，而以知爱属仁，知敬属义。仁义，性之物也，孩提自能格物，故曰不虑不学。吾人亦自能格物，特不求所以格之故。又曰，大人者，不失其赤子之心而已。予甚有味乎李孟诚先生之言曰，知是发处不是体，而训体处未莹。予又甚味乎管登之先生之言曰，本末即物之格也，本其本，而末其末，则格物之谓也，而训物处未莹。故予断以朱子明德为本一言为物，而缪意以明明德止于至善为格。则又为之注曰：物即性也，格物即知性也。庶几于经文"此谓知本，此谓知之至"，其有合乎？第朱子既以明德为物之本，而又以格物为格天下之物，顿起千古不决之疑，则朱子不得辞其责矣。

　　汝翼闻而省曰：乃今而后知格物之不可缓也，以此格苗、格神、格民、格君，皆是物也。请书之，为《格物斋记》。

院前为文武总宪坊，万历三十一年翼以石栏，左右为"节制三藩"、"贞肃百度"二坊。

坊右有石亭二，俱万历二十九年建，左为平播靖黎之亭，江恤部盈科有《平播铭》并序。序曰：

　　今上辛丑春，不佞科以使事，弸节黔中，则闻黔父老谈师灭播，其功甚钜，其为德于黔甚厚，以为中丞郭公与直指宋公再造我黔，非尸祝貌祀，无以称黔人报塞之意。而余楚人也，乃其佩德有不下于黔之人者，无以为报，则请撰黔师平播铭，与黔父老共图永永。比于江汉歌棠，岷山勒石，可乎？

按播酋之始发难也，祸中于黔凡数四，初犯飞练，次犯东坡，又犯龙泉。黔之将帅为鱼肉者二十人，健儿战卒，歼灭几尽，元元之血涂野草、骨掩蓬蒿者不下万余。中丞郭公受推毂之遣，自江以东，星驰而西。至则核所部，兵不满五千，帑金称是。乃焦劳愁思，语宋公曰：无米求炊，巧妇不能，将奈之何？宋公曰：为今之计，但有上告天子请兵食，救此一方民尔。用是披肝沥血，连疏当宁。盖情切于诸葛，泣惨于包胥，庙堂之上为之感动，请兵予兵，请饷予饷。又不足而请益兵益饷，又复与益。兵饷既集，公与宋公进在事诸大夫，昼夜筹画，慎择将领，宿重兵省会，其余险要，多寡分布，根本既实，分遣所部，凡八万人。属总戎李公统率以往①，援桴而誓曰：毋怯、毋躁、毋中饵、毋蹈伏、毋杀降、毋竞功。忠赤所激，三军用奋，踊跃前驱。一战而抵旋水，再战而拔高囤，乌江受挫，士气弥励。及三战四战，以至八战，连破险崖，直抵贼庭。楚蜀之师，十道并入，酋遂计穷，雉经以死，妻子为虏。盖出师仅六阅月，而杨氏八百年宗社荡为丘墟，二千里之地之民久染夷风者，一旦裂为郡邑，偕中原版图之域，明天子藉以抒西顾之忧。既已铭功钟鼎，纪绩太常矣。

方其功之既成也，人但知二公成功之钜，而不知二公成功之难；但知二公之为功于黔者与楚蜀鼎，而不知二公之成功于黔者，其难于楚蜀不啻倍蓰；但知二公之功，黔民是赖，而不知二公之余功其覆庇楚蜀者，无以异于覆庇黔中。夫其知者不待言矣，其所不知者何也？益自飞练之后，黔中锐卒尽创于播，无复敢斗之志，则振起之难。又播之与国夙苦汉文阋，而与酋世媾，则解散之难。此其难，难在黔。若夫庙堂所责备者，三方之师并力灭播，而楚号大国，蜀号沃野，物力之饶，足给军兴，又武昌、成都去播千里，我得从容定策，不虞不备。黔则弹丸之地，居恒仰给楚蜀，有如称贷。而贵筑去播不二百里，酋朝遣一将，越宿抵城下，腹犹果然，是剥床之灾也。夫黔与楚蜀所肩之任同，所挟之具异，安得不难？公与宋公不以其难者自诿，矢志发愤，吐一腔之血，以激三军之师②，自大将至卒伍，靡不感泣，愿效死命。

二公复相与议曰：将士用命，而又有为贼用命者，与国是也。于是晓以大

---

① 属：原本作"界"，据乾隆志改。
② 三军：原作"主军"，据乾隆志改。

义，悟以赤衷，使酋之与国不为酋用为我用，不但形为我用，实心为我用，而后我之神气日张，贼之胆气日夺，区区弹丸贵筑，不敢一矢相加。盖黔乃能自完，而因以其自完者摧播，无完播矣。

顾黔虽弹丸乎，而于蜀为内援，于楚为西蔽。黔既完矣，贼欲引兵而北，则虞黔之捣其穴，出而无与归也，而不敢北。欲引兵而东，则虞黔之尾其后径而不可继也，而不敢东。贼不敢北，乃有完蜀，贼不敢东，乃有完楚，夫能完黔，又能完蜀完楚，兹其功岂独黔人擅哉？假令公与宋公无术以振积衰之士，而令韩魏之交合，我乃外树敌国，内杀兵势，且无完黔。无完黔而贼且突而北，突而东，又安得有完蜀完楚如今日乎？此何但黔父老鳃鳃然惧报塞之难，是蜀与楚何人不当报塞，又何人报塞万一也者？即科处楚西徼，所为得安釜鬵与？今日拥车骑黔中，俨然汉官威仪，非仗二公之功，其能然哉？则夫撰铭镵石，其安能已？

是役也，中丞郭公、直指宋公实尸之，总率三军，实惟元戎李公应祥，而左监军杨宪长寅秋、右监军张少参存意、藩司应左伯存卓、郭大参廷良、王大参邦俊、梅少参国楼、张少参文奇、梁少参铨、臬司易宪长登瀛、尤宪副锡类、洪宪副澄源、路宪副云龙、陈宪副与相、袁宪副应文，外历戎行，内赞幄，备殚心力。都司王纳忠、张秉忠，登陴率众，用固我围，贼不敢窥。副总戎陈寅、陈良玭，参戎朱鹤龄，都司徐成躬率士卒，冲冒矢石，擒灭巨寇。贵阳郡守刘冠南，守贰徐庭绶，别驾夏爆，先后在郡拊循疲民，调摄元气。其他裨将以下，不可胜纪。要之，群材集大厦，植夫惟公与宋公，慎简而器使之，并力济事，克襄大乱，竖兹伟伐，其详具中丞叙功疏中。科特志其大者，因拜手稽首而为之铭，铭曰：

播酋欺君乱天纪，敢奋螳臂称祸始。綦江流血成海水，贵阳三镇被屠戮。十家流离九家哭，全黔危若几上肉。郭公单骑来秉节，日与直指共商决。誓灭此虏甘饮血，一腔忠义激三军。怒气勃发胜风云，各务断胿除妖氛。乌江青蛇号天险，百二重关次第斩。贼势穷蹙如被魇，阖门纵火雉经死。累累就缚妻与子，捷书飞报龙颜喜。荒徼一旦归职方，介鳞尽化为衣裳。乾坤重辟日重光，麒麟合入功臣谱。英雄须眉照今古，伏波铜柱安足数。吁嗟乎，伏波铜柱安足数！

恤部江盈科《平播》诗五章

辕门谈笑缚枭雄，好比唐朝郭令公。手散黄金偿士死，心披赤血悟宸聪。龙屯鏖战山川裂，虎穴深探壁垒空。从此百蛮皆破胆，不须更树伏波铜。

其二：武库词源总一家，天生名世翊勋华。子仪见敌头无胄，郭璞濡毫顶有花。箸借帷中筹百胜，师横塞外震三巴。军前飞捷浑闲事，与客围棋到日斜。

其三：单骑西驰入塞垣，从头收拾旧乾坤。疏词诸葛喉中血，条议营平舌上言。边草绿时归马逸，蛮烟净后凯歌喧。国殇更续离骚句，遍慰当年死士魂。

其四：捷书朝入帝城闉，顿觉君王笑语新。无忌眼能分上客，裴公貌不逾中人。豺狼尽扫千年窟，草木重回万里春。黔楚家家皆绘像，强如紫阁画麒麟。

其五：胸中武库富如林，草檄戎行墨汁淋。一纸书贤师十万，单词褒可值千金。韩弘讨贼真奥疾，南八酬知欲剖心。莫以功成思绿野，苍生谁不望为霖。

都御史刘应麒诗

有道绥荒服，无知竟跳梁。战争蜗氏国，广大夜郎王。五月经泸水，三年克鬼方。策勋谁第一，茅土爵汾阳。

检讨张文光诗

草檄才高更善兵，西南半壁倚长城。渡泸伟伐追诸葛，难蜀雄文最马卿。三载鬼方霆颂永，百年龙囤一时平。功成莫漫言归去，待听朝端曳履声。

文武全才吉甫同，芟夷六月奏肤功。顿令险阻荆榛地，俱袭冠裳礼乐风。日暖两阶雍舞羽，烟销绝徼回标铜。春明燕喜应多祉，特召还看出汉宫。

光禄卿郭棐诗

中丞双剑扫龙囤，自矢忠诚会至尊。从此播山归一统，彤弓秬鬯出金门。
西播由来地势雄，遂令狡兔穴其中。㷉兵杀气如豺虎，尽缚么麽入网笼。
勋烈汾阳旧擅名，闻孙今又得中丞。雄图应上麒麟阁，骏绩何论白马营。
征西诸将气如虹，都属牙旗节制中。渭水六韬严虎旅，天山三箭定雕弓。
六月王师捣播城，虎旗犀甲总峥嵘。薰风暖拂辕门柳，旭日光悬幕府旌。
百粤诸生旧听经，喜闻鸿绩奏承明。紫宸应有双鸾召，特锡旌麾镇穗城。

山人王樨登诗

西征戎马日纷纷，万里飞鸿信忽闻。何谓中丞鸾凤侣，直驱蛮部犬羊群。渡泸诸葛多奇策，喻蜀相如况善文。麟阁他年标第一，汾阳千载共殊勋。

参议梅国楼《平播凯歌》

百万雄兵羽檄飞，鹏鹕新淬照征衣。海关不避千里险，斩得酋头马上归。
虎踞山城七百年，空怜山鬼哭寒烟。一宵剑指旄头落，不信青天别有天。
叠嶂岚烟黯不收，风云八阵借前筹。谁知猿獿愁攀处，一夜摩崖纪播州。
旷古谁登大将坛，摩挲长剑斗文看。西南半壁愁云黑，汛扫蛮烟六月寒。
蜀道青天自古难，夜郎天外更巉岏。狡狐自谓藏三窟，不意舆图属汉官。
二月兴师六月还，七擒今复见平蛮。壁垒云屯天地暗，轰雷俄掣海云山。

知府蒋杰《平播行》

蜺妖毁王度，恣凶若乳虎。播人亦何艰，蹂躏遗黎脯。逆旗指綦江，血肉膏草
土。气祲蚀东隅，千里闻桴鼓。妖凶竟何悛，天王赫斯怒。穆清轸灵略，慷慨奋神
武。树牙选车徒，文武今吉甫。分道引旌麾，连营罗练组。六师矫犹龙，戈茅集如
雨。前旌蔽白日，流飚捷飞羽。鼓行破危关，席卷平田浒。狼奔峙险囷，冗若鱼游
釜。虎臣翕以奋，批亢捣其坞。贼徒倒前戈，羯酋伏锁斧。顽梗如转烛，夷灭同摧
腐。献捷归朝廷，扬威耀夷虏。天子画麒麟，功臣锡珪琱。从今横吹声，增入铙歌
谱。堪嗟螳臂微，安足污强弩。珍重封疆臣，慎无生跋扈。

知县陈扬产《溠溪行》

溠溪之域古罗施，城头峭壁何嵃巇。危峰去天尺有咫，断堑绝地深无涯。透迤
鸟道人间没，缥缈猿巢木末垂。等闲风雨易冥晦，倏忽日月相蔽亏。石屋几间堪假
息，别有奇踪不可即。古洞深通西粤徼，幽岩杂处南中僰。南僰西徼九种分，有苗
负固自昔闻。舞干聊格虞皇化，谕檄空传汉帝文。天骄不独漠南虏，汉法羁縻自今
古。衅端共咎唐蒙开，寝兵谁识公孙苦。圣朝功德万古无，怀柔若曹如刍奴。数校
能探两酋首，一柬能将蛮妇呼。若曹畏威且怀德，奢香之事更奇特。置驿连刊虎豹
关，供输不爱狗马力。狗马区区安足臧，马腹何与鞭之长。明哲推心置人腹，要将
疑事全忠良。君不见齐桓伐楚盟阳谷，江黄先归楚旋服。裴度平蔡入其城，卧榻之
侧皆蔡人。寥寥千载谁能耳，公家汾阳信办此。欲知播乱遄平故，赖公卵翼奢香
子。雅怀胜算人尽知，良工苦心当与谁。不然黄口易惑衅易启，兵戈相寻何时已。
吁嗟乎，兵戈相寻何时已，赖公卵翼奢香子。

举人郑卿诗

宪府霜威上将坛，天声早已缚呼韩。金城黔蜀双龙剑，锁钥西南一鹰冠。八捷奏来沧海晏，诸戎记就紫微寒。才名定拟登黄阁，预想蛮乡借寇难。

鬼方刁斗正相寻，喜见汾阳玉节临。一举高牙收播地，再麾长铗剪皮林。兰台鼓卧浮云迥，甲帐摊书片月深。叹识中丞功不朽，楮梧应有石嵚岑。

右为止榷开疆之亭，子章记止榷事详《止榷志》，开平越新疆详《经理疏》。

章疏略曰

题为播地荡平，经制宜定，敬陈善后切要事宜，伏乞圣明采择，以永奠遐方事。万历三十一年，据贵州布政使司经理分守新镇道右参政尤锡类、会同左布政使赵健、按察司署印副使韩光曙呈称，播酋六司并石阡府属龙泉司，向虽受我羁縻，去黔不远。顾其中多丛林险圄，苗夷窟穴，懵于礼法。而其长又多狁黠不驯。固开辟以来，所称侏僬椎结之区也。后遭逆龙之虐，各土官逞其私智，攘臂而挑之，启衅招尤，兵连祸结。于是民皆去顺从逆，官不死即逃，东西数百里，尽折而入于播，其人知有播，不知有中国，非一日矣。夫征播以止乱为事，安今日之黔也，功在一时也。经播以变夷为事，安后日之黔也，计在百世者也。故平播固难，经播尤不易，而况黔当兵戈之后，又难之难者。建置所资，仅有限之剩饷，捉襟露其肘，其济用未易也。版筑之夫，多异方之募民，假越救溺，其鸠工未易也。土膏沃壤，民争襁负而归，而黔中所得，半不堪之下田也，其招来未易也。播族诛夷稍尽，即顷者叛民亦诛，而黔则诸司之长皆在也，林鹦终无好音之怀，包鱼恐有及宾之渐，其驾驭未易也。黔一州四县之田，计之仅蜀中之十一，厚赋则不胜肤髓之椎，薄取则莫济须眉之急，其征敛未易也。

平播之明年，诏建军民府于平越，寻以知府刘冠南为副使，行府事，又以黄平、重安二司为一州，白泥、余庆二司为一县，草塘、瓮水二司为一县，湄潭为一县，平越府辖之龙泉司亦为一县，石阡府辖之，各赐之名，各建之官而职。锡类则以参政总其经理之事。当是时，念经理之难，而再念黔之尤难，有不黯然怀忧，茫然自失者乎？俄而布政使司左布政使赵健、按察司驿传道副使韩光曙、提学道佥事胡琳，先后以莅任至，思石道副使路云龙以入贺礼成，相继回黔，而思仁道参政洪澄源则以转官至。群材既集，方皇皇焉，相与共计之，乃兹甫及贰期，而城既成矣，田既清矣，官衙、儒学、神祠、递铺、户口、钱粮之类，绳绳报竣矣。自昔筹之，多见其难；自今观之，良见其易。汉官之威仪创睹，而伏魑游傀之域，易鳞介以冠裳；虞阶之干羽重光，而积骸酾血之墟，变戈矛为礼乐。如职谫庸，安能及此？盖尝伏睹三院条陈之疏，与其指授之符，石画訏谟，昭昭揭日。即在事诸臣，有借箸前筹而出其范围者乎？故本道以为在事诸臣，受成三院而克终其事者也。首尾二年之间，内则藩臬两司，提纲领而为之倡；外则守巡各道，循职掌而赞其成。该府承之，秉百折不回之忠，而尽州县所为，事事皆经于手画，庶僚继之，笃一体相成之义，而通佐幕以下，人人毕竭其心思，济济乎亦一时之盛已。当即其经理之大略而敬陈之。

平越界黔东六卫之中道，而当新更四属之上游，建以为府，不惟领袖冠绅，且赖提衡介胄，军门一疏之功，岂其微哉？顾其城郭虽存，而岁久塌缺，出入之人，跨越无忌，且城中地亢，熯不可井。汲者皆就城外，卒有不虞，此坐困之道也。同知杨可陶奉委于斯，既营新府，既修旧城，奉军门适临其地，寻按行郊外，亲视汲道所宜，遂立命通判蒋本盛，偕可陶添筑外城，而刘副使躬为区画，包峨黎之泉，以备缓急。接旧城之西，周六十七丈，重垣巉巉，流水湲湲。数万生灵，胥倚为命，未然之防，此举有焉。别竖行府，就而城之，则以便官府之经理，东西并峙，更称雄特。独念学从卫辖，厥名未正，乃并檄守备童龙及原任守备薛绍瑄等，改建公馆于旧卫学之基，而另建府学于分巡道之基，一从该府之议，一从学道之议也。盖规画既周于统宗之地，而纪维自饬于新造之方，此经理首事，所谓一举而两得者也。

黄平地势宽夷，旧有一千户所，就其突起处筑土城千三百丈，居高临下，若建瓴然。顷者五司被兵，诸土官皆不守，而此地独全，亦其形势足恃也。初，镇宁州知州李珏，尝以军门之委，分理于兹，人言中之，惜不终事。其后并重安以为州，而知州曹进可奉命来守之，然后新州诸务，次第修举，先建州治，次丈田，次琢石裹城，为持久计。此地向有青衿数人，寄附兴隆卫学，以为是不足学也。学道闻之，则言于军门曰，兹地习夷久，匪素王弗化，而黄平该府之首，属三县之襟喉也。请建州学一所，将返其外附者，并罗一州叁县之俊而肄业焉。自今以往，吏治文风，其并兴乎。盖州城之北二里，山川融结，所谓行府者在焉。故诸属皆赖其指踪，而该州尤便于禀命。今其经理秩秩，州官之功，而实府官之画也。

湄潭本播州东境，犷夷世居，山深多盗，自方乡官遇害之后，人皆望而却走。即列有数廛，亦晨宿耳，欲其成聚成都，不亦难乎？邑中故有眉江，从马渡磬折而下流至三十里许，山环水会，可宫可城。知县黄家桂至，刘副使乃度其地而卜筑焉，城周四百丈，署宅其中。曲水抱环，文星耸秀，天马金鱼，一望在目，迨方得此，亦足奇矣。至于招流任土之政，则自推官华三祝在事之时，业已渐举，迨该县至而行益力焉。今其环县治而托庐者，不啻十倍于昔，经理新猷，亦可知也。

　　瓮安兼瓮水、草塘以为县，其中峦嶂相因，而乾坪一区，独号平衍，取而城之，亦诸山结聚处也。先是，教授刘天益、管县事知州陈廷范，相继从事于兹，顾天益以升任行，廷范以被论行，虽有所为，未及城事。及推官徐雨至，乃奉两院命，执版奔而往莅焉，至则伐石兴工，晨夜展力，四百丈之金汤，甫基而就，坚实伟壮为三邑首。又使知县吴三让清丈田亩，其报竣亦先三邑。要之，此两人真适用之器哉。间有未完，则通判蒋本盛嗣得之，在本盛不以为苛，在三让不以为歉，而新任知县凌应奎者其专责也，故县治官衙，皆就而终焉。盖用人惟兹方为多，而课功于通府为最，详审精密，各尽所长，委任得人之效也。

　　余庆县自余庆旧司之外，益以白泥，通为一邑，今新筑县城，即白泥司故址也。斯地也，土膏可稼，山险可凭，播党据之，倚为三窟。及灭播改流，而知县袁尚纪遂进州秩而绾墨焉。尚纪驰入其疆，首建县治，以为民极，寻筑土包砖，建城三百十七丈。土人梗法，田多欺隐，则尚纪先自委丈，晚得蒋本盛至，又相与核正之。且夫该县所处，其初岂不掣肘哉？彼其左右睥睨，即向所称挟持私智，首挑衅于播酋者。此曹声势相倚，甚为经理之害，自非军门在上，闲其邪而约之礼，则安有今日邪？盖蹢躅虽忧乎羸豕之孚，而禁防终得于童牛之牿。行而莫挠，令而必行，直以处置得宜，能服其心故也。

　　龙泉初与播邻，无高山大川之限，向自土官安民志死后，地失民逃，行旅不通久矣。经理龙泉陈副使首捐三百金以修道路，行者德之。及本官被察东归而职。锡类偶承人乏，遂兼领兹方之事。当是时，窃意经理诸务，惟城工最大且艰，业已屡檄促之，而诸属犹相仗未举也。推官谭完奉委至，独奋然曰：天下事惟断乃成，奉军门有成命矣，奈何久为道旁之室乎？遂率同守备伍万钟，凿石于山，取土于隍，成城三百六十一丈，盖坚壮不减瓮安，而断则过之，工未完者十三，会知县凌秋鹏继至，其讫工则秋鹏力也。而前工既定之后，秋鹏复覆石其面，并包石于内一面，则又原估之所未及也。大抵该县城事，藉署府推官赵民说之协赞，厥助不小，而其余衙舍、田粮诸务，则总出秋鹏之手，今亦犁然而办。

总而论之，经始则赖有唱和之同心，而视成则得之后先之协力，譬诸五音合而为乐，义取相成，缺一不可。天下之事，成于自同，谅乎其言之也。夫千金之裘，非一狐之掖；大厦之成，非一木之力。经理之事，亦大矣，虽一时一事之劳，尚有不可泯者，况以上诸臣，皆分猷宣力，昭昭人目者乎，又况发踪指示于上者乎？当诸工未奏之时，军门坐不安席，既命推官熊养初就而督之矣，及养初反命，诸工渐完，则又躬巡而遍阅之，以为千百年之计。于是，至湄潭，则命刘冠南驻督，守备叶定远等从之。至余庆，则命锡类驻督，原任守备史良将等从之。至黄平，则躬自驻督，使中军官署都指挥刘岳等从之。一切建筑之事，未毕者促之，不足者益之，未尽善者更之，然后经理始备。

至于发金输粟，共佐经理，则惟知府吴来庭、张叔玺之力。若副总兵陈寅宣威以宁新莫之邦，原任都司钱中选开河以通久塞之路，是于经理，皆有劳焉。而军门标下把总等官，皆效其一长以劳于经理之事，亦所谓一时一事之劳，法当并书者也。

是役也，凡创筑新城五，缮完旧城者二，添筑水城者一，分建府州县治者七，儒学二，城隍祠五，公馆共五，铺舍四十有六，丈出田地一十九万四千三百四十四亩，派征粮差银一万五千六百四十八两五钱，本色米四千五百七十三石，俟另造册呈报等因，呈详到臣据此。

又据思石分巡道副使路云龙呈，为地方事，本道看得铜仁四面环苗，朝夕窥伺，城垣设险备御，尤为吃紧。府城半为水冲，亟应修理，而县治新设城外，再徙为难。蒙两院轸念地方，共议修举。在府城发银五百一十两八钱一分四厘，修城楼四座，串楼二百七间，城墙一百五十丈，腰墙二百二十丈。在县城发银九十两，建署门楼三座。其土城二百七十丈，系通县士民乐从，各照丈尺，分筑完固。即赀粮间有不敷，该府县已自凑足修完，两城屹起，一时落成。

至于防守营堡，该陈总兵躬履要地，审势度形，先建筑龙潭、报国、光明三营，与甘棠改名正大旧营相为犄角策应。既又相得坝带新移营趾，平衍舒豁，视他营尤为最胜。乃躬自督并修筑，易名龙头，建总兵衙门于此。并将石榴坡、鬼潮溪一带道路，芟艾榛荆，辟成大道，沿途各立子营，分兵隶焉。该镇专驻龙头营，居中弹压。而以守备官移镇威远营，坐营官移镇报国营，左右夹辅，首尾联络，果有常山率然之势，足称边徼长城矣。

一时在事效劳官员，如铜仁府知府何大缙总其成，推官谭完、铜仁县知县吴三让、坐营守备汪如渊、管守备事加衔都司蒫如锦分其责，或综理钱粮，悉心规画；或深入苗穴，殚力经营，均应纪叙等因呈详到臣据此。

又据贵州布政使司带管分守安平道左布政使赵健呈，为地方事，看得龙里、新添二卫，四面皆夷，朝夕观望，城垣倾圮，人可跨入。若非增修，军民何能安堵。今蒙两院轸念，发银分给各委官，各照丈尺督工，修砌完固。两城共举，成于一时，边疆保障，实资永赖。惟是在事效劳各官，如平越府推官徐雨，布政司经历孔传闵，守备伍万钟，指挥薛绍瑄、陈尧年等，俱各悉心规画，催督勤渠，均应叙费等因呈详到臣。

该臣看得播未平之先，急在征讨；播既平之后，急在经理。征讨者矢在弦上，不可不发；经理者鹿在围中，不可不缓。仰诵明旨，一则曰牵累的都免穷治，流移的招他复业，还与优加振恤，以安新定地方。一则曰招抚流移复业，毋令豪强冒夺。大哉皇言，明见万里，恩加八番，所以安集鸿雁于泽，休息鸳鸯于梁者，靡不周且详矣。臣等奉行纶音，宣导德意，与经理诸臣，上自道府，下至丞尉，亦至于再，至于四矣。

顾经理之节，目甚琐且冗，而其体统在官与民。土官曰先人历代遗土，新官曰朝廷业已改流。枘凿不相入而互相持。旧民曰，此吾世业，而偶失之也，何知新民？新民曰，汝罪人，幸而脱刃者也，何得复恋？熊虎各相噬而势相戕。甚至新官与新民依倚，土官与旧民连结，各恃众怙力，将人人摹峙以观成败，此体统之难正也。筑城垣于豺虎之穴，而犷悍不可使；度田土于荆棘之中，而寻丈不可核；建学校以化夷，而口舌纷纭；征粮马以给公，而支吾推调；开道路以通商，而戎贼莽伏。物力屈而无以应多役，糗饷殚而无以张兵威。捉襟则肘见，调宫则商乱，甚至谓改土徒劳，不如还蜀，此节目之难理也。

臣与督臣按臣会议，谕诸经理司道府官，凡教在初，而礼为始，暂给土官冠带札符，引于绳之内。次定与县令迎送接见仪节，委以职事，稽其勤惰，毋令逸于绳之外，而官志始定。查旧田有凭者还旧主，查逆田入官者给新民，俱不令入价而责其纳租。土著子弟稍通者令之入学，青其衿，毋左其袵。新民子弟即平通者止令寄学，不许观场，俟二十年后始令赴试，而民志始定。体统既正，渐议筑城垣，首砌龙泉，次砌瓮安，又次砌余庆、湄潭，又次砌平越水城、黄平州城、铜仁县城，又次修铜仁、平越府城，新添、龙里卫城，又次筑平越行府，铜仁营堡，而城垣举矣。即不敢谓金汤足恃，而五板安堵，千里联络，实空虚之地为扞蔽之资，脱有不虞，民亦可倚而守也。乃渐议度土田、起粮马，丈出田地一十九万四千有奇，岁征银一万五千六百有奇，本色米四百有奇。虽比之遵义不及十之一，而在黔中稍稍成聚，即一郡一州四县官员之俸薪，道路之夫马，皂快之工食，践更之戍粮，仅仅取给焉。又渐议建学校，则改平越卫学为府学，以黄平州学附于平越行府，而土著新附之子弟肄业有地，变椎结为弦歌，柔靡莫而诗书，或者其藉此乎？又渐议开道路，则团聚哨兵，建立铺舍，修饰候馆，滇楚宾旅亦稍出途。回视豺狼当道，荆棘塞路之日则有间矣。

盖自播平至今，已历四年，各官经理亦逾二载，城市鲜犬吠之惊，丛祠罢狐鸣之盗。是皆我皇上明威远畅，惠风广被，故令夜郎、牂柯惊鸟获安，平江、湄水穷鱼复乐。岂臣等区区智力所能办哉？第二三营造拮据之臣，其劳亦有不可泯者，谨将各府州县，筑完城垣公署，丈完田地粮则并户口册籍上尘御览，伏乞敕下吏、户、兵、工四部，再加查议，覆请行臣钦遵施行。

二石亭，右中军军厅，万历丁酉，以断事司改建。临街一坊为总持风纪，院前屏外为讲武场鹰扬亭，诸材官角技肄艺之所。

察　院

察院在会城东门内，永乐十八年建。中为太微法象堂，堂左右有题名碑二，一都御史孔镛记，一御史席春记。

孔公记略

我高皇帝奄有万方，用夏变夷，而于建官，则酌古准今，以损益之。内有都察院以总天下风纪，外有察院以专一方风纪。院设于藩省者十有三，而贵为之重。贵，古鬼方也，汉宋历元为罗甸国。自国朝以来，奉土纳贡，方为内地。列圣相承，开设三司诸府卫州，外巩诸夏，内控诸夷，治忽所系，尤急于诸方。以是天子命御史出按贵，特加之意焉。弘治改元，御史桂林包君好问实按于斯。顾兹察院，规制虽备，而题名之典尚缺。好问于治事之暇，考之前政，得六十人，别其姓名而刻之石，命之曰题名，将待后政者继而题焉，以垂于世，予承乏巡抚来，请记之。

予谓御史，乃天子耳目之官，察院，御史所寓，出政之所，自成周始建，秦汉以下因之，而其制有所崇益，分三院，综五胄，监诸司列郡，司六察，斯已重矣。在廷广天子聪明于内，出则广天子聪明于外，若耳职听，清浊不淆，若目职视，黑白不混，不然，则不职。故天子于御史任之常重，而御史自任亦重。好问巡于贵，将一载矣，政举刑清，民安吏惧，盖将即前政之臧否，为后政之劝戒。孰称职为可师，孰不职为可戒，必有辨之者。

席公题名续记

柱下史曰：古者天子巡狩，方岳开明堂，朝诸侯，躬行庆让，故诸侯率职而天下治。自秦罢侯置守，后世相仍，天子不复巡狩，时遣御史分按天下，旌举其吏之贤能，而废职败度者举黜之。用是，有御史代天子巡狩之议，御史之责重哉。夫方岳守令，古诸侯也，御史得举黜之。是故御史良，则察惟贞、度惟肃。否则，察且玩、度且弛也。夫贞肃玩弛，世用淳浇，而其端在御史，御史之职殆难矣。贵州古牂柯地，入国朝为宣慰使司，旧隶四川，设行都司以控制之。永乐间始设藩省，地杂汉夷，莅兹土者，抚柔允谐则宁辑，稍失则叛去。加以生事边徼，冒功纳贿者，又从而开其隙，则兵革无宁日，按兹土者之所以难也。东察院旧有题名碑，列开设以来巡按清军刷卷诸名氏于上，迨今无余地矣。数年来，代而去者阙漏无纪。今年春，延平胡子国华按是邦，克振厥职，边鄙赖安，暇阅前碑既盈，乃谋勒石补题旧遗，并俟来者。春适被命，叨按云贵，谓予宜有言。春窃谓诸同官，持风裁，懋激扬，皆有声于时者，不类亦获厕名其上。使春果贤，后有指而言者曰，此名御史也。否则，人将起而议其后矣，可惧哉。於戏，人情无所警则玩，玩则怠，怠则议斯集矣。有所警则惧，惧则慎，慎则议斯免矣。春乃今视斯石能无警乎，哲人自励，勉予小子，是因胡子勒石意也。

后为退思堂，为主敬堂，有澄心亭①，御史邹鲁记。东为东园，有资政楼，有卷楼，俱御史董威建，清军御史赵锦记。

赵公《卷楼记略》

侍御董君按贵之二年，为楼五楹于院之东偏北向，而命之曰卷楼。凡卷牍簿书，皆聚而藏焉。既又虑其聚之多也，则为分类以别之，序年以顺之，标目以章之，而总其凡以待来者，于是上下百余年之事灿然可考其年。予以清戎至贵，楼适成，相与登焉。董君以告予曰：贵州西南夷服也，国家盛德远被，制置始同中土。然府史之徒，不能自备而取足于湖蜀之人，其官府之

---

① 后为退思堂，为主敬堂，有澄心亭：万历志作"后退思堂，后澄心亭，又后主敬堂"。

卷牍比于中州，亦往往不具。而具焉者，则以府史之去来无恒也，又往往散亡而不存。事有待征而信者，贸贸焉莫之所从，上下交病。而其大者，土官之争疆夺职，遂起兵端；武胄之承袭荫秩，致淆国典。是政之不可以无卷牍也，而贵为甚。院之左廊，旧为卷库，其制卑隘，岁久至不可容，腐坏以尺许。予始至，顾而叹焉，未有以更也。而每检阅则病之。故事，武臣应袭，而父祖有狱则上其词于部，以为予夺。乌撒卫指挥周臣者，祖以事调云南百户。邢文秀者，其父狱而毙。既而并亡其牍，二人诉之累岁，几于弃之，惟院牍具存，而二人因以不失其旧。予感而叹曰：幸其存者而复弃之，后之为臣为文秀者，可胜叹与？况其重于是者，或贻地方之祸与？兹楼之所由作也，予其为我书之。锦闻而叹曰：周之制，至其叔世，其详不可得闻，以诸侯恶其害己而去其籍也，况至于今巧伪滋烦之世乎？今之什者视公家事若传舍然①，知所从之者难矣，而况能事制曲防如此乎？推君之志，守君之法，岂惟贵之人永有攸赖，虽之天下可也。

西为风节堂，有陶然轩，有凝翠亭，有虚受亭，御史王杏记。

王公记略

贵州察院厅西南隅有隙地数亩，旧构亭焉，颜之以无极，而取图书仪象八卦勒之窗扉间，以佐其义。鲤湖子始至而观之，莞然曰：博哉，是有见于道之无穷者也，勒之窗扉是矣。窗扉之外有真太极焉，日与呈象而效法，而顾假焉以勒之，得非迹其似以状其真乎，博哉，是有见于道之无穷者也。

是岁秋八月，霖雨连旬，檐楹将圮，鲤湖子命工规度，因其旧而缉新之，逾月而功成。退食之暇，时或眺玩，则见层峰叠嶂，献秀效奇，若拱者，若立者，若参对者，若狮象之踞而齿牙峻峭者，若凤凰之翔于千仞而苞彩蹁跹者，若龙驯虎卧而俯以听者，若三军阵立而戈矛剑戟尽见其锐者，此得其形胜者也。千芳万卉，呈巧售能，有夭者，有乔者，有菲然者，有苍苍而摇者。有若蛇虺之卧于幽壑，而鳞甲峻嶒者。有若结辕于九曲之衢，而车盖轩轩者。有若宾朋聚首，而雍容以相先后者。有若瑶宫神女，粉白黛绿，以争妍取怜者。此得之物类者也。

清风徐来，则爽籁齐发，有如笙，如簧，如琴，如瑟，以协八音之奏者。明霞朗霁，则真境咸辟，有若翠，若红，若碧，以杂五彩之陈者。皎月婵娟，

---

① 什，当为"仕"。

光影摇动，有若仪，若跃，若踞，若揖，以备两阶之舞者。岂惟是哉，聚而有矣，倏焉而无，动而感焉，闻焉而寂。有形者，有形形者，有物者，有物物者，有声色者，有声声而色色者，孰主张是，孰纲维是？盖不必假以勒之而阖辟，古今克然具足，果何由以致此乎？夫莫非室也，藩垣障焉，窔奥限焉。则物无自而入焉，亦安受之？惟兹亭也，其中洞然，其外朗然，悬构于乾坤上下之间，四维八面，廓廓如也，是故有不触触者。斯遇，有不遇遇者，斯道，乾坤坎离，在在能感，木金水火，物物咸备，仅容膝之一区，而万有之缤纷赜乱，有一遗焉者哉？夫是之谓虚也，夫是之谓虚受也。

鲤湖子喟然叹曰：渊乎，吾是以知太极之无尽藏也，吾是以知仪象八卦之若是其广且大也，高而虚焉，尚足以尽天下之理。观风者而以虚受人，开广聪明以不悉于九重耳目之寄，将不在兹乎？是义也，直惟近取诸亭而已哉，遂题之曰"虚受"，而书之以此。

院外有维风肃纪、代巡黔服二坊。

布政司

布政司在会城中，初为贵州前卫，永乐十二年设贵州布政司，以城外贵州驿为公署，而库藏廨舍分置城中，即今总兵府也。景泰五年，都御史蒋琳易建于此。中为经济堂，堂左右为经历司、照磨所、理问所、丰济库，堂竖题名碑二，一萧左使俨记，一韩中丞士英记。

萧公记略

洪惟我高皇帝承天肇运，混一六合，覆载之内，悉主悉臣。睹兹贵州，在牂柯之西南，即古三苗鬼方之域，历代所未服者，今皆威之以神武，而纳于职方。始建置贵州都司，统卫所二十，以镇其地。钱谷之出纳，刑狱之按治，则兼于邻属。迨我文皇帝继统守成，丕熙洪业，永乐十一年，乃以贵州渐被治化，复议设布按二司。维时魏郡蒋公廷瓒以行在工部侍郎选任左布政使，乘传而来，暂造城外之北驿馆，假为公署，而听政焉。时思南、思州宣慰司尚隶湖广，二首长田氏梗化不道。蒋公奏于朝，族其家，遂以地改设思南、思州、铜仁、石阡、镇远、黎平、乌罗、新化八府，及与贵州宣慰、金筑安抚二司，并割云南普定之界为州，总隶贵州布政司。设官则有左右布政使、左右参政、左右参议，首领则经历司经历、都事，照磨所照磨，检校理问所理问、副理问，提控案牍司狱司司狱，丰济库大使、副使，视中州无甚异。宣德中又因民稀事简，复革乌罗、新化二府并入黎平、铜仁。迨及所定者府六、州四、县三，宣慰、安抚各一，长官司共六十有七，而卫之长官司不与焉。至于官制，亦有损益，右布政、右参政及属之检校副理问，案牍府之判同，县之丞簿，渐次裁减不一。景泰七年，巡抚都御史蒋公琳重以假署外馆，非承流宣化之所，奏徙城中，得隙地以建衙宇，规制宏壮，轮奂一新。

俨以菲才为藩，愚闇无补。但以斯域爰自列圣相继德化，涵煦百年之久，而前政寅僚，奉宣德意，渐摩抚驯，善政遗爱，其注人耳目而浃人心者也。然而世远人亡，不能不泯，用是撮建置大略，与昔今官僚名位，庸刻坚珉，庶沿革历履易见，来者有征，且知祖宗肇造之艰，继化之盛，边俗丕变之懿。相与懋修职业，益隆治化，以永终誉于悠久，俨则不敢自望，相与僚采勉图之。

韩公题名续记

贵州布政司旧有题名，已再刻矣，岁久石盈，将后来者无所于载。乃今左丞洪君珠欲续之，谋诸同寅姜君仪、毛君绍元、赵君叶、刘君寅，佥曰然。遂砻石请记。以予亦尝游是司也，辞弗获。记曰：士历官服采，由郡县上至藩臬台部，莫不有题名之设，岂徒存名氏爵里以示勿忘而已，固将因名求实，征贤否为劝惩，是故君子有取焉。今之布政，虞之岳牧也。舜之咨牧曰：食哉惟时，柔远能迩。敦德允元，而难任人。然必终之以蛮夷率服者。盖以中国之治，待四夷也。贵州古西南徼，所履皆蛮夷之封，而布政司以钱谷土田为事，有屏翰旬宣之责。我朝命官之意，亦与有虞同。诸君之所敷布大政，所参知共议者，皆是道也。惟兹诸夷，常所不恭者，既草薙而禽狝之，固已率服矣。然承平日久，法渐弛而威不讫，协恭和衷，以图久安长治。则虞之授民时以足食，任仁人以安民者，顾可不加之意哉？此之谓实政而名存于后者，将于实乎是稽。前所登录，亦既多矣，今其名故在，可考而知皆能尽其职否也，尽则为贤为善。否则，兹石也，实彰庋表詟之地耳。余不敏，亦厕名刻中，不知后之指议者又何如也？重为此惧，故以实先焉。诸君名誉方隆，所以书部台勒钟鼎者可待也，体国柔远，以对扬天子之休命，请自今日始。

后为紫微堂，参政周瑛记。

周公记略

古者国君治事之所，前曰路寝，后曰燕寝。路寝公也，所以治事；燕寝私也，所以退休。今置官府，有前堂，其路寝耶；有后堂，其燕寝耶，一古之制也。贵州本夷部，高皇帝时以宣慰使田氏分领其地。永乐十一年，田氏违命，治兵相攻，无臣子礼，文皇帝怒，乃籍其家，削其官，建布政司以备一藩之制。初，诸宣慰多暴慢无礼，至是俯首帖服，惴惴不敢动。百年以来，诸贤良相继为治，其政渐敷，其俗渐移，官府次舍，以渐修理。

弘治六年春，吴兴张公孟介由贵州按察使擢本左布政使。一日，徘徊廊署，顾参政刘君敬之、周君懋德、参议韩君文亮、陈君朝美，谓曰：吾藩财赋人民，视中州诸藩不及三之一，然而犄角形势，控制苗獠，以通西南朝贡道路，其地至要也。今前堂如制，而后堂湫隘殊甚，其何以集思广益，而伸燕好之私。某不敏，愿与图之。乃合众谋，计工授程，陶土烧石，取栋梁榱桷于群木所宜，建后堂若干楹，东西厢房若干楹，堂庭之中，与屋前后往来又若干楹，后堂之广与前堂称。为高视前为不及，而修过之。其制雅雅言言，坐以谈公，列以序私，无不可者。

初，居民十数家，漫入省垣内，与群吏杂处。公曰：民与吏混淆，奸慝曷去？乃授之直，俾择便地以居，即其处为左右二参政廨舍，又分其余以为诸吏舍。公又命筑长垣环绕于司，如居所谓牙城焉者。其垣下甃石，上覆以瓦，高厚不可拔云。经营于弘治七年夏五月，告成于岁秋八月，凡縻白金若干两，粟若干石，邦人皆若不知有所为焉者。既落成，众谓古人兴作，皆有纪志，况此为工最钜，恶可以无述。乃走使蜀藩，属瑛纪其事。始瑛待罪镇远府，于公为属吏，客有过吾郡者，谈方今人物，谓公威而不暴，明而不察，简而不烦，有古人风度，则其所抱负者深矣。探公所有而推之，厥施未艾也，岂但制一藩而已哉。

前为粮储道、贵宁道、抚夷道、新镇道。前行中书省坊，外旬宣、屏翰二坊①。

按察司

按察司在会城中，永乐十八年建，中为协中堂，堂竖题名碑一，大学士彭华

---

① 前行中书省坊，外旬宣、屏翰二坊：万历志作"前西南都会紫薇行省坊，外旬宣、屏翰二坊"。

记。堂左右为经历司、照磨所。

彭公记

　　贵州古夷蔡域，秦汉来羁縻而已，或稍稍郡县，终不能约之就法度。我皇明有天下，武定文教，无远弗及。洪武初即贵州立都司，统兵卫暨诸酋长。永乐癸巳，遂建布政司，悉州郡其地，间以宣慰、宣抚主之。越十八年庚子，乃设按察司以掌风纪，置按察司副使佥事五员，分巡贵宁、安平、新镇、思仁四道。于是三司相维以治，部内咸与中藩等矣。顾诞敷教化，朝廷固付之有司，而操黜陟，任激扬，使有司循礼法以导民者，则在风纪之官。风纪得人与否，其所系重矣。同年卢君崇绩自湖广按察副使迁贵州按察使，铲奸除弊，扶弱植良，甫及期，吏畏民怀。间出巡山谷间里间，喜其俗之日迁。因叹曰：夷俗丕变，固圣明之化，亦由前此诸公奉扬之也，盍录其名氏，勒诸坚珉，以示永久？乃走书征予记之。

　　予曰：先卢君官于贵者，奚啻数十百人？中固多贤，未必尽贤，贤者能以礼法持身率下，不贤者自放于礼法之外，乌足以劝吏导民？卢君既书之，将使后之人指其名，歆美其贤者而思取法，讥诮其不贤者而内自省。惕然戒惧，油然兴起，欢然共相饬励，以正宪度，仰称圣明设官至意，此其有警于在位者无穷也已。

　　后为冰玉堂，前为提学道、清军驿传道、威清道、毕节道、都清道、思石道、司狱司、高明楼，外为明刑、弼教二坊。

提学道外署

　　提学道外署，在城西南贡院左，旧镇守太监府。隆庆四年改建，中为文德堂，堂有况副使叔祺题名碑，内为鉴空衡平堂，后为文昌阁，外左鹍化鹏搏坊，右凤翔麟见坊。

况公题名记

　　国朝稽古建官，尤重文学之臣。在两都，命司成掌其事，在诸路，命宪臣奉玺书乘传，得非隆官师、求茂材异等光辅中兴之业乎？岁己未，予自礼官大夫督学贵阳。既至，阅公署，旧无题名。夫今之守一官者，无论中外巨细，其所居必纪名，而贵之督学独阙焉，曷以昭懿矩，垂将来？爰慨文献之莫征，悼先哲之易泯，搜求往牒，咨询故老，得上元沈君而下凡二十四人，以予耳目所睹记其人，皆卓荦恬静，韬光匿美，类能列于不朽之途，视他省为独盛。何以哉？夫味道腴者甘淡泊，薄宠利者乐疏逖，巨材隐于深箐，丹砂伏于幽岩，足迹不履，采购不逮，故得全其天真。珍奇锦绣，列于通衢，朝过而夕鬻，二者较其迟速，不可同日语矣。贵阳僻壤，寂寞之态等于野戍荒村，溺纷华者不居焉。然贵虽殊俗杂处，章缝之士皆能习孔氏之说，诵仁义之文，其质淳朴愿悫，循循雅驯，以予振铎其间，甚易相信。又其地冬无严寒，夏无酷暑，四时如春，得阴阳之和。彼煌煌要津，炎炎通逵，或未必胜此也。予见宦者多薄贵阳，故识之以告夫后之莅兹土者。

提学吴国伦《署中登阁望雪》二首：

署阁拥城心，群峰护玉林。同云一夜合，积雪九夷深。白发寒相照，清樽欻自斟。幽兰意不浅，萧瑟向鸣琴。

不到炎方雪，朝来树亦冰。城光瑶草蔓，山气玉龙腾。绝域天难辨，危轩晚更凭。乡关与京阙，何处白云层。

清军道外署，治城中，旧为东岳庙，嘉靖间建贵宁道，万历六年改今道。

总兵府

总兵府，在会城中六街，西向，永乐间为布政司，后迁司治。成化间，总兵南宁伯毛荣始建府于此。中为远猷堂，内后乐亭，东园有东胜台，外为三藩保障、万里干城二坊。总兵驻铜仁，岁不一至，凡京考恤部至，借为行署。

恤部江进之《黔阳署中杂咏》九首

山城何物敌侯鲭，供具都如寺舍清。蘉汁冲开将睡眼，杞苗助补久亏精。溪鱼带尾长如指，野蕨连涎滑似蛏。饱啖三餐无上事，北窗歌枕数残更。

其二：天涯高阁几回凭，林卧终然愧季鹰。水碓似人春觉缓，石床如雪冷难胜。鼠窥篱下初抽笋，猿挂岩前欲断藤。环视四山饶爽气，倩谁拄杖与同登？

其三：空斋白日永如年，欲理枯桐未上弦。蝶粉未乾飞更堕，蚁群相引断还连。静观棋谱雄心痒，细检丹书道味玄。午梦觉来无一事，不须打坐与安禅。

其四：春郊行乐减寒衣，海燕林莺相间飞。饮酒乍疑襟量小，看山渐觉眼光微。桃花叶出红全瘦，杨柳条长绿正肥。淑景算来无几许，莫辞马上醉驮归。

其五：东郊策马乘晴暄，风物依然断旅魂。滩响恰如多口蝈，山粗半似癞头鼋。汉夷分住都成寨，岗岭回环不见村。捕盗家家如捕虏，闭门应未及黄昏。

其六：春色依然到异方，东风处处袅垂杨。蛮童髻插山花紫，村女羹调野菜香。雷鬼时闻苗赛祀，鼠猴分部贾登场。城中雅有江南意，女伴相邀去踏芳。

其七：新旧文移载满车，夷方莫道网全疏。诸蛮部落都无姓，祖代儿孙不识书。事到每凭鸡作卜，病来但觅鬼为除。可怜混沌谁堪似，好比无怀剖判初。

其八：骋望闲登石上亭，草头花瓣洒如萍。春云乍起山巅黑，瘴雨初来水气腥。病后喜餐铛底饭，睡时愁听月中铃。频年憔悴需汤饵，归骑何妨载茯苓滇中产。

其九：客程芳草绿无涯，敲断闺中白玉钗。乌带斜阳归去疾，山含夕爽望来佳。乡心每觉因愁动，懒性偏宜与静偕。携得家童能说鬼，为渠时复一开怀。

又五首

孤城怀抱四山幽，羁客蹉跎两月留。寒谷风骚饥虎过，清溪水秽毒蛇游。夜窗瑟瑟闻梅雨，光景萧萧近麦秋。自是离人难睡着，支床五鼓听更筹。

其二：徙倚空亭石磴斜，晚风容易扫残霞。蚁封土润沾新雨，燕嘴泥香带落花。病后检方亲制饵，睡余瀹鼎自烹茶。年光怕说如流水，几度春归未到家。

其三：深院游丝百尺长，东廊飞起挂西廊。隔篱鸟踏花枝软，绕径衣拖竹粉香。酒帜飐风飘别市，棋声乘午出邻墙。年来吏事关心少，笺解南华颇自忙。

其四：绿肥红瘦景偏明，两月羁栖贵筑城。苗部米如吴下好，杜家酒似易州清。传闻主器将归震，报到皮林已罢兵。自是圣朝多福泽，欲持歌颂答升平。

其五：雨后苔痕冉冉斑，隔窗啼鸟惜春还。莺桃渐作赭黄色，蚕豆恰如梅绿般。长日署中偏嗜睡，夕阳影里独看山。自怜懒性宜投散，了却爱书有剩闲。

都司

都司，在会城中西，即元八番顺元都元帅府，洪武五年改建。中为威远堂，后壮猷堂，右屯田道，左经历司，后以府公馆改建断事司署①，左为振武坊。

游击府署，在北关外，万历间巡抚都御史何起鸣建。

---

① 万历志谓断事司由操捕道改建。

教场，在北关外游击府署右。

钟鼓楼，在会城北隅，成化间巡抚都御史宋钦、巡按御史梁泽、太监郑忠建，万历三十年，巡抚都御史郭子章重修。

太子少保南宫白圭楼记略

皇明有国，度越前古，天覆地载悉臣。肆惟贵州本穷，三代以前鄙而不治，自后虽有羁縻，不过通使以贡其土而已。我太祖皇帝以大有为之君，乘天与之运，威以神武，绥以文德。由是城郭宫室，衣冠礼乐，师儒命吏，守将戍兵，罔不周备，而钟鼓楼未建。

前都知监太监深水郑公忠作镇于兹，历十五年，是为成化癸巳，公于暇日，访求故老，知其故址于城之北隅正街。盖自前元尝为顺元都元帅府所建土城楼，国初展其城于今北门，而陵夷其废址，世远人亡，无以考其沿革。公以是役谋于巡抚都宪宋公钦、总戎都督吴公经、巡按侍御梁公泽，既协其谋，而三司佥以为然。经始于是年四月八日，凿石南郊，抡材北野，陶于肆，冶于场，役匠与夫必更番，而不再籍。既食而又货之，有若佣者。讫工之日，是为明年甲午五月七日。楼基以石为台，高六尺，周方一十六丈有奇。虚其中以为通衢，屋重其檐，通高五丈有奇，广与之等，而深则杀其五之二焉。铸为大钟者一，制为大鼓者四，又走使滇南募匠，制为铜壶滴漏，俱以良旦悬钟置鼓于楼而奠壶于其下。自是暮鼓晨钟，更漏有准，节候不爽，昼夜分明①，远近之人莫不耸观而趋听。使夫在公者不失其夜寐夙兴之期，养生者各遂其出作入息之候，又外而使犬羊之众襁负其子而来，环而观之，有若龙蟠虎踞，鲸吼雷轰，莫不改容而夺气，有以潜消其陆梁梗化之心，可谓丰功伟绩，垂之不朽者，于是乎书。

蟒衣生重建楼记

万历己亥夏六月，予奉天子命来拊黔。故事，三日谒文庙。庙在城北隅，道钟鼓楼下。予即视之，规颇昂崇，势若崩阤，心识之，谓当厘改也。于时有夜郎之役，亡论藏匿弗克，民踣弊弗振，即吾侪心思弗暇及，日力弗暇给，譬其犹膝理病，病虽上贰下贰，疾姑置之耳。庚子六月六日夜郎平，贵阳刘太守文光来黔，仲秋稍隙，守偕徐丞公绾请于予及柱史宋公曰：挈壶之政，匪棘匪

---

① 分明：原本作“今明”，据贵图本改。

迟，君子小人，兴息维时，以司晨昏，以严更漏，惟鼓与钟是赖①。此黄帝所推迎，唐尧所敬授者，兹楼且圮，守甚惧，亡以为民观也，葺之亟。予与宋公敬诺。下监司议，司橧守会而稽之，材若干章，竹若干个，既若于畚糇粮若干钟，赭垩青黝若干色，剞劂钩绳若干匠，钱若干缗，守与丞总之。中军官刘岳，指挥杨师震、李栋材挺鬘役之。千户金鳞、李东生，百户王懋勋，吏目张大纪护作之。辛丑六月，刘守迁宪副，署平越府，经理夜郎去。天子命宋公往按滇，命柱史毕公代之。毕公至，趣其役，徐丞竭力己事。以某月落成，而请纪其成于石。

予谂之曰：危哉楼也，宁独贮钟鼓刻漏已乎？宁独辨昕夕弗迷风雨乎？黄钟生一，一生万物，君子铄金为钟，四时九乳，故钟调则君道得。五音十二律，鼓无当焉，而弗鼓弗和，其声一耳。刻漏法，漏水一升重一斤，时经一刻。故钟为声气之母，鼓为众乐之君，刻漏为中星之验。惟其一也，一也者，所以一民视听之不一也。《周礼》六典，夏官挈壶，秋官司寤，春官鸡人。汉以后太史掌之，隋置刻漏，令掌以率更，教以博士，典以掌漏，司刻分时，唱之漏童，更以击鼓为节，点以击钟为节。故《含元赋》曰：节晷漏于钟律，架危楼之筍簴。钟鼓之有楼，旧矣。黔当珍夷敛雾三渡息波之后，举斯楼而更新之，景钟高悬，夔鼓雷鸣，玉衡称物，金壶博施。晓而钟邪，吾侪莅兹土者，何以修天子之业命，考其国职，讲其庶政？士何以受业，何以讲贯？自戍卒庶人而下，明而动，何以耕食，何以凿饮，何以搜苗狝狩？夕而钟邪，鼓而严邪，吾侪莅兹土者，何以序其业，纠其典刑，儆百工使无愒淫，而后即安？士何以习复，何以计过无憾，而后即安？自戍卒庶人而下，晦而休，何以宵绚，何以夜绩，庀其家事，而后即安？庶几日惜寸阴，夜知向晨，斯楼之新为不徒矣。嗟嗟，予于斯楼废兴之故，而重有感也。

楼创于成化甲午，实自郑都知忠始，记出白少保圭笔，其语周核。通志亦称忠有心计，与总兵李贵抚捕诸苗，贵人为立祠尸祝之。今银璫左貂，充斥宇内，飞而食人，在在重足。黔以瘠土，大兵后主上闵而不遣，而吾侪得以韬戈撤候之余，因革明时，乘隙葺楼。以都知始者，以吾侪新，不可谓非大幸。故若郑都知者，自今视之，固亦铁中之铮铮与，而况创楼，故碑犹言言也。监司郡县卫所与是役者，例得书姓氏于石之右鬘音羌。

观风台，在会城外东南一里，万历三十二年巡按御史毕三才建，自为记。

---

① 是赖：原本作"焉赖"，据贵图本改。

记曰：

昔称人物志，多系乎风土，夫五方之英成于天地，孕于山川，资为国用，地灵人杰，祥发符征，机固不偶然也。黔当万山中，为古西南荒服，称不庭不贡之区。乃高皇帝开辟疆宇，列圣翱翔道化，迨我皇上御寓三十二春，车书礼乐，廓为大同，一时户口殷繁，豪杰飚起，声名文物，几埒上国。夫非山灵使然钦？岁壬寅，余奉命按兹土，入境，见其山川构会，慨然有望云物、察禨祥之思。惟是纪纲上下未竣，时事有待。迨二年所，其于士民土俗，山川形胜，历览益遍。窃疑黔风气虽开而未甚开，人物虽盛而未甚盛，彼其天运固然，或亦山灵气脉未尽培补钦？暇日，与中丞郭公筹之，偕藩臬长纵步陟，遐观天星，察地轴。见黔山势皆从北，水折而东，两江磅薄西来，大汇于城南之渔矶，东山迤支回首而捥搏圆阜大金，横拖曜气，上收众水，此实水神。先中丞江公曾亦筑堤建阁于前，第水势方奔，龙神未合，关键不设于尾闾，而于肠腹障之，亟则壅而易溃，无当堪舆法。余既得兹山之阳，轩然心目，图一标创。诸缙绅父老益怂恿以进，余乃复申之曰：人聚于地，气聚于人，昔有慕富强者，睹山河而兴思，历览名邦隘塞，往往培造以全生气，非徒侈观美也。子士民既咸有经营子来之思，余奈何不为地方百年树德。于是计费捐赀，择日鸠工，分之诸执事。逾百日，而台岿然落成，时甲辰二月三日，余辰趋启中丞郭公，偕往以观。是日也，云蒸霞蔚，日丽风恬，鼓吹笙歌，旌旗画载，星罗金山之阳，桃李馥郁，迥入万花之谷。暨登空中楼阁，四面芙蓉，二溪带环，长虹远驾，东壁帐屏①，西清卓笔，业已在云霄上。郭公喟然叹曰：兹真观风问俗之一奇观乎。因颜其台曰"观风"。而余复以兹山莫位东南，考卦次为巽，稽星野为文曲，图史奎壁，实兆厥瑞。台成，计黔人士必有从龙从虎，益响应于井鬼之分野者。余兹实厚望黔，奚止侈言今日豪杰已也。

诸大夫因请余记。余惟古今亭池台榭，率多以游观逸乐，夺民力而丛之怨，如楚章华，秦曲房，齐晋强台、平台之类，俱足永鉴。惟《诗》称文王灵台，谓其偕民同乐，故能令民欢乐而速之成。说者以为台池鸟兽之乐，无关人士。第张子有言，灵台辟雍，文王之学也，镐京辟雍，武王之学也。则灵台之筑，孰非周家作人地乎？余恶敢当文王，顾一念作人之意，则文王我师②。敬勒贞珉，而为之记。

---

① 壁：原本作"璧"，据贵图本改。
② 文王：原本作"文"，据上文及贵图本补改。

黔记卷二十四目录

公署志下

黔记卷二十四

泰和郭子章相奎父著
汉州宋兴祖汝杰父正
贵溪毕三才成叔父校

公署志下

贵阳军民府

贵阳府治在省城中，旧为提学道及文明、正学二书院。隆庆四年改建。万历十四年，知府周一经买左右民舍增修。清军厅、理刑厅、经历司、司狱司，俱在府内，医学在府东，阴阳学在治西北，僧纲司在大兴寺，道纪司在府东。

按察冯成能《迁建贵阳府治记》

今上皇帝既改元，驭宇内，诞敷时命，薄海悉臣，群工率职，敬戒靡遑，咸思修典制，肃纲维，以尊朝廷，称维新之化。于时，贵州督抚大夫臣拯，监察御史臣时举，谂于诸司大夫，暨邦之耆宿，条兴革之大者以上。其略曰：臣按贵州古荒服地，历代迭兴，直羁縻暨声教耳。我圣祖受命，始中国之。永乐十年，置台省官，称藩焉，改流土错杂，郡邑之制，视中土多略，非力不能，势固有待也。二百年来，德化重熙，遐迩欢洽，今天子明开圣绪，远方殊俗靡不向风承流，举国奉师。矧藩服中省尚沿土俗，郡县官司之制，不得与上国齿，甚非所以昭明一统，广大造同仁之化也。臣等伏熟计之，皆谓会城设府便。夫创所未有，其势难。今程番府距省百里而近，井庐相属，姻娅相联，介胄编氓之秀者①，相与共学为弟子员，其势尤亲甚。故皆谓以程番府改入会城便。时民夷互讦，绅胄之党角力而争强，簿牒纷纭，盗奸恣睢，监司大吏不能纤理，则以属之军吏幕职，情昵则狃，势轻则挠，政务谬庚，民无所归。今府而治之，俾连络十七土司，缀之下邑，以附城二长官司之无属者增属焉，秉其扼塞，合外为内，总握要领，以承监司，则臂指之形成，轮辐之势集，征发讼狱不忒。泽化布流，幽隐毕达，经纪秩然，纯若中邦之制。一择守焉，则理平矣，此安边之要策。臣等谨昧死以闻，请所立郡名。制下尚书曹议，尚书曹议上，如御史大夫御史臣言，制曰可。其以程番府改设藩省，赐名贵阳。

隆庆二年议再上，三年春制下，群工奔走。执事乃度地，则迁提学公署他所，而即以其地稍拓之，乃鸠工，则捐公费若干缗。是年终，经始于太守卢遴，临政曰堂，退思曰寝，门庭廨舍，咸规郡制。凡更岁而落成。今郡守李濮至，则吏治益蒸蒸然，法成理饬，增修未备。于是始立石欲纪其事，而乞予文之。

辞曰：于皇时命，万物聿新。乘时熙载，西南守臣。翼翼上书，敷天一体。玄化滂流，讵有遐迹。择贤置牧，既治中州。胡不均弘，协彼遐陬。明明天子，见于万里。肇作之邦，考慎厥始。乃按图籍，命曰贵阳。乃申宗伯，锡以符章。纲维既肃，夏夷祗承。州郡足任，优于甲兵。维兹牧伯，厥任孔勤。矧伊新服，神谋曷将。性善惟一，慎勿鄙夷。无偏无党，由溺由饥。文德诞敷，有苗来格。古训是师，昭兹刻石。

贵阳知府李濮题名记略

贵藩省会故无郡治，隆庆三年己巳，徙附郡程番而更置之，其事则宪伯纬川冯公记之详矣。初，贵之列郡，官不必备，因其简也。兹郡附省，事务稍剧，官联具列，意重首郡耳。是年孟冬，予承之，首莅其事，寮采以次至。又逾三禩，制度渐备，骎骎然与内地埒矣。佥谓立石题名，制不可缺。知其颠末者莫予若，当自系数语，以弁诸首。

予则何言哉？尝闻今之郡牧，古刺史职也，宣德达情，辑绥纠正，百责萃焉。矧附居省治，诸当道日临之，贤易知否易訾。且又创置方新，纪法未具，处军夷之杂扰，无州县之联属，居是任者，其艰理之势，较他郡岂不倍哉？思其艰，图其易。谨厥始，虑厥终。予固不敢自诿，亦不能不为同事及将来者望

---

① 氓：原本作"眠"，据贵图本改。

也。不纪之则稽核无资，监观无措，于政治何裨？夫纪官则纪政，使其纯然而可为后人法也，则于斯石为有光矣。

知府刘之龙《太守箴》。箴曰

维明昌运，万里职方。贵山富水，咸入版章。建邦置守，肇于庄皇。守称牧伯，古并诸侯。秩二千石，下邑缀旒。朱幡熊轼，五马优游。召父杜母，汉为循吏。渤海颍川，蒸蒸平治。五袴歌成，两岐麦瑞。河北渡虎，合浦还珠。蒲鞭化洽，竹马信孚。甘雨随车，卧辙载途。帝咨民艰，实重师帅。岂以遐荒，德泽疏室。眼前赤子，乡邻同室。乌言卉服①，上世淳风。带牛佩犊，化导之功。夙夜匪懈，其政自通。畏彼四知，坚此素节。一鹤相随，悬鱼比洁。酌泉而爽，勿淄于涅。东海严卿，晋阳臧彪。德让君子，鸾凤其俦。惟胞惟与，疴痒噢咻。三代斯民，直道无斁。何武去思，寇恂愿借。一体惟怀，谁其有隔？我思古人，视履不惌。子况异等，文翁育贤。休声浃兹，吏治斡旋②。噫嘻小子，麟符斯辱。画诺是资，素餐惟蹋。爰疏鄙箴，诵言司仆。

新贵县治，在城内东南，万历十八年知县孙梦熊建。

提学徐秉正《建新贵县记略》

夫贵州，古鬼国之域，而西南之荒裔也。其人谲诈变幻，执之靡从，缚之不得，所从来远矣。明兴，诸酋长慑威服义，始率众受职称臣，比于内地。夫时当天造之初，夷自为家人，无越制，设二武卫领之，因其恒俗，夷方自定。永乐中，民间户口物产，渐非其故矣，仅仅两武弁，安所资弹压也？乃建藩臬，诸大夫执其枢而纪纲之，而贵州省治始设。二百年来，列圣敷膏于上，诸吏宣承于下，细系大縻，文绥武靖，声名文物之盛，肩摩毂击之众，视国朝初不啻相什佰焉。夫乌江石门之间，今独非贵竹邪？而今昔士民，更殊若此，则得人为治之效，其故可睹也已。

万历庚寅，中丞叶公来抚兹土，问间阎所兴革，而益修其所未备者。于是郡守谢君谋司理萧君，集部吏，延士大夫议改邑事。曰：贵阳郡，先是未有也，自隆庆戊辰，中丞杜公、侍御王公疏请程番府于省治，改贵竹、平伐二司为郡两属邑，而贵阳始有郡。郡治既迁，民走百里外听约束，疲于奔命。而坐

---

① 卉：原本"世"，显误，径改。
② 斡：原本误作"干"，据贵图本改。

镇其中者，职靡专统地方，又无所藉以为重。

岁乙酉，中丞舒公至，定画，复以改建州治为请，自是定番始有州。夫岳伯守令，上下相维，无省无之。黔之贵阳，亦今之都会也，乃改邑一事，屡疏屡勘议，竟道傍不决，虽云事贵以渐，然亦拘挛过矣。闻之事无巨细，人存则行，明公得无意乎？愿亟图之。公问费安出。曰：于帑岁美，无用捐民。问力安役。曰：括差戍余，匪用妨农。问址安卜。曰：城东南隅，可贸以居。问其民何如。曰：民苦于征敛无度，离心久矣。又问其长何如。曰：念其先而世官之，愿足矣。公闻言，毅然曰：兹予职也。遂与侍御陈公咨诹筹议，下其状，檄三司长及诸监司再核之，议佥协厥迪。乃请于城之东南建县治，设县令、尉各一员，以二司人民土地隶之。而土司宋显印等改土丞、簿，俾世袭。疏上，诏许之，与名新贵。

于是永从令孙君以声称蒙调来董其役，以金计凡七百七十有奇，以力计凡数万，以楹计凡百二十有九，以址计周匝凡百丈，议于隆庆戊辰，越二十余年，而论乃定。功始于辛卯之夏五月，而癸巳之三月乃告成，下以开一方千百年之业，上以彰国家大一统之盛，官罔告困①，民罔知劳，后先一心，共成盛举。语云，事以人行。岂虚语哉？

金筑安抚司治，成化十年建。

定番州治本旧程番府，成化十七年建。万历十四年改州治。程番司治，附郭，至元十六年建。上马司治、小程番司治、卢番司治、韦番司治、方番司治、洪番司治、卧龙司治、大龙司治、小龙司治、金石司治、罗番司治、卢山司治、木瓜司治、麻向司治、大华司治，已上各司俱洪武年建。地里见沿革。

布按分司，州治东北隅，成化十七年知府邓廷瓒建。

宣慰司，在省城内北，洪武五年建，成化间重建。经历司，在堂左。水东司，城北泽溪安宣慰寓宅左，洪武十五年建。中曹司，城南三十里，洪武五年建。乖西司，城东一百五十里，永乐元年建。青山司，城北三十三里。龙里司，城东五十里。札佐司，城北八十里。底寨司，城北一百里。养龙司，城北二百二十里，俱洪武年建。白纳司，城南七十里，永乐四年建。陆广河巡检司，城北一百二十里。沙溪巡检司，城北二百里。黄沙渡巡检司，城北一百四十里。税课局，城北，成化间建。丰济仓，城内南，洪武年间建。预备仓，城内东，成化间都御史陈俨建。万历

---

① 罔：原本误作"同"，据文意及下句文例改。

三十年内，巡抚郭都御史发银三百零九两，檄贵阳府知府吴来庭建便屯仓一百间。

贵阳府通判前刑部郎中夏燧《便屯仓记》

中丞郭公平播之二年，边鄙既戢，百废具兴。乃复择隙地，置仓于省之东隅，以便两卫屯粮之输灌，名便屯仓。或谓黔既有丰济仓矣，焉用是仓为，则燧尝考于利弊知之。按黔设省卫，二卫辖百屯，岁计屯粮七千有奇，虽不当中州一邑，然而祖宗分屯列戍。戍以卫疆围，控裔苗，而屯以余粒岁输官，给军饷十三，盖亦积贮之大命也。惟是屯百而屯之仓一，输者驿络，而仓不及收，则守候淹，不便一；有守候，势不得不寄店户，寄店户则租赁有费，铺垫有费，不便二；又况寄贮而久也，风雨漂泊，岁月捐耗，不便三；其甚者，官藉口于输费之艰，必且多科派，多科派则病屯耕，不便四；官恣意于出纳之便，必且多乾没，多乾没则病公廪，不便五。区区瘠黔，屯所入岁几何而以当诸弊窦，徒令屯内自溃而外饱奸蠹之蹊欲，国家恤屯养士之谓何？公曰，弊不一革者不永利。于是檄贵阳吴郡守捐公帑三百九金，庀材鸠工，置仓凡百楹。每屯各为仓，每岁屯各为修，而屯者视仓如家藏，以仓输官近。而官亦易行其综核①，无守候，无虚费，无岁月得失之虞，无公私年利之害，举一物而数善备焉，盖屯之久利长便具熟睹矣。是役也，经始壬寅之孟冬，不逾月而告落成，屯人趋事子来，有以也，燧是为《便屯仓记》。

贵州卫

卫治，省城内都司右，洪武四年建。经历司，卫二门外左。镇抚司，贡院后左。左千户所，卫前，嘉靖十五年，因建贡院，改建于此。右千户所，卫治右。中千户所，卫治左。前千户所，卫治二门外左。后千户所，镇抚司前。俱因建贡院改置此。

贵州前卫

卫治省城内西，洪武二十六年建治城中，景泰五年改建布政司于其地，乃迁建

---

① 综：原本误作"棕"，据文意改。

于此。经历司，卫堂左。镇抚司，城中，去卫百步许。左右中前千户所，卫治左。后千户所，卫治右。养牧所，在教场左。故养济院，在会城东。故牧马所，在贵州前卫镇抚司署左，万历三十年，巡抚都御史郭子章迁二所共建一处，前以宿孤老，后以养操马，故名养牧。中为胞与堂。自为记。

《新建贵州养牧所记》

夫物有外之而实以内之，仇之而实以爱之者。夫非以外内之，以仇爱之也。欲内故外，欲爱故仇，事固有相反而相成者。张乐于洞庭之野，曼而馈，代罜而食，而鸟不至。椒兰为饵，瑰玫为钩，而鱼不至，此爱之而仇也。豢豕于义台路寝，而蹢躅逾甚；食鹿于广厦细旃之上，而鹿逾逸，此内之而外也。何者，非其性之所适也。予因是而悟夫治丐治马者焉。

黔故有养济院，在两台署之东，杂处于缙绅宅舍之间，而日呻吟作苦。故有牧马院在阃司傍贵阳府后，马日瘠而死者已过半矣。予乃讯之丐长围人，曰：罢癃残疾，吾兄弟也，马以备戎事、田事，备戎事、田事，备邮传，于公家劳饩矣，有司处于阛阓，朝夕耳而目之，庶几时其衣饭，稽其水草，若之何苦且瘠也①？

丐长辇而对曰：养济舍于城，丐之院，丐之圊也。丐日汲井，井者驱之，曰：毋污洌。丐日曝于衢，市人驱之，曰：毋污市。丐日樵，城距樵所远，又病弗克负何，丐是以苦。围人曰：龁草饮水，翘足而陆，交颈相靡，马之真性也。城恶乎水？城恶乎草？马是以日瘠而死。予怃然曰，是非张乐投椒以来鱼鸟邪？是非豢豕鹿于台厦邪？

乃谋之直指宋公。宋公曰：亟迁之而可。乃檄监司及贵阳刘守文光，徐丞公绾，熊司理新之，贵前二卫署篆指挥杨师震、李栋材，市陈地于北阙演武场西，以其半作薰，盖居丐者，半作厩治皂栈居群马。而令千百户邹宗鲁、罗三省等董其役，役既，总名之曰养牧所，堂曰胞与堂，为郡县有司及围林氏莅临之所。经始于万历庚子仲秋，已事于辛丑长至，予以阅武一过焉，丐长率其徒迎曰：丐今而后始得汲且浴于渚，樵于近林，曝于坛场，不为市井驱矣。校人、庾人呵引马而前曰：今而后始得时出入游靡，分庌栈牝牡，严刻别羁策，不局于城隈矣。予又怃然曰：兹非所云外而内之，仇而爱之邪。夫丐不乐与市邻，马不乐与官舍邻，则日苦而瘠。远之郊垌，牧之洲渚，则日喜而肥，适不

---

① 苦：原本误作"若"。

适之故也。丐不适不能治丐，马不适不能治马，民不适恶能治天下？夫治天下，亦适之而已。

平越军民府

平越军民府与平越卫同城，在卫左。平播后，万历二十九年，两院檄知府刘冠南、同知杨可陶建。府正佐衙署俱在府内，经历司在府内左。守备署在城，万历三十年建。平越卫在府右，洪武十四年建，万历二十九年重修。经历司在卫内左。镇抚司在城内，洪武二十一年建，副使赵之屏修。左右中前后五所在城内，洪武间建。税课司在卫西，洪武间建。广丰仓在卫南，指挥端聚建。察院在城内。按察司在城西南，弘治间建。兵备道在城内南，成化间副使方中建，嘉靖间赵之屏修。分司公署，万历二十五年，副使詹启东行推官李珏重建。杨义司治在府东二十里，洪武间建。

黄平州与黄平所同城，平播后，万历二十九年，两院檄知州曹进可建。知州、判官、吏目衙署，俱在州内。

黄平所，在城内，洪武八年建。镇抚司，在城内。按察司，在城内，宣德间建，成化间重修。

余庆县，平播后万历二十九年建。知县、典史衙署俱在县内。

瓮安县，平播后万历二十九年建。知县、典史衙署俱在县内。

湄潭县，平播后万历二十九年建。知县、典史衙署俱在县内。察院，在城内，万历二十九年建。

都匀府

都匀府与都匀卫同城，在城西北隅，弘治七年，知府凌文献、推官舒维纲建。经历司在府堂右。阴阳学在府右①，都匀仓在城东。

都匀卫在城内西南隅，即前元都云安抚司，洪武二十二年指挥黄镛建。经历司在卫左，镇抚司在卫右。左右中前后五所俱在城西。

兵备道在城东，成化间兵备方中建，弘治间副使阴子淑增建。察院在城内东。

---

① "阴阳学"后，万历志尚有"医学府左"四字。

养济院在府治南。都匀司治在府南。邦水司治在府西。平浪司治在府西。俱弘治十七年建。平州司治在府西南。

麻哈州治在府北。乐平司治州北。平定司治州东北。

都清守备署，在州城内。

独山州在府南，烂土司治州东，丰宁司治州南。俱洪武八年建。

清平县，在清平卫城内，弘治间建。

镇远府

镇远府治，在镇阳江北石屏山下，宣德元年知府颜泽建，中为同心堂，李文祥记。知府衙署在府内，署左玩易斋前有梧桐六株，知府程爛名曰六梧堂，有记。经历司府堂左。司狱司府右。永丰仓府东北，正统四年建。税课局府东，成化间知府徐虔建。阴阳学府东。医学府西。察院在府西，嘉靖二十四年改建。

巡按御史万安张雨诗

使节当年客华山，曾于仙掌一跻攀。应知选胜烟霞外，那得凭虚尘市间。
此处诸天三界近，何人双舄五云还？请看铜柱东南际，未许边烽入汉关。

天畔孤亭四望赊，蕊珠宫殿白云遮。玲琅梵语三千界，灯火钟声十万家。
便好斗边看剑气，拟于河上问星槎。公余偏得登临分，回首风烟数泰华。

南去滇南逾咫尺，北瞻极北是长安。海桑日观千门晓，垣竹冰壶五岳寒。
谩有风云生足下，不妨车马动江干。月明疑是王乔侣，落尽梅花十二栏。

劳碌东南无了日，风尘西北欲何之？将军铁马斜阳路，丞相朱旗五月师。
勋业好逢明圣主，人生那复少年时。临高不是新亭客，玉露金茎有所思。

布政分司，在府西，正统六年建。

按察分司，在府东，嘉靖元年，兵备刘瓒、知府罗凤建。

云南按察使陈洪谟诗

三楚山川此地穷，夜郎西望古南中。百年治教衣冠变，万国梯航道理通。芳草郊坰春意蔼，古槐庭院午阴丛。江天缈缈风波静，摧郭应怀范老功。

南峰诗

几载轺车此再停，逢人犹说旧提刑。行藏已向明时卜，荣悴还从晚节征。过眼云烟今古路，感怀岁月短长亭。底应独蔽西风面，愁送边城草木腥。

门必东诗

镇远城孤寄，凭高山四围。官封无雉堞，吏隐有渔矶。惯野狖猿足，宜岚草木肥。那知居异货，犹有富商扉。

工部主事张佶过镇远诗

刳木横清濑，能专济险功。六人三抱瘿，十户九迁戎。野色涵春暝，崖声斗晚淙。将军夸勇力，擒贼若擒猱。

朝元阁，在府，万历壬寅，巡按御史毕三才建。阁名朝元，阁之中题"八窗玲珑"，阁之上题"空中楼阁"，自为记。记曰：

记曰：

夫山川，岂徒积块哉，与教化，关学术，要以翕藏气脉间，发精英，夫亦人文一苞孕也。故见有形胜蜿蜒，照临秀特，则名镇雄都，于焉肇设。而其英伟递钟，才俊蓊蔚，往往为寓内先声，何也？地以名山为佐，石为之骨，川为之脉，草木为之毛，土为之肉。人之形，山川之形也。山气多男，泽气多女，石气多力，险阻气多瘿，丘气多狂，衍气多仁，中土多圣人之气也，教化学术，所以造士，所以践形养气。而山川者，形气之元也，余何能踵愚公之移，效巨灵之擘，令山若增而高，水若增而秀耶？独作人一念，触于目，动于中，不揣若见木起计度之心然。间者奉命按黔，巡行潕郡，其郡环山襟河，协气四匝。隔水有中河山，岿然峭拔，江汉合流，云影天光，下视诸峰，争妍献丽，从黉宫望之，一奇观也。独其峡峙中亏，全者若缺，郡人云宜建阁培之。于是卜吉鸠工，百役具作，因山之宜，砌石为台，构阁三层，其上额之曰"朝元"。夫元，大也，环潕皆山，兹山独大，四方拱揖若朝宗，此以山川言也。元，元首也，尉佗在南粤立台，以朝汉室，朔望升拜，号为朝台，潕距燕远甚，傥亦有神京西北之思乎？元，长也，解额之长皆名元，聚而上，以升于朝，人臣事主，以人为大，则简修进良之薮焉。阁之中额曰"八窗玲珑"，此象我心。其上曰"空中楼阁"，若直探月窟而蹑天根，东顾燕窝黑石，樵歌渔唱，名迹邃幽，庶几有隐君子乎？而其西则石屏山，凤蹲龙翔，俨然端人之在望也。北眺古洞，遐思紫阳忠武而吊其遗风。南望笔岫晴岚，森森矗立，苍翠可掬，恍若建旗鼓之坛，而承明珥管也。阁高而安，虚而明，风馨一振，万籁音发，孤峰若动，绝壁有声，壮哉，观乎。山原吐气，而川泽生色矣，孕灵毓粹，意在兹矣。

虽然，余非为是崇堪舆家言也。黔入我昭代，辟启鸿濛亡论，有虞而来，数千百载，甫脱烟芥晦暝，为仁义礼乐声教之区，且代遭圣神，崇文籲俊，频增科额，几与中州等。而彪炳显著，自孙文公、申柱史数君子以外无闻焉，非兹土观风之一阙耶？是用广厉学官，申其功令，振发其精神意气，无已。又托而寄之山若水，使夫望灵台而歌辟雍，詹黄金而慕隗始，仰麒麟而思霍苏，登云台而美邓贾，咸知人才若斯之重也。将司世者，毋徒摸索暗中，搜罗临时，而务加意于豫培躬化。为士者，毋徒口耳训诂，猎钓声华，而直摽心于真醇完养。上得所为教，下得所为学，学术真，经济亦真，出为忠，入为孝，创垂为节义事功，庶几哉丕显地灵，雄视西南，为寓内一大式廓而与斯阁之兴相符应乎？

是役也，经理于壬寅□月□日，越明年，正月□日，厥功告成。会中丞青螺郭公巡行新造郡邑，道出瀼溪，相与觞于阁中以落之。公勋业文章，为一时冠，抚黔，虽在军旅，未尝不以作兴育养为倦，盖怃然有当余言也。曰：吾观瀼溪，枕辰沅上流①，为滇黔门户，而所称香炉烟霭者，又为瀼溪巨镇。兹阁之建，用不烦官府，民不废时务，裁成增补，得风教之所重，而意念独深，果达此，虽谂黔诸郡可也，宁一瀼溪哉？余退而勒贞珉，以记之。

螾衣生诗《上元入镇远，毕印石柱史招饮新亭》

柱史新亭火树繁，相邀剧饮醉平原。星桥瀼水波涛漾，灯市屏厓笑语喧。鸣凤回天声谔谔，乘骢将雨洒元元。八番两载同甘苦，何日匡山共灌园。

镇远卫，在镇阳江南。

都察院，在卫城内，嘉靖二十八年巡抚都御史李义壮建。

程爡《新建行台记》

嘉靖戊申岁仲春，中丞三洲李公抚巡镇远，时铜平未宁，公方举事，以其地之迤也，使节驻焉。明年己酉孟夏，进爡曰：本院久于斯，藩臬集于斯，行台当鼎建也，汝其图之。爡乃访之卫城，得祝都閫故宅，今其孙世臣称贷数多而欲货者，因达观焉。门堂荒寂，三楼翼如，背山面衢，枕城阁，阁下隙地坦敞，可以改作者。谋诸卫之守备李澜，指挥石印、曹迁、许迁、丁表、任纪、

---

① 枕：原本误作"抗"。

柴本、李荫、周官、韩闰、何章、尹民畏，佥曰公私两利。许迁书券，丁表经贷，曹迁受若直，半为世臣别业房田，半侯世臣袭职之费，议协绪就，众诣公堂下，报曰合。公曰，祝利于斯，众快于斯，事之得宜于斯，如直取之，诚宜也。若夫辟隘饰新补不足，有司责焉，汝其营之。

爝乃同通判杨薰相宜度工，财取诸榷余，力取诸邛水，楼仍之，堂陟之，重门厂之，大门磬折之，宾旅堂，胥吏、皂人、庖人房咸以正周缺。又诣公堂下，报曰完。公曰跻于斯，宁于斯，宾旅于斯，肃政端礼不可以无名义。贵州八郡十六卫，文职武弁异焉，戍卒民苗异焉，风土习俗与中州异焉，偏重非宜也。然非明白洞达，无以烛其几；非忠信诚恳，无以动其物。故文以附众，武以威敌，三代之政也。名堂曰显允，名重门曰揆文、奋武。尔身在外，乃心罔不在王室，臣职也。虚己咨诹，以计斯土之长治久安者，藩臬同心也，名楼曰拱辰，名堂曰筹边。汝其书之。爝乃居敬正心大书，刊木而扁之，仪文秩如，规制奂如，又诣公堂下，报曰美。越孟秋吉，而公使节迁驻，又进爝曰：始创于斯，世守于斯，告来示远，不可以无言也，汝其记之。爝次前言而勒诸石。

司寇顾应祥《筹边堂诗》

石屏如画正当前，小结幽轩情可怜。远道冲炎聊驻马，中丞客岁此筹边。沙田始种初逢雨，戍堡频开未息烟。已向南中辞重负，且归白下作神仙。

镇远县治在镇阳江南，弘治十一年以废长官司改建，知县孙宁修。

施秉县，正统九年以蛮夷司改建。正统末苗毁。景泰中以治迫苗，退岑麓囤以居。天顺三年，知县李圭就囤据险立署。成化四年，知县寇敬移建囤下。预备仓。

偏桥长官司治在中寨凤凰山下，嘉靖二十年通判杨薰建。存济仓。

邛水长官司治在荡洞，嘉靖二十九年通判杨薰建。

思州府

思州府治，永乐十一年，知府崔彦俊以宣慰司改建。正统己巳毁于寇。成化七年，知府王常重建。隆庆四年迁于平溪卫。万历六年复于故府，知府杨云鸥建。十年，知府蔡懋昭议允筑高基址丈许，迁依后山，中为泰初、中宪二堂，后为萃福楼，前为仪门，开藩首郡楼，伟然改观矣。理刑厅，府堂左。经历司，府堂右。阴阳学，府前左。医学，府前右。俱知府蔡懋昭建。

察院治左，知府蔡懋昭建。

御史毛在《思州察院记》

贵州于宇内为僻壤，思州又为贵州僻壤也，开设在永乐十一年。正统宋寇城陷，迨成化中复完堞，议调威兴平清四卫官军哨守，而清浪参将往来调度。隆庆初，以供亿奔命之苦，议迁府治于平溪，然舍僻就冲，民苦益甚，至万历五年复议还旧。顾哨守官兵因迁府并掣，乃别募猓兵百名把守关隘，仅取充数，无裨捍御。自是不无隐忧。且观风使以道僻事简，往往不至，故院署亦不修葺。余按黔南，念观风之职，虽深山穷谷，车辙必遍，未可独遗思州。而思守蔡懋昭欲调平清二卫官军合操，以壮威武，许之。既入其疆，则见风俗醇厚，民知畏法，无大奸，诸生彬彬有文，而城郭再辟，保障足恃。入署，则见规模壮丽，后倚一山，风气藏聚，问知为今日改创也。噫嘻，美矣。使君亦既有署可居矣，何可鄙夷思州而置之度外也。余闻此中流寓，倍于它郡，土民苦于丁差，乃以计田均差之说檄府议。又兵力寡弱，将来可虞，而以复设哨守之说檄道议。夫使君之至，不能无扰于民，倘均差之议可行，则众擎易举，民力可继，自此有以报吾民。平清二卫官军之至，亦不能无扰于民，倘哨守之议可复，使府卫体势联属，如唇齿相维，民居依然安堵，其为报吾民者更大也。院署之新宜有记[1]，余特纪时事之大略如此，以告后之君子，俾知思州之可以驻，又知思州之不可以不驻，而岁一至焉，庶乎此署之新不为虚矣。

布政分司，治北，知府张价建。按察司，治南，知府王常建。思州公署，在平溪卫城内。预备仓，在城隍庙右。养济院，府治南。都坪司治，永乐十一年长官周瑛建。黄道司治，洪武二十五年长官刘弼建。施溪司治，洪武元年长官刘道忠建。都素司治，永乐十一年长官何文学建。守御所署，万历十年知府蔡懋昭建。都坪巡捕署，万历二十四年知府李仕亨建。

铜仁府

铜仁府治，洪武初为宣慰司治地，永乐十一年建，正统十四年毁于苗，成化三年，知府杨显嘉重修，嘉靖八年，知府葛鸿增修，万历十二年知府方范、十七年郑应龄、二十四年知府张锡重修。

---

[1] 宜：原本误作"冥"，据文意改。

知府魏文相《铜仁府题名记略》

贵州古鬼国之域，距京师万里，西南荒裔也。铜仁郡自我明兴始建，官亦全设，后以简，裁去同知、通判、知事、照磨、检校等官。其地僻居万山中，林箐岑峣，剑锋指攒，苦雾瘴氛，时忽昏翳，不免有豺虎蛇虺之虞。领郡者拜命，快快不乐，不惮其遐且小，即疑其狞恶难驯。间有莅厥政者，日伥伥然冀转去，殆弗屑理，无异秦人视越人之肥瘠。信如是，则铜仁似不必郡，亦无庸置守，任其泯泯棼棼，互相鱼肉而已。天子惠养元元，而资二千石共理，果若是乎哉？自贵之开邦，列圣濡摩于上，诸吏宣达于下，立酋世长，各迪有功，轻其徭役，时其转输，甲胄以威，庠序以教，录俊登杰，细系大麇，枢机周且密矣。铜俗质直简讼，樵渔耕牧，岁租易入，风土人物，骎骎乎可观，盖夷而华者也，吾党其可以夷视之乎？雨露不择地，君子不择人，故鸟兽悦惠，豚鱼及孚，忠信笃敬，蛮貊可行，地之远迩，大小美恶，其不足较也明矣。前政诸君子，膏雨襦裤，而臻治理效者，轨独相躅，实我元龟。惜郡无志，漫不可稽。相也，才薄德凉，夙夜祗惧，求无忝于父母师帅之寄。推官劳君周相司按讯，职分理，景行先哲，不谋而同。由是，以尝官斯郡者，征诸故老，摭其姓名籍衔刻之碑，树之府厅之右，予辈亦厕名续之，溯予而上得二十三人，劳以上二十一人，今而后，按名核实，惩非鉴良，勃焉若有兴者，可以得寡过矣。

知府何大缙重刻铜仁府题名记略

郡县之有题名，仿唐勒石慈恩之义，志不没也，义固志不没已乎？曰：唯唯。否否。夫士也，搁管一室，不习为吏，一旦纤绂绾符，叨儋石之储而寄以民社，五方异俗，人情异尚，祗以我之先得者应之，竟为异局矣。《传》曰：先事之不忘，后事之师也。岘首雷阳，千秋堕泪。苍鹰乳犬，百口雌黄。金可铄，石可泐，而否臧在人心者不化。是题石非徒表职官，亦以昭官箴，使守土之吏，惕然思，慴然惧，炯然法，戒不越此已。

铜自长陵置郡于黔之东徼，初全设，寻裁一守一推，隶司六，附郭，改流自近年始，合幅员不当中州一县，而田庐东南镇落也，谭治者率易言之。不知犬羊出没，蹂我黎元，则绥怀难；疮痍未起，膏脂几竭，则租庸难；简陋袭故，弊孔丛张，则振刷难；民杂军士，地逼川湖，则程督难。备此诸难，是以展采不易，莫观成劳。况典城遐方，即冰壶霜镜不上闻。上闻讵尽登进，自非卓有定见，成败不摇者，罕有固志。吾辈幼学何事，跧伏何怀，而可尔尔。前守佐如王公恕、李公资坤、劳公周相辈，夫非郡长老所传述治行者邪？乃其人不数数见，如龟毛凤彩，然不可尽咎于下修而上不应矣。铜旧有题名，而郡守之次盈，因谋于连城谭公，更置一石，揭以不文之词。

知府温陵张锡题《樵楼诗》

层楼兀突俯城西，绿树青山入望迷。槛外溪声来远近，崧头石色见高低。铜江日暖潜鳞丽，画阁风清舞鹤齐。白昼官闲无个事，登临缓步听莺啼。

经历司，府堂左。司狱司，府堂右。预备仓，府治东。惠政药局，知府宋锐、魏文相以申明亭改建。养济院，铜江书院右。

察院，在府西长官李渊旧宅，嘉靖庚戌重修。

御史薛继茂诗

铜平天堑最称雄，圣代舆图万里同。揽辔乘骢聊问俗，卖刀买犊已成风。碧山峰起青霄外，剑气霜飞白日中。从事简书枫陛远，几回清梦到鹓鸿。

布政分司，在府西，旧为总兵府。

分巡抚苗道署，在府后，旧为书院，副使钱拱宸更修为巡道署①。

副使张斗铜仁兵巡道题名记略

黔自古号鬼方，秦汉来羁縻而已。我皇明统寓，永乐年间，先后建藩臬二司，与都司鼎峙，将以中国之治治之矣。仍分清军等一道，内外相继，而思石兵巡道则驻节铜仁郡，与总镇提衡而治。铜介在一隅，实川湖贵九种苗贼渊薮，出没不常，动辄千百成群，大都束手而毙，蒿目而视矣。御南倭北虏，知谋响应，兵粮饶足，且不吝封爵重赏以愚之。而此区区以几营哨，以数疲卒当其锋，且其倏来倏去②，疾如掣电，巉崖绝巅，走如平地，其视南北之水陆可凭者，孰难孰易？而诸材官岂尽无急勇以愿效死力者哉？然而蒙爵赏者曾有几？且惧三尺尾之矣，若之何其不难之也？铜苗故属兵道，而节镇思南则远，守道驻镇铜仁则悖。当时守道张公克家、兵道应公存卓，灼知其远且悖也，又

---

① "副使"句：万历志作"提学毛科建，万历十一年，参议金从洋更为分守道公署，后副使钱拱宸增修巡道署"。

② 倏来倏去：原本误作"倏来修去"，据文意改。

灼知其难且不易也，上议两台，更置互易。巡按御史毛公在会同巡抚都御史舒公应龙题，诏允其议。于万历十四年奉敕改驻焉，于今又越十余载所矣，视为传舍，未有砻石，此诚一缺典也已。前不具载，爰自方公以下至不佞，计五员，衰其姓名等而纪之石，且为之记。

总兵府，旧府在西南，万历十一年，总兵郭成移镇北门。

铜仁县治，附郭，万历间建。省溪司治、提溪司治、大万山司治，俱永乐间建。乌罗司治、平头著可司治、平头守备司治，司内，俱正德间建。

思南府

思南府治，旧思南宣慰司署，永乐间改建，正统间毁。景泰三年，知府何輙重建，知府宛嘉祥、陆从平相继增拓。

推官陈尚星《重修思南府署记》

贵藩迤东首郡曰思南，古在荒服外，汉号西南夷，历唐宋入贡赋，犹未能版图之也。我太祖龙飞，德威广被，厥苗纳土效顺，锡官宣慰，秩三品，俾世守焉，亦未郡县之也。成祖御极十二年，革宣慰司，列郡置守，仿中邦规范，创府治，辨堂阶，分屋奥，仅蔽风雨耳[1]。后先继守者，从俗而治，几二百年。嘉靖丙辰，余来理郡刑，思变而新之，力弗逮。逾八旬，白湖宛公嘉祥以司徒大夫出守兹郡，己未秋，因其塌，遂重建焉，夷民怀公德，咸子来。公曰勿亟，捐俸抢材，如治家，甫八阅月告成。规模宏丽，气象雄壮，基脉溯岩门横龙而下，势如累珠。公度中正建堂，方五丈许，高称之，临民之所备矣。又道制左右，翊以经历、照磨所，堂下为露台，台东西列胥史卷廨者十数，竖仪门凡九间。又于堂后建寅恭堂，广如正堂，堂左为延宾所，右为退食居，可二十余间，堂后乃旧堂一座，仍之。旧堂后又因其旧楼，茸之而续建东西虚阁六楹，中为回廊。噫，亦云休矣。夫土木之功，尚俭者啬于费，器小者局于制，又况以官为传舍者，安望其视公事如私事，而尽心竭力若此也？公保民如子，视国犹家。故是建也，能隆千年之美轮美奂。弗扰弗惊，惟兹二邑四司之民，虽云兴作而财不匮，乐观厥成而力不劳。欢忻鼓舞，亦如其私室之就绪焉，亦

---

① 仅：原本误作"竟"，据贵图本改。

足以验民悦之一端云。

经历司、照磨所俱府内左。司狱司府堂右。南平仓府堂东北。阴阳学、医学俱府前。预备仓五，一南平仓后，一水德司，一蛮夷司厅右，一沿河司，一朗溪司左。养济院二，一兵备道东，一山川坛西。水德司，在府城治东南。蛮夷司治，洪武十年置。

察院，在城内左隅，弘治十八年建。

布政分司，在城内左隅，永乐间知府陈理建。

抚夷道，在儒学右，永乐间为演武场，嘉靖间，都御史刘仕元奏以分巡道移镇于此。嘉靖十年，佥事康世龙建。万历五年，巡按御史毛在疏改分守道，移镇本府，以兵巡道驻铜仁。

婺川县治，正德十三年建。

检讨金皋《婺川县治记》

嘉靖壬午孟夏，眉山熊君价自浙川尹婺。婺，古牂柯要路，在蜀楚交会间，辖思南郡，去郡四百里。省方相轧创为邑，以合容其民，势也。视内之邑为有间，亦势也。正德间，流贼四方啸聚，自四川江津行劫，屯聚于婺，居民咸走匿山泽，与猿狨为伍。婺亦旧无邑规公所，出治，苟且蔽风雨，以加兵燹，井墟荡然。熊君至，无所居。乃诛茅筑卜，用宁干止，敷政优游，婺民大悦。遂以是岁孟冬，相视林衡，度伐林木。又明年，为癸未孟秋，楚石通道，土民刻信，欣然赴役，木材亦至公所。又募陶工范瓦，以片计者五千有余。万事渐集，乃鸠工，告期计程，缕数以从事。公厅六楹，高二丈有五尺，横阔倍丈之二，深则益丈之一，而尺亦楹一，中厅之高，减公厅之八尺，横阔如之。吏舍翼列，屏障高峙，神祠幕厅，皆有规制。内墙周匝三亩，谯楼镇之，外墙倍内墙①，三亩五十步，覆瓦重檐，翼飞蠹落，南北东西门有楼眺望②。公馆铺舍新创，斩斩一目之中，焕然生色矣。君会计酌工食之中捐俸，益措置之乏，婺民忘其劳，乃合乃完。循循自癸未迄乙酉冬③，用其一，不妨其二，公私欣欣，得济于美，亦难矣。

夫为政须要有纲纪，则名分定而惠易流。建事贵审先后，则事成绪而民不

---

① 倍：原缺，据贵图本补。

② 楼：原缺，据贵图本补。

③ 乙酉：原本误作"己酉"，据贵图本改。

扰。使公所跻于民居，则玩愒弗励，非庄以莅之之义；期会详于束湿，则急遽无渐，非以佚使民之心。观熊君治，其得古人为政之方哉。予少时曾经婺地，予祖蓼猗翁作郡思南，婺属邑也，土人至今遵思之，感今怀旧，乌能无言。

预备仓，县右。养济院。都儒五堡巡检司治，在县西。

思仁道，县治左。

印江县治，弘治八年建。

知府帅机重修印江县堂记略

印江系邛土司，郡志莫详其始，孝皇御极之七载，始更置邑，延今凡百禩矣。维时草创疏略，历数十令无能易，非当事之惮烦，繇财用绌乏，经画艰也。万历辛巳夏，莫令奉上命莅印，邑堂蔽甚，计修之，令曰：今大造、丈田二事并行也，吾里中之民势弗逮，顾邑山产材，而各寨寓民力多暇，可以寨运之。众亦欢呼称喜，遂下令，不逾旬而运者继至。令始命卜工，以丈田事促出，舍于郊，无何，群力效劳，群工效技。明年春，栋宇如期峥然屹立。堂正厦三间，额其中曰"忠爱"。前为揖厅，间如之，后旁为耳房，左右一间，中为川堂，堂前后各一间，堂东置库房一间。迤东置粮仓，南北相面各三间，中为厅一间，大门为牙墙。邑院后并左右关为周遭通道，四城增重门，设刺板上下。街内外并置栅，扃钥严而启闭时[1]。百禩来邑治犁然整[2]，焕然新，诸班就绪者不可胜纪。且财不费，民不劳，皆令之措处有方也，厥功良亦伟哉。令名与京，字寰冲，广西南宁宣化人，登隆庆元年进士。

预备仓，县右。养济院，县西。

察院，在县后。思仁道，在县右。覃韩偏刀水巡检司治，正德七年毁。十五年建。沿河司治永乐十一年置。朗溪司治，洪武十年置。板桥巡检司治，弘治间建。

石阡府

石阡府治永乐十一年建，正统己巳毁于苗。成化间知府杨荣迁建[3]。嘉靖庚申，知府萧立业拓修，中为忠爱堂，后为官适轩，翼以申明、旌善二亭。

---

① 而：原本误作"面"，据文意改。
② 邑：原本误作"色"，据贵图本改。
③ 杨荣：原本作"赵荣"，据本书卷二十九、卷四十改。

郑廷璋《重修石阡府记》

石阡为郡始于永乐十一年，郡治枕椎麓，横截流泉，取坎离之位为辅弼，而坐临乙辛，亦因地势为之规画耳。旧制，公堂距大门仅三十步，图制稍逼，前而湫下，俯瞰四周，规局浅促，外阈部位，不容并驷，堪舆家所谓聚落前无余气，阻水沙，短与弱者是也。公宇岁久欹颓，砖植摧落弗称。嘉靖丁巳，太守萧公下车，回眠纵谛，蹙然兴喟，谓是在易象所谓栋桡而干盅之时也，巽而上承以德，与民物更始，将安诿邪？维时诏需殿材孔殷，民咸趋朴，斫缠绋之役，帑峙锱缁窘且诎，不可为。公亦弗能自慰，既而督采于山，见巨材，非棚栈不行，其抵潕涧，非圩堰不浮。棚栈用拱把杂枒纠阁，纵横动以万计，而圩堰倍之，其薶束草苴图土窒渗之功又倍之。语廷璋曰：民采木瘁矣，修理似可稍缓。顾包溪、赛溪产木诸山，皆据府上游，吾民动以千夫之力役，役经年而出巨材，于削壁飞瀑之矶则力省，于兹者何难焉。虽有智者，不如乘势，此不可失也。于是命工伐木于包溪、于赛溪，因棚栈以行，因圩堰以浮，不决期随巨材出者无虑千植，大可栋，次可楹，又次可椽、可梲。既集矣。乃募梓人、石人、陶人于邻封，又括差戍土军并城垣役夫可二百人，赏其勿稽肩送之劳，而从事于荷揭捄筑之役，佣直稍食脤杀有差，官为给资，不与于民。命土官杨正东等分督其工，而公亲剂量铢纤，如经理家事。既鸠以僝，遂涓吉度地，撤其旧而维新之，徙丽谯于街右百步之外，更为大门，徙仪门于旧路台之址，公堂于旧衔川堂，左为经历司，右为库，便堂于旧寝室，抱厅于旧便堂，东西吏庑，相翼屹如。又徙仓廒于偏右隙地，而建衙宇于其上，理刑衙则厅事仍旧，寝室廊宇亦更新之。由是宏敞轩豁，势不俯瞰而阻沙环抱，得应图合制之宜，民庶瞻仰，耸然易态矣。

夫登人之堂，见廉隅丹垩暨茨整如，其主可知也。入人之国，见宫室、阶除、门垣、屏阑幡然刿缪以从制，其牧守可知也。劾民不知劳，事半功倍，非公才猷之敏，识见之卓，其能谋定虑动若此邪？是工经始于庚申岁春三月，落成于夏七月。公讳立业，别号勤斋，江西新喻人，由冬官尚书郎出补今官云。

知府祁顺《石阡题名记》

孔子居九夷，不以为陋，后之君子行乎夷狄者，于是取法焉。文翁于蜀，韩愈于潮，宗元于柳，皆其人也。夫天下无不可化之人，亦无不可居之地，而况太平之世，一视同仁，无间遐迩者哉？

石阡属贵州，在古荒服外，三代以前，鄙而不治，汉唐而后，大抵羁縻之耳。皇明德威声教，无远弗屆。贵州自洪武初巳归版图，而石阡犹置长官司，为思南宣慰所统。永乐癸巳始郡其地，设官以抚治之。列圣继统，仁渐义摩，易椎卉以衣冠，变刀剑为牛犊，民安其生，士奋于学，宛然中州之俗矣。是故本于圣神绥来动和之妙，而作郡者奉扬宣导，其功亦岂少哉？

郡初置守佐凡四员，宣德间裁同知，景泰中复裁通判。然自开府至今七十余年，题名之典未立，前任人已有不能尽知者矣。

予治郡之暇，恒有意于斯，适同寅节推张君世华始至，忻然赞成其事。乃命工砻石，刻今昔官僚名氏与凡历履之概，其所不知者则阙焉。於戏，石阡僻在边徼，自昔无闻，所幸遭际清朝，进于中国。而官斯郡者，又多伟人君子，有用夏变夷之功，信乎蛮貊可行，九夷非陋也。予因是记之，一以见皇明统御之大，德化之隆，超汉唐，轶三代。一以见为政在人，不以居夷而损，如文翁辈，自足垂于不泯。若夫因姓名以考其人之贤否，则劝惩之道亦或有小补云。

经历司，府堂左，照磨所，府堂右，司狱司，府右。俱嘉靖年间建。预备仓二，一在府治后，一葛彰司。养济院，府治北，隆庆二年推官王朝用重建。社仓，察院右，隆庆三年，推官王朝用创。万历十九年知府陆郯、二十年推官高情和、二十四年知府郭原宾各建四间。石阡司治，府城南，嘉靖二年重建。

察院，在城内，知府萧立业建。

抚夷道，在城南，知府余志建。公馆，在城南，隆庆元年土官安处善建。

龙泉县，平播后万历二十九年建，知县、典史私署俱在县内。

察院，在县城内，万历二十九年建。

镇夷公馆，在府东六十里木贡关下，嘉靖三十三年副使刘景韶建。思石道，在镇夷馆右，隆庆元年佥事周以鲁建。苗民司治，洪武年间建。葛彰司治，永乐十一年建。

黎平军民府

黎平军民府治，永乐十一年间建于城西，弘治八年，知府张纲始改建于五开仓场，嘉靖乙酉，知府祝寿重修。经历司，府堂左。照磨所，府堂右。司狱司，府右。大有仓，在府东南。预备仓，治西，湖广巡抚吴琛建。养济院，在西门外，知府高岳建。

按察司，在城东南隅。

兵备道，在府后。

参将府，在府西。

永从县治，正统七年建，二十九年毁于苗，三十年重建。曹滴司治、古州司治、洪州司治，洪武五年建。万历四年，特洞、都莫二寨苗贼毁之，今寓中右所城。潭溪司治、八舟司治，嘉靖三十一年改建。新化司治、湖耳司治，洪武五年建，后为稳洞苗贼所毁。亮寨司治，成化七年建。欧阳司治，洪武五年建。中林司治，万历六年新建，在洞湳寨之北。初，司治在龙冲，嘉靖三十三年毁于款迁古司，再迁洞湳云。龙里司治在地茶寨，隆庆元年新建。初，洪武间置在龙吾寨，又移官团寨北，并存。赤溪湳洞司，吴氏居左，杨氏居右。

安顺军民府

安顺军民府治，故安顺州治，洪武十五年建州于八十一寨。正统间改土设流，建治于普定卫西南隅。弘治间知州李胜芳重建。万历二十九年，巡按御史宋兴祖题改为府。经历司，在府堂左。广积仓，在城内东北。养济院，在城内东北，正统间建，嘉靖三十五年重修。宁谷司治，在府西南。西堡司治，在府西北。

普定卫与府同城，卫治在城西，洪武十五年建。经历司在卫左，洪武二十五年建。镇抚司在卫左，左右中前后五所在卫前街，俱洪武十五年建。养济院在城西普定站内。

察院，在卫南，洪武间建。

布政分司在卫南，嘉靖十年参议柴经建。

兵备道在卫北，弘治八年，副使周凤建，嘉靖三十一年，副使廖天明增拓[①]。

副使焦希程《兵备道题名记》

祖宗以神武戡僭乱，文德开太平，礼乐衣冠遍于异域。洪武十五年壬戌，置贵州都司。永乐癸巳置藩司，庚子置宪司，分贵宁、新镇二道。二十一年癸卯，复置安平、思仁二道，今印背之文，岁月具在，是曰分巡，而兵马则寄之参将焉。成化中始设兵备副使者二，贵州迤西一人，即今威清道也。及增守备

---

① 廖：原本误作"寥"，据文意改。

指挥一人于普安，而威清兵备驻安庄，由是普定六卫不隶于参将矣。弘治八年乙卯，议以守备徙安庄，而移兵备道于普定。时维周公凤卜址于卫之隙地，事皆草创。嘉靖元年壬午，始颁威清兵备关防，仍提督迤西地方。己丑，藩臬之臣入觐，议增兵备，兼分巡，辛卯，抚按覆其议。于是以威清兼安平，都清兼新镇，俱副使。设兵备一于毕节，兼贵宁，一于思石，兼思仁，俱佥事。咸奉玺书，授以兵马、城池、边防、吏治之寄，并司其地之屯政，兼制异省之接徼者。威清则兼制广西之泗城、云南之沾益二州焉。乙巳，唐公时英始增署左之廊屋、庖湢。壬子，廖公天明买民居，辟外门，与天马山对，而表以绰楔①。乙卯，王公璧乃崇其堂庑门亭，遂焕然改观焉。丙辰，希程承乏而来，追寻往政，以为矜式，而图志无征，文案蠹蚀。近岁诸公，间可得其姓氏，而远者漠然矣。夫思齐内省，三人我师。矧云荒徼，为滇南襟喉，怀之以恩，或失则弛；董之以威，或失则激。行伍已虚，驱役驿递，财赋告匮，仰给邻省，不虞之戒，又非所易语者。苟流风之不泯，斯画一之可施，求其姓名，今已难矣，况其他乎？而况益以岁月，岂不为尤难乎？于是拾遗牒，咨父老，敝精竭神，旁搜曲证，上溯成化，以至于今，凡得二十有三人，喜而亲书于石。盖知其人，斯其政可稽矣，顾不自鄙而窃附焉，虚其左方，以俟后之君子。於戏，览斯石者，将有品题，而登斯石者，独无自爱也乎？

税课局，在城外东街，隶镇宁州。

镇宁州

镇宁州治，洪武十六年建于火烘哨。嘉靖十一年，御史郭弘化题改于安庄卫，知州张邦珠建。税课局在普定卫城内，洪武十六年建，正统二年改属本州。预备仓在州治东。

安庄卫与州同城，卫治在城南，洪武二十二年指挥陆秉建。经历司在卫堂左。镇抚司、左右中前后五所俱在卫右。安庄仓在城东，洪武二十二年建，隶布政司。预备仓在卫左右，今废。养济院在卫东。

察院，在城东，正统间建。

安平道，在城东南，正统九年，佥事屈伸建。

---

① 绰楔：原本误作"棹楔"，据贵图本改。

兵备分司在城南，成化八年建。守备署在察院后，旧为永宁州治，今改州于安南卫，万历八年，守备杨云程详建。关岭守御千户所在城五十里[1]，洪武二十二年建。关索岭仓在所城内，弘治初置。白水堡在安庄站西。北口堡在城南五十五里。南口堡在查城站西，俱洪武间建。

永宁州

永宁州治初建于打罕寨，宣德间改建于关岭所。嘉靖十一年，御史郭弘化题改于安庄卫，万历四年，兵备杨启元议安南无有司节制，题改建于安南卫，城制始定。永丰仓在卫右，万历五年建。预备仓、养济院、征粮行馆在关岭所，知州赵文祯建。顶营司治在州南。慕役司治在州西一百七十里。盘江巡检司治在黄土坡，今迁州治东四十里盘江桥下[2]，万历十一年建。普东公馆、安南公馆俱在盘江浮桥两岸，万历二十二年知州吴天佑建。

安南卫与州同城，卫治洪武二十五年建。经历司、镇抚司、左右中前后五所俱在治内。预备仓在卫前，嘉靖五年毁，今改在卫外。养济院在卫前。

布政分司在城北。

按察分司在城东。尾洒堡附卫。演武场在教场内。盘江哨署，嘉靖四十一年建。

普安州

普安州治故在城外营盘山左，万历十四年，知州刘承范呈详抚按会题，以城内守备司相易创建。

提学吴尧弼普安州新迁入卫城记略

介滇黔之间，为兴古地，故有州地无城郭，迁入卫城自今日始。州守刘子承范谒吴子请曰：兴古，边陲重地也，高皇帝时设府，隶于滇藩，无何，改黔为州，州治始宅撒麻，继迁海子，又再迁卫郭外，迄无能城其居者。则以人犷

---

① 在城：贵图本作"在城西"。

② 治东四十里：原作"治东西十里"。按："西"当为"四"之误。据本书八山水志上"城东四十里有盘江，源出乌撒"文改。

土瘠，物力诎乏，亦传舍其身者，苟幸一时无事之安而已。故弘治中，米鲁蠢动，州治几残为瓯脱，盖卫弁秦越我州人，我州人以无城受其敝。卫虽有城若无城，此非往事得失之镜与？

今上御历十三禩，重轸边计，特简大中丞舒公持节来抚兹土，诹咨地方利便，遂昌郑君时为治兵使者，以州治请迁。先是，署郡事黎德雄者始建筑城之议，继以工钜帑匮，持不决。侍御毛公按部，因先后议落落难其请而乐因循者，亦遂姑为修葺议矣。中丞公毅然曰：事有出于一时，而关千百载之利害者，当为民社虑，不当为会计惜。即郡城未可卒办，独不可同卫城居乎？矧畏难与畏迁，为目前计得矣，非所谓保障计深远也，区区工费，不谷当有以报。遂与侍御公合策疏请，制曰可。事下当道有司，当是时，郑君以豫章参藩行，今陈君来代，欣然曰：是余之志也夫。适永宁守陶子希皋、卫使李承露相宅，厥既得卜于守备之旧署，而承范亦已觐事毕复任，经之营之，一禀成策。为堂三楹，仪门三楹，鼓楼三楹，前后退食公堂亦各三楹，公署以官居者各一区，仪仗、戒石、寅宾诸厅各一所，胥吏廨舍诸亭具备。计其费，以金计者可近七百，廪粟以硕计者可二百余，取诸县官之缗钱者什之半，出于公所捐措者亦居什之半。工兴于万历丙戌之冬，迄于丁亥之春，盖不半载而厥成焕如也。於戏，美哉。

副使邵以仁普安州题名记略

普安，古兴古地，国初置军民府，永乐中改州，始建黔。其民夷，其俗朴，而卫之弟子员亦惟州约束是守也。固军民之所共待命、待教者也。旧未有题名，是以诸大夫名氏泯泯焉，会今上轸念边计，可大中丞舒公、侍御毛公奏迁治入卫城，而郡守刘大夫躬任劳费，多方经画[1]，四阅月而告成，详在学宪吴公记中。继而大夫又曰：题名亦乌可终已也？乃勒石左介，而属不佞记其事。不佞闻之，名者，实之宾也。彼其负不令以败名者，下也；违道以干，亟人知而名者，耻也。孔子曰：斯民也，三代之直道而行者也。民心合则不誉而荣，民心离则不毁而辱。四境一守，佐守者二，幕守者一，昭然若揭白日而陈于庭，固有目者所共睹，有手者所共指也。夫上之视下也，若处明也；下之视上也，若处暗也。处明者不见暗中一物，而处暗者能明见中区事。先王之畏民嵒，皆是物耳。考之郡籍，询之父老，若陶梁之抚字，袁黄之清廉，徐之刚价，以至萧之镇静，苏之振作，赖之贞纯固守之表表者然。要之，名实合一，

---

① 画：原作"昼"，据贵图本改。

功在社稷，则自不佞有知，惟刘大夫一人而已，故书之为记。

阴阳学、医学俱万历十四年改建。税课局在州北。普济仓在城内西隅。预备仓、养济院，知州苏兆印建。

察院在城东。

分司在州左。守备署以旧州治改建。

普安卫与州同城，卫治在城东，洪武二十二年建，万历二十年重修。经历司在卫堂左。镇抚司在卫后。左右中前后中左中右七所，俱在卫左右。平夷所治在西二百里。安南所治在东一百五十里。乐民所治在南一百里。安笼所治在南三百里。新兴堡治在东七十里，建置年月同卫治。

威清卫

威清卫治在城南，洪武二十七年建。经历司、镇抚司、左右中前后五所，俱卫治左右。威清仓在城内。养济院在治东南，指挥高节建。[1]

察院在城内。

布政分司在城内十字街。

按察分司在城东，演武厅在站外。

平坝卫

平坝卫治在城内西北隅，洪武二十三年建。经历司、镇抚司俱卫治内。左右中前后五所俱卫治左右。永丰仓在城内，永乐间建，隶本卫，正统十四年改名平坝仓。养济院在城北小街。

察院，在城内西。

布政分司，在城内西。

按察分司，在城北。

毕节卫

毕节卫治，在城西，嘉靖十五年灾，兵备施昱改迁南门内，四十三年，兵备蒋

---

① 万历志此后尚有"的澄河巡检司，城内，永乐间建"。

春生复迁城西，万历十年，兵备胡宥建立城东北。

经历司、镇抚司俱旧治西，左右中前后五所在分司前。预备仓二在卫治后，一毕节站，一五所。养济院在卫治东。惠民药局在卫治东。

察院在城南，布政分司在察院右，兵巡道在东门右，嘉靖二年建。

金事施昱《毕节兵道题名记》

贵州古荒服，三代以上未前闻也，庄蹻王滇，道始通，汉事西南夷，其地始郡，然号称靡莫，惟事羁縻。历唐及元，声教之暨未有如今日者。混一之初，尚以其地分隶四川、湖广、云南，相去并遥，弗便于治。永乐十一年，始割三省地置贵州等处承宣布政使司、都指挥使司以领之，置提刑按察司以监之，于是特为一省，与浙江等处并为十三矣。然官司之制，视他省为简，兵备分巡之设，各二员统之，属贵宁、新镇各一道而已，屯田则提学兼理焉。是故所设既简，所统益繁，东西相距数千里而遥。往返跋涉之艰，岁不能以遍；文移应酬之达，月不能以周。故事多苟且，人无固志，其于地方利病漠如也。嘉靖二年，副使舒公表以威清兵备带管迤西，始于戡乱定祸之余，建道于兹，而凡驻扎者有所止矣。然东西兼摄，往返之劳犹昔也。

岁辛卯，巡抚刘公上元始建议析贵宁为毕节、威清，新镇为思石、都清各二道，以副使金事各分治之，屯田则各以其地隶焉，而又各以所近兼制川湖云广之徼，而各驻于要冲。于是天子允其议，降玺书以责成之，其在毕节者曰整饬毕节等处兵备，分巡贵宁道，驻扎毕节，不时往来，巡历永宁、乌撒、赤水等卫，兼以屯田，而以金事领之。则合兵备、分巡、屯田之政为一矣。是故以其地，则川云之徼皆得治之；以其民，则汉夷之类皆得子之；以其政，则兵马、钱粮、典章、刑法皆得理之，厥任亦重也已。昱猥以庸劣，钦奉玺书，职谢宏猷，才惭经济，惧无以仰承天子明命，夙夜兢兢，欲寡过而未能也。尚赖前哲诸君子，嗣莅兹土，咸克用乂，而余小子遵厥绪余，靡易轨辙，幸享承平之绩，不可谓非昔人之贻也。然交代匪常，案牍鲜具，既乏可稽之文，兼寡足征之献，至其姓氏亦罔闻知，可惧也哉！援据往牒载，访乡士，有教官马运、监生阮焘者，以舒公而下若干人来复，皆嘉靖以后耳目所及者，正德以前，则莫能悉矣。是惧后之视今，犹今之视昔也，乃列诸公姓名履籍，勒诸填石，藐予小子，亦窃附焉。盖不徒阐先哲之休光，抑以为后人之龟鉴也。

驻镇厅署在城南，万历三年题设，以贵阳府通判驻镇，自高珍始。

乌撒卫

乌撒卫治，在城内，洪武十五年建。经历司、镇抚司俱卫内，左右中前所在卫前东西。后所去城二百四十里，嘉靖间重建。乌撒仓在城内，洪武间建。守备府旧在学右，万历十年改建于左。预备仓在卫左。养济院在卫东。

察院，在卫左，嘉靖三十四年，御史陈效古建。布政分司在城内，永乐间建。按察分司在城内西，宣德间建。分守道在卫右故兵备道，万历六年改修。都司分司在城西南隅，正统间建。通判署在分守道左。

赤水卫

赤水卫治，洪武二十五年建。经历司、镇抚司俱卫内，左右中后所在卫前东西。前所在卫南一百里，即层台故址。赤水仓在城内，隶布政司。预备仓在赤水仓内。养济院在北门街。

察院，在城内北。按察分司在城内。白撒所在卫南七十里①。摩尼所在卫北四十五里。阿落蜜所在卫南四十里。演武厅在城外东山上。

永宁卫

永宁卫治，洪武四年指挥杨仁建②，即丁让镇边元帅府旧基。经历司在卫东。镇抚司在卫东南。左右中前后五所俱洪武八年建。永宁仓在卫城中，旧隶四川，万历元年，御史杨允中题准改隶本卫。养贤仓在明伦堂后，收贮义谷，以济贫生。预备仓在南门外。养济院在东门外。

察院，在永宁仓西，万历七年建。贵宁道在城内。川南道在城内，宣抚司建。

四川永宁宣抚司治，洪武四年，宣抚禄肇以总管府旧址改建，永乐九年，同知戴亮重修。经历司、阴阳学、医学、税课局、界首茶课司。

---

① 卫南：万历志作"卫东南"。
② 指挥杨仁建：万历志作"曹国公李文忠同指挥杨仁创建"。

普市所

普市所治，在城内东南隅，洪武二十二年建。镇抚司。

察院，在城西。

御史陈克宅诗

九月秋将晚，边陲草木黄。旅怀千里迥，客梦五更长。赤水空山月，白崖满路霜。回头瞻望处，却忆是咸阳。

按察分司，在城内西，正统间建。

龙里卫

龙里卫治。在城内。经历司在卫堂右。镇抚司在城内西。左右中前后五所在卫前，俱洪武二十三年建。预备仓在城内南。养济院在城内北。

察院在西，旧为按察分司，万历元年迁建。布政分司在城东南，永乐间建，成化二年指挥贾武修。

驻镇厅在城内。龙里故无驻镇官，万历二十九年平播后，抚按题将贵阳府佐于彼驻镇，自推官杨可成始。

新添卫

新添卫治，洪武二十三年指挥戴钦建，隆庆五年，指挥钱守正、副使李凤重建①。经历司在卫堂左②。镇抚司在卫治右。左右中前后五所洪武间建。新添仓在城西，景泰三年建，隶布政司。预备仓在卫治西南，新添仓同贮备赈稻谷。养济院在卫东，成化七年建，指挥钱效忠重修。

察院二。东院，万历二十一年以旧布政司改建；西院，弘治十三年建。

驻镇厅在卫治东，万历六年，巡抚何起鸣议移都匀刑厅镇卫，自推官刘启鹏始。万历二十九年平播后，抚按题将都匀推官改镇清平，平越府推官镇新添，自推

---

① "指挥"句：万历志作"掌印指挥钱守正呈详副使李凤、抚按阮文中、郑国信重建"。

② 万历志有注："久废，万历二十二年经历潘汝资详允重建。"

官徐雨始。演武厅在北门外里许,旧在南门,弘治十五年迁。新添司治,附郭。小平司治,卫西五十里。把平司治,卫南六十里。丹平司治,卫西南三百里。丹行司治,卫西南三百里,俱洪武间建。

清平卫

清平卫治在城内东,洪武二十四年建,嘉靖三十五年指挥金诏修。经历司在卫堂左。镇抚司在卫治前。左右中前后五所在治内。中左千户所,正德间苗据香炉山为乱,后剿平,因迁本所于上防御。清平仓在城东,隶布政司。预备仓在城东谯楼左。养济院在卫治北。

察院在卫治西。按察司在卫治西。

驻镇厅在城内。清平故无驻镇官,万历二十九年平播后,抚按题将都匀府推官驻镇,自推官罗德星始。

清平县与卫同城,县治原在卫城北,系清平长官司治,正统间建。弘治八年改为县治。万历二十年,知县杨明礼改迁卫城东。二十二年,知县魏自强复迁卫城南。凯里安抚司治在卫东四十五里。

兴隆卫

兴隆卫治在城内西,洪武二十二年,颍国公傅友德建,永乐三年,指挥金事萧琳重修。经历司在治内。镇抚司在治左。左右中前后五所。预备仓五,一重安堡,一兴隆站,一东坡堡,一重安哨,一长岭屯。养济院在卫治东,成化间建。

察院在城内,布政分司在城内东南,按察分司在城内西北。

驻镇厅在城内。兴隆故无驻镇官,万历二十九年平播后,抚按题将平越同知驻镇,自同知杨可陶始。

黔记卷二十七目录

黔记卷二十七

泰和郭子章相奎父著

汉州宋兴祖汝杰父正

贵溪毕三才成叔父校

公侯伯总兵参将都司守备表

蟆衣生曰：国初，云南梁王阻兵。上廑圣虑，遣兵入滇，路由黔中，于是有颍国公友德、永昌侯玉、西平侯英等之命。五开梗化，于是有楚湘二王、信国公和等之命。永乐间，黔中弗靖，于是有镇远侯成等之命。正统间，麓川不庭，于是有靖远伯骥等之命。黔即褊小，而界在楚滇苗僰之间，势不得不遣大将以重弹压。故公侯伯之拥兵于兹土者，几三十人。

镇守贵州兼提督平清等处地方总兵官一员，旧驻会城。嘉靖乙巳，镇铜苗大叛，总督张岳请于朝，督三省兵大征。又议分设麻铜参将，各驻信地防御。壬子，巡抚刘大直、巡按宿应麟从铜士民请，议裁铜仁参将，移总兵官驻镇，以守备专驻平头司。会疏略曰：

> 贵州镇守总兵，原为保障一省而设。先以承平，沿驻省城，遥镇全省。近多苗患，移驻镇远。但铜仁边疆，实镇算夷出入之咽喉，思、石、辰、沅府卫要隘之门户。若镇压得人，铜仁有恃，则湖贵要路无恐矣。今虽有新代参将，然威信未著，事权稍轻，难系地方之轻重。且总兵官石邦宪，威名久振于镇平苗夷，功业多著于铜仁境土，孤城倚重，不可一日无之。所据铜仁官属士民保留，镇压地方。三司等官会议前来相应题请，将邦宪常留铜仁镇守。若各府卫地方有警，暂令出巡抚剿，仍驻铜仁，防御诸苗。其参将到日，行令移驻思、

石二府地方。或暂免添设，通候宁靖，另行议题。总兵复回省城，参将复设铜仁。庶处置得宜，缓急有赖。

总兵之驻铜仁自石邦宪始。加提督麻阳等处地方职衔，节制镇篁参将，督调两省汉土官兵，湖广镇篁，九、永二守备，常德、辰、沅、九、永、施州六卫，永顺、保靖二宣慰，施南、散毛等宣抚，五寨等长官，四川酉阳宣抚，平茶、邑梅等长官，悉听节制。

万历二十七年，播贼猖獗，入寇思石兴黄等处。铜苗稍戢，总兵官倚铜为兔窟，不肯出铜仁一步以制贼。部议，贵州总兵所辖信地，准照巡抚例驻扎会城。时都督同知李应祥为总兵，领敕。敕曰：

皇帝敕谕都督同知李应祥，今特命尔充总兵官镇守贵州，兼提督平清等卫地方汉土官兵，驻扎会城。便宜调度，操练军马，修理城池，抚恤士卒，振扬威武，控制邻近苗贼。目今方在用兵，总兵所辖信地，准照巡抚事例，湖北道所辖辰、常二府，靖州、麻阳、镇篁，九、永二守备，常德、辰州、沅州、九溪、永德、施州六卫，永顺、保靖二宣慰司，施南、散毛、忠建、容美等宣慰司，篁子坪五寨长官司，川东所辖重、夔二府，并各卫所，酉阳、平、邑等土官司，除文职不在所辖，参将守备军卫土官俱听兼制。有事会行各总兵官调遣，大则合营攻剿，小则犄角声援。无事照常分辖，不得侵越滋扰。广西、云南与贵州接境去处官兵，如遇警急声息，亦听飞檄调遣，协力援剿。尔仍与川湖总兵俱听总督节制，有功三镇一体论赏，失事一体论罪。凡事须与巡抚公同计议，呈请总督，停当而行。毋得偏执违拗，致乖事体。尔尤须持廉奉法，正己率下，以副委任，如或贪懦不职，国典具存，决不轻贷。尔其慎之。故谕。

总兵之驻会城，以平播改也。播平后，子章复题，总兵官春夏驻贵阳以防播，秋冬驻铜仁以防苗，兵部题覆，制曰可。

贵州故无参将，清浪参将楚属也，永宁参将蜀属也。嘉靖间以苗叛，设铜仁参将，嗣议总兵驻铜仁，革参将为守备。万历二十七年征播，设兴隆、婺川、毕节各参将一员。播平，革婺川、毕节二参，止留兴隆参将一员，为防播蘖也。二十九年，以平、清、偏、镇四卫属黔，则清浪参将始为黔将。

国初洪武中，设天下都司，高皇帝御制诰文。曰：

昔圣人制兵御侮，职其人者，非忠果之士不用焉。所以用斯者，近镇腹里，远守四夷。其当时之将与士卒同苦乐，冬不围炉，夏不纨扇。料敌制胜，机无暇时，故有中国奠安，四夷宾服。所以为士卒者乐于戎行，以其教养如法也。所以教养如法者何？夫教明旗鼓，知角金，使进退熟而刺札便，弓之弛张，箭之端曲，甲坚兵利，骑勤习而知战，此其所以教之能者也。养者何？养谓不夺其给，不已劳而劳，不闲而闲，使有而有，不致违禁，此养之道也。或云当时之将，居边隆而临重地，先知地理之易难，布斥堠于要害，专烽燧而告部下。备内奸外出，外奸内入，毋中敌间。斯数事周密，虽与敌旌旗相望，彼安可轻得利而归。曩者之将备若此之为方磐石国家。今朕一寰宇，仿古人法，守在四夷，设都指挥使司，总方面之兵，非如前人，岂称委任？

十五年，始设贵州都指挥使司，军政掌印都指挥一员，管屯都指挥一员，管操捕都指挥一员，近改游击将军。首领经历司经历一员，都事一员，断事司断事一员。

守备七员。普安守备驻普安，管普安、安南、安庄三卫。坝阳守备，隆庆陆年设，驻平坝，管普定、平坝、威清三卫。迤西守备，驻赤水，管毕节、乌撒、赤水、永宁四卫。都清守备，驻平越，管龙里、新添、平越、清平、都匀、兴隆六卫。万历二十七年，兴隆设参将，兴隆、清平、黄平一州三县属之参将。思石守备，驻龙泉，管思、石二府及各土司，防守各隘哨兵。铜仁守备，驻平头司，管铜仁内外营哨关隘及防守各官兵。万历二十九年，以平清偏镇四卫属黔，清镇守备始为黔属，管四卫地方。

巡抚中军官一员，嘉靖四十三年设。总兵中军官一员，万历二十七年设。

纪年	公侯伯	总兵都督	参将都司	中军守备
洪武五年	吴良，江阴侯，有传			
九年	傅友德，颍国公，有传 顾成，镇远侯，有传			
十四年	吴复，黔国公，有传 仇成，皖国公，有传 沐英，西平侯，有传 蓝玉，永昌侯，有传 郭英，都督，武定侯 陈桓，普定侯，有传			

纪年	公侯伯	总兵都督	参将都司	中军守备
十四年	胡海，都督，东川侯 张翼，鹤庆侯，有传 费聚，平凉侯，有传			
十五年	廖权，德庆侯，有传 梅思祖，汝南侯，有传			
十八年	汤和，信国公，有传 周德兴，江夏侯，有传			
二十一年	冯胜，宋国公，有传			
二十四年	俞通渊，越巂侯，有传 曹震，景川侯，有传		马烨，有传	
二十五年	王成，都督，上命往贵州平险阻，治沟涧，架桥梁，以通道路		张可大 程暹，有传 胡通海 金镇，平坝卫指挥。自张可大至金镇俱无年分，总系洪武间	
三十年	杨文，左都督，有传 韩观，都督同知，有传			
三十一年	何福，宁远侯，有传			
三十四年			汤清	
永乐元年			洛荣，贵州前卫人	
宣德元年			焦得，淮阳人	
五年			顾勇，成子 李忠，贵州前卫人	
六年			孙礼，新添卫指挥	
七年		萧授，右都督，有传	何瑛，永宁卫指挥	
八年			王辂，贵州前卫人	
正统元年		吴亮，副总兵，有传		
二年		刘玉，北京人		

纪年	公侯伯	总兵都督	参将都司	中军守备
三年			李荣	
四年			侯义，永宁卫指挥	
六年			洛宣，贵州前卫人 宫聚，参将	
八年			张任，贵州前卫人	
十三年		宫聚，平蛮将军、都督		
十四年			张祥，四川人	
景泰元年	梁珤①，保定侯，有传 方瑛，南和侯，有传		李缙，贵州前卫人	
二年	梁瑶，保定伯		陈祯，乌撒卫指挥	
三年	毛胜，南宁伯，有传		张任，参将	郭贵，普安，普定卫人
四年			姚贵，贵州前卫人	
五年			安顺，清浪参将，北京人 赵信，平越卫指挥 常智，兴隆卫指挥	
六年	陈友，全椒人，武平侯，有传	李贵，都督，副总兵，有传		
天顺元年		张任，都督金事，平蛮将军，有传		
二年		毛荣，平越卫人	金桂，平坝卫指挥 李正，清浪参将，北京人。升总兵 张贵，威清卫指挥	
三年			李文，清浪参将，北京人	
六年			洛经，贵州前卫人	

---

① 梁珤：原作"石瑶"，据《明史》及下文改。按《明史》列传一百五十四有梁铭、梁珤父子传。

纪年	公侯伯	总兵都督	参将都司	中军守备
八年			吴绶，清浪参将，武昌卫人，升本省总兵	刘芳，铜仁，普安卫人
成化元年		吴经，亮子	刘芳，普安卫指挥，仍管守备事	
二年		李安，副总兵官	张骥，任子，前卫指挥 崔旻，赤水卫指挥 郭贵，参将，普定卫人。管迤西守备事 许昂，赤水卫指挥 赵晟，平越卫指挥	
六年		彭伦，定远卫人，历官都督，有传	彭伦，清浪参将，永定人，升本省总兵	
十一年	李震，南阳人，兴宁伯，有传		魏纲，威清卫指挥	
十二年			王通，清浪参将，新添人，升本省总兵	
十五年			王廉，龙里卫指挥 赵俊，都匀卫指挥	
十六年			管立，乌撒卫指挥 张晟，威清卫指挥 桑盛，永宁卫指挥 刘缙，平越卫人 赵晟，平越卫指挥	
弘治元年			刘召，清浪参将，北京人 金声，平坝卫指挥	铁坚，平溪卫人
四年				奚勇，清镇，沅州卫人
五年	顾溥，镇远候，有传①	王通，新添卫人，历官都督金事，有传	赵晟，清浪参将，平越卫人	

---

① 顾溥附于镇远候顾成传后。

纪年	公侯伯	总兵都督	参将都司	中军守备
六年			刘英 史韬，新添卫指挥 陈灏，乌撒卫指挥 许佐，赤水卫指挥	
七年			王璋，贵州卫人 侯宇，永宁卫指挥 桑本，永宁卫指挥 王溁，清平卫指挥 张文，平越卫指挥	
十年			陶英，安庄卫指挥	
十一年	焦俊，东宁伯	曹恺 顾玉，北京人，都督	李雄 吴远 张泰，都司 黄京 王霖，一作麟 潘勋，辰州人 卢和	李敖，清镇，京卫人
十八年			李政，兴隆卫人 洛忠，贵州前卫人，都司 叶昙，贵州卫人，由清镇守备 李祖，贵州前卫人 张泰，参将，威清卫人 崔铎，赤水卫指挥 王颙，龙里卫指挥 曹实，贵州人	
十八年			唐学，毕节卫指挥 王言，清平卫指挥 王辅，平越卫人 刘怀，平越卫人	
正德元年丙寅	施瓒，通州人，怀柔伯，有传		李勇，清浪参将，北京人，升广西总兵	史勇，迤西都司衔，管守备事，新添卫指挥 刘铨，清镇，京卫人

纪年	公侯伯	总兵都督	参将都司	中军守备
己巳四年			白珍，清浪参将，北京人	
五年庚午				叶昙，清镇，贵州卫人
六年辛未			黄焘，清浪参将，安陆卫人 刘淮	杨仁，普安，贵州卫指挥
七年壬申			权继武，兴隆卫人 芮恩，参将，辰州人 王木，龙里卫指挥 王桓，清平卫指挥 李宗佑，本省都司，贵州前卫指挥	司继先，铜仁，都匀卫人 张斌，铜仁，兴隆卫人
八年癸酉			刘襄，参将，留守司人 周吉，都匀卫指挥 洛忠，清浪参将，贵州前卫指挥	史德，铜仁，新添卫人
九年甲戌			郭英，参将 张锐 侯理 张景	
十年乙亥			金章，贵州都司，清平卫指挥。升湖广右参将 司勋，贵州都司，清平卫指挥 赵垣，平越卫人	李宗佑，铜仁
十一年丙子		李昂，南京人	权继武，死于香炉山贼	
十二年丁丑	方寿祥，南和伯	李旻，丰城人	高勋，清浪参将，辰州卫人 叶昙，贵州卫人 杨仁，贵州卫人 杨淮，贵州人 许诏，镇远人 陶霖	

纪年	公侯伯	总兵都督	参将都司	中军守备
十二年丁丑	方寿祥，南和伯	李旻，丰城人	刘麟 祝镇 王玺，新添卫人 李宗佑，贵州前卫人	
十四年戊寅			刘御，贵州卫人 李臻，龙里卫指挥 杨淮，贵州卫指挥	
十五年				郇瑞，铜仁，镇远卫人
十六年		昌佐，山后人	桑凤翔，永宁卫人	邵鉴，铜仁，清平卫人 琴大声，清镇，永定卫人
嘉靖元年		陈恂，宁夏人	何卿，成都人，永宁参将，历官都督同知，有传 杨仁，清浪参将，历官本省总兵，有传	
二年		牛桓，杭州卫人		
三年			顾恩，贵州卫人 刘麟，安南卫人	段辅，清镇，常德卫人 李爵，迤西，重庆卫指挥，历升总兵
四年		李璋，宁远人	周爵，四川人 胡璋，贵州前卫人	张铉，铜仁，威清卫人
五年			邓良，清平卫人 王锐，广东人 宋弁，广东人 自邓良至宋弁俱无年分，总系嘉靖间	邓良，迤西，清平卫人
六年				邵鉴，有传 孙显祖，清镇，清浪卫人

纪年	公侯伯	总兵都督	参将都司	中军守备
八年			方仲，清浪参将，云南人 狄远，兴隆卫人	李英，铜仁，龙里卫人 张松，清镇，武昌卫人 管雄，迤西，贵州卫人
九年			刘麟，清镇参将，安南卫人	石邦宪，铜仁，清平卫指挥 张斌，都清，兴隆卫人，升贵州都司
十年			陈武，乌撒卫指挥	萧斋，铜仁，重庆卫指挥
十一年				刘恩，清镇，偏桥卫人
十二年		杨仁，贵州卫指挥		柳之文，迤西，普安卫指挥，阵亡，有传
十四年				丘润，铜仁，新添卫人
十五年			田茂，清浪参将，南京人	朱文，铜仁，贵州卫人
十六年				彭讷，铜仁，贵州前卫人 潘继祖，铜仁，新添卫人
十七年				谷惠，迤西，贵州卫人
十八年			马金，清浪参将，荆州右卫人	
十九年				王廷光，铜仁，贵州前卫指挥
二十年				颜继光，迤西，贵州卫人，升本省都司

纪年	公侯伯	总兵都督	参将都司	中军守备
二十一年				吴时春，铜仁，贵州卫人
二十二年			李经，清浪参将，武昌左卫人	丁钺，清镇，武昌卫人
二十三年			朱文，贵州卫指挥	
二十四年				胡宁，铜仁守备，武昌卫人 李明，贵州前卫人 程万里，清镇，永州卫人 王贤，迤西，普定卫指挥，升本省都司
二十五年			杨钦，清浪参将，辰州人	张大儒，铜仁，平越卫人 毕照，清镇，宝庆卫人
二十六年				贺凤，迤西，辰州卫指挥，升云南都司
二十七年			铁冠，清浪参将，平溪卫人	徐效节，都匀卫人
二十八年			石邦宪，参将	张弦，铜仁 徐世远，迤西，贵州前卫人，升本省都司
二十九年		沈希仪，广西人，有传 张经，桂林人	刘珮，清浪参将，承天卫人	梁天麒，铜仁，贵州卫指挥 何自然，清镇，新添卫人，由武会举 徐勋，永宁卫指挥

纪年	公侯伯	总兵都督	参将都司	中军守备
三十年		王良辅，广西人		
三十一年		白泫，广西人	李英，清浪参将，铜鼓卫人 徐世远 朱文，贵州卫人 顾继先，贵州卫人 佘大纮，襄阳人 李宗佑，参将 王贤，普定卫指挥 李葵，四川人 汤相，襄阳人 宋琏，四川人 樊世鲸，云南人 马南，湖广人 曹宗岱，云南人 但一麟，广西人 丘润，新添人 程规，松潘人 贺凤，文祥 自朱文至贺凤，碑志俱无年分，总系嘉靖间	陈规，迤西，宁番卫指挥，升四川都司
三十二年		石邦宪，清平卫人，历官右都督，有传		袁宗文，迤西，平溪卫指挥
三十三年			梁天麒，国祥，贵州卫指挥 曹宗岱，清浪参将，平夷卫人	
三十四年			徐效节，清浪参将，都匀卫人	洪遄，清镇，宁远卫人
三十五年			唐济澄，自洁，泉州卫指挥	安大朝，铜仁，平越卫人
三十六年			祝明，孚诚，清浪卫指挥，升浔梧参将，食正二品俸	吴继祖，迤西，成都卫指挥，升四川都司

纪年	公侯伯	总兵都督	参将都司	中军守备
三十六年			谷旸，贵州卫指挥 刘绥，清浪参将，普安卫人	
三十七年			刘远，清浪参将，岳州卫人	韩栋，清镇，京卫人，由武会举
三十八年			汪辅，云南后卫百户	刘铠，思石，贵州卫指挥，改调都清
三十九年			杨楚，乔伯，广州左卫指挥 梁高，仰之，南京锦衣卫指挥 孙时，沅州卫指挥	叶勋，清镇，沅州卫人 张东旭，迤西，曲靖卫指挥，升贵州都司
四十年			郭元，清浪参将，凤阳卫人 杨均，贵州卫指挥	孙继武，清镇，永州卫人 薛近宸，思石，贵州前卫指挥
四十一年			梁高，清浪参将，锦衣卫人	胡恩，迤西，贵州卫人 王节，清浪卫指挥 潘雄，云南人 杨州鹤，大理指挥 管钥，南直隶人 李惟震，都匀卫人 于凤朝，云南人 马性，云南左卫指挥 朱拱宸，陆凉卫人 周官，辰州卫指挥 刘招桂，叙南指挥 黄世美，普定卫人

纪年	公侯伯	总兵都督	参将都司	中军守备
四十一年			梁高，清浪参将，锦衣卫人	巴升，曲靖卫指挥 自王节至巴升俱无年分，总系思石守备于嘉靖间
四十二年			安大朝，近比 何自然，新添卫人 张东旭，起升，曲靖卫指挥，升浙江都司	
四十三年			杨州鹤①	
四十四年			徐惠，利民，卢龙县人，由武会举 吴子忠，云南人，升四川松潘南路游击	王国用，铜仁，平越卫人 邓镇，清镇，扬州卫人 刘时忠，迤西，临安卫指挥
隆庆元年				何宇功，清镇，德安所人
二年		安大朝	孙克谦，襄阳卫指挥，升清浪参将 薛近宸	田簠，铜仁，贵州前卫人
三年			沈礼，清浪参将，武昌卫人	杨仲，清镇，沅州卫人 孙世泰，迤西，永宁卫指挥。升云南都司
四年			胡大宾，越州卫人 王梦弼，武昌卫人	
五年		刘显，南昌人，由武会举，历官都督同知	倪中化，一甫，荆州卫指挥，由武举升江西参将。 孙克谦，清浪参将	陈于前，都清，乌撒卫人

---

① 万历志谓其为云南人。

纪年	公侯伯	总兵都督	参将都司	中军守备
六年		王继祖，怀庆人	王德懋，允诵，桂林卫指挥 王月，永昌卫指挥 杨仲，沅州卫指挥	刘天庆，坝阳，四川人，升广西都司 夏尚忠，普安，常德卫人，升福建都司 范延庆，清镇，永宁卫人
万历元年		吴国，怀庆人		
二年			凌文明，桂林中卫指挥 侯之胄，清浪参将，金吾左卫人，升北京参将	杨煜，铜仁，威清卫指挥 郭科，普安，云南右卫指挥，升建昌都司 戎大儒，清镇，荆州卫人 李世芳，迤西，郧阳卫指挥
三年			许文，简甫，浔州卫人	
四年			张奇峰，维祯，泉州卫指挥	周于德，坝阳，历海人，升四川行都司
五年			颜宗文，纯卿，宁波卫指挥，升广东琼崖参将	蔡兆吉，铜仁，贵州卫人 苏民望，迤西，永宁卫指挥，升四川参将 刘招桂，都清，南昌卫指挥
六年		郭成，叙南卫人，历官都督同知		杨云程，普安，贵州前卫人，升本省都司 汪东之，清镇，承天卫人，由武会举 吴学易，思石，贵州卫千户，武会举
七年			杨桂，茂甫，广州右卫指挥，升广西参将	

纪年	公侯伯	总兵都督	参将都司	中军守备
八年			胡大忠，元甫，南阳卫指挥 张崇德，清浪参将，直隶滁州卫人，由武举	李应南，铜仁 李显文，都清，贵州卫百户，由武会举
九年		胡守仁，观海人	刘招桂，爱之，升顺蒙参将 蔡兆吉，惟亨，升四川都司 张奇峰，清浪参将，升副总兵	王以宁，清镇，武昌卫人 朱颐，迤西，成都左卫指挥 蒋思仁，思石，贵州前卫指挥，由武会举
十年				何世显，永宁卫人 施武臣，迤西，直隶池州府人 苏九野，思石，贵州卫指挥
十一年		戚继美，登州人，继光弟		汤杰，都清，贵州卫人，由武会举 王一麟，铜仁，平越卫人，历升金腾参将，国用子
十二年		张藻，陆安人	杨云程，亨龙	吴光宇，坝阳，贵州卫人，由武会举，升建昌都司 唐世雍，普安，贵州卫指挥 李应阳，迤西，建昌所千户，历升总兵 刘瑞，赤水卫千户 李文龙，乌撒卫人 蒲之良，云南，前卫所镇抚，由武会举自刘瑞起至蒲之良止，系思石守备，碑志俱无年分，总于万历间

纪年	公侯伯	总兵都督	参将都司	中军守备
十三年			朱鹤龄，仁卿，贵州卫千户，升清浪参将	谢崇爵，都清，前卫指挥
十四年			刘瑞 吴光宇	邹至道，普安，永宁卫指挥 张问达，清镇，岳州卫指挥
十五年				王嗣德，坝阳，贵州卫千户 刘之良，迤西，贵州卫指挥
十六年		谭敬承，长沙人	张问达，德孚	丁继文，普安，贵州卫指挥 洪光勋，清镇，温州卫指挥 李宗献，都清，毕节卫指挥 常守贵，都清，兴隆卫指挥
十七年			陈洪范，龙江卫人① 段宸，云南卫百户，由武会举	周应熊，普安，杨林所人，由武会举，升本省都司
十八年			朱鹤龄，清浪参将 常守贵 张先声，曲靖卫人	杜鹤鸣，清镇，贵州卫千户，由武会举 张云翱，迤西，赤水卫指挥，历升参将
十九年			王时伟，府军卫指挥，升神机营参将	许应春，坝阳，普定人，升江西都司，未任 邵国华，都清，永昌卫百户，由武会举

---

① 龙江卫：万历志作"南京"。

纪年	公侯伯	总兵都督	参将都司	中军守备
二十年		侯之胄，山东人	王一麟，清浪参将，升腾冲参将 吴显忠，清浪参将，山阴人，未任	周应芝，铜仁，镇远卫人 史载道，普安，南京右卫指挥
二十一年			林维乔，荆州右卫人，由武会举，升临元参将 王鸣鹤，清浪参将，淮安卫人，由武举，升狼山副总	薛绍瑄，铜仁，贵州卫指挥 张云翼，迤西，新添卫指挥
二十二年		陈汝忠，锦衣卫人		程试，普安，贵州卫人。由武会，升云南中军 瞿汝益，清镇，苏州人，由武生
二十三年		李如柏，铁岭卫人	周应熊。 范希正，成都卫人	王纳忠，铜仁，贵州卫千户 伍万钟，清浪，临安卫百户，由武会举 阮仕奇，迤西，普定卫籍，江西清江县人，由武会举，乌江阵亡 陈尚策，都清，贵州卫千户，由武会举
二十四年		沈尚文，太仓人，免	王纳谏，河南卫人 舒文俊，南京骁骑右卫指挥	张文光，普安，沔阳所千户，升广东都司 万夫望，坝阳，平溪卫指挥
二十五年			周应熊，清浪参将 张云翔，汝翼，赤水卫指挥，升临元参将 杨国柱，杭州右卫人，阵亡	杨惟中，腾冲卫人

纪年	公侯伯	总兵都督	参将都司	中军守备
二十六年			段文炳，清浪参将，衡州卫人	高垣，迤西，大理卫人，由武会举 柳国柱，都清，新添卫人，由武会举 陈云龙，坝阳，九溪卫指挥，乌江阵亡 唐一龙，铜仁，平溪卫指挥 周添爵，都清，临安卫百户，由武会举
二十七年		童元镇，广西人，谪成	王纳忠，葵卿 张秉忠，金书，建宁右卫人，升本省掌印 朱鹤龄，毕节参将 杨显，参将，沅州卫人，乌江阵亡 谢崇爵，参将 刘效节，清浪参将，贵州前卫人，由武会举 钱中选，偏桥卫人	刘岳，贵州卫指挥，军门标下中军，由武会 汪如渊，沅州卫指挥，由都清守备改调总兵标下中军 赵大用，普安，都匀卫指挥 史良将，清镇，沔阳卫指挥，由武会举 王之栋，清镇，彰德卫指挥 葛如锦，铜仁，毕节卫指挥
二十八年		李应祥，九溪卫人，都督同知，改四川总兵	陈寅，直隶长洲人，副总兵 徐成，金华所人	丘岱，坝阳，永宁卫人
二十九年			王良翰，清浪参将	杜鹤鸣，普安，贵州卫人，由武会举 童龙，都清，晋江人，由武会举
三十年		陈璘，广东人，都督同知	张秉忠，掌印 高垣 葛如锦，都司金书，仍管守备事	张世臣，迤西，浙江慈溪县人，宁波卫镇抚

纪年	公侯伯	总兵都督	参将都司	中军守备
三十年		陈璘，广东人，都督同知	李思忠，清浪参将，云南后卫百户，由武会举	
三十二年			董献策，清浪参将，信阳卫百户，由武举	王应速，坝阳，浙江绍兴卫镇抚 叶定远，思石，贵州卫所镇抚，由武会举 李大谏，都清，辽东广宁卫百户

黔记卷二十八目录

总督抚按藩臬表

黔记卷二十八

泰和郭子章相奎父著
汉州宋兴祖汝杰父正
贵溪毕三才成叔父校

总督抚按藩臬表

总督湖川贵军务都察院右副都御史一员。间值地方有警，特命专征，事定还朝，不常设。故正统中止侯尚书琎一人，成化中止程尚书信一人，弘治中止王尚书轼一人。嘉靖二十七年，铜镇苗叛，万尚书镗、张襄惠岳相继总督。贼平，贵州巡按御史宿应麟请设总督。疏略曰：

镇筸铜平之苗，犬羊成性，枭獍为心。据山箐之险，而敢肆跳梁；恃种类之繁，而屡行攻劫。嘉靖二十三四年间，大肆猖獗，流劫三省。荷蒙陛下轸念地方，特命总督右侍郎张岳节制三省，整肃兵威。即今抚剿方定，地方甫宁，然渠魁虽歼，而漏殄之遗孽犹存；余党虽抚，而负固之初心尚在。即其摧败困惫之余，固不得以肆毒，而既得生命之后，又恐复聚为恶。即今湖寨之潜藏，土司之招纳，亦未可以数计也。若非专设总督，提调三省兵粮，未免秦越。惟皇上轸念边方重地，特遣素有才望大臣前来经略，仍与以三省总督之名，镇巡以下官悉听节制。专驻沅州，计画兵粮，一意防守，必不得已，而后相机剿捕。夫专设总督，则权一不分，不致掣肘误事；专一防守，则以静制动，不致老师费财。于防守之中寓抚剿之术，甚为经久可行，地方幸甚。

上从之，遂设总督于沅州。四十年，以言官议裁省。万历中，以播州杨酋之叛，二十二年命邢侍郎玠，二十七年命李侍郎化龙，二十九年命王侍郎象乾，俱驻四川，仍名三省总督云。

贵州巡抚都御史一员，驻省城。自宣德六年，吴荣始督兵来讨龙三、黄老虎等，贼平还京，非巡抚也。正统四年，命都御史丁璿出镇，事竣回院。至十四年，土苗叛乱。命侍郎侯璡总督军务，镇守其地。景泰元年，又命大理寺丞王恂巡抚①，始有专职。成化八年裁革，十一年复设。正德二年，逆瑾矫诏，又裁革。五年又复设，未提督军务也。嘉靖四十二年，省沅州总督，而以其权属之贵州，奉敕兼制湖北川东等处地方。敕曰：

兹特命尔巡抚贵州等处地方，兼理军务，修理城池，操练军马，抚安军民，提督查理税粮屯田等项。如有盗贼窃发，相机剿捕。或遇岁饥，设法赈济。所属官吏有能奉公举职者，量加奖励。贪酷不才者，从公黜罚。若军职土官及文职五品以上有犯，具奏挐问。其余就便挐送所司究理。凡利有当兴，害有当除者，听尔与镇守等官从长计议，便宜施行。如遇进剿苗贼，严督各该官员会剿夹攻。

仍兼制湖广湖北道所辖辰、常、靖三府州，麻阳镇箪、九、永二守备，常德、辰州、沅州、九溪、永德、施州六卫，永顺、保靖二宣慰司，施南、散毛、忠建、容美等宣慰司，箪子坪五寨长官司，四川川东道所辖重、夔二府并各卫所，酉阳、平邑等土官司。其湖北川东兵备守巡府县官员，并听管辖节制。寻常无事，止行文约束整饬。有事用兵，随宜差委，策应防御。文武各官，俱许举劾考注。湖广布政司额供钱粮，挪移稽缓②，亦许参奏。如遇苗贼生发，与同贵州总兵官、湖广四川镇巡官，督同该道守巡官，协心计议，相机剿抚，务保无虞。尔为宪臣，受兹委任，宜持廉秉公，正己率下，务体朝廷临军爱民之意，俾地方宁靖，人民安妥。毋或行事乖方，自取罪愆，尔其慎之，慎之。

贵州之督军务自巡抚吴维岳始。万历二十八年平播州，督抚按题，益以平、清、偏、镇四卫，及兼理湖南、川南四土府粮饷，吏、户二部，都察院题覆。子章疏请增易敕书。疏略曰：

万历二十八年六月内，臣肃将天威，会蜀楚兵讨平播酋后，准吏部咨该本

---

① 恂：原作"询"，据本书卷三十六宦贤列传改。
② 挪移：原本作"那移"，据贵图本改。后文同，不另出校。

部题覆，内开白田坝设一府四县一州，隶四川，平越设一府四县一州隶贵州等因，题奉圣旨俱依拟。府名与做遵义、平越。州名与做真安、黄平。县名与做遵义、桐梓、绥阳、仁怀、湄潭、龙泉、瓮安、余庆。钦此。

又准户部咨该本部题覆，内开行令四川乌撒、镇雄、东川、乌蒙四府，酉阳土官袭替，起送四川抚按会同贵州抚按批允，方许袭职。仍责乌撒、东川二府佐驻镇本府，督催黔饷。重庆府管粮府佐亦要严催酉阳协济银两，各官给由升迁，四川抚按会同贵州抚按，查考钱粮完欠明白，方许离任。又令湖广湖南一道并长沙府属俱隶贵州抚臣节制，若印粮官员给由升迁，悉照湖北事例，申请考核任内钱粮明白，方准考满离任。题奉钦依。

惟是臣恭领敕谕，内开载兼制湖广湖北道所辖，未及湖南道长沙府也。四川川东道所辖，未及遵义新府卫所，与乌撒、镇雄、东川、乌蒙各土司也。夫明旨屡下，在二省文武诸臣敢不祗肃。第敕谕未载，恐边氓与诸土夷尚未尽悉。地方辽阔，臣无所凭藉，难以弹压。钱粮遒负，不详为开载，难以责成。相应具题上请将臣新属地方一并载入敕谕，颁赐新敕，给臣遵守。庶丝纶一布，人心自肃，督责既严，边储日裕矣。

三十年四月颁敕。敕曰：

皇帝敕谕都察院右副都御史郭子章，近该贵州辖地渐增，相应换敕。兹命尔巡抚贵州，兼督理湖北川东等处地方军务，修理城池，操练军马，抚安军民，督查税粮屯田等项。军士征调疲惫者，厚加抚恤。夷民复业初定者，量为优赡。傥遇岁饥，设法赈济。兼制湖北道所辖辰、常、靖三府州，麻阳镇算，九、永各守备，常德、辰州、沅州、九溪、永德、施州六卫，并改辖平溪、清浪、偏桥、镇远四卫，永顺、保靖二宣慰司，施南、散毛、忠建、容美等宣抚司，算子坪五寨长官司。川东道所辖重、夔二府，及乌撒、镇雄、东川、乌蒙四府，并各卫所，酉阳、平邑等土司。湖南道所属长沙一府，湖北川东兵备守巡府县官员，及新设平越府，黄平州，湄潭、龙泉、瓮安、余庆四县，并遵义新府卫所，并听兼辖。其乌撒、镇雄、东川、乌蒙四府，酉阳土官袭替，起送四川抚按会同贵州抚按批允，方许袭职。仍责乌撒、东川二府佐驻镇本府，督催黔饷，重庆府管粮府佐，亦要严催酉阳协济银两。长沙府印粮各官，悉照湖北、川东事例。寻常无事，止移文约束整饬。有事用兵，悉听策应防御。各属官员，有能奉公举职者，量加奖劝。贪酷不才者，从公黜罚。若军职土官及文职五品以上有犯，具奏挐问，其余就便挐送所司究理。凡利有当兴，害有当除者，听尔与镇守等官从长计议，便宜施行。湖广布政司协济钱粮挪移稽缓，亦许参奏。如遇苗贼生发，会同四川湖广总督抚镇等官，协心计议，相机剿处，务保无虞。尔宜持廉秉公，正己率下。务体朝廷恤军爱民之意，俾地方宁靖，人民安妥。毋或行事乖方，自取罪愆，慎之。故谕。

贵州之兼制湖南、川南自子章始。

巡按贵州监察御史一员，驻省城，行巡各属，自永乐间钟旭始。巡按云贵监察御史一员，先年每岁专差，并理云贵清军刷卷查盘事。嘉靖间以本省御史兼之，不复设。

国初洪武中，设天下布政使司。

高皇帝御制诰文曰：

> 昔者二帝三皇之设官也，爵分五等，列国天下，使守其土，子其民，世世禄给焉。惟周诸侯不法，为秦所有，秦监周事，遂罢列国为郡县而治之。斯法也，制也，自汉承而行，唐宋皆然。元蹈中国，体之然也，郡县之多，寰宇之广，其中书不能一一总其事，又设方面大臣，流其职，理方隅之务。所职之名，汉曰州牧、刺史。唐因之。宋改而曰安抚。元亦改名，曰行省。此皆历代总郡邑而专方隅者也。

> 迨来朕有天下，更行省为承宣布政使司。所以承者，朕命也。宣者，代言之也。布者，张陈之也。所以政者，军民休戚，国之利病。所以使者，必去民之恶，而导民之善，使知有畏从。于斯之职，可不重乎？若非其人，则方隅之军民失所仰瞻。若得其人，则方隅之事，军足食，民乐耕，其鳏寡孤独不失其所焉。不但如是而已，则朕虽菲才，德必张矣，国家磐石矣。

是时，贵州未设布政司也。永乐十一年，设贵州等处承宣布政使司。左布政使一员，左参政一员，左参议一员，右参议二员。内一清军督粮，分守安平道，驻省城。一分守贵宁道，驻乌撒。一分守新镇道，驻平越。一分守思仁道，驻思南。各道参政参议互用，无定衔。旧设清军右参政一员，后以督粮道兼理，裁省。首领理问所正理问一员。经历司经历一员，都事一员。照磨所照磨一员。丰济库大使一员。新添、平越、清平、都匀、兴隆、威清、平坝、安庄、乌撒、赤水等十仓大使各一员。

洪武中，设天下按察司。

明高皇帝御制诰文曰：

古者致太和于寰宇，遂生民之休息。政在列国，天下爵分五等，授法诸侯，使世守而绳不律。则天王以时而狩，兼考政也。当时事简民安，故狱无囚滞之徒，野无怨声。自秦并之后，设郡县以治民，官无世守之心，乃有削剥之贪。因若是，自汉唐宋以来，皆设纠察之职，分道以镇核之。若比古则不如，然得人以任，犹为美治。今按察司之设，岂轻授非人，以静方隅，而振纲纪也。斯必得人，使权豪敛迹，奸宄潜踪，是其人也。

是时贵州未设按察司也。永乐十八年，设贵州等处提刑按察司。按察使一员，副使四员，佥事二员。内一提督学校道，驻省城，巡各属。一清军兼理驿传道，驻省城。一都清兵备，整饬都清等处，分巡新镇道，兼治广西南丹等州，平、清、偏、镇、铜鼓、五开等卫所，驻都匀。一威清兵备，整饬威清等处，分巡安平道，兼治泗城①、沾益等州，节制普安、坝阳守备等官，驻普定。一毕节兵备，整饬毕节等处，分巡贵宁道，兼治乌撒、镇雄、永宁等司府，驻毕节。一思石兵备，整饬思石等处②，分巡思仁道，兼治镇箪、平茶、播州等处，驻铜仁。各道副使佥事互用，无定衔。首领经历司经历一员，知事一员。照磨所照磨一员。司狱司司狱一员。

国家开设贵州二百余年矣，总督巡抚碑志书年甚晰。巡按藩臬详于嘉隆以后，略于弘正以前，其间碑志载年者系之当年，未载年者姑总系之一时，俟异日更考焉。

纪年	总督	巡抚	巡按	藩臬二司
永乐十一年癸巳				蒋廷瓒，左布政使，有传 孟骥，右布政使，萧县人，由人材
			钟旭 朱仲安 潘某 以上俱无年分，总系于永乐间	

---

① 兼治：原作"兼制"，据上下文及《明史》改。
② 等处：原作"兵备"，据上下文文意改。

纪年	总督	巡抚	巡按	藩臬二司
十八年庚子				成务，按察使，有传 郑景曜，左参政，建德人，进士 刘永贤，左参政，福建人 郭瑄，左参政，四川崇庆人，举人，十九年巡抚广东，宣德元年致仕
				陈昭，右参政 张锐，右参政 陆广平，右参政，临川人，进士 王敏，右参政，新城人，进士 贾昭，右参政，淄川人 何恭，右参政，富阳人，监生 黄仲芳，右参政，福建人 曹琳，右参政，通州人，监生 赵维恭，副使，济宁人，进士 赵彬，副使 舒仲诚，副使 王理，左参议，升本省左参政 张谅，左参议，华亭人 徐道正，左参议，处州人 邹锐，右参议 丘陵，右参议 杨勋，佥事 陈辉，佥事，闽县人，进士 张翼，佥事 周善，佥事 周正，佥事 以上自右参政陈昭起，至佥事周正止，碑志俱无年号，总系于永乐、洪、宣之间
宣德元年丙午			王翰，浙江人	
			萧良，江西人 方全，一作佺，巴陵人，永乐丙申进士，据北门通济桥碑，二公当属之宣德间	胡器，按察使，新淦人，监生，作通济桥碑 林时，副使，莆田人，进士 茹祺，副使，巴县人，监生 尤安礼，左参议，长洲人，举人，有传 杨廉，右参议，泰州人，有传

纪年	总督	巡抚	巡按	藩臬二司
				陈远，佥事，山东人，进士 郭公绪，佥事，泰和人，永乐壬辰进士 陈敏，佥事，泰州人 于文通，佥事，磁州人 以上自按察使胡器起，至佥事于文通止，碑志俱无年号，总系之宣德间
三年戊申①			吴讷，常熟人，医生，历官左副都，有传	
四年己酉			尹镗，浙江人	
五年庚戌			陈赟，浙江人，实训作斌，系七年，巡按，有传	
六年辛亥		吴荣，以都御史同都督萧授讨平苗酋龙三、黄老虎等，还京，议设湾溪等拾堡	王子沂，奉化人	
七年壬子			陈衡，江西人	
八年癸丑			唐慎，郴州人	李睿，右参议，济宁人，监生，有传
十年乙卯			韦广，宜山人	
正统元年丙辰			阎肃，历城人	
二年丁巳				李睿，副使 屈伸，佥事，湖口人，进士
			陈嘉谟，江西人 邢端 李芳，四川人 冯诚，浮梁人 王通，淮安人 沈衡，钱塘人	
			周轵 自陈嘉谟起，至周轵止，碑志俱	应履平，按察使，奉化人，有传 杨荣，左参政，青神人，进士

① 三年：原本误作"二年"。

纪年	总督	巡抚	巡按	藩臬二司
			无年号，总系于正统间	应杨二公碑志无年号，系之正统间
六年辛酉			杨纲，溧阳人	易节，左布政使，有传 林坦，按察使，莆田人，进士 严泰，左参政，钱塘人，进士 朱理，副使，束鹿人，进士 顾理，左参议，山阳人，举人 汪泳，右参议，嘉兴人 戴诚，佥事，济南人，进士
			叶蓁，歙县人 虞祯，苏州人 金恺，浙江人 上官寿，福建人 陈鉴，江西人 王永寿，山西人 马靖，徽州人 自叶蓁起，至马靖止，碑志俱无年号，总系于正统间	萧宽，左布政使，吉水人①，进士，有传 董和，左布政，闽县人，进士 范理，左布政，天台人，有传 许士达，左布政，歙县人，进士 王理，左参政，许州人，举人 胡拱辰，左参政，安县人，进士 尹弼，左参政，上元人，进士，以本省右参议升 刘训，左参政，麻城人，进士 杨铎，左参政，沿武人，进士 熊俊，左参政，江夏人，进士 何经，左参政，顺德人，进士 章敏，副使，新昌人，监生 刘鼎贯，子铉，副使，吉水人，永乐乙未进士 王升，左参议，山阳人，进士 卢彬，左参议，咸宁人，进士 鲍经，左参议，宁波人，举人 谷茂，左参议，简县人，监生 叶鸾，左参议，直隶人，进士 龚晟，左参议，蒲圻人，进士 李颙，右参议，岢岚人，举人 陈恕，右参议，绛州人 李英，右参议，合州人，进士 王缙绅，佥事，山东人，进士 李良，佥事，新淦人，监生 王贯，佥事，清源人，监生

① 吉水：万历志作"泰和"。

续表

纪年	总督	巡抚	巡按	藩臬二司
				贾进，佥事，安东人，举人 自萧宽起至贾进止，碑志俱无年号，总系于正景间
八年癸亥		丁璿，上元人，以右副都任，《云南通志》亦载		
十四年己巳	王骥，束鹿人，以靖远伯提督军务，讨麓川平越苗，有传 侯琎，泽州人，以兵左侍同尚书王骥讨黑苗 韦同烈，捷闻，升兵书，有传		黄镐，闽县人，历官南户书，有传	
景泰元年庚午		王恂①，公安人，以大理寺寺丞任，有传	汪琰，浙江人	
二年辛未	王来，慈溪人，以右都总督贵州军务，三年回京，历官南工书，有传		邵进，南阳人	王宪，按察使，合肥人，有传
				张海，按察使，宁州人，监生 吴诚，左参政，钱塘人，景泰辛未进士，历官右副都，巡抚云南 刘本，左参政，桂林人，进士 蒋云汉，左参政，巴县人，进士 王骥，德良，副使，吉水人，永乐辛丑进士 范循，佥事，进士，有传 谭琬，佥事，成都人，监生 刘益，佥事，贵溪人，进士 邓逵，佥事，麻城人，举人 张淑，佥事，昆明人，进士 自张海起，至张淑止。碑志俱无年号，总系于景泰间

---

① 恂：原作"询"，据万历志、本书卷三十六《宦贤列传》、《明史》改。

纪年	总督	巡抚	巡按	藩臬二司
三年壬申			伍善，合州人	
四年癸酉			伍星会，义宁人，有传	
五年甲戌		蒋琳，钱塘人，官生，以左副都任，有传	靳敏，泗州人	
六年乙亥			杨贡，乐安人	
七年丙子			郭本，融县人，有传	
天顺元年丁丑			刘敬，湖广人	李浩，即覃浩，右参政，安陆人，监生，天顺元年，以南工侍郎左迁，改河南，历升本省贵州左布政使，巡抚 朱铨，右参政，应天人，由秀才，以南工侍郎左迁 陈价，按察使，铜梁人，进士 夏裕，按察使，福清人，进士 乐眒，副使，泰和人，人材 汪琰，副使，乐平人，进士 胡端，方正，副使，吉水人，正统乙丑进士 刘敷，叔荣，副使，永新人，进士，历官右都，有传 盛俊，副使，华亭人，进士 邓珏，副使，武昌人，举人，楚志进士，有传 熊俊，副使，武昌人，进士 李璘，金事，丰城人，进士 徐宗，金事，荣昌人，进士 李叔义，金事，闽县人，举人 自陈价至李叔义，碑志俱无年分，总系于天顺间
二年戊寅			李志刚，内江人	
三年己卯		白圭，南宫人①，进士，以右副都任，历官太子少保、兵书，谥恭敏，有传	冯定，北京人	

---

① 南宫：万历志作"冀州"。

续表

纪年	总督	巡抚	巡按	藩臬二司
四年庚辰			刘珂，尚佩，安福人，景泰甲戌进士，历官右布政	
伍年辛巳			宋有文，四川资县人，历官右副都巡抚甘肃，有传	
七年癸未			刘璧，咨璋，永新人，景泰甲戌进士，升知府	
八年甲申			任玺，湖广人	李芳，本春，右参议，融县人，有传 吕正，右参议，晋州人，进士
成化元年乙酉		王俭，铜梁人，以右金都任，二年回院		萧俨，左布政，内江人，有传 陈云鹏，左布政使，余姚人，进士 洪弼，左布政使，淳安人，进士 朱绅，左布政使，河州人，进士 杜铭，按察使，金堂人，历官刑书，有传 自陈云鹏至杜铭，碑志俱无年号，总系于成化间
二年丙戌		李浩，德广，公安人，由贵州右参升右副都任，有传，据布政司碑，浩安陆人，都察院碑，公安人，楚纪德安人	李昺，永福人	
三年丁亥	程信，休宁人，山都掌蛮乱，以兵书提督川广云贵兵，讨平之，有传		周源，武昌人	
四年戊子		陈宜，公宜，泰和人，正统壬戌进士，由云南左布政升右副都任，升兵右侍，有传	王垻，河南人	

纪年	总督	巡抚	巡按	藩臬二司
五年己丑			戴缙，南海人	
六年庚寅		秦敬，涿州人，正统戊辰进士，由浙江左布政升右副都，致仕任	傅实，丰城人①	卢秩，按察使，新淦人，进士
				赵铭，按察使，安化人，进士 陆平，副使，河间人，举人 吴立，副使，贵溪人，进士 胡灏，副使，嘉定州人 刘本，副使，富顺人，进士 徐珪，副使，安岳人，进士 李钊，副使，临海人，进士 赵京，佥事，安肃人，举人 李述，佥事，丰城人，进士 杨廷芳，孟仁，佥事，邵阳人，进士，由寺正升 聂蒙昌，佥事，丰城人，进士 周重，如鼎，佥事，安福人，天顺甲申进士 方泌，佥事，开化人，进士 自按察使赵铭起，至佥事方泌止，碑志俱无年号，总系于成化间
七年辛卯②			王亿，铜梁人	
八年壬辰③			李勋	
九年癸巳			梁泽，三原人④	
十年甲午			吴祚，淳安人	
十一年乙未			吴道宏，四川人	
十二年丙申		宋钦，敬之，乾州人，右金都升南大理卿	谢秉中，成都人 黄本，云贵清军刷卷，有传	
十三年丁酉			尹仁，性之，安福人，成化己丑进士，由庶吉士	

---

① 丰城：万历志作"南海"。

② 七年辛卯：原书缺，据贵图本补。

③ 八年壬辰：原书缺，据贵图本补。

④ 三原：万历志作"西安"。

纪年	总督	巡抚	巡按	藩臬二司
十四年戊戌			刘宇，钓州人	
				尹仁，佥事，安福人 刘简，佥事，富顺人，进士 尹仁、刘简无年号，俱系成化间
十五年己亥			俞振才，新化人	
十六年庚子		陈俨，时庄，庐陵人，景泰甲戌进士，由湖广左布政升右副都任，升刑右侍，有传	吴泰，江阴人	刘余庆，副使，江夏人，举人 曹奇，副使，崇庆人，进士
十七年辛丑			杨绳，邻水人，有传	卓天锡，按察使，莆田人，进士
十八年壬寅			邹鲁，当涂人①	沈璐，佥事，上海人，进士 叶肃，佥事，闽县人，进士 吴倬，佥事，淳安人，有传 周孟中，时可，佥事，庐陵人，成化己丑进士，历官左副都
十九年癸卯		谢眺，黄冈人，由四川左布政升右副都，致仕任	王鉴之，会稽人，历官刑书，有传	彭韶，左布政，莆田人，由广东调，二十年升巡抚南直隶，有传 郑时，左参政，舒城人，以陕西巡抚降，历官南刑书，有传 吴中，右参政，乐平人，进士 吴裎，左参议，零陵人，有传 戴用，廷献，右参议，万安人，成化丙戌进士 吴琳，左参议，常州人②，进士
二十年甲辰			阳澄，射洪人	章律，鸣凤，左布政，常熟人，景泰甲戌进士，升巡抚云南，弘治元年致仕 王诏，左布政，真定人，升巡抚云南，有传 徐珪，按察使，安岳人，有传 陈琦，副使，吴县人，进士 方中，副使，淳安人，进士

---

① 当涂：原本误作"堂涂"，据贵图本改。
② 常州：原本误作"常川"，据贵图本改。

纪年	总督	巡抚	巡按	藩臬二司
二十一年乙巳			刘信，南溪人	柳淳，副使，华亭人，进士
二十二年丙午				林迪，右参政，闽县人，进士 李孟旸，时泰，佥事，睢州人，进士，有传
二十三年丁未		孔镛，公远，吴县人，以右副都任，升工侍，有传		钱钺，按察使，仁和人，进士，升太仆卿，有传 陈揆，副使，铜梁人，进士 吴洪，副使，吴江人，进士
弘治元年戊申			包裕，好问，桂林人，有传	张濂，孟介，按察使，归安人，进士 邓琪，左参议，闽县人
二年己酉			汪律，乐平人	吴中，左布政使 钟蕃，左参政，崇德人，有传 汤全，完之，副使，华亭人，有传 吴环，右参议，漳浦人，进士，有传
三年庚戌		邓廷瓒，宗器，巴陵人，由山东右布政升右副都任	黄荧，龙溪人	张诰，左布政，升巡抚云南，有传 郑炯，右参政，闽县人，进士 沈棨，右参政，平湖人，进士
四年辛亥		张文昭，应奎，平山卫人，由按察使升右佥都任 高崧，钟秀，襄城人，由福建按察使升右佥都任，卒于官	黄珑，敬润，蒲圻人，成化乙未进士，历官大理寺丞，有传	刘元，左布政，仁寿人，有传 张珏，左参政，仁和人，进士 陈奂，右参政，漳浦人，进士 古其然，体成，佥事，永川人
五年壬子			曾禄，博罗人	吴倬，副使 俞俊，副使，丽水人 罗昕，佥事，番禺人，有传
六年癸丑		邓廷瓒，服阕起用，历升总督两广左都御史，赠太子少保，谥襄敏，有传	王一言，行之，内江人，进士，历官佥都，有传	张廉，左布政，归安人，升右副都巡抚 刘肃，敬之，左参政，嘉定州人，进士，有传 周宏，右参政，德清人，进士 秦献，廷赞，副使，昆山人，进士 韩镛，左参议，福清人，进士

纪年	总督	巡抚	巡按	藩臬二司
				张抚，世安，左布政，宝鸡人①，进士 李祥，左布政，南海人，进士 马铨，左布政，南和人，进士 陈孜，勉学，左布政，海山人，进士 黄琏，左参政，莆田人，进士 陈睿，左参政，惠安人，进士 王琳，左参政，嘉兴人 马金，左参政，西充人，进士 田彭，左参政，马邑人，进士 何显，左参政，闽县人，进士 戴敏，左参政 费瑄，右参议，铅山人，进士 自左布政使张抚起，至右参议费瑄止，碑志俱无年号，总系于弘治间
七年甲寅			马炳然，思进，内江人，成化辛丑进士，历官右都御史，谥毅愍，有传	汪进，希颜，按察使，婺源人，进士
八年乙卯		王轼，用敬，公安人，由提督南京仓场右金都，升右副都任，升大理卿，有传 张廉，孟介，归安人，由贵州左布政升右副都任，致仕	冯玘，凤阳人②	戚昂，时望，副使，金华人，进士
九年丙辰			丁养浩，仁和人，历官云南左布政，有传	陈金，汝砺，按察使，有传 沈庠，尚伦，副使，上元人，进士 龚嵩，惟岳，金事，富顺人，进士
十年丁巳			徐纲，遂宁人	吴伯通，元明，按察使，广安人，进士 阴子淑，副使，内江人，有传

---

① 宝鸡：原作"保鸡"，据贵图本改。
② 凤阳：万历志作"遂宁"。

纪年	总督	巡抚	巡按	藩臬二司
十一年戊午			陈箓，武陵人①，成化丁未进士	阎钲，右布政，泾州人，死于米鲁之难。有传 马自然，右参政，内江人，进士 周凤，鸣歧，副使，西安籍江都人，进士 王杲②，左参议，进士 翁迪，右参议，余姚人，进士 陈俊名，右布政使，嘉兴人 王敏，右布政使，新城人
				方廷玉，右布政使，巴陵人 汤全，完之，左布政使，华亭人，进士，升巡抚湖广 任弘，左布政使，南充人，进士 罗安，右参政，益阳人，进士 张翼，右参政，介休人，进士 陈一经，右参政，成都人，进士 胡拱，左参议，南京人 方天雨，左参议，淳安人 张定，左参议，锦衣人 王承祥，左参议，三原人 林镝，右参议，安县人 李瓒，右参议，崞县人，进士 卢宅仁，伯居，右参议，四会人，进士 孙清，右参议，武清人，进士 自左布政使陈俊名起，至右参议孙清止，碑志俱无年号，总系于弘治间
十二年己未		钱钺，大用，杭州人，由太仆卿升右副都任，致仕	黄珂，鸣玉，遂宁人，历官兵书，有传	刘福，天佑，按察使，巴县人，进士，盘江贼起，福挺身赴之，遂遇害
十三年庚申			张淳，宗厚，合肥人	朱仪，象之，佥事，成都人，进士

---

① 陈箓，武陵人：嘉靖志、万历志均作"陈荣，常德人"。

② 王杲：原本作"王杲"，据贵图本改。

纪年	总督	巡抚	巡按	藩臬二司
十四年辛酉		汪奎，文灿，婺源人，由陕西左布政升右副都任，致仕	吴学，逊之，无锡人①	
十五年壬戌		刘洪，希范，安陆州人，由广东按察使升右佥都任，调巡抚四川	陈恪，克谨，归安人，进士，历官贵州按察使	冯镐，太京，按察使，信阳人，进士 毛科，应奎，副使，余姚人，进士 王倬，用检，副使，昆山人，历官南兵右侍，有传
十六年癸亥	王轼，普安米鲁乱，以南户书总督川广云贵，贼平，加太子少保，卒谥襄简，有传 樊莹，常山人，弘治十六年以南刑左侍兼左佥都巡视云贵，有传	林元甫，秉仁，莆田人，以巡抚四川右副都调，调巡抚云南	戴乾，元之，临海人	
十七年甲子		匡翼之，敬敷，山东胶州所人 刘天和，养和，麻城人，正德戊辰进士，清军，历官兵书、太子太保，卒赠少保，谥庄襄		范坪，文润，佥事，浮梁人，进士
十八年乙丑		洪钟②，宣之，钱塘人，以巡抚顺天右副都调，历升刑书，改左都，有传	王绍，继宗，曹州人	刘杲，世熙，按察使，长洲人，进士 朱玑，文瑞，副使，蒙化人，进士 彭程，万里，佥事，瓯宁人，进士 郭绅，宜春人，参政，历左布政，升南太仆卿、刑侍，有传

---

① 无锡：原本误作"吴锡"，据万历志改。

② 洪：万历志作"汪"。

纪年	总督	巡抚	巡按	藩臬二司
正德元年丙寅		王质，上古，万全人①，由光禄卿升右佥都任	董绖，嗣文，麻城人，弘治癸丑进士，官至参议	孙春，蔚州人，进士，副使，升参政 林沂，莆田人，左参议 翁健之，左布政，余姚人，进士 何琛，左布政，成都籍，莆田人，进士 罗荣，左布政，古田人，进士 自翁健之至罗荣止，碑志俱无年号，总系于正德间
二年丁卯			朱袞，子文，永州卫籍	
三年戊辰		邵宝，国贤，无锡人，以总督漕运右副都致仕，起用未任，升户侍、南礼书，卒谥文庄	王济，汝楫，丹徒人	张贯，一之，按察使，蠡县人，进士 陆健，文顺，佥事，鄞县人，进士
四年己巳			吴祺，贵德，丰城人，弘治壬戌进士，历官右副都巡抚云南 刘寓生，其进，石首人，清军	刘丙，文焕，按察使，安福人，进士，历官工侍，赠尚书，有传 席书，文同，副使，历官大学士，有传
五年庚午			徐文华，用先，嘉定州人，历官大理寺少卿，有传 张缙，元素，巴县人，清军	王经，可济，副使，山阴人，进士 张腾霄，风骞，佥事，铜梁人，进士
六年辛未		魏英，士华，慈溪人，成化辛丑进士，由云南左布政升右副都任，致仕	张祐，天益，铅山人	郑端，思直，按察使，临清人，进士 朱玑，文瑞，按察使，蒙化人，进士 陈恪，副使，归安人，进士 秦文，从简，副使，临海人，进士 王注，禹成，佥事，歙县人，进士

---

① 万全：万历志作"宣府"。

续表

纪年	总督	巡抚	巡按	藩臬二司
七年壬申		杨茂元，志仁，鄞县人，成化乙未进士，由云南左布政升右副都任，转南院协管院事，历官刑侍① 沈林，材美，长洲人，成化辛丑进士，由广西左布政升金都任，升副都巡抚山东，有传	邝约，文博，南海人	邵遵道，尧臣，副使，都昌人，进士
八年癸酉		陈天祥，元吉，吴江人，以提调天津左金都调，十二月任，回院管事	朱弦，廷和，无锡人	陈恪，按察使，归安人 林长繁，世殿，副使，莆田人，进士 许效廉，子简，金事，莆田人，举人
九年甲戌		萧翀，凌汉，内江人，成化辛丑进士，以巡抚保定右副都起用，调巡抚河南，总督两广右都御史	李显，崇绅，乐清人 刘士元，伯儒，彭县人，清军	陈雍，左布政，余姚人，进士，升抚治郧阳 姚镆，英之，按察使，慈溪人，进士，有传 胡濂，右参政，定安人，进士 李麟，仁仲，副使，鄞县人，进士 詹源，上观，金事，安溪人，进士
十年乙亥		曹祥，应麟，歙县人，成化甲辰进士，由陕西左布政升右副都任，十一年致仕，有传	周文光，实夫，金华人②，有传	张琮，庭□，按察使，江宁人。进士
十一年丙子		邹文盛，时鸣，公安人，弘治癸丑进士，由云南左布政升右副都，历官任户书，卒赠太子少保，有传	周廷用，子贤，华容人，进士，有传	赵文奎，左布政，江陵人，进士 林茂达，左参政，莆田人，进士，历升右副都 蔡潮，巨源，右参议，进士，历官左布政，有传

① 刑侍：原本误作"刑待"。
② 金华：万历志作"永康"。

纪年	总督	巡抚	巡按	藩臬二司
十二年丁丑				陈洪谟，宗禹，按察使，武陵人，进士 林长吉，按察使 刘金，左参议，三河人，进士 蔡中孚，信之，佥事，德清人，弘治丙辰进士，历官大理右寺丞 宗玺，左布政使，建平人，进士 徐海，伯容，佥事，常山人，进士 欧阳申，相周，提学佥事，安福人，正德戊辰进士
十四年己卯				刘瓒，朝重，副使，会川人，进士，置都匀义田以资科贡
十五年庚辰			胡琼，国华，南平人，有传	高节，左参政 陈怀经，副使，新昌人，进士 杨玮，副使，揭扬人，进士 夏邦谟，舜俞，佥事，涪州人，进士，历官吏部尚书
十六年辛丑		汤沐，新之，江阴人，弘治丙辰进士，由广东左布政升右副都任，升大理卿	席春，仁同，遂宁人，清军，历官吏部侍郎，有传	李麟，按察使 王瑞之，献夫，佥事，江阴人，进士 沈圻，子京，佥事，平湖人，进士
嘉靖元年		陈克宅，余姚人，历升巡抚贵州 熊允懋，士勉，资阳人，清军 李美，充实，绵州人，查盘		傅习，本学，按察使，进贤人，弘治丙辰进士，由本省右参政升，历官右副都、大理卿 郑锡文，左参政，长乐人，进士 舒表，民望，副使，铜梁人，进士
二年癸未		熊一潢，子山，南海人，由太常卿升右副都任，升南大理卿，列卿年表熊作杨	刘廷篪，器重，安福人，有传 江良才，汝器，贵溪人，刷卷	赵渊，弘道，佥事，临海人，进士 杨薰，太和，佥事，南昌人，进士

纪年	总督	巡抚	巡按	藩臬二司
三年甲申				杨惟康，左布政使，灵宝人，进士，调云南左布政使 梁材，左布政，顺天大城人，弘治己未进士，调广东右使，历官户部尚书，谥端肃 徐瓒，朝德，按察使，永康人，进士 于鳌，器之，按察使，滁州人，进士 叶相，良臣，左参政，江都人，进士，历升巡抚贵州 于湛，右参政，金坛人，正德辛未进士，历官户侍 江玠，左参议，巴县人，进士 李楫，右参议，怀宁人，进士 成周①，汝从，佥事，直隶人，进士 张羽，左布政使，南郑人，进士，升南京太仆寺卿 王汝舟，左布政使，华阳人，进士 卫道，右参政，叶县人，进士 张羽、王汝舟、卫道，碑志俱无年分，总系于嘉靖间
四年乙酉			钟卿密，宣茂，泰和人，正德戊辰进士	潘鉴，希古，副使，婺源人，进士，历升工侍 王浚，德深，副使，建德人，进士，升本省按察使 刘彭年，以静，佥事，巴县人，进士，历升右副都
五年丙戌			章衮，汝明，临川人，查盘	朱珮，鸣珂，佥事，鹤庆人，进士 龚亨，有孚，佥事，清江人，进士，历升右副都 金罍，左参议

---

① 成周：万历志与本书同，嘉靖志作"周成"。

纪年	总督	巡抚	巡按	藩臬二司
六年丁亥		袁宗儒，醇夫，雄县人，由大理少卿升右金都任，丁忧，复起巡抚山东	施山，镇卿，缙云人 周煦，启和，安福人，正德辛巳进士，刷卷，历官右副都	钱如京，公溥，按察使，桐城人，进士，历升刑书 王大用，左参政，莆田人，进士，历升右副都巡抚顺天 沈霙，子公，副使，华亭人，进士 朱璠，左参议，合州人，进士 杨仪，右参议，射洪人，有传
七年戊子	伍文定，松滋人，芒部叛，以兵部尚书提督云贵川广军务进剿，已，四川议抚，遂罢西征，回京，有传	叶相，由江西左布政升右副都任，历官刑侍	陈讲，子学，遂宁人，历官直隶山西提学，所著有《茶马志》、《如鸟集》	王浚，按察使，历升刑侍 李傅，左参政，叙南人，进士 韩士英，廷延，副使，南充人，升左参政① 陆钶，容之，副使，鄞县人，进士 周镐，左参议，沅陵人，进士 高贾亨，汝白，金事，临海人，进士
八年己丑			敖铖，秉之，高安人	朱佩，右参政，升陕西按察使
九年庚寅			陈邦敷，自宽，乾州人，有传 陆梦麟，文瑞，丰城人，刷卷	戴书，天锡，按察使，崇阳人，历升右副都巡抚贵州 姚汝皋，左参议，襄城人，进士 柴经，右参议，鄞县人，进士 萧璙，子明，金事，辰州人，进士
十年辛卯		刘士元，伯儒，彭县人，正德辛未进士，由广东左布政升右副都任，致仕	郭弘化，子弼，安福人，进士，有传	张庠，子英，副使，进士，有传 邹轓，右参议，武进人，进士 王尚志，承尹，金事，浙江人，进士 黄国用，子忠，提学金事，庐陵人，正德甲戌进士 康世隆，文明，金事，咸宁人，进士

---

① 韩士英：本书与嘉靖志同，万历志作"韩仕英"。南充：原本作"南京"，据本书本卷及三十九卷、嘉靖志、万历志改。

纪年	总督	巡抚	巡按	藩臬二司
十一年壬辰		徐问，用中，武进人，由广东左布政升右副都任，历官南户书，有传	周之墀，天吉，山阴人	罗方，左布政，南充人，进士，升南光禄卿 王遵，舜典，按察使，宣城人，进士，升四川右布政 韩士英，左参政，升按察使 李润，子雨，副使，蒲州人，进士 冯裕①，伯顺，副使，有传 荣察，左参议，蓝田人，进士
十二年癸巳			白贲，亨甫，潼川人，刷卷	林茂竹，副使，莆田人，进士，有传 陈则清，君扬，副使，闽县人，进士 柴儒，右参议，白河人，进士，有传
十三年甲午		戴书，天锡，崇阳人，弘治壬戌进士，由江西左布政升右副都任	王杏，世文，奉化人，有传	周忠，左布政，贵溪人，进士 韩士英，按察使，历升巡抚贵州 郑气，右参政，静海人，进士，历升河南右布政 张楠，左参议，来安人，进士
十四年乙未		陈克宅，即卿，余姚人，正德甲戌进士，由湖广左布政升右副都任，调巡抚应天，未任，有传		曾鹏，左参政，琼山人，进士 陈攒，允扬，副使，长乐人，进士 张淑，右参议，内江人，举人 焦维章，子英，佥事，灌县人，进士
十五年丙申		汪珊，德声，贵池人，正德辛未进士，以巡抚湖广右副都言事革职，荐起任，升南大理卿、南户右侍，有传	杨春芳，伯生，宿松人	杨最，按察使，射洪人，历官太仆卿，有传 喻茂坚，左参政，荣昌人，正德辛未进士，历官刑书 尹尚宾，左参议，茶陵人，进士 田汝成，叔和，佥事，钱塘人，进士

① 冯裕：原作"马裕"，据本书二十九卷、三十九卷及万历志等改。

纪年	总督	巡抚	巡按	藩臬二司
十六年丁酉			倪嵩，中卿，当涂人 李实，希大，海丰人，查盘	张峨，左布政，华阳人，进士 沈教，敬敷，按察使，慈溪人，进士，升云南右布政 刘淮，右参议，睢州人，进士
十七年戊戌	胡琏，沐阳人①，弘治乙丑进士，嘉靖十七年，以户部左侍郎兼都察院右金都御史，提督云贵粮储，本年闲住	张钺，文辅，江西安仁人，正德戊辰进士，由四川左布政升右副都任，升南工右侍	卞伟，子充，宜宾人	黄祺，允吉，按察使，安义人，进士。升云南右布政 戴金，右参政，汉阳人，进士，历升兵书，有传 王世隆，晋叔，副使，长洲人，进士 李翔，集卿，副使，上海人，进士 林应标，君义，副使，莆田人，进士，历升江西左布政 诸称，扬伯，左参议，秀水人，进士 刘寅，右参议，大庾人，进士 赵得祐，元吉，金事，卢龙人，进士 徐九皋，远卿，金事，余姚人，进士
十八年己亥			谢瑜，艮卿，上虞人，清军	李显，左布政，乐清人，进士，升巡抚南赣 张瓛，鹄举，按察使，江都人，进士，未任，历升右副都 姜仪，左参政，南昌人，进士，历升巡抚湖广 章侨，右参政，兰溪人，历升山西右布政
十九年庚子	万镗，进贤人，历官太子少保、吏书，卒赠太子太保，有传	韩士英，廷延，南充人，正德甲戌进士，由云南左布政升右副都任，历升南户书	杨时泰，道亨，真定人	洪珠，左布政，莆田人，进士，升应天府尹 顾遂，德佃，按察使，余姚人，进士，历升南刑侍 毛绍元，右参政，余姚人，进士 诸称，副使 骆颙，君孚，副使，富顺人，进士 王积，子崇，副使，历官南兵侍，有传

① 沐阳：原作"沐阳"，据贵图本改。

纪年	总督	巡抚	巡按	藩臬二司
二十年辛丑			赵大佑，世胤，有传	叶珩，左布政，莆田人，进士 胡松，效卿，按察使，绩溪人，进士 翁学渊，左参议，遂昌人，进士 王应诏，右参议，瓯宁人，进士 施昱，子直，佥事，云南人，有传 李美，充实，佥事，绵州人，进士
二十一年壬寅		刘彭年，原静，巴县人，正德甲戌进士，由湖广左布政升右副都任，二十三年致仕	魏洪冕，子文，威远人，二十二年以试录讹舛削籍	侯缄，左布政使，临海人，进士，以二十二年试录讹舛左迁
二十二年癸卯				石简，廉伯，左布政，临海人，进士，升巡抚云南 郑宗古，左参政，石首人
二十三年甲辰		刘渠，清甫，前巡抚洪之子，正德辛巳进士，由巡抚云南右佥都升右副都任，致仕，有传	张涣，文甫，定州人	何鳌，巨卿，按察使，山阴人，进士，历升刑书 曾存仁，恩远，按察使，吉水人，进士。未任，升云南右布政 郭日休，德夫，按察使，莆田人，进士 林应标，左参政 蔡云程，亭之，潮子，右参政，临海人，进士，历官刑书 蒋信，副使，武陵人，有传 徐九皋，远卿，副使 徐樾，副使，有传 唐时英，子才，副使，卢溪人，进士 杨一谟，左参议，闽县人，进士 张珪，右参议，太仓人，进士 朱文质，彬甫，佥事，云南人，进士 陈克昌，德贻，佥事，仁和人，进士

纪年	总督	巡抚	巡按	藩臬二司
二十四年乙巳		王学益，虞卿，安福人，嘉靖己丑进士，由应天府丞升右佥都任，被逮，终官南工书，有传		茹鸣金，声父，副使，无锡人，进士 沙稷，右参议，仪真人，举人
二十五年丙申			萧端蒙，曰启，潮阳人，进士	孙世祐，右参议，丰城人，进士，升湖广按察使 陈贵，道充，副使，延平人，进士 朱麟，子仁，提学副使，万安人，嘉靖己丑进士 钱亮，右参议，丹徒人，进士 杨僎，公翊，佥事，临安人，进士，升本省参议
二十六年丁未				李充浊，左布政使，永平人，进士 卢绅，汝佩，按察使，咸宁人，嘉靖癸未进士，历官南户书 任佐，良甫，副使，稷山人，举人 张合，右参议，永昌人，进士
二十七年	张岳，惠安人，镇铜苗乱，以右都总督，卒谥襄惠，有传	李义壮，稚太，南海人，嘉靖癸未进士，由湖广右布政升右佥都任，二十九年削籍，有传	孙文锡，公爵，连江人，嘉靖戊戌进士，升南大理右寺丞	郜相，立之，按察使，泽州人，举人。升本省左布政 杨泂，左参政，应天人，进士 曹韩，左参政，咸宁人，进士 杨应奇，右参政，夏邑人，进士，升福建按察使 林斌，副使，莆田人，举人 杨儒，右参议，孟津人，举人 范爱，体仁，佥事，汶上人，进士 郭从道，汝能，佥事，徽州人，举人
二十八年己酉			张雨，惟时，万安人，嘉靖戊戌进士，历官右佥都，抚治郧阳	郜相，左布政，泽州人，举人 杨僎，副使 魏尚纯，叔诚，副使，钧州人，进士，历升山西右布政 伍铠，文卫，左参议，晋江人，进士

续表

纪年	总督	巡抚	巡按	藩臬二司
二十九年庚戌		任辙，子明，巴县人，由湖广左布政升右副都任，三十年养病，有传		李涵，左布政 李涵，容之，按察使，迁安人，进士，升本省左布政 纪绣，思纲，副使，利津人，进士 赵之屏，宪甫，副使，南充人，进士 赵希夔，右参议，长治人，进士 刘望之，商霖，右参议，内江人，进士 李用中，与善，佥事，乐安人，举人 喻冲，佥事，麻城人，举人
三十年辛亥			董威，重夫，信阳州人，历官右副都总督湖川贵	胡尧时，按察使，泰和人，有传 龙遂，佥事，永新人，有传 万敏，钦大，佥事，南昌人，进士
三十一年壬子			宿应麟，文炳，掖县人，升严州府知府	廖天明，敬之，副使，奉新人，进士 谢东山，小安，副使，射洪人，进士 余勉学，行甫，副使，马平人，进士，历升福建按察使
三十二年癸丑	屠大山，鄞县人，嘉靖癸未进士，以兵部右侍兼佥都任，下狱	刘大直，养浩，宁川卫人，嘉靖乙未进士，由太仆少卿升右佥都任，卒于官	赵锦，余姚人，清军，隆庆二年巡抚贵州，有传	郑绸，子尚，按察使，莆田人，进士，历升右副都 杨守约，左参政，长沙人，进士 王璧，汝完，副使，蔚州人，举人
三十三年甲寅	冯岳，慈溪人，以兵部左侍兼佥都任，功升右都、南刑书，有传	张鹗翼，积之，上海人，嘉靖辛丑进士，由南通政使升右佥都任，三十五年致仕	陈效古，武周，息县人	高翀，允升，左布政，安陆籍新淦人，嘉靖丙戌进士，升巡抚贵州 李冕，子学，按察使，章丘人，进士 万虞恺，右参政，南昌人，进士，历升刑侍 赵崇信，仲履，副使，慈溪人，进士 顾问，子成，副使，蕲州人，进士

纪年	总督	巡抚	巡按	藩臬二司
				赵叶，左参议，东阳人，进士 余爌，左参议，乐平人，进士 刘景韶，子成，佥事，崇阳人，进士
三十四年乙卯				张尧年，绍中，按察使，慈溪人，进士，升云南右布政 刘望之，副使，内江人，历官大理卿，有传 万敏，右参议 汪玙，右参议，休宁人，进士 黄明良，时际，佥事，晋宁人，举人
三十五年丙辰		高翀①，由贵州左布政升右副都任，三十九年致仕，有传	王绍元，希哲，金溪人	杨守约，左布政 陈尧，按察使，南通州人，历官刑侍，有传 张定，左参政，代州人，举人 何彦，善充，副使，顺德人，进士 焦希程，师正，副使，泌阳人，举人 王重光，左参议，新城人，有传 黄大廉，右参议，莆田人，进士 刘景韶，右参议，历官都御史 顾柄，文谦，佥事，常熟人，进士
三十六年丁巳	王崇，永康人，嘉靖己丑进士，以兵部左侍郎兼右佥都任，三十八年闲住 刘伯跃，南昌人，进士，以工部侍郎兼右佥都总督湖川贵大木		朱贤，进甫，江浦人，进士	俞维屏，右参政，莆田人，进士 项廷吉，天佐，副使，江西龙泉人，举人 陈天资，汝学，副使，饶平人，进士 万士和，副使，历官礼侍，有传 汪集，惟义，佥事，进贤人，进士
三十七年戊午				鲍一龙，右参议，临安人，进士

---

① 翀：万历志作"冲"。

纪年	总督	巡抚	巡按	藩臬二司
三十八年己未	石永，直隶威县人，嘉靖壬辰进士，以兵部右侍兼右金都任，三十九年改户侍，未任，卒于官，赠右都御史		钟沂，宗鲁，南昌人，进士	徐霈，孔霖，按察使，江山人，进士 汪集，左参议，进贤人，进士 吴守贞，右参议，潮州人，进士 蒋春生，子成，金事，零陵人，举人
三十九年庚申	黄光升，晋江人，嘉靖己丑进士，以副都任，历官刑书		黄国用，丰城人	董策，希舒，按察使，长沙人，进士 罗时霖，文教，左参政，泰和人，嘉靖辛丑进士，升本省按察使 张英，右参政，莆田人，进士 况叔祺，吉夫，副使，高安人，进士 张廷柏，寿卿，副使，蒲州人，进士 程时思，左参议，浮梁人，进士 颜嘉会，右参议，长沙人，进士 何全，原学，金事，温江人。进士
四十年辛酉	董威，信阳州人，嘉靖辛丑进士，以右副都任，调南大理卿，闲住 罗崇奎，南昌人，嘉靖戊戌进士，以右副都任，四十二年闲住	鲍道明，行之，歙县人，嘉靖戊戌进士，由应天府尹升右副都任，历升南户书，有传 赵钺，鼎卿，桐城人，嘉靖甲辰进士，由南太仆卿升右金都任，四十二年听调	巫继贤，宗臣，广德州人，进士	王一夔，章甫，右参政，安福人，嘉靖丁未进士 熊勉学，伯明，副使，汝宁人，进士 张汝述，右参议，洪雅人，进士 徐敦，右参议，太仓人，进士
四十一年壬戌				丘预达，左布政使，莆田人，进士 宋国华，崇乐，按察使，奉新人，进士 罗时霖，按察使 庄朝宾，左参政，惠安人，进士

纪年	总督	巡抚	巡按	藩臬二司
四十一年壬戌				沈桥，右参政，会稽人，进士，升湖广按察使 蔡用又，行甫，副使，海临人，进士 朱安期，左参议，福建人，进士 金世龙，右参议，长洲人，进士 王汝述，孰明，佥事，金华人，进士
四十二年癸亥		吴维岳，峻伯，孝丰人，嘉靖戊戌进士，由江西按察使升右佥都任，听调，有传	郝杰，蔚州人，进士	祁清，副使，山阴人，有传 刘曰材，汝诚，副使，南昌人，进士 郑述，世美，佥事，闽县人，进士
四十三年甲子		康朗，用晦，惠安人，嘉靖乙未进士，由抚治郧阳佥都升右佥都，未任，致仕 吴岳，汝乔，汶上人，嘉靖壬辰进士，以巡抚保定右佥都起用，未任，历官南吏、兵尚书。赠太子太保	邸光先，子孝，山西长治人，嘉靖己未进士，历官右佥都巡抚延绥	王汝述，右参议 徐霈，佥事，广信人，举人
四十四年乙丑		陈洪蒙，元卿，仁和人，嘉靖辛丑进士，由四川左布政升右副都任，请告	潘一桂，子高，遵化人	邬琏，宜莹，按察使，新昌人，进士 周俶，左参政，成都人，进士，历升应天府尹 陈应和，右参政，归安人，进士，历升河南右布政 赵文同，一重，副使，清安人①，进士 王鸣臣，汝文，左参议，泰和人，嘉靖甲辰进士，升本省副使 谢莆，左参议，代州人，进士 马出图，右参议，辽州人，进士

---

① 清安：万历志同，乾隆志作"靖安"。

纪年	总督	巡抚	巡按	藩臬二司
				赵孟豪，汝兴，金事，金州人，进士
四十五年丙寅				熊汝达，德明，按察使，进贤人，进士 包柽芳，子柳，副使，嘉兴人，进士 林烶章，继晖，副使，莆田人，进士 杨美益，左参议，鄞县人，进士 周以鲁，金事，安福人，举人
隆庆元年丁卯		杜拯，道济，丰城人，嘉靖戊戌进士，由陕西左布政升右副都任，调南，有传	王时举，晋卿，通州人	姜廷颐，左布政使，巴陵人，进士，升巡抚山东 卢岐嶷，希稷，按察使，长泰人，进士 黎澄，左参政，乐平人，进士 张任，右参政，嘉定人，进士 徐惟贤，师圣，副使，上虞人，进士 宋治，右参议，临淮人，进士 杨应东，子仁，金事，太和人，己未进士
二年戊辰		赵锦，余姚人，由光禄卿升右副都任，升大理卿，历官南吏书、左都，有传		王遵，左布政，南充人，进士 刘炌，元伯，按察使，海盐人，进士 秦淦，懋清，副使，慈溪人，进士 李凤，鸣岗，副使，番禺人，进士 曹司贤，左参议，武陵人，进士 周聚星，右参议，永康人，进士 周经，右参议，广平人，进士
三年己巳		王净，子效，永嘉人，嘉靖庚戌进士，由大理左少卿升右金都任，回籍	王湘，平度州人	江珍，左布政使，歙县人，进士 王鸣臣，左参政 罗一道，右参政，东莞人，进士

纪年	总督	巡抚	巡按	藩臬二司
三年己巳				周京，子依，副使，永平人，进士 程嗣功，叔懋，副使，歙县人，进士，历官应天府尹 樊仿，右参议，南昌人，进士 林澄源，仲清，右参议，莆田人，进士 金瓯，金事，六安人，进士
四年庚午		阮文中，用和，南昌人，嘉靖癸丑进士，由太仆少卿升右金都任，升右副都巡抚湖广，有传	蔡廷臣，江西德化人，乙丑进士，历升山西右布政	蔡文，左布政，龙溪人，进士，升巡抚贵州 郭斗，应宿，按察使，昆明人，进士，升浙江右布政 陆相儒，大衡，副使，嘉兴人，进士 杨祐，右参议，内江人，进士 沈闻，从善，金事，巴县人，举人
五年辛未			郑国仕，魏县人，戊辰进士，历官右副都，抚治郧阳	冯成能，子经，按察使，有传 程大宾，汝见，左参政，歙县人，进士 范懋和，右参政，富顺人，进士 李继芳，金事，晋江人，举人
六年壬申		蔡文，孚中，龙溪人，嘉靖丁未进士，由本省左布政升右副都任	朱光宇，河南祥符人	于锦，左布政使，济宁人，进士 吴椿，右参政，新建人，进士 林澄源，副使 滕伯轮，汝载，副使，瓯宁人，进士，历官右副都巡抚浙江 刘行素，副使，高阳人，有传 吴国伦，副使，兴国州人，有传 杨文明，左参议，南昌人，进士 许宗镒，左参议，晋江人，进士 许天奇，右参议，晋江人，进士 叶宪，右参议，南昌人，进士

纪年	总督	巡抚	巡按	藩臬二司
万历元年癸酉			杨允中，遵化人	刘侃，正言，按察使，京山人，进士，升布政 程大宾，按察使 方邦庆，以贤，副使，婺源人，进士
二年甲戌		罗瑶，国华，巴陵人，嘉靖庚戌进士，由四川左布政升右副都任，改巡抚四川		林舜道，左参政，闽县人，进士 张守中，叔原，副使，高邮人，进士 郑旻，世穆，副使，揭阳人 丘文学，右参议，博平人，进士 梁士楚，右参议，番禺人，举人 王恩民，仁溥，金事，临安人，戊辰进士
三年乙亥		严清，直甫，云南后卫籍，嘉兴人，嘉靖甲辰进士，隆庆二年，由四川右布政升右金都巡抚贵州，未任，改四川，起，改山西，仍改贵州，升大理卿，历升吏书，有传	孙济远，当涂人	李心学，左布政，临淮人，进士 林烶章，按察使 陈洙，右参政，长乐人，进士，历官南光禄卿 李与善，左参议，长清人，进士 李继芳，右参议。 周汝德，时敬，金事，丰城人，进士
四年丙子		何起鸣，应岐，内江人，嘉靖己未进士，由南光禄卿升右金都任，七年，升右副都巡抚山东，历官工书	秦时吉，修之，南郑人	林澄源，左参政，升四川右布政 王天爵，子修，副使，吴县人，进士 杨启元，副使，乐城人，有传 刘世赏，右参议，巴县人，进士，历官左布政
五年丁丑			雷嘉祥，和卿，井研人①，辛未进士，升湖广金事	顾言，左布政，仁和人，进士 刘炌，按察使，再任 吴一澜，左参政，南昌人，进士

---

① 井研：万历志作"井盐"。

纪年	总督	巡抚	巡按	藩臬二司
五年丁丑				凌琯，提学副使，有传 黄虆，副使，嘉兴人 彭富，中礼，副使，鹤庆人，壬戌进士 毕天能，右参议，九江人，举人 高任重，少仁，佥事，云南人，举人 黄镆，佥事，莆田人，进士
六年戊寅			张道，以中，湖口人	郭斗，左布政使，昆明人，进士 余一龙，汝化，副使，婺源人，进士 张尚大，右参议，万安人，己未进士
七年己卯		王缉，熙甫，汾州卫籍定远人，嘉靖己未进士，由太仆少卿升右佥都任，十年升右副都巡抚南赣	马呈图，道甫，内江人	李台，按察使，寿昌人，进士 史樾，左参政，会稽人，进士 杜诗，左参议，吴县人，举人
八年庚辰				钱藻，左布政，如皋人，进士，调湖广 刘经纬，道甫，按察使，进贤人，进士 李学一，万卿，副使，归善人，进士 段孟贤，汝笃，副使，湖口人，进士 赵莘，左参议，长垣人，进士 黄德洋，右参议，华亭人，进士 秦舜翰，右参议，晋江人，进士
九年辛巳				华启直，副使，无锡人，进士 胡宥，佥事，有传
十年壬午		刘庠，养吾，钟祥人①，嘉靖己未	傅顺孙，克胤，昆明人，举人	沈人种，左布政使，嘉定县人，进士，升巡抚福建

① 钟祥：万历志作"承天"。

纪年	总督	巡抚	巡按	藩臬二司
		进士，由应天府尹升右副都任，升南兵侍		郑秉厚，子载，副使，瑞昌人，辛未进士 冯时可，元敏，提学副使，华亭人，辛未进士 李荐佳，左参议，颖州人，进士，升本省副使 詹贞吉，右参议，巴县人，戊辰进士，历升湖广按察使
十一年癸未				郑旻，左布政史，有传 彭富，按察使，升四川右布政 周舜岳，左参政，安仁人，进士 陈祖尧，副使，莆田人，进士 洪邦光，副使，同安人，有传 吴尧弼，提学金事，鹤庆人，进士
十二年甲申		舒应龙，时见，全州人，嘉靖壬戌进士，由太仆卿升右副都任，历官工书	毛在，君明，太仓州人	赵睿，若思，右参议，泾县人，壬戌进士，历升四川左布政 应存卓，从之，左参议，仙居人，己未进士 金从洋，右参议，华亭人，有传
十三年乙酉				张明正，大中，左布政使，华亭人，进士 史诩，副使，永新人，壬戌进士 王任，副使，潼川人 苏愚，副使，如皋人 陈学博，左参议，孝感人，进士 王恩民，右参议，临安人，进士 张克家，右参议，宣城人，进士
十四年丙戌			赵楷，宪吾，犍为人，升兖州知府	范崙，按察使，丹徒人，乙丑进士 洪邦光，左参政 王文炳，副使，上海人，辛未进士 蔡应科，副使，龙溪人，进士

纪年	总督	巡抚	巡按	藩臬二司
十五年丁亥		萧彦，思学，泾县人，辛未进士，由太常少卿升右佥都任，改巡抚云南		朱孟震，秉器，左布政，新淦人，戊辰进士，升顺天府尹，巡抚山西 李日强，左参政，曲沃人，进士 杨寅秋，义叔，右参议，泰和人，甲戌进士①
十六年戊子		许子良，仁和人，戊辰进士，由大理右少卿升右佥都任	赵士登，应庐，泾县人，庚辰进士，升大理寺左寺丞	陈颐正，右参政，慈溪人，进士 郑人逵，左参议，闽县人，辛未进士 张文燿，右参议，沅陵人，进士 伍让，佥事，衡阳人，辛未进士 方端，佥事，固始人，进士
十七年己丑				冯孜，按察使，桐乡人，进士，历官左布政 刘朝躚，右参政，永新人，甲戌进士 叶明元，副使，同安人，进士 廖希元，伯才，副使，蓝山人，辛未进士 顾云程，右参议，常熟人，进士
十八年庚寅		叶梦熊，男兆，归善人，乙丑进士，由山东右布政升右佥都任，改巡抚陕西，历官南工书	陈效，忠甫，井研人，监军朝鲜，卒于师，赠□□□□□	范㟥②，左布政，历官南工侍郎 萧良干，以宁，副使，泾县人，辛未进士。历官布政使 陈性学，副使，诸暨人，丁丑进士，历官左布政 李蕴，副使，吉水人，举人 赵以康，副使，太和人，进士 史旌贤，右参议，洱海人，进士 李瑞，右参议，林县人，举人

---

① 甲戌：原误作"卑戌"。
② 万历志谓范㟥为丹徒人。

续表

纪年	总督	巡抚	巡按	藩臬二司
十九年辛卯		彭富，由四川左布政升右副都任，卒于官	张大谟，永年人	顾问，汝备，按察使，咸宁人，辛未进士 蔡贵易，右参政，同安人，戊辰进士 徐秉正，提学副使，南昌人，进士 钱拱辰，副使，乌程人，戊辰进士 王制，右参议，乌阳人①，举人
二十年壬辰		王体复，阳父，山西太平县人，隆庆戊辰进士，由顺天府尹升右副都任		甘一骥，德夫，按察使，南昌人，辛未进士 吴谦，左参政，泸州人，进士
二十一年癸巳		林乔相，廷翰，晋江人，嘉靖壬戌进士，由云南左布政升右副都任	张鹤鸣，汝诚，徐州人	王来贤，左布政，临安人，辛未进士 应存卓，按察使 王恩民，左参政 卢一麟，桢甫，副使，巴县人，辛未进士 易以巽，汝中，副使，安县人，进士 孙瑪，副使，汉阳人，进士 朱熙洽，副使，昆山人，进士 董櫕，左参议，鄞县人，进士
二十二年甲午	邢玠，益都人，辛未进士，播酋杨应龙乱，以兵部左侍郎兼副都总督川贵兵勘剿，寻勘，报还		薛继茂，懋敬，永昌人②，癸未进士	詹启东，副使，安溪人，甲戌进士 王轩，副使，直隶人，进士 莫睿，右参议，钱塘人，进士
二十三年乙未			杨宏科，融博，余姚人，丙戌进士	杨归儒，左布政使，洛阳人，戊辰进士，卒于官 李同芳，按察使，崑山人，进士

---

① 乌阳：万历志同，贵图本作"凤阳"。

② 永昌：万历志作"保山"。

纪年	总督	巡抚	巡按	藩臬二司
				郭廷良，副使，漳浦人，癸未进士 来经济，左参议，萧山人，戊辰进士 方万策，佥事，莆田人，进士 沈思充，佥事，桐乡人，进士
二十四年丙申		江东之，长信，歙县人，万历丁丑进士，由大理寺少卿升右佥都任		曹司勋，按察使，宜兴人，辛未进士，卒于官 张斗，副使，乌程人，进士 林乔楠，材达，副使，晋江人，进士 梁铨，佥事，仁和人，癸未进士
二十五年丁酉			应朝卿，行叔，临海籍，仙居人，己丑进士，存卓侄	苏浚，君禹，按察使，晋江人，丁丑进士，未任，告致仕
二十六年戊戌				梅国楼，左参议，麻城人，癸未进士
二十七年己亥	李化龙，长垣人，甲戌进士，播酋杨应龙叛，以右副都御史兼兵部右侍郎总督，播平，以忧去，万历三十二年十一月，以平播功升兵部尚书，加少保，荫一子锦衣卫指挥使，世袭	郭子章，相奎，泰和人，隆庆辛未进士，由福建左布政升右副都任，万历三十二年十一月，以平播功升都察院右都御史兼兵部右侍郎照旧巡抚，荫一子锦衣卫指挥佥事，世袭	宋兴祖，汝杰，汉州籍，中江人，癸未进士	应存卓，左布政使，请告，加太常卿致仕 易登瀛，君选，按察使，肃宁人，丁丑进士，升河南右布政 杨寅秋，按察使，征播监军，请告，卒，万历三十二年，以平播功赠太仆寺卿，荫一子入监 郭廷良，左参政 李仕亨，副使，铜梁人，举人，致仕 尤锡类，副使，长洲人，庚辰进士，升本省右参政 路云龙，副使，宜兴人，庚辰进士 洪澄源，副使，晋江人，丙戌进士 张存意，参议，岳州人，进士，征播监军，调河南 徐来仪，提学佥事，兴化县人，进士

续表

纪年	总督	巡抚	巡按	藩臬二司
二十八年庚子			宋兴祖，以征播再留巡按一年，以平播功升大理寺右少卿	陈与相，副使，海宁人，进士 袁应文，副使，东莞人，举人 王邦俊，章奄，参政，鄘州人，进士 张文奇，原正，左参议，长洲人，丁丑进士
二十九年辛丑	王象乾，新城人，隆庆辛未进士，参政重光孙，播平，以兵部左侍郎兼右金都御史总督经理善后			尤锡类，右参政 刘冠南，文光，副使，管平越军民府事，庐陵人，举人
三十年壬寅			毕三才，成叔，贵溪人，己丑进士，升太仆寺少卿	赵健，中甫，左布政，泾县人，丁丑进士，参政睿弟 洪澄源，右参政 韩光曙，明伯，副使，吴县人，癸未进士 胡琳，仲玉，提学金事，会稽人，己丑进士
三十一年癸卯				刘冠南，实授副使 马千官，元卿，副使，全州人，举人 袁应文，右参政，未任
三十二年甲辰			金忠士，元卿，宿松籍休宁人，壬辰进士	尤锡类，按察使 何子益，□□副使，南充人，举人
三十三年乙巳	是年冬十一月裁总督			何伟，汝器，左参政，涪州籍新喻人，癸未进士 王贻德，师禹，参政，全州人，乙丑进士 冉德升，下之，参议，东乡人，乙未进士 甘雨，子开，提学金事，永新人，丁丑进士
三十四年丙午			冯奕垣，弱璧，南海人，辛丑进士	尤锡类，孝征，右布政使，管按察司事 洪澄源，子定，按察使，管思仁道事 冉德升，副使

纪年	总督	巡抚	巡按	藩臬二司
三十五年丁未				文养浩，□□副使，耀州人，举人 顾起淹，□□金事，吴县籍昆山人，甲戌进士 倪壮猷，允元，金事，平湖人，举人

黔记卷二十九目录

守令表

黔记卷二十九

泰和郭子章相奎父著

汉州宋兴祖汝杰父正

贵溪毕三才成叔父校

守令表

蟨衣生曰：贵州守令，元以前未设也。明洪武初定黔，分隶云南、湖广、四川三布政司，设都司于贵州。永乐十一年，废思南、思州二宣慰司，建贵州等处承宣布政使司。十八年置提刑按察司，并治会城。初领思州、思南、镇远、石阡、铜仁、黎平、乌罗、新化八府及宣慰司，普安、永宁、安顺、镇宁四州，镇远、婺川、印江、施秉四县，后废乌罗、新化二府。成化十年置程番府。弘治六年置都匀府，以凌文献为知府。

上敕谕之曰

朕惟都匀，远在贵州东南。因无流官抚治，往往自相杀夺，不得安生。而又时出劫掠，为地方之害。近因贵州镇巡等官奏请，特敕大军征之。既已克平，各官奏如永乐年间事例，开设府治州县，铨除流官抚治之，以警其后。今从其请，设立都匀一府，而以新开独山、麻哈二州，清平一县，并旧设都匀、邦水、平州、平浪四长官司属其管辖。金举尔文献熟知民事，谙晓夷情，堪任知府。故特升尔往知府事，赐以玺书，盖重其任也。夫新府之设与旧郡不同，外夷之治与内地殊异。非徒赖汝抚安，而实资尔控制。尔须深体朕委任之意，稽考制度，创造衙门，宣布条章，立为一定规模，使后人有所遵守。凡府中一应该行之事，当备之物，合用之人，一一悉如内地。若力有不及，则度以待时；势有未可，则留以待后。顺其土俗之宜，施以安利之政。归附者安之使得其所，流移者招之使复其业。仍须时常戒勉所属土官头目人等①，谕以大义，开其善端。俾其遵守法度，谨守地界。办纳粮马，不致临用有缺；抚恤夷民，不许非法雪害②。如有多娶妾媵③，以庶夺嫡，争袭官职，及窝隐贼人，为盗分赃者，具奏问革，改设流官。凡系夷情，务要与都匀卫指挥协和议行。遇有漏殄残贼，或生苗窃发，即便起调官军土兵剿捕，以靖地方，不许执拗误事。其公差官员人等至府，但有违法生事，尔即具实奏闻。所属土流官吏军民人等，敢有倚恃刁泼，违法傲慢者，尔须严加禁革，轻则会官问拟如律，照例发落。重则奏闻区处。尔尤宜廉公仁恕，奉法循理，体朝廷一视同仁之心，以夷治夷，使之日染月化，而皆囿于华夏礼法之中，庶称委任。尔其钦承，毋怠毋忽。

八年，置麻哈、独山二州，清平、永从二县。隆庆二年，迁程番府治入会省附郭，改名贵阳。万历十四年，置定番州。十九年置新贵县。巡抚舒应龙、巡按毛在会疏。略曰：

> 隆庆元年，抚臣杜拯、按臣王时举有改程番府入省，将贵竹、平伐二司改为附省三县之奏④。即蒙先帝俞允，部议特赐改建，已有成命。至隆庆二年，抚臣赵锦、按臣王时举题请钦定贵阳府名，因虑郡邑一时并建，颇觉劳费，徐议建县之举。万历十一年，抚臣刘庠复有程番改州之请，并申明并县之议，已十余年，尚未举行。臣等覆加参酌，采之舆情，无有异议。相应题请伏乞将程番旧府改立一州，贵竹、平伐二司并改一县，俱隶贵阳府管辖。恭请圣明钦定新改州县之名，铸给州县。

上从之。

二十六年置铜仁县，巡抚江东之、巡按应朝卿会疏。略曰：

> 据布按二司议，设流改土，原为利国惠民，用夏变夷，亦当因时乘便。土官李永授充戍虽殒，其子李以谦袭恶不悛。铜仁士民得见天日，尤千载一时也。但土司改县，无罪则当论情，子孙犹袭佐贰。有罪则当论法，子孙遂为编

---

① 仍须：原本误作"仍虽"，据贵图本改。
② 雪害：原本作"虐害"，据贵图本改。
③ 媵：原本误作"胜"，据文意改。
④ 三：据上下文，当为"之"，误。

民。此贵之历历可考者。今以谦有罪，复酌于情法之中，与以土主簿，不许管事。则上为法外之仁，彼为逾涯之望矣。并将建县事宜开款申报。臣等会同酌议，改县之举，不特于国家治体在所当行，揆之地方民情，必不容已。圣天子在上，华夷一家，岂可使铜仁之民，不得均沾王化哉。

上从之。

二十七年播州叛。二十八年播平。子章会同巡按御史宋兴祖疏。略曰：

播州之地，东西相距二千余里，南北相距四百余里，虽云憨国，亦系乐土。今议改流，东西可设二府，每府可设二三县。播境原属四川，与贵州邻，二省界限，原自分明。至论建置大概，臣意自沙溪以至白泥，当以乌江为界。设一府于白田坝，而真州、婁山、松坎等处可为三县。黄平在元已为府矣，当设一府于黄平平越，而余庆、白泥二司可为一县，雍水、重安二司可为一县，此沙溪至白泥一带建置之大概也。自白泥渡江至婺川县，以三渡、板角、苦竹三关为界，其中汉夷田土错杂，惟湄潭可县，龙泉可县。龙泉土官安民志阵亡，其子尚幼，其印已失，其土地已为杨酋蹂躏，合无将龙泉改建一县，增筑城郭。而以安民志之子世为土县丞，以为死义者之劝。其祖职长官世为土主簿。此则思石一带建置之大较也。第播州之名，其来已久。播之为字，番之有才者也。以故应龙阻兵，崛强犷戾，竭四方之力，仅乃克之。夫南越破而闻喜建，吕嘉得而获嘉名，龙州平改为龙安，九丝夷更名建武。即播州纳土于宋，亦改名遵义。计庙堂当有定谟，而播之名似当更易。

疏入，下部覆请诏设平越军民府，以黄平州、余庆、湄潭、瓮安三县隶之。龙泉司改县，仍隶石阡。贵阳府加军民字。三十年，御史宋兴祖奏改安顺州为军民府。于是贵州得府十，州七，县十二，而守令始备。嗟乎，据图经，黔得郡十，北与滇齐，比蜀尚多其一。而核其粮，料其民，不足以当巴之一县。而不得不设守置令者，民淳俗夏，即数百里一县不为疏[①]，俗夷民苗，即数十里一县不为密。譬之头虱，发乱，栉不密，虱不落。不虱不乱，即数齿之栉，亦足理发。故为黔守令者，贫于他省，而艰难百之。当事者奈何概贤愚而闒茸之，不一念其贫瘠艰苦邪？

① 即：原本误作“郎”。

纪年	知府	同知	通判	推官	知州	知县
洪武间	者额，普定军民府，有传。 适恭，普安军民府。				张融， 陈应期， 以上永宁州。	
永乐间	崔彦俊，江西新建人，壬辰进士，有传。十一年首任。 王寅，山东人。 郭胜，山东人。 沈宗，钱塘人。 刘本，潮阳人。 郭琰，山东人。 以上思州府。 陈礼，字正言，泰和人，永乐壬辰进士。 傅贵贤，四川人。 王刚，宁波人。 张瑾，东昌人。 裘琰，临清人。 以上思南府。 李鉴，贵溪人，进士，十一年首任石阡府，有传。 田载，北平人①，人材，十一年任，有传。 周骥，陕西人。 以上铜仁府。 颜泽，江阴人，十一年任镇远府，有传。 司祥，历城人，十一年首任。 符济，邵武人。 吴璃，海阳人。 以上黎平府。	吴珏，济宁人，监生。 徐祯，徐州人，监生。俱石阡府，以后裁减。 许能，祥符人，监生，十二年任铜仁府，宣德八年裁减。 徐彰，重庆人，任镇远府，有传。	崔彧，莱州人，监生。 董延龄，绍兴人，监生。 张清，建水人，监生。 杨契，石屏人，监生。 张义，长寿人，监生。 徐义，顺德人，监生。俱石阡府，以后裁。 王爽，抚州人，监生，十二年任铜仁府。 黄鉴，新喻人，任镇远府。	田振，辰州卫人。 幸全，高安人。 唐贤，兰溪人，有传。 孙魁，密云人。 以上思州府。 张恒元，成都人，举人。 王泰，广西人，监生。 以上思南府。 朱振，镇江人。 米森，平阳人。 唐颎，泰和人，永乐辛丑进士。有传。 谢志高，武昌人，监生。 向谦，徽州人。 以上石阡府。 魏仪，鳌屋人，监生，十二年任铜仁府。 卢恩，淳安人，任镇远府。 李震，任黎平府。	邓伯成，普安州。	陈文质，成都人。 高友恭，内江人。 以上婺川县。
洪熙间	蒋庆，临江人，监生，元年任铜仁府。		檀凯，任思州府，有传。			
宣德间	贺让，衡阳人②，有传。 林英，苏州人。 以上思州府。		李镐，广东人，举人，元年任铜仁府。	屈绅，陕西人，任镇远府，以后系土推官。	叶泰，荆州人。 漆登，高安人。	

① 北平：原作"安庆"，据本书第四十卷田载传及嘉靖志、万历志改。

② 衡阳："阳"字原缺，据嘉靖志及万历志补，"衡阳"，本书卷四十作"衡山"。

纪年	知府	同知	通判	推官	知州	知县
宣德间	王恕，山东人，进士，六年任铜仁府。有传。张英，扬州人，以御史七年任镇远府，卒于官，有传。				唐金，晋宁人。以上永宁州。陶文静，万县人，宣德八年任，升云南府同知。张豫，华亭人，举人。简沛，吉水人，监生。袁宁，新化人，有传。以上普安州。	
正统间	王治，泸州人，六年任。李畅，昆明人。以上思南府。胡信，庐陵人，监生，十二年任石阡府。萧和鼎，吉水人，举人，二年任。洪钧，武陵人①，进士，八年任。孙顺，庆都人，监生，十二年任。以上铜仁府。刘善，泰安人，举人，元年任镇远府。黄恭，上海人，任黎平府，有传。	卓礼，任思南府，后裁。	袁隆，临江人，举人，三年任铜仁府，以后裁。何宜，道州人，五年任镇远府，以后裁。	马思忠，澂江人，监生，五年任铜仁府。	李谏，合州人，游大学，大理人。以上镇宁州。陈佐，江西人，永宁州。	张铎，当阳人，七年任。赵禧，澂江人。苏亨，绥宁人。戴铭，江西人。窦宽，咸宁人。以上永从县。王林，黄冈人，监生，十年任。罗绅，丰城人，监生，七年任。以上施秉县。
景泰间	何辙，四川人，三年任，有传。郝祥，河间人。以上思南府。周浩，巫山人，监生，五年任。			张定，龙溪人，监生，七年任石阡府。陈文斌，江夏人，监生，五年任铜仁府。		

① 武陵人：万历志和本书均作"武陵人"，嘉靖志作"武林人"，乾隆志、铜仁府志作"浙江人"，武林即杭州旧称。疑万历志因"武林"与"武陵"音近而误，本书沿袭错误。

续表

纪年	知府	同知	通判	推官	知州	知县
景泰间	吴俊，京山人，监生，五年任。 以上石阡府。 朱鉴，重庆人，进士，二年任铜仁府。 刘政，黄冈人，监生，元年任。 邓恭，通城人，监生，七年任。 以上镇远府。 萧守中，保昌人，举人，十六年任黎平府。			刘行政，华容人，景泰初任黎平府。		
天顺间	杨荣，青神人，进士，八年任石阡府，升参政，有传。 张隆，建水人，监生，三年任铜仁府，有传。 毛凤，夹江人，进士，四年任，卒于官，有传。 陈寔，武冈人①，监生，七年任。 以上镇远府。 齐礼，平凉人，初年任。 袁均哲，建昌人，举人，五年任。 杨纬，大理人，进士，七年任，有传。 以上黎平。			曹彦才，湖广人，监生，四年任石阡府。 周旋，抚州人，监生，三年任铜仁府。	万均，富顺人，举人，任普安州。	张景，云南人，五年任。 陈瑢，云南人。 屈彬，云南人，王冕，黄州人。 以上婺川县。 李珪，昆明人，三年任施秉县。
成化间	邓廷瓒，巴陵人，十年初设程番府，首任，历官都御史，有传。 汪藻，内江人。 以上程番府。 王常，马湖人，进士，元年任，有传。 周振，吴县人。 胡深，巴县人。 张介②，内江人，二十年任，有传。			柴俸，临安人，成化庚子举人，任思州府。 董思诚，河阳人，监生，元年任。 尹福，太兴人③，监生，十二年任。	吴德崇，丰城人，举人。 钱纮，山阴人，举人。 曹珙，祁阳人，举人。 以上普安州。	杨刚，莱州人。 谯震，成都人。 以上婺川县。 冯泰，遂宁人。 施铨，昆明人。

① 武冈：原本作"武岗"，据贵图本改。

② 张介：万历志作"张价"。

③ 太兴人：万历志作"大兴"，乾隆志作"泰兴"，贵图本改为"泰兴"。"太兴"应误，但"泰兴"则可能是由"太兴"之误而致，故仍旧。

纪年	知府	同知	通判	推官	知州	知县
成化间	赵浑，漳浦人。 施裕，太仓人。 熊守德，江宁人。 以上思州府。 王南，长寿人，有传。 王琳，扬州人。 邵珪，泰兴人。 康玠，字廷圭，泰和人，天顺甲申进士。 以上思南府。 廖俊，乐安人，进士，十一年任。 杨显嘉①，吉水人，进士，三年任，调铜仁府，有传。 余志，建宁人，进士，十五年任，有传。 刘珍，清苑人，举人，十七年任。 祁顺，东莞人②，进士，十九年任，有传。 以上石阡府。 杨显嘉，三年任，有传。 张宏，永清人，官生，九年任。 周铨，兴化人，进士，十年任，有传。 莫愚，余姚人，举人，二十年任。 尧卿，安岳人，进士，廿三年任，有传。 以上铜仁府。 王叙，临汾人，监生，七年任，有传。 胡靖，南城人，监生，九年任。 沈藏，华亭人，进士，十三年任。 沈熊，归安人，进士，十五年任，有传。			胡瑄③，巴陵人，监生，十四年任。 张荣，云南太和人，监生，二十年任。 以上石阡府。 何世昭，金溪人，监生，元年任。 祝潮，潜江人，监生，十一年任。 谭义，兴国人，监生，二十年任。 以上铜仁府。		罗文，枣阳人。 以上永从县。 寇敬，汉州人，监生，三年任。 杜美，沅陵人，监生，十一年任。 王仪，河西人，监生，十四年任。 魏纪，万县人，举人，十六年任，升知州。 张纲，忠州人，监生，十八年任。 刘宇，均州人，进士，以御史左遣，二十三年任。 以上施秉县。

---

① 杨显嘉：嘉靖志、万历志作"阳显嘉"。乾隆志与本书同。

② 东莞人："东莞"二字原缺，据本书本卷及卷四十补。

③ 胡瑄："瑄"原本作"喧"，据万历志及乾隆志改。

纪年	知府	同知	通判	推官	知州	知县
	徐虔，揭阳人，进士，十六年任，有传。 李嵩，汝安人，监生，二十年任，有传。 以上镇远府。 龚鼎，双流人，进士，初年任。 张璀，安邑人，进士，六年任。 张俊，安邑人，进士，十年任。 杜亨，太和人，进士，十二年任。 刘铨，邵阳人，进士，十六年任。 袁盛，枣阳人，二十三年任，有传。 以上黎平府。						
弘治间	李克恭，兖州人，五年任。 欧阳澡，江陵人。 朱璀，昌邑人。 以上程番府。 蔡哲，泰和人。 金爵，绵州人，进士，有传。 罗璞，吉水人，举人，十四年任，有传。 张汝舟，昆山人。 以上思南府。 祁顺，东莞人。 李克恭，滋阳人①，举人，三年任，五年调程番府。 汪藻，内江人，进士，三年任，有传。 周鉴，余姚人，进士，十年任。 丁昶，蒙化人，进士，十二年任，有传。 任仪，阆中人，进士，十四年任，有传。			严绩，乌程人。 钟起，枝江人。 唐琛，乐安人。 以上思州府。 徐鉴，金坛人，监生，十四年任。 陈常，汉州人，监生。 以上思南府。 赵琰，西充人，监生，九年任。 李松，铜梁人，举人，十六年任。 以上石阡府。 方浦，黄岩人，监生，元年任。	杨宪，阿迷人，举人。 黄琏，济阳人，进士，升杭州府同知。 胡杲，垫江人，监生。 梁贵，星子人，举人。 刘良佐，马平人，举人。 以上普安州。 从龙，安陆州人，八年任，有传。 杨英，太和人。 林凤升，广东人。 熊宠，江西人。 以上麻哈州。	刘镗，万安人，三年任。 张鹏，成都人，十年任。 蔡嵩，杭州人。 李守正，遂宁人。 莫震，杭州人。 以上婺川县。 杨顺，顺义人，举人，二年任。 蒋禄，上虞人，监生，十五年任。 杨显，进贤人，监生，十八年任。 以上施秉县。

---

① 滋阳：万历志作"资阳"。

纪年	知府	同知	通判	推官	知州	知县
弘治间	谢崇德，内江人，举人，十八年任。 以上石阡府。 金舜臣，襄陵人，进士，十二年任。 甘昭，丰城人，举人，十五年任。 刘瑜，宁海人，进士，十八年任。 以上铜仁府。 周瑛，莆田人，进士，元年任，升四川左参政，有传。 毛太，钧州人，进士。 林表，莆田人，进士。 毕大经，河南人，举人。 戴仁，大理人，举人，有传。 杨简，余姚人，进士。 以上镇远府。 张纲，滁州人，进士，有传。 张恺，无锡人，进士，有传。 以上黎平府。 凌文献，遂安人，七年任，有传。 杜礼，丰城人，有传。 黎澄，四川人。 黄英，临桂人。 刘铨，德州人。 张熹，嘉兴人。 李禾，云南人。 黄希英，莆田人。 王公大，闽县人。 张廷俊，鄞县人。 倪鹗，泾阳人。 牟泰，巴县人。 以上都匀府，碑志俱无年号，总系弘正之间。			驰九垓，仁寿人，成化癸卯举人，十年任，有传。 以上铜仁府。 王勉学， 李瑢， 以上黎平府。 舒维纲， 苗朝阳， 以上都匀府。	陈玘，蕲州人。 郭玺，潭源人。 以上独山州。	左贤，四川人，监生，十二年任镇远县。 刘让，天台人，举人，十四年任。 刘举，广东人。 刘昂，湖广人。 彭信，湖广人。 马价，四川人。 以上永从县。 龚焕，四川人。 王文通，山东人。 李时秀，直隶人。 周铸，昆山人。 张铎，当阳人。 赵禧，河阳人，有传。 苏亨，绥宁人。 戴铭，江西人。 以上清平县。 周文，山东人，曾赞，乐安人，举人。 刘灿，荆州人，监生。 黄琮，嵋峨人。 吴缙，吴县人。 黄金，番禺人。

续表

纪年	知府	同知	通判	推官	知州	知县
						以上印江县，碑志俱无年号，系之弘正间。
正德间	何屋，新城人，有传。 丁襄，莆田人。 祝浚，铅山人。 王聪，庆都人。 王念，迁安人。 以上程番府。 李概，丰城人，有传。 李时，永平人。 许翱，成都人。 高节，上元人，有传。 张柱，涪州人，有传。 以上思州府。 宁阅，汤阴人，举人。 江渊，歙县人，进士，由南户部郎升，未任。 刘奎，昌平人，举人。 陈亮，广德人，进士。 叶信，绍兴人，进士。 闾铠，平源人，举人。 李文敏，卫辉人，举人。 以上思南府。 施震，平湖人，进士，三年任。 严永灌，华容人，举人，八年任，卒于官。 蒋弼，新繁人，举人，十二年任。 何邦宪，云南太和人，十五年任。 以上石阡府。 徐绍先，黄陂人，进士，五年任，有传。 周汝端，长宁人，举人，六年任，有传。			王芝，庆符人。 赵宗贤，巴陵人。 龚申，绵州人。 以上思州府。 欧泾，沅陵人，监生，三年任。 夏汶，丹阳人，监生，十五年任。 以上思南府。 龚崇道，密云人，三年任。 焦弘，望江人，监生，八年任。 李辉，中江人，监生，十三年任。 以上石阡府。 余春，邵武人，监生，三年任。 陈辅，应城人，监生，十年任。 潘洋，桂林人，举人，十六年任。 以上铜仁府。 刘本，四川人①，四年任。	朱易，蕲州人，监生。 陈翔，湖广人，监生。 黄雄，乌程人，进士，有传。 以上普安州。 潘汇，浙江人。 严杰，江夏人。 杨东，四川人。 韦相，□□人②。 以上麻哈州。 雷汝佐，□□人③。 蔡福，直隶人。 以上独山州。	袁守正，遂宁人。 李颖，阿弥人。 傅洪，登州人，十三年任。 陈维藩，平阳人，以户部郎中左迁。 熊价，眉州人，有传。 王纬，平夷人，有传。 韩珣，广西人。 以上婺川县。 朱滚，富阳人，监生，三年任。 唐禄，扬州人，监生，八年任。 刘瑀，六合人，监生，十一年任。 方祥，贵溪人，监生，十四年任。 杨瑛，英德人④，监生，十六年任。 以上施秉县。

① 四川人：原缺"四川"二字，据贵图本补。
② 韦相：乾隆志亦作籍贯未详，嘉靖志未注明其籍贯，民国志作"云南人"。
③ 雷汝佐：乾隆志亦作籍贯未详，嘉靖志未注明其籍贯，民国志作"云南人"。
④ 英德：原作"阴德"，据贵图本改。

纪年	知府	同知	通判	推官	知州	知县
	方宸，新繁人，进士，十六年任。 以上铜仁府。 刘武臣，宜宾人，进士，二年任，有传。 童器，永嘉人，进士，七年任。 官伦，密云人，进士，十年任。 高公申，内江人，进士，十二年任。 以上镇远府。 余桂，绵州人，二年任，有传。 连纹，郑州人，举人，四年任。 许庆，武进人，进士，五年任。 吴远，歙县人，进士，九年任。 以上黎平府。			秦世济，浙江人，七年任。 徐馨，咸宁人，举人，十二年任，有传。 以上黎平府。		孙宁，九江人，监生，十四年任镇远县。 吴相，河南人，六年任。 周谧，浙江人，九年任。 吕钥，云南人，举人，十二年任。 以上永从县。 窦宽，咸宁人。 冯泰，遂宁人。 施铨，昆明人。 罗文，枣阳人。 刘让，天台人。 刘举，□□人①。 刘昂，湖广人②。 以上清平县。
嘉靖间	陈则清，闽县人。 赵咏，安丘人。 林春泽，侯官人。进士。 汪仲成，绩溪人，二十年任。 高宇，丰城人。 林廷衮，怀安人。 龙翔霄，武陵人，三十三年任③。		陆邦教，大冶人，任程番府。	王尊贤，阆中人。 张立，郧阳人。 李承恩，郧阳人。 张启参，五开人。 以上程番府。 陈文，武冈人。	段丝锦，浮梁人，任永宁州，有传。 沈天麒，山阳人，监生。 徐琦，常德人，举人，升武定府同知。	栾恕，山东人，有传。 刘敏之，山东人，二十四年任，有传。 宋文翰，宜宾人。 张信臣，涪州人。

① 刘举：乾隆志亦作籍贯未详，贵图本作湖广人。

② 湖广：原缺，据乾隆志及贵图本补。

③ 本书卷四十龙翔霄传作"二十二年任"。

纪年	知府	同知	通判	推官	知州	知县
	简书，清江人。 卢遽，缙云人。 以上程番府。 余敬，永康人，进士。 王敞，泰州人①。 张泌，罗山人。 刘祚，安福人，举人。 周文光，永康人。 吴拱辰，武昌人。 毛希原，太仓人，官生，有传。 明幼光，西安人②。 朱怀干，归安人，进士。 李允简，融县人，举人，嘉靖二十九年死于寇，有传。 王仪凤，章丘人。 张淑名，孟县人，举人。 符仕，宁陵人，举人，有传。 张继芬，茶陵人，官生。 以上思州府。 周举，郯城人，进士，一年任。 祝亨，江宁人，举人。 张镖，顺德人，举人，调云南广西府。 葛鹓，万全人，升按察司副使，有传。 伍佐，新化人，举人。 许词，灵宝人，官生。 洪价，歙县人，官生。 李铸，番禺人，进士，十七年任。 张烈，上元人，举人，十八年任。 陈煌，惠安人，举人，二十年任。			夏俸，和州人。 王泽，龙溪人。 李阙，青县人。 徐江，浙江人。 张武臣，涪州人。 以上思州府。 高俊，五开人，监生，六年任。 董翚，兰溪县孝子，监生，十年任。 王文，澧州人，监生，十五年任。 熊梅，南昌人，监生二十九年任，升温州府通判。 陈鹏，山东人，监生，三十一年任。 张六师，蒙化人，举人，三十三年任。 陈南星，莆田人，举人，三十六年任，升德庆知州。 陈典，垫江人，举人，四十一年任。 刘鹏，新繁人，监生，四十五年任。 以上思南府。	何思，道州人，举人。 升马湖府同知。 萧凤来，泰和人，举人。 升曲靖府同知。 张玺，横江人，举人。 江校，婺源人，举人。 徐世用，宿州人，举人，有传。 高廷愉，乐清人，官生。 升济南府同知。 黄眘，新会人，举人，升庆远府同知。 韩绍奕，龙川人，监生。 以上普安州。 王道，云南人。 雷世檀，云南人。 曹鹦，云南人。 廖东，崇阳人。 杜朝凤，三元人。 容学周，广西人。 刘寿祺，云南人。 林世清，广东人。	王崇义，金堂人。 杨廪，楚雄人。 毛凤，遵化人。 迟问仁，云南人。 以上婺川县。 范邦，英德人③。 颜阶，龙溪人，十年任，升楚雄府同知。 曾翱，京山人，监生，十一年任。 徐文伯，铜陵人，举人，二十六年任④。 包万殊，临安人，举人，二十一年任。 王佐，涪州人，监生，二十四年任。 萧以成，广元人，监生，三十八年任，升楚府审理。 邓一麟，应山人，监生，四十四年任。 以上印江县。

---

① 泰州：嘉靖志、万历志、乾隆志均作"扬州"。

② 明幼光，西安人：嘉靖志作"明幼充，西充人"，万历志及乾隆志作"明幼光，西充人"。不知孰是。

③ 英德：原本作"阴德"，据嘉靖志、万历志及乾隆志改。

④ 二十六年：《印江县志》亦作"二十六年"，贵图本作"十二年"。

纪年	知府	同知	通判	推官	知州	知县
	陆瑚，太仓人，举人，二十二年以御史任。 李光祚，高密人，二十三年任。 吴骎，宜兴人，官生，二十五年任。 李梦祥，监利人，进士，二十七年任。 杨煦，进贤人①，举人，二十九年任，有传。 李宷，全州人，举人，三十年任。 何璋，夷陵人，进士，三十二年任，调寻甸府。 刘廷仪，慈溪人，进士，三十四年以御史任。 奚世亮，黄州人，进士，三十五年任。 宛嘉祥，庐江人，举人，三十六年任，有传。 姚邦才，归安人，进士，四十一年任。 李充善，长治人，举人，四十二年任，有传。 以上思南府。 马龠，西充人，进士，四年任，升陕西行太仆寺少卿。 冯裕，临朐人，进士，七年任，升按察司副使。有传。 俞应辰，莆田人，进士，十一年任。 褚嵩②，华亭人，举人，十五年任。有传。			郑宗锦，浦江人，监生，元年任。 丘民望，贵溪人，监生，八年任。 李仁，蓬溪人，监生，十二年任。 金亭，义乌人，监生。 梁宝，永福人，监生。 邓本中，全州人，举人。 邓勖，瑞昌人，三十年任。 郑廷璋，琼山人，举人，三十三年任，有传。 岑慙，名山人，选贡，四十年任。 王朝用，曲靖人。 以上石阡府。 赵珊，慈溪人，举人，二年任。 陈文，武冈人，监生，四年任。 邹显名，澂江人，监生，十一年任。 贺绅，衡阳人，监生，十四年任。 劳周相，德化人，监生，十六年任，有传。	以上安顺州。 纪经纶，临安人，嘉靖甲午举人， 唐际会，赣州人。 骆惟俨，莆田人。 杨守仁，建水人。 刘寿祺，曲靖人。 以上镇宁州。 蒋信，云南人。 韦邦信，广西人。 李一中，广西人。 唐佐，四川人。 李阙，山东人。 吴山，广西人。 杨敏，大理人，举人，四十三年任。 以上麻哈州。 狄中，浙江人。 文诚，合州人。 李廷价，云南人。 叶松。 以上独山州。	向光大，应山人，监生，三年任。 陶诗，会稽人，监生，八年任。 王诰，宝庆人，监生，十五年任。 滕璧，真定人，监生，二十年任。 张大文，澧州人，监生，二十二年任。 沈科，大理人，举人，二十七年任。 张世荣，云庆人，三十一年任。 赵本，狄道人。 詹大同，大冶人。 以上施秉县。 刘芳，綦江人，监生，五年任。 高冲，建昌人，监生，九年任，行取工部主事。 莫负，桂林人，举人，十六年任。

① 进贤：万历志作"进县"。

② 褚嵩：原本作"褚松"，据本书卷四十《褚嵩传》及嘉靖志、万历志改。乾隆志亦作"褚松"。

纪年	知府	同知	通判	推官	知州	知县
	麦孟阳，高要人，举人，十八年任。 薛编，魏县人，举人，二十年任。 边瑀，沾化人，举人，二十一年任。 朱黼，安福人，举人，二十三年以御史任①，有传。 张邦瑞，商河人，举人，二十六年任。 郭文翰，三水人，举人，二十九年以御史任。 简书，新喻人，官生，三十三年任。 马写②，安邑人，举人，三十五年任。 萧立业，新喻人，选贡，三十六年任，有传。 王管，江宁人，官生，四十二年任，升辽东行太仆寺少卿，有传。 以上石阡府。 葛鸥，万全人，进士，七年任，有传。 宋锐，新城人，进士，十年任。 敖文瑞，吴县人，举人，十二年任。 魏文相，大理人，举人，十四年任。 桂伯谅，慈溪人，举人，二十年任。 李资坤，昆阳人，举人，二十二年任，有传。 李宪，南海人，二十四年任。 邹廷泽，公安人，官生，二十五年任。			顾文郁，昆山人，官生，二十年任。 王秉俭，西充人，选贡，二十二年任，升平□府通判。 王曰盛，武冈人。 谭经，安化人，三十一年任。 陈大昌，新昌人。 陈佩之，浏阳人，监生，四十二年任。 以上铜仁府。 欧阳干，庐陵人，三年任。 王有桧，安福人，四年任。 邝璨，宜章人，十四年任。 汪椿，南陵人，二十二年任。 冯天秩，故城人，二十八年任。 章极，永福人。 岑台，名山人。 王应璧，青川人③，四十二年任。 以上黎平府。 胡校，贵池人，举人，四十年任，加本府同知。		冯廷重，三原人，监生，十五年任，升叙州府通判。 姚文，高邮人，监生，十七年任。 叶松，大理人，举人，二十四年任，升独山知州。 廖邦清，北流人，监生，二十七年任。 以上镇远县。 王川，蓝田人，元年任。 何伟，武昌人，七年任。 李太和，象州人，八年任。 李霖，武昌人，十一年任。 刘缙，邛州人，十七年任。 莫庸，恭城人，二十二年任。 胡宗耀，乐至人，二十七年任。 郭一元，临汾人，三十五年任。

---

① 二十三年：原本作"一十二年"，据本书本卷的排列顺序，及本书第四十卷《朱黼传》改。

② 马写：万历志与本书同，乾隆志作"马鸟"。

③ 青川：万历志及乾隆志均作"青州"。

纪年	知府	同知	通判	推官	知州	知县
	吴江，丰城人，举人，三十二年任，三十八年升福建运使。 叶继美，闽县人，举人，三十九年任。 章接，兰溪人，官生，四十二年任。 孙序，锺祥人，官生，四十四年任。 以上铜仁府。 罗凤，泰和人，进士，以御史升，三年任，有传。 何邦宪，大理人，进士，五年任。 郭仕，泰和人，进士，升四川副使。 黄希英①，莆田人，进士，升长芦运使，有传。 廖梯，莆田人，进士，有传。 靳溏，通州人，举人，十三年任。 严凤，归安人，十□年任。 阴汝登，内江人，举人，以御史十□年任。 韩克济，定海人，举人，二十一年任。 任佐，稷山人，举人，升本省副使。 程㻏，南城人，举人，二十六年任，有传。 袁成能，闽县人，举人，三十五年任。 熊爌，南昌人，官生，四十二年任。 曾可耕，庐陵人，举人，四十五年任。 以上镇远府。 祝寿，历城人，进士，三年任，有传。			帅大魁，云梦人，岁贡，四十三年任。 以上都匀府。		宋侨，四川人，四十年任。 陶金，新野人，四十六年任。 以上永从县。 梅滨，星子人，岁贡，升寻甸府通判。 以上清平县。

---

① 黄希英：原本作"黄希瑛"，据本书卷四十《黄希英传》、嘉靖志、万历志改。

纪年	知府	同知	通判	推官	知州	知县
	朱昭，平阳人，进士，八年任。 王光济，商州人，十一年任，有传。 夏玉麟，常熟人，十六年任，有传。 孙继鲁，云南人，进士，十八年任，有传。 林益，莆田人，举人，二十一年任。 邓椿，建德人，举人，二十四年任。 王璧，蔚州人，二十七年任。 林汝永，莆田人，举人，三十一年任。 高瑞麟，南皮人，举人，三十四年任①。 张廷桂，浮梁人，举人，三十六年任。 陈大章，夔州人，三十九年任。 刘汝顺，清江人，举人，四十六年任，有传。 以上黎平府。 张淮，顺德人。 王尚用，安福人。 林鸣燧，揭阳人。 曾承恩，延平人。 陈钦，莆田人。 毛集，掖县人。 林敦复，莆田人。 冀国，卫辉人，三十八年任。 张士麟，内江人，官生，四十一年任。 薛绍，荆州人，举人，四十二年任。 以上都匀府。					
隆庆间	李濮，浚县人，举人，隆庆三年改贵阳府首任。 张子中，鄞县人，官生，二年任，有传。	高任重，昆明人，三年任，升按察司金事。	高守谦，临安卫籍人，二年任。	颜熙海，应山人，岁贡，三年任。	王廷佐，通海人，任安顺州。	吴元卿，汉阳人。 赵铉，太和人。

---

① 三十四年任：原本作"二十四年任"，据贵图本及本卷的排列次序改。

纪年	知府	同知	通判	推官	知州	知县
隆庆间	莫如德，融县人，举人，四年任，有传。以上思州府。何维，太康人，举人，元年任。田稔，高唐人，进士，五年任，有传。以上思南府。李充，余姚人，官生，三年任石阡府，有传。崔嘉，任丘人，举人，二年任。邓球，祁阳人，进士，五年任。孙黄，洛阳人，举人，六年任。以上铜仁府。杨守让，彭城人，官生，元年任，升长芦运使。薛绍，江陵人，举人，四年任，升山东运使。以上镇远府。黄景聘，□□人，任黎平府。沈志言，缙云人，进士，三年任都匀府。调琼州。		杨春秀，沔阳人，监生，五年任。以上贵阳府。	常正和，富顺人，举人，六年任，升弥勒知州。以上贵阳府。刘兰，芜湖人。喻尚中，会昌人。以上思州府。伍伙，松滋人，监生，五年任思南府。管东生，零陵人，举人，任石阡府。唐宗正，靖州人，举人，四年任铜仁府，有传。张凤鸣，临桂人，二年任。张一龙，乐平人，五年任。以上黎平府。	陈良器，新建人，任镇宁州。吴敦本，浮梁人，任永宁州。有传。李东华，丰城人，举人，元年任。胡桐，云南左卫人，举人，五年任。以上普安州。周希贵，安义人，举人，六年任麻哈州，升武定府同知。姚本，直隶人，任独山州。	钟伯节，曲靖人。以上镇远县。莫惟学，灵川人。潘龙，永昌人。以上施秉县。牛辉，大足人，元年任。杨春煦，赵州人，举人，五年任。以上永从县。刘凤岐，陕西人，岁贡。杨度，南充人，岁贡。陆逊，永昌人，升宁波府通判。以上清平县。
万历间	王任重，晋江人，进士，五年任。邓宗臣，南充人，举人，八年任。周一经，贵溪人，隆庆戊辰进士，九年任，升四川副使，历官右布政。周廷宾，从化人。赵经，南直隶人。谢文炳，龙溪人，进士，十七年任。	师道立，西安人，进士，六年任。万铣，临安人，举人，八年任。董学孔，蒙自人，十三年任。	赵有仁，建水人。高珍，南昌人，选贡，五年任。林宗教，永嘉人，七年任。吴道东，丹徒人。杨资元，蒙自人。	丘栋，应山人①，恩贡，五年任。高任，广东人，举人，七年任，升淮府审理。霍茇臣，南海人，举人，九年任，升荆州府同知。	张九功，保山人。杨春煦，云南人。朱昆，云南人。马伯瞻，秀水人。翟时雨，云南人。杨资元，蒙自人。陈三乐，福建人。	万铣，临安人，升麻哈知州。洪朝璋，阳海人，举人。郑向阳，昆明人②，十年任，升左州知州。侯师皋，江川人，十六年任，升普安州知州。

① 应山：原本作"映山"，据万历志及乾隆志改。
② 昆明：原本作"崐明"，据万历志及乾隆志改。

纪年	知府	同知	通判	推官	知州	知县
万历间	刘之龙，富顺人，进士，二十一年任，升副使。 张文奇，长洲人，进士，二十七年任，升本省参议。 刘冠南，庐陵人，举人，二十八年任，升本省副使，管平越府事。 吴来庭，无为州人，举人，三十年任。 以上贵阳府。 杨云鹍，云南太和人，举人，五年任。 蔡懋昭，上海人，举人，九年任。有传。 马汝承，蕲州人，官生。 郑天佐，福清人，举人。 祁汝东，江阴人，举人。 高自修，嘉定人，举人。 李仕亨，铜梁人，举人，二十年□任，升本省副使。 马千官，全州人，举人，二十八年任，升本省副使。 以上思州府。 蔡应申，直隶嘉定县人①，官生，二年任。 王琢玉，莘县人，进士，以御史六年任。 江埏，仁和人，官生，八年任。 帅机，临川人，隆庆戊辰进士。九年任，有传。	罗希贤，进贤人，举人，十五年任。 李翘，邛州人，选贡，十八年任。 马宗孟②，太和人，举人，二十年任。 鲁嘉衮，麻城人，举人，二十三年任。 徐庭绶，字公绾，上饶人，进士，二十二任。 张进，河南人，举人，三十一年任。 以上贵阳府。 杨可陶，嘉定人，举人，二十九年任。 以上平越府。 张羽鸿，平利人，选贡，二十八年任。 以上思南府。	程世采，南直隶人。 万夫望，公安人。 王之稷，常熟人，监生，十一年任。 庄祖高，成都人，举人，二十年任。 田于莘，忠州人③，举人，二十三年任。 张瑛，上饶人，举人，二十六年任。 刘凤仪，曲靖贡，二十七年任。 以上贵阳府。	萧如松，内江人，举人，十五年任，行取南道御史。 龙时跃，恭城人，举人，二十一年任，升普安州。 张应选，江陵人，举人，二十五年任，升独山州。 熊养初，黄冈籍，南昌人，举人，二十九年任。 杨可成，桂平人，举人，三十一年任。 以上贵阳府。 陈明德，乐平人，岁贡。 瞿学召，上海人，监生。 王制，云南人，举人，五年任，有传。 熊正显，富顺人，举人。 周至德，麻城人。 蔡应吾，平和人，举人。	张值中，陕西人。 黎可耕，广西人。 张应庆，内江人，举人，二十□年任。 卞尚衷，云南太和人，举人，二十九年任。 以上安顺州。 严守约，顺德人。 游逢，丰城人。 李先庚，邓州人。 董学孔，蒙自人。 赵瑜，临安人。 詹天伦，绵竹人。 刘上，莱阳人④。 李应麟，当阳人。 李珏，楚雄人，举人，二十八年任。 吴天祐，剑川人，举人，二十九年任。 以上镇宁州。 薛希周，四川人。 赵文祯，马平人。	张任教，什邡人，二十年任，升太平府通判。 颜子言，宣化人，二十六年任。 葛楚先，施州人，二十八年任。 以上婺川县。 雷学皋，临安人，举人。 赵铉，大理人，举人。 陈汝和，昆明人，举人，升独山知州。 莫与京，广西人，举人。 李华，黔阳人，举人，行取主事。 卿廷彦，广西人，举人。 徐震，大理人，举人。 张五典，仁寿人，监生。 郑继绪，广西人，举人，二十一年任。

① 直隶嘉定县：万历志作"淮安"。

② 马宗孟：原本作"马字孟"，据万历志及乾隆志改。

③ 忠州：原本作"忠洲"，据万历志及乾隆志改。

④ 莱阳：原作"来阳"，据万历志改。乾隆志镇宁知州中未列刘上。

纪年	知府	同知	通判	推官	知州	知县
万历间	李幼淑，应城人，举人，十三年任。 陆从平，华亭人，隆庆戊辰进士。十五年任，升两浙运使，有传。 蒋荐，字君受，庐陵人，万历癸未进士，未任。 赵恒，乐平人，举人，二十一年任，升山东运使。 阴镕，内江人，官生，二十七年任。 以上思南府。 吴维京，孝丰人，进士。 聂栋，永丰人①，官生。 郑一信，惠安人，进士。 袁亮，麻城人，举人。 林大经，莆田人，举人。				杨象乾，太和人。 邹子先，宜黄人，举人。 徐世隆，昆明人。 陶希皋，姚安人。 郭良楫，泉州人②。 蒋时檩，合州人③。 张问明，长子人。 陈圣佐，富顺人，举人。 以上永宁州。 施继述，云南前卫籍，无锡人，举人，二年任。	张镕，合州人，举人，二十四年任，升麻哈知州。 李应发，昆明人，举人，二十九年任。 以上印江县。 李子明，太和人。 张汝孝，绵州人。 邹瑞，临安人。 赵儒，赵州人。 袁尚纪，龙安人，由贡。升镇宁知州。 蒋贵，全州人，举人，二十九年任。
	陆郊，上海人，官生。 郭原宾，万安人，官生。 江至道，朝城人，官生，二十八年任。 以上石阡府。 张重，莆田人，举人，二年任。 曾可渔，庐陵人，举人，六年任。 林烋，博罗人，进士，九年任。			谭汝诚，兴业人。 吴天祐，赵州人，举人，升镇宁知州。 华三祝，兴国人，举人，二十九年任。 以上思州府。 邓嵩，永昌人，举人二年任。	苏兆印，南海人，举人，三年任。升临安府同知。 赖万璨，永安人，举人。 樊芝，永昌人，恩贡。 刘承范，监利人，恩贡，十五年任，升韶州府同知。	以上镇远县。 赵完珍，师宗人。 赵瑜，临安人。 张月，德兴人。 徐芳，大理人。 苏九河，晋宁人，举人。

---

① 永丰人：原作"言永丰人"，"言"字显衍，据万历志及乾隆志改。

② 泉州：二字原本缺，万历志亦缺，据乾隆志补。

③ 蒋时檩，合州人："檩"万历志与本书同，乾隆志作"云"。"合州"二字原缺，万历志亦缺，据乾隆志补。

续表

纪年	知府	同知	通判	推官	知州	知县
	方范，昆山人，进士，十一年任。 林大黼，莆田人，举人，十四年任。 郑应龄，莆田人，举人，十七年任。 赵道隆。无锡人，举人，二十一年任。 张锡，同安人，举人，二十四年任。 何大缙，临海人，官生，二十九年任。 以上铜仁府。 陶守训，平乐人，举人，二年任。 毛栋，吉水人，官生，三年任。 王一麟，汉阳人，举人，七年任。 刘叔龙，醴陵人，举人，十一年任。 忽鸣，蒲城人，举人，十四年任。 蒋桐，锦衣人，进士，未任。 郭衢阶，富顺人，进士，十六年任。 阮宗道，大同人，恩贡，十八年任。 杨懋魁，闽县人，举人，二十三年任。			王奇嗣，蓬州人，举人，五年任，升沾益知州。 屈群言，番禺人，举人，九年任。 竺彩凤，临安人，举人，十一年任，卒于官。	郑国仕，潮州人，举人，十八年任。 李仲文，太和人，举人，十九年任。 龙时跃，恭城人，举人，二十五年任，升雷州府同知。 侯师皋，上元人，举人，二十九年任，升平乐府同知。 以上普安州。 伍成大，全州人，举人，十四年任。	高如云，昆明人。 文嘉兆，南充人，举人，调镇远县。 赵铤，沔阳人，举人，二十九年任。 席大儒，咸宁人，选贡，三十二年任，卒于官。 以上施秉县。 黄禄，金堂人，三年任。 陈常，富顺人，举人，九年任。 石乔，湘潭人，十四年任。 孙梦熊，藤县人，举人，十六年任。
	张叔玺，铜梁人①，官生，二十七年任。 以上镇远府。 康一俊，莆田人，官生，三年任。 吴守言②，浮梁人，举人，五年任。			李先，蓬州人，举人，十三年任。 萧相，广西人，举人，十七年任。	范郴，南城人，恩贡，十六年任，升云南府同知。 漆柱，新昌人，贡，十九年任。 王应昌，嵊县人，举人，二十四年任。	包善，资县人。 龚一麐，营山人，二十七年任。 李宗周，盱眙人，恩生，二十八年任。 以上永从县。

① 铜梁：乾隆志作"番禺"。
② 吴守言：万历志与本书同，乾隆志作"吴守信"。

纪年	知府	同知	通判	推官	知州	知县
	李时，四川人，七年任。徐礜，贵溪人，官生，八年任。张翼先，云南太和人，举人，十一年任。王事圣，南康人，举人，十一年任。高岳，蒲州人，举人，十二年任。阎漳，蓬莱人，进士，十五年任。袁表，闽县人，举人，十八年任。高祚，峡江人，二十□年任。熊延相，丰城人，二十八年任。井济博，文安人，举人，二十九年任。以上黎平府。陆東，祥符人，进士，元年任。段孟贤，湖口人，进士，四年任，升本省副使。梁柟，南海人，举人，八年任。萧怡韶，荆州人，官生，十四年任。姜奇方，监利人，进士，十五年任，升长芦运使。			张邦教，腾越人，举人，二十年任。周文扬，浙江龙泉人，选贡，二十二年任。刘养中，蒙化籍，金溪人，举人，二十五年任。赵民说，鹤庆人，举人，二十九年任。以上思南府。武朝北，蓬溪人，举人。	曹学昌，全州人，举人，三十年任。以上定番州。万铣，临安人，举人，三年任，升贵阳府同知。陈汝和，昆明人，举人，九年任，升延平府同知。黄敏学，云南人，举人，十四年任。胥达，眉州人，举人，十五年任。胡友禄，陈乡人①，贡生，十六年任，升襄府长史。	王仿，武陵人，恩贡。李春先，犍为人，举。蒋守伦，全州人。杨明礼，太和人，举。魏自强，晋宁贡。刘启周，西充人，举，二十六年任。升长沙府同知。以上清平县。孙梦熊，藤县人，举。
	杨德全，晋宁人，举人，二十一年任。王珽，宜山人，举人，二十五年任，降德江府同知。鲍献书，歙县人，贡，二十八年任，卒于官。赵延，剑州人，官生，二十九年任。以上都匀府。			陶希高②，姚安人，举人。沈世卿，仁和人，举人。高情和，罗江人，选贡。易文龙，夷陵人，举人。唐世臣，南海人，举人。	曹启益，南海人，贡生，二十二年任。苏九河，晋宁人，举人，二十三年任。张镕，合州人，举人，二十九年任。以上麻哈州。	张羽鸿，平利人，贡，二十六年任，升思南府同知。龚一麐，营山人，贡，二十八年任。

① 陈乡：万历志与乾隆志均作"东乡"。

② 陶希高：万历志作"陶希皋"。

续表

纪年	知府	同知	通判	推官	知州	知县
						张大化，綦江人，贡，二十九年任。以上新贵县。
	刘冠南，庐陵人，举人，以副使管平越府事，二十九年任，三十一年升本省副使。			罗德星，安乡人，选贡。郑元龙，襄阳人，举人，二十八年任。以上石阡府。向玼，大宁人，选贡，三年任。周安淑，新淦人，选贡，六年任。沈森，杨林人，举人，八年任。金阶，武进人，选贡，十三年任。	林汝桂，广东人，举人，二年任，升武定府通判。雷学皋，云南人。吴誉闻，顺德人，举人，五年任，升思恩府同知。欧阳辉，荆门州人，举人，九年任，升长史。陈嘉言，江夏人，举人，十二年任。李巡，铜梁人。杜存，长宁人，恩贡，十七年任。林致礼，上思州人，举人，二十年任。徐庭绶，上饶人，进士，二十五年任，升贵阳府同知。	陈廷范，楚雄人，贡，二十八年任，升知州。吴三让，顺昌人，举人，二十九年任。以上铜仁县。袁尚纪，二十九年加镇宁知州管县事。以上余庆县。陈廷范，二十九年加永宁知州管县事。凌应奎，黎平人，贡，三十年任。以上瓮安县。黄家桂，江陵人，举人，三十年任。以上湄潭县。凌秋鹏，云南人，举人，三十年任。以上龙泉县。

纪年	知府	同知	通判	推官	知州	知县
				焦文炳，滦城人①。 柯鋐，建德人。 张祐清，内江人。 江腾鲸，建阳人。 袁旦，沔阳人，举人，二十七年任。 谭完，京山人，举人，二十九年任。 以上铜仁府。 马化龙，西安人，举人，二年任。 腾垍②，永昌人，举人，五年任。 周大贲，临桂人，举人，八年任。 祝惟敬，德兴人，十三年任。	谭文隆，南昌人，举人，二十八年任。 吴琰，临安卫人，举人，三十年任。 以上独山州。 曹进可，江津人，举人，三十年首任黄平州。	
				赵世芳，梓橦人，十七年任。 郭继曾，晋江人，二十六年任，升沅州知州。 丘献可，四川人，举人，二十七年任。 包邠，昆山人，举人，二十九年任。 以上黎平府。		

---

① 滦城人：万历志与本书同，乾隆志作"栾城人"。

② 腾垍：万历志与本书同，乾隆志作"滕垍"。

纪年	知府	同知	通判	推官	知州	知县
				唐俊，兰溪人，官生，元年任。 戴廷宪，辰州府人，举人，三年任。 杜克仁，浪穹人，举人，六年任。 刘起鹏，泰和人，举人，九年任，升安顺知州。		
				胡考崇，辰州人，举人，十一年任，升乌撒府同知。 郭讷，弋阳人，贡，十六年任，升审理。 唐元，崇宁人，贡，十九年任。 李珏，楚雄人，举人，二十五年任，升镇宁州。 杨应第，剑川州人，贡，二十七年任，升审理。 罗德星，安乡人，贡，三十年任。 以上都匀府。 徐雨，全椒人，贡，三十年首任平越府。		

黔记卷三十目录

黔记卷三十

泰和郭子章相奎父著
汉州宋兴祖汝杰父正
贵溪毕三才成叔父校

文武科第表

蠛衣生曰：予考贵州科第，永乐九年辛卯，云南始开科，时贵州未附也。宣德四年己酉，云贵始合试。是科共十一名，内贵州一人，普安州刘瑄。贵州乡举自瑄始。七年壬子，云贵共十五名，内云十人，贵五人。十年乙卯，共十五名，贵州五人。内赤水张谏己未进士，宣慰司秦颙壬戌进士，贵州进士自谏、颙始。正统六年辛酉，云增三名，贵增二名，共二十名。十二年丁卯，云增二名，贵增三名，共二十五名。景泰元年、四年，诏不拘额，多至五十五名。七年丙子，定额三十名，内云二十人，贵十人。成化四年戊子，增额十名，内云四人，贵六人，共四十名。十年甲午，增额五名，为云南增也。共四十五名。

弘治七年，巡抚邓廷瓒等题贵州开设科场，量增解额。部覆人材未盛，止令贵州量助云南供给，解额再增五名。上曰：举人名数，云南添二名，贵州添三名。明年乙卯，解额共五十名。十三年，巡抚钱钺等又题。部议恐省直一概比例奏请未便而止。正德五年增五名，内云三人，贵二人，共五十五名。九年，巡抚陈天祥，嘉靖元年、六年巡抚汤沐等题。俱不报。

九年，给事中思南田秋题称：贵州一省，远在西南，科场附云南，生儒赴试最苦。议者皆病于用绌，故不敢辄议开科。不知贵州虽附试云南，而举人坊牌之费，鹿鸣之宴，皆自办也。今所加者不过三场供给，试官聘礼耳。镇远、永宁等税，岁不下数百两，只此足用。历年抚按屡奏，其建置之地，区画之详，在彼必有定议。惟开设之后，二省各于旧额量增数名，以风励远人。部议：云贵合试已久，贵州赴试生儒，往返艰苦，势所不免。但另设科场，中间支费不赀，相应查勘。

按察使韩士英议，贵州屡恳开科。议者辄以旧治有碍，人材未盛，钱粮不足，事竟中寝。考两广旧设一科，及后另开，人才渐出。天地生财，国家养士，岂以云贵异视乎？则旧治未有碍也。贵士不下三千余人，每科乡试，五经皆全。上春官登膴仕者，先后弗绝。则人才未尝乏也。省城南隅，见有空司，堪为贡院。合用钱粮，动支无碍，亦尽足用。则钱粮未为诎也。开科便。

于是巡按御史王杏疏称：贵州古称荒服，国初附庸四川。洪武十七年开科。以云贵两广皆隶边方，将广西乡试附广东，取士一十七名。贵州乡试附云南，取士一十五名。永乐十三年，贵州增设布政司，以后衙门渐次全设，所属府卫州司，遍立学校，作养人才。今百五十年，文风十倍，礼义之化，骎骎与中原等。惟科场一事，仍附云南。应试中途，间有被贼触瘴，死于非命者，累世遂以读书为戒。倘蒙矜悯，得于该省开科，不惟出谷民黎获睹国家宾兴盛制，其于用夏变夷之意，未必无补。且广西原附广东，久已开科桂林。辽东旧附山东，近亦改附顺天。称前项事理委于文教有关，国体无碍。疏入，下部。

部议：贵州文教渐洽，人才日盛，科不乏人。近年被翰苑台谏之选者，往往文章气节，与中原江南才俊齐驱，相应建立贡院，开设乡试。其原定解额，云南三十二名，贵州二十一名。今二省人才，皆视昔倍盛，每省俱赐增三五名，尤足以昭一代文明之盛。嘉靖十四年八月，题上报可。云南乡试准取四十名，贵州二十五名。是科，乌撒浦仲良第一，贵州解元自仲良始。

二十五年，抚按王学益、萧端蒙复题广额疏略曰：

> 贵州自元以前虽曾服属，尚属羁縻。入我国朝，际蒙熙洽。建置军卫，播移中土。设立学校，慎择师儒。衣冠所濡，礼义渐同。科目人才，往往辈出。然以乡举附试云南，山川修阻，道路弥月，抱艺之士，每因贫苦难赴，或至含抑而老。圣明御极，化理茂弘，特允部议，许命开科。凡在寒微，皆知兴起。盖自丁酉迄今，历岁无几，而圣意所示，振奋顿殊。人文之盛，弗啻倍昔。若果解额未足以尽者。况湖广五边卫学，题准就试贵州，其中人才亦自不乏。前此中式，已有如钱嘉猷等矣。所据提学副使徐樾呈乞增额，伏望俯念边徼人才难成易弃，将贵州乡试解额酌量加增，以励诸士汇征之志。

上报可。以嘉靖二十五年丙午科为始①，增举人五名，连前共三十名。是年，清平孙应鳌第一，癸丑成进士，贵州解元进士自应鳌始。万历十九年辛卯，新添丘禾实第一，戊戌成进士，授翰林院检讨。贵州翰林自禾实始。

二十二年甲午，提学副使徐秉正，会同左布政使王来贤、参政王恩民、参议董樾、按察使应存卓、副使易以巽，请广制额。巡抚林乔相、巡按薛继茂会题疏略曰：

> 贵州古称遐荒，我朝籍入版图。罗甸回春，夜郎始旦。宣德四年设科取士，附于云南。嗣后人文渐兴，至嘉靖十六年与云南分科。嘉靖二十五年，为湖广偏桥等四卫生员就近赴贵州科举，始增五名，非为贵州。且每科常中六七人，又于中间防占名数。后节经巡抚严清、舒应龙，巡按秦时吉、毛在议疏请加，未奉俞允，人心郁然。况今附四川永宁宣抚司学矣，增贵阳府及定番州学矣。列圣械朴作人之化，皇上菁莪乐育之仁②。家藏孔壁，人握隋和。真有莫知其然而然者。分科之始，贵州生员，通省止一千余人。今至七千有余，加以川湖五学，本省二学，若犹仍旧贯，甚非所以广搜罗而鼓舞遐方之士也。况云贵人才本不相远，云南四十五名，贵州连外学三十名，多寡悬绝。学校渐增，解额仍旧。每至乡场，弃璞遗珠，落卷强半，主司长叹不忍释手。国家科贡取士，再无别途。皇上兴学右文，千载一遇。伏乞体太祖设科取士之意，累朝久道化成之功，酌云贵多寡之中，参今昔盈虚之数，增新科制举之额。以扬国家文治之盛，使臣等亦得附于以人事君之义。则文风丕振，夷方兴起，暗昧得耀于光明，疏逖免嗟于遗弃，地方幸甚。

万历二十二年具题，部覆上报可。准加五名，共三十五名。遂为定额。至于武科进士，自嘉靖戊戌刘文始，迄今几三十人。郁郁桓桓，允文允武，岂非贵山富水之灵，郁而后泄，久而益章乎？作《文武科第表》。

科目纪年	进士	乡举	武会
永乐辛卯云南乡试		刘宏，永宁卫志有，云南名第录无，英山知县。	
丁酉云南乡试		魏真，永宁卫，知县。	

---

① 二十五年：原本作"一十五年"，据万历志、乾隆志改。
② 仁：原作"神"，据贵图本改。

科目纪年	进士	乡举	武会
癸卯云南乡试		胡友谅，永宁宣抚司，陕西临兆卫知事，新志作知县。 永乐间贵州未开科，永宁卫属四川，附于云南，故系之云南乡试。	
宣德己酉，贵州始附云南乡试		刘瑄，普安州，青阳教谕。贵州举人自瑄始。	
壬子，云贵定额十五名，贵州五名。		周冕，思南府，黄州府教授。 王玺，普安州，泸溪训导。 勾添祥，思南府，通志作勾天禄，知府。 章善，普安州。 薛瑀，宣慰司，右府经历。	
乙卯		张谏，赤水卫，己未进士。 赵珂，普安州。 秦颙，前卫，壬戌进士。 王训，贵州卫，教授，有传。 彭程，宣慰司，教谕。	
正统戊午		邹庆，思南府，姚安知府。有传。 汪懋，宣慰司，教谕。 詹英，贵州卫，教谕，有传。 盛裕，普安州，苍梧知县。 申祐，婺川县，乙丑进士。	
己未会试	张谏，顺天府尹，有传。		
辛酉，是科云贵共二十名		谢玑，宣慰司。 景清，普定卫，宜章训导。 王敞，永宁卫，乙丑进士。 越淳，宣慰司，播州训导。 钱润，清平卫，思明府同知。 饶附，永宁卫，训导。	
壬戌会试	秦颙，参政，有传。		
甲子		胡升，宣慰司，同知。 茹皓，宣慰司，马龙州同知。 丘春，永宁卫，全州知州。 时顺，镇远府，长寿知县。 叶茂，宣慰司，吴桥知县。 陈昌，宣慰司，桃源知县。 金溥，都匀卫，蒲江教授。	

科目纪年	进士	乡举	武会
乙丑会试	申祐，御史，有传。 王敞，布政使，有传。		
丁卯，是科云贵共二十五名。		易贵，宣慰司，甲戌进士。 周询，宣慰司，简县教谕。 黄绂，平越卫，戊辰进士。 朱昺，宣慰司，蒲县训导。 钱昂，普安州。 谢富，永宁卫，通判。 邵昱，永宁卫，平乐知府。 袁伟，都匀卫。 蒋秀，毕节卫，思南府训导。 汪祚，普定卫，通安知州。	
戊辰会试	黄绂，都察院右都御史，前南京户部尚书，有传。		
景泰庚午，是科诏不拘额，云贵共三十六名。		赵侃，普定卫，甲申进士。 卫兰，平坝卫，衢州府通判，有传。 张清，普定卫。 周瑛，兴隆卫，甲戌进士。 吴琛，毕节卫，宜宾训导。 张仪，普安州，江安教谕。 邓源，普定卫，教授。 潘愈，普定卫，平江教谕。 张绅，思南府，教授。 王本，贵州卫，邓州知州。 钟震，贵州卫，丁丑进士。 张思明，贵州吏。 彭杲，永宁司，中四川乡试，丁丑进士。	
景泰癸酉，是科诏不拘额，云贵共五十五名。		俞玺，永宁卫，大理府通判。 张胤，宣慰司，训导。 金荣，平坝卫。 陈迪，赤水卫，丁丑进士。 杭佺，赤水卫，咸宁知县。 黎逊，宣慰司，丁丑进士。 胡山，毕节卫。 张举，宣慰司，武定府同知。 丁寿，永宁卫，教授。 王让，赤水卫，知县。 薛善，普定卫，合州学正。 沈庆，普定卫，训导。 何矼，镇远府，石屏知州。	

科目纪年	进士	乡举	武会
景泰癸酉，是科诏不拘额，云贵共五十五名。		王济，宣慰司，泌阳知县。 司马璋，普安州，广南通判。 王镛，毕节卫，曲靖府训导。 李芳，乌撒卫，绩溪知县。 安康，思南府，澂江知府，有传。	
甲戌会试	周瑛，布政使，有传。 易贵，辰州府知府，有传。		
景泰丙子，是科定额云南二十名，贵州十名。		汪琮，毕节卫，学正。 朱谦，赤水卫，甲申进士。 李仁，永宁司，教谕。 王宗敏，宣慰司，云南县训导。 陈义，赤水卫，茶陵知州。 王恕，赤水卫，知州。 姜胜，普安州，曲靖通判。 高景，普安州。 张宸，乌撒卫。 陈益，毕节卫，知县。	
丁丑会试	钟震，工部主事。 黎逊，长沙知府。 陈迪，御史，有传。 彭杲，字仕显，工部郎。		
天顺己卯		汪澜，宣慰司，嘉定知州，有传。 耿惠，乌撒卫。 倪钺，赤水卫。 茅铉，赤水卫，壬辰进士。 徐节，宣慰司，壬辰进士。 杨遵，平越卫，己丑进士。 何砡，镇远府，潜山知县。 阮宁，毕节卫。 杨琛，乌撒卫，彰德府教授。 许钟，普定卫，知县。	
壬午		陈翊，宣慰司，定远知县。 卢祯，安庄卫。 胡骥，宣慰司。 李珉，乌撒卫，壬辰进士。 张铨，永宁卫。 王璘，普安州，湖口教谕。 王纪，思南府。	

科目纪年	进士	乡举	武会
壬午		沈琮，赤水卫，归化知县。 杨淳，永宁司，应天府经历。 朱溥，永宁司，合江知县。甲申会试	赵侃，通政，有传。 朱谦，金事，有传。
成化乙酉		谢经，宣慰司，国子监助教。 陆纪，宣慰司，九江府训导。 孙昭，永宁司。 赵琦，乌撒卫，石屏州学正。 王麒，毕节卫，知县。 陈经，宣慰司，国子监助教。 张宏，安庄卫，辰州府训导。 徐谏，赤水卫，通海知县。 汪钟，祚子，知府，有传。 曹霖，宣慰司，蜀府伴读。	
戊子，是科定额为四十名，内云南增四名，贵州增六名。		刘清，普安州，楚雄知县。 薄淳，普安州，鹤庆推官。 党洪，赤水卫。 周谦，宣慰司，成都推官。 陆源，永宁司。 杨玉，普定卫，犍为县训导。 范冠，宣慰司，南博士。 冯濙，赤水卫，蒲江县训导。 沈璠，毕节卫，知州。 谢礼，永宁司，有传。 娄庆，普定卫，云南知府。 邹奭，思南府。 彭翊，毕节卫，内江县训导。 朱玉，兴隆卫。 朱佐，宣慰司，大理府训导。 罗璿，兴隆卫，眉州判官。	
己丑会试	杨遵，参议。		
辛卯		俞玑，宣慰司，壬辰进士。 蒋哲，宣慰司，垫江知县。 王麟，毕节卫。 萧济，安庄卫，河西知县。 吴文佐，赤水卫，温江知县。 娄纪，普定卫，利津县教谕。 吴纪，普定卫。 赵广，平越卫，知州。 胡洧，普定卫，珙县知县①。	

---

① 珙县：原本作"拱县"，据贵图本改。

科目纪年	进士	乡举	武会
辛卯		齐洪，宣慰司，夹江县训导。 牟宗海，普定卫，高县知县。 文达，赤水卫。 田显宗，思南府，彭山知县。 杨让，赤水卫，知县。 吴宣，普定卫，衡山知县。 穆胜，普安州，遥授判官。	
壬辰会试	茅铉。 徐节，都御史，有传。 俞玑，主事，有传。 李珉，御史，有传。		
甲午，是科云南增五名，定额四十五名。		程润，宣慰司，陈州判官。 汪汉，普定卫，石屏州学正。 杨铭，普安州，富顺知县。 赵伦，平坝卫。 范珍，安庄卫，禄丰知县。 龚谏，毕节卫，安宁学正。 曹隐，宣慰司，高县教谕。 谭珪，龙里卫，南县知县。 朱广，永宁司，北胜知州。 马经，赤水卫，肇庆府通判。 李蕃，永宁司，阿迷州学正。 朱绶，宣慰司，国子学正。 陈表，赤水卫，呈贡知县。 王钧，毕节卫，荣昌训导。 赵谷，普定卫，马龙知州。 林润，宣慰司，永安知州。	
丁酉		欧升，镇远府。 叶斓，赤水卫，庆符教谕。 朱璧，宣慰司，甲辰进士。 张骥，普定卫，资阳教谕。 王训，永宁司，知县。 翁谏，赤水卫，六合知县。 孙瀚，清平卫，桂林府同知。 王蕃，毕节卫，知县。 丘永，永宁司，长史。 陶金，永宁司。 周颂，宣慰司，富顺训导。 宫铨，普安州，开县知县。 王俨，普安州，南康府同知。	

科目纪年	进士	乡举	武会
丁酉		胡泰，普定卫①，河西知县。 陶辅，永宁司，重庆训导。 廖永恭，普安州。	
庚子		杨樊，宣慰司，太和知县。 杨时荣，平越卫籍，衡山人，有传。 汪汉，宣慰司，魏县知县。 徐纪，赤水卫，南城教谕。 汪霖，宣慰司，吴川知县。 石泉，思南府，弥勒知州。 熊玺，宣慰司，定边知县。 娄绣，普定卫，大足教谕。 张憶，赤水卫，黄州府通判。 李云，平越卫。 郭珠，按察司吏，丁未进士。 娄睿，庆子，运同。 路玺，赤水卫，理问。 萧镤，宣慰司，马龙知州。 孙贤，清平卫，长寿训导。 路义，宣慰司，南溪知县，有传。	
癸卯		陈赞，乌撒卫，汉阳府通判。 钟祥，都匀府，姚安知州。 许贤，普定卫，建昌知县。 章钺，宣慰司，沔阳州学正。 文冕，永宁司，建水知州。 平钢，宣慰司，徐闻知县。 冯俊，普定卫，荆府长史。 吴溥，思南府。 金坚，普定卫，安陆知县。 殷隽，普安州，成都府教授。 江海，普定卫，茶陵州学正。 罗玉，宣慰司，剑州学正。 骆宽，永宁司，新津知县。 王韶，宣慰司，市舶提举。 刘恺，赤水卫，布政司都事。 陈玑，宣慰司，垫江知县。 熊祥，镇远府人，以都司知印中顺天乡试，丁未进士。	
甲辰会试	朱璧，都察院经历。		

① 普定卫：嘉靖志、万历志与本书同，乾隆志作"普安卫"。

科目纪年	进士	乡举	武会
丙午		文轵，赤水卫，宜都教谕。 周相，贵州卫。 孟震，宣慰司，大理教授，有传。 袁清，宣慰司，绵州学正。 胡裕，安庄卫，犍为知县，有传。 司马学，普安州，文安知县。 唐必聪，石阡府，知州，有传。 赵俸，赤水卫，教谕。 谢琇，普定卫，贵溪知县。 杨敞，宣慰司，平乐府训导。 黄彬，平越卫，户部司务。 陈辅，宣慰司，安宁州学正。 薛鉴，普定卫，庆远府推官。 周邦，思南府，广西府通判。 朱绘，普安州，有传。 丁相，按察司吏。 傅汝舟，思州府，中湖广乡试，参政。	
丁未会试	熊祥，广西佥事。 郭珠，佥事。		
弘治乙酉		周希默，兴隆卫，建德知县。 何天衢，镇远府，昆明知县。 何驯，镇远府，青神知县。 王勉，宣慰司，新都训导。 张清，平坝卫。 刘琳，普安州，龙阳知县。 夏祚，普定卫，江夏知县。 陶心，永宁司，参议，有传。 尤善，宣慰司，仪陇知县。 徐锶，龙里卫，夔州府同知。 韩钰，普定卫，湖州府推官，有传。 郑华，宣慰司，金堂训导。 韦瑛，赤水卫，孝感教谕。 周鸾，宣慰司，蒙自知县。 蔡琳，永宁司，知州。 李铣，乌撒卫。	
壬子		汪度，宣慰司。 张宇，宣慰司。 易絃，宣慰司，峨眉教谕。 张本，宣慰司，临淮训导。 张渼，清平卫，中江知县。 陈聪，普定卫，万县知县。	

科目纪年	进士	乡举	武会
壬子		田谷，思南府志作成化丙午，志误，通判，有传。 吴夔，宣慰司。 范章，永宁司。 薛兰，普定卫，赵州学正。 王用贤，普安州。 薛潮①，普定卫，泰安知州，有传。 马和，宣慰司，知县。 杨琮，宣慰司，石屏训导。 易辉，乌撒卫，太常少卿，有传。 周昺，永宁司，甲戌进士。	
乙卯，是科云南增二名，贵州增三名，定额五十名。		袁檠，栗兄。 汪大章，普定卫，己未进士。 詹恩，英孙，己未进士。 李绥，清平卫，云南府教授。 李淮，安顺州，崇府长史，有传。 胡淮，普定卫，嶍峨知县。 程度，宣慰司。 叶夔，赤水卫，提举。 李升，宣慰司，建水知州。 范蕭，乌撒卫，清平卫训导。 郑銮，宣慰司，保定府通判。 袁栗，檠弟，宣慰司。 李斐，兴隆卫。 吴钺，安庄卫，训导。 张瓒，普安州。 丁世用，永宁司，平江知县。 张翀②，乌撒卫志作张翱，纪善。 章锦，宣慰司，湘潭训导。 张仁，永宁司，剑州学正。 侯位，思州府，中湖广乡试，辛未进士。	
戊午		杨世麟，永宁司。 蒋相，宣慰司。 郭伦，普定卫，合州学正。 蔡让，程番府，南康府通判。 孔完，清平卫，大邑知县。 金伦，普定卫，教授。 丁时，安庄卫，新繁知县。	

① 薛潮：原本作"薛湖"，据本书卷三十一、卷四十七及万历志改。
② 张翀：万历志、乾隆志与本书同，嘉靖志作"张翱"。

科目纪年	进士	乡举	武会
戊午		杨载春，镇远府，有传。 潘时，普定卫，知府，有传。 张荣显，永宁司，璧山知县。 马钺，普安州。 黄甲，宣慰司，丹陵知县。 汪茂，普安州，道州训导。 王寅，永宁司，筠连知县。 袁祥，普定卫，学正。 李夔，宣慰司，新兴知州。 杨槩，宣慰司，新宁知县，有传。 康俸，普定卫，来阳训导①。 周本昂，永宁司，夔州府训导。	
己未会试	汪大章，参议，有传。 詹恩，大理寺寺副。		
辛酉		周希谦，兴隆卫，辰州府教谕。 方明，安庄卫。 沈冕，赤水卫，纪善。 安孝忠，思南府，宁国府通判，有传。 管寿，乌撒卫，犍为知县。 胡绣，普定卫，临水知县。 王用臣，普安州，彭山知县。 朱全，宣慰司，应城教谕。 汪大量，普定卫，长寿知县。 周凤鸣，宣慰司，开县知县。 潘志高，普定卫，义宁知县。 陶泉，永宁司，峄县知县。 张效，乌撒卫，中江知县。 李相，宣慰司，沅江府教授。 吴鲸，新添卫，嘉鱼知县。 樊珍，永宁司。 吴皋，夔子，峨眉教谕。 罗伦，普定卫，晋宁州学正。 朱瑛，乌撒卫，昭化教谕。	
甲子		姚震，乌撒卫，宁羌知州。 徐珪，赤水卫，知县。 赵以敬，普安州，南刑部郎中。 黄敏，兴隆卫，志遗。 吴鲲，新添卫。	

---

① 来阳：嘉靖志与本书同，贵图本据民国志改为"耒阳"。

续表

科目纪年	进士	乡举	武会
甲子		陈谟，永宁司，同知①。 刘昆，宣慰司，南阳府教授。 谈济，安庄卫，乐至教谕。 越英，宣慰司，泸州知州，有传。 钟声，宣慰司，古田教谕。 汪润，普定卫，广州府推官。 范盛，普安州。 孙厚，清平卫。 章录，程番府，江津训导。 王宥，永宁司，巴县教谕。 龚锐，思南府，通判②。 孙立，清平卫，楚府长史。 洪恩，永宁司，保县知县。 周经，平越卫，纳溪知县。	
正德丁卯		张嵩，宣慰司，临安府推官。 莫清，清平县，彭县知县。 党贤，宣慰司。 洪毅，普安州。 范府，冠子，重庆同知，有传。 聂文，平越卫，资阳知县，志遗。 李藻，平越卫③，江油教谕。死于贼，有传。 冯睿，普定卫，滨州学正。 杨徽，毕节卫，寻甸教授。 王天爵，普安州，曲靖推官。 叶庭，平越卫，知县。 陆怀，乌撒卫，余姚训导④。 余翔，宣慰司，华阳教谕。 唐彝，普安州，永宁府同知。 张浚，安南卫，福州府推官，有传。 罗廷俊，永宁司，南部知县。 周良佐，普定卫，醴陵知县。 桑格，永宁司，荣府伴读，志遗。 蔡仁，永宁司，安岳知县。	

① "陈谟"条：嘉靖志列入赤水卫举人中，作"陈谟，任云南永宁府同知"。万历志列于永宁卫中。
② "龚锐"条：嘉靖志列入思州府，作"任四川成都府通判"。万历志亦列入思州府。
③ 平越卫：嘉靖志、万历志作毕节卫，乾隆志与本书同。
④ 余姚：原误作"余桃"，据嘉靖志改。

科目纪年	进士	乡举	武会
庚午，是科云南增三名，贵州增二名，定额五十五名。		张宥，永宁司，襄阳知县。 王心，永宁司，宁县知县。 周冕，都匀府，岳阳知县。 侯山，普定卫，大足教谕。 孙重，清平卫，绵竹知县，有传。 田秋，思南府，甲戌进士。 马运，毕节卫，沅江教授。 熊宗吕，镇远府，江津知县。 沈尚经，普安州，有传，刑部员外郎。 赵远，永宁司，桂林同知，有传。 熊敦，永宁司，昆明知州。 程辂，普定卫，乌撒府同知。 缪良玉，乌撒卫，营山知县。 吴孟旸，思南府，铜梁知县。 越榛，宣慰司，定远知县。 周鼎，赤水卫，通判。 徐世毕，乌撒卫，志作世华，永昌同知。 李辅，宣慰司，嘉定知州，有传。 卢洲，宣慰司，南江知县。 周贤，清平卫，筠连知县。 王爵，平越卫，和州学正。	
辛未会试	侯位，副都御史，有传。		
癸酉		叶梧，宣慰司，镇安知州。 王木，清平卫，云南佥事，有传。 路宏，乌撒卫，石泉知县。 汪大宜，普定卫，蒙自知县。 殷辙，普安州，长宁知县。 薛洲，普定卫，闽县知县。 周竿，兴隆卫，武昌通判。 周昆，永宁司，楚雄同知。 俞通，宣慰司，井研教谕。 陈章，威清卫，巴县知县①。 侯问，清平卫，行太仆少卿，有传。 林学，程番府，蒙化卫训导。 蒋良，清平卫，吉府长史。 屠鳌，都匀府。 张荣爵，永宁司，宜城知县。 任相，思南府，南溪知县。 吴曾，赤水卫，知府。	

① 巴县：原本作"白县"，据嘉靖志改。

续表

科目纪年	进士	乡举	武会
癸酉		邹木，宣慰司，教谕。 孙枝，普定卫，知县。 董嘉谟，普安卫，荣昌知县。 冯恩，普定卫，浪穹知县。	
甲戌会试	周昺，马湖知府。 田秋，广东布政，有传。		
丙子		汤哗，宣慰司，辛巳进士。 汪大有，普定卫，金华知县，有传。 陈文学，宣慰司，耀州知州。 汪汝含，普定卫，昆明知县。 谷瑞，永宁司，遂宁知县。 周间，永宁司，弥勒知州。 张学，宣慰司，亦佐知县。 王瑞，永宁司，云阳知县。 霍文，宣慰司，大邑知县。 潘瑞，普定卫，云南参议，有传。 孙仝，清平卫，绍兴同知。 李彬，相弟，济宁知州。 房坚，都匀府，国子监学正。 洪廷瑞，普定卫，金堂知县。 罗弼，宣慰司，青远知县。 武志高，安南卫。 杨凤，宣慰司，教谕。 丁相，永宁司，彰德同知。 方恩，普定卫，北胜知州。 邵华谱，普安州，重庆府同知，有传。 徐敷政，新添卫，成都推官，有传。	
己卯		丁楫，永宁司，剑州知州。 周笈，兴隆卫，太和知县。 王惟孝，宣慰司，御史。 张廷凤，普定卫，庆阳府教授。 汪庆，度弟，并研知县。 潘溁，普安州，知县。 杨寿，清平卫，招远知县。 李端，宣慰司，苍溪知县。 马实，和子。 陈儒，永宁卫，浪穹知县。 汤训，宣慰司，乌蒙府同知。 徐相，平越卫，昆明知县。 王节，宣慰司，周府伴读。 向廷信，新添卫。	

科目纪年	进士	乡举	武会
己卯		李季，永宁司。 冯灿，清平卫，临水知县。 张厚，本子，乐至知县。 沈继芳，宣慰司，云南知县。 钟程，程番府，御史。 梅月，普定卫，丙戌进士。 杨鹤龄，永宁司，资县知县。	
辛巳会试	汤哗，巩昌知府，有传。		
嘉靖壬午		何清，普安州，昆阳知州。 茹宁，皓孙，蒲江知县。 杨振文，宣慰司，汉州同知，蜀志作达州守，有传。 顾坚，宣慰司，山西参议，有传。 胡宝，安庄卫，梧州府同知。 李良辅，普定卫，大理府通判。 蒋廷璧，普安州，元江通判，有传。 文袍，永宁司。 陈寊，赤水卫，伴读。 陈佐，定番州，太平府推官。 黄润，宣慰司。 景鸾，普定卫，太和知县。 唐尧臣，清平卫，安岳知县。 李廷嘉，思南府，夔州府通判。 李尧佐，都匀府，洪雅知县。 陈汶，清平卫，靖安县训导，志作知县。 洪廷玉，普定卫，澄城知县。 熊旗，安庄卫，光山知县。 王遵，平越卫，保县知县。 茹夔，宁兄，教谕。 欧纂，赤水卫，知县。	
乙酉		佘柜，宣慰司，河西知县。 刘恒，宣慰司，丽江府同知，有传。 李大经，安庄卫，滨州知州。 郑尚经，清平卫，荣府长史。 俞崇举，宣慰司。 王桥，清平卫，华阳教谕。 韦时雍，赤水卫，训导。 屠显达，都匀府，溆浦县训导。 郑重，铜仁府。 姚大濩，乌撒卫，知县。 卢湘，宣慰司，应城知县。	

科目纪年	进士	乡举	武会
乙酉		薛大樑，潮子，石屏知州。 王兰，铜仁府，北胜知州。 吴鸿儒，普安州，乌撒同知。 高登，威清卫，临安府同知。 俞崇魁，宣慰司，纪善。 陆嵩，永宁卫。 张以恭，永宁司。 郑芹，思南府。 陶璞，永宁司，大足知县。 熊应徽，永宁司，合江县教谕。 李芹，思州府，中湖广乡试，学录。	
丙戌会试	梅月，云南府知府。		
戊子		丁文绣，乌撒卫。 刘翀，宣慰司，教谕。 晏应魁，思南府。 张勷，乌撒卫，蒲江知县。 胡科，普定卫，新都知县。 饶俦，铜仁府，纳溪知县。 陈汉章，普安州。 李䕫，清平卫，员外。 胡然，宣慰司，威远知县。 赵瑜，宣慰司，宜宾知县。 李旸，宣慰司，湘乡知县。 汪槐，普安州，富民知县。 韩立，宣慰司，陆胜知州。 刘凤，清平卫，长宁知县。 刘天宠，宣慰司，黄陂知县。 徐玑，都匀府，白盐井提举。 周鲁，宣慰司，知府。 朱官，安庄卫，楚雄府同知。 舒魁，思州府，大理府通判。 潘大武，普安州，府同知，有传。 戴廷诏，铜仁府。	
辛卯		孙衣，清平卫，云南府同知。 冯璿，永宁司。 叶履谦，梧子，延安府同知。 杨文焕，襘子，营山知县。 梁森，安南卫，遂宁知州。 赵鸣凤，晋定卫，达州知州。 王惟忠，惟孝兄，知县。 司马杰，普安州。	

科目纪年	进士	乡举	武会
辛卯		杨世雍，平越卫，仁寿知县。 周钌，宣慰司，建水知州。 缪文龙，良玉子，戊戌进士。 梅复初，宣慰司，黄梅知县。 石磐，安南卫，新城知县。 王朴，清平卫，丰都知县。 段以金，程番府，知县。 许奇，宣慰司，顺庆府同知，有传。 蔡邦佐，琳子。 赵维垣，永宁司，壬辰进士。有传。 刘绥，宣慰司，永川知县。 腾鹗①，永宁司。 华山，都匀府。	
壬辰会试	赵维垣，左布政使，有传。		
甲午		谢宠，永宁司，知县。 田时中，思南府。 陈学，威清卫，渭源知县。 罗襫，廷俊子，永宁司，大理寺司务。 张文渊，宣慰司，汉州知州。 马文明②，普定卫，思明府同知。 李佐，清平卫，姚安知州。 胡嵩，安庄卫，新兴知州。 李渭，思南府，参政，有传。 邓璋，清平卫，蒲江教谕。 石宝，永宁司，太和知县。 张朝元，永宁司。 田时雍，思南府。 薛大栋，普定卫，岳州府通判。 王钺，宣慰司，蓬溪教谕。 马应麒，普定卫。 敖宗庆，思南府，戊戌进士。 黄爵，安庄卫，永昌府推官。 白桂，宣慰司，城固知县。 陶登，永宁司，汜水知县。 全文，都匀府，韩城知县。	

① 腾鹗：嘉靖志列入赤水卫中，作"滕鹗"；万历志列入永宁卫，作"滕鹗，官至知县"。乾隆志作"腾鹗，永宁人"。

② 马文明：嘉靖志、万历志作"冯文明"。乾隆志与本书同。

续表

科目纪年	进士	乡举	武会
丁酉，是科云贵始分试，贵州定额二十五名		浦仲良，乌撒卫，临安府通判。 莫侔，清平卫，大庾知县。 陈嘉兆，思南府，长史。 刘时举，铜仁府，副使，有传。 王炯，清平卫，戊戌进士。 李良弼，普定卫，知县。 陈嘉略，安庄卫，睢宁知县，有传。 黎宇，逊孙，邻水知县。 姚大英，乌撒卫，知州，有传。 闻贤，永宁卫，辛丑进士。 狄应期，兴隆卫，嵩明知州。 王佩，宣慰司，简州知州。 胡志学，永宁卫，垫江知县。 刘志美，普定卫，南昌府通判。 蒋宗鲁，廷璧子，戊戌进士。 桑育贤，永宁卫，巫山知县，有传。 潘维岳，宣慰司，沾益知州。 胡资，安庄卫，江川知县。 雷鸣阳，永宁卫。 姜潮，思州府训导，云南人，清水知县。 项文纪，普定卫，郫县知县①。 张友仁，宣慰司，松滋知县。 张鹤年，普安州，台州府同知。 潘静深，溱子，治中，前翰林院待诏。 陆天衢，都匀府，唐府审理正。	
戊戌会试	缪文龙，御史，参政，有传。 敖宗庆，右副都御史，有传。 王炯，兴化府同知。 蒋宗鲁，右金都御史，有传。		刘文，贵州卫百户，武进士始此。
庚子		田时龙，秋子。 陈珊，铜仁府。癸丑进士。 马廷锡，实子，内江知县，有传。 路云衢，乌撒卫，浏阳知县。 孙褒，重子，通判。 李佑，夔子，丁未进士。	

---

① 郫县：原本作“野县”，据嘉靖志改。

科目纪年	进士	乡举	武会
庚子		陈以道，永宁司，湘乡知县。 陈宪，平坝卫。 钱纯让，铜仁府，昆明知县。 潘鎏，普定卫，保山知县，有传。 张庆辰，思南府，彭山知县。 陈序，宣慰司，夹江知县。 帅儒，永宁卫，志遗。 饶才，思南府，姚安知府。 陈以庄，永宁司，同知。 谢表，永宁司，定远知县。 张劲，勋弟，彭水知县，志作知州。 黄廷桂，铜仁府。 董宗夔，普安州，沂川教谕。 越民望，英子，富民知县。 朱宪，新添卫。 张文焕，宣慰司，湘潭教谕。 胡东陵，普定卫，射洪知县。 孙棠，普定卫，黄冈知县。 周于德，乌撒卫，江夏知县。 月华，思州府，中湖广乡试。	
辛丑会试	闻贤，荆州府推官。		
癸卯		熊旃，安庄卫，南阳府通判。 苟谦光，宣慰司，夹江知县。 钱嘉猷，镇远府，甲辰进士。 王念祖，清平卫。 罗国贤，思南府。 向夔，程番府，慈利教谕。 冯选，清平卫，大理府通判。 孙衮，清平卫，丁未进士。 杨以廉，普定卫。 陈松，宣慰司，夹江知县。 赵恕，赤水卫，教谕。 刘秉仁，恒子，丁未进士。 李梁，普定卫。 茹子嘉，宁子，翰林院孔目。 杨秀冕，铜仁府，南溪知县。 邵元善，普安州，四川金事。 沈昌言，继芳子，凤县知县。 张拱极，宣慰司，岳池知县。 董惟爱，宣慰司，知县。 张云翼，安庄卫，浪穹教谕。	

续表

科目纪年	进士	乡举	武会
癸卯		张钦辰，思南府，知县。 王敬，宣慰司，黔阳知县。 赵尧臣，乌撒卫。 萧大鳌，普定卫，夹江知县。 符有光，思南府，知县，有传。 黄宪，永宁卫，中云南乡试，知县。	
甲辰会试	钱嘉猷，户部员外郎。		吴时春，贵州卫千户，守备。
丙午，是科增五名，定额三十名。		孙应鳌，衣子，癸丑进士。 杨培，安南卫，沔阳州学正。 陈言，镇远府。 姚世熙，新添卫，庚戌进士。 陶淳，永宁司，教谕。 越民表，英子，长史，有传。 孙继武，清平卫，云梦县教谕①。 吴应隆，铜仁府，任丘知县。 李栋，永宁司，中牟教谕。 万象，永宁司，国子监学正。 李绍元，思南府，知县。 李淑胤，安庄卫。 闻实，永宁司，国子监学正。 邓一学，清平卫。 赵宇，宣慰司，内江教谕。 王梦说，惟忠子，通判。 熊世英，毕节卫。 黄珊，安南卫。 任效忠，思南府，同知，有传。 戴冕，宣慰司，巴东知县。 朱芳，宣慰司。 江文弼，普定卫，户部司务。 陶约，永宁司。 郑文灿，宣慰司，嵩明学正。 何仕通，铜仁府，江安知县。 冯璠，永宁司。 急孟哲，思南府，知州。 王三聘，程番府，南昌府教谕。 李资元，思南府，知县。 刘相，思州府，崇宁知县。	

① 云梦县：原本缺"云"，据嘉靖志补。

科目纪年	进士	乡举	武会
丁未会试	李佑，都御史，有传。 孙衷，御史。 刘秉仁，右佥都御史，有传。		何自然，新添卫指挥，都司。 卜册，都匀卫指挥，守备。
己酉		鲍国臣，普定卫，推官。 李调元，思南府，知县。 孙科，普安州，苏州府同知，有传。 越民牧，英子，知州。 张腾汉，普定卫，通江教谕。 张守宗，思南府，庚戌进士。 金永坚，宣慰司，通判。 雷应龙，宣慰司。 董恕，普定卫，荣昌县教谕。 崔翰，宣慰司，知县。 杨宗朱，思南府，通判。 胡一乘，宣慰司，知县。 徐文灿，平越卫，同知。 汪大韶，清平卫。 杨寰，平越卫，同知。 吴哲，永宁司，参政。 吴麟，思州府，垫江知县。 陈治安，宣慰司，庚戌进士。 任效廉，思南府，知县。 马为麟，新添卫。 王绍先，普安州，教谕。 宋儒，都匀府，辛未进士。 许科，镇远府。 周与庆，平越卫，同知。 沈梅，永宁司，运同。 徐大魁，宣慰司，郎中。 杨佐，安南卫。 万朝用，镇远府，瑞州府通判。 周良卿，兴隆卫，宾川州学正。 伍咸，安庄卫，南川知县，有传。	
庚戌会试	姚世熙，太仆寺卿。 张守宗，户部主事。 陈治安，主事。		

科目纪年	进士	乡举	武会
壬子		吴淮，宣慰司，郎中，有传。 黄堂，平坝卫，知县。 李讲，新添卫，知县。 张勃，宣慰司，同知。 安守鲁，思南府，同知。 朱寰①，思州府，主事。 越民范，宣慰司，同知。 边捷，思州府，教谕。 邵元高，华谱子，赣州府同知。 丁文华，乌撒卫，同知。 刘秉礼，恒子，同知。 蔡云吉，宣慰司，知县。 何腾黄，平溪卫。 黄惟一，平溪卫。 顾尧辅，清平卫，知县。 赵维屏，永宁卫，知县。 郁周，普定卫，知县。 陈表，铜仁府，通判。 黄芳，普定卫，教谕。 周廷琏，思州府，知县。 周希韶，安庄卫，知县。 张文灿，兴隆卫。 罗廷贤，思南府，同知，有传。 刘璧，凤子，知州。 沈嘉言，宣慰司，知州。 李显阳，宣慰司，知州。 胡汝器，普安州，南宁知县。 张世美，新添卫，知州。 杨岳，永宁司，通判。 张礼，龙里卫。	
癸丑会试	陈珊，行人，同知。 孙应鳌，改庶吉士，历官工部尚书，有传。		
乙卯		佘奕，柜子，教谕。 邵元哲，华谱子，乙丑进士。 汪若泮，庆子，己未进士。 卢整，洲子，副使。 戚鈇，思州府，知县。 任懋官，宣慰司，知县。 顾尧年，清平卫，知州。 马文标，廷锡子，知州。	

① 朱寰：嘉靖志、万历志作"朱环"，乾隆志与本书同。

续表

科目纪年	进士	乡举	武会
乙卯		汤克肖，宣慰司，知县。 王廷扬，都匀府，提举。 李良翰，普定卫，同知。 戴愈达，思南府，知县。 张辉南，云翼子，知州。 张邦臣，普定卫，治中。 梅惟和，月子，己未进士。 李占初，思南府，知县。 王敬宾，宣慰司，通判。 杨以宁，禬孙，知县。 杨垓，安南卫，志遗。 陆书，天衢子，审理。 孙一龙，宣慰司，教谕。 夏昊，普定卫，志遗。 蒋其才，铜仁府，知州。 顾埙，坚弟，知县。 越民乐，民范弟，知县。 林大亨，宣慰司，同知。 陈善道，宣慰司，知州。 金液，普安州，延安府同知。 汤克俊，啤子，知州。 白采，桂弟，知州。	
戊午		莫期尹，宣慰司，知县。 桑橘初，育贤子，知府。 刘汝楫，天宠子，长史。 吴嘉麟，嘉凤兄，知州。 李洲，宣慰司，知县。 罗斗，铜仁府，同知。 越民瞻，民范、民乐弟，知县。 薛渭①，普定卫，同知。 孙应鹏，清平卫，通判。 阮绎如，宣慰司，知县。 范华，永宁卫，教谕。 范轸，铜仁府，知州。 章凤韶，宣慰司，知州。 吴师朱，鸿儒子，姚州知州。 彭克忠，威清卫，知县。 宫良臣，宣慰司，知县。 桑荆初，育贤子，知府。 吴嘉凤，嘉麟弟，知县。 辛存仁，乌撒卫，副使。 刘守恒，宣慰司，通判。	

① 薛渭：万历志作“薛卫”。

科目纪年	进士	乡举	武会
戊午		黎一龙，宇子，知县。 甘阍，思州府，知县。 王炼，木子，知县。 黄若金，镇远府，知州。 李成栋，思州府，知州。 杨其宁，文焕子，知县。 周世用，宣慰司，教授。 伍维垣，安庄卫。 李绍显，宣慰司，知县。 饶孚，才弟，同知。	
己未会试	汪若泮，大理寺评事。 梅惟和，御史。		
辛酉		李维祐，清平卫，知府。 许崇德，奇子，知县。 朱应旌，兴隆卫，同知。 郑淮，镇远府，知州。 吴世登，普定卫，知县。 罗绣藻，思南府，都察院经历。 饶养浩，俦子，知县。 孙世傅，普定卫，知县。 陈一龙，思南府，知县。 李大晋，佑子，辛未进士。 李蒙亨，宣慰司，知府。 张祺，龙里卫，推官。 张仕勋，兴隆卫，知县。 俞绍文，普定卫，知县。 吴师张，鸿儒子，蒲江知县。 赵宜，宣慰司，知县。 郑大本，宣慰司，知县。 陆宗渊，宣慰司，郎中。 吴国光，铜仁府，知县。 费从朴，都匀府，知县。 王新民，石阡府，知州。 杨和，思州府，知县。 孙旁，清平卫，通判。 何天相，普安州，高县知县。 管世元，普定卫，教谕。 蒋思孝，宗鲁子，乙丑进士。 王培，炯子，清平卫。 蒋思忠，宗鲁子，知县。 郑国宾，平溪卫。 陆仁，龙里卫，知县。	

科目纪年	进士	乡举	武会
甲子		许一德，奇子，辛未进士。 杨承勋，镇远府，通判。 王廷爵，宣慰司，通判。 曹维高，宣慰司，提举。 马希武，安庄卫，知县。 张治方，思南府，同知。 白加采，永宁卫，理问。 李良臣，普安州，乙丑进士。 周文化，宣慰司，同知，有传。 程国用，普定卫，知县。 陈纪，安庄卫，知府。 赵时腾，新添卫，同知。 程绍颐，宣慰司，知县。 陈汴，嘉略子，长史。 阮纯如，绎如弟，知府。 高世儒，平溪卫。 唐之夑，宣慰司，知县。 徐应轸，玑子。 胡崧，兴隆卫，同知。 段公衮，程番府，知县。 施体乾，宣慰司。 毛彬，宣慰司，知府。 越民化，民范、民乐、民瞻弟，宣慰司，知县。 李养栋，宣慰司，长史。 李佳实，宣慰司，知县。 谭起凤，龙里卫，知县。 郭宗荫，思南府，知县，有传。 李南乔，程番府，同知。 张仕衢，宣慰司，通判。 郑文灿，文藻弟，知县。	
乙丑会试	邵元哲，参政。 蒋思孝，副使。 李良臣，参政。		
隆庆丁卯		胡允平，宣慰司，长史，进阶。 赵时凤，时腾兄，同知。 蒋行可，普安州，知县。 戴廷元，普安州，知县。 伍维翰，咸子，知州。 丘东昌，新添卫，知州。 冯世龙，永宁卫，知县。 唐维翰，普安州，同知。	

科目纪年	进士	乡举	武会
隆庆丁卯		罗应台，襟子，思恩知府。 叶自新，宣慰司，知州。 张惇，宣慰司，知州。 武懋功，安南卫，知县。 何仕遇，仕通弟，推官。 胡志相，永从县。 孔宗海，清平卫，太和知县。 杨维钥，石阡府，知州。 王大臣，黎平府，知县。 徐民望，普安州，知县。 王奉先，用臣子，通判。 沈奎灿，宣慰司，府同知。 刘秉商，普定卫，郎中。 徐文荐，宣慰司，知县。 杨汝柟，鹤龄子，知县。 吴之城，安庄卫，知县。 陈应奎，思州府，知府。 孙天民，新添卫，知县。 卢燿，整子，通判。 梁栋，镇远府，通判。 陈时范，普安州，同知。 马河，宣慰司，经历，志遗。	
隆庆丁卯			
戊辰会试			陈应魁，前卫武生，威清镇抚。
庚午		陈时言，普安州，知县。 张志皋，安南卫，知州。 胡梦豸，汝器子，推官。 陆宗龙，宣慰司，知州。 赵芳，黎平府，知县。 周大谟，黎平府，参议。 沈存仁，普安州，丁丑进士。 陈扬产，珊子，甲戌进士。 吴道东，麟子，长史。 赵时雍，宣慰司，府通判。 沈桥，梅弟，运同知。 孙哲，偏桥卫，知州。 蔡于周，邦佐子，知县。 曹仲贤，宣慰司，教谕。 朱国正，安庄卫，知州。	

科目纪年	进士	乡举	武会
庚午		杨之宁，文焕子，同知。 闻道立，永宁卫，员外，有传。 王墀，木孙，通判。 李春和，永宁卫。 何汝质，普安州，同知。 佘赓，柜子，知州。 蔡日乾，宣慰司，知县。 杨秉钺，振文孙，云南副使。 潘凤梧，静深子。 周于用，永宁卫，推官。 徐加龙①，宣慰司，通判。 许裕德，奇子，同知。 马斯臧，普定卫，知县。 张仕通，仕衢弟，知县。 越应扬，民范子，州判。	
辛未会试	宋儒，改庶吉士，礼部主事。 李大晋，重庆府同知。 许一德，御史，云南按察司副使。		李长荣，贵州卫千户，卧这守备。
万历癸酉		姚允升，世熙子，金事。 张九苞，普定卫，知县。 钱继魁，镇远府。 江大顺，贵阳府，知县。 张国栋，思南府，训导。 蒋镇楚，永从县，知县。 燕祖召，平溪卫，同知。 李承露，宣慰司，知州。 梅惟诗，月子，知县。 邵以道，普安州，通判。 孙杰，普定卫，同知。 黄应旌，贵阳府，知县。 张文光，永从县，知县。 顾闵，清平卫，知州。 洪镗，普定卫，知县。 孙枝华，贵阳府，长史。 刘学易，宣慰司，知州。 葛宪，永宁卫，知县。 陈吴产，珊子。 孙应轸，清平卫，知州。	

---

① 徐加龙：乾隆志作"徐加宠"，万历志作"徐嘉龙"。

续表

科目纪年	进士	乡举	武会
万历癸酉		李晴，彬子，知县。 邵以仁，元高子，庚辰进士。 戴天言，龙里卫。 孙世祯，继武子，丁丑进士。 顾信，普定卫，知州。 史谠，新添卫，知州。 李逢盛，宣慰司，知县。 朱良臣，宣慰司，教谕。 董以道，恕子，知县。 龙起春，黎平府，知县。	
甲戌会试	陈扬产，知县。		汤杰，贵州卫镇抚，应袭都清守备。 李显文，贵州卫百户，云南都司金书。 李长实，贵州卫武生，指挥。
丙子		孙思述，科子，同知。 沈权，梅桥弟，癸未进士。 程文灿，贵阳府，知州。 李廷祯，镇远府，知县。 杨念祖，普安州。 姚之贤，新添卫。 顾为麟，清平卫，同知。 杨应霈，威清卫，姚安知府。 郑国柱，镇远府，庚辰进士。 安其善，普定卫，府判。 钟国芝，都匀府，知县。 高如嵩，毕节卫，知州。 李淳，思州府，知州。 方民敬，石阡府，知县。 刘顺时，宣慰司，知县。 韩秉彝，毕节卫，知县。 曹育贤，宣慰司，知州。 钱效节，新添卫，同知。 薛凤章，渭子①。	

---

① 渭：原作"卫"，据本书本卷及乾隆志改。

科目纪年	进士	乡举	武会
丙子		娄九成，普定卫，知县。 陈泮，嘉略子，知县。 孙应阳，重孙，知县。 黄宇，堂弟，广南知府。 张守刚，思南府，临安知府。 王嘉宾，普安州，知州。 郑国才，国柱弟，知县。 薛彦卿，贵阳府，知县。 胡国屏，普定卫，同知。 刘凤仪，镇远府，知县。 熊应祥，贵阳府，教谕。	
丁丑会试	沈存仁，知府。 孙世祯，副使。		吴学易，贵州卫千户，思石守备。
己卯		邓云龙，学子，知县。 李先芳，文弼子，知州。 越应虞，民乐子，知县。 李懋芳，贵阳府，知县。 罗明贤，思南府，知县。 陈尚象，都匀府，庚辰进士。 卢焯，整子，同知。 余显凤，都匀府，教谕。 萧承露，黎平府，知县。 顾天胤，普定卫，知县。 龙起渊，起春弟。 潘应期，新添卫，知县。 唐一鹏，平溪卫，癸未进士。 俞化龙，贵阳府，知县。 尹志伊，贵阳府，同知。 胡奉明，普定卫，知县。 余懋学，兴隆卫，知府。 覃彦，思南府，通判。 王之谟，新添卫，知州。 曹维藩，贵阳府，同知。 周丰，贵阳府，知县。 马称良，宣慰司，知县。 敖淳，思南府，同知。 张汝翼，思南府，知县。 刘怀民，思州府，同知。 吴大韶，普安州，知州。 吴国俊，宣慰司，知州。	

科目纪年	进士	乡举	武会
己卯		姚允迪，世熙子，知县。 汤师黄，嘑孙，审理。 杨秉铎，秉钺弟，同知。	
庚辰会试	邵以仁，副使。 郑国柱，兵部郎中。 陈尚象，给事中，以建言回籍。		蒋思仁，前卫千户，思石守备。 李春元，贵州卫百户。
壬午		吴铤，都匀府。 钱澍，铜仁府，知县。 邵元亨，普安州，知县。 周邻，丰弟，知县。 王埶，炯子，知县。 越应甲，民瞻子，教谕。 任谟，宣慰司，知县。 孙思继，科子，知县。 李时华，贵阳府，山西道御史。 何云炜，镇远府，通判。 何汝岱，清子，癸未进士。 霍奎，普定卫，长史。 潘应相，应期弟，知县。 曹珨，石阡府，知县。 丁汝彦，永宁司，知县。 袁国翰，宣慰司，知州。 王显节，乌撒卫，通判。 金待取，永坚子，寻甸知府。 王之干，新添卫，通判。 强九龄，宣慰司，知州。 边上臣，思州府，知县。 田助国，思南府，知县。 沈三德，奎灿子，教谕。 郁德据，普安州，衢州府通判。 任天瑞，宣慰司，知县。 钱懋德，镇远府。 马性和，乌撒卫，府同知。 薛扬，黎平府，知州。 顾一麟，尧辅子，知县。 叶联芳，普安州，知州。	
癸未会试	沈权，庶吉士改御史。 何汝岱，郎中。 唐一鹏，御史。		吴光宇，贵州卫武生，广西参将。

科目纪年	进士	乡举	武会
乙酉		萧重望，思南府，丙戌进士。 汪士鲁，新添卫。 陈应麟，表子，知县。 王克昌，安南卫。 罗弘谟，宣慰司，知县。 王三朋，宣慰司，教谕。 钟大章，都匀府，知县。 郭维藩，平溪卫。 李廷谦，渭子，府同知。 万邦俊，铜仁府，知县。 龙奋河，贵阳府，知县。 陈信，新添卫，知县。 宋道亨，平溪卫，知县。 周廷干，铜仁府，知县。 何跃龙，贵阳府，应天府推官。 罗应云，永宁司，重庆府通判。 邵以默，以道弟，普安州。 刘元清，汝楫子，景东府同知。 陈尧天，新添卫，知县。 熊梦祺，镇远府，教谕。 黄甲英①，黎平府，教谕。 李忠臣，永宁司，知县。 强光先，宣慰司。 罗万言，国贤子，知县。 蒋楷，普安州，教谕。 马文卿，贵阳府，壬辰进士。 周思稷，世用子，知州。 梁文灿，栋子，教谕。 尹新，思州府，冒籍除。 陈应凤，表子，推官。	
丙戌会试	萧重望，御史。		刘效节，贵州卫千户，清浪参将。 陈尚策，贵州卫千户，都清守备。 杜鹤鸣，贵州卫千户，普安守备。

---

① 黄甲英：万历志、黎平府志与本书同，乾隆志作"黄中英"。

科目纪年	进士	乡举	武会
乙酉			阮仕奇，普定卫武生，建昌金书，征播阵亡。 鲁仲礼，安庄卫千户。
戊子		刘尚德，平溪卫，知县。 张应奎，都匀府，教谕。 袁应斗，平溪卫，知县。 龙起雷，起春、起渊弟，己丑进士，大理寺评事。 孙台，哲弟，和曲知州。 张一恭，永宁卫，府同知。 梁廷翰，贵州卫，教谕。 陆从龙，书子，教谕。 蒋杰，普安州，己丑进士。 越应宾，民化子，知州。 刘应善，贵州卫。 田贡国，助国弟，推官。 汤师顼，哱孙。顺天府通判。 赵懋贤，黎平府，教谕。 李国栋，宣慰司，知县。 越应捷，民化子，知州。 饶崇先，铜仁府，教谕。 朱运弘，新添卫，教谕。 汪守宣，石阡府，知县。 罗应晓，永宁卫，知县。 张植，平溪卫，知县。 李俶，夔子，知县。 俞咨益，黎平府，知县。 陈大经，永宁卫，知县。 包德胤，安南卫。 黄甲选，甲英弟。 罗万品，国贤子，知县。 徐讲，贵州前卫，教谕。 马明卿，文卿弟，知县。 邓林桂，宣慰司，知县。	
己丑会试	龙起雷，大理寺评事。 蒋杰，南雄府知府。		陈三德，前卫武生。 封进德，前卫百户，云南姚关守备。

科目纪年	进士	乡举	武会
己丑会试	龙起雷，大理寺评事。 蒋杰，南雄府知府。		薛绍瑄，前卫指挥，铜仁守备。
辛卯		丘禾实，东昌子，戊戌进士。 卢燮，定番州。 雷志举，普定卫，教谕。 章志尹，凤韶子，学正。 张呈象，勃子。 汪廷玉，平溪卫。 潘龙，赤水卫。 陈王道，平溪卫。 何学诗①，汝质子，知县。 王之经，铜仁府。 梅友月，黎平府，辛丑进士。 黄一桂，都匀府，教谕。 黄凤翔，平溪卫。 安德胤，石阡府。 王三聘，赤水卫。 支持礼，普定卫，教谕。 甘霖，普安州，教授。 殷建中，普安州，学正。 朱光宇，黎平府。 申承文，婺川县。 周文明，永宁司。 黄朝用，平溪卫。 尹郊，镇远府，学正。 赵培，平越卫。 王廷极，贵阳府，教谕。 谷迁乔，贵阳府，教谕。 罗士儒，毕节卫，学正。 高如斗，镇远府。 李炯，平越卫。 刘述祖，贵阳府。	
壬辰会试	马文卿，改庶吉士，授御史。		陈试，前卫百户，四川建昌都司金书。 王懋德，前卫武生。 张云翼，新添卫千户，迤西守备。

① 何学诗：乾隆志作"何学时"。万历志与本书同。

科目纪年	进士	乡举	武会
甲午，是科增五名，定额三十五名。		喻政，铜仁府，乙未进士。 周九龄，黎平府。 王宪臣，宣慰司，教谕。 周仕国，普安州。 伍维新，安庄卫。 尤拔俊，普安州。 何图出，贵阳府。 周国彦，宣慰司。 马蕃锡，宣慰司，知县。 杨礼卿，铜仁府。 盛德明，普安州。 朱正寅，贵阳府。 罗应孙，应晓弟。 戴应豸，普安州。 陈九功，定番州。 瞿良士，婺川县教谕，四川巴县人，知县。 张学诗，思南府。 黄桂华，宣慰司。 曾学孔，永宁司。 刘怀宇，怀民弟，知县。 徐穆，铜仁府，辛丑进士。 熊问俗，旃子。 覃时魁，婺川县，府通判。 李大元，清平卫。 蒋国梁，普定卫。 刘洧龙，普安州。 张慎言，贵阳府。 丘东岱，新添卫。 李之仁，定番州。 娄拱北，普定卫。 丁时用，乌撒卫。 王尊德，宣慰司。 黄思正，都匀府。 龚汉臣，平溪卫。 张时熙，兴隆卫。	
乙未会试	喻政，南兵部主事。		叶定远，贵州卫镇抚，守备。
丁酉		张应吾，镇远府，丁未进士。 程志，清平卫。 张邦典，定番州，教谕。 沈绍中，铜仁府。 彭允寿，宣慰司。	

科目纪年	进士	乡举	武会
丁酉		周之相，石阡府。 胡仰极，允平子。 汪良，清平卫。 王道纯，贵阳府。 曾可立，铜仁府。 杨荷春，普安州。 田报国，助国、贡国弟。 董绍舒，普安州，戊戌进士。 丁汝臣，思州府。 马彦鳌，文标子。 周酆，文化子。 刘民爱，平坝卫。 叶可行，普定卫。 朱廷臣，石阡府。 杨春芳，宣慰司。 钱惟寅，铜仁府。 梁文炳，黎平府。 万士英，铜仁府，戊戌进士。 李世甲，逢盛子。 江国选，黎平府。 姚显唐，宣慰司。 杨师孔，贵阳府，辛丑进士。 李为琏，偏桥卫。 鲍登龙，黎平府。 杨世华，以宁孙。 石雷，永宁司，教谕。 王铼，清平卫。 孔之学，宗海子。 艾友芝，都匀府。 程文弼，定番州。	
戊戌会试	丘禾实，改庶吉士，授翰林院检讨。 董绍舒，知县。 万士英，知县。		刘岳，贵州卫指挥，中军都指挥。 莫天赐，贵州卫百户，普安守备，征播阵亡。 柳国柱，新添卫千户，应袭都清守备。

科目纪年	进士	乡举	武会
戊戌会试	丘禾实，改庶吉士，授翰林院检讨。 董绍舒，知县。 万士英，知县。		刘岳，贵州卫指挥，中军都指挥。 莫天赐，贵州卫百户，普安守备，征播阵亡。 柳国柱，新添卫千户，应袭都清守备。
庚子		张文星，思南府。 杨国祚，铜仁府。 薛师鲁，彦卿子。 陈懋功，平坝卫。 郑应秋，毕节卫。 余兴贤，懋学子。 薛绍鲁，彦卿子。 陈称尧，黎平府。 陆德龙，书子。 鲍登榜，黎平府。 孙世祐，继武子。 朱万邦，国正子。 朱邦彦，思州府。 胡宗禹，普定卫。 刘世冠，秉礼子。 徐敏学，普定卫。 何图呈，图出兄。 李华实，贵阳府。 张文衡，祺子。 施体坤，体乾弟。 陈周产，珊子。 徐可大，思南府。 刘芳远，贵阳府。 俞登庸，新添卫。 杨起瀛，贵阳府。 徐国相，新添卫。 支邦干，持礼子。 潘际时，贵阳府，维岳孙。 杨胜节，铜仁府。 鲍登高，黎平府。 越其彦，贵阳府。 刘恒昌，新添卫。	

科目纪年	进士	乡举	武会
庚子		孙枝衍，宣慰司。 祝天胤，思州府。 张文锦，祺子。	
辛丑会试	梅友月，重庆府推官。 徐穆，崇德县知县。 杨师孔，山阳县知县。		
癸卯		潘润民，宣慰司，际时兄。 王祚远，普安州。 杨如皋，铜仁府，秀冕孙，甲辰进士①。 张德行，安南卫，志皋子。 王臣，铜仁府，兰子。 莫天麒，贵阳府。 李友檀，清平卫。 冉鉴，思南府。 金镕，宣慰司。 汤景明，贵阳府，师项子。 汤师炎，宣慰司。 李朝柱，思州府。 许占春，普定卫。 张盛治，安南卫。 程云凤，永宁司。 郑大经，偏桥卫。 吴铎，都匀府，嘉麟子。 徐湛，婺川县。 陈荀产，铜仁府，珊子。 何守贵，镇远府。 饶楷，铜仁府，养浩子。 王养民，新添卫。 王允升，宣慰司。 郭维屏，龙里卫。 韩胤梁，偏桥卫。 潘鲲，赤水卫。 敖应徵，思南府，淳子。 娄九德，普定卫，丁未进士②。 李先登，铜仁府。 黄榜，印江县。 史官，新添卫。 常道立，普安州。 张祖庆，思南府。 韦弦，赤水卫。 饶继美，铜仁府。	

---

① 甲辰：原作"丁未"，据后文改。

② 普定卫，丁未进士：原本无，据本书本卷及乾隆志补。

科目纪年	进士	乡举	武会
甲辰会试	杨如皋，玉田知县。 王尊德。		邵继康，贵州前卫，实授百户，加署正千户。 孙耀祖，新添卫指挥，应袭授所镇抚。 王有道，新添卫指挥佥事，加署都指挥佥事。 柳如桂，新添卫舍人，授所镇抚。
丙午		杨廷诏，思南府。 熊文灿，永宁司，丁未进士。 周登用，永宁司。 卢应庚，赤水卫。 伍揆文，安庄卫。 高梁楹，思州府。 卢应瑞，铜仁府。 唐惟龙，赤水卫。 胡来顺，黎平府。 谢名臣，毕节卫。 黄栋材，贵阳府。 黄卷，思州府。 詹仪，思州府。 越其杰，其彦兄。 刘琯，宣慰司。 刘国藩，新添卫。 白云龙，兴隆卫。 牟登元，安顺府。 黄运昌，宇子。 毛国宣，黎平府。 王硕辅，毕节卫。 刘民怀，平坝卫。 赵应廷，时腾子。 刘玠，学易子。 刘承尧，贵阳府。 章志龙，凤韶子。 汪汝霖，铜仁府。 张缙，永宁司。 顾民任，定番州。 陈良辅，宣慰司。 高益俭，威清卫。	

科目纪年	进士	乡举	武会
丙午		霍尚仁，定番州。 何起蛟，黎平府。 周世德，丰子。 彭万里，新贵县。	
丁未会试	熊文灿。 张应吾。 潘润民。 娄九德。		

黔记卷三十一目录

明兴以来豗恩表

黔记卷三十一

泰和郭子章相奎父著

汉州宋兴祖汝杰父正

贵溪毕三才成叔父校

明兴以来赃恩表

蟏衣生曰：封赠之制，上以劝忠，下以明孝，令典也。追王太王，肇于姬家。尊太上皇，载在汉纪。顾岂独帝王尊称哉？汉文七年，令列侯太夫人、夫人无得擅征捕①，则汉法也。沈约有《谢母封建昌国太夫人表》，则梁制也。由唐而宋，制诰之文不可胜纪。迨于我明，覃恩考绩，即庶官得沐纶绰，六品以下给敕，五品以上给诰，遂为定制。黔中自元以前莽为夷区，亡缙绅先生，即有制诰，不过羁縻土夷耳。黔中而有缙绅，缙绅而得制诰，自我明始。至于任子仅申御史，以死难得之，盖亦难矣，作《明兴以来赃恩表》。

姓氏	敕诰封赠	子孙贵	任子
钟源	嘉靖十年封渠县知县。	子程	
薛廷珠	万历十二年赠温江县知县。	子彦卿	
谢庆	万历十二年赠江宁县县丞。	子天眷	
李梅	万历十八年封重庆府推官，三十年赠山西道御史。	子时华	
李应时	万历十八年封嶍峨县知县。	子懋芳	
周文典	万历二十一年封昆明县知县。	子郤	
马云龙	万历二十五年封山西道御史。	子文卿	
何洛	万历二十七年封大宁知县，三十年封应天府推官。以上贵阳府定番州。	子跃龙	

---

① 征：原误作"微"，据贵图本改。

姓氏	敕诰封赠	子孙贵	任子
徐资	成化二十一年赠福建道御史，弘治五年赠太平府知府。	子节	
李淮	正德十五年赠光禄寺署正。	子夔	
汤轸	训导，嘉靖六年封南京户部主事。	子哻	
顾应祯	嘉靖十二年封乐平县知县。	子坚	
杨廉	嘉靖十三年封阆中县知县。	子振文	
王锐	嘉靖十七年封湖广道御史。	子惟孝	
周颜	嘉靖二十一年封定海县知县。	子鲁	
刘恒	丽江府同知，嘉靖三十三年封工部郎中，四十年封右佥都御史，万历十年进阶通议大夫。	子秉仁	
陆雄	隆庆五年赠夹江县知县。六年赠刑部主事。	子宗渊	
李时咏	隆庆五年封广西临桂县知县，六年封顺天府推官。	子蒙亨	
卢洲	南江县知县，隆庆六年赠大理寺评事，又赠寺正，万历五年赠南康府知府。	子整	
沈清	教授，万历元年赠国子监助教。	子奎灿	
叶奉	万历六年封江油县知县。	子自新	
许奇	顺庆府同知，万历九年封陕西道御史。	子一德	
杨春育	万历十一年封国子监监丞，十九年封大理寺评事，二十四年封楚雄府知府。	子秉钺	
强如山	万历十八年赠枣阳县知县。	子九龄	
李显春	万历十九年赠邓川州知州。	子养栋	
吴铉	万历十九年封长葛县知县。	子国俊	
曹宗舜	万历二十二年赠大邑县知县。	子育贤	
汤克修	万历三十年封顺天府通判。	子师项	
汤克仁	师项生父，万历三十年封顺天府通判。以上宣慰司。	子师项	
吴从周	隆庆三年封临安府推官。	子嘉麟	
钟国用	万历七年封上元主簿，二十八年赠宿州灵璧知县。	子大护、大章	
钟岳	万历十九年赠永川县知县。	子国芝	
陈大宾	万历十四年赠中书舍人。	子尚象	
徐玑	云南白盐井提举，万历二十七年赠阶奉直大夫，官如故。以上都匀府。	子应斗	
杨钦	镇远府土推官，嘉靖九年赠文林郎。	子载春	
郑灏	万历十九年封兵部职方司员外郎，国柱本生父。	子国柱	
郑澜	万历十九年封兵部职方司员外郎。以上镇远府。	子国柱	

姓氏	敕诰封赠	子孙贵	任子
周溥 龙腾 黄历 鲍恩	万历六年赠南兵部司务，十五年赠广东司员外郎。 万历十六年赠广通县知县。 万历二十五年封邻水县知县。 万历二十六年赠顺庆府通判。 以上黎平府。	子大谟 子起春 子甲英 子希颜	
陈海 李凤辕 刘一清	万历十八年赠云南府同知。 万历二十一年封文林郎，三十年封处州府知府。 万历二十五年封曲靖府同知。 以上思州府。	子应魁 子淳 子怀民	
申俊	景泰元年赠四川道御史。	子祐	琎，以父祐御史死难荫，未任。
王瑄 安逸 李纯 田万钟 田显文 敖元祐 张伟 李富 罗璧	正统四年赠户部山东司郎中。 弘治元年赠南户部员外郎。 嘉靖二年赠长史司审理。 嘉靖十八年赠福建左参政。 嘉靖十年赠礼科左给事中，十八年赠福建左参政。 嘉靖二十四年封行人司行人，二十五年赠工部郎中。 嘉靖三十三年赠户部福建司主事。 嘉靖四十四年封高州府同知，隆庆二年赠韶州府知府。 万历六年封奉节县知县，再封应天府推官。	子治 子康 子冠 孙秋 子秋 子宗庆 子守宗 子渭 子绣藻	
张侹 萧亮 敖孟学 田于渭	万历十五年赠丰都县知县，二十一年赠永州府同知。 万历十七年赠祥符知县，二十年赠云南道御史。 万历十八年封南国子监学录。 大竹县主簿，万历三十年封归德府推官。 以上思南府。	子守刚 子重望 子淳 子贡国	
杨光斌 戴纪 王廷瑶	天顺六年封光禄寺署正。 嘉靖三十年赠南京兴武卫经历。 万历十年赠福建漳州府通判。 以上石阡府。	子纪 子鹏 子新民	
刘顺显 王洋 卢海源 刘仁 喻成	正德十年赠副兵马指挥。 嘉靖七年赠彭城卫经历。 嘉靖十三年赠正兵马指挥。 梧州府通判，隆庆二年赠甘肃行太仆寺少卿兼金事。 万历二十七年封龙阳县知县。 以上铜仁府。	子仁 子言 子鉴 子时举 子政	
高旅	嘉靖三十一年赠南刑部郎中。 以上威清卫。	子登	

姓氏	敕诰封赠	子孙贵	任子
黄再德	万历十年赠呈贡县知县，十九年赠曲靖府同知。 以上平坝卫。	子宇	
赵华	成化九年封吏科给事中。	子侃	
汪祚	通安州知州，弘治九年赠德安府同知。	子钟	
娄庆	正德二年封云南府同知。	子睿	
汪汉	石屏州学正，正德六年赠锦衣卫经历。	子大章	
程璠	正德七年封栾城县知县。	子辂	
潘睿	正德十五年赠左军都督府都事。	子时	
李鼎	嘉靖五年赠河南崇府左长史。	子淮	
梅纪	嘉靖十二年封户部广西司员外郎。	子月	
潘禄	嘉靖十五年赠工部营缮司员外郎。	子瑞	
薛潮	泰安知州，嘉靖十九年封石屏知州。	子大梁	
刘应璧	隆庆六年封国子监学正。	子秉商	
胡文耀	万历十八年赠新兴知州。 以上普定卫、安顺州。	子国屏	
朱训	嘉靖二十八年赠宾川州知州。	子官	
朱廷表	万历十一年封鹤庆府通判。 以上安庄卫、镇宁州。	子国正	
杨仁	嘉靖十六年封丹陵县知县。	子相	
张书	万历八年封昆明县知县。 以上安南卫、永宁州。	子志皋	
赵仪	国学生，嘉靖十年赠南刑部贵州司员外郎。	子以敬	
沈永华	嘉靖十年赠广州府同知。	子尚经	
邵升	嘉靖十四年赠保山知县。	子华谱	
何裕	嘉靖二十三年赠玉山知县。	子清	
蒋廷璧	元江府通判，嘉靖二十四年封户部山东司主事。	子宗鲁	
李时	岑溪县教谕，万历元年赠四川道御史。	子良臣	
邵华谱	重庆府同知，万历五年赠淮安府知府。	子元哲	
沈洙	万历十年赠户部山西司郎中。	子存仁	
王世恩	万历十二年封合江知县。	子嘉宾	
吴师邵	万历十九年赠河阳县知县。	子大韶	
蒋廷赋	万历二十三年封户部江西司主事。 以上普安卫、普安州。	子杰	
高廷美	万历十六年封河西县知县。 以上毕节卫。	子如嵩	

姓氏	敕诰封赠	子孙贵	任子
缪良玉 丁显 辛爵 王廷元 马志明	营山县知县，嘉靖二十四年赠河南道御史。 隆庆四年封澧州知州。 万历十年封云南按察司副使。 万历二十二年封南江县知县。 万历二十六赠定远县知县。 以上乌撒卫。	子文龙 子文华 子存仁 子显节 子性和	
张逸 丁罾	景泰三年封福建道御史。 万历十八年赠成都府通判。 以上赤水卫。	子谏 子云鹤	
王斌 陶公远 周廷杰 赵全 闻钺 沈鲤 罗� 吴玉 桑育贤 闻克明 丁自修 张朝选	天顺四年赠南户部郎中。 正德十六年赠兵部郎中。 嘉靖元年赠南刑部主事。 嘉靖十三年赠叙州府通判。 嘉靖二十六年赠大理寺评事。 指挥，嘉靖四十三年以子司务梅贵进阶怀远将军。 大理□□□□□。 隆庆元年赠主事，万历元年赠山西右参议。 万历七年赠郎中。 万历六年赠洪雅县知县。十二年赠主事。 万历二十六年封盱眙县知县。 万历二十八年赠维摩州知州。 以上永宁卫。	子敞 子心 子昺 子远 子实 子梅 子应台 子哲 子荆初 子道立 子汝彦 子一恭	
姚璋 赵溙 丘瑚 丘东昌	隆庆二年封广东按察司副使。 万历九年赠武定州知州。 学正，万历八年封阜城县知县。 长史，万历二十年以子翰林院检讨禾实疏，奉旨准复职致仕。 以上新添卫。	子世熙 子时凤 子东昌 子禾实	
杨中 黄中	封户部主事。 封□□□□□。 以上平越卫。	子遵 子绂	南户部尚书子柳归河南，不可考。
王漳 侯庆 孙重 邓宣 李夔 孙衣	直隶清苑县知县，嘉靖二年封湖广道御史。 云南和曲州知州，嘉靖十二年赠奉直大夫。 嘉靖三十四年赠陕西道御史。 嘉靖四十三年赠新化州知州。 南京刑部员外郎，隆庆二年封都察院佥都御史。 云南府同知，隆庆二年封察院右佥都御史。	子木 子问 子衷 子学 子佑 子应鳌	

姓氏	敕诰封赠	子孙贵	任子
李从夏 顾尚智 顾尧学 孙继武	隆庆二年封国子监助教。 万历九年封楚雄县知县。 万历十六年封苍溪县知县。 新会县知县，万历二十三年赠顺庆府知府。 以上清平卫。	子维祐 子闵 子为麟 子世祯	
周庸二 周政 余美	成化十九年赠山西行太仆寺卿。 天顺三年封刑部主事，成化十七年赠衡州府知府，成化十九年赠山西行太仆寺卿。 选贡，万历十五年赠光化知县，二十年赠腾越知州。 以上兴隆卫。	孙瑛 子瑛 子懋学	
孙仲旟	训导，万历七年封德兴县知县。 以上偏桥卫。	子哲	
侯镇 侯玺 燕腾宵 唐宗尧	嘉靖十二年赠右副都御史。 指挥，嘉靖十三年以子位右副都御史贵，晋武阶镇国将军。 教谕，万历十七年赠乐至县知县，二十六年赠青州府同知。 教授，万历二十七年封广东道御史。 以上平溪卫。	孙位 子位 子祖召 子一鹏	

黔记卷三十二目录

帝王事纪

黔记卷三十二

泰和郭子章相奎父著
汉州宋兴祖汝杰父正
贵溪毕三才成叔父校

帝王事纪

建文君

建文君自逊国后，即祝发为僧。之蜀，未几入滇，常往来广西、贵州诸寺中。一日，至贵州金筑长官司罗永庵，尝题诗壁间。已，由贵州之粤。天顺中，出自粤西。呼寺僧曰：我建文皇帝也。寺僧大惧，白官府，迎至藩堂。南面跣足坐地，自称朱允炆。曰：胡濙名访张儵偈，实为我。众皆竦然，闻于朝，乘传之京师。有司皆以王礼见，比至，入居大内。以寿终，葬西山，不封不树。

蟫衣生曰：吾学编《雌伏亭丛记》，俱载帝在金筑长官司罗永庵，题诗壁间。予入黔，令定番州守王应昌访其庵。在罗荣寨五里许，有白云庵，即帝避难处也。岂误"荣"为"永"，误"寨"为"庵"邪？庵畔一井，周匝可二尺许，深半之，传帝所浚。井中水恒雨不溢，恒旸，即千万人饮之不涸。时有双鲤出没其间，久旱出辄雨，淫雨去辄晴，其应不爽。庵后有洞，亦曰白云。外窄中广，可坐可卧，有台可置灯。又有隙，遇天光明内彻，乃帝修炼所。庵左右有杉数章，大者数围，小者合抱，皆帝手植。前临龙潜、金刚二寺，万山朝拱，俨然居高临卑。帝潜此数十年，岂无意哉？又尝经宿威清卫，为刘氏书玩略堂，御墨犹存。刘即今指挥世爵祖也。在宇内，黔为僻，在黔，罗荣为僻。终永乐之世，不能物色之，以此。嗟乎，古今帝王出亡，无复有归者。亡而归，惟帝。使成祖无德昭之恨，英庙成亲亲之仁，亦千古一快。

　　附金筑题诗：

　　其一：风尘一夕忽南侵，天命潜移四海心。凤返丹山红日远，龙归沧海碧云深。紫微有象星还拱，玉漏无声水自沉。遥想禁城今夜月，六宫犹望翠华临。

　　其二：阅罢《楞严》磬懒敲，笑看黄屋寄昙标。南来瘴岭千层迥，北望天门万里遥。款段久忘飞凤辇，袈裟新换衮龙袍。百官此日知何处，惟有群鸦早晚朝。

　　其三：飘泊江湖四十秋，于今白发已蒙头。乾坤有恨家何在，江汉无情水自流。长乐宫中云气散，朝元阁上雨声收。新蒲细柳年年绿，野老吞声哭未休。

　　其四：断绝红尘法守宗，清高不比世人同。牢锁心猿归定寂，莫教意马任西东。禅杖曾挑沧海月，袈裟又接祖师风。吾今满眼空门事，几个知音悟了功。

　　附《皇明典故纪闻》：

　　正统五年，有僧年九十余，自云南至广西。绐人曰：我建文也。张天师言，我有四十年苦，今为僧期满，宜亟返邦国。以黄纸为书，命其徒清进持诣思恩府土官知府岑瑛，瑛执送总兵官柳溥，械至京。会官鞫之，乃言其姓名为杨行祥，河南钧州白沙里人。洪武十七年度为僧，历游两京、云南、贵州，至广西。英宗命锦衣卫锢禁之，凡四逾月，死狱中。其同谋僧十二人，俱谪戍辽东边卫。按正统中出者伪，天顺中出者真建文君也。

楚昭王

　　楚昭王讳桢，高皇帝第六子也。洪武四年封为楚王。九年之国武昌。十四年五月丁未，上命率江夏侯周德兴讨散毛诸洞蛮夷。十五年春正月丙午，复讨大庸诸洞蛮夷。十八年夏六月庚子，命率汤和讨靖州、上黄诸蛮夷吴奋儿等[①]。事竣，奏捷。上甚喜，曰：汤和言汝有谋略，真吾子也。二十九年八月丁亥，卢溪黔阳诸洞蛮夷

---

　　① 奋：原本作"回"，据贯图本改。

叛。王出师，自沅州，伐山逾阻，至天柱山，深入苗寨①，平之。三十年五月乙卯，命同湘王征古州古州司属黎平蛮林小厮。敕曰：

> 近蛮夷倡乱，尔能与民同忧，率护卫军马亲往征之，岂不称为贤王！夫尊居王位，安享富贵，宫室衣服舆马之奉，皆民力所供。而不能为民御灾捍患，则鬼神必怒，百姓必怨，福禄将薄矣。若能奋威武，除民患，山川鬼神亦将助顺，福禄庶可悠久。汝其钦承。

七月辛巳，复命征清平、黔阳诸蛮，平之。八月癸亥，敕王同湘王柏率其军筑铜鼓城。敕曰：

> 前命汝兄弟帅师征蛮，既不亲临战阵，建立功勋。宜各以护卫军一万，铜鼓卫军一万，靖州民夫三万余，筑铜鼓城。每面三里，城池宜高深，坊巷宜宽正，营房列宜齐整。期十一月讫工。令铜鼓卫指挥千百户守之，其铜鼓军士，除留一千守卫，余从总兵征进。至耕时，令还本卫。尔兄弟可率筑城护卫军士还国，绘图来奏知。

三十三年春正月，王薨，谥曰昭。

湘献王

献王讳柏，高皇帝第十二子也②。洪武十一年封为湘王，建国荆州。三十年五月乙卯，命王副楚王讨古州蛮夷林宽等。六月丁亥，上敕曰：

> 前命汝兄弟以七月二十径剿洞蛮，今占太白，七月三日伏未可行。十月二十三日当夕见西方，太白出高，深入者胜，此用兵所当知者。今指挥齐让已压蛮境，令且出奇设伏，严为备御，休息士马，以乘其敝。候太白出后，并力讨之。若生擒蛮夷，不可轻杀。盖兵以安民，非殃民也。

三十一年，令都督杨文克之，上命班师，建文中，有谗之者，阖宫自焚。永乐中谥曰献。

蟪衣生曰：《黎平志》载，今铜鼓所西有十万坪，相传楚王驻兵处。嗟乎，楚湘二王，帝子也，不难深入林箐破苗贼。播州之役，诸大将观望首鼠，如鱼上竿，如蜗缘壁。天下有事，安得令若辈如二王邪？

---

① 深：原本误作"罙"。
② 十二：原作"十一"，据《明史》卷一一七改。

黔记卷三十三目录

宦贤列传一 楚汉蜀晋

---

① 以上目录原无，据正文补。

黔记卷三十三

泰和郭子章相奎父著
汉州宋兴祖汝杰父正
贵溪毕三才成叔父校

宦贤列传共七卷

蟥衣生曰：黔自庄豪灭夜郎后，在汉为牂柯郡，在蜀为兴古郡，在晋为平夷、夜郎二郡。唐宋为州，元为路，我明为省。张官置吏，仁贤辈出。论战伐则武侯亮、威侯毅、光禄国杰、颍国友德、镇远成；论勋业则程襄毅信、邓襄敏廷瓒、邹庄简文盛、梁端肃材、张襄惠岳、席文襄书；论理学则徐庄裕问、徐波石樾、蒋道林信、冯纬川成能；论文章则田叔和、吴明卿。论节烈则张知州怀德、闾方伯钲、杨廉使最、胡知府信；论循良则彭方伯韶、孙黎平宗鲁、周镇远瑛。皆表表著见于徼外，为西南夷所信畏者。作《宦贤列传》。

宦贤列传一 楚汉蜀晋

楚

滇王庄豪 —作蹻，居勺切，与脚同音

庄豪者，楚人也。顷襄王使将兵从沅水伐夜郎，军至且兰，椓船于岸而步战。既灭夜郎，至滇池，定属楚。欲归报，会秦夺楚巴黔中，道不通，留王滇。且兰有椓船牂柯处，乃改其名牂柯。牂柯，系船杙音弋也。

马端临《通考注》云：按《史记》及《汉书》，皆云楚威王使庄𫏋略巴黔以西，至滇池，欲归，会秦夺楚巴黔中郡，因以其众王滇。后十余岁，秦灭之。又按：楚自威王后怀王立，三十年至顷襄王之二十二年，秦昭襄王遣兵攻楚，取巫黔中郡地[①]。《后汉史》则云顷襄王时，庄豪王滇，豪即𫏋也。若庄𫏋自威王时将兵略地，属秦陷巫黔中郡，道塞不还，凡经五十二年，岂得如此淹久？或恐《史记》谬误，班生因习便书，范晔所记，详考为正。又按：庄𫏋王滇后，十五年顷襄王卒，考烈王立，二十五年幽王立，十年王负刍立，五年而楚灭，十五年而秦亡，七十年，何故云𫏋之王滇后十余岁而秦亡。斯又未之详也[②]。

张南园续录曰：《云南志》据《史记》言，庄𫏋取滇阳，值秦灭楚，不克归，遂留王滇。正德间，云南巡抚缘此欲祠𫏋。或曰，𫏋即盗跖，见于诸书。遂止。案：盗跖，柳下惠兄，乃鲁人。庄𫏋楚公族，乃楚人。𫏋大盗，与跖同，人因以跖名之，非盗跖也。又唐苏涣少喜刺盗，善用白弩，巴蜀商人苦之，号为白跖，以比庄𫏋。后折节读书，进士及第，辟崔瓘从事，为御史，善诗。杜子美在蜀与之善，杜集中载之，后与哥舒晃伏诛。蜀人又以跖比之也。从是考之，跖，自是柳下惠之弟之名，为盗，故时名之曰盗跖。𫏋亦为盗，故名以跖。涣又为盗，故复名以跖。贾赋曰：谓跖𫏋廉兮。李奇注曰，跖，秦之大盗。𫏋，楚之大盗。其说最明。然则𫏋不可祠，极是。但谓𫏋即盗跖，此不读书之过也。跖姓展氏，𫏋姓庄氏，跖鲁人，𫏋楚人。李奇谓之秦，以为盗名于秦耳，非秦人也。

蠙衣生曰：司马迁《史记》云，庄𫏋者，楚庄王苗裔也。楚威王时使𫏋将兵略巴黔以西，至滇池，欲还报楚，会秦击夺楚巴黔，道阻，遂王滇。班固《汉书》因之。范晔《后汉书》云，楚顷襄王时，遣将庄豪从沅水伐夜郎，既灭夜郎，因留王滇池，乃改其名为牂柯。马端临《通考》曰：自威王至秦陷巫黔，凡经五十二年，不应如此淹久。恐《史记》谬误，班生因仍。范氏所记，详考为正。据此说，顷襄为是，威王为非。庄豪为是，庄𫏋为非。然马氏又云，豪即𫏋也。考范书与注，无豪即𫏋之说，不知马氏何据？《云南通志》又曰：豪，𫏋裔也。则又不知何据？贾谊赋曰：谓跖𫏋廉兮。李奇注曰，跖，秦之大盗，𫏋，楚之大盗。此以𫏋为盗之始也。考迁、固、范晔并无此说。颜师古注云，𫏋音居略反。使𫏋为盗，何不一引证

---

① 地：原本作"也"，据贵图本改。
② 之：原本作"知"，据贵图本改。

之。又不知李奇何据？夫跖，柳下惠弟，鲁人明甚。奇以为秦人，其疏可知，又恶知不以跖故连及蹻邪？正德间，云南欲祠蹻，以此故不果。明王尚书元美云，楚有两蹻，一庄王大盗，一庄王裔孙，将军平滇自王者，此又不知何据？然亦足以明王滇之蹻为非盗矣。予谓迁、固既讹顷襄为威王，又恶知不讹豪为蹻？故作滇黔志者，当从范氏庄豪为正。又牂柯二字，《史记》作牂牁，班范二史作牂柯。《异物志》曰：牂柯，系船杙也。《韵书》曰：杙柯，郡名，通作牂。又作牂歌，通作柯。近有作牂牁者，直音曰牂，音作，牛肉重千斤。牁音哥，郡名。非之非矣，当从两《汉书》书牂柯为正。

汉

中郎将唐蒙附驰义侯。徐广曰，越人也，名遗

唐蒙者，番阳令也。汉武帝建元六年，大行王恢击东越，使蒙风指晓南越。南越食蒙蜀枸酱，蒙问所从来。曰：道西北牂柯。牂柯江广数里，出番禺城下。蒙归至长安，问蜀贾人。贾人曰：独蜀出枸酱，多持窃出市夜郎。夜郎者，临牂柯江，江广百余步，足以行船。南越以财物役属夜郎，西至同师，然亦不能臣使也。

蒙乃上书说上曰：南越王黄屋左纛，地东西万余里。名为外臣，实一州主也。今以长沙豫章往，水道多绝难行。窃闻夜郎所有精兵可得十余万，浮船牂柯江，出其不意，此制越一奇也。诚以汉之强①，巴蜀之饶，通夜郎道，为置吏，易甚。

上许之。乃拜蒙为中郎将，将千人，食重万余人《索隐》曰：食粮及辎重车也。从巴蜀筰关入。遂见夜郎侯多同。蒙厚赐，喻以威德，约为置吏，使其子为令。夜郎旁小邑皆贪汉缯帛，以为汉道险，终不能有也，乃且听蒙约。

还报，乃以为犍为郡。发巴蜀卒治道，自僰道指牂柯江，通西南夷。数岁，道不通。上罢西夷，独置南夷夜郎两县一都尉，稍令犍为自葆就《正义》曰：令犍为自葆守而渐修成其郡县也。

夜郎侯以道不通，故自为一州主。及南越反，上使驰义侯因犍为发南夷兵，且兰君恐远行《索隐》曰：小国名也，后为县，旁国虏其老弱。乃与其众反，杀使者及犍为太守。汉乃发巴蜀罪人当击南越者八校尉击破之。会越已破，汉八校尉不下。中郎将郭昌、卫广引兵还，行诛头兰《索隐》曰：即且兰也。头兰，常隔滇道者也。斩

---

① 强：原本作"疆"，据贵图本改。

首数万，已平头兰，遂平南夷为牂柯郡。夜郎侯始倚南越，南越已灭。会还诛反者，夜郎遂入朝。上以为夜郎王。

蟪衣生曰：《文献通考》载，嘉州，故夜郎国，汉武开之，置犍为郡。播州，夜郎国之东南境也。嘉州，今嘉定州，犍为，今犍为县，播州即今播州。则古之夜郎，自嘉定至播州皆是，后分犍为、牂柯二郡。牂柯郡属县有且兰、夜郎、平夷等县，则今播州是已。第播州临江，今名乌江，不名牂柯江。乌江流入涪州，岂能入南海邪？且播州距南海番禺甚远，安得从夜郎制越？而《史记》云夜郎侯倚南越，又何若此远交也。《正义》曰：牂柯江出南徼外，东通四会，至番禺入海。《通志》曰，牂柯江在定番州南，源出西北，三十里濛潭，南流至破蚕入广西泗城州，出番禺城下，入南海。若然，益迂回矣。又无若从长沙豫章往南越为便。厥后，元鼎五年，汉伐南越，杨仆以出豫章先破石门，驰义侯发夜郎，兵未下而南越已平。迂哉，唐蒙之策也。

牂柯太守吴霸

吴霸，汉元鼎间为牂柯太守。初，夜郎有女子浣于遯水。有三节大竹流入足间，闻其中有号声。剖竹视之，得一男儿，归而养之。及长，有才武，自立为夜郎侯，以竹为姓。见《华阳国志》。武帝元鼎六年，平南夷，以为牂柯郡。夜郎侯迎降，天子赐其王印绶，后遂杀之。夷獠咸以竹王非血气所生，甚重之，求为立后。牂柯太守吴霸以闻天子，乃封其三子为侯。死，配食其父，今夜郎县有竹王三郎神是也。

《汉书·地理志》曰：夜郎县有遯水，东至广郁。《华阳国志》云遯水通郁林，有三郎祠，皆有灵响。又云竹王所捐破竹于野，成竹林，今王祠成竹林是也。王尝从人止大石上[1]，命作羹。从者曰，无水。王以剑击石，出水。今竹王水是也。马端临曰：按范晔所选，乃引《华阳国志》。又按《汉书》，其夜郎侯降，封王，不言杀。成帝时犹谓之夜郎王。晔焉得云竹王被杀？后封其子为侯，与班史全乖角。宜《华阳国志》为怪诡也。大抵范晔著述，多称诡异，若无佗书，何以辨正，则因习纂录，不复刊革云。

蟪衣生曰：薏苡圻胸，玄鸟陨卵[2]，古人之生，类多奇异。夜郎之竹，不可谓尽诞。且又恶知非夷人所生，置之大竹，弃之遯水，如弃后稷于隘巷、林中、水上

---

① 止：原本作"上"，据贵图本改。
② 卵：原本误作"卯"。

邪？则恶得遂为怪也。今三郎神，蜀黔间在在祠之。蜀之邑，犹称大竹、绵竹，黔之司，犹称贵竹、金竹，所从来远矣。

牂柯太守陈立

陈立，字少迁，临邛人，故金城司马也。汉成帝河平中，夜郎王兴与钩町王禹、漏卧侯俞漏卧，夷邑名，后为县。更举兵相攻。牂柯太守请发兵诛兴等，议者以为道远，不可击。乃遣太中大夫蜀郡张匡，持节和解。兴等不从命，刻木象汉吏，立道旁射之。

杜钦说大将军王凤曰：太中大夫匡使和解蛮夷王侯，王侯受诏，已，复相攻。轻易汉使，不惮国威，其效可见。恐议者选耎，复守和解选耎：怯不前之意也。选音息衮反，耎音大衮反。太守察动静有变，乃以闻。如此则复旷一时旷：空也，一时：三月也。言空废一时，不早发兵也。王侯得收猎其众，申固其谋。党助众多，各不胜忿，必相殄灭。自知罪成，狂犯守尉言起狂悖之心，而杀守尉也，远臧温暑毒草之地。虽有孙吴将贲育士，若入水火，往必焦没。知勇亡所施，屯田守之费，不可胜量。宜因其罪恶未成，未疑汉家加诛。阴敕旁郡守尉练士马，大司农豫调谷积要害处调：发也，要害者，在我为要，于敌为害也。选任职太守往，以秋凉时入诛其王侯尤不轨者。即以为不毛之地，亡用之民，圣王不以劳中国不毛，言不生草木。宜罢郡，放弃其民，绝其王侯，勿复通。如以先帝所立累世之功，不可堕坏堕：毁也，亦宜因其萌芽，早断绝之。及已成形，然后战师，则万姓被害。

大将军凤于是荐陈立为牂柯太守，立前为连然长、不韦令皆益州县，蛮夷畏之。及至牂柯，谕告夜郎王兴。兴不从命，立请诛之，未报。乃从吏数十人出行县行：音下更反，至兴国且同亭①师古曰：且音子余反，召兴。兴将数千人往至亭，从邑君数十人，入见立。立数责，因断头。数：音所具反。邑君曰，将军诛亡状，为民除害，愿出晓士众。以兴头示之，皆释兵降。钩町王禹、漏卧侯俞震恐，入粟千斛、牛羊劳吏士。立还归郡，兴妻父翁指与兴子邪务收余兵，迫胁旁二十二邑反。至冬，立奏募诸夷，与都尉长史分将攻翁指等。翁指据阸为垒。立使奇兵，绝其馕道，纵反间以诱其众。都尉万年曰：兵久不决，费不可共师古曰：共读作供。引兵独进，败走，趋立营趋读曰趣，趣向也。立怒叱戏下令格之戏：音麾。都尉复还战，立引兵救之。时天大旱，立攻绝其水道，蛮夷共斩翁指，持首出降。立已平定西夷，征诣京师。

---

① 且：原作"宜"，据后文及《汉书》改。

蟒衣生曰：陈司马以数千人诛夜郎王兴。今播州之役，勤三十万师，仅醢应龙尸，吾侪愧矣。虽然，兴将数千人往见陈司马，应龙入寇，动称数万。使陈司马而在，恐非数千人能制应龙死命也。翁指据阢为垒，陈司马绝汲道，纵反间，与近日破海龙囤大略相似。蛮夷恃地险，呜呼，地险何足恃邪！

附《华阳国志》赞曰：少迁猛毅，垂勋三邦。

牂柯郡功曹谢暹

汉光武时公孙述据蜀。谢暹为牂柯郡功曹，乃与郡大姓龙、傅、尹、董氏保境为汉，遣使从番禺江奉贡。光武嘉之，并加褒赏，号为义郎。

蟒衣生曰：谢暹等由牂柯道番禺，至洛阳，即唐蒙之说也。罗文恭公作《广舆图》，谓乌撒七星关水即牂柯江源。折流为盘江，经泗城州，称右江。达四会番禺入海。郑垒山方伯作《牂柯江解》，济盘江下流至打罕，联泗城州界，舟楫始通。由二说观之，牂柯的然可通番禺。特由贵州入粤西，由粤西入广州，由广州入豫章，而后可达中原。呜呼，逖矣。虽然，四方傥多故，蜀楚之道梗，则此一路，官滇黔者当留意焉。

牂柯太守刘宠

刘宠，字世信，绵竹人也。出自孤微，以明《公羊春秋》上计阙下，除成都令。政教明肃。时诸县多难治，乃换宠为郫令，又换郪、安汉，皆垂绩。还成都，迁牂柯太守。初乘一马之官，布衣疏食，俭以为教。居郡九年，乘之而还。吏人为之立铭。王商、陈实，当世贤士，皆与为友。

牂柯太守张亮则

张亮则，字元修，南郑人也。为牂柯太守，威著南土。永昌越巂夷谋欲反，畏亮则临郡，相谏而止，号曰卧虎。以戍狄勋，迁护羌校尉，征拜扶风。又换临桂阳，皆平盗贼。巴郡板楯反，拜隆集校尉，镇汉中。徙梁州刺史，又为魏郡太守[①]，所在称治。灵帝崩后，大将军袁绍表为长史，不就，丞相曹操拜度辽将军。

---

① 又：原本作"久"，据贵图本改。

蟪衣生曰：《华阳国志》赞云，超类拔萃，实惟世信。元修敦重，威惠实亮。刘以老马垂清，张以卧虎畅威，总之，皆牂柯二千石之良也。吴霸、陈立，不得专擅西京矣。

蜀汉

忠武侯诸葛亮

诸葛亮字孔明，南阳人。佐昭烈，拜丞相。后主即位，封武乡侯。建兴元年夏，牂柯太守朱褒拥郡反。初，益州从事常房行部，闻褒将有异志，收其主簿案问，杀之。褒怒，攻杀房，诬以谋反。公诛房诸子，徙其四弟于越巂，欲以安之。褒犹不悛改，遂以郡叛，应雍闿。三年，公南征，分建宁、牂柯为兴古郡。方公征南中时，牂柯帅济济火者闻公至，通道积粮以迎。公命为先锋。夷帅孟获拥众拒命，公七擒七纵，犹遣获。获止不去，曰：公天威也。南人不复反矣。遂入滇池，益州、永昌、牂柯、越巂四郡皆平。卒谥忠武。

蟪衣生曰：诸葛公于黔事仅仅矣。今会城藏甲岩，毕节七星关，乌撒插枪岩，黎平诸葛营，皆云故迹。所在谨祀之，何其入人深也？济济火者，不史见，据黔志与安氏碑云云。

附《云南通志·雍闿朱褒传》：

雍闿，本益州大姓。杀郡守郑昂以附吴，吴以为永昌太守。闿性多傲慢，扇惑诸夷。建兴二年春，诸葛亮南征讨之。

朱褒，朱提人，以牂柯郡丞领太守。在任恣睢。诸葛亮以初遭大丧，未便加兵。遣越巂太守巴西龚禄住安上县，遥领郡从事。蜀郡常颀行部南入，以都护李严书晓喻闿。闿答曰，愚闻天无二日，土无二主。今天下派分正朔有三，远人惶惑，不知所归。其傲慢如此。颀至牂柯，收郡主簿考讯奸，褒因杀颀为乱。益州夷不服从闿。闿使建宁孟获说夷叟曰：官欲得乌狗三百头，膺前尽黑，蟎脑三斗，斫木构三丈者三千枚，汝能得不？夷以为然[①]。皆从闿斫。木坚刚，性委曲，高不至二丈。故获以欺夷。

---

① 以：原本缺，据贵图本补。

汉兴亭侯李恢[①]

李恢，字德昂，建宁俞元人。章武元年，恢为庲降都督，使持节，领交州刺史，住平夷县。高定恣睢于越嶲，雍闿跋扈于建宁，朱褒反叛于牂柯。丞相亮南征，先由越嶲。而恢案道向建宁，诸县大相纠合，围恢军于昆明。时恢众少敌倍，又未得亮声息。绐谓南人曰：官军粮尽，欲规退还[②]。吾中间久斥乡里，乃今得旋，不能复北，欲还，与汝等同计谋，故以诚相告。南人信之，故围守怠缓。于是恢出击，大破之。追奔逐北，南至盘江，东接牂柯，与亮声势相连。南土平定，恢军功居多。封汉兴亭侯，加安汉将军。后军还，南夷复叛，杀害守将。恢身往扑讨，锄尽恶类，徙其豪帅于成都。赋出叟濮耕牛战马金银犀革，充继军资，于时费用不乏。建兴七年，以交州属吴，解恢刺史，更领建宁，以还居本郡，徙居汉中。九年卒。

牂柯太守彭乡亭侯马忠

马忠，字德信，巴西阆中人也。建兴元年，丞相亮开府，以忠为门下督。三年，亮入南，拜忠牂柯太守。郡丞朱褒叛后，忠抚育恤理，甚有威惠。初，建宁郡杀太守正昂，缚太守张裔于吴，故都督常驻平夷县。至忠，乃移治味县，处民夷之间。进封彭乡亭侯。忠为人宽济，有度量，但恢啁大笑，忿怒不形于色，然处事能断，威恩并立，是以蛮夷畏而爱之。及卒，莫不自致丧庭，流涕尽哀。为之立庙祀，迄今犹在。

蟓衣生曰：李汉兴、马彭乡俱以从忠武平贼于牂柯盘江之间，有威惠。故为立传。附忠武后。

　　　附《南中志》：牂柯郡，汉武帝元鼎二年开，属县汉十七，户六万。及晋，县四，户五千。去洛五千六百一十里。郡上值天井，故多雨潦。俗好鬼巫，多禁忌。畲山为田，无蚕桑。颇尚学书，少威仪，多懦怯，寡畜产。虽有僮仆，方诸郡为贫。王莽更名牂柯曰同亭郡。特多阻险，有延江，雾赤，煎水为池。卫少有乱，惟朱褒见诛。其郡守垂功名者，前有吴霸、陈立，后有汉中张亮则、广汉刘宠、犍为费诗、巴西马忠，皆著勋烈。

---

① 兴亭侯：原作"兴侯"，据后文补。
② 规：原本作"归"，据贵图本改。

太守张嶷

张嶷，字伯岐，巴西郡南充国人也。建兴间，南夷刘胄反。以马忠为督庲降讨胄，嶷复属焉。战斗常冠军首，遂斩胄，平南夷。事讫，牂柯、兴古獠种复反。忠令嶷领诸营往讨，嶷内招降得二千人，悉传诣汉中。历官越嶲太守、荡寇将军、关内侯。

晋

南夷校尉李毅子钊

李毅，字允刚，广汉郪人也。晋太康三年，罢宁州，置南夷。以毅为校尉，持节统兵镇南中。太安元年①，毛诜、李睿、李猛等叛，毅杀之。明年复宁州，增统牂柯、朱提等郡。蛮夷以诜、猛之死谋叛，破坏郡县，晋民多入牂柯。毅不得志，卒，谥曰威侯。

子钊，字世康，为尚书外兵部。自洛赴难，至牂柯，夷断道，不得进。经年，以宁州城中无谷，父疾病未知吉凶，不食谷，惟茹草，迄至奔丧。官至朱提、越嶲太守，西夷校尉。

南夷校尉王逊子坚

王逊，魏兴人。以广汉太守代李毅为南夷校尉、宁州刺史。时荒乱后，仓无斗粟，众无一旅，官民虚竭，绳纪弛废。逊恶衣菜食，招集夷民。夷徼厌乱，渐亦返善。劳来不息，数年克复。以五茶夷昔为乱首，图讨之，未有隙。会夷发夜郎庄王墓，逊因讨灭之。及讨恶獠刚夷数千落，威震南方。官至平西安南将军，又兼益州刺史，加散骑常侍，封褒中伯。而严猛太过，多所诛锄。犍为太守朱提雷炤、流民阴贡、平乐太守董霸破牂柯、平夷、南广，北降李雄。建宁爨量与益州太守李逷、梁水太守董懂保兴古盘南以叛，雄遣叔父骧破越嶲，伐宁州。逊使使督护云南姚岳距骧于螳螂县，违逊指授，虽大破骧，不获。太兴四年，逊卒，州人推中子坚领州事。

蟒衣生曰：晋之南夷校尉、宁州刺史，牂柯郡实属之。犹明之总督川湖贵，三

---

① 太安：原本作"大安"，据贵图本改。

省悉隶之之意也。故毅、逊父子俱为立传。况毅、逊俱贤者。钊忠孝大节荦荦，经年牂柯，可遂堙汩其事乎？

宁州刺史尹奉

尹奉，南阳人，宁州刺史。先刺史王逊时，爨量保盘南，逊出军攻讨，不能克。及逊卒，后寇掠州下，吏民患之。奉重募徼外夷刺杀量，而诱降李遏，盘南平。奉以功进安西将军，封迁陵伯。乃割兴古，云南之盘江、来如、南零三县为郡。奉后降李雄，迁于蜀。

蟫衣生曰：盘江昔在云南，今属贵州，源自普畅寨，经普安州境东北，下流合乌泥江。尹奉所割盘江，当是此地。若奉降虏，亡足多者。

建宁太守孟才

孟才，晋怀帝时为建宁太守。以骄暴无恩，郡民王清、危朗逐出之。刺史王逊怒，分鳖半为平夷郡，夜郎以南为夜郎郡四县。

蟫衣生曰：沈约《南宋书》载，晋怀帝永嘉五年，宁州刺史王逊分牂柯、朱提、建宁，立平夷、夜郎二郡，置太守。后避桓温讳，改平夷为平蛮。乃《华阳国志》、《云南通志》以孟才、王逊为元帝时，元当作怀。

牂柯郡太守毛楚

毛楚，巴郡枳人，晋为牂柯太守。《南中志》。

兴古郡太守李播

李播，朱提人。晋元帝世，刺史王逊移朱提治郡，南广太守李钊数破雄，杀贼大将乐初。后刺史尹奉却郡还旧治。及雄定宁州，复置郡，以兴古太守朱提李播为太守。

附《南中志》：兴古郡，建兴三年置，属县十一，户四万，去洛五千八百九十里。多鸠獠濮，特有瘴气。自梁水、兴古、西平三郡，少谷。有桄榔木，可以作面，以牛酥酪食之，人民资以为粮。欲取其木，先当祠祀。

黔记卷三十四目录

宦贤列传二_{唐宋元}

---

① 原无"通蕴子"三字，据正文补。

① 本条及以下三条原目录无，据正文补。

黔记卷三十四

泰和郭子章相奎父著
汉州宋兴祖汝杰父正
贵溪毕三才成叔父校

宦贤列传二_{唐宋元}

唐

清江太守南承嗣

南承嗣，范阳人，唐忠臣南霁云子也。为婺州别驾，赐绯鱼袋，历施、涪二州。服忠思孝，无替负荷。一云为清江郡太守，多善政。时巡夜郎牂柯，溥沛恩惠。

蟫衣生曰：承嗣事载柳子厚碑文，七岁赐绯，当是以霁云故，强保承恩。婺州即今婺川县。志云为清江郡太守，今思州，隋名清江也。贵州多祠霁云，名曰黑神，岂亦承嗣服忠思孝之一验乎？或曰：霁云死为神，主南岳，故南人祀之。

柳宗元《为南承嗣请从军状》云：

臣亡父至德之岁死节睢阳，陛下每降鸿恩，必加褒宠。臣自七岁即忝班荣，垂五十年。常居禄秩，再守遐郡，绩用无成，终贻官谤，甘就严谴。无以负荷先志，报效殊私，以惭以惧，殒越无地。伏见某月日，敕以王承宗负恩干纪，命将徂征。雷霆所加，殄灭在近。臣窃不自揆，思竭忠诚，愿预一卒之任，答百生之幸。庶得摧锋触刃，摩垒搴旗。冀获尽于微诚，傥不坠于遗烈。

节度使高崇文

高崇文，唐元和元年西川节度使。领兵讨平刘辟，因定诸夷，置蔺州。蔺州在永宁卫治东百八十里，即唐朝坝。有元和石碑，今剥落不可读。

节度使段文昌

段文昌，字墨卿，荆州人。唐文宗时为西川节度使。政尚简静，间示武健，群蛮震慑。长庆二年，黔中蛮叛。观察使崔元略以闻，文昌使人开晓，蛮引还。迁兵部尚书。

招慰使冉安昌

冉安昌，唐招慰使。昌以婺川当牂柯要路，请置郡以抚之。其后思夷等州土地之辟，夷民之附，自斯举始。

宋

刘光义

刘光义，宋太祖乾德间平蜀①，以威德著。请置永宁路以控羿罗诸夷，边鄙以宁。

阁门使李允则

李允则，字垂范，济州团练使谦溥子也。太平兴国七年，擢阁门使。高溪州蛮田彦伊入寇，遣诣辰州，与转运使张素、荆南刘昌言计事。允则以蛮徼不足加兵，悉招辑之。

---

① 太祖：原本误作"大祖"。

诚州刺史杨再思孙通宝、通蕴，通蕴子瑂

杨再思，五季梁时据诚州，称刺史。然有功于民，土人尸祝之。宋兴，追赠英惠侯。数传至杨通蕴，皆自称刺史。太平兴国四年，通蕴率其部民内附。通蕴卒之明年，弟通宝遂率所部入款于京师。通宝美丰仪，娴于辞令，胜其兄。太宗召见，以为贤。诏授诚州刺史，使安其土。通宝卒，兄子瑂，淳化元年入贡方物，诏嗣其职。

蠛衣生曰：诚州即今黎靖也。自通蕴、通宝内附，至于今，黎平十三长官司，杨姓者居其七，岂犹再思苗裔邪？何其远也。

古州刺史向通宬附向光普

向通宬，古州刺史也。宋真宗咸平元年，通宬以芙蓉朱砂二器、马十匹、水银千两入贡，诏有司铸印赐之。大中祥符初，诏加古州刺史向光普银青光禄大夫、检校太子宾客。天禧四年，光普遣使鼎州僧供以祝釐。天圣二年，自创佛寺，请名报国，岁度僧一人，许之。

蠛衣生曰：今黎平有裡古州，原隰平旷，可邑而居，乃在曹滴洞土司之南百二十余里，相传为宋古州故址，云胜国百万军民府，疑即此地。

湖北常平使张惇

张惇，字质大，为湖北常平使，建思堂于铜人之小江。而苏子瞻为记曰：

嗟夫，余天下之无思虑者也。遇事则发，不暇思也。未发而思之，则未至。已发而思之，则无及。以此，终身不知所思。故临义而思利，则义必不果。临战而思生，则战必不力。若夫穷达、得丧、死生，则吾有命矣，且夫不思之乐不可名也。虚而明，一而通，安而不懈，不处而静，不饮酒而醉，不闭目而睡者，以是记思堂，不亦缪乎？虽然，言各有当也。万物并育而不相害，道并行而不相悖。以质大之贤，其所谓思者，岂世俗之营营于思虑者乎。易曰：无思也，无为也。我愿学焉。《诗》曰，思无邪。贤人以之。

蠛衣生曰：予考《宋史》，无张惇。止章惇，与苏子瞻友善，亦曾为湖南北察

访使。疑即章惇。记中以质大之贤，质大当是张惇字，而章惇字子厚，又当再考。

附记：熙宁中，章子厚察访湖北，以兵收辰溪南江诸蛮。时有吴僧愿成亦在军中，自称察访大师。每出则乘大马，以挝剑拥从，呵殿而行。随兵官李资入洞，资为蛮人所杀，成亦被缚。既而放归，犹扬扬自得。诗僧文莹嘲之曰："童头浮屠浙东客，传呼避道长于陌。宝挝青盖官仪雄，新赐袈裟椹犹黑。察车后乘从驱挈，庸夫无谋动蛮穴。暗滩夜被猿猱擒，缚入新溪哭残月。牂柯畏佛不敢烹，脱身腥窟存余生。放师回日不自愧，反以意气湘南行。我闻辛有适伊川，变戎预谶麟经编。睽车载鬼吁可怪，宜入熙宁志怪篇。"

峡路转运使丁谓

丁谓，字谓之，后更字公言。苏州长洲人。领峡路转运使，累迁尚书工部员外郎。会分川峡为四路，改夔州路。初，王均叛。朝廷调施黔高溪州蛮子弟以捍贼，既而反为寇。谓至，召其种酋，开谕之，且言有诏赦不杀。酋感泣，愿世奉贡。乃作誓，刻石柱立境上。蛮地饶粟而常乏盐，谓听以粟易盐，蛮人大说。先时，屯兵施州，而馈以夔、万州粟。至是，民无转饷之劳，施之诸砦积聚皆可给。特迁刑部员外郎，赐白金三百两。时溪蛮别种有入寇者，谓遣高溪酋帅其徒讨击，出兵援之，擒生蛮六百六十，得所掠汉口四百余人。复上言黔南蛮族多善马，请致馆，犒给缗帛，岁收市之。其后徙置夔州城砦，皆谓所经画也。后积官至参知政事，得罪，贬崖州。

蟏衣生曰：丁公言经画高州、黔州，皆今贵州兼制地，岂曰亡功于疆场？使入相后，移其经画高黔者经画宇宙，何至有琼崖之行，而惜其不善终也。末路难，然哉，然哉。

待制胡舜陟

胡舜陟，绍兴七年，以待制帅邕州，领市罗甸马事。招徕有方，夷人归之。终岁获马四千二百匹，诏褒赏之。

运使庞恭孙

庞恭孙，宋运使，筑思州、秦州，治婺川，因山控扼，建一塞四堡以备要害。

保州文学夏大均

夏大均，宋政和间，思州蕃部长田祐恭被诏入觐，拜伏进退，不类远人。徽宗异之，问其故。对曰：臣门客夏大均实教臣[①]。上悦，厚赐之，拜大均保州文学。

安抚使李浩

李浩，字直夫，临川人。绍兴壬戌进士，不谒秦熺，时论重之。淳熙二年，以秘阁修撰知夔州，兼夔路安抚使。奉法循理，律己甚严。思州田氏起兵相攻，公亲草檄，遣官谕之。二人感悟，歃血释兵，盖以诚意销患于未然也。在镇逾年，以疾请，未至而殁，年六十有一。赠集英殿修撰。《四川通志》。

元

副都元帅谭澄

谭澄，兴德怀来人，元帅资荣子也。元中统四年，迁陕西四川提刑按察使。逾年，西南夷罗罗斯内附，帝以澄文武兼资，可使镇抚新国，以为副都元帅同知宣慰使司事。至其境，谕之曰：皇元一视同仁，不间远近，特置大帅，安集招怀，以捍外侮，非利征求于汝也。夷人大悦。

河南行省阿里海牙

阿里海牙，畏吾儿人也。至元二年，立诸路行中书省，进金河南行省事。十五年，降八番罗甸蛮，以其总管文龙儿入见。置宣慰司，八番、罗甸、卧龙、罗番、大龙、遏蛮、卢番、小龙、石番、方番、洪番、程番，并置安抚以镇之。

---

① 门客：原本误作"门容"。

招讨经历刘继昌

刘继昌，至元时为两淮招讨司经历。行省阿里海牙遣招谕西南诸夷，继昌深入险阻，大播德威，八番两江溪峒皆降附焉。奏以龙番方零为小龙番靖蛮军安抚使，龙文求卧龙番南宁州安抚使，龙延三大龙司应天府安抚使，程延随程番武胜军安抚使，洪延畅洪番永胜军安抚使，韦昌盛方番河中府安抚使，石延异石番太平军安抚使，卢延陵卢番靖海军安抚使，罗阿资罗甸国遏蛮军安抚使，并怀远大将军虎符，仍以兵三千戍之。

都元帅也速答儿

也速答儿，纽璘子，勇智类其父。世祖至元十一年，授西川蒙古军马六翼新附军招讨使，迁四川西道宣慰使，加都元帅。罗氏鬼国亦奚不薛叛，诏以四川兵会云南、江南兵讨之。至会灵关，亦奚不薛遣先锋阿麻、阿豆等将数万众迎敌。也速答儿驰入其军，挟阿麻、阿豆出，斩之。亦奚不薛惧，率所部五万余户降。以功拜西川等处行中书省右丞，加赐金帛鞍辔。西南夷雄左都掌蛮得兰右叛，诏以兵讨之。改四川等处行枢密副使。冬，乌蒙蛮阴连都掌蛮叛①，诏以兵会云南行院拜答力进讨。也速答儿擒乌蒙蛮。帝赐玉带织金服，迁蒙古军都万户，复赐银鼠裘，镇唐兀地，进同知四川等处行枢密院事，仍居镇。

左丞李德辉

李德辉，字仲宝，通州潞县人。至元十七年，西南夷罗施鬼国既降复叛，诏云南、湖广、四川合兵三万人讨之。兵且压境，德辉以左丞被命。至播，乃遣安珪驰驿，止三道兵勿进。复遣张孝思谕鬼国趣降②，其酋阿察熟德辉名。曰："是活合州李公邪，其言明信可恃。"即身至播州，泣且告曰："吾属百万人，微公来，死且不降。今得所归，蔑有二矣。"德辉以其言上闻。乃改鬼国为顺元路，以其酋为宣抚使。兵后，有以受鬼国马千数谮德辉于朝者。帝曰："是人朕所素知，虽一羊不妄

---

① 阴连：原缺"连"，据贵图本补。
② 张孝思：原本作"张李思"，据贵图本改。

受，宁有是邪？"德辉受罗鬼降，至黄平，夜星霣如斗。自叹曰："他日尝梦主乌江，今播水名乌江，与是星皆吾死征也。吾尝羡马伏波老当益壮，奇曹武惠为将不杀，今活罗鬼，马革裹尸，归何憾。"病七日，卒。赠中书右丞，谥忠宣。

左丞张禧①

张禧，东安州人。至元十七年，从右丞刘深征八百媳妇国。师次顺元，与叛蛮宋隆济等力战而殁。赠宣忠秉义功臣、资善大夫、湖广等处行中书省左丞、上护军，追封郡公，谥武宣。

都元帅速哥

速哥，蒙古人。世祖至元十九年，亦奚不薛蛮叛。置顺元等路军民宣慰司，以速哥为宣慰使，经理诸蛮。二十四年，迁河东陕西等路万户府达鲁花赤，播州宣抚赛因不花等赴阙请留之。降八番、金竹、百余等砦，得户三万四千，悉以其地为郡县，置顺元路金竹府，贵州以统之。东连九溪十八峒，南至交趾，西至云南，咸受节制。二十九年入朝，加都元帅，改河东陕西等处万户府达鲁花赤。

蟫衣生曰：至元十一年，鬼国亦奚不薛叛，也速答儿降之。十七年，鬼国复叛，李德辉降之。十九年，亦奚不薛复叛，速哥复降之。盖九年间，叛服者三，何猸谲不常也。明二百年来，隆庆间陆广之役，稍匪茹而未甚著，岂非国家之威灵邪！

宣慰使李忽兰吉

李忽兰吉，一名庭玉，陇西人。至元二十年，改四川南道宣慰使。二十一年，与参政曲里吉思、金省巴八、左丞汪惟正，分兵进取五溪洞蛮。时思播以南，施黔鼎澧辰沅之界，蛮獠叛服不常，往往劫掠边民，乃诏四川行省讨之。曲里吉思、惟正一军出黔中，巴八一军出思播，都元帅脱察一军出澧州，忽兰吉一军自夔门会合。十一月，诸将凿山开道，绵亘千里。诸蛮设伏险隘，木弩

---

① 贵图本据《元史》断，《张禧传》所记事迹应为其子张宏纲之事迹。

竹矢，伺间窃发。亡命迎敌者皆尽杀之，遣谕诸蛮酋长率众来降，独散毛洞潭顺走避岩谷，力屈始降。

判官赵世延

赵世延，字子敬，其先雍古族人。世延天资秀发，喜读书，究心儒者体用之学。弱冠，世祖召见，俾入枢密院御史台肄习官政。至元二十一年，授承事郎、云南诸路提刑按察司判官，时年二十有四。乌蒙蛮酋叛，世延会省臣以军讨之，蛮兵大溃，即请降。

益国公斡罗思

斡罗思，至元二十六年，置八番罗甸宣慰司，首以斡罗思为宣慰使，进嘉议大夫。时诸蛮叛服不常，斡罗思讨平之，乃立安抚司以守焉。二十八年，平杨都要，进等中奉大夫，锡虎符。后官至四川行省平章政事，卒赠光禄大夫、益国公。

光禄大夫刘国杰

刘国杰，女直人。入中国，从姓刘。貌魁梧，善骑射，胆力过人。初为湖广行省平章政事。大德五年，遣云南行省左丞刘深将兵击八百媳妇。刘深等取道顺元，远冒烟瘴，未战，士卒死者已什七八。驱民转饷溪谷间，一夫负粟八斗，率数人佐之，数十日乃达，死者亦数十万人。中外骚然，而深复令云南调民供馈，及胁求水西土官之妻蛇节金三千两，马三千匹。宋隆济因绐其众曰："官军征发，汝等将悉剪发黥面为兵①。"众惑之。隆济遂连蛇节，率苗獠诸蛮攻破杨黄诸寨，进攻贵州。知州张怀德力战，败死，遂围深穷谷中。梁王阔阔兵捄之，贼众稍却。乃遣刘国杰及杨赛因不花等，率四川、云南、湖广各省兵，分道进讨诸蛮，别敕梁王提兵应之。军中机务，一听国杰处分。宋隆济累围贵州不解，深等粮尽，道梗不通，遂引兵还。隆济复率众邀之，辎重委弃，士卒杀伤殆尽。

南台御史中丞陈天祥上书谏曰："八百媳妇乃荒裔小夷，取之不足为利，不取

---

① 黥：原作"黔"，据贵图本改。

不足为害。而刘深欺上罔下，帅兵伐之。经过八番，纵横自恣，中途变生，所在皆叛。既不能制乱，反为乱众所制。食尽计穷，仓皇退走。丧师十八九，弃地千余里。朝廷再发四省兵，使刘二拔都总督，以图收复。湖南、湖北大发运粮丁夫，众至二十余万。况当农时，驱此愁苦之人，往回数千里中，何事不有？比闻从征败卒言，西南诸夷皆重山复岭，陡涧深林，其窄隘处仅容一人一骑。上如登高，下如入井。贼若乘险邀击，我军虽众，亦难施为。或诸蛮远遁，阻险以老我师，进不得前，旁无所掠，将不战自困矣。且自征倭占城交缅诸夷以来，近三十年，未尝有尺土一民之益。计其所费，可胜言哉？去岁西往，及今此举，何以异之？乞早正深罪，仍下明诏招谕，彼必自相归顺，不须远劳王师，与小丑争一旦胜负。今为之计，宜驻兵近境，多市军粮，内安外固，渐次复之。此王者之师，万全之利也。若云业已如此，欲罢不能。亦当详审成败，筹定而行。彼诸蛮皆乌合之众，必无久能同力捍我之理。但急之则相比，缓之则相疑。以计使之互相仇怨，待彼有可乘之隙，我有可动之时，徐命诸军，数道俱进。服从者怀之以仁，抗敌者威之以武。恩威兼济，功乃易成。若复舍恩任威，深蹈覆辙，恐他日之患有甚于今日。"不报，遂谢病去。初，国杰师出播州境，与贼战失利，乃令军士人持一盾，钉其上，俟阵合，即弃盾佯走。贼果逐之，马遇盾皆仆。国杰鼓噪趣之，贼大败。既而余寇复合，要战，国杰不应。数日，命杨赛因不花分兵先进，大军继之。贼兵溃，乘胜逐北千里，杀获无算。遂破之于墨特川，擒斩蛇节，隆济遁去。寻为兄子宋阿重执之来献，诏斩之，余党相继平。诏领其将士入见，张宴享之，赏赐甚厚。进光禄大夫，偿其赏士金一千九百两，钞万五千锭。将士迁官有差。

蠛衣生曰：隆济、蛇节在胜国时，为蚕贵州挚矣，顾亦刘深激之乎？国杰墨特川之役，大为吐气，计所亡失，仅足相当。读陈中丞疏，与今日事势，古今一辙，为边帅者慎无若深可也。

知州张怀德

张怀德，元大德间为贵州知州。值土官宋隆济及蛇节反，攻贵州，时治平既久，兵备废弛，众心汹汹无措。怀德募民壮，合官军千余，喻以忠义，人殊效死，军势颇振。然众寡不敌，力战被擒。贼欲降之，怀德大骂，不屈而死。郡人表其战地曰崇节。

蠛衣生曰：胜国时有隆济、蛇节之难，而贵州以墟。今日有应龙之难，而贵州幸全。贵人不知昔之所以墟，又不解今之所以全。城之不陷，有司之不为怀德也，其机固难言哉，难言哉。

万户移剌四奴

移剌四奴，蒙古人。至大间为万户，乖西带蛮阿马等入寇，遣移剌四奴，及调思播土兵，并力讨捕。枢密院以移剌四奴备知事势缓急、地里要害，乞听其便益调遣。制曰：可。已而寇平。

通判赵将士

赵将士，元普定总管府通判。立学安边，政平讼理，夷人畏服，树德政碑诵之。

教授何成禄

何成禄，皇庆中为顺元路儒学教授。富文学，饬容止。训迪诚恳，郡中文美勃然以兴。又尝迁建学舍，而以故址创书院，勤于所事如此。

刑部侍郎曹伯启

曹伯启，字士开，济宁砀山人。延祐元年，迁刑部侍郎。八番帅擅杀，起边衅，朝廷已用帅代之矣。命伯启往诘其事，次沅州，道梗。伯启恐兵往则彼惊，将致乱，乃遣令史杨鹏单骑往喻，新帅备得其情，止。奏坐前帅擅兴罪，边民以安。

宣慰司同知塔海

塔海，蒙古人，由进士为嘉定路同知，有善政。天历中，顺元永宁夷犵弗靖，驿传废弛，使命阻绝。蜀省檄塔海往谕之。深入遐荒，申以信义祸福，诸酋遂幡然遵奉期约。不两阅月，驿骑云集，传舍一新。寻升罗罗斯宣慰司同知，嘉定人立去思碑以颂之。

宣慰使乞住

乞住，至顺初为八番顺元宣慰使。有惠政，而武略亦过人。尝命将兵讨云南，武功茂著。

都事那海

那海，至顺间任云南行省都事，忠勤，辞令复出，等夷乌蒙土官禄余叛，省遣那海奉诏往谕。禄余拒不受，俄而贼大至，那海因与力战。及晚，乌撒兵入顺元境。左丞贴木儿不花御贼，那海复就阵宣诏招之，遂遇害。

礼部尚书冯士启

冯士启，字梦弼，许昌人，为八番宣慰司令史。尝因公差抵一站，日已莫。站吏告曰："今夕冯判上岸，麻线须暂停驿程以避之。"问其故，闭目摇手不敢言。公怒，趣马行数十里。至溪畔，忽见一物如屋，乌剌赤下马跪泣，若诉状，呼问何为，亦闭目摇手不答。于是下马祝之曰："某窃禄来此，苟天命合尽，尔其啖之。否则，容我行。"祝毕，即转入溪中。腥风臭雾，触人口鼻。既而，各上马。比曙，抵前站。吏惊曰："是何麻线大胆若是邪？"公问此为何物，始敢言曰："马蟥精也。"麻线，方言曰官人。乌剌赤，站之牧马者。公官至礼部尚书。《辍耕录》。

蟫衣生曰：贵志载冯尚书为顺元府经历，裨赞帅幄，多良谋。《辍耕录》载马蝗精事甚详，今并存之。

宣慰使完泽 副使范汇、教授廖志贤

完泽，至正间任八番顺元宣慰使都元帅。奉宣德意，怀柔远人，境内康乂。今都司，乃其所建之帅府也。同时有副使范汇，文学政事闻于当时，郡中纪载，多其手翰。又宣慰司学教授廖志贤，启迪多方，号称善教。

　　　附范汇《八番顺元宣慰司题名记》曰：
　　八番顺元，相传为夜郎牂柯之表，殆古鬼方之境欤。蛮獠种落杂处，叛服不常。入我国土军狗地诸部悉归顺，始置宣慰使都元帅府，总戎以镇之，更贵州为顺元。屯驻城中，领万户府一、镇抚司一、安抚司十、长官司五，而顺元、思、播三宣抚地皆听抚镇，其任重矣。然而四外督土官相袭，或有争，则境内寇夺乘衅，道路欲塞。又外连南诏、岭徼、两江、溪峒，侵削斗阋，往往有之。阃政相弛，即戒不虞，故官于阃府者号称才难。至正十年秋，宣慰司都元帅完泽公，以省台宿望，仁勇兼著，莅政未数月，号令肃然，旌旗改色。于是纪纲立，法度行，百废兴。而太府未有题名石，何以昭劝惩？乃命立石，属余次序而题著之，将镌刻，以候来者于无穷。及考诸闻见，始自开辟以迄于今。至于边政之得失，才谓之崇卑，则人心公论在，将历指而议之。可不惧哉！

黔记卷三十五目录

宦贤列传三大明公侯伯都督

营阳侯杨信

六安侯王威

归义侯明升

镇远侯顾成

隆平侯张信

都督萧授

都督同知吴亮子经

南宁伯毛胜

保定侯梁珤①

南宁侯方瑛

武平侯陈友

兴宁伯李震

参将郭英

都督李贵

怀柔伯施瓒

都督何卿

都司张祥

都督彭伦

都督沈希仪

总兵郭成

---

① 梁珤：原作"石瑶"，据《明史》改。按《明史》卷一五四有梁铭、梁珤父子的传。正文径改，不出校。

黔记卷三十五

泰和郭子章相奎父著
汉州宋兴祖汝杰父正
贵溪毕三才成叔父校

宦贤列传三大明公侯伯都督

颖国公傅友德

傅友德，字惟学，宿州人。初从明玉珍，不得志，走从陈友谅。辛丑，率众来归。从征友谅，平蜀。洪武九年，上将平云南，命友德巡川蜀，降永宁、雅播、金筑、普定、中平、乾溪等寨，还京。十三年，乃儿不花寇边。十四年，副大将军讨之。九月朔，为征南将军，永昌侯蓝玉、西平侯沐英为副，统兵三十万征云南。

上曰：云南遐僻，取之当自永宁始。先遣骁将别军向乌撒，大军继自辰沅入普定。分据要害，乃进兵。曲靖，云南喉襟，彼必并力拒我。审势出奇，取胜在此。既下曲靖，三将军一提劲兵趋乌撒，应永宁。大军直捣云南，彼此牵制，彼疲于奔命，破之必矣。云南既克，分兵径趋大理，势将瓦解，其余可不烦兵而下。

公兵至湖广，命都督郭英、陈桓、胡海，率兵五万，由永宁趋乌撒。路多险阻，诸将欲深入。郭英曰："破敌贵先声，攻取必自近始。舍近趋远，非策也。"遂以兵攻赤水河路，去河二十里为营。时久雨，水暴涨。英曰："贼恃水涨，不意吾济。"下令诸军，斩木造筏，夜半济河。比晓，敌始觉，遂大惊溃。生擒阿容诸蛮，由是云南诸郡邑皆震。十二月，公大军趋贵州，攻普定，擒安锁，罗鬼蛮犵狫悉降。又攻普安，下之，留兵戍守。

遂会沐英等师进取曲靖。梁王遣其司徒平章达理麻，率精兵十万来拒。沐英曰："彼谓我师疲于深入，未有虞心，乘此可破也。"遂兼程进，会大雾四塞，冲雾行，抵白石江，雾霁，两军相望。达里麻大惊，以为神兵飞至，乃拥众逼水阵。友德欲济，英曰："未可。"别遣一军溯上流，潜渡。出其阵后，鸣铜角，树帜山谷中为疑兵。达里麻惊，急撤兵还御。阵乱，英乃趣师济江，以猛而善泅者先之，长刀蒙盾斫其军，敌却数里而后阵。师既济，友德麾兵大进，矢石交发，呼声动天地。战数拾合，指挥赵旺马蹶，死于阵。英等纵铁骑冲其中坚，连斩数十人，敌大败。生擒达里麻，俘甲士二万，马万匹，横尸十余里。公纵降者，使各归业。夷人见俘者得归，大喜，军声益振，遂克曲靖，留兵镇之。乘胜克阳林。公自帅师南击乌撒，沐英攻陆梁州，擒贴木儿壬子兄弟。又击越州龙海诸寨，转向永宁。遂与蓝玉趋云南，梁王闻达里麻兵败被擒，大惧。走滇池岛中，先缢其妃，自饮药不死，投水死之。英进至板桥①，故元右丞观音保举城降，父老出迎王师。英整兵入城，秋毫无犯，市不易肆。收梁王金印，并宫府符信图籍，抚定其民。自九月朔出师，迄下云南，仅百日。

英乃分兵趋乌撒，会公大军。时故元右丞实卜复聚兵赤水河，及闻公循格孤山南至，沐英又自云南来会，实卜遂遁去。公令诸军城乌撒，版筑方具，实卜引诸蛮复大集。公据高冈，严阵待之。诸将欲战，公不许。士卒奋励，公度其可用。乃下令曰："我师深入，有进无退。彼既遁而复来，心必不一。并力与战，破之必矣。若使彼据险自固，未易克也。"遂进战，师既阵，芒部土酋率众来援，实卜合势迎战。我师趋之，战数十合，酋长多中槊坠马死者。我师益奋，蛮众大溃，斩首三千级。实卜复遁。遂城乌撒，得七星关，以通毕节。又进至可渡河，于是东川芒部诸蛮皆降。英等亦降各路守将张麟等，得金银铜印七十四，马数万匹。

上遣使如公军以敕奖谕之。曰：内使罗信至，知将军调度有方，节制严整。普定诸蛮，俱已奔窜。未知此时何如，乌撒乌蒙果降否？前恐蛮地无粮，令将军分各军回卫。今知资粮于敌，军可不必回也。继又敕曰：比闻云南既克。然区画布置，尚烦计虑。前已置贵州都司，去云南尚远。今必置都司于云南，以统诸军。既有土有民，又必置布政使司及府州县治之。其乌撒、乌蒙、东川、芒部、建昌之地，更宜约束酋长，留兵守御，禁民勿挟兵刃。至如霭翠辈不尽服之，虽有云南亦难守，慎之。

公进兵，克大理诸郡。是年，霭翠及宋钦皆降，蛮地悉平。公因俗立法，定贡赋，兴学校，掩战骼，广屯田。南人大悦。十七年还京，论功进封颍国公，食禄三

---

① "板"原作"版"，据贵图本改。

千石，与世券，二十七年暴卒。

蠛衣生曰：自古取蜀将帅不利。汉岑彭、来歙讨公孙述，遭刺客之祸。魏邓艾、钟会讨刘禅，皆族。后唐郭崇韬、康延孝、魏王继岌讨王衍，皆死。宋王全赟、崔彦远讨孟昶，皆坐废。开禧间杨巨源、李好义讨吴曦①，皆为安子文所歼②。余玠为宣谕凡十年，不令终。本朝颍国公傅友德平蜀后以暴卒。

西平侯沐英

沐英，定远人，太祖抚为子。以武功封西平侯。洪武十四年，充征南将军，副傅将军，讨元孽梁王把匝剌瓦尔弥于云南及贵州，东川诸蛮至是悉平，语具颍国传。

高皇帝诏曰：曩因元政不纲，豪杰纵横。朕提师旅，与之并驱，十有二年。然后命征房大将军平华夏，诸将四征。五年，中原是平，万姓宁家，纪年已十五年矣。惟尔乌撒、乌蒙、东川、芒部、建昌等处，抗命弗庭。况云南梁王，诱我边士。因是发征南将军颍川侯傅友德、副将军永昌侯蓝玉、西平侯沐英，率三十万众，问尔西南诸夷之罪。今颍川侯等报至，言云南等处尽行克复。今特遣使赍诏，谕尔云南乌撒、乌蒙、东川、芒部、大理、建昌、水西、普定等处人民，今后敢有不遵教化者，加兵讨平之。於戏，《春秋》之义，罪重者释有罪而纳逋逃，尔云南王及诸夷酋长宜其然乎？

未几，东川诸蛮复叛。上又敕曰：东川、芒部，夷种虽异，而其始皆出于罗罗。厥后子孙繁衍，各立疆场，乃异其名曰东川、乌蒙、乌撒、芒部、禄肇、水西。无事则互起争端，有事则相为救援。若唐阁罗凤之居大理，唐兵追捕，道经芒部诸境，外称归顺，内实棍诈。聚众积兵，据险设伏，唐将不备，遂堕其计，以致丧师几二十万，皆将帅过信无谋故也。近称东川诸蛮不叛者，号为循良，固未可逆诈。然须防闲，严整师旅，使不得肆其奸谋，然后贼可破也。

又曰：今令诸夷报送东川蛮，人恐此令既出，蛮人诡谋亦从此生，假将此辈名为侦伺，我军当愈加严慎，不可托以心腹。盖蛮夷平日夫妇无伦，乱如群犬，虽父子不相保，其言岂可信乎？今欲降服之，其地山势险峻，道路崎岖，林箐深远，其

---

① 曦：原本误作"牺"，径改。

② 安子文：原本误作"李子父"。按安子文系南宋安丙字，安丙曾与杨巨源、李好义除掉南宋叛将吴曦，后又杀杨巨源。李好义则为吴曦部将所杀。

人猿猱无异。大军一至，窜入林薮，猝难获捕。宜且驻兵屯种，待以岁月，然后可图也。

已，贼退，诸蛮复平。二十一年九月，越州土酋阿资叛，命公会友德讨之。友德兵过平夷，以其山势峭险，密迩龙海，宜筑堡驻兵屯守，以捍蛮夷。遂迁其山民往居早上村，留神策卫千户刘成等顿兵千人，树栅置堡，其地后以为平夷千户所。阿资等率众寇普安，烧府治，大肆剽掠。因屯普安，倚崖壁为寨。友德等以精兵蹙之，蛮众皆缘壁攀崖，坠死者不可胜数，生擒一千三百余人。阿资遁还越州。公遣都督宁正从友德击阿资于越州，败之，斩其党大头并宗等五十余人。阿资势穷蹙，与其母请降。初，阿资之遁也，扬言曰：“国家有万军，我地有万山，岂能尽灭我辈！”公乃请置越州、马隆二卫，扼其冲要，又分兵追捕，至是势穷，遂降。二十三年，讨普安酋密即，封黔国公，二十八年卒。赠黔宁王，谥昭靖。

永昌侯蓝玉

蓝玉，定远人。洪武初，从太祖定天下，积功封永昌侯。十三年，副傅友德由贵州征云南，云南甫平。十五年夏四月，乌撒诸蛮复叛。上敕傅友德、沐英及玉曰：“乌撒诸蛮，伺官军散处，大势不合，故有此变。朕观云南之地，如曲靖、普安、乌撒、建昌，即今势在必守。东川、芒部、乌蒙，未可守也，且留大军屯聚，荡除乌撒、芒部等蛮，戮其酋长，使之畏威。方可分兵守御。彼蛮负固者尚多，尔其慎之。”

秋七月辛卯，上遣使谕安陆侯吴复、平凉侯费聚曰：“符到可疾报征南三将军，凡乌撒、乌蒙、东川、芒部、磐石、关索岭诸蛮悉除荡之。尔安陆、平凉二侯会兵攻击砦栅，安陆总兵，平凉副之。若通关索岭路，慎勿与蛮人战于岭上。当分兵直捣贼巢，以掩袭之。使彼各救其家①，不能纠合，何以抗我师。其傍土寨，即未能下，候三将军师至，合力攻之，必克也。”

于是，征南右副将军沐英自大理还军滇池，会征南将军友德兵，进攻乌撒。大败其众，斩首三万余级，获马牛羊以万计。余众悉遁，复遣兵捕击之。

八月乙未，上遣使谕曰：“得报，知永昌侯驻军建昌，大军七月一十八日已击败乌撒②，次第搜捕林箐诸蛮。然此地山高道隘，必不可轻动。宜以永昌、平凉、

---

① 救：原作“放”，据贵图本改。
② 军：原作“将”，据贵图本改。

安陆三侯，王、张、郭三都督军会而为一，以大势压之，则一举可殄矣。人自七星关来者又云：芒部、乌撒之蛮，至夜举火，挈家入霭翠之地。符至，可谕霭翠之民缚送军前。其关索岭非古正道，古道又在西北，可以大军蹂之，开此道以接普定，则芒部酋长必尽获以来。将军其熟图之。”

乙巳，复遣使谕傅友德等曰：“云南士卒艰食，措置军士，贵乎得宜。否则，大军一回，诸夷复叛，力莫能制。其士卒逋逃者既入蛮地，不复能出，盖非蛮人杀之，则必为禁锢深山，使之耕作。凡守御之处，当以此晓之。蓝玉、费聚、吴复三侯，王、张、郭三都督，会所部兵马，穷索山林，则余寇可悉擒也。兵既艰食，固不宜分。止于赤水、毕节、七星关各置一卫，黑张之南、瓦店之北，中置一卫，如此分守，则云南道路往无碍矣。霭翠之地，必以十万众乃可定也。凡此数者，朕所见大概耳。万里之外，岂能周知？若军中便宜，则在将军等自处置也。”

已而诸蛮尽平。论功，玉侯爵世袭，后封凉国公。二十三年，都匀安抚司，散毛、散狗长官司蛮民作乱，玉遣凤翔侯张龙等率兵讨平之。玉后以叛诛。

安陆侯吴复

吴复，字伯起，合肥人。从太祖，以战功升安陆指挥使。调征陕西土番，克河州，从颍川侯平蜀，从卫国公平九溪蛮，进督府佥事。洪武十二年封安陆侯，世指挥使。从颍川侯征云南，克普定，充总兵官。剿杀蛮寇，始同杨文破普定阿买，既同顾成破西堡阿驴等砦，城水西，守之。西堡之破，顾成统赣州卫官军从征，斩首八百级，生擒一百六十人，获马六十六匹。已，西堡阿得寨蛮复反。公令顾成又率兵讨平之，比取公广西，转饷盘江。卒。追封黔国公，谥威毅，与子孙世侯券，食禄二千五百石。复冲冒矢石，体无完肤。平居恂恂，至临阵奋发，无坚不溃。在普定买妾杨氏，年十七，复殓恸哭。已，沐浴更衣，自经死，封贞烈淑人，详《淑媛列传》。

蠙衣生曰：吴黔国定普定，卒于盘江，冲冒矢石，体无完肤，所谓以身殉国，非邪？至于艾妾自经，以殉黔国。忠臣烈妇，萃于一门。主臣夫妇亡遗恨矣。

信国公汤和

汤和，凤阳人。从太祖定天下，以功封信国公。洪武十五年，经理四川永宁墉壕士马。十八年六月，蛮酋吴奋儿倡乱，称刬平王，古州十二长官司悉应之，号二十万众。靖州卫遣兵击之，不利。遂进逼靖州，指挥过兴御之九里冈，败绩，及其子忠皆死。秋八月，楚王请亲征，上许之。以信国公汤和充总兵官，佩征虏前将军印，江夏侯周德兴、都督同知汤礼皆充副将军。上敕和等曰："行师用兵，须昼夜慎防，毋轻视蛮人。深入其地，虽有来降者，亦须审察，慎勿轻信。沅、宝庆等处士卒，壮者攻战，弱者运粮，务使军容整肃，馈饷有余。楚王尚幼，未能练达军务，今遣都督刘宁来总宿卫之兵①。军旅之事，卿自裁决，然后启王知之。"

于是，楚王率其护卫兵校六千五百人，合信国公所统士，号三十万，九月，师次辰州。遣往谕铜鼓诸司②，能缚致吴奋儿者宥，奋儿闻大兵且至，遁上黄。于是湖耳十长官司相继降，楚王劳之，谕令还洞，使发其丁壮供饷，不如令者剿灭之。冬十月，率兵过铜鼓，次十万坪。分四道，约期会古州。湖耳诸蛮饷至者千五百余人，遂遣诸将乘夜捣其巢。旦日，王至铜鼓督战，尽毁其栅砦，杀获四千余人，至屈团顿寨而还。既而，搜伏匿，发害藏，诱执吴奋儿及其子孙，悉送京师。二十八年卒，谥襄武。

蟫衣生曰：永宁卫今辖贵州，《通志》称曹国公李文忠筑永宁城。考《一统志》，四川名宦不入曹国。吾学编《曹国传》，未著永宁事。独《鸿猷录》载：明升降，上遣李文忠往，镇抚蜀中。文忠增筑成都城垣，设成都等卫，亦未及永宁。故经理永宁，当是信国。

江阴侯吴良

吴良，定远人，本名国兴，赐名良。气岸雄伟，性质刚直，与弟祯俱以勇略称。元末，良兄弟从太祖，取滁、和、采石、姑熟，定建康，克镇江，下常州。既克姑苏，移良苏州卫。武备益修，军民辑睦。洪武三年，封江阴侯，与世券。洪武五年，古州八万诸洞蛮大乱，上命良充总兵官，佩征南副将军印，中书平章事李伯升充右副将军，帅宝庆卫指挥胡海等讨之。五月，师次零溪，进攻铜鼓、五开、潭溪，克之。再战，蹙腾浪，掩都莫，越漂洞，既而捣地青，灭龙里，通洪州，所向辄克。独秦洞崖山苗最桀黠，扼铜关铁寨之险，久不下。良以计袭破之，歼其众。于是古州八万悉降，收抚洞寨二百余所，籍其民，与之更始，而以其地隶思州宣慰司。十五年卒，赠江国公，谥襄烈。

---

① 今：原作"敬"，据《明史》改。
② 诸司：原作"请诸司"，据贵图本删去"请"字。

越巂侯俞通渊

俞通渊，巢人，父廷玉，兄虢国通海，渊以父兄故，充参侍舍人。功升督府金事。征都匀、龙场诸洞蛮，多俘获。洪武二十四年，古州银赖蛮反。十二月，命通渊统贵州辰沅诸军讨之。明年正月，通渊克银赖、洞汲、三门、合水、蒲洞、铜锣诸寨。二月，克龙里、洒洞、赤沙、上黄、洪州、迷洞。三月，克三达、龙寨二洞，俘斩无算。五月，封越巂侯，世袭。二十六年，坐累夺侯。建文中，御靖难师，战殁。

《黎平府志》云：古州蛮夷长官司在府城西北八十里，故十洞所也。

左都督杨文、都督同知韩观

杨文，仓山人。从太祖起兵，积官至都督。洪武三十年，古州蛮林小师以妖术倡乱，夏四月，攻陷龙里守御千户所，屠其军男女八百人。事闻，朝廷以都指挥齐让充总兵官，佩平蛮将军印，吴勉充左参将，指挥宋福充右参将，率湖广军征之。贼号一十万，围困黎平守御所。让乃抽兵遣大校往援，遇贼潮门桥，战弗利。引还，转斗数十，死者千余人。蛮乘胜追蹑，至铁炉苗坡，不复退。遂据高壁，自宁溪抵铜鼓一带山箐间，列栅置垒[1]，扼险拒兵。散骑舍人驰奏让逗留畏敌，征还，弃市。

寻命楚王帅师，湘王副之，以左都督杨文充总兵官，佩征虏前将军印。都督同知韩观，虹县人，成子也，充副总兵。简徒二十万，复命都督顾成率贵州军策应。上谕文等曰：

> 都指挥齐让讨贼，久而无功，故命尔等代之。凡用兵行师，以严明为务，赏罚必当功罪，然后恩威并行，人心悦服。如分遣官军入山追捕，日可行十五里，十里，或二十里，暮即还营。如此，则出入有时，寇不得肆其狙诈[2]。若五开蛮人果来连构，即调兵，会征南将军、都督金事顾成同剿捕之。其安陆侯吴杰、江阴侯吴高以事获罪，可与步骑三四千，俾之立一功。宁都督、汤都督尝领兵，为楚、湘二王宿卫，驻营黔阳、辰溪之地，二人亦令从征。宋都督、刘都督亦可与军一二万，俾自当一路。仍奋激思州宣慰司土官转运粮饷，以足军用。

---

① 垒：原本误作"叠"，据贵图本改。
② 狙诈：原本误作"徂诈"，据贵图本改。

冬十月，兵至沅州，伐山开路二百余里，以抵天柱。贵州都指挥程暹亦以兵来会，遂涉苗境，营小坪，而以偏师别由渠阳零溪西南山径，衔枚夜发，犄角以进。文等直抵洪州、洎里、福禄、永从诸洞寨，分道夹攻，大破之。擒馘凡二万一千五百余人。成亦剿平臻部六洞、螃蟹、天柱、天堂、大坪、小坪诸寇。十二月凯旋。建文三年冬，文为大宁总兵，引兵万余掠蓟州，扼成祖。靖难后，召文还。以开国老将，得不死。

螟衣生曰：古州八万诸苗，即今之黎平苗也。洪武五年，吴襄烈征之。十八年，烦楚王、汤信国，合兵至三十万。二十年，越巂侯俞通渊又征之[1]。三十年，楚王、湘王帅都督杨文、韩观，俘斩二万余级。岂真三苗五溪之裔邪，何反覆叵测也？比者，皮林乘播乱阻兵，再勤王师，舞阶之难如此。

明高皇帝文集载《赐都督佥事杨文征南诗》：

> 大将南征胆气豪，腰悬秋水吕虔刀。雷鸣甲胄乾坤静，风动旌旗日月高。世上麒麟元有种，穴中蝼蚁竟何逃？大标铜柱归来日，庭院春深听伯劳。

《黎平志》作《送楚王》，误矣。

靖宁侯叶升

叶升，合肥人。归太祖于和阳，屡以战功，官至督府佥事。洪武十二年，封靖宁侯。二十年十月，命升与普定侯陈桓统兵征东川、普定等处蛮寇。二十一年五月，升等兵至普定，剿平陆肇、白照、水胸等洞蛮寇。七月，复进剿东川、托蓬、乌路、夫发等寨，皆平之。二十五年，坐胡党论死。

普定侯陈桓

陈桓，濠人。国初以战功历官指挥副使，平中原，升督府佥事。征云南，桓与胡海、郭英率兵五万由永宁趋乌撒，克曲靖，城乌撒，得七星关，通毕节，进克大理。洪武十九年封普定侯，食禄二千五百石，与世券。与靖宁侯叶升征东川龙海，俘获还。二十年，又与靖宁侯总制云南诸军，立营屯田。二十一年，奉诏率师自永宁抵毕节，度道里远近，夹道树栅为营。每营军二万，刊其道傍林木榛莽，有水田

---

① 俞通渊：原本作"俞通海"，据本书卷二、卷二十七、卷三十五改。

处分布耕种，以为久远计。且与沐西平相为声援，毕节遂为重镇。后坐党论死。

鹤庆侯张翼

张翼，临淮人。父聚来归太祖，以平江南，累迁指挥。翼嗣父职，从北伐及征陕西，擒戮诸叛贼，升都督府金事。从征云南，克普定、曲靖，取鹤庆。洪武十九年，封鹤庆侯，食禄二千五百石，与世券。坐蓝党论死。

蟪衣生曰：陈普定城乌撒，通毕节，张鹤庆克普定，取曲靖，不可谓无功于黔。而坐党死，惜乎。

安庆侯仇成

仇成，含山人。洪武十二年，以功封安庆侯，食禄二千石，世指挥使。充征南副将军，征容美诸洞，还至常德。从征云南，克普定、普安、曲靖，与世侯券，加禄五百石。二十一年卒，赠皖国公[①]，谥庄襄。

宋国公冯胜

冯胜，初名国胜，又名宗异，更名胜。从太祖，以功封宋国公。洪武二十一年，领东昌诸胡兵征云南，胡兵中道叛。是冬镇永宁，抚安胡兵，二十三年诏还乡。

德庆侯廖权

廖权，巢人，德庆侯永忠子也。洪武十三年嗣侯。十五年，领兵守毕节，移守泸州。

江夏侯周德兴

周德兴，濠人。从太祖，以功封江夏侯。洪武间，思州五开诸蛮乱，充征虏将

---

① 皖国公：原本作"睆国公"，据《明史》卷一三〇《仇成传》改。

军，讨之，俘斩四万。二十五年秋，坐法论死。

平凉侯费聚

费聚，濠人。从太祖，以军功洪武三年封平凉侯。十四年，从傅将军征云南，克普定。十五年，置贵州都指挥司，聚署司事，讨平云南叛夷，召还乡赐老①。

汝南侯梅思祖

梅思祖，夏邑人。洪武三年，以功封汝南侯。从伐蜀，平云南。十五年，置贵州都指挥使，署思祖都指挥使。民夷安之，寻卒。

景川侯曹震

曹震，濠人。洪武十二年，以征西功封景川侯。二十四年，命往四川永宁开河。自永宁至曲靖，驿桥道路，委贵州都司同知马烨提调永宁、赤水、毕节、乌撒等卫军夫修理。贵播驿铺桥道，委播州宣慰杨某、重庆卫千户钟洪提调。永宁滩一百九十五处，至险有名滩者八十二，石大者凿之，水陡者平之，使舟楫得通焉。询议任劳，雨雪不避。二十五年正月工竣。公自为记，竖碑永宁。后坐蓝党论死吾学编通志。杨升庵《读景川曹侯开河碑》：

> 将军玉剑塞尘清，余力犹将水土平。象马边隅开贡道，蛟龙窟宅奠夷庚。史家底事遗经略，郡乘何曾纪姓名。幸有琳琅播金薤，可无萍藻荐芳馨？

宁远侯何福

何福，不知何许人②。国初，以武功积官至平羌将军。洪武三十一年，擒永宁酋十八加如，诛木簏川乱魁刀千孟，降其众，又讨平毕节、都匀诸啰，进征五开，自是南蛮驯顺。永乐七年，封宁远侯。八年，从征沙漠，违节度，有怨言，自经死，夺侯。

---

① 据《明史》卷一三一《费聚传》，费聚后因胡惟庸案论死，爵位亦被废除。
② 何福：《明史》卷一四四《何福传》作凤阳人。

都司马烨、程暹

马烨，洪武初都指挥使。时贵州初附，势尚骩骳，烨政令明肃，人莫敢犯，呼为马阎王。尝筑会城，砖厚五寸许，一不中程，即杀作者。令诸夷自窑所达城所，骈立而接运，终日无敢跛倚。厅事以合抱木为之，至今不毁。后坐事死，人共惜之。

同时有程暹者，自沧州卫指挥升贵州都指挥使。是时，边备草创，暹殚力经营。洪武三十年丙子，顾成及暹率兵，攻破都匀合江州陈蒙土长官司所属不纳粮差诸苗，斩首一千四百三十三级，生擒一百四十七人，男女一千八十二口。厥功最著。

蠨衣生曰：仇皖国克普定、普安，冯宋国镇永宁，抚安胡兵。廖德庆守毕节，周江夏靖思州，费平凉、梅汝南皆尝署贵州都司，民夷安之。曹景川、马都司开永宁河以通舟楫，筑贵州城以重保障。何宁远擒永宁酋，讨都匀夷，以驯南蛮。皆以开国功臣经营草莱，黔人所当尸而祝之者。不幸半死于法，志半逸其名。故据史书其迹，以俟考镜焉。

宣德侯金镇

金镇，巢人。故宣德侯沂国公金朝兴子也。洪武十七年嗣侯。二十三年，坐党降平坝卫指挥，累功升都指挥。卒，子润嗣，战没。润弟澄，澄子桂，桂子琮，琮子声，声子鼎，世官。声功升都指挥佥事。

营阳侯杨信

杨信，合肥人，故营阳侯芮国公杨璟子也。洪武十七年嗣侯。十九年，与靖宁侯叶升，捕象广西左江十万山。二十年，领鞑靼官军往戍云南，多道亡，降普定卫指挥使。

六安侯王威

王威，濠人，故六安侯王志子也。洪武二十二年嗣侯。明年，坐林来保事谪安南卫指挥使。卒，无子，琙嗣。改清平卫世官。

蟫衣生曰：金宣德、杨营阳、王六安皆以事谪平坝、普定、安南、清平，与前诸侯不同，然皆故侯也，故为之传。

归义侯明升

明升，玉珍子也。本伪夏主，洪武四年以全蜀降，封归义侯。升献良马十，其一白者，乃得之贵州养龙长官司。上赐名飞越峰，绘形藏焉，命翰林学士宋濂为之赞。其辞曰：

西南夷自昔出良马，而产于罗鬼国者尤良。或云罗鬼，疑即古之鬼方。其地有养龙阬，在两山中，泓渟㴱深，开阖灵气，而蛟龙实藏其下。当春日始和，物情酣豗。夷人立柳阬畔，择牝马之贞者系之。已而云雾晦冥，咫尺不能辨色。类有物蜿蜒上，与马接，盖龙云。逮天色开霁，视马傍，傍之沙有龙迹者，则与龙遇。谨其乌蒮而节宣之，暨产，必获龙驹焉。

粤若洪武四年六月壬寅，夏国主明升以全蜀降。献良马凡十，而其一色正白，乃得之于阬者。身长十有一尺，首高九尺，足之高比首而杀其二尺，有肉隐起项下，约厚五分，广三寸余，贯膺络腹，至尾间而止，精彩明晃，振鬣一鸣，万马为之辟易。鞿勒不可近，近辄作人立而吼。

上谓天既生此英物，必有神以司之。亲撰祝策，诏有司以牲牢祀于马祖。然后敕典牧副使臣高敬，囊沙四百斤压之，人跨囊上，使其游行苑中。久之，性渐柔驯。

适八月癸巳，上将行夕月之礼于清凉山坛上。于是乘之而出，如蹑云而驰，一尘弗惊。皇情悦豫，赐其名为飞越峰。复命御用监直长臣马晋臣绘其真形藏焉。臣濂稽诸载籍，汉之元鼎中，有神马出渥洼水中。马之生于水者，尚矣。养龙之说，虽相传于夷人，要当可征不诬也。肆惟皇上以大德而位大宝，日之所出，日之所没，无不梯山航海，献赆奉琛。迩者，独角之犀来自九真，食火之鸡贡于三佛齐之境，其他佹形僪状，藉藉纷纷，且不一而足。而况此水产之龙马乎？《周书》有云，不宝远物，则远人格。所宝惟贤，则迩人安。皇上宵衣旰食，日怀保于小民，岩穴之士，搜罗殆尽，将图治安如黄虞时。其遐荒殊裔，珍毓奇产，未尝有心求之。所以荣光休气，洋溢中国，仁声义闻，充洽八表，而龙媒之异自致于天闲十二之中。揆之于书，前圣后圣，盖同一轨辙也。其视贰师之遣，黩武穷兵，以索诸大宛者，果为何如哉？臣濂以文字为职业，际兹盛美，不敢默而无言。谨述赞辞一首，以贻诸后世。

赞曰：天驷荧，蛟龙升。灵泓澄，神马生。祥飚瑞霭昼杳冥，天一禽聚通精灵。龙胡《汉郊祀志》①：龙垂胡髯，胡乃颔下垂也。盈，凫臆轻。竹披耳，镜悬睛。花雪卷毛光照夜，汗沟有血霞流赪。振鬣鸣，万马惊。闪流电，逐飞星。九霄仿佛从龙行，但闻潇潇风雨声。三川平，八极宁。真龙媒，献龙廷。出入天门驾龙辇，太霞五彩满瑶京。皇风清，皇道贞，皇威明。茫茫堪舆内，孰敢不来庭？陋彼汉将军，空围贰师城。乃知天子在树德，不必连年徒用兵。

是时，伪夏以窦英、姜珏为参政，镇播州、夷陵，荆玉、商希孟为宣慰，镇永宁、黔南，定赋什一，民颇德之。

附杨慎太史《飞越峰天马歌》：

高皇御天开大明，龙马出自养龙坑。房星夜下卢龙塞，天驷晓来骠骑营。殿前重瞳亲赐阅，仗外奚官争相迎。鸡鸣牛首试控纵，风师麟仪无逸惊。归风绝尘羡迅疾，逮日先影羞翾轻。四蹄翩然不展地，六飞如在空中行。是时雌酋有奢香，左骖牡骊右牝黄，贡上金陵一万匹，内厩惟称此马良。宸游清燕幸鸾坡，学士承旨赞且歌。饮以兰池之瑶水，秣以蓝田之玉禾。飞越峰名自天赐，骏骨虽朽名不磨。至今百七十，岁时山头犹有养龙池，方经地志或挂漏，箐苗洞獠那能知？吾闻天下有道，飞黄伏皂②；又闻王良策马，车骑满野。前时吉囊寇大同，烽火直达甘泉宫。近日莫瀛乱交趾，羽书牙璋遍南中。安得将星再降傅友德，房宿重孕飞越峰。一月三捷献俘馘，千旄万旟歌熙雍。呜呼，将相宁有种，龙驷岂无媒。经途访迹一兴慨，郭隗孙阳安在哉？长歌终曲长风来。

镇远侯顾成

顾成，字景昭③，其先湘潭人。成往来江淮间，遂居江都。容貌魁梧，壮勇质直，有胆略，喜习武事。自文其身，夸异人。或谓成黥徒者，非也。丙申来归，充帐前亲兵。常擎盖侍太祖，出入忠谨无过。初授百户，从征，升金吾副千户宿卫，升指挥佥事。洪武九年，从傅友德平蜀，破贵州蛮，克普定，功升指挥使普定卫，进都指挥同知。已而征云南，成扼普定断后，进督府佥事，充征南将军，镇贵州。征五开六洞，破一百三十七寨，斩首三千。建文初，令锦衣指挥谭全谕成班师。二

---

① 祀：原作"社"，据贵图本改。

② 黄：原本缺，据贵图本补。

③ 景昭：《明史》卷一四四《顾成传》作"景韶"。

年，进同知，再进右都督。是年闰三月，从盛庸至真定，战败被执。成祖解成缚。曰：吾且用汝。遣至北平，侍仁宗，居守有功。建文四年，以左都督封镇远侯，食禄一千五百石，与世券。又出镇贵州，申严号令，威信并行。讨抚诸蛮，捣台罗寨，斩叛酋普亮，灭其家，群蛮震慑。卒年八十五，赠夏国公，谥武毅。蛮中皆祠祀。

成八子，长统为普定指挥使，先卒。孙兴祖，永乐十二年嗣侯。赠父统侯。为总兵。宣德中，坐交趾事征下狱。正统十四年，从征失律，降都督同知。景帝初，守备紫荆关，诏与伯爵。英宗复辟，诏复侯。出镇贵州，有战功，加禄三百石，守南京。宣德中镇广西，坐贪财好色，失地丧师，逮下狱。既而释之。

子翰先卒，翰子淳，天顺八年嗣侯。卒，无子，淳从弟溥者，成诸元孙也，成化九年嗣侯。溥起学国[①]，解文墨，尝总兵团营，为平蛮将军，镇湖广。擒贵苗伪王，通滇蜀道，还流移五千家，复烂土长官司，设都匀府，增禄二百石。溥清慎，囊无余资，英国公张懋为率布帛供敛事，谥襄恪。

子仕隆，弘治十七年嗣侯。仕隆好文谙武，为京营总兵，宽弘简质，得士心。充漕运总兵，镇守淮安，廉干不苛扰。卒，赠太傅，谥荣靖。

子寰，嘉靖七年嗣侯，出为漕运总兵。二十三年，言官劾罢。伏羌伯毛汉代寰，旨下数日，又劾罢汉。用都督刘玺，玺致仕，居南京，万表代玺。寰端靖廉明，温荣孝友，时论归之。言官竟被考察去。寰复为漕运总兵，镇守淮安，寻总督京营戎政。

蟪衣生曰：夏国公有祠在贵阳城中，子孙环而居焉。予于其家取故牒观之，太祖、成祖与之坐谈如家人父子。一日，成祖问："卿儿若何？"成曰："臣长儿蒙高皇帝予贵州都司，臣奏长儿性刚，难在都司，与之普定指挥。次儿勇见任贵州卫指挥，性温晓事，弓马亦闲，第貌寝耳。"成祖曰："勇不在大。"又与论交趾事。成曰："交州地瘴，往来且难。"成祖曰："广西海中可去。"成曰："令臣少十年，犹可为陛下去。今老矣，奈何？"成祖曰："贵州亦不可亡卿。"呜呼，君臣之际，曲尽礼忠。视钟室之诛，杯酒之释，何翅天渊！

隆平侯张信

张信，临淮人。父兴，开国功，为永宁指挥佥事。信嗣官紫江草塘，功升都指

---

① 学国：贵图本作"国学"。

挥佥事。洪武三十一年，建文君即位，疑北平。大臣荐信有谋勇，名调北平都司，受密敕，令与谢贵、张昺合力，尽缚藩府人。信日夕忧悒。母怪而问之，信诡对曰："儿统兵边阃，焉能无忧？"母曰："汝非此忧，其语我故。"信屏左右。对曰："密旨欲得亲王，奈何？"母大惊曰："不可，汝父每言王气在燕，汝无妄为祸家族。"信益忧惧。未几，敕促信益急。信艴然起曰："何忍已甚。"至此，三造燕邸。文皇辞不见。乃乘妇人舆求见，文皇召入，拜文皇床下。时文皇称风病不能言久矣。信顿首曰："殿下无恙。即有恙，当急谕臣。"文皇曰："余诚病且困，待死尔。"信复曰："殿下不以情语臣，朝廷密敕信执殿下。殿下意果无他，幸从臣归命京师。即有意，宜告臣。"文皇见信称臣，又意甚诚恻，泣下，告信密谋。立召姚广孝、朱能、张玉定计，夺九门。信遂从靖难兵战大宁、真定、郑村坝，还军攻九门营，西克大同，转战夹河、藁城，渡淮破盛庸兵，入金川门，升都督佥事。建文四年，封隆平侯，食禄一千石，与券世伯。文皇时时呼信为"恩张"，凡召太子，北京察藩王动静，诸密要事皆命信。永乐二十年征胡，功加少师[1]。洪熙元年，与世侯券，支两俸。

　　附：《皇明典故纪闻》：

　　　　隆平侯张信强占练湖八十余里，又占江阴县官田七十余顷，为都御史陈瑛所劾。成祖曰：昔中山王有沙洲一区，耕农水道所经，其家僮常据之以擅利，中山王闻之，遂归其地于官，今信可敢贪纵厉民如此，命法司杂治之。

　　蟫衣生曰：予过平越。平越人言隆平侯张信母墓，仙人张三丰阡也。予登焉，墓不甚耸，龙虎甚匀，一溪绕前，卫城在溪外如玉环带，信公侯坟也。予问隆平以何功侯，诸卫官对未悉。既阅通志，张信居家孝友，莅官忠勤，好礼下士，为时所重，功封隆平侯。又云张三丰谪戍平越，洪武间寓高真观，与指挥张信善。指城南月山寺右地曰："葬此，后必封侯世禄。"信从之，后果以功封。予叹曰：隆平功未著，而取侯如券，信地灵乎？既读吾学编《震泽纪闻》，乃知隆平之母识文皇于邸中，贻子孙以茅土，所谓女智，非邪？而岂专在一抔土也。

都督萧授

萧授，未详何许人。永乐二十一年，治古答异部落大叛。授以右都督，充贵州

---

　① 师：原作"帅"，据《明史》卷一四六本传改。

总兵官，帅师征讨。缚渠魁以献，胁从释弗治。宣德二年，平都匀苗贼，传榜。六年，治古答异复叛，奉命大征。穷捣贼穴，鹹酋长吴遮、龙答那等，奏革治古答异贰苗司①，以治古附平头，并隶府属。境土以宁。

都督同知吴亮子经

吴亮，滁州人。正统元年，以都督同知充副总兵官，镇贵州。号令严明，士卒用命，寇盗屏迹。

子经，成化十四年为贵州总兵。时普定等处蛮贼劫掠，经欲大发湖广、云南兵击之。兵书余子俊以经乃吴绶兄，畏之，欲准其奏。上曰：兵凶战危，岂可轻动。蛮夷有患，在防御有术。若大发兵，恐首恶未得，徒伤无辜。况贵州山箐茂密，纵使兵至，岂能得志？其敕巡抚都御史陈俨，相度事情缓急，应否调兵征剿，奏来处置。十五年夏六月，经以西堡蛮贼报捷，上命驰敕奖之，升报捷人各一级。是役也，蛮夷零贼，劫赴任云南参政姚咏家属。经奏，欲大举兴兵灭之。上命都御史陈俨相度事势为进止，而俨畏经弟绶之势，竟迁延于家，以致经大肆杀戮，地方疲敝，冒滥功赏，人莫敢非议云。

南宁伯毛胜

毛胜，初名福寿，京师人。以兄济九龙口杀胡镇功，进都指挥使。正统六年，征木麓川功，升都督佥事，充右参将。复征木麓川，功进同知。十四年，御虏宣府，功升左府都督。是年冬，守宣武门，又哨虏紫荆关。景泰元年，充左副总兵，率河间东昌达兵征贵州香炉山峒苗韦同烈。户部主事陈汝言言福寿本虏人，奸黠不可信。敕王骥侯福寿至，善御之，无使惊疑。已，乃有功。三年，封南宁伯，食禄千石。五年，进屯金川斩贼功，与世券，改名胜。移金齿，弹压诸蛮。天顺二年卒，赠侯，谥忠壮。

蟫衣生曰：予过平越，平越人言城南有隆平侯张信母墓，城北有南宁侯毛胜祖墓。予访之，不封不树，不碑不城。今二侯裔固纡青拖紫，奈何春秋不一墓祭邪？果忘之邪？则其故莫之解矣。考毛胜，初名福寿，本虏人。伯父邵海，元旧官，归附，为燕山中护卫闲牧官。从靖难，历升都指挥同知。建文四年卒，无子。福寿父

---

① 治古答异：原本缺"古"，据上下文补。

安太，邵海母弟也，嗣羽林指挥使。永乐七年卒，福寿兄济嗣官。卒，无子，福寿嗣官。安得有祖墓在平越邪？或曰，胜征香炉山时，有亲属故者葬于此。未可知也。

保定侯梁□

梁珤，汝阳人，故保定伯铭之子也。宣德十年嗣伯，景泰元年，充平蛮将军，代王骥征贵州，又征福建，皆有功。三年进流侯，加禄五百石，世伯。天顺元年与世侯。卒，赠蠡国公，谥襄靖。

南宁侯方瑛

方瑛，全椒人，威远伯政之子也。正统四年，瑛以父功为金吾指挥使。七年，从靖远伯征贼，功升督府佥事，充参将，守云南。已而从侯侍郎征贵州，功进右都督，充总兵，移守贵州。景泰元年，香炉山功，转左，召总五军营。论先后平贼功多，封南和伯，食禄千石，与世券。明年征铜鼓，留镇湖广、贵州。天顺元年进流侯，加禄三百石。四年卒，谥忠襄。

武平侯陈友

陈友，全椒人。正统十四年充左参将。景泰间，南征香炉山，功升右都督、平蛮将军，镇守湖广。天顺元年，捕苗贼五开、铜鼓功，召还，封武平伯，食禄千石，与世券。二年封流侯。四年卒，赠沔国公，谥武僖。

兴宁伯李震

李震，南阳人。正统中，以指挥使征香炉山螃蟹寨功，历升督府佥事。天顺四年，绞洞苗夷叛，攻围龙里守御所城，远近震惊。上命湖广巡抚都御史王俭及震为总兵官讨之。震乃督指挥吉世英、李景、庄荣，按察司副使沈庆，佥事洪弼，分道进攻，克绞洞诸寨。追至清水江，获李天保，余党悉平。

七年，天柱苗虫虾、谢用良、陈三清等据赤溪湳洞叛，僭称王。上命湖贵三司抚之，弗听。震佐俭调汉土军，以秋九月至靖州。十月，督参将高端进湳洞，会贵州总兵李安分道夹击之，擒陈三清等，获其伪印，平之。加震左都督。

成化十一年，清水江苗乱，命调军十万讨之。巡抚都御史刘敷督震及左参将高端、右参将彭伦、都指挥庄荣等，分五道击之。十月，端进远口，战不利，再战，遂破莱溪、地垒等寨。敷、震进攻鬼井，克九虎塘高山大栅，拔之，斩首三千级。彭伦进槐溪，袭杀伏贼数百人。九虎塘至赤溪，沿亘林箐深邃荒迷，震令军士薙除翁郁，辟险扼为通途，遂进屯虫黄。十一月，与彭伦夹攻茅坪、四虎塘、排洞、赤溪、江口、清浪等寨，遂营排洞，以便漕粮。已而，闻贼八千余人屯赤松，负险据敌。震令端、荣驱兵循溪左，伦率兵循溪右，一人领水兵由中流溯回策应。荣等进薄贼阵，斩馘颇多，贼旋引去。追至白崖塘，使人登岭，下瞰贼众万余，方沿江保险而屯。遂整兵结束，夜半传发，冒险入逼贼巢。贼睡方熟，军至鼓噪，始惊觉。擒斩俘获及堕崖溺水死者不可胜数。十二月，进攻阳洞、地平，纵火焚其巢。

明年正月，复合四省军，赍轻粮，进捣黄蜂、地蛇、却里、败洞、清水溪诸寨，势如破竹。盖自分道进兵，至是凡八十余日，攻下大小苗寨六百二十一所，斩首八千余级，俘获万余，诸贼悉平。震以功封兴宁伯。十四年，革爵闲住。二十年，复伯爵，乞诰券，不许。

参将郭英

郭英，正统间贵州参将。镇平越，威法兼行，诸夷畏服。非警急不废诗书，时称儒将。

都督李贵

李贵，顺天人，本姓苗。景泰间，以都督副总兵镇守，赐姓李。智略勇敢，迥然出众。时贵苗弗靖，与太监郑忠极力抚捕，久之而戢。忠亦有心计，修桥建楼，置壶漏以明时，葺祠庙以祝釐。郡人为立生祠祀之。

怀柔伯施瓒

施瓒，通州人，怀柔伯施聚之裔也。正德初，以世伯总兵贵州。雅好文学，命工绘七十二候图，名《气候图》。会王伯安先生谪龙场，公请伯安序。

都督何卿

何卿，成都人。正德十四年，芒部夷叛，啸聚攻永宁卫屯。十六年，守备邵鉴奏请添设参将镇守。嘉靖元年，卿以参将来镇。三年，进兵征芒。四年，平之，升四川松潘副总兵去。六年，芒夷复叛，仍命卿征之。八年始平。卿在镇，礼贤事老，泽及枯骨。永宁至今有去思。太史杨慎作《雪关谣》曰：“雪山关，雪风起，十二月，断行旅。雾为箐，冰为台，马毛缩，鸟鸣哀。将军不重来，西路何时开？述途人思何将军。”

卿也历官都督。

都司张祥

张祥，四川行都司都指挥佥事也。正统己巳，贵州诸夷叛。祥奉命率所部来救，至赤水，大捷，寇患少宁。驻兵守之，会霖雨，水溢，贼乘间来攻，势甚盛。祥曰：“事急矣，吾属当为国死。”至清水铺，与其仆马伏先、张牢等皆力战死。卫人立忠义祠祀之，墓在赤水。

都督彭伦

彭伦，湖广永定卫指挥，累升都督佥事。成化中充参将，镇守清浪。为人多谋略，先计后战。每敌报至，终夜不寝，抱膝危坐。及旦，命诸部将曰：某出某处。皆捷。

初，成化二年，茅坪苗叛。伦守备清浪，时平蛮将军李震召伦讨贼。进至天柱，天堂诸苗皆降，进攻茅坪、赤溪、架直、黄蜂等寨，皆捷。

三年春，铜鼓苗叛。震复召伦讨贼，引军直趋铜鼓。会诸军夹攻天堂、黄柏等寨，破之。二月，至自铜鼓，逻者报苗出没西溪高寨，伦按状得实。即令指挥王雄哨段家屯，钱宗玉哨龙塘，铁坚出龙塘，与钱宗玉会。贼惊曰：彭家军四面至矣。遂遁去。贼复出翁贡溪，伦命官军邀之，贼败。斩甚众。升都指挥使，守清浪。

五年四月，贼入乾溪、长冲，杀人，夺牛畜。报至，檄镇远通判杨裕起集邛水、施秉民兵次松明，自率指挥尹昶等继至。时贼方联舟洪江有所营，为闻官军大至，穷蹙，请还所掳牛畜，与盟而退。

伦以邛水等处贼入境，多因各寨不即遮格，以致滋蔓。乃檄所司曰：凡贼入境，诸司能获一人皆重赏。其有不即遮格，致误地方者，当众诸议。于是诸司各敕所属，凡遇生苗入境，皆缉至帐下。一日，就教场盛陈兵卫，令府司官各领目把人等来。引前所缚苗审①：某人入吾境，杀某人。某入吾境，掠某人牛畜。当死。众曰：然。即上秤竿，令骑士交射杀之。复割裂肢体，置炭镬中煮熟，令壮士啖之。众苗皆股栗。复引审曰：某故违军禁入境，罪亦当死。苗叩首请命，众救解之。因令截耳鼻，使去。曰：以此为识，再来，吾不活汝矣。因敕诸寨分各树界牌，自是众苗传相告戒，不可过界。

十一年，妖贼石金州诈称明王子孙，潜入绞洞，号召古州人万诸万为逆。而一时洪江、甘篆、龙阿、龙俸苗皆应之。宣言往南京即王位。逻者以告，伦遣人候得要领，知金州某日自绞洞入鬼农寨誓众。密遣指挥铁坚，督湳洞土官杨玉宣，设伏虾蟆塘以待，获金州焉。并搜获其妻孥及所造妖书旗印，上之，地方以宁。

十二年春，古州苗纠洪江、甘篆诸苗，以取明王为言，期先破湳洞，北出沅州，居民惊徙②。三月，贼攻湳洞，不克。明宣言出镇远，镇远告急。伦命各指挥领军分布要害，自统人马驻关口，以当贼冲。设伏待之，大战，乘胜逐北，死者无算。

未几，邛水十四寨张家苗老革堕等僭号侯王，纠洪江生苗谋夺军民田地。伦曰：地方所系也，不可不密为之计。乃议出军，雨下如注。伦曰："贼必以为不出。急攻，可得意也。"于是刻期并进，四面夹攻，就阵生擒苗老革堕③，并男妇二百五十余口。余匿崖壑，并搜捕斩之。遂平张家苗，全军而归。

时天柱苗叛，势尤猖獗。平蛮将军李震移书，请合军进讨。伦率所领马步官军攻之，贼败走。伦辨江捣贼巢穴。贼取棘刺遮道，官军排之而入，奋与贼斗，又败之。擒获男妇三百余口，牛羊牲畜无数④。时左哨军循他路进⑤，伦独以右哨当之。伦告诸部将曰：今贼巢已破，乘胜攻白崖塘，特易易耳。白崖塘者，崖石万仞，下临深江，苗寨号称绝险，国初累攻不下。乃会左哨军同进，偶得樵者示径路，官军就夜攀援而上。及旦，布满山颠，炮声四发，贼仓皇惊溃。官军追杀之，斩首二千余级，生擒男女二千五百有奇。盖自用兵以来，未有如是者也。

---

① 审：原作"寨"，据后文改。
② 徙：原本误作"陡"。
③ "革"原本作"草"，据贵图本及本书上文改。
④ 牲畜：原作"牛牷畜"，据贵图本改。
⑤ 他：原本误作"地"，据贵图本改。

初，臻剖六洞苗占熟苗田地，不认纳粮马，官府涵容①。伦谓白崖塘既破，六洞苗皆震恐。遣指挥张英往谕之，果请纳粮马不敢后。共认秋粮一百四十二石，驴马三匹。

是年，升右军都督府金事，充参将如前。弘治元年，移镇贵州，兼提督平清等处。四年，伦年逾七十，乞骸骨致仕。

都督沈希仪

沈希仪，字良佐，其先临淮人，景泰中迁贵县。少英气，雄胆略，能挽强命中。嘉靖间，为思田柳庆参将，剿平雒来等处。二十九年为贵州总兵官，与总督张岳、参将石邦宪，计平镇铜诸苗。后镇广西，平溪峒凡五十余所，首虏积至五千余级。时号名将。西土谣云：军中有一沈，军士闻之心凛凛。其为时所称艳如此。

蟪衣生曰：予读唐荆川叙沈紫江战功与粤西志，良佐功在粤西，奇矣。贵州平苗，筹计多出石邦宪，岂良佐粤西人，未谙黔地利邪？抑石可任，任石即沈功邪？是时粤西有良佐，贵州有邦宪，四川有何卿，声名鼎峙，真三方干城哉。

总兵郭成

郭成，叙泸卫人。万历己卯总兵，镇铜仁。先为都督戚继光偏裨②，平倭有功。威声远播。故一至群夷震，垒有出掠者，密遣健儿十数辈，入深巢，至折馘出，不之觉，苗以为神。先，各营多附郭，谓示弱无益，相要害而移成之。筑玛瑙、盘石、永定诸堡，为外蔽，绝苗往来道，毋令交通。每挺身从十余骑出入茂箐中，莫知综迹，即部队亦不能物色之。苗一日三四惊，曰：郭公来矣。则或登陴而望，或携奴而匿，相戒毋犯。时府城兵少，家丁仅百余人。程力较能，为饷多寡，无不当其才者，其转弱为强类如此。惜未究其施云。

---

① 涵：原本作"湻"，据贵图本改。
② 偏：原本作"褊"，据贵图本改。

黔记卷三十六目录

宦贤列传四总督巡抚

右佥都御史沈林

佥都御史陈天祥

右副都御史萧翀

右副都御史曹祥

副都御史邹庄简公文盛

南刑部左侍郎樊莹

总督兵部尚书伍文定

右副都御史刘士元

副都御史徐庄裕公问

副都御史陈克宅

右副都御史汪珊

总督万镗龙求儿附

总督侍郎冯岳

黔记卷三十六

泰和郭子章相奎父著
汉州宋兴祖汝杰父正
贵溪毕三才成叔父校

宦贤列传四总督巡抚

总督兵部尚书王忠毅公骥

王骥，字尚德，束鹿人，永乐丙戌进士，正统六年以兵部尚书提督军务，讨麓川思任发。七年还京，以功封靖远伯。十三年复征麓川，与都督宫聚、张轨等还自麓川。会贵州苗起，即命征苗。聚、轨皆失利，惟公擒其酋虫富槛送京师。平越苗金台以土官科削，大肆猖獗，时攻平越，卫城兵粮大匮。公发兵拯之，卫赖以全。已，苗贼寇毕节等卫，势益炽。巡按御史黄镐称贼势猖獗，城池围困，而王骥老病。公亦奏久在南裔，身染瘴毒，乞还。朝廷乃命保定伯梁瑶充总兵官，右都御史王来代骥，督同参将都督方瑛、陈友等征苗。天顺四年，骥卒，赠侯，谥忠毅。

彭韶曰：先是，麓川之役，朝议皆以为不可，独王振与王骥主之，尽调云南贵州兵以行。连兵十年，升秩万数，而夷酋终逋，将士多死，大军未班。列卫空虚，苗獠乘间窃发，攻围城堡，于是贵州东路闭矣。骥与都督宫聚、张轨等先后拥归，师所至，人遮泣陈苗獠之害。皆曰：吾征麓寇，不受命杀苗也。去之。苗前截后殿，我军无复纪律，死亡数万，轨等仅以身免。诸城被围岁余乃解。饥死者大半，而东南因之骚动，骥辈不得辞其责矣。惜哉，昔唐天宝之盛而有事云南，今我正统之盛亦以麓寇为意，世道升降之机，毋乃有数存焉，吾于是不能无感。

蟫衣生曰：靖远三征麓川，滇人不能无怨。至谓贵苗因之以叛，如《天顺日录》所云，则恐未然也。贵中苗祸，何代无之？自靖远以后，如铜仁、米鲁、炉山、凯口、播州、皮林六大役，不在麓川下，岂靖远之尤邪？嗟乎！大臣不为国任事则天子怒；为国任事则边人怨。白起不行而杜邮之剑赐[1]，姜维屡出而仇国之议起，故为边臣者亦难矣。

总督兵部尚书侯□

侯璡，泽州人，宣德丁未进士，授行人，迁兵部主事。正统初，虏寇甘肃，命往会官讨之。事竣，会有木麓川之役，以郎中参尚书骥军务。功成，进兵部侍郎，镇守云南。景泰初，贵州苗叛，攻围新添、平越、都匀。道梗弗通，城中食且尽。时普定围尤急，上命督诸军进讨。璡自云南选善射者为前锋，自将至普定疾战。矢下如雨，贼大败，围解，遂趋贵。副总兵田礼等以兵来会，克龙里、瓮城、羊肠、杨老诸寨。新添、平越、清平、都匀诸围俱解。上嘉其功，遂迁尚书。又进克平庄堡长官司。时暑雨方盛，疫疠大作，璡得疾，舁归普定卒。

蟫衣生曰：甚矣，兵之不易言也。古人发兵，头须为白。岂徒白头，抑且呕心。侯尚书卒于普定，张惠安卒于沅州，岂非所谓鞠躬尽瘁，死而后已者乎？近者播州之役，张监军栋、杨监军寅秋、吴总戎广俱以贼平病殁。嗟乎，是苦也，惟同尝胆者知之耳。敌破臣亡，谁暇计人苦乐哉？

巡抚王恂[2]

王恂，字用诚，公安人，初名振，嫌与中官同，改名恂。宣德庚戌进士，选庶吉士，历升修撰。正统己巳，迁大理寺丞，巡抚贵州，克举边务。赈穷掩骼，民夷怀畏。景泰二年，召改右庶子，管司业事。四年升祭酒。初，杨文定公溥柄国，恂从之游，谨厚不哗，溥称之曰："吾乡后进若恂者，其文行忠信士乎！"所著有《诚斋集》。

---

① 杜邮：原作"督邮"，据《史记·白起王翦列传》改。
② 恂：万历志作"询"。

附《楚纪》曰：考《杨文定集》，王用诚为祭酒时，与同邑刘永清俱为莫逆交。但用诚醇谨，善事文定，而永清疏俊，以故出补外藩。赞曰：蓬羽词林，缀班鸾坡，有美一人，秉性清和。典教成均，文行忠信，委心文定，不失其正。

都御史王来

王来，慈溪人，景泰元年，辰、沅、靖及平越、清平洞苗蜂屯为梗。有苗民韦同烈者，据清平香炉山，驱胁党类，侵掠疆场。上命都御史来总督军务，保定伯梁瑶挂平蛮将军印，充大总兵官。以是年四月出师，十月壬辰进兵天柱及靖州、铜鼓、五开、城步、平水。所至长驱，贼皆迎降。遂移兵沅州。二年二月乙亥，讨炉山寨。其山壁立千仞，环盘二十余里。大军环列札营，旌旗耀日，戈矛飞霜。苗众遂以同烈等缚送军门，械送京师，磔于市。余贼犹惧威未下，官军围守攻击，贼缘崖罗拜乞生。参将李震请曰：王者之师，除暴怀柔。今元恶既擒，胁从余党及妻孥昔皆沾被化育，出力供赋，与编氓伍，今既求生向化，宜抚恤之，以副圣诏宽恤之仁。金议既同，来乃许之。于是苗酋罗义等十二人皆以藤萝缠束，悬坠下山，俯伏军前请罪，愿徭役贡赋如故，立石兹山，永为誓戒。

蠛衣生曰：予读王慈溪公《平蛮恩信记》，谓石可泐，恩信不可泯，词亦严矣。乃德靖间复狡焉蜂起，屠城杀官，仍穴炉山，惨毒尤酷，所谓恩信安在？夷性险谲，当事者防其渐可也。

副都御史蒋琳

蒋琳，钱塘人，宣德中以父骥荫。景泰四年以副都巡抚①，廉干果毅，锄强剔蠹，恩威丕著。时清水江苗叛，授方略殄之，迁建布政司治，卓有条理。天顺元年为怨仇构害。

蠛衣生曰：题名碑蒋中丞琳升礼部侍郎，列卿年表礼侍无蒋公名，贵州巡抚表有怨仇构死一语，碑似可疑。考琳父骥革除庚辰进士，宣德五年为礼右侍郎，岂碑误以为琳邪？

---

① 四年：万历志作"五年"。

副都御史白恭敏公圭

白圭，字宗玉，南宫人，正统壬戌进士，授御史，历升浙江布政。天顺二年以右副都巡抚湖广，兼理贵州军务，晋都御史，务存大体，入为兵部尚书，加太子太保。卒，赠少傅，谥恭敏。

《菽园杂记》云：白恭敏公圭凝重简默，喜怒不形。为兵书日，奏疏悉假各属曹，藁具，稍加笔削，人往往以简当服之。公退，即闭阁坐卧。请谒者至，左右拒之，多不得入见而去，故当时有酣睡不事事之谤。一中官请托不入，令逻卒阴伺其短以胁之，公密召四司官戒饬群吏而已，竟不从。公尝再与征讨，累有军功，未尝令家人冒功得官职，此尤过人者。公殁后，刑书项公忠代之，视篆日，语四司云：吾不如白大人有福，尔各司凡事慎之。未几，项公免。有福者，盖轻之之辞，然亦若所谓谶云。

兵部尚书程襄毅公信

程信，字彦实，休宁人。正统七年进士，成化元年为兵部侍郎。当是时，两广川陕荆襄诸路用兵，信署部区画方略，皆中机宜。先是，四川、贵州山都掌蛮叛，两镇守将不相下，兵久无功。朝议遣大臣督战，科道官在军中者忽告捷，得赏。未几，诸蛮又叛，据大坝山箐险，破合江等九县。

三年，进公尚书，督军与襄城伯李瑾发川广云贵番汉兵讨贼。公至，分大军三道，自督入金鹅池。四川军由戎县，贵州军由芒部，云南军由普市入，期会大坝。大军进至李子关渡船铺，贼恃险拒敌，飞校下垒石如雨。我军发神枪劲弩，贼却。攀崖上，顺风举火，焚其龙背、豹尾二寨，贼退保大坝。贵州军已踦其后，四川、云南军角其左右。贼惊散不支。连破诸贼，斩首五千，擒二千余。贼复走入天井、水磨二洞。洞窍幽暗，不可入。窒洞，围守月余，贼死几尽。九姓土獠附贼，乘还师扑剿，又大捷。请移泸州卫于渡船铺①，控诸蛮。分山都掌故地，隶永宁芒部。更大坝为太平川，立长官司，辖熟夷。论功兼大理卿。言官论公上首房不实，公四疏请老，不允。七年，调南兵书，九年卒，赠太子少保，谥襄毅。

---

① 请移泸州卫于渡船铺：原本作“请移泸州卫渡航铺”，据贵图本改。

蠙衣生曰：王元简国宪家猷，载程公信、白公圭偕赴春闱。时入旅肆中，忽锅鸣，二公以为不祥，出避之，锅声随其车数里而止。后二公相继为大司马。考白公天顺三年为贵州巡抚，程公成化三年为川贵总督。第程休宁人，白南宫人，不知何以计偕邪？抑解后邪？

附程尚书《月潭寺》诗：

水正澄兮月正晴，波光月影两相平。波因月色光偏洁，月藉波光色更明。形自无前元一气，名从有后别双清。东坡暂驻三军节，聊向源头一濯缨。

副都御史陈宜

陈宜，字公宜，泰和人，正统壬戌进士。成化四年，由云南左布政使升副都巡抚。清静简易，推心置人腹，怀柔远夷，无携贰者。大坝之役，公率参将吴经由芒部进，都指挥韩忠由普水脑进，总兵毛荣由李子关进。会尚书程襄毅公大破都掌蛮，川贵地方以宁。赐金币宝楮。已，有怙势诉功者数十人，谓斩首级数千余，俱枭沿边，未纪录，乞行勘升赏。意公必徇情实其事也。公覆奏沿边无枭挂首级，因言此辈素习骄惰避事，乃敢诈功徼赏，法当究治，以警将来。事虽报罢，舆论多其持正。己丑，升兵部右侍郎，壬辰，卒于济宁，大学士彭时铭其墓。

蠙衣生曰：予读《云南通志》，称公才识过人，声誉籍籍，公之泽洽于云贵深矣。今其子孙犹蕃硕，称柳溪陈氏，为予邑巨姓云。

副都御史李浩，附汪浩

李浩，字德广，德安人，一曰安陆人，正统丁卯贡，布政司碑作监生。拜兵科给事中。英宗御朝，见其仪状伟甚，超迁南工部侍郎，敕总京储，兼理屯政，处置咸宜。天顺改元，左迁贵州参政，改河南，未几，转贵州布政使。适苗叛，拜副都御史，往抚治之。寻四川大坝夷乱，统云贵兵征剿，所向克捷，加三品俸。卒，丘文庄公志其墓。

同时有汪浩者，字弘初，石首人，景泰辛未进士，授南大理寺副。天顺初出补四川佥事，时成、夔、潼、嘉诸郡寇作，浩多方经略，擒斩万余。擢佥都御史，巡抚四川，平剧贼赵铎等。加副都，往讨都掌叛夷，尚书程襄毅公督战益急，浩发其窖藏，军储益裕，卒致底定。论者以其杀降，谪配北鄙。所著有《平西录》。

附廖氏《楚纪》曰：读丘文庄《琼台稿》，以李浩为可人也。夷考之，乃冒中官覃浩，以故奥援。而汪浩之贪天功亦犹是也。赞曰：守身为大，斯为纯臣。杀降为虐，幽有鬼神。二浩功过，言不掩情。史氏评之，恐失其真。

蟎衣生曰：李浩抚黔中而媚灶，汪浩讨都掌而杀降，均非纯臣，汪虽四川抚臣，以佐程襄毅讨叛夷故，并系之贵州都掌属永宁司。雷尚书《列卿年表·贵州巡抚》仍载汪浩云。

附都掌始末：成化元年，戎县都掌夷频岁入寇，遣金都御史汪浩、都督芮成征之。侍读周洪谟上疏，请于都掌照九姓设长官司，使砦主自择素所信服者，命为土官。上命兵部行浩、成议。时浩在成都捕反贼赵铎，成在叙州，知戎县汉民不欲夷人割置土官，而利其钤辖，乃不用本县勘报，惟召邻县夷酋，导参议王礼等诣都掌诸砦，谕以设官之意，诸夷大悦，首二百人诣叙州见成，自具马二十七匹为赴阙谢恩计。成犒之，赏以布，令还戎县以俟。寻遣人报浩。会奏谓都掌、箐前、大坝三处宜设三长官司。诸夷自择大首领三人，堪任长官。次首领三十四人，堪为冠带把事，协赞土官分统各砦。疏入，方议铸印。

九月，浩至自成都，戎县汉民不欲置土官者以甘言啖浩，谓成所招诸酋虽授以官，终不能禁其劫掠，此皆枭雄，一可当百，乘机除之，则余孽皆庸劣，不足虑，数十年可无虞也。浩不知其诈，遂决意杀之。至戎县，诸酋迎谒，浩谕之曰："降蛮太少①，与官太多①，可回砦招三千蛮民来，我即与若奏。"异日，遣人招诸酋，入，即闭营门，五百壮士皆露刃环列。时诸酋目纳款后久释金革，俯跽听命。浩厉声责之，诸蛮叩首请罪。露刃者皆前，杀二百七十余人，内一人跃出，夺卫士刀，刺杀二人而后死。浩使人报成，成怒曰："是成所招者，已与公会奏矣，奈何杀之？"犹豫数日，乃又与浩合奏：夷始虽归降，终则异志，且欲伏兵敌杀官军，不得已调大军剿之。斩首若干，破砦若干。

既而，诸砦余党聚议报仇。十月，乃赴贵州总兵官处诈降。都指挥丁实等出营迎之，夷伏兵四起，官军五千余众皆没。十一月初，欲寇四川。浩等闻之，夜奔长宁，分军实各县，径还成都。时官军夜行迷道，人马坠溪谷死者甚众。贼追浩等，声言欲脔其肉。不及，乃攻长宁。三日，于城下言曰："是尔长宁周侍读使都御史诱杀吾父兄，今不拘五年十年，务将一城人杀绝。"适贼闻戎县人劫其巢穴，乃解围去。时夷恨既深，锋不可当。贵州兵屯金鹅池②，

---

① 太：原作"大"，据贵图本改。
② 鹅：原作"鸡"，据贵图本改。

四川军屯戎县，两军坚壁不出。而夷人由其间，循江之南，直抵江安、纳溪、合江，如履无人之境。诸县官民士庶皆迁江北露次。浩往来江上，不敢南泊。江安贾家砦为贼所屠，杀五百五十余口，县官走白，浩怒曰："吾方报捷，又宁有贼邪？"捶之几死，乃遣人钳各县欲诉夷情者。一夕，夷驱合江等县妇女一百七十，水牛三百，次长宁石笋山下。都指挥宰用等率军逐之，贼皆遁，尽获所虏人畜。

时三司以浩、成既奏贼宜剿不宜抚，故劳饷以供两军。二年，既不能剿，又不敢抚。会长宁县具夷人城下之言以闻，朝命如可抚乃抚之。于是遣人招抚夷人，遂听命。使夷首十二人赴京，贡马十二，铜鼓一，且告乞仍设土官。但畏浩等势，不敢言枉杀父兄事。浩等欲实前奏，终不与设官。夷人益恨，复抄掠。

上闻，乃敕总兵官襄城伯李瑾、兵部尚书程信等率兵来讨，纪功则方御史，综理军饷则俞郎中、陈主事。三年十二月，大军至芮城，由戎县进；都御史陈宜、参将吴经由芒部进；都指挥韩忠由普水脑进；贵州总兵毛荣为左哨①，由李子关进；汪浩督参将宰用为右哨，由渡船铺进。二十三日，毛荣及韩忠烧落崖、落巍等砦。二十四日，毛荣、韩忠及都督罗秉忠、都指挥白玘烧上下落莫用、小铁炉、勇墙等砦。二十五日，汪浩、宰用、都指挥周海、柳英等烧洞扫、海纳、龙背、豹尾等砦。二十六日芮成等进攻大穴塘等处。二十七日，烧昔乖、昧漏等砦。四年正月十四日，都指挥唐闻等攻天井洞。二月二十八日，叙南卫指挥同知李铲破凌霄城。大军前后斩首千余级，俘贼属四百口，还所虏男妇百余，获铜鼓十七，牛马器械无算，烧贼巢二百余砦。始，诸夷闻大军至，留老弱守砦，壮者皆遁深菁，削木皮为食，有饥死者。若再困之一月，则死殆尽。然自昔攻围者皆以他故而退，殆天不欲绝其类欤？

诸贼既平，程信等奏改大坝为太平，置长官司，举永宁士人黄镇为长官。于渡船铺置泸州卫，寻举杀贼有功按察司佥事严正为副使，都指挥韩忠为都督佥事，充参将，守川贵地方，六年之间，赖以靖谧。

刑部尚书何文肃公乔新 父文渊

何乔新，字廷秀，广昌人，景泰五年进士。屡官刑部侍郎。成化间，播州宣慰

① 毛：原文作"吴"，据贵图本及上下文改。

杨辉嬖妾，宠庶子友，欲夺嫡子爱。诸酋不从，辉矫夺大坝、镇箪诸夷寨，立怀远、宣化二长官司。又割播州、凯里五十二寨，设安宁宣抚司，立友为使。张都御史瓒辄为辉画，请旨。会爱母死，友母益横。专结凶党，诬爱反，交通唐王。朝廷疑爱，遣公即讯。友母子又辇金宝赂诸权贵人，欲公囚爱待命。众籍籍为友游说，必欲去爱。

公至，尽得友子母奸恶罪。条上，白爱无反谋，革友宣抚，削官销印，迁保宁，与产业自给，播州遂定。后友子张归播，兵部尚书胡世宁请立安抚司于凯里，以张为之，今凯里司是已。何公后官刑部尚书，卒谥文肃。

先是，景泰元年，贵州苗叛，文肃父吏部左侍郎何文渊疏称：贵州地方，洪武初止设贵州、思南、思州宣慰司，管属土民，设都司镇其地。高皇帝命镇远侯顾成镇守，事简民安，远人畏服。永乐十一年，湖广参政蒋廷瓒奏设贵州布按二司及六府，每营不过一二百户，官多民少，差烦役重。官吏多贪墨，横索民财，民日渐困。以致去岁苗叛，杀害军民。总兵官宫聚又生事激变，水西等处土官，共谋劫杀。官军征讨，杀人盈野。自去春以来，米直腾踊，人多疫死，伤天地之和，召水旱之灾，实由于斯。今兵疫民困，又遣将南征湖、川、云南三省，馈运劳苦万端，恐生他变。贵州山峻林深，虽有雄兵，急难成功。乞敕兵部会议，被贼烧毁衙门弗复起盖，司府大小官吏及从征官军俱各取回。止照洪武年间设宣慰司，管属土人；设都司钤束军卫。遣一大将镇守，命一大臣招抚。便宜行事，宣布恩威，赏劳土官土人。候西北胡寇宁息另议。

疏入，下兵部，尚书于谦议曰：贵州苗叛，攻围毕节、平越等卫，敌杀官军，剽掠人畜。钦命总督王骥等领兵剿杀。已。巡按御史黄镐题称：贼势猖獗，城池围困。及称王骥老病。又命保定伯梁珤充总兵官代骥，及量调直隶、九江等官军协助杀贼。今臣等切详。贵州虽辟在一隅，人多顽犷。系我高皇帝开创于前，文皇帝经营于后，迄今八十余年，法制已定，地方无虞。比因边将处置乖方，加以征南之师数出，兵疲于久戍，民困于远输，遂致各种贼寇乘机生发，上干圣虑。劳师远征，已及年余，城池虽被围困，而各官皆能效力死守。土地，祖宗之土地；人民，祖宗之人民，岂可轻易弃掷？但事干边务，难以遥制。合行侍郎侯璡、总兵梁珤等公同勘议，务在处置合宜，上不违祖宗之成法，下不遗边境之后患。至命大臣一员前去招抚①，何文渊先已出差贵州，备谙本处山川险易，民情向背，合无量与升职，请敕前去，同侯璡等相度贼势，便宜招抚，务俾抚捕两得其宜，地方不致失陷。

---

① 前：原本误作"有"，据贵图本改。

上曰："不必差官，止令侯璡、梁珤整理。文渊不行，贵州亦宁。"

蟫衣生曰：贵州之议，失之文渊而得之忠肃；播州之议，失之张瓒而得之文肃。贵州非忠肃则西南之区久为左衽；播州非文肃则夜郎之祸岂待应龙。故二肃之谋国也忠矣。嗟乎！文肃岂独盖父之愆己邪？

副都御史秦敬

秦敬，涿州人。成化六年，由浙江左使升副都巡抚，治责大指，不苛细小，民恋之如慈母。及代，境内父老携稚幼攀送百里外，涕泗不忍舍去。

佥都御史宋钦

宋钦，字敬之，陕西乾州人。成化十二年以佥都巡抚。光明正大，洞见里底，苗夷感化，相戒毋犯边，溷我公清宁之化。升南大理卿。

副都御史陈俨

陈俨，字时庄，庐陵人。景泰甲戌进士。成化十四年①，由山东左使升副都巡抚。兴利剔患，惟恐不及。西堡寨夷弗驯，躬往谕导之，归化者半。有终弗率者，请于上，躬擐甲胄，捣其巢。号令严明，信赏必罚。于是渠帅稽首，余党震怖，凭崖伏洞者闻风请降，或持牛酒诣军门罗拜欢呼。捷闻，加从二品俸。

赐敕褒嘉曰：尔统帅官军，分为五路，直抵播五、阿朗、乌统等处贼巢。连月架梁躐塘，熏洞攻巢。官军齐力向前，先后攻克寨屯五百七十七处，石洞五十四洞，生擒苗贼一百三十四名，斩首二千七百五十二颗，俘获男妇七百二十四口，搜出应禁黄红袍服一百七十三领，牛羊等畜一千三百五十六只，凶器三千一百四十三件，其余贼众，坠崖熏死者不可胜计。具见尔等同心画策，临期成功。特兹降敕奖谕，尔须公同计议，设法处置地方，抚安善良，俾安生理。其有违误，就令宁家，不许一概俘掳，有失夷情，致生他变，尔其钦承之。

仲子眇从军有功，抑弗报，主将请遣之奏捷，亦不听。在边镇四年，不以家随

---

① 十四年：万历志作"十六年"。

居，常泊如也。十九年，召为南刑右侍郎[1]。卒于家。有《公余稿》若干卷。

蟫衣生曰：陈公初号约斋，晚年号悾恫子，不欲以知能自名。大学士刘公珝称为谦谦君子，然乎。公初师萧文昭，文昭妻以女。功名事业骎骎与文昭垺，文昭庶几知人矣。

副都御史谢昶

谢昶，黄冈人。成化十九年，由四川左使升右副都巡抚。是时吴经为总兵，昶与经共奏苗贼纠众称王，敌杀官军，声言入犯，其势甚炽，乞调兵剿之。兵部言：苗贼果如经等所奏，固当致讨，但详诸臣奏词，不见杀掠实数，宜遣官按视。于是遣御史邓庠、兵部员外费瑄赐敕，谕以上体朝廷好生之心，下念生民烦费之苦，勿据偏词轻调大兵，以邀功启衅。庠、瑄至贵州，苗实无称王诸状，第稍侵我田土。守臣希觊升赏，皆主用兵之议。又出危言以劫持二人。二人不从，遂招抚苗众。苗知朝廷无剿除意，各出听抚谕，兵竟不用而还，昶寻致仕。

副都御史孔镛

孔镛，字昭文，一字公远。吴县人。宣圣五十八代孙也。景泰甲戌进士[2]。成化二十三年，以右副都巡抚。是时，清平卫部苗阿溪者桀骜多智，雄视诸苗。有养子曰阿刺，膂力绝伦，被甲三袭，运二丈矛，跃地而起，辄三五丈。两人谋勇相资，横行夷落，推为渠魁。近苗之弱者，岁分畜产而倍课其入。旅人经其境者，辄诱他苗劫之。官司探捕，必谒溪请计。溪则要我重贿，期为剿之。乃捕远苗之悍者，诬之为贼以应命。于是远苗亦复惮而投之，以为寨主。镇守、内臣、监军、总帅率有岁赂，益恣肆无忌。时时讧官苗，以收鹬蚌之利。

公廉得其状，询之监军、总帅，皆为溪解。公知不可与共事，乃自往清平访部曲之良者。得指挥王通，优礼之。扣以时事，通亹亹条答，而独不及溪。公曰："吾闻此中事惟阿溪为大。若秘而不言，何也？"通不对。再扣之，竟默然。公曰："吾所以异待若者，谓能办大事，非行辈等也。今若此，固庸人耳。"通曰："言之而公事办，则一方受福，而愚言有益。否则公将损威，而小人且赤族矣。"公笑曰：

---

① 南刑：万历志作"工部"。
② 景泰：原本误作"天顺"，据《明史》卷一七二本传改。

"何用弗办，而过虑若此。"通始慷慨陈列根枝。公曰："阿溪所任何人，而能通赂上官？"通曰："彼独藉指挥王曾、总旗陈瑞。必先劫此两人，乃可举耳。"公曰："诺。"通谢去。

翌日，将校廷参。公曰："欲得一巡官，若等来前，吾自选之。"乃指曾曰："庶几可者。"将校既出，公谓曾曰："汝何与贼通？"曾惊辩不已。公曰："阿溪岁赂上官，汝为向导，辩而不服，吾且斩汝矣。"曾叩头不敢言。公曰："吾欲取阿溪，计将安出？"曾因陈溪、刺谋勇状，且曰："更得一官同事乃可。"公曰："汝自举之。"曾曰："无如陈总旗也。"公曰："可，与偕来。"少选，曾偕瑞入见。公讯之，亦若讯曾者。瑞屡顾曾。曾曰："勿讳也，吾与若事，公已悉知，第当尽力以报公。"瑞亦言难状。公曰："而第诱之出寨，吾自有以取之。"瑞敬诺而出。

苗俗喜斗牛，瑞乃牵牛置中道，伏壮士百人于牛傍丛薄间，乃入寨见溪。溪曰："何久不来？"瑞曰："都堂新到，故不及来见公耳。"溪曰："都堂何如？"瑞曰："怯懦无能为也。"溪曰："闻渠在广东时，杀贼有名，何谓无能？"瑞曰："同姓者，非其人也。"溪曰："赂之，何如？"瑞曰："公姑徐徐，何以遽舍重货？"溪遂酌瑞，纵谈斗牛事。瑞曰："适见道中牛，恢然巨象也。未审校公家牛何如？"溪曰："宁有是乎？我当买之。"瑞曰："贩牛者似非土人，恐难强之入寨。"溪曰："第往观之。"顾阿刺同行。瑞曰："须牵公家牛往斗之，优劣可决也。"溪曰："然。"苗俗信鬼，动息必卜。溪因即座，以鸡卜。不吉。又言夜梦大网披身，出恐不利。瑞曰："梦网得鱼，牛必属公矣。"遂牵牛联骑而出。至牛所，观而喜之。

两牛方作斗状，忽报巡官至矣。瑞曰："公知之乎？乃王指挥耳。"溪笑曰："老王何幸，而得此荣差。俟其至，我当嘲之。"瑞曰："巡官行寨，公当往迎，况故人也。"溪、刺将策骑往。瑞曰："公等请去佩刀，恐新官见刀，以为不利，是求好反恶也。"溪、刺咸去刀见曾。曾厉声诘溪[①]、刺曰："上司按部，何不扫廨舍、具供帐，而洋洋至此。何为？"溪、刺犹谓戏语，漫拒之。曾大怒曰："谓不能擒若等邪？"溪、刺犹笑傲。曾大呼，伏兵起丛薄间，擒溪、刺。刺手搏伤者数十人，竟系之。驰贵州见公，磔于市。一境始宁。

迁工部侍郎。公为政平恕不苛，暇则以诗文自娱，遇佳山水，游咏终日。黔人思之，为立碑。

蟫衣生曰：予闻孔公岭南守郡时，苗贼拥众围城，公计不可敌，顾开门单骑诣虏营，谕以祸福，再宿而还，夷人惊服，终公任无敢犯境者。溪、刺事固其微者

---

① 厉声：原本作"励声"，据贵图本改。

也。又读夏国公《与国咸休册》，序出公笔，文词尔雅，不愧曲阜家声云。

副都御史邓襄敏公廷瓒

邓廷瓒，字宗器，巴陵人。景泰五年进士。为淳安知县，问民疾苦，专施惠政，不求赫赫名。终九载，无知者。兵部尚书张鹏时以都御史巡抚广西，知公，荐知梧州府，会母忧，去。贵州程番，初，府在万山中，夷獠杂聚，难治。以公知程番，公悉心规画，凡城郭、街衢、庙宇、廨舍，以次兴建；榜谕诸夷，使受约束；政令公平，莫不感说。垦田不逾界，入市不二价，四境晏然，蔚如中州。居程番九年，迁山东参政，历左布政。

弘治六年，贵州黑苗久叛益肆，守臣告急。敕公往巡抚兼提督军务。初抚不从，始合众，谋调兵食，决策征剿。兵至其地，号令严明，将校用命，斩首六千，获二千，械首恶俘京。寇既平，奏言都匀、清平旧设二卫所，属九长官司，其人世禄骄纵，稔恶酿患。致夷人侵田夺货，逞欲无厌，已四十余年。军疲于戍守，民困于转输，其害不可胜言。今幸当恶削除，非大更张，不能为保境安民之计。条上十一事，下兵部议行。始设都匀府一，独山、麻哈州二，清平县一。更设流官与土官兼治。以右副都御史召入台，未几，出镇两广，晋左都。卒，赠太子少保，谥襄敏。

附：廖氏《楚纪》曰：廷瓒性不喜修饰。自为知县，至知府，淹于常调者余三十年，人罕知之。其后程番之绩久而益著。其征贵州，功虽伟而纪律不严。部下多妄杀冒功者，人不能无议云。又曰：尝闻诸杨邃庵公云：邓宗器为方伯时，善医，虽小吏有疾，必亲胗视。及为中丞时，又善奕，虽土夷知奕者略崖岸，与之奕。以是周知闾里俗尚，蛮徼险要。嗟乎！以若人而置之今日，其不为众诋者几希。甚矣，古道之难也。

赞曰：朴貌类野，山谷含灵。古心类痴，江湖悬情。伟哉宗器，职大中丞。匪躬蹇蹇，于迈駪駪。贵阳之泽，粤海之勋。铜柱可纪，青史犹馨。

蟫衣生曰：邓宗器为淳安令九年，而始为程番府，守程番又九年，而始为山东参政。今一除贵州，辄迟迟不来，既来，辄觖觖思去[①]，视若地狱鬼国，不可一日居者。故若宗器者，毋问其他，即十八年守令，亦可谓居易君子矣。

---

① 觖：原本误作"觖"，据贵图本改。

右副都御史张廉

张廉，字孟介，归安人。弘治八年由贵州布政使巡抚。在贵日久，民俗夷情，靡不洞悉。有所兴革，因民利病，抚讨视夷顺逆，谙练若理家政然。致仕。

副都御史钱钺

钱钺，字大用，杭州前卫人。成化二十三年为贵州按察使。注意学校，奖帅人材，制乐器二百六十四以供祀典，且增修学舍，为诸生肄习所。立社学，训武弁及闾里童稚。弘治十二年，由太仆卿升右副都巡抚。时普安苗孽米鲁者，土知州妻也。知州死，鲁主州事，杀其庶子，欲自袭夫职。镇巡官不许，且欲正其罪，鲁遂反，势甚披猖。上命公与太监杨友、总兵官东宁伯焦俊征之。公以都指挥刘英将安南、安庄、普定营长毛政、黄昱兵，由普安百户徐福屯进，为左哨；都指挥王璋将普安、威清、平坝把事设额厘营长纳墨兵，由普安百户官高屯进，为右哨；都指挥李雄、吴远、侯宇将乌撒、毕节、赤水、永宁兵，由乌撒后所进，为后哨。截长江遏其后路。都指挥张泰、黄京各提屯卒千人，于普安、安南二城为声援；参政马自然、副使周凤、参议王杲、佥事龚嵩为监军。亡何，沾益米鲁母族也。我师压境，米鲁西遁。已奏捷，普安稍宁，而米鲁未获。上令云南另致讨焉，至十六年始平。

蟪衣生曰：读李士实《平夷记》，钱公之功似伟矣。然米鲁之逸，未馘于廷，既有歉于吕嘉之获。而平夷之记出自叛臣，又大愧于退之之碑。是役也，功亡足纪，石则宜仆。

佥都御史刘洪 子副都御史渠

刘洪，字希范，今钟祥县人。成化戊戌进士。授阳谷知县，擢御史，巡视两淮盐课。弘治戊申，按云南，得宪体。壬子，擢浙江副使。毁奄寺，立乡塾，民知向方。转广东按察使。十五年，进佥都巡抚贵州。值米鲁叛后，剪余党，城其险要。十七年正月，洪奏所属土苗族类渐蕃，混处无别，乞以百家姓编为字号，赐之汉姓。兵部覆请，上曰：华夏自有定分，可随其土俗称呼定与姓氏，不必用百家姓。加副都，往四川松潘，平列柯、空龙二寨。正德戊辰陟右都，抚治两广。俘斩潮、惠诸郡剧贼及府江郴桂流寇。颁赏金帛有差，入掌南台。会北寇猖獗，修水战以豫防之。卒，李文正公铭其墓。

子槩、渠、臬俱进士，槩为行人，渠副都御史巡抚贵州，臬副都御史巡抚山西。洪所著有两广川贵诸议及《石坡稿》。

刘渠，字清甫，洪次子，辛巳进士。以右金都巡抚云南。嘉靖二十三年升右副都巡抚贵州。请增守备，言云南界中曲靖之东为乌撒，道里绵远，夷丑狼扈。已就彼议建哨堡，拨军防御。盖缘设无专官，事难责成，请增守备一人于迤东一路以兼制之。诏从其议。

蟒衣生曰：刘希范父子，三为中丞而抚黔者二世。家之希邁，黔南之盛事也。《楚纪》称希范敦实，足为后生师模，宜其教家有令仪矣。

户部尚书王襄简公轼

王轼，字用敬，公安人。天顺甲申进士。授大理评事，审录四川。鞫刑平允，出补四川按察司副使。值贵州黑苗赍果等叛，播州土官请兵征之，轼诇知其情，得不遣。擢本司按察使，清决滞狱，囹圄为空。弘治辛亥，擢金都御史，提督巡江。乙卯，转副都御史，总理京储，产弊剔蠹，恩信永孚。寻抚贵州，丞振风纪。丙辰，召入为大理卿，陟南京户部尚书。弘治十一年，普安州营长福佑营夷妇米鲁叛。米鲁以姜弑亲夫，隆礼以子弑父，阿保及其子阿鲊莫[1]、阿歹以部落弑其主，内相争，外攻屯堡，破村栅百三十余区，民庶死者百余人。猖獗日甚，于时镇巡调集官军征之，立营保甸铺侧，兵未出发[2]，营为贼所劫，布政闾钲遇害，虏太监杨友，官军死者不可胜纪。为梗十有三年，流毒三百余里。十六年，公以户部尚书统川广云贵汉土官兵十余万讨平之。贼平，加太子太保。年六十八，卒。谥襄简，所著有《平蛮》、《恤刑》诸录。

副都御史洪钟

洪钟，字宣之，钱塘人，进士。弘治初为四川按察使。治体精明，人咸推服。十八年以顺天巡抚副都调贵州。丁用兵之余，地方疲惫，疮痍未起，公惟务休养安和。前都御史古乾宋公钦迁巡抚行台，而未有题名记，公始伐石为之记，略曰：

---

① 阿保及其子阿鲊莫：原本作"阿保及其鲊莫"，据贵图本改。
② 出发：原本误作"入发"，据贵图本改。

都御史之设，国初无定员，地方有大事，则请之朝，遣廷臣往理之，九卿正佐随时简命。亦无定官，出则奉简檄，给驿廪，至其境，凡事有宜俗利民者，许便宜以行，即古大夫出疆，得专之义也。事竟还，亦无定期。至正景间四方多事，于是各边腹地方，有军务者始遍设之矣。

贵州巡抚行院旧在省城南隅，街宇僻隘。古乾宋公钦始迁建于此，后先相承，益加辟治，规度宏备。时题名碑记未立，恐其久而难稽也，乃遍考旧籍，得上元丁公璿以下廿四人，并其字贯，镌之于石，以图传之永久。

夫巡抚，一方安危攸寄，而刑赏黜陟，举得以专之。惟在公而无私，明而无蔽而已。鉴惟明也，而妍与丑自见；衡为平也，而轻与重自分。惟其无私无蔽也，故妍者重者无所德，而丑者轻者无所怨。前之诸公，所谓公与明者宜无愧矣，抑岂无优劣之议者乎？眇予小子，承乏在兹。尸素之诮，吾固知其难乎免于后之人之议之也。噫！前人行之而后人议之，后人惧其议之而不思所以戒之，则后之议者将无已矣，可不慎哉！

已，四川蓝鄢大盗起，命公总制，与巡抚林公俊议不合，乃代以彭公泽。公历官刑部尚书、左都御史。

右佥都御史沈林

沈林，字材美，长洲人。成化辛丑进士。正德七年，由广西左使升右佥都巡抚。是时，宣慰宋然激变乖西苗贼。

公疏略曰：乖西苗贼阿杂等之叛，由宣慰宋然激之。然既罢职，复使其子姓承袭，恐夷民不安。宜将贵竹、平伐等七长官司，并洪边十二马头地方、金筑安抚二司总设为府，洪边、贵竹各设县，皆以流官抚理，然偘储及长官宋齐改授军职。

兵部请下镇巡等官详议。公升副都抚山东去。

九年，巡抚陈天祥等复奏各长官司夷民不愿开设府县，况贵竹一司旧隶水西宣慰安万钟，金筑等司旧隶程番龙里府卫，初非然所部，储及齐宜各袭授原职。兵部覆奏，诏曰：夷俗有不可尽以常法治者，储、齐准仍袭原职，令与万钟等俱用心管束夷民，毋得科害激变。再有违犯者，镇巡官劾奏，罪之。考误：沈本佥都，碑刻副都，误。

蠙衣生曰：沈公之虑远矣，而惜陈公之覆议，见未及沈也。八十年后，贵竹、平伐设为新贵。沈之言不几于左券乎？俾尽如沈言，贵阳其中土矣。

佥都御史陈天祥

陈天祥，字元吉，吴江人。正德八年，以提调天津左佥都调任巡抚。先是，三年，金石司酋石承宠、石承玺、石方显等纠贼为乱，时卧龙司叛贼王阿伦、邓先、难清等，结泗城州贼王彪等，啸聚三千余人，大肆猖獗。至八年，阿伦称平地王，难清称江告王，承玺等各号领兵将军，伪造铜印，刻阳平将印，传榜称乱。天祥与御史邝约等檄兵巡守备等官，率兵擒剿，地方遂平。召还，协理院事。

右副都御史萧□

萧翀，字凌汉，内江人。成化进士。以巡抚保定副都养病。正德八年起用，巡抚贵州，调抚河南，总督两广。历官四朝，声望赫奕。居家俭素自持，乡间重之。

右副都御史曹祥

曹祥，字应麟，歙县人。正德十年，由陕西左使升副都巡抚。先是，镇箪、铜平等苗倡乱，公至，即檄谕利害，解散者半。寻擒斩逆命者五十名颗，招抚逃民三百余名。蒙玺书慰劳，其略曰：苗蛮连年反侧贻害，尔自交代以来，夷患既除，地方宁靖，非处置有方，委任得人，何以致此？宜益竭才猷，绥怀远尔，用称朝廷委任责成之意。[①] 寻以劳疾乞休，都御史邹公文盛奏叙前功，赐金绮。

蠙衣生曰：予读王尚书琼覆邹庄简捷音疏，有曹祥未经奏请，辄调兵剿贼，以致误事等语。而《通志》祥传又云奏叙前功，何也？志传失实如此类者不少，姑阙疑焉。

副都御史邹庄简公文盛

邹文盛，字时鸣，公安人。弘治癸丑进士。正德十一年巡抚。

先是，清平卫车枕等寨苗叛，其酋阿傍、阿皆、阿革皆称王，据香炉山为巢。

---

① 万历志此处尚有一段文字："又普安苗贼阿则、阿马纠夷诈称官职，创营劫掠凯口地方，阿向等亦皆煽乱，乃大集将佐，会兵殄灭，剧酋面缚乞降，贼党悉平。"

纠合苗众，焚劫居民，蔓及兴隆、偏桥，平新龙贵诸镇，道阻不通。巡抚曹祥同镇巡诸臣檄诸路兵，以都指挥周吉部领参议蔡潮监视，且剿且抚。会祥去，文盛代之。诸苗负固不听抚，上命文盛剿之，别敕湖广巡抚秦金、总兵官杨英以兵会。

兵未至，文盛先集贵州兵，以参政胡濂、参议蔡潮、都指挥潘勋、指挥余大伦各监统①，于正德十一年八月三日进剿。初八日捣炮木寨，伏兵，计擒贼首阿革。二十六日捣罗袜寨，擒贼从阿义、阿黎。九月十一日，指挥满弼、王言、金章等率游兵巡徼，遇贼众三百余人自香炉突出，至大岐坡，弼等四面邀击，杀贼五十余人。贼退奔，据白崖。

亡何，副总兵李瑾帅湖广兵至，川贵各路兵俱先后至，募兵亦集。文盛乃分兵五哨，命参将洛忠，都指挥刘麟、陶霖、王玺、祝镇、叶昙、杨淮、许诏各统领，副使李麟、参议蔡潮、佥事许效廉、詹源各监军。参政胡濂督饷。布政使赵文奎、转运指挥余大纶率游兵策应。总兵官李昂、副总兵李瑾驻师要害地应援。文盛与太监李镇居中节制，御史周文光纪功，诸将分道刻期进抵香炉，夹攻之。

山四壁立陡绝，惟隘路五处逶迤可上。贼皆筑砦栅守御，官兵稍近，木石毒弩俱下。官兵用火铳焚其寨栅，贼以水沃灭之。诸将仰攻数日，不克。乃以意制铁猫、爬山虎、绳梯等具，督令宣慰彭九霄、彭明辅等拣精兵，于十月三日昧爽，附山下缘崖猿攀相引上，拔其外栅，纵火，焚贼庐舍三十余间，击斩百余人。贼殊死战，兵不得深入。遂敛众退，复采木制杨桥战楼，高与贼寨埒，约接近可攀登者。至十四日夜分，雷雨大作，诸军觇贼不备，舁前攻具附崖。土兵先登，官军继之，斩关拔栅入，纵火焚贼庐舍，烟焰蔽天，四面夹攻，至天明，贼不能支，乃退奔入后山，复据险为寨。

后山峻隘尤甚。诸将督兵进驻重险间，二十二日乃伏兵崖下，令都指挥王言同向导陈良等诱之。贼众持镖弩下山迎敌。号举，伏兵四起，接战数合，贼复奔据山绝顶，拒守益坚。诸将用向导土人，探知贼山后颇有林木藤萝，可悬拽梯縆数处，乃先遣人入寨与约。至二十八日，令百户邵刚、吴隆于山前招贼酋与语，抚之，使命往复，故延久。贼果聚众前山观听，山后备稍弛。诸将乃督兵以攻具附所探诸处齐登。贼众觉，仓卒拒战。官兵已夺险，遂奋击，贼不能御，乃大溃。官兵乘胜入捣崖峒，擒贼首阿傍等，斩俘甚众。二十九日②，分兵搜捕山箐，擒斩略尽。

诸将遣使告文盛：黑苗久负固称乱，据龙头、都黎等山寨，与阿傍等声势相

---

① 余大伦：本文后两处及本书卷二十七均作"余大纶"。
② 二十九日，原作"二十二日"，据贵图本及本书前后文改。

倚，居民被其荼虐。官府屡欲剿之，以阿傍等未靖，兵力不及，故乱日益滋。今兵众大集，请乘胜进剿黑苗诸叛乱巢寨，其胁从观望诸苗，亦宜乘此兵威抚定之，可无难者。

文盛然其计，令诸将以十一月十六日帅兵进剿黑苗，捣龙头寨。贼恃江水深险，沿崖御之。官兵伐木为筏，渡江，直冲贼巢，纵火焚贼庐舍储积。贼败走，诸军乘胜追杀。十二月初七日，进捣都黎。连日捣都兰、都蓬、密西、大支、马罗等寨，擒苗酋阿兹等，俘斩若干。遣使招抚诸苗寨，诸苗寨悉听抚，黑苗遂平。

前后共擒获首恶阿傍、阿革及阿兹等二十余人，从贼阿犵等八十余人，斩首一千五百一十九级，俘获老弱妇女二百二十余人，焚贼庐舍一万四千余间，获牲口夷器等物甚众，抚过苗众三百七十五寨，官兵阵亡七十三人，伤者二百八十人，乃班师。捷闻，上降玺书奖谕文盛等。诸将校各赏赉有差。

历官右都御史，南户书。卒年七十有八，赠太子少保，谥庄简。

蟫衣生曰：予过炉山，山若偃炉，屹立群山中。分为三级，下则四面斗绝，环抱一岩，如炉之腹而偃。其口中则嵾岏联络，浑然巨块，如炉之腰。上为一坪，设一门，内可容数万众。有田有井。后门圆石，兀立如炉之柄。逞诸叛苗，雄踞其间，自谓牢不可拔。已而，官兵从后曳绳梯以破其坚，数十年逋寇，一旦扑灭，香炉之险不足恃矣。是役也，邹公主之，蔡少参潮佐之，而蔡功竟不序，惜哉。

附兵部尚书王琼《贵州捷音疏》略云：

该巡抚贵州副都御史邹文盛题议，照苗民逆命，自古为然，而恃险肆恶，于今独甚。猖乱于阿傍、阿阶之桀酋，蠢动于车椀[1]、门楼之诸寨，动称六十年气数皆然。辄以韦同烈故事藉口，呼吸之间，蚁聚蜂屯，奔跳之际，鸱张豕突。自清平、兴隆以及偏桥诸卫[2]，欲攻阻上京之路，由平越、新添以及龙贵诸镇，欲据为己有之区。军屯财蓄，烧劫无遗；卫堡城池，攻围不次。哨聚香炉巢穴，敌杀应捕官军。若居民，若行旅，残伤无算；若村市，若镇店，抢掠一空。称呼自为苗王，出入僭乘轿马。恶焰重炽于远迩，凶声联络于蛮夷。

请兵讨罪，湖广交章；得旨会师，抚征并举。盖叛逆久锢于冥顽，顾招安适资乎玩侮。大兵压境，犹戕杀军职方面，厥罪滔天。实自绝生成覆育，神人共愤，征剿何疑。

于是预分玉石，明示恩威，大会三省之兵，共图万全之计。舍羽翼之群

---

① 车椀：本文前面作"车枕"。
② 偏桥：原作"偏头"，依文意改。

寨，先根据之香炉。四面围绕，五哨夹攻。官军土官，轮番攻击；军器火器，错杂交施。厚赏激之于前，严罚儆之于后。是以官兵各输谋勇，共图成功。或造楼接战，或架梯攀登。我攻之无间于昼夜，彼御之莫救乎东西。觇其无备之处，密为暗取之谋。一登而戮其枭桀，锐锋已挫；再登而斩其首恶，巢穴烬煨。种类尽于三登，根株不遗一缕。军声震地，烟焰烛天。数十寻巉巇之山，一朝失险；千百年逋逃之寇，一旦诛夷。香炉摧裂，夷寨震动。举此加彼，顺若建瓴；图易先难，势如破竹。故传檄漂坝诸苗，输诚纳款，归我侵疆；加兵黎兰等寨，落胆飞魄，以次授首。必渠魁之是诛，纵胁从而不问。师虽无敌，兵不穷追；功幸有成，难归破险。

惟兹贼巢，诸夷窥望；名为香炉，形如磨盘。盘之下，壁立四围，坚若金城；盘之隅，平衍十顷，稳称巢穴。而盘之上，则突兀盘旋，可望而不可登也。贼据此以为天险，人望之以为虎穴。先年贼聚，实壅勤王师以二十三万，连营数十余里，围之数月，竟至老师而费财。得一首贼，遽尔班师而报捷。是以贼未痛遭挫衄，心常狃于反叛。动因小忿弄兵，每以前事藉口。今兵不满五万，历时未及三月，破先年不能破之山，灭先年不能灭之贼，功高往昔，威震群夷。皆皇上圣武布昭乎遐迩，英谋妙契乎神人。而本兵大臣与帷幄元老，又能运谋指示，默中机宜。所谓定于庙廊之上，以主其事者。故将士得以奋貔貅之勇，而臣等亦得以效犬马之劳，以致有此克捷。地方底宁，人民胥庆。

从事官僚如参将洛忠、都指挥叶昙、杨淮、许诏、陶霖、刘麒、祝镇、王玺，专哨统军，料敌制胜；而参将洛忠与委官署都指挥杨仁，分布抚处，尤尽心力；副使李麟，参议蔡潮，金事许效廉、詹源，监军纪验，革弊筹画，而参议蔡潮先同缘事都指挥邵鉴防御抚捕，久著劳赏。督粮有措置之方，供军无缺乏之患，贵州参政胡濂之劳可录。给军饷于经过之时，防骚扰于必由之处，湖广参政张天相、金事汪玉之长可数。贵州布政司见任布政使赵文奎、升任布政使陈雍，综理钱粮，区画惟谨。都按二司见任按察使林长吉、都指挥王麟、缘事都指挥潘勋，协赞戎务，干理亦勤。至如将材，宣慰与凡领征百执事、汉土官目，或参谋逐杀，或督责骏奔，亦皆宣力效劳，而不敢有怠焉者也①。

臣等又恐大兵既掣，漏殄残贼，及新抚夷寨，或至乘虚反侧，议留本省并轮戍官军，行委参将等官统领于各该卫堡住扎防守。会同兵备守巡官，将残破城池关隘逐渐修理，以为长久之图。遇有残贼出没，相机追捕，以靖地方。初

---

① 怠：原本作"忌"，据贵图本改。

附夷民，资助安插，使得生理。候至明年三四月间，苗夷既归，地方无事，将前留官军发回该卫所，著伍差操。其四川管下天漂、天坝等处黑苗虽经招抚，退回巢穴，但性类犬羊，叛服不常。乞敕该部转行彼处巡抚、巡按督行该道守巡官，严督播州宣慰杨斌，责令该管舍目不时抚谕，不许仍前越境侵占，贻患地方。除官军人等获到功次，该巡按纪功御史查照造册，及将僭王首恶阿傍等会审明白，各另具奏。军中用过钱粮等项，行布政司造册，径缴该部查照，已于本年十二月二十一日班师外，缘系捷音事理，具本专差将材指挥余大纶奏。

奉圣旨：是。这苗贼恃险聚众，攻围城池，敌杀官军，阻塞道路，累次不服招抚。邹文盛等乃能督率将士，捣平巢穴，出师未久，即能成功，良可嘉尚。写敕奖励，差来人升一级，赏纻丝衣服一套，新钞一千贯。各该有功等项官员人等该升赏的，兵部还看了来说。钦此。

臣等议得正德十一年，先任巡抚贵州都御史曹祥等因未经奏请上命，授以成算，辄调土兵剿贼，以致掣肘误事。后该本部前项查议节次具奏，荷蒙圣明，洞见用兵机宜，屡降敕旨，指示方略，各官方知警策遵守，致此克捷。臣等不过奉行文书，修举职业，岂敢言功。

切照巡抚贵州右副都御史邹文盛等督理军务，运筹调度，劳赍居多；镇守贵州太监李镇协心议处，勤劳显著；总兵官李昂、副总兵李瑾统领官军，躬亲督战，尤为有功；巡按御史周文光纠察奸弊，纪验功次，秉公持正，事无沮挠，功亦可录；合无先将李镇、邹文盛、李昂、李瑾、周文光照依各年平定贼寇升录事例，或量升职级，或加增禄米，或禄荫子侄，以酬其功。再照巡抚湖广都御史秦金督调兵粮，依期征进，亦与有劳，合无亦加赏赍，以酬其劳。但恩典出自朝廷，臣等俱不敢擅拟，伏乞圣裁。其余有功官军人等，参将洛忠等并土官彭九霄、彭明辅等及阵亡之人，本部查照纪功文册，另行议拟具奏升赏。中间先参有罪人员，今次有功，亦论功罪多寡，应否准赎缘由，奏请定夺。

再照各官奏称四川管下天漂、天坝等处黑苗，虽经招抚，退回巢穴，但性类犬羊，叛服不常，乞行四川镇巡官严督播州宣慰杨斌，不时抚谕，不许仍前越境侵犯一节，合无本部马上赍文，交与四川镇巡官计议作何方略。督委宣慰杨斌管束黑苗，不得侵犯贵州境内。应施行者，就便从宜施行，仍星驰回奏定夺。若别有应为议处事宜，亦须作急陈奏。不许徒为文具，因循坐视。以后黑苗侵犯贵州，其四川镇巡官责必难辞。

南刑部左侍郎樊莹

樊莹，常山人，天顺甲申进士。弘治十六年，云南景东卫云迷雾惨，昼晦八日，陶孟等处地震雷火。上命莹以南刑左侍兼左佥都巡视云贵。莹奏黜贵州一省参政等官三百余员，意谓致此灾者，云贵各官不职所召也。于时，户部郎席书上疏诤之，其略曰：

此等灾异系朝廷，不系云贵；系天下，不系一方；在近政，不在远政；在大臣，不在小臣。谨按《春秋》，梁山崩不书晋者，为天下记异也。《宋史》载真宗时彗出，应在齐鲁。帝曰："朕以天下为忧，岂直一方邪？"诏求直言，减膳避殿而彗灭。推古证今，云南灾异不专一方可知矣。

今中外皆曰：上有尧舜之君，惜下无皋夔之臣。故使陛下禀尧舜之资，斯民不被尧舜之泽者，诸大臣之过也；使陛下享承平之世，不能率祖宗之旧章，诸大臣之过也；使陛下不能烛左右之奸，知闾阎之苦者，诸大臣之过也。及政事乖悖，阴阳愆伏，天地不和之气偶泄于云南，当国大臣何以逭其咎哉？今贤者不知自陈，不贤者未经劾免，而司风纪者亦不闻举奏大奸大贪，以答天谴。乃议请大臣前去云贵考察贤否，欲移大灾大异以远方官属当之，此何为邪？

汉顺帝遣八使行天下，表劾忠污。御史张纲埋轮于雒阳都亭，曰：豺狼当道，安问狐狸？劾奏大将军梁冀、河南尹不疑，以外戚蒙恩，四贪恣横，残害忠良，谨条无君之心十五事。帝知纲忠，不能用，至今惜之。

侍郎樊莹受风宪职，巡察奸污，使能卓持风裁，劾奏宦戚不法者数人，大臣失法数人。云贵不必远巡，山川不必告祭，而灾异自弥矣。今大贪尚肆，而大臣引退者不闻一人。贵州偏藩，考退官员乃至三百余员，云南一省，又不知退几百人。以此而期弥灾变，此又何为者邪？

臣又窃有论者：云贵二藩，僻居万里，苗蛮杂处，斗杀相寻。士不愿生其地，官不愿宦其所。官于此者，有妻孥不能给赡，有穷乏不能还乡。今退官员，幕职仓官有焉，巡检驿丞有焉。是数官者，以虐暴不能淫刑，有贪饕不能卖贿。以此区区小官，用当赫赫大变，臣愚不知所以也。今察云南，以灾出本处故也。若以灾拘地方，则贵州原无灾异。官之被察也何谓？若以罪由米鲁，则云南初非所部。天之降灾也何缘？若曰二处相邻，则四川亦在接境。移此加彼，延西迤东，臣不知所以也。

以去岁言之，湖广、江浙诸处，或地震军民房屋，或风撼人畜生命，或雷雹殊常，或流火迭见，或猛虎在处伤人，或山蛟同日出地。淮阳等处流移载道，饿莩填途。灾异之甚又不减于云南。今议者独察云贵二处，不及各处官员，岂云贵多贪墨，各处皆廉白？臣愚，不知所以也。

前此数年，有星如轮，殒于山东禹城县，结石数块。近年有物黑黍者雨于四川忠州，议者不罪禹城、忠州官者，以事关国家，非缘州县故也。云南灾异，大类此者，在彼则原其无辜，在此则谓其有罪。臣愚，又不知所以也。

臣一闻莹奏，不觉心思失平。近读明诏，既令斟酌去留，复令查实来看。臣有以见陛下仁同一视，明照万里，出于寻常千万。伏惟陛下益隆天地之德，益溥日月之明。乞敕吏部再行议处，将今云贵被察官员待今冬会朝考察时，应黜者与各省官同黜，应留者与各省官同留，荡荡平平，无偏无倚，此天地气象，帝王规模。如此而天心不感，天变不回，臣未喻也。

书之名自此益著。其后议大礼，以礼部尚书入为大学士。莹后为南刑书，卒谥清简。

蟂衣生曰：贵州之官屈指数之，仅仅耳，又强半杂流幕职，樊侍郎一考察，至三百人，云南千二百人，二省之官兀然一空，刻矣。而犹得谥清简，岂清者刻邪？席文襄以一郎官，诤议及此，可不谓昌言邪？

总督兵部尚书伍文定

伍文定，字时泰，松滋人，弘治己未进士。历官吉安府知府。会宸濠叛，公从王新建侯起兵，濠擒，历副都御史提督操江。嘉靖七年，芒部叛，公以兵部尚书提督云贵川广军务进剿，已，四川议抚，遂罢西征，还京。

附伍尚书诗《贵阳南将军庙》：

忠孝能全始是夫，不然中土亦林胡。城孤元赖刚肠在，板荡终归大义扶。气压山潮巍血食，名同巡远振寰区。英灵尚助堂堂阵，唾手天戈靖乱徒。

《兴隆云泉阁》[①]：贵东苔迳閟林丘，亭午西游暂系驹。潭影静涵云影碧，鸟声时应水声幽。秋生小阁无双地，月到中天第一州。为拟北还重憩日，黄花香里喜丰收。

---

① 阁：原作"开"，据乾隆志及本诗"秋生小阁"文改。

右副都御史刘士元

刘士元，字伯儒，彭县人，嘉靖十年，由广东左使升副都巡抚。先是，九年，真州盗起。真属播，在婺川、南川之交，州有郑、骆二土官者，渔猎刻厉，民不聊生。土豪花姓者数家各拥佃民数千户，皆亡命。二土官征求不已。周天星、正大鱼等遂乘时煽动，婺川、南川危甚。公主剿，令参议姚汝皋、金事王尚志同领兵都指挥督土舍张犂进剿之。贼平，各受钦赏有差。是年，流贼徐云山等叛，流毒县境。守备萧鼎提兵征之，二年乃克。初，贵州安抚司每遇朝觐之年，进马四匹，易四十金贮库。时凯里杨张初授安抚，恐起派贡赋，骚扰新民，欲比例施南，乞求蠲免。士元以闻，部议凯里新造之城，凯苗皆新附之民，止令照例进表，免其进贡马匹，姑待五七年后生意渐复，事体渐安，然后与各土司一体进贡。上从部议。

副都御史徐庄裕公问

徐问，字用中，武进人，弘治壬戌进士。历官广东左使，以治行第一赐宴赏。嘉靖十一年巡抚，公丁兵后，帑藏耗亡，乃爬骚敛集，以为边休。其跳梁甚者，万不获已，动众奸夷，以为民靖。卷卷教化，举行蓝田乡约。朔望择郡耆老宣扬圣谕，讲读律令。置彰善、瘅恶二簿，时或亲临饬之，俗用丕变。都匀土酋蒙越煽乱，民疲于转输，公多方调停，督偏裨，刻期必克。未几，越就擒。所著有《读书札记》，遗于黔。历官南户部尚书，卒赠太子少保，谥庄裕。

蟫衣生曰：徐尚书潜心学问，立志师圣贤而草芥名利，神明衾枕，发为声歌，俨然一邵尧夫、陈公甫也。予取其诗读之，如云："吾道无隐显，慎修无古今。莫云暗漏地，不有神斯临。"即慎独之旨也。如云："客感多乖违，忿怨易留止。窒尔多欲心，忘怒从此始。"即不迁不贰之学也。如云："从观物外心，淡薄终可持。茅茨亦不恶，脱粟亦不饥。"即疏食饮水之风也。呜呼，可谓明道君子矣。

附徐尚书诗：

玄枵值莫冬，岁月行复疾。朔风鸣枯林，扬尘暗白日。中年瀛海上，华发变初值。常恐寡道气，彤韦逐流沴。心知虚象明，勿俾玄理窒。悠悠百年内，人事易得失。行矣须勉游，兹期我当必。

人心有至美，空洞物皆备。枢机干古今，感通塞天地。黄虞启重关，后圣发玄秘。引绪儒哲言，一线永不坠。云何后世人，畀此身反累？开阖既非时，倾危亦容易。有如狂寇入，仓卒主翁避。彼美七尺躯，溘落空蓑笠①。诗书赖前训，耿耿恒不昧。奉以严君尊，翼以向明位。干城守弥坚，庶用防突骑。久之万虑静，悠然见天粹。穷年已谬误，峻德良寡遂。毋使固陋滋，身志两相弃。

人心易来往，一往性乃虚。上帝命巫咸，招之反故庐。庐深定斯静，洞与神明居。所存既不易，所出安可疏。先生重检身，检身当何如？视听言动思，与理同卷舒。持此径寸衷，感通万里余。毋为浪观海，咄唾同欤嘘。

副都御史陈克宅

陈克宅，字即卿，余姚人，正德甲戌进士。嘉靖十四年，由湖广左使巡抚贵州。先是，都匀苗阿向与土官王仲武争田，构杀，仲武出奔，阿向遂据凯口囤为乱。囤围十余里，高四十丈，四壁斗绝，独一径尺许，曲折而登。上有天池，虽旱不竭。积粮可支五年。

变闻，克宅与都督佥事杨仁调水西兵剿之。宣慰使安万铨素骄抗不法，邀重赏乃行。提兵万余屯囤下，相持三月，仰视绝壁，无可为计。独东北隅有巨树斜科，偃蹇半壁间，然去地二十丈许。

万铨令军中曰：能为猿猱上绝壁者与千金。有两壮士出应命。乃锻铁钩傅手足为指爪，人腰四徽一剑，约至树，憩足，即垂徽下，引人，人带铳炮长徽而起。候雨霁，夜昏黑不辨咫尺时，爬缘而上，第微闻刺刺声，俄若崩石，则一人坠地，骸骨泥烂矣。

俄而长徽下垂，始知一人已据树。乃遣兵四人，缘徽蹲树间。壮士应命者复由树间爬缘而上。至囤顶，适为贼巡檄者鸣锣而至②。壮士伏草间，俟其近，挥剑斩之，鸣锣代为巡檄者，贼恬然不觉也。垂徽下，引树间人，树间人复引下人。累累而起，至囤者可二三十人。便举火发铳炮，大呼曰："天兵上囤矣！"贼众惊起，昏黑中自相格杀，死者数千人，夺径奔下，失足坠崖死者又千人。

黎明，水西军蚁附土囤。克宅令军中曰：贼非格斗而擅杀及黎明后杀者③，功

---

① 蓑笠：原本误作"蓑"。据贵图本改。
② 锣：原本误作"罗"，据贵图本改。
③ 而：贵图本认为当改作"勿"，似与文意不合。

俱不录。自是一军解体，相与卖路走贼。阿向始共其党二百人免。囤营一空，焚其积聚，乃班师，而以三百官兵戍囤。

月余，阿向复纠烂土黑苗袭囤，尽杀官兵。克宅欲勒兵剿之。时佥事田汝成饬兵思石，闻之，乃献书于克宅曰：

凯口余孽复肆猖狂，窃料今日贼势与昔殊科，攻伐之策亦当应异。往者一二枭獍负其窟穴，草窃为奸者，皆内储粮糒，外翼党与，包藏十有余年，乃敢陆梁，以延岁月。今者诸贼以亡命之余，忧在沟壑，冒万死一生之计，欢呼而起，非有旁寨渠酋通谋结纳，拥群丑以张应援也。守弹丸之地，跧伏其中，无异瓮盎。禖升斗之粮，蹑尺五之道，束腓而登，无异哺鷇，非素有红粟朽贯积之仓庾，广畜犬豕肥牛以资击剥也。失此二者，为必败之形。而欲撦枵腹，张空拳，瞋目而前，以膺貔虎，是曰刀锯之魂，不足虑也。

然窃闻之，首祸一招，而合者三四百人，课其十日之粮，亦不下三四十石，费亦厚矣。而逾旬不馁者，无乃有间道捷径，偷输潜辇以给其中者。不然，何所恃以为生也？夫蛮陬夷落之地，事异中原，譬之御寇于洞房委巷之中，抟击无所为力。故征蛮之略，皆广列伏，便扼险，面趣高，四塞以困之，谓之得地。若我逊其险而彼乘其高，顺逆强弱之势已悬倍蓰。是以诸贼虽微，亦未可以蓐食屠剪也。惟在据其要害，断其刍粟之途，重营密栅，勤其间觇，严壁而居，勿与角利，使彼进无所乘，退无所逸，远不过一月，而羸疲之尸槁磔麾下矣。

若夫我军既固，彼势益孤，食竭道穷，必至奔突，则溃围之战不可不虑也。相持既久，观望无端，我忽而衰，彼穷而锐，或晨昏惰卧，习斗失鸣，则劫营之虞不可不备也。防御既周，奸谋益窘，必甘辞纳款以巧残息。目前虽可妥贴，他日必复萌生，则招抚之说不可从也。肤见宵人狃于诡道，欲出其不意以徼一获。彼既鉴于前车，我复袭其故辙，不惟徒费，抑恐损威，则偷囤之策不可不拒也。兹数者，雄略必有成算。而疏腐之识敢效区区者，休戚同情，不敢避越俎之嫌。

至于事平之后，经画犹烦。夫凯口虽微，亦牂柯之巨阨也。崇山密菁，磴道迫胁，兵不得横铦，人不得并躏，乃遣一二眇小之官，提数百不练之卒，星散其间，岂能持久？往者炉山之变，亦甚纵横，幸蒙前例，刊木凿窨，夷其险棘，开屯设所，经营数年，始得宁谧。今日凯口之议，似不当出炉山之下也。土官王仲武始以绵弱，失其疆场，顷蒙上官之力以保宗祧，虽百口捐躯，犹难报称。乃今哄然而称逆者，固其部落之遗也。既不能宣布德化，俾彼投戈，又不能率其左右心腹之雄，先锋效力，是为失职之臣，与叛逆无异。若复仍其名位，锡之土田，是右奸而奖乱也。窃论此人当褫爵削籍，移其族属，节之岷伍，开设县治，卫以军屯。若以势有不行，法姑稍假，亦当暴其罪过，声诸市阛，重加惩罚，庶威振恩章，协人心而伸国法也。

克宅阅书不省，集三司问计。参将李宗祐曰："是未可以猝破也。曩贼负固久矣，屡招屡叛，狃以为常，故渠魁无必死之心，党与有求生之望。观隙掩取，以计胜，非力克也。乃今诸贼惩于剟屼之余①，愤噪而集，弃殊死以待我。我军新罢，负担未弛，劳贲未舒，强驰而起之，气鼓不作。以弃死之虏，乘强使之军，难以济矣。"克宅笑曰："君何怯也，吾将策一骑，勒一人，五日而取之。"

宗祐曰："公言何易？公独不闻穷寇者勿逼乎？一盗横戈于市，即万人辟易，非一盗能偶万人也。必死与有生，非偶人也。故利有所不角，败有所不乘，知彼知己，百战不毁，乃今彼我不偶矣。故曰：是未可以猝破也。"

克宅曰："兵贵拙速，不贵巧迟。故避实捣虚，乘胜者驰，挫锐者披，譬之破竹，有余刃矣。缓之，贼且完壁储饷，益难为功。"

宗祐曰："不然，兵法有之，好谋而成，恭敌无旷，故将不可骄，而胜不可狃也。蒲骚之役，卒狃莫敖，定陶之师，竟骄武信，公欲以破竹之势方之乎？吾以为未若强弩之末，不可穿鱼钩也②。"

克宅艴然曰："李君一何菅蒯我也？"乃强檄宗祐。宗祐不得已，以军往，贼果殊死御我军，我军败绩，贼遂拥宗祐去。克宅大惧，以千金赂贼，赎宗祐出之。

事闻，克宅调应天听勘，敕安万铨剿之。万铨乃招阿向，许以不死，责王仲武，均其田，而乱始息。

右副都御史汪珊

汪珊，字德声，贵池人，正德辛未进士。嘉靖十五年以副都巡抚。先是，正德元年，凯口贼酋王阿向与王仲武争职，据囤叛。十一年，都御史曹祥、巡按李显、总兵李昂调永保西平土军数万征之，未克。嘉靖十二年，巡抚陈克宅、总兵杨仁请调本省官军并宣慰司猡兵五万，克之。更囤为灭苗镇，拨官军防守。七月，残贼杨

---

① 于：原本误作"干"，据贵图本改。
② 鱼钩：似当为"鲁缟"。

兔、王杏等复叛，夜袭杀官军，夺其囷。参将李宗祐率军救援，与贼对敌，我军失利，宗祐被掳。公至，与巡按倪嵩请再调宣慰司兵降之，凯地始安。历官南户右侍郎。

蟪衣生曰：凯口之乱，失之陈余姚，定于汪贵池。然阿向毕竟不得正法，汪犹陈也，而安骄矣。凯口之安危，阿向之生死，公家不得与而制于夷，则无奈黔贫何。令黔能自养兵三万，奚藉于夷哉？

总督万镗 龙求儿附

万镗，进贤人，嘉靖庚子起田间，为总督副都御史，开府辰州。

先是，湖贵间有山曰蜡尔，诸苗居之。山东北属镇溪所，稍南属箓子坪长官司，隶湖广；山西属铜仁、平头二长官司，隶贵州；西北邻四川酉阳而不属。地东西可二百里，南北百二十里。苗虽分土隶两省，中蟠结窜徙，实相薮匿焉。然各土官相辖有户籍，稍输赋属镇溪者，半与泸溪编氓杂处，所垦种多泸溪田，供徭役。

嘉靖初，苗虽小寇窃，未叛也。有箓子坪土官田兴爵者，往以罪系辰州狱，诸苗以其地主也，敛贿赂吏以计脱，深匿苗寨，主奉之。兴爵返，虐苗，多所求索，淫苗妻女，诸苗怒逐之，毁其公署，遂叛。日相蔓引，镇溪苗亦叛。

贵州铜平苗则土官弱不能制，而有司又不能抚恤其属，铜仁故土府改流，所属皆长官司。铜平有叛苗负税者，官以逋责见户，见户亡，官府严督土官，平头长官遂挈印亡，诸苗悉骚然叛矣。湖贵诸守臣讨之，不克。上其事，朝廷召公为提督，令相机抚剿。公集诸路汉土兵讨之，亦不克。有言镇溪土指挥田应朝为诸苗所信服，足办此事[①]，镗用为巡捕指挥。

镇溪本流官，属辰州卫，有千百户五员，所印例委卫指挥掌之，别有土官指挥二员，千百户十员，乃土目以功授者，不列衔，不食俸。莅事，见流官指挥掌印者礼如属官。田应朝即土指挥，少曾为辰州府诸生，巧黠多智术，能诱煽人，往，永保相仇杀，皆应朝阴构之。恒挟苗以市官府，至是得巡捕，益大肆奸利。督府监司不悟，顾切任用之，征则庇真寇，诱杀居民冒功赏，抚则挟求重赀，多反覆。苗实未蒙惠利，故功久不成。

公召苗渠魁，使来见苗，谓必得质始出。乃令千户某入质苗寨。苗魁龙某来见，公执以闻，诛之。苗杀其所质千户某。公乃厚恤其家，复遣两省诸监司挟所隶

---

① 办：原本误作"辨"，据贵图本改。

土官亲诣贼巢招抚，犒以花红牛酒，给鱼盐，又计口给粮食，苗魁龙许保给冠带。时湖广苗以连年被剿，故听抚，惟贵苗虽稍戢，然未大创，悍如故。

公遂班师，乃具疏曰：此夷先是宣德七年用兵十二万攻围，至九月，剿贼过半。正德七年用兵五万，攻围至四月，剿少抚多。今初拟用兵六万，期以半年。臣博访各贼巢穴，如蜡尔等山，接连三省，当其绝险之处，晦冥之时，一夫拒守，百夫莫前。与其多兵以冒险而犯欲速之虞，不若减兵以存粮而图持守之效。乃减兵三万，大抵以剿之威行抚之恩。今虽平定，但地方大坏极敝，苗夷易动难安，目前虽已宁贴，而后患所当预防。遂上方略，专意防守，不事征进。

公又有书与中朝人士，其略曰：苗贼巢穴如蜡尔、雷公等山峒，接连湖、贵、四川，周回千数百里。猩猱所居，人迹罕至。其悬崖鸟道，莫可跻攀，狭路羊肠，不容并足。且竹箐丛生，弥望无际；幽岩曲洞，在在皆然；鳞次栉比，殆无空隙。人非侧肩偻背，莫能入也。贼从内视外则明，每以伏弩得志；我从外视内则暗，虽有长技莫施，其地利之难如此。苗巢所居，率皆险僻幽翳，修崖茂林。即晴日亦将午而后朗，甫及未而已暝。但遇稍阴，即霏雾迷蒙，寻丈莫辨。计其阴雨，十常六七，盖山岚瘴湿，气候郁蒸之所致也，其天时之难如此。先年土官守法，易以驾驭，苗夷椎鲁，易于牢笼。自正德以来，边方多故，土官征调皆顾倩此苗，以为前锋，用能克敌称强。及至近年，土官构仇，各厚饵此苗以助攻杀，因而启衅生乱。由是土人与苗互结姻亲，情多牵制，且其伎俩亦为贼所窥破，无复畏惮。况湖①、贵官军皆不足用。湖广除永顺、保靖之外，其余土酋，可调之兵能出千数者无几。至于贵州，舍酉阳、平茶之兵，愈少而愈难矣。必欲别省调兵，则又不谙地理，成功难必，而其沿途扰害，尤不可言，决难轻调，其事势之难如此。苗贼常言，不怕官府军多，只怕官府粮多。盖以军虽多而山箐深险，力未易施；粮若多而围困久长，势将自毙。然彼明知道路梗涩，粮运甚难，故为此言，其狡夷叵测之难如此。历观史牒所云，大率皆然。故昔人云，自古用兵，未有大得志于南夷者。诚有以也。前此两省官司非不知地方之害，亦非无灭贼之心②，然而莫肯以剿贼为己任者，盖亦畏其难耳。况远得于传闻者，恒失其实；旁观于闲暇者，每易其言。不以为邀功生事，则以为劳师费财。人亦何苦冒地方之利害而招己身之艰危乎？积习有年，稔乱斯极，其独力任事之难如此。

公还朝廷，论功升赏，迁为刑部尚书。后改吏部，谪为民。卒赠太子太保。

---

① 湖：原作"胡"，据贵图本及上下文改。

② 亦非：原作"亦"，漏"非"字。

蟫衣生曰：万尚书班师后，贵苗复叛，则功诚难言矣。永昭《编年录》云：万倚分宜，故功赏迁叙有加。予读杨蒲板太宰献纳稿，万尚书与江中丞赠官议曰：尚书万镗为赵文华事见恶于严嵩；都御史江潮为张寅之狱，见诬于郭勋。舆论相同，诚为冤横。故万得赠太子太保，江得赠兵左侍郎，国史野论其不同如此。

龙求儿龙母叟等附

龙求儿，蜡尔山苗也。与龙母叟、龙子贤等同姓为姻。嘉靖初，求儿伪称苗王，南结贵州土獠，西诱酉阳诸蛮，连亘各寨，流毒三省，虐刘生灵，烧毁城郭。事闻，上震怒，特起都御史万镗会同湖贵抚臣车纯调兵抚剿。癸卯十二月十一日，永顺土官彭宗舜、保靖土官彭荩臣等攻克捌鬼、朦胧、瓦聂诸峒；十九日攻克巴龙、都库诸寨；甲辰正月六日攻克蜡尔、雷公诸山；二月十一日攻克糯塘、崖口诸寨；三月七日复进蜡尔山后，攻克木叶诸山及冶古诸峒，上下塘诸寨；斩获龙老桶、吴卜者等七百七十有奇；俘吴瓦业、石老懒及龙阿细、吴得业等三百有奇。

镗奏曰：臣博访舆情，审度事势，各贼巢穴，周回千数百里，悬崖鸟道，莫可跻攀；狭路羊肠，不容并足。加以岚瘴蒸郁，阴雨恒多，当其险绝之处，晦暝之时，一夫据守，百夫莫前。且竹箐丛生，密如栉比，高下远近，极目皆然，此又他省所无也。贼伏弩于中，而出没俱便；我环兵于外，而追逐则难。与其多兵以冒险而犯欲速之虞，不若减兵以存粮而图持久之效。

臣镗会同巡抚都御史车纯、总兵官丰城侯李熙、都督同知张经议：照镇筸、铜平等处叛苗凭山箐之险，恃种类之繁，构乱有年，流毒三省；杀虏人财，焚荡庐舍；奸污妇女，剐剔婴孩；攻围城堡，执辱县官；烧毁衙门，杀死军职；罪恶贯盈，神人愤怨。乃今王师有征，至仁无敌；山洞险巢，尽皆克破；首从恶贼，以次殄除；生致之酋系而请命，服辜之众抚以全生。是皆仰仗我皇上德合重玄，明见万里，彰天讨有罪之义，寓神武不杀之威。臣誓心图报，每切衔环，量力知难，实惭负鼎。徒供六月采薇之役，莫赞七旬格苗之功。

续该兵部题奉圣旨，会官覆勘。时右布政使张时彻、按察副使孙世祐，会同参将芮恩、李经，守备李英等查得湖广所辖镇溪筸子坪，贵州所辖铜仁平头诸司，东南抵辰州府卢溪、麻阳诸县界，西抵贵州平头诸司界，南抵铜仁诸司界，西北抵酉阳宣抚司及平茶邑梅诸司界，北抵湖广保靖宣慰司界，东北抵沅陵县及永顺宣慰司界。其间恶苗屡叛，各据巢穴。

在贵州铜仁守备所辖，其为寨者十有九。名曰地宙寨、液溪寨、汉寨、革雏寨、唐寨、盘党寨、竹故寨、地架寨、麦地寨、普杓寨、老见寨、骂劳寨、亚寨、关老笋寨、鬼提寨、龙塘寨，陈关二久寨、但逞寨。

在湖广，镇箪守备所辖，其为寨者四十有六，名曰阳民寨、鬼板民寨、鬼者民寨、桃枝民寨、新寨、民寨、万蓬民寨、平郎民寨、项勒民寨、大稍苗寨、孟洞苗寨、小积苗寨、高岩苗寨、崇山卫苗寨、束那苗寨、彪山苗寨、下水苗寨、板橙寨、红岩苗寨、沙溜苗寨、盘孕苗寨、西酉寨、排那苗寨、大略变寨、中略变寨、小略变寨、爆木坪寨、老麻苗寨、亚保苗寨、谷扯苗寨、小五图寨、孟叟苗寨、恶党苗寨、冷水溪寨、地耳苗寨、昔郎苗寨、毛江苗寨、大五图寨、哱囉关岩洞苗寨、板栗苗寨、图溪苗寨、小八坪苗寨、杉木苗寨、亚吾苗寨、回保苗寨、溜绞洞寨、科铁塘寨、大塘寨、盘营苗寨、老荞苗寨、上岩口寨、下岩口寨、高都民寨、邬牌寨、得天冲寨、新寨、民寨。

二省连界，有山名蜡尔，地形深曲，山势寥绝。中为峒者不一，有雷公比纳山峒、雷公山鬼龙峒、朦胧瓦聂峒、小稍峒、木叶峒、蜡尔彪山峒。丫木关、束木那、盘朵、大山箐、捌鬼、留绞、强虎、糯塘、老莱、溪山、革坡、高崖、爆竹、山坝、带毛口隘峒，竹箐丛生，经路纡回，党与盘据，出没为患。

宣德七年，总兵官萧绥率兵征剿，南土获宁六十余年。正德七年，都御史周南协谋抚剿，南土获宁二十余年。

兹苗酋龙求儿横肆狼毒，大张虎吻。死后，厥子世济其恶，仍复袭其旧名。而贵州苗酋龙子贤颇知方技，结为死党。三省土官或利人之有，或报己之仇，暗邀诸苗，怵威起衅，乐祸射利。故苗众日滋，侵淫劫掠，益无忌惮。近自嘉靖十五年至二十年，龙母叟、龙子贤等劫害三省地方，杀死守哨百户李时。二十一年三月内，守备李英等将龙求儿抚出。随于本年十月仍复统众，攻打崖门巡司，围困麻阳县治，流劫五寨地方。屡责令永顺宣慰彭明辅、保靖宣慰彭荩臣、四川酉阳宣抚冉玄、平茶邑梅长官杨再显，约束抚谕，相机进剿。

已经通行，会委辰州府知府胡思忠、常德府知府林应亮议，照镇箪、铜平所辖各苗，犬羊成性，枭獍为心。阻石岩之纵横，据竹箐之丛密。蠢兹负固，敢肆跳梁。弃耕织而不务，恃劫虏以为生。抚之则面从心违，莫革反侧之图；剿之则狐潜鼠窜，难收荡平之绩。自昔已然，于今为甚。近该会同守巡各道右参政邹守愚、副使李恺，督同参将守备等官，整搠兵马，处备粮饷，召募勇士，悬立赏格，密严侦候之命，多为防御之谋。其永保酉平诸司，世受国恩，各有封疆之责，先日班师，具有甘结，嗣后论功，赏命方新。今残苗龙子贤等效尤起衅，乃仍怀宿昔之嫌，故纵门庭之寇。责任有亏，罪实难委。相应记其方命之过，责以赎罪之功。

再照镇溪指挥田应朝、平茶长官杨再显俱于国初归顺，节经世袭。镇算、五寨三司隶湖广，铜仁、平头隶贵州，各有钦降印信。后因永保酉平诸司欲利其土地，各怀窥伺之心，久肆吞并之术，故保靖假官制以争算坪，平茶因退贼以占铜平。穷年连兵，盖皆分地之欲为之也。但因踪迹未章，以故诛削未及。今若再倡割地之议，则目前之寇患未弥，将来之仇杀滋启，非所以为久远计也。

总督侍郎冯岳

冯岳，慈溪人。嘉靖三十三年以兵左侍兼佥都总督湖贵。三十五年，湖贵苗复叛。初，张岳既卒，诸苗卢阿项等复煽乱。冯岳至，檄总兵石邦宪复击平之。事闻，进岳右都御史兼侍郎，邦宪都督同知，余皆擢赏有差。三十六年升南刑部尚书。

黔记

下

贵州省高校人文社科基地贵阳学院阳明学与地方文化研究中心
地域文化研究丛书 黔学研究丛书
贵州省优秀科技教育人才省长专项基金项目
贵州省教育厅高校人文社会科学研究基地项目
贵阳学院阳明文化协同创新中心项目

〔明〕 郭子章 著

赵平略 点校

西南交通大学 出版社

目录
（下）

黔记卷三十七目录

宦贤列传四_{总督巡抚}①

---

① 原本目录在三十六卷目录后，移置此。

黔记卷三十七

泰和郭子章相奎父著

汉州宋兴祖汝杰父正

贵溪毕三才成叔父校

宦贤列传四_{总督巡抚}

右都御史张襄惠公岳

张岳，惠安人。嘉靖二十六年，总督万镗班师，镇箪、铜仁苗魁龙许保、吴黑苗等复乱，焚劫州县，两省无宁日。二十七年，公由两广总督、侍郎迁右都御史抚剿之，开府辰州。公至，集两省官议。众谓林箐深密，累讨无功，抚之便。即不听抚，以兵戍守之，使不出掠可也。

亡何，贼复攻陷印江县。上切责之。公询前故，知抚无益，久戍守亦非策，乃力主讨。其湖广听抚诸苗，令参政王崇如故抚处。崇亦抚绥有方，苗遂不复叛。惟近贵数村寨党比贵苗龙许保等猖獗。

公乃大集汉土兵，以二十九年九月进兵讨之。总兵沈希仪、参将石邦宪督兵，而以贵州副使赵之屏、湖广参政张景贤监之。先是，铜仁防御皆邦宪规画，时以印江失事被论，制下，当解任听理，岳历叙邦宪功次，上疏留之。自九月进兵至十二月，屡破苗寇，公乃疏报各哨擒斩俘获近二千余人，从贼首有名者五十人，获龙许保母女妻妾。官兵报称许保已获，第未逮至。余贼逃匿林箐，冻饿死者几尽，其巢寨俱已毁，所窖米烧掘无遗，具以捷闻，其实许保未获也。遂撤兵，止留邦宪等搜捕首恶。

辛亥二月，龙许保、吴黑苗复纠合楚、贵叛苗，出陷思州府。或谓四川酉阳宣抚冉玄实阴主之。思州城中居民不数十家，旧有瞿唐卫践更卒戍守。时闻苗寇平，城守稍息。知府李允简方视衙，苗寇百余人佯称瞿唐卒更戍，突入城，杀吏民百余人，掠帑藏，执允简及经历知事等官去。允简赴崖死。邦宪闻报，亟分遣兵邀其归路，诸苗惧，由小径各遁入林箐，邦宪等所遣兵伏诸路邀击，擒斩数十余人。公乃檄永保二宣慰及酉阳兵讨湖苗助逆者数寨。其冉玄助劫思州事，公以事状未明，不暴其罪，第严督责之。未几，各兵擒斩楚苗渠魁数十人，余党复以抚定。

田应朝自得巡捕后，日益恣横，有司寝不能制。既构永保衅，又合酉阳兵攻平茶，虐杀无辜若干人。及官兵讨苗，多所沮挠。公至，檄使来见。不出见，谩语应之。公廉知应朝虽谲，不习骑射，无武勇，其所恃从叔田勉骁悍，为之牙距。公先以计执勉，数其罪，杖之毙于狱。应朝乃窜匿苗寨，累遣人自列。公许之，令出，立功赎罪。久不出，乃革其巡捕，以事属镇溪所诸千户。应朝失巡捕，势益穷。诸土官多仇嫉之，其族人亦不直也。乃托永顺宣慰投见军门。公以时方用兵，恐激他变，乃杖而释之，令从征。暨苗寇破，仍以计杖杀之。

时诸苗略定，惟龙许保、吴黑苗未获。公檄邦宪等悬赏购之。邦宪等密遣使入寨，贿令听抚，苗麻得盘、吴老猙、吴旦逞等窥龙许保至龙田寨所吊丧，诱至别寨，饮醉而缚之。预遣人报邦宪，以兵取之去。公疏闻，诛之，诸抚臣任辙等欲遂罢兵，公持不可，谓吴黑苗未诛，必为他日患。时黑苗以捕急故，深自匿。公乃缓其令，所羁执亲党尽释令去，密督诸土官索之。至三十一年八月，土官某廉得其处，遣兵刘甫等径入寨袭斩之。持其首焙干藏之，索重赏。金事龙遂给赏验实。赍至军门，公始以竣事闻。朝廷集众议设总督镇抚其地，留公为之。未数年卒，加赠谥襄惠。

蟓衣生曰：诸苗乱，万尚书始集诸路兵，稍有斩获，辄班师去，何厌兵之过也。张襄惠力主用兵，不惑抚守之说，而阴沮旁挠。历三年，始收一战之功，疏报全捷而首恶未擒，未几复出，破思州。谈何容易。其后必欲得吴黑苗而后罢兵者，岂亦狄青不轻信侬智高之见与？以劳定国，以死勤事，襄惠无愧矣。

金都御史王学益

王学益，字虞卿，安福人。嘉靖己丑进士。二十四年，由应天府丞升右金都巡抚。以贵州多盗，而弥盗之法莫切于保甲，作保甲谕。其辞曰：

父老子弟，本院祗奉上命，巡抚是方，恒以弥盗安民为念。闻尔会城之下，往年多盗，公私相视，无肯救援。或反作奸藏逆，潜通密引，此岂独顽悖者之罪？官司者政教之不行，盖有责焉。今为保甲法，与尔等相联属，因导之善。大约以十家为一甲，每家各置一小牌，十家共置一总牌，小牌揭各门首，总牌轮次收掌。令各以吾告谕之意日相传宣，使各欣欣日劝于善，父劝其慈，子劝其孝，兄劝其友，弟劝其恭，夫劝其和，妻劝其柔，邻里劝其修睦，朋友劝其敦信，差役劝其勉供，赋税劝其早办，生业劝其勤治，无益劝其节省，酒劝其勿酗，鬼劝其勿惑，凡处事劝其谦慎含忍。凡同甲之人相亲相爱，若有空乏疾病，相与恤之扶之；若有争而至于讼，相与和而解之；若有不道不法，不可谏者，相与告于官而正之；告之而力有不行，相与合甲而共正之；若有水火盗贼之灾，十家共出力而救之；救之而力有不及，则以甲传甲，合百家千家而共救之。仍每家各以其力置为御盗之器，止火之器，使无至于临事束手。则虽以十家为保，实以百家千家为保矣。礼义兴行，风俗淳美，室家常安，弗虞有备。此即尧舜之民所谓时雍者也。父老子弟听毋忽。

二十五年题增解额五名，共三十名。二十六年，湖贵苗复乱。初，万镗议抚，已有端绪，遽召还京，已而，贼复出，掠湖广。巡抚姜仪会同学益，请合兵进剿。杨参将将赴湖，过辰州，为贼所缚。姜仪畏罪，上言学益兵失期不至。内批切责，务期荡平。四川巡按袁凤鸣遂劾学益，逮下诏狱。以李义壮代学益，用兵数月，日费千金，官军顿挫，人畜残破，遂罢兵。公出狱，历官南右都御史、工部尚书。

　　　　附：《重阳夜月》诗：秋日荒遐也净埃，客怀何处一登台。风高绝徼无来雁，雾隐深崖有避豺。茱酒谩为佳节进，菊花遥忆故园开。平生经世心非少，多病于今欲乞骸。

右佥都御史李义壮

李义壮，字稚太，南海人，进士。嘉靖二十七年，由湖广左使升佥都巡抚。是年，苗陷印江县。二十九年，铜仁苗陷思州府，知府李允简死之。镇筸苗陷石阡府，诏削义壮籍。初，总督张岳开府辰州，集两省官议，佥谓林箐深密，累讨无功，抚之便，即不听抚，以兵戍守之，使不出掠可也。岳不然，义壮执抚议不欲变，岳劾义壮不受节制，弗肯协谋讨贼。至是苗攻陷印江、石阡，杀掠军民，焚毁屋庐，贵州震动。事闻，上降诏切责岳，削义壮籍，听理。

副都御史任辙

任辙，字子明，巴县人。嘉靖丙戌进士，出守大理。心存抚字而驭吏甚严。时方有檄货大青，督责日至，民劳已甚。有属吏欲取媚以最佳者献。公曰："此岂可继之物？汝欲祸吾民邪？"掷其献，绝之。寻以忧去，在郡仅旬月，至今民有隐忧，则相谓曰：安得任公？二十六年，由湖广左使升副都巡抚贵州，计缚叛夷许吴等，边陲以宁。三十年养病乞休。

佥都御史刘大直

刘大直，华阳人。嘉靖乙未进士。三十二年以佥都巡抚。光明俊伟，有大节，具文武才，极力整顿百务。立保甲法，令民自相防范，规劝为善，以塞盗源。土人不知纺织，为颁式制具，延工师教之。他如清屯田，练士卒，省驿递，惠政种种。甫六月卒，士民至今思之。

副都御史高□①

高翀，字允升，安陆籍新淦人。嘉靖丙戌进士。三十五年，由贵州左布政升右副都巡抚。三十六年，麻哈州土同知宋珠贪占地方，诱贼王三等乱，翀檄总兵石邦宪调集军兵平之。三十七年，都匀司苗头阿章等不纳粮马，流毒杀人，翀檄兵备项廷吉调土官蒙继武、杨进兵剿平之。廷吉，江西龙泉人，由御史出为副使，有执持，能干官。

南户部尚书鲍道明

鲍道明，字行之，歙县人。嘉靖戊戌进士。三十九年以副都巡抚②。时容山土酋韩甸纠集诸洞云扰，所过堡破落焚，势甚猖獗。公以大义征谕土兵，分遣将领，授以方略，生擒贼苗普哥等三十八人，馘斩一百四十八级，贼首韩甸及其党与，以

---

① 翀：万历志作"冲"，本书表等均作"翀"。

② 三十九年：万历志作"四十年"。

次购缚。复斩容山、景洞等处逆苗八十九级，生擒四人，负固诸夷，一旦平服。时公南迁，廷尉未及上其事，贵州巡按御史巫继咸题核赐银币。历官南户部尚书。

佥都御史吴维岳

吴维岳，字峻伯，孝丰人。嘉靖四十二年巡抚。是时，苗贼既平，言官请撤沅州总督，而以其柄归之贵州巡抚。其说祖巡抚魏公英、杨公茂元往规而兼省费意云，旨下所司议便。于是更赐玺书，颁令旗八，令牌八，湖北、川东二路大小流土诸司悉听节制。贵州提督军务自吴公始。公乃伐石题名，并记其事。记略曰：

> 贵州初不设藩省，文皇帝治思州、思南宣慰田琛、田宗鼎罪，因废二宣慰司，始设藩省。地丛土夷，又褊甚。正德丙寅、丁卯，镇箄、铜平苗寇龙麻羊辈啸聚湖广川贵境上，镇守贵州太监孙叙请于湖贵抚臣中特授一人兼制，以便统驭征剿。乃授魏公英兼制，杨公茂元、沈公林相继底定，陈公天祥以后，不见行兼制事。然未闻明罢其规，殆以事宁而玺书遂除去叙请耳。顷阅两江洪公钟为巡抚题名记，列丁公璿以下二十有四人。养斋徐公问续为记，列王公质以下三十人。
>
> 余考贵州疆理以来，勘苗凡五大举：宣德辛亥，都御史吴公荣讨平龙三辈；正统己巳，韦同烈为乱，巡抚寺丞王公恂①请益师，侍郎侯公琎出领军事，有功，迁尚书，都御史王公来踵收全绩；弘治戊午，尚书王公轼讨平米鲁。三举皆廷选重臣，推毂而出，奏凯而还。后有魏、杨、沈三公兼制一举。而嘉靖戊申，则龙许保大逞麻阳、铜仁间，三省抚臣持论不相下，朝乃议设总督都御史，开府沅州，以讨平控压之，迁去辄补。盖国初无巡抚官，四方有重役，简九卿正贰一人出理，讫事即归。正统景泰间始专设巡抚。而值大征举，犹遣重臣总督如故，然亦随撤。若旧记巡抚慈溪王公实自京出，代侯公总督，公奉玺书有云：贼势宁日，同抚按三司官会奏，顾偶与四川官军失期，赖巡抚李公匡督兵殊死战，得无偾，则慈溪公似未尝为巡抚也。惟嘉靖平龙许保后，总督与巡抚并为专设，而巡抚且听总督节制矣。国家西南一镇，楚、蜀、黔境壤牙错，官混流土，民杂华夷。三省抚臣类以秦越异观，遇事少公听和衷之济，乃设总督。今议撤之，而重贵州巡抚兼制事柄，创颁旗牌，应古授节钺则专征调之义。纲提而条集，臂运而指随，可守为简要彝典。兹若居常缺于绥

---

① 恂：原作"询"，据本书卷三十六《宦贤列传》和《明史》改。

救，蠢动乖乎芟剔，则其失在人，不在制矣。

四十四年听调。

右副都御史杜拯

杜拯，字道济，丰城人。嘉靖戊戌进士。隆庆元年，由陕西左使升右副都巡抚。是时，三司以黔地狭，议增楚、蜀州卫土司，又议改程番入省，贵竹、平伐二司为县①。拯会同御史王时举疏略曰：

> 沅、靖二州与平、清、偏、镇、铜鼓、五开六卫之去湖广，酉阳、播州、永宁三土司之去四川，俱二千余里，遥属于二省，而兼制于贵州。服役者兴远道之嗟，莅事者无画一之轨，于民情政体甚不便也。革数州县土司，专隶之贵州，其便有十：齐民赋役自远而移之近，劳费省于旧者数倍，一便；郡县专心志以听一省之政令，无顾此失彼之虑，二便；军民力役彼此相济，无偏重之累，三便；科贡悉隶本省，礼遇资遣有均平之规，四便；司道政令有所责成，郡县不敢以他属为辞，五便；府卫互制，悍卒豪氓禁不敢逞，六便；岁征缓急，可无失程，盗贼出没，易于诘捕，七便；土酋之桀，各相牵制，不得肆其螫，八便；僻远之区，监司岁至，吏弊民瘝，可以咨询而更置之，九便；释兼督之虚名，修专属之实政，体统相安，事无阻废，十便。

> 臣愚以为三司所呈，联近属以全经制，其说可行也。臣等又勘得各省会城、府、县并置，岂徒备官，要以亲民事，悉下情耳。乃贵州独阙焉。军民之讼牒，徭役之审编，夫马之派拨，盗贼之追捕，藩臬不能悉理，往皆委之三司首领与两卫指挥及宣慰司。夫三司首领类皆异途，操持靡定，政体鲜谙。指挥则尤甚矣，委牒方承，即怀私计，防缉未效，反贻厉阶。宣慰则尤甚矣，逞其恣睢，日事讲罚，破人之家，戕人之命，往往如是。故士民争欲增建府治，而该司议程番府附省会，其说可行也。贵州志载，贵竹长官司所辖皆流寓者之子孙，与夷民不同。又龙里卫所辖平伐长官司庭希印诛削已久，尚无所属，俱应改为县治，附之程番府为便。

兵部覆议，程番府改入贵州会省，二土司改为二县，与夫添设同知县官及该府通判，仍往彼地，悉如原拟。其革州卫入贵州统辖，另议。是年，拯自陈乞罢。铨

---

① 平伐：原本误作"平代"，据本书改。

部杨襄毅议曰：杜某持一廉而始终如一，经三黜而耿介无双，荒服之地，方赖保厘，虽经自陈，仍应留用。明年，拯调南，未竟州卫并黔之议。至万历二十九年，始以平、清、偏、镇四卫隶贵州。

蝉衣生曰：杜中丞十不便之说，诚为确论，当时泥不果行。三十年后而有播州皮林之乱，其言始验。予因缘往议，上之庙堂，始以黎平一郡易四卫，而贵州幅员稍增廓矣。杜公历官亚卿，居乡为恶少所鱼肉，惜哉。

副都御史赵锦

赵锦，字元朴，余姚人。嘉靖甲辰进士，由南道御史巡按贵州清军。三十二年，因变陈言，劾辅臣严嵩，廷杖为民。隆庆改元起用，二年，由光禄卿升右副都巡抚贵州。是时，程番迁府，贵竹、平伐改县之议尚未画一。公会同巡按御史王时举疏略曰：

> 贵州郡县之制尚缺于会省，而诸臣之请有待于今日。此诚圣作物睹之会，久道化成之征也。所据诸臣之议，府治学官取诸见存之司署，而少加修葺廊充，添设官属；俸薪取诸该府之当额，而益以帑藏之羡金。与夫通判之改镇旧府，推官之监管钱粮，揆之人情政体，甚便。该府乞改命新名，系远人之观听，亦称维新之典。贵竹、平伐二司改县欲行知府卢逵待事定后并为一县，颇得慎重之义，均为可从。

制下，改程番为贵阳府，贵竹、平伐二司并为新贵县。公历官南吏书，改左都御史。

佥都御史阮文中

阮文中，字用和，南昌人。嘉靖癸丑进士。隆庆四年，由太仆少卿升右佥都巡抚。镇静不扰，廉介有为。处逆酋，芟巨寇，不动声色，人莫能窥其涯际。六年，升右副都巡抚湖广。卒。万历元年吏部议公赠荫疏略曰：故事，三品官故，查无被劾，例该赠官，未及考满，例无录荫。文中既未考满，止应追赠。但惟安定之功，优于俘获。盖俘获之功，陷阵冲锋，其迹易见；安定之功，潜消默夺，其利难名。以故兵部近议蓟镇保障之功，与斩获者一体世荫，诚为有见于此。况又节次擒斩者念等，多至五百以上。似应量赠一官，仍与荫叙。诏赠兵左侍，荫一子。

附：大学士高中玄公《靖夷纪事》：

隆庆庚午，贵州土官安国亨、安智各起兵仇杀。抚臣以叛闻，请讨之。已，抚臣去，太仆少卿阮文中代之。阮来谒事，予语之曰："吾闻安国亨本为群奸拨置，宣淫播虐，遂仇杀安信。以致信母疏穷、兄安智怀恨报复，相仇杀无已。其交恶互讦，皆仇口诬辞不足凭。乃安智不能胜国亨。抚台欲为智伸，意固善，然却为智所欺，而拥兵居省；又为智所绐，而谋动干戈，则多矣。国亨不服拘提，见抚台右智，疑畏不敢出。而抚台遂奏以叛逆，然乎哉？夫叛逆者，谓敢犯朝廷，背去为乱者也。今夷族自相残杀，未犯朝廷，纵拘提不出，亦只违拗。违拗何以为叛逆乎？乃遂轻兵掩杀，彼夷民安肯束手就戮？故各有残伤。然亦未闻国亨有领兵拒战之迹，固可访而知也。而今必以叛逆论之，亦甚矣。君行矣，宜廉其实，而虚心平气处之，若果如愚所闻，则当去其叛逆之名，究其仇杀与违拗之罪。彼当必出身听理，一出身听理，便非叛逆，只以其本罪罪之，当无不服，方为国法之正，天理之公也。

阮至贵，访得其实，果如予言，乃书报予，并陈处置之略。然狃于浮议，不敢突变前说，语多依违。予乃复之书曰："天下事有必当明正其罪者，有罪未必真、人臣当自为处分、不可于君父前过言之者。若中原之民敢行称乱，此则所当上告天子，发兵征讨，灭此而后朝食者也。若民夷异类，顺逆殊途，虽有衅隙，本非叛逆之实，则人臣当自为处分，不可过言于君父之前。何者？君父，天下之主，威在必伸。一有叛迹，便当扑灭。可但已乎？而乃事非其真，钉入其罪，则将如何处也？安氏之乱，本是安国亨、安智夷族自相仇杀。此乃彼家事，非有犯于我者，何以谓之叛逆？而前抚臣乃遽以叛逆奏君父。在上既闻叛逆之说，则法所必行，岂容轻贷。而安国亨本无叛逆之实，乃祸在不测，且图苟全。地方官更复不原其情，遂至激而成变，乃又即以为叛逆之证，可恨也。今国亨上本诉冤，乞哀恳切，叛逆者若是邪？而地方官仍复不为处分，仍以叛逆论之。遂使朝廷欲开释而无由，国亨欲投顺而无路，亦已过矣。且安智，国亨之仇也，非我族类，而乃居于省中。谓何安智在省则谗言日甚，而国亨之疑畏日深？国亨之疑畏日深，则安智之祸愈不可解，是挑之使斗而增吾多事也。故愚谓安国亨之罪固非轻，而叛逆则不然。安智当别有安插，而省居则不可。惟在处置之得宜耳。以朝廷之力，即族灭安氏何难？顾事非其实而徒勤兵于远，非所以驭夷狄而安中国也。愿执事熟思之也。"

时彼中号令未明，安国亨疑畏益甚，拘提益不出，声言恐军门以勘问诱我出，杀我。又恐安智兵来掩杀，乃日拥兵自卫。于是阮乃上疏请兵粮，为征剿计。而书来计事。予读之曰：嘻，阮子误矣！安国亨所为不出者，疑畏深也。今明旨既下，事在必行，是真以叛逆处之矣。处以叛逆，彼将叛逆自为也。将不逼而使真乎？且彼夷首耳，而劳师费财，即族灭之何为？况未必然乎。未必然则恶可已，其说长矣。是不惟致彼以假为真，而我亦终当以假为真也。时在阁，思之，环床而走。同官者曰："公何环床走？"予曰"思贵州本耳。欲从之则非计，欲无从则失威。"曰："然则当如何？"予曰："今抚臣疏请兵粮征剿，安国亨亦有奏辞辨诬，乞哀甚恳，固各有说也。吾意欲并行之，而差一风力给事中往勘，果无叛逆实，则只治其本罪；果有叛逆实，即发兵屠戮未晚。彼安国亨闻勘官且至，必以为吾身在勘，军门当不敢杀我。我出听理，乃可以自明。彼若出听理，则不叛逆自见。而乃治其本罪，当亦甘心。乱或可戢也。"胥曰："善。"

予召职方郎中至，授之意，遂题覆得请，而以吏科给事中贾三近往勘。予复面授方略。乃国亨闻朝廷勘其事，科官且来，果喜曰："吾生矣，夫吾岂叛逆者哉？所以不出听理者，恐军门诱我出，杀我也。今既有旨勘，则吾系听勘人，军门必不敢杀我，吾乃可出听理，明吾非叛逆也。"盖逢人即告之语，达京师。

先是，阮开以五事：一、责令国亨献出拨置人犯。一、照夷俗令赔偿安信等人命。一、令分地安插疏穷母子。一、削夺宣慰职衔，与男权替。一、从重罚以惩其恶。令该道官晓谕。而国亨母子狐疑，拥兵不出如故。至是，乃始将汉夷犯人王实、吴琼、阿弟等献出，而母子自出听审。供称其余人犯俱死逃及奏事未回，非有占恡。又称愿认于六犯名下赔偿罚银六千两。又称敌杀官兵，是时，国亨在蔺州与奢效忠讲理，不知安总兵统兵杀死夷目以朵、杨生、阿乌等。比伊父兄弟男子侄率众冲败官兵，奔过浮桥淹死，愿罚银三万五千两。又称愿将内列安插于阿傀、织金二处，疏穷安插于卧这。内列省令退闲将安国贞顶替头目，以后再不敢构兵仇杀。又称愿革管事，令男安民权理公务。于是国亨即输银四万一千两送官厅处。

乃疏穷、安智犹坚执不从，声言必欲杀安国亨子母，将地方改土设流乃已。阮乃处其用事拨置之人，智始伏。遂差卫官三员押发智与夷目汉聪等五百余名，并军器辎重俱背负出城，赴卧这、织金等处安插。盖科官未至而事已定矣。乃科官至中途而还。

于是阮乃上其事曰："安国亨一介小丑，叨承世官，奸雄类于豺狼，诡谲同于狐鼠。横行暴虐，不守王章，大肆凶残，戕害骨肉。纵兵邻境，积多不结之辜；召祸门庭，皆是自作之孽。宠嬖幸而私通妇女，信群小而载弄干戈。安智避难潜逃，尤极穷追之惨；官兵迫巢讨罪，致多拒敌之伤。迹其背违多端，诚于法纪难贷。该臣钦承明旨，参以部咨，行之多官，酌乎舆论，反覆两苜颠末，事果出于有因。毒祖属诸暧昧，杀叔起于谗疑。拜将封官，既无事证可指；斩关掠地，又无形迹可籍。拒敌损兵，供自畏死激成，而首恶已献；纳银罚治，皆照夷俗价赎，而群犯就擒。继恩、国贞释自拘囚而无恙，知未怙终；安智、疏穷插之原囷而有归，可因解忿。即今遵此五章，尚可宽其一死。乃若安智，野悍无知，昏庸特甚。初怀雪弟之冤而播弄官兵，继奉安插之后而屠掠夷目。迹亦彰于肆恶，罪不下于国亨。但念其流离荡析之中，不失为骨肉报愤之志。今奉委官解散，彼亦息忿回巢。情既可原，罪当薄罚。若王乔、吴琼、阿弟、王实、吴彩、吴鹤驾、刘礼等，或投夷扇乱，或拒敌朋奸。目其拨置之祸，一死不足尽其辜；揆其情犯之殊，首从亦宜别其等。今议照造谋首祸者，据法加以上刑，结夷生事者，引例分其赎遣。要皆反覆宪章，推用情理，于刑期无刑之中，寓治以不治之意。无非体圣世不怒不杀之武，而曲全之以并生并育之仁也。且释一门之隙，可以免数省兵粮调度之劳；宥一苜之死，因以免众姓玉石俱焚之烈。不惟桀骜怙势者为之逡巡，而旁观幸利者悉以敛戢。生灵宁谧，边围奠安，是皆仰仗皇上帝德诞敷，天威远播。执政面授方略，本兵区画机宜。迹者复荷圣明俯从部议，特差吏科给事中贾三近衔命会勘。先声所至，逆苜破胆。是以畏威怀德，向化输忱，不烦兵革，自尔贴服者也。伏乞敕下该部再加查议，上请将阿弟行巡按御史处决枭示，王乔、吴琼固监，会审详决，王世臣等编发烟瘴地面充军，安国亨、禄氏、恶卒、务卒、白稫等姑置不死。省令国亨退闲，待立有奇功，另处。其粮马公务，责成伊男安民同禄氏代管。仍委官二员，一住大方，一住卧这，以遏二家隙端，事宁之日撤回。自今处分安插之后，如或国亨敢再怀隙残害安智，及或安智挟仇拽兵报复，俱听臣等遵照明旨，行会总兵官动调四省大兵夹剿，改土设流，以为桀骜苜长之戒。"

乃按臣亦奏同阮指，又称安智既与国亨相忤，难以属管，准与母疏穷回原管地方安插，令伊子安国贞管催一应钱粮公务云云。诏下兵部议，议上，得旨："安国亨凶恶干纪，本当动兵剿戮，既投见伏罪，遵奉约束，并禄氏等都且饶他一死。安国亨著革了任闲住，令伊子安民代管宣慰事。安智也著伊子安国贞代充头目，如再违法构乱，定行剿治不饶，其余依拟。钦此。"

兵部又奏叙功，曰巡抚都御史阮文中开五事以责成，致二凶之詟服。多言指授，虽出诸黄阁之臣；百尔经营，实竭其赤心之义；并其余官舍人等通宜分别赏赉。得旨，重赏文中，余各赏有差。

乃后月余，安智、疏穷奏又至，复辩前事，乞改土设流，浮言且籍籍起。予计贵州至京远甚，今前旨下才月余，安能便得往还？此必安智用事之人潜住京师，随便为谋者，非必来自智也。遂令通政司拘投本之人，执送法司究问。果有智用事二人，系罢闲官承有罪亡命投智者，持金久住京师谋事。今本实代为者，智尚未知也。乃问发充军去，浮言遂息。

先是，巨寇者念据险拥众万余人，僭号称王，设官拜将。宫室服用，拟诸乘舆，时发兵抢掠安顺一带地方。民夷患苦，垂三十余年，有司匿不以闻。阮欲发其事剿除之，书来计事。予复之曰："此贼称乱既久，朝廷弗得知，君乃欲发其事而剿除之，可谓忠矣。调度既周，方略既定，便当举事，吾其佐君成之。"阮遂发兵征剿，至是，擒者念斩之，平其余党，扫其巢穴，土地悉归州卫版图，深山穷谷，无复逋逃渊薮，而夷酋旁观亦皆震慴。阮奏上其事，以为圣武布昭，天威远震，密勿枢垣，指授所致。兵部覆上，诏升赉阮及各有功官有差。

而阮则启叙先后事，归功于予。乃复之书曰："安氏之乱既已底定，可免百万生灵之命。而今复建奇勋，剿除数十年僭王之叛逆。荡平鬼窟，廓清妖氛，俾王化宣流万里之外。罔弗㲀洽，实社稷之功也。固当勒铭铜柱，追踪伏波，以示后世，顾不伟欤？仆言有偶中，盖所谓心诚求之，不中不远者，顾何力之有焉？自是境土谧宁，生民安业，兵无征戍之苦，官免奔命之劳，上下恬熙，与中华埒矣。"

予乃为纪其事。

副都御史严恭肃公清

严清，云南后卫人。嘉靖甲辰进士。万历三年巡抚。持宪度，肃风裁，地方利弊，毅然兴革，无少顾忌，于庶官庶务留心稽察。贵州政司绾于各兵道至分守，几为庞赘，公不谓然，乃疏守巡分住地方。其略曰：

贵州兵巡道各有住扎地方，而分守道皆在省会，是以所辖官吏军民人等止知有兵巡，不知有分守。分守官亦乐于简静，人咸目之为隐吏。闻其每日投文，间有一二，甚则连数日全无者，不知当时设此官之意，果令其如是否也？臣愚以为分守贵宁道宜住扎乌撒，与毕节兵巡道共理一道之事；分守新镇道宜住札平越，与都清兵巡道共理一道之事；分守安平道不必附于贵宁道，亦不必专设，移易改附清军道兼之，仍住省城。盖清军道之事既简，而普定去省不百五十里，又同一路，声闻易于相通，彼此俱便也。更易之后，凡大小事务照各省事规，分守、兵巡协心干理，官员贤否，互相斟酌，地方机宜，互相谋议，一应委用官员，互相呈请。兵刑之事，主于兵巡，分守参之。钱粮之事，主于分守，兵巡参之。惟词讼则各自问理，不相妨碍。各道之中如一人有缺，系分守即以兵巡带管，系兵巡即以分守带管，不必拘定司分别以远道带之。如此，则事有责成，官无尸旷。既得共济之谊，又免偏重之嫌，亦不失朝廷设官之意。

上允其议，至今守之。他如捐俸修路，加诸生廪饩，惠政种种。历官吏部尚书，卒谥恭肃。

　　附诗：《爱山堂》：今年迎客临郊馆，却忆去年为客时。倏忽风云多变幻，居诸日月易推移。谁言欸段能千里，自分鹪鹩足一枝。我故爱山山爱我，看山寻起住山思。

　　《关索庙》：将军庙貌倚山颠，万叠千峰拥后先。百战威名今尚在，一方禋祀旧相延。孙曹幻业烟云散，父子精忠日月悬。我欲推公乡井念，更烦英爽为周旋。

右副都御史林乔相

林乔相，字廷翰，晋江人。嘉靖壬戌进士。万历二十一年，由云南左使升副都巡抚。万历二十四年，平定司都保王华与随府办事土舍吴惟正争杀。华献地水西，借猡兵千余蹂践羊场牌地方。复借王汝林、王保为羽翼，纠合养古诸寨强贼，劫掠官道，流毒商旅，窥伺清平等处。巡抚林乔相、巡按杨宏科行副使张斗、郭廷良，知府王珽、参将王鸣鹤督蒙天眷土兵于瓮里围之。华授首，事平。二十八年以播事诖误。

金都御史江东之

江东之，字长信，歙县人。万历丁丑进士，为御史。摘发内璫冯保奸状，侃侃有声。二十四年巡抚，市赈田、右文田、泽幽田，恤隐局，种种善政，为士民永利。又于南门河筑矶以汇水，名曰鳌矶，而赋之。赋曰：

眈瑞子游黔二稔，抚镇无庸，喟然长叹，偶从直指应公憩钓矶①，谒武侯祠，见城南河水清涟，与梁亘跨，曰："美哉，水中不渟，民无鱼矣。"

公曰："堤津未备，潴泽奚繇，障而防之，亦其事也。"

相与鸠工，垒石拥阶，宛然鳌极，临流览胜，遂作斯赋。其词曰：

余承简命，言抚黔藩。襟楚泽，锁滇垣，背乌纳，面龙番。牂柯金筑，簇锜攒襂。尔乃命驾乎慕郭，饮马乎流泉。容与乎南明，凝盼乎富川。于以相厥攸宜，卜筑堤闬。俯察仰观，上虹下案。宛在水中，水无漫涣。乃进三老而问之曰："孰有当于此者乎？河水淼淼，宁能使逝者如斯？"三老对曰："仆闻成梁不易，防川则难。测而定之，有基无壤，民其永赖。然则君侯之所指也，毋亦务是乎？愿闻其概。"余告之曰："是其源也，未穷其际，来自夷菁，达涪出定，中汇贯城。其涨也，汤汤乎若洪涛之浮拍，而怒号奔激。其耗也，涓涓乎若清泠之赴坎，而潺湲渐沥。易盈易涸，乍沉乍浮。与泪俱没，与化俱流。远而环之，夐寥邈而绰约；迫而封之，见阻隘而搏辋。峻为之防，骤泛滥而虞决；低为之闉，时淋漉而逐滶。瞻彼涵潭，就伊沙渚，方广得衷，下高合宁，弱水中丘，南溟蹲屿。积而能去，散而还聚，颍峰天表，是曰署宾。为章云汉，秀卓城阅，左峦架笔，榜列贵人。衍清塘之寒漱兮，挹犀马之甘泉。吸三宝之灵液兮，贯明珠以缀连。绾北汪之青柳，撷西池之白莲。带霁虹之腰玉兮，极南浦之萦漩。于是我台机控，我坻线纤。介在涯崖，安于覆盂。飞翚昭嶢，作镇鼎湖。象文昌与武曲，运经纬以昭宪。断鳌首以立极兮，卧长鲸之横堰。回狂澜于碌碏兮，敞琅玕之叠巘。浮海屋之龙宫兮，讶蜃楼之非幻②。步登瀛以出尘兮，共题名于塔雁。左瞻右睐，徙倚婆娑。俯濯清缨，反射纹波。滩声陵影，晨夕烟萝。若吟梁父，忽起渔歌。伊谁幽人，噉流枕石。心远地偏，山青水碧。灌木丛阴，匿景逃籍。希踪严陵，垂纶自适。维九鼎以一丝兮，客星隐而名高。棹扁舟之去来兮，泛不系而逍遥。遗名利于烟水兮，委直钩于钓鳌。一水盈盈，对瞻古庙。锦官森严，诸番并曜。怀美人于三顾兮，绻鱼水之遘奇。余心悦其尽瘁兮，鼎足盛而运移。诞天威以擒纵兮，乌蛮震而靖夷。俨遗容于尸祝兮，据最胜之江湄。嗟卧龙之蟠润，虽百世其可师。为龙为鱼，一潜一见。出处侔时，蠖曲虎变。既葆真而闳秀，斯人杰而地灵。荣光塞

---

① 偶：原作"喁"，据贵图本改。
② 讶：原本作"�"，据贵图本改。

河，卿霭郁蒸。乘桃浪以游翰海兮，渭熊飞而干城。挽天河以洗甲兵兮，腾八阵之遗英。歠兰若而夺琳珪兮，揆二表于承明。进可献而退可怀兮，忧则违而乐行。山之高而水之长兮，登斯台其含情。匪大夫作赋，勉尔荣名①。髦士壮怀之磊落，惟先哲之是程。

二十七年，以播事诖误。

邹铨部元标著《江公传》：

新安，海内名区也。故称财窟，今称才薮。名硕项背相望，以予所睹记，若吾友江念所中丞者，大节泠泠，置诸古司直中，不知雄雌。乃以用兵讪死。予闵世之人不亮其初，终猥流俗之毁誉也，作江中丞传。

中丞名东之，字长信，别号念所，歙县人也。宋有汝刚公者，由三衢来倅歙，遂寓歙。长子孙，其苗裔汝楫，为邑诸生，封侍御者，即公父。有奇征而生中丞。登万历丁丑进士，为人魁梧倜傥。初仕行人，轺轩所至，咨诹询访，不遗余力。既官御史，勃勃有埋轮志。

江陵柄政，与冯阉表里为奸，两人以徐爵为彀，江陵外言，非爵不入，冯阉内言，非爵不出。爵又时以独计令两人交疑交欢，两人者不得而测其倪，严事之。夜至禁门，守卫者不敢诃问。江陵死，益横无忌。公默自计曰：夫此么麽者浊乱海宇日久，而保以爵为腹心，病在腹心，不治，即卢扁望之而走。怂而疏爵不法状。上怒，而下爵理，满朝震悚。于是疏保者、疏江陵逆仆逆党者纷至，而城社肃清矣。

公于是益感激恩遇，知无不言。疏王中丞宗载陷御史刘台事，王得戍去。是时王方掌院事，公以副封进。王笑曰："柱史复何言？"公亦笑曰："为死御史鸣冤。"王曰："死御史谁氏？"公曰："刘台。"王愕然，曰："谁尸之而谁冤之？"公曰："即乃公。"王踉跄归邸舍待罪。至今乌台谭之，犹有生气，然人人目摄公矣。

玺书督理屯牧畿辅，畿辅人闻江御史名，多咋舌去。会虏蹂躏黑谷关，边臣及诸帅掩诸骼以功闻，为按臣李植纠发。上命公辍屯政往，盖异数云。重臣复有为边帅地者。公矢心告曰："东之生平不敢负国欺君，亦不敢故入博名高。"说者惭而退。至则诸掩饰详密，无所得间。公佯出郭外，睹园蔬青映人，立命健儿取畚锸来，掘蔬下，窖死者枕相藉，而创痕尚血渍未干，诸将始伏

---

① 勉：原作"免"，据贵图本改。

辜。公竟据实报，坐诸将死，边事大振。

丁御史此吕参江陵科场诸作奸者，海丰杨冢宰谓御史言过诛求，具疏参，御史外谪。公适自塞上归，攘袂起曰："十年来，以贤书为奸薮者，人知之，冢卿独不闻乎？"亦具疏参杨，言有所为，人不能堪。公言最多，请蠲、请赈、请免徭役及禁私官，皆不能尽纪。每疏出，都中争相传颂，上无弗嘉纳也者。有诏：江东之尽忠言事可嘉，其特擢以彰忠说，晋光禄少卿，升太仆少卿。

是时，诸官辇毂下者皆江陵旧人，多回面内愧心热，又恐人暴其短，从旁揶揄。诸少年不察，遂有起而击赐环诸君者矣。公曰："诸臣无罪。言江陵与不善事新贵人其罪，诸臣可议，臣请与俱罢。"人遂以党击公，公力求去。上使使至皇极门谕留，又异数云。亡何，公又言大峪山事，群起而攻。

公左迁职方员外郎，出知霍州，病免。归而有胡夫人丧。大事既襄，筑室瑞阳之阿曰："吾将老焉。"上手诏起公知邓州，升佥事，备兵沅州，寻转南光禄少卿，入丞大理，晋左少卿，署卿事。所平反甚多。会与铨曹异议，升佥都御史，巡抚贵州。擘画多大猷，惠民有局，备荒恤武，右文有田，寝矿税有疏，障下流有堤，皆其钜者。首议建天柱、铜仁二邑，擒乌撒酋，平高寨苗，俘获百余人。上闻，赐金帛有差。最苦心者，播酋仇五司。五司在黔门庭中，日苦杀戮。公以赤手枵腹，鼓舞数千兵士，即不支，乃其心在报国，足录。而诸臣未履疆场，乘公致仕，以文墨绳公，得削籍，报，公遂饮恨死。

嗟哉，元标两入朝，咸席未暖去。与公迹甚疏。心最伟公者一，不能及公者二。公艰，子娶武林妇，侦其夫固在也，礼而归之，此所伟公者也。同年舒比部疫死，余一子，公入室抱其子归，以子字之，舒卒得祀。丁侍御以言谪，谗言蜂起，公独以身冒众猜，不计，人问故，曰："朋友道丧，吾将以身为饩羊。"此所以愧公、服公，无能起公九原而下拜公也。

公子尔松，痛先公沉郁即世，数使使来索公传。予折简曰："异世必有董狐为子尊人千秋者，予即欲握管，有惩于吻，不如无传。"尔松督之急，予谨撮其大概。观室者，观其隅中之巍峨，可知也。尔松以为略。世必有野史，以增吾未备者，在矣。论曰：江公以言被上宠命，数矣。其被宠，命也。朝臣仄目者曰："此必有阴为地者。"乃宠者之独，不胜忌者之力。一言而晋，宁再言而归，三至而削籍。有为地者如是乎？虽以明圣如上，亦不能不为投抒，乃知荩臣孤立一意，明君乐谠言，旄睿谞也。于今日良难哉。

邹尔瞻书《江中丞传》后：

客有习中丞者，曰："以中丞风猷，稍稍俭德，当自完璧。惜不习兵、用兵，卒取困。"予曰："子谓中丞困乎？人臣事君，在尽心力否耳。中丞抚黔，誓不与酋俱生，天日为昭。倘遭其变，为颜之骂贼，马之裹革。其所优为不能以一剑酬主者，天也。"客曰："中丞如轻发何？"予曰："奔蜂攫体，子搏之乎？"曰："然。"曰："子奈何议中丞轻发耶？酋日持干戈，各苗蜂屯蚁聚川原，厌人之肉，流人之血。若坐待其变，无论不为城池人民计，即穴匈公所不计，且辱国矣。故议中丞轻发者，是处奥室，未睹江滑风涛之恶，而咎济者之善溺也。"曰："吾固知江公苦心，但当审而应。"曰："子以刃与梃较，孰胜？"曰："刃胜。""以一人与千百人较，孰胜？"曰："一人而敌千百人，其数不胜。"曰："子既知如是，而复咎中丞不审而应乎？"曰："古有以寡敌众，转弱为强者，何术？"曰："寡与众，弱与强，非大相悬殊之谓也。黔与蜀，贫富众寡强弱何啻天渊？总督大师未临，播兵一指，綦江城破，杀两名将，伏尸流江津，重庆骚动，黔有乎？夫以一弹丸地，无兵无粮，公徒以一腔血诚，拮据抢攘，中尉而为将，市佣为兵，死锋镝者，自父母妻子咸无怨言，非得素拊循士卒，能然乎？"客曰："然则中丞一无遗议与？"曰："有。"曰："何？"曰："吾闻自古未有无居中调护而能成功于外者。公自阁部及要人皆与之龃龉，一有矶中，时露白简，即功其孰与我？人而不仁，疾之已甚。以夷治夷，从古已然。安之与播蟠互纠结，其来已久。即罪当声讨，孰为后先？不度力而糜安，驱安而与播合，阴以抗公颜行。播固播也，肘腋之播，不可迩也。是公不濡忍糜夷而过之深也。公之意曰：吾以天朝歼此小丑，如泰山压卵①。然不知泰山高不可迩。即一播，后来诸君子所以请兵请饷，左羁右糜数年，艰辛万状者何如？矧公直两播为之陇哉？九原而作，公当以予为知言。虽然，公清风恺泽，遍于黔人。黔人闻公没，至树绰楔思公②。吾友郭中丞相奎继公后，亦谓公遭时之艰，极身无贰虑可念，没世不忘。于公见之，此岂可知力为哉？"客曰："不以成败论人，而中丞一腔真心，得先生益明。先生言公而核，非先生往履黔，习黔事，不悉也。请籍之，异世当不谓先生阿所好者。"

蠙衣生曰：予著《黔记》，凡名公传止载黔事，不及其他，例也。即江中丞传亦然。而予又惧夫后世不睹中丞之全也，因友人邹尔瞻寄所著中丞传并刻于后，庶

---

① 压卵：原作"压卵"，据贵图本改。
② 绰楔：原作"棹楔"，据贵图本改。

几后世读《黔记》者，知中丞黔政。读尔瞻传者，知中丞大节。呜呼，备矣！予在楚与中丞藩臬同官，比承乏黔，与中丞先后同官，乃中丞赍志以殁，而予不能一伸白也。诚愧之矣！诚愧之矣！

黔记卷三十八目录

宦贤列传五巡按御史，附部属行人

御史徐文华

御史席春

御史戴金

御史周廷用

御史刘廷簠

御史陈邦敷

御史郭弘化

御史王杏

御史赵大佑

行人夏文愍公言

黔记卷三十八

泰和郭子章相奎父著

宦贤列传五<small>巡按御史，附部属行人</small>

御史吴文恪公讷

吴讷，字敏德，常熟人。永乐末举医生。宣德三年巡按。综核精明，百度振饬。尤注意士类，著《小学直解》训之。比还，三司以百金为寿，追送之涂，公不启，题诗封上曰："萧萧行李向东还，要过前涂最险滩。若有赃私并土物，任教沉在碧波间。"其廉而不激如此。历官右副都御史，卒谥文恪。

御史陈斌①

陈斌，浙江人。宣德七年巡按。奏筸子坪生苗梗化，累肆劫掠，请命总兵萧授发兵，四面攻之，必可殄灭。上谕行在兵部尚书许廓等曰：蛮虽常劫掠，若防守严密，安能为患？何至便兴兵殄灭？天地生物，虎狼蛇蝎，何所不有，岂能尽灭之？但当慎防而已。且彼蛮夷，亦好生恶死，宜令授及贵州三司，差人抚谕，使改过自新。

蠙衣生曰：苗繁有徒，自唐虞至今莫能殄也。虎豹蛇蝎，天地且生之，而况于苗乎？祖宗仁厚，何殊成周？而贪功喜事之夫，动称剿苗，越屑朝廷之金钱，就司马之功名，戕刘边围之赤子，博子孙之锦衣，使遇章皇帝，当重谴之矣。

---

① 斌：万历志作"赟"。

御史伍星会

伍星会，字聚奎，广西义宁人。宣德十年举人。历官陕西道御史。景泰四年按贵州，升湖广佥事。以敢言为时贵所嫉，遂挤之外。星会亦自负其气，执法不忱，寻自免还家。

御史黄襄敏公镐

黄镐，字叔高，闽县人。正统乙丑进士。授御史。己巳巡按，值苗乱，道梗，镐率徐资简精锐千人，进至镇远，躬擐甲胄，与贼战，败之，徐资死焉。时兴隆、清平皆被围，平越尤急，镐婴城固守，凡九阅月。士卒掘草根煮皮甲以食，镐多方劝谕振之，身同甘苦。后朝廷遣援兵至，镐率三军内外夹攻，贼乃遁。按贵三年，凡五十三疏，皆见纳采。历官南户部尚书，卒赠太子少保，谥襄敏。

蟪衣生曰：《通志·黄公传》，景泰间任，予读王继之、孔中丞忠节冈文，俱称公于正统己巳出按是邦，景泰当改正统。旧志称公成化初，误矣。

御史郭本

郭本，字道充，融县人。景泰二年进士。历官御史。七年巡按贵州，又巡浙江。时权瑄肆恶，本疏劾之，谪云南永平典史，得量移太平府同知，久乃擢知太平。自慨不得一摅才力，坚以疾归。

御史宋有文

宋有文，四川资县人。景泰甲戌进士。天顺间巡按。激浊扬清，发奸摘伏，不事钩钜，翕然称神明。历官右副都巡抚甘肃。

御史黄本

黄本，□□人。成化十二年，命云贵清军刷卷。还京，汪直令韦瑛搜得象笏一，执送锦衣卫，问为民。

御史杨纯

杨纯，邻水人。成化中进士。授御史。十七年巡按贵州。断决如流，任满，百姓乞留一年，上许之。民谣曰：邻水杨，但愿年年巡贵阳。贪污畏法，军民安康。升陕西副使，去之日，黎獠遮道攀留。

御史王鉴之

王鉴之，会稽人。成化丙戌进士。十九年巡按。贞廉率人，蛮夷信服。时都匀酋弗靖，单骑深入，喻以德意，酋感泣投戈降，一时诸郡获免军兴之扰。正德三年任刑部尚书，四年致仕。

御史包裕

包裕，字好问，临桂人。成化戊戌进士。以抚州推官征授御史。弘治元年巡按贵州。宽洪仁恕，耻以鹰击鸷蝮为能。凡事务通民情，不怒而威。尤加惠茕独，悉收之养济院，亡失所者。已，出为云南佥事，历副使。会边夷叛，督兵讨之，有功，锡金襁。所区画地方事宜，无事立异而遗利自广，滇人赖之。移病归，日以诗酒自娱，采山钓水，登览啸歌，势利芬华泊如也。所著有《拙庵稿》。

御史邓庠

邓庠，字宗周，宜章人。成化壬辰进士，拜御史。上疏极言时事，力诋权要。按陕西，镇守阉宦诬尚书余子俊妄费粮饷，庠申白甚力，言触阉宦。贵州夷弗靖，抚臣请加兵，命庠往勘，上言宜从抚谕，允之。历官户部尚书。

御史陈策

陈策，字廷献。武陵人。成化丁未进士。初知宜兴县，征拜御史。谨于持宪，论事率循忠厚。弘治十一年巡视贵州，后按广西，皆得宪体。岁甲子，河南监试，藻鉴得人，士论翕然归之。

云贵恤刑郎中朱守孚

朱守孚，字中孚，桂阳人。成化己丑进士，历刑部郎中。在职严谨，诸司奏牍悉委看详。录囚北畿及云贵，多所全减。成化乙巳卒。

御史王一言

王一言，字行之，内江人。进士。弘治七年巡按。端凝严重，吏不敢犯，民不忍欺。论者谓一言如雨露霜雪，各以其时。十二年，升云南临安兵备副使，修城池，储粮饷，公署学校，恢扩一新，军民利患，兴革殆尽。历官金都御史，巡抚陕西，御虏渡河，溺水死。

御史马毅愍公炳然弟自然

马炳然，字思进，内江人。成化辛丑进士，由嘉鱼知县擢御史。弘治间巡按贵州，出守西安。才名益起，陟副都御史，巡抚宁夏。正德壬申，总督南京粮储，至湖广青山江中，遇流贼刘六，为所挟，令作书退军，不从，遇害。妻女俱溺水死。事闻，赠右都御史，谥毅愍。弟自然，由进士弘治间为贵州右参政，刚毅不挠，有炳然风。

蠧衣生曰：予读罗侍郎玘疏，王廷昌亲敛炳然，面劈一刀而去其鼻，身中两箭而伤其肋。臣即跌仆在地，口鼻流血，昏晕沉冥，如同气绝。乃知前辈友义若此，其笃也。虽然，玘不独为炳然也。疏又曰：臣死在旦夕，尚恐贼穷生计，或至拥如盆子者一二人焉。驰骛中原，诱聚不逞，百姓愚顽，未明逆顺，诸将狐疑，益见逗留。事机一变，成败分焉。而其后卒有宸濠之变。呜呼，玘真忠且智哉！

御史丁养浩

丁养浩，仁和人。弘治九年巡按。击强宗，通下情，有拔薤辟门之风。兴学育才，以教化为兢兢。所至多吟咏，与二司赓和不辍。历官云南左布政使。

附丁御史诗《安庄道中》：

> 畦田百垒锁山腰，雨后流泉似海潮。青嶂午阴看饭箸，碧林秋静听鸣蜩。

一帘暝色人归市，万壑腥风虎过桥。更待月明刁斗静，满天苍碧夜迢迢。

《普安公署》：好山如画压城头，尽日岚光翠欲流。峻岭刺天偏碍月，密林藏雨不知秋。云开锦帐横当户，风约寒泉半上楼。老我柏台看未足，欲将书剑向瀛洲。

佥事罗昕《和丁直指韵》：春风射策殿东头，曾许衣冠接盛流。老我天涯甘瘴疠，多君皮里有阳秋。阴嘘寒谷春如海，笑落千村月满楼。骢马明朝催晓发，去思人隔凤麟洲

《龙里公署和韵》：雨过龙山翠欲流，晴光多在屋西头。不随客子愁多瘴，应共农家喜有秋。松菊久荒元亮径，风尘犹碍仲宣楼。牂柯东去鳞鸿杳，半载无书到广州。

御史黄炫①

黄炫，字敬润，蒲圻人。成化乙未进士，授江西高安知县。为政严竣，豪宗屏迹。拜御史，坚持风纪，不畏强御。弘治四年，贵州都匀苗乱，敕炫往纪功，改土为流，改州为卫，厥功居多。陟大理寺丞。

御史黄简肃公珂

黄珂，字鸣玉，遂宁人。弘治间以御史按贵州。卓有风裁，然持大体，不以鹰击毛鸷为治。比用师夷落，命公纪录，翦其鲸鲵，不扰旄倪，妪煦胁从，解携徽缰②。凡剽掠充级者，悉斩以徇。惠威交畅，卒以成功。其后开府河湟，护饷伊瀍饮至，论功增秩荫子。历官兵部尚书。宸濠求复护卫，吏持牍上，公坚执不署，竟莫能夺。掌宪留台，晋司空，致仕，卒谥简肃。

附诗：御史戴乾《赠纪功黄鸣玉道长》：台端风裁久推君，野鹤年来已出群。直道名高温柱史，先声胆落李将军。运筹已脱囊锥颖，献捷星驰露布文。当宁论功优典在，邻灯应有隙光分。

---

① 黄炫：嘉靖志、万历志均作"黄玹"。

② 缰：原本误作"缠"，据贵图本改。

御史张淳

张淳，合肥人。弘治间巡按。性峻整孤立，吏不敢犯。平普安米鲁之乱，能以独断成功。

御史周文光

周文光，字实夫，金华人。正德十年巡按。时迤东、都匀苗寇充斥，公题称都指挥潘勋、权继武、王言、满弼，管粮参政胡濂，参议蔡潮不听节制，轻犯贼巢。潮又差人止总兵李昂缓兵不进，以致杀虏。都指挥权继武、王言，千户何宏、伍经，百户顾恒，死亡军士六百名。潘勋、满弼遇敌退怯，都指挥金章等并胡濂、蔡潮俱合提问。兵部覆题，上曰：地方用兵，潘勋、金章等且都不提，待贼稍宁并论。

四川剿㑩蛮，流毒贵州。公疏称四川巡抚马昊调兵剿杀㑩蛮，四散犇突，继以芒部、乌撒夷罗，乌合滋蔓。贵州发兵，川兵不至，水西土兵被伤，犇溃抢掠，致将毕节等卫屯堡残破。马昊既不会兵遏截，又不发兵策应。四川参政彭杰、佥事石禄，便安适己，缓于救援，乞将马昊等正罪。兵部覆题，马昊调兵剿贼，不先会贵州遏截，诚为有罪，昊已被劾，请敕切责。水西兵奔溃抢掠，事在贵州，非昊所能顾理。彭杰、石禄缓于救援，亦恐别有妨碍，况四川巡按御史未曾勘明回奏。见今四川松潘、叙泸两处用兵，紧关用人，合无将马昊、彭杰、石禄俱记其罪，待四川事宁并论。

公以都匀贼平，升俸一级。

御史胡琼

胡琼，延平人。正德十三年巡按。威望风采，凛不可犯。先是，黔俗黩鬼，巫觋阴操祸福权以惑人。琼首厉禁之，毁淫祠不在祀典者数百所，治巫觋如西门豹治邺故事，一时民俗丕变。至若劾总兵昌佐之贪婪，抑中官王海之豪横，狐鼠辈慝慝灌，不敢凭城社作威虐矣。

御史徐文华

徐文华，嘉定州人。正德间巡按。甫入境，会有阿贾、阿礼之变。密相机宜，得其要领，遂授偏裨以奇策，歼厥渠魁，夷平。至今贵之人谭乖西事者，颂公功不衰。历官大理寺左少卿。嘉靖六年，以议狱谪戍，隆庆改元，赠右佥都御史。

御史席春

席春，字仁同，遂宁人。大学士书之弟也。正德丁丑进士。十六年以御史清戎云贵。是时，贵州巡按御史胡琼毁城南圣寿寺为名宦祠。春为之记，略曰：

> 易佛宫，崇名宦，胡子知化理矣。于学官得文昌庙，曰：是可为乡贤祠。已，于城东得泰岳庙，曰：是可为贵宁道。已，于城南得南庵，山幽林茂，地爽宇弘，且阙里孔中丞去思碑在焉。曰：名宦祠其无可易是也。遂撤寺额，去佛像，麾僧徒而人之，乃取合省诸贤宦功德在民者一十六人，置神位祀其中。君子曰：胡子知化理矣。贵州古鬼方，高皇帝设宣慰司，建军卫以控驭其地。文皇帝又设藩省以临制之。百六十年余，易夷俗，而文物礼乐与中夏诸大藩等，政化大行矣。然佛老犹盛，则鬼方者又易趋焉。胡子按兹土，去邪崇正，是之谓得其位，行其道以黜之者，胡子知化理矣。

历官翰林院学士，吏部侍郎，与尚书汪铉诟免。

> 附诗：《层台道中》：地险悲长道，天空信短亭。瘴烟时冉冉，祲气尚冥冥。水落汀沙白，云移岭树青。轻寒侵病骨，奔走愧山灵。

御史戴金

戴金，字纯夫，汉阳人。正德甲戌进士，授御史。嘉靖七年巡按四川。会有芒部之乱，沙保等聚兵寇掠。金奏调官军擒杀沙保，复立陇胜为土官，权署府事，候有功日奏请实授。又疏芒部诸地与乌蒙、乌撒、水西、盐仓、东川等夷互相联络，寻常因事仇杀，与小丑出没，乘机窃掠，乃其常事。而毕节实诸夷出没之所，川贵藩篱之区，必武备修举，而后外患潜消。及查威清地方，南跨广西之田泗，西接云南之沾益，利害所关，亦不为缓。宜令威清兵备韩仕英驻安庄卫，专制安南、普安地方。仍于贵州添设佥事一员，迤西兼管该道，分巡毕节。乌蒙、乌撒、镇雄、东川、赤水、永宁四府四卫一司合用军士，即于四卫取用。仍于新添马步官军三千数内，存留一千于毕节。应更番者更番，应操练者操练。钱粮站马通属管理，亦听四川抚按节制。如此则官有专责，藩屏无空隙之乘；人有忌惮，犬羊绝窥伺之念。一司之费有限，地方之赖其多。

贵州毕节设道自金始。十七年任贵州左参政，历官四川巡抚。法纪修明，人咸惮之。终兵部尚书。

蟫衣生曰：芒部之役，始议改流，继议立土。伍文定主剿，戴金主抚。后事虽稍定，而改流主剿者未为失策也。蜀之改流者马湖、龙安、建武，黔之改流者思石、镇远、铜仁，滇之改流者武定、顺宁。今遵义、平越又改流矣。何祸乱之足虞，而独于芒部不尔邪？机会可惜，张主不定，至今黔蜀人犹扼腕云。

附镇雄始末：

芒部、乌蒙、东川、乌撒四军民府皆古蛮夷，皇明归附，以土官陇氏、阿氏、普氏、那氏世袭知府。嘉靖初，芒部陇慰子陇寿、陇政争官仇杀。政谋杀寿，又欲谋其子陇胜，率众以叛。巡抚都御史王轼奏调官兵擒政及其嫂支禄，系狱死。奏改镇雄府，设立流官，举重庆府通判程洸试知府，掌府事。改置长官司四，以阿济等四人为长官。五年，程洸招募流民，占种夷田。沙保乘机以陇胜及陇寿故部下阿得狮子孔等枝蛮民，聚众为乱。六年，攻破府城，逐洸，夺去府印。川贵抚按奏调汉土官军征剿，沙保诈称已死，主者弗察，误以捷闻，各升赏有差。七年，沙保等复聚寇掠。巡按御史戴金奏调官军擒杀沙保，复立陇胜为土官，权署府事，仍侯有功之日，奏请实授职衔。嘉靖三十九年，土夷阿堂叛逆，盗印夺官，攻烧府治。又仇杀沾益百姓。四川云贵三省屡次抚处不悛。巡抚四川都御史罗崇奎，同云贵两省军门合兵，擒斩阿堂及其余党阿科、禄哲等，东川以宁。

御史周廷用

周廷用，字子贤，华容人。正德辛未进士。由宣城知县拜御史，出按贵州。值香炉山苗叛，大司徒邹庄简公时任巡抚[1]，同心懋烈。事竣，廷用撰碑纪之。其

---

① 庄简公：原作"忠简公"，据本书卷三十五"副都御史邹庄简公文盛"条改，

文曰：

贵阳荒徼，时维外藩。限山作镇，界石为垣。曰有炉岭，险逾剑门。三苗
素窟，凭此作昏。粤惟正统，大肆陆梁。我皇赫怒，出车千骧。弭师七月，成
功未襄。收旅旋斾，示以归王。阿傍阿苗，扇此毒虐。猖猖啸聚①，于山之络。
嗜为寇乱，恣行剽掠。滔天阻兵，气焰薰灼。越自丙子，至于丁丑。玻鞁卫
邑，阻绝道路。凭据势甚，万夫莫有。屠我军民，戕我官守。宪臣疏闻，天子
廑虑，乃命镇巡，兵旅大会，付以军机，授以师律。奕奕金戈，蚩蚩羽檄。抚
臣忧言，武不可既。载示皇仁，载谕圣意。维彼丑虏，愈恣凶逆，暴非德驯，
狂罔言制。乃用群谋，乃调士卒。土兵官军，桓桓仡仡。参以文武，分以营
壁。于帝是类，于山是祭。犄角分布，貔貅载陈。统以诸部，莅以威神。玄甲
耀日，朱旗慧云。乃树电帜，乃驾飚轮。彼苗何恃，恃此层山。山不可恃，天
罚攸干。矫矫勇士，雁此凶残。挥肉乱坠，凛不动颜。且言虚实，告示同班。
我士益励，我兵益扬。悬以千金，义力奋强。下攻九地，上入穹苍。陵彼巢
穴，伐鼓琅琅。众军咆哮，排山登阵。万仞杂沓，噍类无遗。横尸成岭，流血
为池。远兵苗裔，纳款来思。马腾而骧，士饱而乐。贵之卒夫，解甲生活。贵
之妇女，迎门笑跃。破险除凶，边疆再拓。捷书上奏，乃开明堂。论功授赏，
金帛辉煌。曰兹文武，实惟忠良。于铄奇功，昭彻遐荒。勒兹隆碣，永代
熙昌。

迁浙江佥事，四川副使。芒部夷叛，御史戴金委督军务，奏肤有功，更署学
政。著绪论三十篇，以戒谕学者，文多近古。陟江西按察使，入觐，夜分读书不
缺。而俗吏多媒蘖之。褫秩归，卒。所著有《八涯文集》。

东桥顾璘《国宝编》曰：子贤才，禀超融。文锋迅涌，博涉强记，培滋词
本。故援笔长赋，烂然成章。气倜傥豪岸，不宜于俗，独下意名品。为御史，
言事多触时忌。及为监司，每不善迁合，失权近意，或放口论诸人浅深，略不
旁顾。每劝之，曰：阮嗣宗不言人短长，嵇叔夜服其远害。幸吾子加意。然卒
蹈之，乃其天性剀直不回，固一德也。

附：王晋溪奏议：
为十分紧急贼情事，看得巡按贵州监察御史周廷用奏称：贵州迤西地方，

---

① 啸聚：原作"哨聚"，据贵图本改。

俱系四川所属夷寨。该道守巡官员经年不行巡历，所属土官、目把，得肆桀骜，夷苗频年构乱。凡遇行文催取，各官前来会勘抚处，视为泛常，执拗不听。正德十三年十一月内，四川参议崔旻、金事王芳、都指挥周爵方来贵州，各官因循推避，未见成功，夷罗反肆猖獗，官军遂为杀害，道路愈见阻塞。参称崔旻、周爵托故先回。王芳妄称夷贼与彼地方无干，擅调女土官奢爵夷兵二千余名，行文赤水卫支给口粮。带军妻出城，及将奢爵带送永宁，不肯放回等情，要将王芳罢黜提问。崔旻、周爵行令戴罪前来，会同贵州各该官员相机剿捕。事宁，就彼提问一节，臣等议得御史周廷用所奏不为无见。但据贵州分守参政林茂达等所言，终系一面之词。如前项巡按四川御史黎龙奏，据四川分守参议崔旻等所言，自指挥朱衣守备误拿水西芒部结亲白猡猡为强盗，监故，以致乌合蛮众索要赔偿人命等情。则是衅起贵州，不独四川守巡官之责。缘事干两省，各执一词。若不差官查勘，不惟事不明白，各不输服，抑恐处置不当，大坏地方。合无请敕，差给事中并刑部郎中各一员，前去四川、贵州交界地方，吊取节次奏行案卷，从公体访，设法查勘，要见各种蛮夷作乱，果由何人造端启衅，累次枪杀，果系何人迟误勘处，玩寇养患，何人处置乖方，致失夷情。或自昔远夷反侧难定，两省地方各因用兵多事，以致妨误。并御史周廷用、黎龙各奏事情，逐一推详根究得实。务在事理不偏，情法两尽，使有罪者不得幸免，无罪者不至滥及。军卫有司应问人犯，就便提问，干碍方面以上官奏请定夺。及所在官司隐匿卷案、占恡人犯、不服追问等项，亦听就彼提问参究。事毕之日，回京复命。仍将处置两省夷情事宜，查议明白，另行具奏定夺。正德十四年六月二十一日，具题，奉圣旨：这地方事情关系重大，差刑部郎中、锦衣卫千户各一员前去，依拟从公查勘明白，议处停当，奏来定夺。

御史刘廷簹

刘廷簹，字器重，安福人。正德辛未进士，授御史。肃皇帝初即位，公疏：请法祖宗勤政事以亲儒臣。昔文皇帝御左顺门，晚朝毕，面谕近臣，勖以随事匡弼①，毋但面从，仁庙赐辅臣杨士奇等绳愆纠谬。图书皆有故事。上嘉纳之。嘉靖二年巡按贵州，性耿介，清苦自茹。按部屏除呵导②，匹马双旌，遍历荒徼，发奸摘伏，

---

① 勖：原本作"勋"，据贵图本改。
② 呵导：原本误作"阿导"，据贵图本改。

凛若神明。

御史陈邦敷

陈邦敷，字自宽，乾州人。嘉靖九年巡按，后谪新添驿驿丞。悯黔中驿递走马之苦，著《养马谣》。其词曰：

白牌使者行来疾，照点征名催赴驿。贫家难借买马钱，夫妇悲号心战栗。三五狼牙雄赳赳，气蒸烈焰如牛吼。割鸡欸酒不暂停，铁索拏拘逐先走。嗟嗟我死聊自足，难免妻儿受凌辱。坐连邻里谴责归，领保佥期承应役。前度养马遭荡败，典尽家延仍负债。鞭背成疽尚未平，今复担当无可奈。边军设为防边计，额外军徭无定制。杂派走递牌儿夫，转输征调门厨隶。养马古是民家差，忍使贫军堕此灾。土官土舍万顷田，不向公家纳一钱。馆夫下寨收马钱①，土官土舍索人事。稍有不遂即支吾，号令传呼寨门闭。各捏虚词巧餙伪，公然不出当官对。白日黯黯生浮云，牢死贫军独何罪。含冤控诉谁作主，官畏土官如畏虎。一勾不到即停牌，碌碌频年自修补。我生不幸在边垠，军代民差如转轮。九重万里杳难诉，谁念边军彻骨贫②。

嗟夫！滇黔过客读此谣，不酸鼻而流涕者非夫也！

御史郭弘化

郭弘化，字子弼，安福人。嘉靖二年进士，授御史。十年巡按，以谏采木采珠，削籍为民。卒年七十六。隆庆改元，江西抚按任士凭、苏朝宗奉遗诏以请，铨部覆题：本官气秉刚方，心怀靖献。在官则抗言激发，百折不回；居乡则守己清严，一贫如洗。赠光禄寺少卿。

御史王杏

王杏，奉化人。嘉靖十三年巡按。英风峻节，一时凛然，吏治民瘼夷情，若辨黑白，大猾敛手。贵州诸生附试云南，道里艰阻，公奏请就本省开科，从之。定解

---

① 收马钱：原作"牧马钱"，据贵图本改。
② 九重万里杳难诉，谁念边军彻骨贫：原本及万历志均无，据贵图本补。

额云南四十人，贵州二十五人。行县之暇，喜吟咏。贵州城西五里有圣泉，公乐而赋之。

客有谓日冈子曰："眇兹牂州，蕞尔一陬，仰视中原，犹寄黑子于人身之一肬①。其间怪石累累，如吐如吞。层崖嶪嶪，如结如浮。蟠苍耸翠，连亘绸缪。是固子之所遍历而旁收者。洪边之曲，贵山之幽，有水一泓，天凿其湫，名曰圣泉。谓匪人谋，是殊方之独擅，亦贤士之遨游。子尝知之乎不也？"

日冈子应之曰："吾尝见兹邦之水矣。高者悬瀑，下者聚洿，拓者为港，窄者为沟。广不能容大壑之鳝，深仅足泛坳堂之舟。何乃兹泉之名，得为圣者之流？子言迂矣，殆亦未之详搜。"

客曰："尝闻之，天惟至公，不爱乎道；地惟至平，靡惜其宝。人文正气，中原多抱。山谷之深，溪流之巧，彼苍或为殊方者造之。子胡视之乎眇溷也哉！空言无征，泛听亦藐。口诵之真不如目击之了。请乘子之暇，屈子之轺，为子御重轮，驾细轰，借烟景于须臾，拂风尘之缭绕。相与观兹泉之森森，以明予言之非矫。"

日冈子可之。乃惟季春，天日朗霁，言抹其驹，言膏其辖。循郊墟以启行，溯层阿以深诣。动微翠于干旌，纳轻飙乎短枻。屹万崖之阴森，忽一壑之清丽。声出竹以泠泠②，风拂面以泄泄。

客曰："斯圣泉之际也，请于是乎少憩，以惠吾子之睇。"

日冈子下车而睇之，南山之阡惟袷袷，中涵一窟，鐾以方圆。冰冽其渐，漱瑶滴旋③。石疏其蟠，排琚列碗。湛波光之上下，捷瞬息乎飞漩。俄而弥漫，涨于巨川，倏而翕聚，汇于重渊。有若巨海之鳌兮，喷涛吐浸，以侵轶乎八埏。霎飓风之恬霁兮，吸领回延。有若玉之丽于日色兮，晶光荡漾于蓝田。迨其静阒兮，敛之于半亩之烟。听石鼓以为候兮，轻重互为其闻。任纶竿以为测兮，高下各得其平。迭往来之相继兮，殊过续之不愆。迅时候之反覆兮，妙消长于涘涓。阴不能使之溢兮，旸不能使之胲。旱不能使之涸兮，潦不能使之佃。仅一斗之涵容兮，浩气吞吐乎旻天。寄白云于野草之隩兮，宛潮汐之绅缩于大江之埌。凝目以视兮，凡几转圜。穷神以索兮，莫测其然。将以为石窍之间而通兮，泥薮或有时乎阒填。或以为沙水之壅而成兮，

---

① 肬：原本作"肬"，据贵图本改。
② 泠泠：原作"冷冷"，据贵图本改。
③ 旋：贵图本作"璇"。

陵谷又若是乎屡迁。是必苍苍之上兮，结构于太乙之前。神以为之范围兮，数以为之陶甄。星宿其扬波之脉兮，河汉其滥觞之源。浮槎无所于窥兮，鲛人求涉其遍。

顾谓其客曰："是诚圣矣。非子之言，几失此泉。非兹泉之胜，几不味子之言。妍繄中原之未见，谅大化之独全。已无有于蜀川之峡，又奚数乎大理之滇也哉。"

客喜而笑曰："因野人之戋而见与君子之明诠，否者将不与亩浍之盈同潆潆邪？是故嘉赏之有待，抑亦兹泉之有缘。"于是汲水烹茶，钓鳞煮鲜，采萍采藻，充皿罗笾。泛玄酒于蓬壶兮，飞玛瑙于琼筵。啜酺以遂兮，纵真境之无边。赓考盘之章兮，相与咏矢于弗谖。咏濯缨之歌兮，挹爽于沧浪之涟。逝者如斯兮，悟造化之真传。以兹为鉴兮，戒光景于流连。日临于酉兮，验消息之有先。樵歌送清兮，倚斜曛于崦嵫之巅。徜徉天地兮，并匹马以言旋。次第其事于石间兮，俟来者有考于斯编。

日冈，公号也。

御史赵大佑

赵大佑，字世胤，浙江太平人。进士，授御史。嘉靖二十年巡按。果敢峭直，执法不回。临大事决大疑，片言而止。土酋有阴怀不轨者，詟公威名，遂寝其谋。历官兵部尚书，隆庆三年卒。大佑博大和雅，勤习政事，敫历中外，俱有能声。穆皇改元初，言官咸以德器才猷，足堪重任荐，而大佑病革不起，时论惜之。

附赵尚书诗：《复沈总兵》：将军阀阅声华久，玉节牙璋总制遥。燕颔曾闻班定远，鹰扬谁是霍嫖姚。双江韵兴思铭石，五岭材官望插翘。授简愧非司马手，好文聊拟伏波谣。

《九日新添道中闻边警》：病起东行菊始华，悬车终日石林斜。湛空玉露双洲水，鸣叶商声万树霞。风急羽书天北骑，秋清客夜日南笳。何方解识承平运，朋酒公堂乐岁家。

《宾阳洞》：春尽碧云曾客游，岁余东道寄冥搜。沉埋窟宅蛟龙合，蕴积精灵天地留。避俗来分琼藻席，洗心宜泌玉壶秋。多君幽意能将引，问道名山共点头。

行人夏文愍公言

夏言，江西贵溪人。正德间为行人，使滇，往来贵州。过关索岭，曾题其庙。普安蒋中丞公宗鲁为主事时，公已入相。蒋谒公，偶谈关岭、盘江之险，公曰："某昔题诗在庙。"蒋朗诵之，公大爱敬，因叹边省有好学者若此。蒋曰："诸生颇知学，独限于解额，无由进显耳。"公许益额，且令贻书抚按会题。原额二十五人，遂增五名。公后以谗诛，谥文愍。

附文愍《关索庙》诗：云岭千重拥翠螺，将军祠庙郁嵯峨。金戈铁马何年事，玉玺朱函此地过。西望险如秦道路，南征只为汉山河。艰难远适悲游子，感激临风发浩歌。

《迎恩亭》：东郭官亭草树间，玉杯绿酿照离颜。使华遥傍云千里，旅梦孤飞月万山。杨柳新桥山色里，芙蓉南崦碧溪间。殊方送客劳贤主，薄劣真惭奉使班。

《平坝道中》：落日荒村生紫烟，攒峰叠障画屏连。行云带雨穿松坞，野水流香出稻田。虫响空山秋榻静，月斜孤壁夜堂偏。不眠起坐千忧集，城角无端到枕边。

《重安江晚渡》：重安江色清可怜，江头下马渡江船。黄茅野屋淡秋日，粉蝶山城愁莫烟。朱旗邮兵走相报，绣衣使者来行边。故人经年不见面，何得万里同尊前。

蟏衣生曰：黔中解额始分于王柱史，免诸生跋涉之苦。既增于蒋中丞，鼓诸生行义之志，不知所以成之者夏文愍也。事详蒋中丞志铭，当有所据。或曰，夏公行人，不当入黔宦贤。长卿谕蜀，子长使昆明，蜀、滇通志俱载，彼独非行人邪？

黔记卷三十九目录

宦贤列传六 本朝藩桌

佥事杨廷芳

按察使杜铭

布政使彭惠安公韶

布政使王诏

参议龚晟

副使吴倬

佥事李孟旺

按察使徐珪

副使刘本

参议吴禋

副使汤全

布政使张诰

左布政使刘元

佥事罗昕

左布政使张抚

参政周宏

参议吴环

参政刘肃

按察使陈金

副使阴子淑

参政钟蕃

参政郭绅

参政罗安

右布政使间钲

按察使吴伯通

副使王倬

按察使刘恭襄公丙

提学副使席文襄公书

左布政使梁端肃公材

按察使姚镆

右布政使蔡潮子尚书云程

布政使赵文奎

左布政使何琛

佥事赵渊

副使冯裕

参议杨仪

副使张庠

按察使韩士英

副使林茂竹

右参议柴儒

按察使杨忠节公㝡

副使王积

参议刘望之

佥事施昱

提学副使徐樾

参政王重光附指挥张朝、王之屏

佥事龙遂

提学副使蒋信

提学佥事萧璆

按察使胡尧时

按察使陈尧

提学副使万士和

副使祁清

按察使冯成能

左布政使江珍

副使程嗣功

副使刘行素

提学副使吴国伦

左布政使郑旻

按察使程大宾

副使杨启元

副使凌琯

参议金从洋

佥事胡宥

副使洪邦光

提学副使李学一

监军按察使杨寅秋

黔记卷三十九

泰和郭子章相奎父著
汉州宋兴祖汝杰父正
贵溪毕三才成叔父校

宦贤列传六本朝藩臬

布政使陈迪《吾学编》与《革除遗事》俱载

陈迪，字允道，宣城人。洪武中辟郡学训导，积官至云南左布政使。时普定、曲靖、乌撒、乌蒙等处苗贼猖獗，公率土兵击破之，献俘于朝，有白金采币之赐。后官至礼部尚书。建文中，靖难师起，与齐黄同死于难。洪武初，有与公同名姓者字良启，松江人，谪戍普定卫，境内佳山水，多经品题，碑碣纪载，多出其笔。如宣慰司学《大成殿记》是也，未详所终。

蟫衣生曰：陈尚书官云南，左辖而定普定、乌撒、乌蒙，功在贵不可泯也，故特书之。同时有陈良启者，与公同姓名，又同南直隶人，出《贵州通志》，敬附于公传末，令观者知为二人云。

附陈尚书《赴难约》：

噫嘻，大事去矣，吾辈分当死；大事之去，吾辈罪当死；不随大事同去，生犹死。人皆有死，曷恫无家？当以此心报高皇，当以此身酬嗣圣。以清魂归颢穹，以浊魄付蝼蚁。使天下知有臣，万世知有君。所不如约者，誓不与见于地下。

又绝命之词：三受天王顾命新，河山带砺此丝纶。千秋公论明于日，照彻区区不二心。

宣慰使郑彦文列卿年表同

郑彦文，山西蔚州人，仕元为万户。入蜀，居彭城，因家焉。大明兵平蜀，率土官首先归附，授贵州宣慰。招集民夷，卓有善政。洪武六年调潼川州知州，未几，仍改宣慰，从征云南，有功。二十三年，升工部右侍郎，二十五年卒于官。

布政使蒋廷瓒

蒋廷瓒，滑县人。洪武中举才行。美丰姿，有大度。永乐初，以行人讨平思南叛夷。七年，迁工部右侍郎①，浚黄河。十一年，思南宣慰使田宗鼎与思州宣慰使田琛数相攻杀，抗拒朝命，乃敕镇远侯顾成帅兵擒诛之。以思州所辖二十二长官司分设思州、新化、黎平、石阡四府，思南所辖十七长官司分设思南、镇远、铜仁、乌罗四府，而于贵州设布政使司以总之。上难其人，以廷瓒素有威望于黔，以为左布政使。甫下车，宣德意，与民正始，黔中颂之。十三年，廷瓒上言，顷北征，颁师，诏至思南婺川县大岩山，有声连呼万岁者三。咸谓皇上恩威远播，山岳效灵。礼部尚书吕震率群臣上表贺。上曰："人臣事君当以道，阿谀取容，鄙夫也。呼噪山谷之间，空虚声应，理或有之，岂是异事？布政官不察，以为祥，尔为国大臣，不能辨其非，又欲进表媚朕，非君子事君之道。"遂已。廷瓒后卒于官。

蟫衣生曰：《封禅书》载，汉武礼登中岳太室，从官在山下闻若有言万岁云。上于是以三百户封太室奉祀，诚喜之矣。蒋方伯上言大岩山连呼万岁者三，礼部称贺，成祖以为媚。圣意睿识，度越汉武。吕尚书、蒋方伯仅埒于汉从官矣。

按察使成务

成务，兴国州人。洪武丙子乡举。永乐初御史。风裁凛然，廉介有声。十一年开设贵州按察司，超迁按察使。秉宪得大体，为黔臬开先第一。

按察使应履平

应履平，奉化人。永乐间自吏部郎出知常德府。郡旧赋麦为税，履平奏易以稻，民甚便之。加意学校，作新士类，文教勃兴。超迁贵州按察使，云南左布政使。

附《初至常德》诗云：花向东风几度开，鼎城司马又重来。街头稚子争迎

---

① 右：万历志作"左"。

笑，沙际渔翁亦解猜。霜简敕参先圣像，玉函载上御书台。武陵自有桃千树，谁道刘郎去后栽。

参议杨廉

杨廉，字念清。故关西裔，泰州人①。洪武季用明经举为御史。历永乐，迁陕西佥事，寻调广西，擢贵州右参议。在贵六年所，雅能操清白，抚绥夷民。宣德初，皇帝赐玺书褒之。比卒，妻王恭人孑然依一垂囊，视诸孤褓褓中，度无资越万里归，遂卜葬城东三坡林，因家焉。季子祥，知行唐县。祥子敞，以乡举知洋县。敞子敬，驿丞。敬子举、知印，知印早客死。遗孤文彬、文灿，为军人何祈绐券收其冢间隙地，已，遂窃葬至行唐令所，几暴其骸。吴提学国伦廉得其实，召军人当之法，立徙诸非杨氏尸，而还所窃葬地，乃奢石纪其事，曰："不仁哉，军人乎！杨君以藩大夫尝临若先世父老，非不尊；天子褒劳其绩，士人见德而祠之，非不贤；子孙二世，相继宰百里，非不有后；逮五世之泽微，始有不免为人佣者。军人遂萌豕心，使其四世之亲几不掩于抔土。不仁哉！昔孙叔敖殁数年，其子贫困，乞封于楚，得寝丘，瘠不为人所利。朱仲卿病且死，属其子曰：'桐乡民爱我，其葬我桐乡。'往予尝过寝丘，见楚相祠如新，是瘠之效也。及过桐乡，又见大司农冢，数百步外无刍牧，则爱之征也。今三坡林瘠于寝丘，而杨有知，未必不桐乡望其民，使千百世亡恙，此数世忍之，何人情相悬乃尔。即军人奚利暴人之亲而自暴其亲，徒取不仁名，亦愚矣。予惧夫后之愚而为军人者不少也，故特如太守议，碣其墓以戒之。且戒杨氏之后毋复为人所绐云。"

布政使范理

范理，字道济，天台人，宣德庚戌进士。召试斋宫，以"用人何以得真才"为题，理试第二，赐金币，授江陵知县。时荆土负租十四万，理为处分，平徭役，勤树蓄，恤穷弱，禁豪右，杨文定公称曰："世有为县七月得民心如理者乎？"荐知德安府。一再转，遂至贵州布政。或劝理曰："公骤陟方岳，南杨相公力也。盍往谢？"理曰："相公念我恬静，故取我。我往谢之，即走奔竞路上②，反辱相公知。"公闻之，愈服理。及文定没，理乃走数千里来哭奠曰："吾无以报相公，惟此一掬

---

① 泰州：万历志作"杨州"。
② 竞：原作"兢"，据贵图本改。

泪耳。"历官南工部侍郎。杨文懿公铭其墓曰："太公国齐，简礼从俗。公为江陵，报政何速。去不能驰，稚耄遮阻。执袪号啼，如子夫母。黄霸守郡，治莫与夷。公自令长，入副尚书。才匪偏长，所在有绩。于赫厥声，不损弥益。"

　　　　附《皇明典故纪闻》：景泰时，贵州左布政范理奏原籍府县官贤否，欲黜陟之，为吏科所劾，下法司治罪。

左布政使易节

　　易节，万载人，永乐中进士，擢行人，历官郎署，以才能称。宣德间左布政使。宽洪有度，抚字心劳，一时治行翕然称长者。古有三不欺，如公傥所谓不忍欺者乎？

左布政使萧宽

　　萧宽，吉水人。永乐甲申进士。选庶吉士，授兵部主事，累迁贵州左布政使。宽宏有量，端简不哗。未尝疾言遽色，而处大事则裕如也。旧志作泰和人，误。

　　蟫衣生曰：《蜀志》载：易方伯为成都，治尚清简。《楚纪》载：萧方伯为右使，宽厚不哗。《一统志》载：易居贵州，有惠政，夷人化服。载：萧宽容端重，所至有声，与黔志符。二公皆豫章人，乃知吾乡先辈，其风度类若此矣。

左参议尤安理

　　尤安理，字文度，长洲人。建文三年举人。由车驾郎迁贵州左参议。以疾乞身归，囊橐萧然，止俸八金。归而屏迹公门，惟以机杼谋生，人亦罕知者。有郡侯某，守苏秩满，入京，适冢宰与尤同年，询尤起居，郡侯不能答。既归苏，广访无有，止觅得一老，络丝于委巷，芒鞋褒帕，澹如也。人或以告郡侯，至则行矣。孙循举于乡。曾孙樾举进士。六世孙锡类复举进士，为贵州右参政。

　　蟫衣生曰：予读《纪善录》、《寓圃杂记》、祝允明《野记》，而后知尤文度之为古人也。予邑杨文贞公未遇时，与文度结交于武昌。文度赴贵州，文贞赠之诗。已，文度还姑苏，文贞又寄之诗。一则曰清风共襟期，一则曰平生冰雪意，犹足重吾曹。此其人即相臣不能屈，岂一郡侯所能致哉！

　　　　附杨东里《送尤文度赴贵州参议兼怀武昌故旧》诗：二十年前江汉上，清风潇洒共襟期。折兰闲咏离骚赋，看竹频过孝感祠。已幸两京重论旧，何堪万里又分歧。故人相遇应相问，为道非才负圣时。

杨东里《寄尤文度》诗：苦忆尤参议，投簪养病劳。卑栖人总厌，闲散自能高。厨却胡奴米，门深仲蔚蒿。平生冰雪意，犹足重吾曹。

三年别帝京，归卧阘闾城。贫病疏朋友，艰难倚弟兄。香焚瓦鼎细，寒拥纸屏清。自有床头易，时时畅道情。

参议王恺

王恺，字时举，蒲圻人。永乐甲申进士。宣德初由左中允补广西佥事。泗城土官卢氏与岑豹争爵，田州蛮奴黄佑强横逼主，岑绍奔南宁。一时猺獞骚起为乱。乃遣征蛮将军山云、御史韩信、陈沕同恺往抚，恺宣谕威德，土酋效顺，思恩果化，咸底于平。又同御史陈衡捧檄绥劳贵州土夷。五年，如京师，上嘉其绩。历官广东左参议，所著有《云谷集》。

湖广参议宋钦

宋钦，苍梧人。正统中擢湖广参议。十四年，麓川乱，尚书王骥西征，钦督饷，不避艰险，于辰沅、清浪、镇远山行乘骑，又乘小艖艚往安江、洪江苗贼要害，至卢溪，被贼遮留。钦率兵挽弓扬矢迎敌，厉声历数其罪，词气壮烈，贼不敢逼。历官湖广左使，致政。天顺六年，寇陷梧州城，钦骂贼遇害。

湖广佥事应颙

应颙，字文明，淳化人。正统乙丑进士，授御史。己巳之变，闽矿寇乱，命往捕之。擢大理寺丞，左迁云南同知，转守扬州，迁湖广佥事。时都御史项忠、罗篪知其才，檄治平溪、清浪，征靖州蛮黄强，委筑沿江堤，及抚荆襄新附逋氓，劳㲄懋著，后转福建参政。

蟢衣生曰：宋、应皆楚官也，不宜属之黔。顾宋督饷清镇，应檄治平清，皆有功于黔者。夜郎之役，肝胆秦越。我思宋、应，有余慕矣。

副使李睿

李睿，济宁人。监生。宣德八年佥事，正统二年副使。先是，诸郡卫强半未建学，睿疏请得可，遍建诸学。黔人始津津然兴起。且礼殿乐器犁然具备，擘画之功尤多。

佥事范循

范循，南充人。永乐初进士，授御史。正统间擢贵州佥事。性鲠介，凛凛持三尺，从事不少贷。部署肃然，罔敢舞法。

按察使王宪

王宪，合肥人。正统间为贵州按察使①。景泰二年，疏请忠烈庙南公祀典，略曰："臣闻以死勤事则祀之，为民御菑则祀之。窃见贵州城内旧有忠烈庙，祀唐忠臣霁云。洪武初，都指挥程暹建，至今军民皆称其神灵。每岁春首风狂，境内常有火灾，及水旱、疾疫、虫虎、寇盗。祷于神，其应若响，虽神贶久孚人心，而圣代未蒙祀典。臣谨考南霁云在唐天宝末，安禄山为乱，围睢阳，守将张巡、许远与之誓死拒贼。尝求救兵于贺兰进明，啮指示信。已而城陷，霁云死之。兹者显灵八番，阴为御菑捍患。乞追赐美谥，颁祀典。每岁春秋，有司致祭，非惟圣恩广布，不遗前代之忠臣，抑使神惠愈彰，永济边方之黎庶。"礼部尚书胡滢等题覆，制曰可。

蝉衣生曰：予入黔，闻城中黑神庙最灵。询之，乃祀南公。既谒庙，读柳子厚碑与王观察疏碑，乃知祠系敕建者。第公死睢阳，何以神游黔中，则其故莫之解矣。史载子承嗣七岁为婺州别驾。婺州即今婺川县。《通志》载承嗣为清江郡太守，时巡夜郎牂柯。清江郡即今思州府。岂因其子之故祀其父邪？抑忠烈之神，无地弗流，如寿亭侯之类，不问其车辙至不邪？

左布政使萧俨

萧俨，内江人，景泰进士。历刑部郎，河南参政。时州官不法，逮巡按、守巡官至京，惟俨素有风力，得免，余皆被黜。寻升贵州左布政使，奏请颁乐器，增解额，俱赐俞，致仕，卒。所著有《竹轩稿》三十卷，集《皇明风雅广选》五十卷。

副使刘敷

刘敷，字叔荣，永新人。景泰辛未进士，授御史。天顺间擢贵州副使，湖广按察使。累官都御史，巡抚湖广。时荆辽分封，营造日滋，民财日诎。有中官至常德榷金，敷极言其弊。靖州苗叛，率兵讨平之。会同都御史原杰议处荆襄流民，悉中

---

① "正统"句：本书卷二十八作"景泰二年任贵州按察使"。

机宜。陟右都御史。卒，杨守阯铭其墓曰：永新义山有聪明泉，三出相臣，阅五百年，宋荆楚公著为诗篇。公于楚公，岂其苗裔？游泳山泉，夙怀远志。遂擢巍科，遂跻膴仕。内敫外历，文事武备。历事四朝，鞠躬尽瘁。御史大夫，古之相臣。公至大拜，适际昌辰。畴昔之志，今果得伸。楚公之诗，又一验云。

参议李芳

李芳，字本春，融县人。景泰甲戌进士。知夷陵，九载满，参议贵州。遭丧还，复参江西。久乃参政广东，擢云南右布政使，以左使谢病归。囊无重物，居室庳隘，与子孙同处，怡然也。乡里师其清俭。

云贵提学佥事何俊

何俊，字廷彦，郴州人。少从父宦游，北归，悉以资业让诸兄，力绍家学。成化己丑进士，授南户部主事。凡所领钱谷，出纳明辨。辛丑，擢云南佥事，兼督云贵学校。其为教，随俗导化，济之以严，凡所陶铸，多中器使。丙午乞休，无他，嗜蓄古医方，所著有《讷斋稿》。

副使邓珏

邓珏，字廷璧，江夏人。进士。历刑部郎中，贵州副使。三十余年，廉介自持。归家，足不履公署。祀乡贤。

佥事杨廷芳

杨廷芳，字孟仁。邵阳人。天顺庚辰进士。性执不阿，遇事敢为。历官贵州佥事。亡何弃官归。环堵萧然，嗜学不废。郡守石凤尝分俸赡之，年几百龄。学长三绝。

按察使杜铭

杜铭，金堂人，正统乙丑进士。成化初按察使。听狱仁恕，多所平反。疑狱一讯直之，亡蔓引者。二十二年官刑部尚书。二十三年致仕。

布政使彭惠安公韶

彭韶，字凤仪，莆田人。天顺元年进士。成化十四年任广东布政，荐陈公献章。十九年，镇守内臣顾恒岁有进贡，求索多方，民不胜扰。韶上言："自古明王不宝远物。广东民力竭矣，守臣以此事上为恭，不知凋伤国本，为害反大。"市舶内臣韦眷，请以均徭，余剩六十户隶舶司，为造办之需。韶又疏其矫称进奉，私庇富豪，辄乱旧章，妄开新法。民间力役，更无旷丁，籍土均徭，岂有余户。又劾珠池监丞黄福采捕禽鸟，骚动雷廉。又劾锦衣镇抚梁海本广州人，往来传道，辄称贡仪。水陆舟车，饮食帐帏，百方横索，所过萧条。梁海者，太监梁芳弟。芳见疏大怒，且中伤韶，言韶每事辄邀名，方命左班相，左右得大官，益肆无忌。上直视芳不应，芳惧伏地。调韶贵州，濒行，父老涕泗，有追送数百里外者。巡抚朱英赠诗有"独有羊城临发处，西风卧辙鸟声酸"之句。甫下车，首问民疾苦利病状，即与兴革之。朔望受民词，告戒谆切。民爱戴如父母。未几，吏部尹尚书娄荐公大臣器。上故知公名，二十年，遂以副都抚江南，督粮储。累官刑部尚书，谥惠安。都御史林俊为请易谥，大略谓其正色立朝，先忧为国，舍大录细，不类其人，未足以服天下之心云。不报。

布政使王诏

王诏，真定赵州人。天顺甲申进士。成化间左使。度量汪洪，政尚恺悌。群吏化之，民用宁谧。升右副都巡抚云南，历官南兵右侍郎。

参议龚晟

龚晟，字德辉，蒲圻人。天顺八年进士，拜御史。巡畿内，多善政。时广西徭叛，奏建总制府于苍梧，自是将权有统，兵力不分。成化间陟贵州参议。

副使吴倬

吴倬，字克大，淳安人。成化十九年佥事。倜傥敢为，外严内宽。按部，见各学廪饩不继，与宾兴士贫不能行者，多方区画，积泉布以置学田。又以诸站堡军役疲甚，请益粮三斗，复市田以资之。至平都清叛夷，其功最著。弘治五年升副使，嘉靖九年，站军思公功不置，祠祀之。两台题曰表贤，贵阳郎中汤哔为记。

附《表贤祠记》略曰：

表贤祠，贵州卫站以祀宪副吴公也。公讳倬，字克大，浙淳安世家。登乙未进士。成化间佥事，寻陟兵备副使。别政蠹，发吏奸，清介刚正，难以殚述。惟吾站役繁剧，旧制未设廪饷，公恻然，欲月食人米三斗。会侍御桂林包公裕按巡兹土，议合。驰疏上闻，报曰可。公又区画赎金七百两有奇，购附近常稔之田若干亩，以助不给。今去公辽邈，吾人思公之惠，谭不容口。夫前乎公者未必不贤于公也，后乎公者未必不加志于吾人也。譬之荒垦而畬拓之功，实公伊始。按祭法：有功德于民者祀之。吾人岂私公惠哉！乃就站境立祠专祀，颜其门曰"表贤"。属走为记，系之以诗，俾歌以祀公。词曰：豸冠绣斧，温温春煦。锡我土田，膏泽伊溥。绣斧豸冠，凛凛霜寒。遗我糇粮，百世不刊。祀事孔修，答公之庥。在晋尹铎，在蜀武侯。硕牲清觞，荐公之堂。惟公降只，云辂翱翔。我稼我穑，繄公之力。惟公歆只，享兹饮食①。岁月孔长，颂声洋洋。庇我佑我，惟公之庆。

佥事李孟晔

李孟晔，睢州人。成化二十一年佥事。丰仪峻整，器识不群，望之凛然。群胥皆输心腹，无所隐匿，咸愿为用。以能蜚声，升云南副使。

按察使徐珪

徐珪，安岳人。成化二十年按察使。廉而不刿，宽而有制。爱书周慎详察，必反覆无可出处而后入之，民自以不冤。寻升左布政使。

副使刘本

刘本，富顺人。成化间副使。持正恬静，其于名位澹如也。未久乞归去，士论韪之。

参议吴禋

吴禋，零陵人。成化间参议。狷介廉明。参藩政垂十年所，饮冰茹蘖，始终如一。去之日，箧无长物，惟携图书而已。

副使汤全

汤全，字完之，华亭人。成化壬辰进士，弘治二年副使。浑厚内有精明，刑罚中寓教化，吏望之不寒而栗，民就之蔼然也。十八年，以右副都巡抚湖广，正德二年致仕。

---

① 享：原本误作"亨"，据贵图本改。

布政使张诰

张诰，字汝钦，华亭人。成化丙戌进士，弘治三年左使。议论依道义，厝注尽经纶。以为钱谷，藩职也，综核精密，积胥无敢奸者。五年，升右副都云南巡抚。兴水利，建仓廒，储兵食，革奸弊，孜孜为国。后虽以浚河之役不时给粮，致骄兵生变，然军民至今仰之。十一年免。

左布政使刘元

刘元，仁寿人。天顺进士，授主事，弘治四年左使。廉静寡欲，抑浮节冗，身俭啬为群僚先。每饭惟青菜一味，人因号曰"青菜刘"。寻以艰去，所至有清白声。

佥事罗昕

罗昕，字公旦，番禺人。弘治五年佥事。平易近人，不修边幅，而廉洁威严，卓有古风。工诗，所历山川俱有吟咏。

附诗：《登思州城》：思州城上望中州，满眼狼烟动别愁。关塞极天红日近，园林经雨绿云稠。横披瘴疠行三部，直指风霜作九秋。安得禹王重治水，生灵同济大川舟。

《朗溪司》：百家村落一荒司，列嶂回峰碧四垂。风俗渐看同郡国，印文犹自刻蛮夷。重楼钟鼓初晴夜，夹道旌旗薄暮时。自是年来亲翰墨，壁间随处有题诗。

左布政使张抚

张抚，宝鸡人①。弘治间左使。沉毅刚介，明敏卓荦，厉清苦，风郡属，贪墨吏瞿然顾化。

参政周宏

周宏，德清人。弘治六年参政。宽中大度，不屑屑于苛细，人诵清宁之政。

参议吴环

吴环，漳浦人。弘治间参议。才略英迈，明作有为，凡苛条积蠹，汰之殆尽。

---

① 宝鸡：本书原本及嘉靖志、万历志均作"保鸡"，据贵图本改。

参政刘肃

刘肃，字敬之。嘉定州人。成化丙戌进士，授御史。巡视湖广，风采凝峻，擢云南副使，谪知黄州府。值蕲州宗藩弗靖，监司倚重于肃，卒致于理。属岁饥，赈拯有方。弘治六年迁贵州左参政，河南布政。

按察使陈金

陈金，字汝砺，应城人。成化壬辰进士，弘治九年按察使。平易近民，不立町岸，裁决如流，寻升云南布政。父老泣请留遗舄以识去思。公以所挥扇畀之，众宝藏焉。时有遗扇清风之咏，倡和成帙以传。十二年升右副都，巡抚云南，历官左都御史。

副使阴子淑

阴子淑，字宗孟，内江人。成化壬辰进士，知荆门州。鲠介不阿，肇修学宫，载建陆文安公祠于蒙惠二泉，士习丕变，邦人为立生祠。弘治十年迁贵州副使，备兵都清，善谋多智，娴武略，人不可测。是时，都匀司黄土坡苗王向、阿仇二酋叛，谈笑禽而磔之，麾下诸夷凛凛。迁浙江按察使。

　　附阴宗孟诗《思南道中》：阴雨初晴鸡乱鸣，轺车行处未天明。岚深只说山无路，林静还闻水有声。一曲镜湖何处乞，数茎霜鬓此中生。仆夫莫惮驱驰早，已有田翁接陇耕。

《宿大万山》：驻节万山中，庭空彻夜风。凄凄声在耳，似为诉人穷。

《宿铜仁大万山》：东风与我共驱驰，今向荒庭惜别离。莫怪多情底相恋，也知重会隔年期。

参政钟蕃

钟蕃，字廷芳，崇德人，本姓潘。成化丙戌进士，授刑部主事，累官知郧阳府。时余萦创于前，蕃继于后，抚纳叛亡，修明法轨，厥功居多。弘治间擢贵州参政。政尚简静，不屑屑米盐，迁山东布政使。弘治十年，以右副都巡抚四川。十八年，任南刑部尚书，正德元年致仕。

参政郭绅

郭绅，字廷章，万载人。成化乙未进士。弘治间参政。器宇温雅，耻为表暴。

虽事当勿剧，而裁处雍容，务从宽厚。临属吏浑然不露圭角，恐伤贤者意，雅有大臣度。正德七年，官南京刑部右侍郎，八年致仕。

参政罗安

罗安，字时泰。益阳人。成化戊戌进士，授户部主事。使两广，以清干名。历四川副使。夷酋安鳌者凶虐惧罪，以金赂安，安挥而诛之。中贵采玉蜀地，安奏罢。泸人祠之。寻陟江西按察使。宁藩校虐民，安痛绳以法。弘治间改贵州参政。会普安兵起，安督饷有功，赐金帛。

右布政使闫钲

闫钲，陕西平凉府泾州人。弘治十一年为贵州右布政使。会普安苗妇米鲁叛，公督运遇害。佥闫御以闻，部议量赠正二品散官。敬皇帝曰："闫钲死于国事，可与祭葬荫赠。"

蟫衣生曰：徐波石之被难，与闫方伯一也。波石死后，恤典俱援闫例，而《贵州通志》竟逸其事，惜哉。

> 闫公曾为江西参政，《南康府志》载公《庐山归宗寺》诗："万籁寂无声，云收雨乍晴。诗怀吟里壮，尘虑坐来清。风触昙花落，林摇鸟梦清。自怜身是客，对此不胜情。"

按察使吴伯通

吴伯通，广安人。弘治十一年按察使。持大体，不琐屑科条以滋多事。暇辄进郡弟子员列侍讲经义，缊缊忘倦。多所发明，士咸虚往实归。

副使王倬

王倬，字用检，昆山人。成化戊戌进士，弘治十五年副使。心公而恕，政简而明。举措机宜，地方攸赖。正德初，升四川左布政使。时证流贼[①]，境内多事，公应务如流，军兴不乏，俾得以成功，蜀人德之。正德十年，官南兵右侍郎。

按察使刘恭襄公丙

刘丙，字文焕，安福人。成化丁未进士，改庶吉士，授御史。正德四年，迁贵

---

① 证：当为"征"，贵图本改作"讨"。

州按察使。廉明详慎，以洗冤泽物为任。决大狱每傅古义，读其牍者莫不缩颈吐舌，骇为神明。历官都御史巡抚湖广。时方大营建，迁工部侍郎，督采大木。竭心区画，忧劳成疾。丙尝作《崇正堂铭》以自警，铭曰：

> 维正伊始，无极之真。清浊即判，正由以名。惟气之正，人乃有形；惟理之正，与心俱生；惟心之正，在意惟诚；为学之正，必理是明。言以正发，动以正行；仕以正进，功以正成。事君而正，君以安荣；治民而正，法无变更。秉正而生，固尔之亨；使毙而正，死亦尔轻。卓哉孔孟，正学以宏。嗣是而正，绍于周程。张朱继作，皆以正名。寥寥影响，谁抗斯旌。懿兹南楚，千里专城。崇正有院，翼翼峥嵘。祀彼先哲，爰集俊英。惟正是学，若见墙羹。夙夜匪懈，以绍芳声。己正人正，天下以平。岂媒利禄，徒弋簪缨。我思崇正，以求称情。

历官南工部右侍郎，卒赠尚书，谥恭襄。

蝺衣生曰：刘恭襄，知府实之孙也。安成有二刘，实与侍讲忠愍公齐忠，忠愍二子，钘、钺俱登第。知府之后有恭襄，天之报忠，足称其施。

提学副使席文襄公书

席书，字文同，四川遂宁人，弘治三年进士。正德四年副使，提学贵州。性嗜静养，学问根本周程，课士先德行后文艺。时王文成谪丞龙场驿，倡良知之学。乃具书敦请训迪诸生。其书曰：

> 近时董诸士者，要不过属题命意，改课文，锻字句，以迎主司之意。裁新巧以快主司之目。上以是取士，下以是挟策。师舍是无以为教，弟子舍是无以为学。居今之时，欲变今之习，诚难矣。岂朝廷取士之初意乎？然贵之士安于土俗，诱以禄利，尚不乐从。教以举业，复不能治。幸有治者，日省月试，又不能工，而况有大于举业者乎？舍是以教贵，诚亦难矣夫。举业者，利禄之媒也。世之皓首一经，凡为禄利而已。以书一人，推之书少时治举业。要不过为禄利计也。然昔者借是而有闻，今者脱是而愈暗。书知误天下之豪杰者，举业也。然使天下士借是而知所向上者，亦举业也。故韩子因文见道，宋儒亦曰科举非累人，人自累科举。今之教者，能本之圣贤之学，以从事于举业之学，亦何相妨？执事早以文学进于道理，晚以道理发为文章，倘无厌弃尘学，因进讲之间悟以性中之道义，于举业之内进以古人之德业。是执事一举而诸士两有所益矣。

文成既入文明书院，公暇则就书院论学，或至夜分，诸生环而观听以百数。自是贵人士知从事心性，不汩没于俗学者，皆二先生之倡也。五年，入贺，道逢杨文襄曰：“曩见子河南乡试《治河策》善，贵州不足烦子。河事大，治河宜子。”杨入吏部，遂荐公河南参政，领河事。会外艰，竟不及治河。去后，以议大礼当上旨。嘉靖六年，加武英殿大学士，赐第给俸，留京师三日，卒，赠太傅，谥文襄。文成为文祭之曰：“忆往年与公论学于贵竹，受公之知实深。近年以来，觉稍有所进，思得与公一面，少叙其愚，以求质正。斯一千古之一快，而公今复已矣。”

蠙衣生曰：席文襄为户部郎，论樊侍郎莹，贵州缙绅赖以保全。后为督学，延王文成公讲学文明，贵州士类赖以兴起。尸祝于黔，宜乎，宜乎！

左布政使梁端肃公材

梁材，大城人。正德间左使，历官户部尚书，太子少保。材敭历中外，清节著闻。司国计者前后十年。时工作烦兴，边费无艺，材谨守管钥，出入有度，一切滥请妄费，悉靳不与。而振起士风，屹然自守，砥柱中流，无愧古人。嘉靖十九年卒，赠太子太保，追谥端肃。

按察使姚镆

姚镆，慈溪人。正德九年按察使。加意作兴士类，日进诸生课业，颁矩矱，定绳尺，绳然大方家法，贵之士浸浸向学矣。历官兵部尚书总督三边。

右布政使蔡潮子尚书云程

蔡潮，字巨源，临海人。由庶吉士出为湖广提学佥事。正德十一年参议贵州。时苗贼据香炉山叛，出没抄略清平，声言来夺城甚急。公时为分守，计此卫不保，全省之势冲决矣。乃遂留，镇抚吏民，谕曰：“去与守等死耳。死守，百犹一全。”吏民感悟，并力愿效死。公修堞栅，缮弓盾器械，储刍粮，官储不足，以俸赀益之，顷之，贼果突至，围城三匝。公坚壁力拒，瞰贼少惰，出兵扰之。急则入保。士不幸伤若死者，公亲历其门，噢咻疾苦，吊其嫠孤，以故人忘其败，而士益奋。贼不得利，辄引去。去已复来，如是者二年，而城卒不陷。又逾年，王师覆其穴。荡平之时，都御史邹文盛为政，公实领左右二垒，斩馘之功居多。清平人思公功，尸祝焉。

公在贵凡八九年，以诖诬不豫政者居半。所至，进诸生讲明经史。溪山住处，辄徘徊终日，啸咏自怡。峭壁层崖，幽泉怪石，多经题品，出词引义，彰阐地灵，飞白流丹，至今人犹传说。历官河南右布政使，乞致仕，学者称霞山先生。

子云程，字亨之。嘉靖二十三年为贵州右参政，历官刑部尚书。卒，铨部议曰：云程性资闲雅，操履端严，长于文华，学宪有功于后进，明于法，比刑曹，无愧于前修。赠太子少保。

蠛衣生曰：炉山之功蔡巨源为最，当日抑于谗，至今清平人犹扼腕焉。读田公秋祠记曰：岷山表叔子之灵，宣城著谢公之姓。田公汝成像赞曰：士人官绩，类眩于官，而明于民，谬于当年，而定于后世。呜呼，岂独一巨源哉！

附田汝成金事赞：

沧海钟灵，赤城标秀。淑德外韬，英姿中茂。仁以综文，义能经武。凤览穰苴，运筹樽俎。有苗弗率，败略崇奸。惟公藩屏，弘济艰难。疲心殚力，三岁不懈。歼彼鲸鲵，苏此雕瘵。邦人怀惠，设像祠堂。采萍荐潦，既祠而尝。爰俦冬日，颂比甘棠。瞻容景德，迈种无疆。

布政使赵文奎

赵文奎，字天章，江陵人。成化丁未进士。初知繁昌县，征拜御史。巡视凤阳，清戎两浙。出补雷州知府，擢云南参政，转辽东苑马寺卿。正德十二年，贵州左布政使邹庄简破香炉山贼，文奎综理军兴，区画惟谨。入为应天府尹，器识端谅，不苟于官。

左布政使何琛

何琛，成都人。成化进士，知蠡县，有善政，拜御史。清理湖广贵州粮储及巡按云南，风裁凛凛，权豪敛迹。时征叛夷，劲将官擅杀冒功者黜之。升山东副使，调江西。触逆瑾，罢职。瑾诛，起为湖广按察使，贵州左布政使。卒于官。

金事赵渊

赵渊，临海人。嘉靖二年提学金事。崇教化，勤课程。常以身先多士。间尝取苗獠子弟衣冠习礼，真有变夷之意云。

副使冯裕

冯裕，山东临朐人。由进士嘉靖中出守石阡。清贞绝俗。城中火，居民比屋延烧，多离散者。公焦然为之抚循，寻乃益集。播凯二酋交恶，兵连祸结，公讨平之。尝督芒部饷，转输神速，于是军无脱巾。盘江之役，茂著奇伐，一时士民讴颂，不忘久之。迁黔副使，囊装惟图书，公服无长物。居亡何，解组，角巾东归海岱，所栖潇然蓬户，衣无完襟，饭一脱粟，荍荳不自知。其惨于腹，蜇于口也。北海间富民，类得食胡饼鼎斋。公兼旬尚不能及。终其身，啸咏清恬，荆扉昼掩，晏如也。后子孙昌炽，足世其家云。

蟪衣生曰：临朐之冯蔚为时望，岱宗基厚，东海源长，乃石阡实始之。关西之杨，始于却金之伯起；桐木之韩，兆于割毡之宗魏。谁谓清白吏，子孙不光大矣？

参议杨仪

杨仪，射洪人。进士。嘉靖六年参议。是时，芒部夷贼普奴、沙保等攻围毕节城，都指挥李宗祐射毙数贼，贼乃聚薪焚东门。仪及金事龚亨与宗祐计，以城门作隙，用佛郎机击之，连击数贼，始退。

副使张庠

张庠，蓬溪人。正德间进士。嘉靖十年副使，备兵都清。饶智略，谙权变，信赏必罚。岩埋苗大乱，庠征兵破之。十一年，丰宁土酋杨桓筑城叛，庠复大破之。居匀亡几，道不拾遗，户不夜闭。去任之日，士民奏留至再。部议赏百二十金，竟未终用。巡抚邓士元保留疏内有"谈笑取岩埋，诸夷慑服；忧勤制桓贼，一鼓成擒"之语。

按察使韩士英

韩士英，南充人。正德甲戌进士，授主事，榷税江西。时宸濠不轨，公持正不与通。及守沔阳，弥盗赈饥，屡有异政。嘉靖十一年升贵州参政，十三年升按察使，历都御史巡抚凤阳，晋南户书，改南兵书。涤蠹减租，选将练卒，烨然有声于时。

副使林茂竹

林茂竹，字仲修，莆田人。正德丁丑进士。嘉靖十二年兵备副使。政存大体，仁明并用，毕地方赖以宁谧，至今人心怀慕不衰。当芒部叛后，曲计弥防，边患潜消，民多安堵。

右参议柴儒

柴儒，白河人。进士，右参议备兵都匀。嘉靖十三年，独山州土舍蒙钺弑其父蒙政，儒请兵诛钺，仍立其嫡袭政职。

按察使杨忠节公最

杨最，字殿之，射洪人。嘉靖十五年按察使。刚果敢为，廉明执法，人莫敢干以私。历官太仆寺卿。十八年八月，帝忽谕辅臣曰："朕欲令东宫摄国，静摄一二年即可亲政如初。"公疏云："圣谕何至此？不过信方士调摄耳。黄白之术，金丹之药，皆可以斫元气，而端拱清穆，恭默思道，不迩声色，保复元阳，仙寿不求自至矣。"上大怒，逮讯，瘐死狱中。隆庆元年，赠右副都御史，谥忠节，荫一子。

副使王积

王积，字子崇，太仓人。正德辛巳进士。嘉靖十九年副使。刚毅果敢，法在必行，庭无逋事，亦无漏奸。豪民猾吏与群盗，扞网者按治不少贷。以故良善获安，民到于今称之。三十一年，官南兵右侍郎。

参议刘望之

刘望之，字商霖。内江人。嘉靖丙戌进士。戊申，以参议分守铜仁。性严毅，持大体。谓择地而官，临难而畏，非夫也。会三省苗大叛，总督张岳征之，望之督饷给食，靡不得一饱。与兵备赵之屏僇力讨贼，率多筹画。时士卒多疫，先放回病军八百余人，请加口粮，给姜盐，赖以全活甚众。所行事唯问民便，不便不少挠。修学宫，凿泮水，雅崇文教。即劻勷，事无留停，民不怨谪，若登之衽席然。焦劳八年，官终大理卿。二子俱登进士。

金事施昱

施昱，字子直。云南人。嘉靖丙戌进士。二十年兵备金事。公明果断，遇事立决，凡可以佐百姓兴厘者，无不悉力。三年间，百废俱兴。

提学副使徐樾

徐樾，字子直。贵溪人。进士。嘉靖二十三年提学。讲明心学，陶镕士类，不屑屑于课程。尝取夷民子弟衣冠之，训诲谆切，假以色笑。盖信此理无古今，无夷夏，苟有以兴起之，无不可化而入者，非迂也。公少师阳明、心斋二先生，谓圣人为必可为。其自励铭曰："朝而起，昊天苍苍；暮而息，鬼神洋洋。慎独竞竞，人鬼之关。俨若动静，琅珮锵锵。夷狄不弃，惠迪祯祥。孔孟何人，依希同乡。"

历官云南右使。会滇夷那鉴叛，公亟图抚处，奋不顾身，遂殒于难。诏赠光禄少卿，录一子。云南巡按御史赵炳然为之请谥，疏略曰："礼言谥以易名，欲行之浮也。又曰以死勤事则祀之。臣按徐樾诚行浮于名，以死勤事者矣。臣又审知徐樾平生慕古，笃志圣贤，继入贤科，荐登崇秩。其学也本诸师友之渊源；其行也考诸乡人之推重；其德也质诸善类之比乎；其政也征诸士民之怀慕。出处之际，业已成章。丈夫事业，庶几无愧者。非但决一死于危迫之间已尔。乞将徐樾赐谥，准与王祎、吴云二忠并祀。"疏入不报。

蟫衣生曰：王待制谥忠文，吴尚书谥忠节。徐方伯讲明圣学，何愧于文？见危授命，何歉于节？而不得与二忠并祀者，国初怜死事之意多，晚近不怜也。如以辱国论，张许文谢宁得荣乎？人臣捐一身以报国，而犹责之备。如王槐野谓徐子当摄魂受谴。呜呼，死生之际，谭何容易。

参政王重光 附指挥张朝、王之屏

王重光，济南新城人。以进士为司空曹郎。嘉靖间贵州左参政。会赤水黑白羿蛮叛，公与参将李爵深入夷峒，谕降三万余人。铨部议行超擢公，而以时方采木，留之。公出入山箐，履千丈悬崖，以一木之舟济于是，冲岚冒瘴疠，勤事以死，事闻，赐祭，赠太仆少卿。

孙象乾，万历二十九年，以兵部左侍郎总督川湖贵，公祠在永宁卫。是时有指挥张朝、王之屏奉委采木，不避艰难，水涨，有巨木阁滩湾，朝与之屏先卒徒人水，掀拨巨木，溺死。事闻，赐葬。今从祀公祠。

蟫衣生曰：予闻王之先有王叟者，与其妪力田作苦，家赢担石之储。有穷措大者夜穿叟墉，叟觉，以戒妪，是偷儿也。扼其吭而烛之，曰："譆，君故某斋之长，而亦偷儿也。"夫妇甚怜惜之。耳语曰："勉旃，勉旃，吾两人终不敢暴君之短。"因出黄粱与之庚，而世卒无有知者。太仆盖其后云，由太仆而后益昌炽，今所称新城王是已。

佥事龙遂

龙遂，字良卿，永新人。嘉靖乙未进士。为给事中，与分宜忤，谪。三十年，稍迁贵州佥事，饬兵思南。思南人闻公直臣，畏之。公以德绥怀其若淑者，而虔其悍者。得苗酋吴黑，致之理。事闻，赐金币。会御史董君大校士，以试士属公，多得才俊，而程式文为诸省冠。思南守某者，憸傲人也，与后御史有连，数与公抗，公尝廷斥之，时时摘发其吏弊。某乃构公于御史，因檄公从按毕节。公以思南警辞。迨病告，公独不候去，亦无所赆，于是御史恚甚，而思南守之构人矣。然犹谓公自省垣出，有谏争名，难之。既而悟曰：是非相君所欲甘心也邪？因极意诬公。疏上，勒归里俟勘。公归十余年间，以分宜之在政也，绝口不敢辨。迨分宜败，穆庙改元，始以公之疏行贵州台为洗雪。然不能复用公，而公亦老矣。笑谓："人安所用我？我得不落彼御史度内已足，又复奚望？"卒年七十七。

附诗《石阡府公署》：绿林煽毒自何年①？寂寞孤城几户烟。西郭景峦呈异石，沿林曲涧拥芳阡。弄晴好鸟争相和，映日奇花自可怜。安得疲癃长并育，直须作郡属才贤。

《苗民公馆》：驱车穷日倦，暝色欲侵裳。石洞寒云合，板桥晚树苍。村深传虎吼，雾暗讶龙藏。此地民疲甚，恫瘝未忍忘。

《板桥公馆》：行部当长夏，停轩净野埃。晴阴侵座入，横翠度墙来。啼鸟窥戎斾，飞花落酒杯。蛮村烟市集，物色足徘徊。

提学副使蒋信

蒋信，字卿实，武陵人。号道林。嘉靖壬辰进士，二十三年提学。文章节概为品流第一。训迪生儒，以默坐澄心，体认天理。一时士习，翕然丕变。虽喜怒不形，第规规自度而潜移默动，有出于劝督之外者。所奖拔尽名士。

贵阳有马廷锡者，从先生游。先生语之曰："万物一体之义，不当求之于静中光景。人与万物同在宇宙胞胎中，何有彼我之分？为心有所蔽，故只见得尔为尔，我为我。若心中澄然无物，则便知宇宙混混，无物非我此心，便无物不贯。故学只在胸中无物耳。自今吃紧一着，只在澄心上用功，不必想像模拟也。"又曰："昔尹和靖既悟仁体，言于伊川曰：静中观万事，皆平等无碍。伊川曰：须是动上有此气象，始得夫一动一静之间。此天地圣神同一至妙，至妙之机要，必勿失于动，然后为存存实地。"马服其教，卒成贵阳名士。

贵州在万山中，多虎患，公为文驱之。其辞曰："自昔神圣建国，居民凡国内神祇，咸罔弗祀，实以天覆地载之间，雄猛灵怪之物，为民害者非一，驱除呵禁，神得司之。虎豹潜山，蛟龙潜渊，各安其居，勿为民害。是为神举其职，民之赖于神，岂不重哉？蠢兹虎豹，弗安深山。凭恃凶吻，恣行噬毒。屋居火食之处，樵采商贩之途②，无辜之人，往往遭其残害。尔神独无知哉？匹夫匹妇之命，孰非上帝

---

① 绿林：原作"缘林"，据贵图本改。
② 贩：原本误作"饭"，据贵图本改。

所付？或被斗杀，天子必下司狱执而杀之，以相抵报。今兹残害虎口，百里之间，一岁之内，不知凡几。尔神顾可泯泯焉弗之闻也①？夫使某等慢神虐民，以召兹孽，作福作灾，罔弗在神。倘以职守之咎，滥及众庶，尔神独无恫焉？夫以为民捍患，求助于神，古有常典。用兹虔告尔神：神宜上祗天威，下悯民祸，亟禠虎魄，俾尽蹈机矢，无滋祸殃。如其不然，亦宜驱之潜伏乐山，自食其类，以彰尔神威灵。是民允有赖于神也已。"自是虎患稍息，人比之韩退之驱鳄焉。

嘉靖二十三年，湖广征苗，都御史某檄信往湖北议兵饷，即日就道，不及辞御史。御史劾其擅离职守，削籍，卒于家。隆庆改元，铨部题副使蒋信忠存经济，学有渊源，历宦四方，士庶诵廉平之政。居家廿载，乡间赖型范之功。虽非建言，德望交孚，应复原职。制曰：可。

附道林诗《留别贵阳诸子》：春风三度鬓成丝，桃李初开满院时。叔子放教西蜀去，考亭恨作遁翁迟。阴霾白日何须论，鹤驭长风信可期。亭上歌声曾入夜，诸君记取莫教违。

又《忆贵阳诸子》：忽忆鸣琴月夜堂，倚栏诸子和声长。阳春新曲知还好，灵药仙丹觉未忘。贵竹何年弦诵满，祝融回首骨毛香。从今欲问烟霞窟，已卜朱陵飞雪傍。

《清平宾阳洞》：青山临路石门开，天地神工亦异哉。不有仙人能指点，何由竹枝得纡回。玉芝倒映蓬莱阁，冰雪寒侵绣豸台。驱马归来应岁晚，一樽须醉月明回。

提学佥事萧珙

萧珙，字子鸣，辰州卫人。嘉靖癸未进士。有才华，精文翰，家贫，克自振励。授吏部主事，擢贵州提学佥事。教范严正。后乞归，日与门人论学不倦，无疾而卒。

按察使胡尧时

胡尧时，字子中，泰和人。嘉靖丙戌进士。由驾部郎出为云南提学副使，贵州按察使。公昔为阳明先生弟子，虽职事在刑名案牍，然谓贵阳民夷杂处，宜先教化，后刑罚。既以躬行，为此邦士人倡。复增修黉舍与阳明书院，凡王公遗言在贵

---

① 泯泯：原作"氓氓"，据贵图本改。

阳者，悉为镌刻垂远，且与四方学者共焉。朔望率诸生拜先圣礼毕，即诣阳明祠展拜，如谒先圣礼。已，乃进诸生堂下，与之讲论学问，率以为常。

按察使陈尧

陈尧，字敬甫，南通州人。嘉靖乙未进士，三十五年按察使。居恒劲爽，不与俗浮沉。治崇大体，恤民隐。会采木命下，公持议不宜罢荒服。有旨征丹砂若干斤，台使者檄征之，公持不下，则有先输者。台使者诧公曰："夜郎砂赤如血，佳哉。"公曰："此百姓血也，安得不赤？"一座愕然。而所征砂，竟寝不报。宣慰使安万铨者，遣抚人王天爵，货御史于家。事觉，御史佯怒，下天爵吏。意属公释之，公不报。及公在粤，而按粤省为故御史乡人。于其行，故御史授之指。甫入境，辄笞司吏以尝公。公笑曰："御史矶我邪？"屹不为动。乃御史竟不得公隙。已，陆川令康建勋行三百金间御史，事亦觉，御史出百金发之。公曰："何大类黔事？"比庭诘令，令语侵，御史急。公私计：即面不讳，谓夫己氏何？卒留建勋，不解御史台，亦终不闻诸御史语。其执法严而操心则多，长者率如此。历官刑部左侍郎。

> 附诗《王翁阅城次韵》四首：
> 窈窕城隅竹树阴，画熊文豸此登临。建牙鼓角星河动，露冕风霜关塞深。
> 秋水席前浮玉盏，晚山天末对瑶琴。边人共识王乔履，犹恐飞凫入禁林。
>
> 鸣笳叠鼓泛兰舟，经略能分圣主忧。玉柱擎天光上国，锦帆迎日漾中流。
> 坐怜沙鸟忘机事，行撷江篱赋远游。幕府况兼人物盛，碧山池馆是瀛洲。
>
> 万壑风烟一草亭，公来延眺眼常青。林间花映乌台简，洞里苔封玉笈经①。
> 望远振衣云漠漠，凌高飞盖日冥冥。更怜开府多清暇，炼药餐芝养性灵。
>
> 冠盖逢秋出郭行，放怀天地一身轻。指挥将吏金章合，感慨年华碧茝生。
> 座拥山川迎使节，筵开弦管杂边声。知公不久归台鼎，黄阁云霄万里情。

提学副使万士和

万士和，字思节，宜兴人。嘉靖辛丑进士，三十六年提学。禔躬方正，师道尊严，士类蒸蒸丕变。黔僻万山中，田畴错壤，民故艰食。公念士贫者别无以治生，乃出镪金易粟八十石，稍仿晦翁社仓遗意，使贫士得春食秋还。而为之记曰："力

---

① 苔封：原作"笤封"，据贵图本改。

有不足于己，可以望之人，效有不见于今，可以图诸后。区区数十石之粟，其济几何？然某继而益之，后来者又继而益之，月计不足，岁计有余。使士也少脱称贷填沟之患，心斯慰矣。此某所望于人而图诸后也。"又曰："一人倡之，后人从而和之，则其事可久；一人作之，后人从而坏之，则其事必废。"

居有顷，公去，有冯公成能者，睹督学义仓之意，慨然咨嗟永叹。于是以粟易金，益以俸薪百八十缗，置水田二分，实计四十亩，每秋成积贮。视诸生贫乏有差，而多寡其数，无改万公之旧，第务增拓之。至今黔士不忘冯公德，而益思万公贤。万历官礼部左侍郎。

蟫衣生曰：万履庵出粟，冯纬川市田，二公之意仁矣。今田具而租不入，辜在豪佃；春贷而秋不还，责在贫生。而二公之仁或几于穷，奈之何哉，奈之何哉！

副使祁清

祁清，字子扬，山阴人。进士。嘉靖四十二年副使，备兵都清。四十四年，平浪土舍王世麒谋占凯口，都御史吴维岳行清调六洞兵平之。又平州司土舍杨柯、杨进雄争官印叛，前都御史赵钱、总兵石邦宪调兵征剿，寻抚之。至四十五年，巡抚陈洪濛奏请檄清及推官胡校、守备薛近宸、指挥杨一方擒杨柯父子斩之。地方始宁。

按察使冯成能

冯成能，慈溪人。嘉靖己未进士。隆庆三年按察使。力行古道，尝谓阳明"良知"二字，即虞廷道心惟微之旨。至黔，与马心庵、滕少松诸公同会建阳明书院。而为之记，略曰：

> 道本无言也。自伏羲画一，而尧舜名之曰中，曰道心惟微。是微者，天地之中，吾心之本体也，以人见与之而微者，危矣。危即人心，心非有二也。文王不大声色，不长夏革，不识不知，顺帝之则。孔子无意必固我而知天。夫所谓声色、夏革、知识、意必固我者皆危也。无是危也而微体全，此至圣所以契天之中，而立万世之极也，成功巍然，文章焕然，参赞经纶之业，与宇宙同其广大，而皆谓之微。盖任其天然之则，直心以出之，而我无与焉。则虽仰而思之，夜以继日，而亦谓之无思。身劳天下，过门不入，而亦谓之无为。授受之际，与回言终日，而亦谓之无言。何者？皆天之微也，非人之危也。阳明先生以挺世之豪，立希圣之志。其始也，博之于辞章；其既也，求之于佛老。而见犹未卓，惟其志求必得，百练千磨，至龙场处困之后，始大悟此心之本真，直

契吾儒之正脉。故倡明良知之旨以立教。良知即道心也。一点灵几，天地万物之所以生生而不息。千圣授受之际，心心相契，而不可形之于言者，不得已而发之二字以泄其微。使天下学者知心即道，道即心，而圣人本天之学复建于大明。先生尝曰：吾此"良知"二字，自万死一生中得来。呜呼，亦苦心哉！然则非有万死一生之功者，未易语此也。惜乎世之学者，率以知解承当，不因积累入悟。认知识为良知，以声色、作用、言语、辨论为致知。或高谈性命而声利是谋，或收摄玄同而经纶则滞。竞笑宋儒以闻见为致知，而不知吾党之所谓良知者亦闻见也。以穷物为支离，而不知近世之所谓忘物者支离尤甚也。求其实，致德性之知，而默契天然之则者几何人哉？呜呼！知得良知却是谁？先生固有深忧矣。

所著有《慎》、《独》二箴，复区画义田以赡贫士。

左布政使江珍

江珍，歙县人。隆庆三年左使。政有执持，往往抑豪右，植小民。躬行节俭，归休，家无长物。

副使程嗣功

程嗣功，歙县人。进士。隆庆三年副使。褆躬矍然不滓，治体崇惇大，时当操切，独养和平之福。去后人辄思之。历官应天府尹。

副使刘行素

刘行素，高阳人。进士。隆庆六年副使，备兵都清。平浪司苗头靠仰等不纳粮马，劫杀屯寨，都御史蔡文楸行素及知府陆柬、指挥杨一方，调土舍蒙天眷兵剿平之。

提学副使吴国伦

吴国伦，字明卿，兴国州人。嘉靖庚戌进士，隆庆六年提学。公以能诗名，与李于麟、王元美、宗子相等结社，号七才子，教贵州士以实以让，不尚以文。癸酉，黔士登鹿鸣，公为序齿录。其略曰：

今天下执图经而谈方岳者，莫不广内地而隘黔。以为黔故蛮府，不足以当诸行省之一隅，是何暗于天地之大观也。必若所谓牂牁未变服，而夜郎犹远人邪？夫黔自新造，二百余年，所不备者，职贡方物耳。而士之贡名于朝者，业已视诸行省有众寡而无低昂，非复以狄鞮象译通也。至论萃五方之英，发千百年山川之藏气，而冠冕俎豆郁然成都，庶几于畿省雁行焉？才岂画地而生哉？予见五方贡名士不少矣，异时其托交也，有情有不必情，而致用也，有济有不必济。此又有所从来，非以地为广隘。语云：百不为多，一不为少。则阅世之概乎？兹有司举黔士，不佞是教诲之以文，文同以揖逊，揖逊同两畿诸行省，何加焉？士由忠信笃敬之学，文其词，揖逊其礼，行且出疆入国，与两畿诸行省之士游，其毋自多自贤，事其胜己者，而远其不若己者。即一人受天下之善，三十人可以当五方之才，不亦广乎？故曰：江河虽左，长于百川，以其卑也。

公所教士，大都类此。行县历山川，各有题咏。详所著《甑甄洞稿》，后有《续稿》，子章为之序。

附诗《分署即事因示诸生》三首：

华发潇湘一腐儒，诏从偏国领生徒。署依藏甲岩前石，山作横经帐里图。千树云霞标古阁，八番冠冕视名都。当场却问诸年少，搦管能言帝力无。

溪上春云拥石阑，远峰罗列镜中看。窥帘莺雀晴空下，绕阁松杉白日寒。多士渐亲都讲席，无闻虚著进贤冠。夷方处处弦歌发，为报虞廷更舞干。

夜郎新造古罗施，文武才贤异汉时。宪府霜华森佩剑，桥门星彩错囊锥。诸生谩拟三鳣颂，病客惭称六艺师。荐士肯如杨得意，只从词藻浪相知。

左布政使郑旻

郑旻，揭阳人。嘉靖丙辰进士，万历十一年布政。先任提学副使，大雅好古，深仁瀸泽，造士宜民。行县渡盘江，乃为之赋，其词曰：

肃征轺而骋骛兮，历修坂之险。艰越渡索之渊谷兮，仍陟巇而莫盘。躭山水之佳趣兮，忘登涉于巑岏。遂远游于天末兮，竭轻举于云端。缅执简而祗役兮，周岁星以迤今。袭山阿之蓬藋兮，思謦欬于德音。昉击汰而上沅兮，抵龙标之千寻。跻关岭而蹑查城兮，极摩苍之嶔岑。殊日观之峛岁兮，郁宠炊而多阴。山逾蜀道之横绝兮，江隐武溪之毒淫。揆余心之浩思兮，曾不为此之芥蒂。荒徼窅历千秋兮，皇明辟敷于德轨。菌露荡为周行兮，闾戍蔼然其仁。美素敦庞而服儒兮，乐采芹于泮水。成誉髦之国桢兮，懋揆文之休使。周揽辔而下帷兮，青衿穆肃以承风。振铎非关于叱驭兮，沛吾道之雍容。仰先师之遗则兮，希景行之焉穷。眄乡国之藐远兮，廓私怀于子牟。慕敦仁之坦途兮，齐大化而始终。

乱曰：山川修远，纷鞯卑兮。乡国还望，幽怀郁兮。揽观宇宙，浩以大兮。皇仁德教，洽无外兮。繄我遐征，文教司兮。械朴作人，愧纯师兮。朝夕恪官，敢忘惕兮。恬漠息道，何怵迫兮？

又著《牂柯江解》，其词曰：

牂柯江迹始见唐蒙，汉武因通道夜郎置郡。近罗念庵作《广舆图》，谓乌撒七星关水即牂柯江源。折流为盘江，经泗城州，称右江，达泗，会番禺入海。图解有龃龉处，然大要卓然得之。顾质之，鲜有能识者。则以地荒，沦于瓯脱，而人壅局于观听也。故作《牂柯江解》。

牂山子曰：余弥节盖，度盘江云。江广仅百余步，自贵竹入滇，路未有不济盘江行者，沿江上下，绝击汰之迹。水势批岩湓汩。土人谓水涨时漂筝撞舟，峭壁箐岚，人迹罕入。下流至打罕，联泗城界，舟船始通焉。

比余历普安，斜出沾益，趋乌撒卫校士，抵乌撒普德归驿。驿门对可渡河。堰河之南，沾益境也。河之北乌撒境也。驿抵卫城八十里，询之候吏，云河水在西百里注堑而出，从此而东，盘江乃此水之注也。越卫城北二百余里，有七星关河。本城李守备者，颇老练，询之，云七星关水源出芒部界滨城海子，有一股通之，莹澒水西境，会可渡水，为盘江。第山水峭险，猱猿丛居。以是人无因而至。总前二说，固未皙知牂柯江所在。而牂柯江为盘江则跃然无可疑者。

按迁史，始楚威王时，使将军庄𫏋将兵循江上，略巴蜀黔中以西。𫏋至滇，地肥饶数千里，以兵威定属楚。欲归报，会秦击夺楚巴黔中郡，道塞不通，因还，以其众王滇。牂柯江者，𫏋兵灭夜郎椓船处也。高戎本古夜郎国，今自泸戎入滇，路未有不由七星可渡行者，当唐蒙风喻南越也。越人食蒙蜀枸酱，蒙因踪迹，知夜郎临牂柯江，南越以财物役属之，以强汉巴蜀之饶，固可赂诱夜郎为置吏。浮师牂柯江，出越之不意，制灭之，奇也。武帝由是拜蒙为中郎将，将千人，食重万余人，从巴蜀筰关入，遂见夜郎侯多同。蒙厚赐，喻以威德，约为置吏。夜郎旁小邑皆贪汉缯，以为汉道险，终不能有，乃且听蒙约束。还报，以为犍为郡，发巴蜀卒治道，自僰道指牂柯江。是时，通西南夷道，戍转相馈，数岁道不通，西南夷又数反，发兵兴击费耗，于是罢西夷。独置南夷、夜郎两县，稍令犍为自葆就。至唐时，因以播州之珍州为夜郎，后人止知珍州之为夜郎，不知古夜郎从高戎直通瓯骆，地方数千里也。蒙初至夜郎，多同问蒙曰："汉孰与我广大？"以道不通故，各自为一州主，不知汉广大。今人泥区区之珍州为汉夜郎，又窜步旁溪谷，疑指牂柯江，其亦昧庄生秋水之见矣。然当汉四道伐南越也，使驰义侯因巴蜀罪人发夜郎兵，下牂柯江，咸会番禺，乃今盘江。

滩濑狞恶，虚无人行，岂古今时异势殊邪？抑当治道时，二岁费铲夷之力，师过，不无罍筏盘剥之苦，至打罕，乃得沛乘舟楫。故兵迟至而南越已平邪？载考八校回军时①，即击灭曾反杀汉使者头兰，遂平南夷，置牂柯郡。则自乌撒逶迤而南皆其地。旧载云南广西府亦牂柯羁縻属也。泗城以北，如都匀等处，皆牂柯界内矣。是时，邛筰冉駹君长闻南夷得汉赐过厚，皆求置吏，比南夷。乃使司马相如往宾之。于是关隘斥南至牂柯为徼，则越巂等郡界，接芒部也。然则牂柯江之源委，其亦昭然矣。

夫山川经络，化工神运。余尝因是而求之，自岷山之阳至于衡山，蜿蟺虬樵，从衡迤南，五岭皆崒崒东蟠。五岭者，汉入南越有五道，衡西北山峻矗，然非无可梯。正以夷荒，非通道之所耳。以此见牂柯胶戾之山②，岿然为神州之拱臂也。荒徼山碛，以地图察其扼要，不过数寸而间，相去数百千里。生长其地者，尚未能习其险易也。唐蒙浮舟牂柯之策诚为凿空。初时臣民惊疑，蛮夷煽动，然劳师殚货，卒置郡如堵。虽来喜功之讥，自是华夷一统，亦足征武帝善任成功矣。夫唐蒙通南夷之二郡，犍为、牂柯也。相如通西夷之二郡，越巂、益州也。而沈黎、武都等郡不与焉，真雄风哉。禹列九州。梁南肇有益州，昭神州，又益州也，益州列郡属矣。昆明重建益州郡，昭益州，又益郡也。其视东晋不竞委神州于五胡③，侨州名以削弱，不亦大径庭欤？呜呼，亦可以观盛衰之世变也。余于是重有感焉。

后卒于黔，祀名宦。所著有《垒山集》若干卷。按《正义》曰：今泸江南岸协州、曲州、木郎国、广西府，乃牂柯羁縻属也。有水入泗城，称南盘江，却踵讹指为牂柯江，厥舛尤甚。

按察使程大宾

程大宾，字汝见，歙县人。万历元年按察使。澹泊自持，不见可欲。讲明理学，尤多实践。生平言笑不苟，僚属咸敬惮之。

---

① 考：原作"者"，据贵图本改。
② 此：原作"比"，据贵图本改。
③ 竞：原本作"兢"，据贵图本改。

副使杨启元

杨启元，字体仁，乐城人。进士，副使，备兵威清。万历四年，宣慰安国亨与安智构兵，智庄民阿夜等乘隙劫掠威清，人患之。启元檄守备周于德领兵计擒阿夜，余党尽散。改建学宫堂坊，士民攸赖。

副使凌琯

凌琯，歙县人。万历五年提学。古心正气，近世鲜俪。试事竣，惓惓举"文行忠信"四字为启迪，学者翕然以山斗宗之。每晨起，必冠服礼先圣像，后出视事，虽寒燠不辍。历官陕西按察使，即嚣然解组归。

参议金从洋

金从洋，华亭人。隆庆辛未进士。癸未以参议任，分镇铜仁。郡先苦苗乱，营垒未周，卒伍未练。咨询将领有心计者，按地形，规要害，以松桃为川苗之吭，扼而守之，自寅至辰，版筑如堵，贼不敢窥。以百卒屯焉。时镇官怙恃恣睢，市井骚动。白抚臣斥之，民若更生。在事两载，志洁行廉，外和中毅，诸将吏感且畏之。擢滇臬，民遮道送行，有卧辙者。

金事胡宥

胡宥，字子仁，休宁人。隆庆辛未进士，为御史。万历九年备兵毕节。莅官清慎。捐赀改学，镂攀造士，修城练兵，均赋赈乏，惠政不可殚述。其金事而得贵州，则以道远故不携家，而所从苍头曰文训、文学者，为书室掌故。最近，得其意。金事按部，尝以早暮攲行瘴雾中，遂感脾疾，久之，益羸削且殆。文训忧之甚，曰："吾故闻知老长者言，病瘵非人肉不得起。"乃斋沐刲股，肉血杂粥药进之，金事病为小损。居月余，益笃，且易箦。而是时文训方以股创卧蓐，文学痛不忍见金事死，曰："死而倘可代也。吾此六尺直鸿毛耳，即不获代，而主君卒不讳，孤魂在万里外，谁与从者？有先死以俟而已。"遂自刭其喉咽，所不合者仅指许，然竟不死，而金事死矣。毕节人筑祠祀金事，御史毛公在为言于侍郎王公世贞，作《二义仆记》。

副使洪邦光

洪邦光，同安人。隆庆戊辰进士。万历十一年副使，备兵都匀。十三年，乐平司叛苗乐礼生挟土官宋廷瓒，夙仇纠众，流毒甚惨。邦光及知府梁柟以兵剿之，指挥娄联璧、杨威等计擒首恶乐礼生。始平。

提学副使李学一

李学一，字万卿，归善人。隆庆戊辰进士，由庶吉士历吏科给事中。万历八年为贵州提学副使。校诸生，矢公矢明，全黔称得士。方公未入黔，官天垣。侃侃言事，悯远方州县困于守令之贪残，乃上疏，略曰：远方如云贵两广，民膏易剥，必有雅守然后可望其清操；事变不常，必有钜才然后可望其振刷。顾今四省守令，甲科实鲜，盖徒以遐僻之区非所以处甲科也，是爱甲科不爱地方也。夫以中州视四省，四省诚远。然江浙闽楚于两广，西蜀陇右于云贵，风土相宜，道里亦近。四省有缺，皆于邻省铨除，揆之人情，未为不乐。况今三途并用，方将破格以待举贡。又奚当以善地独私甲科哉。

上韪其言，行之，吏治丕变。公卒，无嗣，黔中所取士御史李公时华按东粤，为经理其家，选择其嗣。又搜辑其遗文刻之，共八卷。

监军按察使杨寅秋

杨寅秋，字义叔，泰和人。杨文贞公士奇玄孙也。万历甲戌进士，令东莞。以治行最召为御史，历官粤西大参。会交州有黎莫之讧，公临交，拊之，详《绥交录》。万历己亥播酋杨应龙叛，会公入贺在长安，上命遴群臣中有才望者为楚蜀黔监军。是时黔被贼急，上命公来监黔军。公至黔，语子章曰：安与杨两羽也，合之则轩飞，分之不能抢榆。公操纵安氏，饲虑敝舌。已。贼寇乌江，势将绝江，公曰："此正用安日也。安入，播贼必舍黔而顾巢。"于是以大义责安举兵，从沙溪向播。应龙返兵与安战大水田，破之。自是，四方兵始合，攻囤破贼，公功最殊。贼平，公乃以状上，其略曰：

　　杨酋逆节滔天，提封据险，不下千里而遥，而迫近黔省乌江河渡之间八十里而近，我一投足即害地，彼一鼓翼即压境。兵分则众寡不敌，不分则咽喉不守。不进见为示怯，进则苦于寡援。方贼之并力一向，扼我乌江河渡之师也。人疑不释于安兵，赖督抚军门审势决策，震叠鼓舞，安其心而作其气，遂有大水田之捷，首摧贼锋。方两关之既克不守也，人谓解严之后，不复鼓行而西矣。赖督抚军门征兵厉甲，奖率新旧之兵，决命贾勇，载渡险关，犹能执讯获丑，从诸路深入贼阻。方水西安兵之远嫌拔营移屯也。人谓安兵解而河渡之孤垒，不得圜陈合围电击矣。赖督抚军门焦劳主持，以威信制夷，命以轮攻。申军令以悬赏励士心。六月初五日，黔兵得合川东綦南哨齐驱先登，一鼓而夺凤凰嘴，再鼓而克土城、月城。质明，贼不战倒戈，遂平凶逆。抹万灵之涂炭，拓千里之封疆。繄繇天授，夫岂人谋。

公即归功于上，让劳于诸将帅，而公焦愁至亡寝饭，坐是病，又思太夫人切，遂决意请告归。归而总督李公化龙序公功曰："杨某才阂识定，虑远机沉。拮据于兵食之间，纾筹心为最苦；纵横于战守之际，决胜略更多奇。"

未几，公卒。柱史宋公兴祖核公功，疏曰："杨某初至，战守兵食，百尔不备，苦心极力，昼夜干理。凿凿中窾，粗备即届师期，乃自处其难，出乌江河渡路而兼摄沙溪。盖其所探者虎穴，一蹶之遭，势理所有。竟能同副使洪澄源鼓舞陇澄战于母氏。韩魏之交始贰，而酋势始孤，必亡之形成矣。酋牵于内顾，而诸路以次进矣。凤氏为爱子增兵，安疆臣为胞弟同出，而兵势益振矣。进烧桃溪，酋促走囤，安陇后路之开，竟赖以成功。而复惜之，曰：功成归穴，九里山之布机；虑竭筹幄，五丈原之尽瘁。"

呜呼，二公庶几知公矣。章同宋公以恤典请于朝，赠太仆寺卿，荫一子①。

蟫衣生曰：予结发，与义叔同簧序研席。予年十有五，义叔十一耳。而英气咄咄，不可向迩。通籍几二十年，不幸死于王事，龄才五十有五。天夫，奈何丰其才促其龄也。虽然，绥交有录，平播有纪。男儿坐兰锜，冒矢石，劳氙而病，病氙而死。为臣死忠，死又何妨。自古韪之矣。

---

① 太仆寺卿，荫一子：原文缺，据贵图本补。

黔记卷四十目录

宦贤列传七<small>知府府佐，附知州、知县佐贰校官①</small>

---

① 附知州、知县佐贰校官：正文无此内容，贵图本删。

铜仁知府张隆

镇远知府毛凤

黎平知府杨纬

石阡知府杨荣

思南知府王南

思州知府王常

铜仁知府杨显嘉

铜仁知府周铨

铜仁知府尧卿

镇远知府王叙

镇远知府沈熊、徐虔

石阡知府余志

镇远知府李嵩

镇远知府周瑛

石阡知府祁顺

石阡知府丁昶

镇远知府戴仁

思州知府张介

思州知府文澍

黎平知府袁盛

黎平知府张纲

铜仁知府周汝瑞

都匀知府凌文献、杜礼

铜仁推官驰九垓

黎平知府张恺

知府汪藻

石阡知府任仪

思南知府金爵

思南知府罗璞

思南知府宁阅

思州知府李概

黎平知府余桂

黎平知府祝寿

镇远知府刘武臣

程番知府何㙻

铜仁知府徐绍先

思州知府高节

黎平推官徐馨

思州知府张柱

镇远知府罗凤

镇远知府黄希英

思南知府周举

镇远推官杨载春

石阡知府褚嵩

石阡知府朱黼

黎平知府王光济

黎平知府夏玉麟

程番知府汪仲成

程番知府龙翔霄

铜仁知府李资坤

镇远知府廖梯

黎平知府孙清愍公继鲁

镇远知府程㷿

程番推官王尊贤

铜仁推官劳周相

思州知府毛希原

思州知府李允简

思州知府符仕

思南知府葛鹍、李梦祥、杨煦

石阡推官郑廷璋

思南知府宛嘉祥

思南知府李充善

石阡知府萧立业、王管

石阡知府李兖

思州知府张子中、莫如德

铜仁推官唐宗正

思州推官王制

思南知府田稔

黎平知府刘汝顺

思南知府帅机

思南知府陆从平

思州知府蔡懋昭

黔记卷四十

泰和郭子章相奎父著
汉州宋兴祖汝杰父校
贵溪毕三才成叔父正

宦贤列传七 知府府佐，附知州、知县佐贰校官

元

普定知府容苴

容苴，元大德中授普定知府。时蛇节、宋隆济等作乱，苴率众御之。苴率其妻适姑复宣力戎行。遂改府为路，而以适姑为总管，佩虎符。

大明

普定军民府知府者额

者额，逻逻氏也。习汉书，通华语。洪武初以为普定军民府知府。高皇帝御制诰文赐之，诰曰："西南诸夷，杂处群居，古至于今，虽称每以事大之礼以尊中国，其间能几人诚敬而始终者邪？朕统寰宇，经理西南，惟逻逻氏者额者，平日习读汉书，善云华夏之言。以理道深长论之，笃于正一之道。斯奉神之心弗怠，若与讲明安民之理，亦有大善。今授以普定府军民知府，仍统旧部，抚民练兵，以听朕命，尔吏曹速为施行毋怠往。钦哉。"

蟪衣生曰：贵州知府，我明自者额始，者额诰文见高皇帝御制文集，新旧《通

志》俱遗，故特存之。者额能读《汉书》，拜为知府，奢香入觐金陵，封为夫人。高皇帝所以羁縻八番者，意可知已。今或虏使之，鬼遇之，犬羊谯诟之，欲其无蹢躅，得乎？

思州知府崔彦俊

崔彦俊，新建人。壬辰进士。永乐十一年六月初设思州府，彦俊首知府事。时庶务草创，抚绥叛亡，冒险经营，编定粮差，政教维新。历任一十八年，夷风丕变。又纂修府志，差老人谭祖庆奏报。其略曰："臣奉布政司札付，蒙行在礼部贡字二百号勘合。差主事林得等到司，转往所属，委晓文理官员及教官儒士，采取古今事迹并新旧书回京。臣彦俊查得旧无志书，与同教官何辅照依凡例，采纂造册完备。具奏。"其慎重如此。志稿尚存。今祀府名宦。

石阡知府李鉴

李鉴，江西贵溪人。进士。永乐十一年首任石阡知府。创制立法，导民变俗。九载给由，民不忍舍。祀名宦。

镇远知府颜泽字泽民

颜泽，江阴人。永乐十一年初设镇远，以泽为知府。勤政恤民，秩满，民保留复任。宣德元年，泽奏以谢家寨为府治，开设公署，建立学校，政绩居多。历官福建参政，有诗名。

蝶衣生曰：崔守思州十八年，李守石阡九年，颜守镇远十四年，国初二千石之任何其久也。今由郎署得二郡，视若火宅，惟恐不速去。谁肯流注间阎，拮据米盐，为国家计百年乎？蘧庐其官，燕越其民，吏治弗古，有由然矣。

铜仁知府田载

田载，北平人。由人材。永乐十一年革思南宣慰司，改流官，载首知铜仁府事。草昧之初，结庐听政，招集遗氓，相与渐次开创。逾年，官署学宫，规制粗备。外支夷獠，内抚疮痍，苦心独至。

镇远同知徐彰

徐彰，重庆府人。同知镇远府。永乐十五年，建山川社稷郡厉等坛，政有遗爱。

思州通判檀凯

檀凯，不知何许人。永乐间为思州府通判。洪熙元年冬十月，九载满，当升。思州民诣阙，言凯抚字恺悌，乞复其任。吏部以闻。宣宗叹曰：贵州至北京甚远，民跋涉艰难，求其复任，必其抚字有道。命吏部即遣还任，予正五品俸以优之。因顾侍臣曰："爵禄所以劝士。朕闻古人制禄之意有三：曰优外官，优小吏，优故老。优外官，勉其治民无侵于下；优小吏，俾其廉洁；优故老，尊其宿德。况州县官之贤者，先朝恒加禄矣。通判外官，可不优之乎？"

蜡衣生曰：檀别驾九载思州，民以闻于朝，章皇帝为增其秩，当列《循吏传》。乃郡省二志俱逸其名，惜哉。檀公事载昭代典则，吾能征之，其不足征者尚多也。

思州推官唐贤

唐贤，兰溪人。永乐间思州推官。持身整洁，刑政修明。祀名宦。

石阡推官康颏

康颏，字宜清，江西泰和人。永乐辛丑进士。由评事改石阡推官。惠政溢于口碑，严威摄于丑类。娆解已清，矫虔敛迹，青衿济济，尤荷曲成。

铜仁知府王恕

王恕，山东长清人。进士。宣德六年，由编修出知铜仁府。先是，治古、答异二司苗叛，总兵萧授奉命讨之。至是复叛。请仍绥督兵大征，俘斩甚夥。官冗粮多，廪既难继，金场脉尽，课无所出。恕请裁矿场内使、巡场御史、同知、通判、照磨大使等官，又请罢金银场。郡至今无采办之苦，廪供之费。

镇远知府张英 通判黄鉴

张英，扬州人。由御史知镇远府。清介有守，政事修举。太守内署至英始建。宣德七年卒于官。

同时有通判黄鉴，学识材干俱优，以礼义率民，风俗一变。

镇远知府刘善

刘善，泰安州人。正统元年，由举人知镇远府。才敏学赡，政教兼举。公暇，进诸生讲论经史，竟日不倦，多所造就。

石阡知府胡信

胡信，庐陵人。正统十二年，由南曹郎出守石阡，民依为父。十三年，蜀后洞黑苗胁清水江生苗，魁首伪号刬平王。群丑亦伪金龙、金虎之称，匪茹啸聚。始而剽村掠寨，继而越境攻城，首陷平越、黄平、白泥。人莫逃生，道路梗塞。明年五月，流毒石阡。始犯龙底江，适水涨不能渡，纵横各寨以掠。越旬，渡江临城。公坚守不动。已，贼入城，公骂不绝口，遂被害。各寨人民奔窜执戮，益以草塘贼屠虏其残民，府治遂为荒丘。

蟒衣生曰：胡公死于官，义也，分也。郡志载其妻弟厉声叱贼，与公同死，亦烈丈夫哉。惜当时执政无有闻于朝者，而胡公死事遂泯泯。嗟乎！吾乡多节义，无论文山。即曾公如骥守宝庆，刘公子辅守谅江，矢与城相存亡。胡公守石阡，固亦闻宝庆、谅江之风而兴者邪！

思州知府贺让

贺让，衡山人。宣德丙午举人，知泸州。廉明平恕，至好恶甚严，不苟徇时，权家畏之。升思州知府，去任日，泸人攀号满道，留之不能得。后数年，为立仁政坊，以表去思。守思州，抚驭有方，民夷俱安。寻致政归，行李萧然，惟市沥青数石为身后计而已。今庙食思州。

黎平知府黄恭

黄恭,上海人,正统中由刑曹郎擢知赣州,寻调黎平。恭尊尚实政,视国如家。期年,政平惠洽,三年,四封大治。正统十四年,苗夷犯境,逼府城。会卫卒戍麓川未返,城中无兵。恭召募丁壮,调发糗糒,与指挥戚安、庄荣定计御贼,城赖以全。贼平,僵尸百里,流血赭野。恭为掩骼,招集流亡,诸土司以贼故,逋赋二三年所矣。天又旱雪,岁荐饥,恭出俸薪以资公费,无难色。九年满去,少壮攀号,老人儿泣,曰:黄君弃我归乎!

黎平推官刘行政

刘行政,华容人。景泰初,以明经拜黎平推官。智勇过人,勤政不懈。郡自正统末苗贼猖獗,所在啸聚,攻劫城堡无宁岁。行政慨然以抚捕自效,提兵四出,亲冒锋镝。尝深入巢穴,谕以祸福,贼不敢害。甫半载,诸夷怀德畏威,四郊晏然。司理凡六年。

镇远同知何□

何瑄,土人也。初为镇远州知州。州革,诏以为本府同知。何氏,镇远大族,世为诸司长官。瑄父济,始以长官舍人事思南宣慰田大雅。何氏有九昇,为司印江长官,卒。大雅谓济九昇裔孙,保袭职。后土官知州戴子英绝,复保济知州。大雅卒,子宗鼎立,以事杀济,并购瑄急,瑄展转匿民间。及田氏败,州人始保瑄为知州,至是为同知。

瑄为人沈毅刚果,有远识。及备尝险阻,益熟于事几。正统末,苗叛,道路梗塞。朝廷以麓川平,命兵部尚书靖远伯王骥就彼移兵讨之。闰正月攻邛水,瑄领土兵属参将安顺,攻奥洞、米溪、平陈等寨。十月,复领土兵属都督陈友攻播州重安地方。于新庄铺等处截杀,连攻陈溪、翁角龙等寨。二年,总兵张轨为苗掩袭,覆军。诏以右副都御史王来参赞军务。合诸军进讨,瑄领土兵属左都督毛福寿,奋勇夺江,进攻螃蟹、翁当、计龙、阿鲁山、保翁革、香炉山等寨。

四年,升从四品散官,朝列大夫。十月,播州草塘、黄平二安抚司弗靖,巡抚都御史蒋琳与左都督方英会议进兵[①]，檄瑄领土兵会同云南都司征进，都指挥王敬、詹惠、郑俊等攻松平、琵琶、潘家等寨，生擒贼首谢革度。天顺三年，给诰命四道。

本年，瑄移疾。五年，男砥袭。七年，邛水苗复叛，诏湖贵二省合兵讨之。时贵州总兵李安、湖广总兵李震各驻军邛水。瑄以告老，瑄子砥在行，多病，安等白赞理军务右佥都御史王宣取瑄来，瑄应命往，擒贼。命陈三清、王亚养、苗总良以献。时贼首苗虫虾、苗女乔、苗老底额与官战败，遁入内寨。内寨牵联诸苗，地险食足，群苗欲保此自固，以老我师。瑄因多方设策，竟擒获虫虾等以献[②]，乃班师。成化二年，横坡、铁缆、绞行、绞视诸苗拥贼首谢用良攻思州府。瑄告其子砥曰："苗深入，道繇邛水。邛水吾分地，当截杀拥兵者。"砥夤夜驰至邛水，督长官杨秀高调民兵就于硬洞截杀。苗大败，夺回人口牛畜甚多。初，王公以邛水战不利，欲引官军还。泣告曰："官军还，百姓无遗类矣，愿少待，瑄请督民兵死战。"于是瑄前驱，都督陈友以官军继之[③]，遂败苗[④]。瑄见苗败，急请招抚。告诸苗曰："汝等皆认粮则无事矣。"

瑄内抚外攘，庶务修举。有子七，矼登癸酉乡第，碰登己卯乡第，诸孙驯、天、衢同登己酉乡第，或谓瑄所积厚，此其食德之报云。

思南知府何辙

何辙，四川人。景泰间思南知府。怀柔远人，政平讼理，兴利除害，迄今民犹颂之。

铜仁知府张隆

张隆，云南临安人，监生。初授杭州府知事，擢通判、知府。天顺三年，复除铜仁府。性简朴，有惠政。雅尚文教，首兴学校。群乡子弟于其乡塾而庭督之，有弗率者，属所司召其父兄省谕之。月朔则诣明伦堂，宣布条约，民渐向风。其奉己约，用法平，孤介绝俗。即奉入余羡，命吏籍记，登之外帑，常以代赋税之不能输

---

① 方英：本书他处多作"方瑛"，"方英""方瑛"互出，不再出校。
② 以：原本误作"必"。
③ 官军：原本缺"军"，据贵图本被。
④ 遂：原本误作"逐"。

者。以劳卒于官，无以为敛，知府杨显嘉请于当道，优恤之。遣子弟员护其椊归。

镇远知府毛凤

毛凤，四川夹江人①。进士。授户部主事。天顺四年知镇远府。廉介不苟，平易近民，七年，卒于官。

黎平知府杨纬

杨纬，大理人，进士。七年②，以户部郎出知黎平。持身廉约，政尚爱惠。黉宫规制未备，且圮，纬更治而新之。为考祀典，广生员，凡府中廨宇、坛壝、仓库，靡不兴举。居黎七载，治绩最多，擢山东参政。

石阡知府杨荣

杨荣，青神人。进士。天顺八年任石阡知府。律己以严，爱民以德，一新府治，百废渐兴。历任九年，升本省左参政。

思南知府王南

王南，长寿人。成化间思南知府。才智颖敏，不挠于物，恤孤教士。尝重葺府署学校③，民不知扰。

思州知府王常

王常，马湖人。进士。成化元年思州知府。公平勤敏，修葺废坠，重建城池，始事于成化庚寅，讫工于甲午。本省按察使新淦卢秩为之记曰：

思州府治，春秋时本楚黔中之地，秦、汉、吴、隋、唐以来，郡治、州治

---

① 四川夹江：万历志作"嘉定"。
② 七年：万历志作"天顺七年"。
③ 葺：原本误作"缉"，据文意改。

建置沿革，随时变易，莫有定制。宋大观丁亥，蕃部长田祐恭愿为王民，始建思州，即今思南。至元间，自龙泉坪改置思州宣抚司于此。天朝鼎命，率土宾王。洪武壬子，改思州宣慰司。永乐壬辰，嗣宣慰者肆恶，干雁宪典，遂革宣慰司为思州府，入隶贵藩，而领四司。自是，典郡者率天子命吏，然而后先相代，往往视廨宇如传舍。间有草创，复为苗寇焚荡。乃成化纪元之初，巴蜀王君常以民部尚书郎，奉天子简拔，来知是郡，仁声流布，义闻远扬。未及三载，民有经业，乃议筑城。维时总戎吴经、参戎彭伦俱顿兵清浪，保障边陲。遂协心赞襄，力主其事。经始于成化庚寅，讫工于甲午，岁凡五更，役凡万徒。为城一千三百步，悉建连屋。其上覆以陶瓦，防风雨霜雪之凌。周辟四门，架层楼以置钟鼓，为寅夜之儆。界四门以画通衢，因地势以建公署。逋逃四归，商民聚处。环城内外，栉比蜂屯，鲜有空隙。弦诵洋溢，鸡犬熙蕃，非复萍浮星散，昔之萧索也。盖吏有所据以治事，民有所倚以为安。不逞之徒，消其觊觎之谋；流转之民，去其颠沛之厄。宜其皆安堵莫枕于今日矣。

常今祀名宦。

铜仁知府杨显嘉[①]

杨显嘉，吉水人，进士。成化三年，以工部员外郎出知铜仁。狷介有执持，以奖能扶弱为念。谓士之秀，民之良，皆一方元气，委曲扶卫。即毛举鸷击，鄙之不为也。郡治正统间毁于苗，栋宇俱烬，戒工作一新之，民不知役，栽培桂柏，至今有蔽芾遗思焉。

铜仁知府周铨

周铨，直隶兴化人，进士。成化十年，由比部郎知铜仁，以廉洁风庶吏，以宽恕绥民夷，有讼者田，数岁不能决，谕以大义，皆顿伏。稍间进诸士，随问指授，一时人才多所陶铸。庙学卑隘弗称，邻有旷地可拓，召民蒋魁、卢铣语曰："而不闻吴中石湖公事乎？"魁、铣诺。而郡人李松亦愿以囷地输学宫，则魁、铣倡之也。郡初知学，诸生额数少，诣督学使增广之[②]，今衿佩济济，其遗泽云。

---

①　杨显嘉：万历志作"阳显嘉"。
②　诣：原本误作"诸"，据文意改。

铜仁知府尧卿

尧卿，四川安岳人。成化己丑进士。丁未知铜仁。以恬淡为政，往来礼节甚简。尝曰："剥民求媚以自肥，何益？"民间争讼，出数语直之，无苛求者。民愈久而愈安之。任九年，致其政归。

镇远知府王叙

王叙，临汾人。成化七年，由监生知镇远府。事神恤民，俱有实政，造各坛祭器。八年忧去。

镇远知府沈熊、徐虔

沈熊，归安人。徐虔，揭阳人。俱由进士。成化十五年，熊知镇远府。殷殷政理，尝迁学，议建府治，未几忧去。十六年，虔继之，始克竣工。

石阡知府余志

余志，邵武建宁县人。进士。成化十五年知石阡府。经略有为，政绩明著。传胡知府、王烈女死事，以崇节义，作风鬼洞、龙洞辨，以祛民惑。是时，阴雨弥月，民甚苦之，志乃作《露霾文》以讼之。其辞曰：

> 阴阳肇分，天地开廓。五行迭运，四时交错。寒暑有恒，雨旸时若。民物乃亨，四方同乐。胡兹贵阳，僻在南陬。气候不常，异于中州？盖界乎须播之僻远，邻于庸蜀之阴幽。诸夷杂居，万山绵亘。林木葱崔，烟云拂境。岚湿翠以凄迷，雾生尘而隐映。朝过辰今日未出，暮方申今天已暝。或淫雨之连旬，觉阴气之尤盛。骤者滂沱兮倒海翻河，细者蒙茸兮迷村锁径。宛乎鸿濛混沌之先，黯乎高唐梦寐之顷。商羊屡舞，石燕频飞。鹤鸣于垤，鸠逐其雌。阳乌乍现兮倏尔蔽亏，晚霞欲丽兮俄又翳之。或雷鼓之喧填，或电光之陆离。云头暖嗳，天盖低垂。连朝点滴，彻夜霏微。窠生鱼兮蛙产灶，苔满砌兮草侵岐。床床湿漏，处处淋漓。行者阻程，居者愁饥。焙薪炕粟，惟火是资。太阳失常明之职，后土无干燥之时。阳石之鞭弗应，漏天之补其谁？瞻兹恒阴，于时为

异。既怨于数，亦拂乎理。此露瞳莫达，见诸楚人之骚；终风瞳霆，形于卫风之比。傅咸多远寓之怀，李白伤浮云之蔽，仲舒思纵阳而闭阴，宗元欲抉蜿而诛蛟。凡若此者，无乃患天时人事之失经，而各发其感叹之思邪？茫茫两间，必有真宰。此而不治，其患将大。吾将诉于上帝，哀此下人。挥万仞之长剑，划千叠之顽云。命螭蛛为前驱，遣飞廉以清尘。羲和控辔，黄道驰轮。曜灵显光，龙骋其神。八荒清明，万象咸新。普天之下，率土之滨，孰不瞻阳德之炳焕，睹天地之无垠？于是河汉月星，各有常度，寒暑晦明，咸循厥序。宜赐当雨，氛祲不生，疾厉除去，物类以繁，人无怨苦。岂非太平之盛事，吾人之幸遇者与？歌曰：阴瞳之辟兮，上帝之力兮。下民咸怿兮，昏浊之澄兮。上帝之能兮，四海永清兮。

镇远知府李嵩[①]

李嵩，汝安人。由监生成化二十年知镇远。奉公持法，以忠谨称。

镇远知府周瑛

周瑛，莆田人。进士。成化二十三年镇远知府。富文学，勤政事，常言本府前逼大河，后迫高山，势难固守。府卫不合，城堡不复，咽喉不守，难御劲苗。乃上疏曰：

> 本府东连沅州，西接播州，中间道路险阻，乃云贵往来所必由。而所属邛水、施秉等司县，又与洪江一带生苗接踵，百姓无事皆带镖弩，有事则肤刃接。故镇远者，云贵之门户也；邛水、施秉者，镇远之襟喉也。欲通云贵，当守镇远；欲守镇远，宜经营邛水、施秉等司县。此形势之可考，事理之必然也。臣瑛待罪于此，苟有所见，不敢缄默。
>
> 一、合府卫以却外夷。本府原系湖广所辖思州、思南二宣慰司故地。国初开创西南境土，乃设平溪、清浪、偏桥、镇远四边卫，以控蛮夷，以通西南道路。永乐十一年，朝廷以宣慰使田琛等构恶，诏削其官，创贵州布政司，分其地为镇远、思州、思南、石阡、铜仁、乌罗、新化、黎平等八府，俱属贵州。

---

① 嵩：万历志作"暠"。

平、清、镇、偏等四边卫仍属湖广。正统十四年，本府地方苗贼生发，民兵不能独制。而四卫属湖广，不敢擅动。阻隔江湖，文书往返，动经数月，遂致贼势滋蔓，攻陷城堡，杀戮人民。及劳朝廷遣将调兵，始克平定。后议者于清浪设参将一员，及拨湖广武昌等一十三卫所官军前来协守。近来苗贼入境，百姓望救，急在旦夕。主将亦以湖广为碍，不敢轻动。湖广官司或又从中而牵制之。主将恐拟其后，未免徘徊顾望。臣等闻兵速则可以得志，势分则难以成功。坐此不改，诚恐祸变之生，不但正统十四年已也。夫分府卫以属两省，名犬牙相制。合府卫以归一省，名臂指相使。犬牙相制，互相犄角；臂指相使，互相运用。古今皆已行之。合无从长计议，将本府割属湖广。惟复照今日事体，所宜将平、清、镇、偏四边卫割属贵州。庶几父子兄弟，相为一家，手足腹心，相为一体，缓急调度，不致掣肘。

一、立城池以固门户。本府旧无城池，正统十四年，苗贼猖獗，仓库劫夺，人民杀害。往事未久，良可鉴戒。本府前逼长江，后逼高山，参错广轮，丈不盈百。成化间水漂火焚，况敌入境，自高临卑，势难固守。看得迤西三里，地名平冒，与镇远卫教场相连。其地山川回合，基址高爽，就彼设立城池，颇为便益。及访得相见堡接递军人，洪武年间属沅州，后以窎远，改属镇远卫。本府既立城池，不用他处拨军护守，只将相见堡军人拨属本府带管。一以递送，一以防守，两为得所，地方便益。则钤制不分于遥势，而供役可得于近效矣。

一、复城堡以保居民。照得本府所属施秉县，旧有地名岑麓等四堡，邛水蛮夷长官司旧有荡洞等一十七堡，镇远蛮夷长官司旧有金浦一堡。百姓平居无事，出耕山野。有警则送妻孥入堡，自与接战。故进有杀敌之勇，退无顾家之虑。此于边事大有所益。正统十四年，苗贼猖獗，将各堡焚毁，一向未曾修复。天顺、成化等年，本府并邛水长官司各另具奏，于敌路要冲总立荡洞、岑楼、八弓、得民四堡，荷蒙列圣悯念边方，俱准施行，经今二十余年。为因夷民贫困，不能自筑。而湖广备守官军，如秦人视越人肥瘠，曾不加之意，以致事功无就。惜哉。臣等熟计，以为修筑城堡，非惟居民之利，亦官军之利也。盖城隍立则居民自固，敌人不敢深入，军免于赴敌，而官亦得以自保，其利甚博。乞敕令参将王通摘拨官军，协同本府居民，先将奏准荡洞等四堡如法修筑包砌，其余该修堡分亦以渐修。

一、分镇兵以扼咽喉。照得邛水、施秉与洪江一带生苗接踵，苗东入则由邛水，西入则由施秉。近据邛水长官司申称，宣德年间尝分兵守边，正统年间，因征麓川，掣回军马，苗遂深入。臣熟观形势，清浪屯聚人马是守把在外道路，至苗所自入，如邛水、施秉等处，藩篱单薄，非策之善也。如蒙从长计议，清浪只留参将一员，统领大势人马。其都指挥宜摘拨人马或二千或三千，就于邛水、荡洞或得民等处驻扎，分屯要害。遇小寇就便哨捕，遇大寇驰报本镇，互相应援。如此则声势联络，敌不能测。是为扼其咽喉而制之命，地方便益。

疏入，惜未见之施行。又尝编修本府志书，采摭最备。历官四川布政使，入理学名臣。

蟪衣生曰：予邑罗印冈御史始为兴化司李，而景周翠渠之行于乡。既为镇远太守，而识周翠渠之政于郡，乃作《怀周堂》，而系之诗。周之月旦官箴，居然一君子也。《闽志》入理学名臣，宜乎。是时，石阡祁知府顺，文学才器，几与周埒，至今称镇石知府曰周祁云。

> 附诗《游西峡山》：经岁不寻西峡舟，与君偶复作清游。山含细雨衣全湿，水泛青天身若浮。人世几番尘土梦，亲闻万里鬓毛秋。短蓬未许全收拾，更有烟波闽海头。

> 《题高处士梅轩》：娄溪尽无车马暄，静爱寒梅绕素轩。风送暗香来几席，月移清影到琴樽。花如东阁时裁句，人似西湖昼掩门。应是江南宜岁晚，先春和气发乾坤。

石阡知府祁顺

祁顺，字致和。东莞人。天顺四年进士。事陈白沙先生为高弟。成化十九年，以参政左迁石阡。才智丰敏，文学优赡，石镇山川，多所题咏。公余之暇作宦适轩，为之记。记曰：

> 成化壬寅，予自江右藩司来知石阡郡事。贵州在京师西南七千里外，古夜郎牂柯之域。朝廷使有罪者居之，盖欲其尝险阻，履忧危，而省躬思咎也。幸今天下承平，四夷八蛮，罔不从化。而贵州自入职方百有余年，民乐耕稼，士知问学，顽梗之俗变为礼乐衣冠久矣。石阡地阻而僻，其民朴而少争，贡赋易完，宾客罕至。吏于是者，无迎送之劳，无催征之迫，无狱讼之扰，而山水登临之乐乃兼有焉。是故仰而观山，则适乎目；俯而听泉，则适乎耳；优游于诗书文艺觞咏之间，则适乎心。出入起居，动作食息，无往而不适也。盖务繁华者必于都会之邦，志幽静者必于穷僻之境。吾从仕中外二十余年，都邑之雄

富，人物之盛丽，固尝览之矣。然或朝谒之拘，或宣理之勤，所职有兵事焉，有钱谷焉，有讼牒焉，凡耳目之所接，心思之所及者，皆是事也。簿书期会之余，则宾客往来之交也，当其冗剧之际，虽欲放情物外，求一日之适，何可得邪？兹获脱彼之劳，安此之佚，自适其适，而忘其有罪之忧，上之为赐也大矣。昔之人有居清华之秩，而以烦遽妨其赏适为怪者，夫彼此不能两兼。而赏适尤吾性之僻，失乎彼，得乎此，夫可谓之不遇邪？虽然，吾不敢以己之适而忘悔艾之心，亦不敢不思己之所以适而图报上恩于万一也。于是，名其退食之轩曰宜适，且为之记，以自观省焉。

又曾纂郡志及他制作，皆伟丽可传。历官布政使，所著有《巽川集》。

附诗《石阡述怀》：男儿弧矢平生志，历遍中华到石阡。椎髻卉裳荒服地，剑牛刀犊太平年，雨余山翠开图画，夜静泉声落管弦。俗客不来公事简，倚窗频和白云篇。

不独桃源道路深，此中幽僻更难寻。山泉恬淡有清意，庭草低回无怨心。晓榻白云侵纸帐，夜窗明月伴瑶琴。衰时幸与闲中称，且作先生号醉吟。

《登楼寄友》：懒把衰情咏十离，穷边风月乐相随。闲倾六一先生酒，遍读柴桑处士诗。云锁洞门无客过，翠交庭草有春知。君亲睽隔心盟远，世路悠悠不尽思。

蟫衣生曰：《粤大记》载，天顺四年，读卷官先定祁顺为第一，以其姓名近御讳，不便传胪，乃以一夔卷易之，置顺二甲第二名。《陈白沙集》载《与祁致和》诗："六年饱读石阡书，习气而今想破除。雪月风花还属我，不曾闲过邵尧夫。"则其人品文学大略可见。

子二，敏、敕，俱举进士。

石阡知府丁昶

丁昶，字德辉，蒙化人。成化戊戌进士。以郎中迁石阡府知府。郡先毁于苗，公下车，建府治，修儒学，其他公署、坛庙、邮驿、仓廒，咸新之。设钟鼓以警晨昏，储粟帛以赈贫乏。训士教民，逃亡复业。未几，卒于官。卒之夕，有烈风星殒之异，士民哀之。囊无余赀，有司助费以归。所著有《公余清韵遗稿》若干卷。

镇远知府戴仁

戴仁，大理太和人。举人。成化间，由教谕累官镇远知府。府旧有羡税四千余金，为交际需，前守强半入私橐，日增税额，商贾患之。公至，编税为三百六十分，以备日支。羡二千余，尽裁，亦不暴于当道。或劝之暴，公曰："张己形人，非吾心也。"述职得循良，上考，台省旌其门曰"循良"，进松茂兵备。归里，不治第，馆宾于门，设榻于屏，自号无怀先生。卒之日，家无余财，郡守吴晟泣数行下，为之殡殓。

蠙衣生曰：予读《云南通志》，丁石阡卒于官，囊亡遗訾，而士民哀之；戴大理卒于家，家亡余财，郡守至为泣下。皆古之遗清也，而黔志不传。呜呼，文之不足也如是，予又恶知丁戴二公外亡遗者乎？

思州知府张介①

张介，内江人。成化二十年知思州。敦实老成，政体谙练，修治郡学，亲为讲授，士习一新。祀名宦。

思州知府文澍

文澍，字汝霖，桃源人，籍滇南。成化丙戌进士。授南京刑部主事，历官员外郎中，谳狱详慎，出补重庆知府，政尚宽平，有古循吏风。值岁凶，发粟万石以赈饥，全活者众。有剧盗啸聚山泽，谕之使复业，盗感其诚，寻解散。性坦直，与监司龃龉，调贵州思州。归，耄耋手不释卷。

黎平知府袁盛

袁盛，湖广枣阳人。成化二十三年知黎平。治尚清静，政平讼息。论者谓其治夷以不治，刑期于无刑，人以为知言。

黎平知府张纲

张纲，直隶滁州人。弘治进士，为御史。六年，出知黎平府。时府署猥陋，又处卫西。纲至，病其湫隘，请移卫仓，拓基为府。其明年，谓黉宫弗称，复市地增修之，学士愉快。纲性廉智自持，为政期于必行，然以爱民为主。去之日，吏民如失怙恃。

铜仁知府周汝端

周汝端，长宁人。成化间举人。尚书洪谟子。授户部司务，转中府经历。逆瑾

① 介：万历志作"价"。

伏诛，条上五事，俱见嘉纳。弘治中升铜仁知府。至则兴学抚叛，汉夷怀服。升河东运使，进阶，谢病归。

都匀知府凌文献、杜礼

凌文献，遂安人。弘治七年都匀知府。初创府学，度地鸠材，规制大备。丰城杜礼继之。廉明仁恕，兴学化夷，不烦有司。平叛贼，有功于地方。

铜仁推官驰九垓

驰九垓，四川仁寿人。举人。弘治十年铜仁推官。清白慈爱，有长者风，谳鞫多所平反。诸苗倡乱，深入抚处，卒寝其变。尝署郡，值岁饥，请赈，不待报而发。人多止之，曰："民旦夕急，宁我无官，无宁民无食。"其爱类如此。擢判景东道，经铜江，虽山谷细民，争相拥马首东送之。

黎平知府张恺

张恺，无锡人。以进士授刑曹郎。弘治十三年知黎平，四载，擢两淮盐运使。恺治郡，务在躬行化导，拊循苗氓。期用夏以变夷，未终其志。其于文事武备灿如也。尝欲纂郡志，不果。作《志夷杂咏》传于世。

张郡守《十二县司咏》：
束发加巾帻，耕桑事苦辛。当年属新化，仿佛是编民。《下六司》
倚山为险阻，操刃恣强梁。赖有耕耘业，犹知保故乡。《上六司》
去城一舍余，远近分十洞。团寨四郊去，附郭民颇众。《潭溪》
上下两团新，潭溪是近邻。山坑虽未远，终不类齐民。《八舟》
曹滴号三千，天甫上中下。远者分八脚，脚脚务豪霸。《曹滴洞》
古州名八万，幅员号最广。唇齿曹滴洞，亲仇互为党。《古州》
洪州州颇洪，地与广西接。上下八洞分，美恶相杂沓。《洪州》
福禄永从洞，县自我朝设。南与邕管连，夷民颇稠密。《永从》
皇朝置郡时，附郭是兹司。物力今全绌，犹能存旧规。《新化》
地促民尤寡，腴田也不多。粮徭虽易办，其奈茧丝何。《欧阳》
山环水抱流，男女躬耕作。民力既无遗，年来渐萧索。《亮寨》
编民不满百，苗寨四十八。地瘠人复贫，颇知畏纪法。《湖耳》

悠悠中林民，城府迹如扫①。倘无苗寨仇，生计良可保。《中林》

知府汪藻

汪藻，内江人，幼称奇童，七岁补弟子员，登成化十四年进士。由翰林兵科给事中，首劾汪直、王越开边衅，立西厂。章上，罢厂，出为知府。始任程番，民夷畏服，尝拓筑郡城，迁建府治，不烦于民。政暇，诣学课诸生不辍。已，任石阡，卓有政声。都匀兵变，藻定变，与有功焉，祀名宦。

石阡知府任仪

任仪，阆中人，进士。弘治十四年知石阡府。赋均讼理。普安兵变，督饷有功，民为立去思碑。祀名宦。

思南知府金爵

金爵，绵州人，进士。弘治间思南知府。宅心仁恕，平易近民。祛积弊，革横征，立五年四空之法，以便编徭，民怀其惠。嘉靖十五年祀名宦。

思南知府罗璞

罗璞，吉水人。举人。弘治间，由绍兴府同知升思南知府。长于政事，尤擅文名。重建府治，作兴学校，缮筑城垣，民至今赖焉。嘉靖十五年祀名宦。

思南知府宁阅

宁阅，河南汤阴县人，举人。正德间思南知府。廉慎刚果。时蜀寇方四大举逼境，守土巨室携孥赀窜入崖穴。公廉之，慨然以死守自誓。尽撤渡艇，夜静则躬督巡逻，有私逃匿者，三尺绳之。且率民间义兵，亲御弓马。又于各关外深沟重垒，贼骑不得阑入。后因镇算夷兵经过，公建画出奇，贼遂破，升运使。去之日，民皆攀辕涕泣不忍舍，至今怀之。嘉靖十五年祀名宦。

思州知府李概

李概，丰城人。正德初知思州。存心苠政，惟务安民，时有枯榴复荣之异。祀名宦。

---

① 扫：原本误作"妇"。

黎平知府余桂

余桂，绵州人。正德二年知黎平府。性果毅有为，在郡多所兴革。居亡何，调守黄州。

黎平知府祝寿

祝寿，历城人。正德中进士。历两淮盐运同知，迁黎平知府。刚正沉毅，禁令整齐，土司苗夷，靡然望而畏之。时府署自弘治初修建，逾二十年所，郡堂廊墙垣萧然，不庇风雨。寿耻之，始编置里甲，下令更新。规制大备，民不告劳。上闻以为能。六年，迁为云南参政，历廉宪，河南布政使。论者号黎平贤守第一云。

镇远知府刘武臣

刘武臣，宜宾人，进士。正德二年知镇远。爱民不扰，政暇，亲课诸生。军民为立生祠于玄妙观石崖下。性倨不能徇俗，见尤于当道，祠寻毁。今指挥荀世髦宅有"刘公生祠"四字碑一座，有祠堂八景刻本。

程番知府何厔

何厔，新城人，正德间知程番府，驭民以宽，弥盗以武。郡人至今思之，入祀。

铜仁知府徐绍先

徐绍先，蕲水人。进士。正德五年以驾部郎知铜仁。先是，镇溪箅子坪苗叛，公请湖贵二省兵合剿，而提兵者以权解去。苗复大叛，先慨然以身为干城，缮城堡，备刍粮①，治器械，募民间骁士数百人，训以技击，鼓以忠义，誓不与贼俱生，诸夷闻而惮之。性敏决有断，讼庭一空。

思州知府高节

高节，上元人。正德九年知思州。抚拊夷民，经术训士。郡故无题名，节伐石纪之。参议蔡潮为记。略曰：

思为古黔中地，历隋唐宋元，沿革不一。国朝吴元年，前宣慰田氏归附，

---

① 缮城堡，备刍粮：原误作"缮城备，堡刍粮"。

隶湖广行省。永乐壬辰，田氏弄兵，坐废。改宣慰为府，分属贵藩。然地僻民贫，且荐罹夷燹，日敝敝焉，鞠为荒翳。往年郡守王君常、张君介，渐次修举，而文献犹未足征。正德丙子秋，上元高君节守邦之三年，嗟兹缺典，博询于长官周缙、何纯犟，其所记亿前人之名氏籍贯凡二十六人，属记于予。予惟思郡，巤尔一隅，猥潜荒服，重以夷氛岁歉之故，吏兹土者，恒以投瘴御魑视之，速欲解去，不能一朝宁处。自崔贺启治以来，能久安其位，不甚鄙夷其民者，王、张、赵、李、唐、孙、严、柴，暨今高、赵数公焉。高侯又能于劳来安辑之暇，以经术训饬子弟，且尤征文辞以表章斯郡，思何陋矣。

节后以征苗功超迁参政，祀名宦。

黎平推官徐馨

徐馨，湖广咸宁人。举人。正德十二年授黎平推官。谳狱佐郡，治绩烨然。迁为临清州守。

思州知府张柱

张柱，涪州人。正德十二年知思州。性刚直。禁止淫巫，作兴士类，重建儒学。参政蔡潮记。其略曰：

> 张侯柱由地官郎屡迁而守思。思城周不及一里，府舍接学宫，敝廨萧然，茅茨塞道，数夷民晨衙毕，寂焉如无人之境。士习靡所归宿，宦游亟欲求去，贵八郡最下者也。侯始至，安处之，毅然以修复为己任。乃节缩俸入，悉心经画，创建号舍二十楹，乐器、俎豆、斋厨、庖湢之属，与凡学宫所宜有者，井井咸备。殿堂门庑，则易其朽腐，而加以丹垩覭覭之工，郡治厅事内外为樵楼，以正时。又其外为棹楔三，以别公署。为敌楼四，以御外侮。至是，入其境，规制华敞，焕若一都会，迄于今，士民共德之。

镇远知府罗凤

罗凤，上元籍，江西泰和人。进士。由南道御史知兖州府，嘉靖三年调镇远。善诗，多吟咏。凤筮仕为兴化推官，与周公瑛善。周昔守镇远，有善政，后二十年凤亦出守，作怀周堂，又作玩易斋，俱系以诗。又建德礼堂，后守程﨑为之铭。铭曰："德无常师，敬以持己。礼有定体，宜民而已。贤哉印冈，德礼名堂。道之齐之，嘉言孔彰。吾奚以礼？吾奚以德？先圣是遵，前修维则。"

印冈，凤号也。

附《怀周堂》诗：我昔筮仕初，莆阳谬司理。郡有翠渠翁，佚老清湖涘。翁惟人中龙，同时寡伦拟。公余辄请益，幸不为翁鄙。三年挹光风，过从日凡几。及我受代归，特赠镇阳纪。补缀成完编，亲书十五纸。忆当拜嘉时，相谓偶然耳。讵知廿载后，量移与翁似。事既有先几，随翁聊尔尔。独愧庸劣姿，无能趾翁美。名堂寄遐思，羹墙恒仰止。

《玩易斋》诗：半生务占毕，老至不惮劬。印摹与手录，四库颇有储。鲁邦投劾归，卒业理铅朱。岂徒事糟粕，亦或窃绪余。部符忽再下，播迁落荒隅。穷崖路举确，无能致行厨。顾瞻巾笥中，幸有四圣书。掩斋肃容对，把卷勤居诸。象辞与占变，实作我范模。微显本一理，体用原无殊。我年逾五十，怨过何由除。进退谅从我，时哉复吾初。

镇远知府黄希英

黄希英，莆田人。进士。嘉靖间知镇远。善诗文。改中河洞为紫阳书院。自为记。迁长芦运使①，道沅州，未谒当事者，寻被论，羁留于府，卒。

附黄希英《傑岘亭》诗：江心怪石大峥嵘，涛击孤根万古鸣。直讶鳌头翻浪影，更疑蛟室泣珠声。云开锦幛围春合，日射朱甍倒水明。光景撩人看不暇，满怀诗思欲彭亨。

高台迢迈绝浮埃，公馆元因古刹开。老树红鲜藤缭绕，小塘绿湿水萦回。青苔聊试谢公屐，碧渚须开袁绍杯。石洞云封人已远，多情野鸟日还来。

思南知府周举

周举，山东郯城人。进士。二年任思南知府②。宅心侃直，剖决如流，狱无淹滞，尤善作人。每政暇辄召诸生讲论，多所发明。升云南副使，未任卒。嘉靖十五年祀名宦。

镇远推官杨载春

杨载春，镇远土推官钦之子也。笃志好学，弘治间中云南乡试，袭推官，屡征

---

① 芦：原本作"泸"，据贵图本改。
② 二年任：贵图本认为应该是"正德二年任"，本书卷二十九《守令表》作"嘉靖元年任"。万历志亦作"嘉靖年间任"。

有功。嘉靖四年诏载春既中乡试，加俸二级，授正六品职事，进阶文林郎，貤封父母妻。

石阡知府褚嵩

褚嵩，华亭人。举人。嘉靖十五年石阡知府。省夫马，除豪横，课诸生，济贫士，善政种种。以直道不容，去。部民如失怙恃。祀名宦。

石阡知府朱黼

朱黼，安福人，举人。嘉靖二十三年石阡知府。庭无留牍，视民如伤，当时沾庇，至今遗思。祀名宦。

黎平知府王光济①

王光济，陕西商州人。初为大理寺正，嘉靖十一年擢知黎平府。廉直有为，庶务修举。居四年，迁长芦盐运使。

黎平知府夏玉麟

夏玉麟，常熟人，嘉靖初进士。初守建宁，十六年调黎平府。才裕识敏，锐志树立。尝欲西通天甫，置驿以达贵州南，拓五门之地，辟府街，列置十三司辖。未几，内艰，去。郡人惜之。

程番知府汪仲成

汪仲成，绩溪人。嘉靖二十年知程番府。刷奸弊，绝苞苴，修金汤，立保甲，士民德之。万历四年入祀。

程番知府龙翔霄

龙翔霄，字潜之。武陵人。正德己卯举人。性孝友，自守介洁。初知蜀阆中，补云南太和，以循吏称，召为驾部郎。清料税，革夫牌宿弊，乡人赖之。嘉靖二十二年出守程番，以礼让变易夷俗，归泗州流徙之民，正金石司擅杀之罪，德威茂著，入祀贵阳名宦。性尤好谊，喜周人之急。镇远守袁成能道经武陵，遘疾卒，为具棺殡之，偿之金，弗受。思恩吏目高守仁过常，资乏，不能前，鬻幼女于人，为

---

① 黎平知府：原缺"黎"，据目录、本传正文及本书卷二十九《守令表》补。

道里费。翔霄闻之，为赎以还。此其政行表表在人者如此。

铜仁知府李资坤

李资坤，昆阳人。举人。嘉靖二十二年①，以比部郎知铜仁府，先令宜城、嘉定。有惠政，意气豪举②，器宇山凝，绝耻世之脂韦逢迎者。兴学造士，终始不倦。旧城狭隘，生齿繁殖，不足以供宁止。度旷土之可城者，召民入值，以其值城之东山，在城中为镇山，为郡左臂，建大观楼于其巅以翼护之。兴大役而事不烦，民不扰，其经济概可观矣。见祀名宦。

镇远知府廖梯

廖梯，莆田人，进士。嘉靖间知镇远府。清苦自持，扫梧叶代薪，秩满致仕。

黎平知府孙清愍公继鲁

孙继鲁，字道夫，云南右卫人。嘉靖中进士。为人慷慨有大节。出守卫辉，迕权珰被逮，民卧辙而死者数人。调淮安，例有羡金，巡抚与府互相为私，公一介不取，而亦一介不以媚巡抚。又调黎平，治郡三载，正法制，饬功令，拯弱锄强，恩施甚美，自奉泊如也。罢里甲，省烦苛，清白之名著海内，迁湖广提学副使。去黎之日，老幼攀车，莫不涕泣交下。有去思碑，在靖州城南。历官右副都御史，巡抚山西。与总督翁万达争摆边议不合，被逮，死于狱。死之日，晋数百人哭于燕。其得人心若此。隆庆元年，太宰蒲坂杨公为公雪冤，其疏略曰③：孙某才识通明，见闻博洽，历郡藩而法无曲意，司文教而士每倾心。力争摆边之议，耻于雷同。抚臣亦有何罪，竟成系逮之冤。敢于贝锦，督府难免徇私。诏赠兵部左侍，谥清愍，仍赐祭录后。

蠙衣生曰：《黎平志》不载公卫辉事，《云南志》不载公黎平事，《黔通志》不载公山西巡抚事。予三收并载之，庶几见公大节，不徒黎平循良之迹已尔。

附孙清愍公诗《与郡人范府游云崖洞》：逾山山高高插天，千家万家星斗悬。晚眺峨眉半轮月，朝看白帝一江烟。别驾旌旄少府崇，黄堂观是玉珍官。勇退急流轻富贵，乞骸强仕真英雄。归家社会云崖洞，草峰仙子诗神送。龙麟

---

① 二十二：原本缺"十二"，据本书卷二十九《守令表》补。
② 豪举：原缺"豪"，据贵图本补。
③ 疏：原本误作"踪"，据文意改。

龟凤天巧成，风花雪月山灵控。社中诸老识者稀，岩峻潺湲入素琴。一曲一弹忘岁月，那知季子多南金。虚旋子真往谷口，又似商山增皓首。风流未比习池归，醉翁不在环滁酒。闻予高兴索品题，驱车相与坐深溪。喜有茱萸应重九，还无风雨淖丹梯。忽忆杜陵思宋玉，摇落悲秋烂歌曲。我亦留神惜白驹，愿言皎皎光空谷。

镇远知府程燗

程燗，南城人①。举人。嘉靖二十六年知镇远府。视国如家，视民如子。才器挥霍，而诗文藻缋，又足润而色之。镇远即僻郡，凡山川崖洞，亡不经品题，大而城垣，小而衙署，亡不修建而各有纪述。续修志书，典则详丽，所为诗文具详志中。是时，镇远卫有刁军雷文七等，呈楚两台，欲扯镇民帮贴夫价，且言贵州兼制不便。燗具公移详辨，其略曰：

> 文武军民，莫非王臣，湖广贵州，莫非王土。英雄豪杰行政，无所事而事之。至于编审差役夫马，则量地方繁简，衰多益寡，称物平施，如其善邪。合之万口无词，则行之万世无弊。少有偏私，甲可乙否，则朝更而夕改矣。故英雄豪杰行政，视理之是非而已矣，事之有无而已矣。故不肯以百年定规，听无籍之言，为适从也。镇远卫军夫扛抬诚困苦矣，然止云贵官员往来有数也。非若南直隶之徐州、滁州，北直隶之河间、真定，水陆交会，四通八达者可比也。今查得经过官员，有夫、有马，有廪给口粮，有柴炭油烛、铺陈什物，如亲临上司，有心红纸札。夫役，军卫也；马匹有司，廪给口粮有司也；柴炭油烛有司也；铺陈什物、心红纸札，有司也。是五者，军卫有其一，府有其四。以军夫扛抬而告有司帮贴，不知廪给口粮、马匹、柴炭油烛、铺陈什物、心红纸札，军亦帮贴于民乎？否也。地方师旅、巡抚、总兵、守巡，俱住扎镇远府一年二年之久，围随防守官军数百，不知镇远军卫曾应付廪给口粮、马匹、柴炭油烛、铺陈什物、心红纸札乎？否也。差役莫繁于留都，军民各有定分：黄马快船，属四十八卫；迎送夫马，属上江二县；内府供应器皿，属各行铺户勾摄；词讼缉捕盗贼，属五城兵马。转输莫大于漕运，军民亦有定分：米出于民，运拨卫军，若苏常之白粮。民之米亦民自运也，不与军卫干涉。今欲镇远卫扛抬而告民帮贴，是留都黄马快船可以告有司铺户之帮贴，江南江北之运军

---

① 南城：万历志作"南昌"。

可以比例苏常白粮之自运。有是理乎？否也。有是事乎？否也。按志书，镇远府民，元总管田仁智残民也。洪武五年为镇远州，属湖广布政司。洪武二十三年设镇远卫五所。思南宣慰治镇远州，固苦军侵。已，乃奏徙思南。永乐十年，宣慰田琛、田宗鼎互相屠戮，朝廷遣工部侍郎蒋廷瓒按状，多不法，罪田宗鼎。永乐十一年开贵州布政司，改镇远州为府。是卫先于府也。民之苦于军，非止今日也。按地理，府治在河北石屏山下河崖，一带之地，市无重街。卫则有砖城五门，周围六里零一百步，城内有五山，曰五老峰。是卫大于府也。府属镇远、施秉、偏桥、邛水四县司，止六里，民粮共八百七石六斗六升。卫则跨辰州、镇远、思州、石阡、偏桥、邛水、施秉之水田陆地者八十八屯，思南二十三屯，麻阳二十二屯，共一百三十三屯，征米豆二千三百二十三石二斗一升。又隶臻剖蛮夷长官司额粮八十石，岁派溆浦、辰溪、黔阳三县秋粮共一万四百石。是府之岁收止八百石，卫之岁收则一万二千八百石。是卫广于府也。镇远府卫，云贵通衢，有店房止宿行货之商，有经纪牙侩居货之贾，此军民之生艺也。今查得米豆、鱼盐、磁器、牛马、店户经纪，俱是军舍充当，是商贾之利军舍多获于民也。由此观之，则廪给口粮、马匹、柴炭油烛、铺陈什物、心红纸札，凡所以应付往来经过官员者，军当倍出于民。然民负屈不敢伸诉推避者。法立于先朝，事遵于历代，不敢倡为浮言以起边衅也。

镇远卫属湖广，则贵州兼制，诚当革去矣。岂贵州军士不足而藉四卫以充实邪？贵州则有一十八卫三所官军也。岂贵州税粮不足而藉四卫以征纳邪？贵州则川湖二省有司之粮也。故贵州之屯田，不资于四卫之耕；贵州之军器，不资于四卫之造；贵州之岁用，不资于四卫之输。贵州有总兵府，岁用纸札，每卫白银八两，一十八卫三所用之有余，并无片纸分派四卫也。贵州修理百工，供给百物，用之数多，并无毫分派四卫也。平、清、偏、镇四卫，生员则食贵州之廪粮，乡贡则分贵州之科第，岁贡则次贵州之宾兴，是四卫无益于贵州，贵州有益四卫也。亦何病于兼制哉？天下舆地，西莫大于陕西，南莫广于湖广。南接南徼，西距川贵，道路不知其几千里。故湖广上司之不能巡历其地者，势也。所藉以廉察官军奸弊，抚绥边徼夷苗，实有藉于贵州之兼制也。往事无稽，不敢浮泛。即本职到任后，如指挥王节、守备李澜，枉事得以开释，犯事得以免参，皆贵州兼制之赐也。然则四卫亦何病于兼制哉？兼制，奉朝廷敕书也，如江左之太仓、江北之徐州、北直隶之天津，各皆有兵备官，皆山东职衔也。以三犯徒罪习军而故违朝廷敕命，有是理乎？否也。有是事乎？否也。有是法乎？否也。大禹之治民祀神，丰俭适宜①，孔圣人无间，然犹自下车泣曰："尧舜之民，以尧舜之心为心。寡人为君，百姓各自以其心为心。"盘庚迁殷，大家世族骨动浮言，盘庚乃出矢言以吁之，三篇之作，谆谆以口舌代斧钺。三代之时若此，降而至于今之末世，边徼夷军，无怪乎其不以官府之心为心也。本职谠谠多言，狂妄之罪自不免，然不如是不足以解其惑，破其奸，折其心，而军民争夺无已时矣。

公移上，其议遂寝。至今守为定制。

附程㸁诗：《味井清泉》：寒泉流玉液，独此味偏醇。湛湛天边月，涓涓瓮里春。何年开石髓，是处透云根。一脉休言细，能沾万姓唇。

《笔岫晴岚》：倚空开叠嶂，有笔数峰间。旸谷暾将出，崖巅色已殷。文光征仕进，瑞气霭区寰。却与青霄近，紫云时往还。

《分岭春耕》：春水四山足，春田一望平。短蓑便细雨，缟袂饷朝烹。日暮鼓声急，原深布谷鸣。朱幡风习习，自觉马蹄轻。

《二仙拱北》：北阙云程远，西关峭壁奇。怪来以石并，俨尔二仙仪。鹤驾瞻枫陛，云裳列羽旗。风霜恒不变，万寿祝丹墀。

《玄冈九曲》：龙门河九曲，镇阳九曲冈。前江流滚滚，背郭露瀼瀼。雨霁云根湿，春深石髓长。新祠天一胜，永见祝融藏。

《诸葛新祠》：旧祠埋碧藓，新祠敞通衢。俎豆崇夷徼，鸿名照汉书。纶巾遗像古，静学小轩舒。纵步龙岗上，茅亭亦草庐。

程番推官王尊贤

王尊贤，阆中人。性刚介，博学能文。嘉靖间贡至太学。时上好方士，多灾异，人莫敢言。贤撰《圣学要义》、《中和衍义》上之。及谏立东宫，忤权臣下狱。已，上阅其书，奇之，谓辅臣曰："布衣敢言当世事，忠臣也。"释其狱，授程番推官，有异政。致仕归，贫落如韦布时。著《史学辩疑》、《紫霄文集》。

铜仁推官劳周相

劳周相，江西德化人。监生。嘉靖十六年铜仁推官。明习律令，敦尚风教，庶几凛凛德让者。民獠夷多弗率，不以夷视之，委曲晓谕，使知向风。其持己廉，临

---

① 俭：原本作"险"，据贵图本改。

事敬，有可称焉大。祀名宦。

思州知府毛希原①

毛希原，太仓人。官生。嘉靖间知思州。悯民苗愚困，力行化导，禁暴止邪，痌瘝切身，民大辑睦。居岁余，以疾乞归。士庶乍闻之，奔诉保留，攀辕者如市，歌思不忘。今祀名宦。

思州知府李允简

李允简，融县人，嘉靖二十九年知府。时铜苗出寇思州，参将石邦宪令二卒驰报。次日午后，二卒酗酒于府城外，未及报，苗已入城，执允简以行。出关，投崖死。虏掠人口挚畜不可胜纪。事闻，赐祭葬，赠按察司副使，荫一子。士民祠祀之。

思州知府符仕

符仕，河南宁陵人，举人。嘉靖间知思州。性刚果，不能容物。时因残破后力筑土墙，少资保障。

思南知府葛鸥　李梦祥　杨煦

葛鸥，万全都司人。嘉靖间由给事中出守铜仁，改思南。刚毅廉慎，多积谷以备凶歉。有大狱，祷决于神。升贵州副使。

李梦祥，监利人，进士。嘉靖二十七年，以虞衡郎中知思南。镇算苗叛，剽掠郡邑②。旧无城垣，公甫建议创筑，期月功完，民忘其劳，土民赖以保障。

杨煦，进贤人③，举人。嘉靖二十九年，以南工部郎知思南。性明敏，遇事风生。时镇算苗叛，掠近疆土，公多方防御之，郡赖以宁。虽兵戈中，尝与诸生讲学不倦。任甫八月，以考察归，士论惜之。以上皆嘉靖间人。

石阡推官郑廷璋

郑廷璋，琼山人。举人。嘉靖三十四年石阡推官。励精政治，刻意操持。司刑明允，采运勤劳。豪强屏迹，孱弱蒙庥，民至今思焉。

---

① 原：万历志作"源"。
② 剽掠：原本误作"标掠"，据文意改。
③ 进贤：万历志作"进县"。

思南知府宛嘉祥

宛嘉祥，庐江人。举人。嘉靖三十六年知思南。有才调，百废具兴。缮城隍，修学校，建公署，提调木务，更定马政，调停里甲，井井有条。治郡六年，足称能吏。

思南知府李充善

李充善，山西长治人。举人。嘉靖四十二年知思南。性朗才练，节用爱人。冰蘗之操，可质鬼神。修学校，创养济院，辑城垣，谨关隘，均赋役，节里甲，禁包揽，止混征，定马牌，严保甲，清冤抑，杜私谒，肃吏胥。当夏不雨，公诚祷辄应。郊外虎为患，公祝于神，患遂息。以内艰归，士民皆悲号而卧辙焉。

石阡知府萧立业　王管

萧立业，新喻人。选贡。嘉靖三十六年，由工部郎出知石阡。操持廉静，采大木余千金，不私，以建公宇。马政幸苏于里甲，徒夫著役于郡境。创城甃石，薄敛蠲征，立规垂矩，弊芟利兴。

王管，江宁县人①。由官生嘉靖四十二年知石阡。宽弘简易，练达公平，武振文修，徭均讼息。继萧公修郡城，宛若金汤之固。升辽东行太仆寺少卿。

石阡知府李兖

李兖，余姚人。由官生隆庆三年知石阡。下车，见萧王二守所创城，甚喜。陿溃者修之，楼弗辑，捐资构之，若相济焉者。民乃歌曰："昔侯城兮劳心，民有怨兮侯则任。城既成兮侯升，阡城固兮江深。今侯来兮未遑食，构城楼兮翼翼。民有孔兮侯补，城有坠兮侯饬。今之侯兮共昔侯，观民风兮纪春秋。昔侯去兮不见，见今侯兮在楼。吼其城兮吾何忧！"已，悯民田不均，建议丈量。与推官王朝用协心任之。寻鏖履亩，劳形焦思，按数稽弓。于是山坞溪涧之田欺隐者，悉皆丈出。粮差顿减，一洗宿弊。豪强或憾之，而小民咸颂。暇修郡志，秩然有条。

思州知府张子中　莫如德

张子中，鄞县人，官生。隆庆二年知思州。才智明远，议迁府治。然启其端，

---

① 江宁：万历志作"应天"。

未计久远，寻以考满行，卒遗后悔。

莫如德，融县人。隆庆四年知思州①。时府治初立，规制未备，惟以冲途，应接不暇。乃取四司里老轮赴管支，民遂称怨，咸归咎于迁府矣。

蟫衣生曰：张思州迁郡治于平溪，未为失策，失在莫思州轮里老支应，而民始怨也。郡在平溪，凭卫城，依戍卒，潜杜外侮，保障全黔，百年之大计也。止以答应小费，不能区处，以劳吾民。而复迁郡治，脱有李允简之变，又将何以御之？故今思州偏安苗穴，予未见其利也。

铜仁推官唐宗正

唐宗正，靖州人，举人。隆庆五年铜仁推官。精明熟练，刚果有为。尝躬行陇亩中，丈田定则。即一餐一楮不及民，尺寸之筹不及左右。修葺文庙，建二棹楔。立社学，训民间子弟，时稽察其勤惰而教戒之，发奸摘伏其余也。擢知雅州。

思州推官王制

王制，字宗明，云南左卫人。万历五年思州推官。体悉民隐，恪守官箴，督丈田亩，人称公平。

思南知府田稔

田稔，高唐州人②，进士。隆庆五年，由南户部郎知思南府。心存恺悌，学首为仁，剔蠹除奸，民怀吏畏。去之日，士民生祠之。

黎平知府刘汝顺

刘汝顺。江西清江人。以南曹郎擢守黎平，二年调松江，万历初复黎平。汝顺性简静，奉职循理，民悦而安之，以廉平著。苗氓初不知学，汝顺稍拔其秀者，予衣巾如弟子员，请于督学使者，奖进之，于是乎左衽之俗慕衿裾矣。五开卫军纠众称款，方首祸，凭陵官府，杀略无所惮。或告汝顺，汝顺捕问之，面侮汝顺。汝顺计异属不可穷治也，麾之曰："第往，且视若所税驾矣。"款军跳梁益甚，逼汝顺，不与居卫城，为避舍潭溪、五开，近自弗安，徙靖州。汝顺居靖州，密案款军诸不法状，治爰书。会上擢汝顺为四川按察司副使，且行，尽发其皋上两台。于是始逮

---

① "隆庆"句：万历志作"万历时知思州"。
② 高唐州：万历志作"唐州"。

捕其渠魁王成、潘应星等六人，调戍边。其后万历八年，款军又乱，据城攻剽，湖广巡抚陈省发兵屠杀之，尽案治其党，郡中始平。人以是多刘郡周身之哲，料事之明也。府改军民以兹故。附五哗六哗始末：

万历八年夏七月，五开卫军叛。五开，楚属也。其心未尝一日有黎平。当国初时，苗夷常内侵，四郊多垒，犹与府戮力御苗。孝庙以后，边境渐无事，军夷皆富，则猜嫉转甚。居常合众为款，借号曰御苗，诲其属，陵轹府僚，亦不有监司矣。

嘉靖十七年，副使朱藻按部至五开。款军周泰等大噪，不果纳，纵火焚其司门。朱度不可制，亡走靖。于是款军扬扬谓计得也，夸张愈甚。

二十九年，军周宗、刘芳等挞守备路良于卫堂，纵火焚府门。

三十九年，上黄潘老寨夷与军相仇，知府张廷桂往勘五开，嗔不约会，使其众挞张知府，击碎其公座。

四十二年，挞守备姚绍武。

四十五年，挞守备魏麒。王成、潘应星两人者，乡之疲恶倅也，素无赖，款军起，因相倚为奸。会新化所军与潭溪民争婚，众主诸军攻潭溪，遂启局库，出兵器，横行纵掠诸富室，无所惮。知府刘汝顺召问，诸军面侮之。

万历元年，汝顺赴贵州城，军惧其诉己也，阻不与出城。已而率众逐之潭溪，又逐之靖。居亡何，迁去，始发其皋上两台。乃按逮王成、潘应星等六人，调戍边，款军稍戢。于是成、应星各案，问赃至二百余两，阅数年，不肯出，则诉诸军分坐之。卫司捕辄乘间受为理，而啖其利。军忿不堪，复鼓噪起。八年，六所军刘应、胡国瑞、卢国卿、周官、姚朝贵、刘高各率其党，号六哗。又传木刻纠天甫、银赖诸苗贼为应援者，凡五司，号曰五哗。

刘应者，指挥刘璋户丁也。璋惧祸及己，阴使人刺杀应。胡国瑞等知之，噪起焚掠刘璋家，欲杀之。逼出银三百三十两，偿刘应命。缚百户恕学仁，刘其发，砍其指，令自裁。一日中扑杀所憎陆继先等六十余人。是时，守备林维乔奉命移驻五开，国瑞谓众曰："乌容彼处此为哉，吾曹且大不便。"悉焚其衣冠图籍，逐之万福山。始闭城门，建号称变矣。卫司捕向所挟取于军甚众，将甘心焉。焚其居舍，略家产，索偿牛酒、赎锾无算。

九年夏，右所军与中所军争摘豆叶，国瑞奋刃格杀彭玉、彭大武父子，及射中仆地者五人。苗尚万入城互市，因抽佩刀杀军一人。国瑞捉之，自临演武场，宣令斩其首，于是铜鼓、靖州、中潮、龙里诸军皆响应猖獗。先后巡抚兵宪屡檄下所司抚谕之，竟跳梁不解。

是年，湖广巡抚陈省来代，始疏于朝，请讨之。其十二月，调诸路兵四千余人，省驻靖州，分遣参政贺邦泰、佥事龙宗武、参将邓子龙各帅所部捣五开。国瑞盛服张盖登城陴，大呼曰："若有精兵，吾固有坚城！"时卫司捕亦领一麾薄城。军怨之未已，磔其妾掷城下，曰："今日犹能挟王成取吾财乎？"兵围城急，则诸军胁从者寖悔，稍稍解去。龙佥事觇知之，帅所部火攻其东门，诸军争救东门，遂分兵入北门，擒卢国卿、周官，及斩戮数十人，抚其胁从者弗治。胡国瑞奔西门亡去，寻获之于武冈，俱论死。遂平。

思南知府帅机

帅机，字惟审，临川人。隆庆戊辰进士。万历九年，以南礼部郎知思南府。心行颇古，不谐于俗。邃学问，多吟咏。识郡人李廷谦、萧重望于青衿中。有集若干卷。

思南知府陆从平

陆从平，直隶华亭人。隆庆戊辰进士。万历十五年知思南府。文学优赡，吏事精敏。约己俗民，修废举坠。惩积猾，锄强梗，新府治。创行条编，贻百世之利。士民德之。升两浙运使。

思州知府蔡懋昭

蔡懋昭，字允德，上海人。万历九年知思州府。府城迁徙亡常治，始永乐十三年，知府崔彦俊创筑土城。隆庆三年，知府张子中议迁平溪卫城内。万历五年，因民情不便，奏请复回。重筑包石土城三百二十丈，高一丈五尺。十年，懋昭谓后山高峻，俯瞰城中，敌至难守。乃议包筑后山石城一百二十丈，增筑敌台十二座。郡后一山故名松园囤，公筑据胜台于椒，改名据胜山。去后，郡人祠祀之。

附邹南皋书蔡太守扇：此继山沈君笔也。君以得罪戍岭表，常情惊走不暇。蔡先生独珍其手泽，寄予并书其上。此其情与人殊哉。往先生为广郡丞，修学舍，刻沈君文，摹以贻人。人何有一箦哉。计先生当时，例当升刺史，为此举，已无世间念矣。未几，仍擢思州守，始信人生出处自有定数。且朝廷亦未尝以此罪人，人自甘为井中蛙也。惜先生未得立朝，立朝，其耿介必有可观，譬之水为泽不为川乎。予于先生一慨。

黔记卷四十一目录

---

① 原题为"永宁州同知张融、彭蠡、赵贵",因彭蠡、赵贵都不是永宁州的同知,显误。故去掉"永宁州"三字。正文亦去掉,不另出校。

永从知县赵禧

镇远知县陈应祯

永宁知州段丝锦　吴敦本

知事尹端

铜仁府训导谢宁

黔记卷四十一

泰和郭子章相奎父著
汉州宋兴祖汝杰父正
贵溪毕三才成叔父校

宦贤列传八 知州知县佐贰校官

同知张融 彭蠡 赵贵

张融，洪武六年永宁州同知。创立法度，建州治，抚绥有方，人皆悦服。

彭蠡，洪武十六年安顺州同知。创制行政，卓有条理。

赵贵，洪武十六年镇宁州同知。抚摩有方，因俗成政，民乐趋事，无后期者。本州创建，多贵之力。

宣慰司教授芒文缜

芒文缜，临川人，国子监学正。洪武二十六年，建贵州宣慰司学，以文缜为教授，训诲有方，人始知学。两典文衡，为时所重。

安庄卫经历萧伯辰

萧伯辰，清江人。洪武二十八年为安庄卫经历，政绩大著，学亦充赡。卫山川有八景，曰龙山春晚，虎崖秋色，虹桥水帘，云楼晴霭，云洞石竹，峰亭环翠，西山夕岚，龙泉月鉴。伯辰俱有题咏。附：萧经历八景诗：

《虹桥水帘》：长虹倒影入清涟，一幅虾须掩洞天。月挂银钩倚绝壁，风传玉珮度平川。冰娟隐映鲛人室，云母虚明龙女筵。三伏暑蒸飞不到，时看白雨溅苍烟。

《云楼晴霭》：南城卜地建高楼，拂暑犹看宿霭浮。五色祥光萦槛外，四山佳气入檐头。旌旗日转晴偏丽，帘幌风微暖欲流。自蹑丹梯闲眺望，此身浑拟在瀛洲。

《云洞石竹》：紫霭深封古洞天，阴阴苍雪覆琼田。琅玕暝戛金声细，钟乳低垂玉箸圆。子晋每招丹凤舞，初平能起白羊眠。龙枝九节宜扶老，欲采瑶英进御筵。

《西山夕岚》：误疑作雨随龙去，或讶如云伴鹤还。飒飒天风吹不散，长如积黛拥千鬟。

《龙泉月鉴》：鲛人停杼纹绮潈，龙女悬珠素影圆。敛取清辉重有俟，起成霖雨遍春田。

蟎衣生曰：《通志》载，经历萧伯辰，清江人，升兵部侍郎。予考列卿年表，兵侍中无萧伯辰。《一统志》清江亦无萧姓名，此疑是误，姑俟再考。

石阡府教授吴衡

吴衡，揭阳人。举人。永乐十三年石阡教授。时初设郡，知府李鉴建学，衡为记。略曰：

永乐十有一年，威德广被，臣妾万方，当文教诞敷之日，适土酋伏罪之时，以其地开府。是时冰溪李鉴由进士第擢守是邦，觊民不知学，俗染秽恶，以为易俗之机在学，方将上请，而建学之诏已下。岁乙未，衡自池阳满秩，承乏来典郡铎，乃与李公及判府崔公，度府治之左镇山下可为黉宫，较定规模制度，厥土润泽，厥位面辛，抡材于山，诛茅于野，质尚朴素，靡用雕斫。戊戌春，明伦堂斋舍甫就，余为记之。

衡能振起文教，诱掖士类。在郡二十年，士至今思之。祀名宦。

镇宁知州倪永寿 黄琳

倪永寿，桃源人，永乐辛卯举人。镇宁知州。性和易，治郡清简，政不烦苛，教民务农力本，民怀其惠。

后有黄琳，以身率人，部落向慕。

普安知州陶文靖 袁宁

陶文靖，万县人，宣德八年普安知州。长于裁决抚字，遐迩交誉。

后有袁宁，新化人。慈惠质朴，清慎廉介，解诸夷数十年之争，以被诬去，民至今称之。

永宁知州叶泰 陈佐

叶泰，宣德间永宁知州。莅政恺悌，夷民畏服。

后正统间有陈佐，江西人，沉静端谨，庶事修举。

训导赵和　张琳　教授孙隐

赵和，字达道，鹤庆人。正统间任铜仁训导。以师道自重。丁内艰，服阕，改四川建始县。铜仁上疏丐之，许还旧任。顷，丁外艰，服阕，铜仁又上疏丐之，凡三任铜仁，士类赖以成就，监司皆称之曰赵先生。后致仕归，生徒遮道泣送。云贵《通志》俱载。

同时有张琳，四川人。威清卫学训导。诲迪有方，士沐其教者甚多。

孙隐，毕节教授。敦庞树范，慷慨敢言。以上皆正统间人。

照磨周冕　经历杨彬　胡宗政　裴坦萧

周冕，南昌人。宣德间以纪善改石阡照磨。文章政事，卓有令声。祀名宦。

杨彬，大理太和人，举人。正统五年石阡经历。勤于赞画，寻以忧去，民请留之，服阕复任。九年满，去。祀名宦。

胡宗政，松滋人，景泰初举人。为鸿胪属，迁黎平经历。宗政机警有方略。时广西苗人与西山洞猺相仇杀，渐卤略人民。当事者属吏诣抚之，辄不能平。宗政入洞，申布威德，为析曲直，猺苗并服，不复有所争。西山不扰，自宗政始。

裴坦萧，广东灵山人，监生。正德九年铜仁经历。鲠直勤敏，事事有条理，护郡篆，能慑吏胥。裁里甲，凿泮池，建号舍，皆捐俸充之。今谭幕官为称首。

安顺知州刘肇　夏祈　李腾芳

刘肇，景泰中安顺知州。宅心惠爱，治事端谨。秩满，部民争送盈道。

嗣后有夏祈，梗介有守，处事公平。

李腾芳，爱人下士，政务修举。西堡夷民自洪武以来不供粮差，腾芳慑之以威，怀之以德，始就约束，一如编民。

施秉知县李圭　刘宇

李圭，昆明人。天顺间施秉知县。多才知著，抚绥，迁县治，居民安之。

成化间有刘宇，均州人，以能干称。

麻哈知州从龙

从龙，字云举。故安陆州人也。为弟子员时，有学正朱辉卒于官，龙扶榇还乡，候安厝乃归。成化乙酉①，以礼经中乡试，筮仕富顺知县，升麻哈知州。时民俗皆被发左衽，龙令家人教民织巾以冠。仍聘邻邑诸生训子弟以诗书，民俗渐变。历任五年，民立生祠祀之。升南阳府同知，会怀庆知府缺，吏部疏其名以上。时逆瑾求略，龙遂三疏乞休，获俞允，仍月给米四石以奖，恬退居林下。尝捐赀以广学地。嘉靖改元，进阶朝列大夫。寿九十一而卒。

教授杨世桂　训导邓清

杨世桂，新添教授。古貌古心，有学有守，却贽恤贫，刻书造士，至今犹传诵焉②。

邓清，清平卫人。龙里儒学训导。卓有师范，士论韪之。

教授李悦　李广居　训导许衍　柯文显

李悦，莆田人。成化间思南府教授。文学宏肆，诲诱不倦，尤精于《易》，每为诸生讲授，至今《易》盛于思南。嘉靖十五年入祀。

同时有李广居，宜宾人。都匀教授，学问渊源，勤于训诲。都匀易学由广居以传。

许衍，吉水人。都匀训导。有学行，勤于诲人。在任十五年，致仕。

柯文显，孝感人。永宁宣抚司训导。动遵礼法，虽燕处，无不衣冠，一时人物，多所造就。以上皆成化间人。

训导罗鼎　张惟远　王珩

罗鼎，益阳县人。弘治间，以贵州宣慰司学训导署威清卫学事。勤于启迪，弦诵一振。又以庙学倾败，乃捐俸给迁焉。

后有张惟远，云南人。训士有科条，济贫以斋膳，士林重之。

王珩，平越训导。修学宫，置祭器，启迪有方，士论归之。以上皆弘治间人。

---

① 成化：原本误作"天顺"，据上下文改。
② 犹：原本误作"尤"。

教授杜纯　黄琼　训导方琴

杜纯，南充人。正德间任安南教授。学问渊宏，规模严肃。士气丕振，当道延至文明书院教习诸士。所著有《三试集》。

同时有平越教授黄琼，行古学优。

方琴，潼川州人。宣慰司学训导。性耿介，博学工诗，与郡人汤轸、王佐为诗会唱酬。二人一日请次冯海粟《梅花百咏》，且戏约不逾五日，琴如期而诗成，皆妥贴豪崖。侍御胡琼面试《菊有黄花赋》，亦援笔立就。胡击节称赏，谓其真得唐人体制，未几拂衣去。士大夫至今贤之。以上皆正德间人。

附方琴《次庄定山韵》：竹弄清风柳弄烟，小斋随我度流年。有书不厌黄昏读，无事何妨白昼眠。望日远怀天保颂，悲风常忆蓼莪篇。平生大节惭无补，空对宫墙坐惘然。

普安知州黄雄　徐世用　判官张澜

黄雄，乌程人，进士。正德间普安知州。清廉不苟。每下营，裹粮自给，弊窦尽革，实心爱民。

嘉靖间有徐世用，宿州人。刚直不挠，锄强抑恶。夷酋安巩固久不归顺，世用以德化之，稽首遵约束，不复恣横。

判官张澜，才优政善，雅重儒绅。去之日，民咸思之。

婺川知县熊价　栾恕　刘敏之　王纬

熊价，眉州人。栾恕、刘敏之俱山东人。三人者嘉靖间后先知婺川，有善政。价公廉果断，拓县治，筑城垣，后以诬去，婺民到今冤之。恕修建学校，处置有方。敏之建学造士，筑城卫民，俱祀名宦。

后有王纬，云南平夷卫人。值流贼行劫，乡村骚动，逼近县治，邑中士民空城遁去。纬乃嘱二子曰：孔曰成仁，孟曰取义，读圣贤书，所学何事？长男道平务在殷勤，次男道中必要成名，我死慷慨，惟尽我心。则遣去，持印坐堂上，誓与城同存亡。贼闻之亦引去，城赖以全。

永从知县赵禧

赵禧，字景福。云南河阳人。幼直质力学，与李蕃为交，情谊最笃。及乡荐同榜，人咸异之。上春官不第，卒业成均。选贵州永从知县，有廉惠声。寻以内艰归，服阕，再谒京师。叹曰："禄本为养，而亲不逮矣，仕何为?"遂白铨曹，拂衣归，清修苦节，足不履公门。乡饮尊为宾者二十余年，乃卒。

镇远知县陈应祯

陈应祯，字国启，号石城山人。有节孝，雅州士大夫家不用浮屠自应祯始。雅守范府，题其门额孝子。嘉靖壬午贡于京，举顺天乡试，任商南教谕，不受束修。升镇远知县，未几解组，行李萧然，抵家，杜门养静，不至城邑。

蟪衣生曰：陈国启知镇远，载在蜀志，而黔志遗，今当补入。

永宁知州段丝锦 吴敦本

段丝锦，嘉靖间永宁知州。廉干有为，夷民信服。

隆庆间有吴敦本，浮梁人。节爱有声。

知事尹端

尹端，字正之，剑川人。赋性刚方，动必循礼。由掾史授清浪卫知事。累发奸伏，不遗毫发。流指挥蒋维贤以下不法者十余人。或诬以赃，当道得其情，以杨震目之。尝自命曰：端平生不爱钱，不爱官，不爱命，任人诽谤。军士每举首加额曰尹青天。大吏相谓曰：吾辈不及。考满，卒于京。贫甚，乡里助之殓，始归葬。

铜仁府训导谢宁

谢宁，四川苍溪人。嘉靖二十七年铜仁训导。性淳朴，寡言笑。诸生有过，温谕之，不悛，峻词责之，靡不愧服。脯束之仪一不启齿，又推其余以惠贫者。督学宫，多所干理，课文讲德，俱有常程，即寒暑不少辍，故一时得士彬彬焉。

黔记卷四十二目录

迁客列传凡迁客，有官者书官，谪戍者书原官

黔记卷四十二

泰和郭子章相奎父著
汉州宋兴祖汝杰父正
贵溪毕三才成叔父校

迁客列传 凡迁客，有官者书官，谪戍者书原官

蟒衣生曰：边圉瘴乡称恶地者，唐以播，宋以新恩。是时黔非不恶也，介在蛮垒，尚阻声教，未列流官，亡逐臣迹。至我明设贵州而郡县之，播与新恩之恶归之鬼方，故凡得罪者悉置黔以御罔两。自平播后，上益知黔恶。二三年来，科臣谪黔典史者，杨永从天民、王镇远士昌、陈铜仁维春、郭印江如星。谪黔幕者许经历子伟、包都事见捷、张经历正学。部臣谪黔者夏通判燦、黄经历龙光、曹照磨文纬。知县谪典史者杨新贵明盛。谪幕者袁经历应春。于是八番七星间，蔚然麟薮凤穴。嗟呼！王伯安以龙场悟良知，邹尔瞻以龙山悟仁文，黔何负迁客哉？又恶知异日者，诸君不伯安、尔瞻也。

唐

翰林供奉李白

李白，字太白，蜀郡人。唐宗室。于天宝初至长安。贺知章见其文，叹曰："子谪仙人也。"言于上，召见金銮殿，论当世事，赐食，亲为调羹，有诏供奉翰林。顷之，不合去。北抵赵魏燕晋，西涉岐邠，历商於，至雒阳，游梁最久。复之齐鲁，南浮淮泗，再入吴，转涉金陵，上秋浦，抵寻阳。天宝十四载，安禄山反。明年，明皇在蜀，永王璘节度东南。白时卧庐山，璘迫致之。璘军败丹阳，白奔至宿松，坐系寻

阳狱。宣抚大使崔涣与御史中丞宋若思验治白，以为罪薄宜贳，而若思军赴河南，遂释白囚，使谋其军事。上书肃宗，荐白才可用，不报。是时，白年五十有七矣。郭汾阳以官爵赎罪，长流夜郎，吟咏自若。白妻与其弟璟皆与之俱。璟别公乌江，公有《窜夜郎，于乌江留别宗十六璟》诗，后遇赦。卒于采石，年六十有四。

蟏衣生曰：予读《太白自序》云："半夜水军来，浔阳满旌旃。空名适自误，迫胁上楼船。从赐五百金，弃之若浮烟。辞官不受赏，翻谪夜郎天。"蔡宽夫谓其不从人乱，是矣。又读子美梦白诗，一则曰："君今在网罗，何以有羽翼？落月满屋梁，犹疑照颜色。"一则曰："冠盖满京华，斯人独憔悴。孰云网恢恢，将老身反累。"子美岂妄与人者哉？第永王东巡之歌，或谓白可以无作，夜郎之行，此其媒矣。

附太白夜郎诗《流夜郎永华寺寄浔阳郡官》：朝别凌烟楼，暝投永华寺。贤豪满行舟，宾散予独醉。愿结九江流，添成万行泪。写意寄庐岳，何当来此地？天命有所悬，安得苦愁思。

《窜夜郎，于乌江留别宗十六璟》：君家全盛日，台鼎何陆离。斩鳌翼娲皇，炼石补天维。一回日月顾，三入凤凰池。失势青门傍，种瓜复几时。犹会众宾客，三千光路岐。皇恩雪愤懑，松柏含荣滋。我非东床人，令姊忝齐眉。浪迹未出世，空名动京师。过遭云罗解，翻谪夜郎悲。拙妻莫邪剑，及比二龙随。惭君湍波苦，千里远从之。白帝晓猿断，黄牛过客迟。遥瞻明月峡，西去益相思。

《流夜郎赠辛判官》：昔在长安醉花柳，五侯七贵同杯酒。气岸遥凌豪士前，风流肯落他人后。天子红颜我少年，章台走马着金鞭。文章献纳麒麟殿，歌舞淹留玳瑁筵。与君自谓长如此，宁知草动风尘起。函谷忽惊胡马来，秦官桃李向明开。我愁远谪夜郎去，何日金鸡放赦回？

《流夜郎题葵叶》：惭君能卫足，叹我远移根。白日如分照，还归守故园。

《闻酺不与》：北阙圣人歌太康，南冠君子窜遐荒。汉酺闻奏钧天乐，愿得风吹到夜郎。

龙标尉王昌龄

王昌龄，字少伯，江宁人。开元十五年进士，补秘书郎，中宏辞科，迁汜水尉，天宝中贬龙标尉。李白寄龙标诗有"我寄愁心与明月，随风直到夜郎西"之句。昌龄后以世乱还乡，为刺史闾丘晓所害。昌龄工诗，绪密而思清。后张镐按兵，晓后期当诛，辞以亲老。镐曰："王昌龄之亲，谁其养之？"晓语塞。

蟫衣生曰：唐《地理志》：贞观五年置夜郎县，天授二年，分夜郎置渭溪县，属沅州。长安四年改为业州，天宝元年改龙标郡。王昌龄为龙标尉，盖今沅州。诗云"夜郎西"者，唐夜郎县属沅州也。《黎平志》载：龙里长官司在府城北八十里，故龙标县地。司治有龙标岩，则龙标在今黎平境矣。故《通志》《郡志》俱有昌龄传。

附昌龄《过泸溪别友》诗云：武陵溪口驻扁舟，溪水随君向北流。行到荆门上三峡，莫将孤月对猿愁。

播州刺史刘禹锡

刘禹锡，字梦得。擢进士。以叔文党贬。久之召还，禹锡以作《玄都观》诗讥当路，出为播州刺史。柳宗元，柳州刺史。柳以禹锡须侍老亲，播州最为恶处，请以柳州换，上不许，曰："但与恶郡，岂系母在。"裴度进曰："陛下方侍太后，不合发此言。"禹锡改连州。

蟫衣生曰：梦得、子厚即未入播，而播为恶郡，自唐记之矣。贵距播只尺，今上处逆鳞者不贵不已，无论母存场，恶得中立借慈圣为上一言邪？

宋

侍讲程敦厚

程敦厚，字子山。宋高宗朝侍讲。忤秦桧，谪渠阳，土人为作大观亭居之。亭在黎平湖耳司境上东二十里。

大明

吏部主事杨彝

杨彝，字秉彝①。余姚人。少卓荦，凡经史文章书画之艺无不习，而尤长于诗，

---

① 秉彝：嘉靖志作"宗彝"。

故当时有"杨家兄弟最能诗"之释。洪武初,以人才举为沔阳仓副,迁都察院司狱。有《凤台藁》。调福建长泰县主簿。仲子显被诬,狱死刑部,长子忠隶戍普安,彝闻之,赴京献诗自陈,上览之大悦,迁吏部考功主事。往往朝士遇公,即曰黄金阙下飞来也。公诗末句"丹心一点随云气,长绕黄金阙下飞",故云。二十四年从驾之华山,上览胜赋称旨。二十五年乞致仕,就养戍居。青衿济济,争执束修。暇日偕缙绅游宴啸咏,惟兴所适,虽仲宣客荆州,子美侨剑南,蔑以过之。居东屯,四顾皆松,开轩其中,扁曰万松。因自号曰万松老人①。所著有《凤台》、《贵竹》、《东屯》、《南游》诸藁,《古今律选歌词》。卒年八十。沈劼铭其墓曰:才兼行伟,身与名存,雄词藻翰,蛟舞凤骞,耄耋而帨,孰不曰诗之仙。峨峨佳城,观者仰止,讵云殊乡,于光万里。

附《自陈诗》:臣本山中一布衣,三年从宦在京畿。功名有志嗟何晚,妻子无依望不归。日照九重恩莫报,月明千里泪频挥。丹心一点随云气,长绕黄金阙下飞。

《题尾洒晴烟》:复岭重岗气郁葱,非烟非雾散瑶空。苍苍晓色鸿蒙里,淡淡晴光紫翠中。瑞彩双飞金鸳鸶,天花几朵玉芙蓉。身依南斗瞻亲舍,复隔乡关百万重。

《题紫棠晓霁》:紫棠小雨过山椒,日脚荧荧转树腰。暝色渐随青霭重,晴光欲敛绛霓消。冒烟归去秋田牧,隔水行歌晚径樵。林下旌旗来小队,将军出射暮云雕。

《题沈懒樵乐矣园歌》:乐矣小园如画里,地辟天开非偶尔。园外有山山下水,水色山光来屋底。山拥群峰仪凤崿,叠崿层峦翠如洗。水流一曲苍龙尾,戛玉铿金咽宫徵。园中昨夜东风起,知是阳春催百卉。蓁蓁密叶裁文绮,娜娜长条缀朱蕊。梨花李花雪朦朦,艳杏夭桃争旖旎。老我平生厌华靡,不悦千红兼万紫。独契亭亭高处士,酷爱猗猗美君子。久与寒梅结知己,尤怜幽竹及兰芷。朝游暮观逾二纪,尽日踏穿东郭履。幸无俗生谈鄙俚,时有文儒来济济。几回援琴向清沚,沙席云屏石为几。茹以涧毛酌以蠡,笑看双鸢跃双鲤。俯仰乾坤乐即已,谁识静中涵妙理。纵渠奔竞纷如螘,得失只将蕉鹿比。柴桑浣花诚俊伟,贫贱栖迟终不耻。古来落落皆如此,何须更献辽东豕。谩发狂歌聊自拟,不惜傍人风过耳。明日短筇还遍倚,吾乐亦在其中矣。

---

① 万松老人:原本缺"人",据贵图本补。

进士伍建

伍建，上虞人，洪武初进士。慷慨有大志，以言事谪贵阳。工诗文，所著有《木庵诗集》。

御史许堪

许堪，洪武初举贤良方正，除河南道御史。因言事谪戍普定卫马场铺，起用，至镇远卒。

督府断事高巍

高巍，山西辽州人。事母萧至孝。萧老而痼疾，巍奉汤药不懈，母亡，庐墓蔬食三年。洪武十五年应贡，入太学，十七年，以孝行旌，寻授前军都督府试左断事。十八年，上疏欲垦河南、山东、北平兵后荒田，及抑末役、慎选举、惜名器数事，太祖深嘉纳之。后因断事不称旨，当罪，以议贤谪戍贵州关索岭，仍许以侄代役。

建文帝即位，上疏陈情，乞归田里，许之。既而，辽守王钦辟送赴铨，会靖难师起，巍上书借汉为喻。天子奇其才，遂命从曹国公李景隆出师，参赞军务。巍请以口舌排难解纷，自比鲁仲连。累上书文皇，请罢兵归国。累数千言，不报。俄而战败，随景隆南奔，遇参政铁铉于临邑，遂与协谋，守济南，颇著劳绩。会敌退，与铉燕水心亭，巍为赋以志喜。相与赓和，且曰："公既相机决胜，加之徐将军盛统兵皆勇如貔虎，高金宪之纠慢，宋参军之谋略，张都统善于掠阵，王太守善于储给，王府校王肯播善于论议，何忧国难不旦夕平乎？"又从征晋阳、雁门等处，闻京师已平，乃自经驿舍。

蟪衣生曰：革除诸公过化黔中者，惟陈尚书迪救普安，高断事巍戍关岭，今问二公姓名于普安、关岭，人亡有知者。吠尧之犬，恋主之马，永乐间人犹讳言之也。宁独二公，建文君龙潜金筑十余年，人犹未知，志莫敢书，况其下者乎？天顺中释建庶人于凤阳，隆庆初，祀死事诸臣于其乡，而后陈、高诸君子相继表见，吾《黔记》安得独遗也。

都御史陈价

陈价，合州人。官都御史。以边事谪居赤水。谦谨和易，士论高之。《铜梁志》称其诗文流丽典雅，为一时推重。

主事陈溁

陈溁，湖广蒲圻人。天顺间以户部主事谪居黄平。能诗文，多著作。

普安州判官王徽

王徽，南锦衣卫人。天顺八年为南刑科给事中。宪宗皇帝初即位，内臣用事，势甚张，在朝无敢公言者。徽乃率同官王渊上言五事："一曰览史书，二曰开言路，三曰重大臣，四曰选良将，五曰保全内臣，如王振、曹吉祥事败，虽欲全之，不可得也。近有无耻大臣，结交内臣，或叩头，或称翁父，因而鬻狱卖官，擅作威福。今后内臣不许管军匠，置田宅，其家人义子悉究其来历，发回原籍当差。仍严交结之禁①，凡大小政事，悉断自宸衷，与馆阁大臣计议，则天下睹清明之政，宦竖享悠久之福，保全之道，孰加于此？"上嘉纳之。至是，太监牛玉以立后欺罔，饶死，谪南京。徽、渊等谓牛玉罪重罚轻，上疏请明刑罚，以正朝纲，监往事，以防后患。数玉大不韪之罪四，乞置诸法。因诋斥内阁执政李贤附阿权竖，笼络士夫，中藏奸计，外务掩饰。疏入，中官恶之，摘其语以激上怒，皆逮下狱。科道交章论捄，仍俱谪州判：徽普安州，渊茂州，余皆远州。徽等虽谪，天下莫不慕其风采而钦重之。徽至普安州，克修厥职，民夷向化。弘治间，荐起山西参议，未几，引年去。

左参政郑时

郑时，直隶舒城人。景泰辛未进士。成化间以副都巡抚陕西。十九年夏四月，上言保国利民五事，曰尽诚敬以回天意，明义理以杜妖妄，减进贡以苏民困，息传

---

① 交结：原本误作"交给"，据贵图本改。

奉以抑侥幸，重名器以待有功。词多切直，上怒谪之，陕西军民哭送，若失父母。先是，中官梁芳进诸淫巧，以荡上心；引用方术，以收录异书为名，夤缘传旨。不由吏部而与人官，或已官者辄加超擢。不择儒、吏、兵、民、工、贾、囚奴，至有脱白。除太常者，多至数千人。如李孜省、僧继晓，皆所引荐，尤尊显用事者。郑时疏专为芳发也，故芳谮之，谪贵州左参政。历官南刑部尚书。弘治八年致仕，卒，赠太子少保。

永宁经历李瑞

李瑞，字表正。宜城人。成化辛丑进士，拜南道御史。刚毅不挠，屡忤权贵。中官汪直憾之，逮系诏狱。谪永宁安抚司经历，迁温州知府。

石阡府经历刘清

刘清，益都人。进士。成化十三年，以刑科给事中左迁石阡经历。文章政事，两擅其美。寻升山西代州判官。

兴隆卫经历李文祥

李文祥，字天瑞。麻城人。成化丁未进士。当成化末，李孜省窃天宪，而万眉州阴附之，天下士气日削。值敬皇帝即位，方欲有所更署，台谏嗫莫敢先发，文祥独奋然上书，大略谓：人主之法不可亵，而权不可下移。宜裁抑中贵人，广言路，正纪纲，一风俗。且荐故尚书河州王竑、三原王恕可大用，南京刑部郎林俊、思南司理王纯，直言当褒显。时中贵人恚，假诏召入左顺门，诘责甚峻。文祥不为动，所以条对甚辨，坐谪丞咸宁。亡何，三原王公拜太宰，擢为职方主事，仅十余日，而以吉舍人入疏，忤旨，逮株，累谪兴隆卫经历。文祥至，立均差法，招寨长申场禁，久而安之。按察副使吴檄兼学事，都御史邓廷瓒奉命征南苗，咨兵略，大奇其才，以宪职荐。寻以入贺京师，疏两上，告归，不许。即南还省母，大雪中行数百里，至商河，溺死。所著有《检斋遗稿》。

蟫衣生曰：当时与公同志而最贤者邹吉士智，谪至石城，以寒死。丁舍人玑谪普安，稍迁至蜀臬，亦以溺死。夫中贵人、大臣能窃天宪，谪斥公辈。而所谓寒死、溺死者，则非其所能办也。而天亦巧为之用若此，几不可问矣。公犹有子，而邹公斩焉无嗣。王公元美为序公文。予过合州，立邹氏族子，予之衣冠，后吉士，岂二公所恃不朽者在我辈邪？固亦莫非天邪？

> 附《镇远大洞》李文祥、周瑛联句：层峦叠嶂翠如蓝（文祥），小路全迷北与南（瑛）。猿鹤声中人世远（文祥），烟萝影里宦情甘（瑛）。清狂不作儒生俗（文祥），幽癖难医贱子憨（瑛）。世上功名元有分（文祥），白云回首问诗庵（瑛）。

> 曾忆昌黎雪拥蓝（文祥），一麾迢逦落西南。语言三载蛮音惯（瑛），风雨孤舟客思甘。吟弄颇分周老兴（文祥），艰危深爱李主憨。穷荒莫说浑无事（瑛）。著述年来已满庵（文祥）[1]。

镇宁州同知萧显

萧显，山海人。兵科给事中。成化十七年，与礼科都给事中张铎因言事忤上，吏部希旨，升铎汉阳府通判[2]，显镇宁州同知。时镇宁州无同知，特添注授之，故事，给事中外转，必方面知府，无府州佐贰者，此亦科臣迁转之一变也。显倅州，政尚宽平。工草书，政暇与缙绅游览吟咏。寻升衢州府同知，迁福建兵备副使。

蠛衣生曰：《皇明典故纪闻》：萧显为镇宁州同知。通志作知州，误。

普安州判官丁玑

丁玑，字玉夫，丹徒县人，进士。官中书舍人。成化二十一年春正月星变，诏求直言，玑应诏陈言十事，首言正心修身，末言方士释老，宜加斥绝，皆为孜省、继晓等发也。疏入，留中。寻以他事谪玑普安州判官。稍迁至蜀臬，以溺死。

蠛衣生曰：当时与公同陈言同谪者，工部主事张吉谪景东通判，进士敖毓元谪云南临西县丞。至弘治元年以主事储巏荐，诸公同时起用。而公与李文祥俱困于冯夷，惜哉。

---

① 文祥：此处原缺二字，据贵图本补。
② 升：当为"降"。

思南府推官王纯

王纯，□□人。官工部主事。成化二十二年秋九月，南兵部左侍马显乞致仕，许之。就显疏批曰："今南京米贵民饥，尚书王恕参赞机务，胡为坐视无一策拯济？年老无为，革太子少保，亦令致仕。"

工部主事王纯奏曰："王恕屡上封章，直陈时事。陛下每容其言，及以年老屡乞致仕，辄蒙恳留，不许。今革去太子少保，令以尚书致仕。群情惊骇，莫知其由。昔庄助论汲黯于汉武帝，帝以为古社稷之臣，如黯近之。臣窃见一时大臣，遇事敢言者无逾于恕，妄意以恕为社稷之臣，则恕之去就岂容不言？伏乞特赐宽假，复太子少保，召还，以竟其用。"

上以纯出位妄言，要誉，命杖之。送吏部降调为贵州思南府推官。弘治初，进士李文祥荐公抱忠贞，优材识，当列谏垣。不报。元年，南京吏部主事储巏上言，张吉、王纯、丁玑、敖毓元、李文祥，此五人者，既以直言徇国，必不变节辱身，今皆弃之蛮夷岭海之间，毒雾瘴气，与死为伍，情实可悯。乞取而置之风纪论思之地，则言论风采必有可观，与其旋求敢谏之士，不若先用已试之人。上付吏部，皆起用之。

龙场驿丞王文成公守仁

王守仁，字伯安。余姚人。弘治十二年进士。官武选主事。正德元年十二月，刘瑾乱政，南科道官戴铣等被逮。公上疏云：

> 臣闻君仁则臣直。大舜之所以圣，以能隐恶而扬善也。臣迩者窃见陛下以南京户科给事中戴铣等上言时事，特敕锦衣卫差官校拿解来京。臣不知所言之当理与否？意其间必触忌讳，上干雷霆之怒。但以铣等职居司谏，以言为职。其言而善，自宜嘉纳施行。如其未善，亦宜包容隐覆，以开忠说之路。乃今赫然下令，远事拘囚，在陛下之心，不过示惩创，使其后日不敢轻率妄自论列，非果有意怒绝之也。下民无知，妄生疑惧，臣切惜之。在廷之臣，莫不以此举为非宜，然莫敢为陛下言者，岂其无忧国爱君之心哉？惧陛下复以罪铣等罪之，则非惟无补于国事，徒足以增陛下之过举耳。然则自是而后，虽有上关宗社危疑之事，陛下孰从而闻之？陛下聪明超越，苟念及此，宁不寒心。况今天时冻冱，万一差去官校督束过严，铣等在道，或致失所，遂填沟壑，使陛下有

杀谏臣之名，兴群臣纷纷之议。其时陛下必将追究左右莫有言者，则既晚矣。伏愿陛下追收前旨，使铣等仍旧供职，扩大公无我之心，明改过不吝之勇。圣德昭布，远近人民胥悦，岂不休哉？臣又惟君者，元首也。臣者，耳目手足也。陛下思耳目之不可使壅塞，手足之不可使痿痹，必将恻然而有所不忍矣。

疏入，瑾大怒，缚杖阙下，几死。谪贵州龙场驿丞。公泛沅湘，吊屈平。其辞曰：

山黯惨兮江夜波，风飕飕兮木辞柯，泛中流兮焉泊？湛椒醑兮吊湘纍。云冥冥兮月星蔽晦，冰崚嶒兮霰又下。纍之宫兮安在？怅无见兮愁予。高岸兮嵚崎，纷纠错兮樛枝。下深渊兮不测，穴潧洞兮蛟螭。山岑兮无极，空谷谽谺兮迥寥寂。猿啾啾兮吟雨，熊黑嘷兮虎交迹。念纍之穷兮焉托处？四山无人兮骇狐鼠。魑魅游兮群跳啸，瞰出入兮为纍。奸宄嫉纍正直兮，反诋为殃，昵比上官兮，子兰为臧。幽丛薄兮畴侣，怀故都兮增伤。望九疑兮参差，就重华兮陈辞。沮积雪兮硐道绝，洞庭渺邈兮天路迷。要彭咸兮江潭，召申屠兮使骖。娥鼓瑟兮冯夷舞，聊遨游兮湘之浦。乘回波兮泊兰渚，睇故都兮独延伫。君不还兮郢为墟，心壹郁兮欲谁语？郢为墟兮函崤亦焚，谗鬼逋戮兮快不酬冤。历千载兮耿忠，偪君可复兮排帝阍。望遹迹兮渭阳，箕雁囚兮其徉以狂。艰贞兮晦明，怀若人兮将予退藏。宗国沦兮摧腑肝，忠愤激兮中道难。勉低回兮不忍，盍自沉兮心所安。雄之谀兮谇喙，众狂稗兮谓纍揭己。为魑为魅兮，为谗膝妾。纍视若鼠兮，佞颡有泚。纍忽举兮云中龙，旗晻霭兮飘风。横四海兮倏忽，驷玉虬兮上冲。降望兮大壑，山川萧条兮济寥廓。逝远去兮无穷，怀故都兮蜷局。

乱曰：日西夕兮沅湘流，楚山嵯峨兮无冬秋。纍不见兮涕泗，世愈隘兮孰知我忧？

公至龙场，力学。学益进，葺何陋轩，轩前结亭，名君子亭。而自记其轩曰：

昔孔子欲居九夷，人以为陋。孔子曰："君子居之，何陋之有？"守仁以罪谪龙场，龙场古夷蔡外，习类尚因其故，人皆以予自上国往，将陋其地，弗能居也。而予处之旬月，安而乐之。求其所谓甚陋者莫得。独其结题鸟言，山栖羝服，无轩裳宫室之观，文仪揖让之缛。然此犹淳庞质素之遗，不得以为陋也。夫爱憎面背，乱白黔丹①，浚奸穷黠，外良而中螫，诸

---

① 黔丹：原书缺"丹"字，据《王文成全书》卷二三补。

夏盖不免焉。若是而彬郁其容，宋甫鲁被，折旋矩矱，将无为陋乎？夷之人乃不能。此其好言恶詈，直情率遂，则有矣。世徒以其言辞物采之眇而陋之，吾不谓然也。始予至，无室以止。居于丛棘间，则郁也，迁于东峰，就石穴居之，又阴以湿。龙场民老稚日来视予，喜不予陋，益孚比予。予尝圃于丛棘右，民谓予之乐之也。相与伐木阁之材①，就其地为轩以居予。予因而蔪以桧竹，蒔以卉药，列堂阶，辨室奥，琴编图史，讲诵游适之道略具，学士之来游者，亦稍稍集于是。人之及吾轩者，若观于通都焉。而予亦忘予之居夷也。因名之曰"何陋"，以信孔子之言。

　　嗟夫！诸夏之盛，其典章礼乐，历圣修而传之，夷不能有也，则谓之陋固宜。于后蔑道德而专法令，搜抉钩鈲之术穷，而狡匿谲诈，无所不至，浑朴尽矣。夷之民方若未琢之璞，未绳之木，虽粗砺顽梗，而椎斧尚有施也。安可以陋之？斯孔子所为欲居也欤？虽然，典章文物则亦胡可无讲。今夷之俗，崇巫事鬼，渎礼任情，不中不节，卒未免于陋之名，则亦不讲于是耳。然此无损于其质也。诚有君子而居焉，其化之也盖易。而予非其人也，记之以俟来者。

贵州诸生从之游，有龙场生问于阳明子曰："夫子之言于朝侣也，爱不忘乎君也？今者遣于是而汲汲求去，殆有所渝乎？"

阳明子曰："吾今则有间矣。今吾又病，是以欲去龙场。"

生曰："夫子之以病也，则吾既闻命矣。敢问其所以有间，何谓也？昔为其贵，而今为其贱；昔处于内，而今处于外欤？夫乘田委吏，孔子尝为之矣。"

阳明子曰："非是之谓也。君子之仕也以行道，不以道而仕者窃。今吾不得为行道矣。虽古有禄仕，未尝奸其职也。曰牛羊茁壮，会计当也，今吾不无愧焉。夫禄仕为贫也，吾有先世之田，力耕足以供朝夕。子且以吾为道乎？为贫乎？"

龙场生曰："夫子之来也，遣也，非仕也。子于父母，惟命之从；臣之于君，事之如一，而可以拂之，无乃不恭乎？"

阳明子曰："吾之来也，遣也，非仕也。吾之遣也，乃仕也，非役也。役者以力，仕者以道。力可屈，道不可屈。吾万里而至，以承遣也。然犹有职守焉。不得其职而去，非以遣也。君犹父母，事之如一，固也。不曰就养有方乎？惟命之从而不以道，是妾妇之顺，非所以为恭也。"

龙场生曰："圣人不敢忘天下。贤者皆去君，谁与为国？"

曰："贤者则忘天下乎？夫出溺于波涛者，没人之能也。陆者冒焉而胥溺矣。

---

① 材：原文无，据《王文成全书》卷二三补。

吾惧于先溺也。"

龙场生曰："吾闻贤者之有益于人也，惟所用，无择小大，若是，亦有所不利钦？"

曰："贤者之用于世也，行其义而已。义无不宜，无不利也。不得其宜，虽有广业，君子不谓之利也。且吾闻之：人各有能，有不能，惟圣人而后无不能。吾犹未得为贤也，而子责我以圣人之事，固非其拟矣。"

曰："夫子不屑于用也。夫子而苟屑于用，兰蕙荣于堂阶，而芬馨被于几席，萑苇之刘，可以覆垣，草木之微，则亦有然者，而况贤者乎？"

阳明子曰："兰蕙荣于堂阶也，而后芬馨被于几席。萑苇也，而后可刘以覆垣。今子将刘兰蕙而责以覆垣之用，子为爱之邪？抑为害之邪？"

宣慰使安贵荣窃敬慕公，龙场又其境内驿，馈金币、鞍马、粟肉，又使围人代薪水。公谢辞金帛，而与之书曰：

> 某得罪朝廷而来，惟窜伏阴崖幽谷中，以御魍魉，则其所宜。故虽凤闻使君高谊，经旬月不敢见，若似简亢者。然省愆内诵，痛自削责，不敢比数于冠裳，则亦逐臣之礼也。使君不以为过，使廪人馈粟，庖人馈肉，围人代薪水之劳。自惟罪人何可以辱守土之大夫，惧不敢当，辄以礼辞。使君复不以为罪，昨者又重以金帛，副以鞍马，礼益隆，情益至，某益用震悚。是重使君之辱而甚逐臣之罪也，愈不敢当矣。使者坚不可却，求其说而不得，无已，其周之乎？周之亦可受也。敬受米贰石，柴炭鸡鹅悉受如来数。其诸金帛鞍马，使君所以交于卿士大夫者，施之逐臣，殊骇观听，敢固以辞。伏惟使君处人以礼，恕物以情，不至再辱，则可矣。

贵荣以从征香炉山，加贵州布政司参政，犹怏怏薄之，乃奏乞减龙场诸驿以偿其功。事下督府，勘议。公乃贻书贵荣曰：

> 减驿事非罪人所敢与闻。承使君厚爱，因使者至，偶问及之，不谓其遂达诸左右也。悚息，悚息！然已承见询，则又不可默。凡朝廷制度，定自祖宗，后世守之，不敢以擅改。改在朝廷，且谓之变乱，况诸侯乎？纵朝廷不见罪，有司者将执法绳之，使君必且无益。纵遂幸免于一时，或五六年，或八九年，虽远至二三十年，当事者犹得持典章而议其后。若是，则使君何利焉？使君之先，自汉唐以来千几百年，土地人民，未之或改。所以长久若此者，以能世守天子礼法，竭忠尽力，不敢分寸有所违越。故天子亦不得逾礼法，无故而加诸忠良之臣。不然，使君之土地、人民富且盛矣，朝廷悉取而郡县之，其谁以为

不可？夫驿可减也，亦可增也；驿可改也，宣慰司亦可革也。由此言之，殆甚有害。使君其未之思邪？所云奏功升职事，意亦如此。夫铲除寇盗，以抚绥平良，亦守土常职。今缕举以要赏，则朝廷平日之恩宠禄位，顾将何为？使君为参政，已非设官之旧，又干进不已，是无抵极也，众必不堪。夫宣慰，守土之官，故得以世有其土地人民。若参政，则流官矣，东西南北，惟天子所使。朝廷下方尺之檄，委使君以一职，或闽或蜀，其敢弗行，则方命之诛，不旋踵而至。捧檄从事千百年之土地人民非复使君有矣。由此言之，虽今日之参政，使君将恐辞去之不速，又可求进乎？凡此以利害言，揆之于义，反之于心，使君必自有不安者。夫拂心违义而行，众所不与，鬼神所不嘉也。承问及，不敢不以正对，幸亮察。"

既而，驿竟不减。宋氏部罗阿贾、阿礼等叛，人言贵荣嗾之，而督府檄兵安家，辄违约不至。守仁复贻贵荣书曰：

阿贾、阿礼等畔宋氏，为地方患，传者谓使君使之，虽或出妒妇之口，然阿礼等自言使君尝锡之以毡刀①，遗之以弓弩，虽无其心，不幸乃有其迹矣。始三堂两司得是说，即欲闻之于朝。既而，以使君平日忠实之故，未必有是，且信且疑，姑令使君讨贼。苟遂出军剿扑，则传闻皆妄，何可以滥及忠良。其或坐观逗留，徐议可否，亦未为晚。故且隐忍其议。所以待使君者甚厚②。既而，文移三至，使君始出。众论纷纷，疑者将信。喧腾之际，适会左右来献阿麻之首，偏师出解洪边之围。徐徐又三月余矣，使君称疾归卧，诸军以次潜回。其间分屯寨堡者，不闻擒斩以宣国威，惟增剿掠以重民怨，众情愈益不平。而使君之民罔所知识，方扬言于人，谓宋氏之难，当使宋氏自平，安氏何与，而反为之役？我安氏连地千里，拥众四十八万，深坑绝地，飞鸟不能越，猿猱不能攀。纵遂高坐不为宋氏出一卒，人亦莫如我何。斯言已稍稍传播，不知三堂两司已尝闻之否？使君诚久卧不出，安氏之祸必自斯言始矣。使君与宋氏同守土，而使君为之长。地方变乱，皆守土者之罪。使君能独委之宋氏乎？夫连地千里，孰与中土之一大郡？拥众四十八万，孰与中土之一都司？深坑绝地，安氏有之。然如安氏者，环四面而居以百数也。今播州有杨爱，凯里有杨友，酉阳保靖有彭世麒等诸人，斯言苟闻于朝，朝廷下片纸于杨爱诸人，使各自为战，共分安氏之所有，盖朝令而夕无安氏矣。深坑绝地，何所用其险？使

---

① 刀：原本缺，据《王文成全书》卷二一补。
② 甚厚：二字原书脱落，据《王文成全书》卷二一补。

君可无寒心乎？且安氏之职，四十八支更迭而为。今使君独传者三世，而群支莫敢争，以朝廷之命也。苟有可乘之衅，孰不欲起而代之乎？然则扬此言于外以速安氏之祸者，殆渔人之计。萧墙之忧未可测也。使君宜速出军，平定反侧，破众谗之口，息多端之议，弥方兴之变，绝难测之祸，补既往之愆，要将来之福。某非为人作说客者，使君幸熟思之。

终贵荣之世，不敢跋扈者，公之功也。公升庐陵知县，瑾诛，始通显。历官金都御史，巡抚南赣。会宸濠反，公起义擒濠，以功封新建伯。卒赠侯，谥文成。万历中从祀孔子庙廷。

蟫衣生曰：龙场之谪，天假手于瑾玉王公于成者。公始以文章气节自负，至黔始悟良知，以养圣胎，龙场其陈蔡也。豫章己卯之乱，缫公而敉，龙场其隆中也。黔人未知学，公与龙场生问答后，嗣是孙山甫、马内江、李湜之蔚然兴起，为理学名儒，龙场其缁帷杏坛也。至谪于黔者，幸公自宽；宦于黔者，依公为仪。其有功于黔，岂曰柳永韩潮已哉？

安庄驿丞刘天麒

刘天麒，字仁征。临桂人。弘治壬戌进士。为工部都水主事，分司吕梁。正德初，阉人擅势，有自南都诣北者，舟经吕梁，天麒不为礼。及横索，颇裁抑之。其人怒，诟去。入诉诸阉。诸阉语具奏当从中为助。明日，奏上。又明日，遣官校往逮，系锦衣狱，榜掠备至。卒不服，乃谪安庄驿丞。居未几，王主事守仁亦谪龙场驿，至则与天麒定交。天麒病卒，守仁为文祭之。嘉靖初，诏复其官，赐谕祭。

新添驿丞张原

张原，三原人。正德间，以给事中谪新添驿驿丞。往来贵阳，乐建水州守李君升园而居焉。园有四香亭，原为之记。记略曰：

建水守李君仲爵辟屋前除隙地，杂植花卉，创亭其间。扁曰四香，盖取义于四时之物之香者。如春则兰蕙、牡丹、棠棣，夏则荼蘼、蓍葡、安石榴、蕙茜，秋有桂、菊、芷、橘，冬有臈脂、玉瓣、绿萼、诸梅，竞芳争艳，次第呈香。欧阳文忠公所谓“莫教一日不花开”意也。亭直当贵山冲，奇峦丽巘，青翠可挹，宛如佳宾，参对于前。俯临贵河于断崖溜石间，惊湍飞濑，潺潺有夏击声。距河西不十武许，石蟆出泉，昔人刻石，肖龙形，自吻濡沸以送流，味甘以冽，优于他水。垣之外，艺田若干亩，臕臕亘望，岁种秫以给酿醌。榻后凿池，莲茨藻荇，满其水面，而锦鲤金鲫，振鬣吐沫，上下游泳，有自得之意。缭垣莳竹，间植以松。每风晨月夕，霁开雨霁，则松阴匝金，梅影横玉，而猗猗篆竹，亦浮光荡彩，械械于陛楯窗槛之间，清耳豁目，可听可玩。仲爵时至亭上，徙倚延仁；登高以望，临水以嬉。或手自耘以铲除荒秽，优游终日，率以为常。予放逐南来，方郁郁于兹土，间尝造谒，获登斯亭。而凡高者、下者、远者、近者、逶迤而隆伏者、渟泓而沉溉者，突然、洼然、嶜然、郁然，莽莽苍苍，㴱㴱巍巍，望之如画，一览而尽得之。顾亦愉愉乐焉，顿释其羁縻漂泊之怀，而翛然忘归也。

读斯记，原之胸次有云壑烟林谷风溪月之思。其不累于迁谪如此。

都镇驿丞陆粲

陆粲，苏州人。进士。为兵科给事中。嘉靖间以言事谪都镇驿丞，署平越卫学。平越故有张三丰礼斗亭，岁久圮，粲葺之，而为之铭。其词曰：

> 黎峨之山，形穹隆兮。虬螭结蟠，凤临江兮。扶舆宛延，灵淑钟兮。言言玄宫，直崇墉兮。亭宇密清，撷斗中兮。至人天游，此从容兮。澄心储精，与神通兮。清夜雪然，星与降兮。魁旋枸回，玉衡度兮。载以上征，返太素兮。遗虚寂寥，厥构仆兮。百年于兹，复其故兮。栋浮高骧，芬榱布兮。神居秘蹑，粲然睹兮。鸾鸟腾告，列仙赴兮。霄辂霓旌，纷腠路兮。玄冥左毂，黔嬴右兮。飞廉望舒，后先俟兮。天乐博衍，容倚靡兮。盘旋游遨，行迟迟兮。撝呵山灵，时守视兮。风雨攸除，无陁陊兮。惟山日长，昊天久兮。刻铭斯亭，与终始兮。

粲又悯贵军扛抬苦，作《担夫》、《边军》二谣，读之令人泣下。

> 附《担夫谣》：担夫来，担夫来，尔何为者军当差。朝廷养军为杀贼，遣作担夫谁爱惜。自从少小被编差，垂老奔走何曾息。只今丁壮逃亡尽，数十残兵浑疲墨。可怜风雨霜雪时，冻饿龙钟强驱逼。手搏麦屑淘水餐，头面垢腻悬虮虱。高山大岭坡百盘，衣破肩穿足无力。三步回头五步愁，密箐深林多虎迹。归来息足未下坡，邮亭又报官员过。朝亦官员过，暮亦官员过。贵州都来

手掌地，焉用官员如许多？太平不肯恤战士，一旦缓急将奈何？噫吁嚱，一旦缓急将奈何！

《边军谣》：边军苦，边军苦，自恨生身向行伍。月支几斗仓底粟，一半泥沙不堪煮。尽将易卖办科差，颗粒那曾入锅釜。官逋私债还未足，又见散粮来籴谷。去年籴谷揭瓦偿，今年瓦尽兼拆屋。官司积谷为备荒，岂知剜肉先成疮。近闻防守婺川贼，尽遣丁男行运粮。老弱伶俜已不保，何况对阵斗刀枪。婉婉娇儿未离母，街头抱卖供军装。间间哭声日震地，天远无路闻君王。君不见京师养军三十万，有手何曾捻弓箭。太仓有米百不愁，饱食且傍构栏游。

镇远县典史周□

周琓，应城人，嘉靖壬辰进士。官给事中，左迁镇远县典史。三十一年，以右金都御史镇守昌平，三十二年劾免，三十四年，以右金都巡抚应天，升兵部右侍郎兼前职提督军务。以病乞休。

修撰杨慎

杨慎，字用修，新都人。大学士文忠公廷和子也。正德辛未，举进士第一，授翰林修撰。嘉靖五年，以议礼谪戍永昌，往来贵州，动经岁月。凡山川之绣耸，风俗之椎朴，道路之险峻，多所啸吟，名曰《流寓杂咏》。三十二年，《贵州通志》成，公为之序。年七十一，卒于云南。隆庆元年赠光禄寺少卿。所著有《丹铅余录》、《转注古音》等书数百卷。

附诗：《元日新添喜晴》：白日临元岁，玄云放晓晴。城窥冰壑迥，楼射雪峰明。客鲤何时到，宾鸿昨夜惊。离心似芳草，处处逐春生。

《题四松亭》：哦松谁者作，墨妙说升庵。一自身辞北，翻令色在南。风霜空独立，廊庙更何堪。苍古龙鳞在，年年锁翠岚。

《送熊维藩之婺川》：骊驹载道何骎骎，飞兔遥下蛮江浔。雁鸿不度牂柯国，虎豹常啼枫树林。鸣琴仙室白日静，锁印公堂朱夏深。冰蘖肯移清吏节，卉裳须服野人心。

《流寓杂咏》：界首飞泉瀑练悬，红崖迥异绛霄连。关名仿佛鱼凫国，桥记分明傅颖川。

千层石磴陟云岑，夜市千灯瞰碧浔。游女踏歌梅渚月，长衫高髻似雕阴。

金毛仙卉号崖姜，星作繁花石作房。地秀莫言中土隔，炎皇岐相总曾尝。

水峡风烟接大洲，翠屏青嶂绕丹丘。当年若使王猷见，那肯轻回雪夜舟。

林云箐雾不分天，清霭常如雨线穿。百里迥无烟火接，依稀犹似燧人前。

绮缯缠髻作雕题，铁距穿鞋学马蹄。清晓樵斤探虎穴，黄昏汲瓮下猿梯。

铜鼓声中夜赛神，敲钗击钏斗金银。马郎起舞姝徒唱，恼杀常征久戍人。

龙马先朝出养龙，御前赐名飞越峰。人间神骏宁无种，天上孙阳不易逢。

《曲溪山阁留别李曲溪子》：东风楼上水盈盈，为鼓离鸾一再行。明日梁园怀李白，寒山一带短长亭。

《乌撒喜晴》：易见黄河清，难逢乌撒晴。阴霾既已豁，险道况复平。蜀日杳千里，滇云惟十程。江花与江草，异国看香生。

《奇景行毕节早行作》：晴岚空濛冪朝彩，顿看色界澄飞霭。白云翻在半山腰，下窥深箐如银海。须臾赤日上青林，银海镕为紫磨金。穷岫瘴乡那有此，天教奇景换豪吟。

《普市》：孤城比屋雪封瓦，重露浓岚冪四野。飘飖风凹巧回鸢，凝涸冰槽工溜马。倦客落日投主人，冷突无烟炊湿薪。敢辞白首御魑魅，眼见木夫尤苦辛。

《浮桥》：千尺长虹卧锦波，悬橦度索笑牂柯。玉环金锁随开阖，木客鲛人杂啸歌。漫道鼋鼍梁碧海，虚传乌鹊架银河。堪怜来往惊鸿影，步步尘香衬袜罗。

《夜郎曲三首》：

夜郎城桐梓，原东堞垒平。村民如野鹿，犹说翰林名。城在桐梓驿东十余里。

夜郎溪槃木，阴中半景西。渔舟投树宿，水鸟逗花啼。溪名赶水，在东溪南平古城下。

夜郎歌汉宫，曾取教秦娥。竹枝传窈纠，杨柳转猗傩。夜郎歌即巴歈也，今名思南歌。

《乌撒寒》三四五六七言：乌撒天，玄云簇。雪为林，冰为谷。脱火龙髯，缩金乌足。鸢砠溪毒淫，羊肠坂诘屈。四载难以乘橇，五枝讵能缘木？独行嬛嬛况瘁人，向晓欲投何处宿？

蟫衣生曰：杨升庵产于蜀，戍于滇，似若无与于黔，而往来贵筑，品题山川，所著有《流寓杂咏》，盖迁客之雄者。读《黄柏行》，作客行路犹苦于黔，而况倥偬兵戈之场，驰骤戎马之区，如予者乎？令升庵见之其苦，予也当何如矣？

佥事章纶

章纶，浙江人。正德辛未进士。嘉靖五年为山西佥事。张寅事起，下山西按臣讯之。时御史马录亟以获捕妖贼为功，厉威严以就牍，于是以询乡绅常泰、刑部郎刘仕暨郿洛父老，皆附和同词，以张寅为真李福达也。录以成案，行布政使李璋、按察使李珏、佥事章纶、都指挥马豸杂鞫之，无敢反异者。狱具上，朝廷疑而逮录等于廷，再讯之，录永戍，纶谪戍乌撒卫。孤介不群，十六年赦还。

蟫衣生曰：马御史即以成案授三司，纶不能平反，谪固宜，独此狱至今尚疑。嘉靖四十五年，都御史庞尚鹏复以四川妖寇蔡伯贯反鞫，称师李同，而同自称为李午，即福达。孙大仁、大礼，世习白莲妖教。遂追劾郭勋，乞恤马录，穆庙从之。不知世庙是乎？穆庙是乎？张文忠所反者当乎？庞中丞所反者当乎？俱未可知也。

附章佥事诗：懒性题诗竟未多，老人真趣在山阿。飞来脱迹笼中鸟，看破浮名水上波。遭蹶自知驽力竭，投荒谁谓豸冠峨。商岩汉席何人到，书卷壶觞好放歌。

浙中有二章纶，一乐清人，正统间官至尚书，谥恭毅，为名臣。一为山西佥事，以大狱谪戍乌撒。

经历王学孔

王学孔，字鲁卿，安福人。嘉靖癸未进士。以给事中谪贵州都司经历，历官副使。

理问杨□

杨僎，云南临安人。嘉靖丙戌进士，为给事中。举靖难诸死节臣，不报，人以为昌言，后谪贵州布政司添注理问。历官参议。

照磨刘养直

刘养直，内江人。进士。嘉靖间，以给事中谪贵州布政司添注照磨。

刑部主事张□

张翀，字子仪。柳州卫人①。嘉靖癸丑进士，授刑部主事。三十七年三月，疏论大学士严嵩。其略曰：

嵩位极人臣，资甲天下。子为工部侍郎，孙为锦衣中书，宾客尽登要津，亲识俱衣青紫。而险足倾人，诈足惑世，辨足乱正，才足济恶。臣不暇历举，姑以今日边情所以急，钱粮所以乏，人才所以下，皆本于嵩。国家所恃以屏丑虏者在边镇。自嵩辅政以来，一时督抚将帅尽由贿赂。托名修边，非实修边，以馈嵩也；托名筑堡，非实筑堡，以馈嵩也。贿赂一入，或指败为功，或谓入为遁。覆没全军者荫，戕杀平民者升，相欺相隐，日甚一日。至使祖宗二百年以来边防尽坏如此。国家定额给发各边者，取之户部，自嵩辅政以来，一时督抚将帅既以贿进，岂肯取之私家？必至克减军饷，朝出户部之门，暮入奸臣之府。以十分计之，四分输边，六分馈嵩。臣不意祖宗二百年来，军费尽为所耗如此。至于人才，又为嵩败坏，无有底止。彼不顾朝廷名器，大开鬻爵之门。其子世蕃又以市井无赖之资，藉父虎狼之势，贪恶害人，罔所不至。故一时无耻之徒，如枭攫腐，如蛆呐秽。在内则图改官，终日干谒于私第；在外则谋迁秩，终岁打点于京师。有以三千五千调美官者，有以七百八百得与选者。公行白日，乞哀昏夜，遂致靡然成风，如丧心狂病然。臣不意祖宗二百年来士风，其廉耻礼义尽为嵩所败坏至此。陛下虽忧民深，求治切，奚益哉？

疏入，上大怒，廷杖，谪戍都匀。匀士构读书堂，从之游。
公著《问月赋》，其辞曰：

张子戍于夜郎之滨，夜郎去龙城五千里，三年而雁音不来。张子登楼望焉，见月于崇岗之巅，乃凭栏问之。月若会余意，余对月而不忍去。遂作赋曰：

登危楼之崔嵬兮，望五岭之迢遥。流火降而霜清兮，天晃朗以弥高。草木烦拏以殒脱兮，山欂椮以寂漻。瞪空朦之苍苍兮，浑一色而霭消。俄皓魄其丰升兮，扬辉光于东皋。方其始升也，蔼蔼爥爥，瞳瞳胧胧。曜乎若金波涌于重溟之表，朗乎若巨鉴浮于扶桑之东。始逶迤而挂岭，遂倏忽以摩空。万籁寂其

---

① 柳州卫：万历志作"马平"。

无声兮，群星灿烂以相从。楼映缟以浮白，窗含虚而玲珑。近姮娥其咫尺兮，俯桂树之蓊隆。闻天乐之错杂兮，听玉杵之琤瑽。袭寒气其逼人兮，窥清虚之瑶宫。乌鹊绕树以南飞兮，征鸿带影以随阳。捣玉砧之飒沓兮，吹洞箫之悠扬。余髓倚阑而徘徊兮，杳尚羁此夜郎。思慈闱于千里兮，望美人乎一方。五岭何其遐隔兮，潇湘何其路长？发清啸以动问兮，月庶几乎谓邛。于焉望舒停御，寒蟾罢泣。下青天之白鸾，来素娥之羽衣。踟蹰瞻顾，向余而言曰：子岂非洞庭以南狂夫乎？胡为乎此楼中也？子亦知吾月乎？成以七宝璘珣，修以八万之户氏。尊为群阴之纪，贵为上天之使。固宜金盆之常圆，素光之无蚀也。何萱英之生落兮，遂晦朔之不一也。虾吞则损为破环兮，麟斗则没其半璧也。是天地且不能保盈亏兮，而剡曲伸之理数也。信胸胱之往来兮，测朏魄之不停。方二八之为缺兮，又安知三五之不盈。苟前修其冈玷兮，亦奚愧于光明。亘千古以流辉兮，尚毋怠于斯征。

嘉话既毕，素娥告退。驾紫云以旋车，望琼楼而鸣佩。银波耀人，金粟飘桂。张子送之，如醒如醉。殆不知夜邪？昼邪？梦邪？孰辨其真伪。

隆庆改元，召为吏部郎，历官刑部侍郎。乞骸骨，卒。后万历五年进士邹元标论张江陵夺情，亦谪戍都匀。寻公遗迹，凡鹤楼旧寓、龙山道院及读书堂各绘一图，系以数语。

进士邹元标

邹元标，字尔瞻。吉水人。万历丁丑进士，观政刑部。会辅臣江陵张公闻父忧，不奔丧，公特疏论之。略曰：

臣闻辅臣张居正父丧，三疏乞恩守制，皇上三留之。为居正计者，必再疏，恳之皇上。皇上不听，计哀死求之而已。何求归之情未切，暂留之疏遽上。臣读此疏，涕泗交流。即欲竭尽血诚，冒干天听。自惟涉世未久，谙练未深，不敢呶呶自取越职，冀当言责者有言也。今当言责者不惟不言，且乞留矣。臣复默而不言。三纲沦，九法斁。日被冠裳，无异禽豗。敢置身斧钺，披沥为皇上陈之。

臣闻天生民不能自治也，立君治之。君不能独治也，为相佐之。相也者，一人之身，社稷纲常所攸赖者也。必置身于纲常大道之中，而后朝廷服，万民怀。一有不善，议其后者，如蝟毛而起。今观居正之于父也，凭棺泪奠，未尽送终之礼。在京守制，尚贪相位之尊。为居正计，不可一日不去。皇上为居正计，不可一日而留矣。居正不去，天下人所共知也。皇上留之者，岂以其有利社稷邪？不知居正才虽可为，学术则偏；志虽欲为，自用太甚。诸所设施乖张者，难以疏举。姑举其最著者言之：一曰进贤未广，二曰决囚太滥，三曰言路未通，四曰民隐未周。其他用深刻之吏，阻豪杰之才，又不可枚数者矣。即使有利社稷，犹大坏纲常。况无利社稷，而可留之邪？

臣伏读皇上谕曰："朕学尚未成，志尚未定，先生既去，前功尽弃。"

陛下言及至此，宗社无疆之福也。虽然，学固未成矣。弼成帝学者，未可谓在廷诸臣无人也。志固未定矣，辅翼圣志者，未可谓在廷诸臣无人也。居正丁忧，可挽留之。居正脱有不测，陛下之学将终不成，陛下之志将终不定邪？此臣所未解也。皇上以英明之资，御历五稔。人皆曰将兴尧舜之道，三王之功矣。以居正而在京守制，天下后世谓陛下何如主？纲常自此坏，中国自此衰，人心自此弛。居正一人不足惜，后世有揽权恋位者，辄援居正故事，甚至窥窃神器，贻祸深远，难以尽言者。

臣又揣居正之心矣。居正首疏云："有非常之人，然后办非常之事。非常之事，非常人所能办也。"

是其心盖曰：起复非常事也，吾非常人也，吾而当此，谁则议之？自臣观之，人有五常，仁义礼智信是也。力此五者，斯谓之不常之人。今有人于此，亲生而不顾，死而不葬，指而名之曰非常人也。人不曰残忍，则曰薄行；不曰禽兕，则曰丧心。可谓非常人乎？且其疏又曰："不顾傍人之谤议，恤匹夫之小节。"非病狂丧心，有此言哉？又曰："道路无不为臣酸鼻。"此其欺罔尤甚。居正未闻丧之先，天下逆睹其奸；居正既留京之后，天下深恨其非。臣登刑部堂，遇各司曹，出刑曹，接诸冠裳，各垂首丧气，一日三叹，切齿含愤，有不忍言，酸鼻者谁乎？

皇上大婚，固大礼也。居正以披缞罪人，欲杂乎其间，何心哉？盖欲夸示来世，以居成功耳。宋臣文天祥当南渡之日，犹送亲归葬。当此清朝，岂南渡之时邪？先朝李贤夺情起复，罗伦力排斥之。居正之不归，盖无情可夺，无复可起，又非贤之俦矣。大臣闻丧不去，小臣必有匿丧不报，固所必致也。呜呼！父子天性，其恩罔极。事父如此，事皇上可知矣。

抑臣犹有深恨焉：国家以言路付之台省，事关纲常，悉陈无隐，默而无言，犹谓旷职。今日上疏留辅臣者，曾士楚也，台臣倡之。明日上疏留辅臣者，陈三谟也，省臣效之。朝廷为首善之地，台省系公论之所，论及至此，可胜言哉。

疏入，有旨廷杖，谪戍都匀。是时，与公共逮系者五人，公独苦，谪独远，间关万里。至匀，绝亡几微怨怼。惟以王阳明先生昔谪龙场，刊落支离，透悟良知。匀距龙场近，一意讲王先生学，与二三子共相切磋。乃自为文告诸儒曰："自甲戌闻道，迄今七禩矣。其间时兴时仆，或得或失，虽有不同，然一念不昧不泯，皇天可鉴。戊寅入夜郎，自谓得竟昔志。然间阅佛经及白沙先生诸书，知有此理，苦无入处。如欲入都下，未蹴足，未裹粮，兀坐直须时耳。近看王阳明先生诸书，训物字为事字，意之所着处为物，格，是格其不正以归于正。不肖始知有着力处。一日生有一日功课，一时学有一时功课。知体不是着空，此学非静坐可待。由格不正以归于正，由无不正以底于忘其所谓正。此圣人能事，标不敢不勉，惟冥冥相之。"其立志坚决如此。

至答沈继山书云："名根作人者，意气有时而歇，脚迹有时而出。惟是小心翼翼，明大人之学，遇则为伊周，不遇则为孔颜。廓然宇宙，则虽处患难，正所谓无入而不自得。不然，口言自得，徒勉强撑持耳。标寡朋鲜侣，迹远势孤，独与妻子结茅而居，力耕而食。流离颠沛，言之万状。所恃以自得者，昔略有闻于大人之学，视吾身大，则视世界小，视性命重，则视物欲轻。彼贫贱死生，如虚舟飘风，一毫不能动耳。盖至是，智故几忘，精神日固。居匀六年所，悠然浩然，忘其身之在夷狄患难也。"

万历癸未召还，为吏科给事中。侃侃言天下事，而视黔若并州，疾痛疴痒，更相注念。其上《吏治民瘼疏》，略曰：

两广云贵，吏兹土者，悉谓之远。两广滇南，文物埒中土。俸饩稍厚，以故人多乐居之。惟是贵州，僻在亥步穷处，黄茅岚氛，猿猱为伍。士人闻命，有投牒不往者，有既赴郁郁死者。臣请备言其艰辛之状：臣往见都匀一驿丞，南京人也，悬鹑百结，乞食道死。又有麻哈等州，衙斋荒芜，举目凄凉。而独山知州吴誉闻者，文学吏事亦自名家。夜篝灯同妻子守孤印，皆含冤被论去。视诸臣，余可知矣。臣每抚膺太息曰：圣天子明见万里外，忍使诸臣困至此极邪？劳逸不均，北门大夫不免兴叹。今之情岂异古邪？臣愚谓司铨者，宜剂量其间，除方面、知府、知州、知县外，如各卫经历、吏目等官，或升或迁，宜以四川、湖广、云南三省人当之。盖三省风气接壤，视他省稍习。如或居官称职，其升迁视他省量速一年。庶几，雨露无不被之泽，远臣无向隅之泣。报礼有不重者，未之信也。

又曰：

云贵二省原无驿夫，以军为夫。道里长远，山势险峻，每夫一名，帮贴数名，始得成役。昼不得力耕，夜不得安枕。月支米不过数斗，亦良惨矣。国初屯戍，额五千名，今清平卫不过二三百人。昔何以充？今何以耗？此其故不难知已。臣愚，谓宜敕该部，乘此清时，一洗民间清勾凤弊。至云贵以军代夫，合无行彼处抚按官乘此清闲，悉心议处，以杜后患。每月量加月米，以恤其苦。此柔远能迩之长策也。不然，他日有不可知者矣。

公胸次一日不能忘黔，黔士民亦不能一日忘公。其门人陈给谏尚象、举人余显凤、吴铤等，于公昔讲业处创为书舍，江中丞东之题曰"南皋书院"，而为之记。公在匀，所著有《云中存稿》、《删后诗》、《龙山志》、《奏疏补遗》等书。

蟪衣生曰：阳明之学成于龙场，尔瞻之学定于都匀。岂非造次颠沛之久，其仁始熟，而苦劳困饥空乏拂乱之会，真足以增益不能邪？予之来贵阳也，枕戈泣剑，日与贼持。视二公竟界，愈急愈迫，而终不能由疾养慧，缘危生达。上愧阳明，下惭尔瞻。然不敢弃忠信于夷狄，屈仁义于威武。则犹二公之教，渐濡于平日者深也。

附诗：《龙山次司松滋见慰》：龙山深倚碧云西，秘殿崔嵬拂彩霓。已怪烟尘何渺渺，那堪风物更凄凄。荒村老我犹狂兴，石上逢君续旧题。迁客从来多胜迹，可能携手赋愚溪。

《同诸子登舟台》：黔南流滞数年身，不禁凭高发兴新。童冠可追沂水乐，咏歌遥溯舞雩春。云开树岭迎游客，鸟啭笙簧欸醉人。病骨自怜还自惜，肯教青鬓老风尘。

《书殿壁》：岩峨雄镇亦名境，不到其如负一生。云带玉屏双嶂出，天垂匹练一江横。坐听虚籁心能静，俯瞰平林世欲轻。黄绮仙童如可问，吾将结屋傍云耕。

《读书堂偶兴》：寂寂寥寥扬子居，悟来那用五车书。春凝池畔莲将茂，绿满窗前草不除。得意举杯邀去鸟，会心束手伴游鱼。惺惺正属吾家事，未忍无成岁月虚。

又：红尘玉案休相侵，为爱名山即道林。残卷开题珠影遍，空斋长掩白云深。眼观大易原非画，弹到朱弦别有音。何处更寻糟粕句，斫轮先已得吾心。

黔记卷四十三目录

寓贤列传

黔记卷四十三

泰和郭子章相奎父著
汉州宋兴祖汝杰父正
贵溪毕三才成叔父校

寓贤列传

蠖衣生曰：自昔寓贤捐坟墓，离亲戚，而侨寓他所，其故有二：世治则乐其山川，足供吟眺，鸿渐于磐，鱼依于藻，得其得，而适其适。如欧阳永叔之寓颍州，苏子瞻之寓宜兴是也。世乱则乐其遐逖，足避兵戈，犹夏之就清，冬之就温，可以无逢于寒暑之菑，如管宁之寓辽东，朱子之寓建宁是也。若贵州山洞棘荆，既匪乐土，苗夷丛沓，矛戈相寻；舟而不游，道而不径，乃亦有贤寓于兹土。彼皆流离困苦中，势难返枌榆，归邑里，不得已而居焉者。故仅仅十余人，作《寓贤列传》。

宋

冉□弟璞

冉璡，播州人。宋末与弟璞负文武材，隐居蛮中。尝同游八番，睹山川险易，若有所营。时人莫识，以为景纯之流。后仗策谒余玠，为画城钓鱼山之策，人始知其异。

元

乔坚

乔坚，元顺庆路判官。侨居毕节，多所题咏。

大明

孔文

孔文，先圣后裔。洪武初以知府戍贵州。卒。子孙遂居于此。按察使冯成能匾其门曰"阙里分潢"。

张伯裕

张伯裕，山东诸城人。洪武间举贤良方正，授陕西潼关知县。梗直不阿，奉法守己。谪安顺州吏目，遂家焉。

沈勋

深勋，字廷规，高邮州人，号懒樵。洪武中从父戍普安。通经史，喜诗文，辟"乐矣园"，创"怀觐堂"，与杨主事彝倡和成帙。所著有《迁思遗藁》、《普安州志》。

附懒樵诗：《麟斋咏怀》：戎居不解武，经术慕前人。命蹇方悲鹏，文穷尚揭麟。宣尼专笔削，鲁史借经纶。德配乾坤大，明兼日月新。华夷分内外，典识辨君臣。五霸功虽盛，三王泽已湮。谅非存制作，何以正彝伦。皓首惭愚昧，聊将乐燕申。

《怀觐堂成》：居夷岁月徂，华发满头颅。患难存余喘，飘零困远图。移家嗟嶒嶝，失路强指梧。此日营新宇，终年忆故都。肠从悲处断，眼向望中枯。琼萼维扬郡，骊珠觐社湖。原田秋莽苍，陇树晓扶疏。顿拙还乡计，还乡兴不无。

《万松轩》：先生高隐即徂徕，绕屋清阴覆绿苔。万树总持霜雪操，一林俱是栋梁材。窗间羽翠风前落，谷口鸾笙月下来。闻说摘花多酿酒，蚁香银瓮几时开？

《春城翠柳》：千门万户柳垂丝，牵惹韶光日正迟。歌馆烟笼青霭霭，酒旗风飐碧参差。阴连紫陌莺偏恋，影拂雕檐燕不疑。自笑龙钟归去晚，年年虚负赠行枝。

《秋田近稼》：西畴南亩绕山城，秋稼芃芃四望平。湛露低垂金颖重，香风微动紫芒轻。时登共祝千仓满，早获偏宜九月晴。知是老旻怜旅寓，家炊白饭育群生。

《冬雪远松》：寒云卷雪作花飘，遥看长松最后凋。白鹭千群团翡翠，苍虹百尺舞琼瑶。当轩把酒幽怀畅，倚槛题诗逸兴饶。甚喜隆冬宜赏玩，风光如此岂萧条。

《纱帽笼云》：纱帽名山镇此州，五云深处见山头。神灵高护三台贵，形胜遥看八骏游。文运大开光四表，皇恩广被遍遐陬。夜来月印黉池水，万丈清辉射斗牛。

《黉池印月》：万丈清辉射斗牛，黉池月色遍皇州。云笼纱帽山增秀，风送禅钟寺更幽。满架诗书崇圣化，半村烟火绕城楼。归来不住登临兴，和合高峰愿独游。

《北门楼再构呈诸帅》：城楼新构耸层台，轮奂巍峨碧落开。地镇南夷环百雉，天临北极拥三台。鹰扬不独严戎备，燕赏从知壮客怀。拟欲登高夸胜概，衰迟歌颂惜非才。

《过芭蕉关》：水口疑无路，江西更有坡。畏途何险峻，倦足怕经过。怪石潜魑魅，飞云隐薜萝。行藏未能卜，回首一长歌。

陈迪　王观　冯侃

陈迪，云间人。洪武中从戍普定。旷达不羁，长于诗文。
其后戍普定者王观，字孟宾。嘉兴人。开塾教授，一时才俊多出其门。
冯侃，字本谦，嘉定州人。能文善书，得颜柳诸公之妙。

汪溥

汪溥，字巨渊，澧州人。号丽泽。性颖悟而刚直，博学能文，不为禄仕，从父戍普安。开家塾以教郡之子弟，出其门者多成伟器。

廖驹

廖驹，字致远，顺昌人。宣德初从戍都匀卫，以诗名。宣慰使宋斌延教诸子，号强恕先生。有《强恕斋诗集》若干卷。

孙铎

孙铎，雒阳人。学博经史，尤善训诂，屡辞征辟。正统间尝典普定卫学。训迪勤恳，士以科第进者多出其门。御史沈衡辟署贵州宣慰司学，自制诗文送之。著有《普定卫志》一卷。

陆珠

陆珠，狂生也。正德中尝以诗讽逆瑾。曰："大臣宴罢出龙窝，杨柳春风满玉河。正是太平无事日，醒醒人少醉人多。"瑾怒，中之，流黎平。

李新

李新，茂州人，安庄训导。讲明理学，表率诸生，捐俸赈贫。九年任满，诸生留为矜式。随附籍永宁州，入祀。

徐云从

徐云从，字时际。江西清江人。少从罗念庵、唐荆川二先生游，闻思南李同野先生兴学黔中，负笈远从。至忘寝食，每与友朋论学，善汲引，时或危言，人自鼓舞不倦。同志常称之曰："坐无徐子，谔谔罔闻。"其以直谅见重于其党如此。同野赠诗云："川上论心成邂逅，揽衣不惜度江关。歌声动处溪光静，剑影高悬斗气斓。千里何人能命驾，四时老我只登山。北城近见龙沙长，可使骊珠是等闲。"云从卒于思南，墓在大岩关外。

黔记卷四十四目录

乡贤列传一名卿

---

① 原目无此条，据正文补。

右佥都御史蒋宗鲁

右佥都御史李佑

右佥都御史刘秉仁

黔记卷四十四

泰和郭子章相奎父著

汉州宋兴祖汝杰父正

贵溪毕三才成叔父校

乡贤列传六卷

蠙衣生曰：黔自明以前夷区也。马援所不通，陶璜所未开。辫发左衽之酋，木衣卉服之长。自五溪以及八番，在在而是。即唐宋元盛际间，有解辫请职，回面受吏，不过羁縻之而已。方其时，非我族类，又恶得贤？我太祖始卫所之。已，成祖复郡县之，徙中原武族填实兹土。今所称乡士大夫，皆中原裔也。故自明以前，仅仅七人。明兴，自张京兆、黄尚书以下，不可胜书。非古乏贤而今多才也，古夷而今华也。二祖用夏变夷之功于兹弘巨矣。若土司贤者，附于其祖父后。作《乡贤列传》。

乡贤列传一 名卿

汉

荆州刺史尹珍

尹珍，字道真，牂柯郡毋敛县人也。珍自以生于荒裔，不知礼义，未渐庠序，乃从汝南许慎受五经，应奉授经书图纬。通三才，学成，还乡里教授，于是南域始知学焉。汉桓帝时，珍以经术选用。历尚书丞郎，荆州刺史。而应奉为司隶校尉，师生并显。

蟎衣生曰：予读汉史，许叔重博学经籍，马融常推敬之。时人语曰：五经无双许叔重。应世叔读书，五行俱下，追慕屈原。所著有《感骚》三十篇。尹道真崛起遐方，与许、应游，其人可知已。范史以道真为牂柯郡人，《华阳国志》以道真为毋敛县人，毋敛，故牂柯属县也。《一统志》置道真于播州，今播州半属黔，故列之人物之首。旧志属之贵阳府乡贤，误矣。

巴郡太守傅宝、尹贡

傅宝，字纪图。牂柯平夷人。尹贡，夜郎人。并有名德，历尚书郎、长安令、巴郡太守、彭城相，号南州人士。

蟎衣生曰：《华阳国志》载，牂柯大姓龙、傅、尹、董，尹有珍、贡，傅有纪图，龙至宋益盛，至今犹有龙蕃，岂犹其苗裔邪？惟董不可考。

晋

宁州刺史谢恕

谢恕，字茂理。牂柯毋敛人。晋永昌元年以零陵太守、南阳尹奉为宁州刺史、南夷校尉，加安西将军。奉威刑缓钝，政治不理。咸和八年，遂为李雄弟寿所破，迁奉于蜀。寿领宁州，南夷初平，威禁甚肃，后转掠凌民。秋，建宁州民毛衍、罗屯等反，杀寿、太守邵攀。时恕为牂柯太守，举郡为晋，不为寿用，遂保郡。官至抚夷中郎将，宁州刺史，忠义冠军将军。

平西参军侯馥

侯馥，字世明，江阳人也。察孝廉，平西参军。后巴郡乱，避地入牂柯。宁州刺史王逊领平西将军，复取为参军。逊议欲迁牂柯太守谢恕为涪陵太守，出屯巴郡之把口。表馥为江阳太守，往江阳之沘源①，抚恤蛮獠，克复江陵，请通长江。雄

---

①　沘源：原作"泚源"，据贵图本改。

征东大将军李恭已在江阳，馥招降夷獠[①]，修缮舟舰，为进取计。预白逊，请军移。恕俱出涪陵，不能自前。恭举众攻馥，众寡不敌，为恭所破获。生虏馥送雄，雄下廷尉责，曰："事君有死无二，其次破家与国。今纵不死，又无益国，灰没其分，守心而已。无他顾望。"雄必欲屈之。使馥同郡人张迎晓喻之。馥怒骂迎曰："吾等国亡不能存，大难不能死，低眉海内，何面目相见也。且王宁州，治乱才也，以吾有桑梓之耻，故远上尚书，遣吾讨贼。受命之日，实亡寝食。但栽船未办，请军未至，牵揣不及，为他所先。当灭身陨碎，以谢不及。冀上不负日月，下不愧王侯。吾岂苟生如乡儿女之人乎？"

迎还白雄，雄义而赦之。时雄众寇所获犍为太守建宁魏纪、汉国太守梓潼文琰、巴郡太守巴西黄龛、涪陵太守巴西赵弼、永昌谢俊、牂柯文猛，皆区区稽颡，无如馥者。数年卒。

蠘衣生曰：李雄僭号成都，威震南中。朱提董炳、建宁霍彪、宁州尹奉举城出降，独恕不下。魏纪、文琰、黄龛、文猛，稽颡归蜀，独馥不屈。皆牂柯之劲柏刚松，历霜雪而后凋也。而惜晋史无有能表之者。馥出江阳而流寓牂柯，故并系之乡贤焉。

兴古郡太守爨深

爨深，兴古郡人。其先楚令尹子文之后，受姓班氏。西汉末，食邑于爨，遂以为氏。其后世为镇蛮校尉，宁州刺史。晋武时，爨深为兴古太守。永嘉中与将军姚岳同破李雄兵。咸和七年，李雄遣李寿、费黑南征宁州。至朱提，太守董炳固城。宁州刺史尹奉遣建宁太守霍彪及深援炳，彪、炳、奉降雄，惟牂柯太守谢恕为晋。九年，分宁州置交州，深为交州刺史。今陆凉州南宁县中□里有爨府君碑。贵州普安，昔兴古地。

唐

工部尚书赵国珍

赵国珍，牂柯酋长赵君道裔也。唐天宝中屡有战功。南诏阁罗凤叛，宰相杨国

---

① 招降：原本误作"振降"，据贵图本改。

忠兼剑南节度使，以国珍有方略，授黔中都督，征南诏，护五溪十余年。天下方乱，而此部独宁。仕终工部尚书。

大明

太仆卿张谏

张谏，字孟弼，赤水卫人。少有志节，脱父伯安行伍，不惮险远。尝从刘长史仲珩学于蜀。时刘忠愍廷振奉使至蜀，公日与讲论，二公甚器之。宣德乙卯中云南乡试第二。明年至燕，卒业忠愍门。正统己未成进士，贵州进士自公始。授行人。未几，丁母孙孺人忧，哀毁骨立，庐墓三年，致群乌芝草之感。起复拜御史，往督福建银课。时当寇残毁后，民物凋敝，余孽间作。公亲帅土兵抚捕，贼遂解窜。父卒，复庐墓三年，芝再产墓傍。历官河南副使，顺天府尹。以直言谪守莱州，寻召为太仆卿，卒于官。赐葬祭，大学士淳安商文毅公铭其墓。

蟫衣生曰：予读容山世美祠记，知张氏世德长矣。在高皇帝时，有一蒂双瓜之异。御制有赞，至今炳耀，世敦孝友，累叶同居。犹然公艺家法，冏卿绳之，益昭先烈。至两庐墓，瑞芝再莛，岂亦天鉴其衷，与嘉瓜同贶欤？又不特宦绩荦荦已也。

> 附姚福《青溪暇笔》云：洪武五年，嘉瓜并蒂，产于句容张观之圃。群臣上进，太祖自作赞，不以祥瑞自居。群臣亦多为赞，以咏其美。未几，张氏兄弟坐事，骈斩于市，子侄充军者数人。然则瑞乎？妖乎？识者当知之。然今张氏族颇大，天下称为嘉瓜张氏。有名谏者，仕至顺天府尹，终太仆卿。

御史申祐—作佑

申祐，字天锡，婺川县人。常从其父之田，道逢虎，父入虎口，公挺身持杖尾击之，虎逸，父得免。正统辛酉[①]，中云南乡试，入国学肄业。时祭酒李时勉以言事忤旨下狱，荷校国学门。公倡六馆诸生伏阙申捄，且愿代其死。上为之霁威。寻登乙丑进士，拜四川道御史。立朝忠谠，多所补益。诸御史聚议事，公谈论辄数百

---

① 辛酉：本书卷三十科第表作"戊午"，嘉靖志、万历志作"甲子"。

言，咸中窾，众皆推高。出按庐、凤，所至辄进诸生，讲论经史疑义。己巳，英庙北狩，公以御史扈从，至土木死之。乡人田方伯秋为作公事状。嘉靖十年，郭御史弘化移檄祠焉。

蟪衣生曰：予读田西麓事状，其略曰：先民有言：父生之，君食之，师教之，天下之三本也。惟其所在，则致死焉，于公尽之矣。然捋虎须不死，逆龙鳞不死，而竟死土木，岂天将留之以彰忠邪？读《李忠文传》，止载石大用代死，而不及公，岂史逸其名邪？

附赵方伯维垣《申御史歌》：柱史耿耿贞元英，精协瑶光干玉衡。纫兰茝蕙好奇服，胸罗珠斗扬文灵。君年童髫，随翁采芝。路逢猛虎，翁为虎噬。君于此时不辟易，执杖击虎力赑屃。翁脱虎口儿轻身，胆雄不数吞牛气。青霄射策蓬莱殿，螭头白简飞霜霰。豸冠凛凛跃青骢，豺狼远遁江南甸。英庙銮舆更北巡，一朝大驾俱蒙尘。黄霾塞天白日暗，征袍染血污车轮。吁嗟乎，儿脱父危，臣为君死，忠孝香名满人耳。我歌此曲真伤神，千古谁能秉青史。

户部尚书黄绂

黄绂，字用章。其先封丘人，后占戍籍平越。父中商重庆，娶于张，生公。公生之夕，母梦老人抱儿曰：“送塞尚书为尔子。”长归平越，补卫学生。正统丁卯中云南乡试，明年成进士，除行人。积官右副都御史巡抚延绥，进南户部尚书，改右都御史，尚书如故。公廉峻直执，遇事飙发，正色山立。即重忤时贵弗恤，智巧所避，公毅然肩之。人率窃叹其呆，然亦以是获名郎中。时人以“硬黄”目之。

参政四川之崇庆，旋风拥舆不得行。公曰：“汝冤气邪？姑散，予图之。”至州，斋沐祷梦，翼日清囚无验，乃祷诸城隍。夜梦若有神言州西寺者，寺去州四十里，边路而巢山。公旦起，率州官吏兵往诣寺，围捕之。有僧少而恶，诘之无牒，便错垩涂其额，晒洗之，则有巾痕。乃鞫讯之，遂尽暴其奸慝。云寺后有大塘，凡投宿人杀之沉塘中，众分其财。有妻女分其妻女。公按尽诛僧。

晋楚右布政，会僧继晓来，势焰灼人。公私谓僚友曰：“晓以妖术媚上，眠食共之，今避而返乡，名扫墓，实逸耳。”檄武昌府馆之后堂，好饮食，无令得出入。俄事败，槛送京师伏诛。

副都御史巡抚延绥，劾参将郭镛等，擒豪奸张纲。公行道，望见川中饮马妇片布遮下体，大惭。俯首叹息曰：“我为巡抚，令健儿家贫至此，何面目坐临其上。”亟令豫出饷三月。边健儿素贫苦，延绥特甚。大臣巡抚者辄厚自奉，健儿虽冻饿死不问。延绥人又素忠朴，至死无怨言。闻公惭叹，军中人人感泣，愿出死力为黄都堂一战虏，虏亦不至。俄有诏撤毁庵寺，公令汰尼尽转给配军中壮无妻者。比公去，延绥有携子女拜道旁送者。

已，为尚书户部。益不屑顾忌，威棱截然，尽革财赋内外诸积弊。改右都御史。入台，天下仰望风采。公戆直，崖异忤人，自恐伏祸不可测。请老去，未几，卒。年七十有一。所为奏议及政迹并所著文诗悉弃不留。晚嗜《参同契》，号精一道人、蟾阳子，有注本独存。

蟫衣生曰：予入平越，睹黄尚书绰楔。问公平生后胤，卫人莫能对。已，读《吾学编》《李峄峒集》，有《黄尚书传》，然后知公为硬黄也。公葬在长葛县马陵冈。则公老于中州，子孙仍为雒人。独其母墓仍在平越，公何不一迁葬邪？欧阳永叔迁颍州母墓在吉，即有泷江表，世犹议其薄。黄公归故乡，而令母魂滞徼外，予不知之矣。

右通政赵侃

赵侃，字至刚，普定卫人。景泰庚午，云南乡试第二，天顺甲申进士，授吏科给事中，升都给事中。时政得失，军民利害，屡形奏牍。有《优恤边军疏》[①]、《陈时政八事疏》，皆经济急务。大臣有不为公论所惬者，朝觐开报不实、进退不公者，公举弹无所避。权倖惮之。又陈言禁革宿弊，任贤养民，弥灾御乱，振举公道，悉中时弊。上皆嘉纳，率见举行。升通政司右通政，兼掌武官诰命。卒于官，赐谕祭，祀乡贤。子谷马龙州知州。

蟫衣生曰：予读赵纳言墓志，立朝举弹不阿，有《恤边军》、《陈时政》等疏。比求全疏于其家，已不可得。止普定卫学有科举、岁贡二碑，出纳言笔。读之，文驯雅，可以想见其人。

右副都御史徐节<small>父资</small>

徐节，字时中。其先寿昌人，戍籍贵州卫。父资，当正统己巳，湖贵寇起，清平道梗，守臣请兵征讨。御史黄公镐闻资有才略，辟置左右。是年秋七月，黄公巡边至羊场河，猝与贼遇，将为所掩，资奋挺直前，厉声叱曰："蚁蝼群孽，敢害朝

---

① 优恤：原作"忧恤"，据贵图本改。

廷宪臣邪？我分死之，明年此际，当歼尔丑类。"遂遇害。翼日，贼见之，面如生，遂遁去。黄公幸免。明年秋，贼果平，适符资临终语。乡人因名其墓为忠节冈。

节，其仲子也。幼习《易》于御史陈鉴，大奇之，遗以《易》义。成化壬辰举进士，授河南内乡知县。治行最，被征，吏民遮道悲恸，衣履为之分裂。擢御史，三上章，数锦衣指挥牛循罪恶，屡劾相臣万安等，风裁凛若。积官云南右参政。连破梁山、竹箐、米虏诸寇。录功，食正二品俸，迁右副都御史，巡抚山西。以廉正忤刘瑾。瑾矫制削秩，罢归。瑾诛，奉诏复职致仕。比老，自拟渊明。生作挽歌行状，以示其门人汪沐，诀别如平时。旬浃而逝，年八十有六。嘉靖元年，纂修武庙实录，有司以其事闻。五年，赐谕祭。所著有《蝉噪》等集。

蟫衣生曰：正德五年，逆瑾用事，裁各边抚臣。是时，徐中丞抚山西雁门，在裁中，守正忤瑾，矫制为民，罚米三百石，输大同边仓。瑾诛，复职致仕。此中丞之大节也。中丞没后，淑人张氏乞恩铨部，覆题徐节平生苦节，人所共知。逆瑾矫制罚米，子未成立，情实可悯。中丞盖棺之议定矣。奏议著书多逸，不传，止题杨参议廉清白堂一诗附于左。

附诗：君不见桀黠奴，盐利数千万，又不见唐元载，胡椒八百斛。此身已矣名尤污，争似关西杨伯起，白似玉兮清似水，清白声华万古传。嗟公虽死犹不死，鬼神示昭察，不爽纤毫理，善必福兮庆有余，遗馥流来到孙子。悠悠食其报，绳绳继厥美。索我题斯堂，援笔寓深喜。喜此清风岂独擅一家，廉贪激懦应无已。

右副都御史侯位

侯位，字世卿。平溪卫籍，江西永新县人。平溪故无学，公寄学思州府，又为思州人。正德辛未进士。初仕无锡县，历兵部郎、山东参议、南京光禄寺卿，迁右副都御史巡抚应天。公之抚应天也，会太夫人夏氏年百岁，公自陈乞终养。

吏部侍郎霍韬议曰："古者圣帝明王之御天下也，巡狩至于方岳，询百年者就见之，敬老也。天下有百年之老，天下和平之气之征也，是帝所以申敬。汉文帝者，三代以后，盛德之主也。不时使人存问长老，八十以上赐米肉，九十以上赐絮帛，亦所以敬老也。老者敬焉，所以劝天下之孝。文帝导民以德之实也。皇上登极，屡颁恩诏：凡高年民八十以上，俱令郡县有司给赐米肉布帛有差。凡以风天下而敦化基也。今都御史侯位母夏氏，寿跻百龄，尤世希有，是皆我国家敦大博厚之气，薰蒸衍溢，钟为上寿，天下生灵命脉悠久之祥。夏氏孕和协瑞，产自全楚，实我皇上龙飞之地，又圣德造命无疆之祥，敬老尚年，古今通义。都御史侯位自任巡抚，凡财赋之稽查，百姓之存恤，利弊之兴革，竭力效忠，地方甚有赖焉。今拘于例，难准事亲，伏望皇上敕令本官，照旧供职，仍行湖广抚按有司申敬老之制于夏氏，加酒肉粟帛之惠，则厚其亲，其子莫不劝，移孝为忠，侯位将感激图报愈无穷。厚一人，民德因以归厚，风化益淳，政治益有裨矣。"

上曰："侯位不准侍养，夏氏着有司给绢米。"一时缙绅艳以为荣。嘉靖二十五年，太夫人百二岁卒，公请祭葬，庐墓所悬车十余年，杜门寡交，即至戚弗与觌。家在平溪，徙辰州。子孙仍居平溪。平溪建学，实自公始。士至今德之。

蠡衣生曰：予考通志、郡志，侯中丞公事不少概见。已，询之平溪故老及其家，始得夏夫人百岁录及公制敕。予读世皇帝敕曰："侯位忠诚体国，廉慎率属，风纪振扬，具有成绩。"公之素可知已。第母百岁，不恳乞身归养，彩服朝绅之重轻，果何如邪？

布政使田秋

田秋，字汝力。曾祖永富。洪武初，从庐陵游学思南，因家焉。正德甲戌，登进士，历官礼科左给事中。刘瑾初诛，珰焰犹炽。公奉敕清查御马等监，裁缩至七万夫，食至七万石。查光禄太常庖厨力役，又裁至二千四百余夫。因陈谨饲秣、慎稽考十二事，斟酌未尽三事，皆塞冗食之孔，拒中贵之喉者。

都御史汪铉奏：坛郊外凡坟墓悉令迁，平以廓墙址。疏下，涕泣载道。

公疏略曰：都城村落，万冢鳞次，怀土重迁，夫人常情。而经发朽骨，尤伤孝子本意。欲以致天地之享，反以伤天地之和。疏入，忤旨，而泽及枯骨矣。

思南僻处一隅，流移啸聚，酉播蚕吞，公请设兵备。

贵州并科云南，士远赴试，跋涉甚艰，请另选闱。疏略曰：

> 永乐年间，初设贵州，制度草创。且以远方文教未洽，故附乡试于云南。今列圣休明，治教百五十余年，皇上维新之化又八年于兹。远方人才，如山木得雨露，日渐生长，固非昔比。臣愚为开科盛举，正待今日。且贵至云南相距二千余里，如思、石等府且有三四千里者。盛夏山路险峻，瘴毒侵淫，生儒赴试，其苦最极。有贫无为赀者，有弱不能徒者，有不奈苦辛反于中道者，有中冒瘴毒没于途次者，此皆臣亲见亲历。今幸叨列侍从，乃得为陛下陈之。边方下士，望天门万里，扼腕叹息，欲言不能者多矣。又臣闻，国初两广共科，其后各设乡试，渐增解额，至今人才之盛，埒于中州。又安知他日之贵州不若两

广乎？议者或病于费，臣窃以为：贵州虽赴云南乡试，举人坊牌之费，贵自办也，鹿鸣之宴，贵自备也。今所加者，不过三场供给，试官聘礼耳。求才巨典，又可靳区区小费乎？

疏入，从之。肃皇修饬山陵，豫建寿宫，大臣首进开矿之策。公陈其不可状者三，后试行之。都御史党以平解矿石六十斤，工部煎银止十五金。而解官王恺称掘夫百名，防军百名，灯油、槌凿、厂房、饩廪费不下百金，是所出浮于所入。而矿所地名荆子谷，密迩边墙，又易起衅。公复抗疏乞罢。历升广东右布政，上疏请告，病革，草《训子略》，正衣冠而化。所著有《西麓奏议》若干卷。

蟫衣生曰：田方伯，予郡人，赴粤道庐陵，访什乡村落，拜先人坟墓，市祭田，刻木本水源碑，令世世无忘，何其孝也。读《西麓奏议》，剀切详明。岂忠故孝移邪？方伯子时中、时龙，从子时雍俱举于乡。而时龙发解，即未竟厥施，德盛流光矣。

右副都御史敖宗庆

敖宗庆，字汝承，一字应昌。思南府籍，江西新喻人。少读书中和山，同社龚冲霄，号松山。费恒，号竹溪。公号梅坡。称三友云。三人者皆人杰，后先登仕籍。嘉靖戊戌，公成进士，授行人。久之，擢缮部郎[①]，分治铁冶。铁冶役夫殊困楚，公怜之，寒给之衣，病疗之药，所全活甚多。遵化故无井泉，军士酷夏多病渴。公令多莳梨，至今赖之。草场利入故饶，公即以充匠役铸金灼瓦之费，而毫无所视。

陟蜀宪副，备兵松潘。松潘僻在西陲，而廪饷独倍，转输者辄乾没其间。公为报藩司，得亲给便。又故事，赏番岁计不下数万缗，出自公帑。公清松茶榷亦不下数万缗，以充赏赉。公廉能类此。

晋广西廉宪，会戍卒调备倭，当往来桂林，戍卒者咸虎而载，为鸡犬害，当事辄以盗捕治之。公曰："戍卒未应募先皆群丑耳。既为酋长招来之，所趋惟利。况酋长又半匿其饷而半给之，奈何不掠也？一旦卒事归，欲责以秋毫无犯难，庸讵尽死数百人者？"不报。揭凡三上，台使竟不报。公乃作而言曰："杀人媚人，吾不为也。吾宁以一官博数百人。"争之益力，竟出之。

癸亥，晋副都御史，巡抚云南。铁锁箐频年干橹，远近骚动。公乃一一指授石

---

① 缮部：原本误作"膳部"，据文意改。

画，卒奏奇功。以病眩，屡请归，弗予。竟以闲住放归。

蟫衣生曰：予闻公为行人最久。恬于冷局，无少生得失。铜人陈大行珊嘲之曰："裴敝苏郎剑气，担头长射斗。"公应声曰："毡吞汉使节旄，海上日凌霜。"虽云谐噱，不忘节义。固宜其以功名令终欤。殁后，李湜之题其墓曰：嘉隆间名臣都御史敖公之墓。呜呼，称矣。

右佥都御史蒋宗鲁

蒋宗鲁，字道父，普安卫人。母罗梦虹饮井而生公，因号虹泉。嘉靖丁酉，云贵分试，公遂中式，放榜之辰，黄龙见霄汉间，其光如电，下彻于地。巡抚汪公曰："此科目之光，圣世之瑞也。诸士当有应者。"明年成进士，授浚令。

浚故畿辅剧邑，徭最难均。公乃夙戒白城隍神曰："审编民命攸系，鲁若私，神勿俾还家。里老吏书等若私，神勿俾保有妻子。"遂约法定则，盈缩高下一准于田产。有里长赵某者，户本上上，诬为上中。越数日，其妻抱二婴踵门泣曰："妾夫欺公，神暴亡之矣。夜闻铁索声，请乞如旧。保二孩及遗业。"邑人称神君焉。

迁户部主事，监昌平储。题其座右曰："入毋重民膏民脂，出毋轻军衣军食。"

比守成都，朔望誓于神曰："贪婪害民，天必谴之；忠君爱民，天必佑之。有利即兴，有弊即革，凡我僚属，相与勉之。"是时滇元江逆酋那鉴杀侄倡乱，诱方伯徐公樾杀之，士卒死者万计。天子震怒，简公备兵临元，至滇，喟然曰："酋本家难，而贻祸于国，业已戕我方面大臣，损我威重，而复穷于兵，祸难卒弭。"乃悉解诸军，若无意元者。而独遣指挥汪辅以署印往，密授略。卒不遗一矢，那鉴自杀，余党就缚，元遂以平。

历河南按察使，时伊府肆虐，人莫敢指。公首举其恶，竟置于法，而出两河民于水火。

滇东川土司诸部有阿堂弑主自立，患蔓三省。晋公右佥都御史抚滇，公曰："是犹那鉴也，兵不在多，贵谋耳。"未入境，乃阳掣各调兵，而阴以土兵败贼于野马川，贼气阻。以安万铨正兵临之，设奇置伏，于是阿堂授首，俘其子阿哲，不数月而平。公抚滇，持风裁，尚大体，与分宜忤，乃老。所著有《治浚款议》、《齐梁监兑录》、《吴关奏议》、《牧政事宜》、《抚台疏草》，并诗文集藏之家。

蟫衣生曰：予不及事中丞，得交欢仲子观察君思孝。予观大宗伯政，观察为宗伯郎。比予守潮，观察守韶，逶逶一处，予不知其父，视其子然乎？中丞父璞山有政训，不独教家。凡初仕者禀为蓍蔡。蒋氏之教远矣。

右佥都御史李佑

李佑，字吉甫，清平卫人。嘉靖丁未进士。授南大理评事，升寺正。丁巳春，三殿灾，改公缮部，往董川贵大木事。公深入岚瘴，不辞险阻，一时报发独多。公又不似他采木使理商，第令有司出纳。终其役，嚼然无物议，钜工攸济。于是名愈崇重。

迁江西副使，备南赣兵事。南赣者，盗薮也。自阳明先生经略后，垂数十年，萌蘖滋长。岁辛酉，杀汪宪副，猖狂弥甚。公莅事仅浃辰，即单车入岑冈三巢，譬晓李文彪、谢允樟诸剧贼祸福。各敛束听命，立定南县，控制诸巢。

无几何，广东贼扇乱，廷议请复设抚臣。公以在南赣有大劳，遂开府其地，当百务创造，无所承袭。公综理周密，号令严明，省汰冗费。虽羽檄纷驰，馈饷络绎，未尝增岁额，外缮兵甲，造战舰，修城郭，练士卒，图靖奸宄。如海贼林道乾，山寇张韶南等，皆次第殄除，所向无不摧克。终岁间，捷书相继十余上，受金币之赐者十有三。赐玺书谕劳。公以病归，未几卒。所著有《南法寺驳稿》六卷，《抚粤疏草》八卷，诗文四卷。

蜡衣生曰：中丞长子，重庆君大晋，余同年友也。余筮仕建宁，李官重庆。君以原籍崇安执乡先礼甚恭。是时，中丞尚无恙。比予入黔，而中丞、重庆俱已谢世。抚今追昔，何能已已。

右佥都御史刘秉仁

刘秉仁，字子元，贵阳人。父节斋为国子学录。而平湖陆翁者亦在六馆。公随父游长安，与陆公子吏部尚书光祖皆总角。会林祭酒讲于堂，闻壁后似人，则公与光祖俱立窃听。祭酒召至，试题大惊，赏谓两公曰："二子并他日公辅器，其识之。"嘉靖丁未成进士，补江西德兴县知县。以廉平恺悌称。有反风灭火之异。升工部都水司主事，榷税杭州，秋毫靡淄涅。会三殿灾，改营缮郎中。调度将作，议者谓宜括天下藩司帑金。公以贵州镇簟之役时未底定，军兴交驰，力疏不可。诏贵州独毋以金进，民用少苏。大工竣，升光禄少卿，历官右佥都御史，抚治郧阳。公疏曰："郧阳孤悬万山，地连四省，先朝设都御史，止用抚治军民。耳目未一，趋向靡定，大盗窥伺，剿扑后期，卒至酿成大患。甚非除戎器，戒不虞之意。臣愿假臣提督，给臣旗牌，俾得专意军务。"上报可。郧阳之加提督军务自公始。致仕归，别墅有翔云阁、涟漪亭，游息其中，绝意干进。抚按交章荐，凡二十上，竟不召。家食二十五年，与二弟愉、怡叠斓斑起舞，称寿二尊人，岁时欢甚。已，二尊人相继捐馆。公哭泣逾礼，卒。

蠙衣生曰：予同年萧中丞彦志、刘文岳卧苫块，偶困脾湿，两足蓬蓬起，然犹栉沐对客。报书缄封，送使者，复就几榻，微笑而逝。素冠挛挛，讫于哀毁。呜呼，公可谓死于孝矣。或曰：如不胜丧何？曰丧礼惟哀为主。人于其亲也，至死不穷。

黔记卷四十五目录

乡贤列传二理学

工部尚书孙应鳌

参政李渭

内江知县马廷锡

黔记卷四十五

泰和郭子章相奎父著
汉州宋兴祖汝杰父正
贵溪毕三才成叔父校

乡贤列传二 理学

工部尚书孙应鳌

孙应鳌，字山甫，清平卫人。生之日，适卫人馈六鲤，因以名。就塾受业，日诵数千言。正襟危坐，求解大义。年十九，以儒士应乡试，督学徐公樾一见大奇之，许必解额。放榜，果以礼经中第一人。癸丑成进士，选庶吉士，改户科给事中。

出补江西佥事。流贼起，公捍御得画，一道晏然。九江三百人误坐贼党，公一言出之。

未几，迁陕西提学副使。公实意作人，身先为范。尝与耿楚侗公书云："世道理乱，关于人才；人才成就，系于师道。人人能言之。至师道之以称职于时者，勤力较阅，品评不爽已耳。猎名词华，驰誉经学已耳。某意不然。尝考诸荀子曰：'师术有四，博习不与焉。尊严而惮，可以为师；耆艾而信，可以为师；诵说而不陵不犯，可以为师；知微而论，可以为师。'此荀子大醇之言，似矣，而未尽也。孔子曰：'温故知新，可以为师。'此则万世师道之极则也。温故知新，学者多以所闻所得为解。某妄意谓故者，当如孟子言性则故之故。新者当如大傅'日新盛德'之'新'。凡天地万物之实体，灿然具陈，故也；其真机昭然不息，新也。二词虽有显微不同，其总括于人心，运行于人心，生生之妙一也。能温，则实体之总括者不晦；能知，则真机之运行者不滞。不晦不滞，则天地万物合为一体。天地万物合为一体，则仁。仁则成己成物，位育参赞，皆其能事。成己成物者，师道也，师职也。故子思作《中庸》，亦以温故知新，专承圣人发育峻极之大道，此孔氏家法也。故某妄以孔子温故知新之旨，为孔子示人万世师道之极则者，此也。"公在秦，所取士悉一时名硕。

迁四川右参政。土酋薛兆乾执参将贺鏖以叛，都御史谷公中虚问计。公曰："参将与天子孰轻？昔英宗北狩，于肃愍公数语，国威益振，卒返英庙。今者岂恤一参将邪？"谷从公议，擒兆乾，鏖竟免于害。

隆庆改元，升金都御史，巡抚郧阳。以主上冲年，莅政伊始，防杜宜蚤。乃因境内灾，疏请勤学励政、亲贤远奸等十事。上嘉纳之。太和提督巨珰侮宪蠹民，公劾其欺悖悍险贪谬状。上为斥逐。既恳疏乞骸归。万历初，诏起抚郧阳，首疏加衔提督军务。

建文死事诸臣，人皆讳，未敢言。公推衍诏书德意，慷慨言曰："褒扬人之子，必先其父，则子之心安。故褒扬人之臣，必先其君，则臣之心安。建文诸臣，委质致身，志节甚伟。陛下深为恤录，真厚幸矣。但建文君未沾旷绝之典，亟复位号，量拟谥法，恐诸臣有知，更且不能安受地下。事有系空名而舆论悉归，人心愈固者，此类是也。孔子作《春秋》，每年必书，每时必书。见天道王政，上下维属，不可缺也。建文君在位凡四年，尽以革除。举其事，缀附洪武，名实紊淆，轨迹惑贰，何以补国家信史之缺？"疏奏留中，举朝目为昌言。

甲戌，入为大理卿。丁丑，升户右侍郎，改礼部，掌国子监祭酒事。公在监，雅意持风化，造人才。仿吕公柟遗意，以举人率多回籍自便，以入监卒业为耻，不知当其在籍，师儒之训弗及，宪臣之命弗加。间党矜其资望，有司遇之隆重。身靡所检而易荡。及入官，材质已坏，莫可如何矣。宜征天下举人悉入监。祖宗设太学，非举贡、非勋胄、恩荫不入。祭酒司业为朝廷作人于内，提学为朝廷作人于外。必在内树风教，而后在外振纪纲。今提学所摈斥者，尽归之太学。倒置若此，则太学毋乃为提学藏垢匿瑕之所，为生员不才者之逋逃薮与？甚且至愚不肖，赀货一入，咸厕其中。太学之污蔑极矣。疏上，俱著为令。

丙子八月，驾幸太学。公举《虞书》无教逸欲有邦进讲。上嘉纳，命坐，赐茶，盖旷典云。

寻以病予告，筑学孔精舍于西城之阳。

起刑部右侍郎，寻升南工部尚书。卒，赐祭葬。万历壬寅，赐公谥文恭。所著有《易谈》、《四书近语》、《教秦语录》、《雍谕学孔精舍汇稿》、《续稿》、《春秋节要》、《律吕分解》等集传于世。

蟪衣生曰：予督学川中，川中故有大儒祠，祀周元公、二程子、张敬夫、魏了翁诸公。至明，止祀合州邹吏目，即司马长卿、扬子云不得与焉。盖瞢之矣。予至，始祀公及赵大洲先生、予师胡庐山先生。赵故内江人，公与先师后先宦于蜀者，蜀人啧啧无异议云。予入黔，式先生之墓，问其嗣，斩焉弗续，为请谥于朝。呜呼，伯道亡儿，中郎有女，从古如兹，宁独先生。

参政李渭

李渭，字湜之。思南府人。公生有异质，十五病肺，屏居小楼，溽暑，散发箕踞。父中宪公富以"无不敬"饬之，即奉而书诸牖。目摄以资检束，第觉妄念丛起。中宪又以"思无邪"饬之，又奉而书诸牖。久之，妄念渐除，恍惚似有得。及下楼，与朋友笑谭，楼上光景以失。于是专求本心，未与人接。自问曰：如何是本心。既与人接，又自问曰：本心是如何。嘉靖甲午举于乡。萧然布素，计偕以一仆自随。读孟子"伊尹耕莘章"，则曰："尧舜君民事业，自一介不取始。交际岂可不谨。"

癸卯，蒋公信视学贵州，公谒之，因陈楼上楼下光景。蒋公曰："楼上是假，楼下与朋友谈笑却真。"至一介不妄取，蒋公曰："此犹然楼上意思在，硁硁然小人哉。"公愧甚，以为学十四五年，只成得一个硁硁小人，不觉面赤背汗淋淋也。

由华阳知县、和州知州，擢高州府同知，至则谒湛甘泉先生于小崀峒中。尝宿廉州公署，梦三蛇绕身，亟挥杖，蛇乃走。诘朝，合浦吏以美珠进，化州吴川吏以兼金进，公皆叱之。笑曰："三蛇梦破矣。金珠非宝，固吾人蛇蝎哉。"

擢应天治中、南户员外郎，知韶州府。先是，韶有二源之役，崔孚之警未殄。公集诸寮属谕之曰："夫子告康子不欲二字。千古弭盗张本，傥多欲，则身为沟壑，竭民膏脂不足以填之，百姓安得不盗？弭山中盗易，弭心中盗难。敢忘自责。"闻者悚息。

入觐，过麻城，从耿楚侗先生登天台。楚侗示八语："近道之资，载道之器，求道之志，见道之眼，体道之基，任道之力，弘道之量，达道之才。八者缺一不可。"对曰："渭于八者，独愧见道眼未醒耳。"镂"必为圣人"四字，印而布之海内。

尝曰："孔子毋意，孟子不学不虑，程子不著纤毫人力，皆是不安排。知毋意脉路，即日夜千思万索亦是毋意。知无纤毫人力脉路，即人一己百，人十己千，如此用力，实无纤毫人力。学是学此不学，虑是虑此不虑，知得不学不虑脉路，任人只管学只管虑，都是不学不虑。"

擢滇左参政。近溪罗公为屯田使，公至，与之合并精神，学益进。门人歌青山绿树诗，因论天理人欲，浮云人间作雨，天上常清常明；狂风江中作浪，流水不增不减。知得常清常明，不增不减，方是学问。以明日青山绿树为天理，只是频复。又曰："无不知爱，无不知敬，两个无不知是天地灵窍。吾人通天地、民物、死生，皆是物本体，原无间断。学者不可在起灭上做工夫。任他千功万行，终做不成。如树无根，纵日栽培灌溉，终成枯槁。予昔日工夫亦有起灭。被近溪大喝，通身汗浃。从出这身汗，自是欲罢不能。自言己于此学入白下，与居和、高时不同；登天台又觉与白下时不同；与近溪游月岩，又觉与前不同。"所著《先行录答问》三卷，《毋意篇》合《大学》、《中庸》、《易问》为一卷，《简寄》二卷，《杂著》一卷，诗一卷，文二卷，统十卷，又著家乘十二卷，藏于家，《大儒治规》三卷行于世。①

蟫衣生曰：予师胡庐山先生云，黔中之学，李湜之为彻。予友邹尔瞻谪都匀时，犹及交先生。先生曰："某为此学，拚生拚死不休。"尔瞻为序其《先行录》。比予入黔，尔瞻曰："惜哉，同野已圽，君不及见之尔。"已，闻友人耿子健题先生墓曰：明兴好学君子之墓。呜呼，此足以概先生矣。

内江知县马廷锡

马廷锡，字朝宠，宣慰司人。初仕内江令二载，即解组归，师事朗州蒋道林，讲学于桃冈精舍。数年始归，与孙淮海诸公聚讲越山。又于渔矶构栖云亭，趺坐其中三十余年。有悠然自得之趣。

尝著《动静解》曰："万卷精通，乃是聪明枝叶；一尘不染，可窥心性本根。"

又著《自警辞》，略曰："抱守初心，周旋世务。精诚必贯乎金石，志行必合乎神明。必极静极清以至于极定，始长觉长明以至于长存。彻头方了道，入手莫言贫。"其励志如此。

嘉靖三十六年，巡按御史金溪王公绍元荐公于朝。疏略曰："原任四川内江县知县马廷锡，德器温纯，制行古雅。笃信好学，妙契圣贤之经旨；默坐澄心，远宗

---

① 李渭之著作，万历志录为："所著《先行录》十卷，续集四集，门人为《年谱》三卷，《大儒治行》三卷。"

伊洛之渊源。历官三年，室如悬磬，家无担石，意若虚舟。抱膝茅檐，有飘然物外之趣。甘心藜藿，无纤毫分外之求。论其官虽若卑职，求其人则为真才。"疏入，不报。四方士益仰之。

督学万公士和请公入书院为诸生师。启曰：

置一床于净室，仁瞻高士之临；分半席于玄门，实切鄙人之望。同心有利，至德不孤。惟先生颜似冰壶，形如野鹤。弃荣名而修性命，脱凡近以游高明。始看邑宰飞凫，终见少微应象。寒潭见底，占断渔矶。一湾明月当空，坐破蒲团几个。炼金使渣滓尽去，画马求毛发皆真。却听反观，常启人天之钥；敛息候气，频焚午夜之香。象不着钩，牛初露地，遂觉江山有主，时将诗句传神。奚啻开南国道流，实乃先北方学者。某才非经济，职忝规模。欲强人以进业，而力不前顾；省己之知非，而齿则暮。譬之形曲而影不直，宜乎声息而响遂衰。然责不敢辞，乃志犹未已。共扶名教，愿借高贤。猾诵佳章，俯首有凌云之想；默参上座，终身成把臂之交。遂许同盟，了兹一事，况大隐原居城郭，而独善或非圣贤。暂出柯庐，增光书院。昔曹参避舍，则盖公肯来。彼韩愈卑词，而颠老遂至。章章人物，顾我辈以何惭？落落乾坤，报德星之再聚。庶几明公为众领袖，务使多士范我驰驱。经岁清斋，谅荤膻之难染；刹时出定，知伎俩之俱忘。衣里宝珠，带得一川风月；胸中丘壑，携来满座烟霞。敢布俚言，用催道驾。

万公此举，与席元山请阳明先生意同。第以盖公、颠老拟公，恐未尽知公者。公所著有《渔矶集》、《警愚录》。没，祀乡贤。

蟫衣生曰：王文成谪龙场，黔士大夫始兴起于学。当时龙场生问答，莫著其姓名，闻而私淑者，则有马内江、孙淮海、李同野三公云。予尝读内江诗："寒夜窗前听雨时，暗思往事坐如痴。穷愁百结随年长，人在虚空老不知。""睡眼朦胧看远山，不知身尚寄尘寰。他年观化应何处，想在虚无缥缈间。"真有朝闻夕可之意。呜呼，可以不愧龙场矣。

黔记卷四十六目录

乡贤列传三

行人陈珊

郎中吴淮

知府符有光

员外郎沈尚经①

---

① 此条目原本无，据正文补。

黔记卷四十六

泰和郭子章相奎父著

汉州宋兴祖汝杰父正

贵溪毕三才成叔父校

乡贤列传三

左参政秦颙

秦颙，字士昂，宣慰司人。正统壬戌进士，拜行人，迁礼部员外郎。天顺初奉使滇粤，咨民隐，归疏于朝，上多采纳。历官云南左参政。铁索箐贼起，攻杀武关、马龙、寻甸，公袭擒之。会御史审决，有死囚九十人，皆执案不辨。忽省堂万乌飞集，弹挥不散。公疑有冤也，详鞫之，得不辜者三十九人，原之。偕三司巡金齿腾冲，舟经潞江，风涛大作，舟中悉惊怖。公独正色赋诗有云："若受赃私并土物，任教沉向潞江中。"闻者益愕，风宁舟济，人皆谓公忠诚所格。卒于官。辰州太守易贵表其墓。

蠙衣生曰：《通志》载秦公官至布政。予读易辰州为公墓表，题曰：亚中大夫左参政秦公之墓。当从表。表称公弟显有膂力，以军功授正千户。卒，无子，公厚葬其弟。遇乡故人必馨欢，绝亡贵倨态，人称长者云。

右布政使周瑛

周瑛，字廷润，兴隆卫人。其先自临川从戎征南，留守于兹。大父以武功授千户。公补卫庠生，笃志于学，远从师于蜀之泸州。比再期归，登景泰甲戌进士。由刑部郎出知临安、衡州二郡，迁行太仆卿、广西右布政使。敭历中外久，已而引年，优游林泉，多吟咏。尝出赀修卫学舍，所著有《兴隆卫志》二卷，《草亭存稿》若干卷，御史丁养浩为序。子希默、希谦，孙竿、笈，曾孙良卿，举于乡者共五人。

蜷衣生曰：予过兴隆，求周方伯草亭稿《卫志》与，已不可得。惟丁柱史养浩序存于前志，而万历志又不载。丁柱史谓公拔流俗之中，成宏博之学。然哉，然哉！

附周方伯诗：《题带水环流》：源发东山贯北河，回云如带湛清波。浪花喷雪寒光满，芹藻浮烟秀气多。清比沧浪应彻底，绕流泮沼自盈科。观澜喜识朝宗势，不独时听孺子歌。

《南楼》：百尺危楼倚碧霄，登临佳景值春朝。桃花点点飞红雨，柳树依依锁画桥。一水护田烟浪绕，四山耸翠雪痕消。远听牧笛兼渔唱，尽是康衢击壤谣。

辰州知府易贵

易贵，字天爵，宣慰司籍，吉水人。景泰甲戌进士，廷试二甲第二。贵幼聪悟出群，长通朗刚正，淹贯载籍。宦辙所至，崇学校，恤民憺。遇事明而能断，不怵于势利，有古循良风。历官辰州府知府。创礼义，治乐器，士始知古道。归田杜门校书十余年，卒。所著有《竹泉文集》十五卷，《诗经直指》十五卷。

蜷衣生曰：予读《吉安进士录》，知公为吾吉人。读《楚纪》，知公知辰州有善政。予同年许柱史子恒，公弥甥也。道公生平，娓娓不绝口。公博极群书，城北故有万卷楼，公藏书处，久不粪除，予甚伤之。柱史兄弟三人皆起家诗书，岂公所藏者不于其子孙，于其甥邪？

御史陈迪

陈迪，赤水卫人。天顺丁丑进士。历官御史。侃侃立朝，弹劾不避权要。寻卒于官。

佥事朱谦

朱谦，赤水卫人。天顺甲申进士。以御史任江西佥事。宪度贞肃，人不敢犯。居乡，益励名节。

澄江知府安康

安康，字汝锡，思南人。总角时，读书青鸾溪，常拾腐薪继晷。景泰癸酉，中云南乡试，如京师，从太史商素庵游。除南兵部司务，历工部都水郎中。督造御用器皿，减积料价至七千缗。弘治初，慧星见，应诏陈言，大要息兴作，裁冗员，诘奸蠹，以弥天变。上纳之。弘治壬子出守澄江，修政惟谨，精诚步祷，六月雨雪。夷人白葜拥万众为寇，郡民苦之。公单骑入穴，示朝廷威德，夷苗悉平。南人祠祀之。致政归，装仅衣衾数事。放情林壑，绝迹公庭。年七十有七，卒。入思、石二府乡贤。有《青鸾溪集》传于世。

知府汪钟

汪钟，普定卫人。成化乙酉乡举。历官知府。居官谨严，力辨冤狱，弥盗赈荒。致政，进阶一级，乡人重之。

佥事李珉

李珉，字美中，卫辉淇县人。祖仲宜，洪武间授御史，不阿权要，谪戍乌撒，遂占籍焉。成化壬辰，珉登进士，授宁国知县。宁国官田租重，民田多为势豪兼并。公即损益官民田，公私称便，有白兔之瑞。辛丑，行取南道御史，巡视上江，捕僧冠千余。始同巡抚王恕交劾中官王臣等暴横苏松，继同御史徐镛交劾中官汪直等罗织缙绅，王传首江南，中外称快。他如余尚书用兵失利，中官梁芳等引用妖邪，日勤章奏，称名御史。乙巳，命清戎四川。疏奏贵州站铺边军扛抬递送之苦。上命站军月支粮五斗，铺军月支粮三斗，铺站之粮自公始。寻升四川佥事。子铣，中弘治乙酉乡试。

蠖衣生曰：李美中父景和，以美中贵封御史，祖仲宜以御史谪，盖三世御史云。当时称李氏之盛者，形之歌韵。今附二诗于左。

　　莆田方岳诗：早结云巢隐石岩，高怀何意慕肥甘。龙蟠紫诰风云会，豸拥兰台雨露覃。画锦联翩荣卫水，德星光彩动滇南。凤毛闻得新衔命，便道趋庭喜气酣。

　　沭阳伊乘诗：华发逍遥兜率乡，隆恩晚岁照高堂。斑衣行酒宫壶逸，紫诰封泥玉墨香。翠竹苍松添气象，乌纱豸绣共辉光。缄诗凭寄南飞翼，引领云霄万里长。

主事俞玑

俞玑，宣慰司人。成化壬辰进士。授主事。明敏多学，忠厚慎密。居官廉洁有为，未究所施，卒。

参议陶心

陶心，永宁卫人。弘治己酉乡举，历官兵部员外郎。正德间，驾欲南狩，公率同列上章留之，忤旨，罚跪三日，廷杖几毙。后升云南参议，善吟咏。

　　附陶参议诗：《题崇福寺》：方外曾闻别有家，寒藤古木入云赊。钟乳未成丹灶药，月团先试竹炉茶。

　　《题蕙莲寺》（一名《永弘庵》）：竹密萝深一径过，松坛晴护白云多。风清石润弦鸣瑟，露重岩花锦制裳。玄鹤似怜形共瘦，青山应笑鬓双皤。浮生为问同袍客，廊庙江湖意若何？

　　《书怀》：青山此地可为家，绝壁烟萝入望赊。静院日高深竹色，古坛风细碎金花。凤缘漫结三生石，尘梦能醒七碗茶。长笑一声天地窄，萧萧蓬鬓帽敧斜。

佥事王木父漳

王木，字子升，清平卫人。父漳，贡入太学，授清苑令，有惠政。时刘瑾奉使至，漳不折节，瑾廷斥之。遂弃官归，行李萧然。

木生而好学，中正德癸酉乡试，上春官乙榜，授随州学正。抚按交荐，召为南湖广道御史。弹劾不避权贵。岁壬午，大比士，近臣主试弗公，物议腾沸，公纠之。勋臣庄户为民害，公一绳以法，贵戚敛手。江南苦魃为祟，民无以自振，公疏出公帑赈济，多所全活。海寇董效等倡乱江洋，公会兵剿之，拜白金文绮之赐。又荐大学士杨公一清、尚书王公守仁可大任，时服其知人。出为云南佥事，整饬迤西兵备。公精核群吏，奖廉黜贪，而赋性梗直。初所论列权贵人共排公，数年不调，遂拂衣归。归而啸傲山林，容与竹素，晏如也。公先世室庐尽让诸弟，暇日课子若孙。子学祖岁荐；炯登进士，府同知；炼举人，知县；烺岁荐，教谕。孙男培、墀、塾，曾孙锁俱举人。所著有《东巡集》、《晴溪诗集》、《奏稿》，藏于家。

蟪衣生曰：王之先以武功显，至清苑令，始贡入太学，暨清苑至今五世矣。举于乡者六，成进士者一，以贡举者三，何纷郁也。方逆瑾弄柄，呼吸变霜露，举动移沧海。彼其视一令，不啻发蒙振落。而清苑分庭抗之，逆长鲸之鳞，捋飞虎之翼，伟哉。苟始朗陵，陈由太丘。溯流穷源，清苑之诒王氏谷也丰矣。

太仆寺少卿易辉

易辉，乌撒卫人。弘治壬子举人。任兴府伴读。侍肃皇帝于藩邸，辅导有方。及即位，留守宫禁。寻升太仆寺少卿。

参议汪大章

汪大章，普定卫人。弘治己未进士。幼称奇童，年二十登第。历官参议，不附逆瑾。所经宦处皆入祠祀。

太平知府潘时

潘时，普定人。弘治戊午乡举。历官广西太平知府。行检端方，官多惠政。归田索居，座书"不愧屋漏"。

副使刘时举 父仁

刘时举，其先吉水人。占籍铜仁。嘉靖丁酉举于乡。父梧州府通判仁，由明经稍迁梧州，携室以往。正德辛巳五月至大墟，仁病卒。舟次昭平堡，时莞藤滩夷清昼杀掠，时举女兄辰秀闻之，指江曰："万一不免，死此而已。"遂与二庶母张氏、郭氏相向哭。贼至，亟投缇囊唉贼，乘间赴水死。张抱弱息祁秀继之，郭又继之。秀年十六，张二十，郭二十八。贼怒，执婢仆尽斫之。贼徒有公感者，顾时举执左右手浮之江，且曳且行，乃引入巢。时族子澄卧病，兄时复匿侧柂，得不死。诉守备刘璧，索尸，蒿葬昭平。江上建堠木识焉。时举年甫十三，念父樏谁归，三尸谁瘗，且不知二兄幸免也，昼夜孺泣。贼哀之，复绐曰："若思归乎？"时举应曰："予父病，予母娣溺死。予昆弟奴仆若悉刘之矣。家在万里，孺子何归？"乃稍宽之，居，时时默书姓名、沦落生存之概于竹木上，投溪谷上。流人获竹木，知有踪迹。然越在穷阻，计未可脱。久之，金溪张宾禄，梧州故人也。至昭平，邂逅屠者，始知其详，曰："诸亦已矣，独梧州一子，何忍负之？"遂白之官，愿出赎金谋。谍者说公感曰："刘郎者，当道亲也。今诃在若巢，予若金易之，若属知之，则金分，不如颛则利厚。"公感许诺。是夜，具鸡黍，裹粮，导山后仄径出，负至船中，覆以蓑席，遂免。御史张公两山幸时举之出，嘉宾禄之义，给傅以还。时举洊罹闵凶，约身修业。会两山抚贵州，时为吏民历历道三烈事。嘉靖丙午，御史萧公端蒙疏请旌曰"清流三烈"。时举由楚雄令历官陕西按察司副使。

潮州知府汤哗

汤哗，字伯元，贵阳人。年十四失恃，继母韩性严重，诸子弗敢近。弟邦、鼎皆亡去，惟公事以孝，卒致其慈。正德戊辰，王伯安先生谪龙场，公师事之。正德辛巳成进士①。历官南户部郎，出守潮州。潮剧郡，公割决如流。至广济桥税，开元寺租，公毫无所缁。缙绅请托不少狥，浚之再三，则糊刺堂壁以愧绝之，人由此衔公。甫三月，改巩昌，便道归省。其在任思亲，有"肠断九回情独苦，仕逾十载养全贫"之句。居无何，中飞语归。莫年以诗自娱，与陈栗山唱和为多。所著有《逸老闲录》、《续录》若干卷。公性孝友。二弟出亡，公从滇归，获邦于普城，为择室，助赀援例。历官登仕佐郎。惟求鼎不得，每以为悲。卒年八十一。子克俊，新兴州知州。孙师顼，今为顺天府通判。师黄禄丰知县。

参议潘瑞

潘瑞，普定卫人。正德丙子乡举。初授成都训导，摄大益书院。历升垫江、云

---

① 正德辛巳：原书误作"嘉靖辛巳"，据本书卷三十改。

阳知县，两地政绩卓异。升工部主事，命督建宫庙。直忤权势，系狱。寻复职。工竣，升本司员外郎、郎中，寻升四川佥事，云南参议。居乡孝友，祖业尽逊诸伯季。纂修卫志，士林归重。入祀。

左参议顾坚

顾坚，字天厚，无锡人。戍籍贵州。嘉靖壬午举人。由弋阳训导知乐平县事。乐素悍顽，前令悉为敝政败去。公饮怨任谤，不滓于贿，乐平大治。迁南道御史，改北，按甘肃。边境震宁，出为云南佥事，山西左参议。以南人不习水土，疏乞休，致仕。晋人泣送不忍去。是时，山西御史黄公毗檄二司曰："顾少参见道分明，莅官勤慎。作誉氂于振铎，并驾苏湖；敷膏泽于鸣琴，齐声召杜。立台为朝端之鸣凤，分臬则滇南之赤鳞。山右旬宣，万井沐紫薇之露；北窗幽雅，角巾踵栗里之风。岂特知止于功成，盖已先登于道岸。某不能执马维驹，有孤宿志；亲击攀辕卧辙，益验去思。"其见重如此。公归甫艾，杜门谢事。惟精于医理，凡疾莫能治者，辄投以药，随手取效，活人不可胜数。至于阴阳、星命、百家，靡弗精透。乡人有疑，咸就正于公。而公应若洪钟，金受其益。卒年八十一。少宗伯万公士和为铭其墓曰："吴贵之秀萃厥身，台省驰名以荣其亲。凤翔千仞出风尘，龙蟠而灵钟后人。"

行太仆寺卿侯问

侯问，清平人，举人。嘉靖间任大理太和知县。通敏爱民。县附郭，祭祀燕享供亿费视他县为劳。故事，役里甲治办，而在官胥隶，侵夺横索，故费常十倍。问乃更为之。自祭器、乐舞、燕几、屏障、杯箸，及巾布、薪水之细，皆缮治坚致，区别分明，但令一吏一胥一庖丁主其出入，又以一吏一胥一庖丁司其成。由是民不知劳，而宦誉日起。迁工部主事，累官行太仆寺卿。

左布政使赵维垣

赵维垣，字师德，永宁卫人。嘉靖壬辰进士，改庶吉士，授刑部主事。以讦误下狱，得释，谪大名。

维垣长诗歌，善乐府。在大名著《攻玉集》，自为序曰：

予家藏片玉，予爱其色颇温粟，叩之，其响清越。自予之长也，尝伴予之四方以行。今年春，欲攰一瑑，乃属工理之。硪砥琢斮，予闻玉声琤然琐然，心窃甚惜。俄而水藻玲珑，光采旁达，垂之若坠，差可人意。成之日，适予诗薰脱，爰以命集。

历官云南提学副使，福建左布政使。永宁以芒部之乱，迤西守备邵鉴请设参将，参将刘铠建府，伐石题名，公为之记。略曰：

嘉靖元年，永宁设参将，成都何将军卿首膺是任。芒部慑何将军威，终其迁，不叛。而吾宁利设参将，又不独在芒部，何也？宁通大江，丝茧、铜荡、金贝、盐荚之属，舟马上下，充斥迤逦。其地膏沃，人厚藏。即岁旱涝，如蜀，扶老挈幼，争入宁境待哺。宁不知也。军民又畏官府讼，以财雄，藩置搡，及土而搡者曰："是奇货可居。"主臣和同，假此辈日听听焉。弄刀笔，杂治恐喝，以图圄钓贿，以法律罥钱，安能望文无害也？羔裘豹祛，居居究究，宁病是久矣。自何将军先，予不及知。比耳目睹记，则列侯相继。修武之暇，亦稍近民事。诸部曲不直，皆往诉将军，而将军一一剖焉。诸部曲人人自以为天日复见，何者？曲直判而罚镀轻也。及卫司断断，将军坐堂上，出片语折衷，嗫其口而夺之气，无复嗔目冲冠故态。即一日无镇，则舞蝛鳣，号狐狸者群起矣。益信是镇之不可少也。

人咸以公为名言，而何将军名日益起，卒为西蜀名将。

公著述甚多，今多逸，惟《攻玉集》存于家。

蟪衣生曰：黔中先辈之文，予以赵师德为第一。简严处孤松独立，光艳处玉山照人。序事虽相交错，不失其正。盖亦自开户牖者乎？而惜其伯道也，多轶不传。

参政缪文龙 父良玉

缪文龙，字见甫。乌撒卫缪良玉子。良玉举于乡，为营山知县，有循吏声。居乡怜贫济急，郡灾，公庐舍独存，人谓积善之报。成都修撰杨慎扁之曰"瑞堂"。教授生徒，多所造就，如孙公继鲁皆出其门。抚侄文明不啻己出，教子文龙登甲第，以文龙贵封御史。文龙，嘉靖戊戌成进士，授河南道御史，升云南副使。驭使夷酋，威严并济。历官参政，卒。万历十四年崇祀乡贤[①]。

---

①　十四年：万历志作"五年"。

附缪大参诗：《题七星关》：悬崖能阁木，怪石惯栖云。鸟语惊禅寂，钟声送夕曛。山川真不老，鹿豕漫同群。野兴聊登赏，枫林叶正纷。

《七星桥》：百尺星桥架半空，谁将天险夺神功。倚云挂月看飞阁，设鹊浮鼋见彩虹。几席谩教师度稳，嶙峋只与岸争雄。半生浪迹多南北，回首临风叹转蓬。

《题龙阳青典史祠》：吾身与天下，权衡有重轻。忍将一己死，易彼万民生。怀疏回天力，蠲租寿国情。忠魂万里外，元不为沽名。

行人陈珊

陈珊，字鸣仲。其先庐陵人，附籍铜仁。举嘉靖庚子贵州乡试第二。癸丑成进士，授行人。以忤分宜，故官龃龉不达，终兖州府同知。尝铭其座右曰："士大夫能以居乡之心居官，天下必无冤民；能以居官之心居乡，天下必无请托。"人以为名言。公卒，清平孙公应鳌铭其墓曰："厥赋伉隆，厥才显融。厥节巃嵸，以殢其躬。仕宦不逢，业传五经。子挺八英，文襽犀箐。以昌其声，芳华允明。折渚若流，环岫若捄。密樾若怀，公丘式修。藏兹永休，青山何依？白云何霏，西岗何顾？公诗孔晖，信哉如归。"子扬产、吴产、周产皆乡举。扬产举万历甲戌进士。黔中父子进士止公家与普安蒋氏、清平李氏、普定梅氏四家云。

郎中吴淮

吴淮，宣慰司人。嘉靖壬子乡举，历官郎中。性行廉介，居官慈爱，贻后清白，为一时月旦所重。

知府符有光

符有光，思南人。嘉靖癸卯举人①，大理府知府。操行端谨，学术渊宏，居家孝友，为士大夫表仪。当官沉毅有为，爱民造士，滇寇之平，多藉其石画焉。万历二年祀乡贤。

---

① 癸卯：原本作"辛卯"，据嘉靖志、万历志及本书卷三十改。

员外郎沈尚经

沈尚经，普安州人。正德庚午乡举，历官广州府同知。才识明敏，听讼每得隐情。而操守清白，督学魏校，毁淫祠。寺观势豪，多承田土，或至兴讼，尚经剖断，均其徭役，舆情慑服。擢刑部员外郎。详《广东通志》。

黔记卷四十七目录

乡贤列传四

知县杨鸾

汉州知州杨文

知州华刚

教授周武卿

耀州知州陈文学

重庆府同知范府

推官张浚

同知唐彝　邵华谱　吴鸿儒　孙科

沈济

达州知州杨振文

同知刘恒

教谕朱卿　同知朱官　知县伍咸　陈嘉略

同知潘大武　知县潘鎏

知县文彦镐　朱俨　史载泽　推官徐敷政　封副使姚璋

知州李辅

通判蒋廷璧

同知许奇

同知雷鸣阳

知县王效义

教谕李纯

主簿戴璧

知州姚大英　同知丁文华

同知罗廷贤　任效忠　知县郭宗荫

赠御史李梅

举人吴铤①

①　此条原无，据正文补。

黔记卷四十七

泰和郭子章相奎父著
汉州宋兴祖汝杰父正
贵溪毕三才成叔父校

乡贤列传四

教授王训

王训，贵州卫人。博学知兵，工诗文。年十八，上保边政要八策，宣庙嘉纳之。宣德乙卯中乡试。正统间，以都督吴亮荐，授儒学训导。教法严整，文化聿兴，足以绵蕞后来，蓍龟多士。郡学制度草创，训与副使李睿极力营建。正统十三年，麓川思仁发叛，尚书王骥总师讨之，辟训佐助。十四年，苗狇攻围新添、平越等卫，尚书侯璡辟训赞画。不阅月，围顿解，论功升教授。成化二十三年，御史台瓜并蒂，有司以闻。训为《嘉瓜颂》。颂曰：

> 明受天命，奄有万方。贞元会合，君明臣良。维皇继统，景运弥昌。至和协通，发为嘉祥。南国之台，园有瓜瓞。绵绵其蔓，泽泽其叶。和风长养，瑞气凝结。两实并蒂，六本同列。含英吐芳，蕴秀流香。金肤玉质，雪水冰瓤。形圆而直，色正而黄。台臣稽首，献于明堂。曰此嘉瓜，我朝之瑞。肇自高皇，龙兴草昧。适当其时，风云庆会。今我圣君，德信功配。仁风化雨，洽于遐迩。天人交感，得此祯嘉。再产斯瑞，视昔有嘉。实由天眷，寿我国家。至治之祥，太平之效。天子万年，永绥亿兆。小臣颂歌，以继舞蹈。

公强仕时，当道娄荐，皆引避。晚以子贵，封武略将军、副千户。卒年八十。有《寓庵文集》三十卷，并《孙子注解》。公无后，所著书逸不传。公又有读书台，在城北二里许白岩山半，公归田时所筑。台下垒石作院，凿池，杂植花卉，有琴案棋枰，皆假石为之，常与客游玩于此，今亦废。

蟫衣生曰：王教授始为王尚书辟，既为侯尚书辟，不为不遇矣。予读其诗，一则曰"玉关牢落天门远，谁献平蛮第一功"。一则曰"填海已无精卫力，忧天空有杞人心"。若伤于世之莫知我者，岂二尚书之知，皆语言文字之好，而非真知邪？因附其诗于左。

附王武略诗《永祥寺真趣亭》：城上芙蓉傍水开，翠微深处结莲台。青狮拥坐菩提现，白马翻蹄内相来。花雨有声喧贝叶，条风无力扫苍苔。禅心净似方池水，夜月光中绝点埃。

《南庵》：净度招提旧结茅，地偏应不远尘嚣。山腰倒接城边路，水口斜通郭外桥。深院落花无客扫，空门掩日有僧敲。忘怀好结莲花社，分付山僧早见招。

《客夜诗》四首：瘦马蒲鞭控朔风，山如列戟路如弓。穷荒未必尧封到，绝域曾劳汉使通。暴客尚存愁逆旅，奸谀不死恨英雄。玉关牢落天门远，谁献平蛮第一功。

百战休题马上劳，烽尘久不到征袍。曾于丹徼题三尺，羞向青铜见二毛。壮志于今成潦倒，芳名自古属英豪。夜窗独坐谁知己，银汉无声北斗高。

寥寥番语夜无眠，风满长空雪满天。客思宛如千里外，人家不是十年前。重来转觉蛮山险，老大方知世路偏。此际有怀难自遣，好凭杯酒共诗篇。

野猿啼断夜沉沉，山馆挑灯只苦吟。填海已无精卫力，忧天空有杞人心。亡羊路险豺当道，倦鹊巢寒雪满林。和得阳春徒自尔，更阑无处觅知音。

《送陈昌归隐东山》：百里花封早挂冠，东山深处好盘桓。公卿不入新来梦，父老犹思旧任官。鞭犊试耕云半亩，闻鸡常卧日三竿。不应海内思霖雨，却使苍生望谢安。

教谕詹英

詹英，字秀实，玉山人。戍籍于贵。正统戊午乡举，授四川会川卫训导。时滇有木籠川之役，会川与滇邻，而英祖居在贵。贵，兵入道也。乃上疏言边务十三事，悉行之。是时，中官王振柄于内，王靖远领东南兵十五万，转饷半天下，中珰子弟因缘为利。英上疏论靖远贪功、穷兵、老师、费财，海夷金宝尽走京师阉宦，乳童立功西域。疏奏，上大异之，诏即往参其军。公恐事掣肘非便，自诣阙，以不可状辞。公卿闻其至，皆欲识其面，或纳交，或招致为重客，或欲荐以台职处之。会己巳之变，止。归川。满考。转云南河西教谕。虽去蜀，犹忧其患，疏荐可抚蜀者侍郎张固。上可之，蜀赖以安。

公卒二十年，大理寺副詹恩，公孙也，请于编修罗玘，表其墓曰："呜呼！正统己巳之先，变未衅也。而四方亦既骚动，日入于多事者矣。而疏远小臣有能奋不顾身言天下事如君者，而天子又能听之，不徒听之，而又用之，当时大臣不徒不沮之，而又欲荐之，是可谓不讳之朝，而言犹不壅于上闻也。故虽遭是莫大之变，而卒亦莫之能灾者，岂无自哉？"公所著有《止庵集》，今逸不存。

蟫衣生曰：麓川之役，举朝卷舌。内则刘忠愍诤之，外则詹教谕诤之。刘以言阶祸，竟死于狱，而詹幸免其身。不逾时而有土木之变，穷黩之祸人国如此。嗟嗟，台省寒蝉，而谠论出于讲谕师儒之口，亦足羞矣。

训导越升孙英、民表

越升，宣慰司人。宣德间以经明行修召，将授馆佐职。会四川播州宣慰司求明经师化夷，遂授升播州学司训，寻卒于播。

三世孙英，字德充。刚方正直，无戏言惰行。从叔宦湖南，家口流落，英间关尽归之，年已二十八。发愤读书七年，以弘治甲子中云南乡试，任泸州知州。好善嫉恶，守正不阿。弃官归，行李萧然，家食三十年，绝迹公门。辟蔬圃于西关门外，因号西园。日静坐其中，作诗文自娱。观书课子，明农莳树，酒不入唇，诸无所嗜好。卒年八十一。宪长胡尧时铭其墓，铭曰：

> 越氏好义，远自伊祖，亦有令人。性刚心古，急戚之难。十年于楚，颠沛归来。一经攻苦，晚学凤成。名荐于京，儒官岂误。聊养我亲，士曰师严。尚有典刑，大夫曰谕劂，安子之贫，谓予宜简，予卧治民。台论如此，道其可行。胡不归与，以保我真。非非是是，付之乡评。姜桂之性，既老愈辛。如有罪我，亦谅予心。嗟公直德，宜而寿而宁。昭融福泽，亶在后人。

子民表，嘉靖丙午乡举，官长史。性耿介，时辽庶人不法，直言见迕，即拂衣归。居家孝友，人无间言。所著有《阅书评识》四卷。兄民望，弟民牧，皆举于乡。

> 附越升《教场》诗：烟柳朦胧曙色迷，月痕微映垒门西。云开玉帐阳乌见，风震雕戈铁马嘶。兵卫周遭严虎豹，旌旗摇扬拂虹霓。请看大将春蒐处，

万队貔貅号令齐。

《题安南卫迎祥楼》诗：峰峦环合绕山城，突兀高楼耸太清。雅称桓伊来弄笛，好教子晋坐吹笙。笑谘月姊非无侣，卧听天河落有声。袖里封章何日上？凭栏几度望瑶京。

通判卫兰　司马璋

卫兰，平坝卫人。景泰庚午乡举。明敏廉洁，善谈兵，好论文，听者忘倦。历官衢州府通判。

同时有司马璋，普安人。景泰癸酉乡举。云南广西府通判。赋性刚介，守己清俭，居官有声。

州同知李浚

李浚，思南水德司人。由岁贡任临武主簿。天顺庚辰，峒苗以万众入寇。时浚率众保舜峰寨以拒之。贼环寨而攻者三昼夜，盖寨为均义故垒也，四壁斩然，隐隐见陴堞。浚出死力，率先壮勇驱石曳柴以助声灵，卒于完师，而救者后焉。寇退，树栅列战，即众若部落然。官师总取羁属而已。冬十二月，苗人再入寇，以报舜峰之役，而释憾于浚。时已有土堞可依，民既经战守，诸凡攻御之具亦粗备矣。城中煮毒药，胶于镞，以中人，无不立死者。围数日，贼中药死者半，竟无所得而去。八年，又合众大举，数且二万计，连寇城下者再。不克，转攻桂阳。城陷之时，则知县陈鐩至，而将众保城，运算出奇，举浚之力也。升山西蔚州同知。

知州汪澜

汪澜，宣慰司人。天顺己卯乡举。嘉定知州。事继母孝，处异弟友。族人有流落夷方者，冒险收之，且为之立业，略无吝色。

推官薄淳 知县杨铭 同知王俨 教授史铨

薄淳，字宗厚，普安人。成化戊子乡举。鹤庆府推官。方正不阿，居官清慎。

同时有杨铭，字德新。成化甲午乡举。富顺县知县。澹泊清雅，不尚文饰。

王侭，字望之。成化丁酉乡举。南康府同知。俭慎朴素，取重乡评。

史铨，字秉钧。教授，苦志笃学，老而不倦。致仕归，以先辈自居，后生小子见之肃仪。

以上皆普安成化间人。

洪雅知县王让

王让，贵州人。成化末知洪雅。为政平恕，真心爱民。去时囊无一物，衙后有手植柏，至今呼王侯柏。

新宁知县杨□

杨檜，字希祥，宣慰司人。弘治戊午乡举。性至孝，母曹婴心疾，每一发辄颠，往往如不克生。檜号泣以随，饮食依曹为进止。露祷于神，求以身代。曹之卒也，哀毁骨立，杖而后兴，竭力营丧，葬具几成瘵。守服三年如一日。甫举于乡，父星星垂白，檜眷念不忍离左右。人强之仕，不应，终养十余年。父卒，始投牒，授新宁县。值流贼破残之余，多方招抚安集，士民怀德。解组日，亡以为行李。家居训子，不入公门。年八十余卒。尚书蔡潮铭其墓，孙应鳌表于道。

子文炳，府照磨。文焕知县。孙其宁、以宁俱府通判。之宁府同知。玄孙世华举人。人以为孝子之报云。

知州萧瑛

萧瑛，宣慰司人。举人。弘治间任马隆州知州。尝捐俸以开拓州治，易地以分置民居。解官归，家徒四壁立。

推官韩钰　长史李淮　知州薛潮　知县胡淮

韩钰，普定人。弘治己酉乡举，授推官。持身方正廉平。乞休归田，足迹不履公门，家甚清贫。

同时有李淮，弘治乙卯乡举。性孝行饬，任两京国博，升崇府长史。文章德教，俱有可称。七疏乞归，士林雅重。

薛潮，弘治壬子乡举。历官知州。有声，虽燕居，正襟危坐，不为权贵所挠。

胡淮，弘治乙卯举人。嶍峨知县。在任爱民造士，捐俸筑城。归家教子，睦族助邻。入名宦。

以上皆普定弘治间人。

知县杨樊

杨樊，宣慰司人，成化庚子举人。弘治间知太和县。有能称。时廨宇倾圮，召估金以千计，工以万计。樊曰："姑已之。待明年。"人莫谕其意。春正月，即谕民应造版籍，各令投状。樊察知旧事，吏算里书，应索民数千金，候官累万人。遂亲督写造，毫末不遗。人投力一工，亩科石一片。民视往昔减半费，皆乐于赴工。帑不启钥而事竣，吏人竟不得索民一钱。

同知孙瀚_{子重、孙衰}

孙瀚，清平人。官府同知。孝友纯厚，端直严毅。万历间入祀。

子重，字威卿，正德庚午乡举，绵竹知县。绵竹民生事险隘。重直道不苟，徇俗偃仰，悉出心力。节罢剧，蠲横输，约杂繇，过客厨传，如式不饫。铲蠹锄梗，与相戒不敢犯，缩首遁去，竟以是菙菲君。改国子学正，云南左卫经历。归则携杖屦，徜徉赋诗。垂二十年，谢绝达贵不接。卒。都御史张岳铭其墓，铭曰："君于孙子，曷以遗成都之桑株也？君于子孙，曷以谷波浴乎眉水之苏也？累彼戎荒，惶惶乎上国之光也。绎君世德，信是幽章，曰：唯外史氏之所赐也。"

子衰，嘉靖丁未进士，官至御史。

教授孟震

孟震，贵州宣慰司人。成化丙子乡举，正德间任云南府教授。修洁简默，在任九年，未尝妄言笑。三日一课诸生，令属文，违者辄笞责之。诸生于父兄乡党，稍有违犯，无弗知，诸生皆恐恐守业，不敢嬉游。郡中至今言教规必曰孟师。公两典文衡，六任教职，皆有贤声，士大夫称六学先生。

通判蒋有　知县汪大有

蒋有，普定人。正德间以贡任曲靖府判。革积弊，遗有程规，当道屡旌异材。升镇南知州。居官清慎，弥盗安民，卓有声闻。以疾归政，囊无余蓄。重义轻财，尤笃孝让。

同时有汪大有，正德丙子乡举，授知县。居官清慎，以疾乞休。纂修卫志，是非不爽。著有《陶陶亭集》、《宋元品藻纪略》。

南溪知县路义

路义，宣慰司人，成化庚子举人。正德中知南溪。却馈遗，厘奸弊，修城捍贼，民赖保障。《蜀志》。

蟫衣生曰：予读《四川通志》，路南溪义却赂，击奸筑城保氓。赵叙州远不携妻子，一仆自随，皆有古良吏风。而黔志遗之，则非献不足而文不足也。今依蜀志补传。

通判田谷

田谷，思南水德司人，成化丙午举人①，少颖敏勤学，年十九领乡荐，性方严，精易学，家之子弟，乡之后生，及门受业者甚多。授新津尹，清慎严明，赈穷锄奸，筑城修学。升曲靖府通判，寻以亲老乞归。嘉靖十五年，知府洪价采士论入祀。

通判安孝忠

安孝忠，思南蛮夷司人。弘治辛酉乡荐，授宁国府通判。操持清介，遇事迎刃而解，职董储饷，无催科之扰。时武庙幸公署，府篆劳勩万状，事办而民安之②。寻以亲老，乞归养，杜门读书。年八十余卒。隆庆元年祀。

---

① 成化丙午：嘉靖志、万历志同，但本书卷三十作"弘治壬子"，并认为"成化丙午"之说误。
② 万历志尚有："又遇宁庶人之变，事平论功行赏，孝忠与焉。"

桂林同知赵远

赵远，永宁司人。正德庚午乡举，任叙州府通判，署富顺。天性俭约，甘清苦。官舍一仆自随，不携妻子。节省财力，鼓舞生徒。邑人为立遗爱碑。历官桂林同知。《蜀志》。

知州胡裕　教谕张继宗[①]　主簿陈表

胡裕，安庄人。成化丙午乡举，官知州。时御寇安民有功，归家清苦。
其后本卫有贡生张继宗，任教职，倡正学，严课程，归家教训，成就甚多。
贡生陈表为资县主簿，刚介持身，勤廉莅事，以年老致仕。

知县雷杲　屠峦

雷杲，都匀人。以贡任知县。貌古心纯，博览群籍。丞黔阳，令浪穹，两地俱立生祠。
后有屠峦，亦以贡任知县。廉介不阿，正德间尹江夏，因忤刘瑾调芦山。省刑均徭，兴学赈饥，善政种种。时天全招讨高继恩等合围攻城，峦守御有方，城赖不陷。芦人立遗爱祠祀之。

知县杨鸾

杨鸾，威清卫人。四川云阳知县。器度宏雅，莅政循良。乞休，四十余年，公门绝迹。卫之仕宦，多出其门。

汉州知州杨文

杨文，平越人。正德中开县训导。摄县事，蓝贼猖獗，薄城，率众力拒，城赖

---

① 张继宗：万历志作"张维宗"。正文同。

以全。升东乡知县，流贼劫掠，文多方筹画，卒擒首恶。寻升汉州知州。历官一十八载，囊无余赀。

知州华刚

华刚，都匀卫人。监生。正德间以杭州府判升弥勒知州。明察强毅，有为有守。十八寨贼首阿勿等闻名丧胆，输纳逋税。期月间，法令大行。惜以狷介见忌于郡倅，卒于官。州父老至今颂之。

教授周武卿

周武卿，兴隆人。正德间任教授。造诣高明，践履笃实。铸铜器以供祭祀，让祖居以睦弟兄。亲老乞休。万历四年入祀。

耀州知州陈文学

陈文学，字宗鲁，前卫人。少事阳明先生。正德丙子乡举①，知耀州。三年调简，不果赴。杜门养痾，一切世故罔预。稍闲，即与圣贤对。倦则觅故纸，临古法帖以自娱。宾或至，下榻清话，论文谈诗，博弈啸歌，随意所适，至忘暑刻。虽啬于治具，亦未尝不欢洽也。自耀归，日者言岁将不利公，自作《五栗先生志》，五栗者，公号也。后二十余年始疾。有客问疾，谈笑慰藉。先生曰："别矣，善自爱。"客去，危坐而逝。所著有《耀归存稿》、《余历续稿》、《孏簃闲录》，今统名《陈耀州诗集》。

蟪衣生曰：予读五栗诗，有《赠汪识环歌》云："慨昔阳明翁，过化此边疆。崒嵂龙场冈，夙愿终当偿。驾言道阻长，吾道歌沧浪。"又《借阳明集》诗云："不拜先生四十年，病居无事检遗编。羲文周孔传千圣，河汉江淮会百川。"则五栗之学有自来矣，五十作自志，宛然五柳家风。晚年自名孏簃生而自序曰："沙中淘金，簸中取粲，入眼不烦，于时有补。"其自任良亦不小，岂徒作黔中一诗翁乎哉！

---

① 正德：原本误作"弘治"，据本书卷三十改。

重庆府同知范府

范府，字季修。贵州官籍，湖广宜城人。正德丁卯乡举，授巴县学谕。大贼蓝鄢起，都御史见素林公召置戎幕。一切章奏口授代草，抚剿机宜预议。未几，丁艰，去。补遂宁令。遂宁东，去县治远，民多不驯。府为谕善良，剪强梗倡乱者，居民贴然。增修石城，不费财，不妨农，而功就绪，至今屹然。升雅州知州。芦山县邻天全招讨司，先是，招讨使高文林及其孙高维恩等占芦山土地，频年劫杀，朝命讨之，游击将军曹某与战不利，士兵屯雅，大为民害。府乃请于当道散之。身入招讨司，与副招讨杨世仁约兵夹攻，文林夜奔，缢死林莽。继恩逃，诱六番作乱。府行间设伏，卒擒继恩。复为芦山修城，其壮固亦如遂宁。升重庆府同知。未几，致仕归。城外二里许有唐山洞，与乡士夫耆彦能诗文者约为溪山诗社。久而成集，因名《唐山倡和》。卒，所著有《唐山楚辞乐府》诗集，藏于家。

蠛衣生曰：范季修四仕，俱官于蜀。其圹而葬也，陈御史讲碑之，席少卿中传之，谢督学东山铭之，杨太史名表之。呜呼！可以观人心矣！蜀士哀章盈帙。今附杨公名一篇。

编修杨名挽诗：湛露凝蓁薄，玄云暗郊丘。哀雁自南来，飞绕城上楼。口衔三尺缣，顾我鸣啾啾。展书细玩之，点画如林璆。乃知唐山翁，已作瑶池游。读未及半幅，淋浪双泪流。吉人亶多福，神鬼或相仇。功高位不副，才大时难投。古来事每尔，英雄奚疑忧。倚剑赋七哀，击案歌四愁。独有百雉垣，惠泽千年留。愿以循良传，遥缄慰九幽。

推官张浚

张浚，安南人。正德丁卯乡举。魁伟沉毅，举动光明。任福州府推官，骨鲠有才，民皆颂德。以改调，遂不复任。捐金助贫，绝迹公门。

同知唐彝　邵华谱　吴鸿儒　孙科

唐彝，字天彝，普安人。正德丁卯乡举，历官府同知。资性坦夷，不事表暴。渊才茂学，居官有声。动循典章，雅尚恭俭。纂修实录，绰有史才。

邵华谱，正德丙子乡举。笃学清操，超然不群。如释商人之诬盗，发妒妇之鸩夫，皆其政绩之可纪者。以子元哲贵，赠参政。

吴鸿儒，字文伯。嘉靖乙酉乡举。天资仁厚，操履端方。气温色和，信道明义。家庭之间，克笃孝友。精于三易，后学多出其门。

孙科，嘉靖己酉乡举。甘贫孝母，久暂不渝。巡抚王净以檄褒之，有"一介不污"之语。

以上四同知皆普安人。

沈济

沈济，普安生员。志向高明。养乡邻之穷独，殡朋友之亲丧。出积赈贫，置田睦族。

达州知州杨振文

杨振文，宣慰司人。嘉靖壬午乡举。守达州，政平易，不事苛刻。岁频旱，又多虎，责躬祷神，雨随注，一日虎毙者三，民德之。终临洮府同知。孙秉钺，云南副使。秉铎，同知。起瀛，举人。

同知刘恒

刘恒，宣慰司人。嘉靖乙酉乡举，任府同知。谦恭正直，以母老乞归。部民保留弗获，为立遗爱碑，以识去思。家居四十余年，屡举宾饮。以子秉仁贵，封右佥都御史。

教谕朱卿　同知朱官　知县伍咸　陈嘉略[①]

朱卿，安庄人。居家仁让，处事和平。嘉靖间以贡为涪州校官，称名师云。

同时有同知朱官，嘉靖戊子乡举，历官府同知。以母老归致，乡评推重。制祭器于文庙，置义田于家塾，每多义举。

---

① 陈嘉略：原本作"陈喜略"，据嘉靖志、万历志及本书卷三十改。正文并改。

知县伍咸，嘉靖己酉乡举①，峡江教谕。捐俸修学，分膳周贫。升南川知县，改泮庠，新城郭。士民立生祠，入名宦。

陈嘉略，嘉靖丁酉乡举，授睢宁知县。筑城平盗，多有异政。亲老归养，训子著书，修学建桥，乡人称之。

以上皆安庄嘉靖间人。

府同知潘大武　知县潘□

潘大武，普定人。嘉靖戊子乡举，知江油。平易近民，片言折狱。城中多火灾，大武拜而火息。白去平番戍卒及金井夫银，民到于今便之。升赵州知州，历官曲靖府同知。致仕《黔志》作资阳知县。捐祖业让于昆弟，倡明乡约以联族里。

同时本卫有潘鏊，嘉靖庚子乡举，授保山知县，治政有声。保山有保民歌颂去思碑。升台州，以疾告休。归日，台人自以车马丁力远送千里，不忍舍去。居乡，孝友著闻，信义推重。

知县文彦镐　朱俨　史载泽　推官徐敷政　封副使姚璋

文彦镐，新添人。以贡知威远县。弥盗安民，政声大著。坐事去官，部民为之号泣遮道。

同卫有朱俨，以贡令伊阳。好士爱民。嘉靖初，上南巡，道伊阳，极力支持，钦奖"治行天下第一"。

史载泽，以贡任武隆知县。居家孝友，入任廉勤。自丞而令，由壮而老，终始一节。

徐敷政，正德丙子乡举，任成都推官。莅官清慎，居乡恭谨。好汲引后进，多所造就。

姚璋，幼业儒，长以养亲故弃之，教子成名。嘉靖中以子贵封副使。谦慎自持，卓有古风。

以上俱新添人。

---

① 己酉：原本误作"乙酉"，据嘉靖志及本书卷三十改。万历志作"乙酉"，但"乙酉"栏中却仅列李大经一人，而伍咸则排在丙午科后，当是误书。

知州李辅

李辅，宣慰司人。正德庚午乡举，嘉靖初知苍溪县。岁歉民穷，盗贼纷起，辅捐俸赈贫，推诚驭众，盗自解散，民亦底宁。升嘉定知州。

通判蒋廷璧

蒋廷璧，字文光，普安人。嘉靖壬午乡举。由青城教谕历国学，升元江通判，遂恬退不仕。以子宗鲁贵，封户部主事。孝友端方忠信，修俭约，寡言笑，耻谈人过失，一时士类景从。淑其教者，多所成立。尤严毅教子，详著家训、政训等书。子宗鲁，官都御史，别有传。孙思忠、思孝俱以科第起家。

唐荆川赠诗：早游乡校已知名，曾与宾兴听鹿鸣。修行明经为博士，夏弦春诵课诸生。官无鼎食千钟愿，老有乡园十亩情。更笑赢金何所用，仙郎作吏比冰清。

府同知许奇

许奇，字文正，贵州卫官籍，泗州人。嘉靖辛卯乡举，授巨津知州。巨津夷地，故无署。公寓滇，借寇之橛，交驰道路，若太和、昆明、邓川、赵姚，皆公寨帷之地。大著廉干声，五载忧去。复补禄劝州。四载，迁顺庆同知。公性谨厚，亦大有执持，若事关利害，持之更急。会有大寇为民害者，业已就擒，广行贿，嘱为解。监司欲释之，公力陈不可，遂大忤监司。又盐课无征者，院议均摊于粮。公建白以为：课生于井，粮生于田。齐民无业于井，而使代盐，是甲疽而乙之困也。又大忤直指，免官归。以伯子一德贵，封御史。

一德，辛未进士，御史，副使。仲崇德，知县。季裕德，府同知。公卒，左使王公来贤铭其墓曰："昆山蓝田，连城附丽。如执左券，如取诸寄。子孙绳绳，衣冠如云。荀龙峥嵘，燕蟾芳芬。霁虹浚流，南峰织文。佳城葱郁，九原若堂。三秀发祥，枝叶辉光。请视贞石，高风永长。"

蟏衣生曰：许顺庆初授巨津，夷而无署，困矣。九载巨津，禄劝益困。九载州守，稍迁郡丞，犹然五品也。则又困。而又以忤监司去。则又困。乃知其困而亨者故有在邪？伯子柱史，而公以柱史尹令郡丞，绳绳振振。而公以八十令终。仕宦务速化而改步顾矩以就之，视公愧矣。

府同知雷鸣阳

雷鸣阳，永宁卫人。嘉靖丁酉乡举。少失怙，笃孝事母，居丧庐墓，感甘露降宅，有记。后官浙杭郡丞，卒于官。杭人哀之。缙绅挽章云："累筹海寇输忠悃，一战淮阳夺锦襄。"

知县王效义

王效义，毕节卫人。嘉靖间任富民知县。悃愊无华，性惟恬静，历县二载，囊无余赀。解组归来，甘辛茹苦，不改其素。

教谕李纯

李纯，清平人。任教谕，孝友温恭，笃志力学，捐俸赡族，抚育遗孤，不事华靡，有古君子风。历官三庠，以身立教，去任既久，人犹思之。保康、洪雅二学俱祀名宦。

主簿戴璧

戴璧，印江人。嘉靖间以贡任富顺主簿。谦恭孝友，不愧古人。常寓燕邸，同旅病甚，璧亲尝药饵，顾念益虔，同旅得不死。且同寓甚久，相对如严宾，其惇厚类如此。学宪谢公东山闻其人，尚慕之，及按部，璧已逝矣，遂檄所司迎祀。

知州姚大英 同知丁文华

姚大英，乌撒卫人。嘉靖丁酉乡举，永昌府推官。视府篆几二年，清介不染。按季校诸生，毁淫祠，清吏弊，人心悦服。及迁忠州知州去，士民泣送者载道，甚有至二三程不忍释者。在忠州，守官如永昌，莫夜却金，士民交颂之。万历十四年，崇祀乡贤。云贵《通志》俱载。

同时本卫有丁文华，嘉靖壬子举于乡，官至府同知。历任广元、犍为、蠡州、成都，皆有政声，所在有祠。

府同知罗廷贤　任效忠　知县郭宗荫

罗廷贤，思南人。嘉靖壬子举人。行己以圣贤为律，饭蔬衣布。事孀母，视寝疾，身不解带。育训幼弟明贤，不就外傅，业擅明经焉。历官府同知，卓有贤声，入四川西充县名宦。万历二十年祀乡贤。

同时有任效忠，嘉靖丙午举人。性孝友，敦行谊。历官府同知，精敏廉慎，伟绩懋著。祀乡贤。

郭宗荫，嘉靖甲子举人。端方耿介，事伯兄以恭谨称。少读书，独处一室，邻婆有奔者，正色拒之。断蠡刻志，布素戒奢。振铎邛州，峻却修赆，捐俸济贫士王翰等，皆尸祝其家。擢令邻水，倡正学，奖节义，褚国宾等遮道攀留，竖碣以永其思。挂冠林下，弥励清修。绝迹公庭，不为私谒。蔽屋三楹，荒田八亩，居然寒士，可以风矣。

以上皆思南嘉靖间人。

赠御史李梅

李梅，字元年，贵州前卫人。为诸生，累试高等，三十年竟不偶。会从孙蒙亨举于乡，遂谢学官曰："李氏读书，今有种矣，何必乃公？"杖策携蒙亨至燕，道出桃源，蒙亨方就婚令舍，令父行事公，留公，为扫除外舍。舍人暮夜引百金为公寿，公叱去之，绝口讳其事。令廉知之，大叹服。伯兄官大宁谕，卒，公奔赴迎榇归，中流舟覆，公身翼榇浮水上，誓与遗骨俱葬江鱼。已，救至，得免，若神相之者。业师家病疫，死丧相寻，舍人咸避去。公曰："死生有命，在三之义，宁能恝然也？"躬医药调护之，卒亦无恙。公以子时华贵，封重庆推官，没，祀乡贤。万历辛丑，覃恩赠御史。

举人吴铤

吴铤，都匀人。幼孤，鞠于伯氏嘉善。初从桐城归，尚未知名。时邹公尔瞻谪匀，得铤卷，击节曰："此黔第一士。"闻者骇之。已，督学李公学一、冯公时可后先校匀士，俱首铤。万历壬午，举乡试第一。邹公时劻以正学，铤默然颔之，不吐一语。邹公去匀，铤益下帷自砥砺。圣学有图，日课有纪，五经手自抄写，匀士多从之游，铤亦毅然以师道自任。夜潜坐，常至鸡鸣。一读书，声朗朗彻晓。思及父母早圬，泪沾沾下，坐是多病。连上春官不偶。卒，亡以为殓。同年侍御李公时华助之归，邹公铭其墓曰："有鸟于此，其文五色。宜瑞王国，鼓翼何之。俾吾求其故而不得，君岂厌尘寰之偪仄者邪？噫！"

蟆衣生曰：都匀开郡以来，未有发解，发解自吴生铤始。未有拾遗，拾遗自陈给事尚象始。然皆立雪邹门者。尔瞻不幸谪匀，匀幸尔瞻谪而成二贤也。常衮入闽而欧阳行周著，韩昌黎刺袁而卢肇易重显。古今贤者达材，岂异轨乎？

黔记卷四十八目录

乡贤列传五_{文苑}

黔记卷四十八

泰和郭子章相奎父著
汉州宋兴祖汝杰父正
贵溪毕三才成叔父校

乡贤列传五　文苑

佥事邵元善

邵元善，普安州人。嘉靖癸卯举于乡。初为嵋峨知县，升户部郎，谪通州，改涿州。以诬被逮，释之，谪辰州府通判。四十五年，吏部尚书严讷言：今考察后，惧杂流冗职尚有遗良，乃创立访单，发来朝官，令各举所属府佐以下治行卓异者，送部议处。盖位卑禄薄之臣，或自弃于进步之有限，或自懈其作兴之无由。苟且隳随，无足过责。而中有克自树立者，非豪杰不能也。故国初有以典史擢都御史，如冯坚；以直厅历布政司，如王兴宗者。臣亦欲仿此意，间超擢一二，以鼓其志。如此则斥幽也，觐典之外，又施于不测；其陟明也，资格之外，又加以非常。清时盛治，裨益不小。

至是，乃擢元善为四川佥事，盖以治行卓异超擢，从近例也。公长于词赋，州南三里有碧云洞，外狭内旷，悬崖怪石，不可名状。公暇为之赋，序曰：

碧云洞者，玄深奇绝。吞纳众流，中含万象。呈美表趣，不可胜殚。昔天官太宰涪陵夏公书其壁曰："天下奇观"。名实不爽矣。然以地处幽荒，曾不能接太史之迹，而名列于图录。所谓托非其所，岂虚语哉！伸纸作赋，冀有表于方来云。

推古今之物理，慨巨灵之神元，莫万汇之位置，配真宰之自然。惟兹洞之奇妙，非此胡其谁先？承滇首黔，面坤负乾。吞三川而为一，纳万壑之风烟。翠屏当门以危立，云石历乱而悬垂。郁颒洞而喷出，髩重沓而翔飞。青黛绿玉，焕采生辉。显敞曈昽，乍明乍蒙。践莓苔而始入，迥然蹑蓬莱之仙宫。飞流澎湃，溶溶落落，挂清光于露壑；晨光熠燿，烟霏漠漠，象启明于阊阖。尔其峭壁如肺，厚薄殊形。击之而神钲清越，扣之而球玉哀鸣。杂流泉其间奏，恍闻广乐于洞庭。绿波澹澹，金沙淋漓。当盛夏而凝沍，入隆冬而温熙。此其洞灵之醖酿，而气候之均齐也。轶陵阴之地室，穿窈冥之洞壑。上峣峥以垒嶬，下薪岩而嵒崿。眇尘世之踪迹，分洲渚其脉络。虽假曝于松膏，乃须史而有获。足进目朗，豁然阳开。划天梁之高馆，伟造化之鸣裁。纵耳目之观听，骇神职之恢愶。仰矫首以高视兮，目冥眴而亡见。徒徘徊以徨徨兮，魂眇眇而昏乱。于是敛衿危坐，发盖挥尘。凝神定志，以游以观。望天窗之洞启，漏阳灵而逆射。中无微而不照，灿明珠之不夜。既沉溔以燋朗，亦鸿纷而糺错。恍天宇之浩汤兮，厥高广而不可虏。量度汤汤，惊波滔滔。骇浪触石则电激雷奔，安流而渊渟演漾。夏潦既尽，澄潭载清。漏石分沙，坐空明而数游鳞。飞濠梁之逸思，得世外之闲身。沉波潜溢，去无止极。嶒石清澜，此焉游息。辚辚珍台，目以流云。越潢溪而超陟，聊肆志以怡神。景炎燎烛，浮烟满宫。祥光灝气，浮游空中。信鸿笔其莫状，何绘事之能容。乃有碧眼胡奴，依倚岩阿。仪状突兀，舞袖婆娑。西方佛子，东土大士，或踞石而趺跏，或蟠崖而仰啼。绝壁岩岩，有龙升天。华盖垂珠，鳞甲新鲜。虎豹狮象，大小殊状。斯乃灵液之所融结，故经岁月而益长。石龙之下，悬水之滨，晶石为田，畎亩匀纭。高低连络，沟滕困轮。天草琅玕，罗列缤纷。酌玉醴以解渴，茹芝英而颐神。将呼龙而鞭虬，乘云雾而为霖。寻不死之大药，冀古仙之所云。削壁嵌空，鸟道才通。宵然一窍，而莫知其所入，非夫羕门赤斧其奚从？炼丹遗灶，紫泥旧封。丹器毕具，烟霞丰融。虽灵仙之幻蹟，亦谲诡而奇工。天窗之里，浮屠崛起。上柱天极，下帷地纪。界天光而两分，盖日月之所蔽。弥乃若层级之状，玲珑之象，大小远近，疏附拱向。青莲倒垂，缁衣揖让。尽般茧之苦心，曾不能万一其模仿者也。天宇晶莹，玉雪飞空。浩然上覆，并包兼容。灵奇恍惚，变现出没。丘阜奥窟，施靡延属。容光所遗，兰膏是续。尔乃结裳揽衣，岑岑高跻。猿猱避迹，潜虬登梯。仰通天而直上，俯万山而皆低。坐石床而少憩，复回眄以神迷。但一气之鸿濛，分仙凡其在斯。吾亦莫测其神妙之若此，即方壶蓬岛其谁知。想八骏之皇舆，泛览乎昆仑之墟。遗神州与赤县，即黄帝之仙居。倘荒忽而谬戾，即比况其焉如。远眺川原，平楚寒烟。林麓之饶，弥皋被阡。沟洫脉散，沃野坟腴。黍稷油油，芳树离离。涌川汇渎，渺渺悠悠。水当春澹渌，花夹岸而芳柔。周道临溪而纡曲，恣士女之行游。拟桃源之幽秀，岂金谷之人谋。

乱曰：仰止至人甘遁藏，韬名晦迹含玄光。遗世独立还太清，何必飘举朝玉京。广入空同与世忘，涓栖岩壑褰众芳。徐入海岛隔渺茫，大药可就天难升。今者不乐将何营，御风而行徇我情。佩兰纫蕙杂杜衡，枕石漱流调丝桐。拳石可娱矧洞中，于焉逍遥以徜徉。

所著有《贤奕稿》二卷。

蟫衣生曰：予将作祖陵，往来淮阴。时邵佥宪弟哲为淮守，出示佥宪《碧云洞赋》，微独词丽，其行书宗《圣教》，序称二绝云。佥宪为司徒郎，谪为涿州，逮必无能俯仰于世。至为辰州，以卓异超迁，杰然离伦，而惜其未竟用也。

知州周文化

周文化，字元叔，贵州卫人。万历间滦城知县，邓川州知州。有治行，不见知于世。作《蜉蝣公子问答》。其辞云：

有蜉蝣公子言于空谷大夫曰："盖闻没世不称，见疾于尼父；为事无功，不信于淳髡。斯传记可考，非无据不征。子大夫领郡南荒，身为远臣，亦既三载于兹，日月斯征矣。吾见子卧不暖席，口不啮肥，手足濡于泥涂，鞿勒御于艰危，瘴疠之与游，豺狼之与窥，颜色憔悴，年齿凋摧，可谓殚心竭力，正直不回。而乃偃蹇困抑，声誉不彰。上之不能辉煌荐牍，奋扬乎天路；下之不能需次稍迁，按辔于康庄。而徒甘守寂寞，候察眉睫，杀人受诬，盗饮起惑。何抱璞若斯，岂居珍有说，子不见巧宦者乎？速若羽化，便若转圜。乘坚曳缟，排闼叩关。纵碧鸡之辩，骋黄马之谈。暮处岩穴，朝入鹓班。气慑纤纩，见移衡权。宠赂公行，淫朋是攀。方春丛零叶，倏寒谷成暄。怀如风和，亲如醴甘。靡不网户朱缀缬闟，冲云金膏翠羽，奇怪夺目。荣过景倩，富垺陶朱。藉雁鹜之稻粱，倾玉罍之余沾。露鸡脁蠵，蜜饵粔籹。陈钟按鼓，齐容郑舞。轶翅碣石之鸿，附力冀北之驵。袭影响为步骤，邀末光来趋附。斯非世俗之雄者欤？故能圆者，则颟颐瘛颠，洟唾流沫，可以获遇。瓮牖绳枢，筚门圭窦，可以得志。其不能者，即龙翰凤雏，兰蕙雪白，视之若游尘。金玉渊海，鹴鷬河汉，遇之同土梗。故嫫姆献妍，明妃胡语。伯嚭专柄[1]，子胥积毁。燕石昂值，楚璧堕地。瓦釜雷鸣，黄钟毁弃。物不在真，明有所遗。而子绝俗守株，舍彼务此，固难以取贵矣。吾为子怜之。”

空谷大夫仰面笑曰：“鄙哉陋乎！宵貌脆体，罔超于埃壒。弃辅遗毂，行困于泥滓，殆谓子邪？听子之为我谋也，其始也，若聆桑濮之音，久之使人志荡，志荡而善心亡矣。若视美曼之色，久之使人神移，神移而正理解矣。若为陇西之游，久之使人意躁，意躁而远道悖矣。若效越人之射，久之使人力竭，力竭而上往阻矣。圣人恶紫夺朱，恶郑乱雅，子言岂合于轨者哉！夫忠臣报主，致身为美节。贤士行己，规名为深惭。是以大易致赞乎盈缶，诗人垂戒乎素餐。明道不以计功，正谊非以谋利。尽瘁存乎我，成败非所知。而后可无愧于往哲，轨道于所趋。且夫燃藜蔀屋[2]，钻研一经，受知有司，作宾鹿鸣。挟策天曹，分符王庭，饩廪称事，鞶带实荣，将冀其输芹曝之愚也。而使静言庸违，放诞邪僻，荣利蚁附，蹇难鼠避。寻靡蓱而为能，削棘刺而为欺。摇尾乞怜，甘昏夜之求；内荏外厉，骄白日之气。贻承福所讥，逃距心所罪。知溪壑可盈，而罔知清议可畏。斯于身图之计，较然弗爽矣。语以臣道，莫齿也。故五乘受赏，舐痔则难；好官足美，笑骂则滥；兼爱为合，摩顶则俾；容悦可全，脂韦则懦。谓枉尺而直寻，戒画虎而类犬。宁铅刀之无割，愧颖处之先荐。语曰：鱼熊难兼，陇蜀过望。吾是以不敢以匈匈而易其行也。且子习见者巧耳，亦宁知有危道不邪？方其掩人不知，乘人病盲。饰贪鄙为廉节，务矫诈为公忠。扑取孔方，骤猎名秩。时人谓其多才，鄙士指为贤特。及其图穷匕见，水落石出；器小致寇，量满折足；势去亲背，利竭交疏；爨桂干斧，落箕蒙族。或谥同鸱枭，或恶并梼杌。家殆身颓，誉堕名辱。冰释火烁，瞬息旦暮。世俗雄安在哉？故宋人饰宝，观者掩口。卞子遭刖，连城必售。玉韫山辉，珠含泽媚。真伪枉直，诚中形外。是故夷齐以采薇流芳，景公以千驷无称，颜子以屡空致誉，盗跖以牖下殒身，鲁连以千金逃辱，仪秦以颊舌干名，屈原以行吟悟主，范雎以游辞希君，石门以奉职约己，雍渠以刑余骖乘，贾谊以积薪流涕，公孙以布被欺人，申屠以材官蹶张，武安以负贵滋横，张季以长者不阿，君房以怀诈殄行，仲舒以王道陈策，充宗以口辩饰经，朱云以倜傥励节，禹山以泰侈望深。与其行私忘忠，孰愈葵藿自献，行无愧影？与其封殖自

① 伯嚭：原作“帛否”，据贵图本改。
② 且夫：原本作“且吾”，据贵图本改。

私，孰愈松柏为心，岁寒凛凛？况乎升沉有数，富贵有命。一金之产，不可偶得，天爵之重，胡可侥幸！方朔九尺而囊粟以比朱儒，蔡义俯偻而扶夹以佩相印。子云穷玄而取讥，千秋一言而蒙幸。冯唐老尚为郎，终军少而亡任。瓜并蒂而大小殊，果均枝而华实寀。彼默默各有司存，固冥冥厥有定分。作伪者徒劳，奔竞者日困。吾惟顺造物之自然，明苦节以守正。虽九载不迁，无一芥含愠。故曰：'智周通塞，不为时穷，才经夷险，不为世屈。'此之谓也。"

乃击节而歌曰："大音缅邈兮，掜咬斯陈。鲍肆弥殠兮，荪荃掩芬。凤皇路穷兮驾鹅腾，泾以渭浊兮世路昏，人既定兮太皓明。桃李何言兮？塞马何心？吐吾赤衷兮，无汲汲而营营。"

蜳蟭公子闻之，怃然起而拜曰："嗟乎！世俗之蔽也，久矣。绎子之言也，昭然发曚。吾自是乃知子矣。"

公为诸生时，才气郁勃，即已工吟咏。宦游燕滇间，辄有稿。脱组归里中，独慕唐人五七言律，随题步韵，久而成帙。乃自为引云：

曩予官恒山，侍御粤南刘公携楚人刘洞衡《和唐诗》三卷，向予曰："此子无亦楚才，非欤？"予退而再绎其风韵，亟美洞衡能操笔墨抗礼唐贤，亦足夸诩一代。暇时偶效为之。因自惟拟唐人诗必履其境，熟其事，若出彼口吻，不见时代之异。不独叔敖衣冠，新丰鸡犬，而后可称唐句。又必欲别出一意见，另一景色，能发唐人所未发，而后可无雷同。不然，束缚步趋，直更易数字，便谓赓唱。是殆杨太史所谓物有应声者，虽无作可也。顾予肤浅荒疏，腹如悬罄，徒慕昔人才情，啾啾乱鸣，同于蟪蛄。刓官同仪封，人日仆仆。雅拜道左，从何高咏，得出佳句？以视洞衡，尚逡巡未能仿佛，又何望唐人藩篱。会业已成稿，不欲弃，遂分为四卷云。

所著有《邓睽稿》、《和唐题韵》、《紫亭杂稿》，藏于家。

蝚衣生曰：予读唐诗，如杜之《秋兴》，崔之《黄鹤楼》，李之《凤皇台》，皆云绝唱。邓川皆有和，和皆逼真，体裁俊爽，飒飒洋洋。假令置之唐人集中，孰唐孰明？唐诗百家，黔无一焉。我明，黔遂有一邓川，明风远被，视唐宏阔矣。

长史刘汝楫

刘汝楫，字济卿，宣慰司人。嘉靖戊午举人，历官长史。长于文学，所历山川皆有纪述。念贵州久沦夷服，高皇帝开之，大有造于黔，作《开黔颂》。其乱曰：

　　夫黔省之在今也，郡邑胪列，文治蔚兴，观风者率以方驾中州目摄之矣。第沿流而未溯其源，恶知我高皇帝开辟神功，乃判洪蒙，首万古哉。盖黔与滇，同为南徼，而滇尤远，乃滇之通籍，自汉已然。黔惟仅著名号，条置规设，未之经见也。至我皇祖洪武初，命颍川侯傅友德将大兵由辰沅直捣云南，而黔之西以定。命都督胡海由永宁趋乌撒，而黔之北以定。命江阴侯吴良克平铜镇溪洞百余砦，而黔之东南以定，始建行省。扼三藩之吭，为绾毂之衢。第旋服旋叛，卒无宁岁。复厘庙画，诏徙江南六郡良家子三户垛一，以实黔中武卫。又诏天下游商随在隶民籍，不则勒令编伍。缘此黔中夷貊之区，萃都夏冠裳之族，重以列圣相承，道化熙洽，肆旸爽暗昧得耀光明。迄今风气日开，人文渐朗。其中毓产，实自上国而来，然其地则本靡莫也，其夷则犹罗施也，竹赍辖镯之辈，得无仍此以蒙诟邪？乃我高皇帝瞵视兹土，矫矫龙造，旁魄昭回，良有不容逭侁者。臣敢再述其详。黔中孔道，惟三楚入自镇远，滇入自普安，蜀入自永宁，咸设卫御，以达会省。其中郡邑，悉自洪永时奉诏隶籍者，绝无土著之人。独思石、黎平界在楚蜀，稍有十之二三，此外则亡已。且自洪永以后，如镇算都凯诸苗，不时为梗，幸惟郡卫守御，绝无非族，乃得据要害以扑灭之。倘使夷汉错居，窃伺扃钥，又将若宋元以前，三藩孔道，阻阂不通矣，曷有今日乎？第有谓六诏百粤，亦多自国中徙也。而夷有徭僰，鳞介而冠裳，侏傀而弦诵矣。黔胡不然，岂知黔中夷獠，崖峒扼塞，丑类最殊。故若徭若僰，汉唐时已知效顺，独此类也者，迨国朝以天威震叠之，屯卫戍守之，乃克臻此。昔人云：事有不可类推者，螟蟊负螟蛉，奔峰不能化藿蠋。今若以滇粤之夷与黔并较，是执螟蟊而期藿蠋以速化矣。窃又辟之植五谷然。始也芟丰草而种黄茂，继则黍稷茂而荼蓼朽，此盛则彼衰，非谓化荼蓼为黍稷也。黔之为黔，盖如此。总之，圣祖宏远之识，迁徙之劳，开创之烈，皆遐陬萌庶所当绎思而宣扬者也。谨拜手稽首为之颂曰：

　　粤稽在昔，实繄鬼方。稗史有纪，厥类惟犵。历代羁縻，罔入版章。洪惟皇祖，圣武奋扬。望风授首，衔璧来降。蠢尔巨测，或时跳梁。乃诏南郡，子弟惟良。徙实黔服，本固干强。累朝化洽，寖炽寖昌。彬彬文物，灵萃五方。地故荒徼，人实中邦。缘我圣祖，明哲煌煌。迁兹有众，控扼殊疆。作屏攘别，坦彼周行。名藩雄峙，肇辟洪荒。先天开人，太皞轩黄，百千万禩，颂德靡忘。

　　黔故有圣泉，日百盈百竭，御史王杏为之赋，汝楫复为之记。记曰：

　　黔筑圣泉，游者步自西郭。沿溪流，蹑石磴，可五里许，当嶜砢叠嶂中，一泓自石罅迸出，汇为方池，日每潮汐无停。好事者置石鼓其内，潮溢咫余，下至鼓之半而止。通昼夜计之，凡百次，《弇州录》名"百刻泉"，《一统志》称"灵泉"。大抵泉名自人，其百刻为期，则亘古无易也。

余自髫年游其地，每偕众，诧之。第私心又谓他境有然者，亦不甚异也。迨后周览吴、楚、燕、齐之墟，历考职方记载，乃知圣泉灵异，独黔筑为然，允矣，大块中奇绝也。盖宇内名泉，若汤泉、火井、瀑布、趵突诸类，泊陆羽所品次，靡可偻指。特壤界色味稍殊，而无潮汐。惟漳浦蜡湖、侯官潮泉、钟山应湖、连州潮泉，固亦消长有期。而其地濒海，乃缘海为潮汐，泉不得与也。若池阳湖泉、章贡三潮、安宁海眼、乐平凤游、荆门蒙泉、郴州潮泉，吾乡龙驿潮井，去海悬绝，似与圣泉为伍。第彼潮候仅再至三至，亦未有百刻消长，别具一橐籥者。则圣泉之灵且异，在别境宁复有此乎？

观者探其故莫测。或谓如汉阴丈人所云：其中有机械焉。余曰：泰山磐石，莫当雷水，谓其久则陵葬也。按《泉志》，讫今二百余禩，即机械，窦中水石冲激，安能百年无故？此其说无当已。

余意寰中地形，若人一身，其在西南，昆诏其首，中原其腹，青冀其足也。黔筑居首下腹上，当以吭名。夫吭于人身，盖神明之关也。是故环四海，周八埏，精灵之窍，独于黔筑发之，而有圣泉之异，理固然哉。或谓地域广轮，罔知纪极，圣泉勺水耳，何独于此呈灵窍？曰：础润而滂沱至，壶冰而巨泽坚，小固可以验大。且堪舆家蹑跷脈龙脉，蜿蜒千里外，玄针所注不越毫芒，勺水虽微，不函地轴邪？

抑又闻昔人志水枢，系以材品，测香辨味，则异产可卜焉。圣水良异矣，将不有苞奇毓秀，丕显地灵，俾之雄视西南，为宇内一大式廓，而与斯泉相符应乎？即今省郡，规模日恢，人文竞耀，其兆盖可征也。余敢识此，以俟庶后有睹验，不谓今日无前识云。

公从其子元清宦齐鲁，作《东省三图纪》。元清今为景东同知。

蟪衣生曰：《焦氏类林》云：安宁州潮泉一日三溢三蘸。连州水下流有斟溪，一日十溢十竭。贵州城外有漏沴，一日百盈百竭。应刻漏，乃又名"百盈泉"。予暇日与宋方麓柱史往观之，候盈候竭，偶雨集井溢，仆夫趣归。言百，举成数也。

黔记卷四十九目录

乡贤列传六_{武勋}

指挥刘翀　张贵

陈晟

都指挥吴庸

都指挥金桂　何瑛

指挥孙礼　史昂　严胜　丘润

指挥吴珍　守备桑盛

指挥丁祥　李瑞　王谦

指挥狄俊　张晟　贾武

守备杨芳

都司华升

指挥李斌　周节

守备邵鉴

参将何自然　胡璋

黔记卷四十九

泰和郭子章相奎父著

汉州宋兴祖汝杰父正

贵溪毕三才成叔父校

乡贤列传六_{武勋}

蟪衣生曰：明兴二百余年，贵州武功积官至都督者六人：石虎，烈矣。身经五十阵，斩馘数千级，铜苗两勤王师，至石始定，厥功最懋。莽张次之，麓川之征，乖西之抚，皆其功之荦荦者，特身未总兵符耳。王通、郭贵、杨仁又次之，烂土裂为州县，迤西桴鼓不警，凯口平而复叛，通、贵犹仁之兄乎？安大朝又次之，旧志亡传焉。今特表六人者于传首。自王璧、张朝以下，或参阃，或守备，或开创城池，或转输刍粟，或登埤墨守，或捣坚输攻，旧志所载者仍为胪列，作《乡贤武勋列传》。

六都督传

都督张任

张任，贵州卫指挥。骁勇有材略，尝遇虎据林吼，众莫敢撄，任独持枪刺之。时称"莽张"。正统六年征麓川，功升贵州都司。景泰三年征香炉山，又抚乖西等一百七十三寨，升参将。天顺元年升都督佥事，充平蛮将军。卒，赐祭，遣进士钟震造坟。

都督王通

王通，新添卫指挥。春容简重，累著军功。历升都督佥事，充总兵官，镇守贵州。弘治四年，烂土司酋乜富、架重、恶龙等十二人乱，纠苗猖獗。巡按御史冯玘以闻，诏都御史邓廷瓒，镇远侯顾溥及通调川、湖、云、贵、广西五省兵平之。详廷瓒、溥传。未几，通引年致仕。

都督郭贵

郭贵，普定卫指挥同知。机敏有能，守备普定等处，累功升都督，充参将，镇守贵州迤西地方，桴鼓不惊，寻卒于镇。

都督杨仁

杨仁，字天爵。贵州卫指挥。嘉靖元年清浪参将。屡立战功，历擒剧贼。已，请告。十一年，巡抚刘士元、巡按郭弘化会荐。略曰："参将杨仁，智勇兼备，机画最精。居官二十七年，剿抚五十余处，剿则执俘，抚则纳款，渠魁酋长率以计擒。部卒庆功，动则累百。地利之险阻，夷情之变诈，已久谙而熟练矣。及今用之，正谓老马识途，巢乌知风，百无一失。"十三年升贵州总兵，都督佥事。攻凯口贼，走阿向。捷闻，上曰："逆贼据险称乱，为患日久，各官尽心剿抚，地方底宁，劳赍可嘉。"杨仁升一级，赏银币。仁出武林，精文墨，所著《琼山诗稿》一卷。

《都匀道中》：几度春风过小隈，无情岁月首重回。繁霜点鬓征夫老，细雨催花野杏开。梓里南还迟日丽，枫宸北望五云堆。驽骀伏枥惭无补，一点丹心尚未灰。

《秋兴》：老大乾坤抱隐忧，无情岁月竟如流。雁传霜信青霄远，水作涛声碧海秋。喜见纶音来北阙，幸无戎马到南州。将军不挂黄金印，万骨全生百战休。

右都督石邦宪

石邦宪，字希尹。清平卫人。方在娠，庭前有千叶榴结实。甫十岁，苗夷迫城，公于阶下立垒持镖，愿当一队，识者壮之。

嘉靖七年，袭卫指挥使。九年，都清守备。时四川流贼合思、石苗民，据江村囤叛。会大征命下，公视其岩壁高仅三丈，令军士积草崖下。军中选一少年何全，谬充千户，与贼交质，绐曰招抚。全往探贼，食尽，守者皆妇人。即如公策，从囤上一跃下。大军鼓噪急攻，斩首百余级。

磨子崖囤苗卢阿项等反，公抚之不服，调汉土兵进征。春江雨涨，公令军士编筏径渡，猝至崖下，夜防劫营。是夜果至，伏兵斩首数十级，铠仗尽弃。贼求援于播州，诸将皆恐。公曰："安万全，杨烈所畏也。调水西兵三万进次乌江，声问烈罪，烈奚暇援人？"公每路分兵，迭肆疲贼。时二月，沿路桃未花，公集兵犒劳曰："吾以鼓催桃花，花速开，囤即破矣。"是日午，报桃花尽开。又令树旗百步外，曰："我射中旗竿，贼父子俱擒。"一发果中，军中踊跃。乘风举火，烟焰弥天，斩关而登，生擒贼父子，斩首无算。

二十九年，铜仁剧贼龙许保、吴黑苗等据六龙山为穴，日事剽掠，进攻铜仁等府。杨参将以招抚被擒，抚台以进攻逮系，三省震恐。当事者乃议设总制。于是张公岳开府沅州。公见督府曰："兴师十万，日费千金，某谓以夷攻夷者便，以一日费而抚其顺者为腹心，以一日费而赏其顺者以诛叛，不一年而贼可平。"贼逼铜之南岸，公率兵往援。诸苗惊谓曰："石老虎来也。"不敢复窥铜。乃由间道袭破思州，陷石阡府。公领兵进剿，大破之龙塘，迫之董苗山，斩贼千余，贼势日蹙。于是捐厚赀招吴来格等内附。已而许保擒，黑苗授首，数十年贼党始灭。升都督府佥事，镇守贵州。雕剿六龙山残苗，悉平，迁右都督，特进荣禄大夫。前后蒙钦赏者十四，升俸级者三，荫二子，追赠曾祖、祖父、父母皆如其官。隆庆二年卒，赐葬祭，赠左都督。

蟫衣生曰：诸苗桀骜，难靖易乱，官兵不可向迩也久矣。石都督东征西伐五十余阵，料苗如神，所向皆克，为嘉隆间名将。予反复公状，播州杨烈助磨子苗，公曰："吾以安制杨。"及陈抑亭、杜晴江二公图安，问期，问兵，公委婉详答，其议遂寝。呜呼，今安得石都督与筹黔事乎？

都督安大朝

安大朝，平越卫指挥。嘉靖间历官都督金事。

都指挥以下传

镇抚王璧　千户张朝　梁海　指挥胡质　汤昭　司铎　石宣

国初草昧，开设贵州诸卫，一时辟草莱，建城署，诸臣有足述者。

新添镇抚王璧，洪武元年调本卫，城垣、公署、仓廒，一切规制皆其所经画者。

贵州卫千户张朝，八年初设黄平所治，以朝有才智，改黄平，军政修举，蛮夷畏服。

梁海，二十一年领军开创安南卫。二十七年迁卫治。城垒、公署皆海谋度规画，以次葺之。①

兴隆卫指挥胡质，陆安人。二十二年征南，留守本卫。筑城建署，开屯田，抚士卒。②

毕节卫指挥汤昭，从征西南。卫治城池、道路皆其修建。

清平卫指挥司铎，河南人。二十四年开设卫治，创置公署，筑建城垒，以能闻。③

清平卫指挥石宣，寿光人。二十五年调，捐地建学，兴贤育才，读书好礼，廉公有威，兵民咸服。事嫡母贾、生母韦以孝称。官至都指挥。

---

① 万历志记载有不同："直隶怀宁州人，洪武元年功升指挥同知，二十三年调本卫，正统元年三世孙通功升指挥使，沿世荣袭。"

② 万历志记载略异："直隶安陆州人，丙午年授百户，洪武十年功升指挥金事，调本卫。景泰四年，四世孙昭升指挥同知，弘治十八年，五世孙纲升指挥使，六世孙廉降指挥金事，沿世袭。"

③ 万历志记载司绘："河南汝阳县人，千户，洪武九年功升指挥金事，二十五年子铎调本卫，正统四年，三世孙济升指挥同知，成化四年，四世孙拱升指挥使，弘治六年，五世孙勋升都指挥金事，沿瑜袭。"

指挥佘生 李顺 千户陈铣

佘生，前卫人。少好文，雅善骑射，有勇略。累从征讨，自部卒官至指挥①。

本卫有都指挥李顺②，洪武间有能名。雅尚恬退，不以利名自拘。尝守备安平，调度有方。后致政，开葵轩，延儒绅，时出词调，丽藻焕发。优游三十余年，寿八十卒。

千户陈铣，仪度修整，博览文翰，多积奇书以自娱。尤好吟咏，时人目为秀才。陈有《醉乡诗集》。

以上俱前卫。

都指挥王玺　黄庸

龙里指挥王玺，都匀指挥黄庸，俱洪武间人。玺忠直刚勇，庸号令严明，俱以能名。

都指挥陆秉孙京，正，卿

陆秉，凤阳人。宁国卫指挥。二十三年，领军开建安庄卫，留守。武略政事俱备，军民怀服。辟屯田九万五千余亩，升贵州都指挥。寻朝京，卒。事闻，赐葬开封。③

秉孙京，官云南都指挥同知。刚直孝友，好学能诗。

京子正，有文武略，累官云南都指挥同知。政令严明，部伍畏服④。

正子卿，明敏好学，功升贵州都指挥佥事，政誉洋溢。巡抚吴诚荐守临安，累征夷寇，升都指挥同知。

---

① 指挥：万历志作"指挥佥事"。

② 都指挥：万历志作"都指挥佥事"。

③ 万历志记陆达："直隶五河县人，洪武元年功升指挥佥事，调本卫，十八年，男秉升指挥使，成化十六年五世孙卿升都指挥佥事，沿韬袭。"

④ 部伍：原作"部任"，显误，径改。

指挥王威　千户不帖杰

王威，许国公志之子。洪武间以荫授六安侯[1]，左迁安南卫指挥使。二十五年调守普安。令严政宽，事和而集。筑城建署，有综理才。

本卫安南所副千户不帖杰，骁勇多谋，当以计破贼[2]，边境用宁。及筑安南所，城于杨那山，民赖保障。

指挥李山　王先

李山，国初从征，累著战功，为宜兴卫指挥同知，后以事降调平越卫指挥佥事，寻卒于官。赐祭，优恤其家。[3]

同时有本卫指挥王先，智勇谋略，蛮夷畏服。

指挥萧琳

萧琳，永乐初兴隆指挥，以廉，推举掌卫事。勤慎有为，重修卫城公署，人不告劳。

指挥使蔡礼 父安远侯光

蔡礼，和州人。永乐间贵州前卫指挥掌印，黔国公沐晟奏调乌撒卫事。宣布恩威，申明教化，缮治城池，修葺公署，人咸思之。

礼父光，国初开创征讨，历官广西行中书省左丞、上护军兼靖江王相。洪武三十年卒，追封安远侯，谥武襄。谕祭文曰：

> 昔当元运既终，四海鼎沸，尔虽良民，起从军旅，为李氏步卒。三五年间，李氏之强遂弱，乃从朕招徕。观尔于众人中，智足以率众，勇足以前驱，拔尔行伍，任为先锋。初下采石，克太平，遂取溧水，破蛮牙水寨。取

---

① 六安侯：原作"安陆侯"，据《明史·王志传》改。

② 当：似应为"尝"之误。

③ 万历志记载略异："定远县人，前元甲午从军，充先锋，吴元年，升指挥同知。七年，因周千户隐藏玉碗，降指挥佥事。二十五年，男福调本卫，沿养元袭。"

陈也，先营定金陵，升千户。奔牛吕城，克广德宣州，乃授万夫之长。征进毗陵，拔取横林三山张氏营寨，攻青山小北门，擒戮敌兵甚众，升都先锋之职。又取宁国、宣城二县，讨马驮沙，克池州，征纵阳，策应池州，讨龙泉，击泰兴、黄桥、如皋、泰州等处，又讨宜兴，从征婺、衢二州，授以帐前前翼元帅。征进常熟，败陈兵于龙江，克服太平，攻高邮，征取安度水寨，克九江，败陈氏八阵，升指挥于瑞昌。克南昌，策应淮安，从拔安丰，移征合肥，至如大战彭蠡，焚其战舟，获其败将，屯驻湖口，复战禁江，其功绩尤伟。又从征武昌，升骠骑卫同知指挥，遂下庐州。又总领龙骧卫军，征讨沙坑营寨，分攻赣州，克服南康、南雄，屯戍吉安，追姚大胆于茶陵，擒获无算，升龙骧卫同知指挥。攻占江安海二坝，克高邮，破马逻港而淮安归顺，因戍其地。又克寿州，授武德卫指挥使，转升黄州卫指挥使。守御其城，攻湘潭、长全、道永，克之，擢荆州卫指挥使，遂征广西，复平之，升本卫指挥使，又升广西等处行中书省参知政事，兼靖江王相，讨捕诸蛮作耗者殆尽，广中之民渐见安宁。盖尔平日性度宽平善处，交友人无怨怒。十五年间，或从朕亲征，或从大将攻败，披坚执锐，风餐露宿，亲冒矢石，裹疮血战，身无完肤，袒而视之，令人发竖，汗马之劳如此，得转九官至为王相，益见贵荣。今天下一统，列爵议封，将尽崇报，俾享福于承平，岂期寿算不齐，一疾长逝，讣音之来，孰不伤悼？於戏，朕与尔分虽君臣，恩如骨肉。尔虽殁于藩省数千里之遥，然思尔雄姿，英风驱云，壮气如虎，横刀尖阵，贼走城摧，犹隐然在朕之目中也。尔今功著当时，名垂千古，封以侯爵，禄之子孙，尔宜安于九泉矣。兹特遣使具礼往祭，取尔灵归京师。尔其有知，幽冥无间。

礼袭指挥使，历衡、玘、俊、雄沿袭，至嘉靖间，孙勋以贫故，失袭。

指挥李福 陈忠 杨遵

李福，永宁卫骑卒。永乐间从征交趾，生擒伪王黎澄，槛送中军，论功升交州右卫指挥佥事，赐文绮、宝钞、金带、冠服。[1]

陈忠，新城人。素有谋略，累讨交趾、松潘等处，有功。永乐十五年升新添指挥同知。善造神枪火炮。正统间苗贼攻城，父子坚垒死守，卒赖所造枪炮等器，贼

---

[1] 万历志载："江夏人，永乐十年功升指挥佥事，寻升指挥同知，沿袭。"

乃退。

杨遵,威清卫指挥①。创城池,立堡戍,有功于卫。洪熙元年卒。遣行人吕让谕祭。

以上皆永乐时人。

指挥使屠升 陈原

屠升,仪真人。都匀卫指挥使。读《尚书》,有武略,以功升都指挥佥事。子玺嗣,亦有诗名。

陈原,定远人。永乐初都匀都指挥使。伟丰仪,富材气,善谋能决,民夷率服。宣德二年己酉,都匀平浪司苗贼傅榜乱,都督萧授檄原平之。正统十四年,都匀等七长官司贼首把聂等蜂聚弄兵,逼城南北,本卫官军寡弱不敌,原招集荔波县民兵千余,丰宁、烂土二长官司兵百余,坚壁以守,出家储五百石有奇饷兵。已,官军食缺,又倾囊给之。拒战凡十阅月,后尚书王骥、参戎李友督兵解围,贼平城全,原之力居多焉。

升、原皆都匀卫。

都指挥王聚　刘璿　指挥王斌　常智

都指挥王聚,清平千户②。刚方谋略,掌都司事凡十五年,政令凛然,边防以宁。

都指挥刘璿,平越人。清慎老练,好儒能诗,所著有《竹亭退隐》、《琅玕百咏》二集。

指挥王斌,普定卫人。廉介公平,莅卫政三十余年,终始一节,升迤西守备。

指挥常智,兴隆人。桓毅果勇,直德不回,修创学宫,营缮城垒,厥绩最著。

以上皆宣德间人。

千户何振　朱暹

何振,清平千户。才艺忠勇,志存报国。正统间香炉山苗叛,振亲至其巢,晓

---

① 指挥:万历志作"指挥佥事"。

② 万历志谓王聚"累功升贵州都指挥佥事"。

以逆顺，苗执之，寻畏而纵归。

朱暹，前卫千户。少尚儒雅，善词令，正统间副使李睿以将才荐暹，力避不就。尚书王骥征思仁发，至金沙江，暹以利涉之策进，公用其言，深器之。班师，授武德将军，署黄平所。令肃政平，兵夷安堵。

指挥权安　千户周鉴

权安，正统间兴隆指挥。性俭素，勤于政理。御属吏严而不苛，为时名将。

周鉴，正统间兴隆卫千户。有勇有谋，出粟守将陷之城，临阵破登埤之贼，武功表著，恩信素孚，入祀。

安、鉴俱兴隆卫。

指挥刘□　张贵

刘翀，正统间威清百户。谋略出众，为人所服。从征麓川，冲冒矢石，出入敌阵，奋不顾身，卒斩渠魁老丑。累官指挥佥事。

同时有张贵，本卫指挥。有胆略，累从征讨，多树勋庸。正统十四年，苗寇围城，贵与指挥贾镛分率精锐，出其不意败之，贼奔溃，不再犯。升都指挥。

陈晟

陈晟，前卫人。敦礼尚义，正统间南蛮入寇，公廪不继，晟输粟足之，授七品散官。景泰初又输银百两以助军。事闻，赐敕奖之，世复其家。

都指挥吴庸

吴庸，安南卫人。清修雅饰，器宇宏远，官至都指挥。既致仕，复起，征都匀、清平叛寇，夑铄领兵，数捷。赐俸，赡之终身。

都指挥金桂　何瑛

金桂，庐州人。正统间平坝指挥使。正大刚果，军政修明，功升都指挥佥事。

何瑛，河南人。景泰间，自永宁指挥使迁平坝。廉慎公勤，材谋出众，城池、廨宇、祠庙、道途，修治一新，升都指挥佥事。

桂、瑛皆平坝卫。

指挥孙礼　史昂　严胜　丘润

孙礼，正统间新添指挥使。勤于政理，创建学校。

后有指挥使史昂，练达政治，军民悦服。

指挥严胜①，威望出群。每巡征，屯营处，夜闻虎鸣，去则不然。人称严老虎。

指挥丘润②，刚直公廉，为捕官，道不拾遗。掌印，修理学宫，焕然一新，升都指挥。所著有《贵阳图考八议》。

以上皆新添卫。

指挥吴珍　守备桑盛

吴珍，正统间永宁卫指挥佥事。兵政茂著，寻征麓川，身先士卒，鼓噪入阵，擒四象以归，升指挥同知。景泰间，羿獠啸聚，犯城。珍募精锐，躬率出击，斩俘甚众，城赖以全。

桑盛，永宁指挥。敏于政事，握符蔚有时誉。天顺间大坝山都掌叛，总兵官李瑾讨之，盛率偏将以从。累画进止方略，瑾用其言，大捷，功升都指挥佥事，守备永宁。卒于官。

珍、盛俱永宁卫。

指挥丁祥　李瑞　王谦

丁祥，正统间赤水卫指挥③。心志和平，练达政务。治卫事五十余年，老稚颂其德。

天顺间本卫指挥李瑞，宽裕有容，久参卫政，上下服其廉。

成化间本卫指挥王谦，字益之。会诸苗蜂起，卫将卒随军征调，城中仅余老

---

① 指挥：万历志作"指挥同知"。

② 指挥：万历志作"指挥佥事"。

③ 指挥：万历志作"指挥佥事"。

稚，仓廪乏绝。近地禄肇羿人乘机窃发，人心惶惑思窜。谦誓死守，贼闻有备，遂他往，城赖以全，由是推掌卫事。水西安氏、禄肇奢氏争地仇杀，屯兵扒飞关，谦深入夷垒，喻以礼法，因为分疆，乃各散去。会西普苗入寇，朝命大将起云川兵剿之，谦督水西夷兵往袭其巢，功升指挥使。事祖母尤以孝闻。卒，祭酒丘浚铭其墓。

以上俱赤水卫。

指挥狄俊　张晟　贾武

狄俊，成化间兴隆指挥①。持己廉介，驭众以宽。修学校，开学田，劳而不扰，廉而不淤。入祀。

张晟，威清指挥②。多读书，尚气节，尤长于诗，后以征南功升都指挥佥事。出守都匀，推金阃政。

贾武，龙里指挥。练达有为，兵政克举。

以上皆成化间人。

守备杨芳

杨芳，贵州卫人。守备威清，弘治间米鲁之变，有保障功。

都司华升

华升，广德侯华高玄孙。任普安指挥使，掌篆三十余年。威德兼著，军民悦服，寻升云南都司③。

指挥李斌　周节

李斌，凤阳人。安庄指挥④。简练有方，屏翰足倚。服官二十年，上下宜之。

---

① 指挥：万历志作"指挥同知"。
② 指挥：万历志作"指挥同知"。
③ 都司：万历志作"都司都指挥"。
④ 指挥：万历志作"指挥佥事"。

后有指挥周节①，临淮人。持重有为，尤善骑射。

斌、节俱安庄卫。

守备邵鉴

邵鉴，清平卫指挥。清苦自甘，刚方不阿。先是，正德间，四川土官芒部知府陇慰子陇政争袭构乱，陇寿微弱，既袭被弑。陇胜自称寿养子，或曰寿野子耳。夷不服。四川巡抚都御史王公轼议曰："陇胜非寿子，而骤复土官，彼孺子何知，身落怀德长官阿济之手，而官亦济为矣。"乃奏设流官知府，立四长官司。大司马胡端敏公世宁题覆，后试知府程洸迂暗，旋复报罢，再设土官，夷犹弗靖。嘉靖初，鉴为迤西守备，奏曰："四川叙泸大坝地方，与乌川芒部等府密迩，其芒夷出没抢劫，必由永宁经过，地界毗连，以致贼患不息。乞添设参将一员，就于附近卫所挑选汉土精壮马步官军操练，以备防御。"事下本兵行川贵抚巡议覆。贵州迤西兵备移驻毕节，与川贵参将移驻永宁相表里，控制两省。报曰："可。"是为嘉靖元年。永宁设参将自鉴疏始。

蟪衣生曰：事关两省，虽天子使臣引嫌，鉴边境小臣耳，乃抗疏言地方大计，贤哉！一言而百世之利也。志称先守备铜仁，苗夷畏服。及贵州初建科场，鉴督理，悉区画，其规模之广，工料之精，至今赖之。呜呼，贤矣！

参将何自然 胡璋

何自然，新添指挥②。聪明闲雅，尤长于诗，有儒将风。嘉靖二十六年升都指挥，历扬州、金、台、严等处参将，所至有能名。

胡璋，贵州卫人。官至迤西参将，视卫篆二十余年。仁爱忠勇，军士怀服。嘉靖间安铨乱，璋时守备普定，防御有方，士民不扰。他如除杨桥湾劫贼，捕获洪俊解官，地方赖之。

何、胡俱嘉靖时人。

---

① 指挥：万历志作"指挥佥事"。
② 指挥：万历志作"指挥佥事"。

黔记卷五十目录

忠孝列传

忠臣

---

① 长官安民志：原本缺，据正文补。

黔记卷五十

泰和郭子章相奎父著
汉州宋兴祖汝杰父正
贵溪毕三才成叔父校

忠孝列传

蠛衣生曰：予闻之，忠臣之义，孝子之行，取之土。土者，五行最贵者也，蔑以加矣。五声莫贵于宫，五味莫贵于甘，五色莫贵于黄，五行莫贵于土，五常莫贵于忠孝。故曰：忠孝者，地之义也。明兴，圣教隆治，贵州即险远，忠臣孝子代有。其人如吴得、井孚临难捐生，高皇帝有烈丈夫之称。盛全剖肝药母，林见素有盛孝子之歌。此其卓卓著者。顾予所采，皆死忠死孝事。非谓必死而后为忠孝也，死固忠孝之极也。卜子曰：事亲竭力，事君致身。夫死竭矣，致矣。作忠孝列传。

忠　臣

千户吴得　镇抚井孚

吴得，龙里守御千户。井孚则镇抚也。洪武叁拾年贰月，古州上婆洞蛮林宽作乱，攻龙里。得与孚议城守计，令人驰报贵州都司，坚守以待援。贼纵火烧四门，攻城益急。得曰："我等为国守边，又有父母在城，今贼势如此，徒守无益。"即上马，率精锐开城门击贼。或谓得曰：贼势方盛，宜伺其怠击之。得曰："城破顷刻，何伺之有？若城不守，父母不能救。是不忠于君，不孝于亲，吾何用生为？"即率麾下驰入贼阵中，杀数十人，搏战不已，遂中毒弩死。孚继战，亦死。城遂陷。

事闻，上曰：忠孝，立身大节，能克全者，古人所难。吴得、井孚临难捐身，因忠显孝，非烈丈夫不能。命追赠得指挥佥事，孚正千户。各令其子袭职，仍以钞帛恤其家。

镇抚姚余

姚余，安南卫镇抚，果毅有膂力。洪武间，安南寇乱，西平侯沐英经过，以余清道。至盘江，与贼遇，遂奋勇追之，戮三人。贼急，并力，余因遇害。西平侯以闻，命有司给米布恤其家，遣官致祭。

副长官李盘

李盘，思南副长官，其先京兆人。宣德间，镇筸苗叛，命大将讨之。贼匿山中，久不出。人皆疑怯，盘毅然率孤军深入。遇贼数百，盘策马奋击，斩数拾余级。贼四集，援兵不至，遂被执。盘素勇敢，贼畏而恶之。及执，贼曰："而铜仁李邪？思南李邪？"贼旧为铜仁辖，铜仁李善抚之，故云。从卒曰铜仁。贼欲释之①，盘厉声曰："予思南李，何必诒之！"

从弟百户李邦政告急于德江副长官杨潮海，潮海至，盘已遇害。邦政以石置树间记之，久而树合生，夹石。夷人夜过树下，闻空中有点兵声，以为神，立祠树前，号其地为留石坡②。

御史申祐，盘之侄甥，忘年与之友。每论及时事，盘大声曰："身蹈白刃之锋芒，血润原上之野草，然后不愧舍生取义之道。"申曰："大丈夫当如此。"卒之，申死义于北，人皆曰二公素志云。

螬衣生曰：我国家死事诸臣，后类多显融。余姚孙忠烈死宸濠，安福张御史死土木，奕世蝉联，纡青拖紫，此其著者。即黔僻壤，思南李长官盘死留坡，孙大参渭遂为黔名儒。贵阳徐公正死忠节冈，子中丞节遂为黔名臣。谁谓天不右忠邪，而偷生乞降何为者？

---

① 释：原本作"什"，据贵图本改。
② 留：万历志作"溜"。

都指挥顾勇 附洛宣、王辂、王铭、唐谏、赵颙、陈忠

顾勇，镇远侯成次子。忠勇廉能，为贵州都指挥同知。从征麓川，力战死，赐祭。

同时有前卫都指挥同知洛宣，攻麓川鬼哭山。身先士卒，竟死。赐祭，加其子官二级。

前卫都指挥佥事王辂，普定指挥同知王铭，乌撒指挥赵颙，俱以征麓川战死。赐辂、颙祭，进铭子泰官一级。

毕节指挥唐谏，才力过人，兵政克举，以所居第建学。征麓川战殁，赐祭，进子官一级。

普安指挥陈忠，骁勇过人。从征麓川，攻击旧大硬寨，战殁，赐祭，入祀。

千户孟杲

孟杲，清平人，宋吉国公八世孙也。任副千户，忠毅自负。正统末，以先锋御寇，力战而死。

都指挥丁实　指挥安琦、陶英、王锐　百户魏政

丁实，合肥人，都匀卫指挥使，功升都指挥同知。乙酉，征落卜茹，死于锋镝。朝廷以孙晖为都指挥佥事。

同时有永宁指挥同知安琦，善抚士卒。大坝山都掌叛①，远迩绎骚，几至失守。琦率锐卒，巡逻要害截杀，贼势顿挫，都掌称为虎将。寻随总兵官李安进讨。命琦先探虚实，入危险。至落卜茹，遇贼。琦马陷泥中，犹挽弓射杀七八贼。以援兵不至被害。

普定百户陶英，从征广西麓川、东苗、草塘四十余处，累功升指挥使。后调征山都掌，出哨遇伏，力战死，赠都指挥。

又指挥王锐、百户魏政俱阵亡。

弘治四年春正月，都蛮平，抚按二司共祭丁实等。其词曰：

---

① 万历志有具体时间，为天顺六年。而上文丁实征都掌是乙酉，则是成化元年，晚了三年。

曩者都掌蛮寇弄兵于郊，犯我疆土。朝廷命将出师，以除祸乱。尔皆良将精兵，为国捍御边城。素怀义勇之心，常奋果敢之气。图惟报效，以建厥功。乃成化乙酉秋，师次其境，驻于落卜茹营。与贼交锋，尔能不顾身命，杀敌摧锋。不意为寇所乘，竟至捐躯。旋师以后，岁月云周。予心测然，忾愤不已。况以贼情日炽，复肆跳梁。请调大军，恭行天讨，上以彰伐罪之典，下以雪尔等之冤。尔等阴助师旅，兵戈所向，凶丑血靡。尔仇已殄，尔功已彰。冥冥之中，可无遗憾矣。尔等其来享之。时弘治四年正月二十五日也。

指挥王信

王信，龙里指挥佥事，英烈骁勇。随镇远侯顾兴祖剿平广西柳州马平县，阵亡，郡人立祠奉祀。

镇远通判杨□

杨瑄，土人也。其先曰忠顺者，元总管府同知，胜国末内地。丙午，大明兵南下，忠顺诣军门送款。洪武五年，以忠顺为镇远州同知。传至瑄，革州，升镇远府通判。瑄躯体长大，有胆略。

正统末苗叛，景泰元年，兵部尚书靖远伯王骥，同贵州总兵官毛福寿驻札镇远，檄瑄部领县司民兵，协同官军征邛水十四寨苗。时苗据绞罗山拒战，瑄以所部兵深入险阻，连破敌，斩获甚众。

二年，重安苗与官军战，败退香炉山。参赞军务、都察院右副都御史王来，督诸军进讨。瑄复以所部兵攻破螃蟹、每豪等寨，升瑄从五品俸。

七年，平蛮将军南和伯方英，檄瑄部领民兵，会同官军征洪江大小坪诸苗。瑄进江头，屡斩获首级送官。

天顺七年，邛水以南诸苗复叛，贵州总兵李安、湖广总兵李震合军进讨，瑄攻湳洞、坪坤有功。

成化二年①，茅坪之战，瑄死之。茅坪，贼巢也。时参将吴经会瑄，以所部兵会同官军为一哨，进至江口，卒遇贼，未及阵，战死。事闻，赠瑄奉议大夫，本府

---

① 二年：万历志作"三年"。

同知，仍录子入监。

都指挥史韬、百户车辅

史韬，新添指挥，以从征陈蒙烂土功升都指挥。弘治十四年，调征普安盘江河，殁于阵。

百户车辅，新兴站百户。米鲁之乱，乃率兵死拒。后贼万余逼辅归顺，辅手刃七贼，被箭而死。是日天晦，提学毛科为之传。

江油教谕李藻

李藻，贵州平越人。正德甲子乡举，任江油教谕①。鄢蓝贼变，奉委督饷。守高城，身亲决战，亡于阵，城赖以全。

百户陈永定

陈永定，永宁百户。膂力过人，善骑射。宣德八年，调征松潘有功，升千户。正德间领军征思仁，奋勇截杀，遇害。

守备柳之文

柳之文，普安卫人。有勇略，官至守备。嘉靖二十七年，铜苗弗靖。抚按檄领兵讨贼。贼卒至，众皆惊溃。文仗剑曰："彼独非命，何乃畏之？敢有先逃者斩。"后贼大至，文手刃数贼，四无援兵，竟亡于阵。未几，贼首龙许保就擒，鞫之。贼曰："石参将不要钱，柳守备不怕死，吾是以就擒耳。"

总督抚按议于铜仁立祠祀之，普安蒋廷璧有悼柳守备诗曰：

> 柳将军，柳将军，何为捐此身？归田已十载，复出建奇勋。孤身当一面，独手无援军。靡然势难支，昂哉力莫伦。既遭千万众，犹刃数拾人。裂眦口喷血，正气升苍旻。见之胆亦寒，数也非不辰。纷纷尽颓懦，尔独为忠臣。呜呼，尔我有恩义，哭之酸心亦惨神。柳将军，柳将军，当时百战今成尘，九源

---

① 教：原作"学"，据标题改。

茫茫闻不闻？

长官安民志

安民志，龙泉司长官也。龙泉与播邻，原无城。民志与播贼将朱敬等善，时以好言结之，应龙信之，不入寇。已而，播氛日炽，民志忧之。入省谒予，面请兵五伯去。又捐赀，渐筑堡墙自卫。应龙怒曰：安民志筑堡请兵，何为者，其将图我邪？二十八年正月，自率贼寇龙泉，民志众寡不敌，竟死之。播平，诏改司为龙泉县。予请于朝，以民志子世袭土县丞，以旌其忠。其祖职仍世为土主簿云。

黔记卷五十一目录

孝子列传

孝子附弟弟义士

---

① 黄瑾：原目录无，据正文补。

陈　钝

龙　见

刘　惠

田应秋

王　璠

周与庆　彭　文　杨时椿　李时用

朱嘉宾

丘本厚、王志雄

王　儒

李　源、金　章、吕大综

曹一鹏

后廷科

洪　遇　支美琼

司朝相　沈云翰子应麟　周系远①

---

① 本条原本无，据正文补。

黔记卷五十一

泰和郭子章相奎父著
汉州宋兴祖汝杰父正
贵溪毕三才成叔父校

孝子 附弟弟义士

汪 恕

汪恕，字如心，徽州黟县学生。初，兄胜祖征南，留守普定，殁于戍。檄恕补役。年甫十七，惟一姊，已适人。延至家，拜曰："弟当行戍，老母在堂，无他兄弟。幸有先人田亩，愿姊耕以养吾母终余年。弟幸不死，报德未晚也。"乃应役。数年，告归省母。及还普定，而母讣闻。哀恸顿绝，久之乃苏。结草为庐，寝苦枕块，朝夕哭临。三年盐酪不入口。骨如柴立，隆冬盛寒，单衰徒跣。终身哀慕，言及亲，辄泣如初丧。郡人呼为汪孝子。

倪 勋

倪勋，普定卫人。弟然、烈、羔、熊五人同爨，永不分居。勤俭营生，竭力事母，其妻各守夫训，孝友著闻。御史陈某旌之。

徐　胜

徐胜，平越人。禔身正家，动遵典礼，百口同居者五世。弘治初①，有司以恩例赐羊酒奖劝。

易楚诚

易楚诚，吉水人。洪武间，父游贵阳。岁久，老且病，楚诚侍养不倦。父尝盛夏思水②，楚诚泣天致恳，已而，大雨雹。又尝病疡，医欲得兔髓和药，楚诚求之野，偶有群鹰攫一狡兔，争食之，持归付医，疾旋瘳。有司欲上其事，固辞曰：此非吾诚所致，偶相遇耳，不愿以是得名。事遂寝。

汪胜宗

汪胜宗，贵州卫人。早孤家贫，事母至孝。母卒，负土成坟，庐于墓侧，昼夜哀号。乡里称之。正统间，御史叶蓁题旌。

张伯安

张伯安，赤水卫人。读书好义，以孝友清俭为时所重。正统间，以子谏贵，封御史。

赵启　赵哲

赵启、赵哲，乌撒人。兄弟友爱甚笃，其父年老，命启承袭指挥使，爵二子。逊让，终身不袭，乡人义之。

---

① 弘治：万历志作"洪武"。
② 水：疑当为"冰"。

姚之典

姚之典，乌撒人，庠生。父殁于任，扶榇步行，泛舟漂水数里不溺，庐墓两经虎患不伤。至诚格神明孚异类者。

薛 贤

薛贤，乌撒人。景泰三年，贤与盛福、周瑄、邵瑾、张宣、郑遹各出百金，义助军饷。赐敕旌奖，免其差。万历丁酉年志孝义共三人。

马 端

马端，宣慰司人。善事母，母偶疾，思鲤为脍，端旁求之。至南隍，忽一鲤跃出潦中，持归供母，病遂愈，人以为孝感。景泰间，东苗悖逆，端捐赀输粟百石以给军饷。成化间敕旌。

参将雒忠

雒忠，前卫人，清浪参将。早孤，事母极孝。勇力绝人，平都清普安苗酋，保全安南诸城，信义威德慑服夷獠。母疾，侍汤药，衣不解带，遍祷庙神，稽颡旦辰，愿以身代。母卒，哀毁逾礼。葬时，秋雨连旬，至期霁，事毕，复雨如初，人以为孝感。御史徐文华旌之。

盛 全

盛全，普安卫戍卒。家贫而孝，母恒疾，斋戒三载。弘治己酉三月，母病革不能为药，度势不可活，诣城南龙王庙，斋沐秉虔，仰天祷焉。质明，刳腹出其肝刲之，死而复苏。持归，其妻和羹，以食其母。众闻，奔至庙，血迹在地，壁书"盛全为母"四字。恐死，患及乡人也。有司悯其孝，给之医药，七日而愈。母疾亦瘳。正德丁丑卒。

莆田林廷弼赋《普安盛孝子歌》曰：

君不见冢中鹅，其母死，其子衔草以祭，仰天绝颈，死而同窠。又不见，林中鸟，衔食哺其母，绕枝昼夜不飞去，以翼覆母声号呼。物类固如此，人灵不如物。家家爱儿如爱珠，儿生母命诚须臾。儿夜啼，母夜起，软语温言勤谛视。儿饥母不食，儿病母犹泣，儿出远道母倚门，黑风赤日思寒温。儿寸草，母春晖，心欲报，愿则违。不能致显荣，具甘脆，床头无金瓶无粟，番思一夜肠百转。母益病，儿益贫，母身重，儿身轻，儿身况自母身出。皇天幸烛儿精诚，肝肠一缕入羹截，母命可生儿可死，母病瘥，儿疾瘥，一时义事谁当传。割股奚须并牙颊，贫哉此子尤堪怜。呜呼，贫哉此子尤堪怜。

廷弼，林见素先生也。

训导周升

周升，字文誉，宣慰司人。成化间父尝赞事宣慰，时翁郎克渡土酋依山负固，不奉职贡，所司檄往抚之，冒箐穿瘴，抵巴烟寨，忽病瘖哑。升方弱冠，闻变，驰视之，已七日矣。人曰不可起也。升吁天求代，刲左臂为羹以进①，至夜乃苏。寨长老义而来观者众，且以告诸酋长，皆感动。率五十九寨椎牛歃血，誓以不叛。月余，赍所输赋，集兵送归。宣慰宋某拟以刲股事上闻，升坚辞，寝之。正德戊辰应贡，授四川盐亭训导。蜀人闻之，喜得孝子为师。以老恳乞归，行李萧然。日与耆旧周旋，澹如也。子𨱇，举人，常熟训导。

屠 总

屠总，都匀卫人。好学尚礼，幼娶徐氏，生子方一岁，妻卒，总不再娶。年八十一终。弘治间，副使阴子淑旌。

朱 □

朱璇，贵州卫人。嗜学能书，早丧母，事父以孝闻。父尝剧疾，璇尝粪以验甘苦。及父卒，刻木为像，事之如生。有司以闻。

---

① 左臂：万历志作"股"。

段 达 陆 绪

段达，前卫人。父病痹挛，起居饮食，达亲视之。夜寝榻下，闻謦欬转侧，即起扶持。日则负出外庭，招乡长相与谈笑，且具饮食为欢。如此者二十余年。及父卒，哀毁逾礼，人呼为段孝子。

又有陆绪，事亲弗懈。亲卒，庐于墓侧，以孝闻。

王 轼 黄 瑾

王轼，贵州卫人。与弟辙友爱深笃，同居七十年，终始无间。

前卫有黄瑾，与弟瑜同居，朝夕相敬如宾，至老无私藏。

刘继宗

刘继宗，贵州卫指挥。早孤，事母至孝。母卒，哀毁几绝。武职例无三年丧，独宗开俸守制，衰絰三年。既葬，奉神主于中堂。晨昏定省如事生。两台旌其孝，年七十余卒。

陈 钝

陈钝，前卫人，生员。天性纯笃，事亲孝。嫡母足疾，艰于行，钝旦夕负以起居，劳瘁甚至。母卒，哀毁。将葬，天雨连旬。钝仰天号泣，天为开霁，葬毕复雨，人以为孝感。未几卒。正德间，有司以闻。部议孝子已死，无追赠例，事遂寝。

龙 见

龙见，金筑司人，府学生，居省城。嘉靖二十二年，弟龙起夏月浴于河，将溺，见闻之，不暇改衣，赴水救之。起生而见溺矣。两台旌之曰友爱。

刘 惠

刘惠，清浪人，生员。父患癫，医以秽不可施药。惠吮之，度不起，遂乞衣巾终养。及卒，哀毁骨立。葬后，庐于墓侧。一夕，邻失火，将延其舍。惠心不为动，火亦寻灭。抚按旌之。

田应秋

田应秋，思州都坪司人。嘉靖三十年，苗陷府城，掳其父母。秋与弟应期泣奔苗巢，愿以身赎，父母得归。节蒙旌奖。

王 璠

王璠，永宁卫人。幼孤，事母至孝。母疾，苦志学医，遂精其业。母疾愈，寿九十，璠亦七十余。母卒，哀几毁。又能友爱其弟。嘉靖间，抚按表其门。

周与庆　彭　文　杨时椿　李时用

平越周与庆，己酉乡举[①]。父卒未期，母叶抚育成立，伶仃极苦，训徒侍养。及官，母疾，衣不解带者月余。寻弃官归养，垂老，犹然孺慕。

后有贡生彭文，通州学训。母存不违定省，母亡庐墓三年。副使赵之屏赐田数亩，褒以诗。

后有杨时椿，大邑训导。在任思母，弃官归养。

诸生李时用，七岁失怙，母抚成立。应贡，不忍远离，甘贫善养。母卒，一遵家礼，内外称孝。

朱嘉宾

朱嘉宾，生员，龙泉司人。隆庆丁卯，苗贼劫掠，缚其父应乾于柱，用火烙，

---

① 己酉：据本书卷三十科第表及万历志，此是嘉靖己酉。

索金帛。宾挺身手刃一贼，解父缚得生，各贼刃宾而死。御史题旌。

丘本厚　王志雄

丘本厚，平越军人。隆庆间，安庄卫贡生钟士奇赴京，宿丘店，遗金三十两。丘收贮，钟寻至，交还。后钟选清平学训，申明当道，旌曰"义士还金"。

又有王志雄，赋性惠慈，称贷不能偿者，焚其券。院道旌其门曰"尚义"。

王　儒

王儒，镇远府民。贫无立锥，事亲愉悦。母刘氏有疾，焚香祷祝，尝粪告医，母疾遂愈。院道旌之。

李　源　金　章　吕大综

清平李源，性至孝。父病，源尝粪甘苦，以占吉凶。父愈，人称其孝感。官至都指挥金事。

后有金章，少孤。善事母，母病，气绝逾日。章呼号吁天，请以身代，母复苏。

吕大综，性纯笃。父病危急，药必亲尝，衣不解带，夜必焚香祝天。服食溺器，咸以身亲之。万历二十二年，提学沈思充奖之。

曹一鹏

曹一鹏，威清生员。事二亲，定省不违礼。母卒，一鹏哀几绝。后继母疾，鹏汤药必亲。抚按旌其孝。

后廷科

后廷科，新添站军。幼不知学，事母闵甚孝。母病，跽祷城隍，自暮达旦。及母死，居丧三年，不入私室。既葬，庐墓。万历二十年，御史杨宏科行奖，推官李珏扁其门曰"庶人之孝"。

洪遇　支美琼

普安洪遇者，本州赖民，事祖母孀母极孝。虽贫寒奔走衣食，而供养必求饱暖。荞粟精者养母，粗者自给，一菜蔬亦必先进，院道奖励。

诸生支美琼，古貌古心，操持严肃。孝事继母，友爱异弟，无戏言惰行。遇乡族，辄以道义劝勉。不匿遗金，殡葬姑母。万历间，督学凌琯以"喻义"表其门。

司朝相　沈云翰_{子应麟}　周系远

司朝相，都匀卫指挥使。目不知书，人笑其戆。邹进士尔瞻谪都匀，朝相独善视之。尔瞻出入多徒，朝相置一骓，伺尔瞻出入，必遣人护。比尔瞻移居问月楼，楼后即旷野，多盗警，与朝相宅邻。朝相闻犬吠声，穿大布袍，持一长戟，呼邹家童子：犬吠，急起，急起。得一佳蔬果，必以馈尔瞻。朝相卒，尔瞻闻而哀之。每对匀人曰：恨不以鸡黍过酹其墓。朝相亡子，止一女，嫁千户杨希尧。

沈云翰，都匀卫冠带总旗沈应麟父。常茹蔬念弥陀，邹尔瞻编管正百户右所，云翰及应麟父子见必伛偻恭敬，六年一心。昔张马平晨方睡，其所一百户过马平，马平未起。其人厉声曰："我正本管，岂宜踞见长者？"马平怏怏，气冲冠，走而诉戴观察，观察呼本管重治之。马平起，总漕淮上，犹告语人，人以为谭资，

周系远，都匀卫舍人。其人多读书，笔亦通晓。敬礼尔瞻，以马代步，与司等。而六年无失礼，亦与沈等。苏御史为江陵人，众情汹汹，谓既螫刘国基后，必及尔瞻。尔瞻思无一可以发罪端者，或以寓张司马书院为言。尔瞻遂市村居三间，而系远从奚内弟千户王三聘以地鬻尔瞻，自析前屋三间佐其成。尔瞻以数金酬之。居三月，苏客死。尔瞻得报，归系远。后袭指挥使，亡几何死。家甚窭。

蟪衣生曰：予抚黔十年，邹尔瞻始函三义传示予。予读之，乃知三义不以龙蠖二视尔瞻，而尔瞻不以生疡二视三义，庶几交道矣。予下有司旌之曰"秉义"、"翼忠"。路应礼李邺侯于豫章，韦皋护陆敬舆于忠州，三义其庶乎。予独恨刘国基之客死浔也。浔武弁，且有下石者，而视匀三义何如哉！

附邹尔瞻《三义传语略》。语云：

悖恩者不祥，故一饭厚报，史书必载。彼岂重一饭哉？盖昔人云，当困迫时，故望公等甚深。元标以脆弱男子入瘴乡，去死者有几。倘非有二三好义者朝夕垂怜，不死者幸耳，故纪义。或问曰：子居匀久，独三义者何也？予曰：

诸缙绅明诗书，知义理，不胜书也。诸门人执经相望者众，相与无相与不必书也。昔予里有龙参军，从狱中相予及傅侍御，予师鉴塘朱公按吉州，大旌之。此非谓予等起念，吾党从大炉冶中，阴阳抟击，谁无不必然之遭。褒者独而兴起者众，蒙褒者暂而垂范者远。为孤臣迁客留一线生路，此盛德事。不然，侠客周人危急者，史不绝谭。而与予同以诗书发家，不过欲媚津人，甘心必欲傅刃予辈者，盖不可令武弁三君见矣。

黔记卷五十二目录

栖逸列传

黔记卷五十二

泰和郭子章相奎父著
汉州宋兴祖汝杰父正
贵溪毕三才成叔父校

栖逸列传

蟫衣生曰：栖逸与寓贤、迁客异。迁客即通籍于朝，或以言事，或以违误，而谪遐方。如李太白、王伯安、张子仪、邹尔瞻之类，其赐环归衮者多也。寓贤者，东西南北之人寄寓此方，或迁徙尺籍而非得过于朝者也。若栖逸者，生于黔，长于黔。不求闻达，膏肓泉石，视寓贤更遁世，顾不数数见。此仲尼所以序逸民，士安所以传高士与。

王　□

王璘，贵州卫人，号樵隐。性耿介，博通经史，善诗。隐居不仕，取予一介不苟。开家塾，教郡中子弟余五十年。从者甚众，材官名将往往出其门。所著有《樵隐杂稿》。

朱　宪　汪　成

朱宪，前卫人。修身隐居，不求闻达。正统间以贤良举，不就。蜀献王闻其贤，招致于国，未几辞归。

后有汪成，能文工诗，敛华弗炫，为乡闾所重。有《讷庵诗》五卷。

吴 济

吴济，赤水人。学行为一时推重。正统间，卫学缺官，御史包公征以布衣委署学事，凡五年，克尽厥职，士类悦服。

李 彬

李彬，宣慰司人。性慈煦，急人难如饥渴，尤精于医。景泰初，郡中大疫，彬日煮药数斛，贮以大壶，令子弟分携赴间陌疗之，全活者众。时称为阴陟先生，后以寿终。

潘子安 吴 颂弟预

潘子安，乌撒人。性颖敏，诗文清丽。尝游滇蜀，多著作，累荐不就。所著有《清啸集》。

后有吴颂，与弟预，博学能文，隐居不仕，教授子弟，信从者众。

俞 举

俞举，龙里卫人。读书博洽，志甘恬静。年登八十，屡举乡饮不赴。

杨时荣

杨时荣，字仁甫，衡山人。成化庚子，以平越卫籍领乡荐。再试礼部，不第。乃归衡山，作别墅于巾紫峰下，名其山曰止山。养晦自高，不入公府。未尝以亵服出户庭。事亲尽孝，行谊修饬，人皆重之。山上有白龙潭，水可灌田。时荣日课僮仆耕植其中，意豁如也。人呼为白龙先生。

朱 绘

朱绘，字素之，普安人。成化丙午乡举，不仕。训诲乡人，士多出其门。州守徐琦上其行于当道，略曰：朱绘三试春官不偶，幡然归养。考既殁，事继母如所生。绝意仕进，油然晦处。掩扉自养，无公门足迹。简易自修，与物无竞。陶然深杯，温乎敝裘。寝不知梦，觉靡所忧。小楼烟月，无忮无求。当道表其门曰："表正乡间。"

盛仲芳　张懋英　金　声

盛仲芳，平越卫人。当成化间，德行诗文，一时称重。衡门自守，所著有《独斋集》。

同时卫人张懋英，性孝工书，博学能文。

姑苏金声，谪戍于卫，文行与盛、张齐名，时号三隐。

娄　广

娄广，普定人。宋参知政事机五代孙。雅素好德，耽嗜经史，尤长《春秋》，善于训诂。当贡，推让者三。甘老布衣，隐大林山，辑景泰以下志稿。

谢　武子礼

谢武，永宁卫人。少业医，游青城山，遇异人授以医诀，活人甚多。年七十四，无疾卒。自号忙庵居士，颇有著作。述怀诗曰："仰止羲农七十年，自甘庸拙守林泉。低低草舍堪容膝，矮矮藩篱不过肩。瓶里有醪留客饮，窗前无事枕书眠。有人问我延年术，只在胸中一寸天。"

子礼，淹贯经史，笃于孝友。举成化戊子乡试，亲老不仕，养志衡茅。诗曰："不向红尘觅利名，水云深处独关情。一壶天地沧洲阔，千驷膏粱柳絮轻。门掩落花春昼永，鸟啼修竹午风清。有时堂上承诗礼，笑著斑衣戏月明。"卒年七十三。

朱　芳

朱芳，兴隆人。幼聘赵晟女，寻以痘伤目。及通礼欲娶，女家辞之再三。芳曰："吾不娶，若将安归？"竟娶之，人以刘廷式拟之。子玑当贡，陪贡衰且老，遂令让之。

朱　相　陈嘉瑞

朱相，安庄人。负性耿介，有清节，应贡不仕。

又有陈嘉瑞，淳朴孝友，吟咏林泉，不求仕进。祀乡贤。

顾　璇

顾璇，字良玉，无锡人。祖从戍贵阳，遂家焉。好善乐施。天资明敏，凡医卜诸书，靡不淹贯，贵人称之为顾百会。良玉习进士业，后以亲老侍养，不求闻达。居家吟咏，精于绘事。晚年尤好黄老，乃于私第东构一楼以居，名曰东楼。翰林俞大有书"东楼"二字扁楣间。

弘治初，都御史孔公镛为之记曰：

> 余与良玉同吴产也。予登东楼，乃询良玉曰：楼名东，非以日出于东，东乃震方，震为生物之府，于时为春，于人为仁乎？仁主乎生物，凡人所居处，必面东，取生物之气也。良玉曰：然。予虽居戎伍中，志未始不在山水间也。吾居东楼，上八窗洞达，狮峰拱前，铜岭环后，南接垂虹，北对丽谯。朝于斯，夕于斯。或对景而言，或开卷而读。佳客至，或琴或棋，以觞以咏，足以怡情而遣兴。凡楼外所接之物，色足娱目，声足谐耳。徜徉于是，不知老之将至。

> 余闻谈者，以贵阳之景在东楼，而擅其景者在良玉。贵之重门高第，鳞次云集，不数十年间且有为墟者。良玉一隐士耳，又无势位可恃，乃独作此楼。思保有之，不亦难哉！为良玉后者，尚当知彼之非固有不可常，而求其固有可常者。固有莫如实德，可常莫如实行，所以求之之道，莫如实学。三者修焉，可隐可见，可以养身，可以显亲，可以遗后。此其所保者大矣，独东楼乎哉！

> 良玉曰：善。请书诸简，归为子孙劝。

李明荣

李明荣，思南人。性质朴，好读书，居东溪。年九十余，未尝一至城市。尤敦友爱。五子曾玄，凡四世不分居。流贼方肆乱，村落俱被害，独其家以尚义免。

王　蕃

王蕃，思南人。读书尚义，安贫守正。自号一瓢斋，工篆隶，善写梅，为诗清逸，老而益工。当时名公咸与交游，所著有《一瓢斋文集》。

王　佐

王佐，前卫人。谨厚笃实，博学好礼，尤工于诗。不愿仕进，与郡中贤者为诗会唱酬，曾纂修贵州旧志。有诗文传于世。

越　梁

越梁，贵阳人。少游庠校，不乐仕进，隐于槐亭，有鹿门风。一时贤者结社，称槐亭先生。又仁术济世，活人不责报，年八十，纯然赤子也。后曾孙八九人登科，人谓阴德之报。

陈　楷　王　铨　周　纲

陈楷、王铨、周纲俱清平卫人。博学隐居，能文章，工吟咏。铨终身养母，以孝闻。楷开馆授徒，多所成就。纲自号南坡，学者称南坡先生。

田惟安

田惟安，思南诸生。应袭世官，不愿仕。笃志好学，朝夕不怠。从李同野游，后卒，同野哭以文，略曰：世习舛庆，仁道湮塞。渭以劾身，力追先哲。子来助予，实肩其责。四礼绪举，浮靡渐革。行之既久，当为善国。今子亡矣，谁成此里仁之美俗，树此士人之善则？

甚为舆论推重。

黄 凤

　　黄凤，新添人。为诸生，将贡，以母老辞谢，家居侍养。且精于医卜，称神术，屡见重于当道，然未尝轻身干谒。

黔记卷五十三目录

淑媛列传

马恭人

包　氏

赵　氏

石　氏

范　氏　戴　氏　余　氏

吴　氏

马氏女

杨　氏

刘氏女　张　氏　郭氏

刘　氏

龚　氏

高　氏

袁　氏

宋　氏

杨　氏

吴　氏

戴氏女

杨　氏

蔡　氏

涂　氏　宁　氏　何　氏　姚　氏　大范氏　小范氏　周　氏

毛　氏

韩　氏

刘　氏

陆　氏

胡　氏

乜　氏

贵阳府节妇

宣慰司节妇

威清卫节妇

平坝卫节妇

清平卫节妇

兴隆卫节妇

普安州节妇

都匀府节妇

安顺州节妇

安庄卫节妇

安南卫节妇

思州府节妇

思南府节妇

龙里卫节妇

新添卫节妇

平越卫节妇

镇远府节妇

黎平府节妇

毕节卫节妇

乌撒卫节妇

赤水卫节妇

永宁卫节妇

普市所节妇

黔记卷五十三

泰和郭子章相奎父著
汉州宋兴祖汝杰父正
贵溪毕三才成叔父校

淑嫒列传

蝼衣生曰：予读《烈女传》，所采多奇节。夫奇节，非妇人幸也。遭遭不辰，纲常攸系，毂植孤雏，保完家世，良亦苦矣。然从容牖死，恩纶载锡，犹足为闺闱之光，丘垄之贲也。若乃行露兴厌浥之嗟，临难多犬羊之逼。一贞自矢，九死如归。身膏林莽，冤震雷电。岂非节烈之最著者乎？故特著之篇。而守节者，有才智者，汇为之纪。嗟乎，南国被文王之化，遵召伯之教。季女多露，相感而贞，而八番七星诸妇，无文犹兴，居夷而化，则尤难之难者。作《淑嫒列传》。

女玄溃

楚之先，出自帝颛顼。其裔孙曰陆终，娶于鬼方氏，是谓女玄溃。盖孕而三年不育，启其左胁，三人出焉，右胁三人又出焉。其六曰季连，是为芊。其后有鬻熊，子为文王师。成王举文武勤劳，而封熊绎于楚，食子男之采。其十世称王。

夜郎遁水女子

夜郎之初，有女子浣于遁水。有三节大竹，流入足间。其中有号声，剖竹视之，得一儿。归而养之。及长，有才武，自立为夜郎侯，以竹为姓。

蟒衣生曰：玄溃，鬼方氏之女也。遁水浣者，夜郎之女也。一则三年不育，启胁出子。一则三竹流水，剖竹得儿。语出《华阳志》与《路史》，似若怪诞。顾后稷弃林中，仲尼弗删。阳侯遗竹节于无恤，马迁必录。坼胸生禹，尧母名门。恶得尽以为诞，而况于夷也？

圣　婆

圣婆，不知何许人。领五男，行至镇远邛水司岑楼山，渴甚，以手挂竹杖卓地，祝云："我得地，水当随杖出。"果得水。又以竹植地，祝云："我得地，竹当成林。"果成林。时挥涕竹上，今雾雨竹有液如涕。又土人拾得一裙，呼为圣婆裙。一十二幅，长五尺二寸，每与苗战，即揭以为帜。苗见帜辄败去，盖苗畏鬼，故败。今岑楼山圣婆井犹存。

宋

宜　娘

宜娘，宋人，营兵于黄平，今黄平城北三里有宜娘垒，城南五里有宜娘山。明同知高任重诗云："阿娘何代此专征？百世英威尚有名。试向山人咨往事，潇潇瓦砾是遗城。"

元

脱脱真

脱脱真者，贵州达鲁花赤相元一作兀孙妻也。以早寡，不忍独生，以死从夫。延祐二年秋七月壬寅，旌其节，树碑任所。

仙　婆

仙婆，永宁人，名满道。笃于道行，善知休咎，人多就决焉。卒，葬于乌降山下，至今呼为仙婆墓。

大明

杨淑人

杨氏，镇宁十二营僰人杨太女。祖仕元，为普定府通判。洪武十四年，天兵南征，安陆侯吴复留镇普定。闻杨聪慧，有志操，以礼聘之。十六年，侯薨，杨哀毁几绝，翼日，沐浴更衣，于灵几后自缢死。事闻，赠贞烈淑人。

蠛衣生曰：杨淑人，僰人也。非渐于中国之礼教也，非有《女诫》、《女宪》诸书可读也，又非有姆训足赖也。事安陆仅仅二年，又非有琴瑟绸缪之素也，而操行若是。语曰：芝草无根，醴泉无源。然乎？

邹　氏

邹氏，昆山邹思明女。洪武初，思明戍普定。邹甫五岁，随母居乡间。长适同里人吴文荣。乃奉母，历万里，至卫省其父。未几，父调征当行，文荣请代往。已而亡于阵。邹年二十一岁，感夫之义，哀毁几绝。父母勉谕之，誓死守节。嫠居四十七年，未尝忘哀。

蠛衣生曰：邹氏女微独其节坚也，其孝亦足术焉。奉母省父，间关万里，夫亡守死，嫠帏事亲，为吴令妻，为邹孝女，谅为烈妇，当如此矣。

徐　氏

徐氏，平越卫军人李庸妻。正统十四年，庸与贼战，亡。徐年二十五，子三岁。都指挥赵信欲夺其志，以配卫卒。徐以死自誓，守节四十余年。

陈恭人

陈氏，贵州卫徐资妻。正统间，都清苗叛。资从征，力战亡。陈恸绝复苏，乃坚志守节，抚遗孤。节登第，历官副都御史，封恭人，寿八十终，合葬资冢。金宪周孟中题其冈曰忠节，御史王鉴之、学士吴宽、中丞孔镛俱有记。

附翰林院学士吴宽《忠节冈记》：

自古战阵之士死于难者不可胜数。论其死，直与巡、远、杲卿辈等。然名姓不登于史册，泯然无闻者皆是。或挺身遇贼，使屈伏焉，亦不至死。死必以言抗之耳，而亦无传于世，甚可恨也。

寿昌徐君公正少戍贵阳，以文雅谋略为其上所知。尝召筹兵事，途与贼遇，遂死其手。其妻陈孺人即欲从死，以有二子鼎、节尚幼，乃已。后节受教，登甲科，为才御史，既获恩典，及其父母。而士大夫知其事者，多为哀挽之诗遗之。

夫贵阳在西南万里外，去中朝甚远，使非其仲贵显于时，士大夫安知有公正夫妇邪？此予所以为恨者。节字时中，与予为同年进士，出守太平，号称循吏。顷以三载考绩至京，出示此册，为题，此复之。盖叹公正之死为不幸，亦幸其有子，且并其妻之贤行同传也。

王氏女

王氏女，石阡府人，名伽蓝。父瑛，正统初任姚安晋朋驿丞，伽蓝随任。幼闲闺仪，许聘同郡士人杨振纲。后瑛解任，随回籍。至寨，杨遇苗贼。瑛年老不能奔，遂被害。伽蓝时年十九，被执，驱以行，且欲污之。蓝见父已被戮，厉声骂曰：吾父既为所害，恨不啖尔肉，尚敢更为不道邪！贼强逼之，又曰：宁同父死，不共贼生。唾骂之声不辍于口。贼怒而害之。知府余志为传。万历五年，知府郑一信祠祀。九年，御史陈效题旌。

蔡　氏子晟

蔡氏，都指挥林晟母。有志行，发廪赈贫。正统末，苗夷普奴叛，围毕节城。官军皆调征平越，晟亦守备贵州，城中无一可恃。蔡散家资，募精兵并僮仆登城拒守，凡三月，寇无所掠，解去。蔡率众蹑之，寇大溃。时称女将军云。晟读书好士，以子罪，连坐罢官，优游林泉，年八十余卒。所著有《墨庄诗集》。

杨　氏　毕　氏

杨氏，永宁卫伏文贵妻。贵征交趾，死于阵。杨年二十二，子成方二岁，誓不二适。成长，亦以征贵州叛夷战殁。其妇毕氏，亦守节不嫁。天顺间，有司以"妇姑全节"题旌。

蟫衣生曰：文贵父子世为忠臣，杨氏妇姑世为节妇。一门之内，忠节两全。即云不幸，亦复何恨。

刘氏女

刘氏，贵州卫指挥刘芳女，名慧。芳未字时，母病，割股为羹以进，母疾随痊。后适千户朱宣，年方二十三，朱丧，抚孤守节，誓无他志，抚按旌之。

陈　氏

陈氏，贵州卫千户夏玘妻①。玘丧，陈年尚幼，哀毁如礼。葬毕，窃整衣寇，闭户自经。景泰间表其门。

叶　氏

叶氏，普定卫百户陈玘妻。年二十，子二，长甫六岁，次月余。玘随师征讨，劳苦成疾，归而益剧。语人曰："吾死无憾，但恐妻二适，如吾儿何？"叶曰："君勤王事致疾，天必佑君。设死，妾必不独生。未几，玘丧。叶哀毁尽礼，偃卧自刎，血渍枕席。举家惶怖，傅以药。"妇曰："我必死，但抚我二孩，立陈氏门户耳。"遂绝。

赵　氏

赵氏，清平卫漆大亨妻。亨卒，赵年二十，无子，自缢以殉。题旌。

张　氏

张氏，兴隆卫举人朱玉妻。玉卒，张年二十一，哭三日，绝而复苏。乃慨然曰：妇人从一而终，吾夫既殁，吾何以生为？遂具衰绖，自缢死。

---

① 玘：原本作"圮"，据贵图本改。

马恭人

马氏，都匀卫指挥陈昱妻，封恭人。夫病将殁，马具命服冠笄，诣祠堂曰："夫妇之道，生同室，死同穴。今夫将死，妾虽生何为？"又泣别其姑。姑惧，遍请夫僚友毕至，劝以勿死。及夫卒，马悲泣尽，以家属姑。曰："夫妇义重，分在必死。"遂入室，闭户自经。诏表其门曰"贞烈"。

包 氏

包氏，都匀卫军人刘进妻。进溺水，包往求其尸，负归。谓邻妇曰："吾年二十二，无子，岂能再事人乎？"遂自缢。副使吴立嘉其烈，合葬之。题旌。

赵 氏

赵氏，都匀卫军人郭秀妻。从夫于戍，秀采薪渡江死，赵亦奔水，见者捄之①。既归，悲号不已，以死自誓。亲邻异之，防守益密。不逾月，防者少懈，遂自缢。

石 氏

石氏，印江李宣妻也。姑欧阳氏，严重，石事之，每可其意。好治麻枲蚕茧，性真率，衣著五六载不易，帏幄中华靡相尚，石独朴俭无耻色。弘治乙卯，宣卒。遗孤二，家事穷迫，艰阻万状。或劝其嫁。泣曰："遗孤奈何？且死之日，何面目见君子于地下？"乃纺绩抚孤。嘉靖乙未卒。宣卒时，石方二十七岁，孀居凡四十年，卒之日六十七岁。冢宰胡公松为之传②。

范 氏 戴 氏 余 氏

思州府范氏，徐万谦妻，年二十九。戴氏，省祭徐万显妻，年二十七③。余氏，

---

① 捄：万历志作"救"。
② 万历志谓"巡按王杏旌之"。
③ 二十七：万历志作"二十八"。

吏徐鹏妻，年二十二。三氏同居，值铜苗攻府，掳去，相挽投河死。御史宿应麟旌表曰："一门三节。"

吴 氏

吴氏，石阡司邓再兴妻。嘉靖庚戌，镇筸叛苗陷郡，杀其夫，吴闻，赴难死。

马氏女

马氏，龙泉司马万珠女。年十七，播夷李保倡乱，氏被执，贼欲污之。詈言叱贼，贼裂其尸。

杨 氏

杨氏，石阡生员彭好古妻。夫故，杨年十八。夫葬，杨悲号不食，旬日亦故。得合葬焉。题旌。

刘氏女 张 氏 郭 氏

刘氏，铜仁府人，名辰秀，梧州通判刘仁次女。年十六，随父之梧州。父卒于官，刘扶榇还，至平乐府莞藤滩，值猺獞劫舟。刘恐为贼污，挽父二妾张氏、郭氏，同投水死。巡按御史萧端蒙题旌其门曰："清流三烈。"详辰秀弟宪副时举传。

附《清流三烈》诗：

钟陵王孙竹坡主人：昭平堡下莞藤滩，翠鬟红妆玉柱残。激浪魂愁江口夜，伏潮骨浸水中寒。蛾眉铁目流沙掩，瓠齿冰肌烈石钻。名定春秋诸史誓，何人敢为女人删。

郡守魏文相：百年正气毓兰堂，婺女寒光晓落湘。异姓同心甘就义，一门三节永传芳。山长水远凝春恨，玉润冰清莹日光。烈烈精英昭两粤，铜崖今复有共姜。

蟫衣生曰：黔之于粤西远矣。三烈既葬鱼腹，父死于旅，弟絷于贼，谁复有传其事者？即传之，谁则信之？故宪副之书姓名于竹木，天若留之，以传三氏之烈。宾禄之奋义以赎宪副，天若鼓之，以无馁刘氏之鬼。虽然，出之兄弟故人之口，人犹未尽信也。张两山公始按粤而目之，继抚黔而口之，人谁有不信者？而后萧公以闻，三烈以彰。呜呼，天之巧于彰节烈如此，乃其英魄贞魂与神明伍，与造化游。视莞藤作汨罗，令铜崖有贞姜，所为世教人纪，岂其微哉？岂其微哉！

刘　氏

刘氏，印江王朝妻。嘉靖十八年，苗攻县城，被掳不辱，骂贼而死。

龚　氏

龚氏，婺川生员舒英妻。夫亡守志，姑令再醮，矢志靡它，寻自尽。嘉靖四十年旌。

高　氏

高氏，黎平府戍卒卜寿妻。寿戍新化所，高从之，纺绩以居。寿卒，年二十九，遗令善事他人。高曰："妾从君跋涉酸楚，所不忍死者，君在耳。君殁，妾何用生？"既葬寿，遂自经。时人哀之。

袁　氏

袁氏，黎平府百户袁杰女。幼聘舍人王言。嘉靖五年，言方一十四岁，父指挥载侵军兴出亡，逮言监追。年久产尽。遗书袁氏父母，令改嫁。袁誓死不听。四十一年，恤部邹郎中悯言久禁，怜袁矢志，暂纵言归完娶。旌曰："三楚遗烈。"甫三月，言复入狱。隆庆三年，言瘐死，袁守节如初。御史雷稽古具题，王言代父追赃，系四十年无辜之禁。袁氏未婚，苦节守四十载有夫之寡。旨下免赃旌表，复其家。

宋　氏

宋氏，安南卫指挥萧律妻。律卒，誓不再嫁，抚孤丛承荫。未几，丛卒。宋甘贫，移居墓前，备尝诸艰，抚孤孙时中承袭。年八十有九。隆庆四年，御史蔡廷臣题旌。

杨　氏

杨氏，年十六，归安南卫百户李遵谏。被夫逐，依母居一十二年。夫悔悟，复迎归。仅二载，生子栋，夫卒。杨纺绩度日，抚栋承袭。年逾七十。万历初，御史杨允中题旌。

吴　氏

吴氏，乌撒吴惟允女。聘军士李贞，未嫁，贞调戍金齿，竟亡不返。父母将改嫁之。女曰：“吾为李氏聘，即李妇也。”誓不他适，引刀断发。守节五十九年。题旌。

戴氏女

戴氏女，龙里卫戴陟女。八岁，陈世杰聘，年幼未归。杰娶妾生子，氏矢不嫁，奉父母，克尽孝道。御史薛继茂题旌。

蠟衣生曰：宁人负我，亡我负人，戴氏女以之矣。陈世杰何以自立于天地间乎？

杨　氏

杨氏，印江任效廉妻。廉为知县，以采木之役卒于官。氏七日不食，触棺而死，御史薛继茂题旌。

蔡　氏

蔡氏，贵阳薛廷珠妻也。幼有志操，笄适薛。薛治经生言，有间矣，已试有司，不售，辄愤恚，投乌当河以死。厥明讣至，蔡哀不胜。睨舍旁井，趋投之，赖邻妇亟拯得免。蔡不欲生，哭辄呕血，骨立待尽。儿彦卿甫三岁，姑许氏提儿示之曰：“若欲从吾儿地下游乎？无论吾孀姑耄，如此孩提何？且偕往奚益，成孤难矣。"蔡大感悟，稍理栉沐，强饘粥以适姑意。比儿长，就外傅，则时时微以父事感之，而身执缉绩以佐读。卒就儿以明经，举于乡，举之日，蔡犹陨涕哀思如初丧焉。彦卿为温江令，三年，得赠父如其官，封母孺人。万历间，御史薛继茂题旌。庚子，二孙绍鲁、师鲁同乡举。人以为节妇之报云。

涂 氏 宁 氏 何 氏 姚 氏 大范氏 小范氏 周 氏

思州府涂氏，吏蒋辉妻。宁氏，经历卢蕙妻。何氏，张自秉妻。姚氏，监生杨胜举妻。大范氏，熊观海妻。小范氏，熊仁妻。周氏八姐，土官周廷珪女。七氏皆遇贼，一时义不受辱，挺身迎刃。万历十七年题旌。

毛 氏

烈妇毛氏，石阡木商张春妻。万历二十六年春，播贼杀春，驱执氏行，氏抱夫身，厉声骂贼，贼怒断其手，及死，面犹向夫。二十七年，御史应朝卿题旌，附祀烈妇祠。

韩 氏

韩氏，兴隆卫百户万一麟妻。一麟卒于嘉靖壬子，韩方二十四岁。仅余小屋数椽，韩与一婢相依，焚香诵佛四十年。所居忽生异草，嫩绿浮英，遍于一室。后窨极，鬻屋以供衣食，剪茅为舍，异草复生，乡人奇之。壬辰雷雨夜，赤光照耀于韩之室，有顷方散。乡人愈惊异，诸士夫赠言褒之。年七十有二卒。万历壬寅，御史宋兴祖疏称：韩氏贞原所性，贫且益坚。四十八年纯节，草木皆知；七十二岁完名，电雷可爝。题旌。

刘 氏

刘氏，永宁卫万象妻。先是，象欲以禄资置田种八石五斗，有捐资报本之意。象卒，刘承夫志，将前田捐入学中，永作义田。院道刻石，匾其门曰"旌义"。

陆　氏

陆氏，黎平张启参妻。善事翁姑，殷勤定省，久暂一致。嘉靖三十八年，两院赐孝妇匾旌之。

胡　氏

胡氏，新添卫孙天民妻。家贫，彻夜纺绩以供甘旨。翁性严，姑性洁，事之两得其欢。及从夫宦游，遇美食，辄泣不举箸，遂茹素诵佛，以祷亲寿，至卒乃已。

乜　氏

乜氏①，都匀卫夷人老功妻。万历二十三年往田，归道遇贼。逼行不从，以刀胁之，延颈受害。院道闻而褒葬之。

贵阳节妇

被旌者孔氏，小旗陈通妻。正统末，通以御寇死，孔守节，弘治初旌。李氏，都指挥洛宣妻，宣征麓川，战殁。李守节，正统间旌。袁氏，龚璟妻，孀居七十五年，旌。

嘉靖间旌者李氏，生员刘增妻。商氏，生员范序妻。王氏，生员汤车妻。龙氏，长官程鉴妻。方氏，长官龙升翱妻。任氏，黄镇妻。郝氏，黄闰妻。为姑妇双节。胡氏，潘凤鸣妻。朱氏，生员林之桂妻。

万历间旌者顾氏，生员蔡嘉言妻②。越氏，洛献书妻。陈氏，生员罗纹妻。越氏，李端妻。周氏，千户陈易妻。朱氏，王可爱妻。张氏，守备刘镗妻。李氏，杨继臣妻。廖氏，刘尚和妻。葛氏，生员徐天祥妻。陈氏，徐大纲妻。王氏，李俟妻。

---

① 乜氏：万历志作"乜功"。
② 蔡嘉言：万历志作"蔡加言"。

宣慰司节妇

被旌者张氏，举人越淳妻。陈氏，举人胡骥妻。范氏，詹恩妻。谢氏，刘冕妻。张氏，生员王纳谏妻。杨氏，生员潘汝明妻。李氏，生员韩弘庶妻。周氏，生员强如山妻。

威清卫节妇

被旌者蒋氏，蔡俊妻。张氏，魏政妻。政征永宁，死于寇。李氏，生员易铠妻。陈氏，生员林玉妻。郎氏，沈琇妻，琇死于寇。沈氏，生员曾松妻。李氏，杨鹈妻。杨氏，周蕙妻。

平坝卫节妇

被旌者陈氏，千户梁武妻。朱氏，刘纲妻。

清平卫节妇

被旌者李氏，都指挥石宣妻。白氏，千户王雄妻。郭氏，千户王保妻。王氏，周德妻。杨氏，生员赵仁妻。王氏，生员孙方妻。卓氏，严茂妻。杨氏，通判孙应鹏妻。

兴隆卫节妇

被旌者王氏，百户吴瀜妻。郭氏，千户兰海妻。周氏，都指挥权继武妻，武征香炉山阵亡。李氏，生员狄应龙妻。

普安州节妇

被旌者范氏，柳升妻，守备柳之文祖母。岳氏，石有才妻。蒋氏，王铎妻，铎死于米鲁之难。汪氏，沈尚纶妻。陈氏，沈洙妻。洙，尚纶子也，姑妇双节。

都匀府节妇

被旌者秦氏，百户石珍妻。王氏，生员屠珏妻①。刘氏，指挥桂世卿妻。

安顺州节妇

被旌者黄氏，王二妻。裴氏，王召保妻。景氏，马彪妻。顾氏，指挥时仁妻。康氏，生员詹淇妻。程氏，马应龙妻。蒋氏，叶立妻。张氏，生员詹斗妻。丁氏，宋名臣妻。张氏，举人薛凤章妻。萧氏，生员汪大宽妻。

安庄卫节妇

被旌奖者沈氏，李晟妻，抚孤二代。易氏，张御妻。殷氏，朱训妻。黄氏，指挥倪鸾妻。濮氏，关岭王骥母。淡氏，席珣妻。陈氏，生员张英妻。雷氏，生员何宝妻。赵氏，倪学妻，抚孤三代。

安南卫节妇

被旌奖者唐氏，何俊妻。王氏，指挥梁冠妻，十七岁守节，四十余年。

思州府节妇

被旌者许氏②，黄道司民张羽妻。高氏，黄道司民张价妻。

思南府节妇

被旌者李氏，朱庸妻。李氏，邵洪俊妻。李氏，田兴赵妻。张氏，李复善妻。

---

① 屠珏：万历志作"屠班"。
② 许氏：万历志作"舒氏"。

龙里卫节妇

被旌奖者谭氏，王淮妻。黄氏，夏时妻。魏氏，甘礼妻。

新添卫节妇

被旌奖者吴氏，王达妻。王氏，指挥冯斯良母。王氏，陈椿妻。徐氏，举人马为麟妻。

平越卫节妇

被旌奖者廖氏，周清妻。丘氏，蹇玉妻。周氏，监生徐科妻。杨氏，戎衣妻。姜氏，生员刘士恒妻。

镇远府节妇①

汪氏，何瑛妻。何氏，杨昌文妻。刘氏，罗溶妻。钟氏，杨铎妻。何氏，邛水长官杨政松妻。钱氏，土同知何承宗妻。张氏，杨再翱妻。杨氏，土同知何熙妻。苏氏，解章妻。俱艾年守节不渝，或旌或奖。

黎平府节妇

姚氏，詹华妻。李氏，百户唐英妻。汪氏，曹纪妻。俱以守节奖。

毕节卫节妇

阎氏，生员李麟妻。徐氏，生员罗琛妻。阎以十九，徐以二十三，孀守无瑕。俱于嘉靖二十七年旌。

---

① 府节妇：原本元，据本书体例补，下同，不一一出校。

乌撒卫节妇

杨氏，生员陆廷富妻，守节不二，题旌。

赤水卫节妇

欧氏，生员陈琢妻。章氏，聂贵妻。俱以守节旌。

永宁卫节妇

被旌者封氏，闵焕文妻。谢氏，张贵妻。马氏，指挥侯英妻。胡氏，孙贤妻。邹氏，镇抚雷震妻。沈氏，雷霖妻。人称雷门双节。梁氏，夏时妻。张氏，土同知王凤麟妻。嘉靖间旌。陈氏，进士闻贤妻①。樊氏，生员闻克明妻。俱万历间旌。

普市所节妇

杨氏，举人李栋妻，以守节旌。

---

① 妻：万历志作"继室"。

黔记卷五十四目录

方外列传一唐宋大明

---

① 张三丰：原本缺，据正文补。

石三泉

余中瑞

白云僧

如　登①

---

① 如登：原本缺，据正文补。

黔记卷五十四

泰和郭子章相奎父著

汉州宋兴祖汝杰父正

贵溪毕三才成叔父校

方外列传唐宋大明[①]

蠙衣生曰：方以外谓之二氏，顾二氏之学亦未易言矣。道德为父，神明为母，清静为师，太和为友，此老氏之学也。大慈悲为轴，智慧为轮，精进为马，戒定为衔，忍辱为铠，总持为辔勒，此佛氏之学也。是岂可易谭邪？千里一士，百世一圣。黔中几何，而方外者几二十人，如上阳子、张三丰，其名颇著。余就旧志纪之，其果有得与否，予不知之矣。

唐

陈致虚

陈致虚，号观吾，一号紫霄上阳子。尝从缘督真人赵友卿学，受金丹妙道。遍游夜郎，至思唐，与宣慰弟至阳子田琦炼丹于万圣山崖壁中[②]，后皆仙去。编注有《金丹正理大全》数十卷，山顶石泉至今存焉。思唐，今思南府。

---

① 原书有"附寺观"，据目录改，作"唐宋大明"。

② 万圣山：万历志作"胜山"。

宋

鬻蓰道人

鬻蓰道人，不知何许人。宋开宝间，铜人瓮蓬寨人杨再从崇尚仙学。一日，有丐者携草蓰一双，诣再从，索金五两。再从意欲买之，其妻不从。道人掷蓰于地，化为双鹤，冲天而去，道人亦不知所往。但见门柱上有诗："新打芒鞋巧又牢，五两黄金价不高。杨君不听妻儿语，从我蓬莱走一遭。"其字以水洗之不去，刀刮之益显，柱至洪武十四年方圮。

大　明

南　宗

南宗，长沙沙门。尘网蚤脱，悉志禅宗。洪武间游至贵阳，募建大兴寺，推演内教，感化者多，示寂荼毗得舍利焉。

孙　宁

孙宁，号湛然子，姑苏人。洪武中谪居普安州。素性冲澹，雅尚文事，精通玄理，有营缮庙宇之功。谒武当，得秘术。尝诵经于玉皇阁，夜静，有祥光现。或月光掩映，人偶见之，谓之祥光耳。年七十，一日，沐浴，衣冠，端坐而逝，郡人异之。指挥陈进征邑士沈勖赞焉。

张三丰

张三丰，字玄玄，俗名猷，号三丰，又号斗蓬，又呼邋遢仙。闽县人，又云羊城人。甫七岁，能弈，随手应局，人无敌。十岁习儒业。失怙恃。长入番家华林，遇至人，修栖三十年。

出山，混俗归闽，补刑曹吏，闽人未知也。未几，因劫狱，连坐，编成夜郎之平越，同解将及境。师浴于河，遂沈溺不起，明日自水出，袖各司回文批帖。解者探囊中，原文已无矣，始神之，受重馈而别。至平越，平越亦未知也。

千户张信幼失怙，母甚钟爱之，少敏慧，善弈，邦人寡二。师往较焉，果高手也。张业颇殷，款师甚丰。一日残局，终宵抗衡，因记之，各就寝。张梦老妪曰[1]："汝棋当如是而后胜。"辰起，不数著而师负矣。师大笑曰："骊山老母大是饶舌。"由是人知其异，远近播传，觅者旁午，师将远游，辞故人十余家，皆饯于一日，席皆有师，人愈异焉。

师临岐谓张曰："吾为汝父治葬地，以酬君殷勤。"命张取骨自负，指岩窟，密曰："汝勿惧，往掷置之口中。"既入，见石牛欲相唼，畏而挂角出，以告。师曰："大至封侯，斯亦足矣。"复授铁捶，命往击洞门石磴，且曰："击不过一二捶，至断而已。"张力不胜，击至七方断，见金鱼飞去，归白之。师曰："惜哉，汝八口，止存君一人。十年后位至封侯，十二年间，当会于武当。"言讫而别。

后永乐靖难，张以功封隆平侯。至十二年间，果敕祭武当山。见师山中石岩炊瓦釜，形质憔悴，破衲腐秽，倾水饮为茶[2]，送枣一枚延之。张置汤不饮，袖其枣而别。下山视枣，已长尺余，惊讶。复上山寻师，已遁矣，追悔莫及。

师曩居平越高真观。今有礼斗亭，浴池，石棋局。山中尝有人闻警咳声，响振岩谷。后移居武当，往来天柱、五龙、南岩、紫霄诸名胜。洪武庚午，拂袖长往，不知所止。

蟫衣生曰：予过平越，以播州孔亟，人言平越城内亡井泉，殊以为念。比闻高真观有天生池，往观之。观后山层起，张仙三丰尝构亭礼斗，遗址犹存。傍有天生石池，长盈丈许，广可三尺，深四五尺，四时清泉，不竭不溢，名浴仙池。池畔有桂树，既枯再荣。观前有蟠龙穴，观下有石犀洞。张隆平侯父母析葬焉。平越人指点隆平未遇时，仙授福地，验应遗诗，如持左券。予明日去平越，上隆平母坟，则张仙之阡悉合景纯葬法。地灵可凭，岂尽玄虚，因得其钤记五章详载焉。

其一曰：远远长龙自北来，脉流城石建僧台。前峰凹处堪为冢，若葬真泉步玉阶，隆平侯葬母于此。

其二曰：飞凤投江穴在头，龙泉虎嶂两朝流。东隅宾列联峰秀，阴穴阳居万里侯。隆平侯葬父于此。

其三曰：离却蟠龙一里余，其形宛若下江豬。膊后肘前堪作穴，角音姓者

---

① 曰：原本缺，据贵图本补。
② 水：原本作"米"，据贵图本改。

珮金鱼。本卫杨少参葬祖于此。

其四曰：不前不后只于中，也没堆峦也没峰。坦坦四隅平作穴，若人葬后位三公。

其五曰：金钩挂帐锦峰堆，帐下清流三复归。若葬这条钩上穴，女膺男贵秉权威。

以上二穴至今尚未识之。

塔　僧[1]

塔僧，无名。永乐间住安庄卫白水堡观音寺。言貌谨厚，用砖叠塔于寺后，坐其中。与千户丁昱等约曰：“吾入塔，尔以砖灰固塔门，明年今日，闻塔内有声，始启之。”如其言。僧果危坐自如，异香馥郁，容貌愉怿，众咸异之。后不知所往，塔尚存。

林　春

林春，钱塘人。父文中，永乐时以高道彻，寻坐谪戍贵阳，卒。春性赋敏捷，才长身伟，敕遣受业于真人周思德，尽得其醮水祷祈之法，而行之以诚，多所感召。卒年九十二。子宣，有才行，书法遒劲，隐居以终。

广　能

广能，正统间卓锡兴隆月潭寺。戒行不玷，禅诵勤苦。尝昼诵经，有虎入寺，僧行惊走，能不为动，虎登堂见能，遂去。或问曰：“师有道乎？”能曰：“华严力也，吾有何道？”因戒众隐其事。岁己巳，苗夷寇兴隆，且欲劫寺。众僧皆逃避，请能行，曰：“吾辛勤结构此寺，誓同存亡。”独守不去。已而寇至，欲杀能。能曰：“幸戮吾于外，毋污此佛地。”贼义而释之，且戒同暴毋毁寺，寺赖以全。寇退，众问之，亦曰：“华严力也。”

彻　空

彻空，蜀僧。正统间来住贵阳潮音寺，机锋警敏，诗亦清峻。后复之蜀，称寂示偈，唯以振宗风为要。

---

① 塔僧：万历志作“无名僧”。

性　良

性良，普安州人。生而奇秀，戒行笃实。开创兴福寺，谈经析理，释徒多从之。景泰间，有芝产于堂，色如青玉。王公徽作《灵芝赋》以纪其异。年八十四，忽一日，更衣，兀然若睡而卒。人见骑白马由西岭去，咸以为尸解云。

悦　禅

悦禅，杭州人。云游，住普定圆通寺。有戒行，善化诲愚迷，人多礼之。年九十余，景泰元年五月终。四年二月出殡，启龛视之，颜色如生，人皆称异。

一　天

一天，字常胜，曲靖人。住普定卫圆通寺，戒行峻洁，人所崇重。

曾志坚

曾志坚，楚人，有道术。天顺间以卦误，系京师。值大暑，上命祈雪，以皇城为限。夜半，上觉寒，开豹房视之，飘飘遍地。次日，命中官出验，城外略无雪迹。因免死，改戍平坝卫。木石妖幻，符至即除，呼霆祷雨，刻期必应，终日闭门诵经。一日，召其徒曰："谨守吾法。"坐而逝。

箬笠僧

箬笠僧，不知何许人。成化间戴巨笠抵贵州大兴寺，郡士罗玉藏修寺中，僧见之曰："子何勤苦如是？吾有术能为银助汝韲粥。"乃取铜锡杂置炉中，顷刻化为银。罗意欲传其术。僧曰："此不足学，败尔业。"后不知其所往。

拜经和尚

拜经和尚，名兴宗，大理人。成化间住持贵阳永祥寺，诵《法华经》，每字一拜一木板。岁久[①]，木为之穿。四十年未尝下山，其戒行端谨类此。镇守太监郑忠为建寺，请额曰永祥。年七十，自刻卒期，鸣鼓告众僧，逝。

碎　尘

碎尘，云游僧。卓锡贵阳青岩谷精寨观音庵以居，确守戒律，不妄接人，诗律

---

① 久：原作"又"，据贵图本改。

古淡，有世外风。

刘明德

刘明德，宣慰司人。少遇异人，授以火雷秘法，呼召风雷，奔走神鬼。戒行清厉，尤为时重，后端坐而卒。

雪　轩

雪轩，赵州人。云游永宁宣抚司，创立梦缘庵。坐山十四年，戒行诚实。后礼部差锦衣卫舍人萧兴访取赴京，不知所终。

石三泉

石三泉，都匀三清观道士。踪迹诡异，独居无侣，双鹤来巢，久而不去，时人神之。后不知所终。

余中瑞

余中瑞，水德司人。颇读书，能诗，精岐扁术，一剂立起沉痼。年八十有五，甚矍铄，闲步城市，不倚鸠杖①，人称为半仙。

白云僧

白云僧，大理人。戒行精严，杖锡几遍天下。万历庚辰，至麦新阳宝山。探幽采胜，直穷薮泽。山故多虎，主僧止之弗听，裹粮坐泽中凡八日。时方大雪，僧所止有鹿卧其地，雪亦弗及，僧异焉。誓去来必建丛林。去十年，果来建千佛阁。取材于山。凡百工之技，若匠若陶，僧皆自为之，绝精巧。阁将成，僧遣其徒化缘于滇，范丈六金身来，功费甚钜。僧往逆之途，抵平坝卒。卒之时谓其弟子曰："吾志愿未毕，会当复来，乃今来则不可知矣。"僧入山数年，人未尝见其卧。山故多虎，僧至乃绝。间有工课，人亦不及知也。

如　登

僧如登，蜀人。万历己亥游于黔，阅藏于大兴寺。既精三乘，复谙六书。予建忠勋祠，后竖准提亭，遴登与破尘二僧虔共香火。破尘南谒普陀，如登子处亭子，

① 杖：原本缺，据贵图本补。

著《转识论》。

论曰：元穷至理，秉握天然。心既刳多为少，事既变粗为细。缘生死，依涅槃，释烦恼为菩提，转也。分别一切见闻，觉知亦非他物，全是真心。影名弃彼，百千澄清，大海认一浮沤为全潮，体种种拟议，思量结缚，背却真光妙体，识也。议撼文词，贯成法式，总斯一旨之弘纲，论也。乾元弗比，造化始初，威音那半以前，鸿蒙未判之兆。混混沌沌，杳杳冥冥，无形无相，故强示曰真空不动之道。玄玄寂寂，一物未冥，假名为心，心焉天然，亦名火藏，火性无体，遇物成形，动则如积薪之火，杯水救而难灭，寂则似浊水投于静器，不拟久而澄清，迷之旷劫不返，悟时只在刹那。

论曰：古今三界唯心，万法犹识，所谓心生则种种法生，心灭则种种法灭。心生则万境全彰，心灭则一尘不立。揣其本末，三世诸佛，皆用此心。前贤后贤，无一不同，此心成等正觉。

或曰：何心也？

答曰：涅槃妙心也。世有一法，过于涅槃，吾即不说。

问曰：修习涅槃，成等正觉。为从有行，为从无行？

答曰：不从有行，不从无行。及不从有行，又不从无行。

云：何得成等正觉乎？

答曰：有亦如如，无亦如如，不于诸法生吾我心者，是谓有行。摄意常定，心如虚空，不著三界，是谓无行。然此有行无行，尽情荡绝，于空离空，不染空识，息心永灭，不兴相著，嘿然无言，以与涅槃符合。学悟之士，为求涅槃，故修圣道，道如船筏，必应舍，故亦犹意乐不愿圣道，故缘道，行相亦得无愿明以本期心厌有为故空，非我相，非所厌，舍以与涅槃相相似，故览融云无心恰恰用，恰恰用无心，今说无心时，不与有心殊。悲乎，学道之士，其心怯弱。或著空厌有，或执中背边，或生断灭想，作增灭见。流浪情尘，莫知能返，执尔不了，妙净明心，为物所转，受诸轮坠，一切众生，闻已不闻，从无始来，为心意，识流转，流转时挥不觉知，如来在般若会上说诸法空相，荡尽情量界蕴，尘劳冰消瓦懈，到究处，空亦不可得，若人续有善根种性，只向不可得处，抵却见闻，觉知了没交涉。

或曰：转识为智理义云何？

答曰：当垂正幢，摧折邪慢，顿成智识之相。了无思议之心，智体廓然无明，《浣尽经》云：此是无明灭，已则成智见。噫，欲忆转识为智，先净自心，自心清静，何识不转，何智不明已。

论曰：心意、意识、习气、过患等法，皆悉转变之极，乃复其性，无非一如以皆如。故《离心绝想经》云：思想心息，如是法相，名大涅槃。言大涅槃者，甚深禅定，圆明寂照，非同殂落。《华严经》云：心智路绝，名不思议，法名如来印。《法华经》云：非思量分别之所能解。《楞严经》云：若能转物，则同如来，穷其物者，心意识分别之境，然根境识三，摄尽万法是也，夫凡修观行转阿赖耶识，为一团一积一聚，为一聚已，犹缘真如境智，故修习，多修习而得转依，转依无间，当言已断，阿赖耶识犹此断，故当言已断一切杂染。

问：阿赖耶识何也？

曰：心意及与识，总言识也。远离思想法，智也。得无思想法，则转识为智。此是菩萨，而非声闻，此言智之始也。人能转识为智，智悲双运，广大无尽，然后佛恩可报，圣果可期。如此用功，自念我与众生，说如斯法，是名真度生也。《楞伽经》云：通达智识之相疾，成阿耨多罗三藐三菩提无上法王萨婆，若心恳切而已。岂亦长沙云，此事约限不定，唯在心思路绝，自然净去，不虽搕拉。庞老云：但愿空诸所有，切勿实诸所无，推寻源底，只是一念不生，方有少分相应，如实而论，转而无转，乃转假相；变而无变，乃变假名。苟以名与相，假与真，七颠八倒，待对不绝，信知诸佛如来，识心成佛，换名不换体也。然我无有我，灵知无知，名相两释，使心境洒乐，物我一如，则归如来大寂灭海，归无所得，始得究竟坚固圆满菩提。

颂曰：绝心思量法，情境寂然休。识浪同时息，大海亦无沤。如是四处转，转处得源流。菩提得不得，人法两俱空。有无无所立，空空亦复空。远离思想法，智海阔无穷。澄清归妙湛，月影现其中。无生亦无灭，三际体圆融。是出世间法，闻思急急修。归无所得处，涅槃彼岸头。

予为序，而刻之大兴。

黔记卷五十五目录①

方外列传二_{寺观}

---

① 本卷目录原缺，据正文补。

普安州

威清卫

平坝卫

毕节卫

赤水卫

乌撒卫

永宁卫

普市所

龙里卫

新添卫

平越府卫

清平卫

兴隆卫

偏桥卫

黔记卷五十五

泰和郭子章相奎父著
汉州宋兴祖汝杰父正
贵溪毕三才成叔父校

方外列传二_{寺观}

贵阳府

大兴寺，在城中。元至正间，庐陵彭如玉建。洪武二十年，长沙游僧南宗重修。正统十年，颁敕谕大藏经典陆千叁百伍拾卷，赐玉碗金佛，后经残缺。万历三十年，章为补之。建阁，祀接引佛。题曰：玉炉金佛之阁，昭君赐也。以经全故，刻米元章"宝藏"二字于阁下。南充黄谕德辉亲书"龙轮法藏"四字颜之。

寺田：正统十二年，僧福广用价玖拾柒两，置二桥冲田伍拾柒丘。弘治十六年，僧圆昊、福广用价贰拾陆两捌钱，置石门坎下大坝田贰分。景泰二年，僧彻空等用价贰拾两，置四方河田贰拾伍丘。万历十六年，僧教澄、祖融用价拾捌两置伴铺田贰块。都司李显文施价拾壹两，置二铺麦山田壹块。僧詹维清用价捌两，置前所窑园地壹所。以上共纳秋粮壹硕柒斗肆升伍合玖勺，差银肆钱。

金事时季照记略：

大兴寺在贵城中。元至正间，庐陵道人彭如玉创精舍。后真贤建大雄殿、毗卢阁，庄严设像，遂名大庆寺。本朝洪武四年，贵款附，立军卫戍守之，渐知向慕，寺名益显。二十年，长沙沙门南宗游方至寺，苦行修持，与其徒圆智悉心茸造。构四天王殿、山门、寮舍，重塑三宝毗卢诸佛及观音、地藏、十八罗汉等像，并五十三参。于壁傍植松柏，外缭垣墉，焕然增美。镇远侯顾成启于蜀王，改赐今额。永乐二十年，僧慧智领寺事。八年，宣慰使举智奏设僧纲司，就授都纲。贵州僧有官有署，昉于智。智首营丈室为栖禅所，购大藏经一部。顾公及李正相与集赤铜七千五百斤，鸠工铸镛于廊左。余以巡历屯田抵贵，常诣寺瞻礼。智请余记，以传永久。

巡抚孔镛诗："贵州城北市桥边，路入招提别有天。千尺危楼齐日月①，百年古殿锁云烟。老僧独坐三生石，游客谁参一指禅。圣泽普施丰五谷，便教龙卧井中泉。"

主事黄龙光《雨中毗卢阁与立禅谈》："贵山一片石，谁是点头者？独有深心人，阁中来结夏。一足了朝昏，万法冥真假。圣谛岂不玄，无取亦无舍。摄念到湿灰，发真锁舜若。浮云不碍空，日夕与上下。遥望山雨来，大可花盈把。"

永祥寺在城内西南隅，旧名潮音。成化间太监郑忠重建，敕赐今额，后稍颓。万历二十九年，予檄都司王纳忠、指挥杨祖禹重修。

勘合碑抄略：

贵州等处承宣布政使司为请颁寺额事，准礼部柔字三百三十九号勘合，该镇守贵州太监郑忠奏称：贵州城内西南隅旧有观音堂一所，系洪武初年创建。本处官吏师生于此延祝圣寿，咸共瞻仰②。但年久岁湮，日就圮坏，不足以妥神。忠自备钱物，变易木石，及令寺僧劝募义财，雇倩夫匠，修理完备。本僧请立护持禁约等。因奉圣旨，该部知道。该礼部议覆题，奉圣旨：都准他，与做永祥寺。钦此。合行本司，转行郑忠钦遵知会施行。

寺田：麦莱寨田贰分，上米叁石捌斗，粮壹斗伍升，差银柒分伍厘，僧道宁置。太监李买田壹分，僧洪泰置买贰分，在圣泉水，纳粮贰斗，系看守圣泉僧耕食。王銮舍关口寨田壹块，纳羊场司头目秋粮伍升。东门城脚下田贰丘，粮贰斗。水东司中槽田壹分，粮七斗，差银贰钱壹分。

巡抚叶相诗："碧云萧寺暮天遥，松桂花阴晚见招。风细小堂才听法，月明荒戍更闻刁。尘机半日真怜息，虏气千山未许骄。同侣旧游今远隔，瑚珊鸣珮紫宸朝。"

"山川黄落又残秋，尘事关心人易愁。绝塞望穷乡信杳，长廊行尽梵香浮。水

---

① 危楼：原本作"危栖"，据嘉靖志、万历志改。
② 咸：原误作"减"，据文意改。

云护榻怜僧定，秔稻盈畴喜岁收。更莫谈兵负明主，尚留恩泽在南州。"

总兵李璋和诗："客邸光阴岁岁秋，筹边谁暇动乡愁？几年青鬓红霜点，一寸丹心向日浮。清境偶从闲处息，尘机才到静中收。凭高远拭登监目，望尽行云是帝州。"

郡人汪庆诗："暇日闲游到上方，白云深锁老僧房。几枝桂影摇晴照，四望山光带夕阳。城外溪流时漱玉，阁中金鼎夜焚香。前朝赐敕今犹在，永镇招提万古长。"

黄龙光《永祥寺雨望》："秋染灵崖紫翠重，环流清浅咽杉松。诸天金色庄严界，深树经声自在钟。尽日宿阴沉极浦，当空垒嶂抗飞峰。一从岩下藏金甲，风雨年年护卧龙。"

圣寿寺，今改作武侯祠。

按察使刘福诗："春雨初收试省耕，水边萧寺可人情。数声牧笛风林晚，一叶渔舫石濑平。醉倚曲生扪笑口，坐讴诗将破愁城。天连铜鼓流云静，清籁依稀作鼓鸣。"

黄龙光《武侯祠》诗："武侯祠畔石粼粼，伏腊南人此独亲。运去功名聊管乐，时来鱼水见君臣。平沙万木牵残照，入坐千峰隔远旻。我醉欲吟梁父曲，不胜清怨落江滨。"

大道观，在省城中。元至正间建，旧名崇真。洪武间重修，改今名。颁有《道藏》经万余卷，今残缺。

东山寺，在东山上。嘉靖间建，万历三十年重修。

玄圣宫在南门外。

轮莲寺在东门外，旧名莲华寺，圮。万历三十年重修，改今名。

玄帝观在北门月城上，万历间巡抚王缉建。

弘福寺在东城外。

水府阁在霁虹桥首，为溺水者多，乃建。

文昌阁在东门月城内，万历二十四年建，至三十一年讫工。

迎恩寺在南关外，万历二十三年建。

准提亭在城东忠勋祠后，万历三十年建。

郭陵焉记曰：

准提亭，在贵阳忠勋祠佛阁后，家大人因黄恭父梦名也。恭父名龚，漳州龙溪人。少业儒。已，弃儒习孙子书。从家大人讨播、讨皮林，俱与幄筹。贼平，间以净土问，家大人杂儒佛语语之，黄有省。

万历二十九年夏五月，病匦，丐僧如惠诵弥陀经。将持为西方，公据忽忽之一亭，甚庄严。见一牌大书："吾与汝今夜论司存复命先进长者之道。"亭坐二人，侍者语黄曰："左丘太守，右郭建公。"黄曰："非郭中丞长公子邪？"侍者曰："然。"黄趋与兄建公揖。建公目之井，黄之井畔，一人汲水二钟饮之，甘。丘与建公行，黄随之。倏而醒，汗如雨下，病寻愈。以告家大人，竟莫晓为何所。

黄自是弃武弁，归侍其母。行至汀州旅署，漏下二鼓，见金色如来，始似人，渐高无量，直与天齐。黄顿首，三鼓而灭。三十年，滇有缅警。陈中丞公复趋黄之滇，从滇还闽，道黔。

九月廿五日夜，黄梦之一所，甚庄严。颜曰准提大会。门竖二大黄旛，篆书：人佛不二，人二，佛无二；心性相缘，心缘，性谁缘。黄趋而入中堂，左右柱上楷书：不善未尝不知，知之未尝复行。少选，建公出迓之曰：君前所见，乃准提亭也。予负谴，幸救入此，为会间校字。君前所饮，乃非生水也。先进长者，乃予严也。司存复命，准提佛母也。今其相君，乃吾夫子也。君其谨识毋忘。怅然而别。已，复追黄授一纸曰：人有心照"准提"二字，口证"准提"二字，手临"准提"二字，其人乃能于阿耨多罗三藐三菩提注一善位。口不恶，心不恶，身不恶，得报。四十九字，字字金书。

黄归闽，道白下，因以语陵。陵忆兄建公初场时，母夫人哭之恸。一夕，梦至一亭，亭垂琉璃帘，建公謦咳其中。已，二童子卷帘，建趋出，见母顿首。母问曰："汝何为此？"建对曰："儿居此掌人间善恶簿，昨大人居乡救荒一事，此已登善念簿。"母曰："可得见乎？建曰：可。"少选，二童子传呼取善念簿。簿至，高阔丈许。建揭示母曰："此条乃大人救荒事。"已，命持去。引母入内堂礼佛，槛外莲花盛开，母子倚槛细玩，顷之献茶，茶毕，送母归。曰："母亡哭，儿处此甚畅也。"明日，母夫人以语陵兄弟，竟亦莫晓为何所。

以今黄生二梦质之，吾兄所居其准提亭乎？嗟乎，颜子修文地下，建公校字准提，夫复何恨。而况得吾夫子为之依归也。至云不善未尝不知，知之未尝复行，陵兄弟与恭父当共凯免焉。亭成，家大人命小子陵记之如此。

主事黄龙光《准提亭记跋》：

准提亭记，记昔者吾友郭建公往因也。其说如梦如幻，疑信者半。疑者以死为断灭一切往生，梦现尽属乌有，病在不能信。信者谓人间善恶，鬼神悉闻悉知，微掌记，孰为司契？独其指相君为吾孔夫子，柱上书不善未尝不知，知之未尝复行。语杂儒佛，似属牵附，病在不能疑。

夫佛以心性为宗，以无为体，如太虚不挂一丝，善恶从何而立，此最上一乘义，不落言诠。而六祖教人于十二时中，自见已过，则兼修中下事也。夫子曰：中人以上，可以语上也，中人以下，不可以语上也。亦未尝名上为何物，而物实混成于中下之中。故其称颜氏子，不善未尝不知，知之未尝复行。而其自忧，但曰：闻义不能徙，不善不能改。盖自处以庸德之行，而不敢以最上示人也。令世无夫子，诸具利根种智者，尽从无处流行，种种习气，悉成暴流，谁为究竟，而还无声无臭之至乎。如是，则谓夫子之相于佛也亦宜。

余往在长安，度门无际禅授以佛母准提经文，无多言，法用观想余说，受持愿报，不立文字，信其为诸佛第一密因。亦吾夫子所谓不可语者也。持之一岁，以罪放归，舟中病疫，二十日，忽忽若卧多手佛座下，愈而知其为准提护持也。夫以余之卤莽作辍，尚获报如此。

况君生平善信，不作人间一黑业，死之日，犹捐百金造桥施絮，深心檀度，其云得救入此会，夫复何疑？且自为诸生，先进长者，令从见罗先生讲学，武夷先生甚器之，语具《垂杨集》中。其于不善未尝不知二语，殆庶几矣，固宜其揭以自勖勖世也。丁酉之役，君一日声动缙绅，诸缙绅先生无不愿一得当郭生者。顾独匿迹自喜，间以时启户纳余入，因窥君博雅才慧，世界无两。而阇朴沉嘿，殆类颜氏之愚。计其住世，亦略相等，君岂其后身邪？其宿命殆不可思议已。夫人生有所持，死必有所往。戊戌春，君下第还，至涿州，以书抵余云，自谓丘壑足毕此生。斥鷃之于大鹏，其逍遥一也。君今校字此亭，其见梦云处此甚畅，诚然，诚然！

乃龙光踉蹡人间，无一善状，上负圣训，下惭友生。中年学佛，亦堕信不能疑窠中。读兹记，悠悠我思。愿乞亭畔甘泉灌顶，令诸不善业化为酪酥。而幽明路渺，质证无从，因缀数语其末，以当忏悔。庶几他日不为兹亭生客，且以见余与君其过去未来因，或当如此耳。

定番州

西山寺在州西。
万寿寺在金筑司。

国泰寺在小程司。

罗永寺在金筑司，又名螺涌。建文君曾潜于此。

宣慰司

通化寺在洪边，成化间宣慰宋然建。

郡人陈文学诗："城北招提十里遥，山门阒寂草萧萧。天花疑傍昙花落[1]，柏子频移衲子烧。晨磬声随松雨度，午茶香引桂风飘。杖藜徐步闲登览，无限尘心昼自消。"

龙泉寺，在治城北八十里大乖西。元大德辛丑，安抚使苟彬建，名曰云泉寺，以其地有三泉，俗呼三台井。成化间宋然改今名。

永安寺，在城北一里宅溪宣慰司署前。水口寺、崇真阁俱北一里。

水月庵，在城北一十里乌当江中[2]。

崇圣观在城北八里，天顺间宣慰宋昂建。

巡抚孔镛诗："贵阳佳景说洪边，云满青天水满田。持节偶来巡视处，清风万道散狼烟。"

"肩舆十里到洪边，绿水青山别有天。道士不知何处去，空留一榻傍云眠。"

回龙寺、弥陀寺俱城北八十里。

万寿寺在乖西司，土官杨寰建。

兴教寺在札佐司治北。

思南府

观音阁，在府城中和山顶。郡人李大参渭出金，市道人冯静通地，为会讲处。因建阁，阁前为普济亭。俯瞰百雉，山麓翠柏千章。郡士人多习业其中。阁后为藏经楼，凡五楹。藏经陆百叁拾捌函，计陆千叁百叁拾伍卷，僧碧空取自金陵。

阁左为玉皇楼，知府赵垣建。李同野《观音阁记》，略曰：

> 旧华严寺，宣慰司祝寿所也，在中和山麓。予尝登阁引睇。锡帽拥于后，万圣宾于东，三台、天马拱于右，二峰峙于左，德水西来环抱，东南逶迤，而

---

① 昙花：原作"云花"，据万历志改。
② 一十里：万历志作"三十里"。

白鹭洲浮江，与鱼峡上下相望，相为首尾。中和则端耸卓出，与众山不类，若贤人正士安处众群之间。甲舍城堞皆在下目，一方奇览也。

嘉靖戊午，道人魏洪、冯静通，僧人正泰，白于兵宪金公，于山之斗绝处建观音阁。万历乙亥，郡守修庵蔡公建亭于阁前。兵宪恕庵高公篆"普济"匾于亭楣。僧人圆满、法通，增建六佛堂及左右楼舍。辛巳，正泰募众建藏经楼，阁乃稍稍完美矣。渭载笔记其事。

记曰：往者与修庵春朝登阁，修庵述观音大士本行告渭，因睹见大士为人。大士前劫，妙庄王季女也。孩身悟佛法，浮海入于香山，王追之不得处。王末岁破癞溃痤，不治。大士化医身白王，得王所生骨肉戚手眼为药，问其心许可乃治也。王骨肉戚惟长仲二女，问二女，不可。医复白王曰：无已。香山佛普济人苦难，不少恡，得其手眼亦治。王往购，佛慨然可，取手眼予王。王疾愈，率宫姬百吏渡海谢，知其为季女也。大士为王说法，喋喋以孝言。王问割手眼时痛苦何似。大士云：欲愈父疾，毫无顾惜，是以毫无痛也。王及宫姬百吏皆化，国人闻法，皆回心而俗变。

於戏，观音大士所为若此，惜乎不及吾孔门曾子之孝也。曾启手足幸保全，故兢战终其身，恐堕手足，毁残亲遗。大士不然，刳目锲指，以愈亲患。曾子所为，大士所不为。大士所为，曾子所不为也。

阁成，乃述修庵新语为记，且告阁中僧云尔。佛以去父母为教，何大士喋喋以孝语尔，可以深思矣。

玄帝观旧在府治东门内，今改城北。有知县罗国贤碑记。

永宁寺在蛮夷司，前枕德江。先名圆通，弘治间长官安洛、安宇、李谷建，郡人知府李富施其地。万历二年，知府蔡应申重修，更今名，为本府习仪所。二十二年灾，知府赵垣、推官刘养中后先重建。

瓮溪寺在府西南六十里①。

龙泉寺在府北一百五十里②。

金华寺在府治西北四十里。

中天塔在府治东椅子山，万历二十一年，参议史旌贤建。

回龙庵在府城北一里。

圆通寺在城南二里。

---

① 瓮溪：万历志作"瓮济"。

② 一百五十里：万历志作"五十里"。

常乐寺在城北十里，唐时建为福常寺。宋赐名中胜院。明改今名。年久地废①，惟遗一钟一碣。

婺川县

观音寺，板场坑，永乐间建，左为玄帝观。

东泉寺在东半里许，嘉靖二十六年建，至是为习仪所。

玄天观在城南。一山之下，矗峻奇绝。登者援磴而上，楼亭层台，松柏苍翠。俯睨下方，宛若凭虚御空，为邑中胜概。

文昌宫在城南一里，万历十年，邑人龚冲霄建。知县郑向阳重修。

虎耳寺、金刚寺俱县北五十里。

铜化寺、慈化寺俱县西五十里。慈化僧颇众，其地产茗，远近取给。前为海宇寺。

三台寺在县南二十里。

漂海寺在县西六十里。

丰乐寺在县东一百里。

银碗寺在县东五十里。

法华寺在县西三十里。

佛兴寺在县南三百里，洪熙时建。

铜山寺在县东。

玄帝观在县南。

印江县

西岩寺在县西五里②，宋时建，后废。嘉靖七年重建。

观音寺在治西。

真武观在城北。

三清观在县四里③，宋乾德间建。

梓潼阁在县西四里。

---

① 地：贵图本作"圯"。
② 五里：万历志作"二里"。
③ 县：贵图本作"县南"，万历志作"县北"。

迎恩寺在县南一里。

真武观在县南。

沿河司

常乐寺在司北六十里，唐为福常寺，宋敕赐中胜院，国朝改常乐寺。废，惟遗一钟一碣。

金仙寺在司治左。

沿丰寺在司东二十里①，宋时建，废。嘉靖元年，里人何文林重建。

云台观在司北六十里②，废。嘉靖十年，长官冉朝佐重建。

龙华寺在司北三十里。

回龙寺在司东二十里。

东岳庙。马伏波庙。寿亭侯庙。

思州府

回龙观在府渡前东岸。

飞山庙在治南一里，唐诚州刺史杨再思，前代封英惠侯，血食此郡。

五显庙在治南。

火星庙在治北门外。

玄帝庙在新城水口。

玄帝观在黄道司西旗头山上。

回龙庵在都素司南。

都匀府

观音寺在城中，洪武间指挥黄镛建。永乐间都指挥陈原修。后为藏经楼，万历二十三年建。

高真观在城东北。

---

① 二十里：万历志作"二里"。

② 云台观：万历志无云台观，有云台寺，但在司南。

提学郑旻诗："山光隐见入高楼，携手相将到上头。缥缈鸾笙连碧落，参差桂影接丹丘。百年胜地霞生彩，九转真铨火正流。对月传觞承沆瀣，凌云终共伯昏游。"

副使张守中诗："月里同登庾亮楼，德星光聚碧山头。孤云缥缈横深谷，曲水盘旋抱古丘。坐久不妨玄露湿，杯欢还共紫霞流。子真旧是瀛州侣，不学卢敖汗漫游。"

玄帝观，龙山上，嘉靖间主事张翀建。置田租叁石为本观香火。

水府观在城北三里梦遇山，郡人王重道建。

关公庙在城北隅。

清源庙在城东山麓，洪武间建，今移旧堡。

五显庙在城左后街，洪武间建。

文昌祠在城东。

镇远府

文昌阁在儒学左，副使叶明远建。

岱岳行祠在州街。

镇江寺在卫西关。

火神庙在镇远驿后山。

南岳行祠在铁山溪，有江楼一间。

知府严凤《江楼》诗①："江雨暝暝江水流，道人长日卧江楼。山青鸟白无人到。起对渔翁唤酒筹。"

"隔岸渔翁卷钓丝，晚风吹雨怕归迟。道人残梦苕溪上，错向江流啸咏诗。"

《候报》："山人了事却归来，蓉菊满塘秋正开。乞得闲身付妻子，白云深处共尊罍。"

《书怀》："倚囱设榻称高眠，清梦醒时喜欲颠。自起推窗看明月，松阴忽送一声鹃。"

《次韵田兵宪》："思阳楼阁下帘栊，对雪长吟孰与同。六出霏霏绕空白，三农处处卜年丰。兵严半夜城堪破，冻合长途信不通。却愧殊方闲太守，折梅觅使寄诗翁。"

---

① 此诗题与第一句原本有错乱之处，作"江楼对雨诗，暝暝江水流"。据贵图本改。

"红炉铃阁夜趣迟，宝鸭香沉燕寝时。思入寒云迷绝域，梦随飞雪到彤墀。银屏隐隐琴声度，画戟森森竹影移。见说思阳风化远，宪台桃李长新枝。"

嘉靖三十年，嫸于祠西建香炉烟霭亭三间。

水府祠在中河山岩上，嘉靖十九年建。

五显庙在州街。

吉祥寺在城西北，洪武十四年建①。

北极宫在治城西关。

真武庙在治东。

玉虚观在治城南。

玄妙观在治城东，永乐间建。

飞山寺在平冒寨，如飞来之状。

凌云殿在治城东十里，万历十三年建。

迎仙宫在治城西五里油榨关，万历十二年建②。

迎圣宫在施秉县北三十里。万历十二年，本寨有水患，漂没田庐，知县赵瑜立祠镇之。

平宁寺在偏桥司。

龙鳌洞天在治城东。

观音阁在治城东榜山下。

玄妙观在中河山南。

天妃庙在玄庙观。

吉祥寺在河南。

玉虚观在偏桥。

周瑛诗："玉虚仙观静，可以避嚣喧。紫气不盈榻，白云常满轩。阴符三百字，《道德》五千言。试问长生诀，如何制魄魂。"

次韵：沅州判官陈缨诗："驻马入仙观，翛然隔世喧。松风林下箪，竹云水边轩。白首徇微禄，丹书违至言。三生忆前梦，浪说旧精魂。"

周瑛诗："有瀑观南趾，三年始一观。烟销素练挂，雨过玉龙寒。不可杂尘土，端宜洗肺肝。吾将结亭子，终日此盘桓。"

东山道院在玄妙观东山外，有竹柏双贞堂竹园一所，有斐亭一座。

---

① 吉祥寺：嘉靖志载为"在府治西，洪武二十二年建，宣德十年重修"。万历志与本书同。

② 十二：万历志作"十三"。

程櫑《竹柏双贞堂记》曰：

镇阳江之东，有玄妙观。观东皆石崖，崖之麓，不知何许人，因石并踞，刻为狮象形，若司守者然。

循崖而上，为东山道院，有小房四楹，庖厨一楹，羽士所居。左修竹，右古柏。崖石峻峭崒迥为可观。余乃据其中为堂三楹，堂前为露台，为廊房，台右倚崖垒石为坦道，倚柏面崖为敞厦。仰见繁阴翠色，萧萧森森，秀夺人目。有登斯堂者，曰竹柏双贞。

暇日，余偕别驾杨君薰往憩焉。召羽士徐教洪问之。对曰："自教洪为童时，崖石芜秽，野棘杂生，倏荣倏瘁，未若斯柏斯竹之贞而莫之改也。教洪养斯竹也，剪芜理秽焉，封培沃土焉，去曲存直而区别美恶焉，而后根斯丛密也，干斯武毅也，枝叶斯著茂，而拂云扫月摇风之可爱也。"

余笑曰："羽士之言，其知道乎？"

薰曰："然。"

余亦肯首。自诵曰："《诗》云瞻彼淇奥，绿竹猗猗。有斐君子，如切如磋，如琢如磨。瑟兮僩兮，赫兮喧兮。有斐君子，终不可谖兮。学者不可无此德业。"子曰："岁寒然后知松柏之后凋也。学者不可无此节操。此之谓竹柏双贞。"

薰曰："圣贤言近而远以垂训，羽士不知而暗与道符，公可无言于斯堂哉。"

余遂书"竹柏双贞"四字于楣，篆诗及圣言于屏，述前言以为记。

赤崖土主庙在车家湾赤崖山下。

马神庙在镇远驿，嘉靖二十九年知府程櫑建。

汉寿亭侯祠在卫城东关，嘉靖三十一年知府程櫑建。

水府祠在中河山崖上，嘉靖十九年通判杨薰建。

邛水司城隍祠。櫑记略曰：

国制，天下府州县司各有城隍神祠。盖有城有隍，而后有城隍之神也。亦有无城无隍而立神以祀之者。一方之主神，官民依之以为主也。则凡赏善罚恶，功功罪罪之不可得而偏私者，以神为鉴察也。

邛水一十五洞蛮夷司，旧无城隍，亦未妆塑神像。前有溪河，后有山崖，是亦城隍形胜也。岂无神以司之乎？有其神而未能昭申于上帝，显示于官民，且无定位，无成名，缺典也。

嘉靖二十九年，本府通判杨薰临司抚安苗夷，计擒首恶，赖神以主之。乃命土舍袁恩修建神祠，妆塑神像，以为朔望行香瞻仰之敬。

呜呼，礼固可以义起，神亦本以诚存。神像一新，神灵显著，赏善罚恶，功功罪罪，官民得其所宗，神威自然不爽，而幽明一理，通达无间矣。夫城以保民也，隍以保城也，神能保安官民，神亦城隍矣。牒具府城隍闻之上帝，宜名曰邛水司城隍之神。

石阡府

观音阁在府治南。

玉皇阁在城西北，万历十六年知府陆郊建。

玄武楼在府治左。

水府阁在城西北，万历十三年知府林大经建。

迎恩寺。

迎水寺在城东五里。

东陵寺在东山西。

回龙寺在龙底，昔人见有神龟，建以镇之。

五峰寺、宝峰寺、青山寺、俱府治乐桥。

金道寺在义山。

桶口寺在桶口左。

启灵观在城外河北，万历二十四年知府郭原宾建。

玉皇观、五显庙、土主庙，俱城北。

东岳庙、三抚庙、萧公庙，俱城南。

三清观、玄天观，俱在乐桥。

圆通寺、普明寺，俱葛彰司。

定光寺、隆安寺、长栏寺、义阳庙，俱龙泉县。

铜仁府

铜佛寺在府治西，弘治间长官李渊建①。内有古儒、释、道三铜像，不知铸自

---

① 弘治：原文作“洪治”，据万历志改。

何代，郡以此得名。

观音寺在府治西，长官李椿建。

广化寺在平头司东。

白云寺在乌罗司北。

东山寺在府治东，正德间参议蔡潮建。

玄帝观在南门外。

回龙寺在北门外。

飞山寺在东山麓。

川主祠在治西。

晏公祠在渔梁江岸。

英佑祠在治东。

公安祠在治南。

川主寺在小江口。

既济祠在治东岸。

黄平州

宝相寺在州东二里，元至元间建，洪武中重修，景云"宝寺晚钟"即此。万历二十六年毁于播贼。三十一年予檄知州曹进可重建。

高任重诗："草树藏云古佛堂，鲸音清晚彻诸方。山僧未谙敲钟诀，一百八声随短长。"

福智院在州治内西，宣德间建。

普陀庵在治内。

文昌祠在州西，通判朱昆建。

如是院在宝相寺东。万历二十九年予讨皮林，班师过此，辟五洞，名静黎洞。参政尤锡类、副使刘冠南、副总兵陈寅共建是院于洞左，中为了空亭。

余庆县

延寿寺在县东，洪武五年建。

准提庵在县北玉虚洞前，万历三十一年建。

镇宁州、安庄卫

列峰寺在治北，陆秉建。

紫霄观在治南。

高真观在治东。

玄天宫在治北。

东岳庙在治中。

昭灵庙在治东。

通灵庙、五显庙俱治西。

紫云庵在双明洞侧。

晚峰庵在城北二十五里。

灵官祠在城西二十五里螺山上。

观音寺在白水堡西。

三教堂在北口堡内。

三圣庙在白水堡内。

关索庙在卫南四十里。昔关索领兵征南至此，有神应，后人遂立祠于山巅祀之。

文昌祠在玉京山上。

关索行祠在城南关外。

金鸣寺在十二营司境内。

龙王庙在十二营司东一里龙潭侧。

文昌祠在马场市，万历十二年建。

永宁州

永兴寺。

关索庙在顶营司治内。

五显庙、关王庙俱在慕役司治内。

安南卫

南峰寺在卫治关中。

玄灵观在治东一里。

高真观在城南一里玉枕山上。

玉皇阁在南峰寺后山。

龙神庙在治南鹅关。

关王庙在南门外。

川主庙在治东关外。

水星庙在治前，卫有火灾，建此庙以镇之。

安顺府

开元寺。观音寺。

普定卫

圆通寺，在卫治南白虎山上。洪武十八年指挥顾成建，后有孤峰屹立，上建石塔以为镇，永乐六年重建观音阁、大雄殿。天顺五年，太监郑忠重修。寺有藏经殿，永乐间十二营长官萧贤建，捐资购藏经六千三百五十余卷，六柜，《法华经》二柜。

巡抚秦敬记略：

普定卫圆通寺创始于洪武十八年，重修于永乐六年，皆镇远侯顾成之力也。乃今六十余年，风雨摧圮①。天顺四年冬，镇守贵州中贵郑忠统兵征讨西蛮酋，驻兵普定，见寺将废，意欲修之。既而执讯获丑，班师以还。即捐己资，倡率僚属，完而新之。又买田数亩，以供寺僧常住。且寺又为祝延圣寿之所，公请记，故并及之。

永丰寺，在城六十里。

大安寺，在城西。

石佛寺，在城东。

法海寺，在城东。

观音阁，在城西。

---

① 圮：原作"地"，据贵图本改。

崇真观，在城内，洪武二十年建。

水星观，在城北外，万历元年，兵宪林澄源建以御火灾。

关王庙，在城内北，永乐间建。

龙泉庙，在城西，嘉靖间建。

二郎庙，在城东，洪武间建。

马皇庙，在卫西南。

晏公庙，在城西，洪武间建。

岳王庙，在卫东。

七圣庙，在卫南，永乐间建。

总管庙，在卫东，永乐间建。

萧公庙，在卫东。

龙王庙，在卫北。

真武庙，在卫治南关外。

文昌祠二，一在卫东北小街，一在西关外。

魁神祠，在文庙左。

普安州

大威寺，在治南北，为习仪之所。

兴福寺，在治东捧诰山下。

东陵寺，在治东笔架山下。

永丰寺，在新兴驿左。

普照寺，在新兴站北关外。

清隐寺，在亦资孔驿左。

玉真观，在安笼所玉泉山下。

西陵庵，在城南普济泉左。

玄坛庙，在城西云南坡，嘉靖三十九年建。

水星观，在营盘山儒学右，嘉靖三十九年建。

玉阳祠，在玉阳洞崖上，嘉靖三十八年建。

东岳庙，在普济泉右，万历十二年建。

玉皇阁二。一在旧普安，嘉靖十年建。一在海子铺，万历十一年建。

文昌阁二。一在南关玄真观前，万历八年建。一在兴福寺前，万历十二年建。

观音阁，在大威寺左，隆庆六年建。

三清阁，在水星观前，万历元年建。

开元阁，在东陵寺后，隆庆元年建。

土主庙，在儒学左。

五显庙，在治西北隅。

灵官庙，在善应桥东。

五官庙。

武安王庙，在城外十字街东。

真武庙，在城北门左。

威清卫

崇宁寺，在城内西。宣德六年，僧白云建。正统六年，都指挥张贵重修①。

观音寺，在城南，弘治五年建。

玄真观，在城内西，永乐二年建。

三清阁，在城东。

玉皇阁，在城西一里云龙洞，郡人高登建。

东岳庙，在城东，万历二十年建。

三元殿，在城西，万历二十四年建。

平坝卫

永福寺，在卫治南，洪武中建。正统十四年，寺僧清聪重修。天顺四年，指挥何瑛重建。

通判卫兰记略：

平坝卫城西南百步许，有山巍峨，材木蓊郁。洪武中卫耆有好佛者，相度其地，堪为佛宫。乃剪薙榛芜，平伐木石。建庵堂三间，塑佛像于中，名曰永福寺。居民遇有疾苦，恳祷皆应。

正统己巳，有僧清聪自滇南来，住锡其间。见堂宇倾圮，乃因常住之财，

① 都指挥：万历志作"都指挥佥事"。

再加劝募鼎建，作大佛三尊，外立山门，周以垣墉。历十余稔，复见敝坏。

景泰丙子，贵州当道以永宁卫指挥使何瑛来掌卫事。不数年，城池、廨宇、庙学、街衢咸一新之。又以永福寺乃习仪庆祝之所，遂捐俸为倡，令住持僧清聪与善信张福瑞等，劝募檀越，卜日营造。经始于庚辰季春初，告成于季夏末。筑台三尺，建佛殿五间，更为僧室、山门，凡十余间。展辟左右地几亩，比之旧治，加百倍矣。都阃王公、金公属予记其事。因大书于石，以志其创修之始末云。

玄真观，在城西。

列峰寺，在饭陇铺侧。

真武庙，一在城中，一在沙作站。

东岳庙，在治东小街。

汉寿亭侯祠，一在城东，一在城北。

灵官祠，一在城南，一在城西北隅，一在十字街北。

马王祠，在城西街。

毕节卫

普慧寺，在城东一里，正统间赐额。

灵峰寺，在城西十里。

开化寺，在城东一十五里。

般若寺，在城东五十里。

涌泉寺，在通津门外。

玉皇阁，在清水塘。

崇真观，在治南一里。

大梅庵，在城西一十五里。

即心庵，在城东北十里。

东庵，在治东隅。

西庵，在治西隅。

天台寺，在城南十里，名中华山，常有毫光见。

三官庙，在城东。

东岳庙，在治内西。

四圣庙，在东关。

三圣庙，在东关。

惠济庙，在治外东一里，有龙潭。

五显庙，在城内。

五龙庙，在城外南三里。

旌忠庙，在卫东三里。

龙王庙，在旌忠庙后。

五岳祠，在税课局左。

文昌祠，旧在聚奎桥，今改建书院后。

赤水卫

观音寺，在治东北隅。

高真观，在治东门外。

玉皇阁，在城东。

文昌阁，在卫治东。

五显庙，在学后。

三官庙，在卫治南一里许。

五龙庙，在文昌阁后。

五圣庙，在卫城南外。

晏公庙，在卫治南。

忠义庙，在卫治西南二十里清水江。

乌撒卫

能仁寺，在卫治东门，洪武二十年建。

杨用修诗："摇扇才经赤水日，披毡忽逢乌撒天。眼看溁云且未霁，足蹑弱泥殊不前。天时人事莽牢落，乡梦客愁纷纠缠。古来路难宁有此，形影相吊徒皤然。"

"百年身世苦辛行，九日登临感慨生。鸿雁未传滇海信，茱萸偏动蜀山情。空庭露白群鸦散，古木霜黄独鹤惊①。尊酒相思摇落地，江湖不隔梦归程。"

观音寺，在卫东一里。

真武观，在卫北一里。

龙泉寺，在卫治东北凤岭山上。

孙继鲁诗："陆海秋增色，云山翠列屏。赤松餐坠露，黄石炼修龄。草木摇新落，龙泉发旧硎。登高如历井，鹏徙论南滇。"

仁寿寺，在城南八十里。

东陵寺，在普德归站。

三圣寺，在城北一里。

水月寺，在城外三里。

萧、晏二公庙，在卫治北凤岭山。

五显祠，在卫治西。

三官庙，在南关外。

永宁卫

万寿寺，按：元成宗元贞间②，永宁路达鲁花赤总管府总管雄坐、同知蔡润、府判雄君璧、别驾杨廷时、释教普珍建立于马口崖下。我明永乐间，宣抚奢苏、同知戴亮奏迁于城西河岸旧仓基址，正德间同知王凤仪重修。

崇福寺，一名定水寺，在卫治南门外，二水合流，寺居于中，洪武间建。

观音庵，在城河崖瓦窑坝上，永乐间建。

普化庵，在卫治南六十里落卜堡山上，永乐间建。

梦缘庵，在城北十里红崖麓，洪武间建。

宝峰庵，在城西十五里唐帽山上，永乐间建。

文昌宫，在卫治宝真山上，洪武间建。

永福庵，在城东。

玉皇观，在卫东北。

川主庙，在卫治西。

---

① 黄：万历志作"寒"。

② 元贞：原作"真元"，据《中国历史纪年表》改。

五龙庙，在卫治西门。

东岳庙，有三，一西门外，一江门峡，一天生池河崖。

五显庙，在儒学左。

萧公庙，在西门外。

晏公庙，在西门外。

普市所

普化寺，在城西南八十里，永乐间建。

观音寺，在城西北，隆庆间建。

玉皇观，在城西北，嘉靖间建。

龙里卫

龙山寺，在城东，洪武三十一年贾禄建。

黄龙光《龙山寺夜坐》诗："劳劳车马夜郎西，耐可寻僧对佛栖。幽壑度钟风曲折，层崖置寺石高低。灯花落尽人千里[1]，暝色晴初月一溪。却怪年来空浪迹，白云多处乱山迷。"

紫虚观，在城东南，永乐七年贾禄建。

文昌祠，在文庙东，因改学，建于站内潮音山。

三圣祠，在城北。

新添卫

兴福寺，在卫北门外，永乐三年建。

真武观，在卫北门内，洪武中建。

金山寺，在卫西门外半里。

观音阁，在卫南内。

宝山寺，在卫北十五里高山上，近有僧白云，募建千佛殿于寺后左一里许，四

---

[1] 花：原作"化"，据贵图本改。

山环绕盘拱，真一方胜概。

五显庙，一在城北，一在卫治前，一在站。

王公庙，在仓左侧，祀镇抚王璧。

平越府卫

月山寺，在城南二里，洪武间建。

镇宁寺，在城西七十里。

观音寺，在城南，成化间建。

五云寺，在城北四十里。

回龙寺，在城北八十里，一望平川，去二里许，叠障层峦，一崖穿过如城门，因名穿崖，后改今名。

高真观，在城南福泉山上，洪武间建，层台突起，下控曲江，后有张仙浴池，因名福泉楼。

黄龙光《福泉楼》诗："一片孤城接太清，参差楼阁与云平。露栖丛桂寒仍发桂枯岁余矣，万历间张复来，以水灌之，立茂，风动飞泉石自鸣。异域不妨频中酒，更深何处忽吹笙。故侯马鬣空秋草楼南有隆平侯先茔，笑指浮云万感轻。"

刘良贵诗："石乱溪中水，天空郭外山。檐高飞鸟倦，洞古伏犀间。"

极乐庵，在府西三里，武胜营右，万历三十一年，予檄把总马武卿、经历陈江定建，庵南峭壁，有吕仙像，予题"神留宇宙"四字。

蠙衣生《极乐庵钟铭》：

此去极乐国，十万亿佛土。胡为乎兹庵，乃在平越府？如来现行处，慈云作忏主。无在无不在，无所无不所。援人生诸乐，捄人脱众苦。此是如来心，方名众父父。我为筑此庵，只尺江之浒。岩上回道人，相顾笑啰啰。朝撞钟，夕击鼓，如来祖师共一处，万年保障吾黔圉。

炉铭：香爇黔圉，烟透净土。保我行侣，壮我军旅。脱海之苦，祼佛之祖。炉烟缕缕，极乐千古。

黄龙光《极乐庵》诗："正有尘劳苦，欣逢极乐庵。玻璃千佛照，空寂万山涵。香染莲花妙，僧依净土参，何年仙子迹，吹笛度鸾骖。"

凝真观，在杨义司东南七里。

回头阁，在杨义司三十里，地名嶰嶐村。

二郎庙，在城东南，弘治间修建。

祠山庙，在城东，成化间建。

灵官庙，在城外北。

马皇庙，在城北。

东岳庙，在城东二里，隆庆四年，总兵安大朝建。

文昌祠，旧在学右，嘉靖间改建城南。

清平卫

圣寿寺①，在治西，指挥王聚建。

尚书孙应鳌诗："空城存古寺，寂寞已无僧。独有横经客，时分供佛灯。淡云盘老桂，寒日隐荒藤。斟酌谈时事，相看百感增。"

黄龙光《宿圣寿寺》诗："十年多病学无生，客里因缘到化城。乱后山僧零落尽，石床空傍一灯明。"

玄真观，在治北，天顺七年指挥石宣建，今改紫霞宫。

回龙观在城南，改名广福观。

孙应鳌诗："竹柏浮阴森，云霞吐光耀。奇哉神云区，玄扃入深峭。孤标脱尘鞅，来往时舒啸。野兴布清赏，前期洽高调。突然虚白生，风止齐虚窍。复命在知常，达始惟观妙。偶坐已忘言，遐致即壶峤。"

清泉庵，在治西，弘治八年建。

李王庙，在卫治中。

晏公庙，在城南。

文昌祠，在学左。

龙王庙，在治南四里龙王山下。

马王庙，在城南。

灵符庙，在城南。

兴隆卫

善化寺，在卫治南门外，洪武间建，又名观音寺。

---

① 圣寿寺：万历志作"胜寿寺"。

月潭寺，在治东三十里飞云岩侧，正统八年，指挥常智建。

御史王鉴之诗："每约春晴祠里游，来时风雨满征裘。半空宝刹云中见，一脉方泉石罅流。竹色满窗侵酒斝，梅花几点落花瓯，只因方外无尘鞅，消尽胸中万斛愁。"

副使沈庠诗："半空苍翠结楼台，石磴盘迂接上台，景象只疑非世有，画图真信是天开。却怜好处无僧占，何幸常时有客来。我欲细看留数日，试将清气洗尘埃。"

佥事罗昕诗："晦雨经旬负胜游，喜逢晴日拂衣裘。偶寻僧寺扪萝入，更过陀岩看雪流。一点禅心如宝月，百年尘梦息金瓯。松门静掩棕榈影，不入前山画角愁。"

提学蒋信诗："我为君吟君试歌，冥鸿归借海风多。青天老大凭谁柱，一笑浮烟满薜萝。"

副使赵之屏诗："欲买僧家种福田，挂冠高卧早归禅。悔从鹤背来沧海，喜傍龙津到洞天。山日移云松石下，行人堕泪鹧鸪前。看花对酒不复饮，片片愁心逐水烟。"

御史王杏诗："林端百尺影孤楼，微翠妆成景象幽。三岛烟霞缘石结，两间星月傍檐浮。涧流续续来飞练，谷响闲闲送过驺。却笑定僧深处住，不知尘世有悲愁。"

行人夏言诗："月向潭中静，泉从云外流。寺门通径窅，楼阁傍崖幽。扫石还留偈，凭轩一散愁。偶来得奇赏，忘却入遐陬。"

御史沈教诗："书院东坡麓，空堂翠欲流。林移云盖迥，潭印月华幽。远岫迎还送，闲禽乐不愁。何当恣奇赏，及此岩之陬。"

按察使郑絅诗："一宿东陵寺上楼，雷声终夜斗溪流。岩排古树青常合，云拥危峦瘴自浮。往事有怀徒抚剑，十年此地几鸣驺？人间儿女怜今夕，说尽牵牛万古愁。"

司勋皇甫汸诗："瘴岭郁风烟，迢遥路八千。罗施称鬼国，兜率见人天。幽洞穿云际，危楼架水边。澄鲜因悟寂，照朗自通圆。有客嗟行役，逢僧叩业缘。飯心无别旨，委顺即安禅。"

恤部江进之《飞云岩》诗："昨夜饱看华岩洞，今朝重玩飞云峰。愈出愈奇真突兀，转看转恋故从容。岩头水溅春衣湿，石上藤牵客鬓鬆。老衲泣谈兵火后，寺门惟剩两杉松。"

《再憩飞云岩》："邮亭依梵刹，古壑傍人烟。泉滴浑疑雨，崖浮不碍天。薜深埋旧刻，藤老长新颠。车马重来日，登临记往年。"

水部黄龙光《读岩下吴中丞维岳碑感赋》："何处闲云傍石飞，飞来化石却忘归。藤稍带雨秋光冷，洞道回风暑气微。乱后山川颜不改，愁来丘壑意多违。浮生过眼俱陈迹，空向人间说是非。"

观音阁，在北关外。

玉皇阁，在城内。

玄真观，在城南。

寿亭侯庙，在卫东。

文昌祠，在学内。

偏桥卫

华严洞寺，在卫西三十里，予题曰"四土妙依处"。

江进之《华严洞寺》诗："一壑藏幽境，群山绕梵宫。鸟窥僧灶饭，狖挂洞门松。石溜晴疑雨，炉烟午飏风，尘踪怜录录，小憩且从容。"

《华严洞》："谁辟洪濛破寂寥，丹青有笔不能描。千花宝盖浮空丽，一簇琉璃拔地骄。定有真人曾炼鼎，岂无仙女夜吹箫。尘襟到此销都尽，便欲乘鸾向紫霄。"

黔记卷五十六目录

宣慰列传

黔记卷五十六

泰和郭子章相奎父著
汉州宋兴祖汝杰父正
贵溪毕三才成叔父校

宣慰列传

宣慰使之官始于唐元和置淄青兖豫等州宣抚使，后始置宣慰使。大率藩方不靖，则遣重臣宣谕慰安之，故有宣慰使之名。

宋置宣谕使，以宣谕德意为职而已，不与军事，无宣慰官。

元沿唐制，置宣慰使、副使、断事官、经历、知事等员于顺元路。我明因之。

洪武初，高皇帝敕曰：天生一代之君，必成一代之治。自古以来，莫不皆然。而其间治有隆污，政有得失，亦由人君善用人与不善用人之所致也。朕承大统之后，矧今既为天子，而肯私以怨恶加于人邪？故用人尽忠于国者，虽仇必赏。朕仰遵成宪，俯察舆情，推至公之心，广仁厚之化，嘉惠海内，子育元元。欲比隆前规，以臻至治。尔天下土官，遵守朕训，各尽乃心，毋妄怀疑，以速咎戾，则可以共保富贵于无穷。

国初，土官就彼袭替。嘉靖三十三年，议准云贵土舍应令照品纳米，抚按查明具奏，就袭替。万历九年，题准停止云贵土舍输纳事例。凡土司告袭，所司作速勘明，具呈抚按，核实批允，布政司即为代奏，该部题选填凭转给就彼冠带袭职。有愿赴京亲袭者，听其效忠，进献驯象土物，并疏奏闻。抚按仍设告袭文簿。将土舍告袭，藩司代奏日期，登记明白，年终报部备考。

贵州名腹里，土官遇三年朝觐，差人进贡一次，俱本布政司给文起送，限本年十二月终。到京庆贺，限圣节以前。谢恩无常期，贡物不等。

万历初，定贵州朝贡土官。贵州宣慰司、金筑安抚司、程番长官司、木瓜长官司、方番长官司、卢山长官司、清平卫凯里安抚司，养龙、底寨、乖西、水东西长官司，白纳、小平伐二长官司，青山、中曹、龙里、札佐四长官司，都匀府归化上下二牌头、卧龙、小龙、大龙、韦番四长官司，卢番、洪番、金石三长官司，罗番、上马、小程三长官司，平伐、麻向、贵竹三长官司。其回赐，贵州宣慰使赐锦二段、彩段六表里。贵州差来舍人钞二百五十锭，二表里。把事十五锭、一表里。通事十锭，绢一疋。头目从人赏钞如例。凡谢恩，差来人与杂职赏同。贵州土官减钞二十锭，随来通把从人给钞如朝觐例。凡庆贺，贵州差来舍人赏钞五十锭，彩段二表里。把事钞十五锭，彩段一表里。通事从人钞如朝觐例。

蟫衣生曰：环贵州而居者，国初有四宣慰，安、宋、田、杨，皆豪族也。永乐间，田诛于阅裂，而为思、石、镇、铜八郡。万历间，杨磔于逆裂，而为遵义、平越二郡。即宋连于杨，几波及而瓦全，安氏上疏讨贼，执刘自效，历千年而独存。嗟夫，其亡也必有所以亡，其存也必有所以存。不乐其亡而存其存，安、宋子孙其务日兢兢与国相终始。殷鉴不远，覆车在前，戒之哉，戒之哉！

宣慰_{安氏}

安氏之先济火者，蜀汉时，佐丞相亮刊山通道，擒孟获，有功，封罗殿国王。唐阿珮、宋普贵、元阿画，皆以历代开国时纳土袭爵，居水西，号大鬼主。霭翠仕元四川行省左丞，兼顺元宣慰使，皇明洪武初归附。五年，授怀远将军，世袭宣慰使。霭翠故，弟安的袭①。十四年，授亚中大夫。其后，遂以安为姓。的故，弟安卜葩袭。永乐二年，授怀远将军，卜葩老，子安纳洪袭。故，子彬楫幼，从父安中借职。故，彬楫亦故，从父安聚袭。故，并绝，从子安陇富袭。陇富故，子观袭②。故，子贵荣袭。寻致仕，子安佐袭。故，贵荣复任。正德间，加授布政司右参政。贵荣故，孙万钟袭。被贼杀死，弟万镒袭。故，子仁幼，弟万铨袭。寻奏还仁袭。故，子国亨幼，万铨仍摄事，寻还国亨袭。隆庆二年，以擅兵仇杀，奏革冠带。万历九年勘复。二十一年故，子疆臣袭。

---

① 弟：万历志同，《明史》卷三一六作"子"。
② 子：万历志同，《明史》卷三一六作"侄"。

汉

济火

济火为牂柯帅，一名济济火。善抚其众，闻诸葛武侯南征，通道积粮以迎。武侯大悦，遂命为先锋。赞武侯以平西南夷，擒孟获。及归，克普里狨狨民所与争雄者，拓其境土，昭烈封为罗殿王①，即今安氏远祖。

唐

阿佩

阿佩，开成元年为罗殿鬼主。率土内属，会昌中封为罗殿王，世袭爵。

普露

普露，为昆明大鬼主，罗殿国王。当乱世，知慕中国，率其九部落入贡。

宋

普贵

普贵，济火裔，一名宇归，五代末为罗殿国王。

宋太祖开宝中，招降西南夷，以诏书谕普贵曰："予以义正邦，华夏蛮貊罔不率服。惟尔贵州，远在要荒。先王之制：要服者来贡，荒服者来享。不贡，有攻伐之兵，征讨之典。予往年为扶播南杨氏之弱，劳我王师，罪人斯得，想亦闻之。有司因请进兵尔土，惩问不贡。予曰：远人不服，则修文德以来之。穷兵黩武，予所不忍，寻乃班师。近得尔父子状，知欲向化。乃布兹文告之，尔若挈土来庭，爵土人民世守如旧，予不食言。故兹制旨，想宜知悉。"

普贵遂纳土归顺，仍赐王爵，以镇一方。

---

① 昭烈：据文意，当为后主。

元

阿画

阿画，一名阿拂。普贵之后。至大元年，授武略将军、顺元等处军民宣抚使，袭带原降虎府。泰定间，赐名帖木儿卜花，升中奉大夫、护国侍卫亲军都指挥、八番沿边宣慰使。至顺元年，加授资善大夫、云南行省左丞。后以征伐有功，授昭勇大将军，佩三珠虎符，顺元八番等处军民宣慰使，加龙虎大将军，封顺元郡罗甸侯。卒，赠济国公。

大明

霭翠

霭翠，阿画之后，仕元为四川行中书省左丞，兼顺元等处宣慰使。洪武四年，与其同知宋钦归附。高皇帝以霭翠为贵州宣慰使，钦为宣慰同知，得各统所部。而霭翠兵独强盛，分四十八部，每部以大头目领之。

五年八月，霭翠上言部落有陇居者，连结犵狫，负险阻兵，以拒官府，乞讨之。上以陇居反侧不从命，由霭翠所激。谓大都督府臣曰："蛮夷多诈，不足信也。中国之兵，岂外夷报怨之具邪？宜遣使谕蛮中守将，慎守边境。霭翠所请不从，将启边衅，宜预防之。"

时都督马烨镇守贵州，以杀戮慑罗夷，罗夷畏之，号阎王。霭翠死，妻奢香代立。烨欲尽灭诸罗郡县之。会奢香有小罪，当勘。烨械致奢香，裸挞之，欲以激怒诸罗为兵衅。诸罗果勃勃欲反。

时宋钦亦死，其妻刘氏多智，谓奢香部罗曰："无哗。吾为汝诉天子，天子不听，反未晚也。"诸罗乃已。刘氏遂飚驰见太祖白事。太祖召讯之。刘氏对曰："罗夷服义，贡马七八年，非有罪。马都督无故骚屑，恐一旦麋沸，反谓妾等不戢，敢昧死以闻。"太祖然之。还宫，以语高后。且曰："朕故知马烨忠洁无他肠，第何惜借一人以安一隅。"命高后召刘氏宫中，讯之曰："汝能为我召奢香乎？"刘氏曰："能。"即折简奢香，令速入见。

奢香遂与其子妇奢助，飚驰见太祖，自陈世家守土功及马烨罪状。太祖曰："汝等诚苦马都督乎，吾将为汝除之，然汝何以报我？"奢香叩头曰："若蒙圣恩，当令子孙世世戢罗夷，不敢生事。"太祖曰："此汝常职，何言报也。"奢香曰：

"贵州东北间道可入蜀，梗塞久矣。愿为陛下刊山开驿传，以供往来。"太祖许之。

乃召烨入朝议事。烨初不知所以，既出境，乃知之。大恨曰："孰谓马阎王乃为二妮子坑邪，悔不根薙赭为血海也。"既入见，太祖数其罪状，烨一无所答。第曰："臣自分死久矣。"太祖怒，立斩之，以其头示奢香。曰："吾为汝忍心除害。"奢香等叩头谢。乃封奢香顺德夫人，刘氏明德夫人，高后赐宴谨身殿。遣归，赏赉甚厚。命所过有司皆陈兵耀之。

奢香既归，以威德宣谕罗夷，罗夷皆帖然服。奢香乃开赤水乌撒道，以通乌蒙，立龙场九驿。马匹廪饩，世世办焉。

蟪衣生曰：贵州初附，马烨以严治贵，号曰阎王。无何，死于法。永乐初，有顾成者，守贵州，修烨故事，诸罗畏之，号曰虎。然成以靖难功，眷任特厚，不疑所行。噫，烨殆数奇不幸耳。

安贵荣

安贵荣者，霭翠之孙也。奢香死，霭翠弟安的立[①]，子孙遂以安为姓。世骄蹇，不受节制。即听调从征，非微厚赏不赴。所过村落，杀掠无噍类者。贵荣多智略，善兵。以从征香炉山，加贵州布政司参政，犹快快薄之，乃奏乞减龙场诸驿以偿其功，事下督府勘议。时兵部主事王文成公，以建言谴谪龙场驿丞，贵荣甚敬礼之。文成乃贻书贵荣，语具《文成传》。贵荣得书，稍敛戢。贵荣死，子万钧立。淫酗嗜杀，其下怨之。一日，集督府，督府未衙，候于外次。忽贼刃万钧头去，一城阗然。督府索贼，竟不得，乱五六年不定。其弟万铨廉知土目乌挂所弑，扑杀之，诛其从者百余人，遂自立，督府置不理。

蟪衣生曰：田豫阳氏谓罗鬼憨而恋主，与他夷异。即暴不怨，他强族不得代，故不易姓。彼上世未有姓，恶云易不易？即安姓，自本朝始耳。读史至蛇节、阿阙、安聚、陇富断续之际，安云不易？田公未之考耳。

同知安氏

沙溪土人，洪武四年归附。开设宣慰司，授沙溪世袭同知；沙传子安壁，壁传子安武。武子安瑛幼，弟安美立借袭。老，还瑛袭。瑛传子安宁，无嗣。从子安邦袭，无嗣。弟安约袭，传子安靖，无嗣。弟安方袭，无嗣。弟安继恩袭，传子安

---

①　安的：原本作"安匀"，据万历志及本书前文改。

然。然传子安守贞，无嗣。该弟安国孝，未袭，故。男安文未袭，亦故。男永忠听袭，亦故。今大顺袭。

宣慰宋氏

宋氏之先，出真定府人。宋开宝八年，宋景阳为大万谷乐都总管，子孙世爵兹土。景阳七世孙万明，万明曾孙永高，永高五世孙阿重，俱有声宋元。阿重孙宋钦，前元宣命镇国上将军。洪武四年，开设贵州宣慰司。五年，授怀远将军、宣慰使。九年，子诚袭。征剿乖西有功，授亚中大夫。传五世孙然，绝。从子仁袭，亦绝。弟储袭，传八世孙天爵，故，绝。以族叔镐袭，因患目无嗣，从子德隆袭，故，绝。弟德懋、德贤俱幼。嘉靖三十八年，以族兄一清代管地方。万历二年，还德懋袭，绝。十年，德贤袭，故。子承恩袭，承恩聘逆酋杨应龙女为妻，未婚。酋掳去，不杀。酋灭，承恩以未婚故，得不死，仍使复职。

宋

宋景阳

宋景阳，真定人。开宝八年，广右诸蛮作乱，诏景阳率师征之，悉定广右。复进兵都云等处，西南以平。诏建总管府于大万谷乐等处，授景阳宁远军节度使、都总管以镇之。景阳抚绥劳来，甚得远人心。而柳州、庆远民多归附，其苏、赵、周、高、兰、蔡、南容七姓者，举族附焉。卒，赠太尉，谥忠成，子孙世爵兹土。今宣慰宋氏其裔也。

宋万明

宋万明，景阳七世孙，性端重，有勇略，荫授总管。乾道丙戌，西南蛮乱，左卫将军王益与万明讨平之，加经略安抚都总管。

宋永高

宋永高，万明曾孙，亦以荫拜官。嘉定庚午，诏永高招抚南夷，以功升贵州经略安抚，镇南都总管。

元

宋阿重

宋阿重，永高玄孙也。九龄而孤，部族分散。及长，即以先业为己任。世祖至元十二年，西蜀、南诏平。阿重仗剑来归，燕赏优渥，拜同知、安抚使。寻迁武略将军、安抚使。大德辛丑，转明威将军、同知、顺元安抚使，佩三珠金虎符，俾于贵州置顺元等处宣抚司，始革大万谷乐总管府。甲辰，其叔隆济结诸蛮为乱。阿重弃家朝京，陈其事宜。命湖广、河南、四川三省守臣刘二拔都会云南省兵讨之，久而未平。阿重躬提所部，直捣其阵，擒以献阙。升怀远大将军、顺元等处军民宣慰使。寻加昭毅大将军、靖江路总管，佩三珠金虎符，荣禄大夫、平章政事、柱国、顺元侯。疾卒，赠贵国公，谥忠宣。

大明

宋钦

宋钦，阿重孙，旧名蒙古歹元。时以平寇保境功，授昭勇将军、八番顺元等处宣慰使、都元帅，加镇国大将军，兼四川等处行中书省参知政事。洪武初，同霭翠归附，赐今名。授怀远将军，世袭宣慰使，有善政。妻刘氏，洪武间，因地方初附，民物凋瘁，累岁逋赋，而有司催科，不少假贷，民不堪命。刘氏赴京以其情闻，免之。命宴于谨身殿，赐珠冠、金带、彩段、白金、楮镪。时奢香为帅臣所挫，其下欲动，上命刘氏召之。香遂因刘赴京纳款，地方以安，进封夫人。

宋诚

宋诚，钦之子。洪武十年，嗣宣慰使，赐三品冠服。十五年入朝，太祖嘉其忠谨，授亚中大夫，亲御宸翰制诏文予之。曰：

> 黔中之地，诸夷杂处，汉姓同居。御其方者，非德足以化顽，勇足以捍侮，则官守不宜。况历代命世守者，必初从之义笃，竭忠勤之不辞，方膺是任。如或不然，曷能居其地，驭其民？尔诚之父当朕命将西南，经理斯土，首以义从，固膺是任，永保世禄。今命尔袭父前勋，当抚恤诸夷，选廉御侮，以安是方，则于尔嘉。

宋斌

宋斌，永乐间。守职恬澹，政尚清静，号淡斋。

宋昂 弟昱

宋昂，袭宣慰使。好学攻文，守廉持俭，爱民礼士。苗有弄兵者，昂必自咎于政，不加诛责。以故政治旁洽，边鄙辑和。又多收致经史，以崇文教。弟昱，性颖敏，恬静多学，诗格清丽，操行雅饬，所著有《联芳文集》。

附昂诗《狮峰秋色》："狮峰越绝镇炎方，妆点秋容接混茫。万仞层崖涵积翠，一林寒叶醉清霜。岚光掩映归鸦障，曙色熹微起雁行。正是行人分手处，桂花香满薜萝裳。"

《答越存古》："归轺何必思凄然，瘦马频嘶稳著鞭。采药难寻蓬岛路，垂纶却忆鉴湖船。远林啼鸟笙歌沸，小店繁华锦绣连。珍重故人怜契阔，迢迢双鲤寄华笺。"

《秋江送别杨知事》："江水澄清树叶丹，临岐人送柏台官。十年帏幄参机务，一旦云霄振羽翰。风静洞庭高浪远，月明杨子暮湖寒。京华到日春光好，花柳无边马上看。"

《送赵逊敏东归》："琴鹤先生乐自然，故山归去白云边。柴门柳忆陶元亮，玉洞人迎葛稚川。行色苍茫林影外，离情萧索酒杯前。欲知别后相思意，疏柳寒梅锁暮烟。"

昱诗《忆旧游》："记得曾游蜀路时，两川人物尽相知。联镳共访扬雄宅，携酒同登杜甫祠。夜月楼台飞逸兴，春风花柳入新诗。于今回首真成梦，独立苍苔有所思。"

《送汪公子还嘉禾》："城上栖乌下女墙，城边行客醉壶觞。一尊风雨秋萧瑟，千里关河路渺茫。乡梦已随云去远，离情空与日添长。凭谁为道南湖远，早晚还来理钓航。"

《秋日感怀》："秋气凄凄静掩门，幽怀谁为重温存。忘形天地诗千首，混迹蓬蒿酒一樽。往事萧条那可问，旧交零落不堪论。举头欲问松乔去，海阔山高宿雾昏。"

《寄赵乐闲》："先生归去旧烟霞，藜杖纶巾度岁华。柳暗柴门陶令宅，苔封丹灶葛洪家。笑谈风月深倾酒，消遣襟怀谩煮茶。"

《漫成》："豹隐林泉托圣朝，小山丛桂不须招。身形只为寻诗瘦，髀肉多因跨马消。作赋总输题柱客，看棋翻笑烂柯樵。儿童更解摊书籍，莫道斋居竟寂寥。"

宋炫

宋炫，字廷采，号钝窝，宣慰子也，嘉靖初人。颇能诗，常题渔矶二绝云："水光潋滟接云霞，荡漾扁舟泛水涯。云锁空亭闲白昼，两行归雁夕阳斜。""烟霞常作画图看，尽日矶头意绪宽。钓罢归来天欲暮，笑呼稚子接渔竿。"所著有《桂轩拙稿》，按察使月湖杨斌为序。

黔记卷五十七目录

故宣慰列传

黔记卷五十七

泰和郭子章相奎父著
汉州宋兴祖汝杰父正
贵溪毕三才成叔父校

故宣慰列传

思南田氏

田，妫姓，世为京兆人。昔武王封舜之后于陈。春秋时，陈公子完如齐，子孙大，食采于田而命氏。厥后，将有穰苴，相有千秋，皆显名于时。自宋元来，世有思州，宗族蕃衍。自叙出自关中，汉高帝徙齐诸田关中，而巴蜀关中近地，遂蔓延于此。今婺川县有齐地图，犹称齐田云。田氏至祐恭始昌。历宋元，至永乐初亡。裂其地为思南、思州、黎平、铜仁、镇远、石阡等八府。

宋

思国公田祐恭

祐恭始祖田克昌，唐人。绝志宦游，从事商贾，遂卜筑于思州。数传安定思议，能以恩威结服夷民，为大首领，即唐永隆年也。所著钟铭犹存。

宋兴，田正元以武勇闻。庆历八年，收溱南叛寇王贵千、传鲁等。田士儒子田定募勇而有谋，授义军兵马使。熙宁间，被命广源之乱。元丰初，讨泸南叛寇。有言曰：思之义兵，聚如云，散如鸦。用偏架之弩，射无不中，中无不死。上曰神兵也。累功加都指挥使，赠武略郎。

子祐恭，字子礼。未受命间，闻靖州失警告急，父当行，阻疾弗克进。祐恭曰：谚有之：养子防老。代父而往，死无悔矣。元符二年，授练使。政和二年①，黄阳洞酋首冉万花四族不轨。犯黔州，郡将陈括督祐恭讨之，乃收冉万花，俘杨文胜、冉万寮、万朝、路洗王等，归至郡城，戮之。特授成忠郎，充思州边西巡检②。五年，统义兵策应泸南，解梅岭堡围，转忠训郎。继而讨晏州贼，转武异郎。六年，干理播州边，转武节郎。七年，安定播州，遏绝杨维聪之暴，转武翼大夫，加荣州刺史。八年，救石泉军，至白沙寨，退戎兵，迁武节大夫。凯还，被召赴阙，迁武德大夫。重和元年，筑思州，迁武功大夫。宣和元年，授泸州兵马钤辖，加忠州团练使，再加贵州防御使，差充成都府路兵马都监同管两路巡检，利州住扎。以母老乞免，再充思州边西巡检。

建炎二年，兼知婺川县事。以万缗献，升右武大夫。王辟寇归州，图入蜀。祐恭统兵收王辟，复收郡邑，蜀赖以安。

绍兴元年，覃恩迁中允大夫。已而，桑仲、郭希叛于兴山，图蜀。祐恭复统兵破之，迁正侍大夫，转五官。绍兴二年，以保蜀劳，加华州观察使。三年，金人犯梁洋。四川宣抚处置使张浚会集诸路将帅御之③，祐恭被檄，行无逗留。迁通侍大夫，知思州军州事。七年，赐玺书金带。明年，以母忧解官。又明年起复，仍领州事。十一年，以累功加边郡承宣使，又迁奉宁军承宣使。二十四年卒。年八十，赠正任保康军承宣使。子汝瑞袭守，后以两郊大礼，赠开府仪同三司，少师，思国公。

蠕衣生曰：思州故有马伏波祠。志载：田祐恭母梦马来居其宅，及祐恭生，祠不复灵。祐恭卒，若有见其归马祠者，灵如初。而田氏之后日益昌炽，至国朝永乐初始夺其国。然迄今环思石间而屋者，犹多田氏也，岂其苗裔邪？祐恭墓，《一统志》载在重庆府彭水县，《婺川县志》载在本县归义乡西山，未知孰是。

附安少保为田祐恭墓铭，铭曰：

维思为州，实古黔中。田氏世领，肇唐永隆。有闻家声，刻铭在钟。传逮正允，当宋熙丰。夷乱剪寇，庸亢厥宗。云聚鸦散，军虓臣雄。庆流三世，生少师公，子礼其字，讳曰祐恭。孝不辞难，代父匡躬。冉万四族，欻梁蝟蛟，

---

① 政和：原误作"正和"，径改。

② 充：原作"克"，据贵图本改。

③ 诸：原本无，据贵图本补。

戮于藁街，资公折冲。解卜漏围，晏州讨凶，安宁播城，遏绝维聪。乡国连筑，白沙退戎，击走郭希，挫桑仲锋。不一其书，韪哉骏功。再朝阙廷，晋接春容。锡赐承宣，赠开仪同。踵冠三少，剖符腰金。治郡国域，禄厚爵隆，策勋立业，无愧始终。少师之生，勇气贯虹。死而不泯，神明与通。旗帜显隐，悦犹公逢。溪夷震詟，风静四封。何以致之，曰惟一忠。咨尔云来，无忝乃翁。监此诗铭，永永无穷。

大明

田仁厚子弘正

田仁厚，故元思州宣抚使，兼湖广行省左丞①。至正二十二年乙巳，高皇帝命将经略荆襄。秋八月，仁厚遣其都事林宪、万户张思温来献镇远、思州军民二府，婺川、邛水、常宁等十县，龙泉、瑞溪、沿河等三十四州，皆其所守地也。于是命改宣抚司，为思南镇西等处宣慰使司，以仁厚为宣慰使。子弘正，洪武五年亲率部属从征群蛮。遂命为中顺大夫、思州宣慰使，子孙世袭。八年，复升本司为宣慰使司，授亚中大夫。其族属有田仁智者，亦授宣慰使，居于思南，为二田云。后二田构乱，废革。

田仁智子琛，族人田茂安、子宗鼎

元末，田仁智为总管，团兵保境，人民稍安。吴元年，仁智纳土归附，诏立思州宣慰司，以仁智为宣慰使。

洪武九年，仁智入觐，贡马及方物。太祖谕之曰："汝在西南，远来朝贡，其意甚勤。朕以天下守土之臣，皆朝廷命吏，人民皆朝廷赤子。汝归，善抚之，使得各安其生，则汝亦可以长富贵矣。夫礼莫大于敬上，德莫盛于爱下，能敬能爱，人臣之道也。"仁智辞归，至九江龙城驿病卒。有司以闻，太祖命礼部遣官致祭，敕有司送其枢于思南。

其族人田茂安者，据沿河、婺川，以献伪夏明玉珍。洪武五年，夏亡，茂安乃降，立为思南宣慰使。田琛，仁智子也，嗣立。与茂安之子宗鼎争砂坑，日寻以兵。宗鼎复禁其民不得从华风，瓦屋树粳秫，子弟不得读书，民大疾苦。

永乐初，遣行人蒋廷瓒往勘之。琛自言愿见上白事，廷瓒遂以入觐。琛言思南

---

① 左丞：原作"左省"，据《太祖洪武实录》改。

故思州地，当归思州。上曰："思南叛归伪夏时，何不径取属汝邪？画土分疆，是朝廷事，汝安得擅有之？"琛复讦宗鼎诸不法事。上曰："过恶在彼，汝何与焉，第安分守土，再犯，吾磔汝矣。"琛叩头受谕而还，与宗鼎构杀如故。

十一年十一月，上乃遣旗校数人潜入二司，执琛、宗鼎去，城中阒无知者。顷之，忽一官开黄谕诸夷曰："首恶既擒，余无所问。"于是诸夷帖然。琛、宗鼎至京师，咸斩之。

乃谕兵部尚书金忠等曰①：思南、思州民苦田氏久矣，其灭之以为府治。遂建布政司贵州，以廷瓒为左布政使，时廷瓒已为行在工部侍郎，盖特简云。

洪熙元年八月，行在兵部奏：初，思州、思南土军皆本处夷人，聚则为兵，散则为民。前宣慰田琛、田宗鼎各奏设千户所。今二宣慰司已革罢，土军悉复为民。独思州、思南二千户所官尚存，若仍存之，则当聚兵使之率领。不然，亦请罢之。上曰：抚治蛮夷，当循旧俗。若再聚兵，非清安之计，宜改除之。千户令归旧卫所，其本土头目，仍属各长官司，后或用土兵令其率领。

蟫衣生曰：谚云思播田杨，两广岑黄，盖大其氏也。乃文皇之禽二田，发单辎，持尺札入夷落。桑荫未徙，而缚其两雄，市不易肆，何其易哉。今杨氏又夷矣，宋氏几灰而然矣。为宣慰者，敢不主臣。

> 附《思南府志》：田氏擅郡地已数百年。洪武初，太祖定鼎金陵，思州田仁厚已归附，而田茂安乘乱割思南以献伪夏，至玉珍擒，茂安始纳款。永乐中，二氏各有擅兵仇杀之罪，文皇权其前日逆顺之情，思州田琛止革其职，田宗鼎则徙置辽左，并籍没其产，所属长官仍其旧。

播州杨氏

杨之先，太原人，有杨端者，仕会稽为望族，徙寓京兆。唐末，南诏陷播州，端应募往，复播州，遂有其地。传子牧南，牧南传三公，三公传次子实。实生昭，无子，以宋益州刺史杨延昭之子充广使广西，与昭通谱，以其子贵迁后之，自是有播州者，皆贵迁之后也。贵迁子光震，光震子始名文广，后至璨而大，历宋元，至我明，世为宣慰使，

万历二十八年，杨应龙阻兵，西寇贵州，南陷綦江，上命川湖贵三省合兵诛

---

① 金忠：原本作"印全忠"，据《明史》本传改。

之，播州亡，裂为二府，一为遵义府，属四川，一为平越府，属贵州。

唐

杨端

杨端，唐乾符初，南诏陷播州，杨端以应募领兵复之，谕以威德，縻以恩信，蛮人怀服。五代以来，世袭其职。宋开禧间，赠太师。五传至昭，无子，以族子贵迁嗣。

宋

杨璨子价、价子文

杨璨，端十三代孙也。嘉泰初，袭播州安抚使。开禧初，蜀帅吴曦作乱，璨输金钱战马以助国用。卒，赠左卫大将军，忠州防御使，追封威毅侯。

杨价，璨子。未生时，将校有梦神自靖州来，号蜀威将军者。暨价生，貌状如之。绍定中袭职，以边功授阁门宣赞舍人。卒，追赠威灵英烈侯。

杨文，价子。宝祐间授武德郎。修学勤治，累官播州安抚使。卒，赠光禄大夫同知枢密院事。

元

杨邦宪

杨邦宪，文子，袭父职。端平间蛮人掠境，领兵拒之，擒其酋长，进武节大夫。宋亡，元世祖诏谕之，始内附。授播州沿边安抚使。卒，赠平章政事，追封播国公，谥惠敏。

杨赛因不花子嘉贞

杨赛因不花，初名汉英，字熙载，赛因不花，赐名也。汉英，邦宪子。生五岁而父卒，二十二年，母田氏携至上京，见世祖于大安殿。帝呼至御榻前，熟视其眸子，抚其顶者久之。乃谕宰臣曰："杨氏母子孤寡，万里来庭，朕甚悯之。"遂命袭父职，锡金虎符，因赐名赛因不花。及陛辞，诏中书锡宴，赐金币、彩缯，赉其从官有差。二十五年再入觐，时年十二，帝见其应对明敏，称叹者三。后因宰臣奏安边事，帝益嘉之。是年，改安抚司为宣抚司，授宣抚使，寻升侍卫亲军都指挥使。

成宗即位，赛因不花两入见，赠谥三代。大德五年，宋隆济及蛇节等叛。诏湖广行省平章刘二拔都、指挥使先忽都鲁率兵，偕赛因不花讨之。六年秋九月，师出播境，连与贼遇，破之。前驻蹉泥，贼骑猝至。赛因不花奋击先进，大军继之，贼遂溃，乘胜逐北，杀获不可胜计。遂降阿苴，下笮笼，望尘送款者相继。七年正月，进屯暮窝，贼众复合。又与战于墨特川，大破之。蛇节惧，乞降，斩之。又擒斩隆济等，西南夷悉平。八年，赛因不花复入见，进资德大夫。至大四年，加勋上护军，诏许世袭。播南卢崩蛮内侵，诏赛因不花暨思州宣慰使田茂忠率兵讨之，以疾卒于军，年四十。赠推诚秉义功臣，银青荣禄大夫，平章政事、柱国，追封播国公，谥忠宣，子嘉贞嗣。

杨嘉贞，汉英子。至正初，授播州等处管军万户，侍卫亲军都指挥使，上护军。讨平杨留总之叛，进湖广行中书省左丞。

大明

杨铿

杨铿，嘉贞从子。洪武四年，铿纳土，以为宣慰使。户部奏：播州宣慰司土地既入版图，即同王民，当收其贡赋。请令自洪武四年始，每岁纳二百七十三石，著为令。兼其所有自实田赋，并请征之。太祖曰："播州，西南夷之地也。自昔皆入版图，供贡赋。但当以静治之，苟或扰之，非其性矣。朕君临天下，彼率先来归，所有田赋，随其所入，不必复为定额以征其赋。"

九年，杨铿率其属张坤、赵简来朝，贡马，赐赉甚厚。陛辞，太祖谕之曰："汝先世世笃忠贞，故使子孙代有爵土。然继世非难，保业为难。知保业为难，则志不可骄，欲不可纵。志骄则失众，欲纵则灭身。汝能益励忠勤，永坚臣节，则可保世禄于永久矣。"后屡随大军讨平叛寇。卒，赠怀安将军。子升袭职。莅政勤敏，边境绥宁。永乐初，请开学校，荐士典，教州民，益崇习诗书礼义。

杨升

杨升，播州宣慰使。永乐七年上言：所辖当科、笃雍等十一寨蛮人梗化不服，聚众劫掠，请发兵剿之。上敕升曰："蛮夷反侧不常，其来久矣，如遽调军，即一方之人并受荼毒。宜遣人抚谕之。不从，令镇远侯顾成经略之。"升如上旨，遣官赍敕，宣朝廷恩德，遂皆归化。

杨辉

杨辉，铿之孙也。袭宣慰，怙富负险，代恣豪举。辉二子，长友，次爱。友庶而长，辉以妾故，特嬖之，屡欲夺嫡。而安抚宋韬、长官毛钊等不从。曰："杨氏家法，立嗣以嫡不以长，主公奈何紊之，以启乱阶？"辉不得已，乃嗣爱，而嬖友之心终不解。

幸客张渊日怂恿之，因说辉曰："主公欲贵孟主，而戚戚与仲主为仇。即使夺彼以与此，不过转移故物耳，且贻口实于后人。何不别为孟主地，双贵而朋立，是使孟主创立而传世也。"辉曰："为之奈何？"渊曰："夭坝诸苗，主公部境也，山箐险远，憨而易凌，诬之曰贼，而请兵讨之，归功孟主，因请立官分治，则事为有名矣。"辉大喜，乃召容山长官韩宣、重安长官张通计之，将以疏请。宣曰："夭坝诸苗，力耕服役，皆顺民也，奈何以贼诬之？"辉大怒，立杖杀宣。通皇恐股栗，叩头曰："诸苗诚贼也。"乃从辉署名，疏言苗乱，请兵讨之。部议报可。乃命都御史张瓒将兵讨之。诸苗被戮者千余人。辉通赂于瓒[1]，瓒乃盛陈友功。且曰："友谋勇冠军，手刃七酋，请设安抚司于安宁，以友为安抚使，则诸苗不复反矣。"时友年才十三耳。部议信之，乃立司授官，一如所请。

既而烂土诸苗赍果等忿夭坝以无辜受戮也，时时攻安宁。瓒又疏请筑城卫之，费粮数十万。十九年，辉死，爱修怨于渊。渊屡谋杀爱，不克。

二十一年，丹章诸苗寇安宁。四川右参政谢士元、副使翟廷蕙、都指挥杨纲以兵往，过播州，诣爱家。置酒高会，明日视学，适州民赛社，士元等因坐学宫游观之。爱复携酒以往。训导杨礼者，介士也。艴然陈曰："视学而观社，提兵而乐酒，略等威而款不属，窃为明公耻之。"士元等大惭而起。

渊自知不容于爱，乃嗾友诬爱通苗，越境为乱。报之贵州守臣，而致书举人路义，令通赂上下。安抚宋韬获之以报爱，爱乃易书于义，伪以人往，义信之，诣贵州守臣陈爱反状，守臣不听。曰："播州非我辖也。"义复书于友，言非奏闻不可。爱得书以报四川守臣，友、渊大惧，乃诬疏爱尝言梦骑龙登天，上帝谓我曰南方帝子也，又尝立蒿呼门、金水桥，以拟宫禁。廷议大骇，乃命刑部侍郎何乔新、锦衣指挥刘纲，会四川都御史、御史等官鞫之。渊以妖言坐死，士元等落职，义削籍，友、爱皆论死，赎免之。

友削官窜保宁。无何，友党篡友以归，与爱仇杀不已。而友子张、爱孙相尤酷毒。

---

① 辉通赂于瓒：原本无，据贵图本补。

嘉靖七年，兵部尚书胡世宁议谓张党与已成，若不因而抚之，恐遂流祸。请立安抚司于凯里，属治贵州，以张为安抚使。而相宣慰，属治四川如故。然其仇固自若也。谚云：骨肉齑醢，参商播凯。

附田豫阳汝成《炎徼纪闻》，论曰：

> 播凯之乱，其初不过杨辉夺嫡之私耳。一夷酋上书诬人以逞，大司马不核实而遽许兴师，非徇情何以有此？张瓒欺君曲法，造祸百年，蔓延边徼。其后展转调停，不过分疆别省耳。贷祸首而不究，何以服诸夷哉？

王元美尚书《宛委余编》曰：

> 市巷人俚歌，称杨业之子曰杨六郎延昭，延昭之子宗保，宗保子文广，征南，陷南中。其事多诬罔，及览宋景濂所撰《杨氏家传》，杨端复播州，遂有其地。传子牧南，牧南传三公，三公传次子实，实生昭，无子，以宋益州刺史杨延昭之子贵迁后之，贵迁子光震，光震子始名文广，后至璨而大，迄今为播州宣慰使。按《宋史》，延昭初名延朗，仕至保州防御使、高阳关副都部署。有子曰文广，从狄青南征，为广西钤辖，知宜、邕二州，累迁定州路副都总管以没。今家传所记，以子贵迁后杨昭者，当广州钤辖时邪？家传不言文广，而云延广，盖以第三世复有文广，故讳之耳。《宋史》又不著文广有后与否。本朝杨武襄洪子俊、从子信能俱有威名，故人以附会业、延昭辈，称杨家将，却不足论。

蠛衣生曰：杨璨以十训刻石示子孙，曰：如能顺从则世享福寿。邦宪、汉英守之，父子事元，俱封国赐谥，称忠顺福寿矣。当时，宋隆济、蛇节叛，隆济今洪边族，蛇节今水西族也，元人藉杨氏力讨平之。不谓今杨氏叛，亡无孑种，而洪边、水西尚存。应龙真不肖子哉！杨氏宗祀八百年，比隆召公，使守十训家法，又恶知不过其历，而奈何以凶终也。

黔记卷五十八目录

土司土官世传

---

① 原文无"军民"二字，据正文补。

② 此条原本无，据正文补。

黔记卷五十八

泰和郭子章相奎父著

汉州宋兴祖汝杰父正

贵溪毕三才成叔父校

土司土官世传

蟆衣生曰：贵州土司有二，有武衔者，宣慰使同知、安抚使、正长官、副长官、土千户、百户之类是也。有文衔者，土府同知、通判、推官、土州同知、土县丞、主簿、巡检之类是也。长官司有属宣慰司、安抚司者，有属府州县者，有属卫者。武衔土官与属宣慰、安抚司长官专用目把、汉把，夷而夷者也。文衔土官与属府州长官事统于郡守、州守、县令而佐之，夷而汉者也。属卫长官与卫官世姻，官相统率，而势难箝制，不夷不汉者也。故今悉归之府及驻镇厅者以此。

嗟夫，土司连衡，国家之害。土司仇杀，国家之利。连衡者解之，仇杀者任之，则其势自弱。因其弱而改之分之，地方其有攸赖哉。故制西南土司，不专论干戈也。

宣慰司属土司共九司

水东司

正长官向四，土人，洪武四年征南有功，授土官。永乐元年开设水东司，二年，授本司长官。六世孙权龙绝，弟有疾，男承祖袭。

副长官胡文英，土人，充把事。节次调征有功，授副长官。男祥袭，绝。弟勇袭。至五代孙继残疾，弟俊袭。沿希尧袭。

龙里司

正长官何有善，土人，洪武四年任长官。三世孙海故绝。弟袭。沿天与袭。

中曹司

正长官谢石宝，土人，洪武五年归附，授长官。六世孙恩故绝。族侄乾袭，故。男孝儿幼，次房芳借袭。沿廷龙袭。

副长官刘礼宾，土人，洪武四年归附，授副长官。男荣故绝，弟俊袭。沿龙应袭。

白纳司

正长官周可敬，土人，洪武四年归附，永乐四年开设本司，授正长官。至五世孙森故绝。次房弟贤袭。沿如唐袭。

副长官赵仲祖，土人，洪武八年充把事。永乐五年授副长官。至四世孙权袭，故绝。次房弟桓袭。沿邦泰应袭。

青山司

正长官蔡札，土人，洪武间归附，调征有功，授长官。传至堂，有疾，将印信付土舍刘儒署管。寻告上司准给堂管理，沿正洪袭。

副长官刘士真，土人，洪武十八年，男子恭充把事。三十六年调征洋水等处有功，升本司副长官，沿世龙袭。

底寨司

正长官蔡永昌，土人，洪武四年任长官，沿继芳袭。

副长官梅忠，直隶凤阳府人，洪武八年调征云南，授副长官。沿杰袭。

养龙坑司

正长官蔡普化，土人，洪武五年任正长官，沿应司袭。

副长官谢文直，洪武十年充把事，永乐五年授副长官，沿世卿袭。

乖西司

正长官杨文真，土人。洪武二十八年，招抚生苗有功，永乐元年授正长官。沿环袭。

副长官刘海，把事。男得秀调征有功，永乐三年升副长官。沿宗直应袭。

札佐司

正长官宋文忠，土人，洪武五年授正长官。至三世孙志纲故绝，次房智袭。沿礼袭。

贵阳军民府属土司

金筑安抚司

安抚金密定，土人，洪武四年归附，设金筑长官司，十年改安抚司，授安抚。沿至大璋。

定番州属土司共十五司

程番司

正长官程谷祥，元安抚。洪武四年归附，五年授正长官。八世孙良辅为事死于狱，弟良弼袭。沿至弘道袭。

上马桥司

正长官方朝俸，洪武四年归附，十五年男谷付授正长官。沿袭至镇邦。

小程司

正长官程受孙，洪武五年归附，六年授正长官。沿袭至国卿。

卢番司

正长官卢朝俸，元安抚。洪武四年归附，五年授正长官。沿至珠。

方番司

正长官方得用，元安抚。洪武四年归附，授正长官。沿至岳。

韦番司

正长官韦四海，元安抚。洪武四年归附，十五年子胜祖授正长官。六世孙凤韶及子世勋为事，凤韶拟死，世勋为民，嫡孙钦袭。沿至启。

洪番司

正长官洪庆诗，元安抚。洪武四年男智归附，五年设正长官。沿至祚。

卧龙番司

正长官龙得寿，元安抚。洪武四年归附，男顺昌本年授正长官。沿至文光。

小龙司

正长官龙昶，元安抚。洪武四年归附，五年授正长官。沿至德贤。

金石番司

正长官石爱，元安抚。洪武四年归附，五年男实授正长官。六世孙隆及子显高为事监故，次房六世孙承晟袭。沿至国正。

罗番司

正长官龙势瑛，元安抚。洪武四年归附，授正长官，六世孙会清为事充军，子鸾袭。沿至胜麟。

卢山司

正长官卢经保，元土官。洪武五年被苗贼的黑杀死，子神保授正长官，沿至承恩。

木瓜司

正长官石盖，元长官。洪武六年，子瓯归附。十五年，三世孙保升正长官。七世孙贵绝，次房爱子中宪承袭，因与广西泗城州争地有碍，应该中安接袭。
副长官顾宸，南直隶人。洪武间调拨征南有功，升本司副长官。沿寀袭。

大华司

正长官狄幸乜，元长官。洪武八年授正长官。沿袭至应朝。

麻向司

正长官得雍，洪武五年归附，授本司正长官。沿袭至胜。

新贵县土官

土县丞宋显印，祖扯黎，洪武四年归附，授贵筑司正长官，沿袭，至显印改今职。万历二十六年革。

土主簿宁国梁，祖敏得，洪武二年归附。十四年随颍川侯征进云南西堡，有功，升贵筑司副长官。沿袭，至国梁改主簿，升县丞。国梁自以非其祖职，告仍为主簿。

土主簿庭拱极，祖保郎，洪武初有功，授平伐司安抚。十五年男那袭，降长官。沿袭至拱极。旧属龙里卫，万历元年改属贵阳府，十八年设新贵县，改今职。

思南府土司

水德江司

正长官张氏。张坤元，前元古思州苗叛，元相机设奇，屡战皆捷。授龙泉坪水特姜长官司正长官，隶属思南宣慰司。子应隆、应铭，隆袭。兄弟征古州八万苗有功，隆加授奉训大夫①，仍署司事。铭授武略将军，镇抚。至正十八年红巾叛，兄弟率兵击贼，大败之，民赖以宁。隆加授黔南道都元帅府都元帅。入明，铭孙乾福洪武二十三年袭。因二田割据，以龙泉坪水特姜司改置水德江长官司，隶思南宣慰司。后设府治属焉，历张沂、张源、张玉、张羽、张辇、张镫、张继恩。今张镕老，无子。

副长官杨氏，杨惟载。元思州土人，唐时南征有功，授古州八万抚夷侯。杨威于初率忠胜义军，协同田祐恭征剿江口溪洞蛮夷，功授武功大夫、观察使。杨彪从思州田安抚征古州八万、潭溪、六洞并辰、沅、绥、靖蛮獠，协赞军机，授思州安夷军民都总管。

---

① 加授奉训大夫：万历志作"授绍庆路同知"。

杨敬礼、杨敬义纳土，设立屯堡，相邻村寨有警，互相驰救，敬礼授怀远将军。敬义统步马兵把守重庆瞿唐三峡，功授武略将军兼重庆路马步军副总管。敬礼无嗣，敬义生浚，授铜仁进义长官。

杨昌沮、杨昌沂，至正二年，金国僧金头和尚复通南蛮反。湖广行中书省调沮、沂兄弟统兵征剿，平服，获级功多。授沮左卷帘使，沂右卷帘使，俱卒于京。大定四年录二昌功，授子大中武毅将军，思南宣慰司都元帅府副使。

杨应雄征芝子坪蛮夷，捣巢，擒首恶斩之，夷民安堵。设村洞，招附汉人，化诲夷俗，功授进义副尉，芝子坪等处蛮夷长官。

入国朝，洪武七年杨世荣纳土，授承直郎，溶溪芝子坪长官司长官。随右将军沐英征云南，有功，传潮海①。洪武二十五年授宣慰司办事长官。永乐十八年设府，改任本司副长官。历杨圭、杨茂、杨敷、杨美、杨宗程。今杨一龙。

蛮夷司

正长官安氏。安仲用，京兆人，在宋时率兵征三十六洞诸苗，任义阳元帅府元帅②。六世孙世兴同田祐恭克服三十六洞九十九寨苗夷，功授沿边溪洞军民万户总管，隶思州宣慰司。八世孙辉，至正间宣慰田琛徙治都坪，而二田分据思州地，创设思南道都元帅府。明洪武五年，始置思南宣慰司，随设蛮夷长官司，以辉世袭蛮夷司正长官。永鋋，永乐五年袭。时菖蒲溪、鬼野坡、落猴水、龙潭、落回等地方苗叛，鋋募兵捕杀，大败贼众，斩获甚多。至十一年革司设府，隶属附郭。安逸，永乐十八年袭。正统十一年司奏，土官衙门自古以来，男妇婚姻皆从土俗，乞颁恩命。上曰：贵州土官衙门或有循袭旧俗，因亲结婚者，既累经赦宥，置之不问，亦不许人因事讦告。继今悉令依朝廷礼法，如违不宥。历安洛、安方、安牧、安宇、安继爵、安岳。今安国臣袭。

副长官李氏。李僧同新军万户府田谨贤征剿平步、南洞、白崖、巍风箐、倒马坎等处邛夷有功，元授忠显校尉、管军万户职事③。三世孙斌，至正间二田分据思州地，洪武三十五年，宣慰田大雅保任随司办事长官。永乐五年，宣慰田宗鼎保任

①　潮海：万历志作"朝海"。
②　万历志谓其任义阳元帅为元时事。
③　万户职事：万历志作"把事"。

本司副长官。李盘，宣德年间袭，镇算苗贼叛，盘领兵讨贼，战死于留石坡①。详盘本传。李秀、李林、李洪、李谷、李重、李承祖、李承宗、李铉、李学仁、李克仁。今李居仁借袭。

沿河司

正长官张氏。张文龙，元至正三年授进义校尉、沿河司正长官。入国朝，传张暹德通志作晋德、张宗汉、张添麟。洪武二十九年，宣慰田大雅保袭。历张钦、张珏、张冕、张熙、张泽、张灿然、张祖烨。今张世臣袭。

副长官冉氏。冉永安、冉嘉祯，冉仁俭永乐元年袭，历冉文艺、冉昱、冉懋、冉国忠、冉翱、冉朝佐、冉璋、冉珍。今冉承恩袭。

朗溪司

正长官田氏。田谷保，前元进义校尉，大万山司长官。洪武五年归附。田茂能以从征治古、答意二长官司有功，敕授朗溪司正长官。田仁泰《通志》作仁抚苗有功，保袭前职。历田洪高、田丰、田积、田庆嘉。至田兴邦，嘉靖二十八年铜苗毒乱，印江失守，虏邑令以去，贼势汹汹，莫敢撄其锋者。邦挺身率兵，直捣巢穴，计擒首恶吴黑苗，斩获甚众。兴邦子芃袭。今田儒胜袭。

副长官任氏。任文贵，印江司籍，前元石洞长官。正统二年，功升进义校尉。三世孙鉴，永乐四年征任仙峰功，任前职。历任政兴、任珮、任珂、任惟藩、任思明。今任滩袭②。

随府办事长官

田氏。田二凤，宋时同田祐师克服苗夷③，受将，得领相公本司同知。入元，应可任巡捕总管。兴立任巡检。茂泽，至正二年从征金头和尚，授职。入国朝，田仁爵征红巾贼功④，封忠翊校尉。田洪佐，原任宣慰司正长官，永乐九年革宣慰司，

---

① 留石坡：原作"石留坡"，本书前文多处出现此地名，均作"留石坡"，故径改。
② 滩：《印江县志》作"瑾"。
③ 师：当作"恭"。
④ 田仁爵：贵图本改为"田仁智"。

改思南府，仍随府办事长官。历田大纪、田守琦、田希颜、田秘、田应恩。今田时茂袭。

杨氏。杨任英，元授思州军民宣抚司长官。胜宗，授思印江长官司长官。入国朝，历杨自谨、杨光晓、杨胜德，俱任印江司副长官。今秀麟。

覃韩偏刀水巡检司

巡检陆公阅。洪武七年，宣慰田仁智保任前职，世官。历陆傅、陆机、陆爵、陆仕昌。今陆炳。

随县办事百户

谢复隆。洪武初，宣慰司保任婺川县主簿。谢政弼，洪武二十五年改任思南千户所百户。历谢异德、谢珞、谢世英、谢恩。今谢镗。

田惟载，初授思宁宣慰司宣慰。洪武五年，改设思宁长官司，复改本司长官。田茂常，洪武七年改袭信宁巡检司巡检。田仁弼，洪武二十五年改授思南千户所百户。历田弘裕、田弘禧、田斌、田泮。今田应纪。

石阡府土司共三司

石阡司

正长官安氏。安宗诚，京兆人，隋大业二年平黔夷，授义阳元帅。义阳在今龙泉司。曾孙文，即如山，功授都机武略将军。部下有张彪者，陕西人，有勇略，任政隆之寇，率其部弓弩手五百人为安文左右翼，功授千户，随思南宣慰司办事。元初失其官。文弟武，绍兴间偕兄文，同田祐恭东平保靖，西克马湖涪夷，擒龙泉叛贼任政隆，加荣禄大夫。石阡、龙泉、葛彰、偏桥、思南土官皆其后焉。至元有德勇，多智有勇，至元间以功授葛彰司副长官。洪武三十二年，宣慰田大雅保三世孙景文任随司办事长官。永乐十一年革宣慰司，改随府办事。十四年保任本司正长官。历安让、安然、安抚、安显、安处善。今文胤。

副长官杨氏。杨九龙，太原人。其先令公业之后，曰文广者，英宗时，从将军狄青南征侬智高。子往多勇略，由靖州克服南土，得世官。如石阡、乌罗、万山、邛水、提、省、平、梅皆宗之。孙智通征丹章有功，进忠武校尉，思南宣慰司都元帅府金事。伪夏闻其名，授以思州都总管，不受。智通子政德，元副长官。洪武五年纳土，授承务郎、石阡长官司副长官。递历杨通俊①、杨通杰、杨光清，至杨祥。正统己巳，清水江寇起，时郡无城无兵，遂陷。祥收集乡兵，追蹑归寇，直捣巢穴，平之。功进忠显校尉。又历杨胜纲、杨秀福。杨再珍，正德五年，播凯苗叛，与土官汪誉协谋向敌，斩首甚众，进忠显校尉。子正东袭，两征铜平，四办采木，进忠显校尉。今鸿基。

土百户王如昌，本司土官。洪武三十三年，授思州千户所百户。洪熙元年革所，男朝文改随石阡司办事②。朝文子瑢，瑢子纲袭。

田容，陕西人。元以功授都督指挥使，随宣慰司办事，国初失其官。

龙泉县土县丞，主簿安氏。安德麟，龙泉司人。洪武初，父怀信以大潼长府内附，率所部蛮兵绝伪夏粮道，升镇远同知。麟以功授思州镇抚。宣抚废，改葛彰长官。兄德芳授偏桥司长官。男永和③，永乐元年功升随司办事长官，十一年改随府办事。十七年保任龙泉司正长官。历安克敬、安纪、安演、安廷爵、安瑶。至民志。万历二十八年播酋杨应龙突犯龙泉，民志率兵与战，死之。播平，录民志一子。议龙泉近苗，土司例不设城，难守，改司为县。以民志子世袭县丞。祖职长官世袭县主簿。

土主簿朱氏。朱旺，思州宣慰司头目。洪武二十五年，功升思州千户所镇抚。宣德七年，男泽保任本司副长官④。历朱澄、朱廉、朱应爵、朱贤。今朱承勋。司改为县，副长官改主簿。

土官百户二员

冉文虎，前元思南水特江司长官冉才智子，吴元年归附。洪武等年奉征古州、铜关、铁寨、龙里。二十六年⑤，功升世袭土百户。历冉思忠、冉淮、冉纲、冉观斌、冉观阳。今冉克明。

何嗣昆，前元石阡司长官。洪武十五年，同颖国公征古州、铜关、江南，改任

---

① 递：原本作"子"，据贵图本改。
② 朝文：万历志作"显文"。
③ 永和：万历志作"永"。
④ 泽：万历志作"铎"。
⑤ 二十六年：万历志作"二十五年"。

土百户。历何珪、何德政、何文斌、何俸金、何俸科。今何良弼。

苗民司

正长官汪氏。汪得英，古州龙里长官司副长官。洪武三十三年，宣慰田大雅保任本司正长官。三世孙仕隆袭。汪浩、汪璧。汪誉，成化十八年袭，采木有功，捕寇克捷，进忠显校尉。子汪牧绝。今汪大箴。

葛彰司

正长官安氏。安德彰，元人。子永，洪武五年归附，授葛彰司正长官，世袭。历安克昌、安永祯、安克升、安宁、安全、安桂。今其位以通播削职。

副长官赵氏。赵荣，思州都坪司籍。洪武五年从征古州八万有功，除亮寨司副长官。二十五年改任葛彰司副长官。永乐元年，子景春袭。历赵镇、赵昂、赵显祥。今世忠。

百户王彦孚，父钦，思州千户所百户。革，拨隶本司办事。彦孚袭。孚子佐袭。

黎平土司共十三司

黎平土司曹滴、古州、中林、湖耳、龙里、欧阳、赤溪，皆杨氏再思裔孙也。朱梁时再思据有徽、诚，称刺史。孙通蕴、通宝、瑶，当宋盛时，相继入款，始诏授官，杨之盛自兹始。八舟、赤溪、二吴及欧起于元。石、李、龙三姓起于国初。

曹滴司

蛮夷正长官杨都万，洪武初由本司副长官升授。子杨政贤，五年袭。子杨通海、杨官保、杨光秀、杨永昌、杨清、杨永成、杨迁贵、杨天奇、杨天爵，今应袭杨惟清。

副长官杨金禄，以容江巴黄司长官改。洪武五年，子显龙袭。历杨玄万、杨光明、杨顺、杨董、杨勋。今应袭者杨春葵。

古州司

蛮夷正长官杨秀茂，洪武五年授。历杨通万、杨金台、杨政贤、杨光文、杨聪、杨钦、杨凤麒。今袭者杨凤麟。

洪州司

蛮夷正长官李德舆，河南宁县人也。洪武五年，从江阴侯征古州叛蛮，以功授。子李昱袭。历李荣、李纪、李诚、李训、李瑶、李震、李英、李芮。今袭者李润。

潭溪司

蛮夷正长官石平禾①，洪武五年，用征古州功诏授。子石文汉袭。历石秀聪、石宗原、石显、石嵩、石源、石坚、石磬、石均。今袭者石守龙。

八舟司

蛮夷正长官吴金骨②，元授本司正长官，国朝因之。洪武五年，子吴天秀袭。历吴原昌、吴原成、吴天回、吴从义、吴海、吴瑄、吴镛、吴孟章、吴仕英。今袭者吴国臣。

新化司

蛮夷正长官欧明万，洪武年授。子都钱袭。历欧林、欧祐、欧宽、欧文显、欧佐、欧天章。今袭者欧鸣杨。

---

① 石平禾：万历志作"石禾平"。
② 吴金骨：万历志作"吴金谷"。

湖耳司

蛮夷正长官杨再禄，洪武五年授。子通受袭。历杨通富、杨郁、杨能、杨雄、杨官保、杨受保。受保嗣绝，族子典印者杨堂、杨通万。

副长官欧景甫，永乐十二年，以西闪寨副长官改授①。子忠袭。历欧元亨、欧德。今欧朝俸。

亮寨司

蛮夷正长官龙政忠，洪武初以功授。子有仁袭。历龙有义、龙志诚、龙永福、龙宽、龙佐、龙凤、龙韬、龙腾霄。今龙祖华。

欧阳司

蛮夷正长官杨都统，江西泰和人，胜国时以功授，国朝因之。子载仲，洪武初袭。历杨海均、杨政文、杨贵、杨光荣、杨和、杨椿。今杨守镇。

中林司

蛮夷正长官杨盛贤②，洪武五年，从江阴侯平苗，以功授。三十五年，杨秀高袭。历杨通保、杨秀通、杨恕、杨愍聪、杨廷贵、杨铭、杨承祖、杨相。今应袭土舍杨一龙。

龙里司

蛮夷正长官杨光福，洪武初以功授。子昌载袭。历昌盛、昌贵、杨礼、杨寿永、杨正聪。今杨武。

---

① 西闪寨：万历志作"西关寨"。
② 杨盛贤：万历志作"杨胜贤"。

赤溪司

蛮夷正长官杨通谅，永乐六年①，因剿罗台贼功诏授。子福袭。立杨玉瑄、杨昂、杨松、杨钟秀、杨国威。今缺。

吴世铭，先朝副长官也。国初，子尚先袭。尚先子应澜，洪熙元年剿墨溪贼，以功进正长官②。子与文袭。历吴朝昕、吴瑢、吴春、吴仲绅。今吴皋。

西山阳洞司

故长官韦方魁，自正统中獞人叛，遂纳印于府。其后獞稍聚，耕种自给。嘉靖己丑，韦文郁自称方魁裔孙，求印治之，请于两台，不可。壬辰，吏部除吏目易明洞，獞弗纳。知府祝寿遣知县李霖诣洞谕之，终弗听。癸巳，寿召其长官韦文光与知县霖集其乡老，谕以利害，洞人愿岁输粮米一十五石。无何，寿擢去，遂不复征。二十九年，吏部除吏目张道，洞人亦弗纳。道解官去。今长官韦昌金。

思州土司四司

都坪司

正长官何氏。何梦霖，宣慰司头目，洪武六年从征有功，授都坪司正长官。子仁洁、仁忠。仁洁故绝，仁忠袭。历何钟万、何斌、何显容、何纯、何世麒袭，今何烈。

正长官周氏。周斌，宣慰司头目，永乐元年从征有功，授随司办事长官。五年，男瑛袭。十二年③，升本司正长官。历周鉴、周缙、周廷珪、周相、周楫、周绍鲁。今懋德。

---

① 六年：万历志作"十一年"。
② 万历志谓"永乐八年，尚先因功升本司正长官"。
③ 十二年：万历志作"十三年"。

黄道司

正长官刘氏。刘贵元，宣抚司同知。洪武初，赞田氏称臣入贡。五年，升宣慰司同知。八年，升宣慰司副使。平易近民，绰有善治。子道传，洪武五年功授平岳司长官。七年，孙弼袭。屡征有功。二十五年，改授本司长官。三十五年，孙泽袭，兼守御思州千户。永乐十一年，题专本司正长官。历刘燧、刘廷瓒、刘福顺、刘袭、刘一潮。今刘怀烈。

副长官黄氏。黄文聪，宣慰司头目，洪武五年，功授务程司长官。二十五年裁。永乐十二年，男子芳告改本司副长官。子芳故，子玉未袭，故。子骕袭，故。子清未袭，故。以伯兄显宗保送，未袭，亦故。弟黄显昌应袭，又故。显昌子凤未袭，复故。子大器已老，子黄仕在而世远矣。

都素司

正长官何氏。何文学，宣慰司头目。永乐二年，以从征有功除授随司办事长官。十三年，升授本司正长官。文学子忠袭。历何政、何显凤、何世权、何世恩。今何思治袭。

正长官周氏。周文富，宣慰司头目。洪武三十五年，以从征有功，授思州千户所百户。子胜祖，孙源相继袭。洪熙元年，革千户所。宣德十年，改调本司副长官。正统四年，功升正长官。源故，子永昌袭。历周添爵、周添福、周锐、周尚文。今周以政。

施溪司

正长官刘氏。刘道忠，元土官。洪武元年征调有功，授本司正长官。子刘永兴袭。历刘瑾、刘廷镇、刘宗、刘世奇、刘一诚。今刘怀义。

镇远府土官土司

土同知何氏。何永寿，元为高丹洞长官司头目。男孟海，功升本司正长官。四世孙九升，改思南印江长官。洪武三十二年，因镇远州土知州戴子美绝。三十五年，思南宣慰田大雅见五世孙济节征有功，保升镇远州土知州。正统三年革州，将六世孙瑄改为镇远府土同知。累战有功，升从四品散官、朝列大夫，瑄另有传。历何碔、何骥、何鲁、何承宗、何熙、何承训。今何守德袭。

土通判杨氏。杨绍先，任前代节度同知。洪武初，六世孙忠顺归附。五年，设镇远州，授州同知。宣德七年，十世孙素袭。绝，十一世孙瑄袭。正统三年革州，升为镇远府通判。成化二年杀贼阵亡，晋阶奉议大夫，本府同知。男复生年幼，三年，裕借袭。十七年，复生长成，袭。历杨蕃、杨薰、杨应东。今应兆。

土推官杨氏。杨再华，授前代思州宣抚司万户。男政朝，授镇远安抚司佥事，功升本司副使。三世孙通全，授金容金达长官司副长官。洪武初归附，永乐元年，升镇远州判官。正统三年革州。十年，六世孙忠奏授镇远府推官。历杨钦、杨载春、杨汝循、杨通理。今通淮。

偏桥司

正长官安怀信，土人，原任思南宣慰司镇远军民府同知。男德，功升沿边溪洞总管。洪武元年归附。二年，改府为州，将德调偏桥长官。二十三年，三世孙永鉴袭。三十四年，功升思南千户所千户。永乐三年，四世孙行袭正长官。沿袭至镇云。

左副长官杨钱滩，土人，授前代武略将军，思南军民宣抚管军千户。男文凤，保袭偏桥军民长官司左副长官。正德十二年，六世孙宪袭。男福未袭，绝。弟沿袭，至应瑞。

右副长官杨通赛，土人，任前代偏桥军民长官司右副长官。三世孙通诚，随宣慰田大雅办事，永乐二十年，准袭本司副长官。正统十四年，六世孙忠阵亡，绝嗣，弟明袭。沿至鹏霄。

邛水司

正长官杨通称，土人，任元时德明长官司长官。洪武二十五年革司，男光荣归并邛水司，改任正长官。永乐四年，三世孙昌盛袭，至中途病故，弟昌贵借袭。阵亡。十七年，昌盛男盛武出幼袭。至六世孙光春袭，绝。该弟光辉袭。

副长官袁诚，本土官籍，洪武六年授陂带里长官司副长官，绝。二十五年革司，归并邛水长官司。三十三年①，弟让袭，绝。弟谅男凯袭。至七世孙鳌绝。弟恩借袭。绝。次房八世孙新袭，沿至朝宪承袭。

土百户王思恭，思州宣慰司头目，洪武二十五年功授土百户。永乐十一年革司。洪熙元年，三世孙升袭，迁镇远府邛水司土百户②。至八世孙廷钺故，绝。弟廷裕及男朝俱未袭，沿至朝男必选承袭。

铜仁府土官土司

铜仁县

土主簿李氏。祖李渊，宣慰司头目。尚文学，多能事。洪武初归附，授正长官。男聿残疾，次庶出，男祖述借袭。二十六年，因漏苗情，问铁岭卫军。该三世孙俨袭，因幼。三十五年，述男隐告袭。传四代，取思南夫子坝承祖过铜，生永授。隆庆三年袭。万历十八年，阖府士民奏告，充云南平夷军。沿以谦改今职。

省溪司

正长官杨政德，元授忠武翊校尉，省溪坝场长官。警敏多智。洪武五年，保任本司世袭正长官。沿至光熙。

副长官戴友真，元授沿河祐溪正长官。男达可，洪武初功授婺川县丞。三年，三世孙贵德保任随司办事，有功，保调本司副长官。沿至衮。

提溪司

正长官杨秀纂，石阡龙泉司正长官。永乐元年，保随司办事。九年革司，设府，改随府办事。十六年，改本司正长官。沿至再印袭。

副长官张坤，原提溪司长官，阵亡。男应宣，升思南宣慰司同知。四世孙秉仁，任本司副长官。沿袭至洪谟。

---

① 三十三年：原作"二十三年"，显误，据万历志改。
② 迁：原本作"送"，据贵图本改。

乌罗司

正长官杨金万，元任正长官。三世孙世雄，洪武初年归附，保障一方，仍授本司正长官。沿袭至一方。

副长官冉如隆，元授万户府，三世孙兴祖，洪武初归附。改思南宣慰司随司办事。永乐十一年设府，改本司副长官。沿袭至荣恩。

平头著可司

正长官杨通武，洪武初有功，保任本司正长官。沿至通朝袭。

副长官田惟定，元任副长官。洪武初，男茂弼仍授前职。沿袭至应湖。

大万山司

正长官杨政华，仕元为长官，严斥堠，守境土。洪武间西南内属，仍以华为大万山长官。忠诚，为民所重，沿袭至政邦。

都匀府土官土司

尹怀昌、张万浚

尹怀昌以雄杰为都云酋长，张万浚羊柯酋长也。石晋天福五年，怀昌率其属十二部，万浚率其属思夷等州皆附于楚。

都匀司

正长官吴赖，洪武十四年授本司副长官。永乐二十年，男琼袭。景泰三年，三世孙震功升正长官。沿袭至楠。

副长官王普院，洪武八年，男普团冠带管事。十六年，三世孙阿保升副长官。沿袭至国聘。

邦水司

副长官吴湖，洪武十九年，男尚通署本司试长官。三世孙旺授副长官。沿袭至伯宗。

平浪司

副长官王应铭，洪武十九年充都保。二十二年功升本司副长官。沿袭至世麟。

平州六洞司

正长官杨平麻，洪武十九年充头目。三十年，男公贾功授副长官。景泰四年，孙迪功升正长官。沿袭至治安。万历六年四月内，治安擒获妖贼金云峰。巡抚何起鸣题加授四品服色。

麻哈州

土同知宋于孝，定州人，元任新添安抚司副使。洪武十九年，四世孙礼功授撒毛司副长官。二十一年，调掌麻哈长官司印。弘治七年，六世孙钺改授麻哈州土同知。九世孙儒不法。万历九年，题准随都匀府原衔办事。沿至人龙。

乐平司

副长官宋仁德，新添司土官。洪武二十四年改授本司。沿袭至拱极。

平定司

正长官吴忠，洪武十五年，除留守中卫千户。十八年，改邦水司试长官。二十年调本司正长官。沿袭至允熙。

独山州

土同知蒙阿佑，土人，洪武三十年授副长官。弘治五年，五世孙政改授本州土同知。沿袭至天眷。

烂土司

副长官张筠，湖广均州人，洪武二十四年，功授本司副长官。沿袭至应麒。

丰宁司

副长官杨万八，本司土民。洪武二十三年，男原德保除本司副长官。沿袭至碧珊。

冠带土舍杨和，系万八三世孙，实授冠带。沿袭至镇邦。

普安州土官土司

土判官祖益智，普山土酋，有权略，善驭众。元延祐四年归款，授怀远大将军、曲靖宣慰使、掌普安路总管府事，终于官。孙那邦，一作金龙，袭祖职，功升云南行省参知政事，仍领普安路事。元季兵乱，保障境内，民以宁谧。其妻适恭，本朝洪武十六年为知府。适恭卒，子普旦嗣知府。二十二年，普旦与越州阿资，本府马乃等连兵叛，陷普安府。二十三年讨平之。罢府，置普安卫，以普旦弟者昌为贵宁一作贡宁安抚。者昌故，子慈长奸诡无良。明永乐元年，置普安安抚司，以慈长为安抚。初，慈长来朝，言建文时于其地置贵宁安抚司，以故父者昌安抚。近吏部遵旧制，奏罢安抚司。然本境地阔民稠，岁于普安军民府输粮三千余石，且路当要冲，旧有湘满等驿，乞仍设安抚司督治为便。上曰：祖宗大经大法，万世不可改，其他若时有不同，后世当因时损益，以便民者。岂可执一而不知变通之道，天下之人既以为便，则当从之。命吏部仍置安抚司，改贵宁为普安，赐以印章，置流官吏目一员，隶四川布政司。十三年，慈长谋为不轨。改安抚司为普安州，初设流，隶贵州布政司，领罗罗夷民十二部，号十二营，名其部长曰营长。正统间，始以慈长四世孙隆本袭本州土判官，始姓隆。九年，升州同知。景泰元年，功升镇远府通判。男隆寿袭判官。历畅、礼、宁。今文治。

永宁州土司

顶营司

正长官阿光，本寨民，洪武四年归附，充寨长，有功。三十年①，升本司正长官。传三世孙瑜、兴、衍，俱故绝。景泰五年弟伟袭。沿罗承宗袭。

副长官程士贵②，湖广麻城县人，充明氏千户，洪武四年归附，拨贵州卫，屡征有功。十九年，升授本司副长官。传三世孙茂，未袭，故绝，弟敬袭。沿至祖武。

慕役司

正长官阿夷，本寨民，充寨长。洪武十四年归附，有功，十九年升授本司正长官。传三世孙礼福海年幼，族叔邓借袭，邓谋杀福海，故绝，弟晟承袭。至七世孙天宠袭，绝，弟天秩袭。

副长官杜仲仁，六合县人，丁酉年归附，从军。洪武四年拨贵州守御。十八年升授本司副长官，招怀安集，夷民共仰，沿永康袭。

盘江河土巡检李阿当，充土官适恭下把事。正统三年，四世孙夸有功，升本司土巡检。沿至应麒。

镇宁州土司

十二营司

正长官陇阿住，本司营长。洪武十九年，功升本司正长官。沿袭至时康，故绝。隆庆四年，以长女陇氏护印。

安抚萧杰，湖广云梦县人。洪武七年，功授本司试副长官。子惠部落，境内康

---

① 三十年：万历志作"三十一年"。
② 程士贵：万历志作"程仕"。

义。正统三年，三世孙碗功升安抚。七世孙选袭十二营司副土官。沿至萧芳袭。

康佐司

正长官薛福寿，江西赣县人，洪武十九年功授本司正长官。安集流移，拊字困穷，民始复业。沿袭至鳌，故，应该麟继袭。

安抚于成，山东宁海州人，洪武十五年，功除本司长官。时州民困于征赋，逋窜者多，田亩荒废，成多方招徕，俾复生理，民咸戴之。沿三世孙鉴，功升安抚。五世孙驻为恶，监故绝，俟安插管理地方。

安顺州土司

土同知阿窝，本寨长。洪武十四年归附，十八年功授安顺州土州判，安集人民，称能吏。绝，俟宇袭。永乐元年，功升土同知。十八年，男张宠功升土知州。男承祖袭，绝。成化十三年，俟杰仍土同知。沿鹤翔袭。

宁谷司

正长官顾兴仁，本司人，丙申年从军。十四年，男其佑征南，留守普定卫。十八年，功升宁谷司副长官。政令不苟，人多信服。正统元年，三世孙雄功升本司正长官。六世孙勋故，绝，次房纲袭。七世孙邦宁为事监，故。嘉靖三十八年，八世孙东鲁承袭，故绝。今同堂邦宪管理。

西堡司

正长官卜却，洪武二十四年从军有功，暂充西堡司长官。二十五年奉勘合升本司正长官。永乐二年，次子密登故绝。宣德八年，嫡孙建袭。沿九世孙沙正年幼。堂叔贵袭授。

副长官温伯寿，洪武四年归附。十九年选充普定试副长官。二十年实授。传五世孙廷玉，被杀，故绝。弟廷瑞袭，至八世孙正阳绝。弟东阳袭。

龙里卫土司

保郎，平伐人。宋末边寇蜂起，疆土骚动，保郎聚集民兵保障村寨，元授安抚使，有惠政。

大平伐司

副长官宋隆豆，土人。洪武七年，委招服本司蛮夷及抚东苗。蒙颍国公札付拟充试副长官，二十年降印，开设衙门。子成承袭。二十六年，拨赴龙里卫管辖，奉勘合，实授副长官。沿皞袭。

新添卫土司

新添司

宋允高，定州人，麦新土官。宋嘉泰初克服其地，改麦新为新添，以子胜守之。嘉定中，授胜右武大夫、沿边溪洞经略使。元置新添葛蛮安抚司，以胜孙捉为巴蛮都总管，捉子朝美为新添葛蛮安抚使。传至宋亦麟。洪武四年归附，五世孙仁贵授承直郎，世袭本司正长官。至七世孙爵故绝。嘉靖二十九年，次房八世孙略袭。沿至维城。

小平伐司

正长官宋清贵，任元朝雍真等处蛮夷司长官。四世孙季文凭牌面缴迄。洪武五年，卫司将次房五世孙斌保授承直郎，世袭本司正长官。七世孙旺故，绝。正统三年，弟昭袭。至九世孙雄，弘治九年保送弟亶袭。沿至国臣。

把平司

正长官萧贞，土人，将原领印信缴明。蒙给榜文一道，抚治本处夷民。洪武五年，开设把平长官司，男任成除本司长官。四世孙镇与弟锦俱绝。景泰三年，保送二房弟锐袭。沿至良弼。

丹行司

正长官罗光盖，任前元丹行等处安抚。传三世孙海，洪武二十九年，投属新添卫。三十年，授本司正长官。三十四年，革去印信。永乐元年，仍钦给印。五年，江西逃民王宗善投海，令管党井等处，被伊杀占通州。宣德三年，投属程番、韦番司。传七世孙永清，故。男继祖年幼，将亲叔永从护印，仍被王通秀杀占西平五十八寨，复名通州。夤缘冠带，节次申奏，未结。后继祖出幼接管。至十世孙奇，故绝。万历元年，行令三房八世孙继袖护管，奉本卫申详宪管理。沿意袭。

丹平司

正长官莫要武，元都总管，传四世孙谷送。洪武十七年随征有功。二十七年，将元朝印信送缴，蒙钦颁铜印一颗。三十四年，裁革本司官印。永乐元年复旧。十三年，男辛未袭，被苗杀死，男让承袭，故绝。成化五年，二房容袭。男思海被贼老包等害，孙清年幼，将叔思明冠带权管地方。弘治十六年，清出幼承袭。正德十四年，被贼莫栏等纠兵杀占。嘉靖二十六年承恩袭，至载均故绝，印信无人护管。行卫查勘，该承诰护管。沿袭载纲。

平越卫土司

杨义司

副长官金阿金，土人，洪武十四年归附。十五年功升副长官[①]。二十一年开设本司，六世孙鳌奏请诰命一道，封父洪及鳌俱忠显校尉，男符故绝。嘉靖二十六年弟承袭。故绝。三房六世孙凤承袭，因老无子，保侄筍袭，未任。男世忠幼，暂令叔篡权管。万历五年，世忠承袭。

---

① 十五：原作"十二"，据万历志改。

清平卫土司

凯里司

安抚祖杨端居播州，本朝孙友授宣抚，隶四川。友与弟爱忿争，奏勘，发阆中县，冠带闲住。正统三年，凯里民保友回司。又施秉、麻哈、杨义、偏桥等司题准友男弘冠带，故绝，将弟张管理凯里安抚司事，改隶贵州。沿袭至燧。万历二十四年，燧欲刃其弟炳并屠部中督抚，下所司正燧罪。

黔记卷五十九目录

诸　夷

黔记卷五十九

泰和郭子章相奎父著
汉州宋兴祖汝杰父正
贵溪毕三才成叔父校

诸 夷

蠓衣生曰：贵州本夷地，一路诸城外，四顾皆苗夷，而种类不同，自贵阳而东者苗为夥，而铜苗九股为悍，其次曰犵狫，曰犵猫，曰八番子，曰土人，曰峒人，曰蛮人，曰冉家蛮，曰杨保，皆黔东夷属也。自贵阳而西者罗罗为夥，而黑罗为悍，其次曰宋家，曰蔡家，曰仲家，曰龙家，曰僰人，曰白罗，皆黔西夷属也。诸苗夷有囤峒而无城郭，有头目而无君长，专事斗杀，何知仁义，语言不通，风俗各别，惟羁縻之使不为乱而已。舜用干羽，汉武封夜郎，武侯纵孟获，宋艺祖不通滇南，何其虑之深长邪？若欲尽绳以汉法，未有不骇而乱者，犬之吠，羊之触，其责岂尽在犬羊哉？

苗人

苗人，古三苗之裔也，自长沙沅辰以南，尽夜郎之境，往往有之。与民夷混杂，通曰南蛮，其种甚夥，散处山间，聚而成村者，曰寨。其人有名无姓，有族属无君长。

近省界者为熟苗，输租服役，稍同良家，则官司籍其户口，息耗登于天府。不与是籍者，谓之生苗，生苗多而熟苗寡。

其俗各以其党自相沿袭，大抵懑怅猜祸，绝礼让而昧彝伦，惟利所在，不顾廉耻。喜则人，怒则兽，睚眦之隙遂至杀人，被杀之家举族为仇，必报当而后已，否则亲戚亦断断助之，即抗到不悔。谚云：苗家仇，九世休。言其不可解也。其人魋结跕躧，陟岩穴，躐荆棘，捷如麏麚，斑衣左衽，或无衿襘，窍以纳首，别作两袂，急则去之。插鸡尾于颠，负籣抱弩，遇便辄卤掠，豨突箐中，不可疏捕。

未娶者以银环饰耳，号曰马郎，婚则脱之。妇人杂海肥铜铃药珠，结缨络为饰，处子行歌于野以诱马郎，淆淫不禁。仲春刻木为马，祭以牛酒，老人并马箕踞，未婚男女吹芦笙以和，歌淫词谑浪，谓之跳月，中意者男负女去。论妍媸为聘赀赢缩，贫而逋者，递岁索之，即发种种长子孙不贷也。

饮食恶草，以荞灰和秫粥酿为臭沈，以鱼肉杂物投之曰醅蛆蚋，丛嘬以为珍具。矜富羡者则曰蓄醅桶几世矣。岁时，召亲戚挝铜鼓斗牛于野，刲其负者，祭而食之，大脔若掌。以牛角授子孙曰，某祖某父食牛凡几。

要约无文书，刊寸木判以为信，争讼不入官府，即入，亦不得以律例科之，推其属之公正善言语者号曰行头，以讲曲直。行头以一事为一筹，多至百筹者，每举一筹，数之曰：某事云云，汝负于某，其人服则收之。又举一筹数之，曰：某事云云，汝凌于某，其人不服则置之。计所置多寡以报所为讲者曰：某事某事其大不服。所为讲者曰然则已，不然则又往讲如前，必两人咸服乃决。若所收筹多而度其人不能偿者，则劝所为讲者掷一筹与天，一与地，一与和事之老，然复约其余者，责负者偿之以牛马为算。凡杀人而报，杀过当者算亦如之。

言语侏㒧，甚者众译乃解。与其曹耦善厚者曰同年，同年之好逾于亲串，与汉人善者亦曰同年，称其酋长曰莽，尊官亦莽。称人曰歹，自称亦曰歹，犹晋言咱，吴言侬也。

不知正朔，以鼠马记子午，言日亦如之，岁首以冬三月各尚其一曰开年。占卜以鸡骨推之，视其璺以断凶吉，或折茅为兆。病不服药，祷鬼而已，不愈，则曰鬼所昏也，弃之不顾。谓其巫曰鬼师。死丧无服，或葬或不葬，大抵诸苗之俗，婚姻略同而丧祭异。

善为蛊毒，蛊无形而毒，有物中之皆能杀人。或言蛊有神，熠熠若月，以昏暮流人家为祟，以其日作蛊，浃辰而出之，以中生人则已，无生人，则主人以其身服蛊，解而哇之，否则，神将蔓殃于其室。

在宣慰司有东苗西苗，男髽髻着短衣，色尚浅蓝，首以织花布条束发，妇着花裳，无袖，惟遮覆前后而已，裙亦浅蓝色，细褶，仅蔽其膝。

在定番州为八番子，服食居处与汉人同。其俗劳女逸男，妇人直顶作髻，不施被饰，俱以耕织为业，获稻和秸储之。刳木作臼，长四五尺，曰椎塘，每临炊，始取稻把入臼，手舂之，其声丁东，抑扬可听。以虎马日为市，夜卧必围炉厝火，不施衾枕，燕会击长腰鼓为乐。以十月望日为岁首，葬不择日，以夜静出之，云不忍使其亲之知也。

在金筑有克孟、牿羊二种，择悬崖凿窍而居，不设茵，第构竹梯上下，高者百仞。耕不挽犁，以钱镈发土，穮而不耘。男女躐笙而偶，免乳而归其聘财。亲死不哭，笑舞浩唱，谓之闹尸。明年，闻杜鹃声则比屋号泣，曰鸟犹岁至，亲不复矣。

在白纳为卖爷苗，其俗贱老而贵少，父老则拽而鬻之。

在葛彰葛商为短裙苗，以花布一幅横掩及骭。

在龙里，东苗性戆而厉，男子科头赤脚，妇人盘髻长簪。西苗男子椎髻，上插白鸡毛，女子以蜡画布衣。

在新添，苗人属小平伐司，男子被草衣短裙，妇人穿长桶裙，绾髻。语言莫晓，出入执枪，祭鬼杀犬，男妇围土炉，死以木槽瘗。

在偏桥司、西山阳洞司，苗人俱以苗为姓。偏桥者尚青衣，亦黑蛮之种也。阳洞司苗去黎平府几三百里，连广西界，苗有生熟及獞家，背服不常。

在黎平，苗与贵州同，其妇女发髻散绾额前，插木梳，富者以金银。耳珥亦以金银，多者至五六，如连环。织紬如锦为盖头，服短衫，系双带结于背，胸前刺绣一方，银钱饰之，长裤短裙，或长裙数围而无裤，加布一幅，刺绣垂之，名曰衣尾。数日必淅水沃发，少选，涤之涧中，不施膏粉。婚姻先外家，不则卜他族。

在独山为九名九姓苗，近广西南丹，狙诈而饕诐。以十一月朔为节，以元日为把忌数门不出，二七而解，犯者以为不祥。

乌罗着可以三月一日为忌，二十五日而解。

都匀在乐平为紫姜苗，一曰紫江，嗜杀尤甚，得仇人即生啖其肉。夫死，其妻嫁而后葬，曰丧有主矣。

在陈蒙烂土为里苗，又为天苗，缉木叶以为上服，衣短裙，亦曰短裙苗。女子十五六岁即构竹楼，野外处之，以号淫者。人死不葬，以藤蔓束之树间而已。

九股苗在兴隆凯里邻界，杨应龙叛，勾引为羽翼。万历二十八年播平，予始抚其酋长曹全真、龙欧亮等，给以红牌，共七十二寨，纳粮二十三石。其俗与镇远苗同。

此皆苗俗之大略也。盖诸苗所居必深山僻谷，生而不见外事，故其俗不移；无公家更赋之给，故其民惰缦；土无疆，果蓏蛊蚁食物常足，故皆砦窳偷生而亡积聚。不通文字，绝先王礼义之教，故枝柱淫佚，与鸟兽同归，亦可悯也。

罗罗

罗罗本卢鹿，而讹为今称，有二种，居水西十二营、宁谷、马场、漕溪者为黑罗罗，亦曰乌蛮。居慕役者为白罗罗，亦曰白蛮，风俗略同，而黑者为大姓。罗俗尚鬼，故又曰罗鬼，蜀汉时有济火者①，从丞相亮破孟获有功，封罗甸国王，即今宣慰使安氏远祖也。自罗甸东西若自杞、夜郎、牂柯则以国名，若特磨白衣九道则以道名，皆罗罗之种也。

罗罗之俗愚而恋主，即虐之赤族，犹举其子姓，若妻妾戴之，不以为仇，故自济火至今千有余年，世长其上，勒四十八部，部之长曰头目。其人深目长身，黑而白齿，椎结跣跻，荷毡戴笠而行，腰束韦索，左肩拖羊皮一方，佩长刀箭箙，富者以金钏约臂。悍而喜斗，修习攻击，雄上气力，宽则以渔猎山伐为业，急则屠戮相寻，故其兵常为诸苗冠。谚云，水西罗鬼，断头掉尾。言其相应若率然也。

亦有文字，类蒙古书者。

坐无几席，与人食，饭一盘，水一盂，匕一枚，抄饭哺许，抟之若丸，以匕跃口，食已，必涤朦刷齿以为洁。

作酒盎而不缩，以芦管啐饮之。

男子则薙髭而留髯，妇人束发缠以青带。

烝报旁通，觍不恧也。父死收其后母，兄弟死则妻其妻。新妇见舅姑不拜，裸而进盥，谓之奉堂。男女居室不同帷，第潜合如奔，狠而多疑忌相贼也。

有疾不识医药，惟用男巫，男号曰大奚婆，以鸡骨占吉凶。酋长左右斯须不可阙，事无细巨皆决之。正妻曰耐德，非耐德所生，不得继父位。酋长死，则集千人，被甲胄，驰马，若战，以锦段毡衣裹死者尸，焚于野，招魂而葬之，名曰火葬。张盖其上，盗取邻境酋长之首以祭，如不得则不能祭。

其期会交贷无书契，用木刻，重信约，尚盟誓，凡有反侧，刹牛抚谕，分领片肉，不敢复背约。善造坚甲利刃，有价值十数马者，标枪劲弩置毒矢末，沾血立死。自顺元、曲靖、乌蒙、乌撒、越嶲皆此类也。

白罗罗之俗略同，而饮食恶草，盛无杯盘，爨以三足釜，灼毛齻血，无论鼠雀蚨蟓，蠕动之物攫而燔之，攒食若麤。不通文字，结绳刻木为信，女子以善淫名者，则人争取之，以为美也。人死，以牛马革裹而焚之。

① 济火：原作"火济"，据本书前后文及万历志改。下文径改，不出校。

居普定者为阿和，俗同白罗，以贩茶为业。

犵狫

犵狫一曰犵獠，其种有五。蓬头赤脚，矫而善奔，轻命而死党，触之则麋沸而起，得人片肉卮酒，即捐躯与之蹈奔汤火。以布一幅横围腰间，傍无襞积，谓之桶裙，男女同制。花布者为花犵狫，红布者为红犵狫，各有族属，不通婚姻。殁死有棺而不葬，置之崖穴间，高者绝地千尺，或临大河，不施蔽盖，以木立若圭，罗树其侧，号曰家亲殿。

在平伐者为打牙犵狫，剽悍尤甚，善敛百物之毒，以染箭刃，当人立死，触其气者亦死。父母死，则子妇各折其二齿，投之棺中，云以赠永诀也。棺用长木桶，葬多路傍。

在新添者为剪头犵狫，男女蓄髦寸许，人死则积薪焚之。

又有猪屎犵狫者，喜不洁，与犬豕同牢，身面经年不鬵，得兽即咋食如狼。

在清平者颇通汉语，亦听官府约束。

石阡之苗民司，黎平之八舟、古州、曹滴司皆有犵狫，其俗略同。犵狫属都匀邦水司，其俗与犵狫同，掘地为炉，厝火环卧，不施被席，以牛衣藉之，死则男女群家伲尸而瘗之，云为死者避压也。

犽獴

犽獴，一曰杨黄，其种亦夥。都匀、石阡、施秉、龙泉、提溪、黎平、潭溪、新化、欧阳、中林、亮寨、湖耳、龙里、万山之界，往往有之。生理苟且，荆壁四立而不涂，门户不扃，出则以泥封之。男子计口而耕，妇人度身而织，暇则挟刀操笱柳以渔猎为业。元宵、端午，架秋千群戏，遂以淫奔，把忌以三月朔。父母死则焚其衣服，掊其牛马，云若赠鬼者然，婚丧以犬相遗。

仲家

仲家椎髻躶属，不通文字，好为楼居，饮食匙而不筴。衣裳青色，妇人以青帛蒙髻，若冒絮之状，长裙细绩，多者二十余幅，拖腰以彩布一方若绶，仍以青衣袭之。在室奔而不禁，嫁则绝之。丧食尚鱼虾，而禁禽兽之肉。葬以伞盖墓，期年而火之，祭以枯鱼。以十一月为岁首。俗尚铜鼓，中空无底，时时击以为娱，土人或掘地得鼓，即祷，张言诸葛武侯所藏者。富家争购，即百牛不惜也。卜用茅或铜钱、鸡卜，然奸宄无义，多为寇盗，贵州之盗十九皆仲家，贵阳、都匀、普安皆有。鬣音节。

宋家

宋家、蔡家，盖中国之裔也。相传春秋时楚子往往蚕食宋蔡，俘其人民，放之南徼，遂流为夷。二氏风俗略同，而宋家稍雅。通汉语，或识文字，勤于耕织，男子帽而长衫，妇人笄而短裙。将嫁，男家遣人往迎，女家则率亲戚箠楚迎者，谓之夺亲。既归，旦则进盥于姑舅，夕则燂汤请洗，三日而罢。丧葬饭蔬饮水二十一日，封而识之，若马鬣者。即今宋宣慰之祖也。

蔡家在底寨者与宋家同俗，故世世连婚。

在养龙坑者无异苗人，男女吹木叶而索偶。人死不哭，绕尸而歌，谓之唱斋。

龙家

龙家盖徙虢氏之裔，讹为今称。其种有四，在康佐者独蕃，恣睢怀傻，难与约束。好依深林荐莽之间，狙伺圉夺，急则鼠窜，贪而善仇。常以杯羹为人犇命，责逋负秒忽不能。第近溪者善。入尾洒捕鱼，猾若蝙獭。尾洒者，犹华言水下也。男子束发而不冠，妇人斑衣，以五色药珠为饰，贫则以薏苡代之。春时立木于野，谓之鬼竿。男女仔旋跃而择对，既奔，则女氏之党以牛马赎之，方通媒妁，丑者终身无所取售。人死，以杵击椎塘和歌哭，椎塘者，臼也。舁之幽岩，秘而无识。以七月七日祭其先茔。

四龙家

龙家与仲家同俗而衣尚白，丧服则易之以青，妇人缁布作冠，若马镫，加髻，以笄束之。在宁谷、西堡、顶营之间者，多张、刘、赵三姓。一曰大头龙家，男子以牛马鬃尾杂发而盘之，若盖，以尖笠覆之。一曰狗耳龙家，妇人辫发，螺结上指，若狗耳之状，亦曰小头龙家，其俗与康佐同。一曰曾竹龙家，俗与龙家同。

土人

土人在新添司者，土官与卫人间通婚姻，岁时礼节，渐染华风。

在施秉县者，多思播流裔。以九月祀五显神，远近邻人咸集，吹匏笙，连袂宛转，以足顿地为乐，至暮而还。

在邛水者性刚悍，好斗战，出入不离刀弩。每二年杀牛一，祭先祖，聚邻境寨峒男女会饮，尽醉而散。

在曹滴洞司者，出则男负竹笼，妇携壶浆同行。葬以鸡卵卜地，掷卵不破云吉地，葬之。

蛮人

蛮人属新添卫丹行二司，性犷戾，出入带刀弩。男子草蓑衣，妇女被花短裙。以渔猎为生。丑戌日为场，十月朔日为节，致午祭鬼为乐。葬亦杀牛歌舞。又有冉家蛮，在石阡沿河司，俗与蛮人同。

峒人

峒人性多忌，喜杀，出入夫妇必偶，挟镖弩自随。饮食辟盐酱。溽暑，男女群浴于河。冬月，茅花为絮以御寒。

在石阡司、朗溪司者，颇类汉人，多以苗为姓。

在永从诸寨者常负固自匿，不肯见官府，然少为盗。

在洪州者尤犷悍。地肥多稼，而惰于耕作，惟喜剽略。寻常持刀鋋，挟弩矢，潜伏陂塘，踉跄篁薄中，飘忽杀越，不可踪迹。又四方亡命，倚为逋薮，往往为之向导，分受卤获，岁饥愈甚。故黎平之盗，洪州为最多。

杨保

杨保性奸狡，其婚姻死葬颇同汉人，死丧亦有挽思哀悼之礼，龙泉遵义一带为多。

僰人

僰人，十二营长部落，皆罗罗，仲家、犵狫、僰人，语言不相谙，常以僰人为通事译之。性悍戾，倔强好斗。服饰、居处、婚丧、嗜好皆与宣慰司罗罗同。

江进之恤部有《黔中杂诗》十首，曲尽诸夷之俗，附刻于此。

回首黔中望鼎州，春云隔断五溪流。青山到处皆诗料，白鸟相过似旧游。蛮女插花偷面笑，征夫望岭合眉愁。千回万转肠堪折，亏杀长庚与用修。

其二：西来无事不堪悲，乱后民间半化离。道路中穿惟一线，山峦四塞尽诸夷。蓟门谈笑牵情远，盘瓠方言入耳疑。憔悴何须论放逐，使臣亦自叹孤羁。

其三：群峰莽亘插天遥，旅魄都从一望销。蛮语兼传红犵狫，土风渐入紫姜苗。耕山到处皆凭火，出户无人不佩刀。一自播兵蹂躏后，几家茅屋入萧条。

其四：地理相传属夜郎，千峰万壑凑为乡。杂居獞种兼猺种，赶积牛场与兔场。洞女肤妍工刺锦，蛮姬发短不成妆。鱼盐便是珍奇味，那得侯鲭比尚方。

其五：何处关山是尽期，马蹄终日历嵚崎。村墟寂寂寒烟火，野镇萧萧闪戍旗。天断不闻阳雁过，云深只有岭猿知。我期汉吏宽文网，莫把繁文缚属夷。

其六：茨屋茅墙到处家，春来各各赛烧畲。荒墟社鼓声全咽，野哨危旌影半斜。客贷青铅兼白锡，珍奇石绿与丹砂。君王莫据图经看，搜采重劳内使车。

其七：地险人稀物态凉，萧疏羸马与牂羊。彩绳贯贝苗姬饰，蛮锦裁衣卫士装。绝壁烧痕随雨绿，隔年禾穗入春香。民间蓄积看如此，那得公家咏积仓 贵州土俗，藏稻穗不藏谷。

其八：群峰如削四岩峣，千里孤悬路一条。清野岂无防警戍，绿林时有未驯苗。幽崖到处危行旅，信手公然夺佩刀。欲仗王师歼丑虏，黔兵未久困杨么 贵州新平杨酋。

其九：西望罗施道路长，帝城遥隔五云乡。征夫杳杳随边月，疲马萧萧卧夕阳。白昼有人干戍垒，青楼无处觅壶觞。君王莫惜金鸡赦，迁客年来半夜郎。

其十：一山如戟一如环，列嶂层层杳莫攀。风雨岂无魑魅啸，月明应有鹤笙还。花苗所在营三窟，草檄谁人谕百蛮。见说赤丸时报警，天涯壮士尽凋颜。

黔记卷六十目录

古今西南夷总论

---

① "两"据正文，疑当作"西"。正文同。

黔记卷六十

泰和郭子章相奎父著
汉州宋兴祖汝杰父正
贵溪毕三才成叔父校

古今西南夷总论

蠪衣生曰：贵州故非行省，合楚之黔、蜀之播、滇之南境而为省也。其实古今胥称西南夷。汉以前详迁、固、范氏，唐以后详《宋史》脱脱氏，今悉载之以备参考。呜呼，汉唐宋元即云郡县，令夷族世入贡，犹然一蛮夷君长。我明郡县，与前朝大昇，十郡六州十县，俱设流，止二宣慰及诸长官司仍土。呜呼，堂堂天朝，岂富诸司疆土哉？顺则土，逆则流，用夏变夷，求乂边氓焉耳。

两汉书

班固曰：南夷君长以十数，夜郎最大师古曰：后为县，属牂柯郡。其西靡莫之属以十数，滇最大师古曰：地有滇池，因为名也。滇音颠。自滇以北君长以十数，邛都最大师古曰：今之邛州本其地。此皆椎结师古曰：椎音直追反。结读曰髻，为髻如椎之形也，《陆贾传》及《货殖传》皆作"魋"字，音义同耳。此下《朝鲜传》亦同。耕田，有邑聚。其外西自桐师以东，北至叶榆师古曰：叶榆，泽名，因以立号。后为县，属益州郡。名为嶲、昆明师古曰：嶲即今之嶲州也，昆明又在其西南，即今之南宁州，诸爨所居是其地也。嶲音髓。编发师古曰：编，音步典反。随畜移徙亡常处，亡君长，地方可数千里。自嶲以东北，君长以十数，徙、莋都最大师古曰：徙及莋都二国也，徙后为徙县，属蜀郡。莋都后为沈黎郡。徙音斯，莋音材各反。自莋以东北，君长以十数，冉駹最大师古曰：今夔州、开州首领多姓冉者，本皆冉种也。駹音龙。其俗或土著，或移徙师古曰：土著谓有常居，著于土地也。著音直略反。在蜀之西。自駹以东北，君长以十数，白马最大，皆氐类也。此皆巴蜀西南外蛮夷也。

始，楚威王时，使将军庄蹻将兵循江上师古曰：循，顺也，谓缘江而上也。蹻，音居略反。略巴、黔中以西师古曰：黔中即今黔州是其地，本巴人也。庄蹻者，楚庄王苗裔也。蹻至滇池，方三百里师古曰：地理志：益州滇池县，其泽在西北。《华阳国志》云，泽下流浅狭，状如倒池，故曰滇池。旁平地肥饶数千里师古曰：池旁之地也。以兵威定属楚，欲归报。会秦击夺楚巴、黔中郡，道塞不通，因乃以其众王滇，变服，从其俗以长之师古曰：为其长帅也。

秦时尝破，略通五尺道师古曰：其处险阸，故道才广五尺。诸此国颇置吏焉。十余岁，秦灭，及汉兴，皆弃此国而关蜀故徼师古曰：西南之徼，犹北方塞也。徼，音工钓反。巴蜀民或窃出商贾，取其莋马、僰僮、旄牛，以此，巴蜀殷富。

建元六年，大行王恢击东粤。东粤杀王郢以报，恢因兵威，使番阳令唐蒙风晓南粤师古曰：番音蒲何反，风读曰讽。南粤食蒙蜀枸酱晋灼曰：枸音矩。刘德曰：枸树如桑，其椹长二三寸，味酢。取其实以为酱，美，蜀人以为珍味。师古曰：刘说非也。子形如桑椹耳，缘木而生，非树也。子又不长二三寸，味尤辛，不酢。今宕渠则有之。食读曰饲。蒙问所从来。曰："道西北牂柯江师古曰：道，由也。由此而来。江广数里，出番禺城下师古曰：番，音普安反。禺，音隅。"蒙归至长安，问蜀贾人，独蜀出枸酱，多窃出市夜郎。夜郎者，临牂柯江。江广百余步，足以行船。南粤以财物役属夜郎，西至桐师，然亦不能臣使也。蒙乃上书说上曰："南粤王黄屋左纛师古曰：言为天子之车服。地东西万余里，名为外臣，实一州主。今以长沙、豫章往，水道多绝，难行。窃闻夜郎所有精兵可得十万，浮船牂柯，出不意，此制粤一奇也。诚以汉之强，巴蜀之饶，通夜郎道，为置吏，甚易。"上许之。乃拜蒙以郎中将，将千人，食重万余人师古曰：食粮及衣重也。重，音直用反。从巴莋关入，遂见夜郎侯多同师古曰：多同，其侯名也。厚赐，谕以威德，约为置吏，使其子为令师古曰：比之于汉县也。夜郎旁小邑皆贪汉缯帛，以为汉道险，终不能有也，乃且听蒙约。还报。乃以为犍为郡。发巴蜀卒治道，自僰道指牂柯江。

蜀人司马相如亦言西夷邛莋可置郡，使相如以郎中将往谕，皆如南夷，为置一都尉，十余县，属蜀。

当是时，巴蜀四郡通西南夷道，载转相馕师古曰：馕，古饷字。数岁，道不通。士罢饿餧，离暑湿，死者甚众师古曰：罢读曰疲。餧，饥也。离，遭也。餧，音能贿反。西南夷又数反，发兵兴击，耗费亡功师古曰：耗，损也，音呼到反。上患之，使公孙弘往视问焉。还报，言其不便。及弘为御史大夫，时方筑朔方，据河逐胡，弘等因言西南夷为害师古曰：言通西南夷大为损害。可且罢，专力事匈奴。上许之，罢西夷，独置南夷两县一都尉，稍令犍为自保就师古曰：令自保守，且修成其郡县。

及元狩元年，博望侯张骞言，使大夏时见蜀布、邛竹杖①。问所从来。曰："从东南身毒国师古曰：即天竺也，亦曰捐笃也。可数千里，得蜀贾人市。"或闻邛西可二千里，有身毒国。骞因盛言大夏在汉西南，慕中国，患匈奴隔其道。诚通蜀身毒国，道便近，又亡害。于是，天子乃令王然于、柏始昌、吕越人等十余辈，间出西南夷师古曰：求间隙而出也。指求身毒国。至滇，滇王当羌乃留为求道师古曰：当羌，滇王名。四岁余，皆闭昆明，莫能通师古曰：为昆明所闭塞。滇王与汉使言："汉孰与我大？"师古曰：与，犹如。及夜郎侯亦然。各自以一州王，不知汉广大。使者还，因盛言滇大国，足事亲附师古曰：言可专事招求之，令其亲附。天子注意焉。

及至南粤反，上使驰义侯因犍为发南夷兵。且兰君恐远行，旁国虏其老弱师古曰：恐发兵与汉行后，其国空虚，而旁国来寇抄，取其老弱也。且，音子余反。乃与其众反，杀使者及犍为太守。汉乃发巴蜀罪人当击南粤者八校尉击之。会越已破，汉八校尉不下。中郎将郭昌、卫广引兵还，行诛隔滇道者且兰师古曰：言因军行而便诛之也。斩首数万，遂平南夷为牂柯郡。夜郎侯始倚南粤，南粤已灭，还诛反者师古曰：谓军还而诛且兰。夜郎遂入朝，上以为夜郎王。

南粤破后，及汉诛且兰、邛君，并杀莋侯，冉駹皆震恐，请臣置吏。以邛都为粤嶲郡，莋都为沈黎郡，冉駹为文山郡，广汉西白马为武都郡。使王然于以粤破及诛南夷兵威风谕滇王入朝师古曰：风，读曰讽。滇王者，其众数万人。其旁，东北劳深、靡莫，皆同姓相杖，未肯听师古曰：杖犹倚也。相依为援而不听滇王入朝也，杖，音直亮反。劳、莫数侵犯使者吏卒。元封二年，天子发巴蜀兵击灭劳深、靡莫。以兵临滇。滇王始首善，以故弗诛师古曰：言初始以来，常有善意。滇王离西夷师古曰：言东向事汉。滇举国降，请置吏入朝。于是以为益州郡，赐滇王王印，复长其民师古曰：为之长帅。西南夷君长以百数，独夜郎、滇受王印。滇，小邑也，最宠焉。

后二十三岁，孝昭始元元年，益州廉头、姑缯民反，杀长吏。牂柯、谈指、同并等二十四邑，凡三万余人皆反师古曰：并音伴。遣水衡都尉发蜀郡、犍为犇命万余人师古曰：犇，古奔字，奔命解在昭纪。击牂柯，大破之。

后三岁，姑缯、叶榆复反。遣水衡都尉吕辟胡将郡兵击之师古曰：辟音璧。辟胡不进。蛮夷遂杀益州太守，乘胜与辟胡战，士战及溺死者四千余人。

————————

① 布：原作"市"，据贵图本改。

明年，复遣军正王平与大鸿胪田广明等并进。大破益州，斩首捕虏五万余级，获畜产十余万。上曰："钩町侯亡波率其邑君长人民击反者师古曰：钩，音钜于反。町，音大鼎反。斩首捕虏有功。其立亡波为钩町王。大鸿胪广明赐爵关内侯，食邑三百户。"

后间岁，武都氐人反师古曰：间岁，隔一岁。遣执金吾马适建、龙额侯韩增与大鸿胪广明将兵击之。

至成帝河平中，夜郎王兴与钩町王禹、漏卧侯俞举兵相攻。牂柯太守陈立斩兴，于是禹、俞震恐，两夷平定。征立诣京师。会巴郡有盗贼，复以立为巴郡太守，秩中二千石，居赐爵左庶长师古曰：第十爵也。徙为天水太守。劝民农桑，为天下最。赐金四十斤，入为左曹卫将军、护军都尉，卒官。

王莽篡位，改汉制。贬钩町王以为侯，王邯怨恨师古曰：邯，其王名也。邯，音酣。牂柯大尹周钦诈杀邯。邯弟承攻杀钦。州郡击之，不能服。三边蛮夷愁扰，尽反。复杀益州大尹程隆。莽遣平蛮将军冯茂发巴、蜀、犍为吏士，赋敛取足于民，以击益州。出入三年，疾疫死者什七，巴蜀骚动。莽征茂还，诛之。更遣宁始将军廉丹与庸部牧史熊孟康曰：莽改益州为庸部。大发天水、陇西骑士，广汉、巴、蜀、犍为吏民十万人，转输者合二十万人，击之。始至，颇斩首数千。其后，军粮前后不相及，士卒饥疫，三岁余，死者数万。而粤嶲蛮夷任贵亦杀太守枚根，自立为邛谷王师古曰：枚根，太守之姓名。会莽败，汉兴，诛贵，复旧号云师古曰：此汉兴者，谓光武中兴也。

东汉书

范晔曰：初，楚顷襄王时，遣将庄豪从沅水伐夜郎。军至且兰，椓船于岸而步战。既灭夜郎，因留王滇池。以且兰有椓船牂柯处，乃改其名为牂柯《异物志》曰：牂柯，系船杙也。牂柯地多雨潦，俗好巫鬼禁忌，寡畜生，又无蚕桑，故其郡最贫。句町县有桄榔木，可以为面，百姓资之《临海异物志》曰：桄榔木，外皮有毛，似栟榈而散生。其木刚，作锟锄①，利如铁，中石更利，唯中焦烂乃致败耳。皮中有似捣稻米片，又似麦面，中作饼饵。《广志》曰：桄榔树大四五围，长五六丈。洪直②，旁无枝条。其颠生叶，不过数十，似棕叶，破其木，肌坚难伤，入数寸得面，赤黄，密缴可食也。

---

① 锟锄：原本作"锟锄"，据贵图本改。
② 洪直：原本作"洪真"，据贵图本改。

公孙述时，大姓龙、傅、尹、董氏与郡功曹谢遐保境为汉，乃遣使从番禺江奉贡《南越志》曰：番禺县之西有江浦焉。光武嘉之，并加褒赏。

桓帝时，郡人尹珍自以生于荒裔，不知礼义，乃从汝南许慎、应奉受经书图纬，学成，还乡里教授，于是南域始有学焉。珍官至荆州刺史《华阳国志》曰：尹珍，字道真，毋敛县人也。

唐　史

唐南宁州都督

《地理志》：剑南道诸蛮州九十二。南宁州，汉夜郎地，武德元年开南中置。四年，置总管府。五年，侨治益州。六年，更名郎州。正观元年罢都督。开元五年复故名。天宝废。縻州，本西豫州，武德七年置。正观三年更名。初为都督府，后罢，隶戎州都督府。

《西爨传》：正观二十三年徒莫祇俭望蛮内属，以其地为五州，隶郎州都督府。永徽初，赵孝祖定南夷，罢郎州，更置戎州都督，以爨归王为南宁州都督。

《韦仁寿传》：高祖闻其治理，诏检校南宁州都督，岁一按行尉劳，寄治越嶲。仁寿将兵五百，循西洱河，开地数千里，置七州十五县。酋豪宾见，授以牧宰，威令简严请徙治南宁州。

唐东谢蛮入朝，王会图，职贡图

南蛮传：西爨之南有东谢蛮。居黔州西三百里，南距守宫獠，西连夷子。巢居椎髻。有谢氏，世为酋长。贞观三年，其酋元深入朝。冠乌熊皮，若注旄，以金银络额被毛帔韦行縢，著履。中书侍郎颜师古上言：昔周武王时，远国入朝，太史次为《王会篇》《汲冢周书》第五十九篇。今蛮夷入朝，如元深，冠服不同，可写为《王会图》。诏可会要：师古奏，昔周武王时，远国归款，周史乃集其事，为《王会篇》。今请撰为《王会图》，从之。

帝以其地为应州，拜元深剌史，隶黔州都督府①。又有南谢首领谢强，亦来朝，以其地为庄州，授强剌史。东谢南有西谢蛮，贞观三年遣使入朝，二十一年以其地置明州。

唐牂柯入贡，处月入贡

传：昆明东九百里即牂柯国，武德三年谢龙羽遣使者朝，拜牂州刺史、夜郎郡公。其北百五十里，有别部充州蛮，亦来朝贡。开元二十五年，其酋赵君道来朝。贞元中至十八年，五遣使朝，元和二年五月，诏黔南以将为押领牂柯、昆明等使。八年，上表请尽归牂柯故地。开成元年，鬼主珂珮内属，会昌中封其别帅为罗殿王，世袭爵。后又封别帅为滇王，皆牂柯蛮也。

通鉴：贞观三年闰十二月乙丑，牂柯酋长谢能明及充州蛮入贡，诏以牂柯为牂州《地理志》：牂州，武德三年以牂柯首领谢龙羽地置。充州，武德三年以牂柯蛮别部置。通鉴与志传年月不同，当考。

宋　史

脱脱曰：西南诸夷，汉牂柯郡地。武帝元鼎六年定西南夷，置牂柯郡。唐置费、珍、庄、琰、播、郎、牂柯、牂夷等州。其地北距充州百五十里，东距辰州二千四百里，南距交州一千五百里，西距昆明九百里。无城郭，散居村落，土热，多霖雨，稻粟皆再熟。无徭役，将战征乃屯聚。刻木为契。其法：劫盗者偿其主三倍，杀人者，出牛马三十头与其家以赎死。病疾无医药，但击铜鼓、铜沙锣以祀神，风俗与东谢蛮同。

隋大业末，首领谢龙羽据其地，胜兵数万人。

唐末，王建据西川，由是不通中国。

后唐天成二年，牂柯清州刺史宋朝化等一百五十人来朝。

其后孟知祥据西川，复不通朝贡。

乾德三年平孟昶，五年，知西南夷南宁州蕃落使龙彦瑫等遂来贡，诏授彦瑫归德将军、南宁州刺史、蕃落使。又以顺化王武才为怀化将军，武才弟若启为归德司

---

① 隶：贵图本据《新唐书》改为"领"，似误。因为应州属于黔州都督府。

阶，武龙州部落王子若溢、东山部落王子若差、罗波源部落王子若台、训州部落王子若从、鸡平部落王子若冷、战洞部落王子若磨、罗母殊部落王子若母、石人部落王子若藏，并为归德司戈。开宝二年，武才等一百四十人又来贡，以武才为归德将军。来人乞赐武才钿函手诏，以旧制所无，不许。四年，其国人诣涪州，言南宁州蕃落使龙彦瑶卒，归德将军武才及八刺史状请以彦瑶子汉瑭为嗣，诏授汉瑭南宁州刺史兼蕃落使。八年，三十九部顺化王子若发等三百七十七人来贡，马百六十匹，丹砂千两。

太平兴国五年，夷王龙琼琚遣其子罗若从并诸州蛮七百四十四人以方物、名马来贡。六年，保州刺史董奇死，以其子绍重继之。雍熙二年八月，奉化王子以慈等三百五十人以方物来贡。夷王龙汉璿自称权南宁州事兼蕃落使，遣牂柯诸州酋长赵文桥率种族百余人来献方物、名马，并上蜀孟氏所给符印。授汉璿归德将军、南宁州刺史，以文桥等并为怀化司戈。端拱二年，汉璿又贻书五溪都统向通汉，约以入贡。淳化元年，汉璿遣其弟汉兴来朝。三年，夷王龙汉兴及都统龙汉珗、刺史龙光显、龙光盈及顺化王雨滞等，各贡马、朱砂。

至道元年，夷王龙汉珗遣其使龙光进率西南牂柯诸蛮来贡方物。太宗召见其使，询以地理风俗。译对曰：“地去宜州陆行四十五日，土宜五谷，多种秔稻①，以木弩射麋鹿食。每三二百户为一州，州有长。杀人者不偿死，出家财以赎。国王居有城郭，无壁垒，官府惟短垣。”光进之说与前书所记小异，故并叙之。上因令作本国歌舞。一人吹瓠笙如蚊蚋声，良久，数十辈连袂宛转而舞，以足顿地为节。询其曲，则名曰《水曲》。其使十数辈，从者千余人，皆蓬发，面目黧黑，状如猿猱。使者衣虎皮毡裘，以虎尾插首为饰。诏授汉珗宁远大将军，封归化王。又以归德将军罗以植为安远大将军，保顺将军龙光盈、龙光显并为安化大将军，光进等二十四人并授将军、郎将、司阶、司戈。其本国使从者有甲头王子、刺史、判官、长史、司马、长行、俅人七等之名。

咸平元年，夷王龙汉珗遣使龙光腆又率牂柯诸蛮千余人来贡。诏授光腆等百三十人官。三年，都部署张文黔来贡。五年，汉珗又遣牙校率部蛮千六百人，马四百六十匹，并药物、布帛等来贡。赐冠带于崇德殿，厚赍遣还。六年，知全州钱绛请招诱溪洞名豪②。上以生事，寝其奏不报。

景德元年，诏西南牂柯诸国进奉使亲至朝廷者，令广南西路发兵援之，勿抑其

---

① 秔：原作“秋”，据中华书局点校本《宋史》改。

② 全州：原本缺，据贵图本补。

意。先是，龙光进等来朝，上矜其道远，人马多毙，因诏宜州，自今可就赐恩物。至是，恳请诣阙，从之。二年，诏羁縻保霸州刺史董绍重、董忠义岁赐紫绫锦袍。四年，西南蛮罗瓮井，都指挥使颜士龙等来贡。士龙种落遏阻，未尝来朝。今始至，诏馆饩赐予如高、溪州。

大中祥符八年，夔州路上言南宁州夷族张声进遣使进奉，为蕃落使龙汉瑶邀夺，仇劫不已。乞降敕书安抚。天圣四年龙光凝、康定元年龙光琇、景祐三年龙光辨、庆历五年龙以特、皇祐二年龙光澈等，继以方物来贡献，与以特俱至者七百十九人。是年，以安远将军知蕃落使龙光辨为宁远军大将军，宁远将军、知静蛮军节度使龙光凝，承宣武宁大将军龙异岂并为安远大将军，承宣奉化大将军龙异鲁为武宁大将军。至和中，龙以烈、龙异静，首领张汉陲，王子罗以崇等皆又贡，命其首领而下九十三人为大将军至郎将。嘉祐中，以烈复至。大率龙姓诸部族，地远且贫，熙宁中来见，赐以袍带等物，刺其数于背。

黔州、涪州徼外有西南夷部，汉牂柯郡、唐南宁州，牂柯、昆明、东谢、南谢、西赵、充州诸蛮也。其地东北直黔、涪，西北接嘉、叙，东连荆楚，南出宜、桂。俗椎髻、左衽，或编发。随畜牧迁徙亡常，喜险阻，善战斗。部族共一姓，虽各有君长，而风俗略同。

宋初以来有龙蕃、方蕃、张蕃、石蕃、罗蕃者，号五姓蕃，皆常奉职贡，受爵命。英宗治平四年十二月，知静蛮军、蕃落使、守天圣大王龙异阁等入见，诏以异阁为武宁将军，其属二百四十一人各授将军及郎将。神宗熙宁元年，有龙异现，三年，有张汉兴，各以方物来献，授异现静蛮军，汉兴捍蛮军，并节度使。六年，龙蕃、罗蕃、方蕃、石蕃八百九十人入觐，贡丹砂、毡、马，赐袍带、钱帛有差。其后比岁继来，龙蕃众至四百人，往返万里。神宗悯其勤，诏五姓蕃五岁听一贡，人有定数，无辄增加，及别立首领，以息公私之扰。命宋敏求编次《诸国贡奉录》，客省、四方馆撰仪，皆著为式。元丰五年，张蕃乞添贡奉人至三百。诏：故事，以七十人为额，不许。七年，西南程蕃乞贡方物，愿依五姓蕃例注籍，从之。哲宗元祐二年，西南石蕃石以定等赍表自称"西平州武圣军"。礼部言：元丰著令，以五年一贡为限，未及。诏特令入贡。五年、八年，绍圣四年，龙蕃皆贡方物。龙氏于诸姓为最大，其贡奉尤频数。使者但衣布袍，至假伶人之衣入见，盖实贫陋，所冀者恩赏而已。故事，蛮夷入贡，虽交趾、于阗之属皆御前殿见之。独此诸蕃见于后殿，盖卑之也。

元符二年，又有牟韦蕃入贡。诏以进奉人韦公忧、公市、公利等为郎将。诸蕃部族数十，独五姓最著，程氏、韦氏皆比附五姓，故号"西南七蕃"云。

高州蛮，故夜郎也。在涪州西南。宋初，其酋田仙以地内附，赐名珍州，拜为刺史。仙以郡多火灾，请易今名。大观二年，有骆解下、上族纳土，复以珍州名云。

宋太祖乾德三年七月，珍州刺史田景迁内附。五年，以珍州录事参军田思晓为博州牢城都指挥使①。溪洞酋豪据山险，持两端，故因其入朝而置之内地。开宝元年，珍州刺史田景迁言本州连岁灾沴，乞改为高州，从之。八年，景迁卒，其子衙内都指挥使彦伊来请命，即以为刺史。

太平兴国三年，夷州蛮任朗政等来贡。至道元年，高州来贡。真宗咸平三年，高州刺史田彦伊遣子贡方物，及输兵器。四年，其酋向君猛又遣弟君泰来朝。五年七月，高州刺史田彦伊子承宝等百二十二人来朝，赐巾服器币。以承宝为山河使、九溪十洞抚谕都监。

六年四月，丁谓等言，高州义军务头角田承进等擒生蛮六百六十余人，夺所略汉口四百余人。初，益州军乱，议者恐缘江下峡，乃集施黔高溪蛮豪子弟捍御群蛮。因熟汉路，寇略而归。谓等至，即召与盟，令还汉口。既而，有生蛮违约。谓遣承进率众及发州兵擒获之，焚其室庐，皆震慑伏罪。自是寇钞始息，边溪洞田民得耕种。

七月，南高州义军指挥使田彦强，防虞指挥使田承海来贡。施州叛蛮谭仲通等三十余人来归。景德元年，高州五姓义军指挥使田文酆来贡。三年，高州新附蛮酋八十九人来贡，高州诸名豪百余人入贡。四年五月，以高州刺史田彦伊子承宝为宁武郎将，高州土军都指挥使田思钦为安化郎将。

---

① 田思晓：原本作"田司晓"，据贵图本改。以下原本多有不清晰及缺漏，均据贵图本补足，不一一出校。

后记

　　自1999年到贵阳后，我就想做一点贵州地方文化的研究。读研时的挚友李大勇分到了《山花》编辑部，介绍我参加了一部丛书的写作，我写的是《重读老筑城》，这更促使我全力投入贵州地方文化研究之中。这里要感谢贵阳师专中文系系主任刘隆民教授、杜扬教授、方兴惠老师，老教授王裕兴、王蔚桦、张清河三位先生以及校长王晓昕教授，在我进行贵州地方文化研究时，他们给予了非常大的支持。

　　开始，我主要是研究明朝贵州的作家，如杨文骢、越其杰等。越其杰的后来写了一篇文章，杨文骢的则写了四五万字的稿子，后来电脑坏了……本想着有时间再把旧的硬盘修理一下，但因为手头一直有似乎更急切的事情，就再也没有触碰过这事情了。2004年，我申请到了贵阳学院重点课题《黔记》的点校，课题组还有中文系的吕家林老师、曾晓鹰老师和科研处的张立新老师，感谢他们协助我做了很多事情。但《黔记》因为多达130余万字，出版费用一直没有解决。大约是2008年，吉首大学的杨庭硕老师答应帮我出版，我十分高兴，将电子版的校对稿交给了他，但后来吉首大学的计划有变，改为出版《黔记》研究丛书，《黔记》出版的事再度被搁置。2009年，我申请到了贵州省省长基金项目"黔记研究"，完成了5万余字的研究报告《郭子章与黔记》；2012年，我申请到了贵州省教育厅的出版资助，贵阳市给予了部分配套资金，《黔记》终于可以出版了。虽然没有按最初计划时间出版，但自初稿完成后，我多次申请课题，使书稿得以反复修改，这又未尝不是一件好事。感谢贵阳学院院长龚振黔教授、副院长周贵发教授、焦艳教授，正是得到了他们的帮助与鼓励，此书才得以面世。

　　感谢西南交通大学的李晓辉编辑，他对此书的出版给予了非常大的帮助。感谢贵州大学罗浮文博士，他帮我邮购了一本书目出版社影印的《黔记》。感谢贵州省图书馆的《黔记》油印本，这是我工作的最初底本，这个本子与《明史》和《元史》作了校对，很多校注为本书所采用。遗憾的是，油印本没有署名校对者，可能是那个年代反对个人英雄主义吧。最后，要感谢我的妻子王芝兰女士，是她承担了全部家务，我才得以专心于这部书稿的编写工作。

是为记。

赵平略于贵阳学院明德斋

2014.12